Calvin Handbuch

Calvin Handbuch

herausgegeben von

Herman J. Selderhuis

Mohr Siebeck

Die Theologen-Handbücher im Verlag Mohr Siebeck werden herausgegeben von
ALBRECHT BEUTEL

ISBN 978-3-16-149791-9 (Leinen)
ISBN 978-3-16-149229-7 (Broschur)

Die Deutsche Nationalbibliothek verzeichnet diese Publikation in der Deutschen Nationalbibliographie; detaillierte bibliographische Daten sind im Internet über *http://dnb.d-nb.de* abrufbar.

Das Buch wurde von Gulde-Druck in Tübingen aus der Minion Pro und der Syntax gesetzt, auf alterungsbeständiges Werkdruckpapier gedruckt und von der Buchbinderei Spinner in Ottersweier gebunden. Den Umschlag gestaltete Uli Gleis in Tübingen unter Verwendung eines Bildes aus: Ludwig Bechstein (Hg.), Zweihundert deutsche Männer in Bildnissen und Lebensbeschreibungen, Leipzig 1854.

Vorwort

Für den Gebrauch durch Theologiestudenten veröffentlichte Calvin sein bekanntestes Werk: die »Institutio«. Analog hierzu will dieses Handbuch jedem dienlich sein, der Calvins Leben und seine Werke kennen lernen möchte. Der Fokus der Calvinforschung hat sich seit langer Zeit derart auf die »Institutio« konzentriert, dass der Eindruck entstehen könnte, Calvin hätte mit diesem Werk bereits alles gesagt. Diesen Fallstrick will dieses Handbuch umgehen. Zwar ist mit diesem Handbuch sicherlich noch nicht das letzte Wort über Calvin gesprochen, doch will dieses Buch eine umfangreiche Übersicht seiner Biographie bieten, seiner Theologie sowie die Wirkungsgeschichte Calvins und dies auf Grund jüngster Forschungsergebnisse. Gerne möchte ich mich daher auch bei allen beteiligten Autoren bedanken, die, mit ihrem international anerkannten Sachverstand, so herzlich bereit waren, zu diesem Handbuch beizutragen.

Die Calvinforschung ist in vollem Gange, ja erlebt weltweit gar ein erneutes Aufblühen. Der für 2009 bevorstehende fünfhundertste Geburtstag Calvins hat der Forschungsarbeit sicherlich einen Impuls gegeben, doch bestand Interesse am Reformator und seinem Werk auch schon zuvor und wird nach 2009 sicher nicht abnehmen. Dieses Handbuch möchte die Forschung gerne unterstützen und stimulieren, aber vor allem jene informieren, die sich nicht wissenschaftlich oder berufsmäßig mit Calvin beschäftigen.

Das schriftliche Gesamtwerk Calvins ist enorm und umfasst in der Edition des Corpus Reformatorum 59 Teile mit insgesamt etwa 22.000 Seiten. Die Literatur über Calvin ist dementsprechend umfangreich und kaum noch zu übersehen – nicht zuletzt, weil die Anzahl an Sprachen, in denen Werke von und über Calvin erschienen sind stark zunimmt. Ein Handbuch wie dieses kann eine zusammenfassende Übersicht all dieser Dinge bieten, wobei das Buch aber mehr sein will als eine Einleitung. Wer Calvin gründlich kennen lernen will, hat an diesem Buch vorerst genug, wer aber umfangreichere Forschungsstudien zu Calvin betreibt, kann dieses Handbuch als Ausgangs- und Orientierungspunkt verwenden.

Calvin schrieb 1559 beim Erscheinen der letzten Ausgabe der »Institutio«, er sei nun endlich mit dem Inhalt und dem Konzept zufrieden. Glücklicherweise brauche ich als Herausgeber diesbezüglich nicht bis zur letzten Ausgabe dieses Handbuches warten, denn obwohl Ergänzungen und Verbesserungen denkbar und möglicherweise wünschenswert wären, wird auch der Leser dieses Handbuches jetzt schon zufrieden sein können mit dem, was Fachkundige hier anbieten.

Die deutschsprachigen Zitate Calvins sind aus der so genannten Weber-Edition übernommen. Jedes Kapitel endet mit einigen Verweisen zu themenspezifischer Literatur, während die Literaturverweise, die im Text genannt werden, in der allgemeinen Bibliographie am Ende des Buches aufgenommen sind.

Das Konzept dieses *Calvin Handbuchs* entspricht jenem, das Albrecht Beutel in seinem *Luther Handbuch* (2005) verwendet. Gerne bedanke ich mich bei ihm für die Aufnahme dieses Werkes in seine Buchreihe. Es wird auch ihn freuen, dass dieses Handbuch zum Calvin Jubiläum in mehreren Sprachen fast gleichzeitig erscheinen wird: 2007 in niederländischer Sprache bei Kok (Kampen) und 2008 sowohl in englischer Sprache bei Eerdmans (Grand Rapids, MI) und in italienischer Sprache bei Claudiana (Turin). Dank für die intensive Unterstützung geht auch an Herrn Dr. Henning Ziebritzki und an die Mitarbeiterinnen und Übersetzer des Verlags Mohr Siebeck. An Dr. William den Boer, wissenschaftlicher Mitarbeiter am Institut für Reformationsforschung (Apeldoorn), geht ein besonderer Dank für seine wertvollen Beiträge zu Form und Inhalt der verschiedenen Artikel.

Apeldoorn, im Juni 2008 Herman J. Selderhuis

Inhaltsverzeichnis

C. Werk

D. Wirkung und Rezeption

Siglen und Abkürzungen

Die Siglen und Abkürzungen folgen Siegfried M. Schwertner: Internationales Abkürzungsverzeichnis für Theologie und Grenzgebiete, ^{2}1992. Insbesondere gelten die folgenden – über Schwertner hinausgehenden – Kürzel (nähere Informationen zu den Titeln sind in der Bibliographie im Anhang aufgenommen):

BSRW	Basler Studien zur Rechtswissenschaft
CaHR	Cahiers d'Humanisme et Renaissance
CO	Calvini Opera (Calvin 1863–1900)
COR	Iohannis Calvini Opera Omnia Denuo Recognita
CTS	Calvin Translation Society
DSO	Calvin 1543
HBBibl 1	Staedtke 1972
HBBW 4	Bullinger 1989
OS	Opera Selecta (Calvin 1926–1952)
RefHT	Reformed Historical Theology
SA	Calvin-Studienausgabe (Calvin 1994ff)
SC	Supplementa Calviniana (Calvin 1936ff)
SEMRR	Studies in Early Modern Religious Reforms
SHCT	Studies in the History of Christian Thought
StGH	Studies in German Histories
Z	Zwingli, Huldreich: Sämtliche Werke (CR 88ff), 1905ff

A. Orientierung

I. Calvinbilder: Bilder und Selbstbild

»Calvin, Verfolger, Feind, so muss ich dich jetzt nennen.
Der Feindschaft schwarzes Gift, das finster Irrthum sendet,
hat nun durch dich Calvin! Ihr schröcklich Werk vollendet.«

Dieses Urteil des Nürnberger Gelehrten Christoph Gottlieb von Murr (1733–1811; Zitat in VON MOSHEIM 1999, 9) hat eine alte Tradition, denn Ende des 16. Jahrhunderts meldete ein Bauer seinem lutherischen Pfarrer, er habe nachts eine Hexe um sein Haus fliegen sehen. Als er gebeten wurde, die Hexe zu beschreiben, erzählte er, sie habe verdächtige Ähnlichkeit mit Calvin gehabt. Diese Geschichte teilt uns zweierlei über das herrschende Calvinbild mit, nämlich zum einen, dass man wusste, wie er aussah, und zum anderen, dass man nicht die allerbeste Meinung von ihm hatte. Sein Äußeres war über Porträts und Spottbilder bekannt, da von ihm Karikaturen gezeichnet wurden, die teilweise erhalten geblieben sind. Offensichtlich gab seine Physiognomie dazu Anlass, vor allem dort, wo sein Äußeres das allgemeine Bild eines Calvinisten bestätigte. Theodor Beza beschrieb Calvin als jemanden »von mittlerer Größe, mit sehr blassem Gesicht und finster dreinblickenden Augen, die bis zu seinem Tod hellwach blieben« (CO 21,169).

Das zweite negative Bild blieb durch die Jahrhunderte aufrecht erhalten und scheint manchmal über das positive Bild vieler seiner Anhänger zu dominieren. Auf einer Versteigerung in London im Sommer 2007 wurde ein neu entdeckter Brief Calvins angeboten, in dem er über Selbstmord schreibt. Der Auktionator sagte, Calvin sei in diesem Brief »ungewohnt gnädig«. Im gängigen Calvinbild ist Calvin also ein unbarmherziger und herzloser Mann, ein Ketzerjäger, der niemanden verschonte, der seine Feinde vor sich hertrieb, aber auch seinen Anhängern einen Lebensstil ohne jegliche Freude aufzwang. Trotz vieler älteren und vor allem jüngeren Forschungen, die eine Korrektur dieses Bildes als dringend notwendig belegen, ist das negative Bild wenigstens in Westeuropa bestehen geblieben. Dazu passt aber, dass Calvin auch über sich selbst nicht direkt positiv urteilte.

1. Intoleranz

Dieses Calvinbild hat in manchen Ländern zu einer oft negativen Bedeutung des Begriffs »calvinistisch« oder »reformiert« geführt. Einen entscheidenden Anteil daran hatte vermutlich Calvin selbst mit seinem Vorgehen im Prozess gegen Michael Servet 1553. Einerseits war Servet in Genf zu der Strafe verurteilt worden, die ihn nach den kaiserlichen Gesetzen in jeder anderen Stadt des Reichs ereilt hätte. Außerdem waren Rom und die Reformation in dieser Frage auf einer Linie. Andererseits hätte Calvin gerade in der Sache Servet nach seiner eigenen Überzeugung handeln können, dass einem Menschen nicht gewaltsam eine bestimmte

Meinung aufgedrängt werden kann. Somit ist die *causa* Servet das negative Hauptargument, das immer wieder angeführt wird, auch weil man ansonsten nicht viel über Calvins Leben und seine Arbeit weiß. Diese Tradition begann mit der Arbeit Sebastian Castellios (1515–1536), der Calvin Inkonsequenz vorwarf, weil er Servets Todesstrafe mit auf den Weg brachte und andere »Ketzer« wie Täufer und Katholiken ungeschoren davon kommen ließ, obwohl er sie auch bis in den Tod hätte verfolgen müssen. Voltaire nannte den Prozess gegen Servet als das Beispiel schlechthin für die Intoleranz des Protestantismus, und Gottfried Arnold schrieb in seiner Unparteiischen Kirchen- und Ketzerhistorie, der Fall Servet zeige, dass der Antichrist nicht nur am Tiber in Rom, sondern auch am Genfer See erschienen war. Der Kirchenhistoriker Heinrich Bornkamm nannte Calvins Umgang mit der Ketzerfrage am ehesten mittelalterlich. Er gründete diese These ausschließlich auf die Frage Servet. Dasselbe tat der amerikanische Kirchenhistoriker Ronald Bainton, und er kam zu dem Schluss, dass Gewissensfreiheit für Calvin nicht entscheidend war und dass die protestantische Verfolgung durch ihn einen Höhepunkt erreichte.

Zwei einflussreiche Förderer des negativen Calvinbildes sind der britische Historiker Lord Acton (1834–1902) und der Schweizer Schriftsteller Stefan Zweig (1881–1952). Acton, liberal und überzeugt römisch-katholisch, lehrte als Professor Geschichte in Cambridge. In seiner *History of Freedom and other Essays* (1907) schreibt er, Verfolgung sei dem Protestantismus und besonders dem Calvinismus inhärent und Calvin habe als Feind der Toleranz die Theorie dazu geliefert. Acton beruft sich auf eine Passage von Calvin, in der dieser das Gegenteil von dem sagt, was Acton behauptet. Trotzdem ist sein Einfluss im Werk von Historikern wie Ronald Bainton und Jonathan Israel spürbar (Balke 2003, 19–26). Besonders aber hat Stefan Zweigs *Castellio gegen Calvin* (1936) ein negatives Calvinbild verbreitet und gefestigt, und zwar weltweit dort, wo es übersetzt wurde. Zweig beschreibt Calvin in einer solchen Weise, dass man die Übereinstimmungen mit Adolf Hitler fast nicht übersehen kann. Aber auch Spezialisten auf dem Gebiet der Reformationsforschung haben Calvin als einen Menschen dargestellt, dem es an Menschenliebe und Güte fehlte und für den Freundschaft ein unbekanntes Wort war (Imbart de la Tour 1935, 171).

Versuche wie die von Ernst Pfisterer (1957), anhand von Schriftstücken zu zeigen, dass dieses Bild nicht zutreffend ist, können zwar als geglückt bezeichnet werden, beim breiten Publikum konnten sie das vorherrschende Bild jedoch kaum verändern. Auf der anderen Seite blieb ein eventuelles Gegengewicht zu diesem Negativbild aus, da es innerhalb des reformierten Protestantismus nie zu einer Art Heiligenverehrung um Calvin gekommen ist. Calvins Theologie lehnt eine solche Umgehensweise mit Menschen nachdrücklich ab, genauso wie der Reformator bekanntlich selbst den Begriff »Calvinismus«. Auch die weiteren Entwicklungen in der Kirchengeschichte und Theologie des reformierten Protestantismus sorgten dafür, dass die Bewegung kaum an Calvins Person gebunden war. Erst genauere Forschungen in den Genfer Archiven, besonders zur Korrespondenz Calvins, trugen dazu bei, das bestehende Bild zu korrigieren und zeigten Calvin als einen Menschen mit Herz und Gefühl, der nicht nur höchst sensibel war, sondern auch versuchte, vorsichtig mit den Gefühlen anderer umzugehen. Dieser Eindruck war schon bestätigt worden von einem Gegner der Reformation, nämlich Barthomeus Camararius (1497–1564), der Calvin persönlich begegnet war. Er schrieb, dass ein Kontrast bestünde zwischen Calvins Schärfe im Reden und Schreiben und seiner Freundlichkeit im persönlichen Umgang.

2. Beza und Bolsec

Tatsächlich entstanden die beiden prägenden Calvinbilder, nämlich das überwiegend positive und das überwiegend negative, recht schnell nach Calvins Tod und wandelten sich im Laufe der Jahrhunderte kaum. Die Biographie, die Beza noch im Sterbejahr Calvins veröffentlichte, stellt Calvin als den großen Reformator und Glaubenshelden dar. Mit etwas Mühe lassen sich auch einzelne negative Charakterzüge erkennen, aber insgesamt zeigt Beza Calvin als beispielhaft Glaubenden und als Propheten. Die dritte Auflage dieses Werks 1575 veranlasste Hieronymus Bolsec dazu, sein *La Vie de Calvin* (1577) zu publizieren und damit Calvins »Leben, Sitten, teuflische Listen und seinen körperlichen Tod, mit dem er diese Welt unter Gotteslästerungen, Flüchen, Ärgernis, Verwünschungen und in tiefster Verzweiflung verlassen hat« (Bolsec 1577, 140). Bolsec sagt, er wolle mit seinem Werk die Irrungen der calvinistischen Sekte aufzeigen, um viele in die katholische Kirche zurückführen zu können. Mit der Struktur seines Werks beabsichtigt er, Calvin als Ketzer darzustellen. Darum schenkt er auch dem Sterben Calvins so viel Aufmerksamkeit, dessen Qual typisch sein soll für das Sterbebett eines Ketzers. Aber auch zu Lebzeiten habe Calvin bereits seine häretischen Züge erkennen lassen. So beschuldigt Bolsec Calvin unter anderem, übermäßig gegessen und getrunken zu haben sowie ein Ehebrecher, Hurengänger, Homosexueller, Gierschlund und Revolutionär gewesen zu sein, der außerdem an Ehrgeiz, Hochmut, Halsstarrigkeit, Rachsucht und Reformwut gelitten haben soll. Dazu gesellen sich noch ein paar theologische Anomalien. Bolsecs Werk war im 16. Jahrhundert weit verbreitet und wurde ins Lateinische, Deutsche, Niederländische und Polnische übersetzt. Noch im 19. Jahrhundert erschienen französischsprachige Ausgaben. Daneben diente das Werk als Grundlage anderer Lebens- und Werkbeschreibungen Calvins, wie zum Beispiel der zweiteiligen Biographie von M. Audin, die im Jahr 1841 erschien und die das Calvinbild im französischen Katholizismus bis nach dem Ersten Weltkrieg bestimmte. Audin verstärkt das Negativbild noch, indem er zusätzlich auf Calvins Äußeres eingeht. Seine nasale Stimme, Gestalt eines Kadavers, sein krummer Rücken, ein halbtotes Auge, farblose Lippen und weiße Haare verursachten, so schreibt Audin, schon zu Calvins Lebzeiten viel Heiterkeit – eine Darstellung, die Calvin äußerlich in die Nähe von Hexen rückt.

Gerade im Katholizismus wird das Calvinbild in der zweiten Hälfte des 20. Jahrhunderts positiver, eine Entwicklung, die durch die ökumenische Bewegung, das Zweite Vatikanische Konzil und durch die Quellenforschung gefördert wird. Hier wird nun vor allem Calvins Werk gelesen.

3. Idolisierung

Es wäre falsch zu behaupten, diesem negativen Calvinbild stehe ein gleichwertiges Idealbild gegenüber. Calvin wurde relativ selten als idealer Theologe und Pastor dargestellt, obwohl es bemerkenswert ist, dass der Gelehrte Joseph-Justus Scaliger (1540–1609), der in seinen Werken kaum jemanden lobte, für Calvin eine Ausnahme machte. Scaliger sah Calvin als beispielhaften Nachfolger der Propheten und bezeichnete ihn als *pontifex* wegen seiner Auffassungen über die Bibel und seiner Klarheit im Denken (Bosch 1971). Unter den »reformierten Heiligen« nimmt seine Person, verglichen mit der Position, die Luther innerhalb der lutherischen Theologie innehat, nur einen bescheidenen Platz ein. Andererseits wurde Calvins Theologie für die reformierte Tradition normativer als Luthers Lehre für die lutherische Tradition. Calvin hatte in vielen exegetischen und theologischen Diskussionen eine starke Stimme, und Kritik an seiner Auslegung und an seinem Standpunkt wurde nur vorsichtig geäußert. Trotzdem war die Normativität der reformierten Konfessionen stärker als die Normativität Calvins selbst. Dabei muss bei Calvins Sichtweise immer bedacht werden, dass er auch sein eigenes Denken für relativ hält und es anhand der Bibel geprüft werden soll. Calvin selbst freute sich, als er merkte, dass seine Werke in weiteren Kreisen verbreitet und verwendet wurden, gleichzeitig warnte er aber vor der Gefahr, zum Idol stilisiert zu werden. Johannes a Lasco informierte Calvin 1552 über eine Frage im wallonischen Teil der Londoner Gemeinde, bei der sich eine Reihe von Gemeindemitgliedern auf Calvin beriefen. Dieser antwortete in einem Brief an die ganze Gemeinde und bat darum, »aus mir kein Idol zu machen und aus Genf keine Art Jerusalem« (CO 14,362–365).

Zu einem Idol ist er nicht geworden, aber zu einem Idealbild, und so hat er innerhalb des reformierten Protestantismus die Position eines *doctor ecclesiae* erworben. Dabei werden ihm auch viele andere positive Entwicklungen in Gesellschaft, Politik und Wissenschaft zugeschrieben. Der bekannte Calvinspezialist Emile Doumergue stellte einen direkten Zusammenhang zwischen Calvin und der modernen Demokratie her (Doumergue 1917, 611), eine Auffassung, die von Ernst Troeltsch differenziert wurde, indem er darauf hinwies, dass es sich dabei um eine konservative Demokratie handele, die stark autoritär geprägt sei und damit eine andere als die Demokratie nach französischem oder amerikanischem Modell (Troeltsch 1994, 605). Für die marxistische Geschichtsschreibung galten Calvins Auffassungen als revolutionär. Friedrich Engels beschrieb Calvin als denjenigen, der die durch die Reformation entstandene Revolution vollendet hat.

Seine Prädestinationslehre zeige, wie sehr ein Mensch von Umständen abhängig ist, auf die er keinen Einfluss hat, und wie Calvins Kirchenbegriff alle gesellschaftlichen Ränge und Stände nivelliere (Marx/Engels 1962, 533).

Auffallend ist die unterschiedliche Wertschätzung Calvins in verschiedenen Teilen der Welt. In Nordamerika, Asien und Südafrika wird Calvin allgemein viel höher geschätzt als in Westeuropa. In den erstgenannten Gebieten gilt er als Erneuerer der Kirche und Theologie und als jemand, der zur Entwicklung von Politik, Bildung und Wissenschaft einen großen Beitrag geleistet hat. Auch in der reformierten Welt in Osteuropa ist Calvin besonders als der Reformator bekannt, der Kirche und Gesellschaft vorangebracht hat und dessen Werk von bleibender Relevanz ist.

Neben diesen geographischen Unterschieden gibt es auch Beurteilungsdifferenzen, die sich aus Veränderungen politischer und kirchlicher Situationen und Standpunkte ergeben. So gilt für den Zeitraum zwischen 1685 und 1870 in Frankreich, dass protestantische und katholische Calvininterpretationen nicht immer schlicht in pro und contra einzuteilen sind. Calvins Meinung zur Autorität der Bibel und zur Position der Familie liegt zum Beispiel Katholiken manchmal näher als Protestanten.

Durch die Entwicklung von theologischen hin zu eher historischen Forschungsansätzen für das 16. Jahrhundert wurde in den letzten Jahrzehnten sowohl das rein negative als auch das ausschließlich positive Bild Calvins immer weiter relativiert. Es hat aber Jahrhunderte gedauert, bevor Gegner nicht mehr nur schlecht und Anhänger nicht mehr nur gut von ihm redeten. Unbestritten war jedoch immer, dass Calvin einen substantiellen Beitrag zu den politischen, kirchlichen und gesellschaftlichen Veränderungen der westlichen Welt geleistet hat und dass die Art seiner Theologie von bleibender Aktualität und bleibendem Einfluss ist.

4. Selbstbild

Forschungen in den Genfer Archiven haben gezeigt, dass Calvin nicht die Entscheidungsgewalt in der Stadt hatte und dass seine Ideen in vielerlei Hinsicht progressiv und nicht reaktionär waren. Des Weiteren hat ein ausführlicheres Studium des Werkes Calvins – d.h. nicht nur der *Institutio* – zu einem veränderten Calvinbild beigetragen, denn das negative Bild war größtenteils durch einzelne Werke entstanden, die in der Literatur bildbestimmend wurden, ohne dass gefragt wurde, ob dieses Bild auch mit den Fakten übereinstimmte. Das Geschriebene wurde kritiklos übernommen, unter anderem in Nachschlagwerken. Durch die neue Sichtweise rückten Aussagen, die Calvin selbst über sich machte, immer mehr in das Blickfeld.

Seine Bemerkung im Brief an Sadoleto, er spreche nicht gerne über sich selbst (»De me non libenter loquor«, CO 5,389), wurde häufig so aufgefasst, als habe

Calvin überhaupt nichts über sich selbst gesagt. Jedoch offenbaren nicht nur seine Briefe und Kommentare bei sorgfältiger Lektüre den Menschen Calvin. Auch dass er in seinen Schriften und Predigten oft von »wir« spricht, wenn er »ich« meint, ist ein Schlüssel zum besseren Verständnis seiner Person (Selderhuis 2004, 19–36).

Wie bereits erwähnt, hatte Calvin kein sonderlich positives Selbstbild. Immer wieder nennt er in seinen Briefen eine Reihe negativer Eigenschaften, die ihm bewusst sind, die er aber gleichzeitig zu verbergen weiß. So gibt er zu, große Mühe mit der eigenen Mäßigung und Freundlichkeit zu haben, also Mühe dabei, friedfertig zu bleiben, obwohl er gegen seine Natur (*tamen vim ingenio mea*) sein Bestes dafür geben will (CO 11,365). Im Vorwort zum Psalmenkommentar schreibt er: »Ich muss anerkennen, dass ich von Natur aus nicht viel Mut habe, schüchtern, ängstlich und schwach bin.« (CO 31,19). Dass Calvin entgegen mancher Darstellung nicht aus Stein war, zeigt sich zum Beispiel in seiner Reaktion auf die Mitteilung, Luther habe sein Werk mit Gefallen gelesen. »Wenn wir von solch einer Mäßigung nicht erweicht werden, sind wir vollkommen aus Stein. Ich bin wirklich erweicht worden. Ich habe also etwas geschrieben, was ihn zufrieden stellt.« (Herminjard 1966, Bd. 6, 130, Calvin an Farel, 20. Nov. 1539).

Trotz der Einsicht in eigene Unzulänglichkeiten ist Calvin der Meinung, er habe so gelebt, wie er es auch anderen vorschrieb (CO 9,620), eine Meinung, die durch die Forschung mittlerweile bestätigt wurde. Die Kritik an seinem Lebenswandel und die Vorwürfe der Sittenlosigkeit auf verschiedenen Gebieten, die schon zu seinen Lebzeiten die Runde machten, haben sich als haltlos erwiesen. Die Unwahrheit zu sagen gelingt ihm absolut nicht und geht ihm regelrecht gegen die eigene Natur. (»Car de luy faire accroire que le blanc est noir, c' est trop contre mon naturel, et il ne me serroit pas possible.«, CO 20,8–9). Er liebt Geradlinigkeit und Offenheit. (»Etsi autem mihi, qui rectitudinem sincerumque candorem amo«, CO 9,249). In dieser Offenheit geht er recht weit, wie zum Beispiel in seiner Kritik als junger Theologe am erfahrenen, 15 Jahre älteren Bucer. Er sagt jedoch, er könne nicht anders: »Ich will lieber offenherzig meine Beschwerde über dich vorbringen als den Ärger in mir zu unterdrücken und so noch größer werden zu lassen« (CO 14,252). Er findet es in seiner »Bauerneinfalt« einfacher anzuecken als auf heuchlerische Weise jemanden zu loben (»[...] me rustica potius simplicitate offendere, quam adulatorie in ullius hominis gratiam loqui«, CO 13,594). Wer ihn für einen »Speichellecker« hält, kenne ihn schlecht (»Male me nosti, D. Lismanine, qui ingenio tam servili et adulatorio esse putasti«, CO 19,42), so ist es für ihn auch das höchste Glück, wenn andere mit ihm genauso offen sprechen wie er mit ihnen (CO 15,304).

5. Person und Sache

In dieser Offenheit wollte Calvin nach eigener Aussage immer – und er sagt das 1558 – die Person von der Sache trennen, und er ist stolz darauf, das erreicht zu haben (»Adde quod merito gloriabor, utcumque me inexorabilem vocent improbi, neminem esse mortaliium cui ob privatas iniurias unquam fuerim inimicus.« CO 17,235). Mit Pighius stritt er sich nur zu dessen Lebzeiten und dann ausschließlich über dessen Lehre (CO 7,258). Auf Sadoleto reagierte er so heftig, weil er sich nicht persönlich, sondern in seinem Amt angegriffen fühlte (CO 5,386) und noch zwei Stunden bevor Servet den Scheiterhaufen bestieg, bezeugte Calvin, er sei nicht aus persönlichen Motiven gegen ihn vorgegangen. »Ich hasse dich nicht, ich verachte dich nicht und ich wollte dich nicht zu hart verfolgen.« (CO 8,495). Dass Servet das immer anders gesehen hat, störte Calvin nach eigener Aussage nicht. Alle Schmach, die Servet über ihn ausgegossen habe, habe ihm so viel ausgemacht wie ein Hund, der bellend auf einem Misthaufen steht (CO 8,637).

Dass Calvin Feinde in seinem Leben hatte, lag seiner Meinung nach an einer klaren Ursache:

> »Sofern ich Feinde habe, sind alle eindeutige Feinde Christi. Niemals habe ich eine feindliche Haltung aus persönlichen Motiven angenommen noch aus Streitlust. Durch meine Schuld ist nicht einmal ein Streit entstanden. Für mich ist es einzig und allein ausreichend aus keinem anderen Grund einen Feind zu haben, als dass er es gewagt hat, sich gotteslästerlich gegen die fromme Lehre und das Heil der Kirche zu erheben« (CO 9,570).

Wenn Calvin sagt, seine Feinde seien ausschließlich Feinde Christi, liegt das Problem auf der Hand. Calvin glaubte jeden angreifen zu müssen, der in seinen Augen von der Lehre Christi abwich. Dies hat auch damit zu tun, dass er sich stark mit David identifiziert, wie aus seinem Kommentar zu den Psalmen ersichtlich wird. Calvin ist der unerwartet gerufene Knecht Gottes, der ebenso wie David keine andere Aufgabe hat als für Gottes Ehre und für Gottes Volk zu streiten. So sind, wie in Davids Leben, Feindschaften unvermeidlich. Diese Identifikation mit David gab Calvin die Gelegenheit, seinen Gefühlen von Mangel, Einsamkeit, Angst und Verdruss Ausdruck zu verleihen, ohne seiner eigenen Aussage, er spreche nicht gerne über sich selbst, widersprechen zu müssen. Kurz gesagt, über Calvins Darstellung Davids wird ein sehr verletzlicher und menschlicher Calvin sichtbar. Dieses Bild wird durch seine Briefe bestätigt, in denen er anderen sein Herz öffnet und versucht das Herz anderer zu erreichen.

Zusammenfassend kann gesagt werden, dass das Calvinbild im Laufe der Zeit positiver oder zumindest beträchtlich weniger negativ geworden ist. Vielleicht hat das auch mit dem Umstand zu tun, dass man der Selbstkritik Calvins inzwischen mehr Aufmerksamkeit schenkt. In diesem Mann steckt mehr Fleisch und Blut, mehr Herz und Seele als seine Figur in der Mauer der Reformatoren in Genf vermuten lässt.

BACKUS, Irena: Calvin. Saint, Hero or the worst of all possible Christians (in: SELDERHUIS, Herman J. [Hg.]: Calvinus sacrarum literarum interpres [RefHT], 2008).
BOSCH, Dieter: Calvin im Urteil der französischen Historiographie, 1971.
BÜSSER, Fritz: Calvins Urteil über sich selbst, 1950.
NEUENSCHWANDER-SCHINDLER, Heidi: Das Gespräch über Calvin, Frankreich 1685–1870, 1975.
PFEILSCHIFTER, Frank: Das Calvinbild bei Bolsec und sein Fortwirken im Französischen Katholizismus bis ins 20. Jahrhundert, 1983.
STAUFFER, Richard: L'humanité de Calvin, 1964.

(Übersetzt von *Ulrike Sawicki*) *Herman J. Selderhuis*

II. Calvins Werke: Einzelausgaben und Editionen

Johannes Calvin war ein produktiver Schriftsteller und Prediger. Die *Bibliotheca Calviniana* (PETER/GILMONT 1991–2000) nennt 329 Ausgaben von 119 zwischen 1532 und 1564 veröffentlichten Schriften. Die große Vielfalt der vom 16. Jahrhundert bis heute erschienenen Ausgaben und Übersetzungen zahlreicher Schriften Calvins ist im reformatorischen Vergleich beispiellos.

Die nachfolgende, teils kommentierte Bibliographie bietet eine chronologische Übersicht der häufig veröffentlichten Werkausgaben und Schriften und ihrer jüngsten Übersetzungen nach verschiedenen Gruppen.

1. Gesammelte Werke: Opera

Die hier aufgeführten Sammlungen vereinen die von Calvin bekannten Schriften und umfassen entweder alle seine Schriften oder eine Auswahl davon. In beiden Fällen sind die Schriften in ihrem vollen Umfang veröffentlicht.

1552: *Opuscula omnia in unum volumen collecta*, hg. v. Nicolas des Gallars, Genf 1552. Alle Schriften dieser einbändigen Sammlung sind in lateinischer Sprache und zum Teil Übersetzungen aus dem Französischen durch des Gallars.

1566: *Recueil des opuscules, c'est à dire, Petits traictez de M. Jean Calvin*, Genf 1566. Diese Sammlung enthält die französische Ausgabe der polemischen und seelsorgerlichen Schriften Calvins. Eine CD-ROM-Ausgabe ist unter dem Titel *Recueil des opuscules de Jean Calvin*, hg. v. Max Engammare, Genf 2004, erschienen; eine zweite Auflage des Werks wurde 1611 von Jacob Stoer in Genf gedruckt.

1576: *Tractatus theologici omnes, nunc primum in unum volumen, certis classibus congesti*, Genf 1576. Diese Sammlung bietet die lateinische Ausgabe der theologischen Schriften Calvins mit einem Vorwort von Theodor Beza.

1617: *Opera omnia theologica in septem tomos digesta*, 7 Bde., Genf 1617.

1667: *Ioannis Calvini noviodunensis opera omnia*, 9 Bde., Johannes Jacob Schipper, Amsterdam 1667–1671. Diese Ausgabe diente im 19. Jahrhundert als Grundlage für August Tholucks Kommentarreihe zum Neuen Testament.

1863: *Ioannis Calvini opera quae supersunt omnia. Ad fidem editionum principum et authenticarum ex parte etiam codicum manu scriptorum, additis prolegomenis literariis, annotationibus criticis, annalibus Calvinianis indicibusque novis et copiosissimis* (CO), 59 Bde., hg. v. Wilhelm Baum, Eduard Cunitz und Eduard Reuss, Braunschweig 1863–1900. Diese klassische Werkausgabe ist nach wie vor im wissenschaftlichen Gebrauch und lässt sich durch eine DVD-Ausgabe mit Suchfunktion erschließen: *Calvini Opera Database* 1. hg. v. Herman J. Selderhuis, Apeldoorn 2005.

1926: *Johannis Calvini opera selecta* (OS), 5 Bde., hg. v. Peter Barth, Wilhelm Niesel und Dora Scheuner, München 1926–1952.

1977: *Calvin: Theological treatises* (*Library of Christian Classics, Ichthus Edition*), hg. v. John K. S. Reid, Philadelphia 1977.

1992: *Ioannis Calvini opera omnia*, 12 Bde., hg. v. Helmut Feld u. a., Genf 1992 ff. In diesem längerfristig angelegten Projekt einer Neuausgabe der *Calvini Opera* aus dem 19. Jahrhundert werden alle Schriften Calvins durch Anmerkungen und bibliographische Angaben nach dem gegenwärtigen Stand der Calvinforschung erschlossen. Zu den einzelnen Schriften siehe weiter unten.

1994: *Calvin-Studienausgabe*, 6 Bde., hg. v. Eberhard Busch, Neukirchen-Vluyn 1994 ff. Diese noch nicht abgeschlossene Ausgabe bietet Calvins Schriften im lateinischen oder französischen Original mit deutscher Übersetzung.

2002: *Tracts Relating to the Reformation*, 3 Bde., Eugene, OR, 2002. Nachdruck des ursprünglich 1844 in Edinburgh im Auftrag der *Calvin Translation Society* veröffentlichten Werkes.

2. Gesammelte Werke: größere Werke in Auswahl oder Auszügen

Folgende Ausgaben enthalten eine Textauswahl aus umfangreicheren Schriften, die sich nach dem von den Herausgebern gewählten inhaltlichen Schwerpunkt richtet.

1975: *John Calvin: Selections from His Writings*, hg. v. John Dillenberger, Missoula, MT, 1975.

2001: *John Calvin: Writings on Pastoral Piety*, hg. v. Elsie McKee, New York 2001.

2006: *John Calvin: Selections from His Writings*, hg. v. Emilie Griffin, New York/SanFrancisco 2006.

2006: *John Calvin: Steward of God's Covenant: Selected Writings*, hg. v. John F. Thornton u. a., New York 2006.

3. Sammlungen unterschiedlicher Textgattungen

3.1. Briefe

Die über 1200 ausführlichen Briefe Calvins leisten einen großen Beitrag, ihn als Person, Pfarrer und Seelsorger zu verstehen, da er in seinen Briefen zu persönlichen Fragen Stellung nimmt, Ereignisse seiner Umwelt gründlich deutet und sich als geistlicher Berater seiner Kollegen und führender kirchlicher Persönlichkeiten annimmt.

1575: *Ioannis Calvini epistolae et responsa*, Genf 1575. Diese Briefsammlung übergab Calvin zur möglichen Veröffentlichung an Theodor Beza, der mit Hilfe Charles de Jonvillers' die erste Sammlung von Briefen Calvins herausgab.

1854: *Lettres de Jean Calvin*, 2 Bde., hg. v. Jules Bonnet, Paris 1854, englische Ausgabe: *Letters of John Calvin*, 4 Bde., hg. v. Jules Bonnet, Philadelphia 1858, Nachdruck: Grand Rapids 1983.

1866: *Correspondance des réformateurs dans les pays de la langue français recueillie et publiée avec d'autres letters relatives à la Réforme et des notes historiques et bibliographiques*, 9 Bde., hg. v. A. L. Herminjard, Genf 1866–1897, Nachdruck: Nieuwkoop 1965–1966.

1961: *Johannes Calvins Lebenswerk in seinen Briefen*, 3 Bde., Neukirchen 1961.

1986: *Calvijns levenswerk belicht vanuit zijn brieven*, 12 Bde., hg. v. P. Kuijt, Utrecht 1986.

2005: *Ioannis Calvini epistolae*, Bd. 1 (1530 bis September 1538), hg. v. Cornelis Augustijn u. a., Genf 2005. Dieser Band ist Teil der Neuausgabe der *Opera omnia*.

3.2. Predigten

Einzelne Predigten und kleine Predigtsammlungen wurden bereits zu Lebzeiten Calvins veröffentlicht. Im frühen 19. Jahrhundert führte eine Entscheidung der Genfer Universitätsbibliothek zum Verlust vieler seiner Predigten, von denen noch 874 erhalten sind und in die *Calvini opera* aufgenommen wurden. Seither kam es vereinzelt zum Nachdruck und zur Übersetzung einzelner Predigten. Im 20. und beginnenden 21. Jahrhundert wurde mit den *Supplementa Calviniana* eine Edition mehrerer Ergänzungsbände zu den in den *Opera* enthaltenen Predigten begonnen. Mit *Calvin's Preaching* (Parker 1992) bietet Thomas Parker eine informative Analyse der Predigten Calvins in stilistischer und methodischer Hinsicht sowie eine bibliographische Übersicht veröffentlichter Predigten.

1936: *Supplementa Calviniana. Sermons inédits*, hg. v. Erwin Mülhaupt u. a., Neukirchen 1936 ff. Die Bände dieser noch unvollendeten und von unterschiedlichen Herausgebern betreuten Reihe enthalten Predigten über Jesaja 13–29 und 30–41 (Bde. 2 und 3), Micha (Bd. 5), Jeremia und Klagelieder (Bd. 6), Psalmen (in Auswahl) und die Passionsgeschichte von Matthäus (Bd. 7), Ezechiel (Bd. 10/3) sowie Genesis 1–4 (Bd. 11/1) und Genesis 11–20 (Bd. 11/2).

In den vergangenen zehn Jahren haben die Verlage *Banner of Truth Trust* (Edinburgh), *Old Paths Publications* (Audubon und Willow Street) and *P&R Publishing* (Phillipsburg) etliche Predigten Calvins in englischer Übersetzung nachgedruckt:

1996: *Sermons on Election & Reprobation*, mit einem Vorwort v. David C. Engelsma, Audubon 1996.

1996: *Sermons on Psalm* 119, mit einem Vorwort v. James Montgomery Boice, Audubon 1996.

1997: *Sermons on Galatians*, übersetzt v. Kathy Childress, Edinburgh 1997.

2000: *Sermons on Melchizedek & Abraham. Justification, Faith & Obedience*, mit einem Vorwort v. Richard A. Muller, Willow Street 2000.

2003: *Sermons on the Book of Micah*, hg. und übersetzt v. Benjamin Wirt Farley, Phillipsburg 2003.

3.3. Kommentare und Vorlesungen (Praelectiones)

Calvin schrieb zahlreiche Kommentare über viele Schriften des Alten und Neuen Testaments und hielt über weitere Schriften unveröffentlichte Vorlesungen. Nach 1556 wurden seine Vorlesungen über Hosea, die kleinen Propheten, Daniel, Jeremia, Klagelieder und Ezechiel veröffentlicht und in Ausgaben seiner Kommentare integriert. Die Bände 23–55 der *Calvini Opera* aus dem 19. Jahrhundert enthalten Calvins Kommentare und Predigten. Im selben Jahrhundert kam es zu weiteren lateinischen und französischen Ausgaben, ebenso zur Übersetzung vieler Kommentare ins Niederländische und Englische. Eine solche Übersetzungstätigkeit hält bis heute an und wird zweifellos auch das 21. Jahrhundert prägen.

Thomas Parker verfasste zwei Begleitschriften, *Calvin's Old Testament Commentaries* (PARKER 1993a), und *Calvin's New Testament Commentaries* (PARKER 1993b), in denen er Methode und Ansatz von Calvins Schriftauslegung sowie dessen Verhältnisbestimmung von Altem und Neuem Testament untersucht.

1834–1838: *Ioannis Calvini in Novum Testamentum commentarii*, 7 Bde. in 8 Büchern, hg. v. August Tholuck, Berlin 1834–1838. Eine Ausgabe derselben Reihe in 4 Büchern wurde 1838 von Wilhelm Thome auf der Grundlage der 1667 in Amsterdam veröffentlichten Schipper-Ausgabe besorgt.

1847–1855: *Calvin's Commentaries*, 22 Bde., hg. durch die Calvin Translation Society, Edinburgh 1847–1855. Es handelt sich um die erste von verschiedenen Übersetzern ins Englische übersetzte Kommentarreihe. Der jüngste von mehreren Nachdrucken erfolgte 1979 durch Baker Book House in Grand Rapids, Michigan.

1888: *Verklaring van de Bijbel*, 15 Schriften in 41 Bänden, übersetzt von J. van de Heuvel u.a., Kampen 1888–2004. Dieses Werk bietet die holländische Übersetzung der in den *Calvini Opera* aus dem 19. Jahrhundert enthaltenen Kommentare.

1937 ff.: *Johannes Calvins Auslegung der Heiligen Schrift, Neue Reihe*, hg. v. Otto Weber, Neukirchen 1937 ff. Diese Reihe ist ein unvollständiger Nachdruck der im 19. Jahrhundert von Karl Müller herausgegebenen Bände und umfasst: Bd 1. *Genesis, neue, durchgearbeitete Ausgabe*, 1956; Bde. 6 und 7. *Jesaja*; Bd. 8. *Jeremia*; Bd. 9. *Ezechiel und Daniel*; Bd. 12. *Evangelien-Harmonie, Teil* 1; Bd. 13. *Evangelien-Harmonie, Teil* 2; Bd. 14. *Das Johannes-Evangelium*; Bd. 16. *Römerbrief und Korintherbriefe*; Bd. 17. *Die kleinen paulinischen Briefe*; Bd. 20. *Predigten über das Buch Hiob.*

1959: *Calvin's New Testament Commentaries*, 12 Bde., hg. v. David W. Torrance and Thomas F. Torrance, Grand Rapids 1959–1973, Nachdrucke einzelner Bände in den 80er Jahren des 19. Jahrhunderts. Diese Reihe ist eine englische Übersetzung auf Grundlage der Berliner Kommentarausgabe von Tholuck aus dem Jahre 1834. Die Bibelübersetzung ist, mit Ausnahme der von Calvin aufgrund seiner Anmerkungen anders übersetzten Stellen, die der Revised Version.

1959: *Ioannis Calvini in [...] Commentarius*, übersetzt v. Nobuo Watanabe, Tokyo 1959–1984. Die unvollständige japanische Reihe kommentiert das Buch Genesis, die Bücher vom Johannesevangelium an bis zu den Petrus- und Johannesbriefen und den Judasbrief.

1978: *Commentaires de Jean Calvin sur le Nouveau Testament* (*Commentaires bibliques*), 6 Bde., hg. v. Pierre Marcel u.a., Marne-la-Vallée/Aix-en-Provence 1978 ff. Diese unvollständige Reihe umfasst: *L'Harmonie evangelique Matthieu, Marc et Luc avec les commentaires de Jean Calvin* (Bd. 1/1–4.), *Evangile selon Jean* (Bd. 2), *Epitre aux Romains* (Bd. 4), *Epitres aux Galates, Ephesiens, Philippiens et Colossiens* (Bd. 6), *Epitres aux Thessaloniciens a Timothee, Tite et Philemon* (Bd. 7), *Les Epitres Catholiques* (Bd. 8), *Epitre aux Hebreux* (Bd. 8/1).

1978: *Commentaires de Jean Calvin sur l'Ancien Testament*, hg. v. Pierre Marcel u.a. Marne-la-Vallée/Aix-en-Provence 1978 ff. Der einzige erschienene Band dieser Reihe ist *Le livre de la Genèse.* Die beiden genannten französischen Kommentarreihen zum Alten und Neuen Testament verdanken sich der *Société Calviniste de France* und wurden unter der Schirmherrschaft der *International Association for Reformed Faith and Action* herausgegeben.

1992: *Ioannis Calvini Opera Omnia, Series II: Opera Exegetica Veteris et Novi Testamenti*, hg. v. Helmut Feld u.a., Geneva 1992 ff. Folgende Bände dieser in Fortsetzung begriffenen Ausgabe sind erschienen: Bd. 1/1+2: *In Evangelium secundum Johannem commentarius*, Bd. 12/1+2: *Commentariorum in Acta Apostolorum liber primus/secundus*, Bd. 13: *Commentarius in epistolam Pauli ad Romanos*, Bd. 15: *Commenarii in secundam Pauli epistolam ad Corinthios*, Bd. 16: *Commentarii in Pauli epistolas*, Bd. 19: *Commentarius in epistolam ad Hebraeos.*

1994: *Calvin's Old Testament Commentaries*, The Rutherford House Translation, Bd. 18/1: *Ezekiel* 1–12, Bd. 20: *Daniel.*, hg. v. D. F. Wright, Grand Rapids 1994.

1998: *Commentário à Sagrada Escritura*, 6 Bde., hg. v. Eline Alves Martins, Sao Paulo 1998 ff. Die Bände umfassen *Salmos* (Psalmen), *Daniel*, *Romanos*, *I Corinthios*, *Gálatas*, *I+II Timóteo*, *Tito*, *Filemom*. Die Übersetzung dieser unvollständigen portugiesischen Reihe basiert auf der von der Calvin Translation Society im 19. Jahrhundert herausgegebenen englischen Kommentarreihe.

4. Einzelwerke

Im Laufe der Zeit sind zahlreiche einzelne Werke Calvins in verschiedenen Sprachen veröffentlicht worden. Zwei wichtige bibliographische Hilfsmittel hierfür sind die *Bibliographia Calviniana* (Bihary 2000) und *The Writings of John Calvin* (De Greef 1993). Biharys Aufstellung nennt alle Schriften Calvins und weist auf englische, deutsche, französische und ungarische Übersetzungen hin. De Greefs Werk bietet eine Beschreibung jeder Calvinschrift und verweist durch Anmerkungen auf jeweils aktuelle Veröffentlichungen und Übersetzungen.

Ungeachtet der vielen Schriften, die hier zu nennen wären, beschränkt sich die folgende Aufstellung auf die Einzelwerke in der Neuausgabe der *Opera omnia*. Ebenso zu nennen ist wegen ihres hohen Bekanntheitsgrades und ihrer nach wie vor anhaltenden Verbreitung durch weitere Übersetzungen die *Institutio Christianae Religionis*.

4.1. In der Neuausgabe der Opera omnia enthaltene Einzelwerke

1998: *De aeterna dei praedestinatione* (in: *Ioannis Calvini opera omnia*, Reihe III: *Scripta ecclesiastica*, Bd. I, hg. v. Wilhelm H. Neuser, Genf 1998).

2002: *Instruction et confession de foy dont on use en l'église de Genève, in: Ioannis Calvini opera omnia*, Reihe III: *Scripta ecclesiastica*, Bd. 2, hg. v. Anette Zillenbiller, Genf 2002.

2002: *Confessio Genevensium praedicatorum de trinitate*, in: *Ioannis Calvini opera omnia*, Reihe III: *Scripta ecclesiastica*, Bd. 2:, hg. v. Marc Vial, Genf 2002.

2005: *Contre la secte phantastique et furieuse des libertins qui se nomment spirituelz, in Verbindung mit: Response à un certain Holandois, lequel sous ombre de faire les chrestiens tout spirituels, leur permet de polluer leurs corps en toutes idolatries*, in: *Ioannis Calvini opera omnia*, Reihe IV: *Scripta didactica et polemica*, Bd. 1, hg. v. Mirjam van Veen, Genf 2005.

4.2. Die Institutio Christianae Religionis (Institutio)

Die zu den bekanntesten Werken Calvins zählende *Institutio* erschien in erster Auflage 1536 und in weiteren Bearbeitungen 1539, 1543, 1550 und 1559. Der 1949 erschienene Nachdruck der 1813 von John Allan besorgten englischen Übersetzung und die 1960 erschienene Battles-Übersetzung der lateinischen Ausgabe von 1559 ins Englische enthalten jeweils literarkritische Ausführungen zur *Institutio*.

1536: *Christianæ religionis institutio*, Basel 1536. Diese erste Auflage erschien 1975 auf Englisch: *Institutes of the Christian Religion*, übersetzt und kommentiert v. Ford Lewis Battles, Grand Rapids 1975.

Die 5. Auflage von 1559 wurde in zahlreiche Sprachen übersetzt. Vier der jüngsten Übersetzungen sind nachfolgend aufgeführt.

1559: *Institutio christianae religionis*, Genf 1559.

1931: *Institutie of onderwijzing in den christelijken godsdienst*, aus dem lateinischen übersetzt v. A. Sizoo, Delft 1931.

1955–1958: *Institution de la Religion chrétienne. Edition nouvelle ...*, hg. v. Jean Cadier und Pierre Marcel, 4 Bde., Genf 1955–1958.

1960: *Institutes of the Christian Religion*, 2 Bde., hg. v. John T. McNeil und übersetzt v. Ford Lewis Battles, Philadelphia 1960, häufig nachgedruckt und gegenwärtig erhältlich bei Westminster/John Knox Press.

1971: *Istituzione della religione cristiana*, hg. v. Giorgio Tourn, Turin 1971.

1986: *Unterricht in der christlichen Religion*, nach der letzten Ausgabe übersetzt und bearbeitet v. Otto Weber, Neukirchen [4]1986.

1993: *Institutio christianae religionis*, koreanisch und englisch (*Young-Hahn Gidokyo Gangyo*), 4 Bde., Seoul 1993.

1997: *Institutio christianae religionis*, russisch (*Nastavlenie v christianskoj vere*), 3 Bde., Grand Rapids 1997–1999.

2003: *Institutio christianae religionis*, rumänisch (*Învątatura religiei crȩstine*), 2 Bde., hg. v. Sofia Gheorghe und übersetzt v. Daniel Tomulet u.a., Oradea 2003.

5. Bibliographie

Die folgenden vier bibliographischen Darstellungen sind zum literaturgeschichtlichen Verständnis von Calvins Werk von überragender Bedeutung:

Bihary, M[ichel]: Bibliographia Calviniana. Calvin's Works and Their Translations 1850–1997, 2000.

Greef, Wulfert de: Johannes Calvijn. Zijn werk en geschriften, 1989; [2]2006.

Ders.: The Writings of John Calvin – an Introductory Guide, übersetzt v. Lyle D. Bierma, 1993.

Gilmont, Jean-François: Jean Calvin et le livre imprimé (Études de philologie et d'histoire [CaHR 50]), 1997. Englische Übersetzung: John Calvin and the Printed Book, Maag, Karin (Übers.), 2005

Peter, Rodolphe/Gilmont, Jean-François u.a. (Hg.): Bibliotheca Calviniana. Les oeuvres de Calvin publiées au XVIe siècle. 3 Bde., 1991–2000.

(Übersetzt von *Frithjof Rittberger*) *Paul Fields*

III. Calvinforschung: Hilfsmittel, Institutionen und Stand der Forschung

Bereits im 19. Jahrhundert wurde der Stand der Calvinforschung zu einem eigenen Forschungsgegenstand. Das Bedürfnis, einen interessierten Kreis über den Stand der Forschung und neue Publikationen zu informieren, hielt auch im 20. Jahrhundert an. Die jüngst hinzu gekommene Verfügbarkeit von elektronischen und digitalen Primär- und Sekundärquellensammlungen in Bezug auf Calvin hat die Aufgabe einer Bewertung der Calvinforschung umso komplexer gemacht. Während insbesondere die elektronischen Medien einer größeren Benutzerzahl den Zugang zu Calvins Schriften ermöglichen, bringt die Frage der Lagerfähigkeit der unterschiedlichen Medien neue Herausforderungen mit sich. Dieser Beitrag beleuchtet die wichtigsten Hilfsmittel, Einrichtungen und Veröffentlichungen, die die heutige Calvinforschung prägen, allerdings sei darauf hingewiesen, dass Informationen über Internetauftritte und elektronische Veröffentlichungen rasch veraltet sein können.

Von nachhaltigerem Wert dürfte der in diesem Beitrag gegebene Überblick über Tendenzen in der Calvinforschung sein, der sich auf wissenschaftliche Arbeiten, Monographien, Reiheneditionen und Aufsätze aus den letzten zehn Jahren stützt. Es lässt sich wohl zu recht sagen, dass die Publikationsrate traditioneller wie elektronischer Veröffentlichungen Aufschluss über den Zustand des Forschungsbereiches gibt.

Einen ersten Einblick in die Calvinforschung vermitteln Werke, die einen allgemeinen Überblick über das Werk Calvins selbst bzw. über die wissenschaftliche Rezeption Calvins geben. Zwei der nützlichsten Hilfsmittel zur Erschließung von Calvins Schriften sind: W. de Greef, *The Writings of John Calvin. An Introductory Guide* (De Greef 1993), überarbeitete Auflage auf Niederländisch 2006 (De Greef 2006a), und die dreibändige *Bibliotheca Calviniana* (Peter/Gilmont 1991–2000). De Greef bietet einen kompakten und gut lesbaren Überblick über Calvins Schriften, während Peter/Gilmont detailliert die ursprünglichen Titelseiten, die Hintergründe der verschiedenen Ausgaben, die Fundorte noch existierender Originalexemplare usw. untersuchen.

Eine ausführliche, thematisch gegliederte Aufstellung der neuesten Veröffentlichungen über Calvin und den Calvinismus leistet die jährlich erscheinende *Calvin Bibliography*, die vom Kurator des *Meeter Center* zusammengestellt und in der Herbstausgabe des *Calvin Theological Journal* veröffentlicht wird.

Die erste dieser bibliographischen Veröffentlichungen aus dem Jahr 1971 umfasst Werke aus der Zeit von 1960 bis 1970. Seit 1997 lassen sich die jährlichen Bibliographien auch online unter www.calvin.edu/meeter/bibliography abrufen.

Es überrascht angesichts der gegenwärtigen Entwicklung nicht, dass die Mehrzahl der neuen und vielversprechenden Hilfsmittel für die Calvinforschung in digitaler Form erhältlich ist. Ein wichtiges und nicht zu vernachlässigendes Hilfsmittel bleibt jedoch die IDC-Mikrofiche-Reihe (www.idcpublishers.com). Insbesondere unter dem Titel *The Works of John Calvin* sind alle lateinischen und französischen Auflagen der *Institutio* bis 1559/1560, 52 seiner Streitschriften und vierzehn Bände seiner Kommentare, Vorlesungen und Predigten verfügbar. Die Mikrofiches sind platzsparend, haltbar und relativ preiswert, zumal sie im Gesamtpaket oder – je nach Bedarf – einzeln erhältlich sind. In englischer Sprache sind fast alle Schriften Calvins auf CD-ROM verfügbar, wahlweise auch zum Herunterladen auf den PC, veröffentlicht von der *AGES-Digital-Library* in ihrer *Christian-Library-Series*, vgl. www.ageslibrary.com. Zum Studium der *Institutio* bietet sich nach wie vor die ältere, aber nützliche CD-ROM-Ausgabe des *Meeter Center* an, die allerdings nicht von Apple-Macintosh unterstützt wird. Neben einer Volltextsuche im lateinischen Text und in der englischen Beveridge-Übersetzung bietet das Programm eine synoptische Darstellung der beiden Texte im Split-screen-Format.

Wer den gebührenfreien digitalen Zugang zu Calvins Werk bevorzugt, kann sich der *Christian-Classics-Ethereal-Library* bedienen, die nicht an Urheberrechte gebundene Werke unter www.ccel.org im Internet frei zugänglich macht. Nahezu alle der dort eingestellten Schriften Calvins sind auf Englisch, der Schwerpunkt liegt auf den Kommentaren.

Während die englischen Übersetzungen von den meisten Benutzern bevorzugt werden, haben sich einige Einrichtungen darauf konzentriert, Calvins Schriften in den Originalsprachen digital zur Verfügung zu stellen. Die umfangreichste Sammlung bietet die von Herman J. Selderhuis am Institut für Reformationsforschung (IR) in Apeldoorn betreute DVD-Ausgabe der *Calvini Opera*. Die DVD verfügt über eine Volltextsuche im gesamten Text der 59-bändigen Werkausgabe. Bestell- und Preisinformationen sind unter www.instituutreformatieonderzoek.nl zu finden. Wer Interesse an weniger umfangreichen Calvinschriften hat, kann die mit Suchfunktion ausgestattete CD-ROM-Ausgabe des *Recueil des Opuscules* erwerben, eines ursprünglich 1566 auf französisch erschienenen 2000-seitigen Sammelbandes von Calvins Traktaten und Abhandlungen. Diese CD-ROM-Edition wurde von Max Engammare, dem Leiter des Genfer *Droz-Verlages*, betreut. Weitere Informationen sind im Internetauftritt www.droz.org unter der Buchtitelsuche »Recueil des opuscules« zu finden. Die *Ad-Fontes-Academy* schließlich bietet unter www.adfontes.com einen Online-Zugang mit Suchfunktion zu Quellen der frühen Neuzeit in der Originalsprache, einschließlich der gesammelten Werke Calvins in der *Schipper-Ausgabe* von 1667–1671.

Die oben genannten Hilfsmittel bedienen zwar die hohe Nachfrage an gut zugänglichen originalsprachlichen Quellen bzw. deren Übersetzungen, ersetzen aber nicht das Studium von Calvins Vorgängern und Zeitgenossen, das nötig ist, um sein Wirken in seinem historischen und geistesgeschichtlichen Kontext angemessen zu bewerten. Daher bedarf die Calvinforschung eines breiteren Angebots an Quellensammlungen und Fachwissen, wie es in verschiedenen, an Zahl und

Bedeutung zunehmenden Zentren und Einrichtungen zur Verfügung steht, die sich mit Calvin oder der Reformation im Allgemeinen beschäftigen.

Die älteren Einrichtungen bieten den Vorteil ihrer über lange Jahre gründlich aufgebauten Sammlungen, wogegen einige der jüngeren Zentren über ausgezeichnete Forschungsmöglichkeiten verfügen.

Das wichtigeste Zentrum der Calvinforschung in Europa ist das *Institut d'Histoire de la Réformation* in Genf. Das 1969 als Teil der Universität von Genf eingerichtete Institut beherbergt die private Sammlung von Büchern und handschriftlichen Quellen des *Musée historique de la Réformation*. Ebenso stehen die Sammlungen aus dem Präsenzbestand der Genfer Universitätsbibliothek und des Genfer Staatsarchivs in der Altstadt der Forschung zur Verfügung. Das Institut fördert graduierte und auswärtige Wissenschaftler und bietet Sommerkurse zur Geschichte, Literatur und Theologie der frühen Neuzeit nach verschiedenen Gesichtspunkten an. Mit dem *Bourse Regard* stellt das Institut jährlich ein Stipendium für einen kürzeren Forschungsaufenthalt zur Verfügung (Näheres dazu auf Französisch unter www.unige.ch/ihr). Andere Einrichtungen in Europa befassen sich breiter mit der Reformation. Das *Institut für Schweizerische Reformationsgeschichte* in Zürich hat neben der Schweizer Reformation im Allgemeinen vor allem die Züricher Reformation im Blick. Das 1964 gegründete Institut hat sich mit seinem Forschungsschwerpunkt auf den Züricher Reformatoren Zwingli und Bullinger einen Namen gemacht. Forschungsstipendien für Gastwissenschaftler gibt es dort zur Zeit nicht. Zur Verfügung stehen die institutseigene Sammlung sowie die reichen Bestände der Zentralbibliothek und des Staatsarchivs in Zürich. Mehr ist unter www.unizh.ch/irg auf Deutsch zu finden. Das Forschungsinteresse an der Reformation hat auch außerhalb der Schweiz zugenommen: In Schottland hat das *Saint-Andrews-Reformation-Studies-Institute* 1993 seine Arbeit aufgenommen und bietet über die historische Fakultät der Universität von Saint Andrews Master- und Doktorandenstudiengänge zur Reformation an. Das Institut besitzt zwar keine eigene Bibliothek, seine Besucher können aber den Zugang zu den umfangreichen Sammlungen der Universitätsbibliothek erhalten. Nähere Information über das Institut steht unter www.st-andrews.ac.uk. Das bereits erwähnte, 2002 im niederländischen Apeldoorn gegründete *Institut für Reformationsforschung* versucht, die Reformation theologisch und historisch in ihrer Breite in den Blick zu nehmen, ist aber wegen seines kurzen Bestehens mit vielen Vorhaben noch im Anfangsstadium, wie z. B. beim Erstellen einer Materialsammlung. Der Internetauftritt, www.instituutreformatieonderzoek.nl, bietet auch eine englische Version. Auf Deutsch steht Wissenschaftlern die Sammlung der *Johannes-a-Lasco-Bibliothek* in Emden zur Verfügung. Dieses Forschungszentrum bietet eine umfangreiche und benutzerfreundliche Bibliothek sowie Stipendienprogramme. Mehr findet sich unter www.jalb.de unter den Links »Forschung« und »Stipendienprogramm der Johannes a Lasco Bibliothek«. Die Bibliothek bietet auch Online-Informationen und kurze Einführungskurse über Reformation auf Englisch, Deutsch, Spanisch und Französisch unter www.reformiert-online.net.

In Asien widmet sich das *Institute for Calvinistic Studies* im koreanischen Sungnam unter der Leitung von Dr. Samuel Chung seit 1985 der Aufgabe, ein Zentrum für die Calvinforschung und die Erforschung des Calvinismus überhaupt zu etablieren. Der Internetauftritt, www.johncalvin.co.kr, ist auf Koreanisch mit einigen englischen Seiten. In Japan unterstützt das *Institute for Calvin and Reformed Theology* am *Nihon Kirisuto Kyokai Seminary* in Tokyo Konferenzen, Seminare und Vorlesungen und bietet eine zehntausendbändige Sammlung von Schriften über Calvin und die Reformation. Näheres steht unter www.calvin.jp auf der englischen Version des Internetauftritts. Das Institut wurde 1998 eingerichtet, aber erst 2005 offiziell eröffnet.

In Nordamerika gibt es seit 1982 das *H.Henry Meeter Center for Calvin Studies*, in Grand Rapids, Michigan. Es beherbergt ungefähr 5.000 gedruckte Primärquellen, wissenschaftliche Arbeiten, Monographien und Editionen sowie eine stetig wachsende Sammlung von Veröffentlichungen mit on-line Autoren, Titel- und Themensuche. Das Zentrum besitzt auch eine umfangreiche IDC-Microfiche-Sammlung und auf Mikrofilm archiviertes originalsprachliches Quellenmaterial. Schließlich verfügt das Zentrum über eine Sammlung seltener Ausgaben größtenteils von Calvinschriften, aber auch einiger Werke anderer Reformatoren sowie einer Reihe von Bibeln aus der frühen Neuzeit. Zum Angebot gehören jährliche Stipendien für Doktoranden und Dozenten anderer Einrichtungen und für Pfarrer reformierter Kirchen. Nähere Informationen finden sich unter www.calvin.edu/meeter. Eine auf breiterer Grundlage angelegte Sammlung hält das *Center for Reformation and Renaissance Studies* an der Universität von Toronto vor. Das 1964 gegründete Zentrum hat sich auf den Zeitraum von 1350 bis 1700 spezialisiert und bietet Vorlesungen und Seminare an. Angeboten werden Stipendien für Studenten, außerdem Doktoranden- und Postdoktorandenstipendien, auch für Dozenten anderer Einrichtungen. Weiteres erfährt man unter www.crrs.ca.

Neben den Instituten und Forschungszentren gibt es auch ein Netzwerk wissenschaftlicher Gesellschaften zur Förderung der Calvinforschung mittels regelmäßiger Konferenzen zum aktuellen Forschungsstand. Eine der bekanntesten Konferenzen ist der alle vier Jahre an unterschiedlichen Orten der Welt stattfindende *Internationale Calvin-Kongress*, der Anfang der 70er Jahre des 20. Jahrhunderts ins Leben gerufen wurde und erstmals 1974 in Amsterdam tagte. Die Berichte und Protokolle der Kongresse werden fortlaufend veröffentlicht. Die Kongressleitung betreut auch das Entstehen der *Calvini Opera Omnia Denuo Recognita*, der neuen kritischen Werkausgaben Calvins in den Originalsprachen. In Nordamerika halten zwei Gesellschaften alle zwei Jahre im Wechsel Konferenzen ab, nämlich die von Peter de Klerk in Grand Rapids ins Leben gerufene *Calvin-Studies-Society* und das *Calvin-Colloquium*, das von John Leith am *Davidson College* initiiert wurde, nun aber am Erskine Theological Seminary angesiedelt ist. Jede dieser Gesellschaften hat ihre Konferenzberichte veröffentlicht. Von den drei Gesellschaften verfügt einzig die *Calvin-Studies-Society* über einen Internetauftritt: www.calvinstudiessociety.org.

Durch ihre regelmäßigen Zusammenkünfte und Publikationen leisten diese und andere Organisationen einen wichtigen Beitrag zur aktuellen Calvin- und Calvinismusforschung. Andere Bestrebungen zugunsten der Vernetzung der Forschung finden sich zum Beispiel in Form des Internatauftritts von Wulfert de Greef, www.calvijnstudie.nl. Diese sich »Centre for Calvin Studies« nennende Website bietet auf Holländisch und Englisch Informationen über laufende Projekte, Buchrezensionen, Publikationslisten und ein Diskussionsforum zur Calvinforschung. Ziel ist, angesichts der ständig wachsenden Zahl an Forschungsvorhaben und Publikationen eine wichtige Plattform für den wissenschaftlichen Informationsaustausch anzubieten.

In der Tat zeigt der Überblick über die letzten zehn Jahre, dass fortlaufend calvinbezogene Veröffentlichungen erscheinen. Die Sammlung des *Meeter-Center* beispielsweise bietet 35 Magisterarbeiten und 69 Dissertationen über Calvin für den Zeitraum von 1995 bis 2005. Dabei spiegeln solche Zahlen nicht die tatsächliche Anzahl der Arbeiten in diesem Bereich wider, da längst nicht alle Arbeiten Eingang in Datenbanken mit Suchfunktion finden. Jedoch zeugt ein Minimum von nahezu siebzig Dissertationen über Calvins Theologie und Werk innerhalb der letzten zehn Jahre von einem anhaltenden Interesse an diesem Reformator. Besonders stark ist die Zahl der von koreanischen Doktoranden verfassten Calvin-Dissertationen gestiegen, die nahezu ein Fünftel der im *Meeter-Center* verfügbaren Dissertationen ausmachen – verglichen mit weniger als zehn Prozent im Jahrzehnt davor. Der Einfluss des Calvinismus in seiner presbyterianischen Spielart in Südkorea ist anhaltend stark, und es scheint, dass zunehmend viele junge koreanische Theologen in der Zeit ihrer wissenschaftlichen Qualifizierung ihr Interesse auf die Begründer der reformierten Kirche, insbesondere Calvin, richten.

Aber auch weltweit besteht ein bleibend großes Interesse an Calvins Theologie und seinem geistesgeschichtlichen Beitrag, was die Vielzahl an Buch- und Zeitschriftenpublikationen der letzten zehn Jahre belegt.

Ein Großteil der Aufmerksamkeit gegenüber seiner Theologie richtete sich auf das tiefere Verstehen der Grundansichten und systematisch-theologischen Beiträge Calvins sowie auf die Untersuchung übergreifender Themen in seinem Denken. Eine gut zu lesende Zusammenfassung seiner Theologie findet sich in Christopher Elwood, *Calvin for Armchair Theologians.* Aus philosophischer Sicht bietet Paul Helm eine tiefgründige Studie über Calvins Denken in seiner Schrift *John Calvin's Ideas.* Ein weiterer wichtiger Überblick, der zunehmend an Einfluss gewonnen hat, ist Richard Muller, *The Unaccommodated Calvin: Studies in the Foundation of a Theological Tradition.* Darin analyisert Muller den Aufbau der Theologie Calvins und bietet einen besonders hilfreichen Abschnitt detailgenauer Untersuchung der verschiedenen Auflagen der *Institutio.*

Ungeachtet des bleibend großen Interesses an Calvins Theologie hat sich ein beachtlicher Teil der Calvinforschung, insbesondere in Europa, darauf konzentriert, Calvin und seine Wirkung aus geistesgeschichtlicher Perspektive zu untersuchen. 1997 veröffentlichte Jean-François Gilmont, *Jean Calvin et le livre imprimé*, seit 2005 in englischer Übersetzung unter dem Titel *John Calvin and the Printed Book* sukzessive erhältlich. Diese Arbeit untersucht sehr gründlich Calvins Verhältnis zur Welt des gedruckten Wortes, angefangen von einer Analyse der von Calvin selbst gelesenen Bücher bis hin zu einem Überblick über seine schriftstellerische Praxis, einschließlich seiner Auswahl der Empfänger seiner Widmungsschreiben. Die Arbeit bietet auch eine hilfreiche Auswertung der in Genf geübten Zensur und der Rolle, die Calvin als Zensor von gedruckten Schriften in Genf und darüber hinaus spielte. Zu den weiteren Untersuchungen des Einflusses von Calvin auf die mündliche wie schriftliche Kommunikation gehört Francis Higman, *Calvin écrit, Calvin parlé* (Higman 2002).

Neben der theologischen oder geistesgeschichtlichen Blickrichtung verfolgt das wissenschaftliche Interesse der letzten zehn Jahre verstärkt einen sozialgeschichtlichen Ansatz. Unterstützend dafür war die fortlaufende Publikation wichtiger Quellen, einschließlich der Berichte des Genfer Pfarrkonvents (*Registres de la compagnie des pasteurs de Genève*) und des Konsistoriums (*Registres du consistoire de Genève*). Dank dieser und anderer Quellen ließ sich Calvins Rolle im kirchlichen und politischen Alltagsleben der Stadt Genf erheben. Entscheidend dafür waren Arbeiten über die Genfer Kirchengemeinde mit Blick auf die Art und Weise, wie Calvins Ansichten über das kirchliche Leben in die Praxis umgesetzt wurden. Damit befasst sich die ausgezeichnete, leider unveröffentlichte Dissertation von Thomas Lambert, *Preaching, Praying and Policing the Reform in Sixteenth-Century Geneva*, University of Wisconsin-Madison, 1998. Vom selben Autor findet sich dazu veröffentlicht: *Daily Religion in Early Reformed Geneva* (Lambert 1999–2000). Andere haben sich auf bestimmte Organisationen oder Gruppen innerhalb der Genfer Burgerschaft konzentriert und versucht nachzuzeichnen, wie Calvins Vorstellungen in die Tat umgesetzt wurden. Weiterführende Einblicke zu diesem Thema bieten Erik de Boer, *The Presence and Participation of Laypeople in the Congrégations of the Company of Pastors in Geneva* (De Boer 2004b), und Jeffrey R. Watt, *Calvinism, Childhood, and Education: The Evidence from the Genevan Consistory* (Watt 2002). Watt hat auch Calvins Einfluss auf andere gesellschaftlich relevante Themen untersucht, vgl. den Beitrag *Calvin on Suicide* (Watt 1997). John Witte Jr. hat sich dem Thema Eheschließung in Genf gewidmet, zum einen in seinem Beitrag *Between Sacrament and Contract: Marriage as Covenant in John Calvin's Geneva* (Witte 1998), zum andern in dem jüngst gemeinsam mit Robert Kingdon publizierten Werk *Sex, Marriage and Family in John Calvin's Geneva* (Witte/Kingdon 2005). Dieser Band ist der erste einer Reihe über den Themenbereich Eheschließung in Genf zur Zeit Calvins und bietet einen bewundernswert detaillierten Überblick über verschiedene Aspekte von Verlobung und Trauung mit gründlicher Analyse ausführlichen Quellenmaterials, zu dem auch Auszüge von Calvins Predigten, Kommentaren und Briefen gehören.

Angesichts der steten Ausbreitung und Weiterentwicklung der Calvinforschung sowohl im Blick auf die Herkunftsländer der Wissenschaftler als auch im Blick auf die Bandbreite untersuchter Themen können Beiträge über die Hilfsmittel, Einrichtungen und Tendenzen der Calvinforschung lediglich bestimmte Aspekte beleuchten, wenn sie nicht das Risiko unangebrachter Weitschweifigkeit eingehen wollen. In vieler Hinsicht empfiehlt es sich daher für alle, die den Anschluss an den Stand der Forschung halten wollen, den Austausch zwischen den Einrichtungen und Einzelpersonen verstärkt wahrzunehmen. Durch den Aufbau und Erhalt vernetzter Kommunikationsstrukturen kann die Calvinforschung die individuelle Forschung stärken und insgesamt einen wichtigen Einfluss auf die Welt nehmen.

Coertzen, Pieter: Some Observations on Calvin Research with Special Reference to South Africa (Die Skriflig 27, 1993, 537–561).

Greef, Wulfert de: The Writings of John Calvin – an Introductory Guide, übersetzt von Lyle D. Bierma, 1993.

Gilmont, Jean-François: Jean Calvin et le livre imprimé (Études de philologie et d'histoire [CaHR 50]), 1997. Englische Übersetzung: John Calvin and the Printed Book, Maag, Karin (Übersetzung), 2005.

Ders./Rodolphe, Peter: Bibliographia Calviniana, 3 Bde., 1991–2000.

Lane, Anthony N. S.: Guide to Calvin Literature (VoxEv 17, 1987, 35–47).

McKim, Donald K.: Recent Calvin Resources (RStR 27, 2001, 141–146).

Muller, Richard A.: Directions in Current Calvin Research (RStR 27, 2001, 131–138).

Neuser, Wilhelm H.: Future Tasks of the International Calvin Research (HTS 54, 1998, 153–160).

Rückert, Hans: Calvin-Literatur seit 1945 (ARG 50, 1959, 64–74).

(Übersetzt von *Frithjof Rittberger*) *Karin Maag*

B. Person

I. Stationen

1. Frankreich und Basel

Die politische und geistige Situation in Frankreich ist eine andere als im deutschen Sprachgebiet. Frankreich wird zentral regiert; es besteht ein erbliches Königtum. Deutschland hat einen Wahlkaiser, der nur zusammen mit dem Reichstag regieren kann, und dessen Macht auf den habsburgischen Stammlanden beruht. Während der deutsche Kaiser Karl V. (1519–1556) streng katholisch ist, fördert der französische König Franz I. (1515–1547) den Humanismus. Dies bringt ihn in Auseinandersetzungen mit der theologischen Fakultät der Sorbonne in Paris, die unter ihrem Führer Noël Beda (ca. 1470–1537) sogar die Autorität der lateinischen Vulgata unangetastet lassen will. Die deutsche Reformation trennt vom Humanismus eines Erasmus von Rotterdam (1466–1536) die Lehre vom freien Willen, sie ist aber offen für die humanistische kritische Bibelexegese. In den Konflikt zwischen König und Sorbonne wird Calvin schon früh hineingezogen.

1.1. Die Quellen

Sie fließen für den frühen Calvin spärlich und müssen daher genau betrachtet werden. Für die Anfangszeit gibt es eine Reihe von Briefen (in den *Ioannis Calvini Opera omnia* (COR) VI/1 (2005) vorzüglich ediert). An Schriften sind zu beachten die Vorrede zur *Antapologia* (1531), der Kommentar zu Senecas Schrift *De clementia* (1532), die umstrittene Rektoratsrede (1533) und die *Psychopannychia* (1534/1542). Die Forschung schöpft aus den Viten Calvins von Beza (1564), erweitert von Colladon (1565), nochmals erweitert von Beza (1575). In der Forschung zu wenig beachtet ist Bezas *Histoire ecclésiastique des églises réformées au Royaume de France* (1580), in der er die Ereignisse in Orléans beschreibt. Hingegen berichtet die katholische Darstellung Florimond de Raemonds, *La naissance, progrès et décadence de l'hérésie de ce siècle*, Paris 1605, zwar viele Einzelheiten, ist aber unzuverlässig. Der Verfasser ist laut Titel ein Calvinfeind. Größte Beachtung verdient Calvins kurze Autobiographie in der Vorrede zum Psalmenkommentar 1557 (CO 31,21–25). Zu seiner Jugend in Noyon, wo er am 10. Juli 1509 geboren wurde, bringt aufschlussreiche Einzelheiten A. Lefranc, *La Jeunesse de Calvin*, 1888. Hinzu kommen die *Epistres et Evangiles pour les cinquante et deux dimenches de l'an* des Faber Stapulensis.

Aus diesen Quellen muss das Verständnis der »plötzlichen Bekehrung zur Gelehrigkeit« (1528 oder 1534?), der Rektoratsrede (1533) und der Predigtentwürfe in Angoulême (1534) geklärt werden. Wichtige Ereignisse, ja, das Gesamtverständnis der Frühzeit Calvins sind in der Forschung umstritten.

1.2. Jugend und Studium

Calvins Vater, Gérard Cauvin, war Rechtsbeistand des Domkapitels und Inhaber weiterer Ämter. Er hatte vier Söhne, Karl, Anton, Johann und Franz, für die er kirchliche Pfründen besorgte. Johann wurde mit etwa sieben Jahren in das *Collège des Capettes* eingeschult, in dem sogleich mit dem Lateinunterricht begonnen wurde. Die Beziehung des Vaters zum Haus Mormor, einem Zweig der Familie Hangest, ermöglichte ihm die Teilnahme am Unterricht der Söhne des Hauses. Mit jenen zusammen trat er 1523 oder 1524 in Paris in das *Collège de la Marche* ein, wo sie als Externe von einem Präzeptor unterrichtet wurden. Dieser wechselte zum *Collège Montaigu* über, in dem Calvin das philosophische Vorstudium mit dem Grad des *Baccalaureus artium* und nachfolgend mit dem des Magisters 1528 abschloß. Auf den Wunsch des Vaters hin begab er sich nach Orléans zum Studium des Zivilrechts.

Es ist davon auszugehen, dass Calvin von 1528–1532 in Orléans studierte, unterbrochen durch einen Wechsel an die Universität Bourges 1530/31 und Senecastudien in Paris 1531/32. Beza berichtet in seiner Kirchengeschichte, dass er in Orléans sich dem Bibelstudium zuwandte und bald einige Familien über das Königtum Gottes unterrichtete. Das klingt nach einer Anhängerschaft an Faber Stapulensis. Auch habe er mit der Scholastik gebrochen, was wiederum auf den Einfluß des Erasmus von Rotterdam hindeutet. In Orléans erfolgte also eine entscheidende Wende im Denken Calvins.

In seiner Vorrede zur Schrift *Antapologia* seines Freundes Du Chemin (1531) verteidigt er diesen gegen Albucius, der den Rechtsgelehrten Alciati über dessen Kollegen Stella gestellt hatte. Das Ganze ist nicht mehr als ein Streit zwischen Jurastudenten. Calvin hält die Angelegenheit nicht ab, Alciati an die Universität Bourges zu folgen.

Dort wird er von dem Deutschen Melchior Volmar (1497–1561) in »griechischer Literatur« unterrichtet, wenn auch nur für eine kurze Zeit. Der Begriff beinhaltet die Rückkehr zu den Schriftstellern des klassischen Altertums und ihrer Ethik. Calvin wird Humanist. Im Jahr 1546 bedankt er sich bei Volmar für diesen Unterricht.

Dann kommt eine Wende in seinem Leben. Am 26. Mai 1531 starb sein Vater. Er fühlt sich nun frei von dessen Befehl zum Rechtsstudium. Er schließt es in Orléans ab und begibt sich zu humanistischen Studien nach Paris. Das Ergebnis ist sein Kommentar zu Senecas Schrift *De Clementia* (1532). In ihm überschüttet er den Leser geradezu mit Zitaten antiker und zeitgenössischer Schriftsteller. Das Buch wurde kein Erfolg.

1.3. Die Bekehrung

Nun ist *Das Rätsel der Bekehrung Calvins* (SPRENGER 1960) längst gelöst, wird aber in der Forschung nicht genügend zur Notiz genommen. Denn Sprenger weist nach, dass Calvins Formel im Psalmenkommentar 1557 »subita conversio ad docilitatem« eine Vorstufe des Glaubens bezeichnet, nämlich die Gelehrigkeit (zum Schriftstudium). Gott hat laut Calvin ihn aus dem »tiefen Sumpf des päpstlichen Aberglaubens« herausgezogen; gemeint ist die Heiligen- und die Bilderverehrung. Die *conversio ad docilitatem* nennt Calvin selbst einen »Vorgeschmack der wahren Frömmigkeit«. Die *conversio ad fidem* erfolgt also erst später. Es wäre falsch, an eine plötzliche Bekehrung im pietistischen Sinn zu denken. Sie ist eine plötzliche Wandlung in der Erkenntnis und nicht mehr. Calvin berichtet dann von »Fortschritten«, die ihn nach einem Jahr zum Vermittler der »reineren Lehre« machten. Der Durchbruch erfolgt, als er »Herold und Diener des Evangeliums« wurde.

Es ist zwingend, die *subita conversio ad docilitatem* und den Fortschritt auf die Jahre 1528/29 in Orléans zu datieren. Das öffentliche Auftreten als Herold des Evangeliums erfolgte dann 1535 in Basel mit dem Widmungsschreiben an Franz I. und mit der Abfassung der *Institutio*. Beza nennt als Auslöser des Gesinnungswandels die Unterweisung durch seinen Vetter Peter Robert, genannt Olivétan (ca. 1506–1538), in Orléans. Er vertritt also die Frühdatierung der *subita conversio*.

1.4. Calvin unter dem Einfluss des Faber Stapulensis

Calvin erwähnt seine *conversio ad fidem* aus guten Gründen nicht. Er geht sofort über zum Beginn seiner öffentlichen Verkündigung. Zwischen der *conversio* und dem reformatorischen Auftreten in der Öffentlichkeit liegt nämlich eine Phase der Unsicherheit, über die er nicht gerne spricht, die Zeit als Anhänger des berühmten französischen Humanisten Faber Stapulensis (ca. 1455–1536). Dessen Einfluß darf nicht übersehen werden, weil in der Forschung die Meinung vertreten wird, auf die reformatorische Erkenntnis müsse sogleich die reformatorische Tat, d. h. die offene Kritik am Papsttum folgen. Diese Annahme hat zur Folge, dass viele Ereignisse eine Spätdatierung der *conversio* erfordern. Denn der Kommentar zur Schrift Senecas *De clementia* (1532) enthält keine reformatorische Erkenntnis. Im Juni 1533 besuchte Calvin die Schwester seines Freundes Daniel im Kloster, rät ihr aber vom bevorstehenden Gelübde nicht ab. Am 23. September 1533 nimmt er an einer Bittprozession oder auch Messe in Noyon teil. Erst die Rückgabe seiner Pfründen am 4. Mai 1534 bedeutet eine Zäsur.

Nun wird übersehen, dass Calvin als Anhänger des Faber Stapulensis reformatorische Erkenntnis und reformatorische Tat trennte. Faber vertritt in seinen Predigtentwürfen *Epistres et Evangiles* für die Diözese Meaux vom Jahr 1534 einen Antinomismus. Das Gesetz des Alten Testaments ist *veraltet*; an seine Stelle tritt im neuen Bund das Liebesgebot. Eine Gültigkeit des alttestamentlichen Gesetzes für die Glaubenden (*tertius usus legis*) besteht nicht. Dementsprechend warnt der Bischof der Diözese, Briçonnet (1472–1534), im Jahr 1523 die Geistlichen vor denen, die das Evangelium missbrauchen, indem sie predigten, es gäbe kein Fegefeuer, und demzufolge müsse man nicht für die Toten beten, man müsse die Jungfrau Maria und die Heiligen nicht anrufen. Die Anhänger Fabers predigten also das Evangelium, hielten es aber nicht für notwendig, daraus Konsequenzen für den Kultus zu ziehen. Dies erklärt Calvins Verhalten in den Jahren 1532 bis 1534. Die Bezeichnung der Predigtbewegung als *Evangelisme* nennt zugleich ihre kirchlichen Grenzen.

1.5. Die Rektoratsrede vom 1. November 1533

Zu den katholisierenden Zeugnissen gehört auch die Rektoratsrede, in der der Redner in den traditionellen Ruf ausbricht *Ave [Maria] gratia plena* (OS 1,5). Die meisten Forscher sprechen sie Calvin zu. Schon Beza bemerkt in seiner Vita (1575) »Calvin hat die Festrede geliefert« (CO 21,123). Sie löste nicht nur Kämpfe innerhalb der Universität aus, sondern ist auch Teil der Auseinandersetzungen zwischen Fabristen und Sorbonnisten in Paris. Der Faberschüler Gérard Roussel (ca. 1480–1555), Beichtvater der Margarete von Navarra (1492–1549), der Schwester des Königs, hatte unter großem Zulauf die Fastenpredigten 1533 gehalten. Calvin, am 16. Juni 1533 nach Paris zurückgekehrt, nennt ihn »unser G[érard]« (COR VI/1,83). Als Gegenschlag folgte die satyrische Theateraufführung am 1. Oktober und die Indizierung der Schrift der Margarete von Navarra. Die Rektoratsrede ist wiederum eine Replik auf diese Ereignisse. Der Rektor Nikolas Cop (ca. 1505–1540), ein Mediziner, nennt in ihr die zuhörenden Theologen »Sophisten«, die nichts zu sagen wissen über den Glauben, nichts über die Liebe Gottes, nichts über die wahren guten Werke.

Bekanntlich wird in der Rede des Erasmus Schrift *Paraclesis* (1516) zitiert und Luthers Auslegung der Seligpreisungen (1522). Bisher unbekannt geblieben sind die Zitate aus Melanchthons Römerbriefkommentar (1532) zur vierten Bitte, »Selig sind, die hungern und dürsten nach der Gerechtigkeit.« Thema sind Evangelium und Gesetz. Calvin lässt aber den Satz aus Melanchthons Römerbriefkommentar fort: »Da aber niemand dem Gesetz genug tut, muß notwenig bezweifelt werden, ob wir Barmherzigkeit erlangen, ja wir urteilen vielmehr, Gott zürne uns.« (Schäfer 1965: Melanchthons Werke in Auswahl [Studienausgabe], Bd. 5, 35). Ähnlich verfährt Calvin mit dem Luthertext. Er ist Antinomist.

Insgesamt muss man fragen, ob Calvin noch unselbständig ist und bei den Großen seiner Zeit Anleihen macht. Die Frage begleitet ihn bis ins Jahr 1536.

1.6. Die Predigtentwürfe in Angoulême 1534

Calvin musste aus Paris fliehen. Er begab sich nach Angoulême, wo er bei dem Domherrn Louis du Tillet Zuflucht fand. Colladon, der Genfer Pfarrer, berichtet in seiner *Vita Calvini*, dass »dieser ihn bat, einige Muster für christliche Predigten und Ermahnungen zu schreiben, die in den dortigen Pfarrbezirken vorgetragen werden, um den Leuten einen Vorgeschmack der wahren und reinen Erkenntnis ihres Heils durch Christus zu geben.« (CO 21,56 f.) Da Colladon sich nur einen »Vorgeschmack« des Heils von ihnen verspricht, hält er sie nicht für reformatorisch. Nach ihnen ist in der Forschung nie gesucht worden.

Der Begriff »Musterpredigten« führt auf eine naheliegende Fährte. Faber Stapulensis hatte, wie erwähnt, Predigtentwürfe verfasst, *Epistres et Evangiles* für die 52 Sonntage im Jahr. In der Auflage P. de Vingles, die in der Westschweiz gedruckt ist (etwa 1535), wird eine korrigierte Ausgabe veröffentlicht, in der die bisherigen antinomistischen Aussagen beseitigt und sechs Festtagspredigten angefügt sind (kritisch ediert von Bedouelle/Giacone 1976). Ein Vergleich mit Calvins Vorrede zum Neuen Testament in der Olivétanbibel (1535) zeigt, dass die neuen Predigten von Calvin stammen müssen. Da in ihnen das Gesetz nicht berührt ist, kann über seine Haltung zum Antinomismus zu dieser Zeit keine Aussage gemacht werden. Doch enthalten sie, anders als Fabers Entwürfen, kurze polemische Bemerkungen. In der Marienpredigt (Lk 1, 42–45) wird die »abergläubige Verehrung« kritisiert. Bei dem Thema Heilige (Mt 5, 1–12) wird von »scheinheiligen« gesprochen. Beim Thema Bischöfe, Priester, Hirten (Joh 15, 17–25) polemisiert Calvin gegen »die geistliche Herrschaft«. Der Predigtentwurf über die Märtyrer (Mk 13, 33–37) hebt die Zeugniskraft des freiwillig In-den-Tod-Gehens hervor. Schließlich zur Kirchweihe (Lk 19, 1–9) wird betont, dass »das wahre Haus Gottes nur das Herz, die Seele und das Denken« ist.

In Angoulême steht Calvin deutlich unter dem Einfluß Fabers, wenngleich er die mittelalterliche Frömmigkeit kritisch zu betrachten beginnt.

1.7. Calvin in Basel

Als infolge der Plakataffäre im Oktober 1534 die schweren Verfolgungen in Frankreich ausbrachen, flohen Calvin und du Tillet über Metz und Straßburg in die Schweiz. Calvin lebte von nun an unter Pseudonymen in Basel. Er wird dort schriftstellerisch tätig. Wie erwähnt, ist er nach eigener Aussage am Ende des Bekehrungsprozesses angelangt. In seinem Selbstzeugnis nennt er als Endpunkt des Eingreifens Gottes, »dass ich ein Herolde und Diener des Evangeliums wurde« (CO 31,21). Später präzisiert er:

> »Siehe, als ich jedoch unerkannt [incognito] in Basel mich versteckte, wurden viele fromme Leute in Frankreich verbrannt. [...] Da schien es mir, dass mein Schweigen nicht zu rechtfertigen sei gegen den Vorwurf der Treulosigkeit, wenn ich nicht mutig widersprechen würde.« (CO 31,23).

Ein erstes öffentliches Auftreten war damals gerade misslungen. Der Schrift *Psychopannychia*, veröffentlicht 1542, sind zwei Vorreden vorangestellt, eine in Orléans 1534 verfasst, die andere in Basel 1536. In ihnen wendet er sich gegen die Vertreter der Lehre vom Seelenschlaf und Seelentod der Verstorbenen. Es ist nicht anzunehmen, dass 1534 schon die Schrift *Über die Wachsamkeit der Seele* in ihrer abschließenden Form vorlag. Eine briefliche Bemerkung macht wahrscheinlich, dass der Titel *Über die Unsterblichkeit der Seele* (COR VI/1,117) lautete. Capito, dessen Meinung Calvin eingeholt hatte, riet ihm vorsichtig vom Druck ab. Das Thema beträfe nicht das Wesen des Glaubens. Er möge vielmehr den bedrängten Kirchen Christus vor Augen malen (Gal 3,1) (COR VI/1,102–103). Hwang (1991, 179 ff.) hat herausgefunden, dass der Traktat aus dem Jahr 1542 in zwei synchrone Teile gegliedert ist, einen apologetischen und einen polemischen. Wahrscheinlich stand der polemische im Jahre 1534 voran. Calvin nimmt daher anfangs zu einer überwiegend philosophischen Streitfrage Stellung. Sie hatte allerdings großes kirchliches Aufsehen erregt. Auf dem 5. Laterankonzil 1515 war als Häresie die Meinung verdammt worden, dass die vernünftige Seele sterblich sei. Und im Jahr 1516 hatte der Italiener Pietro Pomponazzi im Traktat *De immortalitate animae* das Vergehen des Leibes und der Seele gelehrt. Calvin nimmt also zu einer seine Zeit bewegenden Frage Stellung, die erst im Jahr 1542 von ihm theologisch durchdacht und publiziert wird.

Zum Herold und Diener des Evangeliums wird er durch die Olivétanbibel (1535), dessen lateinische Vorrede unter seinem vollen Namen erscheint. Seine These ist, dass die Bibel keiner Druckerlaubnis bedürfe. Er polemisiert u. a. gegen die dem Volk unverständliche Sprache der Vulgata und mischt sich damit in den Streit zwischen König und Sorbonne ein.

Auch die Einführung ins Neue Testament stammt von ihm, da sie später unter seinem Namen nachgedruckt wird. Die Anrede »An alle Liebhaber Jesu Christi und seines Evangeliums« ist auffällig. Gemeint sind die Vertreter des *Evangelisme*, die Gruppe von Meaux. Für sie ist die Unterscheidung der Person Christi und seines Evangeliums typisch. Der Nachdruck bestätigt den Adressaten, denn er trägt die Überschrift »wie unser Herr Jesus Christus das Ende (oder Ziel) des Gesetzes ist«. Die Einführung ist eine klare Absage an den Antinomismus der Anhänger Fabers. Erst jetzt ist der Einfluss des großen französischen Humanisten auf ihn beendet.

Die Einführung ins Alte Testament beginnt mit der rätselhaften Anrede »V. F. C. an unsere Verbündeten und Bundesgenossen am Berg Sinai«. Es ist in der Forschung strittig, ob die Anfangsbuchstaben dieses französischen Textes aufzulösen sind in Wolfgangus Fabricius Capito oder Viret Farel Calvin bzw. Votre Frère Calvin. Die Deutung Votre Frère Chretien ist auszuschließen, da sowohl Capito, der kein Französisch sprach, als auch Calvin die Juden zwar Bundesgenossen des Sinaibundes, aber nicht Brüder nennen würden. Nun ändert sich die Forschungslage völlig, wenn erkannt wird, dass die Einführung sich auf die Schrift *Mitzwoth Gadol* des Mose ben Jacob de Coucy von 1293 stützt. Sie war in hebräischer und lateinischer Sprache im Jahr 1533 in Basel durch Sebastian Münster publiziert worden. Beza berichtet, dass Calvin dort »sich den hebräischen Sprachstudien widmete« (CO 21,124). Was liegt näher, als dass er an Münsters Unterricht teilnahm und dieser ihn auf de Coucys Schrift hinwies. De Coucy entwirft in ihr eine Heilsgeschichte des Gesetzes, die von der Schöpfung bis zum Jüngsten Gericht reicht. Sie bot sich an, um aus ihr eine Missionsschrift zur Gewinnung der Juden zu machen. Der Bezug auf das »Große Buch der Gebote« durchzieht die ganze Abhandlung. Nach der Autorenschaft Calvins muss also ganz neu gefragt werden. Viele Einzelheiten deuten auf ihn hin. Die Darstellung ist von derselben Eindrücklichkeit wie die Einführung ins Neue Testament. Die Häufung juristischer Termini in der Einführung ins Neue Testament und in derjenigen zu den Apokryphen weisen auch hier auf die Autorenschaft Calvins hin. Er folgt Hieronymus, der die hebräische Sprache als Norm für den alttestamentlichen Kanon setzt.

Mit seinen Beiträgen drückt Calvin der Olivétanbibel seinen geistigen und geistlichen Stempel auf.

Wie erwähnt bekennt Calvin in seiner Autobiographie, in Basel die Verfolgten in Frankreich öffentlich verteidigt zu haben. Gemeint ist sein Brief an König Franz I. vom 23. August 1535. Die Klageschrift Guillaume Farels (1489–1565) aus Genf vom 4. August über die schrecklichen Verfolgungen in der Provence scheint der unmittelbare Auslöser gewesen zu sein (Herminjard 1965, Bd. 3, 327 f.). Calvins Tenor ist: »Die gesunde Lehre bringt die Wahnsinnigen so in Wut«. Er will diese Lehre vor dem König verteidigen. Sieben Anklagen der Gegner widerlegt er. 1. Die evangelische Lehre sei neu. 2. Sie sei ungewiß. 3. Sie sei nicht durch Wunder bekräftigt. 4. Es fehle der Konsens mit den Kirchenvätern. 5. Die Gültigkeit des Gewohnheitsrechtes. 6. Die Evangelischen lägen im Kampf mit der Kirche. 7. Ihre Lehre verbreite Aufruhr. Die überlegene Art seiner Entgegnung erinnert an den Sadoletbrief vom Jahr 1539.

Schon in diesem Schreiben verweist er auf die geplante oder bereits in Entstehung begriffene *Institutio Christianae Religionis*. Sie sei im Vollsinn Apologie und Bekenntnis. Sie gehört zu seinem ersten Genfer Aufenthalt.

Bohatec, Josef: Budé und Calvin. Studien zur Gedankenwelt des französischen Frühhumanismus, 1950.
Hugo, André Malan: Calvijn en Seneca. Een inleidende studie van Calvijns Commentaar op Seneca, De Clementia, anno 1532, 1957.
Hwang Jung-Uck: Der junge Calvin und seine Psychopannychia, 1991.
Sprenger, Paul: Das Rätsel um die Bekehrung Calvins (BGLRK 11), 1960.

Wilhelm H. Neuser

2. Calvins erster Aufenthalt in Genf

Calvin kam, sah und siegte – dieser Vorstellung von seinem erstem Aufenthalt in Genf (September 1536 – April 1538) begegnet man in der Literatur nicht selten. So soll er gleich die Führung der Reformation in der Stadt von dem zwanzig Jahre älteren Guillaume Farel übernommen haben. Innerhalb eines halben Jahres nach seiner Ankunft habe Calvin Artikel geschrieben, die für die reformierte Kirche wegweisend werden sollten. Der Rat, der Farel und Calvin 1538 aus der Stadt verbannte, habe willkürlich und unfair gehandelt, sodass in Wirklichkeit Calvin triumphiert habe. Aber ist ein solches Bild angemessen? Zur Beantwortung dieser Frage werden die Ereignisse kurz skizziert. Dabei lassen sich drei Phasen unterscheiden.

2.1. Radikale Kirchenreform

2.2.1. Ankunft

Das früheste sichere Datum für Calvins Aufenthalt in Genf ist der 5. September 1536. An diesem Tag informierte Farel den Rat über Lesungen Calvins in der Kathedrale Sankt Peter, die er gerne fortgesetzt sehen wollte. Der Rat beschloss darauf, »den Franzosen« (*ille Gallus*) einzustellen (Dubuis 2003–2006, Bd. 1, 130). Calvin war vermutlich bereits einige Zeit eher in der Stadt eingetroffen. Am 5. September ernannte ihn der Rat zum Lehrer der Theologie (COR VI/1,150). Zu den Aufgaben eines Lehrers gehörte damals auch das Abhalten von Gottesdiensten. Auch Calvin fing früh damit an, wahrscheinlich innerhalb eines halben Jahres. Dass er sehr bald als Pfarrer arbeitete, erklärt vielleicht, warum ein expliziter Ratsbeschluss dazu fehlt.

Farel scheint Calvin nicht gerade zimperlich zum Bleiben bewegt zu haben. Als Calvin einige Monate später auf das Gespräch zurückblickt, spricht er davon, man habe ihn damals »genötigt« zu versprechen, nach seiner Reise nach Basel zurückzukehren (COR VI/1,135). 1557 äußert sich Calvin über jenes Gespräch in einer Weise, die Bewunderung für Farels starkes Auftreten verrät: »Farel, der doch schon vor Eifer schier brannte, das Evangelium zu verbreiten, setzte sogleich alles in Bewegung, mich zu halten. Als er begriff, dass ich mich persönlichen Studien gewidmet hatte, die mich von öffentlichen Auftritten fern halten sollten und als er des Weiteren einsah, mit einer freundlichen Bitte nichts erreichen zu können, kam er mit nicht weniger als einem Fluch: Gott würde mir alle Ruhe nehmen, wenn ich die Hilfeleistung verweigern würde, die so notwendig sei.«

Einem solchen Druck war Calvin nicht gewachsen, und so hatte er daraufhin zugestimmt (CO 31,25). In den drei Beschreibungen seines Lebens, die innerhalb der ersten zehn Jahre nach seinem Tod erschienen, taucht die Verfluchung als Thema wieder auf. Die letzte Lebensbeschreibung aus dem Jahr 1575, also gut zehn Jahre nach Calvins Tod, zitiert sogar die genauen Worte, die Farel damals gesprochen haben soll: »Ich sage dir vorher, während du selbst dir einbildest, dass deine Studien im Dienste des allmächtigen Gottes stehen, dich Gott, wenn du dich nicht hier gemeinsam mit uns der Arbeit für Gott widmest, verflucht als jemand, der nicht Christus, sondern sich selbst sucht« (CO 21,125).

2.1.2. Disputation in Lausanne (1.–8. Oktober 1536)

Calvin nahm im Oktober 1536 an der Disputation in Lausanne teil, zu der der Rat von Bern alle Geistlichen im französischsprachigen Gebiet des Pays de Vaud aufgerufen hatte. Zehn Thesen, vermutlich von Farel aufgestellt, dienten als Leitlinie für die Gespräche. Bern plante, die katholischen Geistlichen in seinen Dienst zu stellen, um in Zukunft dem protestantischen Glauben Gestalt zu geben. Gut 160 Personen waren dem Aufruf Berns gefolgt. Nur ein kleiner Teil von ihnen (wahrscheinlich nicht einmal zwanzig) stellten sich anschließend wirklich auf die Seite der Reformation. Das muss für Farel und seine Leute enttäuschend gewesen sein, denn sie mussten sich mit einem empfindlichen Mangel an Pfarrern für die vielen hundert Pfarrgemeinden des Gebietes auseinandersetzen (siehe COR VI/1,138). Am letzten Tag der Disputation wandten sie sich gegen jene Leute, die schon lange eine Position zwischen der katholischen und der protestantischen eingenommen hatten, die Gruppe von Meaux. Damit war der Antinikodemismus (dieser technische Terminus stammt aus späterer Zeit) geboren, in dem Farel und die Seinen die Auffassung zurückwiesen, man dürfe seine protestantische Überzeugung (vorläufig) innerhalb der (französischen) katholischen Kirche verbergen (siehe Stam 2006). Fünf Tage nach Ende der Disputation schreibt Calvin einen begeisterten Brief an einen Freund in Orléans. Er geht darin davon aus, dass die Kunde über die Disputation inzwischen auch Orléans erreicht hat. An vielen Orten sei man bereits sehr damit beschäftigt, Statuen und Altäre zu entfernen, so schreibt er weiter. Einige Sätze später stößt auch Calvin in das Horn des Antinikodemismus, wenn er gegen die Menschen in Frankreich wettert, die heimlich von nichts anderem als dem protestantischen Glauben reden, jedoch nicht den Mut haben, Frankreich zu verlassen, um öffentlich zu ihrer Überzeugung zu stehen.

2.1.3. Frühe Schriften

Calvin hat wohl sehr bald mit der Arbeit an einem Buch begonnen, denn das Vorwort zu seinen *Epistolae duae* schloss er am 10. Januar 1537 ab. Fast alle Themen darin leiten sich aus dem ab, was in Lausanne besprochen wurde (siehe den Text der Diskussionen in Piaget 1928). Zwar wählte er eine andere Form, nämlich nicht die einer chronologischen, sondern einer thematischen Wiedergabe des Besprochenen, allerdings kehrten viele Elemente aus den Diskussionen unter einem übergeordneten Thema zurück; in diesem Fall unter dem Thema »Antinikodemismus«. Auch schrieb Calvin für ein gebildetes, Latein lesendes Publikum, während die Disputation auf Französisch gehalten wurde, um gerade auch den gemeinen Mann zu erreichen. Vier Tage nachdem Calvin das Vorwort zu seinen *Epistolae duae* geschrieben hatte, reichte Farel auch im Namen seiner Kollegen (also auch im Namen Calvins) beim Rat Vorschläge ein, die einen radikalen Bruch mit der Kirche von Rom darstellten. Man wolle in Zukunft jede Woche das Abendmahl feiern; man schlage die Einführung der Exkommunikation vor (das gab es nirgends, auch nicht in anderen protestantischen Städten); weiterhin sahen die Artikel die Einführung von Gemeindegesang vor (ein recht neues Phänomen, denkt man an den damals üblichen Chorgesang), die Unterweisung der Jugend, die Zusammenstellung eines handlichen Glaubensbekenntnisses für alle Einwohner von Genf sowie Abschaffung der päpstlichen Eheverbote (Text in COR VI/1,153–170). Man darf Farel als Urheber dieser Artikel annehmen (und nicht Calvin, siehe COR VI/1,153–154). Vermutlich noch vor der Disputation von Lausanne (siehe COR VI/1,136) verfasste Calvin eine kleine Schrift, die gedruckt etwas weniger als 50 Seiten umfasste. Sie war als Glaubensbekenntnis für die Einwohner von Genf gedacht, wie aus dem Titel ersichtlich wird: *Instruction et confession de foy dont on use en l'eglise de Geneve* (Text in COR III/2). Calvin gibt darin eine Zusammenfassung seiner *Institutio.* Bemerkenswert ist, dass Farel die französische Edition ein paar Monate später nicht nur um ein Drittel kürzt, sondern auch einige Passagen hinzufügt. In diesen Zusätzen äußert sich der neue Kurs, den man während der Disputation von Lausanne eingeschlagen hatte. Die Zusammenfassung von Farel trägt den Titel *Confession de la foy laquelle tous bourgeois et habitants de Geneve et subiectz du pays doyvent iurer de garder et tenir, extraicte de l'Instruction* (siehe Text in CO 22,81–96). Einer von Farels Zusätzen befindet sich in dem Kapitel über die Kirche. Während Calvin dort keine explizite Kritik an der Kirche von Rom geäußert hatte (vgl. COR III/2,61–63), lautet der Zusatz bei Farel: »Die Kirchen, die den päpstlichen Befehlen folgen müssen, sind eher Synagogen des Teufels als christliche Kirchen« (CO 22,93).

2.2. Wachsender Widerstand

Calvins bisher bester Freund, Louis du Tillet, hatte wegen dieses neuen Kurses Abstand von ihm genommen. In der zweiten Aprilhälfte 1537 schreibt Calvin an Viret, dass Du Tillet die Rückkehr nach Frankreich erwäge (siehe COR VI/1,199). Über Straßburg, wo Du Tillet mit den dortigen Reformatoren Kontakt aufnahm, die in Bezug auf den Antinikodemismus einen anderen Standpunkt als Calvin vertraten (siehe COR VI/1,291–309), kehrte er tatsächlich im Sommer 1537 nach Frankreich zurück. Eine zweite Person, die zur selben Zeit anfing, sich Farel und seinen Leuten zu widersetzen, war Pierre Caroli. Der Doktor der Sorbonne hatte während der Disputation in Lausanne noch Seite an Seite mit Farel und den Seinen die Reformation verteidigt. Direkt nach der Disputation wurde er zum Hauptpfarrer von Lausanne ernannt, was bald zu neuen Spannungen mit Viret führte, der dort bereits Pfarrer und innerhalb der Reformation dienstälter war. Es kam zum Eklat, als Caroli Farel und seine Leute beschuldigte, sie würden von der Trinitätslehre abweichen. Calvin wird von seinen Kollegen abgeordnet, Viret zu verteidigen und tut dies mit Verve. Am 7. Juni 1537 flieht Caroli offensichtlich heimlich aus der Schweiz und kurze Zeit später schließt er mit der Kirche von Rom Frieden. Am 4. September 1536 sind in der Stadt »viele«, die sich weigern, den Gottesdiensten im neuen Stil beizuwohnen. Genannt werden unter anderen Claude Richardet, Jean Philippe und Pierre Lullin. Diese prominenten Genfer gaben als Grund an: »Man muss uns nicht zwingen; wir wunschen in Freiheit zu leben« und etwas später: »Gönnt uns unsere Freiheit und wir werden in Freiheit tun, wonach Ihr strebt« (COR VI/1,129). Man hatte sich also für die Reformation entschieden, wünschte aber nicht, von Farel und seinen Leuten, die man als zu extrem ansah, am Gängelband geführt zu werden. Nachdem Farel seine Vorschläge eingereicht hatte, spitzte sich ihr Widerstand auf zwei Punkte zu: Sie verweigern den Eid auf das neue Glaubensbekenntnis, Farels Confession, und sie widersetzen sich der Einführung der Exkommunikation. Sonntag, den 25. November 1537 kommt es im Allgemeinen Rat zu einer heftigen Auseinandersetzung. Die Versammlung wurde einberufen, um die Verhandlungen mit Bern vorzubereiten. Vor allem Farel gerät unter heftige Kritik. Es wird unter anderem behauptet, Farel habe zu ein paar Menschen im Gefängnis gesagt, er würde »lieber noch sein eigenes Blut trinken als mit ihnen anzustoßen«. Farel stritt allerdings am nächsten Tag ab, dass dies seine Worte waren. Man konfrontierte Farel damit, dass jemand aus Bern behauptet habe, durch das Gelübde auf die Confession würden die Genfer Meineid ablegen (COR VI/1,416). Denn schließlich enthielten die *Confession* die Zehn Gebote; niemand sei in der Lage, diese gänzlich zu befolgen; wenn daher jemand schwöre, diese sehr wohl zu befolgen, lege er Meineid ab. Wie sehr Farel und Calvin auch versuchten, dieses Argument zu entkräften – der Schaden war eingetreten: die Opposition gegen sie hatte an Stärke gewonnen.

2.3. Die Verbannung

2.3.1. Weiteres Anwachsen des Widerstandes

1538 schien sich die Situation für Farel und Calvin täglich zu verschlechtern. Am ersten Tag des neuen Jahres erreichte den Rat die Beschwerde, jemand in der Stadt habe Farel »einen schlechten Menschen« genannt (Dubuis 2003–2006, Bd. 3, 1). Zwei Tage später teilten Farel und Calvin dem Rat mit, sie würden Einwohner, die Zwietracht verursachten, vom Abendmahl ausschließen (Dubuis 2003–2006, Bd. 3, 4–5). Tags darauf wurden neue Namen von Bürgern genannt, die das Gelübde auf das Glaubensbekenntnis verweigerten, und am selben Tag verbot der Rat den Pfarrern, Einzelne vom Abendmahl auszuschließen (Dubuis 2003–2006, Bd. 3, 7). Ganz offensichtlich um Unterstützung außerhalb von Genf zu erhalten, veröffentlichten Farel und Calvin im März eine lateinische Übersetzung ihrer *Instruction* und *Confession*. Im Vorwort (COR VI/1,281–290) verteidigen sie den Eid auf das Bekenntnis und die Einführung der Exkommunikation.

Anfang Februar fanden die jährlichen Wahlen der Bürgermeister und Mitglieder der verschiedenen Räte statt. Es wurden nur Bürgermeister gewählt, die Gegner von Farel waren: Claude Richardet, Jean Philippe, Ami Chapeaurouge und Jean Lullin (Dubuis 2003–2006, Bd. 3, 55–57.63–64). Im März 1538 beschloss der Rat, Calvin wegen eines scharfen Ausspruchs während einer Predigt zur Verantwortung zu ziehen – dies ist die älteste Mitteilung über eine Predigt Calvins, die wir haben. Er soll über »den Rat des Teufels« gesprochen haben. Noch am selben Tag verbot der Rat sowohl Farel als auch Calvin, »sich in die Politik einzumischen« (Dubuis 2003–2006, Bd. 3, 175). Im April wird ihr Kollege Jean Corauld zur Verantwortung gezogen, weil er die Ratsmitglieder in einer Predigt als »Trunkenbolde« (Dubuis 2003–2006, Bd. 3, 212.227) bezeichnet hatte.

Anfang März wurden Farel und Calvin von Bern aus zu einer Synode in Lausanne eingeladen, die am 31. März beginnen sollte (Dubuis 2003–2006, Bd. 3, 174–175 und 192, vgl. COR VI/1,362–365). Bern ging es um Einheitlichkeit bei den Zeremonien, wobei faktisch die Anpassung an die Gebräuche in Bern gefordert wurde (siehe Dubuis 2003–2006, Bd. 3, 606–607): Taufsteine in den Kirchen, Verwendung ungesäuerten Brotes beim Abendmahl, Einführung von vier christlichen Feiertagen (Weihnachten, Jesu Beschneidung, Mariä Verkündigung und Himmelfahrt Christi). Der Rat von Genf schien die Vorschläge aus Bern im Vorfeld zu akzeptieren (siehe COR VI/1,370–373), auch die Synode von Lausanne tat dies. Als Farel und Calvin jedoch Vorbehalte äußerten, wird dies Teil des Konflikts. Der Rat bereitete die Feier des Abendmahls an Ostern vor und möchte von Farel und Calvin wissen, ob sie bereit sind, das Abendmahl nach den neuen Regeln zu feiern. Farel und Calvin bitten um Aufschub bis Pfingsten, um die Frage zunächst auf einer Synode in Zürich besprechen zu können (Dubuis 2003–2006, Bd. 3, 225–228).

2.3.2. Verhaftung von Corauld und Verbannung von Farel und Calvin

Am Freitag, den 19. April verbot der Rat Corauld, weiterhin Gottesdienste in Genf abzuhalten und drohte bei Zuwiderhandlung mit Verhaftung. Am selben Tag beschloß der Rat, zu Ostern das Abendmahl nach den neuen Regeln zu feiern und wollte erneut von Calvin und Farel wissen, ob sie sich fügen werden. Der Gerichtsvollzieher meldete daraufhin dem Rat, dass Farel und Calvin weder predigen noch das Abendmahl nach den neuen Regeln austeilen wollen (Dubuis 2003–2006, Bd. 3, 228–229). Am Tag darauf wurde Corauld tatsächlich ins Gefängnis abgeführt, da er trotz Verbotes gepredigt hatte. Zusammen mit 14 Mitstreitern begaben sich Farel und Calvin zum Rathaus, um dagegen zu protestieren. Es kam zu stürmischen Szenen. Farels Mitstreiter erklärten, dass Farel und Calvin predigen würden, »ob sie das wollen oder nicht«. (Dubuis 2003–2006, Bd. 3, 230) Noch am selben Tag kam der Rat zusammen. Man beschloss, erneut Farel und Calvin fragen zu lassen, ob sie den Gottesdienst am nächsten Tag abhalten würden. Der Gerichtsvollzieher traf nur Calvin zuhause an, der ausweichend antwortete und offen ließ, ob sie das Abendmahl austeilen würden oder nicht. Der Gerichtsvollzieher wurde daraufhin zurückgeschickt, um Farel und Calvin mitzuteilen, dass der Rat ihnen das Abhalten des Gottesdienstes verbiete (Dubuis 2003–2006, Bd. 3, 231). Am ersten Ostertag, dem 21. April, ignorierten Calvin und Farel das Verbot des Rates, indem sie predigten, übrigens ohne das Abendmahl auszuteilen (wegen der herrschenden Uneinigkeit, werden sie später erklären, siehe COR VI/1,463). Der Rat kam noch am selben Tag zusammen und beschloss, das Abendmahl um eine Woche zu verschieben und den Rat der Zweihundert sowie den Allgemeinen Rat für den folgenden Tag zusammenzurufen. Des Weiteren bat der Rat Henri de la Mare, einen Kollegen von Farel und Calvin, die Gottesdienste in der Stadt abzuhalten. Dieser glaubte jedoch, dies nicht tun zu können, da Farel und Calvin es unter Androhung der Exkommunikation verboten hatten (DUBUIS 2003–2006, Bd. 3, 232). Am 22. April widmete sich der Rat der Zweihundert der Frage, ob Farel und Calvin verhaftet werden sollten. Es wurde beschlossen, ihnen das Predigtamt zu entziehen, wiewohl sie in der Stadt bleiben mussten, bis Nachfolger gefunden waren. Am Dienstag, den 23. April kam der Allgemeine Rat zusammen, der sich zunächst hinter die neue Regelung von Bern stellte und dann Farel und Calvin gebot, innerhalb von drei Tagen die Stadt zu verlassen (DUBUIS 2003–2006, Bd. 3, 235). Dieser Aufforderung sind sie wohl direkt gefolgt, denn bereits am nächsten Tag ließ der Rat die Wohnungen von Farel und Calvin räumen, da die Stadt ihnen das Mobiliar nur geliehen hatte (DUBUIS 2003–2006, Bd. 3, 236).

Als Calvin und Farel von ihrer Entlassung und Verbannnung erfuhren, reagierte Calvin: »Das kommt zum rechten Moment; hätten wir Menschen gedient, hätte man uns damit schlecht belohnt, aber wir dienen Gott, und er wird uns belohnen« (DUBUIS 2003–2006, Bd. 3, 235–236). Calvins Bemerkung zum »rechten Moment« soll in Zusammenhang mit einem Treffen in Zürich ab dem 29. April stehen, an dem Farel und er, wie oben erwähnt, teilnehmen wollten, natürlich um für ihre Sache zu sprechen. Am 2. Mai beschäftigte man sich dort tatsächlich mit der Genfer Frage: Ihnen sollte ermöglicht werden, zurückzukehren, rief sie in einem eindringlichen Gespräch jedoch dazu auf, ihr scharfes Auftreten zu mäßigen. Beide sollen zugegeben haben, dass sie »in einigen Punkten bisher möglicherweise zu streng gewesen waren« (COR VI/1,374–376.467–472). Der Vermittlungsversuch scheiterte. Calvin und Farel wollten um jeden Preis den Eindruck vermeiden, ihre Rückkehr könnte implizit als Schuldeingeständnis verstanden werden (COR VI/1,387). In einem Brief von Anfang September an Farel, der Ende Juli als Pfarrer nach Neuchâtel gegangen war, schreibt Calvin – er selbst hat inzwischen in Straßburg als Pfarrer angefangen –, dass niemand ihnen »auch nur das kleinste Stückchen Schuld zuweisen kann« (CO 10/2,247).

2.4. Beurteilung des ersten Aufenthalts in Genf

Noch während man untersuchte, ob der Bruch rückgängig gemacht werden konnte, zeigte sich, dass Calvin davor zurückschreckte, in Genf erneut mit der Arbeit beginnen zu müssen. An Du Tillet schreibt er: »Ich fürchte mich besonders, erneut die Aufgabe zu übernehmen, von der ich erlöst war. Die Verzweiflung, in der ich mich damals befand, steht mir noch vor Augen.« Er glaubt, Gott zu versuchen, indem er erneut »eine so schwere Last« auf sich nimmt, die er »als untragbar erfahren« habe (COR VI/1,411). In Briefen des Jahres 1540 schreibt er, als es um seine Rückkehr nach Genf geht, »lieber hundert Mal auf andere Art zu sterben als an dem Kreuz«, an dem er »täglich tausend Mal zugrunde gegangen war«. An anderer Stelle wirft er in diesem Zusammenhang die Frage auf: »Warum nicht besser gleich ans Kreuz? Es ist angenehmer, ein einziges Mal zu sterben, als auf einem Folterwerkzeug fortlaufend gefoltert zu werden« (CO 11,30.36). Es dürfte deutlich geworden sein, dass Calvin seinen ersten Aufenthalt in Genf nicht als »Kommen, Sehen und Siegen« erlebt hat. Unter anderem aus Bezas Lebensbeschreibung Calvins ist bekannt, dass Calvin auf seinem Sterbebett bis zu dreimal auf seine ängstliche Natur hinwies (CO 21,43). In obigem Zitat aus seinem Brief an Du Tillet spricht Calvin über die Verzweiflungen (*perplexitéz*), die er in Genf erlebt hatte. Seinen früheren Aufenthalt in Frankreich beschreibt er Du Tillet als Aufenthalt »in einer Hölle« (CO 10/2,271). Farels starkes Auftreten wird ihm vermutlich imponiert haben. Deutlich ist auch, dass Farel fast bis zum Ende ihres gemeinsamen Aufenthaltes in Genf das Zepter in der Hand behalten hat. Bezeichnend dafür ist, dass bis April 1538 Farel in offiziellen Schriftstücken immer vor Calvin genannt wird, und solche Verfahrensfragen wurden damals sehr genau genommen.

Obwohl ihre Freundschaft lebenslang hielt, wenn auch mit einigen Krisen, scheint Calvin zum Ende seines ersten Aufenthaltes in Genf eine gewisse Distanz zu Farel entwickelt zu haben. Calvin mag nach seiner Verbannung mutlos gewesen sein und die eigene Schuld nicht wahrhaben wollen. Als er zwei Jahre später nach Genf zurückkehrte, legte er jedoch die gleiche Kämpfermentalität wie Farel an den Tag: eine Streitbarkeit, der man im Calvinismus noch häufig begegnen würde.

Augustijn, Cornelis: Bern and France, the Background to Calvin's Letter to Bucer Dated 12 January 1538 (in: Neuser, Wilhelm H./Selderhuis, Herman J. [Hg.]: Ordenlich und Fruchtbar, Festschrift für Willem van 't Spijker, anläßlich seines Abschieds als Professor der Theologischen Universität Apeldoorn, 1997, 155–169).

Stam, Frans Pieter van: Die Genfer Artikel vom Januar 1537: aus Calvins oder Farels Feder? (Z 27, 2000, 87–101).

Ders.: Farels und Calvins Ausweisung aus Genf am 23. April 1538 (ZKG 110, 1999, 209–228).

Ders.: The Group of Meaux as First Target of Farel and Calvin's Anti-nicodemism (BHR 68, 2006, 253–275).

(Übersetzt von *Ulrike Sawicki*) *Frans Pieter van Stam*

3. Straßburg

Calvin hielt sich in Straßburg seit Anfang September des Jahres 1538 bis zum 2. September 1541 auf. Im Winter 1534–1535 hatte er Straßburg bereits durchreist, um nach Basel zu gelangen. Er beabsichtigte, im Frühjahr 1536, bei seiner Rückreise von Ferrara, in diese Stadt zurückzukehren, aber der von Truppen auf dem Lande versperrte Weg zwang ihn dazu, den Umweg über Genf zu machen, wo ihn Farel zu bleiben überredete. Calvin und die Straßburger, besonders Martin Bucer, waren in Briefkontakt geblieben (siehe Epistolae Nr. 25.27.29.50.56A.56B). Im Jahre

1538 gelang es Martin Bucer, nach einem ersten Besuch im Juli, Calvins Vorbehalte zu überwinden (siehe Epistolae Nr. 78 und »Vorwort« im Kommentar der Psalmen, 1557; CO 31,26–27); Calvin verließ Basel am 23. August 1538, wo er sich, über einige Monate, niedergelassen hatte, nachdem er aus Genf verbannt worden war. Sein Wirken in Straßburg war während 22 Monaten nahezu unterbrechungslos; vom Juni 1540 an riefen ihn zahlreiche diplomatische Aufträge aus der freien Stadt des Kaiserreichs heraus.

Nachdem Matthäus Zell bereits 1521 im evangelischen Sinne gepredigt und Straßburg Martin Bucer im Jahre 1524 empfangen hatte, war die Stadt im Jahre 1529, mit der Abschaffung der Messe, endgültig zur Reformation übergetreten. Die Synode von 1533 (mit der Annahme eines Bekenntnisses von 16 Artikeln) erlaubte es, die Kirche von Straßburg neu zu organisieren und im Jahre 1536 bedeutete die *Wittenberger Konkordie* die Annäherung mit Luther in der Abendmahlsfrage. In der Zwischenzeit, im Jahre 1534, war eine *Kirchliche Anordnung* erschienen. Calvin kam also am Ende des Sommers 1538 in einer Stadt an, in der die evangelische Kirche fest eingerichtet war. Nachdem er bei Wolfgang Köpfel und anschließend bei Martin Bucer untergebracht war, bewohnte er ein Haus unweit von Bucer, in dem Viertel der Thomaskirche. Am 29. Juli 1539 erhielt er das Bürgerrecht, indem er sich in die Zunft der Schneider einschrieb.

3.1. Calvin als Dozent

Im Jahre 1538 hatte Johannes Sturm die kleinen Schulen Straßburgs zu einer einzigen schulischen Einrichtung, der Hohen Schule, zusammengefasst. Die Reformatoren hielten hier Vorlesungen (*lectiones publicae*), die zum Unterricht einer Theologischen Fakultät gehörten: so führten Bucer und Köpfel die Exegese des Alten Testaments durch. Auf den Vorschlag Köpfels hin vertraute man Calvin einen Teil der Vorlesungen über das Neue Testament an. Nachdem dieser, im Januar 1539, ehrenamtlich mehrere Unterrichtsstunden pro Woche in Theologie gegeben hatte, wurde er am 1. Februar 1539 für ein Jahr zum Professor ernannt und erhielt, ab Mai 1539, ein Gehalt von einem Gulden pro Woche.

Die Scholarchen nahmen ihn in den Dienst als »ein Frantzos, so ein gelärther frommer gesell sein soll« (Schindling 1977, 350). Drei Stunden pro Woche legte Calvin das Johannesevangelium, dann den Brief an die Römer und vermutlich die Briefe an die Korinther und den Brief an die Philipper aus; bei *disputationes* war er Vorsitzender oder er wohnte diesen bei. Er trug zu dem guten Ruf der *Hohe Schule* bei, indem er Schüler aus Frankreich anzog. Die Exegese von Calvin, gekennzeichnet durch das Ideal der *perspicua brevitas*, vermied Abschweifungen über *loci communes* (im Gegensatz zu Bucer) und begnügte sich mit kurzen Umschreibungen des biblischen Textes.

3.2. Calvin als Pfarrer der französischen Gemeinde

Calvin predigte bereits am 8. September 1538 vor den französischen Flüchtlingen in Straßburg; ab 1535 in der freien Stadt angekommen, waren es damals einige hundert. Calvin begann damit, eine freiwillige Hilfskraft der Straßburger Prediger zu sein, bevor er den Auftrag der französischen Gemeinde übernahm. Unter seiner Leitung wurde aus der Gruppe von Flüchtlingen, die vor allem aus Metz stammten, eine wahre Gemeinde, mit ihrem Pfarrer und ihrem Konsistorium, welches aus einigen Kirchenältesten und Diakonen zusammengesetzt und für die Kirchenzucht verantwortlich war. Es handelte sich dabei um die erste Kirche, die allein von Calvin gegründet wurde und, laut des katholischen Polemikers Florimond von Raemond, wurde diese »erste französische Kirche [...] errichtet, um als Vorbild zu dienen und um den anderen, die man seitdem in Frankreich sich hat einrichten sehen, ein Lehrmeister zu sein« (De Raemond 1605/1629, 838). Die Gemeinde versammelte sich zuerst in der Nicolaikirche, später in der Kirche der Büßer der Heiligen Madeleine und schließlich, im Jahre 1541, im Chor der Kirche der Dominikaner, neben dem *Collegium praedicatorum*. Calvin predigte hier vier Mal pro Woche und zwei Mal am Sonntag.

3.2.1. Die Kirchenzucht

Das Abendmahl wurde zum ersten Mal im Oktober 1538 gefeiert und Calvin verwendete die Liturgie, die in Straßburg in Gebrauch war. Die monatliche Feier war zunächst für alle zugänglich, aber an Ostern 1540 bemühte sich Calvin, die Zucht wiederherzustellen: Inspiriert von der Praxis Matthäus Zells (1477–1548), Prediger im Dom, und von jener Martin Bucers, ersetzte er die aurikulare Beichte durch eine Prüfung vor der Zulassung zum Abendmahl; diese Unterredung war dazu bestimmt, den Gläubigen zu ermahnen, zu lehren und zu trösten. In Straßburg war Martin Bucer selber der Ansicht, dass die Zucht für das Wohlergehen und ebenfalls für das Leben der Gemeinde unverzichtbar sei, und die *Kirchliche Anordnung* von 1534 hatte die Exkommunikation anerkannt. Diesen Brauch übernahm Calvin für die französische Gemeinde, indem er der Zucht eine größere Bedeutung zuschrieb, als es in den anderen Gemeinden der Fall war. Die Kirchenältesten, die 1531 eingesetzt wurden, waren beauftragt, die Pfarrer in der Zucht zu unterstützen, aber auch, über die Predigt, die Doktrin und das Leben der Kirchenminister zu wachen. Was die Obrigkeiten betraf, rief Bucer sie auf, mit der Kirche zusammen zu arbeiten, damit Straßburg eine christliche Stadt werden könnte. Im Jahre 1538, dem Jahr der Ankunft Calvins in Straßburg, veröffentlichte er das Traktat *Von der waren Seelsorge, unnd dem rechten Hirten dienst*, in welchem der Schwerpunkt auf der Führung der Kirche, aber auch auf der Diakonie und der Seelsorge lag. Calvin setzte den Inhalt dieses Schriftstücks in die Praxis um. Gegen die zahlreichen Wiedertäufer, die sich in Straßburg niedergelasen hatten, betonte er die Wichtigkeit der Taufe kleiner

Kinder und verfasste ein »formulaire du baptesme« (CO 9,894). Nach Genf zurückgekehrt, veröffentlichte er einen zweiten Katechismus (1542; die französische Ausgabe des ersten Katechismus stammt aus dem Jahr 1537), »fruit du travail de simplification et d'approfondissement accompli à Strasbourg« (Pannier 1925, 54).

3.2.2. Das hymnologische und liturgische Werk

Seit Ende des Jahres 1538 sang die französische Gemeinde Psalmen. 1539 veröffentlichte Calvin die Sammlung *Aulcuns pseaulmes et cantiques mys en chant*. Dieser erste reformierte Psalter enthält 18 Psalmen und drei Lobgesänge. Calvin hat hier die Texte von fünf Psalmen zusammengereimt, sowie den Lobgesang des Simeon, den Dekalog und das Credo. Clément Marot, den er im Jahre 1536 in Ferrara getroffen hatte, ist der Verfasser von acht Kompositionen. Die Melodien, welche ursprünglich für deutschsprachige Texte vorgesehen waren, sind bei weitem den Straßburger Komponisten Mathias Greiter und Wolfgang Dachstein zu verdanken. Die erste Ausgabe von Calvins französischer Liturgie, welche im Jahre 1539 oder 1540 abgedruckt wurde, ist nicht mehr erhalten, aber im Jahre 1542 hat Calvins Nachfolger, Peter Brully, einen Nachruck der *Manière de faire prières aux Eglises françoises selon la Parole de notre Seigneur* in Auftrag gegeben, dessen Inhalt folgender ist: Anrufung, Sündenbekenntnis, »paroles pour consoler les consciences«, Absolution, Gesang von fünf Geboten, Gebet, Gesang der fünf letzten Gebote, Gebet und Vater Unser, Predigt, Gebet, Psalm und Segen. Die Gebete, insbesondere das Sündenbekenntnis, greifen jene auf, die damals in Straßburg verwendet wurden.

3.3. Das literarische Werk

Die zweite, überarbeitete und erweiterte lateinische Fassung der *Institutio* erschien am 1. August 1539 bei Wendelin Rihel: *Institutio christianae religionis nunc vere demum suo titulo respondens*. Diese Ausgabe baut das Buch von 1536 beträchtlich aus: der in-8 (in-octavo) wird zu einem Foliant, und das Werk geht von sieben zu 17 Kapiteln über; der ursprüngliche Katechismus, der für Erwachsene gedacht war, ist zu einem wahren Handbuch der Dogmatik geworden, zweckbestimmt, um »préparer et [...] former à l'étude de l'Écriture sainte les candidats à la sacrée théologie de telle sorte qu'ils puissent y avoir un accès facile et y progresser sans encombre« (frz. Ausgabe). Das Werk behandelt nacheinander: die Erkenntnis Gottes und des Menschen (I und II); das Gesetz (III); den Glauben (IV); die Bekehrung (V); die Rechtfertigung (VI); die Gemeinsamkeiten und die Unterschiede zwischen dem Alten und dem Neuen Testament (VII); die Prädestination und die Vorsehung (VIII); das Gebet (IX); die Sakramente (X-XII); die christliche Freiheit (XIII); die Macht der Kirche (XIV) und der Obrigkeit (XV); die fünf falschen Sakramente der Altgläubigen (XVI); das christliche Leben

(XVII). Während seines Aufenthalts in Straßburg beschäftigte sich Calvin gleichsam damit, dieses Werk ins Französische zu übersetzen. Es erschien in Genf im Jahre 1541.

Am 18. März 1539 schrieb der Kardinal Jakob Sadolet, der Bischof von Carpentras, einen Brief an die Genfer, durch welchen er die »Syndices«, den Rat und die Bürger von Genf dazu aufrief, wieder in den Schoß der römischen Kirche zurückzukehren, welche, im Gegensatz zu den Neuerungen, »introduites dans ces dernières vingt-cinq années«, bereits seit 15 Jahrhunderten Bestand habe. Die Berner Räte, an welche die Genfer das Werk geschickt hatten, empfahlen, Calvin um Rat zu fragen.

Von seinen Straßburger Kollegen dringend gebeten, Sadolet zu widersprechen, antwortete Calvin am ersten September in einem Schreiben, dessen erste lateinische Ausgabe in Straßburg bei Wendelin Rihel erschien: *Iacobi Sadoleti [...] Epistola ad Senatum populumque Genevensem [...] Ioannis Caluini Responsio.* Die französische Übersetzung folgte im März 1540 in Genf: *Epistre de Jacques Sadolet cardinal, envoyée au Senat & Peuple de Geneve [...] Avec la response de Jehan Calvin, translatées de Latin en Françoys.* In dieser wichtigen ekklesiologischen Abhandlung verteidigt Calvin die Überlegenheit der Reformation, welche sich, mehr als die römische Kirche, auf die Kirche der ersten Jahrhunderte berufen darf. Er führt seine Vorstellung von einer Einheit der Kirche aus, welche auf der Lehre, der Diszipin und der Verwaltung der Sakramente beruht. Die Gesamtheit der Gläubigen, welche auf der Welt verstreut sind, sind durch den Glauben vereint; die wahre Kirche ist nicht die von Rom, trotz ihres Alters, mit dem sie sich schmückt, sondern jene, in welcher das Evangelium in seiner ursprünglichen Reinheit gepredigt wird.

Es war sehr wahrscheinlich in Straßburg, wo er auch seine Schrift *Petit traicté de la saincte Cene de nostre Seigneur Jesus Christ* verfasst hat, welche im Jahre 1541 in Genf erschienen ist. Calvin versucht hier, die Gläubigen aufzuklären, welche durch den Streit zwischen Luther und Zwinglis Anhängern verwirrt waren. Er selbst verortet sich näher an der Position Bucers. Für Calvin hat uns Gott durch die verschiedenen Reformatoren mit Gnade erfüllt; aber Luther verwendet grobe Vergleiche, während Zwingli und Oekolampad zu zeigen vergessen, *wie* man die Anwesenheit Christi beim Heiligen Abendmahl wahrnehmen kann. Für Calvin hat der Gläubige, dank der Macht Gottes, am Wesen des Leibes und des Blutes des Herrn Teil, wenn er das Sakrament im Glauben empfängt.

Die Frucht seiner Lehrtätigkeit an der *Hohen Schule*, sein Kommentar über den Brief an die Römer, wurde im März des Jahres 1540 in Straßburg bei Wendelin Rihel veröffentlicht. Die Widmung, die auf den 18. Oktober 1539 datiert ist, richtet sich an den Basler Simon Grynaeus.

Während seines Straßburger Aufenthalts machte sich Calvin zum Anwalt des Grafen Wilhelm von Fürstenberg, dem Oberst der Landsknechte im Dienste Frankreichs. Fürstenberg hatte die Truppen Franz I. anlässlich von dessen dritter Auseinandersetzung mit Karl Quint (1536–1538) verstärkt, allerdings verfeindete er sich anschließend mit dem Oberfeldherrn Anne von Montmorency, und man zog ihm daher einen seiner Untergeordneten als Werber der Landsknechte vor. Verletzt in seiner Ehre, versuchte Wilhelm sich vor Franz I. zu verteidigen und sich vor den protestantischen Staaten des Reiches zu rechtfertigen. Auf der Durchreise durch Straßburg, vertraute er Calvin seine Gründe an. Daraufhin verfasste dieser für ihn zwei Gutachten, die in Straßburg gedruckt wurden: *Declaration faicte par Monsieur Guillaulme, Conte de Fürstenberg, touchant la querelle qu'il a avec Sebastian Vogelspergern* (1539) und *Seconde declaration faicte par Monsieur Guillaulme, conte de Fürstenberg, publiee par ung meschant homme et de nulle valeur dict Sebastian Vogelsperg, touchant la querelle qu'ilz ont ensemble* (1540).

3.4. Calvins Privatleben und seine Heirat

Die wirtschaftliche Lage Calvins in Straßburg war anfänglich ziemlich prekär, so dass er einen Teil seiner Bücher verkaufen musste. Nachdem er die Einkünfte aus einer Präbende erhalten hatte, bezog er ab Mai 1539 für seine Lehrtätigkeit ein Gehalt von einem Gulden pro Woche. Um sein Gehalt zu verbessern, nahm Calvin einige Studenten auf. Zu seinen Gästen zählt man einen seiner zukünftigen Gegner, Sebastian Castellio.

Nachdem er es abgelehnt hatte, eine junge Frau des Straßburger Bürgertums zu heiraten, deren Mitgift seinen Stand überschritt, nahm Calvin im August 1540 Idelette de Bure zur Frau, die Witwe des Täufers Johannes Stordeur, welchem er an seinem Sterbebett beigestanden hatte. Das Paar war gegen 1533 als Flüchtlinge von Lüttich nach Straßburg gekommen und Calvin hatte es, kurz nach seiner eigenen Ankunft im Jahre 1538, bekehrt. Guillaume Farel, der nach Straßburg gekommen war um Idelette und Calvin zu trauen, bezeichnete Idelette als »rechtschaffene, aufrichtige und schöne Frau (*proba, honesta* […] *etiam formosa*)« (CO 11,78). Von ihrem ersten Mann hatte sie einen Sohn und ein Mädchen empfangen; im Jahre 1542 schenkte sie Calvin einen Sohn, aber dieser starb kurz nach seiner Geburt. Im März 1541, während sich Calvin in Regensburg befand (s. u.), hatte die Pest sein Haus sehr stark getroffen: Claude Feray, ein junger Gräzist, den er beherbergte, starb, genauso wie andere unter seinen Schülern. Mit den beiden Kindern zog sich Idelette Calvin außerhalb der Stadt zu ihrem Bruder Lambert zurück.

3.5. Die politisch-religiösen Gespräche

Das Wirken Calvins hat sich nicht auf die Stadt Straßburg beschränkt, sondern er wurde auch dazu einberufen, an mehreren politisch-religiösen Gesprächen teilzunehmen. Für die Straßburger und für Philipp Melanchthon war er wegen seiner Kenntnis der Bibel und der Kirchenväter ein wertvoller Bundesgenosse. Im Februar 1539 begab er sich offiziös nach Frankfurt und machte Bekanntschaft mit Melanchthon. Im Juni 1540 begleitete er offiziell Bucer und Köpfel nach Hagenau. Er nahm an den religiösen Gesprächen zu Worms (Winter 1540–1541), dann an denen zu Regensburg (Frühling 1541) teil und unterzeichnete bei dieser Gelegenheit die *Confessio Augustana*. Dennoch hat er Regensburg am 20. Juni 1541 vorzeitig verlassen, um nach Straßburg zurückzukehren und sich seinen Aufgaben als Pfarrer zu widmen. Er war auch der Meinung, dass Melanchthon und Bucer in ihren Zugeständnissen den Altgläubigen gegenüber zu weit gingen. Obwohl er wie Luther skeptisch im Hinblick auf religiöse Gespräche und Kompromissformeln war, zog Calvin Gewinn aus diesen Treffen in dem Versuch, die deutschen protestantischen Fürsten einander näher zu bringen, um sie für ein Bündnis mit Franz I., im Interesse der französischen Protestanten, zu gewinnen.

3.6. Rückkehr nach Genf und Bewertung des Aufenthalts in Straßburg

Seit dem Oktober 1540, nach dem Sieg der Anhänger von Farel bei den Wahlen, hatte der Rat von Genf versucht, Calvin dazu zu bringen, wieder in die Schweizer Stadt zurückzukehren. Von seiner Seite aus hatte Calvin, während seiner Abwesenheit, mehrere pastorale Briefe an seine ehemalige Gemeinde gerichtet. Am 13. September 1541, nach mehreren Monaten des Zögerns, kehrte der Reformator nach Genf zurück. Allerdings reiste er noch mehrmals nach Straßburg, und bei seiner Fahrt im März 1549 versuchte er jetzt Bucer, der Straßburg aufgrund des Interims hatte verlassen müssen, nach Genf zu ziehen.

Die drei Jahre, die Calvin in Straßburg verbracht hatte, waren nicht eine bloße Parenthese in seiner Genfer Tätigkeit. Die Straßburger Reformation hat sowohl Calvin, als auch die französische Reformation im Bereich der Ekklesiologie, beeinflusst. Ebenso hat ihn seine Lehrerfahrung an der *Hohen Schule* dazu verleitet, seit seiner Rückkehr nach Genf die Gründung einer Anstalt in Betracht zu ziehen, die dazu bestimmt war, Pfarrer und hohe Beamte auszubilden: »[...] il fauldra dresser collège pour instruyre les enfans, affin de les préparer tant au ministère que gouvernement civil« (*Ordonnances ecclésiastiques*, 1541; CO 12,21.).

Deswegen hat Rodolphe Peter zu recht geschrieben: »Strasbourg a profité du passage de Calvin, mais l'inverse est vrai aussi. Strasbourg rendit à la Réformation un Calvin plus mûr, plus grand qu'elle ne l'avait reçu.« (Peter 1985, 447.)

Augustijn, Cornelis: Calvin in Strasbourg (in: Neuser, Wilhelm H. [Hg.]: Calvinus Sacrae Scripturae Professor, 1994, 166–177).

Benoit, Jean-Daniel: »Calvin à Strasbourg« (in: Calvin à Strasbourg 1538–1541, Straßburg, Éditions Fides, 1938, 11–36).

Doumergue, Emile: Jean Calvin. Les hommes et les choses de son temps, Bd. 2: Les premiers essais, Lausanne, Georges Bridel, 1902, Livre III: »A Strasbourg«, 291–524; Livre IV: »En Allemagne«, 525–649.

Pannier, Jacques: Calvin à Strasbourg, 1925.

Peter, Rodolphe: Cavin, Jean (in: Nouveau Dictionnaire de Biographie Alsacienne, Bd. 2, 1985, 446f).

Spijker, Willem van 't: Calvin. Biographie und Theologie [Die Kirche in ihrer Geschichte 3, Lieferung J2], 2001.

Matthieu Arnold

4. Calvins zweiter Aufenthalt in Genf

4.1. Die Reformierung Genfs (1541–1546)

Nach seiner Rückkehr saß Calvin in zwei Ausschüssen, um die Satzungen zur Leitung der Genfer Kirche und eine säkulare Verfassung zu entwerfen und die Republik regieren zu können. Die Verfassung war eine auf den neuesten Stand gebrachte Fassung der Charta der Stadt aus dem 14. Jahrhundert. Sie ersetzte herzogliche, bischöfliche und lehramtliche (und personale) Mächte durch gewählte und eingesetzte Magistrate. Das verwandelte Genf von einer durch Prinzen und Bischöfe bestimmten Stadt in eine unabhängige Republik. Die *Ordonannces ecclésiastiques* waren drastisch aber konservativ. Der ursprüngliche Entwurf erwähnte ausdrücklich die Freiheit der Kirche in ihrer eigenen Sphäre; die letzte Fassung war hinsichtlich obrigkeitlicher Gewalt weniger klar. Die Einrichtung eines Konsistoriums war radikal aber nicht neu. Bern hatte Konsistorien und der Genfer Rat debattierte sogar während Calvins Exil darüber, ein Konsistorium zu schaffen. Das offensichtlichste Beispiel der konservativen Natur der »Ordonannces« zeigt sich in der Übernahme des vorher bestehenden Systems sozialer Fürsorge als »diakonische« Struktur der Stadt (Olson 1980). So bekamen sowohl die Kirche als auch der Staat sehr schnell eine feste rechtliche Grundlage.

Nachdem Calvin diese Aufgabe bewältigt hatte, begann er zu zeigen, dass er aus den Realitäten von 1535, als der Streit innerhalb der ministerialen Körperschaft von Politikern hochgespielt und ausgenutzt worden war, gelernt hatte. Während der Jahre 1541–1546 wendete er sich der Ausmerzung dieser Schwachstellen zu. Zuerst gab er dem ministerialen Kader (*Compagnie des Pasteurs*) der Stadt eine andere Form. Dann suchte er dem Konsistorium eine Gruppe gleich gesinnter Politiker beizugesellen, die sich mit der »Compagnie« vereinen und so einen effektiven Betrieb des Konsistoriums garantieren konnten. Im Jahre 1546 hatte die Stadt dann eine Gruppe von außerordentlich begnadeten und gut ausgebildeten, gesellschaftlich prominenten und finanziell gesicherten Geistlichen, die französische Religionsflüchtlinge waren. Auch das Konsistorium erreichte Stabilität durch die Gruppe von Politikern, die zugleich Presbyter waren und für nahezu ein Jahrzehnt in ihm dienen sollten. Daher war die Position Calvins, unterstützt durch eine kohäsive »Compagnie« und verstärkt durch die kooperierenden politischen Presbyter, im Jahre 1546 sehr viel gesicherter als 1538, oder auch 1541.

Noch wichtiger ist, dass Calvins Vorstellung von einer »wahren Kirche« in Genf beinahe zu voller Blüte gekommen war. Die *Compagnie des Pasteurs* (im Grunde die Genfer Nationalsynode) fand sich zu wöchentlicher Diskussion, Verbesserung, Ermahnung und Unterstützung zusammen. Das Konsistorium war ein Kirchengericht, das die regierende Körperschaft der nationalen *Congrégations* wurde. Die Genfer Kirchgebäude waren jeweils Zweige der *einen* Genfer »Kirche«. Individuen waren keiner speziellen Gemeinde zugeordnet und konnten so jeden Gottesdienst in jedem Kirchgebäude besuchen, obwohl die meisten zu der jeweils nächstgelegenen Kirche gingen. Das lokale Schulsystem blieb unter staatlicher Kontrolle, aber die Geistlichen waren an der Einstellung von Lehrern (Doktoren) beteiligt. Doch trotz Calvins größter Bemühungen war die Akademie erst 1559 etabliert. Die Besorgung der Armenfürsorge durch das *Hôpital* wurde zum Modell für andere calvinistische Gemeinden und Regierungen.

Die Komponenten des Systems waren nicht einmalig. Andere protestantische Städte der Schweiz hatten ebenfalls Konsistorien. Das öffentliche Schulsystem war vorreformatorisch und ein wichtiger Bestandteil der Genfer Bürgerstruktur (Naphy 1996). Die Armenfürsorge war durch die neue Republik seit ihrer Gründung zentralisiert worden. Allerdings machten sowohl die enge Beziehung zwischen Staat und Kirche, als auch die Art und Weise, wie das System funktionierte, das resultierende Ganze in seinen Teilen ungewöhnlich, wenn nicht gar einzigartig. Die Geistlichen standen auf gleicher Ebene mit den Magistraten und verlangten auf religiösem Gebiet völlige Befugnis und Verantwortung. Damit behauptete das Konsistorium das volle Recht auf Exkommunikation, eine Sichtweise, der sich die Obrigkeit widersetzte. Calvin hatte praktisch die Geistlichen in den meisten »religiösen« Gebieten von der Obrigkeitskontrolle befreit.

Dennoch gibt es einige ernsthafte Einsprüche. Erst einmal ist das »calvinistische System« in Genf niemals richtig zum Tragen gekommen. Ein durch Geistliche kontrolliertes Diakonat blieb unbekannt. Das vielschichtige System von Abteilungen, Presbyterien und Synoden entwickelte sich nur in größeren Ländern. Man muss sich vor Augen führen, dass Genf annahm, alle seine Geistlichen würden – und könnten – jede Woche zusammentreffen. Das Genfer Konsistorium bestand zu gleichen Anteilen aus Geistlichen und Politikern. Vor das Konsistorium berufen zu werden bedeutete, jeweils zwölf Geistlichen und zwölf Politikern gegenüberzustehen. Dieses System war städtisch, politisch reagierend und in seinem Ethos republikanisch.

An diesem Punkt beginnt man allerdings die Bedeutung dessen zu verstehen, was seitdem in der Genfer Geschichte passiert war. Der Prozess des Edierens und Publizierens der Protokolle der Zusammenkünfte der *Compagnie des Pasteurs* hatte 1962 begonnen. Dreizehn Bände später hatten Gelehrte überall in der Welt Zugang zu den Protokollen von 1540 bis 1618 (Bergier 1964–2001). In den letzten Jahren machte die Konzentration auf das mit Genf verbundene Material sogar noch mehr Quellen zugänglich. 1992 begann die Arbeit an einer vollständig neuen Ausgabe von Calvins Werk. Vier Jahre später erschien der erste Band der Protokolle des Konsistoriums (Lambert/Watt 1996–2004). 2004 begann schließlich die Arbeit an der Fortsetzung der Reihe der Konzilsprotokolle, die die täglichen Beratungen des »Genfer Revolutionären und Reformierenden Rats« zugänglich zu machen begann (Dubuis 2003–2006). Das bedeutet, dass es immer schwerer wird – obgleich nicht unmöglich –, die Genfer Geschichte lediglich als einen interessanten und vielleicht ein wenig lästigen Hintergrund von Calvins Leben und Werk darzustellen.

Die Geschichte eines einzigen Mannes bietet in der ersten Periode nach Calvins Rückkehr faszinierende Einsicht in das Leben – sogar das häusliche Leben – in einer Stadt, die gerade protestantisch geworden war, sowie in die Geburtswehen des »reformiert Werdens«. Dieser Mann, Claude Clément, auch bekannt als Humbert, ein Genfer Messerschmied, war recht prominent, denn er war in dem »pro-Guillermin«-Triumph von 1541 in den »Rat der Zweihundert« gewählt worden (er wurde allerdings nicht wiedergewählt). Er und sein Bruder Jean scheinen recht streitsüchtig gewesen zu sein und waren vor der Reformation mindestens in einen größeren Prozess verwickelt (gegen Pierre Taccon). Die Tatsache, dass Claude die »Zweihundert« nicht zurückgab, mag an einem anderen Prozess während Calvins Exil gegen einen führenden Vertreter der »Guillermins«, Domaine d'Arlod gelegen haben. Clément war sicherlich kein »Artikulant«, aber der Rechtsstreit mit führenden »Guillermins« erklärt vielleicht seinen politischen Untergang (Naphy 1994/2003, 37). Am interessantesten machen ihn jedoch seine vielen Auftritte vor dem Konsistorium nach 1541. Diese informieren uns nicht nur – und das ist entscheidend – über die Konfessionalisierung, oder vielleicht genauer gesagt, die Reformierung Genfs; vielmehr vermittelt die Geschichte seines Elends uns wertvolle Einsichten in das Familienleben der Mittelklasse.

Cléments erste Erwähnung in den Akten des Konsistoriums vom März 1542 ist zufällig (Lambert/Watt 1996–2004, Bd. 1, 15). Sein Untermieter, Antoine Servoz, ein »einwohnender« Schuster aus Wien, war verdächtigt worden katholisch, oder genauer, nicht ausreichend protestantisch zu sein. Er wurde über seinen Glauben und seine Anwesenheit beim Gottesdienst befragt. Es sieht so aus, als würden diese Fragen nahelegen, dass auch Cléments Verhältnis zur Reformation eher verhalten war. 1543 wurde er ebenfalls über seine Gottesdienstbesuche befragt. Er erzählte von seiner Langzeiterkrankung, die ihn vom Gottesdienst abhielt, doch seine Familie wäre stets gegangen. Er konnte nicht das »Vaterunser« und das Apostolische Glaubensbekenntnis auf Französisch sagen, doch das Konsistorium akzeptierte immerhin seine Leugnung, die katholische Messe besucht zu haben. Er wurde vermahnt, mit dem Gottesdienstbesuch zu beginnen.

Bei seiner nächsten Vorladung im Jahr 1544 wurde er über seine Sicht der Messe befragt. Er gab zu, dass er Predigten der Franziskaner-Observanten gehört hatte. Sein Besuch der Messe blieb jahrelang Grund zur Sorge. 1549 wurde er für seinen Messebesuch vor das Kriminalgericht gezerrt. Er sagte aber aus, dass er keine Messe gehört hätte, sondern bloß zur Predigt gegangen sei, und das nur, weil es Dezember und ihm daher kalt, die Kirche aber warm war. Er mag die Wahrheit gesagt haben – und man sollte die Bedeutung von Wärme für einen Geschäftsmann, der im Winter in der Schweiz herumreist, nicht vorschnell abtun. Seine weitere Verteidigung war allerdings lächerlich. Er gab nicht mehr vor, krank zu sein, sondern sagte nun aus, dass er die Gottesdienste nicht habe besuchen können, weil er zu sehr mit seinen Prozessen beschäftigt war; er betonte nur wieder, dass seine Familie sehr wohl zum Gottesdienst ging.

Sein nächstes Erscheinen im Mai 1544 war wiederum zufällig, involvierte aber diesmal Jean Bollié, einen Müller in Cléments Mühle, der mit Pernette Milliaud, Bedienstete eines anderen Müllers, Claude Durand, verlobt war. Nachdem Bollié hörte, dass Pernette schwanger war, wollte er das Verlöbnis lösen, um die Mitgift von 80 auf 40 Florins zu reduzieren. Er sagte, er würde sie heiraten, aber für das Kind sollte der wirkliche Vater zahlen. Der Fall wurde zweimal vor dem Konsistorium verhandelt, das sich während des Verhörs viel Zeit nahm, seinen Glauben zu erforschen. Er konnte das »Vaterunser« aufsagen, nicht aber das Glaubensbekenntnis – das Konsistorium ließ in seinen frühen Jahren selten eine Gelegenheit aus, den Fortschritt der Reformierung der Genfer Einwohner zu testen. Ein drittes Erscheinen wurde angeordnet, aber Bollié hatte sich unterdessen an den Rat gewandt, der den Vollzug der Hochzeit anordnete und ein Komitee etablierte, um die Frage der Mitgift zu klären. Dieser Fall mit seinen faszinierenden Einzelheiten ist ein ausgezeichnetes Beispiel der Kooperation zwischen Staat und Kirche und ihrer eher undurchsichtigen rechtlichen Zuständigkeiten. Das würde bedeuten, dass spätere Dispute über Exkommunikationen und das Recht der Berufung vor dem Rat ihre Wurzeln in den Realitäten des Systems haben, in dem die Genfer Einwohner sich verwirrt zwischen Staat und Kirche zu bewegen schienen.

Zwei Jahre später, als Clément 1546 wiederum vorgeladen wurde, war sein häusliches Leben ein offenes Buch (Lambert/Watt 1996–2004, Bd. 2, 175 f.). Er lebte von seiner Frau Jacqueme Perrin getrennt und wollte sich von ihr scheiden lassen; er hatte vor, wieder zu heiraten, und zwar eine Frau, die »seinen Bedürfnissen entsprechen und keine Unzucht treiben« würde. Clément bezichtigte seine Frau sowohl des unmoralischen Verhaltens mit den mächtigen Brüdern Balthazar und Jean-Baptiste Sept als auch des Weiterverbreitens der Pest – und das im Jahr nach ihrem letzten großen Ausbruch. Er war gezwungen, sich bei ihr zu entschuldigen, und wurde außerdem wegen Gotteslästerung vermahnt, denn er hatte »Sang Bieu« – ein euphemistischer Ausdruck für »Sang Dieu« – verwendet, ein Euphemismus, den das Konsistorium nicht zulassen konnte. Da Clément es ablehnte, sich mit seiner Frau zu versöhnen, wurde er für drei Tage eingesperrt und dann entlassen. Der Rat verfügte für die ganze Familie »de vivre en paix«.

Im August wurde er jedoch wieder vor das Konsistorium geladen und der Unzucht angeklagt, die er auf einer Geschäftsreise nach Lausanne begangen hatte (Lambert/Watt 1996–2004, Bd. 2, 281 f.). Er gab das Vergehen zu, sagte aber aus, bereits Aimé Vulliet und dem Syndikus Des Arts »gebeichtet« und »Vergebung« erlangt zu haben; und außerdem, so behauptete er, sei es keine wirkliche Sünde gewesen, da seine Frau ihn verlassen hätte. Er wurde an den Rat verwiesen, der ihn erneut einsperrte. Während seines nächsten Auftretens vor dem Rat im Oktober beklagte er sich noch immer über seine Frau (Lambert/Watt 1996–2004, Bd. 2, 301). Aufgrund von Anschuldigungen Nicolardes, der Frau seines Sohnes Jeanton, die unterstellte, dass Dominique seiner Schwester (Jacqueme) ein Kind gemacht und mit seiner Mutter (ebenfalls Jacqueme) das Bett geteilt hätte, wurde die ganze Familie verhört. Sie wurden vermahnt, friedlich zusammen zu leben und in der nächsten Woche zu einem weiteren Verhör zu erscheinen. Clément aber erklärte, dass dieses nicht möglich sei, denn er wäre zu dieser Zeit auf einer Geschäftsreise und seine Familie würde in die Berge fahren.

Dennoch erschienen sie eine Woche später wie befohlen (Lambert/Watt 1996–2004, Bd. 2, 305 f.). Zu diesem Zeitpunkt waren Clements Söhne, Dominique and Jeanton, miteinander zerstritten und die ganze Familie verursachte einen Skandal. Ihr Untermieter, Jacques Guigonet, beschuldigte Nicolarde, die Schwiegertochter, sogar des Diebstahls. Clément forderte immer noch die Scheidung und seine Frau lehnte es immer noch ab, mit ihm zu schlafen, und zwar wegen »seiner vielen Unzulänglichkeiten«. Wieder wurde ihnen befohlen, in Frieden zusammen zu leben. Der Fall pendelte nun zwischen Konsistorium und Rat hin und her. Das Konsistorium bat den Rat und der Rat die Geistlichen um Beratung. Jacqueme wurde beordert, mit ihrem Mann zu leben, lehnte es aber ab. An diesem Punkt verlangten beide die Scheidung; Jacqueme hatte tatsächlich zusammen mit Dominique das Haus verlassen. Man nimmt an, dass der Streit zwischen den Brüdern eine Ausweitung desjenigen zwischen deren Vater und Mutter war. Jacqueme wurde ins Gefängnis gesperrt, entlassen, erneut mit Gefängnis bedroht, wiederum eingesperrt und endlich versöhnt – mit ihrem Schicksal.

Für eine Weile schien sich die Situation beruhigt zu haben, doch ist der außerordentliche Aufwand von kirchlicher und staatlicher Intervention zur Wiederherstellung des Anscheins häuslichen Friedens nicht zu übersehen. Die Söhne wendeten sich 1547 weiteren skandalösen Verhaltens wegen erneut an das Konsistorium. Clément, bzw. sein Anwalt, verlangte im August noch einmal die Scheidung (Lambert/Watt 1996–2004, Bd. 3, 178). Er hatte Genf verlassen und Laurent Symon, genannt Picard, der vielleicht mit einem der Presbyter – François Symon – verwandt war, brachte das Gesuch vor. Das Verwandtschaftsverhältnis könnte Laurents Inanspruchnahme durch Clément erklären, doch ist noch wichtiger, dass Laurent auch Claudes Schwager war. Zwei Tage später wurde Jacqueme vorgeladen. Sie wurde vor die Wahl gestellt, sich entweder zu versöhnen oder exkommuniziert zu werden, und wurde erneut an den Rat verwiesen, der, wie wir gesehen haben, sie bereits zweimal eingesperrt hatte. Sie bat um Verzeihung, aber sagte aus, dass sie nicht die Absicht hätte, mit ihrem Mann zusammenzuleben, und dass sie »sehr gerne zum Rat zurückgeschickt werden« würde. Daraufhin wurde sie kurzerhand exkommuniziert und wieder an den Rat verwiesen (Lambert/Watt 1996–2004, Bd. 3, 184). Seltsamerweise sieht es aber so aus, als sei zu diesem Zeitpunkt Exkommunikation erst angedroht, keineswegs schon ausgeführt worden. Wahrscheinlich waren Clément und seine Familie in gewissem Grad und trotz seiner offensichtlich gesellschaftlich-politischen Ohnmacht durch die Verwandtschaft mit Ami Perrin (sein Schwager) geschützt. Perrin war Senator und militärischer »capitaine-général« der Stadt und fast diese gesamte Periode hindurch zeitweilig auch Syndikus.

Kurz darauf verschwinden die Cléments schnell aus den Genfer Akten. Vermutlich haben einige mit Claude die Stadt verlassen und die anderen sind mit ihrer Verwandten, Ami Perrin, die die anticalvinistische Front, die »Perrinisten« (s. u.) anführten, ausgewandert. Bei dem Fall um Clément geht es allerdings nicht nur um eine Ehe in Scherben, oder um einen für die Reformation anscheinend wenig begeisterten Mann. Beides trifft zu, aber es ist auch eine fantastische Geschichte über die Machenschaften einer in Auflösung begriffenen Familie. Wir sehen die Kunden der Familie, ihre Mitbewohner und Untermieter in verschiedenen Krisensituationen. Wir sehen sie in der Auseinandersetzung mit ihrem Patron oder ihren Verwandten. Wir sehen, wie sich der Eheprobleme ihrer Eltern wegen Bruder gegen Bruder wendet. Wir sehen eine stark in einen kostspieligen und, so muss man annehmen, politisch schädigenden Rechtsstreit verwickelte Familie. Wir »hören« im wahrsten Sinne des Wortes Versuche, die Blasphemiegesetze durch »verniedlichende« Euphemismen zu unterlaufen. Wir empfinden auch den Grad der totalen Frustration und die Wut einer Frau in Verzweiflung – sie würde »sehr gerne zum Rat zurückgeschickt werden«.

Was ist an dieser Seite der Genfer Geschichte so interessant? Es scheint daran zu liegen, dass Calvin fast die ganze Zeit über anwesend war und doch nicht einmal erwähnt ist. Man könnte den Fall Clément benutzen, um die Reformierung Genfs, oder die Rolle der Geistlichen und Presbyter bei dem Versuch, Familien zusammenzuhalten, zu untersuchen; aber man muss es nicht. Der Rat war durch und durch verwickelt in den Fall und doch handelt es sich hierbei nicht um eine Geschichte über Politik und Regierung, obgleich Cléments Prozess gegen führende Politiker in diesem Sinne erzählt werden könnte. Was sich in den letzten vier Jahrzehnten als Ergebnis der Konzentrierung auf die Genfer Archivquellen und mit ihrer zunehmenden Verfügbarkeit geändert hat ist, dass sich den Calvinforschern eine ganz neue Welt eröffnet hat. Man ist jetzt in der Lage die Geschichte Genfs, seine Kultur, seine häusliche Welt, seine Geselligkeit und seine »Intimitäten« durch die Brille der »Geschichten« der Cléments und ihrer Nachbarn schreiben.

4.2. Das protestantische, aber noch nicht »reformierte« Genf (1546–1550)

Trotz einer neuen Struktur war Genf nach Revolution, Reformation und *coup d'état* immer noch instabil. Das Konsistorium behauptete seine Oberhoheit auf dem Gebiet der Exkommunikation; in der letzten Fassung der »Ordonnances« ließ man eine bestimmte Angelegenheit in der Schwebe: Sowohl die Geistlichen, und ihre politischen Verbündeten im Konsistorium, als auch die Senatoren waren davon überzeugt, dass die jeweilige Seite die Oberherrschaft über die Exkommunikation hätte. Bis 1555 verfügte der Rat tatsächlich, dass das Konsistorium Sünder lediglich vermahnen und ihre Exkommunikation empfehlen könne. Calvin, als ein ausländischer Angestellter des Staates, und die anderen Geistlichen waren aber ebenso deutlich in der Behauptung ihres absoluten Rechts zur Exkommunikation.

Sogar Taufnamen erwiesen sich als problematisch. Die Geistlichen forderten, dass Namen frei von Aberglauben und latentem Katholizismus sein sollten. Traditionelle Namen für Magier (Balthasar, Kaspar and Melchior) und Namen, die ein theophores Element enthielten (z. B. Immanuel) wurden verboten. Verboten war auch der Name Claude. Der Schrein des Heiligen Claude war nicht weit entfernt; daher meinten die (französischen) Geistlichen, die Beliebtheit des Namens – in Frankreich beinahe unbekannt – würde latenten Kultgottesdienst andeuten, während die Genfer diesen Namen als traditionell und ortsgebunden ansahen. Das von den Geistlichen eingeschlagene Vorgehen verschlimmerte die Sache noch. So brachte ein Vater seinen Sohn zum Taufbecken. Als dem Geistlichen der Name für den Täufling mit Claude angegeben wurde, taufte er ihn auf »Abraham«. Daraufhin brach ein Tumult aus. Die Magistrate fragten nach einer Liste von verbotenen Namen und die Geistlichen taten, worum sie gebeten wurden. Mit ad hoc Entscheidungen am Taufbecken wurde die Liste dann immer länger (Naphy 1995a)

Sieht man sich Spierlings detaillierte Studie über die Taufe an (Spierling 2005), entdeckt man einen weiteren Punkt, bei dem die Konzentration auf das Archivmaterial die Genfer Geschichtsforschung verändert hat. Man würde zwar erwarten, dass dies lediglich eine Diskussion sich entwickelnder Vorstellungen über die Taufe wäre, bei der die Betonung auf den theologischen Arbeiten läge, doch ist das absolut nicht der Fall. Vielmehr gibt es wirkliche Vorgänge wieder, in denen sich Vorstellungen über die Taufe im reformierten Rahmen entfalten. Dabei geht es weniger um geistliche oder gar obrigkeitliche Vorschriften, sondern um eine komplizierte Verhandlung, in der Einzelpersonen versuchen, Taufpraktiken zu entwickeln, die ihren eigenen Vorstellungen entsprechen.

Das beste Beispiel dafür ist der lange Prozess der Entwicklung eines reformierten Konzepts der Taufpatenschaft in Genf. Ich sollte hinzufügen, dass dies eine notwendige Korrektur meiner eigenen Arbeit über die Vergabe von Kindesnamen durch Taufpaten einschließt. Ich konzentrierte mich darauf als einen Hauptpunkt sozialpolitischer oder sogar ethnischer Konflikte in der Stadt. Spierling hat das Archivmaterial sehr viel gründlicher ausgewertet als ich und erinnert uns daran, dass es bei diesen Debatten auch um sehr persönliche Familienangelegenheiten, individuelle Ehre, Stärkung von Beziehungen und, noch wichtiger, um feste Vorstellungen davon geht, was »latent katholische Praktiken« ausmacht. Deutlich ist, dass es bei manchen der Einwände ebenso um eine Ablehnung von Namen ging, die als unrettbar katholisch angesehen wurden, wie um die Art, in der die Geistlichen ihre Politik durchsetzten.

Dennoch beabsichtige ich, mich jetzt kurz der Debatte über die Taufpatenschaft zu widmen. Das mag als weltlich, trivial und vielleicht als »Adiaphoron« anmuten, war aber in Wirklichkeit ein weiterer Aspekt praktischer Religion, der erarbeitet werden musste und sich auch zunehmend in einer Genf umformenden und reformierenden Weise entfaltete. Wie Spierling anmerkt, war das gesamte Gebiet der Kindestaufe für eine Bewegung, die jegliches Verhalten auf die Schrift gründete, problematisch. Für eine Kindestaufe gibt es biblisch kaum einen Anhalt; für Pateneltern fehlt sie völlig. Wie Spierling ausführt, hatten Protestanten im reformierten Frankreich, in Schottland und auch in Genf keineswegs die Absicht, diese Praxis aufzugeben, obwohl reformierte Theologie kaum ein Interesse an der traditionellen Praxis hatte und Calvins Liturgie von 1542 diese lediglich als eine Möglichkeit erlaubte. So bietet die Diskussion der Taufpatenschaft in Genf dem Leser eine Chance, das Augenmerk von dem systematischen Theologen Calvin auf den Pastor und praktischen Theologen Calvin zu richten. Wir sehen das Einhalten der Praxis, aber zunehmend auch seine Entwicklung, wie z. B. den radikalen Wandel von der allgemeinen Patenschaft zur rein männlichen Patenschaft. Die weibliche Patenschaft endete, obgleich offiziell scheinbar lediglich am Taufbecken. Spierlings Arbeit auch mit anderen Quellen als nur mit Taufregistern zeigt kontinuierliche Hinweise auf weibliche Paten (Spierling 2005, 114). Doch die breite Verwendung von Archivakten dient vortrefflich der Korrektur einer scheinbar »normativen« liturgischen Praxis in Genf. Wir können nicht sagen, ob weibliche Paten am Taufbecken wenigstens anwesend waren, aber wir wissen zumindest, dass sie im Leben ihrer Taufkinder durchaus eine Rolle spielten.

Spierling erweitert unsere Kenntnis auch darüber, in welchem Ausmaß das Taufbecken Anlass zu Streit und Gewalt werden konnte. Sie betont zu Recht, dass die Einwohner von Genf auf der Beibehaltung ihrer Traditionen bestanden, die unmittelbar mit Vorstellungen von Verwandtschaft und sozialer Interaktion verbunden waren. Auch führt sie aus, dass Versuche, bestimmte Aspekte der Taufe zu kontrollieren – ja sogar, welche Namen den Kindern gegeben werden sollten –, Teil einer breiteren Bewegung des Protestantismus war, der »papistische« Namen zu verbannen suchte. Diese Konflikte verschaffen uns die Gelegenheit, gerade protestantisch gewordene Individuen zu hören, die versuchen herauszufinden, was der neue Glaube in der Praxis bedeutete. So musste Jean Bresset für seine Behauptung vermahnt werden, dass eine Frau ebenso fähig sei, die einem Paten bei der Taufe gestellten Fragen zu beantworten wie ein Mann (Spierling 2005, 114). Und Claude Pitard, dem eröffnet wurde, dass sein Name eine geächtete Altlast papistischen Aberglaubens sei, bat das Konsistorium, ihm einen anderen zu geben, »falls sein Name nicht gut sei« (Spierling 2005, 152). Man sieht männliche Paten – sogar Calvin selbst im Fall seines Patenkindes, dem Sohn von Lady Stafford –, aktiv intervenieren, ja fast das Kind in die eigene Obhut zu nehmen, nur um es von katholischem Einfluß fernzuhalten. In diesem Fall war Patenschaft kein »Adiaphoron«, sondern der Schlüssel zur Rettung der Seele des Kindes.

Es wurde zunehmend deutlich, dass diese »Adiaphora« in der »breiteren Geschichte« immer wichtiger wurden. Die kurze Periode der Stabilität, die 1541 eingesetzt hatte, schien gerade in dem Moment in einer Katastrophe enden zu wollen, als Calvin 1546 endlich sowohl eine loyale und hoch qualifizierte Gruppe von Mitgeistlichen, als auch ein arbeitendes Konsistorium gewonnen hatte. Doch die Bedrohung einer Invasion inmitten der verschiedenen, um Genf herum um sich greifenden Konfessionskriege zwang die säkularen sowie geistlichen Genfer Regierenden trotz der zahlreichen Gelegenheiten zum Bruch zwischen Staat und Kirche zu einem nicht leichten Konsensus. Das erste Mal in nahezu einem halben Jahrhundert schien der Fraktionalismus keine Rolle mehr zu spielen. Äußerer Druck ließ die Genfer ihre internen Streitigkeiten begraben und eine einheitliche Front als die sicherste Verteidigung der Freiheit der Stadt bilden.

4.3. Politische Opposition gegen die Reformierung (1551–1554)

Im Jahre 1551 ließ die äußere Bedrohung nach, und der Fraktionalismus begann sich allmählich wieder einzustellen. Während in Deutschland die Religionskriege eine externe Bedrohung bedeuteten und so eine interne Einheit und Stabilität herbeiführten, überfluteten die Religionskriege in Frankereich die Stadt Genf mit Flüchtlingen und bedrohten den inneren Zusammenhalt. Der Zufluss von nahezu 5000 Flüchtlingen bedeutete eine fasst unzumutbare Belastung. Die Fähigkeiten und der Reichtum der Flüchtlinge brachten die Genfer Ökonomie durch steigende Preise, Mieten und Eigentumswerte durcheinander. Das Eintreffen adliger Flüchtlinge verursachte noch größeren Druck: Genfs vom Handel bestimmte Gesellschaft lehnte deren Dünkel ab. Doch alle diese Dinge verblichen und wurden unbedeutend angesichts der wichtigeren Frage, wie viele Flüchtlinge bleiben und welchen Einfluss diese permanenten Ansiedler auf die Genfer Politik haben würden.

Inmitten dieses sozialökonomischen und politischen Drucks wurden sowohl Calvin als auch die Stadt von zwei bestimmten Außenseitern noch ganz anderen Belastungen ausgesetzt. Bolsec forderte 1551 Calvin im Hinblick auf die Prädestinationslehre heraus. Viele Protestanten andernorts in der Schweiz waren ebenfalls von Calvins Vorstellung beunruhigt. Sowohl die Geistlichen als auch die Magistrate baten (und warben) die Schweizer Protestanten um Rat (und Unterstützung). Die Schweizer waren unwillig, Calvins Theologie zu unterstützen, aber waren grundsätzlich konservativ in ihrer Unterstützung des Status quo. So stellten sie sich auf die Seite der etablierten Geistlichen gegen Bolsec, der daraufhin vom Rat ausgeschlossen wurde. Das machte aber paradoxerweise sowohl die Magistrate als auch die Geistlichen von der Unterstützung der Schweizer in Bezug auf eine »heimische« Theologie abhängig.

Der Fall des Servet war ähnlich im Verlauf, aber verschieden im Ergebnis. Servet, im katholischen Vienne zur Todesstrafe verurteilt, kam 1553 nach Genf. Die Geistlichen denunzierten ihn bei den Behörden, und der Fall wurde von da an staatlicher Seite verhandelt. Calvin wurde als »Experte« gebeten, Servets antitrinitarische, d.h. »atheistische« Theologie zu beurteilen. Bis dahin hatten die Genfer Heterodoxie, wie z.B. den Anabaptismus, mit Verbannung belegt, aber hier hatte man es mit »Atheismus« zu tun, nicht mit Häresie. Darüber hinaus hatten Katholiken behauptet, dass diese offensichtliche Milde beweisen würde, dass Genf ein Hafen für alle Häresien sei. Die Politiker der Stadt waren deshalb davon überzeugt, dass Verbannung hier nicht ausreichen würde. Die Geistlichen stimmten aus vollem Herzen zu, doch von staatlicher Seits aus zögerte man noch. Servet lehnte das Angebot ab, nach Vienne zurückzukehren. Das zwang Genf dazu, sich erneut an die Schweizer zu wenden. Allerdings war das eher ein Versuch, die Schuld zu teilen, als einen Ausweg zu suchen und Servet zu retten. Einfacher gesagt: Die Stadt wollte Niemanden seiner religiösen Überzeugung wegen töten. Dieses Zögern ist verständlich, da die Genfer mit katholischen Städten Frankreichs Handel trieben (Naphy 1995b). Das Eintreten der Genfer für Nachsicht in französischen Häresieprozessen würde bedeutungslos werden, wenn die Stadt nun selbst Häretiker exekutierte. Dennoch entschied die Stadt für die Exekution. Servet wurde noch am selben Tag zum Tode verurteilt, an dem die Entscheidung der Schweizer eingetroffen war.

Der »Atheismus« des Servet war schockierend, doch Bolsecs Angriff gegen die Prädestinationslehre Calvins war gefährlich. Calvins Vorstellungen (s. u. II.9.) waren nicht grundverschieden von denen anderer Reformer (vgl. Luthers »De servo arbitrio« oder Augustin), aber die Schweizer waren ungehalten über die Dominanz dieser Vorstellung in Calvins Theologie. Sie zogen Luthers Herangehen vor und wollten diese »komplexen« Lehren in Latein und nicht in der Landessprache diskutiert sehen. Die Schweizer und auch viele Genfer konnten offenbar nicht verstehen, warum Calvin diese peinigende und peinliche Lehre vertrat, die so entscheidend für den »Mann in der Kirchenbank« war.

Die Schweizer waren selbstverständlich keine Flüchtlinge. Für die ihres Glaubens wegen Verfolgten war Prädestination dagegen ein großer Zuspruch. Calvin wusste um die trostreiche und stärkende Kraft dieser Lehre. Sie bestätigte, dass Leiden, Verfolgung, Exil, Entsagung und sogar Tod nicht bedeutungslos sind, sondern letztlich zu Gottes Plan gehören. Wenn Gottes Wille alle diese Dinge in Bewegung setzt, dann sind sie ertragbar und können ausgehalten werden. Verfolgung gehörte zu Gottes heiligendem Werk. In durch und durch protestantischen Städten war es allerdings schwierig, Gottes Willen für den Einzelnen auszumachen, und daher hinterließ das Verkündigen dieser Lehre bei vielen Bürgern Beunruhigung. Diese Dichotomie erklärt teilweise die Unzufriedenheit, die diese Lehre bei den Magistraten und Geistlichen etablierter protestantischer Städte auslöste.

4.4. Erfolgreiche Reformierung (1555–1559)

Die 1546 aufglimmenden und nahezu ein Jahrzehnt lang schwelenden Spannungen gelangten gegen Ende 1554 schließlich zur Explosion. Antifranzösische Fremdenfeindlichkeit führte zu Attacken an Flüchtlingen. Calvins lokale Anhänger sahen dagegen in den Flüchtlingen Märtyrer und verachteten die zunehmende Wankelmütigkeit in der Genfer Gesellschaft. Viele Genfer sahen in den reicheren Flüchtlingen sogar eine sehr willkommene Geldquelle. Calvin wurde – wie 1538 – mehr und mehr in diesen Streit der unterschiedlichen Parteiungen hineingezogen. Seine Anhänger hofften, den Tumult ausnutzen zu können, um Ami Perrin und seine Anhänger zu vertreiben. Diese aus der »Guillermin«-Fraktion hervorgegangenen »Perrinisten« stellten in der Genfer Politik die größte Fraktion mit einer Mehrheit im Rat. Ihr politisches Ziel war der Beitritt zur Schweizer Konföderation. Dies erklärt teilweise ihren Enthusiasmus für eine auf Zwingli beruhende Kirchenordnung, mit deren Hilfe sie die ihrige der Schweizer Praxis angleichen konnten. Die ganzen frühen 50er Jahre hindurch bildeten die »Perrinisten« die dominante Partei, doch konnten sie die Stadt nicht stabilisieren. Sie sahen sich zwei Schwierigkeiten gegenüber: Zum einen war die »Compagnie« unter Calvin geeint und das Konsistorium mit seinem Syndikus und seinen Ratsherren als Presbyter waren in ihrer Unterstützung der Geistlichen unerschütterlich. Zum anderen zogen die Flüchtlinge die Genfer in die französischen Angelegenheiten hinein und erschwerten so die Verhandlungen mit der Konföderation.

1555 erlitten die »Perrinisten« eine Wahlniederlage. Der procalvinistische oder besser antiperrinistische Block gewann im Rat eine Mehrheit von einer Stimme. Die neue Regierung beschloss, diese schmale Wahlgrundlage sicherzustellen. Trotz des Protests der »Perrinisten« wurde eine große Anzahl französischer Flüchtlinge eingebürgert. Im Jahre 1555 wurden 127 und weitere 144 im folgenden Jahr als solche aufgenommen – diese 271 stehen den 269 für den gesamten Zeitraum 1543–1554 gegenüber. Da sie sofort wählen durften, festigten sie die antiperrinistische Stellung. Und da sie nicht selbst zu Ratsmitgliedern gewählt werden konnten, gewannen die neuen Ratsmitglieder darüber hinaus loyale Stimmen, die niemals zu politischen Opponenten werden würden. Bis zum Mai hatten die »Perrinisten« eingesehen, dass sie die politische Macht nicht mit demokratischen Mitteln zurück gewinnen konnten. So revoltierten sie am 16. Mai. Doch die Reaktion war prompt und entschieden. Die Aufrührer wurden als Verräter angesehen, genau wie 1540 die »Artikulanten«. Die »Perrinisten« wurden verhaftet oder flohen; ihr Hab und Gut wurde eingezogen. Innerhalb von sechs Monaten verschwand ein Drittel der herrschenden Oberschicht. Die Schweizer waren entsetzt und wütend. Doch Genf hatte nach zwanzig Jahren endlich Stabilität und eine Kirchenordnung. Das Ziel der Mitgliedschaft in der Konföderation wurde nun endgültig aufgegeben.

Weshalb war Calvin erfolgreich gewesen? Auf diese Frage gibt es keine einfache Antwort. Doch das wichtigste Element von Calvins Erfolg war vielleicht sein Predigtdienst. Im Jahre 1549 gab es tägliche Predigten – drei am Sonntag –, wöchentliche Katechismusklassen, theologische Diskussionen, Zusammenkünfte von Geistlichen zum Bibelstudium (»Congrégations«) und Konsistorialratssitzungen. Calvin war das wahrnehmbare Gesicht und die hörbare Stimme der Autorität der Stadt. Er interpretierte die Heilige Schrift, legte Gottes Wort aus, ermahnte, schmeichelte und drohte. Man darf nicht vergessen, dass Calvin vor allem ein pflichtbewusster, lokaler Geistlicher war. Er hatte sich selbst seinen Genfer Aufgaben verschrieben. Jeder Versuch, den Genfer Geistlichen und Politiker Calvin zugunsten des Theologen und der »Berühmtheit« Calvin zu übersehen, ist problematisch. Das Genfer Kirchenmodell war ortsgebunden. Die geistliche Freiheit und die Exkommunikation waren darüber hinaus als Ergebnisse lokaler Prozesse in der Republik festgesetzt. Calvin war offensichtlich von den Realitäten seiner ihn umgebenden Umwelt beeinflusst, aber man darf dabei nicht den überzeugten Pastor Calvin vergessen. Es ist richtig, dass Calvin mehr als eine Gemeinde betreute, am augenfälligsten die französischen Protestanten, doch viel von dem Rat und der Hilfe, die er diesen fernen und verfolgten Gemeinden angedeihen ließ, war aus seinen Genfer Erfahrungen erwachsen.

Sein Sieg im Jahr 1555 brachte Calvins Kirchenmodell keinen sofortigen Erfolg. Erst 1559 stimmte der Rat zu, den Besitz der »Perrinisten« für die Unterstützung der Akademie zu verwenden. Damit hatte die Stadt ein Konsistorium, eine hoch qualifizierte »Compagnie«, ein von Geistlichen beherrschtes Schulsystem und ein Seminar zur Ausbildung – größtenteils ausländischer – Geistlicher. Dennoch wurde Genf keine Theokratie. Die Einführung drakonischer Sittengesetze wurde 1557 von dem »Conseil Générale« als »zu harsch« abgelehnt. Auch behielten die säkularen Autoritäten die Kontrolle über die Armenfürsorge bei. Trotz dieser lokalen aber bedeutenden Nuancen war das »calvinistische« System im Jahre 1559 endgültig etabliert.

Sogar die Akademie, die lange als das Zentrum der Ausbildung protestantischer Geistlicher für Frankreich galt, wurde in den letzten Jahren eine wahrhafte Genfer Institution, tief eingebettet in die Realitäten des Lebens dieser Stadt. Man mag auf den ersten Blick in Maags Werk über die Akademie eher eine Geschichte der »Elite« sehen (Maag 1995), doch es ist mehr als das. Die Verwendung von Archivmaterial, besonders der Protokolle des Rates, führen vor allem das Leben der Akademiemitglieder lebendig vor Augen. Darüber hinaus – und noch wichtiger – wird deutlich, dass viele der Probleme, die die Akademie offensichtlich bedrängten, mit weltlichen Belangen zu tun hatten. Sogar der Versuch des Rates, die Akademie zu zwingen, den Umfang ihres Programms und die Zahl der gebotenen Kurse – Fechten, Reiten, Jura, Medizin – zu vergrößern, um deutlich mehr und vermögende Studenten anzuziehen, klingt sehr modern und erinnert uns daran, dass es bei Calvins Akademie um mehr ging, als nur um die Ausbildung Geistlicher für die französisch-protestantische Kirche.

Das Studium der Rechte in der Akademie ist ein ausgezeichnetes Beispiel dafür, wie weltlich die Situation war. Im Jahre 1565 begannen ein Genfer Beamte und ein Flüchtling aus Dundee juristische Vorlesungen anzubieten (Maag 1995, 25). Die Vorlesungen waren öffentlich und gebührenfrei, kosteten also den Staat nichts. Obgleich die Stadt froh war, aus diesem Mann Nutzen ziehen zu können, war sie mit Bezas Unterstützung aktiv auf der Suche nach zwei Professoren, die sich einen Namen gemacht hatten. Die Suche zeitigte aber nur einen Mann: Pierre Charpentier. Dadurch konnte der Stadtbeamte offiziell seine Vorlesungen beenden, die nun der neue Professor Charpentier und der Schotte übernahmen – dem Professor wurde ein ansehnliches Gehalt gezahlt (fast zweimal soviel wie Calvin), nicht aber dem Schotten. Beza, der von seinen Erfahrungen höherer Ausbildung in Lausanne zehrte, blieb ein begeisterter Anhänger des Rechts, doch waren seine Mitgeistlichen nicht interessiert. Der Rat war allerdings sehr interessiert, denn – wie noch 1618 angemerkt – »ein berühmter Professor der Rechte [würde] adlige Studenten und ausländische Studenten in diese Stadt ziehen und sie hier [festhalten]« (MAAG 1995, 26).

Die ersten Versuche waren allerdings problematisch. Die Vorlesungen des Schotten führten zu Beschwerden der Studenten: »[M]ehrere Studenten missbilligen die Vorlesungen der Rechte und besuchen sie nicht, besonders [die des Schotten]« (MAAG 1995, 27). Beurteilungen der Kurse durch Studenten gibt es offenbar schon länger als man meinen würde. Dem Schotten wurde angeraten, lieber von sich aus zu kündigen, als gekündigt zu werden; und das tat er denn auch. Der Rat war gleichermaßen unzufrieden mit Charpentier, der seine Aufgaben nicht vertragsgemäß erfüllte; so wurde sein Gehalt um die Hälfte gekürzt. Er verbrachte seine Zeit sehr unklug und wurde beschuldigt, seine Haushaltshilfe sexuell belästigt zu haben. Er leugnete die Unzucht, entschuldigte sich für seine laxen Arbeitsmethoden und versprach, sie zu verbessern. Dennoch wurde ihm gekündigt und der Rechtsunterricht war damit nach nur fünf Jahren aufgehoben. Das Jurastudium wurde an der Akademie für unnötig befunden, obgleich es 1586 wieder eingeführt und dann erneut gestrichen wurde. Des Weiteren sollten auch die Professuren in Hebräisch und Griechisch sowie die *Artes (liberales)* aufgelöst werden, um Geld zu sparen.

Diese allzu kurze Diskussion der Arbeit Maags macht deutlich, dass der Rückgriff auf Archivmaterial nicht nur unsere Kenntnis über die Akademie erweitert, sondern auch unsere Vorstellung von ihr weitgehend geändert hat. In der Geschichtsschreibung bleibt die Akademie die vornehmlichste Ausbildungsstätte Geistlicher für die französisch-protestantische Kirche. Das hat sich nicht geändert. Doch das Verständnis des Lebens an dieser Institution, bzw. ihr Leben als eine Institution, hat sich nun grundlegend gewandelt. Die Akademie wird nicht länger nur als eine Institution, die Missionare hervorbringt, angesehen, sondern als eine Stätte lebendiger Menschen, die mit allzu wirklichen und allzu weltlichen Problemen konfrontiert sind. Es ist auch unmittelbar deutlich, wie sehr die säkularen Autoritäten in die alltäglichen Geschäfte der Akademie verwickelt waren und sie kontrollierten. Zusammen mit der vollständigen staatlichen Kontrolle der Genfer Armenfürsorge und mit dem Recht, Geistliche ein- und abzusetzen, wird jegliche Vorstellung untergraben, das Jahr 1555 repräsentiere den Aufstieg einer calvinistischen Theokratie in Genf.

4.5. Das republikanische und reformierte Genf: Die zweite Generation (1560–1568)

Nach 1559 begann Calvins Gesundheit nachzulassen, obgleich die Ankunft Bezas ihm sowohl eine Stütze als auch einen offensichtlichen Nachfolger bescherte. Calvin wurde aber dennoch gebeten, das Komitee zur Verbesserung der von ihm selbst entworfenen Verfassung von 1542 zu leiten. Am 27. Mai 1564 aber starb er, noch bevor sie fertig gestellt war, doch hatte er entscheidenden Anteil am Ergebnis der Verfassung von 1568. Genf war eine schwierige »Gemeinde« für Calvin, war aber 1560 zum Modell für Calvinisten in ganz Europa geworden. Angesichts der traumatischen Ereignisse von 1545–1555 fragt man sich, warum andere diesem Modell nacheifern wollten. Man muss sich dabei in Erinnerung rufen, dass viele der nicht-französischen Flüchtlinge, besonders Engländer und Schotten, erst nach dem Höhepunkt der Krise von 1555 eintrafen. Sie erlebten Genf von der Opposition befreit und voller Energie. Die Stadt war eine Stätte des Enthusiasmus, des Lernens, der Hingabe und Entschlossenheit geworden – genau das Muster einer frommen, reformierten Stadt. Historiker unterstreichen, dass Genf mehr als nur eine Stätte fortschreitender Reformierung gewesen ist (Engammare 2004; Mottu-Weber 2002/2006; Grosse 2007); mit seinem Reichtum an Archivmaterial wurde Genf vielmehr zu einer Stätte der Erforschung frühmoderner Gesellschaft und Kultur, die von Reformation und Calvinismus durchzogen, aber nicht notwendigerweise davon beherrscht ist.

Naphy, William G.: Baptisms, Church Riots and Social Unrest in Calvin's Geneva (SCJ 26, 1995a, 87–97).

Ders.: The Reformation and the Evolution of Geneva's Schools (in: Kümin, Beat [Hg.]: Reformations Old and New, 1996, 185–202).

Spierling, Karen: Infant Baptism in Reformation Geneva: the Shaping of a Community, 1536–1564, 2005.

(Übersetzt von *Gesine Robinson*) *William G. Naphy*

II. Geschichtliche Beziehungen

1. Calvin und Wittenberg

1.1. Einleitung

Die Beziehung zwischen Calvin und Wittenberg umfasst mehr als Calvins theologisches Verhältnis zu Luther. Calvin hatte zu mehreren Wittenbergern Kontakt, sodass im Folgenden auch sein Verhältnis zu den Lutheranern Thema sein wird. Dabei kann zwischen den persönlichen und den theologischen Aspekten seiner Kontakte unterschieden werden, auch wenn diese bei Calvin grundsätzlich zusammengehören. Dieser Beitrag beschränkt sich selbstverständlich auf die Kontakte zu Lebzeiten Calvins.

So sehr Calvin es auch wünschte (CO 12,7), er hat Luther nie persönlich getroffen. Die einzige sichere Gelegenheit eines Treffens wurde von Philipp Melanchthon verhindert, der den Brief, den Calvin im Januar 1545 an Luther schrieb, nicht weiterzugeben wagte. Bedenkt man weiterhin, dass Luther und Calvin sich gegenseitig nur vereinzelt in ihrer Korrespondenz nennen, könnte man glauben, dass zwischen ihnen kaum eine Verbindung bestand. Die wenigen Bemerkungen sind jedoch inhaltsreich genug, um sich ein Bild von der Wertschätzung des einen für den anderen zu machen. Dabei wird der Einfluss Luthers auf Calvins Theologie deutlich.

1.2. Luthers Persönlichkeit

Was Luther für Calvin bedeutete, wird aus einer Äußerung Calvins während des Abendmahlsstreits mit den Lutheranern 1556 deutlich. Er habe in der Periode, in der er anfing, sich »von der Düsternis des Papsttums zu befreien«, so sehr unter dem Einfluss Luthers gestanden, dass er sich von den Schriften Oekolampads und Zwinglis abgewandt habe (CO 9,51). Aus diesen Worten spricht nicht nur Calvins Eigenständigkeit. Hier zeigt sich auch, dass seine Position näher bei Luther als bei Zwingli liegt. Calvin wollte Luther zwar nicht mit Elias vergleichen, als hätte es nach Luther nie mehr Propheten gegeben, aber er sagte, dass »das Evangelium von Wittenberg ausgegangen« sei (Herminjard 1966, Bd. 9, 223, Calvin an Pfarrer Montbéliard, 8. Mai 1544). Luther sei derjenige, der das Papsttum ins Wanken gebracht habe (CO 14,31, Calvin an Edward VI., 5. Feb. 1551). In dem von Melanchthon zurückgehaltenen Brief an Luther spricht Calvin ihn als »hochgelehrter Vater in dem einen Herrn« an. Er würde gerne zu Luther herüberfliegen, um ein paar Stunden bei ihm zu sein und ein paar Dinge mit ihm zu besprechen, aber da das auf Erden nicht möglich sei, hoffe Calvin, dass es bald die Möglichkeit dazu in Gottes himmlischem Königreich geben würde (CO 12,7 ff.).

Calvin war beeindruckt, als er über Bucer einen persönlichen Gruß von Luther mit der Nachricht erhielt, Luther habe seine Bücher mit Genuss gelesen. Der Genfer Reformator ist der Meinung, seinem Vorwort zum Römerkommentar dürfe hinzugefügt werden, dass er Dinge geschrieben habe, die Luther gefielen und schreibt froh: »Wenn wir von solch einer Mäßigung nicht erweicht werden, sind wir vollkommen aus Stein. Ich bin wirklich erweicht worden. Ich habe also etwas geschrieben, was ihn zufrieden stellt.« (Calvin an Farel, 20. Nov. 1539, Herminjard 1966, Bd. 6, 130–131).

Calvin sprach manchmal aber auch die Probleme an, die er mit Luthers Grundhaltung hatte. In einem Brief an Bullinger vom 25. November 1544 nennt er Luther »maßlos leidenschaftlich und von dreistem Charakter« (Herminjard 1966, Bd. 9, 313). Er müsse sein stürmisches Temperament besser beherrschen und sich anstrengen, die eigenen Unzulänglichkeiten einzusehen. An Melanchthon schrieb Calvin, dass Luther die Selbstbeherrschung fehle und dass er sich viel zu leicht provozieren lasse. So sei er eine Gefahr für die Kirche und offensichtlich gebe es niemanden, der es wage, sich diesem Verhalten zu widersetzen (CO 12,99). Aber die Wertschätzung überwiegt, und – so Calvin selbst – würde Luther ihn auch einen Teufel nennen, Calvin würde ihm die Ehre erweisen zu sagen, er dagegen sei ein sehr besonderer Diener Gottes. Gegenüber den Schweizern, die Calvin 1554 vorwarfen, zu milde über Luther zu schreiben, verteidigte er Luthers Heftigkeit indem er sagte, Luthers Charakter sei nun einmal so und außerdem würde der Mann von bösartigen Leuten aufgebracht werden (CO 15,305, Calvin an die Pfarrer von Zürich). Für Calvin blieb Luther ein herausragender Diener Christi, dem alle viel zu verdanken haben; es sei die Pflicht aller, Luther für seine Unzulänglichkeiten so zu rügen, dass er noch genügend Raum zur Entfaltung seiner geniale Begabung behalten würde (Herminjard 1966, Bd. 9, 313). Von Luthers Urteil über Calvin ist nur bekannt, dass er den Reformator aus Genf schätzte. So pries Luther Calvins *Supplex exhortatio ad Caesarem* (1543) und urteilte freundlich über die lateinische Übersetzung von Calvins kleinem Traktat zum Abendmahl (Bizer, 1940/1962, 246).

1.3. Luthers Theologie

Wichtiger als die gegenseitige Beurteilung ist, was Calvin von Luthers Standpunkten hielt und welchen Einfluss Luther auf Calvin hatte. Dass es diesen Einfluss gab, ist unbestritten und wird in vielen anderen Beiträgen dieses Handbuchs erörtert, sodass er hier knapp abgehandelt werden kann.

Calvin sagt selbst, er habe hinsichtlich Luthers immer seine Freiheit bewahrt (»me semper fuisse liberum«, CO 13,165, Calvin an Bullinger, 21. Januar 1549). Daher scheute er sich nicht, kritische Anmerkungen zu Luthers Hermeneutik zu machen, denn das Werk eines jeden Exegeten würde überflüssig und unsinnig sein, wäre es nicht erlaubt, von Luther abzuweichen (CO 15,454, Calvin an Burckhard, 7. Oktober 1554). Über eine Predigt, die Luther 1522 gehalten hatte, urteilt Calvin 1562, Luther sei damals mit der Bibel noch nicht so gut vertraut gewesen (CO 19,368, Calvin an Desprez, 29. März 1562). Calvin fand auch, dass Luther bei seiner Jesaja-Auslegung die historischen Hintergründe zu wenig berücksichtigt habe (Herminjard 1966, Bd. 6, Calvin an Viret, 19. Mai 1540).

Gerade in Fragen des Abendmahls war Calvin als Reformator der zweiten Generation in der Lage, verschiedene Standpunkte zu überblicken; so konstatierte er Mängel bei beiden Parteien. In Bezug auf Luther war Calvin der Meinung, der Wittenberger sei in seinen Formulierungen und seinen Reden über andere zu weit gegangen. Für Calvin war Luther zu scharfzüngig, zu wenig nuanciert in seinen Urteilen und er verwende problematische Formulierungen sowie ungeschickte Vergleiche (CO 5,458). Zugleich sagte Calvin, diese Fehler seien auch auf Schweizer Seite begangen worden. Hoch schätzte er die Tatsache, dass Luther so sehr vor einer römisch-katholischen Sicht auf die Gegenwart Christi (CO 5,458) gewarnt hatte. Nach anfänglicher Zurückhaltung gegenüber der Wittenberger Konkordie (1536) brachte ihn vor allem seine Begegnung mit den Lutheranern auf dem Reichstag in Worms (1539) dazu, positiver über dieses Dokument zu denken. Gerade weil die Konkordie bekennt, »dass im Abendmahl Leib und Blut Christi nicht nur symbolisch dargestellt werden, sondern durch den Gottesdienst wirklich angeboten werden und vor aller Augen gegenwärtig sind«, erklärte Calvin, er habe diese Konkordie nicht nur gewollt, sondern auch bekräftigen wollen (Herminjard 1966, Bd. 6, Calvin an Farel, 27. Februar 1540). Daher überrascht es auch nicht, dass Calvin, der 1548 in Straßburg die *Confessio Augustana invariata* unterzeichnete, während der Religionsgespräche in Regensburg die *CA variata* unterschrieb.

Im Brief an Bucer vom 12. Januar 1538 erwähnt Calvin Luther zum ersten Mal. Er schreibt, er sei von dessen Frömmigkeit überzeugt, doch wisse er nicht, was er des Weiteren von Luther halten solle (Herminjard 1966, Bd. 6, 338). Luther beharre so sehr auf seiner Abendmahlslehre (Ubiquität und Konsubstantiation), dass er dadurch eine reformatorische Einheit behindere. Hier zeigt sich, dass Calvin größere Schwierigkeiten mit Luthers Charakter als mit seinen Auffassungen hatte. Dass er seine Abendmahlslehre inhaltlich in Übereinstimmung mit der Lehre Luthers sah, ist deutlich. Auch Luther scheint es so gesehen zu haben. Melanchthon berichtet nämlich, dass jemand versuchte, Luther zu Kritik an Calvins Abendmahlslehre zu bewegen, wie dieser sie in seinem Brief an Sadoleto formuliert hatte. Als Luther die entsprechende Passage las, lobte er Calvin jedoch dafür (Melanchthon an Bucer, 14. Oktober 1539, CO 10/2,432).

1.4. Melanchthon

Die sehr intensiven Kontakte zwischen Philipp Melanchthon und Calvin waren sowohl persönlicher als auch theologischer Natur. Nachdem Calvin Melanchthon ein paar Mal getroffen hatte, schrieb er, es bedrücke ihn, dass nun eine so große Entfernung zwischen ihnen liege. Darum, so fügte er hinzu, tröste er sich selbst und Melanchthon mit der Aussicht, ihre gegenseitige Liebe und Freundschaft einst im Himmel genießen zu können, in dem sie dann ewig zusammenleben würden (Calvin an Melanchthon, 16. Februar 1543, CO 11, 515).

Dass Melanchthon den Brief Calvins an Luther zurückhielt, ist für das Verhältnis zwischen ihnen bezeichnend. Melanchthon versuchte nämlich, Konflikte zwischen beiden Reformatoren zu verhindern. Als Calvin ihn wissen ließ, dass die Lutheraner in ihrem Festhalten an bestimmte liturgische Gewohnheiten beinahe jüdisch seien, antwortete er, Luther habe hohen Respekt vor der liturgischen Reinheit in Genf. Als Luther sehr heftig formulierte, die Züricher führten ihr Kirchenvolk in die Hölle und hätten keine Gemeinschaft mit Gottes Kirche (WA B. 10,387), bringt Calvin Melanchthon dazu, Luther zu besänftigen und versöhnlich zu stimmen (Calvin an Melanchthon, 21. April 1544, Herminjard 1966, Bd. 9, 201).

Calvin selbst hegte für Melanchthon immer große Bewunderung, obwohl es Punkte gab, in denen sie unterschiedlicher Meinung waren. Allerdings hätte es Calvin gefreut, wenn Melanchthon ab und zu entschlossener gewesen wäre (CO 12,99, Calvin an Melanchthon, 28. Juni 1545). So störte es ihn, dass er zu ängstlich gewesen war, sich in den nach dem Tod Luthers entstandenen Abendmahlsstreit einzumischen und deutlich Farbe zu bekennen. Es würde besser sein, ihn aus seiner allzu lutherischen Umgebung zu holen (CO 15,388, Calvin an Vermigli, 18. Januar 1555). Würde Melanchthon näher wohnen, könne sich Calvin öfter mit ihm besprechen, denn »in einem dreistündigen Gespräch würde ich weiter mit ihm kommen als in 100 Briefen.« (CO 15,321, Calvin an Farel, 27. November 1554). Für Calvin gehörte Melanchthon zu den besten Exegeten der Schrift. (Herminjard 1966, Bd. 6, Calvin an Grynaeus, 18. Oktober 1539). Calvin gab Farel den Rat, Melanchthons Buch über die Macht der Kirche zu lesen (Herminjard 1966, Bd. 6, Calvin an Farel, 20. November 1539), und nachdem er Melanchthon 1540 in Worms getroffen hatte, äußerte er Farel gegenüber, es würde ihm bestimmt viel Spaß bereiten, wenn er nur eine halbe Stunde Melanchthon zuhörte (Herminjard 1966, Bd. 6, 414, Calvin an Farel, Dezember 1540).

Melanchthon schätzte Calvin ebenfalls, wie sich aus seinen Versuchen schließen lässt, Calvin in Worms zu halten, als dieser abreisen will. Calvin erwartete von den Religionsgesprächen nichts mehr (Herminjard 1966, Bd. 7, 8, Calvin an Farel, 31. Januar 1541). Beza berichtet, dass Melanchthon seitdem von »dem Theologen« sprach, wenn er Calvin meinte (CO 21,62).

Calvin war auch in Bezug auf die so genannten Adiaphora anderer Meinung als Melanchthon. Nachdem Melanchthon das Leipziger Interim (21. Dezember 1548) anerkannt hatte, in dem die Zeremonien als Adiaphora eingestuft wurden, teilte Calvin ihm mit, nicht einer Meinung mit ihm, sondern eher auf einer Linie mit Magdeburg zu sein, wo sich Flacius Illyricus diesem Interim scharf widersetzte (CO 13,593–596, Calvin an Melanchthon, Juni 1550).

Meinungsverschiedenheiten gab es zum Thema des freien Willens und der Prädestination. Calvin widmete Melanchthon seine Schrift gegen Pighius zu dieser Materie. Melanchthon, der ihm dafür sehr dankbar war, äußerte sich positiv über dieses Werk, lehnte aber Calvins Determinismus ab (Herminjard 1966, Bd. 8, 451, Melanchthon an Calvin, 12. Juli 1543). Calvin seinerseits gab als Grund für seine Haltung an, dass der Wittenberger sich zu sehr dem Menschenverstand anpasse und darum eher als Philosoph denn als Theologe über diese Dinge spreche. Es war jedoch nach Calvins Auffassung absolut falsch, sie beide aufgrund dieses Unterschieds als Gegenspieler zu begreifen. Ihre Freundschaft war herzlich, was auch damit zu tun hatte, dass sie beide Humanisten waren. Zusammen mit der gegenseitigen Wertschätzung gab dies Raum, auch in der Öffentlichkeit unterschiedlicher Ansicht zu sein (CO 14,381, Calvin an den Rat von Genf, 6. Oktober 1552).

1.5. Lutheraner

Calvin stand mit mehreren lutherischen Theologen wie Jacob Andreae, Veit Dietrich, Johann Marbach und Johann Brenz in Briefkontakt. Bezeichnend für das Verhältnis Calvins zu den Lutheranern war, dass er sich selbst mit Luther in Übereinstimmung sah, während er die Lutheraner beschuldigte, sich von Luther entfernt zu haben.

Die Lutheraner verweigerten die Einheit, weil sie weiter darüber diskutierten, wie Christus präsent sein könne, während Luther selbst, so Calvin, wohl eingesehen habe, dass diese Frage faktisch sekundär sei. Darum nannte er diejenigen, die unter Luthers Namen stritten, »Schwärmer« (CO 15,141, Calvin an Farel, 25. Mai 1554). Calvin hatte im Sommer 1554 seinen Kommentar zur Genesis den drei Söhnen des im März desselben Jahres verstorbenen Kurfürsten von Sachsen, Johann Friedrich gewidmet. Die Widmung wurde jedoch abgelehnt, da Calvin von der lutherischen Abendmahlslehre abweiche und Luthers Auslegung der Genesis mehrfach beleidigt habe (CO 15,260). 1555 seufzte Calvin: »Ach, lebte Luther doch noch. Er war zwar heftig, aber er ging nie so weit wie seine Gefolgsleute, die man keine Schüler, nur Nachmacher, ja Affen nennen kann« (CO 15,502, Calvin an Seidemann, 14. März 1555). Calvin meint, Luther hätte sich, würde er noch leben, nicht auf die Seite der Lutheraner gestellt.

Am intensivsten ist die Diskussion mit Joachim Westphal (1510/11–1574), Pfarrer in Hamburg. Nachdem die Schweizer mit ihrem *Consensus Tigurinus* den Symbolismus abgelehnt hatten, hoffte Calvin vergeblich, dass die Lutheraner nun zu größerer Einheit bereit sein würden. Westphal reagierte 1552 mit seinem *Farrago confuseanarum et inter se dissidentium opinionum de Coena Domini ex Sacramentarium libris congesta per M. Ioachimum Westphalum pastorem Hamburgensem* scharf auf den *Consensus Tigurinus*, der trotz Calvins Drängen erst mehr als anderthalb Jahre nach seiner Entstehung 1549 veröffentlicht worden war. In diesem Werk führt Westphal zum ersten Mal den Begriff »Calvinismus« ein, um damit die Abendmahlsauffassung Calvins negativ als menschliche Erfindung abzustempeln. Als Westphal ein Jahr später seine *Recta fides* veröffentlichte, eine vergleichbare Schrift, schrieb Calvin 1555 auf Bullingers Drängen die *Defensio sanae et orthodoxae doctrinae de sacramentis* (CO 9,15–36). Nach einer »Defensio« von Seiten Westphals schrieb Calvin eine *Secunda Defensio* (CO 9,41–120), die für den Pastor aus Hamburg Anlass für eine Reihe von Schriften gegen Calvin war. In diese Diskussion mischten sich auch andere Lutherische Theologen ein, die sich hauptsächlich gegen die Schweizer richteten. Calvin reagierte 1557 mit *Ultima admonitio ad Ioachimum Westphalum* (CO 9,137–252), tatsächlich die letzte Einzelschrift in der Polemik mit Westphal, auf dessen spätere Schriften Calvin nur noch in der letzten Ausgabe der *Institutio* (IV.17.20–34) einging.

Durch Westphal kommt Calvin auch mit den Lutheranern in Frankfurt am Main in Kontakt, denn Westphal brachte dort die lutherischen Pfarrer gegen die Niederländisch sprechende reformierte Flüchtlingsgemeinde auf, die dort seit einigen Jahren existierte und einen eigenen Kirchenbau nutzen durfte. Im Vorwort seines Kommentars zur Apostelgeschichte lobt Calvin den Rat von Frankfurt für seine Flüchtlingshilfe (CO 15,710 ff.). Den lutherischen Pfarrern teilt er mit, er verstehe nicht, wie Westphals Buch in Frankfurt erscheinen und so viel Streit verursachen konnte, während Reformierte und Lutheraner sich so einig seien (CO 16,53 ff.). Als sich die Situation durch Konflikte innerhalb der Flüchtlingsgemeinde verschlechterte, reiste Calvin im September 1556 selbst nach Frankfurt. Die

Reise blieb vergeblich, denn die Auseinandersetzungen hielten an und die lutherischen Pfarrer wollten nicht mit Calvin sprechen. 1561 beschloß die Obrigkeit, die Kirche für die Flüchtlingsgemeinde zu schließen, da sie nicht mit der Lehre und Liturgie der Lutheraner übereinstimme. Auf die daraus entstandene Frage, ob diese Reformierten ihre Kinder von einem lutherischen Pfarrer taufen lassen und bei den Lutheranern das Abendmahl feiern dürfen, antwortet Calvin, dass die Sakramentsausteilung nicht von der austeilenden Person abhänge und dass die lutherischen Zeremonien nicht unwichtig, aber auch nicht essentiell seien. Solange man nicht zum Bekenntnis des lutherischen Abendmahlsverständnisses gezwungen werde, könne man ruhig an der Feier teilnehmen, so das Urteil der Pfarrer aus Genf (CO 15,78 ff.). Calvin erteilte hier im Kern denselben Rat, den er der Flüchtlingsgemeinde in Wesel gegeben hatte, die 1553 vom Rat der Stadt gezwungen worden war, sich der lutherischen Konfession anzupassen. Anpassung und Wahrung der kirchlichen Einheit, in diesem Fall der Einheit mit den Lutheranern, sei besser als der Weggang der reformierten Gemeinde. Als aber 1563 die restlichen Reformierten gezwungen wurden, das lutherische Bekenntnis zu unterzeichnen, macht Calvin zur Bedingung, dass erst eine Reihe von Korrekturen in Bezug auf Taufe und Abendmahl durchgeführt werden müssten (CO 19,619 ff., Calvin an die Wallonische Gemeinde in Wesel, 11. Januar 1563).

Einseitig ist das Bild, Calvin habe mit den Lutheranern immer nur diskutiert. Die Kontakte wurden zwar stark durch die Kontroversen um das Abendmahl beherrscht, Calvin pflegte aber auch viele freundschaftliche Kontakte zu Lutheranern (Nijenhuis 1959, 160–161). Kontakt bestand zum Beispiel zu Justus Jonas (1493–1555), der Calvin anbot, dessen zweites Traktat gegen Westphal zu übersetzen (CO 16,137, Jonas an Calvin, 8. Mai 1556), ein Angebot, das dieser auch annahm (CO 16,283, Calvin an Jonas, 17. September 1556).

1540 schrieb Calvin, er habe keinen größeren Wunsch und würde sich um nichts anderes mehr kümmern, als gemeinsam mit allen deutschen Kirchen das Evangelium Christi zu verkündigen und mit allen Mitteln die höchste Einigkeit zu bewahren. (Herminjard 1966, Bd. 6, 132, Calvin an Farel, 27. Februar 1540). Diese Haltung hatte er sich zu Lebzeiten Luthers wie nach dessen Tod zu eigen gemacht. Und diese Haltung erklärt gleichzeitig, warum er mit der Polemik gegen Luthers Nachfolger nicht aufhörte.

Neuser, Wilhelm H.: Calvin and Luther. Their Personal and Theological Relationship, (HTS 38, 89–103).

Nijenhuis, Willem: Calvinus Oecumenicus. Calvijn en de eenheid der kerk in het licht van zijn briefwisseling, 1959.

Spijker, Willem van 't: Luther en Calvijn. De invloed van Luther op Calvijn blijkens de Institutie, 1985.

Wengert, Timothy: »We Will Feast Together in Heaven Forever«: The Epistolary Friendship of John Calvin and Philip Melanchthon (in Maag, Karin [Hg.]: Melanchthon in Europe: His Work and Influence Beyond Wittenberg, 1999, 19–44).

(Übersetzt von *Ulrike Sawicki*) *Herman J. Selderhuis*

2. Calvin und die Eidgenossenschaft

Das Verhältnis Calvins zur Eidgenossenschaft wurde von der älteren Forschung meist durch eine chronologische Abfolge bestimmt: Erst hätten sich bis 1531 durch Zwinglis Wirken in Zürich die Anfänge des Protestantismus reformierter Prägung entwickelt, bis schließlich dann die entscheidende theologische Entfaltung durch Calvin in Genf, verbunden mit einer hohen Ausstrahlungskraft des Calvinismus in die Eidgenossenschaft und Europa hinein, erfolgt sei. Diese Chronologie enthielt zugleich eine inhaltliche Wertung. Zwingli käme in diesem Denkschema eine Vorreiterrolle zu, theologisch entscheidend jedoch sei das Auftreten Calvins für den reformierten Protestantismus geworden. Dieses Modell wird gegenwärtig nicht zuletzt durch die zahlreichen Forschungsaktivitäten im Kontext des Bullingerjubiläums 2004 relativiert. Das Verhältnis zwischen Zürich und Genf nach 1531 in seiner kirchenpolitischen und theologischen Ausstrahlung wird neu bestimmt, die persönliche Beziehung zwischen Calvin und Bullinger insgesamt einer kritischen Neubewertung unterzogen.

2.1. Die Eidgenossenschaft zur Zeit Calvins

Die Eidgenossenschaft, jenes sich aus dem Spätmittelalter entwickelnde Bündnissystem von insgesamt 13 unabhängigen »Ständen« oder »Orten«, stellte innerhalb der politischen Landschaft Europas im 16. Jahrhundert eine markante Ausnahme dar. Rechtlich dem Heiligen Römischen Reich zugehörig, wurde die Eidgenossenschaft in dem Basler Friedensschluss des Jahres 1499 von allen Verpflichtungen gegenüber dem Reich befreit. Letztlich geschaffen, um sich im Verteidigungsfall gegenseitig militärisch schützen und gemeinsamen Interessen in der Landfriedensicherung nachgehen zu können, verzichteten die Bündnispartner jedoch weitestgehend darauf, als Eidgenossenschaft gemeinsam politische Gestaltungsmöglichkeiten wahrzunehmen. Eine eidgenössische Außenpolitik gab es ebenso wenig wie auch rechtliche Möglichkeiten, »innenpolitische« Entscheidungen, die für alle eidgenössischen Stände verpflichtend waren, umzusetzen. Denn es wurden bewusst keine Bundesorgane geschaffen, die gegenüber einzelnen Ständen Weisungsbefugnis gehabt hätten. Ebenfalls fehlte eine zentraleidgenössische Exekutive. Lediglich die Tagsatzung bildete eine gemeinsame Institution, auf der Abgesandte der einzelnen Stände aktuelle Fragen berieten, die die Eidgenossenschaft als Ganzes betrafen. Verbindliche Beschlüsse, die für alle eidgenössischen Stände Gültigkeit besaßen, konnte jedoch auch dieses Gremium nicht beschließen. Träger der politischen Souveränität waren und blieben die einzelnen Stände. Es ist deutlich, dass das politische Ziel des eidgenössischen Bundes letztendlich darin bestand, seinen einzelnen Mitgliedern ein hohes Maß an Unabhängigkeit innerhalb eines Systems gegenseitiger kollektiver Sicherheit zu garantieren.

Dass die politische Gestaltungskompetenz auch in der Reformationszeit weiterhin bei den Ständen lag, zeigte sich deutlich nach der für Zürich katastrophalen Niederlage im Zweiten Kappeler Krieg 1531, der das Ende von Zwinglis Traum einer reformierten Eidgenossenschaft endgültig besiegelte. In den Jahren nach 1531 standen sich innerhalb der Eidgenossenschaft zwei politisch ungefähr gleich starke Blöcke gegenüber: Das reformierte Lager wurde maßgeblich von den vier wirtschaftlich dominanten städtischen Ständen Basel, Bern, Schaffhausen und Zürich, das katholische Lager hingegen von den stark ländlichen »Fünf-Orten« Luzern, Uri, Unterwalden, Schwyz und Zug geprägt.

Neben den unabhängigen Ständen der Eidgenossenschaft existierten weitere, für unser Thema relevante Formen einer Zugehörigkeit zum Bundesverband: die Gemeinen Herrschaften und die Zugewandten Orte. Gerade die konfessionellen Konflikte in den so genannten Gemeinen Herrschaften führten nach 1531 zu schweren politische Spannungen innerhalb der Eidgenossenschaft. »Gemeine Herrschaften« waren Gebiete, die von zwei oder mehreren, auch konfessionell verschiedenen, Ständen in gemeinsamer Verantwortung politisch verwaltet wurden. Nach dem Zweiten Kappeler Landfrieden vom 16. November 1531 durften reformierte Gemeinden in den Gemeinen Herrschaften ihren konfessionellen Status behalten, aber auch zum alten Glauben zurückkehren. Umgekehrt war dies jedoch altgläubigen Gemeinden nicht möglich. Katholische Minderheiten wurden in Gemeinen Herrschaften mit reformierter Bevölkerungsmehrheit ausdrücklich geduldet. Diese besondere Form einer von mehreren Ständen gemeinsam ausgeübten Herrschaft bildete einen ständigen politischen Unruheherd in der Schweiz: So führten beispielsweise im Jahr 1532 die Spannungen in Heinrich Bullingers Heimatstadt Bremgarten – dort sah sich die reformierte Kirchengemeinde starken Repressionen ausgesetzt – dazu, dass der Nachfolger Zwinglis vehement die Forderung eines Austritts Zürichs aus der Eidgenossenschaft erhob.

Neben den Gemeinen Herrschaften zeichneten Zugewandte Orte die politische Vielfalt innerhalb der Eidgenossenschaft aus. Unter der Bezeichnung »Zugewandte Orte« wurden Orte verstanden, die mit einzelnen eidgenössischen Ständen ein enges politisches Bündnis eingegangen waren. Aufgrund dieses Vertragsschlusses mit einem Stand gehörten die Zugewandten Orte indirekt der Eidgenossenschaft an, auch wenn sie im politischen Sinne als nicht vollberechtigte Glieder der Eidgenossenschaft galten. So erhielt im Jahr 1526 die alte Bischofsstadt Genf den Status eines Zugewandten Ortes, als nämlich der Rat der Stadt ein »Burgrecht« mit Freiburg und Bern durchsetzte, um sich vor den politischen Herrschaftsansprüchen des Herzogs von Savoyen auf Genf schützen zu können. Mit Erfolg: Nach einer politisch wie militärisch sehr wechselhaften, von zahlreichen Krisen geprägten Phase gab das Haus Savoyen seine Versuche, politische Herrschaftsansprüche in Genf durchzusetzen, nach einer Niederlage gegen Bern Anfang 1536 schließlich auf. Die enge politische Verbindung zwischen Genf und Bern wurde bekräftigt, als am 7. August 1536 in einem zwischen dem Berner und Genfer Rat geschlossenen »ewigen Vertrag« der Genfer Rat von Bern die uneingeschränkte Selbstverwaltung innerhalb der Genfer Stadtmauern zugesprochen erhielt, Bern sich jedoch die Kontrolle über die Außenpolitik Genfs vorbehielt und die um Genf liegenden Gebiete besetzt hielt. Im Januar 1558 schließlich wurde das 1526 geschlossene Burgrecht zwischen Genf und Bern feierlich, diesmal allerdings »auf ewig«, erneuert.

Johannes Calvin, der französische Flüchtling, dessen erstes Exil ihm in den Jahren 1535/36 das eidgenössische Basel gewährte, lebte also über Jahrzehnte hinweg in einer Stadt, deren Geschichte eng mit den außenpolitischen Zielen Berns verbunden war. Genf, geographisch günstig im Schnittpunkt französischer, eidgenössischer, italienischer und deutscher Gebiete gelegen, militärisch ein wichtiger strategischer Stützpunkt und ehemals wirtschaftlich bedeutender Warenumschlagsplatz, stand trotz der geistigen Ausrichtung seiner Bewohner nach Frankreich in einer besonderen Beziehung zur Eidgenossenschaft. Denn Savoyen gab seine politischen Begehrlichkeiten auf Genf nicht auf. Zugleich hatten sich der Genfer Rat wie die Genfer Kirche der Berner Machtansprüche zu erwehren. Dennoch: Genfs Status als Zugewandter Ort sicherte der Stadt nicht nur ihre innenpolitische Selbstständigkeit, und damit auch den Status einer bedeutenden Zufluchtstätte für Flüchtlinge, sondern ermöglichte ihr zugleich auch die Möglichkeit, kirchenpolitisches Einfalltor der Reformation nach Frankreich sein zu können. Calvin hatte also die besonderen politischen und kirchlichen Beziehungen Genfs zur Eidgenossenschaft sehr genau zu beachten, um seine kirchenpolitischen Ziele nicht nur in Frankreich umsetzen zu können.

2.2. Die kirchliche Entwicklung innerhalb der reformierten Schweiz

Es zeigte sich nach der militärischen Niederlage der Reformierten 1531 deutlich, dass sich die Kirchen der reformierten Stände innerhalb ihrer Territorien als Staatskirchen etabliert hatten. Sowohl in Zürich wie in den übrigen reformierten Städten Basel, Bern und Schaffhausen lag letztlich die Entscheidungsgewalt über zentrale kirchliche Handlungsfelder bei den jeweiligen Räten. Auch in Fragen des Bekenntnisses, der Kasualien, der Kirchenzucht, in Bildungsfragen und der Verwaltung von Kirchengütern suchte die jeweilige Obrigkeit ihre Vorstellungen von einer christlichen Gemeinschaft innerhalb ihres Herrschaftsbereiches durchzusetzen. Die Pfarrerschaft der betreffenden Stände trat zwar regelmäßig zu beratenden Synoden zusammen und entwickelte ihrerseits Stellungnahmen zu einzelnen kirchenpolitischen und allgemeinpolitischen Fragestellungen und Problemen, inwieweit aber der Rat auf diese Vorschläge konkret einging und sie umsetzte, hing im Einzelfall von der politischen Autorität der jeweiligen Kirchenvorsteher ab. Die über vierzigjährige Amtszeit des Zürcher Antistes Bullinger war beispielsweise zu allen Zeiten auch von den Interessenskonflikten zwischen Obrigkeit und »Landeskirche« geprägt, die aufgrund von Bullingers persönlicher Überzeugungskraft häufig im Sinne der Zürcher Kirche entschieden wurden.

Somit stellte also die Verhältnisbestimmung zwischen Rat und Kirche in allen reformierten Ständen das zentrale kirchenpolitische Problem dar. In Zürich, Basel, Schaffhausen und Bern kam es in dieser Frage regelmäßig zu schweren Auseinandersetzungen. Insbesondere mit dem Berner Rat hatte sich Calvin, wie noch zu zeigen sein wird, kirchenpolitisch auseinanderzusetzen. Denn innerhalb des Berner Herrschaftsgebietes räumte die Obrigkeit ihren Pfarrern nämlich keinerlei Eigenständigkeit in Fragen der Kirchenzucht ein, woraufhin es seit den vierziger Jahren nicht nur in der Waadt zwischen der Berner Obrigkeit und jenen Pfarrern, die Calvins Theologie nahe standen, in Fragen der Kirchenzucht, aber auch bei dem Problem der Prädestinationslehre und in der Frage einer liturgischen Gestaltung der Gottesdienste zu heftigen Auseinandersetzungen kam. Selbst in Genf sollte es Calvin nicht überall gelingen, den Einfluss des Rates auf die Kirche zu begrenzen. Calvins Konzeption einer presbyterial-synodalen Kirchenordnung mit presbyterial verantworteter Kirchenzucht stand also der kirchlichen Realität innerhalb der reformierten Eidgenossenschaft konträr gegenüber.

2.3. Calvin in der Schweiz

Calvin nahm an der kirchlichen Entwicklung innerhalb der reformierten Eidgenossenschaft durch persönliche Gespräche, Briefe und Schriften regen Anteil. Im Gegensatz zu Bullinger, der als Eidgenosse auch die konfessionelle Entwicklung innerhalb der altgläubigen Zentralschweiz unter großer Anteilnahme beobachtete und an den politischen Gemeinsamkeiten mit den »Fünf-Orten« letztlich entschieden festhielt, konzentrierte Calvin sein Interesse auf die reformierten Stände und Kirchen der Eidgenossenschaft. Insbesondere durch seine Korrespondenz, aber auch durch Besuche vor Ort suchte Calvin Einfluss auf den kirchenpolitischen Kurs der jeweiligen Obrigkeiten und Kirchen zu nehmen. Zugleich suchte er regelmäßig den gedanklichen Austausch mit in der Schweiz lebenden Reformierten. Die erhalten gebliebenen Briefe deuten eindrücklich diese sich über viele Jahre erstreckenden Gespräche an. Bei aller Vielfalt der Themen und Gesprächspartner – zwei reformierte Kirchen und ihre Repräsentanten nahmen für Johannes Calvin eine besondere Stellung ein: Bern und Zürich.

Das Verhältnis zur Berner Kirche blieb von den vierziger Jahren bis zu Calvins Tod theologisch und kirchenpolitisch weitgehend angespannt. Diese Tatsache hängt nicht zuletzt damit zusammen, dass die Berner Kirche als Staatskirche in einer besonderen politischen Nähe zur dortigen Obrigkeit stand. Der ständig schwelende Konflikt mit dem Rat und der Kirche von Bern entfachte sich Mitte der fünfziger Jahre fulminant, als in Genf selbst ein heftiger Streit um die Legitimität der in der Stadt praktizierten presbyterialen Kirchenzucht tobte. Der Genfer Rat erbat sich daher im Jahr 1554 von den übrigen reformierten Kirchen der Schweiz ein Gutachten in dieser Frage, um auf der Grundlage dieser Gutachten eine sorgfältig abgewogene Entscheidung treffen zu können. Zürich riet in seinem Gutachten, bei der bisherigen Praxis zu bleiben, beschied aber dem Genfer Rat, so entscheiden zu können, wie er es für richtig halte und verantworten könne. Bern hingegen antwortete knapp, dass dort die Kirchenzucht, wie sie in Genf praktiziert würde, unbekannt sei, eine Antwort, die das gespannte Verhältnis zwischen den beiden Kirchen andeutete. Calvin setzte sich jedoch Anfang des Jahres 1555 in Genf endgültig durch: Der Kirchenrat solle seine bisherigen Kompetenzen behalten, so beschlossen am 24. Januar 1555 die beiden Räte der Sechzig und der Zweihundert mit großer Mehrheit. Die Ratswahlen vom Februar 1555 fielen für Calvin günstig aus, nicht zuletzt dank der zahlreichen Genfer Neubürger ausländischer Herkunft, die das Bürgerrecht erworben hatten. Der Streit, der im Frühjahr 1555 zwischen ehemaligen Flüchtlingen, die nun im Besitz des Bürgerrechtes waren und überwiegend zu Calvin hielten, und einheimischen, Calvin gegenüber äußerst skeptisch eingestellten, »Libertinern« eskalierte. Einen vorläufigen Schlusspunkt fand dieser Streit mit der Vertreibung und Hinrichtung führender »Libertiner« aus Genf Mitte des Jahres 1555. Zuflucht sollten die flüchtenden »Libertiner« ausgerechnet innerhalb des Berner Herrschaftsgebietes finden.

Bern beobachtete diese Entwicklung in Genf mit großem Argwohn. Bereits im Frühjahr 1555 zeigte sich Berns Unzufriedenheit mit der gesamten allgemein- und kirchenpolitischen Lage in Genf unter anderem auch darin, dass die Lektüre von Calvins *Institutio* an der Lausanner Akademie vom Berner Rat untersagt wurde – Calvin protestierte heftig gegen diese Entscheidung (CO 15, Nr. 2177.2187.2199.2200). Die Berner Obrigkeit beließ es nicht bei ihrer Unzufriedenheit, sondern suchte diesen Genfer Streit um die »Libertiner« politisch geschickt auszunutzen, indem der Rat die Verhandlungen mit Genf über die Fortsetzung des 1526 geschlossenen und 1556 auslaufenden »Burgrechtes« nun verzögerte. Bern ging es in diesem Streit darum, eigene politische Ansprüche gegenüber Genf nachdrücklich zu unterstreichen und die Rehabilitation der Vertriebenen einzufordern. Der Genfer Rat jedoch wies diese Forderung zurück und beauftragte Calvin daraufhin, ein Antwortschreiben an den Berner Rat zu verfassen (CO 21,625). Erst der wachsende politische Druck Savoyens auf Genf, der auch für Berns territoriale Machtsphäre bedrohlich wurde, sowie intensive Vermittlungsbemühungen Heinrich Bullingers (Bouvier 1940, 164–172) führten die Kontrahenten erneut zusammen: Bern willigte in den Beratungen schließlich ein, die Bündnisfrage getrennt von dem kirchenpolitischen Problem der »Libertiner« behandeln zu wollen. Schließlich wurde im Januar 1558 das Burgrecht zwischen den beiden Kontrahenten Bern und Genf als ein »ewiger Bund« feierlich bekräftigt. Dieser politische Bund markiert für die reformierte Genfer Kirche calvinistischer Prägung eine entscheidende Zäsur. Denn eines war nun offenkundig geworden: Dieses Bündnis stellte die politische Bestätigung dar, dass die presbyterial-synodale Kirchenverfassung Genfer Prägung mit ihrer spezifischen Kirchenzucht innerhalb des eidgenossischen Bündnissystems neben Zürich auch ihren politischen Platz errungen hatte. Spätestens seit dem Januar 1558 besaß der reformierte Protestantismus innerhalb der Eidgenossenschaft zwei politisch gefestigte Zentren unterschiedlicher theologischer und kirchenpolitischer Ausprägung mit hoher Strahlkraft bis nach Europa hinein – Zürich und Genf.

Entgegen dieser politischen Einigung kam der theologische Streit mit der Berner Obrigkeit und Kirche auch in den Jahren 1558/59 nicht zum Erliegen: Zahlreiche Berner Pfarrer setzten in Fragen der Liturgie, des Abendmahls, insbesondere aber der Prädestination ihre seit den vierziger Jahre vorgetragenen Angriffe auf Calvin und die Genfer Kirche unvermindert fort (CO 12, Nr. 1039). Der Berner Rat suchte erneut alle theologischen Einflüsse, die aus Genf in die Berner Kirche hineinstrahlten, zu unterbinden. Insbesondere Predigten im Sinne der Prädestinationslehre Calvins wurden im Berner Herrschaftsgebiet unter Strafe gestellt, aber auch die von kirchlichen Gremien ausgeübte Kirchenzucht untersagt. Im Dezember 1558 widersetzte sich daraufhin die Lausanner Pfarrerschaft den Anordnungen Berns entschieden. Die Reaktion des Rates war hart: Bis auf einige Pastoren, die sich nachträglich unterworfen haben, wurden die Lausanner Pastoren, an der Spitze Pierre Viret, im Februar 1559 von ihren Ämtern entfernt. Die Absetzung Virets als Rektor der Akademie und die Gründung der Akademie in Genf 1559 markierten somit den theologischen und kirchlichen Bruch mit Bern deutlich. Das Verhältnis zu Bern stellte sich also aus der Perspektive Calvins höchst ambivalent dar: Bern blieb wichtigster politischer Bündnispartner Genfs, doch im kirchlichen Bereich überwogen die Differenzen weiterhin schwer.

Trotz der unterschiedlichen Kirchenverfassungen, die sich die Zürcher und die Genfer Kirchen gegeben hatten, entwickelte sich das Verhältnis zwischen diesen beiden Kirchen – ganz im Gegensatz zu dem mit Bern – für Calvin sehr erfreulich. Die Ursache für diese Entwicklung ist in der engen persönlichen Beziehung, die zwischen Johannes Calvin und Heinrich Bullinger über Jahrzehnte hinweg bestanden hatte, zu suchen. Calvin war Bullinger erstmals im Februar 1536 in Basel persönlich begegnet und stand ab 1537 bis zu seinem Tod in einem intensiven schriftlichen Austausch mit dem Zürcher Antistes. Aus den Jahren 1537 bis 1564 haben sich insgesamt 115 Briefe Calvins an Bullinger erhalten, während von Bullinger 168 an Calvin adressierte Schreiben überliefert wurden. Persönliche Belange wurden in den Briefen ebenso besprochen wie politische, theologische und kirchliche Fragestellungen. In ihren Erörterungen beschränkten die Reformatoren sich nicht allein auf eidgenössische Belange, sondern bezogen dabei den gesamten europäischen Raum mit ein. Bullinger schätzte an Calvin dessen intellektuelle Klarheit und politische Scharfsicht, während der um fünf Jahre jüngere Calvin an Bullinger dessen kirchliche Erfahrung, seelsorgerliche Kompetenz und tagespolitische Kenntnisse bewunderte. Es entwickelte sich allmählich eine Freundschaft zwischen den beiden: Ihr Verhältnis untereinander blieb zu jeder Zeit von Loyalität und gegenseitiger Offenheit, auch bei bestehenden inhaltlichen Differenzen, geprägt. In den fünfziger Jahren gingen Calvin und Bullinger sogar dazu über, kirchenpolitische Probleme gemeinsam zu erörtern und in enger inhaltlicher Absprache untereinander gemeinsam anzugehen. Dabei kam es zu klaren territorialen Arbeitsteilungen – Calvin übernahm den französischen Bereich,

Bullinger kümmerte sich verstärkt um Osteuropa, während Fragen der Reichspolitik und der eidgenössischen Politik gemeinsam von den beiden Reformatoren angegangen wurden. Ihre gegenseitige Meinung voneinander war so hoch, dass auch gelegentlich bestehende theologische und kirchenpolitische Meinungsverschiedenheiten, so in Fragen des Abendmahls, der presbyterialen Kirchenzucht als Kennzeichen einer wahren Kirche oder auch die nach einer möglichen Konkordie mit den Lutheranern, entweder geklärt oder als ihr freundschaftliches Verhältnis nicht belastend beiseite geschoben wurden. Erst nach Calvins Tod kam es zu einer deutlichen Verschlechterung des kirchenpolitischen Klimas zwischen Zürich und Genf. Calvins Nachfolger Theodor Beza verschwieg, trotz zahlreicher Schreiben an Bullinger, dem Zürcher Antistes in einigen kirchenpolitischen Krisen bewusst wichtige Informationen: So suchte er ab 1566 die Genfer Kirchenverfassung in England und der Kurpfalz rücksichtslos gegen vitale kirchliche Interessen Zürichs durchzusetzen. Die offene, ehemals vertrauensvolle Absprache zwischen Zürich und Genf wich nach Calvins Tod auf Seiten Bezas einem kühlen, diplomatisch auf den eigenen kirchenpolitischen Vorteil bedachten Taktieren mit Bullinger.

Unter den zahlreichen Ergebnissen der gelungenen Zusammenarbeit zwischen Calvin und Bullinger ragt mit Blick auf die Eidgenossenschaft der *Consensus Tigurinus* von 1549 heraus. Die unterschiedlichen Abendmahlspositionen im Protestantismus stellten seit dem Scheitern des Marburger Religionsgespräches von 1529 ein wesentliches Hindernis für die politische Akzeptanz der reformierten Gemeinden in Europa dar. Es gehörte nach dem Tode Zwinglis zu den Grundanliegen reformierter Kirchenpolitik in Europa, sich gegenüber konfessionell anders ausgerichteten Obrigkeiten vom Verdacht der »Ketzerei» zu befreien. Dabei bildete eine Konstante die Zürcher Kirchenpolitik: Für Bullinger und die Zürcher Kirche war während seiner gesamten Amtszeit eine Annahme der *Confessio Augusta Invariata* wie *Variata* ausgeschlossen. Diese Weigerung belastete nun die Position reformierter Gemeinden auch calvinistischer Prägung in Europa erheblich. Es taten sich kirchenpolitische Gräben zwischen Lutheranern und Reformierten auf, die Calvin theologisch auszugleichen suchte. Er betrachtete nämlich die Unterschiede zwischen »Lutheranern« und »Zwinglianern« als nicht so schwerwiegend und erblickte Möglichkeiten, diese Differenzen zu überwinden. 1541 legte Calvin seine Schrift *Petit traicté de la saincte Cene de nostre Seigneur Iesus Christ* (CO 5,429–460; Busch 2006b, 470) der Öffentlichkeit vor, in der er die gemeinsame Basis der reformatorischen Kirchen in der Wirklichkeit der Gemeinschaft mit Christus festhielt, eine Gemeinschaft, die ihr Zeichen und Siegel im Sakrament habe. Doch Bullinger stand allen Bemühungen einer Konkordie mit den Lutheranern stets skeptisch gegenüber. Auch die Wittenberger Konkordie von 1536 wurde in Zürich scharf abgelehnt.

1544 eskalierte der Abendmahlsstreit abermals. In diesem Jahr erschien Luthers *Kurzes Bekenntnis vom heiligen Sakrament* (WA 54,141–167), in dem er die Gläubigen der Zürcher Kirche zu Ketzern erklärte. Dieses heftige Diktum Luthers drohte in Europa für die reformierten Gemeinden nicht nur Zürcher, sondern auch Genfer Prägung schwere politische Konsequenzen zu haben. Die in lutherischen Territorien ohnehin unsichere rechtliche Stellung der reformierten Gemeinden schien völlig ungewiss zu sein, wenn Martin Luther mit seiner hohen theologischen Autorität reformierte Christen zu Ketzern erklärte und die Kirchengemeinschaft mit ihnen einseitig aufkündigte.

Während Bullinger nach 1545 unverdrossen auf kirchenpolitischer Ebene lutherische Obrigkeiten davon zu überzeugen suchte, dass Reformierte keine Ketzer seien, gab Calvin seine Hoffnung, eine theologische Übereinkunft mit den Lutheranern treffen zu können, noch nicht auf, obwohl er sich von den Angriffen Luthers mit getroffen fühlte, wie er Bullinger gegenüber versicherte (CO 11, Nr. 586). Calvin betrachtete es als seine Aufgabe, dabei mitzuhelfen, dass dieser Abendmahlsstreit zwischen Lutheranern und Reformierten, dessen politische Konsequenzen für reformierte Gemeinden völlig ungewiss waren, eingestellt werden könne. Die genauen Gründe, weshalb Calvin ab 1547 zunächst mit Zürich eine Verständigung in der Abendmahlsfrage suchte, lassen sich jedoch nur vermuten. Es war politisch jedoch nahe liegend, zunächst mit Zürich den inhaltlichen Schulterschluss zu suchen, denn die Beziehungen zur Berner Obrigkeit und Kirche blieben überaus gespannt. Die Basler Kirche hingegen orientierte sich in Richtung Straßburg. So blieb im wesentlichen Zürich übrig, dessen Kirche in einer starken Opposition zur Wittenberger Abendmahlslehre stand.

Weitere Aspekte sprachen für ein Zusammengehen mit Zürich: Nicht nur die dortige Kirche, die in den Auseinandersetzungen mit der Berner Obrigkeit bisher meist mit Calvin sympathisiert hatte, sondern auch die Zürcher Obrigkeit konnte für Calvins Pläne in Frankreich kirchenpolitisch nützlich werden. Ferner war es von strategischer Bedeutung, wenn die reformierten Kirchen der Eidgenossenschaft aufgrund gemeinsamer Initiative Zürichs und Genfs in der umstrittenen Abendmahlsfrage auf europäischer Ebene mit einer Stimme gegenüber anderen evangelischen Kirchen und Obrigkeiten auftreten konnten. Denn möglicherweise spekulierte Calvin nach der schweren Niederlage der Lutheraner 1547 im Schmalkaldischen Krieg mit einer Einigungsbereitschaft bei den lutherischen Kirchen und Ständen und glaubte, dass jetzt die Zeit zum Handeln gekommen sei.

In einer mühsamen und wechselhaften, auch vom Scheitern bedrohten Korrespondenz zwischen Calvin und Bullinger – Bullinger misstraute Calvin in der Abendmahlsfrage als der lutherischen Theologie gegenüber wankelmütig (CO 7,706) – kam es im Laufe des Jahres 1548 allmählich zu einer theologischen Annäherung zwischen den beiden (Busch 2006b, 470–472; Bizer 1940/1962, 251–270; CO 7,693–700.701–708.712–713; CO 12,488.725; CO 13,222).

In Bern schien sich unterdessen ein kirchenpolitischer Umschwung ereignet zu haben. Johannes Haller, ein auch durch die Zürcher Theologie beeinflusster Theologe, wurde im Mai 1548 zum Antistes der Berner Kirche ernannt. Der Berner Gesamtsynode sandte Calvin im März 1549 namens der Genfer Kirche ein an Haller adressiertes Thesenpapier *Confessio gebennensis Ecclesiae Ministrorum de Sac-*

ramentis Bernensium Synodo oblata mense Martio 1549 (CO 7,717–722) in der Hoffnung, dass es die Zustimmung der Synode finden würde. Doch vergeblich – lediglich Haller äußerte sich zustimmend (CO 7,723–726).

Nach dieser Berner Abfuhr reisten im Mai 1549 Calvin und Farel überraschend mit der *Confessio gebennensis Ecclesiae Ministrorum de Sacramentis* nach Zürich, um dort im persönlichen Gespräch mit Bullinger die endgültige Einigung wenigstens mit der Zürcher Kirche voranzutreiben. Durch die Hinzuziehung Zürcher Ratsmitglieder erhielt diese Besprechung einen offiziellen politischen Rahmen. Dies wurde von Calvin gewünscht, denn die Genfer führten neben der *Confessio gebennensis Ecclesiae Ministrorum de Sacramentis* auch ein diplomatisches Schriftstück mit sich im Gepäck: Calvin hatte vom Genfer Rat den Auftrag erhalten, in Zürich mit Vertretern der Obrigkeit Sondierungsgespräche für eine mögliche Allianz mit dem französischen König zu führen (CO 21,452).

An dieser Stelle blitzt die politische Absicht Calvins auf, die er mit einer theologischen Einigung in der Abendmahlsfrage mit Zürich verband – die inhaltliche Einigung mit Zürich sollte den Nachweis erbringen, dass Reformierte zu Unrecht als »Ketzer« beschimpft wurden. Dann stände anschließend einer inhaltlichen theologischen Einigung, sofern gewünscht, mit den Lutheranern nichts mehr im Wege. Auf diese Weise wäre ein Modus Vivendi zwischen Reformierten und Lutheranern politisch denkbar. So könnten auch katholische Obrigkeiten, wie beispielsweise der französische König Heinrich II., ihre inhaltlichen Vorbehalte reformierten Gemeinden gegenüber aufgeben und eine politische Zusammenarbeit mit ihnen zum Nutzen ihrer Herrschaft suchen. Die Einigung mit Zürich in der Abendmahlsfrage sollte also auf politischer Ebene eine breite Allianz gegen den Kaiser ermöglichen, der nicht nur lutherische Fürsten, sondern auch römisch-katholische Obrigkeiten guten Gewissens beitreten durften.

Calvin behauptete später, dass er sich mit Bullinger innerhalb von zwei Stunden geeinigt hätte (CO 13, Nr. 1309; Busch 2006b, 472–475). Als Vorlage fand Calvins *Confessio gebennensis Ecclesiae Ministrorum de Sacramentis Bernensium Synodo oblata mense Martio* 1549 Beachtung. 17 Artikel wurden in die 20 Artikel des *Consensus Tigurinus* (CO 7,733–744) nahezu wörtlich übernommen. Bedeutend war, dass Calvin in der Ausformulierung der 20 Artikel die Terminologie Bullingers weitgehend akzeptierte: Calvin »übernimmt Bullingers Begrifflichkeit und Lehrweise; ohne Frage war sie für ihn tragbar« (Neuser 1998a, 273). Calvin sah in den Formulierungen seine Anliegen gewahrt, obwohl er auf Drängen Bullingers den theologisch umstrittenen Begriff des *Substantia* aufgeben musste: Die Gemeinschaft mit Christus, die vom Geist gewirkt und vom Glauben empfangen wird, ist ein Zentralgedanke Calvins, den er im *Consensus Tigurinus* gewahrt sah. So konnte Calvin dem Zürcher weit entgegenkommen. »Deutlich ist, dass bei der Suche nach substantieller Einheit auch für ihn, ebenso wie für Bucer, die letzte Entscheidung nicht an einer Formulierung fiel, sondern im Erleben des Abendmahlsgeheimnisses. Wo er das sichergestellt wusste, galt für ihn die Berufung zu kirchlicher Einheit« (Van 't Spijker 2001, 198).

Der *Consensus Tigurinus* führte zu dem Ergebnis, dass nun die beiden theologischen Zentren der reformierten Kirchenfamilie in der wichtigen Abendmahlsfrage eine einheitliche, um theologische Einsichtigkeit bemühte Gesprächsposition einnahmen. Differenzen in der Kirchenzucht und der Prädestination bestanden nach wie vor, konnten allerdings die kirchliche Gemeinschaft zwischen Genf und Zürich bis zum Tod Calvins nicht mehr gefährden. Der vorsichtige Heinrich Bullinger zögerte jedoch die gedruckte Publikation des *Consensus* so lange heraus, bis möglichst zahlreiche reformierte Kirchen und Stände dieses Einigungspapier unterschreiben hätten. Denn der »Alleingang« von Calvin und Bullinger führte tatsächlich auch bei manchen wohlgesonnenen Theologen zu einiger Missstimmung: Wortreich entschuldigte sich Calvin beispielsweise Ende 1549 beim Basler Antistes Myconius dafür, dass er, Myconius, zu den Beratungen über den *Consensus* nicht hinzugezogen wurde (CO 13, Nr. 1309). Dennoch nahmen die meisten reformierten eidgenössischen Stände und Kirchen den *Consensus Tigurinus* an (Busch 2006b, 474 f.). Calvin war, nachdem der *Consensus* nicht nur von den Hugenotten, sondern auch von a Lasco, Bucer und sogar von Melanchthon zustimmenden Beifall erhielt, davon überzeugt, dass das Gespräch mit den Lutheranern neue theologische Impulse erhalten würde. Doch Bullinger sollte mit seiner Skepsis Recht behalten: Die offizielle Veröffentlichung des Konsensus im Frühjahr 1551 führte nicht zur Versöhnung, sondern verhärtete die konfessionellen Fronten noch weiter. Tatsächlich sorgte dieses Einigungswerk für ein Auseinanderbrechen der evangelischen Kirche in eine lutherische und reformierte Konfession. Damit waren auch Calvins ambitionierte politische Pläne einer möglichst breit angelegten antikaiserlichen Allianz in Europa bereits im Anfangsstadium obsolet. Und dennoch – in den Jahren 1549/1551 schufen Calvin und Bullinger in gemeinsamer Arbeit die inhaltlichen theologischen Grundlagen, 1557/58 schließlich in den Beratungen um die Erneuerung des Burgrechtes mit Bern die politischen Grundlagen dafür, dass sich zwei führende kirchenpolitische Zentren innerhalb der reformierten Kirchenfamilie Europas etablierten. Gerade der *Consensus Tigurinus* zählt zu den bedeutendsten Ergebnissen theologischen Bemühens von Johannes Calvin in der Eidgenossenschaft. Der *Consensus* schuf das Fundament gemeinsamen kirchenpolitischen wie theologischen Arbeitens für die reformierten Kirchen nicht nur innerhalb der Eidgenossenschaft. Diese Bekenntnisschrift verband zwinglisch-schweizerische mit calvinisch-französischer Reformation und schuf auf diese Weise ein reformiertes Kirchenwesen, das sich innerhalb der einsetzenden Konfessionalisierung gegenüber der lutherischen wie der römisch-katholischen Kirchen inhaltlich profilieren und sich durch eine gelebte reformierte Frömmigkeitskultur wirkungsvoll absetzen konnte.

Bouvier, André: Henri Bullinger, réformateur et conseiller oecuménique, 1940.

Busch, Eberhard: Consensus Tigurinus 1549 (in: Busch, Eberhard/Faulenbach, Heiner [Hg.]: Edition Reformierter Bekenntnisschriften I/2, 2006b, 467–490).

Locher, Gottfried W.: Die Zwinglische Reformation im Rahmen der europäischen Geschichte, 1979.

Neuser, Wilhelm H.: Dogma und Bekenntnis in der Reformation: Von Zwingli und Calvin bis zur Synode von Westminster (in: Andresen, Carl/Ritter, Adolf Martin [Hg.]: Handbuch der Dogmen- und Theologiegeschichte, Band 2, überarbeitete und ergänzte Ausgabe, [2]1998a, 167–352).
Plath, Uwe: Calvin und Basel in den Jahren 1552–1556, 1974.
Spijker, Willem van 't: Calvin. Biographie und Theologie [Die Kirche in ihrer Geschichte 3, Lieferung J2], 2001.

Andreas Mühling

3. Calvin und Straßburg

Die Beziehungen zwischen Johannes Calvin und den Hauptführern der Reformation in Straßburg beschränken sich nicht auf die drei Jahre, die er in der freien Reichstadt verbracht hat (1538–1541). Wenn Calvin sich in Straßburg etabliert hat, dann deswegen, weil er bereits solche Reformatoren wie Bucer oder Köpfel (Capito) kannte. Andererseits hat er, nachdem er einmal nach Genf zurückgekehrt war, seine Straßburger Gäste nicht vergessen, und seine theologischen Veröffentlichungen oder seine praktischen Umsetzungen sind von den Straßburger Reformatoren geprägt worden. Schließlich hat Calvin die Reformatoren der ersten Generation überlebt, welche in den Jahren um 1540 verstorben sind, und die Verbindungen mit ihren Nachfolgern – strenge Verteidiger der lutherischen Orthodoxie – waren viel komplexer.

3.1. Martin Bucer

Martin Bucer (1491–1551) wurde 18 Jahre vor Calvin geboren; deren Beziehung könnte man auch wie ein Verhältnis zwischen Vater und Sohn beschreiben (van't Spijker 1993, 145). Ihre Freundschaft basierte auf einem gegenseitigen Respekt, wobei diese Achtung Calvin jedoch nicht davon abgehalten hat, vor seinem Aufenthalt in Straßburg, einen langen kritischen Brief an Bucer zu richten (12. Januar 1538; Epistolae 1, Nr. 56A), in dem er ihm nicht nur vorwarf, Luther im Eucharistiestreit zu sehr zu schonen (zum Nachteil der Schweizer), sondern auch, dass er zu sehr zu einem Kompromiss mit den römischen Katholiken neige: »[F]alls du einen Christus schaffen willst, der allen gefällt, muss ein neues Evangelium geschaffen werden«. Calvin empfand Bucer als zu weitschweifig und zu kompliziert, als dass er von den kleinen Leuten verstanden werden konnte, jedoch lobte er seinen Eifer für die Interpretation der Bibel sowie seine Belesenheit, wie sie die Widmung seines *Kommentars über den Apostelbrief an die Römer* zeigt, welchen er an den Basler Simon Griner am 18. Oktober 1539 geschickt hatte. Als Heinrich Bullinger Bucer in den vierziger Jahren des 16. Jahrhunderts hart angegriffen hatte, versäumte es Calvin nicht, seine Verteidigung zu übernehmen (»Bezüglich Bucers, gibt es keinen Anlass, weswegen er ihnen suspekt sein könnte, egal was es ist«), indem er seinen »einzigartigen Scharfsinn« und seine »starke Feinheit des Geistes« lobte (siehe seinen Brief vom 12. März 1540, CO 11,29). Angesichts des Todes Bucers schrieb er an Bullinger, um den Verstorbenen zu loben und um seinen Verlust für die Kirche zu beklagen (siehe CO 14,104–106).

Auf theologischer Ebene stellt die Pneumatologie das Herzstück des Denkens der beiden Männer dar: Sie besitzt eine christologische Grundlage und hat Auswirkungen auf die Ekklesiologie; sowohl für Calvin wie auch für Bucer erneuert der Heilige Geist den inneren Menschen. Mehr als Luther legen sie den Schwerpunkt auf die Heiligung des Glaubenden und großen Wert auf die Prädestination. Sie teilen das Idealbild von einer christlichen Stadt, in welcher das Verhalten der Bürger die Herrlichkeit Gottes darstellt.

Vor seinem Aufenthalt in Straßburg hatte Calvin in den Kommentaren Bucers über die Evangelien und über den Apostelbrief an die Römer die Unterscheidung in vier Kirchenämter entdecken können: Doktor, Pastor, Kirchenpfleger und Diakon, jeweils mit einer spezifischen Aufgabe betraut: Lehre, Ermahnung, Leitung und Almosen. Bei seiner Rückkehr nach Genf entwickelte er die Lehre der vier Kirchenämter und setzte sie in die Tat um. Auf der Ebene der Organisation ließ er sich von den wöchentlichen Versammlungen der Pastoren und der Kirchenpfleger inspirieren, dem so genannten *Kirchenkonvent*. Schließlich hat Martin Bucer sein Interesse für die Kirchenzucht und seinen Willen, die Unabhängigkeit der Kirche gegenüber den weltlichen Obrigkeiten zu schützen, bestärkt.

Wenn Calvin viel von Bucer erhielt, hat er es ihm wohl zurückgezahlt: Er hat die Ideen Bucers, die dieser oft auf eine zu komplizierte und zu lange Weise ausdrückte, in eine Form gebracht, die deren Bewahrung und Verbreitung erlaubt hat.

3.2. Wolfgang Köpfel (Capito)

Der Briefwechsel Calvins mit Wolfgang Köpfel (1472–1541), dem Kanoniker von Sankt-Thomas und späteren Pfarrer an Jung-Sankt-Peter, begann bereits vor seiner Ankunft in Straßburg. Der erste erhaltene Brief Köpfels datiert in die erste Hälfte des Jahres 1535 (Epistolae, Nr 19), der die Vermutung zulässt, dass sich die beiden Männer bereits vorher getroffen hatten. Köpfel äußert sich hier zum Thema der Abhandlung *Vivere apud Christum* und empfiehlt die Veröffentlichung dieses Traktats zu verschieben, um jeglichen Streit zu vermeiden; das Werk erschien erst im Jahre 1542. Am ersten Dezember 1536 hatte er Calvin ein Treffen mit Bucer vorgeschlagen, um über die Verwaltung der Kirchen zu sprechen. Sein letzter Brief, vom ersten September 1537, betrifft ein Treffen in Bern, das dazu bestimmt war, dass Bucer die Wittenberger Konkordie (Epistel 50) verteidigte. In Straßburg angekommen, wohnte Calvin anfänglich bei Köpfel, und es war letzterer, der ihn dabei unterstützte, theologische Vorlesungen zu geben; trotz des Altersunterschiedes brachte die Zusammenarbeit der beiden Männer ihre Früchte.

3.3. Johannes Sturm

Nachdem er im Januar 1537 in Straßburg angekommen war, wurde Johannes Sturm am 24. Juni 1538 zum ersten Rektor der Hohen Schule von Straßburg ernannt. Er schätzte besonders die Vorlesungen Calvins, insbesondere aufgrund ihrer wenig dogmatischen Art. Auf dem Deckblatt seines Exemplars der *Institutio* von 1543 lobte Sturm den eindringlichen Geist und die Belesenheit Calvins. Sturm war ebenfalls Mitglied der französischen Kirche, deren Pfarrer Calvin während seines Aufenthaltes in Straßburg war. Nach der Rückkehr Calvins nach Genf tauschten beide Männer weiter Briefe aus.

Calvin und Sturm teilten die Sorge um die Protestanten Frankreichs. Im Februar 1539 waren sie zusammen gereist, um sich zu der Versammlung von Frankfurt zu begeben, wo sie sich erhofft hatten, die deutschen Fürsten zu einem Eingreifen zugunsten der evangelischen Franzosen beim König Franz I. überzeugen zu können. So schrieb Sturm am 3. August 1559, als sich nach dem Tod Heinrichs II. die Verfolgungen verstärkt hatten, einen Brief an Calvin, in dem er ihn dazu aufrief, ihre Kräfte zu vereinigen, um die Sache des Evangeliums in Frankreich zu retten (Schmidt 1855, 103). Im selben Monat wurden Calvin und Beza nach Straßburg eingeladen, um mögliche Verteidigungskriegsvorhaben zu diskutieren. Nach dem Edikt von Romorantin (Mai 1560) wendete sich Calvin Sturm zu (4. Juni 1560): Letzterer müsse die deutschen Fürsten davon überzeugen, eine Botschaft an König Franz II. zu schicken, um diesen dazu zu ermahnen, den Frieden ohne Gewalt wieder herzustellen; dabei wurde der König auch aufgefordert, die Kirche in Frankreich zu reformieren (Schmidt 1855, 105). Beide Männer betrachteten den Tod Franz' II. (am 5. Dezember 1560) als ein Urteil Gottes. Zusammen mit Calvin bemühte sich Sturm anschließend darum, dass Metz, die für die Reformation gewonnene Stadt, dem römisch-deutschen Kaiserreich wiedergegeben wurde; er handelte in diesem Sinne bei den deutschen Fürsten und drängte Calvin dazu, sich beim König von Navarre einzusetzen (Schmidt 1855, 107). Außerdem informierte Sturm Calvin regelmäßig über die Verhältnisse zum Kaiser und den deutsch-katholischen Staaten, wenn diese Verhältnisse etwas mit der politischen Lage Frankreichs zu tun hatten. Von seiner Seite aus schickte Calvin, nach dem Massaker von Vassy (1. März 1562), Louis Budé nach Straßburg, damit dieser mit Sturm die Vorgehensweisen bei den deutschen Fürsten (25. März 1562) beriet; aber diese Bemühungen konnten den Bürgerkrieg in Frankreich nicht verhindern.

3.4. Jakob Sturm

Jakob Sturm (1489–1553), Stadtmeister (*Stettmeister*) der Stadt Straßburg seit 1526, war während des zweiten Viertels des 16. Jahrhunderts die einflussreichste politische Persönlichkeit der Stadt. Er schätzte die Belesenheit Calvins und bemühte sich, dessen Lebensbedingungen in Straßburg zu verbessern, indem er ihm die

Einkünfte einer Pfründe verschaffte. Er schickte Calvin besonders aufgrund seiner Kenntnisse der Kirchenväter zu den religiösen Gesprächen mit den Altgläubigen. Nach der Abreise Calvins trauerte er diesem lange nach, wie es diese Beurteilung aus dem Jahre 1551 zeigt: »aber der mangel der personen, so hiezu tauglich, wer' bi uns also, das wir niemants hetten, den wir zu schicken wüsten. so aber her Martin Butzer, doctor Petrus Martyr oder der Calvinus noch bei uns gewesen, hetten die nit fur untauglich geacht neben andern zu schicken.« (Gerber 1928, Bd. V, 111, Nr 72.) Von seiner Seite aus bekundete ihm Calvin einen tiefen Respekt: »Ich vertraue jegliche Angelegenheit zunächst Jakob Sturm an, dessen Autorität in allen Räten ausschlaggebend ist« (CO 12,343: Brief vom 1. Mai 1546 an Farel und Vinet). Einmal nach Genf zurückgekehrt, vertraute Calvin Jakob Sturm die französischen Protestanten an, die weiterhin nach Straßburg flüchteten, wie z. B. Charles Dumoulin (10. Juli 1553).

3.5. Die Beziehungen zu der zweiten Generation von Reformatoren

Zu den Reformatoren der zweiten Generation in Straßburg, welche Verfechter einer lutherischen Orthodoxie waren, pflegte Calvin ein weitaus weniger herzhaftes Verhältnis als zu Bucer und zu Köpfel. An Johannes Marbach (1521–1581), welcher beabsichtigte, den Gemeindemitgliedern der französischen Kirche die *Confessio Augustana* aufzuerlegen, schrieb Calvin am 25. August 1554. Er verkündete wie schmerzhaft es für ihn war, die Lehre zurückgewiesen zu sehen, die er ehemals gepredigt und gelehrt hatte; er appellierte an das Gedenken Bucers und Köpfels und schlug seinem Korrespondenten vor, sich nach Straßburg zu einer Diskussion zu begeben (CO 15,211–214). Da sein Brief unbeantwortet blieb, versicherte er den Straßburgern seine brüderliche Liebe, trotz ihrer »kleinen Beleidigung« (18. Januar 1555; CO 15,385); allerdings vertraute er Petrus Martyr, dem Überbringer dieses Briefes an, das Marbach ein »Pfau, der seinen Hochmut durch sein Schweigen verraten hat« sei (CO 15,387). Im September 1556, als Calvin sich nach Straßburg begab, um seine ehemalige Kirche wieder zu besuchen, erkannte man ihm das Recht zu predigen ab, mit dem Grund, dass er Marbach des Augsburger Bekenntnisses verdächtige. Im Jahr 1560, als die Angriffe gegen die französische Kirche wieder begonnen hatten, sprach Calvin sehr strenge Urteile gegen Marbach aus, indem er die »Unverschämtheit dieses Dummkopfes« (25. August 1560; CO 18,169) und seine »Arroganz voller Wahnsinn« (5. November 1560; CO 18,233) verhöhnte. Dennoch empfahl Calvin es Holbrac, dem Pastor der französischen Kirche, die Konkordienformel anzunehmen und zu unterzeichnen, indem er seine Vorbehalte zum Thema Abendmahl formulierte, als der Rat der Stadt am 10. März 1563 die Annahme der *Confessio Augustana* und der *Wittenberger Konkordie* auferlegte. Er versuchte alles zu tun, um die Kirche zu bewahren, die die Lutheraner zu beseitigen versuchten (siehe Brief vom 13. März [?] 1563; CO 20,23). Holbrac, der diesem Rat nicht gefolgt war, wurde abgesetzt und am 19. August 1563 wurde seine Kirche geschlossen. Mit Schmerz musste Calvin hinsichtlich des Sturzes der Kirche, die er 25 Jahre zuvor gegründet hatte, feststellen, dass »[d]ie Intoleranz Marbachs gesiegt hatte!« (Brief vom 12. September 1563; CO 20,151).

Dennoch war für Calvin der Zeitraum der zweiten Generation der Straßburger Reformatoren eine Zeit der fruchtbaren Kontakte mit seinem Freund Johannes Sleidan (1506–1556): Dieser Landsmann von Johannes Sturm, Geschichtsschreiber des Schmalkaldischen Bundes, wurde im Jahr 1554 zum Verwalter der französischen Kirche ernannt. Bereits im Jahr 1539 in Kontakt zueinander getreten, pflegten die beiden Männer einen regelmäßigen Briefwechsel, in welchem Calvin historischen Stoff für die *Commentarii* (1555) von Sleidan beschaffte. Ebenso knüpfte Calvin Briefkontakte mit einem anderen Mitglied der französischen Kirche, nämlich mit Petrus Martyr Vermigli (1500–1562), der als italienischer Flüchtling im Oktober des Jahres 1542 in Straßburg ankam und der Nachfolger am Lehrstuhl für Altes Testament wurde.

Courvoisier, Jaques: Bucer et Calvin (in: Calvin à Strasbourg 1538–1541, Straßburg, Éditions Fides, 1938, 37–66).

Doumergue, Emile: Jean Calvin. Les hommes et les choses de son temps, Bd. 2: Les premiers essais, Lausanne, Georges Bridel, 1902, Livre III: »A Strasbourg«, 291–524.

Spijker, Willem van 't: Bucer und Calvin (in: Krieger, Christian/Lienhard, Marc [Hg.]: Martin Bucer and Sixteenth Century Europe, 1993, Bd. 1, 461–470).

Stauffer, Richard: L'apport de Strasbourg à la Réforme française par l'intermédiaire de Calvin (in: Livet, Georges/Rapp, Francis [Hg.]: Strasbourg au cœur religieux du XVIe siècle, 1977, 285–295).

Matthieu Arnold

4. Calvin und Frankreich

Johannes Calvin kommt die Ehre zu, der Reformator des Stadtstaates Genf zu sein, wo er als Erwachsener den größten Teil seines Lebens verbrachte. Weniger gewürdigt wird vielleicht, dass Calvin sich nahezu die erste Hälfte seines Lebens in Frankreich aufhielt, wohin er bis zu seinem Tode 1564 engen Kontakt zu seinen Anhängern hielt. Calvin wurde am 10. Juli 1509 als Sohn eines bekannten Notars in der Bischofsstadt Noyon in der Picardie nordöstlich von Paris geboren. Er studierte vor allem an der Universität von Paris, aber auch in Orleans und Bourges. Calvin blieb bis Anfang 1535 in Frankreich, bis er vor der immer stärker drohenden Verfolgung zunächst nach Basel floh. Schließlich wurde er zum leitenden Pastor des unabhängigen französischsprachigen Stadtstaates Genf. Trotz seines langen Aufenthalts dort verstand er sich stets als Franzose; die religiöse Reform seiner Heimat lag ihm die ganze Zeit über vorrangig am Herzen. Zum Zeitpunkt seines Todes war Calvin zweifellos die bekannteste und einflussreichste Persönlichkeit des kirchlichen Lebens im französischsprachigen Raum, obwohl er nicht innerhalb des Königreiches wohnte. Aufgrund dieser Beobachtungen legen sich eine Reihe kritischer Anfragen nahe: Welche Beziehung zu Frankreich hatte Calvin genau? Wie nahmen die Menschen dort seine Vorstellungen auf und wie reagierten sie darauf? Wie funktionierte die Einführung, Vermittlung und Durchsetzung der Reformation Calvins in Frankreich? Kurz, welchen Einfluss hatte Calvin außerhalb Genfs, vor allem im Königreich Frankreich?

Mitte August 1561, gegen Ende seiner außergewöhnlichen Laufbahn und zum Zeitpunkt einer explosiven Gemengelage innerhalb der französischen Reformation, schrieb Calvin ausdrücklich an das französische Volk insgesamt. Die Gelegenheit dafür bot die Widmung seiner *Praelectiones in librum prophetarium Danielis* (CO 18,614–624). Als Empfänger seiner Kommentare nannte er klar und deutlich »alle gläubigen Diener Gottes, die wünschen, dass das Reich Christi in rechter Ordnung in Frankreich errichtet wird.« Dieses Werk erschien unmittelbar vor der Zusammenkunft von Katholiken und Protestanten zum Kolloquium von Poissy im September und Oktober 1561, das einen verzweifelten Kompromissversuch gemäßigter Kirchenvertreter mit dem Ziel darstellte, einen offenen Gewaltausbruch inmitten konfessionell verhärteter Fronten zu verhindern. Das Treffen verfehlte trotz der Anwesenheit hochrangiger Gesandter wie Calvins rechter Hand, Theodor Beza, sein Ziel vollkommen. Eine Einigung in entscheidenden Fragen der Lehre entglitt ihnen, so dass das weitergehende Ziel einer allgemeinen Versöhnung unmöglich wurde. Zur selben Zeit offenbarte Calvin in der Widmung seiner veröffentlichten Vorlesungen zum Danielbuch ein scharfsichtiges und aufschlussreiches Verständnis seiner eigenen Rolle bei der Reform Frankreichs. Obwohl er seine 26-jährige Abwesenheit bedauere, erklärte er kurzerhand, dass er nicht an einem Ort leben könne, von dem »Gottes ewige Wahrheit zusammen mit reiner Frömmigkeit und der Lehre vom ewigen Heil verjagt und verbannt« worden seien. Gleichwohl, so versicherte er seinen französischen Brüdern und Schwestern im Glauben, bleibe er ihnen ergeben und wünsche, mit ihnen die Früchte seiner Erkenntnisse zu teilen, weshalb auch so viele seiner Schriften überall in Frankreich verbreitet worden seien. Außerdem sei Calvins andauernde Trennung von seiner Heimat wie Daniels Exil nicht ohne Absicht. Unablässig sei sein Streben gewesen, dem französischen Volk Hilfe und Unterstützung zuteil werden zu lassen, um »die Trägen und Faulen zu wecken, die Schlaffen und Langsamen anzutreiben, die Furchtsamen zu ermutigen und um die Schwankenden und Unsicheren zum Ausharren zu ermahnen.« Tatsächlich biete gerade die Veröffentlichung seiner Vorlesungen über Daniel, der trotz versuchender Prüfungen und Anfechtungen ein Vorbild klaglosen Ausharrens und unerschütterlichen Glaubens gewesen sei, den Unterdrückten und Verfolgten einen Spiegel, um Gottes große Weisheit, seinen Trost und seine Hilfe zu sehen (CO 18,614–624). Während Calvin im Blick auf seine gedruckten Werke an gerade dieser Widmung ein befriedigendes Maß an Wirksamkeit zugunsten der französischen Reformation finden konnte, war er sich sicherlich auch des Einflusses bewusst, den seine anderen, weniger theologisch und mehr organisatorisch ausgerichteten Aktivitäten im Laufe der vorangegangenen Jahrzehnte hatten.

4.1. Calvins gedruckte Schriften

Nachdem Calvin die Genfer Kirche entschieden reformiert und seine Position mit dem politischen Sieg seiner Unterstützer im Jahre 1555 gefestigt hatte, wandte er sich mit voller Hingabe der Bekehrung Frankreichs zu, deren Anfang bereits gemacht war. Seine Schriften, angefangen mit der Erstauflage der *Institutio* 1536, wurden weit verbreitet und hatten erheblichen Einfluss. Die Rolle gedruckter Schriften beim Wandel der kirchlichen Verhältnisse Frankreichs ist nicht zu unterschätzen. Außerdem hatten protestantische Glaubensflüchtlinge aus Frankreich seit Ende der 40er Jahre des 16. Jahrhunderts in Genf Zuflucht gesucht, wo sie Anregung und Ermutigung von Calvin empfingen. Allerdings wurde Frankreich erst seit Mitte der 50er Jahre zum Ziel organisierter Evangelisationsbemühungen. Diese erwiesen sich vor allem deshalb als überraschend erfolgreich, weil sie auf fruchtbaren und gründlich bereiteten Boden fielen. Unzählige Menschen, vor allem Angehörige des Adels und der städtischen Oberschicht, reagierten begeistert auf Calvins Botschaft der kirchlich-religiösen Erneuerung. Gleichzeitig starteten Calvin und seine Anhänger von Genf aus eine gut vorbereitete und außerordentlich widerstandsfähige Kampagne.

Einen angemessenen Ausgangspunkt zur Untersuchung dieser Entwicklungen bietet die Verbreitung der vielen gedruckten Schriften Calvins unter der französischen Leserschaft. Genf war ein wichtiges Zentrum des Drucks. Zwischen 1541 und 1549 verließen nicht weniger als 158 Ausgaben unterschiedlichster reformatorischer Schriften die Genfer Druckmaschinen. Die allermeisten dieser Werke wurden nach Frankreich ausgeführt, wo sie das Hauptmedium für die Verbreitung von Calvins Ideen darstellten. Viele dieser Schriften konnten, kleinformatig gedruckt, unschwer auf dem Rücken von Hausierern nach Frankreich geschmuggelt werden. In der Tat scheint eine beträchtliche Zahl der Werke Calvins speziell im Blick auf eine französische Leserschaft abgefasst worden zu sein. Zu diesen gehören kurze muttersprachliche Abhandlungen über die Reliquien, das Abendmahl sowie auch die Schriften gegen die Nikodemiten, die bereits Mitte der 40er Jahre gedruckt und verbreitet wurden. Neuere Untersuchungen durch Francis Higman (1996) und Jean-François Gilmont (1997/2005) sowie auch das aktuelle, von Andrew Pettegree geleitete Forschungsprojekt an der Universität von St. Andrews zum muttersprachlichen Schrifttum in Frankreich bestätigen, dass Calvin der führende französischsprachige Schriftsteller der Reformation war. Seine Werke machen ein Viertel der Genfer Druckerzeugnisse zwischen 1550 und 1560 aus. Einige seiner Veröffentlichungen sind relativ geringen Umfangs, wie z. B. unterschiedliche Abhandlungen über gottesdienstlich-liturgische Streitigkeiten, Streitschriften gegen die Pariser Theologen und etliche seiner Predigten. Andere Werke erwiesen sich für die Reformbewegung als gehaltvoll und überaus grundlegend wie die *Institutio* und die alt- und neutestamentlichen Kommentare. Ebenso eindrücklich wie die Menge ist die Bandbreite der veröffentlichten Calvinschriften, angefangen von schweren und gelehrten theologischen Bänden in lateinischer Sprache bis hin zu kürzeren, streitbareren Abhandlungen auf Französisch, katechetischen Aufrissen und liturgischen Handbüchern für die Praxis.

Diese eindrucksvolle Vielfalt der zumeist in Genf gedruckten und nach und nach in Frankreich verbreiteten Schriften hatte eine große und nachhaltige Wirkung, da Menschen Calvins Werke in Gänze oder in Auszügen lasen oder sich daraus vorlesen ließen. Außerdem hatten Männer wie Frauen in Frankreich vermehrt Zugang zu muttersprachlichen Ausgaben der Bibel, des Psalters oder von Märtyrerberichten, die die Genfer Druckereien im Übermaß produzierten. Der *Genfer Psalter* von 1562 beispielsweise war das Ergebnis einer Arbeit, in der Calvin die Schlüsselrolle zukam. Er enthält 152 Texte: alle 150 Psalmen, die Zehn Gebote und das Lied Simeons mit insgesamt 125 verschiedenen Melodien, und war ungeheuer populär. Etwa 27.400 Exemplare wurden in den ersten beiden Jahren gedruckt, von denen eine beträchtliche Anzahl in Frankreich Verbreitung fand.

Calvins Vorhaben, Psalmen in französischer Übersetzung von dichterischer Qualität zugänglich zu machen und sie in die reformierte Liturgie einzubeziehen, war von grundlegender Wirkung, da diese äußerst sorgfältige Integration des Psalters in den reformierten Gottesdienst die gottesdienstliche Teilhabe der Gemeinde grundlegend wandelte und vermutlich stärker als jedes andere Element das allgemeine Bewusstsein, »reformiert« zu sein, prägte. Calvin selbst liebte die Kirchenmusik und ermutigte zu ihrem liturgischen Gebrauch. Zusammen mit anderen veranlasste er den französischen Dichter Clément Marot dazu, bis Anfang der 50er Jahre 50 Psalmen in französisches Versmaß umzusetzen. Theodor Beza, der selbst ein begabter Schriftsteller war, vervollständigte die Sammlung 1562. Louis Bourgeois, Claude Goudimel und andere schufen Melodien, die das Auswendiglernen und Singen dieser französischen Psalmen unterstützten. Überall in Frankreich sangen die Gläubigen, ob arm und ungebildet oder einflussreich und mit höherer Bildung, die Psalmen regelmäßig gemeinsam im Gottesdienst. Auch zu Hause und, wie damals üblich, bei der Arbeit im Laden und auf dem Feld wurde der Psalter gesungen. Die von Calvin rasch verbreitete französische Psalmenübersetzung wurde zum Medium bewegender Demonstrationen von Standhaftigkeit, als französische Märtyrer hingerichtet wurden. Hugenottische Soldaten griffen auf Psalmen als Schlachtlieder zurück, als sie loszogen, ihre Sache zu verteidigen, und einfache Gläubige, Jung und Alt, Männer und Frauen, stimmten draußen auf der Straße herausfordernd den Psalter gleichsam als Glaubensbekenntnis an.

Vom *Psalter* und seiner offenkundigen Anziehungskraft abgesehen, hatten auch einige weitere pädagogische und liturgische Schriften aus der Feder Calvins, oder auf seine Anregung hin entstandene, erheblichen Einfluss in Frankreich. Dazu gehören besonders der *Katechismus* und *Die Form der kirchlichen Gebete und Gesänge sowie die Art und Weise, die Sakramente zu verwalten* (*La forme des prières et chants ecclésiastiques. Avec la manière d'administrer les sacrements*). Calvin verfasste schon 1542 einen französischen Katechismus, dessen älteste noch erhaltene Ausgabe aus dem Jahr 1545 stammt. Der *Genfer Katechismus* schließlich enthielt 55

Lektionen oder »Sonntage«, die vermutlich den Rahmen für Katechismuspredigten boten. Calvins *Katechismus*, der in Frankreich verbreitet war, konzentrierte sich auf kurze Fragen und Antworten. Ziel der Unterweisung waren in erster Linie die Gebete, vor allem das Vaterunser, das Apostolikum und die Zehn Gebote, die während des Gottesdienstes gesprochen und zu manchen Anlässen auch gesungen wurden. Die ebenfalls von Calvin 1542 veröffentlichte Schrift *Die Form der kirchlichen Gebete* legte die liturgische Ordnungen für die normalen Predigtgottesdienste, die vierteljährliche Feier des Abendmahls sowie für Taufe und Trauung fest und gab sogar Hinweise für den Krankenbesuch. Sowohl Calvins *Katechismus* als auch seine agendarische Schrift wurden weit verbreitet und fanden wiederum ausgiebigen Gebrauch in den Gemeinden Frankreichs.

4.2. Die Ausbildung und Aussendung der Pastoren

Erst deutlich nach der gezielten Verbreitung von Schriften unternahm man es, reformierte Prediger als Missionare nach Frankreich zu entsenden. Diese Diener des Wortes waren überwiegend Franzosen, die in Lausanne und Genf studiert hatten und anschließend als Pastoren in ihr Land zurückkehrten, häufig auch in ihre angestammte Heimat innerhalb des Königreichs. Obwohl bereits im Jahr 1552 Prediger, die in der Akademie von Lausanne ausgebildet worden waren, in Frankreich angetroffen werden konnten, kam es erst ab 1555 zu organisierten und nachhaltigen Entsendungsbestrebungen. Diese folgten auf die Niederlage der Gegner Calvins in Genf, der so genannten Libertiner, die von der einflussreichen Genfer Familie des Perrin angeführt wurden. Calvin unternahm mit dem wöchentlichen Pfarrkonvent aller Genfer Pastoren (*venerable compagnie des pasteurs*) die heikle Aufgabe, neu ausgebildete Geistliche auszuwählen, die den stetig wachsenden Bedarf der französischen Gemeinden decken sollten. Die Zahl reformierter Gemeinden in Frankreich wuchs gewaltig von einem halben Dutzend im Jahr 1555 bis fast tausend Gemeinden im Jahr 1562, als die Religionskriege begannen. Die Autoren der *Histoire ecclésiastique des Églises réformées de France* (1580) vermuten, dass zur Zeit des Ausbruchs wilder Feindseligkeiten im Jahr 1562 sogar 2.150 Einzelgemeinden bestanden hätten. Samuel Mours (1958) bietet eine weitaus konservativere Schätzung von 1.350 Gemeinden (Boisson/Daussy 2006, 72–73). Wie auch immer – das Wachstum reformierter Gemeinden in Frankreich ging offenkundig schnell und kräftig vonstatten.

Angesichts ihres außergewöhnlichen Wachstums baten die überall in Frankreich neu gebildeten Gemeinden Calvin und den Genfer Pfarrkonvent um ordentlich ausgebildete Pastoren, die das Evangelium predigen und die Sakramente verwalten konnten. Die für Prediger und Pastoren notwendige theologische Ausbildung boten die *Akademie von Lausanne* und, seit 1559, die *Genfer Akademie*. Die zahlreichen Anfragen französischer Gemeinden mussten sorgfältig geprüft und nach einer eigens aufgestellten Liste von Kriterien beantwortet werden. Die Ansprüche von höhergestellten Adligen und von Gemeinden in den größeren

Städten verlangten unverzügliche Aufmerksamkeit; kleinere und ländliche Gemeinden bekamen eher zuletzt den Zuschlag. Nach gefällter Entscheidung kam es sofort zur Entsendung eines geeigneten, frisch ausgebildeten Pastors. So schrieb Calvin beispielsweise im September 1555 an die Gläubigen in Loudun und wies darauf hin, dass der Überbringer seines Schreibens ein auf deren Anfrage hin ausgewählter Pastor sei, der Calvins Wissen nach »geeignet und ausreichend sei, euch treu zu lehren« (CO 15,758–760). Dieser Vorgang wiederholte sich im Laufe der nachfolgenden Jahren immer wieder.

Zwischen 1555 und 1562 entsandte der von Calvin geleitete Pfarrkonvent nicht weniger als 88 (Kingdon 1956, VIII) und möglicherweise über zweihundert (Boisson/Daussy 2006, 61) Pastoren nach Frankreich. Trotzdem wurde Calvin vom Bedarf der Protestanten Frankreichs überrollt. In einem Brief an den Zürcher Reformator Heinrich Bullinger vom Mai 1561 äußert er beträchtliche Besorgnis und ein wenig Frustration.

»Von allen Seiten wird nach Pastoren verlangt [...] Meine Tür ist belagert wie die eines Königs [...] Aber unsere Möglichkeiten sind erschöpft. Wir sind gezwungen, überall, sogar in Handwerksbetrieben, nach Männern als Pfarramtskandidaten zu suchen, die gerade mal über einen Schimmer an Lehre und Frömmigkeit verfügen« (CO 18,467).

Die Reaktion von Calvins französischen Glaubensgenossen auf seinen Ruf zur religiösen Erneuerung war für ihn äußerst erfreulich und machte ihm zugleich Angst infolge der schweren Verantwortung, die auf ihm lastete. Die große Mehrheit der von Calvin und dem Pfarrkonvent nach Frankreich entsandten Pastoren waren in der Tat Franzosen. Robert M. Kingdon (1956, 5–12) weist darauf hin, dass sie aus allen Gegenden des Reiches kamen und nahezu alle Stände der Gesellschaft repräsentierten. Zwar hatte keiner von ihnen bäuerliche Wurzeln, einige aber waren Handwerker und etliche kamen aus dem Adelsstand. Es überrascht nicht, dass die mittleren Stände, vor allem das städtische Bürgertum, dominierten. Einige dieser künftigen Pastoren waren ursprünglich nach Genf und zur reformierten Akademie nach Lausanne gereist, bis diese 1559 wegen der Verfolgung durch die römisch-katholische Kirche und der französischen Monarchie nach Genf verlegt wurde. Positiver ausgedrückt, strebten sie begierig danach, unter Calvin, Theodor Beza und Pierre Viret, dem Rektor der Lausanner Akademie, zu studieren. Nach Abschluss des Studiums folgte eine praktische pfarramtliche Ausbildung, bevor die Ernennung auf eine Gemeindestelle in Frankreich in Frage kam. Praxisbezogene Fähigkeiten wie Predigen, Sakramentsverwaltung und Katechismusunterricht galten als ebenso wichtig wie die richtigen theologischen Kenntnisse. Auch nach der praktischen Ausbildung unterzog der Pfarrkonvent die Bewerber vor ihrer Entsendung noch einer intensiven Überprüfung ihrer Kenntnisse der calvinistischen Lehre, ihres gegenwärtigen und früheren Lebenswandels und sogar ihrer homiletischen Fähigkeiten anhand einer Probepredigt. In den Anfangsjahren und sicherlich in der Zeit bis ca. 1560 reisten viele dieser Männer unter großen Sicherheitsvorkehrungen von Genf zu ihrer neuen Gemeinde in Frankreich. Oft nahmen sie falsche Namen an, trugen gefälschte Ausweise oder tarnten sich anderweitig. Der Protestantismus war in Frankreich verboten, so dass sie sich für gewöhnlich in erheblicher Gefahr befanden. Wenig überraschend dokumentieren ihre versteckten Reisetagebücher oft den Weg in solche Gegenden, in denen die Menschen für ihre Botschaft am empfänglichsten waren – in den westlichen und südwestlichen Provinzen und im Pariser Becken.

4.3. Aufbau einer kirchlichen Organisation in Frankreich

Trotz ihrer vergleichsweise geringen Zahl hatten die nach Frankreich entsandten Pastoren großen Erfolg beim organisatorischen Aufbau der Gemeinden. Diese Leistung beruht auf der nahezu vollständigen Übertragung der von Calvin in Genf errichteten kirchlichen Organisationsstruktur nach Frankreich. Das Grundelement der frühneuzeitlichen reformierten Kirchenordnung war die Ortsgemeinde und ihr Konsistorium. Das Konsistorium war leitendes und teilweise Recht sprechendes Organ, das sich aus den ordinierten Pastoren der Ortsgemeinde, den Ältesten, die gewählte Laien waren, und – außerhalb Genfs – den Diakonen zusammensetzte. Obwohl die Diakone nicht Mitglied des Genfer Konsistoriums waren, waren sie in den französischen Konsistorien neben den Pastoren und Ältesten vertreten.

Als seit 1550 die ersten französisch-reformierten Gemeinden errichtet wurden, waren die Gemeindeleiter mit dieser Ordnung gut vertraut, da sie die *Institutio* und verschiedene andere Calvinschriften mit Verstand gelesen hatten. Viele waren auch zu Besuch in Genf gewesen und konnten sich von der Funktionsweise der Genfer Kirche überzeugen. Natürlich gab es in den ersten Jahren einen gewissen organisatorischen Spielraum zwischen den französischen Ortsgemeinden; die Grundstruktur folgte aber der in der *Genfer Kirchenordnung* beschriebenen. Maßgebliche kirchliche Vertreter verfassten die erste landesweite *Hugenottische Kirchenordnung* von 1559 (*Discipline des Églises réformées de France*). Ähnlich wie die Genfer *Kirchenordnung* definiert und beschreibt ihr französisches Pendant die Ämter der Pastoren, Doktoren, Ältesten und Diakone, wenn auch länger und ausführlicher. Außerdem finden sich Kapitel über das Konsistorium, das Kolloquium sowie die Provinzial- und Nationalsynode. Andere Abschnitte legen die Liturgie, die Sakramentsverwaltung und die Ordnung der kirchlichen Trauung fest. Schließlich bietet die *Kirchenordnung* den kirchenleitenden Gremien eine beträchtliche Hilfestellung im Umgang mit moralischem Fehlverhalten und bei der Bestrafung von Sündern. Diese Bestimmungen wurden überdies von den aufeinander folgenden Nationalsynoden fortlaufend ergänzt und aktualisiert. Calvin, der in relativ engem Kontakt mit den französischen Gemeinden stand, kam dabei nach wie vor eine wichtige Rolle zu. Die Nationalsynode ebenso wie Einzelgemeinden baten ihn wiederholt um Rat in unterschiedlichen Fragen, z. B. auch im Blick auf die kirchlichen Strukturen und deren ordnungsgemäßes Funktionieren. Unablässig antwortete er darauf mit Ratschlägen, die er für vernünftig hielt. Pastoren und Älteste erbaten und erhielten somit Hilfestellung beispielsweise bei der Frage, wer am Besten für das Ältestenamt in Frage komme oder wie vor dem Konsistorium erscheinende Einzelpersonen zu behandeln seien.

Das andere hervorstechende institutionelle Merkmal der reformierten Gemeinden in Frankreich war die ausgefeilte Hierarchie von Regionalkolloquien sowie von Provinzialsynoden und Nationalsynode, die innerhalb der Bewegung entscheidenden Einfluss beim Aufrechterhalten der Einheit ausübten. Diese Organe hatten erhebliche Befugnisse, sowohl auf Gemeindeebende beim Schlichten von Unstimmigkeiten in und zwischen den Ortsgemeinden als auch auf nationaler Ebene bei der Formulierung der gemeinsamen Lehre und der Festlegung einheitlicher kirchlicher Strukturen und Ordnungen. Erstaunlicherweise formulierte Calvin keinen besonders ausgearbeiteten Plan für das kirchenleitende Handeln abgesehen von Regelungen für die Einzelgemeinden. Er bot sicherlich keine ausführliche Erläuterung einer Synodalordnung und ihrer Bedeutung. In seinen Bemerkungen in der *Institutio* zum Aufbau der Kirche kommt er so gut wie nicht auf die Synoden zu sprechen, und abgesehen von begrenzten, eingeschobenen Hinweisen in seinen Briefen an die französischen Gemeinden finden sich keinerlei Belege dafür, dass Calvin sich stark für eine Synodalverfassung eingesetzt habe. Der Genfer Stadtstaat hatte keine Synoden und sah sich auch nicht vor solchen organisatorischen Herausforderungen wie die französischen Gemeinden, die über das ganze Königreich verteilt waren. Gleichwohl hatte Calvin eine Schlüsselrolle bei der Entwicklung und der Begleitung der Arbeit der Synoden in Frankreich inne.

Als die französische Nationalsynode seit ca. 1560 regelmäßig zusammentrat, baten die als Delegierte teilnehmenden Pastoren und Ältesten Calvin um seine Meinung zu strittigen Themen aller Art. Bereits im Mai 1559 gab er den Delegierten der erstmals in Paris tagenden Nationalsynode wertvolle Impulse. Die Pastoren und Ältesten hatten sich die anspruchsvolle Aufgabe gesetzt, eine landesweite *Kirchenordnung* zu verfassen und ein nationales *Glaubensbekenntnis* zu formulieren. Wie oben erwähnt, erwiesen sich die Synodalen als äußerst fähig im Formulieren einer presbyterial-synodalen Kirchenordnung für die reformierten Gemeinden Frankreichs. Sie beschrieb der Tendenz nach einen Bund von Ortsgemeinden und ihrer Konsistorien, über denen eine Ordnung von Kolloquien und Synodenden stand. Vom Ansinnen der Delegierten jedoch, ein Glaubensbekenntnis zu verfassen, war Calvin wenig angetan und charakterisierte einige der Synodalen als von einem »übermäßig sturen Eifer« besessen (Boisson/Daussy 2006, 85). Calvin war davon überzeugt, dass die bestehende *Confession des écoliers* von Genf angemessen war. Alternativ konnten sich die führenden Vertreter der französisch-reformierten Gemeinden einem anderen Text zuwenden, der *Confession de la foi de l'Église de Paris* von 1557, der an die Adresse König Heinrichs II. gerichtet war und bei dessen Abfassung Calvin eine führende Rolle gespielt hatte. Jedenfalls gab Calvin nach und sandte eine revidierte Textfassung an die Synode, die im Gegenzug Änderungen vornahm. Nach Calvins Intervention und einigem Verhandeln nahmen die französischen Gemeinden ein Bekenntnis an, das demjenigen aus Genf ähnelte, ohne mit ihm identisch zu sein.

Calvins Verhältnis zur französischen Nationalsynode war bei anderen Gelegenheiten weniger von Streit geprägt. Seine Stimme besaß Autorität bei der Lösung besonders schwieriger Fragen. Bei der vierten Synodalzusammenkunft in Lyon im August 1563 richteten die Delegierten vier Anfragen an die »Pastoren und Professoren von Genf«, insbesondere an Johannes Calvin. Es handelte sich offensichtlich um Themen, mit denen die französischen Pfarrer und Ältesten sich schwer taten und für die sie keine fertige Lösung hatten. Das erste betraf die Eheschließung und die Frage, ob ein Paar in beiderseitigem Einverständnis eine Verlobung auflösen könne. Die zweite Frage lautete: Ist das Konsistorium verpflichtet, dem bürgerlichen Magistrat Sünder anzuzeigen, deren Vergehen strafbare Verbrechen zu sein scheinen? Die dritte Frage bezog sich auf die Gültigkeit einer durch einen Laien statt einen Pastor vollzogenen Taufe. Die vierte Frage hieß: Dürfen Älteste und Diakone Brot und Wein bei der Feier des Abendmahls austeilen? Die Antworten insbesondere auf die Fragen zur Eheschließung und Taufe enthielten jeweils eine detaillierte und ausführliche Untersuchung der unterschiedlichen Aspekte der Fragestellung, eine Abwägung der zur Sache gehörenden Hinweise und Argumente und eine Hilfestellung für die Delegierten, ihre Entscheidungen in die *Kirchenordnung* einfließen zu lassen und so den Einzelgemeinden für den künftigen Gebrauch eine Richtschnur zu geben (Aymon 1710, Bd. 1, 50–57).

In all diesen Angelegenheiten führte Calvin einen ungeheuer umfangreichen Briefwechsel mit Verantwortlichen in Kirche und Staat sowie mit seinen vielen anderen Anhängern in Frankreich. Er ermutigte sie beständig, in schwerem Leiden auszuharren, und bot regelmäßigen Rat, als sie sich an den Aufbau reformierter Gemeinden in einem entschieden feindseligen Umfeld machten. Schon früh riet er kirchlichen Amtsträgern und einfachen Kirchgängern, angesichts anhaltender brutaler Unterdrückung Zurückhaltung zu üben und ruhig auszuhalten. Im September 1557 entdeckten katholische Amtsdiener einige hundert Protestanten beim Gottesdienst in einem Haus an der Rue Saint-Jacques in Paris. Viele wurden festgenommen und eingesperrt, einige unter ihnen verurteilt und hingerichtet. Calvin schrieb der Kirche von Paris und nötigte ihre Glieder, dem Drang, gegen die religiös motivierten Folterer zurückzuschlagen zu widerstehen. Sie sollten »friedlich wie die Lämmer gegen das Rasen der Wölfe« bleiben, Geduld haben und der Verheißung Gottes trauen. Als einige Jahre später das Maß an Verfolgung zunahm, ermahnte er erneut die Gläubigen in Frankreich, auf Gottes Erbarmen und Schutz zu vertrauen. Der Herr erlaube den Feinden allein deshalb, die Gläubigen zu misshandeln, um ihren Glauben zu stärken. Nach dem Tod von König Heinrich II. und unter zunehmender Verfolgung unter den an die Macht gekommenen Guisen, sandte Calvin im November 1559 wiederum an die Gemeinden Frankreichs die Botschaft, dass »Verfolgungen die wahren Schlachten für Christen sind, die Ausdauer und Festigkeit ihres Glaubens unter Beweis zu stellen«

(CO 16,629–633, 17,570–574.671–687). Obwohl Calvin zwar zuweilen nüchternere Leitungsfragen ansprach, waren seine mitten in Krisen hinein gesprochenen Worte bewegend und unterstützend. Erst als Zahl und Selbstvertrauen der französischen Protestanten zunahmen, sprach Calvin sich allmählich für eine schärfere und konfrontativere Gangart aus. Überdies gab sich Calvin mit seinem Schreiben und durch Gesandte besondere Mühe, den Adelsstand zu gewinnen, vor allem die Prinzen von Geblüt und andere höhergestellte Adlige.

4.4. Calvins bleibender Einfluss in Frankreich

Als Calvin 1564 starb, waren die Hauptlinien der Reformation in Frankreich klar umrissen. Über zwanzig Jahre lang hatte er ein beträchtliches Werben und Bemühen um Evangelisierung geleitet, worin er einigermaßen erfolgreich war. Die reformierte Bewegung in Frankreich besaß erhebliche Stärke, obwohl sich die Gemeinden vor allem im Westen und Süden konzentrierten. Natürlich war der Widerstand breit und fest etabliert. Bereits einige Jahre vor Calvins Tod brach Krieg wegen anscheinend unversöhnlicher konfessioneller Gegensätze aus und brachte überall Blutvergießen und Chaos mit sich. Die Auseinandersetzung erfasste während der folgenden vierzig Jahre das ganze Königreich und verwüstete es weitgehend. Französische Protestanten, die aus Calvins Vorstellungen und Einrichtungen ihre Kraft bezogen, hatten während der Religionskriege und danach ungeheuer zu leiden. Der Tiefpunkt war wohl 1685 gekommen, als die Monarchie die Reformierte Kirche aufhob und Protestantischen den Gottesdienst verbot. Calvins Anhänger in Frankreich überlebten jedoch diese unerbittliche Verfolgung und geben bis heute Zeugnis von Calvins erheblichem Einfluss, der bis in die Gegenwart reicht.

Aymon, Jean: Tous les synodes nationaux des Églises réformées de France, 2 Bde., 1710.

Berthoud, Jean-Marc: Calvin et la France. Genève et le déploiement de la Réforme au XVIe siècle, 1999.

Beza, Theodore u.a.: Histoire ecclésiastique des Églises réformées au royaume de France, 1580 (kritische Ausgabe Baum, G. u.a. [Hg.], 3 Bde., 1883–1889).

Mentzer, Raymond A.: La construction de l'identité réformée aux 16e et 17e siècles. Le rôle des consistoires, 2006.

Mours, Samuel: Les Églises réformées en France, 1958.

(Übersetzt von *Frithjof Rittberger*) *Raymond A. Mentzer*

5. Calvin und die Niederlande

Obwohl Calvin nie in den Niederlanden war, hatte er durch seine Kontakte und Schriften weit reichenden Einfluss auf die Entstehung des niederländischen Calvinismus. Mit diesem Beitrag soll ein Überblick über die Beziehung zwischen Calvin und den (nördlichen und südlichen) Niederlanden geboten werden. Die calvinistischen Niederlande selbst sind hier kein spezifisches Thema. Die Beschreibung schließt mit der Situation um Calvins Tod.

5.1. Persönliche Kontakte zwischen Calvin und Niederländern

Einzelne persönliche Kontakte zwischen Calvin und Niederländern gab es an der Genfer Akademie, wo zwischen 1559 und 1564 insgesamt 13 Niederländer studierten. Der erste Flame schrieb sich erst 1566 ein. Das brabantische Antwerpen, die größte Stadt der Niederlande, schickte zu Lebzeiten Calvins nur zwei Studenten. Erst nach dem Tod Calvins nahm die Bedeutung des Genfer Lehrinstituts für den Antwerpener Calvinismus stark zu. Von den insgesamt 84 Pfarrern, die 1566 in den südlichen Niederlanden tätig waren, hatten zwölf Verbindungen zu Genf.

Als Calvin mit seinem Kollegen Farel 1538 nach Straßburg kam, traf er dort mehrere Niederländer, darunter seine spätere Frau Idelette de Bure, eine ehemalige Täuferin aus den südlichen Niederlanden. Die adelige Marie d'Ennetières aus Tournai setzte sich für zwei verbannte Pfarrer ein. In einem Brief an die Königin von Navarra erklärte sie, warum die Pfarrer aus Genf weggeschickt worden waren und dass dies die Schuld der Stadtregierung gewesen sei. Auch Andreas Zebedeus aus Brabant unterstützte Calvin sehr entschlossen, als dieser verbannt wurde. Zebedeus wandte sich später als Pfarrer in Nyon von Calvins Prädestinationslehre ab. Auf dem Sterbebett nahm er dies wiederum zurück.

Calvin hatte auch zum niederländischen Adel Kontakt, der aus Religionsgründen im Ausland lebte; unter anderem zu Graf von Maldonatus aus dem Hennegau, der in Genf Diakon wurde, und zu Du Quesnoy aus Lille, späterer Professor der Philosophie in Lausanne. An den Adeligen Jakob von Burgund, Herr von Falaise in Brabant und von Bredam in Zeeland, schrieb Calvin 54 Briefe, nachdem der Edelmann ihn 1543 um Rat zur Emigration seiner Familie gefragt hatte. Calvin schrieb für ihn auch eine *Apologie* (CO 10/1,273–294). 1551 wurde die enge Freundschaft beendet, nachdem Jakob über die Prädestination anders dachte als Calvin und seinem Arzt Hieronymus Bolsec folgte. Philip von Marnix, Herr von St. Aldegonde, studierte bei Calvin und dessen Nachfolger Beza. Er wurde Berater von Wilhelm von Oranien, dem Führer des niederländischen Aufstands gegen Spanien. Marnix nannte seinen Lehrmeister nach dessen Ableben »dieser bewundernswerte Prophet Gottes, Johannes Calvin«. Der gut betuchte Kaufmann Etienne de la Forge aus Tournai war bereits seit 1545 dauerhaft mit Calvin befreundet, der ihn 1529 »einen gottesfürchtigen Märtyrer des Evangeliums« (CO 21,56) nannte. Der aus Arras verbannte Rechtsgelehrte Jean Crespin ließ sich 1548 in Genf nieder, wo er Calvins Herausgeber wurde.

Mehrere Niederländer, besonders Pfarrer, korrespondierten mit Calvin und baten ihn um Rat. Jean de Saint-André, der nach Genf ins Exil gegangen war, wurde auf Drängen Calvins Pfarrer, zunächst in der Umgebung von Genf, dann in der Stadt selbst. Jean Cavent, nach seinem Weggang Diakon in Lausanne geworden, erhielt nach dem Tod seiner Frau und seiner Mutter einen Trostbrief von

Calvin. Albert Rizaeus Hardenberg, seit 1547 Pfarrer in Bremen, hatte 1545 Calvin um Rat zur Form des Abendmahls gebeten. 1560 korrespondierte Calvin erneut mit ihm über das Abendmahl und schrieb für ihn *Breve et clarum doctrinae de coena Domini compendium* (CO 9,681–688; CO 18,233–234). Menso Poppius aus Oosterzee in Friesland, ehemaliger Pastor und seit 1550 reformierter Pfarrer in Ostfriesland, korrespondierte mit Calvin – der ihn auch finanziell unterstützte – über das kirchliche Leben, den Unterricht und die Kirchenzucht. Poppius schrieb ein kleines Buch, um seinen Glaubensgenossen in Holland und Friesland den Rücken gegen die spanische Tyrannei und Inquisition zu stärken. Das Manuskript schickte er 1559 an Calvin mit der Bitte, es in Genf drucken zu lassen und mit einer Empfehlung zu versehen. Aus dieser Bitte lässt sich schließen, dass der Name Calvins Ende der fünfziger Jahre für die Anhänger der Reformation in den nördlichen Niederlanden Anziehungskraft besaß. Von Pierre Alexandre aus Arras, ehemaliger Hofpfarrer und Beichtvater am Brüsseler Hof, sind elf Briefe an Calvin und drei von Calvin an ihn bewahrt geblieben. Alexandre wurde Pfarrer an der wallonischen Flüchtlingskirche in London, von wo aus er Calvin 1560 bat, Pfarrer in die Gemeinde zu entsenden. Alexandre nannte ihn »geehrter Lehrmeister«, obwohl er gegen einige Auffassungen Calvins Einwände hatte. Gaspar van der Heyden aus Mechelen, späterer Pfarrer in Antwerpen, gehörte zu Calvins Schülern. Jean Taffin aus Tournai, später wallonischer Prediger in Antwerpen und Hofprediger Wilhelm von Oraniens, war Schüler von Calvin. Der Brüsseler Jan van der Moyen studierte bei Calvin und war danach in der niederländischen Flüchtlingskirche in London aktiv. Auch Guido de Brès aus dem Hennegau, der Verfasser des niederländischen Glaubensbekenntnisses, war in Genf durch Calvin geprägt worden. Pierre Loiseleur, der Präses zweier wallonischer Synoden, in denen auf die Unterzeichnung des Niederländischen Glaubensbekenntnisses gedrungen wurde, war ebenfalls ein Gleichgesinnter Calvins.

Flämische Emigranten nahmen direkten Kontakt zu Calvin auf. Der emigrierte Genter Jan Utenhove hatte 1549 mit Calvin ein einvernehmliches Gespräch über den *Consensus Tigurinus*. Calvin traf auch dessen Stadtgenossen Maarten de Cleyne (Micron). Beide Genter waren mit dem Polen Johannes a Lasco befreundet. Die drei waren maßgeblich an der Gründung der wichtigsten niederländischen Flüchtlingskirche in England beteiligt, der Kirche in London (1550). Aus London schrieb Utenhove seinen »geehrten Lehrmeister« Calvin als »sehr berühmten Mann und sehr geachteten Bruder« an, »Ihnen immer und in Gänze verbunden«. Micron korrespondierte mit Calvin und 1558 schrieb er eine *Apologie of Verandtwoordinghe* (Apologie oder Rechtfertigung) gegen den Täufer Menno Simons, bei der er sich methodisch ganz von Calvin inspirieren ließ. Der Flame Carolus Furnius reiste 1550 nach Genf, um dort Calvin kennen zu lernen. Im Sommer 1551 plante er, mit Calvins Hilfe der Reformation in Frankreich zu dienen. Auf Anraten Calvins wurde der flämische Rechtsgelehrte Pieter van Keulen (Colonius), der um 1558 Genf besuchte, Pfarrer – erst in Metz, dann in Heidelberg. Van Keulen, der sich immer als Niederländer fühlte und als Ratgeber Oraniens fungierte, war seinem Lehrmeister sehr verbunden. Der Genter Jan van Kerckhove (Polyander) hatte seit 1562 Kontakt zu Calvin und wurde später reformierter Pfarrer in Metz, Frankenthal und Emden. Paulus Knibbius aus dem flämischen Tielt reiste 1563 von Zürich nach Genf zu Calvin und Beza, um dort das kirchliche Leben kennen zu lernen. Als Professor in Heidelberg unterhielt Knibbius später Briefkontakt mit Zürich und Genf. Petrus Datheen, Ex-Mönch aus Ieper und Pfarrer in den niederländischen Flüchtlingskirchen in Frankfurt und Frankenthal, hatte eine bedeutende Funktion im niederländischen reformierten Protestantismus. Calvin nannte ihn »unser überragender Bruder Petrus Dathenus«.

5.2. Schriften Calvins in den Niederlanden

5.2.1. Die reformierte Identität als Ausgangspunkt

Auch über seine Schriften hat Calvin die Reformation in den Niederlanden unterstützt. An der Verbreitung war Valerand Poullain maßgeblich beteiligt. Der aus Lille stammende ehemalige Priester wohnte in Straßburg bei Bucer und traf dort Calvin. Von Straßburg aus verschickte Poullain gut 200 gedruckte Exemplare von *Petit traicté* (1543, CO 6,537–588) nach Flandern. Es war die erste Schrift Calvins, die in den Niederlanden zirkulierte. Darin rief er die Anhänger der Reformation auf, sich ganz vom römischen Katholizismus zu distanzieren. Protestanten aus den wallonischen Gebieten (u.a. in Tournai und Valenciennes) waren mit Calvins radikaler Alternative »Verbannung oder Märtyrertum« nicht einverstanden. In einer Gesellschaft, die fortwährend durch religiöse Verfolgung bedroht war, war der so genannte Nikodemismus ein wichtiger Faktor. Auf Bitten Poullains schrieb Calvin eine zweite Schrift über die Frage, wie sich evangelische Christen in einer römisch-katholischen Umgebung zu ihrem Glauben bekennen müssen. Er sorgte dafür, dass auch dieses Werk, *Excuse a Messieurs les Nicodemites* (1544, CO 6,589–614), in den Niederlanden gelesen werden konnte.

Nachdem Poullain 1544 in Straßburg eine Delegation von Protestanten aus Valenciennes zum Thema Verbreitung des Anabaptismus und Libertinismus getroffen hatte, ließ er Calvin Schriften des niederländischen Anabaptisten David Joriszoon, des Antwerpener Sektenführers Eloy Pruystinck sowie des Hennegauer Quintinisten (Anhänger von Quintin, einem niederländischen Wortführer der Libertiner) zukommen. Poullain bat Calvin dringend, diese Schriften zu beantworten. Eine Abordnung aus den Niederlanden besuchte die Schweiz, um die Bitte näher zu erläutern. Noch im selben Jahr schrieb Calvin seine *Brieve instruction contre les anabaptistes* (1544, CO 7,45–142) gegen Anabaptisten in der Schweiz, Frankreich und den Niederlanden. Es sind 19 Briefe von Poullain an Calvin und vier von Calvin an Poullain erhalten geblieben. Gegen die Libertiner in den wallonischen Gebieten schrieb Calvin *Contre la secte phantastique des Libertins* (1545, CO 7,145–248). Der Libertiner Antoine Pocquet predigte 1540–1544 erfolgreich in

Tournai, Lille und Valenciennes. Außerdem besuchte eine protestantische Gesandtschaft Genf. Calvin hielt Pocquet für mitverantwortlich an »la ruine de quattre mil hommes« (CO 7,161). Der nach Straßburg geflüchtete Niederländer Pierre Brully, den Calvin in seine Wohnung aufnahm, ein treuer Schüler Calvins und dessen Nachfolger in der wallonischen Kirche in Straßburg, begab sich daraufhin 1544 in die wallonischen Städte der Niederlande. Als kurz darauf Brully und vier Mitglieder der Gemeinde von Tournai exekutiert wurden, beschloss Calvin, sein Traktat gegen die Libertiner zu publizieren. Das Verschwinden der libertinischen Sekte in den wallonischen Gebieten ist hauptsächlich Folge dieser Veröffentlichung.

Calvin bekämpfte den Kontroverstheologen Albert Pigghe van Kampen ausführlich in *Defensio sanae et orthodoxae doctrina de servitute et liberatione humani arbitrii adversus calumnias Alberti Pighii Campensis* (1543, CO 6,225–404) wegen dessen synergistischer Auffassungen über den freien Willen in *De libero hominis arbitrio et divina gratia* (1542); eine Diskussion, die Calvin zu Fragen der Prädestination in *De aeterna praedestinatione* (1552, CO 8,249–366) fortsetzte.

Gegen den Rechtsgelehrten Baudouin aus Arras, der mehrmals seinen Standpunkt zwischen reformiert, römisch-katholisch und lutherisch wechselte, schrieb Calvin 1561 *Responsio ad versipellem quendam mediatorem* (CO 9,525–560). Er tat dies in der Annahme, Baudouin sei der anonyme Verfasser eines kleinen, von ihm in Frankreich verbreiteten römischen Werkes (als dessen Autor sich Cassander aus Zeeland herausstellte). Baudouin, der während seiner drei reformierten Phasen bei Calvin Freund des Hauses gewesen war, veröffentlichte vertrauliche Informationen aus Calvins Briefen, um ihn in ein schlechtes Licht zu rücken. Calvin reagierte zweimal, unter anderem indem er 14 Briefe aus Baudouins reformierten Phasen veröffentlichte (CO 9,561–580.859–862).

Anfang der sechziger Jahre baten Holländer Calvin um Hilfe, um die spiritualistische Sicht Dirk Volkertsz Coornherts abzuweisen. Diese Tatsache deutet auf wachsenden Einfluss Calvins in den nördlichen Niederlanden hin. Übrigens fand auch Kritik an Calvin Gehör, zum Beispiel die Kritik Sebastian Castellios an Calvins Standpunkt in der Frage der Hinrichtung des Antitrinitariers Servet.

5.2.2. Die Verbreitung der Schriften

Während einer illegalen Feldpredigt (eine der so genannten *hagepreken*) im Juli 1566 bei Gent verkauften Buchhändler öffentlich »Lektüre die ausgeht von der Ketzerei Calvins«. Zuvor wurden Calvins Schriften in die Niederlande geschmuggelt und verbreitet, u.a. von Christophe de Brès (dem Bruder von Guido). Protestanten aus Frankreich und den wallonischen Städten brachten ab 1550 französischsprachige Schriften Calvins nach Flandern. 1560 wurden in einer Herberge in Dünkirchen Pieter Annoot und Daniel Gallant festgenommen. Sie waren in Besitz eines mit einem Kommentar Calvins versehenen *Nouveau Testament*. Ein Jahr später wurde Jan Hacke aus Nieuwkerke festgenommen. Er war »uno che vendea libri di Calvino«. In einer Genter Herberge wurde 1562 Sébastien Hannelin verhaftet. Er trug *L'Inventaire des corps des Sainctz* von Calvin bei sich. Der Hausierer Jacques Vrommon holte sich regelmäßig in Antwerpen bei französischsprachigen Reformierten, die protestantische Schriften importierten, einen Vorrat ab. 1563 wurde er auf einer seiner Reisen, die ihn durch Flandern und wallonische Gebiete führte, aufgegriffen. Der Katalog, den er bei sich trug, enthielt französischsprachige Werke Calvins.

Die wallonischen Gemeinden in Valenciennes, Tournai und Lille pflegten intensiven Kontakt mit Wesel, Genf und Frankreich. Dieser Kontakt umfasste auch das Propagandamaterial. So reiste Quenot Castellain aus Tournai nach Wesel und brachte Bücher von Calvin mit zurück. Anfang der sechziger Jahre wurde in Tournai Jean Petit verhaftet. Er gab zu, Bücher von Calvin verkauft zu haben. Im Herbst 1561 wurde in Tournai ein reformiertes Konventikel entdeckt, wo man Bücher von Calvin beschlagnahmte. Man fand sie in der Unterkunft von Jean du Mortier, einem der aktivsten Mitglieder der reformierten Gemeinschaft in Tournai.

Französischsprachige Schriften von Calvin kamen nicht nur von außerhalb der Niederlande. Ohne Angabe des Druckers oder des Ortes erschienen 1560 in den Niederlanden 13 Predigten Calvins auf Französisch: es handelte sich um die Kopie einer Genfer Ausgabe.

Die niederländischsprachige reformierte Kirche in Antwerpen übernahm ab 1555 eine Art Brückenfunktion für andere Gemeinden in Brabant, Flandern und Zeeland. Die Stadt fungierte als Umschlagplatz für Bücher, die aus Emden und anderen Orten angeliefert wurden, darunter Schriften von Calvin.

Ab Mitte der fünfziger Jahre stieß man auch in den nördlichen Niederlanden auf Bücher von Calvin. Johannes Anastasius Veluanus aus der Provinz Gelderland zitierte ihn in *Der Leken Wechwyser* (Der Laien Wegweiser, 1554). Veluanus nannte Calvin einen fachkundigen Exegeten der Schrift, empfahl dessen Schriften gegen die Täufer und verwies zur Ablehnung der römischen Sakramente auf die *Institutio*. Speziell gegen die Messliturgie riet Veluanus zur Lektüre des »epistolam Caluini de illicitis sacris«. Er betrachtete die »Institutiones Caluini« als den erhellendsten Katechismus. Der aus Alkmaar stammende Cornelis Cooltuyn, der vor der Inquisition geflohen, 1559 Pfarrer in Emden geworden und für viele Flüchtlinge dort der wichtigste Kirchenführer war, übte in *Dat Evangeli der Armen* (1559) Kritik an der Messe als Opfer. Seine Kritik lehnte sich stark an Calvins *Institutio* an.

1557 wurden einige von Calvins Werken in Culemborg bei Utrecht gefunden. Bei einem Mönch aus dem friesischen Haskerkonvent wurden Schriften Calvins entdeckt. Nach Aussagen des Bischofs Johannes Knijff gingen 1564 in einem Groninger Buchhandel Schriften von Calvin über die Ladentheke.

5.2.3. Niederländische Übersetzungen

1554 erschienen zum ersten Mal Schriften von Calvin auf Niederländisch. Der Brügger Händler und Verleger Gailliaert, der in den 50er Jahren nach Emden emigrierte, verfasste eine Übersetzung von Calvins antinikodemitischen Werken: *Van dat scuwen der afgoderie, [...]. Een seer fijn ende Christelijck onderwijs, door den eersamen Johannem Calvinum. Noch een epistel, vander seluer materie, by den auteur voornoemt* (1554); *Excuse van Johan Caluinus, tot myne heeren die Nicodemieten* usw. (1554). Auch Rechtsanwalt Jan Dierickxz, 1566 Mitglied des calvinistischen Konsistoriums in Gent, übersetzte Werke von Calvin. 1557 wurden die *Christelyke Sermoenen* von Calvin in den Niederlanden übersetzt und verbreitet. Die erste niederländische Übersetzung der *Institutio* erschien 1560 in Emden. Als Calvin 1564 starb, waren vier seiner Schriften auf Niederländisch erschienen; alle aus den Druckpressen in Emden. Seine Kommentare zu den Paulusbriefen erschienen 1566 unter dem Titel *Uytlegginghe op alle de Sendtbrieven Pauli en tot den Hebreen.* Die Bibliothek der niederländischen Flüchtlingsgemeinde in London besaß ein Exemplar. Obwohl Calvin mit Sicherheit Einfluss auf die niederländischsprachigen Gebiete hatte, wurden bemerkenswert wenige seiner Werke vor 1572 ins Niederländische übersetzt. Danach erschienen bis 1578 keine niederländischen Ausgaben, während es bereits 17 Ausgaben französischsprachiger Editionen gab.

5.3. Kontakte zwischen Calvin und niederländischen Kirchen

Die frühe Verbreitung des Calvinismus beschränkte sich in den Niederlanden hauptsächlich auf die südlichen Provinzen. In der Anfangsphase mussten sich die reformierten Kirchen im Untergrund organisieren und hatten kein einfaches Leben. Sowohl die Lehre der im Entstehen begriffenen Kirche (*Confessio Belgica*) als auch ihre Zucht und Ordnung (die ersten Konsistorien stammen aus den 50er Jahren des 16. Jahrhunderts) stimmten mit Calvins Lehre überein. Seit den 40er Jahren gab es reformierte Kerne, zunächst in den französischsprachigen Städten Tournai, Lille und Valenciennes. Pfarrer aus Genf und Frankreich standen hier vor. Später wurden auch Gemeinden in niederländischsprachigen Städten wie Gent, Brügge und Antwerpen gebildet. Mit dem Aufstand gegen Spanien (nach illegalen Feldpredigten und Bildersturm 1566) erfolgte die weitere Ausbreitung nach Norden.

Die aufkommenden reformierten Kirchen in den südlichen Niederlanden orientierten sich weniger an Genf als an den Flüchtlingskirchen in England und Deutschland. Vor allem die Kirche von London war von großer Bedeutung. Die Londoner Kirchenordnung mit ihrer charakteristischen Struktur aus Pfarrern, Presbytern und Diakonen basierte auf zwei Ordnungen Calvins, denen der französischen Kirche von Straßburg und von Genf. Auch mit ihrer starken Betonung der Kirchenzucht folgte die Londoner Ordnung der von Genf. Die Abendmahlslehre von Superintendent A Lasco wies sehr viele Übereinstimmungen mit der

Lehre Calvins auf. A Lasco informierte Calvin 1552 über eine aktuelle Frage im wallonischen Teil der Gemeinde, bei der sich eine Reihe von Gemeindemitgliedern auf Calvin berief. Dieser gab Rat und antwortete der gesamten Gemeinde mit einem Brief. Die, die Zwietracht verursachten, wies er scharf zurecht. Calvin bat darum, »kein Idol aus mir und aus Genf kein Jerusalem zu machen« (CO 14,362–365). Nachdem die Flüchtlinge unter Maria Tudor vor allem nach Emden ausweichen mussten, wurde London ab 1559 erneut ein bedeutendes Zentrum des reformierten Calvinismus. Auf Anfrage schickte Calvin 1560 seinen Genfer Kollegen Des Gallars in die wallonische Flüchtlingskirche. Für den niederländischen Kirchenrat in London gab er ihm Briefe mit. Calvin unterhielt eine geschäftige Korrespondenz mit Des Gallars. Von der wieder aufgebauten Flüchtlingskirche in London und von anderen Orten in England aus wurde der Calvinismus in den Niederlanden unterstützt. Der Rat von Flandern und der Inquisitor Titelmans erklärten 1562 bezüglich eines Tuchmachers aus Nieuwkerk, dass dieser Gefangene »aus der niederländischen Kirche in England stamme und der Lehre Calvins anhinge«. Von England ausgehend entwickelte sich eine starke Gemeindebildung, vor allem in Flandern.

Emden hatte für die Niederlande eine vergleichbare Funktion, nicht nur in Bezug auf Ausbildung und Aussendung von Pfarrern, sondern auch bezüglich des Druckens und Einschmuggelns reformatorischer Schriften, darunter auch Werke von Calvin. In Wesel suchten niederländische Exilanten, die ein reformiertes kirchliches Leben aufbauen wollten, 1554 Calvins Rat zu der Frage, ob sie in der Stadt von den Lutheranern getrennt Gottesdienst halten sollten oder nicht. Die niederländische Flüchtlingskirche in Frankfurt wandte sich ebenfalls an Calvin, um Rat für ihre Verhandlungen mit der lutherischen Geistlichkeit zu erhalten und um ihre internen Konflikte zu lösen.

In den Niederlanden selbst gab es zur Zeit Calvins noch wenige organisierte Kirchen, die mit ihm in Kontakt treten konnten. Der wichtigste französischsprachige Kern im Untergrund befand sich in Tournai. Pierre Brully tat dort zwischen 1544 und 1545 kurzzeitig Dienst; im Februar 1545 wurde er verbrannt. 1551 übernahm der Teppichweber De Lannoy die Leitung der Gemeinde, der Calvins Schriften las. Ein Jahr später verwendete der in Haft befindliche Tournaier Prediger De Hamal Formulierungen, die in Bezug auf das Abendmahl stark der Terminologie Calvins ähnelten (vgl. Moreau 1962, 122–123). Ab 1559 übernahm Guido de Brès als fester Pfarrer aus Tournai die Leitung der Kirchen von Lille und Valenciennes. De Brès hat großen Anteil an der Verbreitung des Gedankenguts Calvins in den Niederlanden. Anfang der sechziger Jahre wurden in Tournai Werke von Calvin verkauft und an geheimen Versammlungsorten gefunden. Der 1561 verhaftete Jean de Lannoy formulierte ein Abendmahlsverständnis »telz que Calvin«. Seine Befrager erklärten: »Toutes ses doctrines sont de Calvin«. Auch der in Tournai gefangen genommene Jean de la Rue stand fest hinter der Lehre Calvins. Während des Verhörs sagte er, Calvin sei ein gelehrter Mann und ein guter Lehrer für das Volk Gottes.

In den niederländischsprachigen Gebieten erlangte der Calvinismus ab den fünfziger Jahren Einfluss. Direkte Kontakte zwischen reformierten Zentren in Flandern und Calvin hat es nicht gegeben. Durch die französisch sprechenden Minderheiten in den flämischen Städten und durch die engen Verbindungen zwischen französischen und holländischen Flüchtlingskirchen in London und Emden konnte der Calvinismus die Sprachbarriere überwinden. 1552 wurden in Brügge Pierre Leroux und Philibert de la Haye verhaftet. Sie leiteten eine französischsprachige reformierte Gemeinschaft und propagierten die Lehre Calvins in der flämischen Stadt. Der Einfluss des Calvinismus in Flandern entstand jedoch in erster Linie über die Flüchtlingskirchen in London und Emden.

Die erste reformierte Kirche in Antwerpen wurde 1555 gegründet. Sie unterhielt Kontakte mit der Emdener Mutterkirche und wurde mit in Emden gedruckten Werken, unter anderem von Calvin, ausgestattet. Ende 1556 brachte Calvin die wallonische Gemeinde in Antwerpen dazu, Gottesdienste für die Gemeinde von einem festen Pfarrer mit pastoraler Verantwortung halten zu lassen, der der Aufsicht und Zucht eines Kirchenrates unterstellt sein sollte. Auf Bitte aus Antwerpen wurde 1557 ein erster hauptamtlicher Pfarrer aus Genf in die wallonische Gemeinde nach Antwerpen gesendet. Der Einfluss Calvins in Antwerpen zeigt sich auch in einem Brief des Pfarrers Christoffel Fabritius, der 1564 umgebracht wurde. Der Pastor der Kirche »Unsere Liebe Frau« trug die *Institutio* bei sich, als er den Pfarrer im Gefängnis besuchte. Er zitierte aus Kapitel 17, Buch IV und »lästerte Calvin sehr«.

Nicht nur aus den Flüchtlingskirchen, sondern auch aus Antwerpen und aus den wallonischen Industrieorten im Süden gingen seit Ende der 50er Jahre immer stärkere Impulse Richtung Flandern aus. Die wallonischen Städte schlugen eine Brücke zum französischen Calvinismus. Anfang der sechziger Jahre sagte der Mönch Cornelis im flämischen Brugge über einige Juristen der Stadtverwaltung aus, sie hätten während ihres Studiums in Frankreich »das Gift aus der Brust Johannes Calvins eingesogen«. Um 1560 ist die Reformation in Flandern immer deutlicher calvinistisch geprägt. Calvin ist inzwischen in Flandern so bekannt, dass ihn ein protestantischer Chirurg zusammen mit Zwingli in einem Atemzug mit A Lasco und Micron nennt, den Führern der englischen Flüchtlingskirche. In den nördlichen Niederlanden formierten sich ebenfalls reformierte Zentren. Wann sich diese als Gemeinden organisierten, lässt sich schwer festmachen. In der ersten Hälfte der sechziger Jahre kann von verstärkter Konventikelbildung gesprochen werden. 1566, im Jahr der Feldpredigten und des Bildersturms, nimmt das Tempo dieser Entwicklung rasant zu. Im friesischen Sneek hielt zum Beispiel Menso Poppius seine erste Predigt vor Reformierten. Es gab bereits eine Art »Gemeinde unter dem Kreuz«: Poppe Agges, Meister Leo Hania und ein paar andere in Sneek wurden bereits zuvor als Sympathisanten »der falschen und verwerflichen calvinistischen Religion« betrachtet. Inquisitor Lindanus erklärte, ein 1559 umgebrachter Ketzer aus Friesland sei von Calvins Lehre verführt gewesen. Auch in Heenvliet bei Rotterdam waren verschiedene Personen mit der »Sekte von Calvinus« infiziert. Sie versammelten sich zu hause, unter der Leitung des aus Naaldwijk stammenden Jan Jansz Hoyckesloot. 1566 wurde Albert Rizaeus Hardenberg Pfarrer in Elburg in der Provinz Gelderland. Vor seiner Ankunft hatte dort Jan Arentsz, Korbmacher aus Alkmaar, eine Feldpredigt auf seiner Rundreise durch die Provinzen Utrecht, Gelderland, Overijssel und Holland gehalten. An zahlreichen Orten hatte er gepredigt, erst in Konventikeln, dann bei Feldpredigten. Nach Meinung Arembergs, Statthalter der Provinzen Friesland, Groningen, Drenthe und Overijssel, war Arentsz der Lehre nach Calvinist. Kurz zuvor, 1564, hatte Aremberg die Städte Kampen und Deventer noch ernsthaft hinsichtlich ihres Umgangs mit verbotenen Büchern ermahnt. Der Statthalter gab als Beispiel die Stadt Groningen an. Sie hatte öffentlich die Verbreitung von Calvins Büchern geduldet und war dadurch beim König in Ungnade gefallen.

In der Gesamtschau lässt sich erkennen, dass Genf einen wesentlichen Faktor in der Anfangsphase des niederländischen Calvinismus darstellte. Calvin hatte mit vielen Personen aus den Niederlanden Kontakt. Ausführlich bestritt er Auffassungen eines niederländischen Kontroverstheologen sowie Meinungen von Anabaptisten, Libertinern und Spiritualisten in den Niederlanden. Auf einige Studenten aus den Niederlanden hatte er großen Einfluss. Durch persönliche Kontakte und Schriften konnte er viel bei Niederländern bewegen, sowohl in den ausländischen Flüchtlingskirchen als auch bei Anhängern der Reformation in den Niederlanden selbst, allerdings waren französischsprachige Reformierte stärker von Calvin beeinflusst als niederländischsprachige. Für die wallonischen und niederländischsprachigen Kirchen waren die Impulse aus den Flüchtlingskirchen, besonders aus London und Emden, entscheidender als die aus Genf. Die Reformierten in den Niederlanden wurden vor allem über diesen Umweg von Calvin beeinflusst. Allgemein befand sich der Protestantismus in den Niederlanden Mitte der sechziger Jahre immer deutlicher in calvinistischem Fahrwasser.

Decavele, Johan: De dageraad van de reformatie in Vlaanderen, 1520–1565, 1975.

Moreau, Gérard: Histoire du Protestantisme à Tournai jusqu'à la veille de la Révolution des Pays-Bas, 1962.

Pettegree, Andrew: Emden and the Dutch Revolt. Exile and the Development of Reformed Protestantism, 1992.

Rutgers, Frederik L.: Calvijns invloed op de Reformatie in de Nederlanden, voor zoveel die door hemzelven is uitgeoefend, ²1901.

Selderhuis, Herman J. (Hg.): Handboek Nederlandse Kerkgeschiedenis, 2006.

(Übersetzt von *Ulrike Sawicki*) *Frank van der Pol*

6. Calvin und Osteuropa

Calvin war Franzose, der als Flüchtling in Genf einen Zufluchtsort fand. In seinen kirchenpolitischen Bemühungen nahm er primär die reformierten Kirchen Frankreichs und die der Eidgenossenschaft in den Blick. Und dennoch – obwohl ihm der romanische Kulturkreis ungleich näher stand, übernahm er Verantwortung für die reformierten Gemeinden auch in Osteuropa. Im östlichen Europa wurden seine Schriften nicht nur gelesen – Calvin vertrat insbesondere in Polen-Litauen, aber auch in Ungarn und Böhmen die Funktion eines politischen und theologischen Ratgebers. Dabei galt Calvins Augenmerk im Wesentlichen den Ereignissen in Polen-Litauen – vor allem mit polnischen Theologen und Adligen haben sich zahlreiche Korrespondenzen Calvins erhalten.

6.1. Polen-Litauen

Der polnische Staat, damals der größte Flächenstaat Europas, und die dortigen kirchlichen Verhältnisse gelangten erst verhältnismäßig spät in das Blickfeld Calvins. Ende der vierziger Jahre kam die konfessionelle Struktur des Königreichs in Bewegung. Während in den Gebieten mit frühen Kontakten zum Luthertum – also Westpreußen und Großpolen – die Lutheraner in Konkurrenz zu den kleinpolnische Gebiete missionierenden »Böhmischen Brüdern« traten, zeichnete sich gegen 1550 in Kleinpolen und Litauen eine Orientierung adliger Kreise, die über große konfessionelle Freiheiten innerhalb ihrer Herrschaftsgebiete verfügten, in Richtung Zürich und Genf ab. Von polnischen Adligen und Theologen befragt, rückten Zürcher und Genfer Theologen in die Funktion gesuchter Ratgeber.

Das Jahr 1554 markierte die Aufnahme verstärkter Bemühungen Calvins um Polen-Litauen. Der Minoritenprovinzial, Hofprediger und Vertraute des polnischen Königs Sigismund August I., Francesco Lismanini, traf im Herbst 1554 in Zürich ein, wenig später in Genf. Bullinger wie auch Calvin zeigten sich außerordentlich interessiert an dem Vertrauten des polnischen Königs, der mit dem König gemeinsam Calvins *Institutio* las und kapitelweise besprach.

Calvin einigte sich mit Bullinger darauf, in Polen-Litauen federführend die reformierte Sache vertreten zu wollen. Bereits im Mai 1549 hatte Calvin seinen Kommentar zum Hebräerbrief dem König gewidmet (CO 13, Nr. 1195). Nun ergriff Calvin die Möglichkeit, bei den hohen Adligen Polens zugunsten reformierter Theologie zu werben. Calvin, der im persönlichen Gespräch von Lismanini über die kirchlichen Verhältnisse in Polen, allerdings auch über die schwankende Haltung des Königs in Glaubensfragen informiert wurde, richtete daraufhin Anfang Dezember 1554 ein Mahnschreiben an den König, in dem er diesen aufforderte, den evangelischen Glauben anzunehmen und sich für die Verbreitung des Evangeliums einzusetzen (CO 15, Nr. 2057). Wenig später, im Februar 1555, wandte sich Calvin an den Großkanzler des Königreichs Polen, Fürst Nikolaus Radziwill. Calvin appellierte an den Fürsten, die Reformation zu fördern. Calvin schloss sein Schreiben mit der Forderung, den zögerlichen König zur Einführung der Reformation anzutreiben und ihm, wenn nötig, voranzugehen (CO 15, Nr. 2113).

In der Tat machte trotz der unklaren Haltung des Königs die Reformation in Polen, dabei beraten von Calvin, der es jedoch ablehnte, dort persönlich zu erscheinen (CO 16, Nr. 2602), große Fortschritte: In Kleinpolen suchten evangelische Christen, die bereits im August 1555 in Kozminek mit den »Böhmischen Brüdern« eine Bekenntnisunion eingegangen waren, die konfessionelle Anbindung an die Reformierten. Auch in Großpolen kam es zu Unionsgesprächen zwischen Lutheranern, »Böhmischen Brüdern« und Reformierten. Hier scheiterten die bis ins Frühjahr 1558 geführten Unionsgespräche zwischen Lutheranern, »Böhmischen Brüdern« und Reformierten jedoch. Unüberwindbar schienen unter den Protestanten die Differenzen im Abendmahlsverständnis, der Rechtfertigung, der Kirchenverfassung und Kirchenzucht zu sein. Lismanini bat die Schweizer, darunter Calvin, am 8. September 1557 um ein Gutachten zu Bekenntnisschriften der Bruderunität, konkret zu der seit 1538 im Druck vorliegenden Apologie und der Konfession der »Böhmischen Brüder«.

Calvin wies dieses Bekenntnis im November 1557 deutlich zurück (CO 16, Nr. 2745). Insbesondere die Abendmahlslehre der Bruderunität wurde von ihm als unzureichend abgelehnt, da diese beliebig nach lutherischer wie reformierter Seite hin interpretiert werden könne. Mit diesem Votum aus Genf konnten die Einigungsgespräche nicht erfolgreich weitergeführt werden. Und trotzdem: Auch wenn theologisch die Bekenntnisfrage nicht gelöst werden konnte, somit also die Bemühungen um eine gemeinsame konfessionelle Einigung misslangen, waren diese freundschaftlich geführten Gespräche kirchenpolitisch folgenreich.

Einmal blieben die guten Gesprächskontakte zwischen den protestantischen Konfessionen erhalten. Auf dieser Basis wurde letztlich nicht nur die konfessionell bedeutende *Sendomirer Confessio* der *Consensus* von 1570 möglich, auch die protestantischen Adligen aller Konfessionen bemühten sich gemeinsam und in der »Warschauer Konföderation« von 1573, wenn auch nur kurzfristig, mit Erfolg um eine Verbesserung ihrer rechtlichen Stellung im Staat.

Zum anderen setzten, hierin von Bullinger und Calvin unterstützt, seit 1557 verstärkt Bemühungen um die Verbreitung der reformierten Lehre nicht nur in Kleinpolen und Litauen, sondern auch in Großpolen ein. Mit guten Nachrichten: Der polnische Adlige und Calvin-Vertraute Laski wurde 1557 nach Litauen an den Hof Radziwills berufen und erfuhr dort durch den Fürsten tatkräftige Unterstützung beim Aufbau der reformierten Kirche Litauens. Diese positive Stimmung suchten Calvin und Bullinger in weiteren Gutachten, Widmungen und Briefen auszubauen. Nötig waren jedoch vertrauenswürdige Boten, die die Dokumente nach Polen transportierten. Als besonders vertrauenswürdig galt Lelio Sozzini. Bullinger schätzte Sozzini, der sich 1554, auf dem Höhepunkt der Diskussion um Servet, für einige Jahre in Zürich niedergelassen hatte, auch dann noch, als dieser immer mehr in den Verdacht »antitrinitarischer« Neigungen geriet. Diesen umstrittenen und bekannten dogmenkritischen Zweifler Sozzini nach Kräften zu unterstützen, darum bat Bullinger den Polen Laski. Eine bemerkenswerte Bitte, die Bullinger an anderer Stelle wiederholen sollte. Die Antwort auf die Frage nach dem Grund dieser Unterstützung nicht nur durch Bullinger, sondern sogar durch Calvin, der seine schweren Bedenken Sozzini im Mai 1558 gegenüber auf Bitten

Bullingers zurückstellte und sogar ein Empfehlungsschreiben für Sozzini an Radziwill verfasste (CO 17, Nr. 2873.2876), bleibt hingegen unklar. Im Herbst 1558 traf Sozzini mit Empfehlungsschreiben der Schweizer in Polen ein. Zuverlässig übersandte Sozzini Berichte zur kirchlichen und politischen Lage in Polen nach Zürich und Genf. Gleichzeitig schnitt der Italiener in Gesprächen mit polnischen Theologen, hierin unterstützt von seinem Landsmann Giorgio Biandrata, die trinitarische Frage an. Auf diese Weise trug Sozzini in den Monaten seines polnischen Aufenthalts bis zum März 1559 zu einer theologischen Verunsicherung innerhalb der kleinpolnischen Gemeinden bei und bereitete damit die kommende Krise gemeinsam mit Biandrata vor.

Anzeichen dieser Krise waren im Herbst 1558 in Genf jedoch noch nicht spürbar. Calvin bemühte sich in diesen Monaten um eine Reihe führender, der Reformation nahe stehender Adliger wie den Kastellan von Meseritz, Ostrorog, der einer der einflussreichsten Führer der Reformation lutherischer Prägung in Großpolen war, den Bischof von Wladislaw, Jakob Uchanski (CO 17, Nr. 2983) sowie um den Oberbefehlshaber der polnischen Armee, Jan Tarnowski (CO 17, Nr. 2984.3133; CO 18, Nr. 3210). Doch diese Bemühungen blieben erfolglos. Die kirchenpolitischen Bemühungen stockten. Innerhalb weniger Wochen verdunkelte sich die kirchenpolitische Lage. Im November 1558 erreichten erste Meldungen nicht nur über unklare Verhältnisse in Polen-Litauen, sondern auch über Laskis Erkrankung die Eidgenossenschaft.

Zudem nahm der verhängnisvolle Einfluss einiger italienischer dogmenkritisch eingestellter Protestanten auf den polnischen Protestantismus, und insbesondere auf die Reformierten, in Kleinpolen zu. Biandrata, Sozzini und Francesco Stancaro verbreiteten eine Christologie, die im scharfen Widerspruch zu der Lehre der Reformatoren stand. Im August 1559 musste sich eine im Kloster zu Pinczów tagende Synode abermals mit Stancaro und seiner Lehre vom Mittleramt Christi befassen. Der schwerkranke Laski betonte in seiner Grundsatzrede, dass es Aufgabe der Synode und der Pfarrer sei, die christliche Lehre unverfälscht zu wahren. Massiv wandte er sich gegen Stancaro, dessen Lehre er als nestorianisch bezeichnete. Die Synode machte sich die Überzeugung Laskis zu eigen und beschloss nach intensiven Gesprächen am 10. August ein kürzeres, am 19. August ein ausführliches Glaubensbekenntnis. Noch im selben Monat musste auf Ersuchen der Synode Stancaro Pinczów verlassen, fand jedoch bei polnischen Adligen ehrenvolle Aufnahme.

Calvin erfuhr von dieser eskalierenden Krise erst nachträglich (CO 17, Nr. 3098). Da Laski aufgrund seiner schweren Erkrankung nicht mehr arbeitsfähig war und im Januar 1560 starb, lagen Calvins Hoffnungen nun auf Lismanini, der sich ausgerechnet von seinem Landsmann Giorgio Biandrata vertrauensvoll beraten ließ. Biandrata war es in Polen gelungen, die Zweifel an seiner Rechtgläubigkeit, die noch 1558 in Genf zu einem Konflikt mit Calvin geführt hatten, zu zerstreuen. Über die Rehabilitation Biandratas zeigte sich Calvin jedoch verärgert und warnte eindringlich vor der Theologie des Italieners (CO 17, Nr. 3134; CO 18, Nr. 3212).

Da die Warnungen inhaltlich wirkungslos verhallten, reduzierte Calvin zunächst sein polnisches Engagement grollend.

So hatte ab 1560 Bullinger die Hauptlast der Arbeit zu tragen. Dieser initiierte Stellungnahmen der reformierten Kirchen der Eidgenossenschaft gegen Stancaro, die Genfer Erklärung datiert vom 9. Juni 1560 (CO 9,337–342). Diese konzertierte Aktion der Schweizer machte bei den Theologen in Kleinpolen Eindruck. Unmittelbar vor der Generalsynode der kleinpolnischen Kirche, die vom 15. bis zum 19. September 1560 in Xions tagte, ließen die reformierten Schweizer keinen Zweifel daran, dass sie Stancaros Lehre ablehnten.

Die Synode von Xions selbst verlief höchst turbulent. Die über hundert Delegierten, darunter auch Vertreter der reformierten Kirche in Litauen, der Lutheraner und der »Böhmischen Brüder«, diskutierten heftig über Fragen der Kirchenverfassung und Kirchenordnung. Biandrata wurde entgegen Calvins Warnungen in die Kirchenleitung gewählt. Die Auseinandersetzung um Stancaro erhitzte so sehr die Gemüter, dass die Delegierten beinahe zu den Waffen gegriffen hätten. Stancaros Thesen wurden allerdings von der Mehrheit der Synodalen in einer Abstimmung abgelehnt. Eine für alle Beteiligten tragfähige Entscheidung zu treffen, war unter diesen Umständen jedoch nicht möglich.

Calvin überließ unter dem Eindruck dieser Ereignisse auch weiterhin Bullinger die Initiative und war nur noch vereinzelt zu Stellungnahmen bereit. So ermahnte er nochmals Stancaro wegen seiner Lehren und tadelte ihn aufgrund der Angriffe gegen Melanchthon scharf (CO 19, Nr. 3684).

Stancaro hingegen zog aus der Verurteilung seiner Lehre Konsequenzen. Im Frühjahr 1561 gründete er mit seinen Anhängern eine eigene Kirchengemeinschaft, die zehn Jahre Bestand haben sollte, jedoch keine breitere Unterstützung fand. Die durch ihn entfachte Diskussion entwickelte sich jedoch zu einem Kampf um das Trinitätsdogma, der die kleinpolnische Kirche auf das Schwerste erschütterte.

Im Mittelpunkt der heftigen Kämpfe stand nun Biandrata. Dieser unterzog aufgrund eigener dogmengeschichtlicher Studien die altkirchliche Trinitätslehre eingehender Kritik. Insbesondere das »Athanasische Symbol« stand im Zentrum seiner bohrenden Anfragen. So gelangte Biandrata zu Thesen, die zahlreiche kleinpolnische Theologen an der Trinitätslehre zweifeln ließen.

Der Italiener ging jedoch höchst diplomatisch und vorsichtig vor. Unter Verwerfung der Lehren Servets wies er auf der Synode von Pinczów im Januar 1561 die Anschuldigungen Calvins, der über Jahre hinweg höchst besorgt Politiker und Theologen vor Biandrata gewarnt hatte, als unbegründet zurück. Biandrata begegnete mit einem orthodoxen Glaubensbekenntnis wirkungsvoll diesen Zweifeln an seiner Rechtgläubigkeit. Zugleich setzte er im Verborgenen die Verbreitung seiner wirklichen antitrinitarischen Überzeugungen fort, wodurch es Biandrata gelang, auf viele Politiker und Theologen großen Einfluss auszuüben.

Die Briefe und Sendschreiben der reformierten Theologen aus der Schweiz hatten also keinerlei Wirkung gezeigt. Die allgemeine kirchenpolitische Verwirrung steigerte sich. Radziwill setzte sich in Schreiben an Calvin und Bullinger für Biandrata ein (CO 18, Nr. 3443.3444). Auch Lismanini unterstützte Biandrata und seine Anhänger, weil er einen Bruch innerhalb der reformierten Kirche zu vermeiden suchte. Die Wilnaer Geistlichen forderten Calvin auf, sich mit Biandrata auszusöhnen (CO 18, Nr. 3453). Superintendent Cruciger beteuerte in einem Schreiben vom September 1561 an die Theologen der Schweiz seine Rechtgläubigkeit (CO 18, Nr. 3508). Der Senior des Krakauer Distriktes, Stanislaus Sarnicki, erhob in Briefen an Bullinger und Calvin wiederum schwere Vorwürfe gegen Lismanini, der, bedingt durch seine hilflosen Stellungnahmen in den dogmatischen Streitigkeiten, von Sarnicki in eine gemeinsame Reihe mit Stancaro und Biandrata gestellt wurde.

Calvin reagierte heftig. In Schreiben – allesamt datiert vom 9. Oktober 1561 – an Cruciger, die Wilnaer Theologen, an Sarnicki sowie an Radziwill warnte der Genfer nochmals eindringlich vor dem Einfluß Biandratas. Vehement wurde darin auch Lismanini wegen seines freundschaftlichen Umgangs mit diesem angegriffen (CO 19, Nr. 3559.3561.3562.3563.3565).

Es kam in Polen nicht einmal zu einer kurzfristigen Beruhigung der Situation. Die im Dezember 1561 in Krakau tagende Synode beeilte sich zwar, »orthodoxe« Bekenntnisse aufzustellen, verteidigte jedoch auch zugleich Biandrata. Dieser habe, nach Ansicht der Mehrheit der Synodalen, in Polen zu keinerlei Verdacht Anlass gegeben.

1562 brach der Konflikt offen aus. Biandrata legte auf der Synode von Pinczów ein antitrinitarisches Bekenntnis vor. Wie sich zeigte, verfügte er unter den Synodalen über eine hohe Zahl von Sympathisanten. Die innere Zersetzung der kleinpolnischen Kirche schritt voran. August 1562 beschloss die kleinpolnische Gesamtsynode von Pinczów ein von Lismanini verfasstes, auf den altkirchlichen Symbolen basierendes Bekenntnis. Zugleich wurde Ende November der König von den »Orthodoxen« um die Anwendung der Ketzergesetze von 1424 gebeten. Ein Akt der Hilflosigkeit, der die protestantischen Kirchen in Polen entscheidend schwächte. Durch die Aufforderung der katholischen Obrigkeit zur Anwendung der Ketzergesetze wurde nicht nur die Erosion innerhalb der protestantischen Kirchen beschleunigt, sondern auch der katholischen Gegenseite ein Bild heilloser Zerstrittenheit offenbart – der Gegenreformation wurden damit entscheidende Angriffsflächen geboten.

Die harte, auf Konfrontation mit den »Haeretikern« setzende Linie behielten die polnischen »Orthodoxen« bei. Sarnicki und der 1562 und 1563 in Genf und Zürich weilende junge Rektor des Krakauer Gymnasiums, Christoph Thretius, waren nun die wichtigsten »orthodoxen« Gesprächspartner Bullingers und Calvins. Diese baten die beiden um Unterstützung für ihre Position. Die Schweizer sollten ihren Einfluss bei den Adligen dahingehend geltend machen, dass diese den »Haeretikern« ihren Schutz entzögen.

Calvin widerte die ganze polnische Angelegenheit im Laufe des Jahres 1563 mittlerweile zutiefst an (CO 20, Nr. 4020). Bitten des Thretius, Calvin möge einer namentlich genannten Reihe von einflussreichen Personen schreiben, lehnte der Genfer entschieden ab (CO 19, Nr. 3889), ließ sich aber doch noch zu einigen Briefen bewegen (CO 19, Nr. 3901.3941). Auch verfasste er noch zwei, bereits 1563 veröffentlichte Rundschreiben an die kleinpolnischen Gemeinden, nämlich *Brevis Admonitio ad fratres Polonos, ne triplicem in deo essentiam pro tribus personis imaginando tres sibi deos fabricent* (CO 9,633–638) und *Epistola Ioannis Calvini qua fidem Admonitionis ab eo nuper editae apud Polonos confirmat* (CO 9,645–650), in denen er zum treuen Festhalten an den altkirchlichen Glaubensbekenntnissen aufrief. Zu weiteren Schritten war er nicht mehr zu bewegen und überließ enttäuscht die polnische Frage von nun an vollständig den Zürchern, die jedoch, mit Ausnahme der *Confessio* und des *Consensus* von Sendomir 1570, ebenfalls keinen kirchenpolitischen Erfolg in Polen-Litauen mehr zu verbuchen hatten.

6.2. Ungarn

Das ungarische Territorium bestand nach dem Zusammenbruch des mittelalterlichen ungarischen Staates 1526 im Wesentlichen aus drei Teilen: Im östlichen Landesteil entstand das Fürstentum Siebenbürgen, der nördliche und westliche Teil kam zu Habsburg, der Rest wurde von den Türken besetzt. Aufgrund der Schwäche des Staates und der Kirche kam es unter dem Adel und dem Bürgertum zu einer Öffnung gegenüber reformatorischen Anliegen. Ungarn stand unter dem Einfluss der Theologie aller Reformatoren; in Hermannstadt konzentrierten sich die Anhänger der Wittenberger, in Klausenburg die der Genfer und Zürcher Reformation. Insbesondere durch die Bemühungen von Petrus Melius, der 22-jährig Bischof von Debrecen wurde, und Gregor Szegedi, der 1544 mit Calvin in Genf zusammentraf, konnte auch der Calvinismus in Ungarn Fuß fassen. Bemerkenswert ist es, dass sich Calvin an dieser Entwicklung selbst aktiv nicht beteiligt hatte, sein Einfluss sich also im Wesentlichen auf die Rezeption seiner Schriften begründete. Denn die Korrespondenzen, die Calvin mit Ungarn führte, halten quantitativ und inhaltlich keinem Vergleich mit den polnischen Briefwechseln stand. Calvin befand sich mit Blick auf Ungarn in der Rolle eines eher passiven Beobachters. Nebenbei – selbst von Bullinger, der in Ungarn den unbestrittenen Ruf einer großen theologischen Autorität besaß, gibt es kaum Briefe in diesen Raum hinein.

Das erste reformierte Bekenntnis in diesem Raum ist die von Petrus Melius verfasste *Confessio Catholica* des Jahres 1562 (*Erlauthaler Bekenntnis*), in der sich der Übergang vom Philippismus zum Calvinismus zeigt. Die theologische Uneinheitlichkeit dieses Bekenntnisses machte kurz darauf auf der Synode von Tarczal 1562 die Verabschiedung eines weiteren »Ungarisches Bekenntnisses« notwendig. Es ist die Überarbeitung von Bezas *Confessio Christianae Fidei* von 1559, in der lediglich aus Rücksicht vor dem Adel die presbyteriale Kirchenzucht und die antipäpstliche Polemik zurückgenommen wurde. Die heftigen Auseinandersetzungen um den Antitrinitarismus im ungarischen Siebenbürgen sowie die Synode von Debrecen (1567), die Bullingers »Zweites Helvetisches Bekenntnis« annahm, erlebte Calvin nicht mehr.

6.3. »Böhmische Brüder«

Auch den »Böhmischen Brüdern« gegenüber verhielt sich Calvin persönlich meist distanziert; es kam nur zu einigen sporadischen Kontakten und wenigen Briefen. Dabei lernte Calvin wichtige Repräsentanten der »Böhmischen Brüder« schon recht früh kennen. Bereits 1540 tauschte sich in Straßburg eine von Matthias Cervenka angeführte Delegation der »Böhmischen Brüdern« mit Bucer, Capito, Sturm und Calvin über ekklesiologische Fragen aus. Diese Begegnung stellte allerdings über die Jahre hinweg nur einen sehr sporadischen Kontakt mit Calvin her (Horvath 2006). Erst ab 1560, also in den Jahren theologischer Kämpfe und politischer Bedrängung, wurde der Dialog wieder verstärkt aufgenommen. Der Grund für die Wiederaufnahme des Dialoges war, dass Calvins theologischer Rat von den »Böhmischen Brüdern« gesucht wurde. Einige an Calvin gerichtete Briefe legen hiervon ebenso Zeugnis ab (z.B. CO 18, Nr. 3198) wie der Besuch zweier Glaubensbrüder, Peter Herbert und Johann Rokita im Jahr 1560 bei Calvin, die ihm einen Bericht über die kirchenpolitische und theologische Lage der »Böhmischen Brüder« gaben (CO 18, Nr. 3220). Calvins Antwort, versehen mit der Unterschrift von zwölf weiteren Genfer Theologen, erfolgte umgehend (CO 18, Nr. 3222). Hierin beschwor Calvin seine Adressaten eindringlich, gegenüber den Antitrinitariern standhaft zu bleiben und zugleich ihre Abendmahlslehre nochmals kritisch zu überdenken.

Ein flammender Appell Calvins, der tatsächlich die Widerstandskraft der »Böhmischen Brüdern« gegenüber theologischer Irrlehren stärkte. Doch zu einem auf Dauer angelegten Gespräch, einer planmäßigen kirchenpolitischen Abstimmung und dem offenen theologischen Diskurs kam es zwischen Calvin und den »Böhmischen Brüdern« niemals.

6.4. Fazit

Nach dem Tod Calvins übernahm Bullinger die hauptverantwortliche Funktion eines reformierten kirchenpolitischen Beraters reformierter Gemeinden in Osteuropa. Calvins Nachfolger Theodor Beza sollte Bullinger in dieser Arbeit, zu keinem Zeitpunkt dessen Vorrang in der polnischen Kirchenpolitik anzweifelnd, loyal unterstützen.

Trotz aller Anstrengungen Calvins: Eine wirkungsvolle Umsetzung seiner Ziele blieb in Osteuropa schon im Ansatz stecken. Die kirchenpolitischen Rahmenbedingungen, bemühte, doch von der Situation meist überforderte Bündnispartner vor Ort, nicht zuletzt auch der Mangel an vertrauenswürdigen Informanten machten es Calvin nur begrenzt möglich, die reformatorische Bewegung zu fördern und der Zersplitterung des reformierten Protestantismus entgegenzutreten.

Calvin gab den Gemeinden durch Gespräche, Briefe und nicht zuletzt durch seine Schriften wichtige theologische Impulse. Den Weg der osteuropäischen Reformierten in die konfessionelle Minderheitenposition hinein aufzuhalten, gelang ihm unter diesen Bedingungen jedoch nicht.

Horváth, Erzsébet: Calvin and his Contacts with the Czech Diaspora, Manuskript International Calvin Congress Emden 2006.

Markús, Míhaly: Calvin und Polen. Gedankenfragmente in Verbindung einer Empfehlung, (in: Selderhuis, Herman J. [Hg.], Calvinus praeceptor ecclesiae, Papers of the International Congress on Calvin Research, 2004, 323–330).

Wotschke, Theodor: Der Briefwechsel der Schweizer mit den Polen, 1908.

Andreas Mühling

7. Calvin und Rom

Calvin ist nie in Rom gewesen. Für ihn war der Name der Stadt Synonym für die römisch-katholische Kirche, deren Zentrum Rom war. In diesem Beitrag soll auf das Verhältnis zwischen Calvin und der Kirche von Rom eingegangen werden, wie es sich in seinen Schriften und seiner Korrespondenz widerspiegelt.

7.1. Institutio (1536/1539)

Calvin suchte auf verschiedenen Wegen die Konfrontation mit den Vertretern der römisch-katholischen Kirche. Die Auswirkungen finden wir in der ersten Ausgabe seiner *Institutio* (1536, CO 1,1–252). Vor allem im Brief an König Franz I. (CO 1,9–26), mit dem Calvin die Schrift beginnt, versucht er, die Anschuldigungen der Römisch-Katholischen zu widerlegen und die protestantische Sache zu verteidigen.

In der *Institutio* erläuterte Calvin sein Verständnis der Einheit der Kirche. Zunächst unterscheidet er zwischen der sichtbaren und der unsichtbaren Kirche, die nur von Gottes Augen wahrgenommen werden kann. Es ist aber auch von einer sichtbaren Kirche die Rede, der sowohl Gläubige als auch Heuchler angehören (CO 2,752–753). Außerdem unterscheidet er zwischen der *vera ecclesia* und der *falsa ecclesia* (CO 2,753–754.767–776). Dieser Unterschied hatte eine kritische Funktion. Calvin glaubte, die wahre Kirche könne man an der reinen Predigt des Wortes und an der Austeilung der von Christus eingesetzten Sakramente erkennen (CO 1,21). Dort, wo diese *notae ecclesiae* fehlten, folgte »zweifellos der Untergang der Kirche« (CO 2,767). Für Calvin erfüllte die römisch-katholische Kirche diese Bedingungen nicht mehr. Nicht den Protestanten war der Bruch der Kirche anzulasten, sondern Rom. Dort, wo das Wort nicht rein verkündigt und das Sakrament nicht rein ausgeteilt wurde, war keine Rede von einer wahren Kirche. Die kritische Funktion dieses Unterschieds wurde in einem Punkt eingeschränkt, nämlich durch die Unterscheidung zwischen *necessaria* und *adiaphora* (CO 2,755–756.767–768). Calvin war der Meinung, Angelegenheiten, die nicht den Kern des Evangeliums beträfen, dürften die Einheit der Kirche nie zerstören. Welche Glaubensartikel zum Kern der *doctrina* gehörten, machte er jedoch nicht ganz deutlich. Auf jeden Fall durfte die Einheit der Kirche nie wegen kleiner Unterschiede in der Lehre oder dem Ritus zerbrochen werden. Die *doctrina Christi* hätte im Mittelpunkt zu stehen (CO 2,767).

7.2. Disputation in Lausanne (1536)

Im Oktober 1536 diskutierte Calvin auf der Disputation von Lausanne direkt mit Vertretern der römisch-katholischen Kirche. Unter Leitung des Rates von Bern führten Katholiken und Protestanten ein Gespräch über zehn Artikel, die Guillaume Farel verfasst hatte. Ergebnis der Disputation war die Einführung der protestantischen Lehre im französischsprachigen Teil von Bern. Während des Disputs ergriff Calvin zwei Mal das Wort. Am 5. Oktober reagierte er auf Aussagen von Jean Mimard, einem römisch-katholischen Wortführer, der die Protestanten beschuldigte, die Autorität der Kirchenväter zu missachten und eine neue Lehre einzuführen. Zwei Tage später ergriff Calvin wieder das Wort, jetzt um darzulegen, dass die Kirchenväter die Transsubstantiation nicht gekannt hatten und die Protestanten daher zu Unrecht beschuldigt wurden, eine neue Lehre eingeführt zu haben (CO 9,877–886).

Die Frage der Autorität der Kirche und der *patres* war offensichtlich immer wieder Diskussionsstoff in der Konfrontation zwischen Römisch-Katholischen und Protestanten. Die Protestanten hoben hervor, dass die Aussagen der Kirchenväter nur nützlich seien, wenn sie im Sinne der Schrift waren. Die Römisch-Katholischen betonten dagegen die Macht der Kirche und der Kirchenväter. Calvins Verständnis der Autoritätsverhältnisse zwischen Schrift, Kirche und *patres* entsprach dem der anderen Protestanten, die die Kirchenväter nicht über die Schrift stellen wollten. Er wollte deutlich machen, dass die Protestanten keine neue Lehre brachten, sondern zum Wort Gottes und der Lehre der frühen Kirche zurückkehrten. Für Calvin ging es nicht in erster Linie darum, was andere gelehrt hatten, sondern um das, was Christus gesagt hatte. In seinem ersten Beitrag auf dem Disput führte Calvin darum die Kirchenväter vor allem zur Bestätigung der Schrift und der protestantischen Theoreme an, um nachzuweisen, dass seine Gegner im Unrecht wären. Die Vereinnahmung der *patres* durch die römisch-katholische Kirche konnte er nicht durchgehen lassen. Calvin zitierte in diesem Zusammenhang Texte von Tertullian, Augustinus und Chrysostomus, die den symbolischen Charakter des Abendmahls bestätigten.

Calvin versuchte, wie in seiner *Institutio* von 1536, die protestantische Lehre zu verteidigen und die Notwendigkeit der Reformation zu legitimieren. Sieht man sich seinen Beitrag und den Charakter des Treffens an – es war eher ein Disput mit bereits feststehendem Ergebnis als ein offenes Gespräch – wollte Calvin nicht nur der Reformkirche einen Dienst erweisen, indem er sie verteidigte, er wollte auch versuchen, die Gegner für die »neue Lehre« zu gewinnen.

7.3. Epistolae duae (1537)

In den *Epistolae duae* warnte Calvin vor dem römisch-katholischen Gottesdienst und gab vor, welche Haltung die Protestanten Rom gegenüber einnehmen mussten (CO 5,239–276). Calvin versuchte, die verfolgten Protestanten in Frankreich von der Teilnahme an der Messe abzuhalten. Das war recht radikal, da damals in Frankreich von einer selbstständigen protestantischen Kirche noch keine Rede war. Für Taufe, Trauung und Abendmahl waren sie auf die katholische Kirche angewiesen. Zum Missfallen Calvins hatten manche ihre protestantischen Auffassungen geheim gehalten und an der Messe und anderen Zeremonien teilgenommen. Calvin wies mit Nachdruck darauf hin, dass ein solcher Mittelweg nicht zu den statthaften Möglichkeiten gehörte. Die Protestanten waren aufgerufen, an der Wahrheit festzuhalten und Gott durch ihr öffentliches Zeugnis zu ehren. Wer sich auf die Zeremonien aus Rom einließ, kam gewissermaßen mit einer giftigen Schlange in Berührung (CO 5,253).

In den *Epistolae duae* vermittelt Calvin, welche Haltung die Protestanten in einer Situation wie in Frankreich der römisch-katholischen Kirche gegenüber einzunehmen hatten. Sie sollten die Missstände in der Kirche ablehnen und dafür sorgen, dass sie nicht mit dem römischen »Götzendienst« in Berührung kamen. Im zweiten Teil der *Epistolae duae*, in dem Calvin die Missstände unter den Geistlichen anprangert, vertritt er die Auffassung, dass es für einen wahren Gläubigen ebenfalls unmöglich sei, innerhalb der römisch-katholischen Kirche ein Amt zu bekleiden. Katholische Bischöfe missbrauchten ihre Macht und suchten nichts anderes als eine Position mit Ansehen und finanziellem Gewinn. Der »wahre Pastor«, so Calvin, habe aber das Wohl der Gläubigen im Blick. Er leite die Kirche und schütze die Gläubigen.

7.4. Louis du Tillet und Jacopo Sadoleto

Im Briefwechsel mit Louis du Tillet (Crottet 1850), der 1540 öffentlich zur römisch-katholischen Kirche zurückkehren sollte, stand die Frage nach der wahren Kirche im Mittelpunkt. Auch hier betonte Calvin, die Kirche von Rom dürfe sich angesichts der vielen Missstände und der Tatsache, dass sie sich von der reinen Verkündigung des Wortes und der reinen Austeilung der Sakramente entfernt habe, nicht länger eine »wahre« Kirche nennen. Du Tillet meinte allerdings, dass sich in der römisch-katholischen Kirche, wenn auch manchmal beschädigt und versteckt, noch immer die wahre Kirche Gottes befände. Solange das Wort noch gepredigt würde und die Sakramente noch ausgeteilt würden, sei es nicht gerechtfertigt, diese Kirche zu verlassen.

Mit seiner *Responsio ad Sadoletum* (1539, CO 5,369–384) begann Calvin von Straßburg aus eine Diskussion mit Kardinal Sadoleto, der die Bürger von Genf aufgerufen hatte, zur Kirche von Rom zurückzukehren. Sadoleto beschuldigte die Protestanten, die christliche Einheit zerbrochen zu haben. Sie hätten sich der Autorität der Kirche und der Kirchenväter entzogen und seien ihren eigenen habsüchtigen Trieben gefolgt. Die Protestanten hätten der Kirche von Rom – die durch die ständige Führung des Heiligen Geistes unfehlbar sei – zu folgen und dürften sich nicht auf derartige Neuerungen einlassen. Auf Bitte des Rates von Genf und auf Drängen seiner Freunde schrieb Calvin eine Erwiderung. Diese Antwort zeichnet sich durch einen freundlichen Ton aus und steht so in deutlichem Kontrast zu seinen früheren *Epistolae duae*. Bucers Einfluss ist hier wohl nicht zu verkennen. In seiner Antwort an Sadoleto erläutert Calvin, die Protestanten seien nicht darauf aus, die Einheit zu zerstören, sondern die Lehre und die Sakramente der frühen Kirche, die sich in Auflösung befanden, wiederherzustellen. Nicht die Protestanten hätten die Gemeinschaft mit den Kirchenvätern zerstört, Rom selbst habe die ursprüngliche Lehre verloren. Wer einen Schritt von der wahren, apostolischen Kirche abweiche, so glaubte Calvin, verirre sich unwiderruflich (CO 5,394).

Daneben ging Calvin auf die Frage nach der wahren Kirche ein. Als Reaktion auf Sadoleto betonte er die Bedeutung von Gottes Wort. »Wo bleibt hier das Wort des Herrn«, fragte sich Calvin, »das deutlichste Zeichen, das der Herr selbst uns so oft anvertraut hat, wenn er uns die Kirche lehrte? Weil er nämlich voraussah, wie gefährlich es sein würde, losgelöst vom Wort über den Geist zu sprechen, hat er versichert, dass die Kirche vom Heiligen Geist geleitet wird [und] dass diese Leitung an das Wort gebunden ist, damit man nicht glaube, es sei vage und unsicher« (CO 5,392–393). Die wahre Kirche ist demnach »die Gemeinschaft aller Heiligen, verbreitet auf der ganzen Welt und durch alle Zeiten, aber verbunden durch die *doctrina Christi* und durch den einen Geist, der an der Einheit des Glaubens und der brüderlichen Eintracht festhält und sie achtet« (CO 5,394).

In seinem Schlusswort ließ Calvin noch einmal die wichtigsten Punkte Revue passieren. Er betonte nochmals, dass Gottes Wort die einzige Richtschnur der Kirche sei. Die Konzile und die Kirchenväter hätten nur Autorität, wenn sie der Norm der Schrift entsprächen. Rom habe jedoch das reine Wort Gottes verlassen, sodass die Keuschheit der Kirche durch fremde Lehre angetastet und entweiht sei.

7.5. Religionsgespräche (1540–1541)

Nach dem Frankfurter Anstand vom April 1539, mit dem im Deutschen Reich ein vorübergehender Waffenstillstand geschlossen wurde, fanden einzelne Religionsgespräche zwischen Römisch-Katholischen und Protestanten statt (Stolk 2004). Auf Initiative Kaiser Karls V. wurde in Hagenau, Worms und Regensburg (1540–1541), nochmals in Regensburg (1546) und danach noch einmal in Worms (1557) versucht, die politischen und religiösen Meinungsverschiedenheiten zu überbrücken und zu einem Vergleich zu kommen. Zugrunde lag die Überzeugung, ein Reich mit mehr als einer Religion würde durch innere Zerrissenheit untergehen. Für Karl wurde die Sache kompliziert, da er in seinem Kampf gegen Frankreich und die Türken, die eine große Bedrohung für die habsburgischen Gebiete darstellten, auf die Hilfe der protestantischen Fürsten angewiesen war. Darum hatte Übereinstimmung in religiösen Fragen für ihn hohe Priorität.

Calvin war einer der protestantischen Teilnehmer in Hagenau, Worms und Regensburg. Auf eigene Initiative besuchte er im Frühjahr 1539 den Frankfurter Konvent. Während des Religionsgesprächs in Hagenau (Sommer 1540) gehörte Calvin noch nicht zu den offiziellen Abgeordneten, in Worms wurde er jedoch von den Protestanten angewiesen, als Theologe den lutherischen Herzog von Lüneburg zu vertreten. In Regensburg war Calvin im Namen der Stadt Straßburg auf dem Reichstag anwesend.

Auf den Religionsgesprächen trat Calvin den Römisch-Katholischen so entgegen wie in seinen Schriften. Wieder ging er nicht von der Tradition, sondern von der Heiligen Schrift aus. In Übereinstimmung mit anderen prominenten Theologen wies er an Hand der Kirchenväter darauf hin, dass nicht die Reformation, sondern Rom von der Lehre und der Tradition der alten Kirche abgewichen war. Auch betonte Calvin während der Religionsgespräche wiederum, wie wichtig es sei, Zeugnis über die Wahrheit des Evangeliums abzulegen. In seiner Ausgabe der Verhandlungen von Regensburg, *Les actes de la journee imperiale, tenue en la cité de Regespourg* (1541, CO 5,509–684), wies er darauf hin, dass über die Lehre kein »gütlicher Kompromiss« geschlossen werden könne. Gott habe befohlen, seine Wahrheit zu bezeugen, nicht darüber zu debattieren. Das Wort Gottes müsse rein und deutlich allen gepredigt werden. Es sei kein Platz für Missstände wie Bilderverehrung, Messe, Kirchenhierarchie und Heiligenverehrung. Kompromisse missbilligte er als Mittelweg und erwartete darum von den Religionsgesprächen kaum Ergebnisse. Zwar reiste Calvin 1539 und 1540 auf eigene Initiative nach Frankfurt und Hagenau, er tat dies aber nicht wegen der Gespräche mit Rom, sondern vor allem, um Melanchthon zu treffen und über die Situation der verfolgten Protestanten in Frankreich zu sprechen. In Worms, wo Calvin als Abgesandter die mühsamen Verhandlungen beobachtete, wurde deutlich, wie wenig er von den Religionsgesprächen erwartete. Mit einer gewissen Abneigung berichtete Calvin dem Rat von Genf, der ihn bat zurückzukehren, er müsse noch am Reichstag in Regensburg teilnehmen. Er klagte, er würde »festgehalten« und empfand seine Anwesenheit als »Hindernis«, sah dies jedoch als Berufung durch Gott, der Kirche zu dienen.

Auf den Verlauf der Verhandlungen zwischen Römisch-Katholischen und Protestanten war Calvin ebenfalls schlecht zu sprechen. Er verdächtigte die Katholiken, sie wollten die Besprechungen verzögern und nur zum Schein verhandeln. Wie der Straßburger Abgesandte Jakob Sturm glaubte auch Calvin, dass die Gegner den Protestanten die Schuld für das Scheitern der Verhandlungen geben wollten und auf ihren Untergang aus waren. In *Les actes*, das erschien, nachdem der Reichstag in Regensburg gescheitert war, kommt Calvins Haltung den Religionsgesprächen gegenüber deutlich zum Ausdruck. Ein neues Religionsgespräch oder Konzil würde, so Calvin, wenig bringen. Er kritisiert die Römisch-Katholischen, die nicht das Wohl der Kirche, sondern ihre eigenen Interessen im Sinn hätten. Dabei unterscheidet er, wie zum Beispiel auch Bucer und Melanchthon, zwischen den verschiedenen Gruppen innerhalb des katholischen Lagers. Calvin richtete seine Pfeile vor allem gegen die päpstlichen Legate, auf Theologen wie Johannes Eck und Johannes Cochläus sowie auf Fürsten wie Heinrich von Braunschweig und die Herzöge von Bayern, die an der alten Lehre festhalten wollten und die protestantische Lehre scharf verurteilten. Besonders Eck und die päpstlichen Gesandten mussten viel einstecken.

In seinem Gedicht *Epinicion Christo cantatum* (CO 5,417–428), das er am 1. Januar 1541 verfasste, verhöhnte Calvin die anwesenden katholischen Theologen und ließ erkennen, er vertraue darauf, dass die Protestanten am Ende den Sieg davontragen würden. Das *Epinicion* ist vor allem ein Loblied auf den siegreichen Christus, wobei römisch-katholische Theologen als unterworfene Feinde gefesselt hinter dem Triumphwagen herliefen. Eck, mit »rotem Gesicht und aufgedunsen vom Wein von gestern«, bekam harte Geißelhiebe auf seinen gebeugten Rücken. Der »dumme Cochläus« war kraftlos geworden. Friedrich Nausea, der, so Calvin, mit seinen wortreichen Büchern Ekel (nausea) hervorrief, war der Mund verbunden, sodass er das Joch jetzt schweigend trug. Ambrosius Pelargus (»Storch«) war für Calvin ein »Uhu«, der sich lange hinter seinem Namen versteckt hatte. In seiner bedrängten Lage konnte er jedoch nichts anderes tun als wütend mit dem Schnabel in die Kandare zu beißen. Christus hat seine Feinde besiegt.

Deutlich ist, dass Calvins Urteil über die verschiedenen Gruppen innerhalb des römisch-katholischen Lagers davon abhing, wie sehr sie die protestantische Lehre unterstützten, bereit waren Frieden zu erstreben oder Reformen durchzusetzen. So erwarteten Calvin und andere Protestanten viel vom Herzog von Kleve und von den Kurfürsten von Köln und der Pfalz. Sie würden den Protestanten wohlwollend gegenüberstehen und möglicherweise einige Reformmaßnahmen ergreifen. Dasselbe galt für den Kaiser, der aufrichtig Frieden und religiöse Einheit im Deutschen Reich angestrebt habe. Calvin war sich jedoch bewusst, dass ein Krieg drohte und dass Karl V. gezwungen war, nach einer Übereinkunft zwischen beiden Glaubensparteien zu suchen.

7.6. Polemische Schriften

Nach den Religionsgesprächen erschienen von Calvin kritische Schriften, in denen er sich gegen Dinge wandte, die bei den Römisch-Katholischen in Herz und Gedanken lebendig waren (Gamble 2004). Sein *Traité des reliques* (CO 6,405–452) erschien 1543 auf Französisch, 1548 auf Latein. Kurz nach Erscheinen der lateinischen Version reagierte der römisch-katholische Theologe Cochläus, 1541 noch Spottbild in Calvins *Epinicion* gewesen, mit der Schrift *De sacris reliquiis* (1549).

In *Traité des reliques* kritisiert Calvin die Reliquienverehrung. Sie führe zum Götzendienst, da man Gott die Ehre vorenthalten würde. Den gesamten Betrug, der an der Reliquienverehrung hänge, aufzuzählen würde zu lange dauern. So beschränkt er sich auf einzelne Beispiele und liefert anschließend eine ausführliche Beschreibung dessen, was in Frankreich, Deutschland, Spanien und in anderen Ländern in dieser Hinsicht passierte. Das Volk müsse Christus in der Schrift und den Sakramenten suchen, nicht in allen möglichen Nebensächlichkeiten.

Umgekehrt prangerten römisch-katholische Theologen die in ihren Augen ketzerischen Ideen der Protestanten an. Der Niederländer Albert Pigge (Pighius), ein glühender Verteidiger der Kirchenhierarchie, betonte die päpstliche Unfehlbarkeit, den freien Willen und die Einheit der Kirche. In seiner Schrift über den freien Willen, *De libero hominis arbitrio et divina gratia libri adversus Lutherum, Calvinum et alios* (1542), verwarf Pigge Calvins Standpunkt zu diesem Thema. Calvin reagierte unverzüglich mit dem Text *Defensio sanae et orthodoxae doctrinae adversus calumnias A Pighii* (1543, CO 6,225–404), den er Melanchthon widmete (CO 11,515–517). Darin schreibt er über die Kirchenväter, die Pigge als Vertreter der Idee des freien Willens anführte. Er betont, dass das Wort der einzige Maßstab für den Glauben sei. In *De aeterna Dei praedestinatione* (1552, CO 8,249–366) geht Calvin auf die Beschuldigungen Pigges näher ein.

7.7. Das Konzil von Trient

Mit Blick auf den Reichstag von Speyer (1544) schrieb Calvin auf Bitten Bucers (CO 11,634–635) eine Abhandlung über das Verhältnis zwischen Katholiken und Protestanten. In dieser Schrift, *Supplex exhortatio ad Caesarem* (1543, CO 6,435–534), verlangte er von Kaiser Karl V., zusammen mit den Fürsten die Reform der Kirche in die Hand zu nehmen. Seiner Meinung nach war die Kirche krank und musste in ihren ursprünglichen Zustand zurückversetzt werden. Die Schrift war zugleich eine Verteidigung Luthers und anderer, die aus diesem Grund bereits angefangen hatten, eine Umbildung vorzunehmen. Auch verwahrte sich Calvin gegen die Anschuldigung der katholischen Seite, die Protestanten hätten nur Zwietracht verursacht.

Im Juni 1544 sagte Karl V. den Protestanten zu, sich für ein »allgemeines, freies und christliches« Konzil einzusetzen. Das brachte ihm eine Rüge Papst Pauls III. ein. In seiner »väterlichen Ermahnung« vom 24. August 1544 warf der Papst dem Kaiser eigenmächtiges Vorgehen vor, indem er ohne weitere Rücksprache eine vorübergehende Regelung mit den Protestanten getroffen und ein Konzil in Aussicht gestellt hatte. Calvin veröffentlichte den Text der Ermahnung in *Admonitio paterna Pauli III* (CO 7,249–288) und erläuterte ihn in Anmerkungen. Er führte aus, dass die päpstliche Hierarchie ihrer Aufgabe nicht gerecht würde und dass das Oberhaupt der Christen die Pflicht habe, sich für das Wohl der Kirche einzusetzen. Calvin wandte sich gegen die Vormachtstellung des Papstes, der sich Befugnisse aneignete, die ihn im Licht der Geschichte nicht gut aussehen ließen. Nicht der Papst habe das letzte Wort über ein Konzil, sondern die Schrift.

Im September 1544 legte Papst Paul III. fest, dass am 15. März 1545 ein Konzil in Trient beginnen solle. Calvin sah wenig Gutes in dieser Kirchenversammlung, die schon im Dezember 1544 eröffnet wurde. Auf Drängen von – unter anderen – Farel und Pierre Viret erschien nach der siebten Sitzung 1547 die *Acta Synodi Tridentinae cum Antidoto* (CO 7,341–364), in der Calvin den Wortlaut von Dekreten, Kanones und einer Rede wiedergab. Mit seinem eigenen Kommentar – dem »Gegengift« – wollte Calvin die Auffassungen von Trient bekämpfen und so seinen Glaubensgenossen helfen. Er widmete sich unter anderem den Themen Glaube, Erbsünde, Rechtfertigung, Messopfer und die Verdienste Christi. So wies Calvin seine Leser darauf hin, dass die Kirche von Rom jeden verfluche, der die Apokryphen nicht als vom Heiligen Geist eingegeben und maßgebend betrachtete. Kern von Calvins Botschaft war, dass nicht die Kirche unfehlbar ist und Autorität hat, sondern ausschließlich die Schrift.

Karl V. versuchte, die Ruhe im Land zu befördern, indem er im Mai 1548 auf dem Reichstag von Augsburg ein Interim erließ. In dem Interim, verfasst von den Römisch-Katholischen Julius Pflug und Michael Helding sowie von dem Lutheraner Johannes Agricola, wurde in Erwartung eines allgemeinen Konzils vorläufig festgelegt, unter welchen Bedingungen die Einheit zwischen Römisch-Katholischen und Protestanten wiederhergestellt werden sollte. Die Protestanten wandten sich jedoch scharf gegen das Interim, das mit Gewalt durchgesetzt wurde. Die einzige Konzession bestand in dem Zugeständnis des Abendmahlsbechers und der Tolerierung der Priesterheirat, bis das Konzil in diesen Punkten einen definitiven Beschluss fassen würde.

Calvin reagierte 1549 mit der Schrift *Interim adultero-germanum* (CO 7,545–674), die den Wortlaut des Interims enthielt sowie eine Abhandlung über »die wahre Manier, den christlichen Frieden zu bewerkstelligen und die Kirche zu reformieren«. Er widmete sich der Rechtfertigung durch den Glauben, dem Schuldbekenntnis und der Buße, dem Dienst Gottes, der Kirche, den Sakramenten, der Anrufung der Heiligen und Engel, dem Beten für die Toten, dem Fasten, dem Zölibat und den Riten. Dieser Schrift fügte er einen Anhang bei (CO 7,675–686), in dem er seine Lehre über die Kindstaufe verteidigte. Nicht den Kirchenvätern und der Geschichte stehe das letzte Wort zu, sondern dem Wort Gottes. Vor seiner absoluten Macht müsse sich jeder Gläubige und jeder Theologe beugen. Nur dann sei eine Einheit zwischen Rom und der Reformation möglich.

Casteel, Theodore W.: Calvin and Trent: Calvin's Reaction to the Council of Trent in the Context of his conciliar Thought (HThR 63), 1970.

Crottet, Alexandre: Correspondance française de Calvin avec Louis du Tillet, chanoine d'Angoulême et curé de Claix sur les questions de l'église et du ministère évangélique 1537–1538, 1850.

GAMBLE, Richard C.: Calvin's Controversies (in: MCKIM, Donald K. [Hg.]: The Cambridge Companion to John Calvin, 2004, 188–203).
STOLK, Maarten: Johannes Calvijn en de godsdienstgesprekken tussen rooms-katholieken en protestanten in Hagenau, Worms en Regensburg (1540–1541), 2004.
VEEN, Mirjam G.K. VAN: Calvijn, 2006.

(Übersetzt von *Ulrike Sawicki*) *Maarten Stolk*

8. Calvin und Südeuropa

Ein Druck des 16. Jahrhunderts zeigt die protestantischen Reformatoren zusammen mit italienischen reformierten Theologen wie Petrus Martyr Vermigli und Hieronymus Zanchi. Es ist bekannt, dass die europäischen Reformatoren einander kannten und miteinander Kontakt hatten. Sie bildeten eine Art von internationaler Gemeinschaft. Obgleich die Italiener Exilanten waren, führten sie normalerweise ihr kulturelles Erbe und ihre Gelehrsamkeit mit sich, während die deutschen und schweizerischen Reformatoren ihr neues lehrmäßiges Verständnis der Schrift und die Bestrebung mitbrachten, dieses im kirchlichen und bürgerlichen Leben einzuführen. Unter all den maßgebenden Reformatoren hatte Calvin innerhalb der protestantischen Bewegung des Südens den größten Einfluss, obwohl diese Bewegung selbst kaum dauerhafte und bedeutende Erfolge verbuchen konnte.

Die Ideale der Reformation gelangten nach Italien durch kommerziellen Austausch von nordeuropäischen Ländern her und durch die Anwesenheit vieler Studenten aus protestantischen Ländern. Darüber hinaus wurden theologische Bücher in die größeren italienischen Städte geschmuggelt. Sie brachten damit Lesestoff zu aufgeklärten Personen, die geistliche und kulturelle Fragen stellten. Die Werke Calvins gelangten in lateinischen Ausgaben und französischen Fassungen, aber viele davon auch in italienischen Übersetzungen dorthin. Calvins unmittelbarer Einfluss selbst war allerdings größer, als er es allein durch seine Bücher hätte sein können.

8.1. Die südeuropäischen Flüchtlinge

Den größten Einfluss hatte Calvin unter Flüchtlingen. Genf war als Zentrum des Calvinismus angesehen und wurde für viele Exilanten manchmal in fast »mystischer« Weise zum Symbol der Reformation. Die Stadt übte eine enorme Faszination auf Protestanten aus katholischen Ländern aus. Viele waren auf der Suche nach Freiheit, Wahrheit und Heil bereit, nach Genf zu ziehen. Italiener machten da keine Ausnahme (GEINSDORF 1966; MONTER 1969). In der Stadt »waren die italienischen Flüchtlinge relativ zahlreicher, unterschiedlicher, kompakter und in vieler Hinsicht vornehmer als in anderen Ländern« (GALIFFE 1881, 21). Genf war für viele Flüchtlinge das *lieu par excellence*. Protestanten aus vielen europäischen

Ländern, besonders aus Frankreich, Italien, Spanien, Ungarn und Polen strömten in der Mitte des 16. Jahrhunderts nach Genf. Dort fanden sie nicht nur einen Platz zum Leben, sondern auch eine Stätte, an der eine Handvoll Geistlicher jeden Sonntag das »reine Wort« zehnmal predigte, und wo die »christliche Zucht« beispielhaft schien.

Bernardino Ochino (1487–1565) gelangte 1542 nach Genf und machte einen großen Eindruck auf Calvin. Er blieb bis 1545 in Genf und ging dann nach Basel. Bedeutende Familien aus Lucca, wie Diodati, Burlamacchi und Turrettin(i), aber auch aus anderen Regionen wie Sizilien und Calabrien zogen nach Genf. Viele von ihnen leisteten in Genf einen beachtlichen Beitrag nicht nur im Hinblick auf die protestantische Kirche, sondern auch zur säkularen Gelehrsamkeit und zum Geschäftsbetrieb. Einige kehrten in ihr Heimatland zurück und verbreiteten dort das in Genf erfahrene, calvinistisch geprägte Evangelium.

Gelehrte Theologen zollten Calvin große Bewunderung und Respekt. Im Herbst 1551 verließ Zanchi, gezwungen durch den stärker werdenden religiösen Druck, die »Babylonische Gefangenschaft« seines Heimatlandes und folgte seinen Freunden nordwärts. Nachdem er Italien verlassen hatte, brachten ihn seine Reisen mit vielen der wichtigsten Persönlichkeiten der Reformation in Berührung. Er verbrachte eine Zeit mit Pierre Viret in Lausanne, sowie mit Johannes Calvin und Theodor Beza in Genf (Tylenda 1975).

Mit der Veröffentlichung der *Ordonnances ecclésiastiques* (1541) wurde Genf auf eine Weise organisiert, die die Stadt zu einem Muster christlicher Regierung machen sollte. Sie war ein Modell für andere Staaten, demokratisierende Orte, Städte und sogar Nationen. Die Großartigkeit der Stadt Genf lag nicht nur in ihrer Geistlichkeit oder ihrer Akademie, sondern in ihrer herausragenden alternativen Lebensform. In Genf zu sein bedeutete für viele Exilanten, eine Theologie, eine Geistlichkeit, eine Kirche, eine Ausbildung und eine Ökonomie einzuatmen, die weitgehend nach reformatorischen Prinzipien geformt waren. Zumindest war es ein Modell einer sich von vielen anderen weit unterscheidenden Gesellschaft.

In Italien war man sehr in Sorge wegen dieser neuen Lebensweise. Überall im Land war das Heilige gegenwärtig. Religiöse Darstellungen in den Straßen erzeugten den Eindruck, als werde ein ehrfurchtsvolles Verhalten eingefordert (Muir 1989, 25–40). Die religiöse Kultur durchzog das tägliche Leben in einem solchen Maß, dass die für die Reformation so typische Unterscheidung zwischen religiös und säkular vielen der in italienischen Städten Lebenden völlig fremd erscheinen musste. Religiöse Objekte wurden von Obrigkeiten oft zur sozialen Kontrolle der Bevölkerung benutzt. Italien suchte daher nach Unabhängigkeit von Rom. Die mittelalterliche Bewegung der Waldenser schien lange vor dem 16. Jahrhundert den Weg geebnet zu haben (Tourn 2007, 769–770). Seit deren Bekundung ihrer Nähe zur Reformation auf der sogenannten Synode von Chanforan (1532) (Subilia 1982), und seit 1559 wurden die Pastoren (*barba*) an der Genfer Akademie ausgebildet.

Calvin hatte in vielen Teilen des Landes bedeutenden Erfolg. Von Nord bis Süd, ja bis hinunter zum »spanischen Vizekönigtum Siziliens von der Mitte des 16. Jahrhunderts an« (Caponetto 1999), gab es Gruppen und Individuen, die in Kontakt mit calvinistischen Ideen kamen, entweder aus erster Hand oder durch andere Quellen. In vielen Regionen kann man immer noch Spuren der Anwesenheit des Calvinismus finden.

Calvin reiste zwar nicht viel, doch hatten einige seiner Reisen nicht wenig Einfluss auf die italienische Bevölkerung. So ist es im Fall von Renée de France, die Calvin in Ferrara besucht hatte. Renée de France, Tochter Louis' XII. und Ann de Bretagne, traf nach ihrer Eheschließung mit Ercole d'Este, Sohn Alfonsos, Herzog von Ferrara, Ende 1528 in Ferrara ein. Ziel ihrer Ehe war die Stärkung der Allianz zwischen Frankreich und einem italienischen Fürstentum, das für Frankreich bei der Planung von Angriffen auf den Kaiser in Italien von strategischer Bedeutung war. Loys de Mauray, *maistre de garderobbe*, schrieb im Namen von Renée an Calvin und bat ihn, zwei Witwen als Kinderfrauen für die *filles* zu finden, und zwar mit den von Paulus beschriebenen Charakteristiken (CO 14,615–617). Die Sympathien Renées für den Reformator waren kein Geheimnis. Vermutete Häretiker fanden am Hofe eine gewisse Protektion.

Calvin scheint mit Renée in Verbindung gestanden zu haben (Bonnet 1855–1858, Bd. 1, 272). Theodor Beza zufolge besuchte Calvin Ferrara nach der Publikation seiner *Institutio* (1536; CO 21,30.58). Calvin selbst erwähnt niemals diesen Besuch – vielleicht weil er nicht den erhofften Erfolg hatte. Er war besorgt, Renée als ein Mitglied der französischen Königsfamilie offen zu unterstützen und sie im reformatorischen Glauben zu bestärken, denn nach seiner Überzeugung benötigte die reformatorische Bewegung die Unterstützung der Adelsfamilien. In einer Art regelmäßiger Seelsorge kümmerte er sich vor allem darum, dass sie fest im Glauben blieb. Diese war von langer Dauer. Calvin widmete Renée seine erste Ausgabe der *Opuscules* (1566) und setzte seine ständige Korrespondenz mit ihr bis zu ihrem Tode fort – sein letzter Brief datiert auf den 4. April 1564. Calvin bedauerte, dass Renée niemals ein öffentliches Bekenntnis ihres Glaubens abgelegt hatte, obgleich sie heimlich Protestantin war (Blaisdell 1988, 239).

8.2. Der Einfluss der Schriften Calvins

Calvins Schriften gehören zu den reformatorischen Büchern und Pamphleten, die in bestimmtem Maße in Südeuropa zirkulierten. Die Erforschung ihrer Verbreitung vor allem durch die historische Untersuchung der Häresieprozesse und des Indexes verbotener Bücher ließen Gelehrte von einer Art »mediterranem Calvinismus der Mittelmeerwelt« sprechen (Caponetto 2006).

Für die spanischsprachige Welt wurde die *Institución de la Religión Cristiana*, basierend auf dem französischen Text von 1541, von Cipriano de Valera übersetzt und in London 1597 publiziert. Die *Breve instrucciòn cristiana* kam schon 1537 heraus.

In Italien kursierten bereits einige Schriften Luthers sowie das Neue Testament von Antonio Brucioli (1530) vor denen des französischen Reformators. Calvins Schriften, wie die *Institutio christianae religionis*, beeinflussten das *Beneficio di Cristo* (Venedig 1543). Dieses Werk erfuhr eine enorme Verbreitung in vielen Teilen des Landes. Antonio Brucioli veröffentlichte 1542 *Pia espositione ne dieci precetti, nel symbolo apostolico, et nella oratione domenica*. Es handelte sich hierbei um eine Zusammenfassung dreier Kapitel der *Institutio* von 1539. Der Text ist als eine persönliche Arbeit präsentiert, war aber vollkommen von Calvin übernommen. Doch es war nicht das erste Mal, dass einzelne Kapitel der *Institutio* in Italien publiziert wurden.

Einige der italienischen Übersetzungen der Schriften Calvins sind hervorzuheben. Zunächst *De vitandis superstitionibus* (1549), übersetzt von Lodovico Domenichi, der für dieses »Verbrechen« zu lebenslanger Haft verurteilt wurde. *De vitandis superstitionibus* war 1551 zusammen mit anderen Artikeln veröffentlicht worden. Der Katechismus wurde 1551 ins Italienische von G. Domenico Gallo übersetzt und bis 1556 in drei Ausgaben publiziert. Von demselben Übersetzer kam *La forma delle preghiere ecclesiastiche di G. Calvino* in demselben Jahr. Das bedeutendste Werk aber war die *Institutio*.

Die *Institutio* wurde 1557 von Giulio Cesare Pascali ins Italienische übersetzt. Dieses Opus magnum bietet in unübertroffener Klarheit eine Vision von Gott in seiner Majestät, von Christus als Prophet, Priester und König, vom Heiligen Geist als dem Glaubensspender, von der Bibel als der letztendlichen Autorität und von der Kirche als dem heiligen Volk Gottes. Die *Institutio* wurde von den anderen Reformatoren sofort mit Enthusiasmus als die klarste, stärkste, logischste und überzeugendste Verteidigung christlicher Lehren seit der Zeit der Apostel gepriesen. Es ist eine Rechtfertigung des evangelischen Glaubens. Durch das ganze Werk zieht sich eine intensive Ernsthaftigkeit und furchtlose Argumentation, die die Vernunft und die Tradition der höchsten Autorität – der Heiligen Schrift – unterordnet. Calvin wurde als der gewaltigste Antagonist Roms angesehen.

Die letzten Werke Calvins, das *Petit traité de la sainte Cène* (1541) und das *Interim adultero-germanum* (1549), sind 1561 übersetzt worden. Danach wurde es schwieriger, Calvins Werke in italienischen Editionen zu finden. Mit besonderem Hinweis auf die Toskana bemerkt Caponetto, die Zirkulation dieser Schriften ermöglichte es, dass Calvins Denken überall in Universitäten, Schulen, Klöster, Akademien und Gerichtshöfe einzudringen vermochte. Doch mag Caponetto vielleicht die Dauerhaftigkeit ihres Einflusses überschätzt haben, wenn er behauptet, dass dieses Phänomen eine unglaubliche Transformation der »mentalità« bewirkte (Caponetto 2006). Eine Beurteilung vom Umfang der Wirkung Calvins auf die Religion und Kultur Italiens muss letztlich die Grenzen eines jeden gezielten Einflusses akzeptieren, den die Reformation im Allgemeinen auf die Gesellschaft Italiens auszuüben vermochte.

8.3. Das Scheitern der reformatorischen Bewegung

Am Beginn des 16. Jahrhunderts war die humanistische Tradition in Italien sehr stark und sie bevorzugte einen Geist freier Forschung. Mittelalterliche päpstliche Skandale und römische Korruption trugen dazu bei, ein gewisses Maß an religiöser Öffnung zu favorisieren. Da aber die humanistischen Führer selbst dem laszіven Lebensstil nicht entsagen wollten, waren sie an einer geistigen oder theologischen Reformation nicht interessiert. Italien war dazu bereit, die logische Analyse der *Institutio* zu schätzen, doch keinesfalls ihren Inhalt zu akzeptieren und sich zu einer Reformierung der Kirche bewegen zu lassen. Vorzugsweise im Umfeld der Universitäten waren die Studenten willens, sich von dieser Art Lektüre beeinflussen zu lassen, doch ist offensichtlich, dass die humanistische Intelligenz nicht geneigt war, sich den *Ordonnances ecclésiastiques* zu unterwerfen, die ihr Weltbild beträchtlich verändert hätten. Das Streben nach Freiheit war groß, das nach Zucht gering.

Abgesehen von theologischen Gründen gab es auch politische Motive, die einer Veränderung der Gegebenheiten durch Calvins Ideen entgegenstanden. Italienische Fürsten waren viel zu sehr mit dem Balanceakt zwischen den beiden Reichen, Frankreich und dem Papsttum, beschäftigt. Für sie war es außerordentlich schwierig, offen die Reform in Italien zu unterstützen. Sie akzeptierten lieber die Korruption, als sie zu bekämpfen. Und die Massen waren in religiösem Aberglauben befangen und vor allem indifferenter gegenüber den Lehren der Reformation, als daran interessiert.

In Spanien konnte die Reformation keinen dauerhaften Erfolg im religiösen und kulturellen Leben verbuchen. Religiöse, ökonomische, soziale und politische Bedingungen verhinderten, dass der Calvinismus dauerhaft Fuß fassen konnte. Der Humanismus war in Spanien außerordentlich stark, aber seine Opposition gegenüber Rom war durch die patriotische Gesinnung geschwächt sowie dadurch, dass unter Königin Isabella einige Missbräuche beseitigt wurden. Der spanische Humanismus war durch eine mystische Hingabe charakterisiert, mit deren Hilfe das Volk seine Probleme und Belastungen des Lebens zu minimieren suchte. Obwohl die spanische Übersetzung von Calvins *Institutio* im Lande größtenteils akzeptiert wurde, konnte das Werk doch die religiösen Gegebenheiten nicht in nennenswertem Maße unterminieren.

Trotz mannigfaltiger Versuche, sein Denken zu verbreiten, war Calvins Rezeption in Italien begrenzt. Die reformatorische Bewegung war nicht ausreichend geeint, um eine wirkliche Bedrohung für die etablierte Kirche und die sozialpolitische Szene darzustellen. Die Zersplitterung unter den Italienern war alles andere als hilfreich. Nach dem Scheitern der Regensburger Religionsgespräche 1541 und 1546 wurde die Inquisition nur noch stärker. Zu dieser Zeit mussten die Reformatoren Italiens entweder ins Ausland fliehen oder das Martyrium in Kauf nehmen. Die meisten entschieden sich für das Exil und trugen zur Verbreitung der Reformation in anderen Ländern bei: Vermigli in Oxford und Zürich; Vergerio in Grigioni, Engadina und Vatellina; und Zanchi in Heidelberg: Sie alle wirkten daran mit, wofür es in Italien weder breite Unterstützung gegeben noch woran man politischen Gefallen gefunden hatte. Der Calvinismus wurde bald mit anderen häretischen Bewegungen in Verbindung gebracht, und durch die Vernichtung reformierter Literatur bzw. durch das Schafott weithin ausgemerzt.

Der weitaus größte Austausch mit dem Calvinismus spielte sich auf intellektueller Ebene ab. Man war weder bereit noch willens, die Konsequenzen der Theologie Calvins für die kirchlichen Strukturen hinzunehmen. Die katholische Kirche sollte vom reformatorischen Programm unberührt bleiben. Zwar hätte man durchaus einige Punkte von Calvins Lehre übernommen, doch war man nicht offen für eine Veränderung aller Lebensbereiche, wie Calvin es lehrte. Wäre Calvins Theologie zu einem gewissen Grad akzeptiert worden, hätte sein Bemühen um die Kirchenreform doch kaum Anklang gefunden, weil sie als zu radikal empfunden wurde. Da Calvin keinen Unterschied zwischen Denken und Handeln machte, konnte der Calvinismus keinen dauerhaften Erfolg haben. Es überrascht nicht, dass nur eine Minderheit bereit und offen für eine neue Art des Lebensvollzuges gewesen ist. Diese Minderheit war entschieden zu klein, um das Leben der ganzen Nation zu beeinflussen.

Der italienische Protestant Giuseppe Gangale führte in einem ausgezeichneten Artikel über Calvin aus, dass die nachfolgende italienische Kultur eher eine Karikatur von Calvin pflegte: Entweder wurde er als Hauptfeind der katholischen Kirche oder als Held der bürgerlicher Weltanschauung angesehen (Gangale 1927; s. dazu Tourn 2002). Calvins Hauptanliegen, Gott und Gottes Ehre, wurde fast bis zum vollständigen Vergessen vernachlässigt. Seitdem gibt es eine Jahrhunderte währende Debatte über die »verpasste Reformation« und die in der Geschichte und Kultur Italiens durch die Reformation hinterlassene »Kluft«.

In dieser historischen Langzeitperspektive war Calvin nicht wirklich von Bedeutung für Italien. In seinem Denken ging es nicht nur darum, eine andere Theologie oder Kirchenform in eine unveränderte Lebensordnung hinein zu formulieren, sondern eine radikal andere Form menschlichen Lebens unter der Überschrift des Wortes Gottes und zur Ehre Gottes zu etablieren, d. h. eine Theologie, die dem kirchenzentrierten Rom und dem auf den Menschen konzentrierten Humanismus entgegentreten konnte. Diese Lebensform wurde zwar auch in Genf nicht vollständig realisiert, doch Italien war im Gegensatz dazu kaum von ihr berührt worden.

Caponetto, Salvatore: Il calvinismo del Mediterraneo, 2006.

Ders.: The Protestant Reformation in Sixteenth-Century Italy übersetzt von Tedeschi, Anne C./Tedeschi, John, 1999.

Galiffe, John-Barthélemy-Gaiffe: Le Refuge italien de Genève aux XVIe et XVIIe siècle, 1881.

Gangale, Giuseppe: Calvino, 1927.

Monter, E. William: The Italians in Geneva, 1550–1600: A New look (in: Monnier, Luc [Hg.]: Genève et l'Italie, 1969, 53–77).

(Übersetzt von *Gesine Robinson*) *Pietro Bolognesi*

9. Calvin und die Britischen Inseln

Dieser Beitrag beleuchtet Calvins Rolle für die Reformation in England (im Verbund mit »Irland«) und Schottland zu seinen Lebzeiten sowie seine weitere Rezeption und Wirkungsgeschichte.

9.1. Kontakte nach England

Calvins Wirken in England war vor allem schriftlicher Art und begann 1548 mit der Widmung seines Timotheuskommentares an Edward Seymour, den Herzog von Somerset, der als »Wiederhersteller der Religion« galt. Als Bruder von Jane, der dritten Frau Heinrichs VIII., war er der Onkel von Heinrichs Nachfolger Edward VI. (1537–1553). Nach Heinrichs Ableben 1547 wurde Seymour zum Vormund des minderjährigen Königs und zum Protektor des Königreiches ernannt und war de facto dessen Herrscher, bis er 1549 in Ungnade fiel. Wie die von ihm geförderten Geistlichen, z. B. Hugh Latimer und die Bischöfe Hooper und Ridley, war Seymour mit Eifer Protestant, der seine Vorstellungen der süddeutschen und schweizerischen Reformation verdankte. Er arbeitete gemeinsam mit dem umsichtigeren Erzbischof von Canterbury, Thomas Cranmer, daran, die englische Reformation über die Kompromisse der Ära Heinrichs VIII. hinauszuführen. Dies gelang jedoch nicht vollständig. Während Seymour den rechtlich sanktionierten Bildersturm sowie das Entfernen der Altäre betrieb, sah er sich in der Liturgie aus kirchenpolitischen Gründen gezwungen, eine inhaltlich an der reformatorischen Theologie orientierte, formal aber traditionelle Gottesdienstordnung zu akzeptieren – das *Book of Common Prayer* (1549). Damit war die Grundlage für Spannungen in der weiteren Entwicklung des englischen Protestantismus gelegt.

In der Widmung von Calvins Timotheuskommentar finden sich »reiner Gottesdienst« und »wahre Gottesfurcht« bei der Kirchenleitung als Schlüsselbegriffe. Seymour sollte sich dabei an die paulinischen Richtlinien über den Gottesdienst, die schriftgemäße Lehre, den kirchlichen Dienst der Bischöfe, Ältesten und Diakone sowie über den christlichen Lebenswandel in der Gesellschaft anlehnen. Aus Dankbarkeit übersandte Seymours Frau Calvin einen Ring, der allerdings laut Calvins Worten an Farel im Juli 1549 nicht besonders wertvoll war.

Calvin war eine der bemerkenswerten Personen des europäischen Festlandes, deren Stimmen bei der Unterstützung der Reformation in England Gewicht hatten und auf den von Luther und Erasmus gelegten Grundlagen aufbauten. War Calvins Ansehen ohnehin bereits beschränkt, sein Einfluss auf die Reformation der Ära Edwards war noch begrenzter. Unmittelbarer war die Wirkung, die einige in England ansässige Theologen vom Festland ausübten. Bullinger in Zürich erhielt zudem eine weitaus größere Zahl an Briefen aus England als Calvin. Bedeutend unter den Einwanderern war zunächst Martin Bucer, der seit langem mit Cranmer in Kontakt gestanden hatte und nun in Cambridge eine Professur erhielt. Seine Ansichten über »reformiert und katholisch« fanden großen Anklang. Weiter zu erwähnen sind die beiden Italiener Bernard Ochino und Petrus Martyr Vermigli, die in Oxford lehrten. Von ihrem eigenen Hintergrund her waren sie eine Hilfe bei der Vermittlung der Zürcher Theologie. Schließlich war auch die Anwesenheit des im weiteren Sinne reformierten polnischen Theologen Johannes a Lasco von Bedeutung, der Superintendent der London Strangers Church war. Ebenso war der Schotte John Knox als Prediger und Hofkaplan im Dienst der Kirche von England. Weitere Vertreter der reformatorischen Bewegung aus dem Ausland, die auf Dauer oder zu Besuch blieben, waren beispielsweise Valerand Poullain, Johannes ab Ulmis (von Ulm), Paul Fagius, Franciscus Dryander (Enzinas), Martin Micron, Christoph Froschauer (d.J.), Johannes Stumpf (d.J.) und andere. Entsprechend vollzog sich der festländische Einfluss auf die britischen Reformationen trotz Calvins damaligen hohen und bald darauf steigenden Bekanntheitsgrades, der sich teilweise der effektiven Vermarktung seiner Schriften verdankt, allgemein vielstimmig.

Im Oktober 1548 schrieb Calvin an Somerset mit konkreten Vorschlägen für die Reform der Kirche von England. Er betont, dass die Heilslehre der »Reinheit und rechten Ordnung des Gottesdienstes« bedürfe. Zu diesem Ziel entwirft er ein evangelisches Manifest von »Einzelreformationen« (»particular reformations«), um sowohl mit dem »Aberglauben des römischen Antichristen« aufzuräumen als auch mit dem religiösen Fanatismus, der unter dem Vorwand evangelischer Lehre zur Spaltung führe.

Calvin greift drei Bereiche heraus. Zuerst müsse für die Predigt der »wahren christlichen Religion« und für einen Kinderkatechismus gesorgt werden, um das Erkennen falscher und »neumodischer Lehren« zu ermöglichen. Zweitens drängt er auf das Ziel, im Bewusstsein des Eklektizismus der aus etlichen historischen Zuwachsen und »menschlichen Erfindungen« bestehenden neuen englischen Liturgie, diese vollständig zu reinigen, insbesondere im Blick auf die Eucharistie. Er räumt die Notwendigkeit ein, mit »Umsicht« vorzugehen, ohne dabei das Ziel aus den Augen zu verlieren: »[W]ir sollten mit den Schwachen tragen, jedoch [nur] um sie zu stärken und zu größerer Vollkommenheit zu führen. Das heißt nicht, dass wir Dummköpfe ermutigen sollen, die dieses oder jenes wünschen, ohne zu wissen, warum«. Ein Entgegenkommen solle keine »Unterwerfung unter das, was irdisch und von weltlicher Mode ist«, mit sich bringen, denn »die Weisheit des Geistes, nicht des Fleisches«, stehe an erster Stelle. Anderenfalls »könnte der Fortschritt mittendrin zum Erliegen kommen«. Drittens mahnt Calvin mit seinem charakteristischen Anliegen für Heiligung und wirksame Gerechtigkeit eine »tadellose und heilsame Lebensführung« an, damit »diejenigen, die das Evangelium hören, ihr christliches Glauben durch ein Leben in Heiligkeit bezeugen«. Der Klerus und der Monarch sollten sicherstellen, dass das Abendmahl nicht von unwürdig Kommunizierenden beeinträchtigt werde. »Reformation« müsse daher mehr sein als reine Gesetzgebung. Sie solle Erbauung, Evangelisierung und erkennbare Rechtschaffenheit befördern. Kurz, Reformation müsse mehr als ein »Staatsakt«

sein. Gleichwohl müsse aber auch die weltliche Obrigkeit Eigeninitiative in religiösen Fragen entwickeln.

Nach seinem Fall als Protektor, seiner Inhaftierung, Freilassung und Wiedereinsetzung als Mitglied des von Dudley, dem Herzog von Northumberland, geleiteten Regentschaftsrates im Jahre 1550, schrieb Calvin einen seelsorgerlichen Brief an Somerset. Während Gott den ehemaligen Herrscher zu einem Werkzeug »seines heiligen Werkes« erwählt habe, so die Hauptaussage des Briefes, habe er auch – in einem »besonderen Erweis seiner Gunst« – beschlossen, ihn zu demütigen, zu züchtigen und zurechtzubringen, um eine geschärfte Selbsteinschätzung und gefestigte Hingabe zu ermöglichen. So sei es bei den Heiligen und zuvor mit König David gewesen. Zuoberst stehe die »Ehre Gottes«, der der wahre Beschützer (»Protector«) sei. Calvins Vorhersage bewahrheitete sich nicht, was auch daran lag, dass er irrtümlich annahm, Somerset sei wieder in sein ursprüngliches Amt mit vollen Befugnissen eingesetzt worden.

Im Dezember 1550 versah Calvin seine von Nicholas des Gallars herausgegebenen Jesajavorlesungen mit einer Widmung an Edward. In dieser Widmung mit Ermahnungscharakter wird Jesaja als jemand gepriesen, der als »Lehrer« von Königen Lehrer der »wahren Religion«, »reinen Lehre« und des »wahren Tempels« sei, so dass die ursprüngliche Kirche, das »Haus Gottes«, nach langem Niedergang wiederhergestellt werden könne. Hiskia wird als verantwortungsvoller »göttlicher« König erwähnt, der sich ganz für die gemeinsame Frömmigkeit eingesetzt habe und so ein geistlicher Ziehvater der Kirche gewesen sei. Obwohl in der Tat Gottes Werk, bedürfe die Wiederbelebung der Kirche und der christlichen Gesellschaft solcher rechtschaffenen Persönlichkeiten, die sie anführten. Bei der »Bereitung des Weges« habe sich der König allerdings auf Widerstand und Kampf einzustellen.

Im Januar 1551 widmete Calvin als »Privatperson« Edward auch seinen Kommentar über die Katholischen Briefe und legte diesem sowie dem Jesajakommentar ein Begleitschreiben bei. Die Widmung der Briefe ist im Wesentlichen eine Schmähschrift gegen die drohende Wiederaufnahme des Konzils von Trient, das vom Papsttum und der Kurie, dem »Antichristen« und den »Dienern des Satans«, beherrscht sei. Diese hätten im Sinn, die »gesunde Lehre«, evangelische Wahrheiten, zu unterdrücken und »das Evangelium unleserlich zu machen«. »Reine Religion« und die wahre Schriftauslegung bedürften des tatkräftigen Schutzes durch den frommen Herrscher. Diese Polemik Calvins trug zur später für den englischen Protestantismus typischen Dämonisierung des Papsttums und des Katholizismus bei.

In seinem Brief mahnt Calvin eine gründlichere »allgemeine Reformation« an, erkennt aber widrige Umstände an. Er erwähnt als Beispiel den »gottgefälligen König« Israels, Josia – als Modell für Edward in seiner Aufgabe, »Götzendienst« und »Aberglauben« zu zerstören, die bereits große Verbreitung im noch nicht wirklich protestantischen England gefunden hätten. Wie auch in der reformierten Tradition insgesamt, diente Israel unter den Reformkönigen wie David und

Salomo als maßgebliches Modell für die Grundlagen und Ausformungen der englischen (und schottischen) Reformation.

Calvin begrüßte auch Bullingers Beitrag in Form zweier *Dekaden*, die dieser Edward widmete. Im April 1551 bemerkte Calvin in einem Brief nach Zürich, dass »unsere Pläne so gut zueinander passen«. Er sah seine Rolle im Kontext gemeinsamer Bemühungen, die er im Blick auf England eher Bullinger und Bucer zuschob. Überdies brachte er in einer Bemerkung an Farel im Juni 1551 über die Anerkennung seiner Kommentare durch den englischen Königlichen Rat seine Freude über einen Vorschlag Cranmers zum Ausdruck, Calvin solle – was er nicht tat – »dem König häufiger schreiben«. Gleichwohl beklagte er sich im Juli bei Somerset über den ungeistlichen Gebrauch der kirchlichen Stiftungen, da dieser den kirchlichen Dienst zum Erliegen bringe. Dieses Thema sollte zum Stein des Anstoßes für die Reformation in England und vor allem in Schottland werden.

Als letztes Werk widmete Calvin Edward sein *Quatre sermons [...] avec briefve exposition du Pseaume LXXXVII* (CO 8,369–452) aus dem Jahre 1552. In dieser Auslegung bekräftigt Calvin die aus der Zeit Konstantins und Theodosius' stammende Vorstellung eines »christlichen Königs« als Gottes »Leutnants«, der aber Christus als dem »Großkönig« und dem »geistlichen Szepter seines Evangeliums« unterworfen sei.

Calvin blieb allerdings unsicher bei der Frage, wie er am besten helfen könnte. Im Februar 1553 entschuldigte er sich bei Edwards Vormund John Cheke dafür, dass er nichts von sich habe hören lassen. Zwar bestehe für Cheke, wie Calvin klarstellt, im Blick auf die Reformation »keinerlei Bedarf an Anregungen aus dem Ausland«, gleichwohl bittet er den Vormund des Königs um einen Vorschlag, wie er, Calvin, besser behilflich sein könne. Ermutigt wurde Calvin nicht nur durch den Ansporn von Cranmer, sondern auch durch ein Geldgeschenk von hundert Kronen, die er von Edward erhielt. Die Diskussion über Calvins Bedeutung für die Reformation der Ära Edwards sollte diese Gesten nicht übersehen.

Schließlich verdient auch Calvins Schriftwechsel mit dem englischen Primas Cranmer Aufmerksamkeit, mit dem ihn die gemeinsame Freundschaft mit Bucer verband. Im Frühjahr 1552 schrieb Cranmer an Calvin als einen der drei führenden Reformatoren neben Melanchthon und Bullinger. Angesichts des zu dieser Zeit tagenden Konzils von Trient unterbreitet Cranmer den bereits 1548 von Melanchthon geäußerten Vorschlag, eine Versammlung der reformatorischen Kirchen in England mit dem Ziel einer Lehrübereinstimmung einzuberufen. Diese solle die »Trennung« beenden und Einheit herstellen, die – insbesondere im Blick auf die Eucharistie – auf der »reinen Lehre des Evangeliums« gründe. Lediglich Calvin reagierte begeistert, vor allem im Blick auf eine Kirchengemeinschaft. Er äußerte aber Bedenken, was die praktische Umsetzung und seine eigene Beteiligung angehe. Er empfahl Cranmer, dem Fortgang der nach wie vor »unorganisierten« Reformation in England Vorrang zu gewähren und jegliche »Verzögerungshaltung« und »Halbherzigkeit« aufzugeben. In seiner Antwort zeigte Cranmer sich in aller Bescheidenheit damit einverstanden.

Während der katholischen Restauration unter Maria I. (1553–1558) begegnete Calvin englischsprachigen protestantischen Gemeinden in Frankfurt am Main und Genf. Die Frankfurter Gemeinde war wegen gegensätzlicher reformatorischer Ansichten gespalten, die sich aber nicht auf die Lehre, sondern auf Bereiche der Praxis bezogen, nämlich auf die Liturgie, Gewohnheiten und Bräuche. Beide Seiten baten Calvin um Vermittlung bei der Streitfrage, ob die Gemeinde weiterhin das *Book of Common Prayer* verwenden oder die 1550 ins Englische übersetzte Genfer Gottesdienstordnung übernehmen solle. Die konservativer eingestellte Partei unter Richard Cox sprach sich für eine geringere geschichtliche Diskontinuität und für die Anpassung an die »englische« Tradition an. Die Fortschrittlichen unter John Knox beurteilten die Liturgie Edwards als »unrein«, »unvollkommen« und voller »Aberglaube«. Knox stellte die Frage: »Sollen wir eine englische Kirche oder Kirche Christi sein?« Calvins Antwort gab jeder Seite teilweise Recht und entsprach der Art und Weise, mit der er seit 1548 die Entwicklungen der englischen Reformation beurteilt hatte: Äußerlichkeiten seien zweitrangig, und während die Reinheit des Gottesdienstes und die Befreiung der Liturgie von geschichtlich gewachsenen Verfälschungen absolut zwingend seien, könne man »alberne« Bräuche tolerieren, allerdings nur für eine »bestimmte Zeit«.

Die Lage verschlechterte sich für Calvin, als Knox 1558 nach Genf übersiedelte. 1555 war er vom Rat der Stadt Frankfurt ausgewiesen worden, nachdem seine dortigen englischen Gegner ihn angezeigt hatten, er betreibe die Absetzung der herrschenden Königin Maria. Calvin teilte diese Einstellung nicht. 1558 veröffentlichte Knox in Genf einige Streitschriften über die Pflicht zum Widerstand – wegen der Herrschaft einer Frau und aus religiösen Gründen. In *The First Blast of the Trumpet* rief er offenkundig zum Umsturz gegen die weibliche Herrschaft und die katholische »Jezebel« in England auf. Dies war ein grandioses Eigentor, da die protestantische Elisabeth I. kurz darauf die Herrschaft übernahm.

Im Januar 1559 widmete ihr Calvin seinen neuen Jesajakommentar und pries ihre »Erlösung«, ihre Rolle als Wiederherstelllerin des »wahren Gottesdiensts« und als königliche »nährende Mutter« der Gläubigen. Außerdem schrieb er an ihren Staatssekretär und Hauptrat William Cecil, dem er beim Säubern der Kirche von »Befleckung« raschen Erfolg wünschte, ihm gegenüber aber auch die Notwendigkeit zweckmäßigen Vorgehens und »klugen Maßhaltens« einräumte. Elisabeth, die sich bei Beza über Knox beschwert hatte, bemerkte jedoch die aufrührerische und gegen weibliche Herrschaft gerichtete »Genfer« Verbindung und wies Calvins Geschenk zurück. Als Antwort auf ein brüderliches Ersuchen Cecils nach Klärung versichert Calvin, dass Knox' Abhandlungen ohne sein Wissen veröffentlicht und inzwischen in Genf verboten worden seien und dass er selbst in früheren Gesprächen mit Knox die weibliche Herrschaft nicht nur, wie das Beispiel Deborahs zeige, in außerordentlicher göttlicher Vorsehung, sondern auch entscheidend im Recht der Erbfolge begründet gesehen habe. Außerdem habe er Knox geraten, die Sache nicht weiter zu verfolgen. Nun aber beklagte er, dass »die Eitelkeit und das irre Gerede anderer mir zugeschrieben werden«. Dieser Zwischenfall ruinierte öffentlich Calvins Ansehen bei der neuen englischen Regierung und beeinträchtigte seine Glaubwürdigkeit und Zugangsmöglichkeit, wie er es unter der Herrschaft Edwards genossen hatte.

Paradoxerweise gefährdete Calvins Einordnung als *persona non grata* durch den Obersten Gouverneur der Kirche von England – in deren höherem Klerus er allerdings Freunde hatte – seinen wachsenden theologischen Ruhm weder damals noch in der Zeit nach seinem Tod. Vielmehr wird die Kirche unter Elisabeth oft als dem Wesen nach, wenn nicht gar offiziell als »calvinistisch« bezeichnet, was sich wesentlich auf die Grundausrichtung der Lehre, nicht aber auf alle Bereiche der kirchlichen Praxis bezieht. Dies bedeutet zumindest, dass die englische Kirche Teil der europäischen Familie der reformierten Kirchen war, die sich am von Calvin und Bullinger formulierten Zürcher Konsens von 1549 orientierten. Ein normatives, monolithisches System in Form einer Einheitskirche war weder beabsichtigt noch vorhanden – stattdessen eine Vielfalt von Bekenntnissen, Kirchen- und Gottesdienstordnungen und anderer »indifferenter Dinge«. So nahm die Kirche von England auch teil an der Synode von Dordrecht 1618/19. Seit ca. 1620 störte jedoch das Königshaus Stewart das fragile Gleichgewicht durch seine Übernahme anticalvinistischer Heilslehren und provozierte damit innerhalb der lehrmäßig allgemein protestantischen Kirche von England die Verschärfung des Anglikanismus und Puritanismus als gegensätzlicher Stömungen.

Beleg nicht nur für den Einfluss, sondern die Vorherrschaft der Theologie Calvins in der kirchlich-religiösen Gedankenwelt des elisabethanischen England ist die dortige Verbreitung seiner Schriften nach 1560. Untersuchungen des damaligen Büchermarktes haben ergeben, dass in den 60er Jahren Erasmus, Melanchthon, Calvin und Musculus die vier gefragtesten Theologen waren, im Jahre 1580 aber Calvins Schriften die Rangliste anführten und das Interesse an ihnen doppelt so hoch gewesen ist wie am nächstplatzierten Autor Beza. Zwischen 1561 und 1634 erschienen neun größtenteils revidierte englische Ausgaben der *Institutio* durch Cranmers Schwiegersohn Thomas Norton. Der erstaunlischste statistische Befund ergibt, dass trotz der für die Verbreitung Calvins – verglichen mit dem Festland – anscheinend ungünstigeren Bedingungen in England gerade dort die meisten Übersetzungen seiner Schriften veröffentlicht wurden. Zwischen 1559 und 1603 erschienen dreimal so viele Schriften Calvins auf Englisch (93) wie in irgendeiner anderen Sprache.

Sofern man die elisabethanische Kirche als eine umfassende Kirche beschreibt, muss dies auch für Calvins Ausstrahlung und Wirkung gelten. Daher nannte man die zumeist in »loyaler Opposition« stehenden Fortschrittlichen, ob Konformisten oder Nonkonformisten, nicht »Calvinisten«, sondern »Puritaner«, da das Establishment bereits als im weiteren Sinne »calvinistisch« galt. Radikale Kritiker sahen die Kirche als »halb-reformiert« an, die ihrem Genfer Vorbild der »vollkommensten Schule Christi« nicht gerecht werde. Innerkirchliche Konflikte betrafen die Liturgie, die Frage einer episkopal oder presbyterial auszubildenden Kirchenordnung, die Kirchenzucht, die Entscheidung für die englische Genfer oder aber eine andere königlich autorisierte Bibelübersetzung, die gottesdienstlichen Gewänder, die Bilderfrage, Schriftauslegung und Predigerseminare, die Entscheidung für die an Ramus oder Aristoteles orientierte theologische Argumentation sowie die Frage der einfachen oder doppelten Prädestination und deren Lehre als Bekenntnisgegenstand oder aber persönlicher Erfahrung. Das Zerbrechen des calvinistischen Konsenses in den 90er Jahren des 16. Jahrhunderts veranlasste Whitgift und Ussher, die Erzbischöfe der Kirchen von England und Irland, Calvins Ansichten über die doppelte Prädestination in die offizielle kirchliche Lehre zu integrieren, was nur in Irland zeitweilig gelang. Nachfolgend kam es auf den britischen Inseln zu einem sehr reduzierten Bild Calvins und des Calvinismus, die schlicht mit den presbyterianischen Kirchen und der doppelten Prädestination gleichgesetzt wurden.

9.2. Kontakte nach Schottland

Zur Zeit der endgültigen Einführung der Reformation in Schottland 1567 war Calvin bereits drei Jahre tot. Calvin hatte aus verschiedenen Anlässen schottische Bekannte, wusste aber wenig über das Land – trotz dessen alten Bündnisses mit Frankreich, in dem es ja ähnliche vorreformatorische Gemeinden im Untergrund gegeben hatte. Im August 1558 schrieb Calvin einen Brief an den in Frankreich lebenden, zur Reformation übergetretenen James Hamilton, Herzog von Chatelherault und Grafen von Arran. Der Text ist eine Homilie mit guten Wünschen für die Ausbreitung des Evangeliums »in deinem Land« – hoffentlich mit der erstrebenswerten Unterstützung durch John Knox. Trotz seiner unterstützenden Haltung konnte Calvin sich kaum vorstellen, dass die vom Parlament 1560 eingeführte Reformation unter der streng katholischen Herrscherin Maria Stuart große Erfolgsaussichten haben könnte – zumal die Königin unter französichem Einfluss insbesondere seitens ihrer Onkel stand, die zu den von den Protestanten verhassten Guisen gehörten. Da sich auch Calvins Beziehung zu Knox (sowie zu England, der Garant für die Durchsetzung und das Gelingen der schottischen Reformation) zwiespältig entwickelte, verhielt sich Calvin eher abwartend, als dass er Eigeninitiative zeigte. Seinen Anhängern in Schottland widmete er keine Schriften. Die Ironie der Geschichte wollte es, dass schließlich Schottland als Mekka des Calvinismus und Vorbild reformierter Reinheit galt.

Der plötzliche Sieg der Reformation (1560) verblüffte sogar Calvin, der nach eigenen Worten gegenüber John Knox »über einen solch unglaublichen Fortschritt überrascht« gewesen sei. Bis zur Abdankung Maria Stuarts im Jahr 1567 – die keineswegs mit der Tatsache der Frauenherrschaft oder religiösen Gründen zu tun hatte – war der Sieg der Reformation unsicher, weil der parlamentarischen Gesetzgebung bis dahin die notwendige königliche Zustimmung fehlte. Trotz ihrer rechtlichen und finanziellen Lähmung war es der kleinen kirchlichen Generalversammlung im Jahre 1560 gelungen, Pläne und Strategien zu entwerfen, die das Parlament zur Annahme der *Confession of Faith* und Abschaffung des Katholizismus, nicht aber der Bistümer, bewogen. Mehr sollte per Gesetzgebung auch nicht geregelt werden.

Von der Korrespondenz zwischen Calvin und Knox zwischen 1559 und 1564 ist vieles nicht erhalten, was vielleicht kein reiner Zufall ist. Knox schickte Anfragen nach Genf, die von Calvin nicht immer gefällig beantwortet wurden. Beispielsweise bat Knox um Zustimmung, Kinder von Priestern und Exkommunizierten nicht zu taufen, was Calvin ablehnte. Ebenso beantwortete er das Ansinnen, nicht weiter zu beschäftigenden ehemaligen Priestern und Mönchen ihre Pfründe zu nehmen und sie zu vertreiben: »Nein [...], lass ihnen gegenüber Menschlichkeit walten«. 1561 erwiderte Calvin im Blick auf die Reinheit des Gottesdienstes: »Mäßige deinen Eifer [...], bestimmte Dinge sollten toleriert werden, auch wenn du sie nicht eben billigst«. Das Fehlen von Erwiderungsschreiben Calvins bezüglich des Sturzes der katholischen Monarchin und der Beendigung ihrer privaten Messen lässt vermuten, dass er zur Zurückhaltung riet, da Protestanten in höherer politischer Verantwortung, die sich loyal gegenüber Maria verhielten, Calvin gegen Knox und gewaltbereite Gruppen ausspielten.

Die Gründungsdokumente der Reformed Kirk, die *Scots Confession*, das *First Book of Discipline* und das liturgische *Book of Common Order* tragen im Wesentlichen Calvins Handschrift. Im Blick auf die Kirchenordung war Knox ebenso wie Calvin kein dogmatischer »Presbyterianer«, obwohl beide sich für eine Gleichheit der Ämter und eine wirksame Kirchenzucht aussprachen. Das *Book of Discipline* sah »Superintendenten« nach lutherischem Vorbild vor. Lehrmäßiger Presbyterianismus *de iure divino* entwickelte sich erst später – in Schottland erst durch Andrew Melville, in Genf durch Beza, in England durch Cartwright und in Irland durch Travers. Der Verzicht auf die Abschaffung des Episkopats im reformatorischen Schottland war mit ein Grund für die lange Auseinandersetzung zwischen Bischof und Presbyterium, wobei die vom Herrscherhaus ernannten Bischöfe oft die Kontrolle behielten. Ironischerweise sorgten in Schottland – wie auch in Irland – dem Episkopat anhängende Calvinisten 1616 für die kirchliche Annahme der Lehrartikel über die doppelte Prädestination.

Schließlich lässt sich, falls man Calvin in Schottland wie auch anderswo großes Ansehen zuschreiben mag, die übernommene reine Lehre nicht ausschließlich als »calvinistisch« oder als unverfälschte Genfer Theologie bezeichnen. Auch die Kirche von Schottland schloss sich dem breiteren reformierten Konsens an und übernahm 1566 das *Zweite Helvetische Bekenntnis* als weitere ergänzende Lehrgrundlage. Ferner 1593 autorisierte James VI. eine englische Übersetzung des *Heidelberger Katechismus*, der ein Textbuch an den Universitäten wurde.

Hazlett, Ian: The Reformation in Britain and Ireland, Nachdruck 2005.

Kendall, Robert T.: Calvin and English Calvinism to 1649, 1979.

Kirk, James: The Calvinist Contribution to the Scottish Reformation (in: Ders.: Patterns of Reform. Continuity and Change in the Reformation Kirk, 1988, 70–95).

MacCulloch, Diarmaid: The Later Reformation in England 1547–1603, 1990.

Pettegree, Andrew: The Reception of Calvinism in Britain, (in: Neuser, Wilhelm H./ Armstrong, Brian G. [Hg.]: Calvinus sincerioris religionis vindex, 1997, 267–290).

Tyacke, Nicholas: Anti-Calvinists. The Rise of English Arminianism, c. 1590–1640, 1987.

(Übersetzt von *Frithjof Rittberger*) *Ian Hazlett*

III. Theologische Verhältnisse

1. Calvin und die Kirchenväter

Trotz umfangreicher Forschungen über den Themenkomplex »Calvin und die Kirchenväter«, die seit Erscheinen der Untersuchung von Luchesius Smits über Calvin und Augustin (1956–1958) unternommen wurden, lässt sich noch kein abschließendes Urteil über Calvins Sicht auf die Alte Kirche sprechen. Bisherige Ergebnisse sind einseitig und widersprechen sich zuweilen. Kirchenhistoriker beobachteten in Calvins Werk vor allem eine Diskrepanz zwischen der großen Zahl an Kirchenväterzitaten und -verweisen und Calvins offensichtlich oberflächlicher eigener Kenntnis der Schriften der Kirchenväter – in Verbindung mit fehlendem Interesse an der patristischen Forschung seiner Zeit, was für einen Humanisten ungewöhnlich war. Diese Schwierigkeiten werden vermehrt um das Problem der Identifizierung der von Calvin zitierten Quellen alter Autoren, wie z. B. Athanasius, deren Schriften er allem Anschein nach nicht gelesen hat. Trotz dieses Befundes wäre es nicht damit getan, Calvins Theologie als »rein biblisch« abzutun, was sie offenkundig nicht ist. Der Reformator war sich voll und ganz der Bedeutung der Tradition bewusst, und seine Schriften widmen besonders hohe Aufmerksamkeit dem Interesse, das die Kirche des vierten und fünften Jahrhunderts einer Reihe theologischer Fragen entgegenbrachte. Auch wenn dieser Beitrag naturgemäß keine abschließende Klärung leisten kann, dient er doch dem Ziel, den Hauptertrag der jüngsten Forschung zu umreißen.

1.1. Von Calvin benutzte Kirchenväterausgaben und sein Umgang mit Zitaten und Verweisen

Eine Auflistung der unseres Wissens nach von Calvin benutzten oder zumindest bei verschiedener Gelegenheit zu Rate gezogenen Ausgaben der Kirchenväter ist möglich. Es ist erwiesen, dass er sich der Basler Werkausgabe von Basilius von Caesarea von 1540 in der lateinischen Übersetzung von Janus Cornarus bediente. Ebenso wissen wir, dass sowohl er als auch sein Gegner Servet in ihrer Auseinandersetzung Zugang zur Basler Tertullianausgabe von 1528, zur Basler Irenäusausgabe desselben Jahres sowie zur Basler Pseudoclementinen-Ausgabe *Recognitiones* von 1526 hatten. Die Genfer Exemplare der Irenäus- und Pseudoclemensausgaben tragen Spuren von Anmerkungen Servets, aber nicht Calvins. Es handelt sich in der Tat um die Exemplare, die Servet bei seinem Prozess zur Verfügung standen. Bekannt ist ferner, dass Calvin bereits 1537 mit der Basler Werkausgabe Kyrills von Alexandrien vertraut war. In seinem Besitz war auch die von ihm mit Unterstreichungen versehene Pariser Chrysostomosausgabe von 1536. Mit begründeter Sicherheit lässt sich zudem darauf schließen, dass er zur Zeit der Auseinandersetzung mit Pighius entweder die 1527/28 erschienene Basler Augustinausgabe von Erasmus oder eine ihrer Pariser Überarbeitungen von Claude Chevallon aus dem Jahre 1531/32 benutzte. Diese Hinweise auf Gebrauch und Besitz sollten aber nicht als untrüglicher Beleg für Calvins tiefe Kenntnis all dieser Autoren verstanden werden. Außerdem ist nicht auszuschließen, dass er andere Ausgaben benutzte und kannte.

Blickt man auf die Häufigkeit, mit der Calvin bestimmte Kirchenväter zitiert, kommt man zu überraschenden Ergebnissen, die jedoch angesichts des Problems des jeweiligen Kontextes, innerhalb dessen zitiert wird, unvollständig sind. Zum einen kann der Kontext außerhalb des hauptsächlichen theologischen Interesses liegen, zum anderen ist auch nach der Wertigkeit der Zitate zu fragen, die häufig eine von anderer, unbekannter Quelle stammende theologische Meinung nur illustrieren oder gar selber aus bereits zusammengestellten und Calvin verfügbaren Florilegien bzw. Anthologien stammen, deren bestes Beispiel das *Dekret Gratians* darstellt. Misst man, wie oft geschehen, einfach die Häufigkeit der calvinschen Kirchenväterzitate, ist Augustin zweifellos mit Abstand führend; Schätzungen ergaben zwischen 1694 und 1703 direkte Zitate und 2425 indirekte Verweise. Inhaltlich zeigt Calvins Werk eine Kenntnis und Hochachtung Augustins, die weit über seinen Respekt vor anderen Autoren der Alten Kirche hinausgeht, vor allem beim wichtigen Themenbereich des freien Willens.

Zusammenfassend lässt sich relativ sicher sagen, dass Calvin die griechischen Väter fast ausschließlich in lateinischer Übersetzung las und dass seine Kenntnis der Väter im Allgemeinen wie auch im Blick auf Augustin aus Sammlungen, Auszügen und Florilegien wie dem Dekret Gratians sowie aus vollständigen Werken stammte.

Des Weiteren wusste Calvin recht gut, obwohl er nie für sich in Anspruch nahm, ein Patristiker im Sinne des Erasmus zu sein, zu welchen Lehrinhalten er sich auf welche Autorität berufen konnte – ob es nun die eines Einzelnen oder mehrerer Väter oder aber die einer bestimmten Quellensammlung war. Somit lässt sich aus der Fülle der Augustinzitate und dem großen Respekt vor Augustin weder auf eine kritiklose Ergebenheit noch auf gründliche Lektüre schließen, und umgekehrt kritisiert Calvin Augustin durchaus in wichtigen Lehrinhalten, wie z. B. im Blick auf die Gottebenbildlichkeit der menschlichen Seele (vgl. Inst. I.15.4) oder die Sündenvergebung bei der Taufe des Johannes (vgl. Inst. I.15.7), um nur zwei Beispiele zu nennen. Außerdem lässt Calvin in der Trinitätslehre eine entschiedene Vorliebe für die griechischen Väter, vor allem Athanasius (oder genauer gesagt: Pseudo-Athanasius) und Basilius von Caesarea, erkennen. Ebenso eindeutig stützt er sich in der Frage der Anfänge der römischen Kirche und der Stellung des

Bischofs von Rom weitgehend auf Cyprian. Entsprechend bevorzugte er sein Leben lang Chrysostomus, wenn es um die Schriftauslegung ging, und die frühen *Kirchengeschichten*, wenn er Belege für das Vorbild der alten Kirche brauchte; und in den Briefen Gregors des Großen fand er Vorbilder für die Neuordnung der Kirche in Genf.

Calvin neigte dazu, die Basler Ausgaben zu verwenden, allerdings nicht zwingend die neuesten Auflagen. Seine Vorstellung eines Korpus von Kirchenväterschriften ergab wie damals üblich einen ziemlich begrenzten Umfang. Eine Besonderheit im Umgang Calvins sowohl mit den griechischen als auch den lateinischen Vätern war sein Hang zum Zitieren aus Schriftauszügen ihrer Werke, was schon im Blick auf die *Psychopannychia* offenkundig ist, die auch Bibelpassagen enthält. Dieses Verfahren ist allerdings der calvinschen Art, Theologie zu treiben, inhärent und erinnert stark an den im Mittelalter üblichen Rekurs auf die *auctoritates*, der als solcher noch keinen Hinweis auf einen besonderen Umgang Calvins mit den Kirchenvätern bietet. Auch antike Autoren zitiert Calvin auf dieselbe Weise, vergleichbare Häufigkeitsstatistiken ließen sich für Zitate von Autoren wie Cicero, Plato, Aristoteles, Vergil und andere erstellen. Allerdings lässt sich die Art und Weise, mit der Calvin auf diese oder die altkirchlichen Autoren Bezug nimmt, nicht auf das mittelalterliche Erbe zurückführen, sondern ist eine Modifikation desselben. Das Ziel der theologischen oder juristischen Sammlungen der *auctoritates* im Mittelalter, wie sie im *Dekret*, in den *Sentenzen* von Petrus Lombardus oder in der *Glossa ordinaria* vorlagen, lag im theologischen Nachweis der Einheit der Tradition. Calvin aber folgte dieser Methode nur bis zu einem gewissen Grad, da er ohne Zögern die Lehre der Kirchenväter kritisierte, wo sie von seinen eigenen Ansichten abwich.

Jedoch stellte er bewusst Sammlungen von autoritativen Texten, insbesondere der Kirchenväter, zusammen, um in der theologischen Auseinandersetzung seinen Gegnern zu zeigen, dass er – im Gegensatz zu ihnen – das Gewicht der Tradition hinter sich habe. Dieses Vorgehen spricht, wenngleich nicht zwingend, für einen Rückgriff auf Anthologien. Ein frühes, zwischen 1534 und 1545 zu datierendes Beispiel dafür findet sich in den *Psychopannychia* (vgl. CO 5,187), wo Calvin sich auf Zeugnisse von Ambrosius, Gregor dem Großen, Tertullian, Irenäus, Origenes, Cyprian, Hieronymus, Kyrill von Alexandrien, Augustin and Chrysostomus bezieht, die allesamt seine wörtliche Auslegung der Erzählung von Lazarus und dem reichen Mann in Lukas 16,22 unterstützen und so als Beleg dafür dienen, dass die Seele nach dem Tod des Körpers weiterlebe. Ob Calvin von den allesamt seit 1534 zugänglichen Werken vollständigen oder teilweisen Gebrauch machte oder aber sich ganz auf Textsammlungen verließ, ist nicht sicher zu klären. Manche seiner Verweise dürften aus der Erinnerung an früher gelesene Texte stammen. In anderen Fällen von offensichtlich häufig zitierten und sehr geschätzten Vätern wie Athanasius stammt Calvins Kenntnis ausschließlich aus Sekundärquellen, wie z. B. den frühen *Kirchengeschichten*.

1.2. Calvins Interesse an der Schriftauslegung der Kirchenväter

Calvin äußert sich über die Kirchenväter in ihrer Eigenschaft als Schriftausleger lediglich in seinem unveröffentlichten lateinischen Vorwort zur französichen Übersetzung einiger *Homilien* des Chrysostomus, die ein fehlgeschlagenes Vorhaben aus dem Jahre 1543 war. Seit ca. 1540, als Calvin ernsthaft mit seiner eigenen exegetischen Tätigkeit begann, wurde das Heranziehen frühchristlicher Autoren wie Chrysostomus, Kyrill oder Origenes zu einem üblichen Merkmal biblischer Kommentare. Die Exegeten sahen ihre Aufgabe nicht darin, zwischen lateinischen und griechischen Kirchenvätern zu unterscheiden, sondern behandelten vorzugsweise alle christlichen Autoren als Vertreter einer gemeinsamen Tradition. Warum Calvin ein lateinisches Vorwort für eine französische Ausgabe verfasst hat, bleibt unerklärlich. Die Forschung neigt zur Vermutung, dass es sich nur um einen vorläufigen Entwurf handle, der später ins Französische hätte übersetzt werden sollen. Wie auch immer – das Beispiel der französischen Chrysostomus-*Homilien* zeigt, dass Calvin besonders dessen Auslegung als geeignet ansah, gewöhnlichen Lesern den Zugang zur Heiligen Schrift zu erleichtern. Calvins Hauptargument für die Veröffentlichung dieses nie erschienenen Werks war, dass man den gewöhnlichen Lesern, wollte man ihnen das Wort Gottes nicht vorenthalten, die dazugehörigen Hilfsmittel nicht versagen dürfe (vgl. CO 9,832). Beabsichtigte Calvin etwa, eine ganze Kommentarreihe von Kirchenvätern herauszugeben, um die Gläubigen beim Bibelstudium zu unterstützen? Belege dafür gibt es nicht; seine Nähe zu Chrysostomus spricht aber eher gegen diese Hypothese. Obwohl Calvin seinen Lieblingskommentator wegen fehlender Hebräischkenntnisse kritisiert, spricht er doch voller Hochachtung von dessen Fähigkeit, die göttlichen Geheimnisse einfachen Menschen zugänglich zu machen und so die Vorgabe des Paulus umzusetzen. Zudem betont Calvin, dass Chrysostomus seine Homilien ungeachtet der großen Bandbreite der darin behandelten Themen in erster Linie als Kommentar der heiligen Schrift verfasst und sich in dieser Aufgabe hervorragend bewährt habe (vgl. CO 9,834). Calvins Kanon der griechischen und lateinischen Väter, wie er hier umrissen wurde, ähnelt dem, der einer Auflistung von Zeugnissen in Calvins *Psychopannychia* zugrundeliegt. Dazu gehören von griechischen Vätern Chrysostomus, Origenes, Athanasius, Basilius von Cäsarea, Kyrill von Alexandrien und Gregor von Nazianz, von den lateinischen Vätern Tertullian, Cyprian, Hilarius, Hieronymus, Ambrosius und Augustin (CO 9,834). Angesichts des von Calvin in seinem Vorwort geäußerten Ziels, durch die Kirchenväter den Zugang zur heiligen Schrift zu erleichtern, wird verständlich, dass er in seinem Kirchenväterkanon keinen weiteren griechischen oder lateinischen Autor fand, der Chrysostomus ebenbürtig war. Mit knappen Worten weist er Theophylactus als einen Nachahmer ab, »der nichts lobenswertes zu bieten hat außer dem, was er von Chrysostomus übernommen hat.« Was die anderen angehe, sei Origenes sicherlich nicht zu empfehlen, da er bloß die Klarheit der Schrift verdunkle, während Athanasius, Basilius und Gregor nicht genügend Bibelkommentare hinterlassen hätten, um einen Vergleich zu ermöglichen. Unter den Vätern des 5. Jahrhunderts hebt Calvin einzig Kyrill von Alexandrien hervor, als »den einzig bedeutenden nach Chrysostomus, mit dem er aber nicht konkurrieren könne.« Ob Calvin sich wohl dessen bewusst war, dass er mit der Auswahl von Chrysostomus und Kyrill zum einen denjenigen Vertreter der Antiochener Schule wählte, der zum Aufstieg des Nestorianismus beitrug, und zum andern gerade denjenigen alexandrinischen Theologen, der eine entscheidende Rolle bei der Verdammung des Nestorianismus spielte? Wohl kaum, denn weder in Calvins Vorwort noch anderswo in seinen Schriften findet sich ein Hinweis, dass er ein besonderes Interesse an einer historischen Einordnung der Kirchenväter gehabt hat. Seine Absicht bestand 1543 vor allem darin, sie nach Bedarf in ihrer Funktion als Anleiter für das Schriftstudium zu beurteilen. Dies ist sicherlich ein Grund, weshalb er darauf verzichtete, Ignatius von Antiochien, Justin, Irenäus und Gregor von Nyssa zu erwähnen, deren Schriften zu dieser Zeit ebenfalls verfügbar waren. Ihr Fehlen hat aber noch einen anderen Grund: Bekanntermaßen bezog sich Calvin niemals auf Gregor von Nyssa; Hinweise auf Ignatius und Irenäus gab es vor allem dann, als er 1553 auf deren Gebrauch durch Servet reagierte. Im Fall des Ignatius bestand eine zusätzliche Schwierigkeit darin, dass dessen von Lefèvre d'Etaples besorgten Ausgaben pro-römische Interpolationen aufwiesen. Calvin und spätere protestantische Theologen bezweifelten daher die Echtheit der Briefe, bis Ussher 1644 deren kurze Rezension veröffentlichte. Jedenfalls kann man im Blick auf die im Vorwort von 1543 genannten Väter feststellen, dass lediglich ein griechischer Vertreter, Chrysostomus, geeignet war, einfachen Lesern die Bedeutung der Schrift zu erschließen. Der asketische Ansatz des Bischofs, seine Christologie und sein angespanntes Verhältnis zur Kaiserin Eudoxia hatten dabei keine Bedeutung und blieben von Calvin unerwähnt. Stattdessen mahnt er künftige Leser der Homilien zur Vorsicht angesichts der unklaren Haltung des Chrysostomus zu den Themen der Gnade und des freien Willens. Zugleich nimmt er den Patriarchen von Konstantinopel auch etwas in Schutz, da dieser sich in seinem Wirken einem vorherrschenden Einfluss heidnischer Philosophie ausgesetzt gesehen habe. Im Blick auf die allen philosophischen Ansätzen widersprechende christliche Lehre von der menschlichen Unfähigkeit, aus sich heraus Gutes zu tun, bemerkt Calvin, dass Philosophen aus der Zeit des Chrysostomus diese Lehre dazu benutzten, mögliche Konvertiten zu entmutigen. Ebenso stellt er fest, dass viele bösartige und unzüchtige Zeitgenossen sich auf die Prädestination berufen hätten, um sich nicht bessern zu müssen, wenn sie von ihren Seelsorgern dazu ermahnt worden seien. Implizit vergleicht Calvin Chrysostomus mit sich selbst in seiner Begegnung mit katholischen »Philosophen« auf der einen und zuchtlosen Gemeinden auf der anderen Seite. Calvin zeigt, als er den künftigen Lesern der Homilien nahelegt, Chrysostomus' Ausrutscher in der Lehre von der Gnade und dem freien Willen zu verzeihen, aber nicht weiterzutradieren, mehr als nur leichte Sympathie für ihn. Chrysostomus bietet Calvin ein ideales pastorales Vorbild: Über seine von den Gläubigen mit Gewinn zu lesenden Homilien hinaus ist er selbst ein Verbündeter aus der Vergangenheit und ein Vertreter einer Vorstellung von Kirchenordnung, die für Calvin in seiner Situation eins zu eins anwendbar erscheint. Er beschließt das Vorwort in der uns erhaltenen Fassung folgendermaßen:

»Wenn wir für das Wohl und das Heil der Kirche das Beste wollen, werden wir meiner Meinung nach keinen besseren Rat finden, als die Ordnung der Alten Kirche zu übernehmen« (CO 9,838).

1.3. Calvins Interesse an Aussagen der Kirchenväter zu Kirchenzucht und Kirchenordnung

Das eben angeführte Zitat zeigt die Bedeutung, die Calvin der Alten Kirche als Vorbild und Modell für das Leben und die Ordnung der Kirche beimaß. An diesem Punkt ist Calvins eigenständig-schöpferischer Beitrag am deutlichsten zu erkennen, was sowohl die Auswahl als auch die Interpretation und Übernahme von Ansichten der für Calvin maßgeblichen Kirchenväter betrifft.

Die wichtigste Autorität im Blick auf das Amt und die Aufgaben des Bischofs in der Alten Kirche sah Calvin in Hieronymus mit seinem Tituskommentar. Nach Hieronymus, so Calvin, bestehe kein Unterschied zwischen Bischöfen und Priestern (Ältesten); alle Gemeinden seien von einem einfachen Ältestenrat geleitet worden, bevor der Teufel Zwietracht in der römischen Kirche gesät habe und die Menschen begonnen hätten zu sagen: »Ich gehöre zu Paulus und ich zu Petrus«. Später sei das Amt einer Person übertragen worden, um Streit zu vermeiden. Ebenso, bemerkt Calvin, wie die Ältesten wüssten, dass ihre Unterordnung unter einen Höheren lediglich menschlicher Brauch sei, sollten auch die Bischöfe wissen, dass ihr im Vergleich zu den Ältesten höherer Rang auf menschlicher Entscheidung und nicht göttlicher Anordnung beruhe und sie daher die Kirche auf kollegiale Weise leiten sollten. (vgl. Inst. IV.4.2). Offenkundig hat Calvin Hieronymus' Aussagen hierzu genauer studiert, stellt er doch fest, dass dieser in seinem Brief an Evagrius (in Wirklichkeit: Evangelus, vgl. Ep. 146,1; CSEL 56,310) das Bischofsamt nicht, wie erwähnt, pragmatisch in seiner Funktion als Abhilfe gegen unkollegiales Verhalten begründet sehe, sondern in seiner langen Tradition. Diese gehe in der alexandrinischen Kirche bis auf den Evangelisten Markus zurück (vgl. Inst. IV.4.2). Tatsächlich zeigt sich aber bei genauerer Lektüre des Briefes, dass der Kirchenvater die Tradition des Amtes nicht gegen seine pragmatische Bedeutung ausspielt. In seinem Brief an Evagrius betont er, dass die Einsetzung des Bischofsamts lediglich dazu gedient habe, Spaltungen und Machtkämpfe zu beenden. Er räumt allerdings ein, dass das Amt bis auf die Zeit des Evangelisten Markus zurückgehe, und besteht darauf, dass sich der Bischof von anderen Ältesten allein durch das Recht zur Ordination unterscheide – wogegen Calvin nicht einmal diesen Unterschied zugestehen würde – und dass der römischen Kirche kein höherer oder geringerer Stellenwert zukomme als irgendeiner anderen Kirche. Aus den Aussagen der Briefe des Hieronymus sowie anderer Quellen wie der *Kirchenge-*

schichte Eusebs beschreibt Calvin den Aufbau der Kirche zur Zeit der Alten Kirche wie folgt:

»Jede Stadt hatte ihr eigenes Kollegium von Priestern (Ältesten), die sowohl Pastoren als auch Lehrer oder Doktoren waren. Alle nämlich hatten den Auftrag zur Lehre, Ermahnung und Zurechtweisung der Gemeinde, was Paulus den Bischöfen als Aufgaben ans Herz legt. Um Nachwuchs zu gewinnen, schenkten sie auch dem Unterricht der jungen Menschen besondere Aufmerksamkeit, die sich für den heiligen Dienst verpflichtet hatten. Zu jeder Stadt gehörte ein Gebiet, das seine Pastoren aus der Stadt bezog und sie in die jeweiligen Gemeinden integrierte. Jedes Priesterkollegium war einem Bischof unterstellt, und zwar allein zu dem Zweck, den Frieden und die öffentliche Ordnung aufrechtzuerhalten. Die Bischöfe übten den Vorsitz über sie so aus, wie man einem Rat von Brüdern vorstehen würde. Falls das einem Bischof zugewiesene Gebiet zu groß für dessen alleinige Versehung war, wurden an bestimmten Orten des Gebietes Priester zur Übernahme der weniger bedeutenden bischöflichen Aufgaben angewiesen. Diese wurden *chorepiscopi* genannt, da sie den Bischof in der jeweiligen Provinz vertraten« (Inst. IV.4.2).

Calvins Quelle seiner Kenntnis der *chorepiscopi* ist Eusebs *Kirchengeschichte* (vgl. 7,30.10). Obiges Zitat zeigt, dass Calvin die von Hieronymus und, in geringerem Maße, von Euseb gewonnenen Kenntnisse in gleicher Weise zu den Anweisungen des Paulus in Beziehung setzt wie Hieronymus in seinem Tituskommentar. In der Tat dürfte die These nicht übertrieben sein, das Calvin die in Hieronymus' Tituskommentar enthaltenen Anliegen als seinen eigenen nicht unähnlich ansah. Wie der Genfer Reformator nahm Hieronymus eine kritische Haltung gegenüber dem Lebenswandel des Klerus seiner Zeit ein, indem er Bischöfe vor allem für despotisch, korrupt und pflichtvergessen im Blick auf ihr Amt der Predigt und der Ermahnung hielt. Letzteres, so betonte er wie Calvin, sei gerade angesichts der Aufgaben eines Bischofs in höchstem Maße gegen die Anweisung des Apostels (vgl. *In Titum* ad 1,9, PL 26,569–570). Sowohl Hieronymus als auch Calvin waren sich einig in der Überzeugung, dass das Bischofsamt eine nachapostolische Einrichtung sei, und bestanden auf dessen Funktionsbeschränkung als Vorsitz eines Rates von Brüdern. Am Beispiel von Calvins Hieronymusrezeption zeigt sich, dass Calvin theologische Einsicht über Polemik stellt und sich eines so »römischen« Vaters wie Hieronymus bedient, um das Genfer Modell als in der Tradition begründet darzustellen.

Ebenso entscheidend stützt das Vorbild der Alten Kirche in Calvins Augen die Auffassung, dass sowohl einfache Älteste als auch Bischöfe zu predigen und die Sakramente zu verwalten hätten. Ungeachtet der vielfältigen Quellen, die nach Calvin die Annahme dieser Praxis stützen, sieht er seine Lehre vor allem durch Hieronymus und Gregor den Großen begründet. Mit Verweis auf die *Historia tripartita* (Inst. IV.4.3) bemerkt er, dass einzig in Alexandrien, wo Arius die Gemeinden in Unruhe versetzte, die Entscheidung fiel, dass Älteste nicht predigen sollten. Er setzt alles daran klarzustellen, dass es zur Zeit des Hieronymus als Ungeheuerlichkeit galt, wenn sich jemand als Bischof aufplusterte, ohne die dafür notwendigen Eigenschaften zu besitzen. Darüber hinaus seien, so untermauert

Calvin seinen Standpunkt mit einigen Zitaten Gregors des Großen, Predigt und Unterweisung als Hauptaufgaben der Ältesten und Bischöfe über sehr lange Zeit hinweg die Regel gewesen, sogar während der Amtszeit von Papst Gregor, in deren Verlauf die Kirche erheblich von ihrer früheren Reinheit eingebüßt habe (vgl. Inst. IV.4.3). Selbstverständlich geht Calvin davon aus, dass das apostolische Bild der Kirche die göttlich offenbarte Wahrheit sei. Wichtig ist ihm der Nachweis, wie lange sich die apostolische Ordnung der Kirche im Laufe der Geschichte gehalten habe und wie angemessen es demnach sei, sie in Genf umzusetzen.

Zusammenfassend zeigt sich ein beträchtlicher Unterschied zwischen Calvins relativ bescheidener Bezugnahme auf die Väter als Schriftausleger und deren äußerst gründlichem Studium, wenn es ihm darum geht, historische Verbündete zur Verteidigung seiner Genfer Kirchenordnung zu gewinnen – und seien sie ihm, wie Hieronymus oder Gregor der Große, inhaltlich noch so fremd. Dabei zeigt sich auch, dass Calvin bestimmten *auctoritates* trotz der auf den ersten Blick losen Bezugnahme auf sie eine überaus sorgfältige Lektüre widmet. Das gilt besonders für Hieronymus.

1.4. Calvins Trinitätslehre und die Kirchenväter

Der sehr engagierten Bezugnahme auf die Kirchenväter bei der Ausarbeitung seiner Ekklesiologie steht bei der Darstellung der Trinitätslehre ein weitaus oberflächlicherer Rückgriff auf die Alte Kirche gegenüber. Dies überrascht nach heutigen Maßstäben umso mehr, wenn man die reiche biblische Grundlage für die Lehre von der Kirche mit dem spärlichen biblischen Befund im Blick auf die Trinitätslehre vergleicht. In der Auseinandersetzung mit Servet und dessen mit Bezug auf die vornizänischen Väter aufgestellter Behauptung, die Trinität sei eine unglückliche Erfindung des Konzils von Nizäa, sahen sich Calvin und die Genfer Geistlichkeit gezwungen, ihren Standpunkt mit derselben Begrifflichkeit wie der des Servet zu überdenken. Deutlich zeigt sich das bei der Lektüre von Calvins *Defensio orthodoxae fidei contra errores Serueti* und deren französischer Übersetzung unter dem Titel *Declaration pour maintenir la vraye foy de la Trinité.*

Im ersten Teil zitiert Calvin Auszüge aus Servets *De Trinitatis erroribus* und weitere Abschnitte aus dessen *Restitutio Christianismi*, um das ganze Ausmaß von Servets Irrtum aufzuzeigen. Dieser lehnte die nizänische Lehre von der zweiten Person der Trinität ab, weil er die Meinung vertritt, der Sohn sei eine Emanation Gottes, und gleichzeitig göttlicher Samen, der den Menschen Jesus in Marias Gebärmutter zeugte. Zur Begründung seiner Lehre verwies Servet auf Autoren wie Tertullian, Ignatius, Irenäus und den »Petrusschüler Clemens« (d.h. auf die pseudoclementinischen *Rekognitionen*), ohne sich besonders um die Herkunft oder den Rang dieser Väter zu kümmern. Diese Berufung auf Theologen vor Nizäa bedrohte ernsthaft die Glaubwürdigkeit der Genfer Kirche, die sich in ihrer Trinitätslehre ja auf die genannten Väter berief. Damit nicht genug, stützen sich alle Schriften Servets in hohem Maße auf die Heilige Schrift. Das wird nicht nur anhand der in der *Declaration* erwähnten Stellen deutlich, sondern an seinen Schriften im Ganzen. Man kann durchaus sagen, dass die Bibel in Verbindung mit detaillierter Kenntnis der vornizänischen Väter in Servets Händen eine tödliche Waffe werden konnte.

Der zweite Teil der *Declaration* besteht folgerichtig in einer Widerlegung Servets, überschrieben mit: *Brieve Refutation des erreurs et impiétés de Michel Servet présentée par les ministres de l'Église de Genève à Messieurs du Conseil [...]*. Deren Hauptabsicht ist der Nachweis, dass die Trinitätslehre keine Erfindung des ersten nizänischen Konzils sei und dass die vornizänischen Väter wie Irenäus, Tertullian, Justin und Origenes diese Lehre in ihrer vollständig entwickelten Fassung gelehrt hätten. Den meisten Aufwand widmet die Widerlegungsschrift der Wiedererlangung der Deutehoheit über Tertullian and Irenäus. Sie weist Schriften von Clemens von Rom – die durch pseudogelasianisches Dekret als apokryph verworfen worden seien – als Fälschung zurück und zeigt Servet mit großer Genugtuung, dass einer seiner wichtigsten Lehrer, Ignatius von Antiochien, »wer auch immer das war«, nicht die Lehren des Spaniers unterstütze, sondern vielmehr die Lehre vom präexistenten Logos geprägt habe. Die Zurückgewinnung der vornizänischen Kirche im trinitarischen Streit läuft für Calvin auf die Wiedergewinnung Tertullians für die lateinischen und Irenäus' für die griechischen Väter hinaus. Beide Autoren sollten später, 1561, bei Calvins Auseinandersetzung mit Valentino Gentile erneut eine Rolle spielen. Gentile, der sich Servet als Vorbild nahm, vertrat ebenfalls die These, dass die Trinitätslehre eine unglückliche Erfindung des Konzils von Nizäa sei, und berief sich auf die zwei vornizänischen Gelehrten, deren Ansehen auf der Seite Calvins nicht in Frage stand. Die Parallele zu Servet blieb Calvin nicht verborgen, und er verurteilte Gentiles Lehre aufs Entschiedenste.

Allerdings folgt aus Calvins energischer Richtigstellung der Lehren Justins, Tertullians und Irenäus' nicht, dass er sie als Vorlage für seine eigene Darstellung der Trinitätslehre in seiner *Institutio* (I.13) benutzt, wo Hebr 1,3 den Ausgangspunkt für die Unterscheidung von *ousia* and *hypostasis* darstellt. Obwohl Calvin sich der Schwierigkeit der Übersetzung griechischer Begriffe ins Lateinische wohl bewusst war, ging er nicht von einem wirklichen Unterschied zwischen der griechischen und lateinischen Trinitätslehre aus. Ihm lag vor allem am Nachweis einer biblischen Begründung der Trinitätslehre, wofür er viele alt- und neutestamentliche Belege anführt. Die spärlichen Verweise auf die Kirchenväter beziehen sich überwiegend auf Väter der nachnizänischen Zeit. Die Autorität der Väter ist Calvin aber besonders bei der Unterscheidung der drei trinitarischen Personen wichtig. Der Umfang seiner Bezugnahmen ist sehr gering und besteht aus einem Zitat Gregors von Nazianz, einigen Verweisen auf Augustin, einem Verweis auf einen pseudoaugustinischen Text, den Calvin als authentisch ansieht, und einer Reihe von Verweisen auf Kyrill von Alexandrien. Das Zitat aus Gregors *Sermo de baptismate* (*Oratio* 40.41) über die Denkunmöglichkeit der einen ohne die drei anderen Personen und umgekehrt, das Calvin erstmals in der *Institutio*-Ausgabe von 1539

(CO 1,489) und öfters in verschiedenen Schriften mit trinitarischem Bezug verwendet, scheint die Grundlage für alle weitere Rede über die Trinität darzustellen. Die Tatsache, dass Calvin Gregor sonst kaum erwähnt, macht diesen Befund umso wichtiger. Dieser eine, bei aller sprachlichen Ausschmückung stets griechisch zitierte Satz des Kappadoziers erweist sich als einer der Haupteinflüsse auf Calvins Trinitätslehre. Dies ist ein Beispiel, an dem sich die quantitative statistische Untersuchung der calvinschen Bezugnahme auf die Kirchenväter als unbrauchbar erweist.

In der Tat wusste Calvin höchstwahrscheinlich, dass sich die Wiederherstellung der nizänischen Lehrgrundlagen vor dem Konzil von Konstantinopel in hohem Maße der Theologie des Kappadoziers verdankte und dessen Autorität in der Trinitätslehre daher nicht in Frage stand. Wie Calvin an das Originalzitat kam, bleibt ein Geheimnis, da die *editio princeps* von Gregors Werkausgabe nicht vor 1550 erschien. Höchstwahrscheinlich hatte er Zugang zur 1516 von Aldine besorgten griechischen Ausgabe von sechzehn *Orationes* Gregors. Die formelhafte Verwendung dieses einen Satzes aus einer bestimmten Rede könnte aber auch ein Hinweis auf eine Anthologie als Quelle sein. Wie auch immer, für Calvin liegt der Wert dieser Formulierung darin, dass sie die entscheidende Frage nach dem richtigen Reden über die Trinität stellt. Calvin bemerkt, dass von den lateinischen Vätern Augustin, von den griechischen Vätern Kyrill von Alexandrien gelegentlich auf materielle Analogien zurückgegriffen, dabei aber stets den gewaltigen Unterschied zwischen dem Reich des Menschlichen und des Göttlichen genau benannt hätten. Im Blick auf die Autorität einiger Bezugnahmen auf Augustin und eines Verweises auf Kyrills von Alexandrien *De Trinitate dialogi* verlässt Calvin daher jenen Ansatz und greift auf Schriftzitate zurück. Die von ihm gewählten Stellen (Röm 8,9 und 2Petr 1,21) zeigen in seinen Augen, dass der Sohn vom Vater und der Heilige Geist von beiden ausgehe. Anschließend wendet sich Calvin der Frage der Wesenseinheit der drei Personen zu. Auf der Grundlage von Johannes 14,10 (*ego in Patre et Pater in me*) kann er feststellen, dass es keine Wesensverschiedenheit zwischen den Personen gebe: Das Wesen des Sohnes sei dasjenige des Vaters und umgekehrt. Nur in den Eigenschaften – zeugend der Vater, der Sohn gezeugt – seien sie unterschieden. Eine Nennung Augustins (in Wirklichkeit Alkuins) und zwei gleichermaßen flüchtige Verweise auf Kyrill geben dem Reformator alle Belege, die er braucht.

Im Unterschied zur Ekklesiologie leitet sich Calvins Trinitätslehre nicht von den Kirchenvätern her, sondern ist streng biblisch begründet.

1.5. Die Lehre vom unfreien Willen

Gibt es beim Streit um die Trinität und bei der Verteidigung der Lehre vom unfreien Willen gegen Pighius Vergleichbarkeiten oder Unterschiede in Calvins Kirchenväterrezeption? Wie bereits erwähnt, stellt Augustin mit seinen antipelagianischen Schriften in der Erasmusausgabe oder einer der Pariser Ausgaben die meistzitierte Autorität dar. Seinen antipelagianischen Schriften fügte Calvin nach heutigem Forschungsstand Gedanken und Zitate aus den *Retractationes*, aus *De haeresibus* und dem *Enchiridion* hinzu. Insgesamt finden sich hier bei Calvin 28 Augustinzitate. Eine weitergehende Untersuchung dieser Zitate verrät jedoch eine ziemlich flüchtige Zitationspraxis. Einige Passagen waren bereits von Pighius zitiert worden, für andere griff Calvin auf seine früheren Schriften zurück. Den Werken (oder einer Anthologie) Augustins direkt entstammen höchstens zwei Textauszüge. 33 andere Autoren werden nur flüchtig erwähnt und spielen meist nur bei der Diskussion eines von Pighius zitierten Textes eine Rolle. Für Verweise auf andere Autoren, wie z. B. auf den recht häufig angeführten Hieronymus, bedient sich Calvin früherer Ausgaben der *Institutio*. Für manche Kirchenväter wie Irenäus finden sich so vage und fragmentarische Andeutungen, dass sie vermutlich schlicht aus dem Gedächtnis notiert wurden. Demnach gründet sich Calvins Verteidigung der Lehre vom unfreien Willen ebensowenig wie die der nizänischen Trinitätslehre auf die Kirchenväter, wenn nicht gar noch weniger, da er sich bei letzterer ja aktiv um die Wiedergewinnung der vornizänischen Kirchenväter wie Irenäus und Tertullian für seine Lehre bemühte. Die Lehre vom unfreien Willen unterstützten die Väter zwar, aber nicht grundlegend, da die Lehrgrundlage auf anderen, vor allem biblischen Quellen beruhte.

1.6. Zusammenfassung der Ergebnisse

Die bisherigen Forschungsergebnisse zeigen eine sehr komplexe Haltung Calvins gegenüber den Kirchenvätern. Den frühen Theologen insbesondere des vierten, fünften und sechsten Jahrhunderts kommt dort die wichtigste Bedeutung zu, wo man es am wenigsten erwartet hätte, nämlich in Calvins Ekklesiologie. Umgekehrt wird ihnen weit weniger Aufmerksamkeit zuteil, wo das am meisten zu vermuten wäre, wie z. B. bei der nizänischen Trinitätslehre. Ihre Bedeutung als Schriftausleger wird am Maßstab des Chrysostomus gemessen und Augustin, der nach der Häufigkeit seiner Erwähnung die größte Autorität darstellt, ist längst nicht so wichtig, wenn man sich vor Augen hält, auf welche Weise Calvin bei einer so augustinischen Lehre wie derjenigen vom freien Willen auf ihn zurückgreift. Zu diesen offenkundigen Unstimmigkeiten gesellt sich noch die Frage nach Calvins Kenntnis der Väter. Mit Sicherheit war er kein Patristiker, und er achtete nicht besonders darauf, mit möglichst aktuellen Ausgaben zu arbeiten. Die bekanntermaßen von ihm im Laufe seines Wirkens benutzten Ausgaben sind zumeist Baseler Ausgaben aus den späten 20er und 30er Jahren des 16. Jahrhunderts. Zu den weiteren nennenswerten Besonderheiten gehört im Falle von Auseinandersetzungen, wie z. B. um den freien Willen oder die Trinität, die Verwendung genau derjenigen Zitate, die seine Gegner gegen ihn angeführt hatten. Dabei kann die Bedeutung der Kirchenväterverweise und -zitate in Calvins Schriften und vor allem in der *Institutio* nicht genug betont werden. Obwohl Calvin oft indirekt und ungenau, aus dem Gedächtnis oder einfach ausschmückend zitiert, hat doch die Alte Kirche wesentlichen Anteil an Calvins Theologie, was auch von Calvin beabsichtigt war. Nicht auf eine neue, auf ihn allein zurückgehende Bibelauslegung nämlich wollte der Reformator seine Lehre gründen, sondern auf eine von Menschen tradierte Lehre, mit der er ein stetes Zwiegespräch führte. Schließlich bleibt zu berücksichtigen, dass Calvin bestimmte Kirchenväter nur für ganz bestimmte Lehrinhalte bevorzugt. Das beste Beispiel hierfür bietet Chrysostomus, nach Calvin der perfekte Bibel-Kommentator für den einfachen Leser, dem man aber in seiner Lehre vom freien Willen nicht folgen dürfe.

Backus, Irena: Historical Method and Confessional Identity in the Era of the Reformation (1378–1615), 2003.

Hazlett, Ian P.: Calvin's Latin Preface to his Proposed French Edition of Chrysostom's Homilies: Translation and Commentary (in: Kirk, James [Hg.]: Humanism and Reform: The Church in Europe, England, and Scotland. Essays in Honour of James K. Cameron, 1991, 129–150).

Lane, Anthony N. S.: John Calvin, Student of the Church Fathers, 1999.

Mooi, Remko J.: Het Kerk- en Dogmahistorisch Element in de Werken van Johannes Calvijn, 1962.

Smits, Luchesius: Saint Augustin dans l'œuvre de Jean Calvin, 2 Bde., 1956/57, 1958.

(Übersetzt von *Frithjof Rittberger*) *Irena Backus*

2. Calvin und die Humanisten

2.1. Definitionen des Humanisten, des Humanismus und der Bedeutung des Humanismus für Calvin

Unentbehrlich für die Darstellung des Forschungsstandes ist ein Eingehen auf die Frage, wer denn ein »Humanist« genannt zu werden verdiene. Konkurrieren doch in der Sekundärliteratur ganz verschiedene Definitionen des Renaissance-Humanismus miteinander (vgl. Spitz 1986, 653–659). Dafür, wie Calvin mit Menschen umging, die in der Forschungsliteratur als »Humanisten« betrachtet werden, ist von Bedeutung, welcher Definition man sich anschließt. Zu Recht hat McGrath festgestellt: »any discussion of the relation of humanism and the Reformation will be totally dependent upon the definition of humanism employed.« (McGrath 1993, 45)

Ferner muss von Anfang an bedacht werden, welchen Rang man der Charakterisierung Calvins als eines »Humanisten« zubilligen will, wenn man ihn denn als solchen betrachten möchte. Man kann Calvin beispielsweise als einen humanistisch gebildeten *Theologen* ansehen oder aber als einen *Humanisten*, der sich als Exeget, systematischer Theologe und Polemiker, Prediger, Gemeindeleiter und (Bildungs-)Politiker betätigte. Das Gewicht der humanistischen Ausbildung, der

Qualifikation und der Neigung zu den *studia humanitatis* innerhalb der Gesamtsicht seiner Person differiert zwischen beiden Charakterisierungen erheblich.

In der Epoche, in der das Phänomen »Renaissance-Humanismus« auftrat, kann der moderne Forschungsbegriff nicht ohne weiteres verortet werden, die Entscheidung kann also nicht in der Weise getroffen werden, dass an den Sprachgebrauch der Zeit angeschlossen würde. Die italienische Bezeichnung »umanista« für einen Lehrer der »studia humanitatis« an einer Universität war im 16. Jahrhundert nicht besonders verbreitet. Der Begriff »Humanismus« geht zwar auf Cicero zurück, der Redner und Dichter als die geeigneten Vermittler humanistischer Studien (*humaniora*) betrachtete. Aber erst der deutsche Pädagoge F.J. Niethammer prägte 1808 den Begriff »Humanismus« für eine Form der Erziehung, die Nachdruck auf die griechischen und lateinischen Klassiker legte. L.W. Spitz definierte »Humanismus« im Anschluss an Paul Joachimsen als »eine hauptsächlich vom Literarischen und Philologischen ausgehende geistige Bewegung, die ihre Wurzeln in der begeisterten Hinwendung zur Antike und dem Wunsch nach ihrer Wiedergeburt hat«. »Form« und »Norm« seien wichtige Gesichtspunkte (Spitz 1986, 639).

In der Calvinforschung der letzten Jahrzehnte wurde das Verhältnis zwischen Calvin und den Humanisten sehr verschieden dargestellt, je nachdem, wie man einen Humanisten definierte und ob man Calvin selbst als solchen betrachtete. Manche Forscher vertraten die Ansicht, die Renaissance-Humanisten hätten nicht allein formale Forderungen erhoben, sondern auch normative. »Humanisten« seien durch geteilte Auffassungen miteinander verbunden gewesen. So setzte sich beispielsweise C. Augustijn 1986 beim Internationalen Kongreß für Calvinforschung in Debrecen mit den älteren Standardwerken zum Forschungsgebiet »Calvin und der Humanismus« von J. Bohatec, Q. Breen, B. Hall, A. Ganoczy und Ch. Partee auseinander und definierte »Humanismus« so: »Kernpunkt des Humanismus ist meines Erachtens eher die Frage: Was haben Christentum und Antike, sacrae litterae und bonae litterae, mit einander zu tun? […] Kann der Nicht-Christ zu Taten, zu Tugenden kommen, die sich nicht unterscheiden von denen der Christen?« (Augustijn 1988, 129.131) Auf der Grundlage dieser inhaltlichen Bestimmung konstatierte Augustijn, dass Calvin in dieser fundamentalen Frage anders dachte als die Humanisten: »Calvin […] betont, es gebe keinerlei Verbindung zwischen Frömmigkeit und Lebensführung der Helden der Antike einerseits und dem Gott der Bibel andererseits. Wenn man ihn dennoch einen Humanisten nennt, hat man das Wesentliche, den Kern des Humanismus, ausgeklammert.« (Augustijn 1988, 140) In seinem Beitrag zu dem Handbuch »Die Kirche in ihrer Geschichte« betrachtete Augustijn 2003 als eine Facette des Humanismus den »Bibelhumanismus«, der in amerikanischer Literatur auch »christlicher Humanismus« genannt werde. Dessen Ansatz »äußerte sich in einem Zurückgreifen auf die christliche Antike, also auf die Bibel und die Kirchenväter sowie auf die Gestaltung der christlichen Religion in den ersten Jahrhunderten der Kirche.« (Augustijn 2003, 47). Diese Sichtweise, die eine allen Humanisten gemeinsame

Überzeugung voraussetzt und innerhalb des »Humanismus« als eine seiner Facetten einen »Bibelhumanismus« ausmacht, ist allerdings nicht unumstritten.

McGrath verwendete 1993 eine eher formale Definition des Humanismus: »humanism was concerned with how ideas were obtained and expressed, rather than with the actual substance of those ideas.« (McGrath 1993, 45) Er sah davon ab, über die Art des Erwerbs und Ausdrucks von Ideen hinaus eine allen »Humanisten« gemeinsame Überzeugung zu postulieren. Auch in seiner Calvinbiographie (McGrath 1990) reduzierte McGrath die Definition des »Humanismus« auf die formale Seite. Auch andere Verfasser neuerer Calvinbiographien wie W. J. Bouwsma (Bouwsma 1988) und B. Cottret (Cottret 1995) orientierten sich an der eher formalen Definition des Humanismus. Sie verzichteten denn auch darauf, eine inhaltliche Position zu formulieren, die den Humanisten ausmache, und stellten vielmehr in erster Linie das Interesse der Humanisten an der Rhetorik heraus. Bouwsma behauptete, Calvin sei stets ein Humanist der Spätrenaissance geblieben (Bouwsma 1988, 13: »he remained in major ways always a humanist of the late Renaissance«, vgl. Anm. 18 auf S. 240). Nach Ansicht von McGrath ist Calvin »humanist thinker and practical lawyer« gewesen (McGrath 1990, 59). Cottret nannte Calvin einen »verlorenen Sohn des Humanismus«, ohne doch exakt zu definieren, worin die Entfremdung denn bestanden habe (Cottret 1995, 46).

Übereinstimmung besteht zur Zeit unter den meisten Calvinforschern darin, dass die nordeuropäischen Humanisten zur Zeit von Calvins Wirken sich an den »*bonae litterae*« der Antike orientierten und davon Besserung zeitgenössischer Mißstände erhofften, dass sie in ihrer Mehrzahl außerdem lebhaftes Interesse an den »*sacrae litterae*«, der Bibel, und an den Schriften der Kirchenväter zeigten, und dass es den meisten Humanisten fern lag, sich aufgrund ihrer eigenen Orientierung an Schriftstellern der Antike gegen christliche Glaubensvorstellungen zu wenden. Damit widersprechen sie zugleich der Auffassung, eine militant anthropozentrische Weltanschauung, die sich als Alternative zur christlichen definiert, könne sich als einzige legitime Erbin des Renaissance-Humanismus betrachten (vgl. dazu Spitz 1986, 641).

2.2. Humanistische Ausbildung, Qualifikation, Neigung und soziale Lage

Man kann die Auffassung vertreten, Renaissance-Humanismus sei mit bestimmten Berufen wie dem des Rektors eines Gymnasiums oder dem eines Editors eher vereinbar gewesen als mit denen eines Mannes in kirchenleitender Funktion, eines Juristen oder Arztes (vgl. Spitz 1986, 641). Betrachtet man diese Sichtweise als wichtig, dann kann man zwischen Menschen unterscheiden, die sich völlig ihren humanistischen Neigungen haben widmen und ihre Fähigkeiten nutzen können, und solchen, die ihre erworbenen Fähigkeiten und ihre Neigungen lediglich in Ausübung ihres jeweiligen Brotberufs haben einsetzen können. Eine Tätigkeit als Editor, Rektor einer Schule oder Dozent an der philosophischen Fakultät einer Universität ließ sich besonders gut mit humanistischen Fähigkeiten und Interessen verbinden. Man war dann sozusagen »Vollzeit-Humanist«, während andere nur »Teilzeit-Humanisten« sein konnten, weil sie einen Großteil ihrer Kraft und Zeit der Arbeit in ihren Brotberufen widmen mussten.

Betrachtet man soziale Lage und Berufstätigkeit als wichtig für die Einordnung, dann kann man einen Unterschied machen zwischen drei Gruppen von Humanisten: zum ersten denen, die sich durch Zugehörigkeit zum Adel (wie etwa Pico della Mirandola) oder zum städtischen Patriziat (wie etwa Willibald Pirckheimer, Nürnberg) humanistische Tätigkeit leisten konnten; zum zweiten erfolgreichen Schriftstellern und Editoren, die durch die Förderung von Gönnern oder die Bezahlung durch Drucker ihren Lebensunterhalt verdienen konnten (wie etwa Erasmus von Rotterdam) oder Rektoren von Gymnasien (wie etwa Johannes Sturm, Straßburg); zum dritten Menschen, für die der Humanismus die Sicht auf ihre Quellen und den Zugang dazu entscheidend bestimmt hat, die aber einen Beruf gewählt haben, der sie dazu veranlasste, sich auch mit völlig anderen Fragen zu beschäftigen (wie etwa Huldrych Zwingli). Fasst man Philipp Melanchthon ins Auge, so fällt auf, dass er in erster Linie als Reformator bekannt ist und doch durch seine Tätigkeit in der philosophischen Fakultät den humanistischen Bestrebungen besonders eng verbunden blieb.

Calvin erwarb zwar im Laufe seines Studiums vorzügliche Sprach- und Quellenkenntnisse, mit denen er denn auch in seinen frühen Briefen prunkte, während solche Klassikerzitate in späteren Briefen fehlen. Durch seinen Kommentar zu Senecas *De clementia* lieferte er schon in jungen Jahren einen Beweis seiner philologischen Fähigkeiten. Da aber dieser Kommentar, den er im April 1532 auf eigene Kosten drucken ließ, und seine Lehrtätigkeit auf dessen Basis nicht den erwünschten Erfolg hatten, gelang es ihm nicht, eine Anstellung als Universitätslehrer der *studia humanitatis* zu erhalten. Seine Hinwendung zu einer reformatorischen Überzeugung lenkte sein Interesse von klassischen Texten hin zu biblischen. Und so setzte er seine Fähigkeiten seit seiner Arbeit an der ersten Auflage der *Institutio* in erster Linie als Autor von Kommentaren zu biblischen Büchern, polemischen Schriften, zahlreichen Briefen, Predigten und stets neuen Bearbeitungen der *Institutio* ein. Sieht man in Calvin in erster Linie einen humanistisch geschulten *Theologen*, dann fasst man primär seine Arbeit an der Exegese der Bibel und sein Interesse an einer vor allem an dem Apostel Paulus und dessen Ausleger Augustin ausgerichteten Erneuerung der christlichen Kirche ins Auge. Sieht man dagegen in erster Linie einen *Humanisten* in ihm, der von Beruf Theologe war, dann wird man vor allem danach suchen, auf welche Weise seine humanistische Schulung in seinen Werken und Briefen erkennbar wird.

2.3. Calvins humanistische Schulung

Der Humanismus hatte in Frankreich schon lange Wurzeln geschlagen, als Calvin ihn kennenlernte: Der Kanzler Jean de Montreuil (1354–1418) bewunderte Cicero. Nikolaus von Clémanges (ca. 1360–1437) widersprach um 1430 dem (bereits 1368 formulierten) Anspruch Petrarcas, führend seien die italienischen *oratores et poetae.* Guillaume Budé (1468–1540) verfaßte 1535 das Werk *De transitu hellenismi ad christianismum.* Von einer Schulung Calvins im Geiste des Humanismus kann ganz zweifellos die Rede sein. Lernte er doch bei Mathurin Cordier in Paris gutes Latein (vgl. MILLET 1992, 29 mit Anm. 5). Cordier folgte Calvin im Sommer 1537 nach Genf ins Exil. Von seinem Freunde Melchior Wolmar in Orléans lernte Calvin Griechisch. Ihm widmete er seinen Kommentar zum 2. Korintherbrief. In Paris studierte er Hebräisch und vertiefte seine Kenntnisse dieser Sprache unter der Leitung von Sebastian Münster in Basel. Der italienische Jurist Andrea Alciati, bei dem Calvin 1529 in Bourges studierte, las die klassischen Rechtsquellen mit seinen Studenten in der Originalsprache und ließ ihnen durch diesen direkten Zugang mittelalterliche Glossen und Kommentare (wie den des Accursius) als wenig erheblich erscheinen. Alciati war als Jurist tätig und erwies sich in seinem Zugang zu den Quellen als Humanist. Im März 1531 stützte Calvin freilich Etoile (COR VI/I,44–46; ins Englische übersetzt in BATTLES/HUGO 1969, 385–386).

In seinen frühen Briefen wird Calvins Vertrautheit mit Texten des klassischen Altertums besonders deutlich. So spielt er beispielsweise in dem ersten erhalten gebliebenen Brief auf Seneca, Cicero und Juvenal an (COR VI/I,40–42). Bis zum Ende seiner ersten Wirkungsperiode in Genf im Jahre 1538 ist von Calvin ein Brief an Simon Grynaeus erhalten geblieben (Nr. 40 in COR VI/I), von Grynaeus an Calvin (und Farel) sogar acht Briefe. Aber sie schreiben einander nicht in erster Linie als Humanisten, sondern als Reformatoren. Calvin formuliert beispielsweise, Farel, Viret und er selbst müßten sich ja keine Sorge darum machen, dass die Anwürfe des Pierre Caroli »bei dir und allen Frommen« Gehör fänden (Brief 40, COR VI/I,211). Calvin argumentiert also bei Grynaeus als einem einflußreichen Vertreter der Reformation gegen Pierre Caroli, der ihn zu verketzern versucht, und äußert sich nicht als Humanist gegenüber einem anderen Humanisten. Grynaeus seinerseits vergleicht in einem seiner Briefe zwar die Erziehung Calvins »mitten in Frankreich unter den Allergebildetsten« mit der des Berner Pfarrers Peter Kuntz, der sich bäuerlich benehme, da er nun einmal mitten in den Alpen aufgewachsen sei (Brief 63, COR VI/I,336–337). Aber dieser Vergleich dient doch nur dem Ziel, Calvin dazu anzuspornen, sich mit Kuntz zu vertragen, um nicht den Fortgang der Reformation zu gefährden. So vorzüglich das Latein beider in diesen Briefen auch sein mag, es hat doch lediglich eine dienende Funktion. Grynaeus widmet Calvin 1540 seinen Kommentar zum Römerbrief (HERMINJARD Bd. 6, 1966, 74–78; CO 10/2,402–406).

Auch von seiten eines altgläubigen Gegners überwiegt die Sicht Calvins als die eines Vertreters der evangelischen Sache gegenüber der eines fähigen Humanisten. Im Jahre 1551 verteidigt der in Köln wirkende belgische Karmelit Nikolaus Blanckaert (Alexander Candidus) die Reliquienverehrung gegen Calvin. Er anerkennt einerseits, dass dessen Schriften in tadellosem Latein verfaßt seien. Doch vergifte Calvin mit seinen Lehren das einfache Volk:

»Die sehr vielen Arbeiten, die er [Calvin] Nachtstunden abgerungen hat, bezeugen in solchem Maße, daß er in der lateinischen Sprache erfahren ist, daß ich den Verlust eines vom Glück so begünstigten Geistes betrauere. Wenn er sich den wahren, christlichen Gegenständen zugewandt hätte, dann wäre er ohne Zweifel in Herrlichkeit unsterblich geworden, während er nun wahrscheinlich in ewiger Schande sein wird.« (Blanckaert, Iudicium, fol. B4v; lateinischer Text bei Burger 1999, 78, Anm. 65; vgl. auch Burger 1998, 44).

In Blanckaerts Brust streiten offenbar zwei Seelen miteinander: die des humanistisch gebildeten Mannes, der in Calvin einen hervorragenden Intellektuellen anerkennt, und die des altgläubigen Theologen, der Calvin denn doch in erster Linie als einen ketzerischen Verführer des einfachen Volkes verurteilt und sich gegen die gemeinsame Zugehörigkeit zur Welt der *studia humanitatis* entschlossen dafür entscheidet, sein literarischer Gegner zu werden.

2.4. Résumée

Wenn man sich für die eher formale Definition des Renaissance-Humanismus und eines Humanisten entscheidet, dann wird man zu dem Ergebnis gelangen, Calvin sei ein Humanist gewesen. Seine Ausbildung, seine Qualifikation und seine Neigung zu den *studia humanitatis* berechtigen ja dazu. Aufgrund seiner Tätigkeitsfelder, seiner Schriften und Briefe wird man freilich eher dazu geneigt sein, ihn einen humanistischen *Theologen* zu nennen als einen *Humanisten*, der sich als Theologe betätigte. Geht man von dieser Definition aus, dann ging er verständlicherweise als humanistisch geschulter Theologe lieber mit anderen ähnlich gebildeten und dadurch auch in ihrem ganzen Verhalten geprägten Menschen wie etwa Simon Grynaeus um, als mit ungebildeten und derben Kirchenmännern wie Peter Kuntz. Im Urteil des Karmeliten Nikolaus Blanckaert wird man dessen Anerkennung der geschliffenen Formulierungen Calvins hervorheben, obwohl er im Glaubensstreit auf der Gegenseite stand.

Schließt man sich dagegen der Definition an, die außer der Schulung in und der Liebe zu den *bonae litterae* von einem Humanisten auch erwartet, dass er inhaltlich die Position vertrete, auch ein Nicht-Christ könne aus einer ebenso guten Motivation heraus ebenso gute Taten verrichten wie ein Christ, dann wird man zu dem Ergebnis gelangen, Calvin sei zwar humanistisch hervorragend geschult gewesen und das wirke sich in seinen Schriften, Predigten und Briefen aus. Aufgrund seiner Orientierung vor allem an den Briefen des Apostels Paulus und an den späten antipelagianischen Schriften von dessen Ausleger Augustin beziehe er aber in dieser für Renaissance-Humanisten fundamentalen Frage eine Position, die es verbiete, ihn als einen Humanisten zu bezeichnen. Man wird ihn dann lediglich als einen *humanistisch hervorragend geschulten Theologen* zu bezeichnen bereit sein. Seinen Ärger über einen ungebildeten Mann der kirchlichen Praxis wie Kuntz wird man dann lediglich als eine Empfindlichkeit des jungen Calvin bewerten. In der Aussage des Karmeliten Blanckaert wird man hervorheben, dass für diesen letzten Endes eben doch die unterschiedliche Position in der Stellung zur altgläubigen Kirche entschied.

Augustijn, Cornelis: Calvin und der Humanismus (in: Neuser, Wilhelm H. [Hg.]: Calvinus servus Christi, 1988, 127–142).
Millet, Olivier: Calvin et la dynamique de la parole. Etude de rhétorique réformée, 1992.
Spitz, Lewis W.: Humanismus/Humanismusforschung (TRE 15, 1986, 639–661).

Christoph Burger

3. Calvin und die Juden

Calvins Verhältnis zu den Juden ist in den vergangenen 50 Jahren wiederholt Gegenstand verschiedener Untersuchungen gewesen. Dabei wurde sowohl die Frage nach nachweisbaren Kontakten zum zeitgenössischen Judentum im 16. Jahrhundert als auch die theologische Einordnung des Judentums durch Calvin erörtert. Ein hilfreicher Überblick zum Stand der Forschung bis zum Jahr 2000 findet sich bei Achim Detmers, *Reformation und Judentum* (Detmers 2001).

3.1. Calvins Kontakte zum zeitgenössischen Judentum

Hinsichtlich möglicher Kontakte Calvins zum Judentum seiner Zeit ist man gänzlich auf Vermutungen angewiesen.

Weder für die Frühzeit seines Schaffens in Frankreich, noch für den Aufenthalt in Basel (1535) und Ferrara (1536), noch für seinen ersten Genfer Aufenthalt (1536–1538) lässt sich eine gesicherte Aussage machen. Die Wahrscheinlichkeit, auf Juden zu treffen und die damit verbundene Möglichkeit zu einer Begegnung wäre somit allenfalls in Ferrara gegeben gewesen, wo Anfang des 16. Jahrhunderts ca. 3000 Juden lebten. Der Zuzug von Juden aus Spanien und Portugal wurde in dieser Zeit von Herzog Ercole d'Este von Ferrara ausdrücklich propagiert.

Auch für seine Schaffensperiode in Straßburg (1538–1541) lässt sich keine wirklich gesicherte Aussage machen. Zwar wird in diesem Zusammenhang immer wieder auf Calvins Reisen nach Frankfurt am Main (1539) sowie zu den Religionsgesprächen nach Hagenau, Worms (1540/41) und Regensburg (1541) aufmerksam gemacht. Ob Calvin die Judengemeinden in Frankfurt, Hagenau und Worms aber überhaupt wahrgenommen hat, ist völlig offen. In Regensburg gab es seit ihrer Vertreibung im Jahre 1519 keine Juden mehr.

Die kontrovers diskutierten Auseinandersetzungen um die Duldung der Juden in der Stadt Straßburg und die damit im Zusammenhang stehende Diskussion auf dem Frankfurter Fürstentag (1539) wegen des hessischen Judenratschlags dürften Calvin kaum verborgen geblieben sein.

Wahrscheinlich ist auch, dass er um den Streit Martin Bucers mit Josel von Rosheim wegen der hessischen Judenordnung wusste. Dennoch sind wir auch hier wiederum auf Vermutungen angewiesen.

Nach Calvins erneuter Rückkehr nach Genf im Jahre 1541 ist die Sachlage kaum anders.

Achim Detmers weist in seiner Studie für diese Zeit auf mögliche Kontakte Calvins mit dem konvertierten Juden Paulus Italus hin und widmet der Tatsache, dass der Reformator sich ebenfalls für den vom Judentum konvertierten Hebraisten Immanuel Tremellius einsetzt, besondere Aufmerksamkeit.

In der Tat trifft es zu, dass Calvin 1547 einige Anstrengungen unternahm, den Hebraisten nach Bern zu bekommen. Nach dem offenkundigen Scheitern der Verhandlungen mit Bern setzte er sich dann auch dafür ein, Tremellius eine Hebräischdozentur an der Lausanner Akademie und schließlich auch an der Genfer Akademie anzubieten (1558).

Unübersehbar ist schließlich, dass Immanuel Tremellius für Calvin zu einem wichtigen Gesprächpartner geworden war, zumal dieser den Genfer Katechismus (1551 und in einer zweiten Ausgabe 1554) ins Hebräische übersetzte und Calvin so in seiner literarischen judenmissionarischen Arbeit unterstützte.

Interessant mag ein Ereignis sein, dass in den zweiten Aufenthalt Calvins in Straßburg im Jahre 1543 fällt. In Straßburg gab es in dieser Zeit eine heftige Kontroverse über die Frage, ob die deutlich antijüdische Schrift Luthers *Von den Juden und ihren Lügen* in der Stadt nachgedruckt werden dürfe. Der Rat der Stadt hatte dem seinerzeit nicht stattgegeben.

Nun kennen wir zwar den Wortlaut einer Anfrage des Ambrosius Blaurer an Calvin aus dem Jahre 1561, wo er ihn fragt, ob er die scharfen Ausführungen Luthers in seiner Judenschrift von 1543 kenne und darüber hinaus um eine grundsätzliche Stellungnahme hinsichtlich der Duldung von Juden in einer christlichen Gesellschaft bittet. Calvins Antwort ist aber leider nicht bekannt und so sind wir auf seine expliziten Äußerungen in seinen theologischen Schriften sowie in seinen Predigten angewiesen.

3.2. Calvins Sicht der Juden in seinen theologischen Werken

Calvins Position hinsichtlich seiner theologischen Bewertung des Judentums lässt sich besonders deutlich in seinem Römerbrief-Kommentar sowie in den einzelnen Ausgaben der *Institutio* nachzeichnen. Seine Schrift *Ad quaestiones et obiecta Judaei cuisdam* (CO 9,657–674), die aus seiner letzten Schaffensperiode stammt und in der er sich nochmals mit dem Judentum auseinandersetzt, trägt aufgrund ihrer deutlich polemischen Ausrichtung wenig zur Kennzeichnung seiner theologischen Grundposition bei.

Es fällt nun auf, dass Calvin sich besonders im Rahmen seiner Ausführungen über das Bundes- und das Erwählungshandeln Gottes zum Judentum äußert. Er betont dabei sowohl die grundsätzliche *Einheit des Bundes* als auch das ganz und gar *freie Erwählungshandeln Gottes*; beides gehört für ihn allerdings konstitutiv zusammen. Der Bund mit den Vätern habe sich im Wesen und in der Sache nicht vom »Neuen Bund« unterschieden (Inst. II.10.2). Freilich legt Calvin dabei das Gewicht auf eine betont christologisch bestimmte Sicht:

»Von Anbeginn der Welt an gehörten alle Kinder der Verheißung, alle von Gott Wiedergeborenen, alle die im Glauben, der durch die Liebe tätig ist, den Geboten gehorcht haben, zum neuen Bund.« (Inst. II.11.10).

Galt dies jedoch *bis zum* Erscheinen des Christus in der Welt, so gilt *nun*, dass nur diejenigen, die Christus als den Geber solchen Segens im Glauben annehmen, Erben der Verheißung und darum auch Kinder Abrahams heißen (Inst. IV.16.12). Obwohl den Juden einmal das Vorrecht der Erstgeborenen in der *familia Dei* zukam, ist der Segen Gottes, sofern sie seinen Christus nicht annehmen, von ihnen gewichen (Inst. IV.16.14).

Signifikant erscheint nun aber, dass Calvin der Christusbezogenheit seiner Argumentation die Freiheit göttlicher Erwählung an die Seite stellt. Er lässt keinen Zweifel daran, dass die leibliche Nachkommenschaft Abrahams ihre Gotteskindschaft grundsätzlich verwirkt hat, sofern sie Jesus nicht als den Messias angenommen habe. Und dennoch gibt es auch für sie noch eine deutliche Hoffnungsperspektive. So setze sich das *Israel Gottes* aus Heiden *und* Juden zusammen. Dabei betont Calvin freilich das an der Erwählung orientierte freie Erbarmen Gottes: »Schließlich bleibt der Bund Gottes auch für die leibliche Nachkommenschaft Abrahams in Geltung, freilich nur für diejenigen, die der Herr in freier Wahl vorherbestimmt hat.« (Komm. Rom. Arg./ Parker 1981, 9).

Auch zieht sich der paulinische Gedanke vom *Rest*, der sich freilich einmal zu Christus bekehrt, deutlich durch Calvins Argumentation (Vgl. etwa Komm. Rom. 11, 26 / Parker 1981, 257).

3.3. Die Juden in Calvins Predigten

Obwohl es für Calvin keinen äußeren Grund gab, sich homiletisch mit dem zeitgenössischen Judentum auseinanderzusetzen, da in der Stadt Genf seit 1491 keine Juden mehr geduldet wurden, macht er in seinen Predigten doch unmissverständliche und eindeutige Aussagen zur Bewertung des Judentums.

In einer Linie mit den Papisten und den Türken sind auch die Juden für ihn deutliches Beispiel für den Irrglauben. Darüber hinaus finden sich aber auch speziell dem Judentum gewidmete Argumentationslinien. Dabei fällt auf, wie sehr Calvin sich der üblichen Sukzessionsargumentation bedient, wonach die christliche Kirche an die Stelle der Juden getreten sei: »maintenant les Juifz sont retranchez comme membres pourriz. Nous sommes entez en leur place« (Pred. 2 Sam. 24,24/SC I,766) und »maintenant ils sont du tout retranchez et nous sommes succedez en leur place« (Pred. Jes 14,2/SC II,36).

Auch spiegelt sich Calvins *christologisch* bestimmte theologische Argumentation hinsichtlich der Einordnung und Bewertung des Judentums in seinen Predigten: »ilz (sc. les Juifs) ont renoncé celuy par lequel ilz debvaient regner sur tout le monde, c'est ascavoir Nostre Seigneur Jesus Christ, et se sont mis en la tirannye de Sathan« (Pred. Jes 14,2/SC II,36). Calvin wird daher nicht müde zu betonen, dass es eben nicht die leibliche, sondern die sich im Glauben an den Christus erweisende *geistliche Kindschaft Gottes* (*enfans spirituels*) ist, die einzig zähle.

Auch wenn Calvin verglichen mit der polemischen Judenschelte seiner Zeit insgesamt eher zurückhaltend erscheint, charakterisiert er das Judentum in seinen Predigten doch durchgängig negativ. Die Eindeutigkeit seiner Aussagen lässt hierin keinerlei Zweifel zu. Immer wieder nennt er sie »chiens profanes« (Pred. Gal 1,6–8/CO 50,307), »une nation barbare« (Pred. Mi. 4,10b-11/SC V,145) oder »le peuple d'Israel, qui est reiette de Dieu« (Pred. Dtn 10,1–8/CO 27,6).

3.4. Schluss

Zusammenfassend bleibt somit festzustellen: Calvin sieht das Judentum durchgängig kritisch. Auch bei ihm finden sich die sonst üblichen Stereotypen der gängigen Polemik – konzentriert freilich insbesondere in seinen Predigten.

Eine historisch konkrete Kenntnis der Judenschaft seiner Zeit lässt sich bei ihm ebenfalls nicht zweifelsfrei belegen. Dennoch kann sie nicht ausgeschlossen werden, zumal er in seiner einzigen bekannten Äußerung zu dieser Frage im Jahre 1561 bemerkt: »Ego saepe loquutus sum cum multis Iudaeis: nunquam vidi guttam pietatis, nunquam micam veritatis vel ingenuae naturae, imo nihil communis sensus in ullo Judaeo unquam deprehendi.« (Komm. Dan 2,44/CO 40,605).

DETMERS, Achim: Reformation und Judentum. Israel-Lehren und Einstellungen zum Judentum von Luther bis zum frühen Calvin (Judentum und Christentum 7), 2001.

LANGE VAN RAVENSWAAY, J. Marius J.: Calvin und die Juden – eine offene Frage? (in: OBERMAN, Heiko A. u.a. [Hg.]: Reformiertes Erbe. Festschrift für Gottfried W. Locher zu seinem 80. Geburtstag, Bd. 2, 1993, 183–194).

DERS.: Die Juden in Calvins Predigten (in: DETMERS, Achim/DERS., J. MARIUS J. [Hg.]: Bundeseinheit und Gottesvolk. Reformierter Protestantismus und Judentum im Europa des 16. und 17. Jahrhunderts, 2005, 59–69).

POTTER ENGEL, Mary: Calvin and the Jews, a textual puzzle (PSB.SI 1, 1990, 106–123).

SWEETLAND LAVER, Mary: Calvin, Jews, and intra-Christian Polemics, Diss. Philadelphia 1987.

J. Marius J. Lange van Ravenswaay

4. Calvin und die Täufer

4.1. Die ersten Reformatoren und die Täufer

Zwingli und Oekolampad in Zürich und Basel sowie Bucer in Straßburg mussten sich mit den Radikalen wesentlich mehr auseinandersetzen als Calvin. Die Täufer waren zur Zeit der Reformation eine weit verzweigte und heterogene Bewegung, deren einzelne Strömungen nicht so leicht auf einen Nenner zu bringen sind (Fast 1962).

Luther polemisierte sehr scharf gegen die Bewegung von Thomas Müntzer und sah zwischen den Anhängern Zwinglis, den Spiritualisten wie Karlstadt, den Schwärmern und den pazifistischeren wie revolutionären Täufern keinen Unterschied. Diese mangelnde Unterscheidung beruhte auf einem Missverständnis und hat die Einheit der Reformation verhindert.

Zwingli musste sich mit einer pazifistischen Gruppenbildung von radikalen Täufern auseinandersetzen, die sich gegen ihn wandten, weil sie der Meinung waren, er bliebe auf halbem Wege mit der Durchsetzung der Reformation stehen. Zwingli wurde gezwungen, diesen Täufern entgegenzutreten und ihre radikalen Forderungen abzuweisen. Zwingli erkannte, dass die Differenzen mit den Täufern nicht in erster Linie in der Wiedertaufe lagen, sondern in der buchstäblichen Forderung nach einer heiligen Gemeinde. »Man sollte ein besonderes Volk und eine besondere Kirche gründen und in dieser Kirche ein christliches Volk haben, das heilig leben sollte, dem Evangelium verbunden und sich diesem widmend, ohne Steuern und Wucher« (Z 4,169, Drei Zeugenaussagen Zwinglis im Täuferprozess 1525). Von diesem Kirchenverständnis aus wurde die Kindstaufe in Frage gestellt. In seiner Widerlegung der Wiedertaufe beruft Zwingli sich auf den Bund. Die Taufe ist wie die Beschneidung im Alten Testament ein Zeichen und Siegel des Bundes. Aus Zwinglis Sicht begriffen die Täufer in ihrem naiven Biblizismus und Individualismus nicht die Bedeutung der Einheit von Schrift und Bund. Den Täufern zufolge beruht die Taufe auf dem Versprechen, das die Gläubigen bei der Taufe ablegen. Auch aus seiner Amtsauffassung heraus wandte sich Zwingli gegen die eigenmächtigen Aktivitäten der Laienprediger, die überall umherzogen, aber keine wahren Hirten waren. Dies führte zur Einrichtung der »Prophezei« in Zürich, einer Ausbildung zu Amt und Schriftlektüre.

Auch Oekolampad in Basel und Bucer in Straßburg mussten sich mit dem aufkommenden Täufertum auseinandersetzen. Besonders in Straßburg wurde die Reformation bedroht, als revolutionäre Elemente nach vorne drängten und die Ausschweifungen der Täufer in Münster bekannt wurden.

4.2. Die Verbreitung und die Heterogenität der Täuferbewegung

Calvin hat Radikale kennen gelernt und wohl auch in Frankreich getroffen. Dabei handelte es sich nicht um Täufer, denn diese befanden sich hauptsächlich im niederländischen oder deutschen Sprachgebiet. Es ist historisch bemerkenswert, dass sich das Täufertum zwar in den deutschsprachigen Gebieten verbreitete, man in den französischsprachigen Gebieten aber kaum von Täufern im eigentlichen Sinn sprechen kann. Dort sind die Radikalen eher Freigeister, die »libertins spirituels«. Der große Strom der Täuferbewegung zog sich durch Deutschland, die deutschsprachige Schweiz, Österreich und die Niederlande. In Frankreich und Italien konnte man die »libertins spirituels«, wie Calvin sie nannte, von den »anabaptistes« unterscheiden. Das Täufer-Experiment des »neuen Jerusalem« in Münster, das zu Ausschweifungen und viel Blutvergießen führte, nötigte Calvin dazu, seine französischen Glaubensgenossen vom Anabaptismus sowie von revolutionären und rebellischen Tendenzen freizusprechen. In Deutschland wie in Zürich und Bern wurden die Täufer hart verfolgt und umgebracht. In den französischsprachigen Gebieten war das anders: Sowohl in Straßburg als auch in Genf wurden die Täufer verbannt, Todesurteile wurden jedoch nicht vollstreckt.

4.3. Calvins unmittelbare Kontakte zu den Täufern

Calvins erste Ausgabe der *Institutio* mit einem Begleitbrief an König Franz I. ist eine Apologie und ein Bekenntnis. In Genf hat er ein einziges Mal direkt mit Täufern in Kontakt gestanden. Dabei handelte es sich nicht um Einwohner der Stadt, sondern um umherziehende Laienprediger, die mit Pfarrern den Disput suchten. Das Ganze blieb ergebnislos und sie wurden vom Rat vor die Stadtmauern gesetzt. Einer von ihnen war Jean Stordeur.

In Straßburg nahm Calvin 1539 an der Synode teil. Dort führte er verschiedene Gespräche mit Predigern der Täufer. Nach den Aussagen Bezas und Colladons konnte Calvin in Straßburg viele Täufer zurück in die Kirche holen, darunter Paul Volz und Jean Stordeur (CO 21,31; CO 31,62). Mit Letzterem hatten Calvin und Farel bereits in Genf Dispute geführt. Jean fiel der Pest zum Opfer. Seine Witwe, Idelette de Bure aus Lüttich, wurde Calvins Ehefrau. So hat Calvin aus nächster Nähe die Mentalität und Frömmigkeit der Täufer kennen gelernt.

Warum konnte Calvin die Täufer für sich gewinnen? Obwohl er ihren Radikalismus weiterhin ablehnte, honorierte er es zweifellos, wenn sie seiner Meinung nach im Recht waren: die sittliche Strenge der Täufer und ihr Drängen auf die Zucht korrespondierten mit Calvins Nachdruck auf Lebensheiligung, Zucht und Freiheit der Kirche gegenüber der Obrigkeit.

Calvin handhabte in Bezug auf das Abendmahl die kirchliche Zucht, was die Täufer sehr angesprochen haben dürfte. Aus verschiedenen Orten in der Umgebung von Straßburg kamen sie zu ihm, um ihre Kinder von ihm taufen zu lassen. Zu diesem Zwecke erstellte Calvin eine Taufformel, die er sogar auf seinem Sterbebett erwähnte:

»Ich war gezwungen, auch eine Formel für die Taufe zu erstellen, als ich in Straßburg war und man mir die Kinder von Anabaptisten aus fünf oder zehn Orten in der Umgebung brachte, damit ich sie taufte. Ich habe die Formel einfach so gemacht. Aber wie sie jetzt ist, rate ich euch nicht, sie zu ändern« (OS 2,404).

4.4. Differenzen in der Lehre

Es gibt aber auch Unterschiede: Bei Calvin wurde die Heiligung nicht verselbstständigt, sie ergibt sich immer aus der Rechtfertigung. Man denke nur an seine Abwehrhaltung gegen den Perfektionismus. In der Kirchenzucht wachte Calvin sorgfältig über den Rigorismus. In der Staatslehre war ihm mit einem Mal jede »Apolitie« fremd. Er wusste die »edle täufersche Glut: den Lebensgeist der Täufer« in sein Denken und seine reformatorische Praxis aufzunehmen, jedoch ohne die Rechtfertigung durch den Glauben von ihrer zentralen Position zu verdrängen. Von Bucer übernahm Calvin die Zucht in der Kirche, und so erhielt er Spielraum für seinen Kirchenbegriff, ohne in Weltflucht zu verfallen oder in das donatistische Streben der Täufer nach einer Kirche, die nur aus Heiligen besteht.

Dabei ist Calvin wissenschaftlich und theologisch jedem Prediger der Täufer überlegen. Wichtig ist jedoch die zutiefst geistliche Einsicht, dass das Werk des dreieinigen Gottes in dieser Welt nicht in einer *ekklesiola* oder einem *imperiolum* eingeschlossen werden darf. Hier müssen vor allem Katholizität, Ökumenizität und Theokratie als wichtige Unterscheidungsmerkmale zwischen Calvin und den Täufern genannt werden. Bei Calvin findet sich immer wieder der Vorwurf der *confusio* den Täufern gegenüber. Sie brächten alles durcheinander, zum Beispiel die geistliche und weltliche Herrschaft. Calvin warf ihnen die Lehre der *nova creatio* vor. Die Welt liege im Bösen und werde darum von den Täufern aufgegeben. Calvin bekennt die Treue Gottes seiner Schöpfung gegenüber. Gott setze seine Kirche in diese Welt, so sehr sie auch von der Sünde zerstört werde, und er rufe dazu auf, sich nicht aus der Welt zurückzuziehen, sondern diese ganze Welt zu heiligen.

4.5. Die Reformation der Kirche in Genf

Nach seiner Rückkehr nach Genf (1541) versuchte Calvin, eine geordnete Kirche aufzubauen. Dabei konnte er sich seine Erfahrungen zunutze machen, die er in Straßburg gesammelt hatte. Sein Ziel war eine Kirche, in der die Gemeinschaft untereinander gelebt werden sollte. Er schenkte dem Pastorat große Aufmerksamkeit. Eine der Bedingungen, die Calvin mit seiner Rückkehr verknüpfte, war die Einteilung Genfs in Stadtviertel, sodass die pastorale Arbeit besser funktionieren würde. In seiner Kirchenordnung hatte er die Selbstständigkeit der Kirche gegenüber der Obrigkeit vor Augen. Nicht, dass er die Obrigkeit aufgeben wollte, wie die Täufer es taten, die alle Regierungsämter als verbotenes Terrain für Gläubige bezeichneten. Für sie waren Diener der Obrigkeit Männer des Blutes. So nannte auch Menno Simons jene Reformatoren, die das Regierungsamt in Ehren hielten. Calvin wollte durch ein prophetisches Zeugnis die Obrigkeit unter die

Herrschaft des göttlichen Wortes stellen. Es war ihm nicht genug, wenn das Wort nur gepredigt wurde. Gleichzeitig ging es um die *praxis pietatis*, seine Wirkung.

4.6. Calvins Polemik in seinen Schriften gegenüber den Täufern

1544 schrieb Calvin zwei Traktate: eines gegen die Täufer (CO 7,45–142; COR 4,2, *Briève Instruction pour armer tous bons fideles contre les erreurs de la secte commune des anabaptistes*) und ein deutlich schärferes gegen die »libertins spirituels« (CO 7,145–248, *Contre la secte phantastique et furieuse des libertins qui se nomment spirituelz*). Die Täufer wollten sich der Herrschaft der Heiligen Schrift unterwerfen. »Es ist eine Sekte, die die Heilige Schrift akzeptiert, genau wie wir.« Im Konflikt mit den Täufern geht es um die Frage der rechten Interpretation der Schrift. Für Calvin war das *sola scriptura* untrennbar mit dem *sola gratia* verbunden, während die Täufer sich auf den »freien Willen« beriefen und damit in papistischen Synergismus verfielen. Die »libertins spirituels« böten nicht nur ein Bild närrisch Irrender. Da sie sich für »geistlich« hielten, glaubten sie von der Herrschaft der Schrift frei und aus der Unterscheidung zwischen Gut und Böse entlassen zu sein. Gegen sie schrieb Calvin ein eigenes Traktat »um die giftige Bösartigkeit dieser armen Teufel aufzudecken, welche unter dem Schein der Geistlichkeit die Menschen den willenlosen Tieren gleichstellen wollen«.

In der Schrift gegen die Anabaptisten widerlegte Calvin, genau wie Zwingli (Z 6/1,1–196, *In catabaptistarum strophas elenchus* 1527), das Glaubensbekenntnis von Schleitheim, das aus sieben Artikeln bestand. Dieses war 1527 auf einem Täufertreffen in Schleitheim bei Schaffhausen vom Täufer Michael Sattler verfasst worden. 1543 fanden im Jura diverse Täuferveranstaltungen statt und eine französische Übersetzung dieses Bekenntnisses wurde verteilt. Farel unterschlug ein Exemplar und schickte es Calvin mit der dringenden Bitte, es zu widerlegen. Calvin kam der Bitte nach und widerlegte das Bekenntnis Punkt für Punkt.

Der erste Artikel handelt von der Taufe. Ohne die Autorität der Schrift schmälern zu wollen, ohne eine Auffassung nahe zu legen, nach der eine Lehre oder religiöse Praxis aufgrund ihres Alters respektiert werden müsse, richtet sich Calvin gegen die Behauptung der Täufer, die Kindstaufe sei eine Erfindung des Papsttums. In seinen Augen stellt es eine unverschämte Lästerung dar, die Kindstaufe der Alten Kirche zu bestreiten.

Nach Mk 16,16 gesteht Calvin den Täufern zu, dass die Lehre, nämlich der katechetische Unterricht, dem Sakrament der Taufe vorangehen muss. Er erkennt diese Reihenfolge aber nur für diejenigen an, die der Kirche fremd sind, für Türken, Juden und Heiden, nicht jedoch für Kinder solcher, die bereits getauft sind.

Der Reformator von Genf wollte die Gemeinschaft des Heils gegen etwas verteidigen, was man den religiösen Individualismus der Täufer nennen kann. Dazu berief er sich vor allem auf 1Kor, 7,12–14 und auf Gen 17,7. Calvin zeigt, dass die Beschneidung, obwohl sie äußerlich etwas anderes darstellt, dasselbe ist wie die Taufe. Die Taufe schließe Erneuerung des Lebens und Bekehrung sowie die Verheißung der Sündenvergebung ein. Bei der Beschneidung seien diese Aspekte mindestens genauso wichtig. So wie die Beschneidung bei allen Nachkömmlingen Abrahams durchgeführt wurde, müssten auch die Kinder der Christusgläubigen als Mitglieder des Neuen Bundes getauft werden.

Calvin stellt der Freiwilligenkirche der Täufer die Gemeinde gegenüber, in der die Versprechen Gottes an erster Stelle stehen. Ist jemand in die Gemeinschaft der Gläubigen aufgenommen, wurde das Versprechen ihm und seinen Kindern gegeben. Natürlich müsse ein Erwachsener unterrichtet werden, um ein Glied der Gemeinde zu werden, seine Kinder würden aber aufgrund des Unterrichts aufgenommen, den die Eltern oder ein Elternteil erhalten haben.

Der zweite Artikel handelt von der kirchlichen Zucht und der Verbannung oder Exkommunikation.

Auch auf diesen Artikel geht Calvin ausführlich und kritisch ein. Schließlich ist er ebenso wie die Täufer ein engagierter Verteidiger der kirchlichen Zucht. So beginnt er mit der Feststellung, die Zucht sei eine gute und heilige Einrichtung, die in der Kirche nicht nur nützlich, sondern auch notwendig sei. Polemisch fügt er direkt hinzu, die Täufer seien in diesem Punkt von der Reformation abhängig.

Im Anschluss an die Definition von Kirche in der *Confessio Augustana* schreibt Calvin, dass es nicht legitim sei, sich von einer Kirche abzuspalten, in der das Wort Gottes rein verkündigt werde und in der die Sakramente in Übereinstimmung mit dem Evangelium ausgeteilt würden. Mit anderen Worten: Calvin weigert sich, die Zucht als drittes Merkmal der wahren Kirche zu betrachten.

Er erinnert daran, dass die Kirche von Korinth und die Kirchen von Galatien von Paulus trotz ihrer Unvollkommenheiten als Kirchen Gottes anerkannt wurden. Die Kirche sei aus zwei Gründen nie fleckenlos rein: weil kein Mitglied so rein und vollkommen sei, dass es nicht von vielen Unzulänglichkeiten umgeben ist und weil es in der Herde der Guten immer tugendlose Heuchler gebe. Für Calvin ist die Kirche also ein »durchmischter Körper« (*corpus permixtum*), in dem bis zum Jüngsten Tag die wahren Gläubigen und die Gottlosen nebeneinander existieren. Leugnet man dies, verfalle man den Irrungen der Donatisten und Katharer.

Calvin verweist auf das Vorbild der Propheten in Israel, die im Gottesdienst mit ihrem Volk solidarisch blieben, auf das Beispiel Jesu, der an den Zeremonien des Tempels in Jerusalem teilnahm, und auf Paulus, der auf seinen Sendungsreisen den Besuch einer Stadt immer in der Synagoge begann. Calvin glaubt nicht, dass sich ein Christ befleckt, wenn er am Abendmahl einer Kirche teilnimmt, die nicht alle Sünder und Gottlosen aus ihrer Mitte ausgeschlossen hat. Im Gegenteil, er ist der Meinung, dass die Angst, man könne sich im Kontakt mit einem anderen geistlich beschmutzen, manchmal zu Selbstgerechtigkeit führt.

Calvin verweist auf die fehlerhafte Interpretation von Mt 18,17 im zweiten Artikel von Schleitheim. Man sehe dort eine Exkommunikation, wo Jesus von einer Ermahnung vor der Kirche spreche. Calvin merkt an, dass in diesem Artikel derjenige, der aus Unwissenheit gesündigt hat, exkommuniziert wird und die eigensinnige Sünde nicht vergeben werden kann. Calvin lehnt diesen Rigorismus der Täufer ab. Er findet, dass sie, wenn sie den Sündern gegenüber eine außergewöhnliche Härte an den Tag legen, die Gnade Gottes abscheulich lästern und sich einer verderblichen Träumerei überlassen, um alle Seelen in Verzweiflung zu stürzen. Von pastoraler Sorge getrieben, vergisst Calvin gerade in seinem Verlangen, die kirchliche Zucht wiederherzustellen, nicht, dass der ehrlichste Gläubige immer ein Sünder bleibt. Die Ursache des Rigorismus der Täufer liege darin, dass das Urteil des Menschen schwerer wiege als das Urteil Gottes, dem es ja an Barmherzigkeit nicht fehle. Es zeuge von einem extrem harten Standpunkt, wenn man keinen einzigen Fehler in der Gemeinde ertragen will.

Der dritte Artikel von Schleitheim präzisiert die Bedingungen für die Zulassung zum Heiligen Abendmahl. Calvin findet in diesem Artikel nichts, was er widerlegen müsste. Er interpretiert ihn *in bonam partem*. Damit zeigt er, wie wichtig ihm die Wiedergeburt der Gläubigen ist. Er sagt dazu:

»Ihr dritter Artikel handelt vom Empfangen des Abendmahls. Und darin sagen sie nichts, dem wir nicht zustimmen und wie wir es nicht jeden Tag predigen. Nämlich, dass sich niemand dieser heiligen Tafel nähern darf, der nicht wahrhaft vom Leib Jesu Christi ist, einen einzigen Gott mit allen Gläubigen gemeinsam anbetet und ihm dient in guter und gesetzlicher Berufung.« (CO 7,77; COR IV/2,64)

»Aber wenn man sich zum vierten Artikel aussprechen muss, wie man sich von allen Besudelungen der Welt abzuspalten hat, um sich ganz Gott zu fügen, dann beginnen sie wieder alles zu verderben.« (CO 7,77; COR IV/2,64)

Dieser Artikel stellt den bereits erwähnten Separatismus in den Vordergrund und beschreibt einen beinahe manichäischen Dualismus zwischen Gut und Böse, Gläubigen und Ungläubigen, Licht und Dunkelheit, Christus und Belial. Alles läuft auf die vollkommene Trennung und Vermeidung der bösen Welt hinaus. Die Täufer, so Calvin in einer kurzen Besprechung, fingen gut an, wenn sie alle papistischen Abergläubischen verurteilen und den Christen verbieten, sich mit ihnen zu verbinden. Aber das Problem käme zum Schluss: die absolute Ablehnung von Gewalt. Calvin setzt dem entgegen, dass der individuelle Gebrauch des Schwerts, um sich gegen das Böse zu widersetzen, niemandem erlaubt sei. Die Waffen der Christen seien das Gebet und die Sanftmut, geduldig zu sein mit Unzulänglichkeiten und das Böse zu überwinden, indem man Gutes tut. Die Verurteilung der öffentlichen Macht des Schwertes, die Gott zu unserem Schutz eingesetzt habe, sei Gotteslästerung. Calvin wäre kein Jurist, würde er nicht gleichzeitig für das Recht einer gesetzlichen Verteidigung der Fürsten plädieren und als Verfechter des Militärdienstes auftreten. Auch dabei handele es sich um eine heilige Berufung der Christen (vgl. Apg 10).

Auch in der Widerlegung des fünften Artikels ist Calvin kurz und heftig. Er schreibt, die Täufer fassten das Pastorenamt inzwischen als ortsungebundene Tätigkeit auf.

»Sie hatten die Träumerei, dass es gegen den Willen Gottes war, wenn Pfarrer mit einem bestimmten Ort verbunden sind. Sie wollten, dass alle, die dieses Amt bekleideten, von der einen auf die andere Seite rennen und die Aposteln wie Affen nachmachen müssten, statt sich wie wahre Nachfolger zu verhalten« (CO 7,79; COR IV/2,67).

Calvin ist ein Meister der Feder. »Most suitable of all animals for human comparisons is the monkey, with its quasi-human gestures, yet without human intelligence« (Higman 1967). Die Täufer erkennen ihren Irrtum in diesem Punkt und Calvin beeilt sich zu bekräftigen, er stimme mit ihnen absolut darin überein, »dass keine Kirche ohne Amt bestehen kann«. Gleichzeitig spricht Calvin sie auf ihren Separatismus an. Sie müssten die Konsequenzen daraus einsehen.

»Denn überall dort, wo ein Diener angestellt ist, der getreu sein Amt erfüllt, muss jeder, der Christ sein will, sich ihm fügen und seinen Dienst mit dem übrigen Teil der Herde teilen [...]. Aber was tun sie? Weil uns ihre Irrungen nicht behagen, so sehr wir das Wort Jesu Christi treu erbringen, sind wir für sie raublüsterne Wölfe und haben sie eine solche Verachtung für uns übrig, dass sie glauben, sie hätten Gott tödlich beleidigt, wenn sie eine Predigt von uns gehört haben [...]. Darum bestellen sie in großer Eile Diener, um die Kirche auseinanderzubringen und das Volk auseinanderzureißen, sodass der Name des Herrn nicht in Einheit und Eintracht angerufen wird, wie es sich gehört« (CO 7,79; COR IV/2,68).

Des Weiteren geht Calvin ausführlich auf den sechsten Artikel über die Obrigkeit ein. Die Schwertmacht der Obrigkeit wurde von den Täufern zwar als »Ordnung Gottes« angesehen, jedoch »außerhalb der Vollkommenheit Christi«.

Calvin sieht zwischen Christentum und Rechtsstaat oder irdischer Obrigkeit keinen Gegensatz. Um seinen Standpunkt zu verdeutlichen, verweist er auf das Alte Testament. Er zeigt, dass die zivile Regierung des Volkes Israels nicht nur Abbild des geistigen Reichs Jesu Christi war, sondern auch eine schöne und gute politische Ordnung. Die christliche Kirche hat kein Recht, den bürgerlichen Rechtsstaat auszuschließen. Was im Alten Bund gut war, ist es auch im Neuen Bund. Er widerspricht der Meinung, die von Gott verordnete Macht des Schwertes sei nicht Teil der christlichen Vollkommenheit. Nach Röm 13,1–7 sind die weltlichen Herrscher Gottes Diener zum Schutz der Guten und zur Bestrafung der Bösen. Diese Autoritäten haben ihre Macht von Christus. Ihr Amt ist heilig. Sie erfüllen eine notwendige Funktion zum allgemeinen Nutzen des menschlichen Geschlechts.

Calvin macht die Täufer zu Vertretern einer anarchistischen Sekte, deren Äquivalent schon den Aposteln bekannt war.

Er liefert am Beispiel Davids das Gegenargument zu der These, ein Christ könne, weil er in der Folge Christi leiden müsse, kein Herrschaftsamt ausüben. David zeige, dass die Ausübung der Herrschaft nicht ausschließt, dem Schmerzensmann ähnlich sein zu können.

Bezüglich des Eids erklärten die Täufer im siebten Artikel ihres Bekenntnisses, dass das einfache Verbot in der Bergpredigt diesen ungesetzlich werden lasse. Calvin dagegen hält es für vollkommen legitim, wenn man unter anderem sehe, wie die Frommen im Alten und Neuen Bund den Eid ablegten. Schlechte Zwecke oder

Exzesse müsse man verurteilen. Es sei aber nicht richtig, das Gute allgemein zu verurteilen, um Missbrauch zu verhindern. Calvin will sich nur der Regel der Mäßigung (*modération*) anpassen, die in seiner Ethik eine wichtige Rolle spielt.

Calvin hält am heiligen Charakter des Eids fest. Einen Eid abzulegen bedeute, Gott als Zeugen anzurufen. Daraus folgt, dass ein Mensch nur ein Gelübde in der Furcht des Herrn ablegen darf, in besonderer Ehrfurcht und Niedrigkeit. Eine solche Definition schließt jeden Missbrauch aus, denn es würde sich dabei um Gotteslästerungen, leichtfertige Eide, Meineide und falsche Bezeugungen handeln.

Calvin verwirft den Gegensatz zwischen dem Gesetz und der Vollkommenheit des von Jesus unterwiesenen Gesetzes, den die Täufer für den Eid aufstellten. Er hält an der Einheit von Heiliger Schrift und Altem und Neuem Testament fest und ist der Meinung, dass sich die Vollkommenheit bereits in der Gesetzesunterweisung befindet, wie sie Moses von Gott offenbart wurde. Er bekräftigt, dass Christus dem dritten Gebot nichts hinzugefügt, sondern das Gesetz interpretiert hat, indem er seinen wahren Sinn von allen »Glossen« befreit hat, mit denen die Schriftgelehrten und Pharisäer ihn verfälscht hatten.

Schließlich stellt Calvin die Frage nach der Redlichkeit der Behauptung, der Mensch müsse sich des Eides enthalten, da er nicht in der Lage sei, ihn zu halten, anders als Gott, der seinen Versprechen treu ist. Für Calvin ist das Ablegen eines Gelübdes einem Fürsten gegenüber kein Vertrauen auf die eigene Kraft, sondern das Vertrauen auf die Hilfe von Gottes Gnade.

4.7. Calvins Beurteilung des Pazifismus und des revolutionären Aktivismus

Der Radikalismus der Täufer weist sowohl äußersten Pazifismus als auch revolutionären Fanatismus auf. Calvin hat beides konsequent vermieden. Er wirft den Täufern vor, dass sie das geistige Königreich Christi und die zivile politische Ordnung nicht unterscheiden. Dadurch sind sie ihm einerseits zu geistlich, andererseits zu fleischlich. Calvin erkennt, dass der Unterschied zwischen der *ecclesiola* der *perfecti*, die wehrlos inmitten einer gottlosen Welt lebt und geduldig auf die Ankunft des Königreichs wartet, und der Sekte der Fanatiker, die als Werkzeuge Gottes revolutionär das Königreich herbeiführen und mit Gewalt Ungläubige und Gottlose unter dem Willen Gottes gebeugt sehen wollen, nicht so groß ist. Die seit Münster naheliegende, aber leichtfertige Beschuldigung, die Reformierten seien staatsgefährliche Elemente wie die Täufer, trifft Calvin existenziell. Darum ruft er überall zur Loyalität gegenüber der uns zugewiesenen Herrschaft auf und distanziert sich von revolutionären Unruhen. Dies klingt in der Abendmahlsformel an, wo »nur die, die Zwietracht, Sekten und Meutereien in Kirchen und weltlichen Regierungen begehren« zurückgewiesen werden. Es sind törichte, barbarische Menschen, die die Obrigkeit, also die von Gott gestellte Ordnung, umstoßen wollen.

Calvin lehnt die Weltflucht der Täufer ab. Wir dürften unserer Berufung in dieser Welt nicht entsagen. Calvin gesteht den Täufern zu, dass das Königreich Christi nicht fleischlich, nicht von dieser Welt, sondern geistlich ist. Sie vergäßen jedoch, dass eine irdische Rechtsordnung auch auf Christus zurückgehe. Recht und Ordnung brächten sein Königreich hervor. Das geistliche Regiment Christi habe aber in dieser Welt kein Äquivalent. Er regiere mit Wort und Geist, er unterwerfe die Welt nicht durch Gewalt, nicht durch Einsatz seiner göttlichen Allmacht, sondern durch die einladende *vocatio* und *predicatio* des Evangeliums. Christus rufe zu Glaube und Gehorsam auf und gebe den Heiligen Geist weiter, der dieses ermögliche.

Dieser pneumatokratische Ansatz in Calvins Denken hätte ihn auch in der Praxis zur Religionsfreiheit führen können. Vielleicht hat sein tiefes Erschauern vor den Exzessen der Täufer und Libertiner ihn davon abgehalten. Calvin wollte niemanden mit dem Schwert zum Glauben zwingen.

Calvin wollte dem Wohl Frankreichs ausschließlich mit gesetzlichen Mitteln dienen. Er hat seine ganze Macht und seinen ganzen Einfluss eingesetzt, um die Politisierung und den Radikalismus der französischen Protestanten einzudämmen. Deutlich ist, dass Calvin einen Mittelweg zwischen beiden Extremen der Täufer, dem Pazifismus und dem revolutionären Fanatismus, ging. Der Christ ist zum Tragen des Kreuzes gerufen, darin besteht seine *militia Christi*, aber er darf um legitime Mittel zur Herstellung von Ordnung und Recht, die sich in der Theokratie gründen, beten und nach ihnen suchen.

Balke, Wim: Calvijn en de doperse radikalen, 1973.

Farley, Benjamin W. (Hg./Übers.): John Calvin. Treatises against the Anabaptists and against the Libertines, 1982.

Hwang, Jung-Uck: Der junge Calvin und seine Psychopannychia, 1991.

Scholl, Hans: Der Geist der Gesetze. Die politische Dimension der Theologie Calvins dargestellt besonders an seiner Auseinandersetzung mit den Täufern (in: Opitz, Peter [Hg.]: Calvin im Kontext der Schweizer Reformation. Historische und theologische Beiträge zur Calvinforschung, 2003, 93–125).

(Übersetzt von *Ulrike Sawicki*) *Wim Balke*

5. Calvin und seine Gegner

Zum Gegner Calvins zu werden war nicht schwer. Calvins Mitstreiter der ersten Stunde, Louis du Tillet, der Zürcher Reformator Heinrich Bullinger, Jacques de Falais, der mit viel Mühe zur Reformation bewegt worden war, und Calvins ehemaliger Sekretär François Bauduin haben sich alle mit dem Reformator überworfen. Mit Bullinger kam es zur Versöhnung, die er selbst anregte; bei Du Tillet, De Falais und Bauduin war der Bruch dauerhaft. Louis du Tillet stand der römisch-katholischen Kirche für Calvins Geschmack viel zu gemäßigt gegenüber; Bauduin litt in seinen Augen an demselben Übel; Jacques de Falais half Bolsec bei seiner

Opposition gegen Calvins Prädestinationslehre und stellte sich außerdem auf die Seite des von Calvin verabscheuten Verfechters religiöser Toleranz, Sebastian Castellio. Heinrich Bullinger geriet schließlich, genau wie De Falais, während der Bolsec-Angelegenheit mit Calvin in Streit: er weigerte sich offen, Calvin zu unterstützen.

Aus Sicht seiner Gegner lag die Ursache der Brüche in Calvins Radikalität. Bauduin probierte, im Streit mit dem Reformator zu beweisen, dass dessen Verhalten maßlos war; Du Tillet schrieb Calvin, dass er sein Urteil allzu leicht mit dem Urteil Gottes gleichsetze, und riet ihm, sich gelegentlich zu fragen, ob er vielleicht Unrecht haben könnte. Das Urteil seiner Gegner war, und das ist natürlich nicht überraschend, äußerst negativ. Obwohl aus den Schriften von Weggefährten Calvins ein anderes Bild des Reformators entsteht, soll es in diesem Artikel um das Bild gehen, das seine Gegner von ihm hatten. Waren Du Tillet und Bauduin im Recht, als sie Calvin seine Radikalität vorwarfen? Stimmt es, dass der Reformator sein eigenes Urteil dem Urteil Gottes gleichstellte?

Um diese Fragen zu beantworten, stelle ich Gruppierungen und Personen vor, denen Calvin sich widersetzte, und analysiere, mit welchen Mitteln er dies versuchte. Dabei wird das Vorgehen Calvins mit dem Vorgehen anderer Reformatoren verglichen, um die Frage zu beantworten, ob er tatsächlich eine Ausnahme darstellte.

5.1. Nikodemiten

Calvins Polemik gegen die so genannten Nikodemiten nimmt in seinem polemischen Werk viel Raum ein. Die Nikodemiten verdanken ihren Namen dem Schriftgelehrten Nikodemus aus dem Johannesevangelium, der nachts zu Jesus ging, da er nicht öffentlich zu seinem Glauben stehen wollte. Nikodemiten des 16. Jahrhunderts waren Menschen, die zwar wichtige Ideale mit der Reformation teilten, jedoch nicht mit der katholischen Kirche brachen.

Polemik gegen diese Gruppe zieht sich wie ein roter Faden durch Calvins Karriere. In seinen *Epistolae duae* aus dem Jahr 1537 (CO 5,233–312) prangerte er zum ersten Mal in einem gedruckten Traktat diejenigen an, die »auf beiden Seiten fehl gingen«. Wie es einst der Prophet Elias getan hatte, rief Calvin seine Leser auf, sich zwischen Gott und Baal zu entscheiden. 1562 erschien Calvins letztes Traktat gegen die Nikodemiten: *Response à un certain Holandois* (COR IV/1). Innerhalb dieser 25 Jahre verwendete Calvin immer wieder dieselben Argumente gegen seine Widersacher. Gläubige müssten, so hielt er seinen Lesern vor, eine Wahl zwischen Gott und Baal treffen. Die katholische Kirche war der Baal des 16. Jahrhunderts, eine gefährliche Krankheit, die für das Seelenheil des Gläubigen eine ernsthafte Bedrohung darstellte. Man könne sich nicht ausschließlich innerlich vom Götzendienst der katholischen Kirche fern halten; innerer Glaube gehe Hand in Hand mit einem äußerlichen Bekenntnis. Was man im Herzen glaube, müsse man mit dem Mund bekennen, so meinte Calvin. Er hielt seinen Lesern vor, dass sich biblische Figuren wie Daniel, Sadrach, Mesach und Abednego unter Gefahr ihres eigenen Lebens von allen Formen des Götzendienstes fern gehalten hätten. Gläubige müssten wie Abraham handeln. Der Erzvater war bereit gewesen, sein Land zu verlassen. Lebten Gläubige in einer Umgebung, in der sie Gott nicht dienen können, müssten sie dasselbe tun, so Calvin. Die Motive der Nikodemiten waren Calvins Ansicht nach nicht allzu edel. Darf man dem Reformator glauben, so zogen sie weltlichen Genuss der Ehre Gottes vor und versuchten, jede Gefahr zu vermeiden, um ein stilles und friedliches Leben führen zu können.

Ob Calvins Bild der Nikodemiten stimmt, ist nicht leicht festzustellen, da außer in der *Response à un certain Holandois* nicht mit Sicherheit gesagt werden kann, gegen welche Personen Calvin sich in seinen Traktaten richtet. Ansätze, von den Nikodemiten ein anderes Bild zu zeichnen als das, das aus den Schriften ihres Kritikers Calvin entsteht, bleiben unzureichend. Calvins Briefe sind als Quelle problematisch. Einige seiner Briefe weisen eine auffällige Gemeinsamkeit mit seinen Schriften gegen die Nikodemiten auf: stereotype Argumente aus den Schriften verwendet er dort gegen einen konkreten Adressaten. Daraus kann man dann schließen, dass dieser Adressat zu den von Calvin bekämpften Nikodemiten zählt. Das Problem ist allerdings, dass Calvin den Begriff »Nikodemit« nicht verwendet. Doch lassen sich anhand von Briefen Calvins, von Schriften anderer Kritiker der Nikodemiten und anhand von Calvins eigener *Response à un certain Holandois* einige Merkmale des Nikodemismus benennen.

Fest steht, dass »Nikodemismus« zu Calvins Zeiten ein brennendes Thema war. Calvins dissidierende Zeitgenossen fragten sich, welche Haltung sie in einer Umgebung einnehmen mussten, in der eine einzige Religion dominant war. Ein vollständiger Bruch mit dieser dominanten Religion bedeutete, dass man bei sozialen Ereignissen wie Taufe, Hochzeit und Begräbnis am Rand stand. Manche Nikodemiten fanden es wichtig, solchen sozialen Ereignissen weiterhin beizuwohnen, um den Kontakt zu Nachbarn oder Familie zu halten. Andere Nikodemiten hatten tatsächlich Angst. Manchmal hatten sie Angst um sich selbst, manchmal um andere, wie Menschen in ihrer Umgebung oder eigene Kinder. Antoine Fumée, Ratsherr des französischen Parlaments, gab die Angst offen zu, meinte aber auch, dass Kritiker der Nikodemiten die komplizierte Situation zu einfach abtaten, wenn sie ein öffentliches Bekenntnis zum Glauben forderten. Nikodemiten hatten nicht nur soziale und psychologische Gründe, den Bruch mit der katholischen Kirche zu verweigern. Regelmäßig tauchen in Schriften des 16. Jahrhunderts zum Nikodemismus prinzipielle Gründe auf, warum man der alten Kirche treu bleiben sollte. Der bereits erwähnte Louis du Tillet weigerte sich, die Kirche, in der er geboren wurde, abzulehnen. Obwohl er Fehler und Missstände der katholischen Kirche erkannte, sah er in ihr noch immer die Kirche, den Ort, an dem er getauft worden war. Im Gegensatz zu Calvin meinte er, man dürfe sich nicht von ihr lösen. Calvin scheint mit Menschen, die eine so gemäßigte Haltung gegenüber der alten Kirche einnahmen, nicht zurechtgekommen zu sein. So warf er Claude d'Espence vor, er sei ängstlich und habe sich verirrt. In Wirklichkeit entschied sich Espence aus Überzeugung für die katholische Kirche. Er strebte leidenschaftlich nach einer Reformation der bestehenden Kirche und konnte absolut nichts mit Calvins Prädestinationslehre anfangen. Seine Predigten zur Rechtfertigung allein durch den Glauben scheinen Calvin aber den Eindruck vermittelt zu haben, er könne für die protestantische Sache gewonnen werden. Neben Treue zur alten Kirche hatten Nikodemiten manchmal spiritualistische Motive, aus denen heraus sie nicht mit der katholischen Kirche brechen wollten. Dirk Volckertsz. Coornhert, Calvins Gegenspieler aus der *Response à un certain Holandois*, war der Auffassung, die sichtbare Kirche sei bedeutungslos. Wichtig war, was der Mensch im Herzen glaubte. Coornhert meinte darum, dass ein Gläubiger nicht dazu ermuntert werden sollte, für die äußere Gestaltung des Glaubens das eigene Lebens aufs Spiel zu setzen. Er warf Calvin vor, Menschen für unwichtige Dinge auf den Scheiterhaufen gejagt zu haben.

5.2. Libertiner

Die Recherche zu den Libertinern gestaltet sich besonders mühsam. »Libertiner« war im 16. Jahrhundert ein Schmähwort und wurde verwendet, um Gegner zu diffamieren. Es sind daher auch keine Schriften aus dem 16. Jahrhundert bekannt, in denen jemand prinzipiell den Libertinismus verteidigt: Niemand würde sich selbst als Libertiner bezeichnen. Die Definitionen des Libertinismus aus dem 16. Jahrhundert sind auch nicht eindeutig. Calvins Lehrmeister Guillaume Farel suggerierte zum Beispiel, dass Libertinismus, Nikodemismus und Anabaptismus alle ein und dasselbe waren; Calvin unterschied diese drei Gruppierungen. Trotz dieser Unklarheiten haben die Zeitgenossen Calvins ein allgemeines Bild davon gehabt, was Libertinismus ist. In verschiedenen Schriften unterschiedlicher Gegner des Libertinismus wird behauptet, die Libertiner glaubten an eine Weltseele, durch die der Unterschied zwischen Gott und Mensch aufgehoben würde. Ein Mensch könne nach Ansicht der vermeintlichen Libertiner nach Perfektion streben und vergöttlicht werden. Da die Libertiner glaubten, diese eine Weltseele vollbringe alles, würde die Unterscheidung zwischen Gut und Böse wegfallen. Aus der Polemik gegen die Libertiner entsteht das Bild einer gefährlichen Strömung, die die Fundamente des Christentums bedroht.

Calvins polemische Schriften gegen die Libertiner kamen auf Drängen von Gläubigen in den Niederlanden zustande. Diese Gläubigen hatten, so ist es aus Calvins Korrespondenz mit ihnen ersichtlich, Verbindungen zu Quintin Thiery sowie zu David Joris und Eloi Pruystinck. Anhänger der letzten beiden standen in engem Kontakt, die Ideen beider Männer lagen nah beieinander. David Joris, ein illustrer Vertreter der Radikalen Reformation, war zu dem Zeitpunkt, als Calvin die Hilferufe aus den Niederlanden erreichten, bekannt dafür, fundamentale Glaubenswahrheiten wie das reale Bestehen des Teufels und die Auferstehung Christi zur Diskussion zu stellen. Von den Auffassungen Quintin Thierys wissen wir erheblich weniger; wir sind auf Calvins Polemik gegen ihn angewiesen. Calvin kam der Bitte der Gläubigen in den Niederlanden nach und veröffentlichte 1545 eine Schrift gegen die Libertiner. In dieser Schrift nannte er jedoch weder die David-Joristen noch die Eloisten. Er nannte allerdings Quintin Thiery und andere Libertiner: Antoine Pocquet, Coppin, Bertrand des Moulins und Claude Perceval. Von diesen Männern ist wenig bekannt: Wir wissen, dass Pocquet, Quintin Thiery und Perceval mit Marguerite de Navarre (der Schwester des französischen Königs) in Kontakt standen, Schriften von Pocquet und Quintin Thiery sind aber vermutlich verloren gegangen. Auch der Reformator Martin Bucer hatte Kontakt zu einigen der von Calvin aufgeführten Libertiner. Von Perceval wissen wir, dass er vorübergehend Obdach in Bucers Haus fand. Calvin und die Seinen wussten von der Unterstützung Marguerite de Navarres für Quintin Thiery und Pocquet, was Calvin aber nicht davon abhielt, zum Ärger Marguerites öffentlich über sie herzuziehen. Calvins Polemik beschränkte sich nicht auf dieses eine Traktat von 1545. Nachdem ein uns unbekannter Franziskaner auf Calvins Schrift reagiert hatte, griff er nochmals für eine zweite Schrift gegen die Libertiner zur Feder. Wurden in der ersten Schrift die Libertiner in den südlichen Niederlanden hervorgehoben, machte Calvin nun deutlich, dass in seinen Augen auch Frankreich von den Libertinern infiziert war. Calvins Sekretär Nicolas des Gallars war der Meinung, die Libertiner seien überall. Für ihn war das Anlass, sein Werk gegen die Libertiner ins Lateinische zu übersetzen. Calvins Nachfolger Theodore Beza zählte den bekannten Spiritualisten Sebastian Franck zu den Libertinern. Nach einem Brief des Niederländers Marnix von St. Aldegonde über Franck und dessen Glauben an eine mögliche Vergöttlichung des Menschen sowie an eine Weltseele empfahl Beza ihm Calvins Traktat gegen die Libertiner.

Calvin und seine Anhänger bezeichneten mit dem Begriff Libertiner also jemanden, der an eine Weltseele glaubte. Calvins Libertiner glaubten nicht an die Auferstehung Christi als einmaliges historisches Ereignis, sondern sahen sie als kontinuierlichen Prozess an, der sich in jedem Menschen wiederholen konnte. Dank dieses Prozesses kann ein Mensch göttlich werden und einen Zustand der Sündenlosigkeit erreichen. Libertinismus in diesem von Calvin beschriebenen Sinn war weit verbreitet.

5.3. Gegner der Prädestinationslehre Calvins

Anders als bei Calvins Polemik gegen die Nikodemiten und Libertiner ist heute eindeutig, wen der Reformator mit seiner Polemik gegen die Prädestinationslehre meinte. Der darüber schriftlich geführte Streit hatte bemerkenswerte Konsequenzen. In den entsprechenden Schriften betonte Calvin immer wieder, er wolle nicht in der Schatzkammer des ewigen Ratschlusses Gottes schnüffeln und nicht höher fliegen als es sich für den Menschen zieme, aber im Laufe der Debatte machte Calvin weitgehende Aussagen über diesen ewigen Ratschluss. Außerdem weckt die starke Polemik gegen die Prädestinationslehre den Eindruck, dieses

Lehrwerk sei die tragende Säule seiner Theologie, während es in Wirklichkeit nur ein eingegrenztes Thema behandelt.

In seiner *Institutio* von 1539 hatte Calvin die These aufgestellt, Gott habe in Ewigkeit vorbestimmt, wer auserwählt ist und wer nicht. Diese These brachte ihm Kritik innerhalb und außerhalb der Reformationsbewegung ein. Zur letzten Kategorie gehörte der bedeutende katholische Theologe Albertus Pighius. Dieser aus Kampen stammende Teilnehmer an den Religionsgesprächen in Regensburg war der erste, der Calvins Prädestinationslehre unter die Lupe nahm. Er war der Meinung, dass Calvin Gott zum Ursprung des Bösen machte. Wenn Gott beschlossen hatte, wer ein Sünder war und wer nicht, wäre es grausam, einen Menschen für die Sünde, die er nicht freiwillig gewählt hatte, zu bestrafen. Pighius starb, als die schriftliche Auseinandersetzung zwischen ihm und Calvin gerade erst begonnen hatte, sodass es bei einer kurzzeitigen Episode blieb.

Das war mit Hieronymus Bolsec anders. 1551 äußerte dieser ehemalige Mönch während einer Freitagszusammenkunft der *Congrégation* seine Zweifel über Calvins Prädestinationslehre. Bolsec wurde unverzüglich gefangen genommen. Calvin und seine Mitpfarrer wurden in ihrem Verhalten nicht nur vom Eifer der reinen Lehre getrieben, ihre Angst vor Unruhe in der Stadt spielte eine mindestens gleich große Rolle. Bolsec musste um sein Leben fürchten. Zwei Faktoren sorgten dafür, dass Bolsecs Strafe auf die Verbannung beschränkt blieb: Jacques de Falais (ein entferntes Familienmitglied von Karl V. und ein von Calvin Bekehrter) setzte sich für ihn ein und machte seinen ganzen Einfluss geltend, um Bolsec zu retten; Calvins Prädestinationslehre war auch bei seinen Mitreformatoren umstritten. Heinrich Bullinger meinte zum Beispiel, Gottes Gnade sei universell; ein Standpunkt, der dem Standpunkt Bolsecs sehr ähnelte. Er kritisierte Calvins Auftreten als zu hart. Mit Bolsecs Verbannung hatte sich Calvin keinen Gefallen getan. Aus seinem Exil in Bern griff er Calvin weiterhin an. Wichtig wurde seine Calvinbiografie, in der er Calvin als grausamen Tyrannen darstellte. Die Episode »Bolsec« bot den Gegnern Calvins viele Möglichkeiten. Der niederländische Dissident Dirk Volckertsz. Coornhert griff die Geschichte auf, um zu zeigen, dass sich die Reformatoren untereinander über die Prädestinationslehre nicht einig waren. Bolsecs Schilderung Calvins als grausamen Tyrannen wurde zudem gierig aufgenommen: seine Schrift wurde in verschiedene Sprachen übersetzt und lieferte katholischen Polemikern Munition.

Nach der Hinrichtung Servets bildete sich eine breite Front gegen Calvins Prädestinationslehre. Diejenigen, die sein Vorgehen gegen Servet verurteilten, nahmen ab 1554 auch die Prädestinationslehre ins Visier. Castellio und Celio Secondo Curione warfen Calvin vor, er ignoriere mit seiner Prädestinationslehre die Güte Gottes. Menschen zu ewigem Unheil vorzubestimmen, so argumentierten sie, ließe sich mit dieser Eigenschaft nicht in Einklang bringen. Ein Mensch gehe durch eigene Schuld zugrunde, nicht durch Gottes Vorbestimmung. Gott habe alle Menschen zum Heil vorbestimmt, durch die Verdorbenheit des menschlichen freien Willens gingen einige jedoch trotzdem zugrunde. In ihren Schriften verurteilten Leute wie Castellio und Curione Calvins Prädestinationslehre und seine Rolle bei der Hinrichtung Servets in einem Atemzug. Nach der Hinrichtung Servets bildete sich sofort eine Gruppe protestantisch gesinnter Humanisten, die sowohl Calvins Lehre als auch sein Vorgehen sehr kritisch in Augenschein nahm.

5.4. Michael Servet

Zeitgenossen Calvins beschäftigten sich mit Servet weniger als die heutige Forschung. Der 1511 geborene spanische Arzt hatte in einer seiner Schriften die Trinität geleugnet. Wegen dieser Ketzerei wurde er im französischen Vienne gefangen genommen. Calvin stattete anschließend die Inquisition mit Beweismaterial gegen Servet aus. Der Spanier konnte aber fliehen und begab sich unerklärlicherweise nach Genf. Während eines Gottesdienstes wurde er erkannt und auf Veranlassung Calvins festgenommen. Calvin sorgte anschließend für die formelle Anklage gegen Servet.

Calvins Zeitgenossen waren sich im Allgemeinen darüber einig, dass jemand, der die Trinität leugne, sich außerhalb der christlichen Welt positioniere und die Todesstrafe verdiene. Als die Stadt Genf andere Schweizer Städte in dem Fall Servet um Rat bat, war das Urteil eindeutig: Servet musste als Ketzer sterben. Für Servet gab es keine Rettung, er starb im Oktober 1553 auf dem Scheiterhaufen. Obwohl dieses Todesurteil nach weltlichen Gesetzen der Stadt Genf gesprochen wurde, war Calvins Rolle in dem Prozess Servet nicht sehr erbaulich. Er hatte ihn vorgeführt, angeklagt und die weltlichen Autoritäten mit Beweisen gegen Servet versorgt. Während des Prozesses besuchte Calvin ihn im Gefängnis und versuchte, ihn zum Einlenken zu bewegen. Berichte von diesen Besuchen sind erhalten geblieben. Calvin hatte für den spanischen Arzt nur Missachtung übrig und für dessen Angst vor dem Tod kein Verständnis.

Trotz der breiten Unterstützung des Todesurteils gegen Servet und trotz der Tatsache, dass Calvin nicht der Hauptverantwortliche für dessen Hinrichtung war, hat der Fall Servet das Bild der calvinistischen Reformation negativ beeinflusst. Sebastian Castellio, ein prominenter Humanist aus Basel, griff nämlich zur Feder und schrieb ein Traktat gegen die Hinrichtung von Ketzern. Castellios Schrift zu Gunsten Servets bildete den Auftakt einer prinzipiellen Debatte über religiöse Toleranz. Castellio erhielt während dieser Debatte Unterstützung anderer Humanisten aus Basel. Calvin verteidigte gegen sie prinzipiell die Pflicht der Obrigkeit, Ketzerei auszurotten. In Calvins Augen untergrub Ketzerei die Gesellschaft. Wer Irrlehren anhänge, bringe nicht nur sein eigenes Seelenheil in Gefahr, sondern bedrohe die gesamte gesellschaftliche Ordnung. Darum konnte sich die Obrigkeit seiner Meinung nach nicht aus der Frage der Ketzerei heraushalten. Sie dürfe Ketzerei genauso wenig dulden wie beispielsweise Diebstahl.

Castellio und seine Anhänger sahen das ganz anders. Sie meinten, die Obrigkeit habe nicht das Recht, über den Glauben von Menschen zu urteilen. Nur Gott könne beurteilen, wer ein wahrer Gläubiger sei und wer nicht. Außerdem meinten sie, dass die Jagd auf Ketzer das Elend nicht verhindere, sondern verursache. Sie verwiesen dabei auf das Blutvergießen in Frankreich und den Niederlanden. Zudem verwendeten Castellio und seine Leute einen anderen Ketzerbegriff als Calvin. Nicht die falsche Lehre mache jemanden zum Ketzer, sondern der falsche Lebenswandel. Die wahre Kirche könne man nicht an der Lehre erkennen, der sie anhängt, sondern an der Liebe. Auf verschiedene Weise suggerierten die Verfechter der religiösen Toleranz, dass Calvin nicht besser sei als die katholische Kirche. Obwohl er sich zunächst gegen die Verfolgung von Protestanten in Frankreich ausgesprochen habe, stelle sich nun, da Genf protestantisch geworden sei, heraus, dass er sich derselben Methoden bediene wie die Inquisition. In ihren Schriften gaben sie ihm einen Großteil der Schuld am Prozess gegen Servet und machten ihn implizit für dessen Tod verantwortlich. Sie warfen Calvin vor, er habe sich nicht von christlicher Liebe, sondern von Hass und Neid leiten lassen.

5.5. Beurteilung

Calvin bekämpfte seine Gegner auf viele Arten: Er schrieb Traktate gegen sie, warnte vor ihnen per Brief, nutzte die Kanzel, um Zuhörer vor ihren Auffassungen zu warnen; und wenn er ihnen begegnete, debattierte er mit ihnen. Kurzum: Calvin nutzte alle Medien, die ihm zur Verfügung standen. Wenn es ihm möglich war, arbeitete er außerdem mit der Obrigkeit zusammen, um sich einem Gegner in den Weg zu stellen: Täufer wurden in einträchtiger Zusammenarbeit zwischen Kirche und Staat bestraft und aus der Stadt gejagt; Bolsec wurde verbannt und Servet wurde umgebracht.

Calvins Kampf gegen die Widersacher war im Vergleich mit seinen Zeitgenossen radikal; er war immer für die harte Linie. Für ihn vertraten Nikodemiten, Libertiner, Bolsec und Servet das Böse. Sie standen im Dienst des Teufels und ihre Taten waren vom Teufel selbst inspiriert. Fachmännisch stellte Calvin seine Gegner in die Ecke der Ketzerei. Er wurde nicht müde, Übereinstimmungen zwischen Libertinern des 16. Jahrhunderts und Ketzern aus der alten Kirche aufzuzeigen und zu beschreiben. Für den Reformator aus Genf waren seine Gegner die Reinkarnation Marcions und anderer Gnostiker aus der frühen Kirche. Auch in Pighius' Standpunkten sah Calvin die Ketzerei der alten Kirche wieder aufleben. Für Nikodemiten hatte Calvin genauso wenig Verständnis wie für Libertiner. Jemandem wie Coornhert warf er vor, die Wahrheit Christi zu Grabe zu tragen.

Im Fall Servet vertrat Calvin den *Mainstream* seiner Zeit. Das Urteil von Genf war mit dem Codex Justianus im Einklang, der sowohl für das Leugnen der Trinität als auch für das Leugnen der Taufe die Todesstrafe vorsah. Nur einer setzte sich im 16. Jahrhundert für Toleranz ein. Bei den anderen Gegnern Calvins, die hier erwähnt wurden, war das anders. Diejenigen, die Calvin maßloses Vorgehen vorwarfen, konnten dafür gute Gründe anführen. Als der bereits genannte Fumée zur Frage des Nikodemismus Rat von anderen Reformatoren einforderte, dachten Melanchthon und Bucer darüber gemäßigter als Calvin. Bucer meinte zum Beispiel, dass die katholische Kirche nicht durch und durch verdorben sei, sondern dass man dort auch gute Dinge und gute Menschen finden könne. Derselbe Bucer war noch mit dem zuvor genannten Louis du Tillet in Kontakt, als Calvin bereits mit ihm gebrochen hatte. In seiner Polemik gegen den Libertinismus war Calvin offensichtlich genauso radikal. Er distanzierte sich in seiner Schrift gegen die Libertiner von Menschen, denen Bucer Obdach gegeben hatte. Auch in seinem Streit für eine reine Prädestinationslehre vertrat Calvin den radikalen Flügel der reformierten Reformation. Bullinger war Bolsec gegenüber milder eingestellt als der Reformator aus Genf. Er ermahnte Calvin sogar zur Mäßigung. In der Wissenschaft wurde wiederholt auf die Kraft der Rhetorik Calvins hingewiesen. Seine Traktate glänzen durch klare Sprache, er weiß die Leser in seine Darlegungen hineinzuziehen. Anders als beispielsweise Farel kann Calvin seine Schriften strukturieren und kurz und bündig deutlich machen, was er will. Jedoch bleibt die Frage, ob Zeitgenossen dieses positive Urteil über seine Polemik teilten. Es ist bekannt, dass die Nachfrage nach Calvins polemischen Schriften nicht sehr groß war: die Zahl der Neuauflagen ist beschränkt, dasselbe gilt für die Übersetzungen. Von manchen weiß man, was sie an Calvins Polemik kritisierten. Fumée hielt dessen Kritik an den Nikodemiten für unbarmherzig, Du Tillet fragte sich, mit welchem Recht Calvin eigentlich den Mund so voll nahm. Man könnte sich sogar fragen, ob Calvins Kampf gegen die Widersacher nicht manchmal das Gegenteil bewirkt hat. Die Weise, in der der Reformator Gegner bekämpfte, war nämlich Wasser auf die Mühlen der Opponenten. Genannter Coornhert wies aus Anlass des Vorgehens Calvins gegen die Nikodemiten darauf hin, dass dieser seine eigenen Anhänger auf den Scheiterhaufen trieb; er nutzte sein Vorgehen gegen Bolsec um zu beweisen, dass Calvins Auffassungen übersteigert waren; der Tod Servets unterfütterte sein Argument, Calvin sei keinen Deut besser als die »römische« Inquisition.

Calvin selbst scheint an seinem geradlinigen Kurs nicht gezweifelt zu haben. Eher glaubte er wohl, zur Konfrontation berufen zu sein. In seinen Schriften stellt er sich selbst als alttestamentarischen Propheten dar. Wie diese einst das Volk Israel zur Bekehrung aufriefen und es mit ihren Irrungen und Götzendiensten konfrontierten, so verfahre Calvin mit den Zeitgenossen des 16. Jahrhunderts. Widerrede konnte er als Bestätigung dafür auslegen, dass er Recht hatte. Schließlich waren die Propheten des Alten Testaments auch auf großen Widerstand gestoßen. Dieses prophetische Bewusstsein machte ihn gegen Kritik immun. Calvin verkündigte die Wahrheit und Kritik war Bestätigung für ihn. Mit diesem Selbstbewusstsein brachte er manchmal Zeitgenossen gegen sich auf. Die andere Seite der Medaille ist, dass sich andere Zeitgenossen gerade durch diese Radikalität unterstützt fühlten. Niederländische Gläubige, die mit den Libertinern konfrontiert wurden, konnten beispielsweise mit Bucers vorsichtigem Kurs nichts anfangen. Sie meinten eine klare Bekämpfung der libertinischen Irrlehren zu brauchen und wandten sich erfolgreich an Calvin.

Bainton, Roland H.: Michel Servet. Hérétique et martyr 1553–1953, 1953.
Guggisberg, Hans R.: Sebastian Castellio. Humanist und Verteidiger der religiösen Toleranz, 1997.
Pfeilschifter, Frank: Das Calvinbild bei Bolsec und sein Fortwirken im Französischen Katholizismus bis ins 20. Jahrhundert, 1983.
Plath, Uwe: Calvin und Basel in den Jahren 1552–1556, 1974.
Veen, Mirjam G. K. van: »Verschooninghe van de roomsche afgoderye«: de polemiek van Calvijn met nicodemieten, in het bijzonder met Coornhert, 2001.
Wanegffelen, Thierry: Ni Rome ni Genève. Des fidèles entre deux chaires en France au XVIe siècle, 1997.

(Übersetzt von *Ulrike Sawicki*) *Mirjam G. K. van Veen*

6. Calvin und die Studenten

Im Vorwort zu Augustins Traktat über die Häresie von 1576 dankt der calvinistische Theologe und Schreiber Lambert Daneau dem Genfer Magistrat für die erhaltene Unterstützung der vergangenen Jahre und lässt seine Kontakte mit der Stadt Revue passieren. Er erinnert sich an seine Ankunft in Genf im Jahr 1560 und hebt dann Johann Calvins entscheidenden Einfluss auf seine spätere Karriere hervor.

»Imprimis autem in ea, quam maxime tunc quarebam, Evangelicae doctrinae scientia, insignem illum Dei servum et pastorem vestrum Ioannem Calvinum ita sum admiratus, et ita me tunc Dominus per illius tum conciones tum etiam praelectiones suavitate quadam ipsius doctrinae pellexit, ut abdicato prorsus Juris civilis studio, quod ad eum diem sequutus eram, totum me sacrae theologiae devoverem.« (Zitiert aus Fatio 1976, 24) (»Damals suchte ich nach der Lehre des Evangeliums. Darum bewunderte ich jenen angesehenen Diener Gottes und Ihren Pastor, Johannes Calvin. Zu jener Zeit habe ich angefangen den Herrn zu suchen, nicht nur aufgrund der Predigten Calvins, sondern auch wegen seiner Lesungen und einer gewissen Süße seiner Lehre, sodass ich das Studium des Rechts sofort niederlegte, ab jenem Tag weiterstrebte und mich ganz der heiligen Theologie widmete.«)

Daneau war mit seinem abrupten Studienwechsel aus Begeisterung für Calvin keine Ausnahme, und so beschäftigt sich dieser Beitrag mit der Frage, wie der Reformator die akademische Bildung in der Stadt prägte und welche Rolle er für die Studenten spielte, die während seines Predigtamts ihre Zeit in Genf verbrachten. Calvin war entscheidend am Aufbau der Genfer Akademie beteiligt, für die er Professoren anwarb. Ganz besonders einflussreich war er jedoch als Ansprechpartner für Kirchen, Familien und Studenten. In dieser Funktion konnte er sichergehen, dass die Studenten in Genf so viel wie möglich vom reformierten akademischen Ansatz mitbekamen, besonders in der Theologie.

Das Thema wird durch verschiedene Faktoren eingegrenzt. Zunächst kann nur eine kleine Zahl von Studenten innerhalb eines Zeitraums von fünf Jahren berücksichtigt werden, obwohl Calvin über 25 Jahre in Genf unterrichtet hat. Aufgrund fehlender offizieller Einschreibungslisten aus der Zeit vor der Gründung der Akademie im Jahr 1559 konzentrieren wir uns hauptsächlich auf jene Studenten, die zwischen 1559 und Calvins Tod 1564 in Genf studierten. Zweitens ist es schwierig, den direkten Einfluss Calvins auf einen einzelnen Studenten zu bestimmen, da Menschen in ihrem Leben einer Vielzahl von Einflüssen ausgesetzt sind. Herauszufinden, welche Aspekte der theologischen Anschauung sich exakt auf Calvin zurückführen lassen, stellt eine große Herausforderung dar. Darum wird im Folgenden auf Hinweise in Briefen und späteren Schriften von Studenten zurückgegriffen, um zu analysieren, in welchen Lebensbereichen Calvin für sie prägend war.

Bei seiner Ankunft in Genf 1536 war Calvins erster offizieller Auftrag das Halten öffentlicher Lesungen zum Neuen Testament, insbesondere zu den Paulusbriefen. Gleich zu Anfang lag also ein Schwerpunkt seiner Arbeit auf der Lehre. Im Unterricht brachte er Pastoren, solchen, die es werden wollten und Laien die Auslegung der Schrift und die reformierte Theologie näher. Aber diese Lehre war weder strukturiert noch umfassend. Diejenigen, die Calvins Lesungen besuchten, lernten vielleicht etwas über die Schriftexegese, in anderen Disziplinen wurden ihnen jedoch keine guten Grundlagen vermittelt, da es keine weiteren Lehrer gab. Die Auswirkungen dieses lückenhaften Unterrichts beschreibt Nicolas Folion in einem Brief an Calvin vom 8. Oktober 1561. Aus Saint Germain en Laye schreibt er, er habe trotz seines dreijährigen Dienstes in mehreren Kirchen Frankreichs nur eine minimale theologische Ausbildung genossen: »Depuis que le Seigneur a eu pitié de moy me fesant grace de vous aller trouver je n' ay demouré que quatre moys avec vous, lesquels iay employé plus tost a la chose domestique qu' aux bonnes lestres.« (CO 19,31) (»Als der Herr ein Erbarmen mit mir hatte und mir gnädig erlaubte Sie aufzusuchen, blieb ich nur vier Monate bei Ihnen und verbrachte mehr Zeit mit häuslicher Arbeit als mit dem Studium der Wissenschaften.«) Folion schreibt weiter, er fühle sich besonders schwach im Griechischen und Hebräischen und bitte um ein Jahr Beurlaubung, um in Orléans seine Kenntnis dieser biblischen Sprachen vertiefen zu können. Folions Brief macht uns die Schwachpunkte der Ausbildung in Genf vor Gründung der Akademie deutlich: Die Studenten blieben nur kurze Zeit dort und nahmen mit, was immer sie lernen konnten, am Ende wies aber ihre akademische Vorbereitung auf den Pfarrberuf erhebliche Lücken auf.

Anders gesagt, der unstrukturierte Unterrichtsansatz in Genf konnte keine langfristige Lösung sein. Tatsächlich hatten Calvin und seine Kollegen bereits 1541 ein größeres Projekt im Kopf, als in den kirchlichen Bestimmungen von Genf die Notwendigkeit einer offiziellen Akademie hervorgehoben wurde. Aufgrund chronischen Geldmangels, der erst ab 1555 entschärft werden konnte, als die Magistrate Grundstücke von Genfern konfiszierten, die sich erfolglos gegen die Stadtregierung erhoben hatten, wurde die Genfer Akademie schließlich erst 1559 eröffnet. Dort wurde Unterricht für jüngere Knaben im *collège* und für junge Männer in der *académie* angeboten. Das *collège* war das Äquivalent eines lateinischen

Gymnasiums, während die *académie* Unterricht auf universitärem Niveau bot. Im Folgenden wird es um die *académie* gehen, die im Deutschen als Genfer Akademie bekannt ist. Die Immatrikulationsliste ist erhalten geblieben. Auch wenn wir wissen, dass sie unvollständig ist, lassen sich hier Studenten auswählen, die in Calvins letzten Lebensjahren in Genf waren und Kurse an der Genfer Akademie besuchten. Durch die fehlenden Namen ist es schwierig, Studentenzahlen zu schätzen. Während der ersten drei Akademiejahre, zwischen 1559 und 1562, haben sich 162 Studenten in das Immatrikulationsregister eingetragen. Andererseits haben andere wie Lambert Daneau berichtet, sie hätten in jener Zeit zwar an der Akademie studiert, sich allerdings nie in die Liste eingetragen. Im Mai 1564, Calvins Sterbemonat, berichtet sein engster Kollege und Nachfolger Theodor Beza von ungefähr 300 Studenten an der Akademie. Bevor wir Calvins Einfluss auf einige von ihnen analysieren, sollten die Strukturen der Akademie und ihr Curriculum sowie Calvins Rolle bei ihrer Einrichtung und Entwicklung erläutert werden.

Im Gegensatz zu modernen Akademien, deren Programme detailliert durchstrukturiert sind und in denen interdisziplinäres Arbeiten weniger üblich ist, war das Curriculum in Genf sehr flexibel, besonders in den Anfangsjahren. Studenten konnten einfach die Vorlesungen besuchen, die sie interessierten. So nahmen Studenten der *Artes Liberales* auch an Hebräischvorlesungen oder an Vorlesungen zum Alten und Neuen Testament teil, Theologiestudenten konnten Vorlesungen zur griechischen Literatur besuchen. Zu Beginn hatte die Akademie fünf Professoren: einen in den *Artes Liberales*, einen in Griechisch, einen in Hebräisch und zwei Theologieprofessoren, die sich die Stelle allerdings teilten (Calvin und Theodor Beza wechselten sich in frühen Jahren der Akademie mit den Vorlesungen ab). Tatsächlich war es eine Besonderheit der Akademie und der theologischen Ausbildung in Genf allgemein, dass Calvins und Bezas Lehrtätigkeit zu ihren Pflichten als Pfarrer gehörten. Anders gesagt, sie teilten ihre Verantwortlichkeiten nicht auf zwei halbe Stellen auf, von denen sich die eine auf die Lehre und die andere auf die Predigt konzentrierte. Stattdessen waren ihre Vorlesungen (Calvin über das Alte Testament und Beza über das Neue Testament) einfach Teil ihrer pastoralen Arbeit. So legten die curricularen Strukturen der Akademie nahe, dass die Schriftexegese, wie sie in den Theologievorlesungen gelehrt wurde, keine eigenständige akademische Disziplin war, sondern ein Bestandteil der täglichen geistlichen Arbeit.

Calvin hielt nicht nur alle zwei Wochen Lesungen in der Akademie, er spielte auch eine entscheidende Rolle bei der Berufung anderer hochrangiger Professoren nach Genf. Obwohl er nie offiziell eine Verwaltungsposition in der Akademie bekleidete (Theodor Beza war der erste Rektor), war Calvin am Aufbau und am guten Ruf der Einrichtung in hohem Maße beteiligt. So kontaktierte er zum Beispiel 1558, noch vor Eröffnung der Akademie, die führenden Hebraisten Jean Mercier in Frankreich und Emmanuel Tremellius in der Pfalz, um sie als Professoren für Hebräisch zu gewinnen. 1561, als die Akademie einen neuen Professor für Philosophie brauchte, schrieb Calvin mehrere Briefe an Theodor Beza, der sich zu der Zeit in Frankreich aufhielt, und drängte ihn, geeignete Kandidaten in Frankreich zu finden. Manchmal führte Calvins Einsatz für hochkarätige Professoren sogar zu Spannungen. 1558 traten Pastoren und Professoren aus Lausanne zurück, nachdem es Streitigkeiten zwischen ihnen und den Behörden von Bern (zu dessen Protektorat Lausanne damals gehörte) gegeben hatte. Sie gingen geschlossen nach Genf und ergänzten dort die Akademie als einsatzbereite, erfahrene Gruppe von Professoren. Die Berner fanden den Zeitpunkt des Konflikts sehr verdächtig. Einige beschuldigten Calvin und seine Kollegen, sie hätten die Krise heraufbeschworen, um so von den jetzt neu verfügbaren Professoren profitieren zu können (CO 17,496).

Neben seiner Lehrtätigkeit und dem Anwerben anderer hoch angesehener Professoren fungierte Calvin auch als eines der wichtigsten Verbindungsglieder zwischen der Akademie, der Pastorengesellschaft, die die tägliche Arbeit betreute, und den städtischen Behörden, insbesondere dem Kleinen Rat. Tatsächlich belegen die Protokolle der Besprechungen im Kleinen Rat, dass fast immer, wenn die Akademie auf der Tagesordnung stand, Calvin als einer der Hauptredner auftrat, um den Kleinen Rat auf bildungsrelevante Themen aufmerksam zu machen. So erschien am 7. August 1559, drei Monate nach Eröffnung der Akademie, nicht der Rektor sondern Calvin und bat die Magistrate darum, den Professoren bequeme und geräumige Unterkünfte zur Verfügung zu stellen, damit sie Studenten aufnehmen und somit etwas mehr Geld verdienen könnten. Wenn Calvin seine Position nutzte, um beim Magistrat Aufmerksamkeit für diese Themen zu wecken, zeigte er, wie wichtig die akademische Ausbildung in Genf war.

Neben seiner Funktion vor Ort war Calvin bis zu seinem Tod im Jahr 1564 erster Empfänger fast aller Briefe, die die Kirchen nach Genf schickten, weil sie Pfarrer suchten oder Studenten zur Ausbildung sandten. Wieder war es so, dass die Korrespondenten Calvin für die einflussreichste Person bezüglich der Ausbildung und Vorbereitung von Studenten hielten, obwohl er keine offizielle Leitungsposition in der Akademie innehatte. Sein Einfluss auf Studenten aus dem Ausland wurde sogar von seinen Gegnern anerkannt. Der katholische Polemiker und Historiker Florimond de Raemond kritisierte zum Beispiel in seiner *Histoire de la naissance, progrez et decadence de l' heresie de ce siècle*, die 1605 posthum erschien (De Raemond 1605/1629), Calvins Einfluss auf junge und leicht zu beeindruckende Studenten. Raemond berichtete von einer Geschichte, die ihm »von einem der glaubwürdigsten Zeugen in der Guyenne« erzählt worden war. In der Geschichte kamen junge französische Studenten vor, die plötzlich »von einem neuen und unsichtbaren Geist« inspiriert worden waren, nach Genf zu reisen und Calvin zu sehen. Ganz der Polemiker, hob Raemond hervor, dass die Studenten enttäuscht waren, »wie reizlos und unangenehm« Calvin war und dass er einem von ihnen mitteilte, er sei jetzt ein qualifizierter Pfarrer, nachdem sie nur drei oder vier Monate in der Stadt gewesen waren. Obwohl sich der junge Mann schlecht vorbereitet fühlte und ihm die Aufgabe widerstrebte, so Raemond, drängte ihn Calvin dazu, die Stelle anzunehmen und zitierte die Apostel, um ihn zu überzeugen. Auch wenn Florimond de Raemonds Bericht polemisch gemeint war, gewinnt man den Eindruck, Calvin habe junge Männer nach Genf geholt, damit sie ihn hörten und sie dann, oft sehr schnell, auf den ordinierten Pfarrdienst vorbereitet. Raemonds Geschichte, die betont, wie schnell die Kandidaten ausgebildet wurden, deckt sich mit dem, was Nicolas Folion bereits früher gesagt hatte.

Die schnelle Ausbildung von Studenten hatte ihren Grund. Man brauchte dringend Pastoren für die wachsende Zahl französischer reformierter Kirchen, besonders in den frühen 60er Jahren des 16. Jahrhunderts. Unklar ist jedoch, ob man sich in der Frage zukünftiger oder aktueller Studenten gerade an Calvin wandte, weil man von seiner besonderen Rolle in der akademische Ausbildung der Stadt wusste oder weil er der älteste und bekannteste Genfer Pfarrer war. Mit anderen Worten, vielleicht ging es seinen Korrespondenten einfach darum, direkt zur höchsten Stelle Kontakt aufzunehmen. Letzteres führte manchmal zu erheiternden Missverständnissen, wie bei einem Brief, den die Kirche von Is sur Thil in Frankreich am 8. Oktober 1561 an »Messire Maitre Jehan Calvin evesque et sureillant en trouppeau et esglise chrestienne de Geneve et Scindicq dicelle cite« adressierte (CO 19,34). (»Meister Johann Calvin, Bischof und Aufseher über die Herde und christliche Kirche von Genf und Syndikus der Stadt.«) Vermutlich war Calvins Ruf doch entscheidender als seine tatsächliche Funktion in Genf, verrät die Kirche hier doch ihre Unkenntnis darüber, dass der Begriff »Bischof« im reformierten Genf nicht mehr verwendet wird und dass Calvin kein Syndikus sein kann, denn ein Syndikus war der höchste Vertreter der Stadtregierung.

Manchmal wurden allerdings sehr spezifische Fragen gestellt, die nahelegen, dass die Fragenden über Genfs Rolle als akademisches Zentrum und über Calvins entscheidenden Einfluss auf die Bildung gut informiert waren. Zum Beispiel wandte sich am 21. Juni 1560 Stanislaus Wardesius, der sich selbst als Superintendent der reformierten Kirchen in Russland bezeichnete, an Calvin, um Professoren für die *Artes Liberales*, die heiligen Sprachen und Theologie anzufordern. Das vorgeschlagene Curriculum war dem der Genfer Akademie sehr ähnlich (CO 18,117–119). Calvin erhielt auch zahlreiche Briefe von Kirchen und Einzelpersonen, die ihn baten, auf bestimmte Studenten besonders Acht zu geben. In Einzelfällen beschrieben die Korrespondenten sogar genau, welchen Lernstoff sie sich für ihre Studenten in Genf erhofften. Am 22. Dezember 1561 empfahl Pastor Antoine Popillon aus Chalon in Burgund Calvin einen gewissen Divés. Popillon schrieb: »Car combien quil soyt docte comme i' ay entendu es letres humaines et en la Langue grecque il a peu estudié en la saincte Escripture, mais il a bon voulloir d' employer le temps.« (CO 19,193). (»Obwohl er, soweit ich gehört habe, Kenntnisse in den Artes Liberales und Griechisch besitzt, hat er die Heiligen Schriften nicht sehr viel studiert, aber er ist dazu gewillt.«) Der zukünftige Student musste also sein Wissen über die Exegese der Schrift vertiefen. In den frühen 60er Jahren schickten die reformierten Kirchen, besonders in Frankreich, solche Studenten am liebsten zu Calvin nach Genf.

Es waren aber nicht nur Kirchen, die Calvin zu Ausbildungsfragen schrieben, Studenten schickten oder ausgebildete Studenten als Pfarrer anforderten. Auch junge Männer, die Studenten in Genf gewesen waren, blieben mit Calvin über ihre Studien und ihre weitere Karriere in Kontakt, und so auch ihre Familien. Ein besonders aufschlussreiches Beispiel für dieses Korrespondenznetzwerk ist der Fall von François Daniel dem Jüngeren. Sein Vater, François Daniel d.Ä., war ein enger Freund und Korrespondent Calvins seit ihren Studententagen in Orléans in den späten 20er Jahren. François Daniel d.J. kam im April 1559 in Genf an, offensichtlich ohne die Erlaubnis seines Vaters, denn Calvin schrieb seinem alten Freund am 25. Juni desselben Jahres, um zwischen den beiden zu vermitteln. Er bemerkte, der jüngere Daniel sei seinem Gewissen gefolgt, als er nach Genf kam, um »abergläubische Praktiken« zu vermeiden. Mit anderen Worten, der Sohn war zum reformierten Protestantismus übergetreten, während der Vater katholisch geblieben war. In seinem Brief hob Calvin das beispielhafte Verhalten des jungen Mannes hervor und drängte sogar seinen alten Freund, diesem Beispiel zu folgen und »aus der Grube zu klettern, in die du gefallen bist«. Zu diesem konfessionellen Konflikt gesellte sich ein schulischer: François Daniel d.J. wollte Theologie studieren, während sein Vater, ein Rechtsanwalt, wünschte, dass sein Sohn in seine Fußstapfen trete und Recht studiere. Der junge Mann schrieb sich im November 1559 in die Genfer Akademie ein und blieb bis 1560 in Genf. Am 26. November 1559 schrieb Calvin einen weiteren Brief an den Vater. In der Zwischenzeit hatte Calvin wohl einen Brief seines alten Freundes erhalten, denn der Reformator bemerkte jetzt, er würde Daniels Anweisungen folgen und den jungen Mann darauf drängen, das Rechtsstudium nicht aufzugeben. Calvin fügte wohl hinzu, dass er es für hilfreich erachten würde, wenn der Sohn seinem Curriculum das Studium der *Artes Liberales* und Theologie hinzufügen würde, denn »Certe apprime necessarium est, ad quodcunque vitae genus eum destines, ut se probe exerceat in pietate.« (CO 17,681) (»Es ist besonders notwendig, für welche Laufbahn du ihn auch immer vorsiehst, dass er sorgfältig mit Frömmigkeit durchtränkt wird.«) Calvin war also persönlich an den Studien des jüngeren Daniel interessiert, und obwohl der Reformator den Wünschen des Vaters entgegenkam, sorgte er auch dafür, dass der Student vom angebotenen theologischen Unterricht profitierte.

Calvin setzte seine Unterstützung der Studien François Daniels sogar fort, nachdem der junge Mann Genf verlassen hatte. In einem Brief an Daniel d.Ä. vom 13. Februar 1560 schreibt Calvin, François Daniel habe auf Wunsch seines Vaters Genf verlassen und führe seine Studien in einer anderen, nicht näher genannten Stadt fort, wahrscheinlich in seiner Heimatstadt Orléans. Auch wenn er es in dem Brief nicht explizit sagt, scheint Calvin noch immer dafür zu plädieren, dass Daniel d.J. seine Interessen weiter verfolgt und Theologie studiert. Er schrieb seinem alten Freund: »Si iuri civili eum cupis serio incumbere, stimulandus erit, quia alioqui non admodum propensus est.« (CO 18,16) (»Wenn du wünschst, dass er ernsthaft Recht studiert, wirst du ihn dazu ermuntern müssen, denn ansonsten hat er für dieses Studium nicht allzu viel übrig.«) In der Zwischenzeit widmet sich der junge Mann weiterhin dem Studium der Theologie, wie aus einem Brief an Calvin vom 5. April 1561 hervorgeht. Von Orléans aus bittet er Calvin um Hilfe zur Weiterführung seines Theologiestudiums und insbesondere darum, ihm eine Ausgabe der *Institutio* zu schicken, auch wenn er den Wunsch des Vaters, er solle sich auf sein Rechtsstudium konzentrieren, akzeptiere. Offensichtlich schätzte Daniel d. J. Calvins langjährige Unterstützung. In seinem Fall zahlte sich die Unterstützung und sein eigenes Interesse für Theologie aus, denn letztendlich folgte eine lange Amtszeit als Pfarrer in Frankreich, die mit seinem Pastorat in La Rochelle erst 1617 ihren Höhepunkt erreichte. Die gesamte Korrespondenz zeigt, wie sehr Calvin in das Leben und Studium einzelner junger Männer involviert war, die nach Genf zur Ausbildung kamen.

Im Allgemeinen spielte Calvin also bei der Gründung der offiziellen Hochschule in Genf und bei der Anwerbung junger Männer für das Studium eine entscheidende Rolle. Seine schwächer werdende Gesundheit in den letzten Jahren erschwerte ihm das Unterrichten, aber der eigene Ruf in Kombination mit dem Ruf seiner Kollegen führten dazu, dass die Genfer Akademie während des 16. und frühen 17. Jahrhunderts weiterhin Studenten aus ganz Europa anzog. Ohne Calvins außerordentliche Unterstützung wäre es fraglich gewesen, ob die städtische Obrigkeit einen Großteil ihrer mageren Finanzen der Einrichtung einer Hochschule in einer Stadt hätte zukommen lassen, die ernsthaften militärischen und politischen Bedrohungen ausgesetzt war. Ohne seine Reputation als Theologe und Schriftexeget hätte es für die Genfer Akademie schwierig werden können, Professoren und Studenten zu rekrutieren. Ohne sein Netzwerk an Briefpartnern und ohne seine persönliche Aufmerksamkeit für einzelne Studenten wäre nicht sicher gewesen, ob die Genfer Akademie ein so bedeutender Ort der Ausbildung junger Männer für das reformierte Pfarramt geworden wäre. Calvin hat diese Leistung nicht alleine vollbracht, aber ohne ihn wäre die Akademie und ihre Bedeutung längst nicht so groß geworden.

Borgeaud, Charles: Histoire de l'université de Genève: L'Académie de Calvin, 1900.

Kingdon, Robert M.: Geneva and the coming of the Wars of Religion in France (1555–1563), 1956.

Maag, Karin: Seminary or University? The Genevan Academy and Reformed Higher Education, 1560–1620, 1995.

(Übersetzt von *Ulrike Sawicki*) *Karin Maag*

C. Werk

I. Gattungen

1. Predigten

1.1. Calvin als Prediger

In dem Testament, das Calvin seinem Notar Pierre Chenelat am 25. April 1564 diktierte, bezeugt er, er habe »in Übereinstimmung mit dem Maß der Gnade, das Gott ihm zuteil werden ließ, versucht, Sein Wort sowohl in Predigten als auch schriftlich rein zu lehren und die Heilige Schrift treu auszulegen« (CO 20,299). Calvin hat in Kommentaren, Vorlesungen (*praelectiones*) und in Beiträgen zu den wöchentlichen Bibelbesprechungen am Freitagmorgen (*Congrégations*) die meisten Bücher der Bibel ausgelegt. Außerdem bestieg er über 4000 Mal die Kanzeln der Genfer Kirchen St. Pierre, St. Madeleine und St. Gervais, um von dort die Bibel für die Genfer Gemeinde zu erläutern. Theodor Beza schildert es folgendermaßen:

> »Er predigte nicht nur von Woche zu Woche jeden Tag, sondern sonntags so oft er konnte zwei Mal [...] er hat dies ununterbrochen bis zu seinem Tod durchgehalten und nie eine Predigt ausgelassen, es sei denn er war ernsthaft krank« (CO 21,33).

Schon bevor Calvin sich in Genf niederließ, hat er gepredigt. Sein Biograph Nicolas Colladon berichtet, dass er vor seiner Flucht aus Frankreich 1533 einzelne Predigten in Pont l'Evêque in der Nähe seines Geburtsortes Noyon gehalten und während seines Studiums in Bourges im nahe gelegenen Dorf Lignières gepredigt hatte.

Ganz unerwartet wurde Calvin Prediger in Genf. Im Juli 1536 wollte er eigentlich nur eine Nacht in der Stadt bleiben. In der Herberge hat ihn aber Guillaume Farel aufgesucht und beschworen zu bleiben, um an der Reformation mitzuarbeiten. Im September nahm Calvin seine Arbeit als Lektor (*sacrarum literarum lector*) auf und noch vor Ende des Jahres arbeitete er auch als Pfarrer. Von einer Einsegnung mit Handauflegung oder ähnlichem ist allerdings nichts bekannt. Die erste Periode seiner Pfarrerszeit endete abrupt im Frühjahr 1538, da die Pfarrer vom Rat gezwungen wurden, die Stadt zu verlassen. Calvin landete nach einigem Umherziehen in Straßburg und wurde Pfarrer der französischen Flüchtlinge, die in dieser Stadt eine sichere Bleibe gefunden hatten. Gleichzeitig war er Dozent am Gymnasium und legte dort das Neue Testament aus.

Ein deutliches Bild seiner Predigten in Genf erhalten wir erst nach seiner Rückkehr im September 1541. Nach ein paar Wochen wurde dem Rat der Entwurf einer neuen Kirchenordnung vorgelegt. Am 20. November 1541 genehmigte der Allgemeine Rat die *Ordonnances ecclésiastiques*. In dieser Kirchenordnung ist von 26 Predigten pro Woche die Rede, die in drei Kirchen über die Stadt verteilt gehalten werden sollten (McKee 2004, 17–19). Calvin sollte zwei Predigten am Sonntag und je eine am Montag, Mittwoch und Freitag übernehmen. Die anderen Gottesdienste sollten Kollegen halten. Kurz darauf jedoch predigte er täglich. Aus Sorge um seine Gesundheit ordnete der Rat an, dass Calvin ab sofort sonntags nur noch ein Mal zu predigen habe.

Im Oktober 1549 beschloss der Rat, dass die Frequenz der Predigten von drei Predigten pro Woche auf eine Predigt pro Tag erhöht werden sollte, und dies das ganze Jahr über. Für Calvin bedeutete das, dass er nun zwei Mal am Sonntag und alle zwei Wochen an allen Werktagen predigte. Wenn er also keine Verpflichtungen außerhalb von Genf hatte oder nicht durch Krankheit verhindert war, hielt er zehn verschiedene Predigten in 14 Tagen.

Bis auf einzelne Ausnahmen predigte Calvin in der Form der *lectio continua* und brach so – nach den Gemeinden Zürich und Straßburg – mit der Perikopenordnung, wie sie vom liturgischen Kalender vorgeschrieben wurde. In seiner *Secunda defensio contra Ioachimi Westphali calumnias* (1556) teilt Calvin mit, diese Entscheidung hänge damit zusammen, dass er zu den Praktiken der frühen Kirche zurückkehren wolle: »Was die Perikopen (*sectiones*) betrifft, wird aus allen Predigten der alten Schreiber deutlich, dass sie die Bücher der Bibel im Ganzen (*uno contextu*) für das Volk besprochen haben« (CO 9,104).

Im sonntäglichen Morgengottesdienst legte er das Neue Testament aus, für den Mittagsdienst wählte er regelmäßig einen Psalm, wobei er Psalmen vorzog, die damals noch nicht gereimt waren. Werktags wurden die alttestamentlichen Bücher behandelt. Im Laufe der Jahre hat Calvin unter anderem über Genesis, Deuteronomium, 2. Samuel, die großen Propheten und eine Reihe kleiner Propheten, die synoptischen Evangelien, die Apostelgeschichte, 1. und 2. Korinther, 1. und 2. Thessalonicher, 1. und 2. Timotheus und Titus gesprochen. Am 2. Februar 1564 hat Calvin seine letzte Predigt über einen Teil aus 1. Könige gehalten.

Ostern und Pfingsten bedeuteten für Calvin eine Unterbrechung der *lectio continua*. Dann predigte er über die so genannten »Festtagstexte«. Auch unterbrach er in der Karwoche die Abfolge, um das Leidensevangelium behandeln zu können. So hatte es der Rat 1544 angeordnet (CO 21,332; s. a. das Schema in SC 7,LIII-LIV). Für das Gedenken der Geburt Jesu galt die Regel, dass am folgenden Sonntag über Lukas 2 gepredigt würde, wenn der 25. Dezember nicht auf einen Sonntag fiel.

1.2. Überlieferung und Publikation der Predigten

Seit Beginn der Reformation hat ein Team von Pfarrern in Genf gearbeitet. Mitte der fünfziger Jahre hatte Calvin in der Stadt sieben Kollegen und in den Gemeinden außerhalb Genfs – den so genannten »églises de la campagne« – zehn Pfarrer neben sich. Jedoch sind nur Calvins Predigten der Nachwelt erhalten geblieben. Aus den ersten Jahren nach seiner Rückkehr 1541 blieben nur einzelne Predigten bewahrt. Zwei Predigten über Ps 115 und Ps 124 wurden mit Hilfe von Anmerkungen eines Kollegen Calvins, Jean Cousin, herausgegeben. Die Predigten über Ps 16,4, Hebr 13,13, Ps 27,4 und Ps 27,8 hat Calvin selbst bearbeitet und zur Publikation vorbereitet. Nicht nur Jean Cousin, auch andere haben versucht, Abschriften der Predigten zu erstellen. In einem Brief an Monsieur de Falais gibt Calvin im Juni 1547 an, unzufrieden über das Ergebnis zu sein, das ihm zu Gesicht kam. Jemand wie Jacques Dallichant sei zwar in der Lage, einzelne Sätze gut wiederzugeben, das definitive Ergebnis entspreche jedoch nicht seinen Erwartungen.

1549 haben die Diakone einen geeigneten Kandidaten gefunden. Denis Raguenier, ein französischer Flüchtling aus Bar-sur-Seine, war mit seiner Familie nach Genf gezogen. Als Schnellschreiber konnte er eine Predigt in Steno notieren. Ab Sonntag, den 25. August 1549, als Calvin mit der großen Serie von Predigten über die Apostelgeschichte begann, hat er die Predigten genauestens mitgeschrieben. Die Aufzeichnungen wurden später mit Hilfe einiger Mitarbeiter zu schriftlichen Predigten ausgearbeitet. Denis musste die Manuskripte der Predigten seinen Arbeitgebern zur Verfügung stellen. Als Verwalter der so genannten »Bourse française«, ein diakonischer Fonds für die armen Flüchtlinge aus Frankreich, sorgten die Diakone für die Veröffentlichung und Verbreitung der Predigten unter den französischsprachigen Glaubensbrüdern. Der Gewinn diente der Armenhilfe.

Nach eigener Zählung hat Raguenier bis zu seinem Tod 1560 oder 1561 nicht weniger als 2.042 Predigten verschriftlicht. Seine Nachfolger haben weitere 262 Predigten notiert, sodass insgesamt 2.300 Predigten aufgeschrieben wurden. Ein Teil dieser Manuskripte wurde »durch kriminelle Dummheit der Bibliothekaren« (Cottret 2005, 292) zum Altpapierpreis verkauft. Im Laufe der Jahre sind verschiedene Bände wieder aufgetaucht.

Ein nicht unbedeutendes Problem des Genres *Predigt* ist das Verhältnis zwischen dem Bericht in schriftlicher Form und dem tatsächlich Gesagten. Wird die durchschnittliche Wortzahl pro Predigt aus verschiedenen Serien verglichen, kann daraus geschlossen werden, dass Raguenier immer besser in der Lage war, Calvins gesprochene Worte zu Papier zu bringen. Die durchschnittliche Wortzahl pro Predigt hat im Laufe der Jahre von ca. 4000 Wörtern auf 7000 Wörter zugenommen. Zu Recht hat Karl Barth in seinen Seminaren über Calvins Theologie angemerkt: »[...] der Niederschlag dessen, was er damals sagen wollte, in seinen Schriften und nachgeschriebenen Predigten, ist die einzige Form, in der er heute mit uns reden kann« (Barth 1993, Abt. II, 6). Einer der Herausgeber von Calvins Predigten im 16. Jahrhundert, Conrad Badius, hat bereits darauf hingewiesen, dass die Verschriftlichung der Predigten im Vergleich mit den Predigten selbst, die während des Gottesdienstes gehört werden konnten, unzureichend ist:

»Wenn Sie auch knappe Sätze und unterbrochene Gedankengänge vorfinden, bedenken Sie dann, dass die Haltung beim Sprechen (einer Predigt) das Verständnis des Gemeinten stark vereinfacht. Wenn Predigten gelesen werden, fehlt ihnen oft die Anmut, die sie haben, wenn sie frei gesprochen werden.« (CO 49,XVII–XVIII)

An der Edition der Vorlesungen (die *Praelectiones*), war Calvin selbst aktiv beteiligt. Die Predigten hat er nie kontrolliert oder korrigiert, bevor sie herausgegeben wurden. Die Herausgeber, die Calvins Predigten bereits im 16. Jahrhundert drucken ließen, erklären ausdrücklich, dass dies gegen Calvins Willen geschah. Calvin hat immer gesagt, dass seine Predigten für die »Herde« in Genf bestimmt waren und nie dazu gedacht, sie außerhalb von Genf zu verbreiten. Conrad Badius hat in verschiedenen Vorworten zu Predigtbündeln die Mühe beschrieben, die es ihn gekostet hat, die Predigten herausgeben zu dürfen. Im Vorwort zu den *Predigten über die 10 Gebote* schreibt er:

»Calvin möchte, dass alles, was wir in die Öffentlichkeit bringen, seinen rechten Platz hat. Darum findet er es nicht so gut, dass das, was er für das ungehobelte Volk rundheraus ins Unreine gepredigt hat (*s' accommoder à la rudesse du peuple*), ohne Schnörkel oder schöne Kleider, plötzlich auf Papier steht, als würde er wünschen, dass alles, was er sagt, sofort in alle Richtungen verbreitet wird und die Welt von seinen Schriften erfüllt werden soll.« (CO 25,597–598)

Die Herausgeber kamen jedoch gerne der Bitte derjenigen nach, die nicht das Privileg hatten, Calvin mit eigenen Ohren zu hören, die Predigten zu veröffentlichen. Diese Predigten wurden nicht nur gelesen, sondern auch in Gottesdiensten verwendet. Beza schrieb in dem Vorwort zur lateinischen Übersetzung der Predigten über Hiob:

»Sie sind für die am weitesten abgelegenen Kirchen Frankreichs von sehr großer Bedeutung gewesen. Sie wurden sowohl für den Privatgebrauch als auch für die Verwendung in der Öffentlichkeit so sehr geschätzt, dass diese Predigten an sehr vielen Orten, an denen die Gemeinden meistens keinen eigenen Hirten und Lehrer hatten, bei den üblichen Gemeindezusammenkünften von der Kanzel herunter vorgetragen wurden.« (CO 33,13–14)

Die Manuskripte von Raguenier waren die Basis für die Predigtsammlungen, die im 16. Jahrhundert veröffentlicht wurden. Leider haben die Herausgeber im 16. Jahrhundert kein Auge für das Verdienst Rageniers gehabt, der jede Predigt sorgfältig mit dem Datum und manchmal sogar mit der Tageszeit versehen hat, zu der sie gehalten wurde. Sie publizierten die Predigten (mit Ausnahme der Reihe zum Deuteronomium) ohne Datumsangabe.

Nur die Predigten, die im 16. Jahrhundert in gedruckter Form vorlagen, wurden im 19. Jahrhundert in das *Corpus Reformatorum* aufgenommen. In der Ausgabe des Corpus fehlen die Textverweise, die in den Ausgaben des 16. Jahrhunderts am Rand standen, so wie die Einleitung zum Gebet am Ende jeder Predigt (siehe PARKER 1992, 65–75). Darin fasste Calvin die Kernbotschaft der Predigt zusammen.

Erst im 20. Jahrhundert wurde die Bedeutung der Predigten Calvins wieder entdeckt. Die Predigten, die im 16. Jahrhundert nicht veröffentlicht wurden und nur als Manuskript erhalten sind, werden seit 1936 in den *Supplementa Calviniana* herausgegeben. In den *Ioannis Calvini Opera Omnia Denuo Recognita* werden die 16.-Jahrhundert-Ausgaben der Predigten neu nach den heutigen Maßstäben ediert. Die Edition der ersten Teile der *Sermones* ist noch in Vorbereitung.

1.3. Prediger und Zuhörer

Ein Prediger steigt unter der Bedingung auf die Kanzel, dass er während der Unterweisung der anderen auch selbst etwas lernt. Die Predigt beginnt für Calvin mit dem gehorsamen Hören des Wortes Gottes:

»[A]uch derjenige, der unterweist, muss genauso wie die anderen Schüler sein und Jesus muss der Lehrmeister aller sein.« (SC 8,312)

»Ein Prediger darf nicht nach eigenem Gutdünken sprechen um den Menschen zu gefallen, sondern wir werden uns getreu an den Auftrag halten, den wir vom Meister empfangen haben, sodass wir bezeugen können keinen einzigen Gedanken hinzugefügt zu haben; dass wir für nichts anderes eintreten als dass Jesus Christus allein regieren soll und dass wir nichts anderes ausgesprochen haben als das, was wir von Jesus und seinen Aposteln gelernt haben.« (SC 8,159)

In seinen Briefen erwähnt Calvin mehrmals, dass er sich nach der Abendmahlzeit zurückzog, um die Predigt für den folgenden Tag vorzubereiten. In einer Predigt aus Deuteronomium nennt er sich einen »überheblichen Pinsel« (*outrecuidé*), sollte er auf die Kanzel steigen ohne zuvor einen Blick in die Bibel (*regarder au livre*) geworfen zu haben und zu denken: »Gott wird mir in dem Moment bestimmt etwas zum Sprechen eingeben.« In verschiedenen Briefen beklagt er jedoch, dass er zu wenig Zeit hatte um sich gründlich auf die Predigten und Vorlesungen vorzubereiten.

Predigen bedeutet mehr als nur die Auslegung der Schrift. Von den Genfer Pfarrern wurde erwartet, dass sie nicht nur in der Lage waren, die Perikopen gut zu exegetisieren, sondern auch, dass sie das, was darin beschrieben wird, fruchtbar auf die aktuelle Situation anwenden konnten, in der das Wort verkündet wurde. Beide Aspekte wurden bei der Zulassungsprüfung für den Pfarrdienst berücksichtigt (OS 2,329). Neben diesen Fähigkeiten unterstrich Calvin die Bedeutung eines guten Lebenswandels des Predigers. Sobald dieser nicht mehr mit dem Inhalt der Predigt übereinstimmt, gerät die Glaubwürdigkeit in Gefahr. Es ist die Aufgabe eines Predigers, mit seinem Lebenswandel das gute Beispiel abzugeben, über das er spricht, und zu zeigen, dass er mit gutem Gewissen das Wort Gottes weiterträgt. Paulus zeigt in 1Tim 6,14, dass es nicht ausreicht, wenn die Prediger sprechen und diejenigen korrekt unterweisen, die ihrer Fürsorge anvertraut sind. Ihr Leben muss dem Gesagten entsprechen: »Denn wenn wir auf der Kanzel als Engel sein würden, darauf aber ein unbändiges Leben führten und man an unserem Leben nur sehen konnte dass wir Gott verachteten und wir Spötter und unheilige Leute sind, was hätten wir zu sagen?« (CO 53,614) Bei denen, die innerhalb der Kirche anleitend tätig sind, müssen Botschaft (*doctrine*) und ehrbarer, heiliger Lebenswandel (*la vie honneste et saincte*) untrennbar miteinander verbunden sein. Alleinige Kenntnis der »doctrine« reicht für den Prediger auch nicht aus, »denn wenn ein Mann aufrecht lebt und vortreffliche Tugenden besitzt, des Weiteren aber kein Wort von sich hören lässt, wird er zwar für einen Christen gehalten, er ist aber kein Hirte (*pasteur*)« (CO 53,408–409).

Das Wort Gottes und das Predigen sind in Calvins Theologie sehr eng miteinander verbunden. Sie, die das Wort Gottes getreu verkünden, müssen darum angehört werden, als steige Gott selbst aus dem Himmel zu den Hörern herab (CO 24,156). Die Kinder in Genf mussten auf die Frage, ob es notwendig sei, dass es Hirten gibt, antworten: »Ja, und man muss auf sie hören und niedrig die Botschaft des Herrn aus ihrem Mund empfangen. Wer sie verschmäht und sich weigert ihnen zuzuhören, verwirft Jesus Christus und trennt sich von der Gemeinschaft der Gläubigen« (Kat. Gen., Frage 307).

Predigen in der Mitte der Gemeinde ist Mittel, die Menschen zur Seligkeit zu führen:

»Aber wir wissen jetzt, dass Gott nichts höher achtet als Seine Ehre, und sie besteht darin, dass die Menschen Ihn kennen und dass die armen Seelen zur Seligkeit geführt werden. Seien wir also nicht verwundert, wenn unser Herr will, dass sein Evangelium mit solch einem Eifer verkündigt wird, dass es durch nichts aufgehalten werden kann. Denn das einzige Mittel, durch das die Menschen zur Seligkeit gelangen können, ist die Unterweisung in der Lehre des Evangeliums.« (SC 8,210–211)

Was macht nun eine Predigt zu einer Predigt? Worin unterscheidet sich eine Predigt von einer Vorlesung oder einer Perikope oder einem Kommentar? Sowohl im Kontext des Gottesdienstes als auch im Vorlesungssaal geht es um die Auslegung des Bibelwortes. Eine gute Textauslegung garantiert jedoch noch keine gute Predigt. Die Betonung der Notwendigkeit, in der Predigt die Botschaft des Evangeliums auf das Leben der Zuhörer anzuwenden ist eines der zentralen Themen in Calvins homiletischen Überlegungen. In der Predigt über Apg 6,1–6 konfrontiert er seine Sicht, wie gepredigt werden muss, mit der Meinung mancher Zuhörer: »Sie würden wollen, dass ich mit geschlossenen Augen predigen sollte, dass ich nicht darauf achten sollte, wo ich bin noch an welcher Stelle noch in welcher Zeit.« In seiner Antwort auf diese Meinung zeigt Calvin, dass das Anwendungsprinzip überall in der Schrift nachgewiesen werden kann:

»Wir müssen unseren Mund nicht nur zum Predigen gebrauchen, zugleich müssen wir ihn öffnen um Gott zu bitten, dass Er diejenigen, die uns anvertraut sind, zur Seligkeit führen wird. Und selbst, wenn wir sehen, dass sie sich dem Bösen ausliefern, müssen wir beten, damit Gott Zeuge unseres Seufzens wird. Obwohl die Gottlosen meinen, dass sie keine größeren Feinde als wir haben, muss Gott Zeuge des Gegenteils sein.« (SC 6,174)

Calvin betont zwei Aspekte des Amtes. An erster Stelle ist der Prediger Botschafter (*messagier*) und dann Fürsprecher (*intercesseur*). Er gibt auch die Grundzüge des Gebets des Predigers nach der Verkündigung wieder.

»Nachdem wir gepredigt haben, müssen wir uns in die Stille zurückziehen und sollen wir beten, dass die Botschaft, die wir verkündet haben, nicht von den Gottlosen verworfen wird, sondern dass es Gott gefallen wird, sie auf den richtigen Weg zurückzubringen, damit der Satan sie nicht davon abbringt.« (SC 6,174)

Wenn Gottes Wort durch den Mund eines Predigers verkündet wird, unterstellt dies eine Gemeinde, die bereit ist zuzuhören. So wie in vielen anderen Städten waren die Bewohner der Stadt Genf vom Rat verpflichtet worden, dem Aufruf der Kirchenglocken mindestens sonntags und mittwochs (*le jour de la priere*) zu folgen und in eine der Kirchen zu gehen. Nach Calvins Überzeugung ist eine Kirche dort, wo nicht nur rein verkündigt wird, sondern wo das gesprochene Wort auch gehört wird (*syncere praedicari atque audiri*, Inst. IV.1.9). Er erwartet viel von seiner Gemeinde. Die Zuhörer müssen die Botschaft ihrer eigenen Situation anpassen. Wenn die Gläubigen in der Kirche zusammenkommen, befinden sie sich in Gottes Lehrschule und es ist ihre Berufung, gute Fortschritte zu machen. Mit Ehrfurcht sollen sie dem zuhören, der Gottes Wort verkündet und die Botschaft »en toute humilité« in sich aufnehmen, da sie von Gott kommt.

»Wir dürfen nicht immer auf einem Niveau bleiben. Wenn wir heute die Lehre empfangen haben, müssen wir von genau diesem Kenntnisgewinn profitieren, den wir dort erlangt haben. Morgen wird wieder eine Predigt gehalten, und danach eine neue Lesung. Muss das nutzlos sein? Keinesfalls! Wir müssen diese Gotteskenntnis gelten lassen. In dem Maß, in dem IHM es behagt uns zu unterweisen, werden wir auch mehr entflammen um Seinem heiligen Willen zu folgen und an der Lehre Seines Wortes festzuhalten.« (SC 8,217)

Die Gemeindemitglieder hören die Botschaft aus dem Mund eines Menschen, der das Wort an sie richtet. Gott könnte auch selbst sprechen (»se manifester du ciel«, SC 8,322; s.a. SC 5,195) oder einen Engel senden, um die Gemeinde zu unterweisen, aber Gott hat, so Calvin, sich bewusst für die Vermittlung durch Menschen entschieden. Wäre das nicht so, würde die Aufmerksamkeit mehr auf die besondere Erscheinung als auf die Botschaft gerichtet werden. Gleichzeitig wird der Gehorsam der Zuhörer auf die Probe gestellt, wenn sie Gottes Diener sprechen hören als würden sie IHN selbst hören (Inst. IV.1.5). Obwohl der Predigt und den Predigern so viel Autorität zugemessen wird, plädiert Calvin dafür, die Botschaft nicht blindlings zu akzeptieren. Calvin wünscht sich eine Gemeinde, die die Predigt nicht gelassen über sich ergehen lässt, sondern an Gottes Wort misst: »Wir haben das Gesetz und die Propheten, wir haben das Evangelium; das ist der wahre Prüfstein um zu beurteilen, ob die Botschaft gut und sicher ist« (SC 1,701).

In der Praxis bestand wohl große Spannung zwischen der Aufgabe, zu der Calvin sich berufen fühlte, und der Realität der Genfer Gemeinde. Er war überzeugt, dass auf Sünden und Missstände mit Vehemenz von der Kanzel hingewiesen werden musste, damit die Zuhörer demütig *(en humilité)* Gott um Vergebung bitten und ihr Leben erneuern würden. In den Berichten des *Consistoire de Genève* wird auf vielen Seiten deutlich, wie sich die Zuhörer über diese Art des Predigens geärgert haben. Prominente freie Bürger der Stadt weigerten sich, von einem »angemieteten Fremden« von der Kanzel herab auf ihren Lebenswandel angesprochen zu werden (Naphy 1994/2003, 159). Man muss allerdings bedenken, dass sich die Zusammenstellung der Gemeinde im Laufe der Jahre veränderte. 1536 mussten sich die Zuhörer, die mit der Messliturgie vertraut waren, an einen Gottesdienst gewöhnen, in dem die Predigt der Mittelpunkt war. Im Laufe der Zeit fanden viele Flüchtlinge Obdach in Genf. Sie stießen zur Gemeinde. Diese Flüchtlinge haben sich über Calvins Predigten positiv geäußert. Kurz nach seiner Ankunft in Genf hat Louis Enoch aus Berry erklärt: »Wer weiß denn nicht, dass die Kirche zu Genf, geführt von diesem Hirten, sozusagen ein Modell für den reinen Dienst ist, der Gott erwiesen werden muss, zur Nachahmung allen Nationen vorgestellt?« (Dufour 1966, 76).

Unter diesen Flüchtlingen muss Calvin etwas von seinem Ideal erlebt haben: Prediger und Gemeindemitglieder richten gemeinsam ihr Leben auf Jesus. Im Kern ist dies in der Predigt über 1Tim 2,12–14 zusammengefasst:

»Er [*nostre Seigneur*] wollte, dass ich wie eine Trompete bin, um das Volk, das von Ihm ist, gehorsam um Ihn zu scharen, und dass ich zur Herde gehöre wie die anderen. Wenn also meine Stimme gehört wird, dann ist das, damit ihr und ich versammelt seid um die Herde von Gott und unserem Herrn Jesus Christus zu sein.« (CO 53,219–220)

Miles, Maurice D.: Calvin's New Testament Sermons: A Homiletical Survey, Diss. 1974.
Moehn, Wim H.Th.: »God Calls Us to His Service«. The Relation Between God and His Audience in Calvin's Sermons on Acts (THR 345), 2001.
Mülhaupt, Erwin: Die Predigt Calvins. Ihre Geschichte, ihre Form und ihre religiösen Grundgedanken (AKG 18), 1931.
Parker, Thomas H. L.: Calvin's Preaching, 1992.
Stauffer, Richard: Dieu, la création et la Providence dans la prédication de Calvin (BSHST 33), 1978.

(Übersetzt von *Ulrike Sawicki*) *Wim Moehn*

2. Kommentare und Vorreden

2.1. Calvin als Kommentator

Calvin verstand sich in erster Linie als Kommentator der Heiligen Schrift. Seine Veröffentlichungstätigkeit begann und endete mit der Publikation eines Kommentars. Die erste Veröffentlichung war ein Kommentar zur klassisch-antiken Literatur und diente der Werbung in eigener Sache; alle folgenden Kommentare widmeten sich der Auslegung der Heiligen Schrift und sollten der Erbauung der Kirche dienen und die Sache der Kirchenreform voranbringen. Calvins erster Kommentar war eine philologische Arbeit zu einem Werk klassischer Literatur, der Schrift *De Clementia* des stoischen Philosophen Seneca (CO 5,13–162, Battles/Hugo 1969). Calvins Kommentar zu diesem Traktat über die Milde sollte der Welt der Gebildeten seine Fähigkeiten als humanistisch geschulter Gelehrter und Jurist (Monheit 1992) demonstrieren. Man könnte diese erste Arbeit als eine reine Pflichtübung und als Einlassbedingung für den weiteren wissenschaftlichen und beruflichen Erfolg betrachten. Jedoch zeigen sowohl Calvins lebenslange literarische Tätigkeiten als auch seine eigenen Äußerungen, dass die größte Leidenschaft des Reformators das Studium und die Auslegung von Schriften war, und zwar insbesondere die Auslegung der Heiligen Schrift. In seiner Widmung zu seinem Kommentar der Katholischen (oder Kanonischen) Briefe, die er König Edward VI. von England (1551) widmete, schrieb Calvin, er sei fest entschlossen, was immer ihm seine beträchtlichen seelsorgerlichen Verpflichtungen an kostbarer freier Zeit übrig ließen, dem Verfassen von Kommentaren zu widmen, mit dem Ziel, der Kirche von Nutzen zu sein und ihr zu helfen, auch in künftigen Zeiten treu zu bleiben. Trotz ständigen Drängens und Zuredens vonseiten seiner Anhänger (Gilmont 1997/2005, 17.51) gab es jedoch immer wieder Zeiten, in denen andere Aufgaben und Pflichten sowie gesundheitliche Probleme Calvins Weiterarbeit an den biblischen Kommentaren behinderten. Doch kehrte er immer wieder zu dieser Arbeit zurück, und als er 1564 starb, hatte er gerade seinen kurzen Kommentar zu Josua beendet, sein »letztes Vermächtnis an die Kirche«, so die berühmte Formulierung von Henry Beveridge in seiner englischen Ausgabe dieses Kommentars von 1856.

Alles in allem verfasste Calvin Kommentare zu jedem Buch des Neuen Testamentes, mit Ausnahme der letzten zwei Johannesbriefe und des geheimnisvollen Buches der Offenbarung (s. De Boer 1997). Nach der Veröffentlichung seiner Kommentare zum Neuen Testament konzentrierte er sich auf das Alte Testament – dabei hatte er mit seinen Vorlesungen zu Jesaja bereits 1549 begonnen – und nach 1557 befassten sich alle seine exegetischen Arbeiten ausschließlich mit dem Alten Testament (Parker 1993a). Er selbst veröffentlichte Kommentare zum Pentateuch, Jesaja, den Psalmen und Josua. Seine Anhänger hingegen publizierten auch seine Vorlesungen (*praelectiones*) zu den übrigen prophetischen Büchern des Alten Testamentes.

2.2. Calvins Methode in den Kommentaren

Nachdem Calvin seine »plötzliche Bekehrung zur Gelehrsamkeit« erlebt hatte, gab der junge Gelehrte seinen wissenschaftlichen Studien eine andere Richtung. Er verschrieb sich der Abfassung biblischer und theologischer Schriften und der Hauptteil seiner Arbeit bestand aus Kommentaren zur Heiligen Schrift. Dennoch war Calvins erster beruflicher Titel in Genf nicht Pastor, sondern Lektor der Heiligen Schrift (Beza, *Vita Calvini*, CO 21,126). Wahrscheinlich standen am Anfang seiner Arbeit Vorlesungen über den Römerbrief des Paulus und diese bildeten die Grundlage für seinen ersten Bibelkommentar. Sein ganzes Wirken hindurch hielt sich Calvin an dieses Muster: Zuerst hielt er Vorlesungen über ein biblisches Buch oder predigte darüber, bevor er einen Kommentar dazu schrieb. Nach Calvins und Farels Verbannung aus Genf 1538 veröffentlichte Calvin von Straßburg aus seine erheblich überarbeitete *Institutio*, in der er das Verhältnis zwischen diesem sich ständig ausdehnenden Werk und seinen Kommentaren erläutert. Von jetzt an bestand der Zweck seiner *Institutio* darin, Studenten der Theologie zu helfen – nicht, abstrakte Lehren zu verstehen, sondern ihren Weg durch die Heilige Schrift zu finden. So erklärte Calvin den Lesern der *Institutio* von 1539, dass er nicht beabsichtige, seine biblischen Kommentare mit langen dogmatischen Diskussionen zu füllen oder in Erörterungen theologischer Gemeinplätze abzuschweifen; stattdessen seien solche den *disputationes* und den *loci communes* der *Institutio* vorbehalten (CO 1,255–256, vgl. MULLER 2000).

Im folgenden Jahr widmete Calvin seinen Römerbriefkommentar dem gelehrten und hochgeschätzten Simon Grynaeus, der ein inspirierender Gesprächspartner Calvins während der Jahre in Basel gewesen war. In dieser Widmung erklärte Calvin, dass er mit Grynaeus über die bestmögliche Methode zur Abfassung biblischer Kommentare gesprochen habe (CO 10/2,402–406). Sie hätten darin übereingestimmt, dass es bei der Darlegung der Ergebnisse ihrer Exegese am nützlichsten sei, sich verständlicher Kürze (*perspicua brevitas*) zu bedienen und einen leicht zu gebrauchenden Kommentar für die Leser zu verfassen. (*facilitas*, CO 10/2,402–403). Calvinforscher haben diesen Äußerungen viel Aufmerksamkeit geschenkt, sind aber zu unterschiedlichen Deutungen gekommen. Einige haben die Ansicht vertreten, das Ideal der *brevitas et facilitas* fungiere als Calvins »Hermeneutik« (GAMBLE 1985); andere haben darauf hingewiesen, dass Kürze und Weitschweifigkeit zwei unterschiedliche rhetorische Stile seien, die jeweils ihre Anhänger hätten, und dass Calvins knapper Stil eher eine rhetorische Methode des Kommentars sei, die zu einer wirksamen Pädagogik eingesetzt werde, als ein interpretatives oder hermeneutisches Werkzeug (z.B. BLACKETER 2006a; vgl. MILLET 1992). Zu den hermeneutischen Prinzipien, die die Forschung in Calvins Werk identifiziert hat, zählen sein Bekenntnis zur Autorität der Bibel, seine Vorstellung, dass Gott seine Offenbarung dem menschlichen Vermögen anpasst, seine Betonung der Einheit von Altem und Neuem Testament, sein Ziel, die Intention des Autors herauszufinden, und seine Suche nach Auslegungen, die für die Kirche erbaulich sind (HOLDER 2006a; vgl. GANOCZY/SCHELD 1983).

Die Frage der Methodik war für Calvin von großer Bedeutung, denn er war überzeugt, dass eine unangemessene Erklärungsmethode dem wichtigen und praktischen Ziel eines Kommentars im Weg stehen kann, nämlich dem viel beschäftigten Pastor oder Lehrer die Schrift klar und verständlich zu machen. Infolgedessen benannte Calvin, obwohl er in den Römerbriefkommentaren von Philipp Melanchthon und Martin Bucer viel schätzenswertes fand, auch zwei wesentliche Nachteile in den Methoden dieser beiden führenden protestantischen Kommentatoren. Calvins Kritik hing damit zusammen, wie diese beiden Kommentatoren theologische Themen, *loci communes*, im Verlauf ihrer Auslegung von Texten behandelten. Melanchthon kommentierte nur das, was er für die Hauptthemen des Römerbriefes hielt, anstatt den paulinischen Brief Vers für Vers zu erläutern. Bucer andererseits kommentierte jeden Vers, pflegte aber den Fluss seiner Erläuterungen regelmäßig zu unterbrechen, indem er sich in Exkurse zu *loci communes* vertiefte, den Gegenständen der allgemeinen theologischen Diskussion, die sich aus dem Text ergaben. Calvin schätzte diese beiden führenden Köpfe der kirchlichen Reform und profitierte von ihnen. Aber als er in seinem Widmungsschreiben an Grynaeus schrieb, dass den Kommentaren dieser beiden großen Denker kaum etwas hinzuzufügen sei (CO 10/2,403–404), war dies wohl eher typisch humanistische Schmeichelei und rhetorische Geringschätzung der eigenen Person (vgl. WENGERT 1999). Tatsächlich war Calvin vollkommen überzeugt davon, dass seine klare, gründliche und knappe Methode rhetorisch und pädagogisch weit überlegen war. Melanchthons Methode ignorierte zu viel Material im biblischen Text, Elemente, die zwar vielleicht nicht von zentraler Bedeutung, aber dennoch wichtig waren. Bucer war, wie Calvin es so taktvoll ausdrückte, zu weitschweifig (*prolixior*), um für beschäftigte Prediger und Studenten von bestmöglichem Nutzen zu sein, und zu tiefgründig (*sublimior*) für schlichtere Leser und jene, die weniger sorgfältig sind (CO 10/2,404). Nach Calvins Meinung sollte ein biblischer Kommentar klar, sachbezogen und leicht zu benutzen sein; Calvin war sicher, dass seine eigene Methode zu genau diesem Ergebnis führte (CO 10/2,405).

So spiegelte Calvins Methode seine feste Absicht, den biblischen Text gründlich, aber nicht ausufernd zu behandeln, was für den Leser ermüdend wäre. Er wollte, dass sein Kommentar »benutzerfreundlich«, wie man heute sagen würde, und praktisch war, und er fand, dass Kürze bei den Erläuterungen diesem Ziel eher entsprach als übertriebene Weitschweifigkeit. Er versprach, seine längeren Erörterungen theologischer Themen und Disputationen für die *Institutio* aufzusparen. Calvin hielt sich als Bibelkommentator sein ganzes Wirken hindurch ziemlich konsequent an diesen Plan – von einigen Einschränkungen abgesehen.

Erstens sollte man nicht vergessen, dass Calvin zwar eine erklärte Vorliebe für einen prägnanten Stil hatte, rhetorischer Ausschmückung und sogar gelegentlicher Weitschweifigkeit jedoch nicht abgeneigt war (zu Calvins Rhetorik s. MILLET 1992). Zweitens beschreiben Calvins Äußerungen gegenüber Grynaeus seine Methode in den Bibelkommentaren; wie er in seinen theologischen Abhandlungen oder seinen Predigten vorging, erwähnte er nicht. Zuletzt: Calvins übliche Praxis, seine Diskussion der *loci communes* der *Institutio* vorzubehalten, scheint nach 1560 weniger rigoros gewesen zu sein. Zu dem Zeitpunkt waren die endgültigen Ausgaben dieses Werkes abgeschlossen, aber Calvin entdeckte immer noch neue theologische Themen, die sich aus seinem Studium des Bibeltextes ergaben. So kommen in seinem Kommentar zu den letzten Büchern des Pentateuchs (1563) Abschnitte vor, die wie Abschweifungen in allgemeine Themen wirken.

Zu den Merkmalen der Exegese Calvins zählt seine erklärte Treue zum von ihm so genannten »sens naturel«, dem wörtlichen, historischen und eindeutigen Sinn des Textes. Verglichen mit anderen Exegeten seiner Zeit neigt Calvin weniger zu spekulativer Exegese. Häufig kritisiert er die für die mittelalterliche Auslegung charakteristische Methode, einen mehrfachen geistlichen Sinn im Text zu finden. Diese traditionelle vierfache Methode, zusammengefasst in der so genannten *Quadriga*, legte den biblischen Text in allegorischem, anagogischem und tropologischem Sinn aus, dem jeweils Glaube, Hoffnung und Liebe entsprechen. Diese geistlichen Bedeutungen sollten auf dem wörtlichen oder geschichtlichen Sinn basieren, aber im 16. Jahrhundert war diese Methode schließlich in den Ruf gekommen, spekulativ und losgelöst von der wörtlichen Bedeutung des Textes zu sein. Calvins Entschlossenheit, sich an den wörtlichen Sinn zu halten, veranlasste viele Wissenschaftler, in ihm einen Vorläufer der modernen historisch-kritischen Methode zu sehen (z.B. KRAUS 1977). Die neuere Forschung hat mehrfach hervorgehoben, dass Calvin die von ihm rezipierte Tradition christlicher Exegese fortführte und umwandelte (s. die Aufsätze in MULLER/THOMPSON 1996). Calvins Exegese führt auch zu geistlichen Anwendungen, d.h., was zu glauben, was zu hoffen, was zu tun sei, aber er bezeichnet diese nicht als gesonderte mystische Auslegungen. Vielmehr hebt Calvin ab auf einen wörtlichen Sinn, der möglicherweise moralische oder andere geistliche Anwendungen hat. Gleichwohl kann Calvin durchaus einem seltenen und eng begrenzten Gebrauch der Allegorie, verstanden als erweiterte Metapher, Raum geben (BLACKETER 2006a).

2.3. Die Kommentare zum Neuen Testament

Calvin hatte geplant, bis spätestens 1539 Kommentare zu allen Paulusbriefen zu schreiben und schließlich zu den übrigen neutestamentlichen Briefen überzugehen. Er begann mit dem Brief an die Römer, da er, zusammen mit Melanchthon und vielen anderen in der christlichen Tradition, dieses Buch als ein Kompendium der entscheidenden Lehren des christlichen Glaubens betrachtete; ein richtiges Verständnis dieses Briefes erschließe die Botschaft der ganzen Bibel (HOLDER 2006b). In der Widmung drückt Calvin darüberhinaus sein ökumenisches Streben aus: Indem er seine Methode der Schriftauslegung in eine Linie mit der anderer herausragender Exegeten stellt – insbesondere Melanchthon und Bucer – betont er trotz benannter Unterschiede die Einheit der Reformatoren, weil sie alle die wahre Lehre allein auf die Schrift und nicht auf kirchliche Tradition gründen (KURÖPKA 2003). Die Forschung hat diesen Kommentar wie oben erwähnt nicht nur auf Anhaltspunkte für Calvins Methodik untersucht, sondern auch auf Hinweise auf sein Verständnis von Rhetorik (z.B. GIRARDIN 1979) und darauf, welche Quellen und Einflüsse Calvins Denken prägten (BÜSSER 1987, KOK 1996, MULLER 1997, MULLER 1998, DEMURA 1997). Calvins Pläne, die Paulusbriefe weiter zu erläutern, wurden jedoch dadurch behindert, dass er dringende Aufgaben im Zusammenhang mit der Konsolidierung der Genfer Kirchenreform wahrnehmen musste und er zudem an den kaiserlichen Gesprächen beteiligt war, die die Parteien der zersplitterten europäischen Christenheit miteinander aussöhnen sollten. Als er schließlich seinen Kommentar zum 1. Korintherbrief fertiggestellt hatte, widmete er ihn Jacques de Bourgogne (CO 12,258–260) und sandte ihn an Wendelin Rihel, seinen Verleger in Straßburg, der die *Institutio* von 1539 und die erste Ausgabe des Römerbriefkommentars veröffentlicht hatte.

Nachdem er seinen Kommentar zum 2. Korintherbrief abgeschlossen hatte, schickte er im Juli 1546 Rihel das Manuskript – ohne ein Exemplar für sich zu behalten. Er sollte dieses Versäumnis bereuen, denn das Manuskript ging auf dem Weg von Genf nach Straßburg verloren. Nach einem Monat ohne jede Nachricht von dem Manuskript gab Calvin sogar die Hoffnung auf, seine Kommentierung der Paulusbriefe fortzusetzen, wie er Viret schrieb (CO 12,368). Das Manuskript tauchte im September in Straßburg wieder auf, aber Rihel verschob seine Veröffentlichung, wahrscheinlich aufgrund der Wirren des Schmalkaldischen Krieges. Wegen dieses Fiaskos erschien die französische Übersetzung des Kommentars zum 2. Korintherbrief zuerst, sie wurde 1547 in Genf veröffentlicht und das lange zurückgestellte lateinische Original kam erst ein Jahr später heraus, auch in Genf. Viele der Einzelheiten dieses Debakels um die Veröffentlichung bleiben ein Geheimnis. Diese Begebenheit markierte das Ende von Calvins publizistischer Zusammenarbeit mit dem Straßburger Verleger, wahrscheinlich deswegen, weil die Arbeit mit einem Verleger in der Ferne zu schwierig war und Calvin möglicherweise das Vertrauen zu Rihel verloren hatte. Parker bemerkt auch, dass Rihel keinen hebräischen Schriftsatz hatte und damit Calvins Bezugnahme auf die Sprache des Alten Testamentes einschränkte (s. Parker 1993b). Calvin widmete den Kommentar zum 2. Korintherbrief dem angesehenen Gelehrten Melchior Wolmar, der Calvin in Bourges in Griechisch unterrichtet hatte (Beza, *Vita Calvini*, CO 21,122).

Calvins Arbeitstempo beschleunigte sich nach dieser schwierigen Episode. Im selben Jahr, in dem endlich der 2. Korintherbrief auf Latein erschien (1548), veröffentlichte er seinen Kommentar des Galaterbriefes, Epheserbriefes, Philipper- und Kolosserbriefes, die er Christoph, dem lutherischen Herzog von Württemberg, widmete. Im Herbst desselben Jahres erschien sein Kommentar zu den Timotheusbriefen, dem Herzog von Somerset zugedacht. 1549 gab Calvin seinen Kommentar zum Hebräerbrief heraus, den er König Sigismund von Polen widmete. Dieses biblische Buch war in der frühen Kirche sowohl hinsichtlich seiner Kanonizität als auch seines Autors Gegenstand der Kontroverse gewesen. Calvin ließ Fragen der Authentizität und Autorität schnell außer Acht, aber er konnte keinen Anhaltspunkt dafür finden, den Hebräerbrief Paulus zuzuschreiben (CO 55,5). Obwohl er diesen Brief nicht für paulinisch hielt, war dieser trotzdem eine äußerst wichtige Quelle für Calvins Theologie. Dies war vermutlich auch der erste Kommentar, der sich auf die *Congrégations* zurückführen lässt, die wöchentlichen Versammlungen der Genfer Geistlichen zum Studium der und zum Gespräch über die Schrift, wenngleich es möglich ist, dass Calvin seine früheren Arbeiten zu Paulus ebenfalls in diesen Versammlungen besprach (Gilmont 1997/2005).

Calvin beendete seine Arbeit über die Paulusbriefe schnell. 1550 kam seine kurze Erläuterung des Titusbriefes heraus, die Calvin seinen Kollegen Farel und Viret widmete. Im selben Jahr stellte er seine Kommentare zum 1. und 2. Thessalonicherbrief fertig, versehen mit einer Widmung an seinen Lateinlehrer Mathurin Cordier und seinen Hausarzt Benoit Textor. Entweder sind diese ersten Fassungen der Kommentare zu den Thessalonicherbriefen nicht erhalten (Gilmont 1997/2005) oder sie wurden für die Veröffentlichung im Sammelwerk der Pauluskommentare zurückbehalten, das 1551 herauskam. In diesem überarbeiteten Sammelwerk der Paulusbriefe erschien dann auch Calvins Kommentar zum Philemonbrief. Eine revidierte Fassung aller Kommentare Calvins zu den Briefen wurde 1556 veröffentlicht (Parker 1993b).

Vor Ende 1550 war Calvin zu den übrigen Schriften des Neuen Testaments übergegangen und hatte seinen Kommentar zum Jakobusbrief veröffentlicht. Im Januar 1551 erschien eine Sammelausgabe von Calvins Kommentaren zu den katholischen Briefen, einschließlich Jakobus-, 1. und 2. Petrus-, 1. Johannes- und Judasbrief. Warum Calvin die letzten beiden Johannesbriefe ausließ, ist unbekannt. Diese Sammlung wurde dem jungen König Edward VI. von England gewidmet. In seinem Widmungsschreiben war Calvin ausführlicher als gewöhnlich; er ermutigte Edward, sich den Reformkönig Josia zum Vorbild zu nehmen, und er argumentierte auch weiterhin gegen die Entscheidungen, die das Konzil von Trient bekannt gab (CO 14,30–37).

Calvin hatte 1549 begonnen, über die Apostelgeschichte zu predigen, und aus dieser längeren Reihe von Sonntagspredigten entstand sein Kommentar zur Apostelgeschichte, der in zwei aufeinanderfolgenden Bänden veröffentlicht wurde. Der erste Band kam 1552 heraus und war Christian III., König von Dänemark, gewidmet. Der zweite Band, gewidmet dem Sohn des dänischen Königs, Kronprinz Frederick, erschien 1554. Von besonderem Interesse ist in Calvins Kommentar zur Apostelgeschichte, wie er die neutestamentliche historische Erzählung und den Übergang von der jüdischen Synagoge zur christlichen Kirche behandelt.

1553 publizierte Calvin seinen Kommentar zum Johannesevangelium und widmete das Buch den Syndices und dem Rat der Stadt Genf. Calvin begann seine Kommentierung der Evangelien ganz bewusst mit dem vierten Evangelium. Diese Wahl zeigt, wie sehr es Calvin am Herzen lag, die bestmögliche pädagogische Methode, die richtige Lehrreihenfolge anzuwenden. Genauso wie Paulus' Brief an die Römer Calvin als Propädeutik für die ganze Schrift diente, so diente das Evangelium des Johannes als Einführung in die synoptischen Evangelien und bot eine prägnante Zusammenfassung ihrer Lehre. Die Synoptiker seien weitschweifiger (*fusior*), Johannes dagegen viel klarer (*longe clarius*) und sachbezogener. Anders gesagt: Das Johannesevangelium zeichne sich durch verständliche Kürze aus. Daher empfahl Calvin, dass bei der Beschäftigung mit den Evangelien zuerst das Johannesevangelium gelesen werden solle, obwohl es in der kanonischen Reihenfolge das vierte Evangelium ist (CO 47,VI–IX). Weil Calvin das vierte Evangelium als eine reiche Quelle neutestamentlicher Theologie betrachtet, ist der diesbezügliche Kommentar ein wichtiges Hilfsmittel für die Untersuchung des Denkens des Reformators (Feld 1997, Pitkin 2006a, Pitkin 2006b).

Ganz im Sinne seiner eigenen Empfehlungen ging Calvin von Johannes zu den synoptischen Evangelien über. Die lateinischen und französischen Ausgaben seines Kommentars zu einer Evangelienharmonie erschienen 1555 und schlossen (abgesehen von Revisionen) seine Arbeit zum Neuen Testament ab (siehe Schellong 1969). Seine Entscheidung, diese Evangelien als harmonisierte Einheit statt als einzelne Bücher zu kommentieren, war in der exegetischen Tradition nicht ungewöhnlich. Diese Vorgehensweise findet sich schon bei Tatians *Diatessaron*, setzte sich mit Thomas von Aquins *Catena Aurea* fort, und Martin Bucer bediente sich dieser bewährten Methode bei seinem Kommentar zu den Synoptikern von 1527, vollständig mit den *loci communes*. Calvins Sicht der göttlichen Inspiration der Bibel, die sich nicht wesentlich von der seiner exegetischen Väter unterschied, ermöglichte es ihm, ebenfalls die Methode der Harmonisierung anzuwenden. Wie oft bei Calvins Kommentaren bietet sein *Argumentum* erhellende Einblicke in seine exegetischen und pädagogischen Methoden. Zunächst analysierte er den Begriff »Evangelium« und erklärte ihn von Paulus her. Er griff sogar Fragen der literarischen Abhängigkeit unter den Evangelien auf, die er, ziemlich konservativ, zugunsten des Standpunkts ablehnte, dass jeder unabhängig und unter der Leitung des Heiligen Geistes geschrieben habe. Er schloss mit einer kurzen Rechtfertigung seiner Methode, die er, wie er offen zugab, vom verstorbenen Martin Bucer übernommen hatte, wenngleich er sich das Recht vorbehielt, das Material auf seine eigene Weise zu behandeln (CO 45,1–4). Den Hintergrund dieses Kommentars bildeten Calvins Streit mit Joachim Westphal über das Abendmahl sowie Westphals Bemühungen, die Vertreibung der englischen Flüchtlingskirche aus Frankfurt zu erwirken. Um diesen Bemühungen entgegenzuwirken, widmete Calvin dieses Werk dem Stadtrat von Frankfurt. Zudem wich Calvin von seiner üblichen strengen Kürze ab, um sich auf eine lange Diskussion über das Abendmahl einzulassen; dabei dachte er offensichtlich an Westphal (Fleming 2006).

2.4. Die Kommentare und Vorlesungen zum Alten Testament

Der Kommentar zu Jesaja war Calvins erster Ausflug in die Auslegung des Alten Testamentes, aber zunächst handelte es sich überhaupt nicht um einen Kommentar. Nicholas des Gallars hatte Calvins Vorlesungen über Jesaja mitgeschrieben, seine Notizen stilistisch überarbeitet und dann Calvin zur Korrektur vorgelegt. Calvin widmete diese *praelectiones* König Edward VI. und sie wurden 1551 veröffentlicht, gefolgt von einer französischen Übersetzung im nächsten Jahr. Aber im Gegensatz zu den anderen Vorlesungen über alttestamentliche Bücher, die später erschienen, arbeitete Calvin diese *praelectiones* zu einem richtigen Kommentar um und ergänzte für eine zweite Ausgabe, die 1559 herauskam und nun Königin Elisabeth I. von England gewidmet war, eine beträchtliche Menge an Material. Von 1556 an predigte Calvin auch über Jesaja. Die meisten dieser Predigten sind noch vorhanden und bieten Forschern eine außergewöhnliche Gelegenheit zu beobachten, wie sich Calvins Behandlung eines Textes im Lauf fast eines Jahrzehntes entwickelte (Nicole/Rapin 1984, De Boer 2000). Der Jesajakommentar und seine *praelectiones* über andere prophetische Bücher des Alten Testamentes sind von besonderem Interesse hinsichtlich Calvins Vorstellung vom Fortschritt des Reiches Gottes und seiner Sicht der Wiederherstellung der Kirche, in der er die geistliche Wiederherstellung Israels mit der Reformation der europäischen Christenheit in seiner eigenen Zeit vergleicht. Calvins Erläuterung der Propheten gewährt auch einen Einblick in seine Behandlung apokalyptischer Themen und den missionarischen Schwerpunkt seiner Vorlesungen.

Bei seinem nächsten Vorstoß ins Alte Testament fing Calvin mit dem Buch Genesis an, zu dem er seine Vorlesungen 1550 aufgenommen hatte. Sein Genesiskommentar wurde 1554 zum ersten Mal veröffentlicht; 1563 folgte eine überarbeitete Version, in die er auch seinen Kommentar zu den letzten Pentateuchbüchern aufnahm, einschließlich einer neuen Widmung an Heinrich von Bourbon, später Heinrich IV. von Frankreich. Calvin hatte die erste Ausgabe den Söhnen des kürzlich verstorbenen Herzogs Johann-Friedrich von Sachsen gewidmet. Diese Widmung wurde abgelehnt, was nicht überrascht. Während dieser Zeit war Calvin mit lutherischen Theologen in Auseinandersetzungen über das Abendmahlsverständnis verwickelt und kritisierte, wie die Lutheraner reformierte Flüchtlinge in Frankfurt behandelten. Auf der Suche nach Calvins Quellen haben Forscher diesen Kommentar untersucht (Gamble 1993, Lane 1996), der auch als Grundlage für Studien zu Calvins Stellung zur Rolle der Frau (Wright 1984, Thompson 1992) und zur Unmoral der Erzväter (Thompson 1991, Thompson 1994) diente.

Calvins nächster Kommentar war seine Erklärung der Psalmen, veröffentlicht 1557, mit einer französischen Übersetzung, die im folgenden Jahr erschien, und einer verbesserten französischen Übersetzung 1561. Forscher haben dieses Werk sowohl wegen seiner Vorrede als auch wegen Calvins Auslegung des hebräischen Psalters untersucht (zu Letzteren s. Selderhuis 2007, De Greef 2006b, De Greef 2006c, Mays 1988, Mays 1990). Calvin gibt in dieser Vorrede viele autobiografische Informationen preis. In dieser Vorrede findet sich auch die berühmte Bezeichnung Calvins für die biblische Sammlung der Psalmen als »eine Anatomie aller Bereiche der Seele« (»ἀνατομὴν omnium animae partium«, CO 31,15). Calvin hatte von 1552 bis 1555 Vorlesungen über die Psalmen gehalten und sie waren von 1555 bis 1559 Thema wöchentlicher *Congrégations*. Calvins Behauptung, er habe sich in Anbetracht der Werke Bucers und Wolfgang Musculus' beim Schreiben dieses Kommentars zurückgehalten, entspricht nur den üblichen Höflichkeitsfloskeln des Humanismus. Stichhaltiger ist die von ihm geäußerte Sorge, dass nicht autorisierte Skripte in Gestalt eines Kommentars gedruckt werden könnten (CO 31,13–15). Zweifellos war Calvin wie bei seinen anderen Kommentaren davon überzeugt, dass seine besondere Methode eine bessere Einführung in die Psalmen ergab, vor allem im Blick auf den praktischen Nutzen für den Leser. In diesem seinem längsten Kommentar hat Calvins Behandlung der messianischen Psalmen erhebliche Beachtung durch die Forschung gefunden, weil er von der christologischen Deutung der messianischen Psalmen nur zurückhaltend Gebrauch macht und David als ein historisches Beispiel anführt (Pitkin 1993, Pak 2006). Wie beim Kommentar zum Johannesevangelium ist diese Erläuterung eine ergiebige Fundgrube für das Denken Calvins, einschließlich einiger seiner eigenwilligeren Vorstellungen, wie zum Beispiel jener, dass er den Gebrauch von Musikinstrumenten im Gottesdienst den Dunkelheiten und Zeremonialgesetzen der Tora zuweist, die jetzt durch das Kommen Christi aufgehoben seien (ss. z. B. seine Bemerkungen zu Ps 33,2, CO 31,324–325).

Im selben Jahr, 1557, wurden Calvins Vorlesungen über Hosea in der Mitschrift von Jean Budé und Charles de Jonvillers in Genf veröffentlicht, sowohl auf Latein als auch auf Französisch. Dies waren seit seinen Jesajavorlesungen die ersten *praelectiones*, deren Veröffentlichung Calvin zustimmte. Trotz seiner Bedenken erwies sich die Veröffentlichung dieser und nachfolgender Vorlesungen als Erfolg und er setzte diese Praxis fort. 1559 kamen seine Vorlesungen zu den Kleinen Propheten heraus, 1560 in französischer Übersetzung. Er widmete diese Arbeit Gustav I. König von Schweden, aber der König nahm diese Widmung nicht wohlwollend auf. Im folgenden Jahr veröffentlichte Calvin seine Vorlesungen über Daniel, die er all den Gläubigen widmete, die sich danach sehnten, dass das Reich Christi in Frankreich wirklich errichtet werde. Eine französische Übersetzung erschien 1562. Calvins Vorlesungen über Jeremia und die Klagelieder waren die letzten seiner *praelectiones*, die zu seinen Lebzeiten erscheinen sollten. Er widmete dieses Werk von 1563 einem geneigten Empfänger, Kurfürst Friedrich III. von der Pfalz, einem Anhänger von Calvins Modell des Protestantismus. Nach Calvins Tod erschien die französische Übersetzung (1565), ebenso wie die lateinischen und französischen Ausgaben von Calvins Vorlesungen über die ersten zwanzig Kapitel des Buches Hesekiel (Wilcox 2006).

Während der Arbeit an seinem Psalmenkommentar beklagte sich Calvin oft über zunehmende Arbeitsbelastung und nachlassende Gesundheit und Kraft. Doch nachdem er seinen Kommentar zum hebräischen Psalter (seine längste exegetische Arbeit) beendet hatte, nahm Calvin sofort eines der ehrgeizigsten und innovativsten Projekte seiner Laufbahn in Angriff. Er wollte einen Kommentar zu den letzten vier Büchern des Pentateuchs schreiben, angeordnet in Form einer chronologischen und thematischen Harmonie. In diesem Werk, das dem Psalmenkommentar an Länge nicht nachstand, ordnete Calvin von Exodus bis Deuteronomium das historische Material neu zu einer fortlaufenden Erzählung. Dann fügte er bei Ex 20 das ganze Gesetzes- und Lehrmaterial ein und verwendete dabei die Zehn Gebote als organisatorische und interpretative *loci communes*. Während es nicht unüblich war, den Dekalog als die Quelle aller anderen Gesetze zu betrachten, war die Kommentierung der gesamten letzten vier Pentateuchbücher auf diese harmonisierende Weise beispiellos. Sein Kommentar zu einer Harmonie der letzten vier Mosebücher wurde 1563 veröffentlicht, zusammen mit einer leicht überarbeiteten Fassung seines Genesiskommentars. Calvins eigene französische Übersetzung des Werks, die kleinere korrigierende Änderungen des lateinischen Buches einschloss, kam 1564 heraus. Dies war der letzte von Calvins Kommentaren, der zu seinen Lebzeiten erschien.

Calvins letzter Kommentar, der 1564 posthum veröffentlicht wurde, war seine kurze Erläuterung des Buches Josua (Woudstra 1960). In Abweichung vom üblichen Muster erschien die französische Übersetzung zuerst, im selben Jahr gefolgt von der lateinischen Ausgabe. Von besonderem Interesse ist in Calvins Josuakommentar seine Behandlung von ethischen Fragen, die mit Calvins eigenen Angelegenheiten als Reformator in Zusammenhang stehen. Ein solches Thema ist Rahabs Verleugnung der Spione, worin sich Calvins Enttäuschung über Personen widerspiegelte, deren Überzeugungen protestantisch waren, die jedoch ihre religiöse Gesinnung für sich behielten (Calvin bezeichnete sie als Nikodemiten). Ein anderes dieser Themen ist das Problem der brutalen Gewalt, mit der die Kanaaniter bei der Eroberung Palästinas vernichtet werden sollten. Calvin wandte sich entschieden dagegen, dass seine Glaubensbrüder in Frankreich bei ihrem Bemühen, die Reformation in ihr Heimatland zu bringen, diesem Beispiel folgten.

2.5. Calvins Vorreden

Calvin hatte zahlreiche Gelegenheiten zur Abfassung von Vorreden für die Arbeiten anderer Autoren. Tatsächlich war seine erste Veröffentlichung 1531 eine kurze Vorrede zu Nicholas Du Chemins *Antapologia* 1531 (CO 9,785–786, englische Übersetzung in Battles/Hugo 1969). Gegen Kritik, die von dem italienischen Juristen Alciato (oder Alciati, 1492–1550) erhoben wurde, hatte Calvins Freund eine Verteidigung ihres Juraprofessors in Orléans, Pierre de L'Estoile (1480–1537) geschrieben. L'Estoiles Ansatz zur Auslegung des Zivilrechts war traditionell, scholastisch und harmonisierend, während Alciatos Methode stärker den historischen und kulturellen Kontext berücksichtigte, in dem besondere Gesetze entstanden (Monheit 1992, Monheit 1997a). Calvins spätere Arbeitsweise bei der Schriftauslegung hatte mit der dieser beiden Juristen etwas gemeinsam.

Zu den interessantesten Vorreden Calvins zählt ein Vorwort, das nie veröffentlicht wurde. Calvin strebte eine französische Ausgabe von Chrysostomus' Homilien an, kam jedoch nicht über die Vorrede dieses gescheiterten Projekts hinaus. Dass Calvin an ein solches Unterfangen dachte, zeigt, wie hoch er die Kirchenväter schätzte, auch wenn er sich die Freiheit nahm, ihre Ansichten zu kritisieren und ihnen zu widersprechen. In Chrysostomus findet Calvin ein Vorbild vernünftiger Exegese, d.h. eine dezidiert historische und wortgetreue Methode der Schriftauslegung, obwohl er im Blick auf die Dogmatik Augustinus' monergistische Tendenzen vorzieht. Es existiert auch eine fragmentarische Vorrede, die Calvin offensichtlich für eine französische Ausgabe seiner *Institutio* vorgesehen hatte, die aber nie gedruckt wurde. Die Herausgeber der *Opera Calvini* vertreten die Auffassung, dass dieses Fragment von 1544 stammt (CO 9, 841–846).

Calvins Vorreden spiegeln seine Vorstellung von der Reform der Kirche. So verfasste er, in Übereinstimmung mit seiner Behauptung, dass Laien die Bibel selbst lesen sollten, statt auf Bilder und Statuen als »Bücher für die Ungebildeten« (*les livres des idiots*) angewiesen zu sein, Vorreden zu mehreren französischen Bibeln, zunächst zur Übersetzung seines Cousins Pierre Robert, genannt Olivétan, von 1535 und dann zu einigen späteren Ausgaben, die in Genf veröffentlicht wurden (Droz 1970). Eine Vorrede zum Neuen Testament, bekannt durch ihre Anrede »A tous amateurs de Iesus Christ et de son Evangile,« wurde seit 1545 mit Calvin in

Verbindung gebracht, aber ihre Verfasserschaft ist Gegenstand einer größeren wissenschaftlichen Auseinandersetzung (z. B. Van Stam 2004).

Im Versuch, die religiöse Verstellung des Nikodemismus zu bekämpfen und Personen mit evangelischer Überzeugung dazu zu ermutigen, offen ihren Glauben zu bekennen, schrieb Calvin eine scharfe Vorrede zu einer 1550 veröffentlichten Beschreibung des Lebens von Francesco Spiera. Dieser, ein Italiener, war gezwungen worden, seine reformierten Überzeugungen zu widerrufen, und danach ohne jede Hoffnung auf Erlösung gestorben (Overell 1995).

Einige Vorreden Calvins dienen einem ökumenischen Zweck. Wie schon im Widmungsschreiben des Römerbriefkommentars zu sehen war, so steht auch hinter dem Vorwort zu einer 1540 erschienenen französischen Übersetzung von Philipp Melanchthons *Loci communes* Calvins Wunsch, eine gemeinsame Basis mit den Lutheranern zu finden. Die besten Chancen, um dies zu erreichen, hatte er nach seinem Dafürhalten bei Melanchthon. Ihre komplizierte Beziehung erreichte dieses Ziel nie (Wengert 1999, Pitkin 2004). Ebenso fruchtlos waren die Gespräche zwischen protestantischen Führern und den Anhängern Roms. Trotz seines persönlichen Pessimismus, was die Aussicht auf irgendeine Übereinkunft betraf, schrieb Calvin eine Vorrede zu Bucers Bericht des zweiten Regensburger Religionsgespräches, die 1547 erschien.

Einige der Vorreden Calvins spiegeln die scharfe Kritik, die notwendig zu Calvins Programm gehörte, mit dem er die Reformation voranbringen wollte. Er verfasste eine solche Vorrede, als 1543 die beiden Briefe Farels an Pierre Caroli veröffentlicht wurden, einen ehemaligen Protestanten, der Calvin, Viret und Farel Schwierigkeiten gemacht hatte und schließlich zum römischen Glauben zurückgekehrt war (s. Gamble 1991). Calvin schrieb ein lobendes Vorwort zu den 1544 veröffentlichten *Disputationes Chrestiennes* seines Kollegen Viret. Und gegen Ende seines Lebens trug Calvin eine Vorrede zu Bezas Abhandlung gegen François Baudouin bei, einen Juristen und ehemaligen Gefährten Calvins, der ein Gegner der reformierten Sache geworden war (Erbe 1978). Calvins Vorreden vermitteln also eine Übersicht über die Hauptziele, die der Reformator in seinem Bemühen verfolgte, die Kirche wieder auf ihre biblischen Grundlagen zu stellen.

McKim, Donald K. (Hg.): Calvin and the Bible, 2006.
Parker, Thomas H. L.: Calvin's Old Testament Commentaries, 1993a.
Ders.: Calvin's New Testament Commentaries. Second edition, 1993b.

(Übersetzt von *Elisabeth Steinweg-Fleckner*) *Raymond A. Blacketer*

3. Traktate

Calvins Traktate sind im Stil sehr verschieden und behandeln unterschiedliche Themen; daher ist es schwer, sie angemessen zusammenzufassen. In den *Ioannis Calvini opera quae supersunt omnia* des *Corpus Reformatorum* waren sie seit Generationen leicht zugänglich. Dort umfassen sie sechs Bände (im Weiteren CO 5–10), die nur grob kategorisiert sind. In jüngster Zeit begannen einzelne dieser Bände in der von Droz herausgegebenen neuen kritischen Edition der *Ioannis Calvini Opera Omnia* zu erscheinen. Droz publizierte auch eine CD-Rom-Ausgabe der französischen *Recueil des opuscules* von 1566. Mehrere Bände der Traktate erschienen ferner in der bei Neukirchner publizierten Reihe *Calvin-Studienausgabe*, mit Einführungen für Studenten und deutschen Übersetzungen jeweils auf den gegenüberliegenden Seiten. Viele der Schriften sind ins Englische übersetzt worden, einschließlich der dreibändigen, im 19. Jahrhundert von Henry Beveridge übersetzten Sammlung einzelner Bände, die sich mit speziellen Gattungen oder Kontroversen beschäftigen, sowie den im *Calvin Theological Journal* erscheinenden Gelegenheitsschriften.

Die Traktate sind ein unerlässlicher Bestandteil der Erforschung des Lebens und Werkes Calvins. Sie tragen wesentlich zum Verständnis seiner Auffassungen bei, wie sie in Gelegenheitsstücken zutage treten, die oft in der Hitze des Gefechts entstanden sind. In einigen Fällen entsprechen diese Schriften den verschiedenen Stufen der Kontroversen, die sich über mehrere Jahre hinzogen. Wenn Calvinforscher versuchten, allein auf der Grundlage der *Institutio* seine Ansichten zu verschiedensten Themen zusammenzufassen, ergab sich meist ein zu statisches Bild. Die einzelnen Traktate waren vor allem in der Konversation mit spezifischen Opponenten oder Kollegen entstanden und sind häufig mit bestimmten historischen Ereignissen verbunden. Obgleich sie in Ton und Inhalt vielfach polemisch sind, bieten sie jeweils begrenzte Argumente für das gerade behandelte Thema, statt in umfassendere systematische Untersuchungen eingebettet zu sein. Dadurch kann man die Sachverhalte und Kontexte in diesen Schriften entscheidend deutlicher erkennen. Was in der *Institutio* als unpersönliche theologische Exposition erscheint, kann hier als Antwort des Reformators auf spezifische Anschuldigungen, Ereignisse oder Debatten miterlebt werden. Zusammen mit der *Institutio* machen die Traktate ausgezeichnet verständlich, wie sehr Calvins Theologie durch die Vorgänge in seinem Leben mitgeformt war.

Dieses Kapitel wird die Traktate aus drei Blickwinkeln betrachten. Zuerst soll die Vielfalt der von Calvin verwendeten Gattungen erörtert werden. Danach werden die verschiedenen Kontexte, in denen diese Schriften entstanden, im Hinblick auf spezifische historische Ereignisse oder Opponenten und Kollegen untersucht. Schließlich werden die von Calvin in den Schriften und Abhandlungen dargestellten theologischen Themen erörtert. Die Anzahl der Dokumente in den jeweiligen Kategorien kann wegen der sich oft überschneidenden Kategorisierung immer nur grob angegeben werden, aber auch deswegen, weil einige Schriftstücke sich entweder auf mehr als eine Kontroverse beziehen oder mehrere kleinere Dokumente zu verschiedenen Themen einschließen.

3.1. Gattungen

Zuerst sollte man diese von Calvin verfassten Schriften als formale theologische Abhandlungen betrachten. Sie beginnen mit Calvins Aufsatz von 1534 über den Seelenschlaf, ein Aspekt der Eschatologie der Wiedertäufer (CO 5,165–232). Einige dieser Abhandlungen sind für Theologen, andere für Laien geschrieben. Auch diejenigen, die spezifische Lehren untersuchen, wurden verfasst, um Veränderungen in Individuen oder der Kirche als ganze zu bewirken. Theologische Arbeiten, die in satirischer Form oder polemischer Absicht verfasst sind, wie Calvins Traktat, welches ein Inventar aller sich im Besitz der Kirchen ganz Europas befindlichen Reliquien anregt (CO 6,405–452), bilden eine Untergruppe dieser Schriften. Einige der Abhandlungen sind in Form von Briefen abgefasst, die zwar an Individuen gerichtet, aber zum Wohl der Allgemeinheit veröffentlicht wurden, wie im Fall von Calvins Antwort an Kardinal Sadoleto, mit der er die Genfer Reformation erläutert und verteidigt (CO 5,365–384), oder sein Appell an Karl V. bezüglich des Reichtags von Speyer (CO 6,453–534).

Eine weitere in den Traktaten vorherrschende literarische Gattung ist der Kommentar. Diese Kommentare begannen mit Calvins erstem veröffentlichten Werk von 1532, dem Kommentar über Senecas *De clementia* (CO 5,165–232). Etliche der Kommentare beziehen sich auf öffentliche Schriften der römisch-katholischen Kirche, wie die Briefe vom Papst an den Kaiser oder die Akten der frühen Phasen des Trienter Konzils, zu dem Calvin ein *antidotum* vorlegte (CO 7,365–506). Die Gattungen von Abhandlung und Kommentar gehen oft ineinander über, besonders wenn Calvin auf gegen ihn gerichtete Schriften antwortet. Seine Entgegnungen können aus Widerlegungen bestehen, die Punkt für Punkt vorgehen, wie im Falle der teilweisen oder kompletten Erwiderungen an Albertus Pighius (CO 6,225–404, CO 8,249–366).

Eine andere kleine Gruppe besteht aus Reden, die von Calvin selbst gehalten wurden, oder mit denen er, wie im Falle der Pariser Reden von Nicolas Cops, eng verbunden war (CO 9,873–894). Zumindest drei an anderer Stelle erschienene Arbeiten gehören qua Genre zu den Reden. Diese schließen das Werk über die Trinität ein, mit dem sich Calvin 1537 gegen die Anschuldigungen von Pierre Caroli verteidigt, und das zuerst als Rede bei dem Gespräch von Lausanne gehalten worden war (CO 9,703–710); ferner die *Congrégation* von 1551 über die Gnadenwahl aus der Mitte der Kontroverse mit Bolsec heraus (CO 8,85–140); sowie die Predigten von 1552 (*Quatre sermons*), die sich auf die dann aktuellen Probleme zwischen reformierten Christen und römischem Katholizismus beziehen (CO 8,369–452). Und schließlich besteht eine Sammlung von Texten aus Geleitworten, welche Calvin zu den Arbeiten anderer verfasste.

Calvins liturgische Schriften enthalten die *La Forme des prieres*, Psalmenübersetzungen und Kirchenlieder (CO 6,161–224). Sie sind von großer Bedeutung, allerdings schwer in andere Textgattungen einzuordnen. Seine Verwendung der Dichtung ist im gesamten, 1541 zu den Gesprächen in Worms veröffentlichten *Epinicion Christo candatum* zu erkennen (CO 5,417–428).

Eine Reihe von Texten hat die Form konfessioneller und kirchlicher Abkommen. Davon sind die meisten in Gruppen zusammengefaßt (CO 9,693–778), aber es gibt bedeutende Ausnahmen, so die *Confessio fidei* (1538) als der lateinische Text der *Confession de la Foi* von 1536 (vgl. CO 5,355–362 und CO 9,693–700). Der lateinische Text ist dem Katechismus von 1538 angehängt; er repräsentiert eine Gattung, die sich ebenfalls in diesen Bänden findet, aber im Handbuch (s. C.I.5) an anderem Ort diskutiert wird. Eine weitere wichtige kirchliche Vereinbarung in diesen Bänden ist der *Consensus Tigurinus* (CO 7,698–748). Man sollte auch die als Konsens – bezüglich der Prädestinationslehre – fungierende *De aeterna Dei praedestinatione* (CO 8,249–366) der Genfer Geistlichen dazu zählen, obgleich diese in Opposition zu Pighius und Georgius Siculus verfasste Schrift eher zu den Abhandlungen und Kommentaren gehört.

Zahlreiche Texte in diesen Bänden gehören zu verschiedenen Gattungen bürgerlicher und kirchlicher Gerichtsbarkeit. Eine Textgruppe repräsentiert die Gesetzgebung der Genfer Reformation (CO 10,5–146). In diese Kategorie fallen auch die Akten der Regensburger Gespräche (CO 5,509–684), sowie Kompilationen von Protokollen der Gerichtsverhandlungen von Bolsec und Servet (CO 8,141–248; CO 8,453–872). Schließlich gibt es eine Gruppe juristischer, theologischer und disziplinarischer Äußerungen über eine ganze Reihe von Themen sowie einen formellen Appell an den Kaiser im Namen eines gewissen Jacques de Bourgoigne, die alle am Ende des zehnten Bandes zusammengetragen sind (CO 10,153–294).

3.2. Historische Kontexte

Diese Dokumente repräsentieren nicht nur verschiedene Gattungen, sondern bilden auch eine Vielzahl von historischen Kontexten ab, die sich sowohl bei den Partnern widerspiegeln, mit denen Calvin zusammenarbeitete, als auch bei den Opponenten, gegen die er schrieb.

Bei etwa 17 von ihnen geht es vor allem um die im Werden begriffene Genfer Reformation. Lehrhafte Zusammenfassungen schließen hier Calvins Erwiderung an Kardinal Sadoleto ein (CO 5,365–416) sowie mehrere Bekenntnisse und Katechismen (CO 9,693–700; CO 5,313–362; CO 6,1–160; CO 9,721–730). Alltägliches des Genfer Kirchenlebens findet sich in liturgischen Texten und den oben erwähnten Gesetzgebungen. Diese juristischen Texte schließen Anordnungen mit ein, die sich sowohl auf Struktur und Praxis des geistlichen Amtes beziehen, wie das *Projet d'ordonnances ecclésiastiques*, die *L'ordre du Collège de Genève*, als auch auf Verfahrensweisen für die Leitung von Kirchen außerhalb Genfs. Sie enthalten ferner vorgeschlagene oder verabschiedete Vorschriften in Angelegenheiten der Kirchenzucht wie Ehe, Taufnamen und Schwüre (CO 10,5–146). Zwei Abschiedsreden Calvins vermitteln ein Gefühl für sein Verhältnis zu den Genfer Geistlichen und den bürgerlichen Oberhäuptern.

Die größte Gruppe von etwa zweiundfünfzig Schriften bezieht sich auf internationale Aspekte der Reformation. Diese Dokumente zerfallen in drei Untergruppen. Die erste besteht aus Texten, die die Beziehungen reformierter Institutionen untereinander und die damit verbundenen Kontroversen widerspiegeln. Die zweite Gruppe von Texten zeigt das Verhältnis zu Rom und die dritte das zu anderen Gruppierungen und Individuen.

Die meisten Schriften der ersten Gruppe können spezifischen Ereignissen zugeordnet werden, die Kontroversen hervorriefen. Vier Texte beziehen sich in der einen oder anderen Hinsicht auf das Gespräch von Lausanne (1536). Sie umfassen Artikel und Reden des eigentlichen Gesprächs, bei dem Calvin und Farel ihre Ansichten über die Trinität verteidigten, und Calvin seine Abendmahlslehre artikulierte (CO 9,703–710 und CO 9,877–886). Erik de Boer und Frans P. van Stam haben gezeigt, dass Calvins *Epistolae duae* über die Nikodemiten, als ein Werk publiziert (CO 5,233–312), in engem Zusammenhang mit den Vorgängen in Lausanne stehen. Sie sind der Ansicht, dass sie eher im Umfeld des Gesprächs als während Calvins Besuch in Ferrara geschrieben worden sind.

Vier Texte beziehen sich auf den *Consensus Tigurinus* von 1549 und die daraus entstandene Kontroverse. Das den Konsensus selbst beinhaltende Dokument schließt auch die Texte von Calvin, Bullinger und anderen ein, die zu dem Konsensus beigetragen hatten (CO 7,689–748). Calvins drei Entgegenungen auf Westphals Kritik am Übereinkommen zwischen Genf und Zürich erschienen – jeweils eines pro Jahr – in der Zeit von 1555 bis 1557 (CO 9,1–120.137–252).

Drei Texte stehen im Zusammenhang mit dem allgemeinen Bekenntnis der französischen Kirchen, einschließlich der 35 Artikel der Edition der *Confessio Gallicana* von 1559 (CO 9,731–752) und eines Briefes, der mit der Ausgabe der 40 Artikel 1560 dem König angetragen wurde (CO 9,715–720), sowie mit einem weiteren Bekenntnis, das verfasst wurde, um die Unterstützung Condés und anderer während der Religionskriege zu gewinnen (CO 9,753–772).

Die von Bucer und Capito aus Straßburg unterzeichnete *Confessio fidei de eucharistia* von 1537, die reformierte Verhältnisse spiegelt, sollte ebenfalls erwähnt werden (CO 9,711–712). Ferner mögen zwei andere Dokumente in diese Kategorie fallen oder mit der Genfer Reformation in Zusammenhang stehen, doch ist ihre Einordnung schwierig, da ihnen jegliche historische Details fehlen. Sie enthalten eine Reihe von Artikeln zur Prädestination und ein Dokument über den Dienst an Wort und Sakrament (CO 9,713–714.773–778).

Zwei Hauptuntergruppen von Texten beschäftigen sich mit Rom. Drei Texte beziehen sich auf Aspekte des Regensburger Gesprächs von 1541. Diese enthalten auch Calvins Beitrag zu der öffentlichen Kontroverse über die Vorbereitungen des Gesprächs (CO 5,561–508), seine Erörterung des Verlaufs (CO 5,509–684) und sein Vorwort zu einem die Akten des Gesprächs ausführlich behandelnden Werk von Bucer (CO 9,851–854). Fünf Stücke gehören im weitesten Sinne zum Trienter Konzil. Sie enthalten sowohl Calvins Appell an Karl V. vor dem Reichstag von Speyer, auf dem der Kaiser versprochen hatte, ein Konzil einzuberufen (CO 6,453–534), als auch Calvins Anklage gegen Paul III., da der Papst versucht hatte, dieses Konzil zu verhindern (CO 7,249–288). Als es dann schließlich doch stattfand, nahm Calvin direkt und kritisch zu den frühen Phasen des Konzils (CO 7,365–506) sowie zum Augsburger Interim (CO 7,546–686) Stellung. Calvins Kommentar und *antidotum* zu den Artikeln der Pariser theologischen Fakultät passen ebenfalls in die Kategorie von Schriften, die mit unmittelbarem Blick auf die römische Kirche geschrieben sind (CO 7,1–44).

Ungefähr neunundzwanzig Schriften betreffen das Verhältnis Calvins zu radikalen Reformern, Sektierern und anderen spezifischen Gruppen oder Individuen. Der größte Teil davon repräsentiert Calvins Verhältnis zu Radikalen verschiedenster Art. Davon bilden wiederum zehn Schriften die größte Gruppe; sie zeigen Calvins Disput mit den Antitrinitariern. Drei dieser Texte bieten eine reichhaltige Dokumentation der Beziehung Calvins zu Michael Servet, zu dessen Gerichtsverfahren und Bestrafung, von Servet abgesandte Briefe, Calvins Antworten auf Kritik und von anderen reformierten Städten zugesandte Briefe (CO 8,454–872). Fünf davon geben das Verhältnis Calvins zu den polnischen Antitrinitariern wider, insbesondere mit Bezugnahme auf Francesco Stancaro. Zwei sind von Genfer Kirchenhäuptern unterzeichnet und behandeln christologische Fragen (CO 9,333–358), während zwei andere auf trinitarische Orthodoxie drängen (CO 9,629–650). Einzelarbeiten illustrieren Calvins Kontroversen über trinitarische Theologie mit Giorgio Biandrata und Giovanni Valentino Gentilis (CO 9,321–332.361–420), die beide im Anschluss an ihre Zeit in Genf nach Polen gingen. Ferner ist eine kurze Antwort an Lelio Sozzini in den dogmatischen *consilia* enthalten (CO 10,160–165).

Drei Texte wurden mit Bezugnahme auf Vorstellungen der Anabaptisten verfasst. Der früheste behandelt einen Aspekt der Eschatologie: die Vorstellung über die nach dem Tode schlafende Seele (CO 5,165–232). Die gründlichste Diskussion anabaptistischer Vorstellungen findet sich in einer Abhandlung, die das Bekenntnis Schleitheims ablehnt, einschließlich der Abschnitte über den Seelenschlaf und die »himmlische-Fleisch«-Christologie Melchior Hoffmanns (CO 7,45–142). Unter den gesammelten theologischen *consilia* im letzten Band findet sich auch ein kurzer Beitrag gegen die Himmelsleib-Christologie Menno Simons' (CO 10,167–176).

Zwei Schriften wenden sich gegen eine bestimmte Gruppe von Libertinisten, nämlich gegen die Anhänger Quintin Thierys (CO 7,145–248 und 7,341–364).

Calvins Schreiben bezüglich der Nikodemiten, geheime Anhänger des reformierten Glaubens in römisch-katholischen Gebieten, machen den Hauptanteil einer letzten kontextgebundenen Untergruppe aus: Schreiben an andere Gruppen und Individuen. Nikodemiten können kaum als Sekte bezeichnet werden, aber in Schreiben an Personen geheimen Glaubens verwendet Calvin mitunter eine Kollektivbezeichnung. Es gibt mindestens sieben Dokumente zu diesem Thema, oder solchen, die eng damit in Zusammenhang stehen. Diese Schreiben beginnen schon 1537, als Calvin die *Epistolae duae* in einem Band öffentlicher Briefe publizierte (CO 5,233–312). Ferner gibt es zwei allgemeine Abhandlungen über die Nikodemiten sowie eine Gruppe von Briefen anderer Reformer, die Calvins Sicht unterstützten, die alle aus den 40er Jahren stammen (CO 6,537–644). Hierher gehört auch eine Gruppe von Predigten (1552) zu verwandten Themen (CO 8,369–452) und eine 1562 veröffentlichte Antwort auf eine Abhandlung Coornherts im Zusammenhang mit dieser Thematik (CO 9,581–628). Schließlich sollten hier noch mehrere in der *consilia* gesammelte Stücke hinzugerechnet werden, die eine enge Beziehung zu den Themen in den antinikodemitischen Abhandlungen aufweisen (z. B. CO 10,184–192).

Sechs Texte – sieben, wenn man die oben erwähnten Teile der *consilia* über Lelio Sozzini dazu zählt – enthalten Calvins Schriften gegen individuelle Opponenten zur Prädestination und damit zusammenhängenden Themen. Zwei sind zum großen Teil Kommentare über Abschnitte eines Werkes von Albertus Pighius. Der Kommentar von 1543 behandelt die Unfreiheit des Willens (CO 6,225–404). Bei dem zweiten, der nach der Kontroverse mit Bolsec begonnen wurde, geht es um doppelte Prädestination (CO 8,249–366). Zwei Schriften von 1551 haben unmittelbar die Affäre um Bolsec zum Thema: Die erste handelt von Calvins *Congrégation* zur Prädestination; die zweite beinhaltet die Akten des Verfahrens gegen Bolsec (CO 8,85–248). Zwei sind Erwiderungen an Castellio: die von 1557 über die Prädestination und die von 1558 über die Vorsehung (CO 9,253–318). Man könnte behaupten, dass die meisten dieser Schriften zur Entfaltung der Genfer Reformation gehören. Die von anderen reformierten Städten zur Unterstützung gesandten Briefe zeigen allerdings, wie aus dem Quellenmaterial der Affäre ersichtlich wird, dass diese Angelegenheiten alles andere als lokal begrenzt waren, genau wie im Fall Servet.

Schließlich finden sich noch Dokumente, die auf alle möglichen Anschuldigungen reagieren. Neben der oben erwähnten Rede bezüglich des Gesprächs von Lausanne über die Trinität beziehen sich noch zwei weitere Werke auf Calvins und Farels Verteidigung gegen Pierre Carolis Anschuldigungen hinsichtlich ihrer trinitarischen Theologie (CO 9,839–840, CO 7,289–340). Ferner gibt es einen Traktat, der auf die Anschuldigungen von Antoine Cathélan antwortet (CO 9,121–136), zwei weitere Abhandlungen sowie ein Vorwort zu einem Werk von Beza, alle verfasst als Erwiderung auf Anklagen von François Baudouin – oder ihm zugeschriebene (CO 9,525–580.859–862).

3.3. Theologische Themen

Obgleich Calvin sicherlich den meisten dieser Werke theologische Bedeutung beigemessen hätte, haben doch nicht alle unmittelbar speziell die (Glaubens-)

Lehren zum Gegenstand. Die größte Gruppe von Schriften über lehrmäßige Themen behandelt Abendmahl, Prädestination, Trinität und Christologie.

Es gibt vielleicht zehn Schriften zum Thema Abendmahl. Diese schließen die oben erwähnten Texte bezüglich des Gesprächs in Lausanne, den *Consensus Tigurinus* und die Kontroverse um Westphal mit ein. Darüber hinaus gibt es drei Abhandlungen über das Abendmahl: eine 1541 für Laien abgefasste, eine weitere 1560 an einen von Lutheranern umgebenen reformierten Geistlichen gerichtete, und eine letzte, 1561 gegen Tilemann Heshusius verfasste (CO 5,429–460; CO 9,677–688.457–524). Zu diesem Thema findet sich auch eine bekenntnismäßige Übereinkunft zwischen Calvin, Bucer und Capito von 1537 sowie ein Fragment eines Vorworts zur *Institutio* von 1544 (CO 9,711–712.841–846).

Zur Prädestination und damit verwandten Themen gibt es sieben Texte über die Kontroversen mit Pighius, Bolsec, Castellio und Sozzini, die alle oben in ihren jeweiligen Kontexten erwähnt wurden. Darüber hinaus gibt es eine Gruppe von Artikeln in Form eines Bekenntnisses zur Prädestination, aber ohne Datum (CO 9,713–714).

Über die Trinitätslehre gibt es zehn Stücke, die alle bereits oben erwähnt wurden: Drei von ihnen beziehen sich auf Calvins Verteidigung gegen die Anschuldigungen Pierre Carolis, während des Gesprächs in Lausanne und danach verfasst; drei beziehen sich auf den Fall Servet; zwei betreffen den Briefwechsel mit polnischen Antitrinitariern; und jeweils eine beinhaltet die Kontroverse mit Gentilis bzw. Blandrata.

Vier Arbeiten stehen im Zusammenhang mit der Christologie, entweder im Ganzen oder in bedeutsamen Partien: Zwei dokumentieren die Auseinandersetzung mit den polnischen Antitrinitariern und das Verhältnis zu den Anabaptisten, wie unter ihrem jeweiligen Kontext besprochen.

Eine große Anzahl von Texten haben diverse theologische Themen zum Gegenstand. Sie reichen von Vorworten zu Bibelausgaben und Werken anderer Theologen bis hin zu Calvins Versuchen, zur Frömmigkeit und zu reformierter Praxis zu ermutigen, sowie zu Bemerkungen zum Reliquienkult (CO 6,405–452), zur Astrologie (CO 7,509–544), zu Problemen der Verkündigung (CO 8,1–84) und – in Dialogform – zum Verhältnis von Juden und Christen (CO 9,653–674).

(Übersetzt von *Gesine Robinson*) *Gary Neal Hansen*

4. Institutio

Calvin ist vor allem als Verfasser eines ganz bestimmten Buches bekannt, der *Institutio* in der Ausgabe von 1559. In der älteren Forschung hieß es, in seinen Kommentaren und Predigten sei nichts zu finden, was nicht bereits in der *Institutio* stehe, und die früheren Ausgaben der *Institutio* seien von geringerem Interesse, da Calvin selbst angegeben hatte, erst mit der letzten Edition zufrieden gewesen zu sein. Als Reaktion darauf wurde in der Forschung vor allem seinen Bibelkommentaren und Predigten viel Aufmerksamkeit geschenkt, um von dort aus die Theologie des Reformators zu beschreiben. Manchmal wurde dabei der Eindruck erweckt, es müsse bewiesen werden, dass Calvin mit seiner Theologie nicht so rigide war, wie es die *Institutio* vermuten lässt. Die neuere Forschung betont, dass Kommentare und *Institutio* zwei Seiten derselben Medaille seien. Damit ist gemeint, dass in der *Institutio* Themen behandelt werden, die sich zwar aus Calvins Exegese ergeben, die er aber aus praktischen Überlegungen nicht in den Kommentaren behandeln will (s. o. C. I.2). Gleichzeitig wuchs die Aufmerksamkeit für die Entwicklung der *Institutio* und die Bedeutung der verschiedenen Stadien. Es hat sich herausgestellt, dass die *Institutio* im Licht von Calvins Kommentaren gelesen werden muss und dass umgekehrt dasselbe gilt. Der Dogmatiker, der Exeget und der Prediger Calvin sind ein und dieselbe Person.

4.1. Drei Bücher: die Ausgaben der Institutio

In der Forschung wird meistens über die verschiedenen Ausgaben der *einen Institutio* geschrieben (1536, 1539, 1550, 1559). Möglicherweise ist es aber besser, nicht von einem Buch in verschiedenen Fassungen, sondern von drei Büchern zu sprechen, die zwar auseinander hervorgegangen sind und inhaltlich auf einer Linie liegen, die aber doch drei unterschiedliche Werke darstellen. Das erste Buch ist die Edition von 1536, die einen stark katechetischen Charakter hat, das zweite die Institutio in den Ausgaben von 1539, 1543 und 1550, das dritte die *Institutio* von 1559. Diese hat schließlich nicht nur die von Calvin gewünschte Form, sie unterscheidet sich auch im Aufbau von den vorherigen Ausgaben, sodass von einem neuen Werk gesprochen werden kann. Der Übersicht halber werden im Folgenden die verschiedenen Editionen getrennt behandelt.

4.2. Calvin – Reformator der zweiten Generation

Calvin war ein Theologe der zweiten Generation von Reformatoren. Das heißt, er kannte die Schriften der ersten Reformatoren – soweit sie auf Latein oder Französisch verfasst oder übersetzt worden waren, denn Calvin konnte kein Deutsch – und konnte die Diskussionen zu wesentlichen theologischen Themen sowie ihre Ausarbeitung überschauen und für sich nutzen. Dabei ist zum Beispiel an den Abendmahlsstreit zwischen Luther und Zwingli zu denken, an die Polemik zwischen Luther und Erasmus über den freien Willen und die Diskussion mit den Täufern über die Taufe, den Bund, den Wert des Alten Testaments und das Verhältnis zwischen Kirche und Obrigkeit. Calvin konnte den Ergebnissen dieser Diskussionen in seinem Werk Raum geben und dabei das eventuell Verbindende der verschiedenen Standpunkte überblicken. Auch lässt sich in der *Institutio* erkennen, dass Calvin keine universitäre theologische Ausbildung hatte. Das befreite ihn in gewisser Weise von dem inhaltlichen und formellen Ballast, den der durchschnittliche Theologe aus dem Studium der scholastischen Handbücher mit sich schleppte. Verstärkt wurde dieser Effekt dadurch, dass Calvin Humanist war und somit vor allem von den Quellen ausging, um die Sachverhalte so erhellend wie möglich wiederzugeben. Zu den Quellen gehören Reformatoren wie Luther, Bucer, Zwingli und Oekolampad, die Kirchenväter – von denen Augustinus am häufigsten vorkommt – die frühe Kirchengeschichte inklusive der Konzilien und als wichtigste Quelle die Bibel. In den Ausgaben schlägt sich Calvins Beschäftigung mit der Heiligen Schrift immer stärker nieder. Die *Institutio* entwickelte sich gewissermaßen zusammen mit Calvins wachsender Bibelkenntnis.

4.3. Der Brief an Franz I. als Vorrede der Institutio

Die verschiedenen Bearbeitungen der *Institutio*, die von Calvin selbst stammen, unterscheiden sich hauptsächlich in Umfang und Struktur. Unverändert bleiben außer der Theologie auch ein paar Elemente, die für dieses Werk kennzeichnend geworden sind. Das betrifft an erster Stelle den auf den 23. August 1535 datierten Brief an König Franz I., der seit der Ausgabe von 1536 jeder Edition vorangeht. Die durch die »Affaire des Placards« erstarkte anti-reformatorische Politik in Frankreich führte zu Verfolgungen, denen auch Freunde Calvins zum Opfer fielen. Diese Politik nötigte Calvin zu einem Brief an den König, in dem er klarstellen wollte, dass Reformierte keine Ketzer und genauso wenig gewalttätige Revolutionäre seien, sondern Gläubige, die auf der Grundlage der Bibel und in Nachfolge der Kirchenväter in Frieden Kirche sein wollten. Der Brief ist rhetorisch ein Kunstwerk nach dem Vorbild der Reden Ciceros, theologisch eine missionarische Ansprache und literarisch ein Dokument in humanistischem Stil.

4.4. »Erstes Buch«: 1536

Die erste Ausgabe der *Institutio* hatte Calvin größtenteils noch in Frankreich geschrieben und während seines Aufenthalts in Basel abgeschlossen, wo sie im März 1536 bei den Druckern Thomas Platter und Balthasar Lasius erschien. Das Werk hatte vor allem katechetischen Charakter und sollte den französischen Gläubigen, die, wie Calvin schreibt, nach Christus hungern und dürsten, den Inhalt des Evangeliums nahe bringen. Und doch geht es hier nicht um einen Katechismus im eigentlichen Sinn, sondern um eine kompakte reformierte Dogmatik. Calvin spricht daher auch von einer »summam evangelicae doctrinae« (OS 1,223), für solche Erwachsenen bestimmt, die noch wenig Kenntnis von der Heilslehre haben. Der vollständige Titel lautet: »Christianae religionis institutio, totam fere pietatis summam, et quidquid est in doctrina salutis cognitu necessarium, complectens: omnibus pietatis studiosis lectu dignissimum opus, ac recens editum.« Deutliche Übereinstimmungen mit der Struktur anderer Katechismen aus Calvins Zeit ergeben sich dadurch, dass der Hauptteil des Werks aus den Themen Glaube, Gebot und Gebet besteht. Für die häufig geäußerte These, Calvin habe diese Struktur dem Kleinen Katechismus von Luther aus dem Jahr 1529 entlehnt, fehlt der eindeutige Beweis. Die Gemeinsamkeiten sind allerdings so auffällig, dass diese Annahme nachvollziehbar ist. Auch der deutliche Einfluss von Luthers Theologie bestätigt dies. Die genannten Themen ergänzte Calvin durch ein paar weitere. So gibt es ein viertes Kapitel über die Sakramente und ein fünftes, in dem die christliche Freiheit, die kirchliche Macht und die Macht der Obrigkeit behandelt werden. In dem Kapitel zu den Sakramenten werden Taufe und Abendmahl besprochen, die anderen fünf Sakramente der römisch-katholischen Kirche werden in ihrer damaligen Form abgelehnt. Auch gab Calvin einzelne liturgische Hinweise, zum Beispiel zur Notwendigkeit einer wöchentlichen Abendmahlsfeier. Calvins Prädestinationslehre ist in dieser *Institutio* bereits im Kern enthalten und sollte in späteren Editionen nicht mehr verändert, sondern nur noch ausgearbeitet werden. Auffällig ist Calvins Ansatz, die heilige Lehre bestehe im Wesentlichen aus zwei Teilen, nämlich der Erkenntnis Gottes und der Selbsterkenntnis des Menschen. (»Summa fere sacrae doctrinae duabus his partibus constat: Cognitione Dei ac nostri.«, CO 1,27). Das Werk umfasst 514 Seiten im kleinen Format (in octavo). Die Tatsache, dass Calvin auf Latein schrieb und uns keine französischsprachige Ausgabe aus dem Jahr 1536 bekannt ist, obwohl er angab, eine Übersetzung zu planen (CO 10/2,63–64), weist darauf hin, dass er nicht nur die Gläubigen in Frankreich erreichen wollte.

4.5. »Zweites Buch«: 1539

Die Ausgabe von 1539 wurde in Straßburg gedruckt, geschrieben wurde sie jedoch größtenteils in Basel, nachdem Calvin 1538 aus Genf verbannt worden war und vorübergehend in Basel wohnte. Calvin selbst schreibt, mit der zweiten Ausgabe sei faktisch ein neues Buch entstanden, und so veränderte er auch den Titel leicht: »Institutio Christianae Religionis«. Ziel ist nicht mehr eine kompakte Darlegung des Glaubens, sondern eine Übersicht über biblische Themen für Studenten. Dies ist das Werk, an dem Calvin sein Leben lang weiterarbeiten wird, bis er 1559 rundum zufrieden damit ist. Im Vorwort zur Edition von 1539 schreibt Calvin noch von einem Katechismus (OS 3, XI, 1), was beweist, dass es sich um einen allgemeinen Begriff handelte. Anschließend sollte er aber zwischen seinen Katechismen und der *Institutio* deutlich unterscheiden.

Das Werk selbst richtet sich an Kandidaten der heiligen Theologie (»Porro hoc mihi in isto labore propositum fuit: sacrae theologiae candidatus ad divini verbi lectionem ita praeparare et intruere […].« CO 1,256). Er nennt es einen gepflasterten Weg (»strata via«) zu den Heiligen Schriften. Seiner Meinung nach stimmte der Inhalt erst jetzt mit dem Titel einer Institutio überein. Der Ausdruck war Calvin unter anderem aus dem Werk Lactantius' (*De divinis Institutionibus*, ca. 310) und Erasmus' (*Institutio principis christiani*, 1516) bekannt und bezeichnet ein Lehrbuch, in dem Grundlagen vermittelt werden. Calvin wollte sein Buch als Hilfsmittel bei seinen Vorlesungen verwenden, um zu verhindern, dass er seine

Erläuterungen durch dogmatische Exkurse unterbrechen musste, wie es zum Beispiel bei Bucer und Bullinger geschah (»[...], quia non necesse habebo de dogmatibus longas disputationes instituere, et in locos communes evagari [...].« CO 1,256). Das Vorgehen Calvins ist beispielsweise im Kommentar zum Römerbrief ersichtlich, der 1540 erschien. Darin wird Text für Text ausgelegt, ohne dass die *Loci*, die aus dem Text hervorgehen, separat besprochen werden. Der Einfluss, den das Studium dieses Römerbriefes auf Calvins Denken hatte, zusammen mit dem Einfluss der Kommentare Bucers zu demselben von 1536, lässt sich am Inhalt der *Institutio* von 1539 erkennen. Die sechs Kapitel sind auf 17 angewachsen, hauptsächlich dadurch, dass manchen Themen ein eigenes Kapitel gewidmet wurde. Neu sind die Kapitel 6–8 über die Rechtfertigung und die guten Werke, über das Verhältnis zwischen Altem und Neuem Testament und über Prädestination und Vorhersehung. Das Buch schließt mit einem Kapitel über das christliche Leben. Inhaltlich ist diese Ausgabe stark mit Zwinglis *De vera et falsa religione commentarius* verwandt, mehr noch mit den Ausgaben von Melanchthons *Loci communes* aus den Jahren 1521 und 1536. Vor allem ist es aber der Brief des Apostels Paulus an die Römer, der Inhalt und Struktur dieser *Institutio* bestimmt.

4.6. »Zweites Buch«: 1543/1550

Als Untertitel der Edition von 1543 erschien ein Zitat von Johannes Sturm, Rektor des Gymnasiums in Straßburg: Das Werk sei geschrieben um den wahren Glauben zu lehren, die Sitten zu verbessern und Irrungen auszuschließen (»ad docendam religionem, ad corrigendos mores et tollendos errores«). Die 470 Seiten im Großformat (2) von 1539 waren auf 552 Seiten im selben Format angewachsen. Aus den 17 Kapiteln waren 21 geworden. Diese Erweiterung hatte vor allem zwei Ursachen, nämlich Calvins Teilnahme an den Religionsgesprächen und sein Aufenthalt in Straßburg von 1538 bis 1542. Die separaten Themen Rechtfertigung, Opfercharakter der Messe, Zölibat und Macht des Papstes haben mit dem Umstand zu tun, dass Calvin 1540 und 1541 als Abgesandter von Straßburg an den Religionsgesprächen von Regensburg und Worms teilnahm. Kapitel 4 behandelt das Pflichtversprechen der Geistlichen zum zölibatären Leben, Kapitel 13 den Wert menschlicher Traditionen. Die starke Zunahme von Kirchenväterzitaten in der Ausgabe von 1543 geht vermutlich auch auf diese Diskussionen zurück. Calvins Kontakte zu Martin Bucer sowie das, was er während seines Aufenthaltes in Straßburg dort als kirchliche Praxis sah, führten zu einer starken Erweiterung der Lehrsätze über die Kirche und die Kirchenordnung. 1545 erschien ein Neudruck der Ausgabe von 1543.

In der Ausgabe von 1550 veränderte Calvin den Titel, indem er das Wörtchen »totius« hinzufügte (*Institutio totius christianae religionis*), womit er auf den größeren Umfang verwies. Die Erweiterung hält sich in dieser Ausgabe jedoch in Grenzen. Ein Paragraph über das Gewissen wurde hinzugefügt (Inst. III.19.15–16), zudem wurden in dieser Edition die Register zu Bibeltexten und Zitaten der Kirchenväter erweitert. Ein Sachregister wurde angelegt und die inzwischen sehr umfangreichen Kapitel wurden in Paragraphen unterteilt. Neudrucke der Ausgabe von 1550 erschienen 1553 und 1554.

4.7. »Drittes Buch«: 1559

Die bekannteste Edition ist die, in der Calvin schreibt, nun sei er endlich mit ihr zufrieden. Die Ausgabe von 1559 ähnelt im Umfang kaum mehr der von 1536, sind doch die anfänglichen sechs Kapitel auf ungefähr 80 angewachsen. Das permanente Studium der Kirchenväter, theologische Diskussionen und die Zunahme des exegetischen Materials sind für diesen Umfang verantwortlich. Sowohl die Erweiterung des Stoffs als auch die Verbesserungen der Edition und die neue Struktur des Werks machen diese Ausgabe faktisch zu einem neuen Buch. Dies bestätigt auch der Untertitel, in dem gesagt wird, das Buch sei nun in vier Kapitel und verschiedene Paragraphen eingeteilt und es sei so viel Material hinzugefügt worden, dass man von einem neuen Buch sprechen könne. (»Institutio christianae religionis […] in libros quatuor nunc primum digesta certisque distincta capitibus, ad aptissimam methodum: aucta etiam tam magna accessione ut propemodum opus novum haberi possit.« (CO 2,[III]).

Buch I behandelt die Kenntnis des Schöpfergottes. In dem Buch wird auch die Lehre der Dreieinigkeit Gottes dargelegt. Hier wird Servets Trinitätslehre behandelt sowie Osianders Verständnis vom Menschen als Bild Gottes. Die Prädestinationslehre erhält hier auch mehr Raum als in früheren Ausgaben.

Die Christologie ist Hauptthema des zweiten Buchs. Dort spricht Calvin die Funktion des Gesetzes an. Das Gesetz ist nicht in erster Linie der Zuchtmeister auf dem Weg zu Christus, sondern vor allem Richtschnur für das Leben in der Gemeinschaft mit Christus, der sogenannte *tertius usus legis*. Im Vergleich zur vorherigen Ausgabe fügte Calvin drei neue Kapitel hinzu, nämlich Kapitel 6 (Der verlorene Mensch muss in Christus Erlösung suchen), Kapitel 9 (Christus war zwar schon den Juden unter dem Gesetz bekannt; er tritt uns aber erst im Evangelium klar entgegen) und Kapitel 17 (Es ist Recht gesagt und trifft den Sinn der Sache, wenn es heißt: Christus hat uns Glaubensgewißheit und das Heil durch sein Verdienst erworben).

In Buch III kommen Person und Werk des Heiligen Geistes zur Sprache. Auffallend ist, dass Calvin zunächst die Heiligung behandelt und erst danach die Rechtfertigung, um zu zeigen, dass die reformatorische Gnadenlehre keine Bedrohung für die guten Werke bedeutet. Als Frucht des Geistes wird in diesem Buch auch das Gebet besprochen, ein Thema, dem mehr Seiten als jedem anderen gewidmet werden. Außerdem wird erst hier ausführlich die Prädestinationslehre behandelt (Kapitel 21 und 22), und zwar im Zusammenhang mit der Glaubensgewissheit.

Buch IV handelt auch vom Heiligen Geist, da in diesem Teil von den äußeren Mitteln gesprochen wird, die Gott anwendet, um Menschen in die Gemeinschaft mit Christus zu bringen und dort zu halten. Dabei geht es vor allem um die Kirche.

4.8. Struktur und Inhalt

Calvin beginnt die *Institutio* immer mit dem Hinweis, die wahre Lehre bestehe aus zwei Teilen, nämlich der Erkenntnis Gottes und der Selbsterkenntnis des Menschen. Obwohl dieses Begriffspaar auch z.B. bei Luther, Bucer und Zwingli vorkommt, ist hier neu, dass Calvin diese *cognitio Dei et hominis* zu seinem Ausgangspunkt macht. Es ist diese *cognitio* und nicht die zweifache Kenntnis Gottes als Schöpfer und Erlöser, die den festen Bestandteil aller Institutiones bildet. Dadurch, dass er nicht mit dem *locus de Deo* beginnt, sondern von Anfang an Gott und Mensch aufeinander bezieht, bekommt die *Institutio* nicht nur einen nichtscholastischen – also nicht anti-scholastischen – Charakter, sie wirkt auch pastoral. Calvin wollte eine spekulative Theologie verhindern. Gleichzeitig fehlt somit ein *locus de homine* im Sinne einer selbstständigen Anthropologie. Hier liegt der Kern von Calvins Theologie, nämlich die »communio cum Christo«, die übrigens auch das Zentrum der Theologie der meisten anderen Reformatoren bildete. In dieser Gemeinschaft werden Gott und Mensch untrennbar aufeinander bezogen, wie dort auch alle Aspekte der Rechtfertigung, Heiligung, Erwählung sowie der Pneumatologie und der Ekklesiologie zusammenkommen.

Ein Vergleich der Inhaltsverzeichnisse der verschiedenen Editionen zeigt, dass Calvin die Teile immer wieder verschoben hat. Nichtsdestotrotz sind Versuche, aus der Reihenfolge der Kapitel in den verschiedenen Ausgaben Rückschlüsse auf Calvins Theologie zu ziehen, vergeblich. Die Tatsache, dass die Prädestination erst in Buch IV behandelt wird, bedeutet nicht, dass die Erwählung für Calvin weniger wichtig war oder weniger mit seiner Gotteslehre zu tun hat. Calvin war mit der gefundenen Reihenfolge der Themen erst 1559 zufrieden, mit dem Inhalt war er schon immer einverstanden gewesen.

So sehr das Buch über 20 Jahre auch gewachsen und zu einem vollwertigen dogmatischen Lehrbuch geworden ist, blieb es immer ein Buch, das dazu bestimmt war, Menschen in ihrer »pietas« zu stärken und zu helfen, die Schrift besser zu verstehen und so Christus und sein Heil besser zu kennen. Für Calvin sind Dogma und Glaubensstärkung, »doctrina« und »pietas«, nämlich keine Gegensätze, sondern untrennbar miteinander verbunden. Calvin hat in seiner Beschreibung und Ordnung des biblischen Stoffes die neu entdeckten Werte der antiken Rhetorik verarbeitet. Das bedeutet, dass »docere« und »movere« zusammengehören und die Auslegung der Lehre darum auf ihre Anwendung hin ausgerichtet ist.

4.9. Übersetzungen und Zusammenfassungen

Calvin hatte bei seinem Werk immer die Kirche in Frankreich im Blick. Darum sorgte er dafür, dass von jeder Ausgabe der *Institutio* eine französische Übersetzung erschien, auch wenn uns von der Ausgabe 1536 keine französische Version bekannt ist. Er selbst sorgte immer für eine erste Rohübersetzung, die dann von anderen bearbeitet wurde. 1541 erschien die französische Ausgabe der *Institutio* von 1539 (»Institution de la Religion Chrestienne«), 1545 die der Ausgabe von 1543, 1551 die Übersetzung der Edition von 1550 und 1560 die französische Ausgabe der *Institutio* von 1559. Auch gab es recht schnell Übersetzungen in andere Sprachen. 1560 erschien in Emden die erste niederländischsprachige Edition, mit Neudrucken 1566 und 1578. 1561 erschien die erste englischsprachige Edition.

Die Edition von 1559 war so umfangreich geworden, dass Zusammenfassungen veröffentlicht wurden. 1583 publizierte Guilelmus Launeus (Guillaume Delaune), Pfarrer der französischen Gemeinde in London, eine Zusammenfassung, die 1594 in niederländischer Übersetzung vorlag. Bei Zusammenfassungen besteht immer die Gefahr, dass durch Auslassungen einseitige Bilder entstehen. Ein anderes Problem sind die Hinzufügungen. Ausgaben, die nach Calvins Tod erschienen, enthalten Zusätze von Untertiteln der Kapitel, erklärende Anmerkungen und Einleitungen zu Inhalt und Methode der Institutio. Launeus' Ausgabe enthielt schematische Übersichten. Die Editionen, die 1576 in London und Lausanne veröffentlicht wurden, gaben Zusammenfassungen der vier Bücher der *Institutio* sowie Analysen der Struktur der einzelnen Kapitel (Muller 2000, 65). Auch modernere Ausgaben enthalten vieles, was in Calvins eigenen Ausgaben nicht vorkam. Über die Hälfte der Bibelverweise, die in Editionen des 20. Jahrhunderts stehen, finden sich in den Originalausgaben nicht. Grund genug, Calvins Spur bis zur Quelle zurückzuverfolgen.

Battles, Ford Lewis: Analysis of the Institutes of the Christian Religion of John Calvin, 1980.
Marmelstein, Johann-Wilhelm: Étude comparative des texts latins et français de l'Institution de la Religion Chréstienne par Jan Calvin, 1923.
Muller, Richard A.: The Unaccommodated Calvin: Studies in the Foundation of a Theological Tradition, 2000.
Spijker, Willem van 't: Bij Calvijn in de leer. Een handleiding bij de Institutie, 2004.
Warfield, Benjamin B.: On the Literary History of Calvin's »Institutes« (in: Calvin and Calvinism, 1931, 371–48).

(Übersetzt von *Ulrike Sawicki*) *Herman J. Selderhuis*

5. Katechismen

»Die Kirche Gottes kann sich nie halten ohne Katechismus; denn dieser ist gleichsam der Same, der verhindert, dass die gute Saat nicht ausstirbt, sondern sich mehrt von Geschlecht zu Geschlecht. [...] Sorgen Sie dafür, dass die Kinder unterrichtet werden nach einem guten Katechismus, der ihnen kurz und ihrem kindlichen Verständnis entsprechend zeigt, wo das wahre Christentum liegt.« (CO 13,72).

Mit diesen Worten mahnt Calvin den Herzog von Somerset 1548 an die zentrale reformatorische Aufgabe, die Lehre des Evangeliums in angemessener Weise der Jugend zu vermitteln. Nach Calvins Überzeugung kann sich nur da die wahre Gotteserkenntnis durchsetzen und Heilsgewissheit wachsen, wo der dreieinige Gott verkündigt und seine Lehre im Unterricht weitergegeben wird. Diesem Ziel dienen die Katechismen, die Calvin zufolge eine gemeinsame Lehrform in erster Linie für die Jugend, aber auch für alles Volk darstellen, um über ein Kriterium für die christliche Lehre zu verfügen und diese von Irrlehre sowie Menschensatzungen zu unterscheiden. Mit den *Genfer Katechismen* von 1537/38 und 1542/1545 legte Calvin solche Unterrichtsbücher vor, die ein wirksames Instrumentarium für die reformatorische Erneuerung der Kirche sein sollten. Calvin betont in seinen Schriften, dass die Lehre (*doctrina*) der Sache nach Erkenntnis, Ermahnung und Fortschreiten bedeutet, um die Kirche zu bauen und ihre Glieder durch Gebrauch, Nutzen und Frucht der Lehre zu stärken.

5.1. Der Genfer Katechismus von 1537/38

Am 21. Mai 1536 hatten sich die Genfer Bürger auf Betreiben der Reformatoren Guillaume Farel und Pierre Viret zum evangelischen Glauben bekannt. Wenige Wochen später gelangte Calvin nach Genf und wurde dazu gedrängt, die Neuordnung der Genfer Kirche zu unterstützen. Dem Rat wurden maßgeblich von Calvin entworfene Artikel zur Ordnung der Kirche *(Articles concernant l'organisation de l'Eglise et du culte á Genève,* 1537; CO 10/1,5–14) vorgelegt und diese am 16. Januar 1537 angenommen; im dritten Artikel wird die Bedeutung der religiösen Erziehung für die Kinder hervorgehoben und vorgeschlagen, dass ein prägnanter und leichtverständlicher Text die Kinder in den Grundlagen des christlichen Glaubens schulen sollte; regelmäßig sollen die Kinder »dann vor die Pfarrer kommen, um befragt und geprüft zu werden und weitere Erklärungen zu erhalten [...].« (CO 10/1,13). Dieses Unterrichtsbuch liegt als *Genfer Katechismus* in zwei Fassungen vor: einer französischen, gedruckt in Genf Ende Januar 1537 und erst 1877 wiederentdeckt *(Instruction et confession de foy, dont on use en l'Eglise de Genève;* COR III/2,1–121), und einer lateinischen, gedruckt in Basel im März 1538, versehen mit einem Geleitbrief an die Leser *(Catechismus seu christianae religionis institutio ecclesiae Genevensis;* COR III/2,1–121). Beide Fassungen differieren nur in wenigen Details, mit einer wichtigen Ausnahme: Der lateinische Text verfügt über eine längere Einleitung, die in ökumenischer Weite an alle adressiert ist, welche das Evangelium Christi verehren, und äußert die Erwartung, dass der Katechismus auch in anderen Kirchen als Ausdruck der Einheit mit ihnen veröffentlicht wird. Der Katechismus wurde zusammen mit der von Farel möglicherweise schon im November 1536 verfassten *Confession de la foy* (CO 22,85–96) gedruckt, auf welche die Bürger Genfs einen Eid ablegen sollten (vgl. Saxer 1994, 132–134). Dieser Vorgang stieß auf Widerstand und führte schließlich 1538 zur Ausweisung Calvins aus Genf.

Der in 33 Abschnitte gegliederte Katechismus bringt folgende Themen zur Sprache: Religion und Gotteserkenntnis (1–3); der Mensch und seine Erlösungsbedürftigkeit (4–7); Gesetz und Auslegung des Dekalogs (8–11); Glaube an Christus (12); Erwählung (13); Glaube (14f.); Rechtfertigung (16); Heiligung (17); Buße und Wiedergeburt (18); Gerechtigkeit des Glaubens und der guten Werke (19); Auslegung des Glaubensbekenntnisses (20); Hoffnung (21); Gebet und Auslegung des Unservater-Gebets (22–25); Sakramente (26–29); Pfarrer (30); Traditionen (31); Ausschluss (32); Obrigkeit (33).

Weitgehend folgt der Katechismus der Struktur der Erstausgabe der *Institutio* von 1536 und nimmt aus ihr wesentliche theologische Linien auf; allerdings verzichtet er auf dogmatische und kontroverstheologische Passagen, insbesondere zu den Themen Sakramente sowie kirchliche Traditionen und Institutionen. Neu gegenüber der *Institutio* von 1536 ist u.a. der Rückgriff auf den Religionsbegriff mit dem Hinweis auf die natürliche Religion und ihre Verkehrung. Weiter wird das Thema Erwählung bzw. Verwerfung stärker christologisch akzentuiert und bekommt einen auf das ganze christliche Leben zielenden Stellenwert. Schließlich erfährt die Taufe im Katechismus erstmals eine bundestheologische Begründung, auf die sich die weitere reformierte Theologie regelmäßig bezogen hat. Umgekehrt kann der Katechismus als eine produktive und innovative Vorstufe der weiteren Ausgaben der *Institutio* (1539–1559) angesehen werden, worauf unter anderem auch die ähnlichen Kapitelüberschriften hindeuten (vgl. Hesselink 1997). Mit Ausnahme der Ausführungen zum Dekalog, zum Glaubensbekenntnis und zum Unservater-Gebet sind die Abschnitte relativ kurz und umfassen nur wenige Sätze. Der Aufbau ist mit der Reihenfolge Gesetz – Glaube – Gebet – Sakramente von Martin Luthers Katechismen beeinflusst und entspricht der Reihung in der *Institutio* von 1536. Allerdings lehrt Calvin auch schon im Katechismus von 1537/38 einen *usus in renatis* im Kontext der Heiligung. Auch weist der Katechismus mit der heilsgeschichtlichen Vorordnung von Gotteserkenntnis, Verderbnis und Heil des Menschen sowie mit der Deutung des Gesetzes als vollkommener Regel der Gerechtigkeit eine neue Akzentuierung auf.

Der Katechismus gilt als eine instruktive Zusammenfassung der Theologie des jungen Calvin und als Schlüssel zu Calvins Selbstverständnis als theologischer Lehrer. Unter pädagogischen Gesichtspunkten war dieser erste Katechismus jedoch nur bedingt nutzbar, da er eher den Charakter eines Bekenntnistextes für bereits belehrte Gläubige trägt.

5.2. Der Genfer Katechismus von 1542/1545

Durch den Umstand, dass aufgrund der Ratswahlen 1538 ausgesprochene Gegner der Reformatoren an die Macht kamen, spitzten sich die Verhältnisse in der Osterzeit jenes Jahres zu: Nach Verweigerung des Abendmahls, Predigt trotz Predigtverbot und Ausweisung aus Genf folgte für Calvin ein überaus produktives Interim in der Straßburger Kirche, das erst 1541 sein Ende fand. Calvin trat auf Bitten der neuen Ratsmehrheit sein Genfer Amt wieder an und setzte sein Reformationswerk fort. Schon bald nach seiner Rückkehr nach Genf formulierte er im November 1541 in kurzer Zeit neben einer Kirchenordnung *(Ordonnances ecclésiastiques* 1541) und einer Gottesdienstordnung *(La forme des chantz et prières ecclésiastiques* 1542) den *Genfer Katechismus* in französischer Sprache, der 1542 erschien. Diesen übertrug er weitgehend identisch 1545 auch ins Lateinische, um die Verbreitung der in Genf geltenden Lehre zu befördern und die ökumenische Verbundenheit mit anderen Kirchen zu stärken. So bringt die Vorrede zum Katechismus, die Calvin den Pastoren Ostfrieslands gewidmet hat, die Erwartung zur Sprache, mit ihm eine Übereinstimmung im Glauben und in der Lehre zu erzielen, die Verbundenheit der Kirchen zu dokumentieren und diese in ihrem Bekenntnis zu stärken. Im Bewusstsein der Innovationen wollte er offenbar vermeiden, dass der Katechismus von 1537/38 erneut publiziert wurde. Benutzt wurde der neue Katechismus in den drei Genfer Stadtkirchen am Sonntagmittag und in den Häusern, wo die Eltern ihre Kinder unterweisen sollten; ferner sollte gemäß der Kirchenordnung viermal jährlich vor den Abendmahlsfeiern eine öffentliche Katechese mit Rezitation aus dem Katechismus stattfinden (CO 10/1,115 f.). Der Katechismus, der den Text von 1537/38 ersetzen sollte, bietet eine neue formale und inhaltliche Konzeption: Im Unterschied zum Katechismus von 1537/38 ist er pädagogisch geschickt in einer dialogischen Frage- und Antwortform gestaltet und so geeigneter für den Kinder- und Jugendunterricht. Untergliedert in 55 Abschnitte, die im Laufe eines Jahres zu traktieren waren, enthält der Katechismus in den vier Hauptteilen insgesamt 373 Fragen und Antworten. Die vier Hauptteile sind: »Vom Glauben« (Fragen 1–130 mit Einleitung, Auslegung des Glaubensbekenntnisses sowie den Themen Glaube, Rechtfertigung, gute Werke und Buße), »Vom Gesetz« (Fragen 131–232 mit der Auslegung des Dekalogs sowie den Themen Nächstenliebe und Gebrauch des Gesetzes), »Vom Gebet« (Fragen 233–295 mit der Auslegung des Unservater-Gebets) und »Von den Sakramenten« (Fragen 296–373 mit Ausführungen zum Lehramt der Pfarrer, zu den Sakramenten und zur Kirchenzucht).

Im Zusammenspiel von synthetischer (die Inhalte aneinanderreihender) und analytischer (die Inhalte von einem übergeordneten Gesichtspunkt hinterfragender) Erschließung der Lehre nimmt der Katechismus in Frage 1 seinen Ausgangspunkt bei dem Gedanken der Erkenntnis Gottes als Sinn und Ziel des menschlichen Lebens: »Was ist der Sinn des menschlichen Lebens? Die Erkenntnis Gottes unseres Schöpfers.« (CO 6,10). Deutlich begegnet in dieser Frage der Humanist Calvin, der sich für Gott nicht nur um seiner selbst willen interessiert, sondern zugleich auf die menschliche Existenz abhebt. Mit leicht variierter und stärker lehrhafter Akzentuierung spricht die *Institutio* in I.1.1. von jener Erkenntnis als Summe aller menschlichen Weisheit. Im Katechismus korrespondiert mit der Erkenntnis Gottes sogleich die Frage nach seiner Verehrung: Gott wird recht geehrt,

»(w)enn wir all unser Vertrauen auf ihn setzen, wenn wir uns bemühen, ihm mit unserem ganzen Leben zu dienen, indem wir seinem Willen gehorchen, wenn wir ihn in allen Nöten anrufen und unser Heil, und was wir sonst uns an Gutem nur wünschen können, bei ihm suchen, und endlich, indem wir mit Herz und Mund ihn als alleinigen Urheber alles Guten anerkennen.« (CO 6,10)

Beides, Gotteserkenntnis und Gottesverehrung zusammengenommen, konstituiert überhaupt erst die Menschwerdung des Menschen. Dieser erfährt die Gewissheit seines Angenommenseins durch Gott, dessen eigenem Wort und seiner Offenbarung in Jesus Christus – ein deutlicher Hinweis auf die christologische Ausrichtung des gesamten Textes (vgl. SAXER 1997, 6). In der Vorordnung des Glaubens vor das Gesetz wird eine fundamentale Neuerung gegenüber der lutherischen Disposition vorgenommen und so das Gebot vom Evangelium her verstanden.

In den Fragen 34–45 entfaltet Calvin die für die reformierte Tradition folgenreiche Beschreibung des dreifachen Amtes Christi, indem er die Glaubenden in das Wirken des Mittlers einbezieht und sie an Christi Königtum, Priestertum und Prophetentum teilhaben lässt: »[Christus] wurde vom Heiligen Geist erfüllt und mit der vollkommenen Fülle all seiner Gaben ausgestattet, damit er sie uns mitteile [...]« (CO 6,22). Die Höllenfahrt Christi – gedeutet als eine nur scheinbare Gottverlassenheit – versteht Calvin als existentiellen Vollzug des Schmerzes und tiefste Erniedrigung, die dazu dient, »für unsere Sünden Genugtuung zu leisten« und die Glaubenden vor der Vernichtung zu bewahren (CO 6,30). Das Extra-Calvinisticum begegnet in einer Vorstufe, indem die Leiblichkeit der Gegenwart Christi verneint wird, während er mit seiner Kraft (= Geist) in der Kirche als der Gemeinde der Erwählten präsent ist (CO 6,36.40). Wie Calvin in den Fragen 1–14 das christliche Leben der Lehre und Erkenntnis Gottes zuordnet, so legt er in den Fragen 116–130 einen Akzent auf die Betonung der guten Werke, die eine Wirkung der Erneuerung des Menschen durch Gottes Geist sind (CO 6,46–52). Daran schließt sich die auf die Lebenspraxis zielende ausführliche Erklärung der Zehn Gebote in den Fragen 131–232 an, die Calvin als »Regel [...] für unser Leben« bezeichnet (CO 6,52) und denen er geistliche Qualität zuspricht (CO 6,76). Exemplarisch für ihre positive Auslegung sei die Erklärung des 6. Gebots »Du sollst nicht töten« genannt, aus der Calvin die Forderung ableitet, »dass wir alle Menschen von Herzen lieben und sorgfältig darauf achten sollen, sie zu beschützen und zu bewahren« (CO 6,72). Auch dem Gebet widmet Calvin große Aufmerksamkeit und sieht im Unservater-Gebet »den einzigen Maßstab rechten Betens« (CO 6,106). Mit pädagogischem Nachdruck erklärt er gegen die römische Praxis der Heiligenanrufung, die alleinige Anrufung Gottes zeige an, »dass wir nur von seiner Seite das Gute erwarten und nirgendwo sonst unser ganzer Schutz zu finden ist« (CO 6,84). Im abschließenden vierten Hauptteil entfaltet Calvin, dass sich Gott durch die Predigt des Wortes einerseits und die Sakramente als äußere Zeugnisse des göttlichen Wohlwollens andererseits selbst mitteilt (CO 6,112); die Sakramente sind »[e]in äußeres Zeugnis des göttlichen Wohlwollens gegen uns, das mit einem sichtbaren Zeichen die göttlichen Gnadengaben abbildet, um in unseren Herzen Gottes Verheißungen zu versiegeln [...]« (CO 6,112). Wiederum vorbildlich für den *Heidelberger Katechismus* (1563) betont der *Genfer Katechismus* die Parallelität von geistlicher Wirklichkeit und sinnfälligem Geschehen in der Taufe und im Abendmahl (CO 6,118.124).

Der Vergleich zwischen den *Genfer Katechismen* von 1537/38 und 1542/1545 offenbart Kontinuitäten und Diskontinuitäten. Die Reihenfolge der beiden ersten Hauptteile, in denen der Glaube dem Gesetz vorangeht, sind das Ergebnis eines gründlichen Revisionsprozesses, dem Calvin auch seine *Institutio* in den Fassungen nach 1539 unterzogen hat. Das Gesetz verstand er nun konsequent im Sinne von Geboten, die der Gemeinde für ein vor Gott verantwortetes christliches Leben verpflichtend aufgetragen sind (*usus in renatis*), und legte die Grundlage für die reformierte Akzentuierung der Dankbarkeit und Heiligung. Im Hintergrund dieser Neufassung, die Calvin in Frage 7 andeutet (Vertrauen auf Gott, Dienst, Gehorsam, Anrufung, Anerkenntnis), steht seine Kenntnisnahme von Martin Bucers Straßburger Katechismen von 1534 *(Kurtze schrifftliche erklärung für die Kinder und angohnden. Der gemeinen artickeln unser christlichen glaubens)* und 1537 *(Der kürtzer Catechismus und erklärung der XII stücken Christlichs glaubens)*. Auch fehlt das im ersten Katechismus behandelte Thema Erwählung im Text von 1542/1545. Aussagen zur Anthropologie, zu den menschlichen Überlieferungen, zum Ausschluss aus der Kirche und zur Obrigkeit – im ersten Katechismus in den Spuren der *Institutio* von 1536 noch breiter entfaltet – treten in den Hintergrund bzw. bleiben nahezu unerwähnt. Der Grund für diese Änderungen dürfte in der Absicht liegen, gezielt Kinder und Jugendliche zu unterrichten.

Im Umfeld des Katechismus entstand eine Kurzfassung unter dem Titel *Institution puerile de la doctrine Chrestienne faicte par maniere de dyalogue* (OS 2,152–157), die Calvin aus den Summarien von Bucers Katechismus von 1537 übernahm und ins Französische übersetzte. In Frage- und Antwortform ist dieser in die drei Abschnitte mit der von Bucer stammenden charakteristischen Reihenfolge Glaube – Unservater-Gebet – Gebote gegliedert (vgl. Saxer 1997, 6). Jahre später erschien 1551 in Genf ein katechetischer Text unter dem Titel *L'ABC françois*, der neben den Hauptstücken des Glaubens Gebete und eine Abendmahlskatechese umfasste, deren Fragen vor jedem Abendmahlsbesuch beantwortet werden mussten; seit 1553 sind diese Fragen und Antworten unter dem Titel *La maniere d'interroguer les enfans qu'on veut recevoir al la cene de nostre Seigneur Iesus Christ* dem Katechismus von 1542/1545 beigegeben (CO 6,147–160; vgl. De Greef 2006a, 170 f.).

Die Urteile über den *Genfer Katechismus* fallen unterschiedlich aus: Während ihm einerseits eine dem pädagogischen Ziel entgegenstehende Weitschweifigkeit (Wendel 1968, 62) vorgeworfen wird, begegnet andererseits die Einschätzung, dass er als Vorbild für die katechetische Literatur der reformierten Kirche überhaupt gelten könne (Barth 1993, 365).

5.3. Die Genfer Katechismen im Kontext der Institutio

Entgegen der früheren Auffassung, es gebe keine bedeutsame Entwicklung oder Veränderung in Calvins Theologie, lässt sich zeigen, dass einerseits der Katechismus von 1537/38 eine wichtige Brückenfunktion zwischen der ersten (1536) und der zweiten Auflage (1539) der *Institutio* einnimmt und andererseits der Katechismus von 1542/1545 eine Weiterentwicklung der *Institutio* von 1539 darstellt. So lässt sich beispielsweise eine Entwicklungslinie in der Lehre vom Abendmahl von 1536 bis 1545 erkennen. Gegenüber der *Institutio* von 1536 spricht der Katechismus von 1537/38 von Brot und Wein als den Zeichen der wahren Gemeinschaft (*communicatio*) mit seinem Leib und Blut, die durch den Heiligen Geist ermöglicht werde. Darin zeichnet sich die Formung von Calvins Verständnis der Präsenz Christi im Abendmahl durch den Geist ab, die eine wirkliche Teilhabe an Leib und Blut Christi einschließt, wie Calvin es auch im Katechismus von 1542/1545 (CO 6,128) und in der *Institutio* von 1559 (Inst. IV.17.1) zum Ausdruck bringt. Überhaupt stellt der Katechismus von 1537/38 eine anfängliche Station in der Entwicklung der calvinischen Pneumatologie dar, die in den weiteren Auflagen der *Institutio* weitergeführt wird: so erscheinen im Heiligen Geist die Macht und Kraft Gottes des Vaters (COR III/2,46); der Christustitel »bedeutet den mit der Fülle der Gnaden des Heiligen Geistes Gesalbten« (COR III/2,46); der Glaube ist »eine Erleuchtung des Heiligen Geistes«, um die Gewissheit in die göttliche Wahrheit zu bekräftigen (COR III/2,36). Gott führt und regiert die Seinen in seinem Reich durch den Heiligen Geist, und schon hier wirkt der Wille seines Geistes im Menschen, damit er alles zu lieben lernt, was Gott gefällt (COR III/2,82.84). Schließlich fällt auch die enge Bindung des Geistes an Person und Werk Christi ins Auge: Christus wirkt durch die Kraft seines Geistes alles Gute, »damit wir Heil erlangen« (COR III/2,58). An diese substantiellen pneumatologischen Ansätze knüpft der Katechismus von 1542/1545 an, wenn er vom Heiligen Geist sagt, dass er an der Erlösung Anteil gebe, die Kraft Christi in den Herzen empfinden lasse und den Verstand zur Wahrnehmung von Christi Wohltaten erleuchte (CO 6,38). Ferner entfaltet Gottes Geist seine Wirksamkeit darin, dass er die Seinen mit Liebe und Sehnsucht nach Gerechtigkeit erfüllt, »[d]enn auf der Kraft des Geistes beruht unser Sieg« (CO 6,104). Neben solchen Entwicklungslinien gibt es aber auch einen Fall, in dem die Katechismen auffällig von der *Institutio* abweichen und hinter sie zurückfallen: Während die christliche Freiheit in allen Ausgaben der *Institutio* seit 1536 ausführlich dargestellt wird, kommen beide Katechismen merkwürdigerweise nur beiläufig auf dieses bedeutende Lehrstück zu sprechen.

5.4. Wirkungsgeschichte

Während der Katechismus von 1537/38 keine signifikante Nachwirkung erfuhr, erfüllte der Katechismus von 1542/1545 neben dem Unterricht der Jugend in Genf bis Ende des 18. Jahrhunderts die Funktion einer innerkirchlichen Lehrnorm: die Pfarrer waren gehalten, sich auf den Katechismus zu verpflichten (CO 10/1,93). Seit dem 16. Jahrhundert sind zudem Auslegungen, Kommentare und Predigten zum Katechismus bekannt. Er erhielt die Geltung einer Bekenntnisschrift und wurde bereits zu Calvins Lebzeiten durch Übersetzungen ins Italienische, Spanische und 1563 ins Deutsche verbreitet und fand u.a. auch in den Niederlanden, in Schottland, Polen und Ungarn Beachtung (SAXER 1997, 2). Trotz dieser Verbreitung blieb seine Wirkung im Wesentlichen auf die französischsprachigen Gebiete begrenzt und bildete entgegen Calvins in der Vorrede geäußerten Hoffnung letztlich kein einigendes Band der reformierten Kirchen. Das war, gemeinsam mit der *Confessio Helvetica posterior* (1566), dem *Heidelberger Katechismus* (1563) vergönnt, dem Calvins *Genfer Katechismus* von 1542/1545 als eine ausgezeichnete Zusammenfassung seiner Lehre formal und inhaltlich als kritisch rezipierte Hauptquelle diente.

Die Tradierung der Lehre in Gestalt von Katechismen, die im reformierten Zweig der Reformation eine besondere Hochschätzung erfuhr, korrespondiert mit anderen Einrichtungen der theologischen Ausbildung. Zu nennen sind die durch Calvin beförderte Gründung der *Genfer Akademie* 1559 und etwas später die *Reformierten Hohen Schulen* in Deutschland. Eine Fernwirkung von Calvins Katechismen dürfte schließlich auch in der Abfassung einer Mehrzahl von nachreformatorischen Katechismen zu sehen sein (u.a.: F.A. Lampes *Milch der Wahrheit*, 1720 und J. d'Outreins *Gülden Kleinod der Lehre der Wahrheit nach der Gottseligkeit*, 1721). Im 20. Jahrhundert erwies sich besonders Karl Barth als engagierter Interpret von Calvins Katechismen. Er bekundet seine Überzeugung, dass am ehesten der *Genfer Katechismus* (1542/45) als Grundlage einer gemeinsamen reformierten Lehre dienen könne (BARTH 1998, 214). In seinen Vorlesungen über Calvin (1922) und die reformierten Bekenntnisschriften (1923) verfolgt er die Absicht, die in den Katechismen verhandelten theologischen Fragen als Lebensfragen zu erweisen, und erklärt: »Die christliche Dogmatik ist an sich etwas so Lebendiges und Verständliches wie irgend etwas Anderes in der Welt, wenn sie nämlich redet.« (BARTH 1993, 385f.; vgl. FREUDENBERG 1997a, 130–134). In den calvinischen Katechismen sieht Barth am deutlichsten das reformierte Interesse am Zusammenhang von Rechtfertigung und Heiligung zum Ausdruck gebracht. Er zeigt, wie Calvin das dialektische Parallelenverhältnis von Glaube und Gehorsam und den Gedanken, dass derselbe Gott gibt und fordert, prägnant verdeutlicht; die Lebensaufgabe, Gott die Ehre zu geben, vollziehe der Mensch durch Glauben, Gehorsam, Gebet und Danksagung (BARTH 1998, 156–164; FREUDENBERG 1997a, 264–266). Gerade Calvins Neuverständnis des Gesetzes als Gebot für die Wiedergeborenen (*usus in renatis*) und die Zuordnung von Evangelium und Gesetz wurden prägend für die reformierte Theologie bis hinein in die Auseinandersetzungen mit dem Neuluthertum im 20. Jahrhundert; das wird besonders deutlich in These 2 der *Barmer Theologischen Erklärung* (1934) und in Barths Schrift *Evangelium und Gesetz* (1935). Unter dem Titel *Das Glaubensbekenntnis der Kirche* erschien aus der Feder Barths eine Erklärung des ersten Teils von Calvins Katechismus (1542/1545), die den Versuch unternimmt, Calvins Unterweisung als Ausgangspunkt für eine theologisch und kirchlich verantwortliche aktuelle Gottesrede in Anspruch zu nehmen.

BARTH, Karl: Das Glaubensbekenntnis der Kirche. Erklärung des Symbolum Apostolikum nach dem Katechismus Calvins, aus dem Französischen übersetzt v. Helmut GOES, 1967.

HESSELINK, I. John: Calvin's Use of *Doctrina* in His Catechisms (in: SELDERHUIS, Herman J. [Ed.], Calvinus sacrarum literarum interpres, 2008, 70–87).

HESSELINK, I. John: Calvin's First Catechism. A Commentary, 1997.

SAXER, Ernst: Der Genfer Katechismus von 1545 (in: BUSCH, Eberhard u. a. [Hg.]: Calvin-Studienausgabe, Bd. 2: Gestalt und Ordnung der Kirche, 1997, 1–135).

DERS.: Genfer Katechismus und Glaubensbekenntnis von 1537 (in: BUSCH, Eberhard u. a. [Hg.]: Calvin-Studienausgabe, Bd. 1.1: Reformatorische Anfänge 1533–1541, 1994, 131–223).

Matthias Freudenberg

6. Briefe

Calvin war höchstens vier Monate nach seiner Verbannung wieder in Genf, als er schrieb, er sei so sehr beschäftigt, er könne sich nicht erinnern, bisher zwei Stunden für sich gehabt zu haben (CO 11,364). Bemerkungen dieser Art macht er häufiger. 1554 klagt er zum Beispiel, unter dem immensen Arbeitsdruck beinahe zugrunde zu gehen (CO 15,357). Trotzdem bezeichnet er sich einige Male als faul (CO 15,686 und 722, am frühesten in COR VI/1, 93). Man muss nur einen Blick auf die lange Liste seiner Publikationen werfen, um festzustellen, dass diese Faulheitsbekundungen eher als Hinweis auf seine Getriebenheit zu verstehen sind: Calvin legte die Messlatte offensichtlich recht hoch an, wenn er glaubte, seine Zeit nicht gut genutzt zu haben. Tatsächlich widmete er sich mit großem Einsatz den damals noch eng miteinander verwobenen Bereichen Kirche, Politik und Wissenschaft. Briefe waren das Mittel schlechthin, um etwas ins Rollen zu bringen, Kontakte herzustellen und sie zu pflegen. Calvin nutzte diese Möglichkeit intensiv. 1539 vermeldet er, er habe an einem Tag vier Briefe schreiben müssen (CO 10/2,337) und 1551, er müsse ständig so viel schreiben, dass es ihn anwidere (CO 14,51). 1563 notierte Calvins Sekretär Charles Jonvillier, dass der Reformator unter der Last des Briefeschreibens beinahe zusammenbreche. Man hat die Zahl der von Calvin geschriebenen Briefe zwischen 1530 und 1564 geschätzt: während der ersten zehn Jahre soll er zwei, die restlichen Jahre sechs Briefe pro Woche geschrieben haben, also insgesamt gut 8500 Briefe. Eine ähnliche Menge soll er erhalten haben (vgl. COR VI/1, 27). Diese Briefe sind einzigartiges Material. Sie zeigen, wie Calvin als Reformator vorging, wie er versuchte, die Bewegung des reformierten Protestantismus in Europa zu verbreiten, und geben uns Einblick in unvermutete Seiten seines Privatlebens. In diesem Artikel widmen wir uns beiden Aspekten: dem Brief als Mittel zur Verbreitung des reformierten Protestantismus und dem Brief als historische Quelle zur Beschreibung der Persönlichkeit Calvins. Zunächst geben wir aber einen kurzen Überblick über das zur Verfügung stehende Material und die Briefkultur des 16. Jahrhunderts. Nur bei Zitaten verweisen wir auf die Stelle in Calvins Werk.

6.1. Materialüberblick

6.1.1. Archive

Vom Briefwechsel Calvins ist nur ein Teil erhalten geblieben: ca. 3400 Dokumente. Die meisten sind auf Latein verfasst, der Rest auf Französisch. Calvins Handschrift ist regelmäßig und somit gut lesbar. Trotzdem ist sie nicht einfach zu lesen. Das liegt wohl unter anderem an der Eile, in der er schrieb. Diese wiederum kommt daher, so gibt Calvin selbst es mehrfach an, dass sich die Zusteller, zum Beispiel Kaufleute, erst dann bei ihm meldeten, wenn sie schon abreisen wollten. Die Originale der Briefe Calvins werden in Archiven in Westeuropa aufbewahrt (Genf besitzt viele, aber auch Zürich, Basel, Neuchâtel und Paris). Der Ort, an dem ein Brief (meistens der Autograph) aufbewahrt wird, kann ein Hinweis auf den Besitzer sein. Das ist vor allem bei Briefen ohne Adresse wichtig, bei denen auch sonst der Name des Empfängers fehlt: Der Fundort kann helfen, den Empfänger zu identifizieren. Von einem Teil der Korrespondenz Calvins besitzen wir die Originale nicht mehr, sondern zum Beispiel nur den Text, wie er in der Ausgabe von Theodor Beza abgedruckt ist, die erstmals 1575 erschien. Im 16. Jahrhundert war es nicht ungebräuchlich, die Originale zu vernichten, sobald der Text gesetzt worden war. Beza hat in seiner Ausgabe den Text von 399 Briefen abgedruckt. Er hat sie offensichtlich nur geringfügig angepasst.

6.1.2. Editionen

In der zweiten Hälfte des 19. Jahrhunderts publizierte Aimé-Louis Herminjard in den neun Bänden seiner *Correspondance des réformateurs* Calvins Briefe bis einschließlich des Jahres 1544. Diese Edition ist für ihre Genauigkeit und die wegweisenden Anmerkungen bekannt. Fast gleichzeitig begannen drei Gelehrte in Straßburg, nämlich Eduard Reuss, Wilhelm Baum und Eduard Cunitz, mit der Ausgabe des Briefwechsels in den *Calvini opera omnia*: In gerade einmal acht Jahren publizierten sie in elf Bänden fast alle Briefe von und an Calvin. Im Moment wird an einer neuen Ausgabe von Calvins Briefen in den *Calvini opera omnia recognita* gearbeitet, deren erster Band 2005 erschien. Diese Ausgabe ist notwendig, da in den Texten der CO Wörter und manchmal ganze Sätze wegfallen, weil Datierungen manchmal um Jahre falsch sowie die Informationen zu genannten Personen, Ereignissen und Umständen dürftig sind, weil Zitate aus der Bibel und der Antike nicht identifiziert wurden und zu allgemeine Inhaltsübersichten nicht erkennen lassen, ob ein Brief für ein bestimmtes Thema wichtig ist oder nicht. Zudem hat ein gutes Jahrhundert der Forschung zu Ergebnissen geführt, die verarbeitet werden wollen. Die neue Edition wird im Vergleich zur CO Texte von 300 zusätzlichen Briefen bieten. Für eine Neuausgabe spricht auch, dass von vielen anderen Reformatoren (Beza, Bucer, Bullinger, Capito, Luther, Melanchthon, Zwingli) moderne Briefausgaben bereits existieren oder gerade veröffentlicht werden.

6.1.3. Der Brief im 16. Jahrhundert

Briefe erfüllten im 16. Jahrhundert unterschiedliche Funktionen, die nicht unbedingt dieselben wie heute waren. Eine wichtige Funktion des Briefs im 16. Jahrhundert war Unterhaltung und Zeitvertreib. Die Humanisten hatten die alten Briefeschreiber wie Cicero entdeckt und gaben ihr Bestes, diese Vorbilder zu imitieren. Briefe waren eine literarische Form zur Präsentation von Wissen und Meisterschaft. Erasmus schrieb Briefe an Thomas More, während beide in demselben Gebäude wohnten. Calvins frühe Briefe gehören zu dieser Kategorie.

Daneben dienten Briefe der Kommunikation. Erasmus definierte den Brief als ein »Gespräch zwischen Freunden auf Abstand«. Reformatoren haben sich des Briefs als Kommunikationsmittel nur zu gern bedient, einfach war das jedoch nicht. Nur bei diplomatischer Korrespondenz konnte man einen regulären Postdienst in Anspruch nehmen, Calvin war auf Boten angewiesen, die die Briefe überbrachten. Manchmal war der Bote ein Reisender, der zufällig dasselbe Ziel wie der Brief hatte, manchmal wurde jemand beauftragt. Häufig bekam die Person zusätzlich eine mündliche Botschaft mit auf den Weg. Dies betraf meistens Angelegenheiten, die schriftlich zu gefährlich waren, falls der Brief in die Hände des Gegners gelangen sollte. In solchen Fällen geben die Briefe also nur einen Teil der Kommunikation wieder.

Obwohl Vielschreiber im 16. Jahrhundet immer öfter auf professionelle Schreiber zurückgriffen, wurde auf einen persönlich geschriebenen Brief noch immer viel Wert gelegt. An den Höfen wurden im 16. Jahrhundert Kanzleien eingesetzt, die für die Schriftstücke verantwortlich waren. Auch Calvin hatte einen Sekretär. Jedoch war der Reformator erst nach starkem Drängen bereit, einen Teil seiner Schreibarbeiten aus der Hand zu geben. Er fürchtete, die Adressaten würden es ihm verübeln, wenn sie einen Brief erhielten, der nicht seine Handschrift trug.

Die Kommunikation über Briefe hatte in stärkerem Maße als heute öffentlichen Charakter. Das 16. Jahrhundert kannte kein Briefgeheimnis wie die moderne Zeit. Ein gutes Beispiel ist Erasmus, der Briefe schrieb, um sein Bild in der Öffentlichkeit zu beeinflussen. Auch Calvin war der öffentliche Charakter von Briefen immer bewusst. Er ging davon aus, dass Briefe, die er beispielsweise Farel schrieb, auch von dessen Freunden und Bekannten gelesen wurden.

6.1.4. Erste Sondierung: das Anwachsen der reformierten Bewegung

Was erfahren wir aus Calvins Briefen? Zunächst fallen einige äußerliche Entwicklungen auf. In seinen frühen Briefen präsentiert er sich selbst als Humanist, der seine Erörterungen mit vielen Zitaten aus der Antike spickt. So enthält ein einziger Brief Formulierungen, die auf Quintillian (4x), Seneca (2x), Aulus Gellius (2x), Cicero, Horaz (2x), Plinius und Terentius verweisen sowie sechs Sprichworte aus der Antike, die den Adagia entnommen sind, einer von Erasmus veröffentlichten Sammlung (COR VI/1, 60–65). In einem anderen frühen Brief fügt er eine gelehrte Abhandlung über die Bedeutung eines einzigen Wortes ein (COR VI/1, 41). Nach Beginn seiner Arbeit in Genf tritt diese klassische Komponente in den Hintergrund. Er verwendet nun zum Beispiel Briefe, um in kirchliche Konflikte einzugreifen oder das Gedankengut der Reformation zu verbreiten. Nach seiner Verbannung aus Genf schreibt er Briefe an zurückgelassene Mitstreiter, die im Ton den Briefen des Apostels Paulus ähneln. Auch will er Menschen, die einen ernsthaften Verlust erlitten haben, mit Hilfe des Briefs trösten, ein anderes Mal empfiehlt er jemanden für eine Anstellung. Häufig erläutert er, auch auf Wunsch, seine Meinung zu einer theologischen Frage oder einem praktischen Problem, beispielsweise ob man ein neugeborenes Kind von einem Priester taufen lassen darf, wenn in der weiteren Umgebung kein Pfarrer zu finden ist. Es gibt auch Briefe, in denen er dem Empfänger streng vertraulich seine Sorgen mitteilt, während er zur gleichen Zeit in Briefen für ein größeres Publikum ein viel optimistischeres Bild malt. So lässt er im Mai 1541 gegenüber Farel durchscheinen, dass er an ein gutes Ende des Religionsgesprächs zwischen Protestanten und Katholiken nicht mehr glaube, während er in anderen Briefen derselben Zeit mitteilt, die Verhandlungen gingen weiter und die Katholiken hätten viele Konzessionen machen müssen (s. z.B. CO 11,215–216). In Calvins Briefen spiegelt sich das Wachsen der reformierten Bewegung wider. Die Zahl der Briefe nimmt zu, die Briefe aus seiner Feder werden in immer mehr Länder geschickt.

6.2. Propaganda per Brief

Calvin wollte mit seiner Korrespondenz vor allem Informationen sammeln und verbreiten. In den Briefen finden sich ausführliche Berichte z.B. über die Situation der französischen Protestanten und über die Politik des deutschen Kaisers. Nicht nur die Weltpolitik, auch der Fortschritt der Reformation in verschiedenen Schweizer Städten und in Frankreich wurde in der Korrespondenz besprochen. Die Informationen aus solchen Briefen waren längst nicht immer verlässlich und objektiv. Ereignisse der Weltpolitik wusste der Verfasser oft selbst nur aus zweiter oder dritter Hand, sodass die Richtigkeit eines Berichts nicht gesichert war. Calvin versuchte mit seiner Berichterstattung zudem, sich alles und jeden gefügig zu machen. So schrieb er 1542 einen ausgesprochen tendenziösen Brief über den Zustand in Genf an Myconius. Durfte man Calvin glauben, so waren seine Kollegen faul und dumm.

Calvin nutzte seine Korrespondenz nicht nur zum Informationsaustausch, er versuchte auch, Menschen von der Richtigkeit seines reformatorischen Standpunkts zu überzeugen. In derartigen Briefen legte er kurz die Lehre dar und warnte seine Adressaten vor der katholischen Gefahr. Wenn er von jemandem gehört hatte, konnte er zur Feder greifen und versuchen, diesen oder diese auf die Seite der Reformation zu ziehen. Manchmal beratschlagte sich Calvin mit seinen Kollegen über die zu verfolgende Taktik. Bemerkenswert ist die Ausdauer, mit der der Reformator versuchte, die Menschen zu überzeugen. Den Augustinermönch Jean de l'Espine verfolgte er 15 Jahre lang mit Ermahnungen, bevor er einen Erfolg verbuchen konnte. Calvins Bekehrungsbriefe sind im Allgemeinen unpersönlich gehalten, persönliche Umstände waren unwichtig. Es ging ausschließlich um den reinen Dienst an Christus. In diesen Briefen sehen wir Calvin vor allem als Lehrer agieren: Er erklärt seinen Adressaten, wie alles zusammenhängt und was sie tun müssen. Eine Kategorie für sich sind seine Briefe an wichtige Persönlichkeiten. Calvin war besonders daran interessiert, diese Leute für die Reformation zu gewinnen. Ihre Bekehrung bedeutete in vielerlei Hinsicht Rückendeckung für ihn, sie konnte aber auch publikumswirksam eingesetzt werden. So setzte Calvin den Edelmann Jacques de Falais, der auf sein Drängen hin in protestantisches Gebiet gezogen war, in der Widmung seines Kommentars des Korintherbriefs als leuchtendes Beispiel für seine Leser ein.

Ein ganz eigenes Genre innerhalb der Korrespondenz Calvins bilden die Briefe an Märtyrer. Sie waren dazu gedacht, verhafteten Protestanten Mut zu machen und sie zur Gesinnungstreue anzuspornen. Um ihnen zu helfen, stattete Calvin sie aber auch mit reformatorischen Argumenten aus, damit sie während der Verhöre standhaft blieben. Manchmal empfahl der Reformator jemandem, mit seinem Befrager besser keinen Disput zu beginnen: In seinen Augen war nicht jeder ein großer Gelehrter. Calvin schätzte also die Möglichkeiten der jeweiligen Person ein und wollte so verhindern, dass jemand während des Verhörs in die Enge getrieben wurde. In diesen Briefen sprach er dem Märtyrer eine besondere Rolle zu: Ein Märtyrer war kein Verlierer; mit Christus überwand er den Satan. Calvin war sehr an der Glaubensstärke der gefangenen Protestanten interessiert. Protestantische Märtyrer hatten große Wirkung in der Öffentlichkeit. Seine Briefe an die Märtyrer waren keine Privatbriefe, sondern eine Art Rundbriefe: Protestanten in Gefangenschaft gaben Calvins Briefe untereinander weiter.

Ab den fünfziger Jahren schrieb Calvin immer mehr Briefe an französische Gemeinden. In dieser Zeit wuchsen diese Gemeinden spektakulär an. Aus Genf wurden Pfarrer zur Unterstützung geschickt. Calvins Briefe an jene Gemeinden sind zumeist Empfehlungsschreiben für einen bestimmten Pfarrer. Außerdem konnte Calvin die Gläubigen in seinen Briefen zur Beharrlichkeit ermahnen und vor Lehren warnen, die in seinen Augen falsch waren. Die Briefe aus den fünfziger Jahren über die Verbreitung der Reformation in Frankreich erinnern im Ton an die Apostelgeschichte. Durch Sätze wie »Die Felder sind weiß und können geerntet werden« wurde der Eindruck erweckt, von der Apostelbewegung bis zur Reformationsbewegung des 16. Jahrhunderts handele es sich um eine durchgängige Linie. Auch mit Flüchtlingsgemeinden unterhielt Calvin über Briefe Kontakt. Er erteilte ihnen Ratschläge zur Lösung von Problemen und ermutigte sie, aufrecht zu ihrem Glauben zu stehen. Manchmal schrieb er diese Briefe auf Anfrage, manchmal auf eigene Initiative. Aus den Briefen wird sehr deutlich, dass die reformierte Bewegung mehrere Anführer hatte und Calvin bewusst war, dass er ein Ratgeber unter vielen war. So schrieb er der französischen Gemeinde in Antwerpen, sie dürfe es ihm nicht übel nehmen, dass er sich einige Zeit nicht in der Lage gesehen hatte, zu schreiben: die Antwerpener Gläubigen seien schließlich nicht nur auf ihn angewiesen.

6.3. Ein Blick auf Calvin

6.3.1. Die Pflege von Freundschaften

In Calvins Briefen entdeckt man auch viel über ihn selbst. So zeigt er seinen Freunden immer wieder, dass er sich nach einem Gespräch mit ihnen sehnt. Als Virets Sohn kurz nach der Geburt verstorben war, schreibt er zum Beispiel: »Könnte ich nur schnell zu Dir kommen. Wie gerne würde ich einen halben Tag mit Dir reden« (CO 11,430). Auch Farel würde er am liebsten sprechen, statt ihm zu schreiben (CO 12,263.337). Dasselbe gilt für Bullinger: »Könnten wir doch nur einen halben Tag miteinander reden« (CO 11,775). 1549 sollte sich zeigen, was ein Gespräch bewirken kann. Zusammen mit Farel war er nach Zürich gereist, und zu aller Überraschung war in einem Gespräch mit Bullinger innerhalb von zwei Stunden die Basis für den *Consensus Tigurinus* (CO 13,457) gelegt worden, die Vereinbarung über das Abendmahl, von der man sagen kann, sie habe den reformierten Protestantismus begründet. Calvin hatte auch Freunde, die für einen Besuch zu weit weg wohnten. Einer von ihnen war Melanchthon. Sogar der Briefverkehr zwischen ihnen war schwierig, da nur selten Kaufleute zwischen Genf und Wittenberg reisten. »Könnten wir nur öfter, sei es auch nur über Briefe, miteinander sprechen«, lesen wir (CO 11,515). Jahre später lässt er Farel gegenüber die Bemerkung fallen, wie gerne er Melanchthon noch einmal sprechen würde: »Wohnte er nur näher. In einem Gespräch von drei Stunden könnte ich mehr bei ihm erreichen als in 100 Briefen« (CO 15, 321). Manchmal konnte ihn ein Brief in Entzücken versetzen, zum Beispiel der Brief, den er zu Beginn des Jahres 1538 von Bucer erhielt: »Ich erinnere mich nicht, in den letzten drei Monaten eine fröhlichere Stunde verbracht zu haben« (COR VI/1,307). In dem bereits erwähnten Brief an Bullinger spricht Calvin auch über ihre »brüderliche Freundschaft« (CO 11,775). In einem Brief an Johannes Sturm spricht er sogar über ihre Freundschaft, die aus einem »nicht zu trennenden Band« bestehe. 1559 nimmt er erneut Kontakt zu einem Freund aus der Studienzeit in Frankreich auf, und in demselben Brief nennt er noch zwei weitere Freunde von ungefähr 25 Jahren zuvor (CO 17,680–681). Im Jahr darauf schreibt er an Ambrosius Blarer: »Du magst mir dann selten schreiben«, aber ein Brief »kompensiert jahrelanges Schweigen« (CO 15,24). 1560 rechnet Calvin allerdings damit, nicht mehr lange zu leben, und auch Blarer ist bereits im fortgeschrittenen Alter. Aber, so schreibt er dann, nach unserem Tod »werden wir im Himmel unsere gegenseitige Freundschaft genießen können« (CO 18,14). Ein halbes Jahr später stirbt in Genf ein Kollege, den Calvin sehr mochte, Jean Macard. Bullinger meldet er diesen Verlust: »Ich habe beinahe die Hälfte meinerselbst verloren« (CO 18,177).

6.3.2. Briefe zur Tröstung

Briefe dienten manchmal auch dazu, das Gemüt zu erleichtern. Als Farel gegen Calvins Willen Pierre Caroli helfend zur Seite stand (der in Lausanne als protestantischer Pfarrer gearbeitet, dann dem Papst seine Dienste angeboten hatte, zwei Jahre später jedoch wieder über Farel Anschluss suchte), schreibt Calvin ihm einen flammenden Bericht über seine Gespräche mit Caroli in Straßburg, bei denen es so weit gekommen war, dass Calvin die Beherrschung verlor. Er hält aber Farel für den Hauptschuldigen: »Es gibt keine Entschuldigung für Deine Gedankenlosigkeit und Deine allzu große Nachgiebigkeit.« Wäre Farel anwesend gewesen, hätte er ihn »gehörig in die Schranken gewiesen« (CO 10/2,399). Drei Wochen später spricht er gegenüber Farel diese Frage erneut an. Er erinnere sich kaum noch, was er ihm geschrieben habe, teilt er mit, allerdings sehr wohl, dass ihm »als einziger Trost in seinem Ärger übrig geblieben war, ihn in dieser Form anzufahren« (CO 10/2,423). Auch an Bucer hat er einmal geschrieben, er würde ihm alles vor die Füße werfen, »da ich nichts zurückhalten will« (CO 11,299). Später erzählt er wieder, er sei sich bewusst, dass er seinen Ärger auf Farel abwälzen würde (CO 15,356). Auch Petrus Martyr Vermigli bekommt so etwas zu hören (CO 15,722). Unfriede konnte auch anders aussehen. 1540 logierte eine Dame von Adel mit ihrem Sohn bei Calvin zuhause. Diese Frau nahm kein Blatt vor den Mund und wurde mehr als ein Mal Antoine gegenüber, dem Bruder Calvins, ausfallend. Dieser ließ sich das jedoch nicht gefallen, verließ das Haus und schwor, erst zurückzukehren, wenn diese Frau ihre Sachen gepackt hatte. Calvin schreibt an Farel: »Nun ist es meine Gewohnheit, wenn Ärger oder Angst mich im Griff haben, beim Essen nicht mehr Acht zu geben und mehr zu essen, als gut für mich ist.« Tags darauf hatte er Magenprobleme. Die Frau war inzwischen abgereist und Calvin hätte an diesem Tag am liebsten nichts mehr gegessen, hätte ihr Sohn seine Abwesenheit bei der Mahlzeit nicht als Hinweis auffassen können, er solle ebenfalls abreisen (CO 11,84).

6.3.3. Briefe als Medien der Kritik

Alle seine Freunde, und auch so mancher außerhalb dieses Kreises, erfuhren es, wenn ihr Verhalten oder ihre Auffassung nicht Calvins Vorstellungen entsprach. Menschen zu ergründen und ihre Motive abzuwägen ist schon sehr früh typisch für ihn. So nimmt er es Valerand Poullain übel, dass dieser sich ein Urteil über den Glauben anderer anmaßt, und er wünscht auch nicht von ihm hören zu müssen, welchen Standpunkt er einzunehmen habe, »als wäre nur für Ihre Meinung Platz« (CO 16,369–370). Andererseits schätzt er Virets Kritik an seinem Buch gegen Caroli: diese Kritik hätte für ihn noch schärfer ausfallen dürfen (CO 12,107). Und über die Kritik aus Zürich an einem anderen Buch sagt er, sie sei ein Zeichen des gegenseitigen Vertrauens »wie es zu Brüdern passt« (CO 15,304). Dass Calvin Farel die Leviten las, als dieser in seinen Augen zu nachgiebig gegenüber Caroli gewesen war, wurde bereits erwähnt (CO 10/2,399). In einem späteren Brief schreibt er Farel, der nicht bereit ist nach Genf zu reisen, bevor alle Pfarrer und der ganze Magistrat ihn darum gebeten haben: er solle sich nicht so anstellen (CO 11,643). Ein anderes Mal bemängelt er Farels ausladenden Schreibstil (CO 13,347), dann wieder die Länge seiner Predigten. Dazu bemerkt er, dass Pfarrer vermeiden müssten, »dass aus Langeweile Verachtung des Wortes entsteht«, und zudem dürfe Farel seinen eigenen Eifer nicht anderen unterstellen (CO 14,273–274). Seinem Mitstreiter Bullinger wirft Calvin vor, durch die Ablehnung eines Religionsgesprächs zwischen Lutheranern und Reformierten habe er Melanchthon in die Arme von Lutheranern mit hartem Kurs gegen die Reformierten getrieben (CO 17,173).

6.4.4. »Grüß Deine Frau und Dein Töchterchen«

Calvin und seine Freunde grüßten in ihren Briefen gewöhnlich auch die Ehegattinnen. Seitdem Calvin verheiratet war (August 1540), gehörte auch seine Frau Idelette dazu (zum ersten Mal siehe CO 11,77). Bemerkenswerter ist, dass Calvin unter anderem in Briefen an Viret auch Grüße von Idelette an Viret und seine Frau übermittelt (CO 11,448.469.688 usw.). Auch in einem Brief an Bucer geschieht dies (CO 11, 300). Außerdem fällt auf, dass Calvin, nachdem Viret angefangen hatte, ihm auch von seiner Tochter Grüße auszurichten (CO 13,26), keinen Brief mehr schrieb, ohne Grüße für Virets Frau und Tochter mitzugeben (CO 13,55 und allein bis 1550 noch 17 Mal). Viret nennt seine Tochter Maria sogar »deine Maria« (CO 13,232.614). Dies tut er, nachdem Idelette 1542 einen Sohn geboren hatte, der nur einen Monat leben sollte. Über diesen Verlust schreibt Calvin an Viret: »Der Herr fügte uns mit dem Tod unseres Sohnes eine schwere und schmerzhafte Wunde zu« (CO 11,430). Idelette starb im März 1549. Seinen engsten Freunden eröffnet Calvin, wie sehr ihn ihr Tod erschüttert hat. »Ich strenge mich bis aufs Äußerste an, damit mich der Kummer nicht gänzlich auflöst. Auch meine Freunde helfen und tun alles, um mir diesen schmerzlichen Zustand ein wenig zu erleichtern«, schreibt er Farel vier Tage nach ihrem Tod (CO 13,228). Wieder eine Woche später berichtet er Viret von der Unterstützung seiner Freunde: Er versucht, in seiner Trauer nicht aufzugeben »und meine Freunde probieren, sich in ihrer Pflicht gegenseitig zu übertreffen, aber ich selbst und sie erreichen weniger, als wünschenswert wäre«, ist er doch »seines besten Lebensgefährten« beraubt (CO 13,230). Einige Monate später schreibt er, nach Idelettes Tod sei »nur noch eine Hälfte von ihm lebendig« (CO 20,394, vgl. 228). Seinem Arzt widmet er 1550 ein Buch, da er noch täglich dankbar an die Pflege zurückdenkt, die dieser seiner Frau hatte zukommen lassen (CO 13,598).

6.4.5. Der Austausch von Scherzen

Scherze kommen in Calvins Briefen ziemlich oft vor. Dass dies vor allem bei Briefen an Freunde der Fall ist, zeigt, dass er im Freundeskreis viel Spaß haben konnte: Sarkasmus dominiert die Briefe an seine Gegner, ironisch scharfe Formulierungen fallen in den Briefen an seine Freunde auf. Man erzählt sich weiter, worüber Heiterkeit entstanden war, zum Beispiel, als sich ein Täufer vor dem Konsistorium rechtfertigen musste, den Saal betrat und auf dem Stuhl neben dem Bürgermeister Platz nehmen wollte. Nach einer Bemerkung eines anderen, dass dies unpassend sei, verdrehte er die Augen und setzte sich mit empörtem Gesichtsausdruck auf einen anderen Platz. Außerdem hatte er kurz darauf zum allgemeinen Gelächter Calvin der Gier beschuldigt (CO 12,256). Man weist einander auch auf Veröffentlichungen hin, mit denen man sich vergnügen kann. So schickt Calvin Bezas *Passavant* von 1553 an Ambrosius Blarer, »das Sie meiner Erwartung nach zum herzlichen Lachen bringen wird«, da dort beißender Spott mit Katholiken getrieben würde (CO 15,25). Im März 1541 berichtet er Farel vom Beginn des Religionsgesprächs in Regensburg: Der päpstliche Legat Kardinal Contarini machte bei seiner Ankunft in der Stadt so viele Kreuzzeichen über der Zuschauermenge, dass, so Calvin, »sein Arm noch zwei Tage später müde davon war« (CO 11,176). Und unter den Fürsten befand sich eine Gruppe, die »das Zeichen zum Angriff gibt und sich dann offen bestürzt zeigt, dass man uns nicht auf der Stelle angreift« (CO 11,178). Außerdem glaubten die Abgeordneten des Papstes, dass »es mit ihrer Macht vorbei ist, sobald irgendein Gedankenaustausch über Religion oder eine Besprechung über eine Reform der Kirche stattfindet, die nicht von der Autorität des Papstes unterstützt wird« (CO 11,176). Einer anderen Art des Scherzes bedient er sich, wenn er Viret zu einer größeren und passenderen Wohnung gratuliert, die er gegen seine mangelhafte tauschen kann. Er schreibt: »Wäre das nicht passiert, hätte ich selbst Dich mit lautem Toben aus der vorigen Wohnung gejagt« (CO 11,459). An Christoph Fabri, einen Kollegen und Freund in Thonon, schrieb Calvin einen Brief, nachdem er einmal mit ein paar anderen an dessen Wohnung in Thonon angeklopft hatte und Fabri nicht antraf, jedoch seine Frau. Diese hatte ihnen dann eine üppige Mahlzeit vorgesetzt: »Es musste doppelt so viel gegessen werden wie nötig und wir haben ungeniert zugegriffen« (CO

12,71). Manche Briefe zeugen von Calvins Gefühl für Selbstironie. Über Gerüchte, die 1547 die Runde machten, er sei tot, bemerkt er zum Beispiel: »Davon merke ich gar nichts« (CO 12,552). Bullinger erzählt er, er habe sein Buch gegen Westphal aus Krankheitsgründen diktieren müssen. Aber, so fährt er fort, sollte Bullinger das Buch im Ton zu scharf finden, könne er zu seiner Verteidigung vorbringen, »er habe es gar nicht geschrieben« (CO 16,11). Als er ernsthaft krank ist, erzählt er Beza, dass seine Beine mit einer stinkenden Salbe gegen Lähmung eingerieben wurden, die ihn erbrechen ließ. Für Beza, der gerade am Hof in Paris weilte, fügte er hinzu: »So siehst Du, dass ich Dich um die Pracht und den Prunk bei Hofe nicht beneide, da ich ebenfalls gut und reichlich gesalbt bin« (CO 19,30).

6.5. Schluss

Es zeigte sich, dass Calvins Briefwechsel einen Schatz an Informationen bereithält: Auffassungen, Einschätzungen, den Einsatz und die Mühe Calvins und seiner Mitstreiter sowie ihre Sicht auf Zeitgenossen und allerlei Ereignisse. Auch spiegelt sich in seinen Briefen viel von Calvin selbst, unter anderem seine freundschaftliche Verbundenheit, in der er Konfrontationen nicht scheute.

AUGUSTIJN, Cornelis u.a.: Calvin in the light of the early letters (in: SELDERHUIS, Herman J. [Hg.], Calvinus praeceptor ecclesiae, Papers of the International Congress on Calvin Research, 2004, 139–157).

DERS./STAM, Frans P. VAN (Hg.): Ioannis Calvini epistolae, Bd. 1, 2005, 11–31.

VEEN, Mirjam G.K. VAN: »... les sainctz Martyrs ...« Der Briefwechsel Calvins mit fünf Studenten aus Lausanne über das Martyrium (1552) (in: OPITZ, Peter [Hg.]: Calvin im Kontext der Schweizer Reformation. Historische und theologische Beiträge zur Calvinforschung, 2003, 127–145).

DERS.: Propaganda per brief. Calvijns brieven aan Farel over het godsdienstgesprek te Regensburg (Theologisch debat, 1, 2005, 40–45).

WENGERT, Timothy: »We Will Feast Together in Heaven Forever«: The Epistolary Friendship of John Calvin and Philip Melanchthon (in MAAG, Karin [Hg.]: Melanchthon in Europe: His Work and Influence Beyond Wittenberg, 1999, 19–44).

(Übersetzt von *Ulrike Sawicki*) *Mirjam van Veen/Frans van Stam*

II. Themen

1. Gott und Mensch

1.1. Die Erkenntnis Gottes und des Menschen

Das Zentrum christlicher Theologie ist nach Calvin die Erkenntnis Gottes *und* des Menschen. Gleich im ersten Satz der *Institutio* heißt es: »Tota fere sapientiae nostrae summa [...] duabus partibus constat, Dei cognitione et nostri.« (Alle unsere Weisheit [...] umfasst eigentlich zweierlei: Die Erkenntnis Gottes und unserer selbst.) Und zwar hänge beides so zusammen: »Se nemo aspicere potest quin ad Dei in quo vivit et movetur, intuitum sensus suos protinus convertat.« (Es kann kein Mensch sich selbst betrachten, ohne sogleich seinen Sinn darauf zu richten, Gott anzuschauen, in dem er doch lebt und webt.) »Rursum, hominem in puram sui notitiam nunquam pervenire constat nisi prius Dei faciem sit contemplatus, atque ex illius intuitu ad seipsum inspiciendum descendat.« (Wiederum vermag kein Mensch sich selbst wahrhaft zu erkennen, wenn er nicht zuvor Gottes Angesicht geschaut hat, und von dieser Schau aus dazu übergeht, sich selbst anzusehen.) (Inst. I.1.1 f.).

Dieses Zentrale werde nicht nur bei Nichtchristen, sondern auch in der Gott untreuen Kirche nicht beachtet. Doch zeigt nach Calvin Jes 44,10, dass die, die Gott nicht erkennen und verehren, nicht irreligiös sein müssen. Sie werden nach ihrem Geschmack *se Deum formare* (sich einen Gott zu schaffen); und sie nehmen dann zu ihrem Machwerk Zuflucht, »vota faciunt, invocant, prosterunt sese: denique etiam tribuunt quae sciunt ad Deum solum pertinere« (tun ihm Gelübde, rufen es an, werfen sich davor nieder, legen ihm schließlich bei, was nach ihrem Wissen Gott alleine zukommt) (CO 37,113). Allerdings zeigt Jes 6,5, dass wir, wenn wir Gott nicht kennen, nicht bedenken, dass wir bloße Menschen sind, sondern halten uns für Götter; ist aber der Herr erst einmal offenbar geworden, dann fangen wir an zu fühlen und erfahren, was wir wirklich sind: von Gott völlig abhängige *Menschen* (CO 36,131).

Die Erkenntnis Gottes und die des Menschen ist nach Calvin dann wahr, wenn beide in einem bestimmten Zusammenhang gesehen werden. Das hat einen theologischen Grund. Die Kirche bekennt, dass Jesus Christus wahrer Gott und wahrer Mensch ist. Das bedeutet erstens, dass das, wer Gott und wer der Mensch in *Wahrheit* ist, maßgeblich in Jesus Christus offenbar ist, in dem Gott das zu erkennen gegeben hat. Zweitens bedeutet dies, dass der wahre Gott und der wahre Mensch in Jesus Christus in ihrer *Unterschiedenheit* und in ihrer *Verbundenheit* zu erkennen sind. In diesem doppelten Sinn nennt Calvin Jesus Christus *Mediator*, den Mittler. Er hat nie bestritten, dass wir Gott auch in seinen Werken an seinem Volk und in seiner Schöpfung erkennen können. Aber das gilt nach ihm nur, wenn uns in der Erkenntnis dieses Mittlers die Augen dafür geöffnet wurden.

Calvin entfaltet seine Sicht des Mittleramts Jesu Christi zunächst im Blick auf die Erkenntnis Gottes.

»Omnis cogitatio de Deo extra Christum immensa est abyssus quae sensus omnes nostros protinus absorbet […]. Meminerimus, non frustra Christum vocari invisiblis Dei imaginem […]. Hinc apparet, non posse nos Deo credere, nisi per Christum, in quo se Deus parvum facit, et se ad captum nostrum submittat.« (Jeder Gedanke von Gott abgesehen von Christus ist ein unermesslicher Abgrund, der alle unsere Sinne gänzlich verschlingen muß […]. Wir wollen uns erinnern, daß Christus mit gutem Grunde als das Ebenbild des unsichtbaren Gottes bezeichnet wird […]. So ergibt sich, daß wir an Gott nicht glauben können außer durch Christus, in welchem Gott sich klein macht, um sich zu unserem Begreifen herabzulassen.) (CO 55,226 f., 1Petr 1,20)

Darum ist nun auch zu sagen: »Quodsi gratiam suam subducat Deus, anima non aliter flatus erit, quam corpus pulvis« (Würde Gott uns seine Gnade entziehen, so würde unsere Seele nicht anders aushauchen wie der Körper zu Staub.) (CO 32,81, Ps 103,14). Aber »Christus factus est nobis verus Immanuel: eiusque adventus, appropinquatio Dei ad homines« (Christus ist zu unserem wahren Immanuel gemacht. Wenn er zu uns kommt, so naht sich Gott den Menschen), um sie zu seinen Kindern anzunehmen. Und das ist kein beliebiger Zufall: Aus der Quelle der göttlichen Liebe zu uns kommt der Erlöser Christus hervor, aber bis die Menschen die Versöhnung mit Gott durch den Mittler erkennen, müssen sie von ihrem Zufluchtsort getrennt bleiben (CO 50,71, 2Kor 5,19).

Calvin sieht in Christus wohl Gott und Mensch in unlöslicher Verbundenheit. Aber er sieht ebenso, dass diese Verbundenheit nicht die Aufhebung ihres Unterschieds bedeutet. »Keine Vermischung von Gott und Menschheit Jesu Christi.« (Niesel 1957, 113 f.). Seine Menschheit ist nicht absorbiert von seiner Gottheit, sondern ist der auserwählte Tempel, in dem sie wohnt (Inst. II.14.1). Calvin glaubt dadurch klargestellt zu haben, dass allein die Initiative *Gottes* der Grund für die Verbundenheit Gottes in Jesus Christus mit den Menschen ist. Das begründet das Recht für den Satz: »Qui Deum vere colit […], in hominem contumeliosus esse verebitur.« (Wer Gott wahrhaft ehrt […], wird davor zurückschrecken, verleumderisch vom Menschen zu reden.) (CO 55,411, Jak 3,9). Das präzisiert die Aussage am Anfang: Zentrum der christlichen Theologie ist dieses Beides – die Ehre Gottes und das Heil der Menschen. »Ubi cognoscitur Deus, etiam colitur humanitas.« (Wo Gott erkannt wird, wird auch Menschlichkeit gepflegt.) (CO 38,388, Jer 22,16; vgl. CO 53,317). Calvin bedenkt das näher im Blick auf die drei fundamentalen Werke Gottes des Schöpfers, des Erlösers und des Verheißenen.

1.2. Der Schöpfer und sein menschliches Geschöpf

Er bestreitet in seiner Lehre vom Schöpfer und Geschöpf, dass die menschliche Seele, wie Plato sagt, ein Ausfluss des Göttlichen sei. Denn nach ihm ist der ganze Mensch aus dem Nichts geschaffen. Die Seele ist nicht das Göttliche im Menschen. Ja, sie ist »sordium omnium lacunam ac receptaculum« (ein Sumpf und eine Herberge allen Schmutzes) (Inst. I.15.5). Das Andere, was dazu auch noch zu sagen ist, würde falsch, würde man nicht darauf hinweisen – nach Ps 8,5: Was ist der Mensch? Ein Wesen, das im Staub der Erde kriecht! Aber welch eine Güte Gottes,

»quod tantus opifex, cuius refulget in coelis maiestas, calamitosum hoc et nullius pretii animal, summa gloria ornare, et innumeris opibus locupletare velit. Qui fit enim ut ab illa tam nobili et praeclara opificii sua; parte egressus, ad nos vermiculos se demittat, nisi ut bonitatem suam magis illustret« (daß der große Künstler, dessen Majestät den Himmel mit Glanz erfüllt, dieses elende, nichtsnutzige Tier mit der größten Herrlichkeit zieren und mit zahllosen Gaben schmücken wollte. Was hat den Herrn bewogen, an dem edelsten und herrlichsten Teil seines Werkes vorbeizugehen und sich zu uns Würmern herabzulassen? Was anders als das Verlangen, seine Güte in ihrer ganzen Größe zu zeigen.) (CO 31,91)

Das kennzeichnet das Geschöpfsein des Menschen: Was in ihm gut ist, ist nicht sein Verdienst, sondern ist ihm aus Gnade verliehen. Und das geht nicht über in seinen Besitz; das hört nie auf, ihm gnädig geschenkt zu sein. Das ist hervorzuheben, um das Wunderbare zu sehen.

»Adam […] quum ex terra et luto sumptus fuit, […] nihil magis absurdum est quam sua excellentia gloriari, qui […] habitant tugurium luteum […]. Quod autem Deus vas testaceum non modo animare dignatus est, sed etiam domicilium esse voluit immortalis spiritus.« (Adam ist aus Erde und Lehm genommen […]; es wäre mehr als absurd, wenn sich einer seiner Vortrefflichkeit rühmen wollte, der doch […] in einer Lehmhütte wohnt. Jedoch Gott hat dieses irdische Gefäß dessen gewürdigt, es zu beleben, ja, er hat es zur Wohnung seines unsterblichen Geistes haben wollen.) (Inst. I.15.1)

Was ist nun zu verstehen unter der *imago Dei*, dem »Bild Gottes«, zu dem Gott den Menschen nach Gen 1,27 schuf? Diese Frage beschäftigte auch Calvins gebildete Zeitgenossen und ist bei ihm sogar »Schlüssel zur ganzen Lehre von der Erschaffung und Bestimmung des Menschen« (Torrance, 23). Ist die *imago* etwa identisch mit der *Seele* des Leibes? Calvin hält diese wohl für den edlen Teil des Menschen: Der Menschengeist durchforsche Himmel und Erde und die Geheimnisse der Natur und alle Jahrhunderte, er erschließe aus dem Vergangenen das Zukünftige und beweise damit, dass in ihm etwas von seinem Leben Verschiedenes verborgen sei. Doch bemerkt Calvin dazu: Das sei ein Lieblingsthema heidnischer Denker, das bei Christen nur kurz zu erwähnen sei (Inst. I.15.2). Was versteht denn *er* darunter? Er sagt, die *imago Dei* habe genauer ihren *Sitz* in der Seele (vgl. CO 23,26, Gen 1,27).

Wohl hat die *imago Dei* in der Seele ihren Sitz, und zwar darum, weil beide geistige Wirklichkeiten sind: »imaginem Dei […] spiritualem esse.« (Inst. I.15.2) Beide sind gleichwohl zu unterscheiden. Zur *imago Dei* sagt Calvin: »Pourquoi-est-ce que Dieu nous a creez à son image, sinon à ce que sa verité reluise en nous« (CO 26,140, Dtn 4,10 f.). Nicht, dass die *imago Dei* in uns vorhanden ist, wenn Gottes Wahrheit uns nicht leuchtet! Die *imago* ist wie ein Reflektor, der nur leuchtet, wenn Licht auf ihn fällt. Sie ist Ereignis im Glauben. Darum redet Calvin auch von *ihr*, wenn er sagt: »La foy vient de l'ouye [=Hören …] et nous sçavons que c'est la foy qui vivifie nos ames, lesquelles autrement sont mortes et perdues« (CO 53,308, 1Tim 3,14 f.). Die Verbindung von *imago* und Glaube zeigt sich bei der Frage: Wie kann man sagen, dass Gott allein unsterblich ist *und* dass unsere Seelen im Tod nicht untergehen? Antwort: »La vraye immortalité [...] est que nous adherions à Dieu« (CO 53,621, 1Tim 6,15 f.).

Doch ist alles nun zutiefst in den Schatten gestellt durch den Sündenfall des Menschen. Wie groß ist der dadurch angerichtete Schaden? Hebt die Sünde ganz oder nur teilweise die gute Schöpfung auf? Ist die Verderbnis im Menschen total oder sind im Menschen Reste guter Fähigkeiten erhalten? – Reste, die nicht der Erneuerung durch Gottes Gnade bedürfen, die ihr sogar vorarbeiten! Calvin scheint unklar darauf zu antworten. Er sagt im selben Atem, dass der Mensch *nicht* von Natur sündigt, sondern die Sünde zu ihm »hinzukommt« *und* dass er »von Natur« böse ist (Inst. II.1.11). Der Unterschied der Aussagen war 1934 Anlaß für den Streit zwischen Emil Brunner und Karl Barth. Brunner unterschied von Calvin her zwischen einer durch die Sünde zerstörten materialen und einer durch sie unverdorbenen formalen *imago Dei*. Während die erstere das Bestimmtsein durch die Liebe Gottes sei, sei die letztere der Mensch als verantwortliches Subjekt, das aufgrund einer ersten Offenbarung Gottes in der Schöpfung ihn teilweise zu erkennen vermöge (28 f.). Barth antwortete »Nein!«: diese Unterscheidung von formaler und materialer *imago Dei* sei undurchführbar. Es gebe nicht zwei Offenbarungen Gottes, sondern nur seine eine, in der Bibel bezeugte – es sei denn man behaupte, dass Götzendienst »eine etwas unvollkommene Vorform des Dienstes des wahren Gottes« sei (19).

Calvin sagt beides: Das Böse kann die gute Absicht Gottes nicht verhindern, aber der Mensch ist zur Überwindung seiner Verkehrtheit nicht fähig. Man wurde ja einen Sieg des Bösen über Gott annehmen (Inst. II.1.10), würde man das Gutgeschaffensein seiner Kreatur bestreiten, wie man dem Menschen die Fähigkeit zur Selbsterlösung zuschreiben würde, wenn man die Verkehrtheit seiner Natur abschwächen würde. Calvin sagt: »Il est vray qu'il ne nous faut point attribuer à Dieu le mal qui est en nous: car Adam n'a pas esté creé en la corruption, [...] il se l'est acquise de soy« (CO 33,730, Hi 15,11 f.). Das heißt: Die *imago Dei*, zu der der Mensch erschaffen wurde, »estoit effacé en nous par la peché d'Adam, [...] nous sommes de nature forclos de toute esperance de vie: or voici nostre Dieu qui nous a rachetez« (CO 28,205, Dtn 24,19 ff.). Andererseits:

> »Durch Gottes ewiges Wort ist die Welt geschaffen; und seine Kraft erhält alles am Leben, was einmal Leben empfangen hat; der Mensch vor allem ist mit der einzigartigen Gabe der Erkenntnis ausgestattet, und wiewohl er durch seinen Abfall das Licht der Erkenntnis verloren hat, sieht und erkennt er doch noch immer.« (CO 47,7, Joh 1,5)

Das letztere beweist nicht das Vermögen des Menschen, sich von sich aus auch nur teilweise zu Gott zu erheben und am Leben zu halten. Es ist Zeugnis dafür: »Fieri non posse ut Deus [...] opus imperfectum abiicat.« (Gott kann nicht [...] das gebrochene Werk wegwerfen.) (CO 32,376, Ps. 138,8).

Das redet von der Fürsorge Gottes für sein Geschöpf (Inst. I.16.1). Aber wie kann der Mensch sie erkennen, nachdem ihm die Wahrheit der guten Schöpfung Gottes infolge des Sündenfalls verborgen ist und er seine *imago Dei* verloren hat? Er *kann* es. Er kann es aus der Erkenntnis *Jesu Christi.* Dessen Wirken besorgt nach Calvin auch eine Wiederbringung des Verlorenen. Sie tut das, indem von ihm das gilt: »Christum esse unicum patris imaginem« (Christus ist das einzige Ebenbild Gottes des Vaters.) (CO 23,27, Gen 1,26). Daraus ist zu folgern: »Non igitur ab elementis mundi huius, sed ab evangelio faciendum est exordio« (Nicht die Elemente dieser Welt sollen den Anfang machen, sondern das Evangelium), das uns Christus und sein Kreuz predigt und bei ihm festhält (CO 23,9 f.). Das Wort »Wiederherstellung« besagt erstens: Es geht im Evangelium um keinen historischen Zufall, sondern Gott führt in der Sendung seines Sohnes das durch, was er von Anfang der Welt an, ja von Ewigkeit her in seinem ewigen Wort, seinem lebendigen Ebenbild zu tun sich anschickte. Zweitens, er führt dies entgegen der in die Schöpfung eingebrochenen Sünde in der Sendung seines Sohnes durch, in dem er gut macht, was wir verkehrt gemacht haben. Indem dieser unter uns tritt, bricht er unserer Erneuerung die Bahn. »Nunc enim incipimus portare imaginem Christi et in dies magis ac magis in eam tranformamur [...]. Tunc autem ad plenum instauravitur, tam in corpore quam in anima: et perficitur quod nunc inchoatum est, adeoque re ipsa obtinemus quod adhuc speramus.« (Zwar beginnen wir jetzt das Bild Christi zu tragen und werden täglich mehr in dieses Bild umgewandelt [...]. Dann aber wird es in Leib und Seele vollendet werden und wir werden real erhalten, was wir jetzt erhoffen.) (CO 49,560, 1Kor 15,49).

1.3. Der Erlöser und wir Sünder

Gehören Schöpfung und Erlösung derart eng zusammen, dass man sagen müsste, Erlösung bestehe nach Calvin in der Überwindung des in der Schöpfung gegebenen Abstands zwischen dem Schöpfer und seinem Geschöpf? So meint es Peter Brunner (Brunner 1925, 74). Nach Wilhelm Niesel (Niesel 1957, 109) geht es in der Erlösung vielmehr darum, den »Riß zwischen dem Schöpfer und dem abgefallenen Geschöpf« zu beseitigen. In Calvins Sicht war die Ankunft Christi nicht eine *nachträgliche* Reaktion auf die Sünde.

»In eo melius relucet incomparabilis Dei bonitas, quod malum nostrum gratiae suae remedio antevertit: ac prius vitae restitutionem statuerit, quam in mortem cecidisset primus homo.« (Darin leuchtet Gottes unvergleichliche Güte am hellsten, daß er unserm Übel mit dem Heilmittel seiner Gnade zuvorgekommen ist und vorher die Wiederherstellung des Lebens verordnet hat, ehe der erste Mensch in den Tod gefallen war.) (CO 55,226, 1.Petr. 1,20).

Doch wendet sich Gott in der Ausführung dessen einem Wesen zu, das weder zu ihm passt noch dieses verdient hat. Ohne *Versöhnung* keine Gemeinschaft zwischen Gott und Mensch! Die Versöhnung vollzieht der Mittler, und so sagt Calvin: »Nihil nobis cum Deo, nisi adsit mediator qui illum nobis conciliet.« (Wir haben nichts mit Gott zu tun, wenn nicht der Mittler zugegen ist, der ihn uns zum Freunde macht.) (CO 48,144, Apg 7,30). Das ist die Aufgabe des in den Riß tretenden Mittlers, dass er das zurecht von Gott Trennende zurecht beseitigt und so den Menschen mit Gott versöhnt.

Christus vollbringt das. Er ist der ewige Sohn Gottes des Vaters, der dessen Vater heißt, weil er der Vater dieses Sohnes ist, wie Christus Sohn heißt, weil er als einziger »von Natur« Sohn dieses Vaters ist (Inst. II.14.5). Eben in ihm ist Gott *Immanuel*, was ein anderes Wort für *Mittler* ist (Inst. II.12.1). Darum ist in ihm die Majestät Gottes selbst zu uns herabgestiegen. Darum wurde er Mensch, ja, ein Jude (Inst. II.13.2). In seiner Sendung übt er ein dreifaches Amt aus: Als Prophet bezeugt er die Gnade Gottes, als König teilt er sie geistlich aus, als Priester ist er der Mittler, der uns mit Gott versöhnt (Inst. II.15.2,4,6). In seinem Priesteramt nimmt er sich der Sünder an, um sie aus ihrer Sünde zu erlösen. Sie sind darauf zutiefst angewiesen. »Quam miseri essemus sine Dei misericordia!« (Wie elend wären wir ohne Gottes Erbarmen!) Aber nun sagt Calvin vom Menschen:

»se alienatum fuisse a Deo per peccatum, [...] exclusum ob omni spe salutis, [...] sub peccati iugo captivum [...]: hic Christum deprecatorem intercesisse, [...] luisse quae ex iusto Dei iudicio peccatoribus omnibus imminebat: mala, quae Deo exosos illos reddebant, sanguine suo expiasse [...]; hoc fundamento pacem Dei cum hominibus esse subnixam.« (Er ist durch die Sün de von Gott entfremdet, [...] ausgeschlossen von jeder Hoffnung auf das Heil, [...] Gefangener unter dem Joch der Sünde, [...] dann aber ist Christus als Fürsprecher ins Mittel getreten [...], hat gelitten, was nach Gottes gerechtem Urteil alle Sünder leiden mußten, hat all das Böse, das sie vor Gott verhaßt machte, mit seinem Blut gesühnt; und nun ist [...] auf diesem Grund der Friede Gottes mit den Menschen fest gegründet.) (Inst. II.16.2)

Christus tritt an die Stelle der Sünder, und indem er an dieser Stelle nicht aktiv Böses tut, sondern im Gehorsam gegen Gott passiv unsere Verdammung erleidet (Inst. II.12.3), geschieht unsere Rechtfertigung, unsere Erlösung. Calvin nennt das *naturae rerum conversio*, »die Umkehrung aller Dinge« (Inst. II.16.6).

Es betrifft auch Calvin, wenn Albrecht Ritschl sich dagegen wandte, »daß in der Begründung des Heiles durch Christus der Gnadenwille Gottes mit dem Zornwillen in Einer Beziehung zusammentreffe« (Ritschl 1888–1889, Bd. 2, 155). Vertritt Calvin eine Lehre, in der Gnade und Zorn Gottes derart zusammentreffen, dass Gottes Zorn an einem Opfer gestillt werden muss, damit er uns günstig gesonnen sei? Es geht hier nach Calvin um ein von Gott zu lösendes Problem: Wie kann Gott Versöhner sein ohne seinen gerechten Ausschluss einer Versöhnung mit der Bosheit der Übeltäter? Nach Calvin antwortet darauf 2Kor 5,21: »Tunc nobis Deum esse propitium, quum pro iustis agnoscit [...]. Christum pro nobis peccatum fuisse factum.« (Gott ist uns dann gnädig, wenn er uns als gerecht anerkennt. [Darum] ist Christus für uns zur Sünde gemacht worden) (CO 50,74), »scelerati personam«, zu einer Verbrecherperson (Inst. II.16.5). Das ist der Gedanke des seligen Tauschs: »Filius Dei in infernus est: sed homo refertur ad caelum« (Der Gottessohn ist in der Hölle, aber der Mensch wird in den Himmel gebracht.) (Inst. II.16.11). Für Calvin ist Gottes Liebe nur dann Liebe, wenn sie nicht unter

Ausschluss von Gottes Gerechtigkeit gedacht wird. Gottes Liebe wäre sonst anfechtbar durch den Verdacht, sie tue Unrechtes. Der Zorn Gottes ist das gerechte Nein zur Ungerechtigkeit. Aber dank der Bejahung dieses Nein in der Hingabe Christi für uns sind wir durch Christi Tod mit Gott versöhnt worden (vgl. CO 49,94, Röm 5,10).

Wer ist der Mensch, den Gott erlöst? Und was macht seine Erlösung nötig? Calvin redet in der *Institutio* davon *vor* den Kapiteln über den Erlöser. Aber er antwortet auf diese Fragen unter dem Gesamttitel: »Von der Erkenntnis Gottes des Erlösers.« Das ist in der Einsicht begründet: »Non semivivos inclamat ad recipiendum Christi illuminationem, sed dormientes et sepultos« (Nicht Halbtote beruft er zum Empfang der Erleuchtung durch Christus, sondern Entschlafene und Begrabene.) (Inst. II.5.19). Darum wird sinnvoll erst jetzt davon gesprochen. Der Sünder sträubt sich gegen die Erkenntnis seiner Sünde; denn er hat darin seine aktive Auflehnung gegen das Gute zuzugeben. Die Sünde hat eine dreifache Gestalt und entpuppt sich darin als Widerspruch gegen Christus als Prophet, König und Priester. Sie ist Unglauben: »*infidelitas* radix defectionis est«, er ist die Wurzel des Abfalls (Inst. II.1.4), der Entschluss, sich mit sich selbst zufrieden zu geben (Inst. II.1.2). Sie ist sodann *superbia*, Hochmut, Verachtung der Hoheit Gottes. Ja, aber Calvin korrigiert hier eine abendländische Tradition, die nur das betont und übersieht: Sünde ist auch *ingratitudo*, Undankbarkeit (Inst. II.1.4), Verachtung von Gottes *liberalitas*, seiner Gnade. Kurz, sie ist beides: Feindschaft gegen Gottes Ehre und gegen Gottes Güte. Die Mehrgestaltigkeit der Sünde bedeutet aber nicht, dass der Mensch nur teilweise Sünder ist, bloß leiblich und sinnlich. »Totum hominem quasi diluvio a capite ad pedes sic fuisse obrutum, ut nulla pars a peccato sit immunis« (Der ganze Mensch ist von Kopf bis Fuß wie von einer Sintflut derart [mit Sünde] bedeckt, dass kein Teil davon unberührt ist.) (Inst. II.1.9). Und wie der *ganze* Mensch davon betroffen ist, so sind *alle* in einem Elend, aus dem sie nur herauskommen, wenn Gottes Barmherzigkeit sie herausreißt.

Alle sind *ganz* auf die verheißene Gnade Gottes angewiesen. Dabei darf man nicht denken, die Sünde sei ein allgemeines Verhängnis und also keine Schuld. »Homini tantum suum exitium adscribendum« (allein dem Menschen selbst ist sein Verderben zuzuschreiben.) (Inst. II.1.10). Aber was sagt dann der Begriff der Erbsünde? Calvin versteht Röm 5,12 ff. so, dass Adam die Wurzel des Sünderseins aller Menschen ist, nicht bloß Vorbild, wie die Pelagianer sagen; dann gäbe es hier Ausnahmen. Adam ist *der* Mensch in den Menschen, in dem auf einem Nenner steht, was jeder tut (Inst. II.1.6). Calvin nimmt auch zu dem von den Humanisten aufgeworfenen Problem der Willensfreiheit Stellung. Er bestreitet nicht, dass der Sünder einen gewissen »freien« Willen hat. Aber dessen Freiheit besteht nur darin, dass er mit seinem Willen auf dem von ihm verkehrt eingeschlagenen Weg handelt. »Male voluntate agit, non coactione« (Er handelt mit Willen böse, nicht aus Zwang.) (Inst. II.2.7; 3.5). Von seiner verkehrten Willensrichtung kann er nicht sich selbst befreien. Von ihr wird er befreit allein durch Gottes Güte. Aber sie befreit. Noch einmal: Gott ist der Sünde des Menschen zuvorgekommen mit dem Heilmittel seiner Gnade. Die Sünde kommt zu spät, um den guten Willen des Erlösers außer Kraft zu setzen.

1.4. Der Erwartete und unser Seufzen

Calvin versteht 2Kor 5,7 so, dass wir den Herrn *noch nicht* von Angesicht zu Angesicht sehen (CO 50,63). Alles, was Christus uns schon jetzt darbietet, steht »sub custodia spei« (unter der Verwahrung der Hoffnung). Wir dürfen die in Christus vollbrachte Erlösung glauben. Aber damit besitzen wir sie nicht, wir haben sie allein in Gestalt der Verheißung. Nur so haben wir an Christus Anteil, dass wir ihn erfassen »promissionifus suis vestitum« (im Kleid seiner Verheißungen) (Inst. II.9.3). Wir dürfen das in Christus verbürgte Heil im Glauben ergreifen, aber alles Haben des Glaubens ist das Haben einer Verheißung (Inst. III.2.41). Wir haben das Verheißene in der Erwartung seiner Erfüllung. Diese besteht in dem definitiven »adventus Christi«, der Ankunft Christi, und in dem überaus fröhlichen Genuss der verheißenen Herrlichkeit (Inst. III.25.6). Wiederum wird die Herrlichkeit die Erscheinung von ihm selber sein, in der er und die Seinen sich einen (Inst. III.25.10). Aber muss nicht der Gedanke an das Jüngste Gericht die Vorfreude darauf trüben? Der Gedanke ist richtig, aber nicht richtig verstanden. Denn wir werden dort hingestellt »non ad aliud tribunal quam redemtoris nostri, a quo salus sit expectanda« (vor keinen anderen Richterstuhl als den unseres Erlösers, von dem das Heil zu erwarten ist) (Inst. II.16.18). Weil wir schon an ihn glauben, darum können wir gewiss sein, dass er kein anderer sein wird als der schon jetzt Geglaubte: als der barmherzige Richter.

Calvin bezeichnet das uns verheißene herrliche Ziel oft mit dem Begriff der »seligen Ruhe«. »Ruhe« ist der Gegenbegriff zu dem der »Unruhe«, in der wir jetzt in diesem Leben unterwegs sind. Mit dem Glauben sind wir ja nicht am Ende der Wege Gottes, sondern an deren Anfang. Damit sind wir in Pilgrimschaft versetzt. Unser Glaube, in dem wir uns an Gott halten, ist auf die Zeitstrecke bezogen: »quandiu in mundo peregrinamur« (solange wir in der Welt unterwegs sind). Denn auch für den Vollkommensten besteht alle Weisheit darin *proficere*, vorwärtszuschreiten (Inst. III.2.4). Leider sind wir geneigt, uns dem zu entziehen. »Nam ut delicata est caro, cuperet quisque nostrum extra telorum iacturi securus degere.« (Denn sobald das Fleisch wollüstig ist, wünscht sich jeder von uns außerhalb der Reichweite von Geschossen sicher zu leben) (CO 32,375, Ps 138,7). Aber Gott ruft die Glaubenden daraus heraus und stellt sie auf einen Weg und gibt ihnen dabei die Zuversicht, der Tag werde kommen, an dem Gottes Verheißungen erfüllt sein werden (Inst. II.10.17). Darin sind das Alte und das Neue Testament verbunden (Inst. II.10.1). Die Hoffnung ist nichts anderes als die Erwartung dessen, was Christen als von Gott verheißen glauben. »Quia Evangelii testimonium de gratuito amore amplexi, expectamus dum palam ostendat Deus quod non sub spe est absconditum.« (Da wir das Zeugnis des Evangeliums von Gottes gnädiger Liebe liebgewonnen haben, warten wir, bis Gott öffentlich zeigt, was jetzt noch unter der Hoffnung verborgen ist.) (Inst. III.2.43). Darum ist es den Glaubenden notwendig, auf das Erhoffte hin unterwegs zu sein.

Das Leben in solchem Unterwegssein ist bestimmt durch ein Noch-Nicht. Es gibt ja einen empfindlichen Unterschied zwischen dem Erhofften und unserem jetzigen Dasein. Wir leben jetzt inmitten vieler Rätsel. Der Glaube ist in dieser Situation bedroht und hängt so am Wort, dass man sagen muss: »Tolle verbum, et nulla iam restabit fides.« (Nimm das Wort weg, und es wird kein Glaube übrigbleiben.) (Inst. III.2.6). Und das ist eine Anfechtung, die uns überfallen kann.

»Haec autem est abyssus desperationis, ubi Deus promissiones suas, quibus inclusa est salus nostra, e medio tollit.« (Das aber ist der Abgrund der Verzweiflung, wenn Gott seine Verheißungen, in denen unser Heil beschlossen liegt, wegnimmt.) (CO 31,714, Ps 77,8). »Idem quotidie quisque fidelium in se experitur ut pro carnis sensu, a Deo se reiectam et desertum existemet: fide tamen apprehendat absonditam gratiam.« (Das erfahren alle Gläubigen täglich bei sich selbst. Nach dem Augenschein sehen sie sich von Gott verlassen und verworfen, aber im Glauben ergreifen sie die verhüllte Gnade.) (CO 31,220, Ps 22,2)

Indem wir diese Gnade ergreifen, müssen wir selbst am Abgrund der Verzweiflung nicht verzweifeln. So stark das Noch-Nicht das Ziel der unverhüllten Gnade uns verdunkeln mag, es gilt auch dann das Doch-Schon, das uns ermutigt, dass wir trotz allem Widerwärtigen hoffen dürfen. »Hoc autem admirabile Dei opus est, quod in vasculis testaceis et fragilibus resideat spes coelestis gloriae.« (Es ist ein wunderbares Werk Gottes, dass in irdenen und zerbrechlichen Gefäßen die Hoffnung der himmlischen Herrlichkeit wohnt.) (CO 52,97, Kol 1,27). Ja, wir dürfen uns daran halten, dass Gott für uns ist, auch wenn Gott gegen uns zu sein scheint (Inst. III.2.15 f.). Angesichts solcher Erfahrung sagt Calvin: Auch wenn wir nicht wissen, was Gott über die Menschen beschlossen hat, es ist so fromm wie menschlich, für alle »das Beste zu wünschen und zu hoffen«. Für Calvin folgt das aus der Anrede des Herrengebets »*Unser* Vater«, die nicht weniger als alle Menschen auf der Erde umschließt (Inst. III.20.38).

Und nun drängt beides, die Verzagtheit und die Hoffnung, dazu, dass unser Seufzen sich angesichts des Erwarteten zum *Gebet* formt. Calvin weiß, es sind oft auch verkehrte, egoistische, ungläubige, stammelnde Worte (Inst. III.20.15 f.). Aber Gott erhört sie gnädig. Im Vertrauen darauf hat Calvin seine Vorlesungen mit spontan gesprochenen Gebeten geschlossen.

Etwa so – zu Hos 10,5–9: »Gib, daß wir, gefestigt im Blick auf Ihn, nicht abweichen und auch nicht hinter den verkehrten Trugbildern und Lügen des Satans oder den Lockungen dieser Welt uns da- und dorthin zerren lassen, sondern wir festbleiben im Gehorsam des Glaubens und darin fortschreiten.« (Scholl 1968, 297)

Diese Bitten münden jeweils in ihrem letzten Satz in ein *donec tandem*.

Etwa so – zu Joel 1,1: »donec tandem in Regnum illud tuum nos colligas, ubi particeps simus gloriae tuae per Christum Dominum nostrum.« (bis du uns endlich zu jenem Reich versammelst, wo wir deiner Herrlichkeit teilhaftig werden durch Christus unseren Herrn.) (Scholl 1968, 308)

In solchem Gebet richtet sich unser Seufzen auf den erwarteten Herrn, seiner Hilfe bedürftig und zugleich gewiss. Und in dieser Gestalt sind erneut *Gott und Mensch* beisammen, so wie sie es in je eigener Weise im Verhältnis von Schöpfer und seinem Geschöpf und von dem Erlöser und uns Sündern sind.

Brunner, Peter: Vom Glauben bei Calvin, 1925.
Dowey, Edward A., Jr.: The knowledge of God in Calvin's theology, [3]1994.
Faber, Eva-Maria: Symphonie von Gott und Mensch. Die responsorische Struktur von Vermittlung in der Theologie Johannes Calvins, 1999.
Torrance, Thomas F.: Calvins Lehre vom Menschen, 1951.

Eberhard Busch

2. Schrift

Die Frage nach Calvins Verständnis und seiner Auslegung der Bibel berührt unvermeidlich eine ganze Reihe von Themenfeldern, die in der Calvinforschung, zum Teil seit langem, diskutiert werden; sie führt darüber hinaus in die Grundspannung hinein zwischen einem historisch-genetischen und einem theologisch-systematischen Zugang zu Calvins Schriften. Einige solcher Themenfelder seien kurz genannt. Die knappen Literaturangaben verweisen entweder auf repräsentative oder den neuesten Forschungsstand bibliographisch erschließende Titel.

Wie ist Calvins Verständnis des »Wortes Gottes« als »promissio« und als »doctrina« genauer zu bestimmen, und sowohl theologisch wie historisch im Spannungsfeld von lutherischer und oberdeutscher bzw. »schweizerischer« Reformation zu verorten (Neuser 1976; d'Assonville 2001; Opitz 2003a)? Welche präzise Gestalt besitzt in diesem Zusammenhang Calvins »Humanismus«, und welche Rolle spielt dieser in seinem philologischen und rhetorischen Zugang zu den biblischen Schriften (Ganoczy 1966; Ganoczy/Scheld 1983; Millet 1992)? Wie ist Calvins Verhältnisbestimmung von Altem und Neuem Testament einzuschätzen, und was bedeutet dies für seine Exegese, insbesondere derjenigen des Alten Testaments (Parker 1993a; De Greef 2006b/c; Opitz 2007)? Aber auch die Frage nach spätnominalistischen und juristischen Einflüssen auf sein Schriftverständnis sind im Auge zu behalten (Bohatec 1950; Torrance 1988). Das gelegentlich beklagte »christologische« Defizit in Calvins Schriftverständnis, gipfelnd im alten Vorwurf einer »judaisierenden« Exegese (vgl. Aegidius Hunnius, *Calvinus Iudaizans*, Wittenberg 1593), verlangt nach einer Untersuchung des Zusammenhangs zwischen seinem exegetischen Vorgehen und seinen theologischen, insbesondere christologischen Grundentscheidungen (Opitz 1994). Im Folgenden kann auf all dies nicht explizit eingegangen, geschweige denn die Forschungsdiskussion wiedergegeben werden. Stattdessen soll das Gewicht auf der Darstellung der Grundzüge von Calvins Schriftlehre selber liegen, und dies in möglichst großer Nähe zu zentralen Texten Calvins.

In einem Vorwort zur Genfer Bibel preist Calvin die Bibel in knapper, bildhafter Sprache: Sie ist der »Schlüssel, der uns das Reich Gottes öffnet«, der »Spiegel, in welchem wir Gottes Angesicht betrachten«, und »Zeugnis seines guten Willens«. Sie ist zudem der »Weg«, die »Schule der Weisheit«, das »königliche Zepter«, der göttliche »Hirtenstab«. Und sie ist das »Instrument seines Bundes«, den Gott »mit uns geschlossen hat, indem er durch seine freie Gnade die Verpflichtung eingegangen ist, durch ein ewiges Band mit uns verbunden zu sein« (CO 9,823).

Die Bilder sind wohl gewählt, und benennen die grundlegenden Funktionen, die noetische, soteriologische und pädagogische, die Calvin der Schrift zuweist. Von einer eigentlichen ausgeführten »Schriftehre« Calvins kann allerdings nicht die Rede sein. Weder die Bibel als Schriftenkanon noch ihre Auslegung sind von ihm je zum Gegenstand eines besonderen Traktats gemacht worden, was durchaus denkbar gewesen wäre, wie etwa Heinrich Bullingers umfangreiche Schrift *De scripturae sanctae authoritate* aus dem Jahre 1538 (HBBibl. 1, Nr. 111–112) zeigt.

Auch bei Calvin finden sich aber immer wieder Äußerungen zur Bedeutung und Auslegung der biblischen Schriften, sei es in den Vorworten zu seinen Bibelkommentaren, sei es im Zuge einer polemischen oder apologetischen Argumentation, sei es in der Darlegung der christlichen Lehre in der *Institutio*. Aus ihnen lassen sich durchaus Umrisse einer reflektierten, wenn auch nicht bis in Einzelheiten hinein ausgearbeiteten Schriftlehre erkennen. Gerade in der *Institutio*, die ja als hermeneutische Anleitung zur Schriftlektüre gedacht ist (CO 2,1–4), bildet aber die Lehre von der Schrift keinen eigenen Topos, sondern ist in die Entfaltung von Calvins Lehre von der Erkenntnis Gottes des Schöpfers und Gottes des Erlösers integriert. Bereits dies ist ein Zeichen dafür, dass Calvins Verständnis der Schrift ganz von seinem Verständnis des göttlichen Wortes als »caelestis doctrina« (Inst. I.6.2) bestimmt ist.

2.1. Die Schrift als Quelle der Erkenntnis Gottes des Schöpfers

So findet sich in der *Institutio* von 1559 eine recht ausführliche Thematisierung der »Schrift« bereits im ersten Buch, und damit unter dem Thema der Erkenntnis Gottes des Schöpfers.

Nachdem Calvin zunächst (Inst. I.1–5) gezeigt hat, dass sich zwar Gott der Schöpfer in seinen Werken zeigt, der Mensch diese göttliche Selbstoffenbarung aber durch geschöpfliche Begrenzung und darüber hinaus wesentlich durch schuldhafte Verkehrung nicht in rechter Weise rezipiert und würdigt, kommt er auf die »nähere« Offenbarung Gottes durch sein »Wort« zu sprechen, in welcher sich Gott der Schöpfer in seinen Eigenschaften und seiner Beziehung zur Welt den Menschen bekannt macht (Inst. I.5.13–15). So läuft das Argumentationsgefälle der *Institutio* von Anfang an auf Inst. I.6 zu, und damit auf die Einsicht: »Wer zu Gott, dem Schöpfer gelangen will, der muss die Schrift zum Leiter und Lehrer haben« (Titel von Inst. I.6). Erst Gottes Selbstoffenbarung in seinem »Wort«, und also die Schrift macht es möglich und zugleich notwendig, entsprechend dem ersten Gebot Gott von allen Götzen zu unterscheiden (Inst. I.10), und entsprechend dem zweiten Gebot (nach reformierter Zählung) sich kein Bildnis von Gott zu machen (Inst. I.11), um ihn so allein anzubeten (Inst. I.12). Und zugleich ist die Schrift die Quelle der Erkenntnis des dreieinigen Gottes (Inst. I.13). Sie leitet damit zur Unterscheidung von Schöpfer und Geschöpf an (Inst. I.14), und ist in der Folge auch Quelle menschlicher Selbsterkenntnis (Inst. I.15).

2.2. Die Schrift als Quelle der Erkenntnis Gottes des Erlösers

2.2.1. Selbstoffenbarung durch Gottes erwählendes Wort

Calvin erläutert seine Behauptung von der Schrift als Quelle zur Erkenntnis Gottes des Schöpfers in Inst. I.6.1 sogleich durch den Hinweis auf das »Licht seines Wortes«, durch welches sich Gott »zum Heil bekannt macht«. Dies dadurch, dass er sich das jüdische Volk »erwählt« hat, um es, und dann auch »uns«, »näher mit sich zu verbinden«, in die »reine Gotteserkenntnis« zu führen und darin zu erhalten, und so »die Kirche zu erziehen.« Damit ist deutlich: Die Erkenntnis Gottes des Schöpfers aus der Schrift gründet in dem göttlichen Wort, durch welches sich Gott in einer geschichtlichen Selbstoffenbarung zum Heil bekannt gemacht und die Adressaten damit gleichzeitig mit sich verbunden, zu seinem Volk »erwählt« hat. Sie gründet in der »eigentlichen Lehre des Glaubens« (*propria fidei doctrina*), in welcher es um den »Bund« (*foedus*) geht, den Gott mit den Nachkommen Abrahams geschlossen hat und der in Christus sein Fundament besitzt (Inst. I.6.1).

2.2.2. Der eine Bund

Calvins Verständnis dieses »Bundes« ist für seine Schriftlehre konstitutiv. Vor allem in seiner Straßburger Zeit scheint sich Calvin intensiv mit dem Verhältnis von Altem und Neuem Testament auseinandergesetzt zu haben. Die Frucht dieser Studien findet sich in einem ausführlichen Kapitel der *Institutio* von 1539, in welcher die beiden Testamente als in sich differenzierte und dynamische Einheit erläutert werden (CO 1,225–244). Direkt prägend war diesbezüglich sicherlich Martin Bucer, und damit auch der ganze Kreis oberdeutscher Reformatoren mit humanistischem Hintergrund und starken, in der Forschung bislang wenig beachteten Einflüssen Zwinglis und Bullingers. Bucer, der den Gedanken der Einheit der beiden Testamente bereits in seinem Evangelienkommentar vertreten hatte, stand nicht nur in lebendigem Austausch mit seinen Straßburger Kollegen, dem Hebraisten Capito und Hedio, sondern auch mit Heinrich Bullinger. Dieser hatte, auf Anregung Zwinglis, bereits seit Mitte der zwanziger Jahre den einen Bund als Skopus der Schrift behauptet und für seine Schrift *De testamento* von 1534 (Heinrich Bullinger, *De testamento seu foedere dei unico et aeterno*, 1534, HBBibl. 1, Nr. 54–61) Bucers volle Zustimmung erhalten (HBBW 4, 325 f.). Seit der

Fassung der *Institutio* von 1539 trägt Calvin auf weiten Strecken Bullingers Argumente für die Lehre vom einen Bund – aber auch von der Schrift – vor. Dies allerdings nicht ohne ihnen eine eigenständige Akzentuierung zu geben, die nicht zuletzt auf bleibende Einflüsse Melanchthons, insbesondere von dessen *Loci* von 1535, schließen lässt. In der *Institutio* von 1559 ist die Lehre vom einen Bund schließlich vollständig in die Soteriologie integriert. Und zugleich wird der Bundesbegriff zum Verbindungsglied zwischen Calvins Theologie, besonders auch seiner Christologie, und seiner Exegese. *Institutio* II erhält nun den Titel: »Von der Erkenntnis Gottes des Erlösers in Christus, wie sie zuerst den Vätern unter dem Gesetz, alsdann auch uns im Evangelium geoffenbart worden ist«. War Calvins erste *Institutio* von 1536 noch an Luthers Kleinem Katechismus orientiert, so wird die Lehre vom Gesetz in *Institutio* II.7 nun überschrieben mit dem Titel: »Das Gesetz ist nicht dazu gegeben, um das Volk des Alten Bundes bei sich selbst festzuhalten, sondern um die Hoffnung auf das Heil in Christus bis zu seiner Ankunft zu bewahren.« Dabei wird das Gesetz ausdrücklich im Anschluss an das alttestamentliche Toraverständnis definiert: »Unter ›Gesetz‹ verstehe ich nicht bloß die zehn Gebote, welche die Richtschnur bilden, wie man fromm und gerecht leben soll, sondern die ganze Gestalt der Gottesverehrung (*formam religionis*), wie sie Gott durch Moses Hand eingerichtet und gelehrt hat« (Inst. II.7.1). Indem dieses Gesetz aber auf Gottes erwählender Gnade beruht, ist Christus auch dort bereits anwesend: Auch wenn die Mittlerschaft Christi »bei Mose noch nicht mit ganz klaren Worten ausgedrückt« ist, so hat Gott sich »dem Volk des Alten Bundes nie gnädig gezeigt und ihm nie Hoffnung auf das Heil gemacht ohne den Mittler«. Denn »Seligkeit und Glück der Kirche sind stets auf die Person Christi begründet gewesen« (Inst. II.6.2). Für das Verhältnis von Altem und Neuem Testament bedeutet dies: »Der Bund mit den Vätern ist im Wesen und in der Sache von dem unsrigen nicht zu unterscheiden, sondern ein und derselbe. Verschieden ist dagegen die äußere Darbietung.« (Inst. II.10.2).

Die Ähnlichkeit (*similitudo*) oder Einheit (*unitas*) der beiden Testamente wird in Inst. II.10 behandelt. Sie wird konstituiert durch drei Faktoren: Zunächst ist es die Erwählung »zur Hoffnung auf die Unsterblichkeit«, welche für die Juden zur Zeit des Alten Testamentes ebenso bereits bestand wie für die Christen. Weiter war der Bund schon immer ein reiner Gnadenbund. Die Kontinuität des sola gratia überspannt beide Testamente. Und drittens ruht die Gemeinschaft mit Gott und die Teilhabe an den göttlichen Verheißungen sowohl im Alten wie im Neuen Testament ausschließlich auf Christi Mittleramt. Auch die Väter haben »Christus als ihren Mittler gehabt und erkannt« (Inst. II.10.2) .

Die Unterschiede, Calvin benennt deren fünf, kommen in Inst. II.11 zur Sprache. Sie ergeben sich aus der Weise, wie Gott sein Wort im Dienst seiner auf das Heil gerichteten Pädagogik jeweils angepasst hat. So ergingen die geistlichen Verheißungen zur Zeit des Alten Testaments vermittelt »unter irdischen Wohltaten« wie der Landverheißung, in der Zeit des Neuen Testaments dagegen werden sie direkt und deutlicher ausgesprochen (Inst. II.11.2). Ähnliches gilt für die »Zeremonien« des »alten« Bundes. Hier erinnert Calvin vor allem an die Unterscheidung von Hebr 10,1 zwischen dem »Schatten der zukünftigen Güter« und dem »lebendigen Bild der Dinge« und an die Unterscheidung von Kol 2,17 zwischen dem »Schatten des Zukünftigen« und dem mit Christus identifizierten »Körper« (Inst. II.11.4–6). In diese Linie gehört auch der fünfte Unterschied, der in der Berufung der Völker und dem Überschreiten der Grenzen Israels in der Zeit des »Evangeliums« besteht (Inst II.11.11). Der dritte Unterschied, derjenige zwischen »Buchstabe« und »Geist« (Inst. II.11.7–8) und der vierte Unterschied, derjenige zwischen »Knechtschaft« und »Freiheit« (Inst. II.11.9), werden auf diesem Hintergrund des einen göttlichen Heilshandelns zu lediglich relativen Unterschieden. Zwar kann Calvin einer antithetischen Gegenüberstellung von Gesetz und Evangelium, wie sie Luther und Melanchthon vornehmen, zustimmen, wenn darunter zwei verschiedene Heilswege für den sündigen Menschen verstanden werden. »Aber in bezug auf das ganze Gesetz folgt das Evangelium diesem nicht so, dass es einen verschiedenen Weg zum Heil zeigen würde, sondern so, dass es vielmehr bekräftigt und die Gültigkeit dessen beweist, was jenes verheißen hatte, und zum Schatten den Körper hinzufügt.« (Inst. II.9.4). Entsprechend ist die Lehre vom Gesetz überschrieben mit: »Christus war zwar schon den Juden unter dem Gesetz bekannt; er tritt uns aber erst im Evangelium klar entgegen« (Titel Inst. II.9).

Illustriert wird diese Bundesgeschichte als Geschichte der Offenbarung von Calvin durch das Bild von der fortschreitenden Zunahme des Lichts. Die Geschichte des Gnadenbundes Gottes mit den Menschen ist die Geschichte der »Zuteilung des Lichts seines Wortes« (Inst. II.11.5) bis zur Erscheinung Christi, der Quelle allen Lichts selber (vgl. Inst. I.13.1; II.9.2; CO 55,92 f., Komm. in Hebr 7,19 f.).

Dem Bild vom zunehmenden Licht im Verlauf der Bundesgeschichte entspricht im Blick auf den Menschen das Bild von der Pädagogik Gottes, der wie »ein Vater seine Kinder in der Kindheit, im Jugendalter und in der reiferen Jugendzeit je anders erzieht, regiert und behandelt«, und dennoch nicht für jemand gehalten werden darf, der wankelmütig seine Meinung ändert. Vielmehr »hat er sich nach dem Verständnisvermögen des Menschen, das ja verschieden und veränderlich ist, gerichtet« (Inst. II.11.13; II.11.5). Von diesem pädagogischen Zusammenhang ist die Zeit des Gesetzes nach Calvin wesentlich bestimmt. Sie ist die Zeit des »Elementarunterrichts« (vgl. Inst. II.9.4) und weist so über sich hinaus auf die Zeit des Evangeliums.

Damit nimmt Calvin Abgrenzungen in zwei gegensätzliche Richtungen vor: Zwar ist das Gesetz, angesichts des Menschen als Sünder, ein »Sündenspiegel«, es ist aber in sich selber gut und kein »tötendes« und »zerschlagendes« göttliches Wort (gegen Spitzensätze Luthers, vgl. WA 50,225). Andererseits ist die Zeit vor Christus als Zeit »unter dem Gesetz« deutlich durch Hoffnung und Erwartung charakterisiert, was Calvin deutlicher als Bullinger betont, und darf trotz der fundamentalen Einheit des Bundes nicht ohne weiteres mit der Zeit des Neuen Testamentes auf die gleiche Ebene gestellt werden. Dies würde die geschichtliche Dynamik des Bundes aufheben.

2.2.3. Die Schrift im Bundesgeschehen

Bezeichnet Calvin die göttliche Selbstoffenbarung in seinem Wort summarisch als »himmlische Lehre« (»caelestis doctrina«, vgl. Inst. I.6.2; Inst. I.7.4), so kann er von den biblischen Schriften als deren schriftlicher Niederlegung (»caelestis doctrinae consignatio«, Inst. I.6.3) sprechen. Die biblischen Bücher besitzen in der Geschichte des Bundes jeweils ihren bestimmten Ort. Sie stellen als Gesamtkanon ein in sich differenziertes Gefüge dar, in welchem sich diese Geschichte selber widerspiegelt (vgl. Inst. IV.8.5–9). Erst durch die schriftliche Aufzeichnung der *doctrina* durch Mose, die auf Gottes Anordnung hin erfolgte (Inst. I.6.2; IV.8.5), nahm die Schrift ihren Anfang. Dies geschah im Zuge der Erneuerung und Bestätigung des Bundes, der schon vorher zwischen Gott und Israel bestand und in der Väterzeit durch mündliche Tradition vermittelt wurde (vgl. Inst. I.8.3; CO 23,7/8.9/10, Vorwort zum Genesiskommentar). Der Prozess der Verschriftung des Zeugnisses des göttlichen Redens wiederholte sich in der Zeit des Erscheinens Christi: Die Apostel »bezeugten zuerst mündlich, was ihnen aufgetragen war«, und zeichneten später zwar »nicht alle Predigten wörtlich« auf. Dennoch hat Gott dafür gesorgt, dass »die Summe ihrer Verkündigung« niedergeschrieben wurde, die für uns völlig ausreichend ist« (CO 6,273 f.).

Die Behauptung des Schriftprinzips ist für Calvin Konsequenz der Anerkennung des sich im Schriftzeugnis aussprechenden göttlichen Selbstwortes, dem alles kirchliche Reden untergeordnet ist. Dies mit Hinweis auf den innerbiblischen Umgang mit der Schrift selbst (vgl. Inst. IV.8.8). Die Schrift behält für Calvin stets ihren funktionalen Charakter, sie ist »das Instrument« des Bundes, vergleichbar mit »öffentlichen Tafeln«, auf denen er schriftlich verkündet wird. Insofern gilt es, in ihr den von sich selbst redenden Gott (»dei loquentis persona«, Inst. I.7.4) selber zu suchen, und die Schrift »theologisch« zu lesen, so, »als ob dort die lebendigen Stimmen Gottes gehört würden« (Inst. I.7.1).

2.2.4. Die Bewahrheitung der Schrift: Der Geist

Zwischen den Argumentationsduktus, der auf die Notwendigkeit der Schrift zur Erkenntnis Gottes des Schöpfers hinzielt (Inst. I.1–6), und der Entfaltung der diesbezüglichen Lehre der Schrift (Inst. I.10–16) schiebt Calvin in einer Art Exkurs drei Kapitel ein, in welchen er der Frage nach der Authentizität und Glaubwürdigkeit der biblischen Schriften als maßgebliche Quelle zur Gotteserkenntnis nachgeht (Inst. I.6–9): »Wer überzeugt uns davon, daß sie von Gott gekommen ist« (Inst. I.7.1)?

Nachdem Calvin zunächst das Schriftprinzip gegen die Behauptung einer »natürlichen« (Inst. I.5.12) menschlichen Fähigkeit zur Gottes- und Selbsterkenntnis, etwa unter Berufung auf antike Philosophen, eingeführt hat, gilt es hier, dieses gegen zwei Seiten hin zu verteidigen. Einerseits gegen die Behauptung von deren Insuffizienz, welche eine sie auslegende kirchliche Tradition notwendig machen würde (Inst. I.7), und andererseits gegen eine Berufung auf göttliche »Offenbarungen« am Schriftwort vorbei oder über dieses hinaus (Inst. I.9).

Die Frage nach der Glaubwürdigkeit der Schrift ist aber letztlich die Frage nach der Glaubwürdigkeit ihrer Botschaft. Entsprechend überführt Calvin das Problem der Autorität der Schrift in den Bereich der Frage nach der Gewißheit des Wortes Gottes, und damit in den Zusammenhang von *doctrina* und *fides* (vgl. Inst. III.2.32). Hier aber gilt, dass letztlich nur Gott selber für die Wahrheit seiner *doctrina* einstehen kann, dass er »allein in seinem Reden der geeignete Zeuge für sich selbst ist« (Inst. I.8.4; vgl. Inst. I.9.1; I.13.21). Somit kann dieses auch nicht von äußeren Gründen her beglaubigt werden. Vielmehr legitimiert sich die *doctrina* selbst, sie hat als Gottes eigenes Wort an der Wahrheit und Selbstevidenz Gottes teil und besitzt so den Charakter einer »intrinsischen« Wahrheit (vgl. Inst. III.2.3; Inst. I.7.1).

Entsprechend wird auch das Schriftzeugnis nicht erst durch die Zustimmung der Kirche beglaubigt, sondern hat an der Selbstevidenz des göttlichen Redens teil (Inst. I.7.5). Zwar gibt es »handgreifliche Zeichen« (Inst. I.7.4) dafür, dass Gott in der biblischen Schrift redet. Sie »bringt ihre Wahrheit selbst nicht weniger deutlich zum Ausdruck, als dies schwarze und weiße Dinge hinsichtlich ihrer Farbe, oder süße und bittere hinsichtlich ihres Geschmacks tun« (Inst. I.7.2, vgl. Jes 5,20f.). So kann Calvin durchaus – an der Bibel selber abgelesene – Argumente für den göttlichen Ursprung der Schrift aufzählen: die Kraft ihrer Aussagen, die alle Rhetoren in den Schatten stellt, ihr Alter, die Weissagungen, die Wunder (vgl. Inst. I.8). Dies alles wird allerdings nur denen einleuchten, die bereits aus anderen »Gründen« von der Autorität der Schrift überzeugt sind, während ihre Darlegung bei den Bestreitern höchstens Verstummen, keinesfalls aber Glauben bewirken kann (vgl. Inst. I.7.4; Inst. I.9.13).

Damit wirklich Glaube und somit Gewißheit hinsichtlich der göttlichen Urheberschaft der *doctrina* der Schrift entsteht, bedarf es nach Calvin eines weiteren, gleichsam von der anderen Seite tätigen Wirkens Gottes: es bedarf, entsprechend dem Zusammenhang von *doctrina* und *fides*, des inneren Zeugnisses des Heiligen Geistes (*testimonium internum*), ohne welches das Wort »nichts ausrichtet« (Inst. III.2.33). Gott wirkt nicht nur durch sein Wort, und somit durch die menschlichen Zeugen in der Schrift, gewissermaßen von außen, so dass die »Majestät des Geistes« in der Schrift sichtbar wird; er wirkt auch im menschlichen Herzen, bezeugt diesem die Wahrheit der *doctrina* gleichsam von innen her und bewirkt so erst den Glauben als Erkenntnis und Gewißheit der *promissio* (vgl. Inst. I.6.2; Inst. II.2.20). »Es ist daher notwendig, daß derselbe Geist, der durch den Mund der Propheten gesprochen hat, in unsere Herzen eindringt, um uns zu überzeugen, daß das, was er aufgetragen hat, in zuverlässiger Weise weitergegeben wurde« (Inst. I.7.4).

Wahre Gotteserkenntnis, als Erkenntnis Gottes aus seinem Wort, enthält für Calvin die Anerkennung der Schrift als Gottes Wort in sich. Dann kann aber der Glaube an die Authentizität der Schrift keinen grundsätzlich anderen Charakter besitzen als der Glaube an die Wahrhaftigkeit und Verläßlichkeit der in ihr begegnenden göttlichen Verheißung, die nicht als eine »vom Himmel herab donnernde« autoritäre Gewalt begegnet, sondern als väterliche Zusage »lockt« (Inst. III.2.27). Entsprechend entzündet die göttliche Kraft in der Schrift in uns den Willen zum Gehorsam und zu ihrer Anerkennung als Gottes Wort (Inst. I.7.5).

Auch wenn Calvin von den Aposteln als den »Schreibern« (*amanuenses*) des Heiligen Geistes sprechen kann (Inst. IV.8.9), um ihr Zeugnis als Teil der Schrift von der späteren, die Schrift auslegenden christlichen Verkündigung zu unterscheiden, so kann man wohl aufgrund des Gesamtbefundes von Calvins Aussagen zur »Schrift«, und erst recht angesichts seiner konkreten Exegese, nicht von einer auf den Schriftkanon bezogenen »Inspirationslehre« sprechen. Besser bezeichnet sicherlich ein Ausdruck wie derjenige der »Personalinspiration«, präzisiert im Blick auf das damit gegebene »Amt«, Calvins Haltung: »Die Zuverlässigkeit des Schriftwortes belegt Calvin also nicht durch eine Lehre von der Verbalinspiration, sondern in der logischen Konsequenz seiner Lehre von der Personalinspiration durch die Kennzeichnung der biblischen Verfasser als von Gott eingesetzte Amtsträger. Vorbild sind ihm die Propheten [...]« (Neuser 1994, 65). Als zu diesem Amt berufen sind die biblischen Schriftsteller »Zeugen« (»teste Paulo«, Inst. I.4.2; »teste Evangelista«, Inst. I.13.13), und sie können dies auch in ihrer Begrenzung und in ihrer inneren wie äußeren Angefochtenheit sein, wie Calvins Auslegung des Psalters und seine Vorliebe für die Gestalt Davids zeigen (vgl. CO 31,13–36, Vorwort zum Psalmenkommentar).

2.3. Christologische Schriftauslegung

2.3.1. Christus als Quelle, Ziel und Seele des Gesetzes

Weil Christus als Quelle aller Offenbarungen (vgl. Inst. I.13.7) das »einzige Licht der Wahrheit« (CO 36,492, Komm. zu Jes 29,11–12) ist, kann Calvin nicht nur von den neutestamentlichen Schriften, sondern auch vom Gesetz als der »ganzen Lehre des Mose« sagen, dass es letztlich von Christus herkommt, ja durch ihn vermittelt ist, und zugleich »in allen seinen Teilen«, ob es »lehrt«, »vorschreibt« oder »verheißt«, auf Christus blickt (CO 49,196, Komm. zu Röm 10,4). Denn

> »Gott hat sich den Menschen niemals anders offenbart als durch den Sohn, das heißt durch seine einige Weisheit, sein einiges Licht und seine einige Wahrheit. Aus diesem Brunnquell haben Adam, Noah, Abraham, Isaak, Jakob und andere alles geschöpft, was sie an himmlischer Lehre besaßen. Aus derselben Quelle haben auch alle Propheten entnommen, was sie an himmlischen Offenbarungsworten von sich gegeben haben« (Inst. IV.8.5).

Für Calvins Näherbestimmung der Weise, wie Christus der Skopus des Gesetzes ist, ist seine Kombination zweier paulinischer Texte entscheidend. Christus ist sowohl das »Ziel« (Röm 10,4) wie auch die »Seele« (2Kor 3,16 f.) des Gesetzes (vgl. Inst. II.7.2; CO 50,45, Komm. zu 2Kor 3,16 f.; CO 54,280, Homilie zu 2Kor 3,16 f.; vgl. CO 50,21 f., zu 2Kor 1,19; CO 47,125, zu Joh 5,39; CO 45,817, zu Lk 24,46). Illustriert Calvin die Geschichte des einen Bundes mit dem Bild der Zunahme des Lichts, dann hat dies letztlich christologische Gründe. Christus selber ist die Sonne der Gerechtigkeit (CO 50,45, zu 2Kor 3,15), die ihr Licht in die alttestamentliche Zeit vorauswarf. Insofern das Gesetz auf ihn hinführt, ist er dessen Ziel, insofern die bloßen Umrisse durch die Sache Füllung und Gestalt erfahren, ist er deren lebendige Seele (vgl. z. B. CO 36,492, Komm. zu Jes 29,11–12).

Alle Verheißungen des alttestamentlichen Redens Gottes, und der Gnadenbund selbst, aber auch das kultische Gesetz, das auf die Versöhnung hinweist, besitzen in Christus ihr festes »Fundament«, werden in ihm »Ja und Amen« (Inst. II.9.2). Ebenso findet der Dekalog in Christus seine Erfüllung. Als »treuer Ausleger« erklärt Christus, »was das Gesetz ist, wohin es zielt und wie weit es sich erstreckt« (CO 45,175, Komm. zu Mt 5,21). So bestätigt er in der Ausübung seines irdischen Prophetenamtes dessen Geltung und eröffnet seinen »eigentlichen Sinn«, den er im doppelten Liebesgebot zusammenfasst (vgl. Inst. II.8.11; CO 24,721–724) Aber auch die konditional mit der Befolgung des Dekalogs verknüpften »Drohungen und Verheißungen«, und damit der verurteilende, die Erkenntnis der Sünde bewirkende Charakter des Gesetzes, zielt pädagogisch auf Christus (vgl. Inst. II.7.8) Christus ist so das »Ziel«, gleichsam der Gegenstand, auf welchen das Gesetz in seinen verschiedenen heilspädagogischen Funktionen hinweist. Er ist dies aber zugleich als »Seele« des Gesetzes, als der, welcher dieses Gesetz in allen seinen Dimensionen durch seinen Geist selber schon begründet und trägt, und so von innen her bestimmt. So hat das Gesetz seinen Sinn nur als Bundesgesetz und ist außerhalb dieses Bundes, was nichts anderes heißt als: losgelöst von Christus und seinem Geist, toter Buchstabe (vgl. CO 50,45 f., Komm. zu 2Kor 3,17). Als Fundament des Bundes bestimmt und umgreift Christus das Gesetz und nimmt es in seinen Dienst, wie die Seele einen an sich leblosen Leib belebt und bestimmt und damit zugleich in ihm Gestalt annimmt.

2.3.2. Philologisch-rhetorische und christologische Schriftauslegung

Wie sehr Calvins Umgang mit Texten durch Erasmus und durch den französischen Frühhumanismus geprägt ist, macht sein 1532 verfasster Kommentar zu Senecas *De clementia* deutlich (CO 5,5–162; vgl. Battles/Hugo 1969), wo er exemplarisch eine Exegese des Textes nach allen Regeln der Philologie und Rhetorik durchführt. Seine späteren Exegesen der biblischen Texte unter »philologischer« und »rhetorischer« Perspektive folgen dieser Linie. Ganz entscheidend für Calvin, und dies im Unterschied zu manchem zeitgenössischen Ausleger, ist dabei die Herausarbeitung der »mens scriptoris« in ihrem jeweiligen Kontext, und die klare Unterscheidung des so festgestellten »Sinnes« einer Schriftaussage von ihrer Applikation, ihrem »Nutzen«. Als Folge dieses methodischen Zugangs auch zu den alttestamentlichen Texten muss Calvins starke Skepsis gegenüber der Allegorese und seine große Zurückhaltung gegenüber einer direkten »christologischen« Auslegung, welche den geschichtlichen, argumentativen oder narrativen Zusammenhang einer Textpassage ignoriert, angesehen werden. Der Tadel an einer »gezwungenen« Interpretation (*habere aliquid coactum*) ist ein ständig wiederkehrender Vorwurf Calvins gegen eine unsachgemäße christologische oder sonst kontextfremde Auslegung im Neuen, besonders aber im Alten Testament (vgl. etwa CO 49,189 f., Komm. zu Rom 9,25 f.; CO 31,366, Komm. zu Ps 37,1). Christliche Exegeten dürfen sich nicht dem Vorwurf aussetzen, »in sophistischer Weise auf Christus hin zu deuten, was in seinem schlichten Sinn nicht von ihm spricht.« (CO 32,664, Komm. zu Ps 72,1). Dabei kann sich Calvin gelegentlich auch gegen eine lange Auslegungstradition stellen, etwa im Blick auf Gen 3,15 (CO 23,71).

Indem Calvin aber die ganze biblische Geschichte auf dem Hintergrund des einen Bundes liest, und zugleich als in Christus begründete und auf Christus zielende Befreiungsgeschichte, in welche auch die gegenwärtige christliche Gemeinde noch einbezogen ist, deutet er sie als Ganzes von der bereits in der Zeit anhebenden Herrschaft (*regnum*) Christi her. In diesem Sinn ist auch seine Auslegung der alttestamentlichen Texte, und damit der ganzen Schrift, der Sache nach uneingeschränkt christologisch.

Ganoczy, Alexandre/Scheld, Stefan: Die Hermeneutik Calvins, 1983.

Neuser, Wilhelm H.: Calvins Verständnis der Heiligen Schrift, (in: Ders. [Hg.]: Calvinus Sacrae Scripturae Professor, 1994, 41–71).

Opitz, Peter: Calvins theologische Hermeneutik, 1994.

Ders.: The Exegetical and Hermeneutical Work of John Oecolampadius, Huldrych Zwingli and John Calvin (in: Saebø, Magne [Hg.]: Hebrew Bible/Old Testament. The History of its Interpretation (HBOT), Bd. II, From the Renaissance to the Enlightenment, B Reformation, 2007, 106–159.

Torrance, Thomas F.: The Hermeneutics of John Calvin, 1988.

Peter Opitz

3. Trinität

3.1. Calvin und die Alte Kirche

Calvin entwickelt seine Trinitätslehre vor dem Hintergrund des altkirchlichen Dogmas. Obwohl er aus tiefster Überzeugung mit der Dreieinigkeitslehre der Alten Kirche übereinstimmt, übt er auch Kritik.

3.1.1. Die altkirchlichen Bekenntnisse

Seit der ersten Ausgabe der *Institutio* bewegt sich Calvins Trinitätslehre innerhalb der Grenzen nizänischer Orthodoxie, stimmt er doch dem *Nicaeno-Constantino-*

politanum und dem Glaubensbekenntnis des Athanasius *con amore* zu. So hat Calvins Trinitätslehre westlichen Charakter und steht in nizänischer Tradition.

Jedoch ist damit noch nicht alles gesagt. Während zweier Konflikte äußert sich Calvin kritisch zu jenem Abschnitt des *Nicaeno-Constantinopolitanum*, in dem es über Christus heißt, er sei »Gott aus Gott« und »Licht aus Licht«. Die größte Bedeutung hat seine Kritik im Konflikt mit den italienischen Antitrinitariern. Hier sagt er, die Formulierung »Gott aus Gott« sei eine »harte Ausdrucksweise«, die zu Missverständnissen führen könne. Sie könne nämlich von Gegnern herangezogen werden um zu »beweisen«, dass Gottvater Christus das Wesen verliehen habe. In diesem Fall wäre der Sohn nur in indirektem Sinn Gott und dem Vater daher untergeordnet. Für Calvin wird jedoch aus der Auslegung der Worte »Gott aus Gott« durch Athanasius deutlich, dass das *Nicaeno-Constantinopolitanum* absolut nicht in diesem Sinne verstanden werden darf (CO 9,367–368). Calvins Kritik richtet sich also gegen die *Formulierung* des Bekenntnisses, nicht gegen seinen *Inhalt.*

3.1.2. Die altkirchliche Terminologie

Calvins Beziehung zur altkirchlichen Terminologie ist einer Art Pendelbewegung unterworfen. Einerseits verteidigt er immer wieder das gute Recht klassischer Begrifflichkeiten. Andererseits äußert er regelmäßig Reserviertheit gegenüber diesen »fremden Wörtern« und möchte sich lieber nicht zu sklavisch an sie binden (Inst. I.13.3–5). Diese andauernde Ambivalenz speist sich aus fünf Motiven.

1. Ein *biblisch-theologisches Motiv.* Calvin geht in seinen Überlegungen immer von der Bibel aus. Darum sollten wir erwarten, dass er wenigstens einige Sympathie für die Bedenken hegt, die manche den traditionellen trinitarischen Begriffen entgegenbringen, denn diese sind nicht der Bibel entnommen. Offensichtlich hält sich diese Sympathie jedoch in Grenzen. Calvin teilt die Bedenken nur, um davor zu warnen, die Begriffe zu missbrauchen und die Lehre der Bibel spekulativ zu verformen. Von einer biblizistischen Ablehnung der klassischen Begriffe hält er absolut nichts. Für ihn ist es nämlich völlig legitim, die Botschaft der Schrift an bestimmten Punkten mit klaren außerbiblischen Begriffen und guten dogmatischen Formeln zu verdeutlichen.

2. Ein *antispekulatives Motiv*, das eng mit dem ersten verwoben ist. Scharf wendet sich Calvin gegen jede Theologie, die von einer spekulativen, scholastischen Neugier (*curiositas*) geprägt ist, bei der es keinen Halt vor den Grenzen der Heiligen Schrift gibt.

3. Ein *pastorales Motiv* verstärkt die genannten Akzente. Es zeigt sich besonders in Calvins Katechismen und Predigten. Gerade dort möchte er sich dem Kenntnisstand der einfachen Gemeindemitglieder anpassen und weigert sich daher, sie mit komplizierter trinitarischer Terminologie zu belasten.

4. Seit der *Institutio* von 1539 spielt es bei Calvin auch eine Rolle, dass *die Kirchenväter verschiedene Begriffe verwenden*, um das Dogma der Dreieinigkeit zu beschreiben. Die dadurch entstehende Verwirrung wird durch das lateinische Wort *substantia* am deutlichsten. In der Regel wurde dieser Begriff als Äquivalent zu »Wesen« verwendet. Darum hielt Hieronymus es für Heiligenschändung, in Gott drei *substantiae* anzunehmen. Trotzdem lesen wir bei Hilarius immer wieder, dass sich in Gott drei *substantiae* befinden. Das bedeutet, dass *substantia* bei dem einen mehr oder weniger ein Äquivalent zu »Wesen« ist, bei dem anderen eher die Bedeutung von »Person« erhält. Für Calvin ist diese Art der Verwirrung umso mehr ein Grund, bei der Verwendung trinitarischer Begriffe zurückhaltend zu sein und sie auf keinen Fall zu absolutieren.

5. Ein *antihäretisches Motiv* gewinnt über die Jahre an Bedeutung. Bereits in der ersten Ausgabe der *Institutio* betont Calvin, dass die altkirchlichen Begriffe auch ketzerische Gefühle enthüllen sollen. Dieses Motiv wurde während der einschneidenden Kontroversen mit Servet und den italienischen Antitrinitariern ausschlaggebend. Darum spielt es in der *Institutio* von 1559 eine zentrale Rolle.

Zusammenfassend lässt sich feststellen, dass in Calvins Haltung zu den altkirchlichen trinitarischen Begriffen eine doppelte Bewegung sichtbar wird. Wenn der Schwerpunkt auf dem zweiten, dritten und vierten Motiv liegt, schlägt das Pendel in die Richtung einer reservierten Haltung gegenüber den klassischen Begriffen aus. Am deutlichsten wird dies im Konflikt mit Caroli. Hebt Calvin das erste und das fünfte Motiv hervor, werden diese Begriffe beinahe unentbehrlich. Dies zeigt sich vor allem in Calvins späterer Auffassung, wie sie in der letzten Ausgabe der *Institutio* nachzulesen ist. Die Vorbehalte gegenüber den altkirchlichen Begriffen treten nun stark in den Hintergrund und ihr Nutzen wird betont.

3.1.3. Die Kirchenväter als Autoritäten

Calvin beruft sich in Zusammenhang mit dem trinitarischen Dogma besonders gerne auf eine große Zahl Kirchenväter (s. o. B.III.1). Dabei fällt auf, dass die Kirchenväter in seinen dogmatischen Schriften vor allem als *auctoritates* fungieren. Er zitiert Passagen aus ihren Schriften zur Unterstützung seiner eigenen Position und zur Widerlegung abweichender Ansichten. Im Allgemeinen beruft sich Calvin in den Kontroversen um das Dogma der Dreieinigkeit mit wesentlich mehr Recht auf die Kirchenväter als seine Gegner. Ein paar Mal vereinnahmt er einzelne Kirchenväter jedoch zu schnell und zu massiv für seine Auffassung (*Tertullianus totus noster*, CO 9,410). Im Übrigen zögert Calvin nicht, Elemente aus den Schriften der (orthodoxen) Kirchenväter öffentlich oder zwischen den Zeilen zu kritisieren.

Diese kritische Haltung gegenüber den Kirchenvätern äußert sich insbesondere in Calvins exegetischem Werk. Anders als in den dogmatischen und polemischen Schriften sind die *patres* hier nicht so sehr *auctoritates*, sondern Gesprächspartner, um die wahre Bedeutung des Textes zu verstehen. So kritisiert er wiederholt ihre falsche (allegorische) Exegese der Schriftpassagen, welche sie zum »Beweis« der Dreieinigkeit anführen.

3.2. Die Schrift als Autorität

Diese kritische Haltung hängt im Wesentlichen mit Calvins Verständnis des *Sola Scriptura* zusammen. Denn allein die Schrift bestimmt seiner Meinung nach, was die Lehre der Kirche ist und wie sie in Worte gefasst wird. Daraus ergibt sich die Frage, wie die Berufung auf die Schrift in seiner Betrachtung der Trinität funktioniert. Deutlich ist, dass Calvin von der klassischen Methode der *dicta probantia* Gebrauch macht: Aus der Schrift werden Beweisstellen gesammelt, die für eine bestimmte Lehre das biblische Fundament bilden müssen (Inst. I.13, 7–20).

3.2.1. Allgemeine Beweise

Inhaltlich sucht Calvin an drei zentralen Punkten nach Schriftbeweisen für das trinitarische Dogma. Zunächst nennt er einzelne »allgemeine Beweise« für die Dreieinigkeit. Dabei fällt auf, dass er sich besonders wenig auf Texte beruft, die schon immer als *dicta probantia* für die Dreieinigkeit galten. Im Alten Testament spielt eigentlich nur Gen. 1,26 eine Rolle. Calvin leitet aus dem in diesem Text vorkommenden Plural (»Lasst uns Menschen machen«) ab, dass das eine Wesen Gottes aus mehreren Personen bestehen muss. Bezüglich des Neuen Testaments kombiniert Calvin immer wieder zwei Passagen, in denen eine (proto-)trinitarische oder triadische Struktur sichtbar wird. Es handelt sich um die Tauſformel aus Mt 28,19, die er an Eph 4,5 knüpft, wo eine Taufe, ein Glaube und ein Gott nebeneinandergestellt werden. Für den Reformator geht aus der Kombination dieser beiden Texte überzeugend hervor, dass Gott eins ist und doch auch Vater, Sohn und Heiliger Geist.

3.2.2. Die Gottheit des Sohnes und des Geistes

Auch darum sucht er die Schriftbeweise für die Dreieinigkeit am liebsten in Texten, in denen die Gottheit Christi und des Geistes ausdrücklich benannt werden. Dies geschieht vor allem in der *Institutio*, aber auch in seinem exegetischen und polemischen Werk. Zur Untermauerung der Gottheit des Sohnes führt Calvin vier Gruppen von Argumenten an. 1. Aus Spr 8 und Joh 1 leitet er ab, dass der Sohn die ewige Weisheit oder das ewige Wort ist, welches bei Gott und zugleich selbst Gott ist. 2. Des Weiteren zeigt er, dass Christus sowohl im Alten als auch im Neuen Testament Gott genannt wird. 3. An dritter Stelle zeigen verschiedene Werke und Wunder, die Christus zugeschrieben werden, überzeugend, dass er Gott sein muss. 4. Schließlich werden wir in der Bibel dazu aufgerufen, an ihn zu glauben, zu ihm zu beten und ihm die göttliche Ehre zu erweisen. Bei den Schriftbeweisen für die Göttlichkeit des Heiligen Geistes verwendet Calvin zwei Gruppen von Argumenten. 1. Auch dem Heiligen Geist werden Werke zugeschrieben, die nur als göttlich bezeichnet werden können. 2. Bibelpassagen, in denen gesagt wird, dass der Geist Gott ist.

3.2.3. Innertrinitarische Beziehungen

Wenn es um innertrinitarische Beziehungen geht, treten die Schriftbeweise merklich in den Hintergrund. Das hat verschiedene Ursachen. 1. Calvin weist nahezu alle Schriftbeweise ab, die in der Alten Kirche und im Mittelalter für die Zeugung des Sohnes und das Hervorgehen des Heiligen Geistes angeführt werden. 2. Wenn er anerkennt, dass in einzelnen Passagen des Neuen Testaments sehr wohl von innertrinitarischen Beziehungen gesprochen wird, ist seine Herangehensweise ganz besonders vorsichtig. Bei Texten, in denen auf die Beziehung von Vater und Sohn verwiesen wird, sagt Calvin, hier werde deutlich, dass die Geburt Christi oder die Auferstehung nach seinem Tod auf die ewige Zeugung des Sohnes verweise und diese unterstelle. Was unter »Zeugung« verstanden werden müsse, sei allerdings ein Geheimnis, das uns nicht offenbar werde. In gleichem Tenor spricht er vom Ausgehen des Heiligen Geistes aus Vater und Sohn. Calvin sieht in verschiedenen Texten des Neuen Testaments das Hervorgehen an sich angedeutet. Er bezeugt auch nachdrücklich seine Zustimmung mit der westlichen Auffassung, der Geist gehe vom Vater *und* vom Sohn aus (CO 47,354). Jedoch weigert er sich, sich über das »Wie« des Hervorgehens auszulassen, da die Schrift seiner Meinung nach darüber schweigt. Zusammenfassend kann festgehalten werden, dass Calvin der Meinung ist, die Schrift verweise sehr wohl auf innertrinitarische Beziehungen und setze sie voraus, uns sei aber nicht offenbart, wie wir uns Geheimnisse wie die Zeugung und das Hervorgehen vorzustellen haben.

3.3. Dem Wesen nach eins

Calvin spricht über das Wesen Gottes durchgängig sehr zurückhaltend. Dem liegt zugrunde, dass dieses Wesen von uns nicht durchschaut werden könne. Allerdings fügt er dem Begriff regelmäßig Adjektive hinzu, mit denen er entweder die Erhabenheit oder die Einheit des göttlichen Wesens betont.

3.3.1. Die Erhabenheit des Wesens Gottes

Immer wieder macht Calvin eine deutliche Unterscheidung zwischen dem Wesen Gottes einerseits und seiner Schöpfung andererseits. Zudem betont er, dass die Geheimnisse seines Wesens unser menschliches Erkenntnisvermögen weit übersteigen. Besonders anschaulich wird dies in Passagen, in denen Gottes Wesen als geistlich (*spiritualis*), unendlich (*immensus*) und unbegreiflich (*incomprehensibilis*) beschrieben wird. Mit diesen Begriffen soll ausgedrückt werden, dass das Wesen Gottes viel erhabener und majestätischer ist, als das, was Gott uns Menschen offenbart hat. Der Reformator verwendet sogar Begriffe, die nahelegen, dass das Wesen Gottes oder die Frage, wer Gott *in se* ist, eigentlich kein Gegenstand der Offenbarung ist. Wenn irgendwo sichtbar wird, wie sehr sich der unermessliche Gott in seiner Offenbarung dem eingeschränkten Erkenntnisvermögen des Menschen anpasst (*accommodatio*), dann ist es hier der Fall. Folge ist, dass unsere Kenntnis des Wesens Gottes begrenzt ist und dass es sich um eine sündige Grenzüberschreitung handelt, wenn wir es ergründen wollen.

3.3.2. Die Einheit des Wesens Gottes

Calvin weist mit unterschiedlichen Mitteln auf die Einheit des göttlichen Wesens hin. Er verwendet dazu Begriffe wie Einheit (*unitas*), das »Ungeteiltsein« (*individuus*) und Einfachheit (*simplicitas*). Damit will er Folgendes andeuten: Im Wesen Gottes gibt es keine Trennung oder Teilung. Der Reformator richtet sich hier konkret gegen den Manichäismus, der von zwei selbstständigen, mehr oder weniger göttlichen Anfängen ausging: dem Guten gegenüber dem Bösen. Für Calvin stellten die Manichäer damit den Teufel beinahe Gott gleich und zerbrachen die Einheit Gottes. Noch öfter verwendet Calvin diese Begriffe, um gegen ein »Höheres« und ein »Niedrigeres« in Gott zu protestieren: Der Vater ist im eigentlichen Sinn Gott, während der Sohn und der Geist ihr »Wesen« vom Vater empfangen haben und daher Gott auf niedrigerer Ebene sind. Nach Calvin zerstören die italienischen Antitrinitarier mit solchen Denkkonstruktionen das ungeteilte Wesen Gottes. Positiv hebt Calvin darum hervor, dass jede der Personen gleichermaßen am unteilbaren Wesen Gottes teilhat. So sind Vater, Sohn und Heiliger Geist im vollen Sinn des Wortes Gott. Calvin untermauert dieses zentrale Motiv seines Denkens, indem er seit dem Konflikt mit Caroli immer wieder darauf hinweist, dass auch Christus (und dem Heiligen Geist) der Name »Jehova« zukomme (CO 9,704–710).

3.4. Der Personenbegriff

3.4.1. Die Definition

Bekannt ist Calvins Definition des trinitarischen Begriffs »Person« in der Ausgabe der *Institutio* von 1559: »Person nenne ich […] eine Selbstständigkeit im Wesen Gottes, die sich, obwohl sie mit den anderen Personen verbunden ist, von ihnen durch eine nicht mitteilbare Eigenschaft unterscheidet« (Inst. I. 13.6). In dieser Umschreibung macht Calvin deutlich, dass das Wort »Person« sowohl einen substanziellen Aspekt (»Selbstständigkeit«) als auch einen relationalen Aspekt (»untereinander verbunden«) aufweist. Bemerkenswert ist, dass der substanzielle Aspekt dabei mehr Bedeutung erhält.

3.4.2. Die Konsequenzen des substanziellen Aspekts

Indem Calvin »Personen« als »Selbstständigkeiten« auffasst, schützt er sich nicht nur vor dem Modalismus, sondern auch vor dem Patripassianismus. Diesem begegnet er in seiner reinsten Form bei Servet. Servet unterscheidet die drei Personen nämlich nicht wirklich, er vermischt sie. So lehrt er, dass der Vater und sogar der Heilige Geist gelitten haben und gekreuzigt wurden. Calvin lehnt den Patripassianismus (und den Theopaschitismus) auch noch aus einem anderen Motiv ab. Wenn der Vater gestorben sein soll oder das Göttliche in Christus dem Leiden unterworfen gewesen sein soll, müsste es Veränderungen in Gott gegeben haben, und dies ist für Calvin ein unerträglicher Gedanke. Veränderungen (*mutationes*) und menschliche Gefühle (*passiones*) sind nämlich Eigenschaften der geschaffenen Wirklichkeit.

3.4.3. Die Konsequenzen des relationalen Moments

Nach Calvins Definition sind die drei Personen miteinander verbunden. Hier geht es zunächst um die innertrinitarischen Beziehungen. Denn obwohl Calvin den Begriff der Perichorese (*circumincessio*) nicht verwendet, kennt er sehr wohl die »Sache«, die damit bezeichnet wird. Immerhin stoßen wir auf einen Satz wie: »Der Vater ist ganz im Sohn, der Sohn ganz im Vater, wie er es selbst bezeugt: ›Ich bin im Vater und der Vater ist in mir‹ (Joh 14,10)« (Inst. I.13.19).

Die drei Personen sind auch in ökonomischer Hinsicht auf verschiedene Arten miteinander verbunden. Denn Calvin urteilt, dass die Werke des dreieinigen Gottes nach außen innertrinitarisch nicht zu unterscheiden sind (CO 9,354). Daraus ergibt sich, dass wir in Calvins Oeuvre allerlei trinitarisch strukturierte Formulierungen finden, in denen die Werke des Vaters, des Sohnes und des Heiligen Geistes harmonisch miteinander verbunden sind. Diese Formulierungen kommen vor allem in der Heilslehre und der Ekklesiologie vor.

3.5. Die Eigenschaften der Personen

Es fällt auf, dass Calvin in Bezug auf die unterscheidenden Eigenschaften der drei Personen die Begriffe »Unterscheidungen« (*distinctiones*), »Eigenschaften« (*proprietates*) und »Beziehungen untereinander« (*relationes*) verwendet.

3.5.1. Die klassischen Begriffe und die »vereinfachte Variante«

Die gängigsten klassischen Beschreibungen der Personeneigenschaften in der westlichen Tradition sind: Der Vater wurde nicht gezeugt (*ingenitus*), der Sohn wurde vom Vater gezeugt (*genitus a Patre*) und der Heilige Geist geht vom Vater und vom Sohn aus (*procedit a Patre Filioque*). Daneben verwendet Calvin eine vereinfachte Variante, um diese Eigenschaften zu beschreiben: der Vater ist die

Quelle (*fons*), der Sohn die Weisheit (*sapientia*) und der Heilige Geist die Kraft (*virtus*). Manchmal scheint Calvin diese letzten Begriffe sogar den klassischen Begriffen vorzuziehen. Was meint er mit der Trias »Quelle, Weisheit und Kraft«?

3.5.2. Personale Eigenschaften oder appropriationes?

Bereits seit der Alten Kirche ist es üblich, jeder der drei Personen Eigenschaften (*appropriationes*) zuzuschreiben, durch die der spezifische Charakter ihrer Werke bestimmt wird. Calvin übernimmt die Wörter »Quelle« für den Vater und »Weisheit« für den Sohn von dieser Tradition. Aber verwendet er diese Begriffe wirklich, um die *appropriationes* der drei Personen zu beschreiben? In einer wichtigen Passage scheint er tatsächlich zu sagen, dass es um bestimmte *Werke* geht, die Vater bzw. Sohn oder Heiligem Geist *zugeschrieben* werden (Inst. I.13.17). Jedoch gibt es meiner Meinung nach entscheidende Argumente dafür, hier nicht von *appropriationes* zu sprechen, sondern von einer »vereinfachten Variante« zur Beschreibung der personalen Eigenschaften. In der eben erwähnten Passage der *Institutio* sagt Calvin nämlich nachdrücklich, es gehe um reale Unterscheidungen (*distinctiones*) zwischen den drei Personen. Wir dürften nicht denken, dass »es nur Adjektive sind, mit denen Gott unterschiedlich anhand seiner Werke beschrieben wird«. Außerdem setzt Calvin die Weisheit mit dem Wort und mit dem Sohn gleich. Das führt dazu, dass in Calvins Oeuvre die Bezeichnung »die Weisheit« regelmäßig einfach als Synonym für »der Sohn« verwendet wird und »die Kraft« als Synonym für »Heiliger Geist«. Manchmal wird dies dem Leser erläutert, jedoch nicht durchgängig.

Diese Beobachtung führt zu wichtigen Konsequenzen. Zunächst bezieht Calvin so die personalen Eigenschaften besonders stark auf das Handeln Gottes. Mit den Namen »Quelle«, »Weisheit« und »Kraft« wird nämlich zum einen das jeweils Eigene des Vaters, des Sohnes und des Heiligen Geistes bezeichnet, andererseits verdeutlichen sie auch, welchen Platz die drei Personen in der Wirkungsweise des dreieinigen Gottes einnehmen. Das Immanent-Trinitarische der drei Personen wird so stark ökonomisch zugespitzt.

Dies lässt sich anhand von Passagen illustrieren, in denen Calvin eine Art Erläuterung gibt, was er unter dem Sohn als der Weisheit und dem Geist als der Kraft versteht. Für Calvin wurde die Weisheit von Gott gezeugt und wohnt ewig in Gott. Gleichzeitig sind aus der Weisheit auch alle Voraussagungen und Prophezeiungen entstanden. Zudem war die Weisheit der Ratgeber Gottes bei der Schöpfung. Gott hatte bei der Erschaffung der Dinge aber die Entscheidungsgewalt. Auch bei den Umschreibungen des Geistes als Kraft stoßen wir auf diesen doppelten Akzent. Einerseits geht der Geist als Kraft von Gott aus und wohnt ewig in Gott. Andererseits führt er alle Beschlüsse Gottes auf dieser Welt aus. Dies alles ist durchaus verwirrend. Besonders, wenn »Weisheit« und »Kraft« ohne nähere Bestimmung als Prädikate Gottes auftauchen, ist nicht immer deutlich, was Calvin genau meint. Unter dem Begriff »die Weisheit Gottes« lässt sich nämlich verstehen: 1. Christus als hypostasierte Weisheit, 2. die Weisheit als Eigenschaft des dreieinigen Gottes und 3. die Weisheit Gottes, die vor allem durch Christus eingegeben wird (*appropriatio*). Vergleichbares kann zu »Kraft Gottes« und »Heiliger Geist« gesagt werden. Hier rächt sich, dass Calvin kaum näher über die Frage reflektiert, in welchem Verhältnis die hypostasierte Weisheit und die Kraft Gottes zur Weisheit und Kraft als Eigenschaften des dreieinigen Gottes stehen.

3.6. Die drei Personen und ihre Eigenschaften

3.6.1. Der Vater und seine personale Eigenschaft

Calvin verwendet die klassischen Begriffe für die personale Eigenschaft des Vaters äußerst selten. Er spricht kaum über Gottes Vater-Sein (*paternitas*). Auch die andere traditionelle Bestimmung, nämlich dass der Vater nicht gezeugt wurde (*ingenitus*), kommt im Werk des Reformators nur vereinzelt vor. Es scheint, dass er zu dieser Formulierung nur durch den Kampf gegen Gentile gezwungen wird. Aus alledem lässt sich ableiten, dass Calvin für diese Begrifflichkeit nicht besonders viel übrig hat.

Viel häufiger nennt Calvin den Vater »Anfang und Ursprung« (*principium et origo*) oder »Quelle« (*fons et scaturigo*). Diese Ausdrücke haben zwei Bedeutungsebenen, eine ökonomische und eine immanent-trinitarische. 1. An erster Stelle schreibt Calvin Gott(vater) allgemein »den Anfang allen Handelns und den Ursprung aller Dinge« zu. Das bedeutet vor allem, dass alle Segnungen von ihm stammen: Er ist »die Quelle aller guten Gaben« (*fons omnium bonorum*). Calvin fächert dieses Konzept sogar trinitarisch auf. So wird der Sohn »Quelle der Gerechtigkeit« oder »Quelle der Gnade« genannt, während der Heilige Geist als »Quelle des Lebens« bezeichnet wird. 2. In stärker immanent-trinitarischem Sinn wird der Vater »Quelle der ganzen Gottheit« genannt (*principium/fons totius deitatis*). Das bedeutet, dass der Vater – der als Vater nicht gezeugt wurde – aus der Ewigkeit den Sohn zeugt und zusammen mit dem Sohn aus der Ewigkeit den Heiligen Geist hervorgehen lässt. Die Bezeichnung des Vaters als Quelle der ganzen Gottheit darf nun jedoch nicht so aufgefasst werden, dass in Gott eine ontologische Priorität oder ein Früher oder Später liegt. Gegen diesen Gedanken hat sich Calvin gerade im Streit gegen Gentile mit Händen und Füßen gewehrt. Es geht ihm ausschließlich um eine bestimmte, notwendige Ordnung oder Disposition der innertrinitarischen Beziehungen.

3.6.2. Der Sohn und seine personale Eigenschaft

Auch die Zeugung des Sohnes durch den Vater (*generatio a Patre*) wird in Calvins Werk eher zurückhaltend angesprochen. Zwar schließt er sich ohne Weiteres der altkirchlichen Auffassung an, weigert sich aber konsequent zu erläutern, wie wir uns dieses Geheimnis vorstellen müssen. Denn es wurde uns nicht offenbart und übersteigt bei Weitem unser Erkenntnisvermögen.

Neben dem Begriff *generatio* verwendet Calvin auch den Namen »Weisheit«, um anzugeben, was das Eigene der Person des Sohnes ist. Wie wir festgestellt haben, hat diese Bezeichnung eine immanent-trinitarische und eine heilsökonomische Seite. Schließlich ist der Sohn die (hypostasierte) Weisheit, die vom Vater gezeugt wurde und in ihm wohnt. Jedoch spielt er auch als »die Weisheit Gottes« eine einzigartige und zentrale Rolle in den Werken Gottes nach außen.

3.6.3. Der Heilige Geist und seine personale Eigenschaft

Die personale Eigenschaft des Heiligen Geistes liegt – nach westlicher Auffassung – darin, dass er vom Vater und vom Sohn ausgeht (*processio, spiratio passiva*). Diese klassischen Begriffe kommen in Calvins Werk nicht vor. Zwar findet sich in der *Institutio* von 1539 ein Mal das Wort »ausgehen« (*procedere*) in Zusammenhang mit dem Geist. Auch sagt Calvin, dass der Geist »aus beiden (anderen Personen) ist« (*ex utroque*) oder »aus ihnen hervorgeht« (*existere*). Damit ist deutlich, dass sich Calvin der westlichen Auffassung anschließt, der Heilige Geist gehe vom Vater *und vom Sohn* aus. Der Begriff *filioque* kommt jedoch in der letzten Ausgabe der *Institutio* nur ein einziges Mal vor und die dadurch angedeutete dogmatische Problematik erhält vom Reformator auffallend wenig Beachtung.

Als Bezeichnung für die personale Eigenschaft des Heiligen Geistes fungiert bei Calvin auch der Begriff »Kraft«. Mit der immanent-trinitarischen Seite dieser Charakterisierung ist gemeint, dass er als (wesentliche) Kraft des Vaters und des Sohnes ausgeht und in ihnen wohnt. Im ökonomischen Sinn ist es der Geist, der als Kraft die Werke Gottes ausführt und zur Vollendung bringt. Dies zeigt sich unter anderem in seinem Werk im Kosmos, in den individuellen Gläubigen und in der Kirche Christi. In diesem Zusammenhang ist es wichtig darauf hinzuweisen, dass Calvin mit Vorliebe den Geist als Kraft Gottes oder die Kraft Gottes in Passagen anspricht, die von den Wundern Gottes oder Christi handeln.

3.7. Die immanente und die ökonomische Trinität

In verschiedenen Studien wird hervorgehoben, dass Calvin in seinem Trinitätskonzept der ökonomischen Trinität wesentlich mehr Aufmerksamkeit schenkt als der immanenten.

3.7.1. Der Schwerpunkt der ökonomischen Trinität

Zweifellos steht die ökonomische Trinität bei Calvin stark im Vordergrund. Das wird unter anderem in seinen folgenden Grundannahmen deutlich. 1. Für Calvin ist die Schrift Quelle und Norm allen Sprechens über Gott. Das bedeutet, dass er mit seiner Gotteslehre prinzipiell bei den Worten und Werken ansetzt, in denen sich Gott offenbart und von da aus – soweit das möglich ist – versucht, Kenntnis von seinem Wesen zu erlangen. Auf die Trinitätslehre zugespitzt impliziert das, dass Calvins Denkweg von der Offenbarung Gottes in der (Heils-) Geschichte zu den Geheimnissen der immanenten Trinität verläuft und nicht umgekehrt. 2. Gott hat uns über sein Wesen – und damit über wichtige Aspekte der immanenten Trinität – nur wenig offenbart. Darum können wir darüber nur unter Vorbehalt sprechen, wenn wir nicht das verbotene Feld der Spekulation betreten wollen. Es darf uns nicht so sehr um Gott gehen, wie er in sich selbst ist, sondern wie er uns gegenüber ist. 3. Eine wichtige Folge dieses Punktes ist, dass Calvin in seiner thematischen Besinnung auf das Dogma der Dreieinigkeit tatsächlich nur auf einzelne Aspekte der immanenten Trinität eingeht (Inst. I.13). Wenn er bei anderen Bereichen der Lehre in der *Institutio* oder in den Kommentaren auf die Dreieinigkeit verweist, stehen die immanenten Aspekte stark im Schatten der ökonomischen Trinität. Dies darf jedoch nicht so ausgelegt werden, als habe Calvin inhaltliche Vorbehalte gegen die Lehre der immanenten Trinität.

3.7.2. Das Verhältnis zwischen immanenter und ökonomischer Trinität

Auf das Verhältnis zwischen immanenter und ökonomischer Trinität geht Calvin nur selten explizit ein. Und doch können wir darüber ein paar Bemerkungen machen, wenn das Bild auch nicht ganz eindeutig ist. 1. Neben den klassischen Begriffen für die personalen Eigenschaften verwendet Calvin die vereinfachte Variante: der Vater als die Quelle, der Sohn als die Weisheit, der Heilige Geist als die Kraft. Wie bereits festgestellt, hat diese Reihe ein immanentes und ein ökonomisches Moment. Dadurch werden die immanenten und die ökonomischen Aspekte der Begrifflichkeit besonders eng aufeinander bezogen. Der Vater ist innertrinitarisch die Quelle der Gottheit, aber auch die Quelle, aus der alle Segnungen und alles Heil hervorgeht. Der Sohn ist die Weisheit, die ewig in Gott wohnt, gleichzeitig hat er mit aller Weisheit die Entscheidungsgewalt über Gottes Werke und schenkt sündigen Menschen Weisheit. Der Geist ist die wesentliche Kraft, die vom Vater und vom Sohn ausgeht und die Werke Gottes kräftig und effektiv zur Vollendung bringt. 2. Trotzdem handhabt Calvin einen deutlichen Unterschied zwischen immanenter und ökonomischer Trinität. Er ist nämlich der Meinung, dass das Wesen Gottes größer und majestätischer ist als er es uns in seiner Offenbarung eröffnet (Helm 2004, 46).

3.8. Praktische Implikationen der Trinitätslehre

Calvins Trinitätslehre hat klare praktische Implikationen. Da sich Gott in seinem Wort als der Dreieinige offenbart hat, können wir ihn als den einen Gott kennenlernen, der Vater, Sohn und Heiliger Geist ist. Aber wie lernen wir ihn kennen und von welcher Art ist diese Kenntnis?

3.8.1. Die Erkenntnis des dreieinigen Gottes

Obwohl sich Gott in der Schöpfung und in der Geschichte offenbart, können wir als sündige Menschen daraus nur eine eingeschränkte und vage Kenntnis über ihn erlangen. Auf jeden Fall können wir ihn aus diesen Erkenntnisquellen nicht ohne Weiteres als den Dreieinigen kennen lernen! Dafür benötigen wir die »Brille« der Heiligen Schrift und die Erleuchtung des Heiligen Geistes. Auf die konkrete Frage, wie wir so zur Glaubenserkenntnis des dreieinigen Gottes kommen, gibt Calvin eine Antwort auf verschiedenen Ebenen. 1. Von Gott aus betrachtet liegt die Initiative bei Gott, dem Vater, der durch seinen Geist Licht auf den Herrn Jesus Christus scheinen lässt. 2. Wenn Calvin dies aus der Perspektive des Gläubigen betrachtet, liegt der Anfang der Kenntnis beim Heiligen Geist, durch den wir Christus erkennen, in dem wir den Vater – der selbst unbegreiflich ist – entdecken. 3. Bei der letzten Annäherung stellt Calvin auch häufig Christus an die erste Stelle. In dieser Argumentation sind wir dann Sünder, die die Liebe Gottes nie ohne die Gnade Christi als Mittler teilen können. Natürlich bezieht Calvin hierbei immer die Wirkung des Heiligen Geistes mit ein, durch den wir die Gnade Christi und die Liebe Gottes erfahren.

Wenn die Gläubigen auf diese Weise durch den Vater, den Sohn und den Heiligen Geist Gott als den Dreieinigen kennenlernen, werden sie Schöpfung und Geschichte mit anderen Augen sehen. Durch das Licht des Wortes und des Geistes werden die Nebel – zumindest bis zu einem gewissen Grad – vertrieben und sie entdecken auch hier etwas von dem Schauspiel der Herrlichkeit des dreieinigen Gottes (*theatrum Dei gloriae*).

3.8.2. Der Charakter der Erkenntnis Gottes

Aus dem Gesagten ist bereits deutlich geworden, dass die Gotteserkenntnis bei Calvin soteriologisch bestimmt ist. Dies wird durch die näheren Charakterisierungen dieser Erkenntnis Gottes noch unterstrichen. So sagt Calvin wiederholt, dass die Erkenntnis des Dreieinigen nicht spekulativ ist, sondern sich praktisch zeigt (*practica notitia*). Damit meint er, dass wir den dreieinigen Gott nicht kennenlernen, wenn wir über die Geheimnisse seines erhabenen Wesens spekulieren, sondern wenn wir durch den Umgang im Glauben mit ihm erfahren, dass er sehr nahe ist. Letzteres ist also die praktische Erkenntnis, durch die »das fromme Herz Gott in seiner unmittelbaren Gegenwart entdeckt und es ihn beinahe berührt, wenn es spürt, dass es lebendig gemacht, erleuchtet, selig und gerecht gemacht sowie geheiligt wird« (CO 9,705). Calvin formuliert dasselbe Prinzip auch etwas anders. Er sagt nämlich, dass es zwei Lehrmeisterinnen (*magistrae*) oder zwei Quellen (*fontes*) gibt, die uns Erkenntnis über den dreieinigen Gott verschaffen: die Schrift und die (Glaubens-)Erfahrung.

Aus alledem wird deutlich, dass die Erkenntnis des dreieinigen Gottes existenziellen Charakter hat. Sie entsteht durch die Wirkung des Wortes und des Geistes auf das Herz, richtet sich daher nach dem Wort und weiß sich ihm untergeben. Gleichzeitig lernt sie durch die Erfahrung des Glaubens, dass der dreieinige Gott wirklich so ist, wie er sich in seinem Wort offenbart, nämlich Vater, Sohn und Heiliger Geist.

BAARS, Arie: Om Gods verhevenheid en Zijn nabijheid. De Drie-eenheid bij Calvijn, [2]2005.

BUSCH, Eberhard: Gotteserkenntnis und Menschlichkeit. Einsichten in die Theologie Johannes Calvins, [2]2006a, 11–29.

BUTIN, Philip Walker: Revelation, Redemption and Response. Calvin's Trinitarian Understanding of the Divine-Human Relationship, 1995.

HELM, Paul: John Calvin's Ideas, 2004, 35–57.

LETHAM, Robert: The Holy Trinity in Scripture, History, Theology, and Worship, 2004, 252–268.

(Übersetzt von *Ulrike Sawicki*) *Arie Baars*

4. Christus

4.1. Soteriologische Bestimmtheit

Calvins Reflexion über Person und Werk Jesu Christi ist eng mit anderen Elementen seiner Theologie verbunden. Konkret sind hier einzelne Passagen aus der *Institutio* über die Gotteslehre (Inst. I.13), die Rechtfertigung (Inst. II.14–17) und die Sakramentenlehre (Inst. IV.17.26–32) zu nennen, dann einige offene Briefe über die Mittlerrolle Christi (z. B. *Responsum ad Fratres Polones*, 1560). Weiterhin sind besonders die Predigten und das exegetische Werk sehr informativ; sie zeigen, wie Calvins Christologie in der Praxis funktioniert. Die Bandbreite des Materials macht es einerseits schwierig, ein zusammenhängendes Bild zu entwerfen, andererseits ist es sehr vielsagend. Indirekt erfahren wir etwas über die praktische Zielsetzung theologischen Wissens bei Calvin sowie über die Stellung, die Jesus Christus in seinem Denken und seiner Spiritualität einnimmt. Man trifft auf tiefe Abneigung gegen christologische Betrachtungen, die versuchen, das Geheimnis der Inkarnation denkend zu erfassen. Dass Gott und Mensch in der einen Person Jesus Christus zusammenfallen, mag in den Augen der Menschen paradox sein, aus Gottes Sicht ist es das nicht (*De Scandalis*, OS 172). Tatsächlich wird, so Calvin, in solchen Reflexionen der elende Zustand des Menschen nicht berücksichtigt. Die Ankunft Christi geschieht zur Rettung des Menschen.

Mit dieser soteriologischen Bestimmtheit der Christologie befindet sich Calvin nahe bei der frühen Reformation. Wir können weder Gottes Wesen ergründen noch das Geheimnis der Fleischwerdung; uns ist es gegeben zu erkennen, wie Gott in Christus für uns erscheint. Calvin lehnt theoretische Betrachtungen ab, die keinen unmittelbaren Einfluss auf Frömmigkeit und Lebenspraxis haben. Die Behandlung theologischer Fragen ist von Anfang an mit der Einübung in eine bestimmte Lebenshaltung und Spiritualität verbunden. Wir können hier auch den für Calvin wichtigen Begriff der Frömmigkeit, *pietas*, verwenden, jene Haltung der Liebe und Ehrfurcht Gott gegenüber, die wächst, wenn der Mensch seine eigene Verlorenheit ergründet, sich seines Angenommenseins als Kind Gottes durch die Vermittlung von Christus bewusst wird und sich anschließend in Gehorsam und Lebensheiligung übt.

4.2. Der erhabene Gott und die Verlorenheit des Menschen

Calvins Denken über Jesus Christus ist stark von der Dualität von Schöpfer und Geschöpf bestimmt. Auf der einen Seite steht der erhabene Gott, auf der anderen Seite der Mensch, der in seinem irdischen Dasein nie diesen erhabenen Gott erreichen kann. Als Geschöpf ist er dazu nicht in der Lage, und sein Unvermögen wird durch seinen sündigen Zustand noch verdoppelt. In dieser Spannung zwischen hohem Gott und sündigem Menschen befindet sich Calvins Christologie. Um den Abstand zwischen Gott und Mensch zu überbrücken, ist Vermittlung notwendig, und die ist bei Calvin durch Jesus Christus als Mittler gegeben. In Jesus Christus nimmt Gott unser Fleisch an. Gott passt sich der Größe des Menschen an. So ist die Inkarnation die äußerste Form der *Akkommodation* Gottes. In der einen Person des Mittlers Jesus Christus tritt Gott in all seiner Erhabenheit und seinem Erbarmen unter uns. Dieses Verständnis, dass sich der hohe Gott in seinem Erbarmen in Christus mit dem Menschen auf eine Höhe begibt und menschliches Fleisch annimmt, verleiht der Christologie Calvins und damit seiner gesamten Theologie eine starke soteriologische Ausrichtung.

4.3. Christus als Mittler

Ein wichtiger Aspekt der Christologie Calvins ist der weit gefasste Begriff der Mittlerschaft Christi. Die Mittlerschaft bezieht sich nicht nur auf die Fleischwerdung des Sohnes, sondern der Sohn ist auch außerhalb der Fleischwerdung Vermittler des Werkes Gottes (*etiam extra carnem*). Obwohl Calvin diesen Gedanken besonders in den späteren Jahren seines Lebens ausgearbeitet hat, in Diskussion mit F. Stancaro, ist sie für sein gesamtes Denken über das Verhältnis von Gott und Welt von struktureller Bedeutung. Der ewige Sohn Gottes ist das Element, das die Verbindung zur gesamten Schöpfung herstellt, sowohl zur sichtbaren als auch zum für den Menschen unsichtbaren Teil der Schöpfung, den Engeln. Über sie herrscht der Sohn (»primatum super angelos« *Responsum ad Fratres Polones*, CO 9,338), und er kann auch in Gestalt des Engels des Herrn unter dem Alten Bund den Menschen erscheinen. Der Gedanke von Christus als Mittler außerhalb der Fleischwerdung ist zwar keine Erfindung Calvins, er geht in der Ausarbeitung aber einen Schritt weiter. Während die ältere Theologie in der Tradition Augustinus' die Auffassung vertrat, die Mittlerschaft von Jesus Christus würde ganz von der menschlichen Natur getragen und die göttliche Natur stehe nur helfend zur Seite, behauptet Calvin, dass die göttliche Natur des Sohnes *mit tragender Grund* für die Vermittlung ist. Die göttliche Natur befähigt die menschliche Natur also nicht nur zur Vermittlung, sondern der ewige Sohn selbst ist der Teil in Gottes dreieinigem Wesen, der den Abstand zum Menschen auch unabhängig von der Inkarnation überbrückt. Im Werk der Schöpfung hat der ewige Sohn bereits die vermittelnde Funktion. Calvin verweist hierfür auf die bekannten Bibelstellen, in denen von der Schöpfungsvermittlung von Christus die Rede ist. Dem Sohn eigen ist das Herabsteigen aus Gottes Herrlichkeit. Darin vollführt der Sohn eine Bewegung nach unten, die im Vater ihren Ursprung hat, in der Inkarnation ihren niedrigsten Punkt erreicht und sich durch das Wirken des Geistes wieder aufwärts bewegt. Gottes Offenbarung vollzieht sich als Maßarbeit, Vermittlung, Anpassung. Mit einer häufig vorkommenden Formulierung: Christus ist Gott, offenbart im Fleisch (*Deus in carne manifestatus*). Anders geht es nicht, der Mensch und sogar die Engel ertragen es nicht, der Herrlichkeit Gottes unverhüllt ausgesetzt zu werden.

4.4. Heilsgeschichtlicher Zusammenhang

Wir haben von einer Bewegung von oben nach unten und von unten nach oben gesprochen. Zugleich müssen wir erwähnen, dass sich diese von Gott ausgehende Bewegung konkret in der Heilsgeschichte zeigt. Die Geschichte, die Gott mit der Schöpfung beginnt und die im Bund mit Abraham Gestalt annimmt, ist die Bewegung, in der Gott sich zum Menschen erniedrigt und in der er den Menschen durch den Heiligen Geist die Gemeinschaft mit Christus lehrt und ihn dorthin mitnimmt. Was Calvin über Jesus Christus zu sagen hat, zeigt sich in der Bundesgeschichte, die Gott mit dem Menschen beginnt und vollenden will. Die Geschichte Israels, die Gabe des Bundes und des damit verbundenen Gesetzes, kurzum die Wirkung des Heils in der Zeit (Heilsökonomie), findet ihr Ziel und ihren letzten Sinn in Jesus Christus. In ihm findet der Mensch heilvolle Gemeinschaft mit Gott.

Calvin erläutert diese neue Gemeinschaft mit Gott häufig mit sozialen Begriffen. Zu dieser sozialen Terminologie gehört zum Beispiel das Bild der Adoption. Es illustriert die Bewegung, die sich mit der Sendung von Jesus Christus vollzieht. In Jesus Christus kommt der hohe Gott verwaisten Kindern als Vater entgegen und nimmt die, die eigentlich im Elend sind, als seine Kinder an. Gleichzeitig verdeutlicht dieses Bild den Zusammenhang zwischen Calvins Christologie und der Erwählung. In der Annahme der menschlichen Natur durch Jesus Christus ist die Gnade der Erwählung der beherrschende Gesichtspunkt (Inst. II.16.1). Jesus Christus nimmt damit den Platz des ältesten Bruders ein, der uns als seine Brüder anspricht und in dessen Bruderschaft wir die Fürsorge und Gunst des Vaters teilen (vgl. Inst. II.12.2).

Die Verortung des Auftretens Christi im Zusammenhang mit der Bundesgeschichte verdeutlicht, dass Calvin weniger an der Zwei-Naturen-Lehre an sich interessiert ist als an den entsprechenden Ämtern, mit denen Christus seiner Kirche rettend zu Hilfe kommt. So wurde auch gesagt, dass Calvins Christologie den Übergang von einer Naturen- zu einer Ämter-Christologie darstellt (Oberman 1994). Die Lehre vom dreifachen Amt Christi legt dar, welche Rollen Christus in Hinblick auf den Menschen einnimmt und was zwischen Gott und Mensch in Christus geschieht.

4.5. Die drei Ämter Christi

Das Auftreten von Jesus Christus wird mit Hilfe der verschiedenen Rollen erläutert, mit denen Gott zu Zeiten des Alten Bundes sein Volk regierte: Priester, König, Prophet. Indem Calvin das Auftreten von Jesus Christus durch das Prisma dieser drei Ämter betrachtet, macht er deutlich, dass die Erscheinung Jesu kein historischer Zufall ist. Sein Kommen fügt sich in die Dramaturgie der Bundesgeschichte ein, die Gott mit seinen Menschen beginnt und die erst mit der Vollendung der Welt abgeschlossen wird. Die Gestalten, die im Alten Testament als Priester, König oder Prophet auftreten, stehen daher auch nicht für sich, sie verweisen auf Jesus Christus beziehungsweise auf Typen von Christus, in denen jedes der Ämter seinen Sinn und seine Erfüllung findet.

4.5.1. Priesteramt

Das höchste Amt ist das des Priestertums. Calvin verweist auf die Gestalt Melchisedechs und auf das Priestertum Aarons, die beide gerufen wurden, um das Volk zu versöhnen. In der Verlängerung dessen lehrt Calvin eine retributive Versöhnung. Jesus Christus stirbt für uns. Die Vergeltung steht bei Calvin in größerem Zusammenhang, innerhalb dessen sich mehrere Bilder und Konzepte überschneiden und verstärken. Das heißt, dass die dogmengeschichtliche Unterscheidung zwischen subjektiver und objektiver Versöhnungslehre, die man mit Abaelard und Anselm assoziiert, auf Calvin angewandt letztlich nicht befriedigend ist. Dieses Schema, das aus dem 19. Jahrhundert stammt, trennt das, was bei Calvin eine einzige inklusive Wirklichkeit ist.

Calvins Versöhnungslehre kann nicht ohne Weiteres mit der Lehre Anselms gleichgesetzt werden. Bei beiden ist der Kreuzestod eine Form der Vergeltung, bei Anselm wird sie jedoch in zivilrechtlichem Sinn als eine Art Verdienst (*meritum*) verstanden, während bei Calvin das Leiden Christi strafrechtlicher Natur ist (*poena*). Calvin übernimmt von Anselm den Gedanken der Notwendigkeit eines Mittlers, der gleichzeitig Gott und Mensch ist, und baut ihn in sein eigenes Denken ein. Die Notwendigkeit steht bei Calvin aber innerhalb der Klammer von Gottes freier Entscheidung, den Menschen über diesen Weg zu retten. Gottes Liebe ist der tiefste Grund für die Sendung Christi. Niemand zwingt Gott. Auf diesem Weg der freien Wahl trägt Christus als Mittler die Strafe für die Sünde der Menschen. Der Tod Christi ist ein stellvertretender Sühnetod, eine Vergeltung, die dem Recht Gottes in seinem Ausmaß entspricht. Christus trägt die ganze Last des Zorns Gottes gegen die Sünde und muss dafür in die allergrößte Gottverlassenheit absinken. Die Erkenntnis, dass Christus stellvertretend Gottes Zorn trägt, war mitbestimmend für die von Calvin angebotene alternative Sichtweise auf das Absteigen in die Hölle. Der *decensus ad inferos* ist bei ihm nicht der Triumphzug des auferstandenen Christus durch die Unterwelt. Das Absteigen in die Hölle ist Teil des Leidens und steht für den Abgrund, in den der Mensch in seiner Gottverlassenheit gerät.

Im Tragen des Fluchs ist Gott bei Calvin sozusagen Objekt der Versöhnung. Gleichzeitig ist bei Calvin aber auch der dreieinige Gott, also auch der ewige Christus, Begründer und Initiator des Dramas der Versöhnung. Das treibende und übergeordnete Motiv für den Kreuzestod Christi ist Gottes Liebe und seine Entschlossenheit, den Auserwählten Leben zu schenken. Gott sucht einen Weg, den Fluch, der auf dem Menschen ruht und das Leben nimmt, wegzunehmen. Dazu findet ein Tausch zwischen Gott und Mensch statt. Christus tritt gleichzeitig als Priester und Opfer auf und öffnet so den Zugang zur Quelle des Lebens neu. Christus ist der Ort, an dem die lebendig machende und erneuernde Kraft des ewigen Gottes heranrückt und wieder verfügbar wird. Mit diesem letzten Bild, Christus als Quelle oder besser als Ort, an dem die Quelle des göttlichen Lebens für uns erschlossen ist, sind wir bei einer wichtigen Metapher angekommen, die verrät, wie sehr die Tradition der Alten Kirche und Orthodoxie in Calvins Denken weiterlebt. Das Bild der Quelle bietet Möglichkeiten, die Inklusivität dessen zu fassen, was in Christus zu Gunsten des Menschen geschieht. In der Geschichte Christi haben wir es mit einer rettenden Bewegung zu tun, mit der Gott sich nicht nur seines eigenen Sohnes erbarmt, sondern in der Person des Sohnes umarmt der Vater die gesamte Kirche (vgl. Komm. Mt 12,18, Joh 5,20). Mit einem leiblichen Bild: Durch den Geist werden wir in Christus aufgenommen und dem Menschen fließt das Leben zu, das über Christus, unser Oberhaupt und unseren König, aus Gott dem Vater quillt.

4.5.2. Königsamt

Mit der Metaphorik des Lebens, das geschenkt wird und durch das wir bestimmt und geleitet werden, sind wir bei dem zweiten Amt angekommen, das bei Calvin eine prominente Rolle spielt: das Königtum. Sind die Menschen durch das Werk Christi mit Gott versöhnt, entsteht Raum, um Christus als König anzuerkennen. Häufig verweist Calvin als Bild oder Typus des Königtums Christi auf König David. Der König muss für sein Volk sorgen, Recht und Gerechtigkeit handhaben, als guter Vater seiner Untertanen auftreten und ist selbst mit Macht ausgestattet. Er muss die Güter zur Verfügung stellen, die das Volk lebensfähig machen. Dieses Königtum, das eine Quelle des Guten und der Wohlfahrt ist und das andächtigen Gehorsam erfordert, hat seine vollständige Realisierung in Jesus Christus gefunden.

In diesem Zusammenhang muss auch die Himmelfahrt erwähnt werden. Himmelfahrt bedeutet bei Calvin, dass Christus sein Königtum angenommen hat und dass er seine Kirche jetzt schon, aus der Verborgenheit des Himmels, durch Wort und Geist regiert und den Menschen nahe ist. Bei Calvin ist die Himmelfahrt Christi und sein Sitzen zur Rechten des Vaters der Beginn des Königtums des erhöhten Herrn. Bei Calvin ist dies eine Heilstatsache ersten Ranges. Der Fleisch gewordene Sohn, der die Menschheit rettet, ist der, der die Kirche bereits jetzt regiert und in dessen Hand das Endurteil gelegt wird. Und diese Regentschaft und das Urteil sind keine Bedrohung, sondern Quelle der Hoffnung und Erleichterung für die Kinder Gottes, die sich auf dieser Welt von tausend Dingen bedrängt und bedroht wissen. Die Anwesenheit des erhöhten Herrn zur Rechten des Vaters ist die Garantie für die Realität der Versprechen, die dem Menschen, der noch auf der Erde pilgert, gegeben werden. Jesus Christus ist Fleisch von unserem Fleisch, und in dieser Realität ist er jetzt unser König. Calvins Theologie wurde an diesem Punkt oft als naturalistisch oder als massiv kritisiert. Allerdings muss man die Zusammenhänge berücksichtigen, in denen die körperliche Anwesenheit von Jesus Christus im Himmel so sehr betont wird.

4.5.3. Prophetenamt

Das dritte Amt ist das des Propheten. Der Form nach besteht ein deutlicher Unterschied zu den bereits genannten Ämtern von Priester und König. Diese haben ihre Erfüllung und damit auch ihren Abschluss in Jesus Christus gefunden. Das Prophetenamt hat zwar einen Höhepunkt und seine Identität in Jesus Christus gefunden, aber sicher nicht seinen Abschluss. Die Verkündigung des Wortes Gottes findet ihre Fortsetzung in den Aufgaben von Lehrern der Kirche, in der Bedienung des Wortes und in so vielen Formen, in denen Gottes Wahrheit durch Menschenmund Stimme erhält und in der Welt öffentlich kundgetan wird.

4.6. Abendmahl

Man kann sagen, dass besonders die ersten beiden Ämter, das Priester- und das Königsamt, konstitutiv dafür sind, was Calvin über die Mittlerschaft Christi sagen will. Sie bilden das Gerüst der inneren soteriologischen Struktur von Calvins Christologie und zeigen, dass es Calvin um die Vermittlung des göttlichen Lebens geht. Dadurch, dass Christus Mensch wird, unseren menschlichen Zustand teilt, den Fluch der Verlassenheit wegnimmt und so die Quelle des göttlichen Lebens wieder öffnet, steht das Menschenleben unter dem Versprechen des ewig reichen Gottes. Diese Funktionalität von Christus als Quelle des Lebens kommt stark in Calvins Abendmahlslehre zum Ausdruck. Es ist kein Zufall, dass wichtige Elemente dessen, was Calvin christologisch zu sagen hat, in seine Abendmahlslehre verwoben sind. Bei den Sakramenten kommt der Mensch sehr praktisch mit den Wohltaten Christi in Kontakt und ihm wird sinnlich wahrnehmbar gemacht und vor Augen geführt, was Christi Werk für ihn bedeutet, nämlich was Luther den »fröhlichen Tausch« nannte: Der Fluch lastet auf ihm, uns fällt Segen zu. Er trägt die Strafe, wir sind befreit. Er schmeckt den Tod, wir empfangen das Versprechen des Lebens. Im Kraftfeld dieser Gegensätze bewegt sich Calvins Christologie, und der Abendmahlstisch steht inmitten dieser Dramaturgie.

4.7. Spannung zwischen dem Göttlichen und dem Menschlichen

Calvin hat trotz dieser starken Gegensätze sein Bestes gegeben, der Tatsache gerecht zu werden, dass das Göttliche und das Menschliche in der einen Person Christus zum menschlichen Vorteil vereinigt sind. Ein bleibender Diskussionspunkt ist die Frage, ob ihm das gelingt. In seiner Exegese legt Calvin einen starken Akzent auf die vollkommene Menschlichkeit von Christus. Christus teilt unseren menschlichen Zustand der Abhängigkeit und Geschöpflichkeit. Die Akkommodation geht so weit, dass sich die göttliche Natur gelegentlich verbirgt. Dieser Nachdruck auf echte, nicht gespielte Menschlichkeit von Christus bedeutet, dass Jesus Christus auch Emotionen und Affekte in ihrer ganzen Kraft gekannt hat. Jesus kennt Trauer, wie am Grab von Lazarus (Joh 11,33). In Gethsemane kannte er auch Todesangst und bat um einen anderen Weg als den Ratschluss, den er als Sohn Gottes schon kannte (Komm. Mt 26,39). Das Kreuzeswort, mit dem Jesus seine Gottverlassenheit herausschreit (Komm. Mt 27,45) fällt unter dieselbe Kategorie. In der Auslegung solcher Passagen wird deutlich, dass Calvin sich bemüht durchzuhalten, dass Christus sowohl die Kontrolle über seine Emotionen bewahrt als auch uneingeschränkt den Gehorsam dem Vater gegenüber übt und den Glauben an seine Treue behält. Was Jesus Christus in seiner Menschlichkeit an Angst und Bestürzung erlebt und was er als der ewige Sohn weiß, stehen in großer Spannung zueinander. Wenn Jesus bekennt, von den Dingen des Vaters nichts zu wissen (z.B. Komm. Mt 24,36), erklärt Calvin, seine Göttlichkeit sei in diesem Moment »ruhend« oder verborgen. Die Auslegung von Hebr 5,7–9 (Christus hat den Gehorsam durch das gelernt, was er erlitten hat) betont die Echtheit des Leidens, der springende Punkt aber ist, dass dieser Gehorsam uns als Beispiel dient. Es bleibt unklar, ob er selbst wirklich etwas lernen musste.

Obwohl Calvin ausdrücklich bestreitet, dass man in der Auslegung der biblischen Geschichte von der Unterscheidung der zwei Naturen statt von der einen Person ausgehen muss, scheint er selbst diesem nicht immer zu entgehen. Calvin wurde daher auch in Zusammenhang mit seiner Aussage, der Sohn wirke auch außerhalb der Fleischwerdung, von lutherischer Seite des Nestorianismus beschuldigt. Die Beschuldigung war stark von der lutherischen Version der Lehre der *communicatio idiomatum* bestimmt: Die göttlichen Eigenschaften werden auch der menschlichen Natur zugerechnet. Es ist wohl deutlich, dass eine solche Sichtweise für Calvin zu heilloser Verwirrung in der Frage führt, was Gott und was dem Menschen eigen ist. Der Mensch bleibt Mensch, d.h. örtlich eingeschränkt und umschlossen. Die Integrität beider Naturen bleibt gewahrt.

4.8. Extra-Calvinisticum

Die Integrität hat auch Bedeutung für den Sohn, wenn er menschliches Fleisch annimmt. Der Sohn in seiner Göttlichkeit wird in seiner Menschwerdung nicht umschlossen. Es besteht ein »Plus« oder ein »Extra« des ewigen Sohns Jesus Christus als Fleisch Gewordener. Der Sohn ist darum nicht nur der Erlöser, sondern seine Herrschaft als zweite Person der Trinität reicht weiter als der Schutz und die Rettung seiner Kirche. Im Werk von Schöpfung und Vorsehung sollen wir die Herrschaft des Sohnes erkennen, und wir wissen auch vom Königtum des Sohnes außerhalb der Kirche (*etiam extra carnem et etiam extra ecclesiam*). Die Regierung der Welt und der Völker geht also nicht am Sohn vorbei, der in der Fleischwerdung uns rettend entgegengekommen ist.

Diese Lehre ist trotz des Umstandes, dass sie eine lange Geschichte kennt, die von den Apologeten bis zur spätmittelalterlichen Theologie reicht, unter Einfluss von Luthers Kritik als *Extra-Calvinisticum* bekannt geworden. Im bereits erwähnten *Responsum ad Polones Fratres* finden wir es klar dargestellt: Das ewige Wort ist nicht erst seit der Inkarnation Mittler und Versöhner, sondern seit Beginn der Schöpfung. Christus war immer Oberhaupt der Kirche und nahm den ersten Platz über den Engeln und als Erstgeborener der Schöpfung ein. In den Augen der lutherischen Kritik löst Calvin hier auf unzulässige Weise das Gott-Sein Christi von seinem Mensch-Sein, und ist damit dem Vorwurf des Nestorianismus ausgesetzt. Der Kontext der zwei Stellen in der *Institutio*, in denen das *Extra-Calvinisticum* formuliert wird, macht jedoch deutlich, dass es um etwas anderes geht. In einem Fall widersetzt sich Calvin dem Gedankengang des Manichaismus und Markioni(ti)smus, als würde Fleischwerdung bedeuten, dass sich der Sohn im Keller der menschlichen Körperlichkeit einschließen lassen würde. Inkarnation ändert nichts am Gott Sein des Sohns; der Glaube muss beide Dinge, die paradox erscheinen, festhalten: »Der Sohn Gottes erniedrigt sich aus dem Himmel und gleichzeitig verlässt er den Himmel nicht, wird aus der Jungfrau geboren, wandelt auf Erden, hängt am Kreuz, und doch immer als Sohn erfüllt er die Erde, wie am Anfang« (Inst. II.13.4). Der Kern liegt in dem Willen und dem Vermögen des hohen Gottes, sich mit dem menschlichen Zustand zu verbinden, wie unbegreiflich das für Menschen auch sein möge. Das zweite Zitat steht im Kontext des Abendmahls und betont, dass uns im Abendmahl die lebensspendende Kraft seines Fleischs und Bluts geschenkt wird. In Antwort auf die Frage, ob dies nicht bedeute, dass dem Leib Christi Allgegenwart zugesprochen werden müsse, betont Calvin den Unterschied zwischen der Macht des ewigen Sohns und des Fleisch gewordenen Herrn. »Nicht, dass die Gottheit den Himmel verlassen hat um sich im Kerker des Körpers zu verbergen, sondern weil diese Gottheit, obwohl er alles erfüllte, doch in der Menschlichkeit von Christus körperlich, das bedeutet auf natürliche und unaussprechliche Weise wohnte« (Inst. IV.17.30). Sich auf eine scholastische Unterscheidung berufend sagt er, dass, obschon der ganze Christus überall ist (»quanvis totus Christus ubique sit«), nicht alles, was im Herrn ist, überall ist (»non totum quod in eo est, ubique esse«). Anders gesagt, in seiner umfassenden Identität ist der ewige Christus überall, aber nicht alles, was zu seiner Identität gehört, ist überall. Es wird sich auf die Freiheit Gottes berufen, der in seiner Erhabenheit noch mehr ist und dessen Vermögen weiter reicht als uns in Fleischwerdung und Abendmahl vor Augen geführt wird. Bei Calvin bedeutet das nicht, dass er von der Anwesenheit des Sohnes in der Fleischwerdung und im Abendmahl Abstand nehmen will, er will eine Brücke schlagen zwischen der Weise, in der Gott sich in seinem Erbarmen den Menschen zuwendet und ihm in Wort und Sakrament Leben schenkt. Gleichzeitig will er die Brücke zur eschatologischen Perspektive schlagen, die die Bibel bietet. Das feste Versprechen der Kindschaft ist in Christus gegeben und wird ihm im Sakrament vor Augen geführt. Das bringt uns zu dem engen Zusammenhang zwischen Christologie und Erwählung.

4.9. Christus und die Erwählung

Früher kam bereits der Zusammenhang zwischen Christologie und Erwählung zur Sprache. In der Annahme der menschlichen Natur liegt das Paradigma dessen, was Gott vor hat: die Rettung des Menschen. Das ist das Ziel und dieses Ziel liegt in Gott selbst. Das bedeutet eine enge Verbindung zwischen Christus und der Erwählung. Nach Calvins Verständnis kann man nicht die Enthüllung des Erbarmens Gottes, wie sie in der Fleischwerdung stattfindet, diskutieren ohne gleichzeitig auf den Grund des Erbarmens zurückzuverweisen: Gottes ewige Erwählung. Mit der engen Verbindung zwischen Christus und der Erwählung versucht Calvin, dem Menschen für sein Heil einen festeren Grund aufzuzeigen als die Welt, in der er sich bewegt und in der er einer Reihe von Veränderungen unterworfen ist. Wie viele Abgründe sich auch auftun mögen, wie viele Katastrophen auftreten werden und wie sehr der Teufel gegen Gottes Kinder auch wüten mag, ihre Namen sind in »das wahre Register« eingraviert, d.h. in Jesus Christus (Pred. Dan 12,1, CO 42,127–131). In den Predigten wird diese enge Verbindung zwischen Christologie, Erwählung und eschatologischer Sicherheit beeindruckend deutlich.

Und doch ist gerade der christologische Gehalt von Calvins Erwählungslehre immer wieder diskutiert worden. Bedeutet die doppelte Perspektive auf Christus als Fleisch gewordenes Wort und seine Position als zweite Person der Trinität, dass Jesus Christus nur der Ausführende eines Beschlusses ist, der in Wirklichkeit dahinter, im ewigen Ratschluss Gottes, gefasst wurde? Wird so die Zuwendung Gottes in Christus nicht zu einer Geste degradiert, hinter der das Eigentliche der doppelten Prädestination versteckt ist? Karl Barth hat in sachlichem Anschluss an die ältere Kritik von O. Ritschl und F. Kampschulte die Frage gestellt, ob Calvins Sprechen über Christus als Spiegel der Erwählung Gottes nicht nur als pastorale Gebärde angesehen werden muss, die theologisch nicht ausschlaggebend ist. Kurzum, wo finden wir den eigentlichen Gott?

Viel hängt hier von der Relation ab, die man zwischen Ewigkeit und Zeit, Erwählung und Geschichte oder zwischen dem ewigen und dem Fleisch gewordenen Sohn sieht. Geht man nur von dem Sohn aus, der in seinem trinitarischen Sein (auch) Subjekt und damit Ursache der Erwählung ist, kann dies zur Aushöhlung der heilsgeschichtlichen Offenbarung führen. Wir müssen aber begreifen, dass diese zwei Personen im Verständnis Calvins eine einzige Wirklichkeit sind, die eben nicht getrennt werden darf. In seiner Predigt über Eph 1,3 nennt Calvin Jesus Christus »le vraye registre«, das Buch des Lebens, in dem Gott unsere Namen aufgeschrieben hat. Christus ist sein Beschützer und der Spiegel, in den nicht nur der Mensch zu sehen hat, sondern in dem Gott uns betrachtet (»qu'il ait là son patron et miroir, auquel il nous contemple, c'est à sçavoir, nostre Seigneur Iesus Christ«, Pred. Eph 1,3, CO 51,269). Bild und Wirklichkeit, Zeichen und Ding, gehören zusammen. Er hält es daher auch für unzulässig, losgelöst von der Christusoffenbarung den Ratschluss Gottes zu durchdringen. Den einzigen uns gezeigten Zugang zum Glaubenswissen stellt Jesus Christus als Spiegel des Erbarmens Gottes dar (Komm. Joh 6,40, CO 47,147). Alle sozialen Metaphern – vom Register, in dem jemandes Bürgerschaft eingetragen ist, bis zum Bild der Adoption – muss man in ihrem vollen rhetorischen Gewicht begreifen. Wir sind in Christus, in seinen Körper eingewoben. Christus ist der Erstgeborene, der älteste Bruder, wir sind die adoptierten Kinder, denen ein fester Platz am Tisch gegönnt wird. Im »Vaterunser« betont Gott nach Ansicht Calvins, dass er mit dem Vaternamen angesprochen werden will. All diese in der Bibel auftauchenden Bilder und Metaphern sind seiner festen Überzeugung nach Teil der göttlichen Strategie: Gott will durch seinen Geist Menschen tief davon überzeugen, wie er den Menschen gegenüber auftritt. Diese Aufmerksamkeit für Gott als Rhetor ist wichtig, wenn man das theologische Gewicht der Christusoffenbarung abschätzen will. In solcher Sprache ist er in seinem Element. Dagegen zeigt Calvin in gewisser Weise ein Vermeidungsverhalten, wenn es um Aussagen über das Wesen Gottes geht. Dann ist er zurückhaltend, um nicht zu sagen kopfscheu. Ein spekulatives Durchdenken des dreieinigen Wesens Gottes mit christologischem Ausgangspunkt passt am wenigsten zu dem, was Calvin sich unter dem praktischen Gehalt und dem Ziel der Gotteskenntnis, die den Menschen geschenkt ist, vorstellt.

Edmondson, Stephen: Calvin's Christology, 2004.

Emmen, Egbert: De christologie van Calvijn, 1935.

Kooi, Cornelis van der: As in a Mirror. John Calvin and Karl Barth on Knowing God. A Diptych, 2005.

Van Buren, Paul: Christ in our Place: The Substitutionary Character of Calvin's Doctrine of Reconciliation, 1957.

Willis, E. David: Calvin's Catholic Christology. The Function of the so-called Extra Calvinisticum in Calvin's Theology, 1966.

(Übersetzt von *Ulrike Sawicki*) *Cornelis van der Kooi*

5. Schöpfung

Neuere Untersuchungen über Calvins Gedanken zur Schöpfung haben sich in erster Linie auf zwei Themen konzentriert, die beide die Frage der natürlichen Erkenntnis nach dem Sündenfall betreffen. Die Diskussion zwischen Emil Brunner und Karl Barth 1946 belebte die alte Kontroverse über die Möglichkeit einer natürlichen Theologie neu. Diese Debatte führte zu wichtigen Studien über das Thema Gotteserkenntnis in Calvins Denken. Die Frage der natürlichen Theologie taucht auch weiterhin in der Literatur zu Calvin auf. In neuerer Zeit verfasste David Steinmetz einen Aufsatz zum Problem der natürlichen Erkenntnis in Calvins Theologie und kam zu dem Schluss, dass Calvins Schriften eher eine Theologie der Natur als eine natürliche Theologie erkennen lassen. Das zweite Thema, das Forscher beschäftigt, ist das Problem des Naturrechts. In seiner *Kirchlichen Dogmatik* behauptete Barth: »Es gibt kein Naturrecht, dass als solches erkennbar ist und dennoch auch göttlichen Charakter und göttliche Autorität hat.« Die aktuelle Aufmerksamkeit für ethische Probleme hat sowohl unter katholischen als auch protestantischen Denkern ein neues Interesse daran geweckt, die Ethik im Naturrecht zu verankern. Inzwischen liegt bei diesen Bestrebungen das Hauptinteresse unter evangelischen Theologen auf der Beschäftigung mit Calvin und der reformierten Tradition.

Die Calvinforschung umfasst auch streng historische Untersuchungen über Calvins Sichtweise der Schöpfung. Josef Bohatecs Analyse von Calvins Lehre von der Vorsehung ist zum Standardwerk geworden. Richard Stauffers Monografie stellt eine ausführliche Untersuchung der Themen Schöpfung und Vorsehung in Calvins Predigten dar. Herman J. Selderhuis hat sich eingehend mit dem Thema »Gott, der Schöpfer« in Calvins Psalmenkommentar befasst. Die aktuelle Forschung hat auch ein tieferes Verständnis der Hintergründe und des Charakters von Calvins »natürlicher Philosophie« ermöglicht. Calvins Einstellung zum wissenschaftlichen Studium ist nicht nur unter Calvinforschern, sondern auch unter Wissenschaftshistorikern Gegenstand der Diskussion und des Interesses. Solche Untersuchungen behandeln sowohl die Frage, ob Calvin Kopernikus' Werk kannte, als auch seine Einstellung zum Studium der Wissenschaften. Edward Rasner und Joseph Ratner eröffneten die Diskussion darüber, ob Calvin Kopernikus kannte, eine Diskussion, an der sich dann auch Stauffer, Marcel, White und Kaiser beteiligten. Christopher Kaiser hat zudem ausführlich dargestellt, wie sich Calvin der Naturphilosophie des Aristoteles bedient.

Calvins Erörterung der Schöpfung umfasst alle Aspekte der Natur und reicht von der Erschaffung der Engel bis zur Funktion der Obrigkeit. Seine Gedanken zu diesen Themen finden sich in allen seinen Schriften, sodass sich ein Gesamtbild ergibt, wenn man seine Aussagen aus seinen polemischen, exegetischen und theologischen Schriften und seinen Predigten zusammenträgt. Sein Verständnis vom Schöpfungsakt und der Schöpfung lässt sich am besten im Kontext der spätmittelalterlichen Vorstellung vom Kosmos und bestimmten Gegnern dieses Bildes im

16. Jahrhundert verstehen. Indem man Calvins Gedankenwelt in diese Zusammenhänge stellt, lässt sich ermitteln, welche Aspekte er von der Tradition übernahm und welche er verwarf, und dabei werden die Hauptanliegen seiner Schöpfungstheologie erkennbar.

Das Mittelalter brachte mehrere Abhandlungen über Naturphilosophie und den Aufbau des Kosmos hervor. Mittelalterliche Autoren untersuchten diese Fragen, indem sie die verfügbaren wissenschaftlichen Quellen mit den Schöpfungsgeschichten der Genesis kombinierten. Calvin war mit den allgemeinen Prinzipien des Aristotelismus und mit der Tradition des Hexaemerons vertraut. Er zitierte sowohl Ambrosius als auch Basilius und empfahl letzteren als Vorbild für die Erklärung der »Geschichte von der Schöpfung der Welt« (Inst. I.14.20). In seinem eigenen Kommentar zum Schöpfungsbericht der Genesis erklärte Calvin, dass Mose sich eines menschlichen Stils bedient habe, der sich an die »indoctis et rudibus« richtete. Die Schrift spreche in Anpassung an den Erfahrungshorizont des Durchschnittsmenschen. Nach Calvin »hatte der Heilige Geist nicht die Absicht, Astronomie zu lehren [...]. Der Heilige Geist würde eher kindlich sprechen als für den Einfachen und Ungebildeten unverständlich« (CO 32,364–365; CO 23,18.21). Obwohl Calvin sich im Rahmen der Tradition hielt, wonach Kosmologie und Theologie eng miteinander zusammenhängen, betrachtete er die Schrift jedoch nicht als maßgebend bezüglich der Naturphilosophie. Für Calvin fielen die biblischen Darstellungen von Kosmologie und Naturwirken unter sein hermeneutisches Prinzip der Akkommodation.

Wissenschaftshistoriker haben dargelegt, dass bis zum Spätmittelalter die aristotelische Tradition der Kosmologie diejenige Platos, Ptolemäus' und des Frühmittelalters weitgehend ersetzt hatte. Nach der aristotelisch-christlichen Weltanschauung schuf Gott einen Kosmos, der aus acht bis zwölf Sphären bestand. Es gab sieben Sphären der bekannten Planeten. Außerhalb der Planetensphären befand sich das Firmament, das mit den Fixsternen oder dem *Primum Mobile* gleichgesetzt wurde. Um Gen 1,1–2 mit dieser Kosmologie in Einklang zu bringen, postulierten manche Kommentatoren drei Sphären jenseits der Planeten. Dies waren die empyreische Sphäre, die Wasser- oder Kristallsphäre und das Firmament oder die Fixsternsphäre. Die empyreische Sphäre oder der Himmel war der Wohnort der Engel und in neun weitere Sphären unterteilt, die den neun Engelhierarchien des Pseudo-Dionysius entsprachen. Der Kristallhimmel bestand aus Wasser und stimmte mit Gen 1,2 überein. Manche Denker gingen davon aus, dass außerhalb des Kosmos ein Vakuum existierte, das für einen Denker wie Bradwardine mit der Allgegenwart Gottes gefüllt war.

Unterhalb der lunaren Sphäre lag der irdische Bereich. Die Erde war kugelförmig mit drei oder vier Kontinenten, die alle vom Meer umgeben waren. Die Erde lag unbeweglich im Mittelpunkt und am tiefsten Punkt des Weltalls. Dieser Bereich setzte sich aus den vier Elementen zusammen, die alle in konzentrischen Sphären angeordnet waren. Feuer und Luft waren ihrem Wesen nach leicht und stiegen von Natur aus auf. Wasser und Erde waren schwer und sanken naturbedingt nach unten. Für Calvin war es besonders wichtig, dass Wasser schwerer als Luft, aber leichter als Erde war. Zudem hatte jedes Element einen, wie Aristoteles es nannte, »natürlichen« Ort. Als schwere Elemente bewegten sich Erde und Wasser naturgemäß zum Mittelpunkt des Universums hin. Da Luft und Feuer leichter waren, bewegten sie sich von Natur aus nach oben, auf den Rand des Kosmos zu. Das Ergebnis war eine Reihe konzentrischer Sphären in aufsteigender Ordnung: Erde, Wasser, Luft und Feuer.

Schließlich ist auch das Problem der Bewegung entscheidend, um Calvins Aussagen über die Schöpfung zu verstehen. Calvins mittelalterliche Vorgänger hatten den unbewegten Beweger mit Gott identifiziert, der die erste Sphäre bewegt; d.h. den Himmel oder das *Primum Mobile*. Dies war die einzige Sphäre, mit der Gott in direkter Verbindung stand. Die übrigen Sphären wurden wie durch eine Kette in Bewegung gesetzt, wobei die Bewegung von den höheren zu den niedereren Sphären übertragen wurde, den ganzen Weg bis zur Erde hinunter. Folglich postulierte diese Kosmologie eine gewisse Ferne Gottes und seiner Vorsehung. Dieser Abstand wurde noch verstärkt durch eine Reihe von sekundären Ursachen, die Bindeglieder zwischen Gott und der Naturordnung waren. Für Calvin verschärft sich das Problem der Ferne Gottes noch durch das wiederaufgelebte Interesse am Epikureismus. Lukrez' *De rerum natura* war übersetzt worden und stellte die umfassendste Beschreibung des Atomismus dar, der mit dem Aristotelismus als bedeutendem kosmischen System konkurrierte. Calvin warnte vor Epikurs Theorie, die Welt sei, einschließlich der Erde, auf zufällige Weise durch den ziellosen Zusammenstoß von Atomen entstanden. »Die Welt«, sagte er, »ist nicht ewig und ist auch nicht auf zufällige Weise aus Teilchen entstanden [...]« (CO 32,435). Nach Calvins Auffassung widersprach die Idee der Bewegung, die dem aristotelischen Kosmos und Epikurs »Atomismus« inhärent war, den christlichen Lehren von der Schöpfung und der Vorsehung, die beide Gottes Wirksamkeit, Fürsorge und Nähe zu seiner Schöpfung voraussetzten. Diese Beschäftigung mit der Ferne Gottes stand auch hinter Calvins Vorbehalten gegenüber einer sekundären Kausalität. Zwar bestritt Calvin nie die Existenz von »*causae secundae*«, aber er mahnte, dass sie nicht die Souveränität und die Gegenwart Gottes, die in diesen »*media*« am Werk seien, verschleiern dürften (Inst. I.16.2; CO 8,348; CO 31,177.331.464; CO 32, 428.430–431; CO 40,550–552). Es könne weder eine »natürliche Neigung« geben, die, vom Zufall oder einer »geheimen Eingebung« gelenkt, dem ganzen Universum Leben verleihe, noch könne es einen »Strom der Natur« geben, der unabhängig oder jenseits von Gott wirke. Postuliere man solche Dinge, begehe man den Fehler der Stoiker, nämlich, »Gott durch die Natur zu ersetzen« (Inst. I.5.4; I.5.5; I.16.5).

Calvin akzeptierte und verwarf zugleich auch viele der traditionellen Bestandteile des Kosmos, wie ihn sich der spätmittelalterliche Aristotelismus vorstellte. Wie seine Vorgänger verband er die aristotelische Sicht des Universums mit dem Bericht der Genesis über die sechs Schöpfungstage. Nach Calvin beweisen sowohl Gen 1,1 als auch Joh 1,3, dass die Welt *ex nihilo* durch das Wort erschaffen wurde

(COR XI/1,16). Er übernahm auch die Auslegung von Gen 1,2, dass der Heilige Geist die »ungeordnete Masse« der Welt stütze, eine Tatsache, die erkläre, wie »solch ein unordentlicher Haufen stehen konnte« (CO 23,16). Calvin lehnte ausdrücklich den »groben Fehler« des Augustinus Steuchus Eugobinus ab, eines italienischen Kommentators des 16. Jahrhunderts, der spekuliert hatte, der empyreische Himmel sei ewig und nicht geschaffen. Er verwarf auch Augustinus' Deutung, die sich auf Koh 18,1 stützte, dass die Welt in einem Augenblick geschaffen worden sei (CO 23,17). Calvin vertrat die Meinung, dass Gott für die Erschaffung der Welt sechs Tage brauchte, »um sein Werk dem Fassungsvermögen der Menschen anzupassen« (CO 23,18). Er lehnte auch die Spekulation über die Hierarchie der Engel im empyreischen Himmel ab. Zudem verneinte er die Existenz des leeren Raums und des Kristallhimmels (Inst. I.14.1; CO 23,19). Er akzeptierte jedoch die Vorstellung, dass der Kosmos acht Sphären enthält und das Firmament die äußerste Grenze bildet. Außerdem bewegten sich diese Sphären mit großer Geschwindigkeit im Kreis (CO 23,22; CO 31,636; CO 32,17).

Für Calvin ließen sich anhand der Schöpfung und der Naturordnung zwei theologische *loci* demonstrieren: die Vorsehung und die Offenbarung. Beide Themen setzen sein Verständnis von der Natur der Schöpfung vor dem Fall und den Auswirkungen voraus, die der Sündenfall auf den Kosmos hatte. Sogar in seinem ursprünglichen Zustand war der Kosmos von Natur aus fragil. Calvin bejahte die Hauptprinzipien der aristotelischen Kosmologie, einschließlich der Sphären, der Unbeweglichkeit der Erde und des Gewichts der Elemente. Er wendete diese Prinzipien jedoch an, um zu beweisen, dass diese Philosophie das Funktionieren des Kosmos fehlerhaft erklärte. Er wollte damit die Nähe Gottes und das direkte Wirken der göttlichen Macht in der Schöpfung betonen. Er beharrte immer wieder darauf, dass die Wirkmacht nicht der Schöpfung zugeschrieben werden könne. Calvin, der den Kosmos mit den Begriffen des Hexaemerons beschrieb, vertrat die Ansicht, dass Gott das Licht am zweiten Tag geschaffen habe, weil er zeigen wollte, dass die Macht des Lichts in der göttlichen Macht liege und nicht der Sonne und dem Mond innewohne (CO 23,17). Um diese unmittelbare Macht Gottes, die sich in den Schöpfungstagen offenbarte, geht es auch bei Calvins Kritik an der Autonomie, die den vier Elementen zugeschrieben wird, und der Vorstellung eines »natürlichen Ortes«. Daher fragte er immer wieder danach, in welcher Weise die Erde auf der Luft und dem Wasser liegt. In Übereinstimmung mit dem traditionellen aristotelischen Verständnis der Elemente beobachtete Calvin, dass die Erde schwerer als Luft und Wasser ist. Wie konnte die Erde dann an einem »natürlichen Ort« liegen, auf diesen leichteren Elementen, ohne zu fallen? Die Antwortet lautete, dass Gott unaufhörlich die Erde stützt und sie an ihrem Platz hält. Calvin hielt sich an Basilius und betonte, dass die Position der Erde die Vorsehung und Macht Gottes beweise. In seinem Kommentar zu Ps 119 schrieb er: »Wenn wir die Erde anschauen, so frage ich dich, auf was ist sie gegründet? Sie ist auf Wasser und Luft gesetzt; schau dir ihr Fundament an. Wir können unmöglich ein fünfzehn Fuß hohes Haus auf festem Grund bauen, ohne dass wir ein

Fundament legen müssten. Aber sieh dir die Erde an, die als Ganzes auf das Zittern gebaut ist, die in der Tat über solch unendlichen Tiefen balanciert, dass sie jederzeit auf den Kopf gestellt werden und ins Chaos verfallen könnte. Daher muss es eine wunderbare Macht Gottes geben, die sie in ihrer Position hält« (CO 32,620).

Die gleiche Frage stellte sich bezüglich des Elements Wasser. Wieder übernahm Calvin die aristotelische Ansicht, dass Wasser sphärischer Natur und leichter als die Erde sei, vertrat jedoch den Standpunkt, dass die Wasser naturgemäß die Erde überfluten müssten. Nachdem er verschiedene, bis dahin vorgelegte Erklärungen für dieses Problem verworfen hatte, erklärte Calvin, dass allein Gott durch fortgesetztes Wirken die Wasser bändige und in ihren festgesetzten Grenzen halte. Als er Ps 104,5 kommentierte, schrieb Calvin:

»Die Stabilität der Erde verkündet die Herrlichkeit Gottes, denn wie bleibt sie unbewegt an ihrem Platz, wenn sie in der Mitte der Luft aufgehängt ist und nur von Wasser getragen wird. Dies lässt sich in der Tat aus Naturprinzipien erklären, denn da die Erde der tiefste Ort, der Mittelpunkt der Welt ist, nimmt sie naturgemäß diesen unteren Platz ein. Aber selbst in dieser Erfindung leuchtet die wunderbare Macht Gottes hervor. Wieder, wenn die Wasser die Erde überfluten, weil sie leichter sind, warum umgeben und bedecken sie dann nicht die ganze Erde? Die Philosophen haben darauf gewiss keine Antwort, außer dass die Vorsehung Gottes der Naturordnung entgegengewirkt hat, damit ein Wohnsitz für den Menschen gefunden werde [...]. Nichts in der Welt ist stabil, es sei denn, dass es von Gott gehalten werde« (CO 32,86–87; Inst. I.5.6).

In einer Predigt zu Hi 38,4–10 sagte Calvin, dass die Erde auf Wasser und Luft gegründet ist, »übersteigt die Natur, das heißt, dass die Wasser zurückgehalten werden, damit der Mensch einen Platz zum Leben habe. Von Natur aus kann das nicht sein. Es ist daher notwendig, dass eine göttliche Vorsehung am Werk ist« (CO 35,366–367). Auch die Teilung der Wasser über und unter dem Firmament diente ihm als Beweis für sein Argument. Calvin, der die Existenz des Kristallhimmels negierte, dachte bei den Wassern von Gen 1,6 an die Wolken, die mit Wasser gefüllt waren und in der Luft schwebten. Wie allerdings blieben die Wasser, die schwerer als die Luft waren, über der Erde, anstatt herunterzufallen und das Land zu überfluten? Nach Calvin »hat Gott uns mit Absicht zwischen zwei Gräber gesetzt, damit wir uns nicht in Sicherheit wähnen und die Güte verachten, von der unser Leben abhängt. Denn das Element Wasser, das die Philosophen für eines der Lebensprinzipien halten, bedroht uns mit dem Tode von oben und von unten, wenn es nicht durch die Hand Gottes zurückgehalten wird« (CO 23,131–132). Die Sintflut war ein Zeichen für die ständige Bedrohung, die die uns von allen Seiten umgebenden Wasser darstellen. Während der Sintflut »öffnete« Gott »die Schranken« der Wasser über und unter dem Himmel und ließ zu, dass sie die Erde überfluteten (CO 23,18–19.131). Wieder argumentierte Calvin, dass es die »wunderbare Vorsehung Gottes ist«, die die Wolken einem Bereich über uns zuweist. Wir sollten nicht vergessen, sagte Calvin, dass »sie von der Macht Gottes zurückgehalten werden, damit sie nicht mit plötzlicher Wucht hervorbrechen und uns verschlingen, besonders da keine anderen Schranken als die flüssige und nachgiebige Luft existieren, die leicht nachgeben würde, wenn nicht dieses Wort herrschte, ›Es werde eine Feste zwischen den Wassern‹« (CO 32,86–87).

Für Calvin war das Hauptwerk der Vorsehung, das sich im Kosmos offenbarte, die Erhaltung. Daher verwarf er konsequent die Vorstellung von einer Bewegung, die den aristotelischen Kosmos durchdrang. Gott war nicht der »erste Beweger«, der von den unteren Sphären weit entfernt war. Das erklärt, warum Calvin so unnachgiebig darauf beharrte, dass Gott nicht »untätig beobachtet, was auf der Erde geschieht«, sondern der »Schlüsselverwahrer« ist, der »alle Geschehnisse lenkt«. Calvin vertrat die Überzeugung: »Gott zu einem Schöpfer für den Augenblick zu machen, wäre eine kalte und unfruchtbare Sache; und wir sollen uns gerade darin von den Weltmenschen unterscheiden, dass uns die Gegenwart der Kraft Gottes im fortdauernden Bestehen der Welt ebenso hell entgegenleuchtet wie in ihrem Ursprung« (Inst. I.16.1–4). Für Calvin brachte die Schöpfung *ex nihilo* einen Kosmos hervor, der immer von Chaos bedroht war. Von Anfang an war die Ordnung (*ordo*) etwas, das ständig von Gott aufrechterhalten werden musste. Zum Beweis für dieses Argument führte Calvin an, dass die »natürliche« Richtung der kosmischen Elemente, einschließlich der Sterne und Planeten, Unordnung und Chaos war. Da die Himmel mit sehr hoher Geschwindigkeit kreisen, müssten Sterne und Planeten kollidieren. Trotzdem stört diese Geschwindigkeit nicht die Ordnung und gleichbleibende Bewegung der Himmel (CO 32,17). Wären die Wasser sich selbst überlassen, würden sie das Land überfluten und die Erde würde herabstürzen. Was Calvin mit Staunen erfüllte, war die Anwesenheit von Ordnung in einem von Natur aus ungeordneten Kosmos. Diese Ordnung konnte nicht durch den Aristotelismus oder sekundäre Kausalität erklärt werden. Nur die unablässig wirkende Hand Gottes konnte die schöne, aber zerbrechliche Ordnung, die sich in der Schöpfung zeigte, bewahren. Wegen der inhärenten Unzulänglichkeit der Ordnung in der ursprünglichen kosmischen Struktur enthielt die Vorstellung der *creatio* notwendig auch die von der gleichzeitigen Erhaltung und Bewahrung der Schöpfung. Somit verlangte die Lehre von der Schöpfung schon an sich die Lehre von der Vorsehung. Gottes Allmacht ist »nicht jene leere, müßige und fast schlummernde ›Allmacht‹, die sich die Sophisten erdacht haben, sondern sie ist wachsam, tätig und wirksam und stets im Handeln begriffen« (Inst. I.16.3.). Die göttliche Allmacht ist kein »allgemeiner Beginn einer verworrenen Bewegung«, sondern »wirkt auf die einzelnen und besonderen Bewegungen.« Nichts geschieht durch »blinden Naturtrieb« und folglich wird die Natur »von einer besonderen Vorsehung Gottes« regiert (Inst. I.16.2; CO 47,5).

Diese Notwendigkeit der Erhaltung wurde durch den Sündenfall noch größer. Nach Calvin war Satans Motiv nicht sein Neid auf die Menschen. Weil Gottes Vorsehung die Ordnung erhält, »versuchte« Satan, »die von Gott eingesetzte Ordnung zu zerstören.« Satan wusste, dass bei einem Fall des Menschen »die schrecklichste Verwirrung in der ganzen Welt entstünde, wie es tatsächlich geschah« (CO 23,57). Indem er Chaos in die Welt brachte, konnte Satan »die Herrlichkeit Gottes verdunkeln.« Die Tiere waren der Hauptbeweis für diese Erhaltung. Vor dem Sündenfall waren alle Tiere dem Menschen untergeordnet. Nach dem Sündenfall wurden die Tiere wild und zur Bedrohung für das menschliche Leben. Calvin fragte, warum die wilden Tiere nicht in die Städte kämen und die Menschen angriffen. Genauso wie die Wasser von Gott zurückgehalten würden, halte Gott auch die wilden Tiere wirksam in Schranken, erklärte Calvin (CO 23,40.143–144; CO 31,94; CO 35,462).

Besonders wichtig ist Calvins Erörterung der Rolle, die der Vorsehung in der Geschichte nach dem Sündenfall zukommt. Der Sündenfall führte zu Unordnung in allen menschlichen Beziehungen und Einrichtungen. Dass es nach dem Sündenfall überhaupt eine Gesellschaftsordnung gab, bedeutete, dass Gott die Gottlosen in Schranken hielt. So wie Gott die Wasser »im Zaum hielt«, so hielt er auch die Gottlosen davon ab, die ganze menschliche Gesellschaft zu zerstören (CO 31,167; CO 33,57; CO 34,397–398). Hinsichtlich der Offenbarung unterschied Calvin jedoch zwischen Natur und Geschichte. Während Gottes Vorsehung in der Erhaltung der Wasser und der Ordnung der Gestirne offensichtlich war, trat sie in der Geschichte weniger klar zutage. Sicherlich waren die Furcht vor der Obrigkeit und die Erkenntnis, dass Gesetze notwendig sind, Wirkungen der göttlichen Vorsehung, die die Ordnung nach dem Sündenfall aufrechterhielt (CO 23,144). Das Naturgesetz selbst diente als Zügel, der die gefallene Menschheit vor einem Sturz ins völlige Chaos bewahrte (CO 27,563–564.588; CO 78,236–237). Jede dauerhafte Ordnung in der Gesellschaft war ein direkter Beweis für die göttliche Vorsehung in der Geschichte. Dennoch gab Calvin zu, dass die Anhaltspunkte für die Vorsehung in der Natur nicht so eindeutig waren wie in der Geschichte. Als er das Buch Hiob durcharbeitete, erkannte er, dass die Kapitel über die Natur die von der Vorsehung bewahrte Ordnung priesen. Hiobs Situation jedoch war Ausdruck der Unordnung, die sich in der Geschichte zeigt. Calvin beharrte natürlich darauf, dass Gott in keinem der beiden Bereiche jemals untätig war. Die Geschichte aber schien oft blutgetränkt zu sein und das menschliche Leben von Ungerechtigkeit und Chaos beherrscht zu werden. Dennoch, sagte Calvin, müsse der Glaube die »dichten Wolken« durchdringen und vertrauen, dass Gott alle Dinge leite. Auch wenn die Ereignisse chaotisch erscheinen, »bleibt im Himmel stets die gleiche Ruhe und Heiterkeit« (Inst. I.17.1). Die Welt menschlicher Geschehnisse scheint »vom Zufall bewegt« zu sein, aber »der Herr ist überall am Werk«. Gottes Hand hält den Teufel und die Gottlosen »wie am Zügel« (Inst. I.17.11). Da Gott nicht immer seinen »unbegreiflichen Plan« oder seinen »verborgenen Ratschluss« offenbart, muss der Glaube auf Gottes »geheime Vorsehung« schauen und auf seine Güte und Gerechtigkeit vertrauen (Inst. I.17.2). Während das Wort die Geheimnisse Gottes offenbart und die Schule »gewisser und deutlicher Wahrheit« ist, heißt trotzdem Gottes »wundersame Art der Weltregierung mit Recht Abgrund; denn wir sollen sie in ihrer Verborgenheit ehrerbietig anbeten« (Inst. I.17.2).

Der Unterschied an Klarheit zwischen Natur und Geschichte brachte Calvin zurück zur Beschäftigung mit der Rolle der Schöpfung in der göttlichen Offenbarung. Im Gegensatz zur Verborgenheit der Vorsehung in der Geschichte, offenbart die Schöpfung die Güte des Schöpfers. Calvin sprach mit unterschiedlichen Bezeichnungen vom Kosmos. Die Natur, sagte er, sei das »Theater« der Herrlichkeit Gottes, der »Spiegel« der Vorsehung und Macht Gottes, ein »Zeugnis« der Herrlichkeit Gottes und Beweis seiner Liebe zum Menschen (Inst. I.5.1,8; I.6.2). Die Schöpfung ist das »Gewand«, in dem Gott sich den Menschen zeigt (CO 31,199). Obwohl sich der Sündenfall auch auf den Kosmos auswirkte, gleicht die Natur dennoch einer Vielzahl »brennender Fackeln«, um die »Herrlichkeit ihres Schöpfers« zu zeigen (Inst. I.5.14). Calvin war sich bewusst, dass diese Hinweise nicht zur wahren und erlösenden Gotteserkenntnis führen können. Vor dem Sündenfall bestand die *imago Dei* aus einer geordneten Natur (Inst. I.15.4). Hätte es keinen Sündenfall gegeben, hätte eine geordnete Seele durch die Betrachtung einer geordneten Schöpfung Gott gelobt. Trotzdem schlagen die Schönheit und die Ordnung in der Natur noch genug »Funken«, um uns jede Entschuldigung unmöglich zu machen (Inst. I.5.1). Die Schöpfung zeigt, dass Gott »sich nicht ohne Zeugnis ließ« und daher den Menschen schuldig macht. Wie Calvin feststellte: »Obgleich wir nun von Natur aus nicht die Fähigkeit haben, zur reinen und lauteren Erkenntnis Gottes zu gelangen, so ist dies Unvermögen doch unser eigener Fehler, und deshalb ist uns alle Entschuldigung abgeschnitten« (Inst. I.5.14).

In Calvins Theologie wird die Natur nur mit der »Brille« der Schrift wieder zur Offenbarung (Inst. I.6.1). Calvin legte dieses Prinzip nicht nur in der *Institutio* dar, sondern wandte es auch wiederholt an. In seiner Exegese von Büchern wie den Psalmen, Jeremia, Jesaja und Hiob wies Calvin den Leser immer wieder auf die Wunder der Natur hin. In welcher Weise für Calvin die Schrift die Herrlichkeit Gottes in der Schöpfung offenbart, wird illustriert durch sein Beharren darauf, die Erde müsse von der Macht Gottes in der Luft gehalten und die Wasser durch Gott gebändigt werden, um trockenes Land zu bewahren. Ohne die Schrift würde sich der »Sinn für das Göttliche« vom »rechten Weg« in den Götzendienst verirren (Inst. I.6.14). Die Schrift wirkte tatsächlich also auch wie ein Zügel, der die götzendienerische Natur des Geistes im Zaum hält. Dabei wirkt die Schrift an der Wiederherstellung der Ordnung mit, die von der Kirche herbeigeführt und mit dem zweiten Kommen Christi abgeschlossen sein wird (CO 31,40; CO 32,72). Die ganze Schöpfung mit den Augen der Schrift zu sehen, gleicht die noetische Wirkung der Sünde aus, sodass wir jetzt die Macht der Vorsehung Gottes, die sich im täglichen, geordneten Fortgang der Schöpfung zeigt, erkennen und preisen können.

Grabill, Stephen, J.: Rediscovering the Natural Law in Reformed Theological Ethics, 2006.
Grant, Edward: Cosmology (in: Lindberg, David C. [Hg.]: Science in the Middle Ages, 1978).
Kaiser, Christopher: Calvin's Understanding of Aristotelian Natural Philosophy: Its Extent and

Possible Origins (in: Schnucker, Robert V. [Hg.]: Calviniana; Ideas and Influence of Jean Calvin, 1988, 77–92).

Schreiner, Susan E.: The Theater of His Glory: Nature and the Natural Order in the Thought of John Calvin, 1995.

Steinmetz, David C.: Calvin and the Natural Knowledge of God (in: Oberman, Heiko A./ James III, Frank A. [Hg.]: Via Augustini: Augustine in the Later Middle Ages, Renaissance and Reformation, Essays in Honor of Damasus Trapp, OSA, 1991, 198–214).

(Übersetzt von *Elisabeth Steinweg-Fleckner*) *Susan E. Schreiner*

6. Mensch

Calvins grundlegende Lehre zu diesem Thema findet sich in der *Institutio* von 1539. Eine ausführlichere Darstellung bietet seine Antwort auf Pighius aus dem Jahr 1543, *Defensio sanae et orthodoxae doctrinae de servitute et liberatione humani arbitrii adversus calumnias Alberti Pighii Campensis* (DSO – alle Zitate aus diesem Werk stammen aus COR IV/3), dessen Lehre wiederum Einfluss auf die endgültige Version der *Institutio* von 1559 hatte. Unsere Selbsterkenntnis kann nicht von der Gotteserkenntnis getrennt betrachtet werden (Inst. I.1.1, 1539). Hier liegt die Unterscheidung zwischen christlicher und weltlicher Anthropologie begründet.

6.1. Die Menschheit als Schöpfung

Eine der Grundlagen der Anthropologie Calvins, auf die er immer wieder hinweist, ist die Unterscheidung zwischen der menschlichen Natur, wie sie ursprünglich von Gott erschaffen wurde, und dem, was aus ihr nach dem Sündenfall geworden ist (z.B. Inst. I.15.1; II.1.1). Nicht, weil Gott es so gewollt hat, befindet sich die menschliche Natur heute in einem schlimmen Zustand, sondern durch den Sündenfall.

6.1.1. Abbild Gottes

Für Calvin ist es unbestritten, dass der Mensch aus Leib und Seele besteht und dass die Seele der »edlere Teil« ist (Inst. I.15.2). Tatsächlich schreibt er wiederholt im Sinne Platos von der Seele, die im Körper gefangen ist. In seinem frühesten theologischen Werk, *Psychopannychia*, verteidigt er die Unsterblichkeit der Seele, die jedoch eine Gabe Gottes sei, nicht (wie im Platonismus) eine in ihrem Wesen liegende Eigenschaft (DSO 264f.).

Der Mensch ist als Abbild und Ähnlichkeit Gottes erschaffen. Calvin verwendet die Begriffe synonym, ein Beispiel für hebräischen Parallelismus. Osiander habe geirrt, als er das Abbild sowie die Seele willkürlich im Körper verortete, obwohl Calvin zugesteht, dass Teile von ihr im Körper zu finden sind. Das Abbild wurde durch die menschliche Sünde entstellt, ist aber nicht gänzlich verloren gegangen.

In Christus wird es wiederhergestellt, sodass wir es vor allem als aus Gerechtigkeit und Heiligkeit bestehend begreifen können (Inst. I.15.3 f.).

6.1.2. Verstand und Wille

Calvin teilt die Seele in Verstand und Wille. Die Rolle des Verstandes besteht darin, zwischen Gut und Böse zu unterscheiden, die Rolle des Willen ist es, ersteres zu wählen und letzteres abzulehnen. Der Verstand ist also Führer und Regent der Seele, der Wille ist ihm gegenüber immer aufmerksam und erwartet sein Urteil (Inst. I.15.7, 1539). Aber der Wille folgt nicht immer den Diktaten des Verstandes. Vor dem Sündenfall wurde Adams Wahl (*arbitrium*) von seinem Willen (*voluntas*) kontrolliert, der »in die eine oder die andere Richtung gebeugt werden konnte« und dann frei das Böse wählte (Inst. I.15.8). Wenn es um den Sündenfall des Menschen geht, erkannten sogar die Philosophen die Schwierigkeit, das Regiment des Verstandes zu postulieren (Inst. II.2.3, 1539).

6.2. Sündenfall und Erbsünde

6.2.1. Adams Sünde

Warum hat Adam gesündigt? Calvin lehrt unmissverständlich, dass es durch eigene Schuld geschah. Adam hätte standhalten können, aber er fiel aus eigenem Willen. Adam hatte die Möglichkeit, nicht zu sündigen (*posse non peccare*) (Inst. II.3.13, 1539; DSO 325–327). Er hatte die freie Wahl zwischen Gut und Böse, sein Verstand war klar und sein Wille war frei, sich für das Gute zu entscheiden (Inst. I.15.8). Calvin betonte gegenüber Pighius, er habe »immer« behauptet, Adam sei mit freier Wahl erschaffen worden (*liberum arbitrium*) (DSO 162), auch wenn er dies erst explizit tat, nachdem ihn Pighius dazu herausgefordert hatte. Der Sündenfall geschah also, weil Adam seine freie Wahlmöglichkeit missbraucht hatte. Calvins Standpunkt ist in der *Confessio ecclesiae Parisiensis* (CO 9,716) zusammengefasst: »Wir glauben, dass der Mensch rein und vollständig erschaffen wurde und dass er durch eigene Schuld aus der Gnade Gottes fiel.«

Was ist diese Gnade, die Adam empfangen hatte? Sie hätte ausgereicht, ihn vor der Sünde zu bewahren, wenn er sich so entschieden hätte. Aber Adam war, anders als den Auserwählten, nicht die Beständigkeit gegeben, am Guten festzuhalten (DSO 205 f., 325; Inst. I.15.8). Calvin macht Adam für den Sündenfall verantwortlich, deutet manchmal jedoch an, dass der Fall trotz der ihm gegebenen Gnade fast unvermeidlich war. Adam konnte so leicht sündigen, weil ihm keine Beständigkeit gegeben worden war. Calvin räumt ein, dass Gott ihn vor der Sünde hätte bewahren können, argumentiert aber, dass dies nicht seine Aufgabe gewesen sei. »Für Gott bestand keine Notwendigkeit, den Menschen mit etwas anderem als einem mittelmäßig starken und sogar wandelbaren Willen auszustatten, denn so offenbart der Sündenfall des Menschen seine eigene Herrlichkeit« (Inst. I.15.8).

An einer Stelle stellt Calvin aber fest, dass es für Adam notwendig gewesen sei (*opus habuisse*), jene Stärke und Beständigkeit zu besitzen, die Gott seinen Auserwählten verleiht, um der Sünde widerstehen zu können. Diese habe er ihm aber vorenthalten (s. *De occulta dei providentia*, CO 9,294). Dies legt die Deutung nahe, das Vorenthalten dieser Gaben habe den Sündenfall unausweichlich werden lassen. Calvins übliche Position ist aber, dass er den Sündenfall dadurch nicht zwangsläufig, sondern möglich machte – oder genauer gesagt, ihn wahrscheinlich machte, da er nicht glaubte, dass Adam lange sündenfrei geblieben wäre (Komm. Gen 3,6).

6.2.2. Decretum horribile

Der Sündenfall geschah durch Adams eigene Schuld, aber Adam sündigte, weil Gott es beschlossen hatte (*decretum horribile*, Inst. III.23.7). Es ist nicht richtig zu behaupten, Gott habe den Sündenfall lediglich *verbieten* wollen. Was Gott will, ist notwendig und muss geschehen. »Der erste Mensch sündigte, weil Gott es für sinnvoll erachtete.« Bedeutet das, Adam war nicht dafür verantwortlich? Calvin besteht darauf, dass Adam am Sündenfall schuld war. »Der Mensch sündigt, so wie es Gottes Vorsehung bestimmt, er sündigt aber aus eigener Schuld.« (Inst. II.23.8, 1539). Die Ursache für den Sündenfall liegt in Adam. »Denn obwohl der Mensch durch Gottes ewige Vorsehung dazu erschaffen wurde, das Unheil, dem er unterliegt, zu erfahren, findet das Unglück immer noch seine Gelegenheit im Menschen selbst, nicht in Gott, denn der einzige Grund für sein Verderben liegt darin, dass er von Gottes reiner Schöpfung zu lasterhafter und unreiner Perversion heruntergekommen ist« (Inst. III.23.9, 1539). Calvin wies außerdem nachdrücklich darauf hin, dass der Sündenfall, wenn auch vorbestimmt, freiwillig geschah und dass Adam aus eigenem Antrieb (*sponte*) gesündigt hat. »Der eigentliche und wahre Grund der Sünde ist nicht der geheime Rat Gottes, sondern der offensichtliche Wille des Menschen« (*De aeterna praedestinatione*, COR III/1,144.146). Gott bestimmte den Sündenfall, er bestimmte aber, dass Adam frei und freiwillig aus eigener Schuld sündigen würde, nicht, dass er gegen seinen Willen dazu gezwungen würde.

Calvin beruft sich in dieser Sache explizit auf die Vorsehungslehre. Wenn Gott den Sündenfall nicht beschlossen hätte, »wo wäre dann die Allmacht Gottes, mit der er alle Dinge nach seinem geheimen Plan regelt, der ganz allein von ihm abhängt?« (Inst. III.23.7). Zweifellos konnte Calvin mit seiner Vorsehungslehre nichts anderes behaupten als dass Gott den Sündenfall beschlossen hätte. Bis zur letzten Ausgabe der *Institutio* behandelte er Vorsehung und Prädestination gemeinsam, 1559 brach er aber mit dieser theologischen Tradition und trennte sie. Die Verbindung zur Vorsehung bleibt aber nicht zuletzt in dem Gedanken bestehen, dass Gott den Sündenfall beschlossen hat. Diese Idee, die keineswegs durch die Trennung von Vorsehung und Prädestination in den Hintergrund zu geraten drohte, wurde 1559 durch die Einbeziehung neuen Materials aus den polemischen Schriften der 50er Jahre untermauert.

Wie heute, wurde diese Lehre damals als falsch bezeichnet und Calvin wurde gefragt, warum Gott beschließen sollte, dass der Mensch sündigt. Calvin wandte sich strikt gegen jeden Spekulationsversuch, was hinter dem Offenbarten liegen könnte. »Gott duldet wissentlich und willentlich, dass der Mensch sündigt; der Grund liegt vielleicht im Verborgenen, er kann aber nicht unrecht sein« (*De aeterna praedestinatione*, COR III/1,146).

6.2.3. Erbsünde

Adam hat die Erbsünde an alle seine Nachkommen weitergegeben. Dies ist als »erbliche Lasterhaftigkeit und Verderbtheit unserer Natur« definiert, »eingedrungen in alle Teile der Seele, sodass wir dem Zorn Gottes unterliegen und in uns das entsteht, was die Schrift »Werke des Fleisches« nennt« (Inst. II.1.8, 1539). Calvin bezieht sich also im Sinne der »Erbschuld« (Neugeborene sind vor Gott nicht unschuldig) und des »Erblasters« auf die Erbsünde. Obwohl er meistens der Argumentation des Augustinus folgt, gibt es einen entscheidenden Unterschied. Für Augustinus haben alle Menschen »in Adam« gesündigt und tragen damit gemeinsam die Verantwortung für seine Sünde. Die Begehrlichkeit oder Lust des Menschen ist Gottes Strafe dafür. Im Gegensatz dazu ist Adam für Calvin der alleinige Sünder, aber alle Menschen tragen die Konsequenzen. Die Neugeborenen sind schuldig, nicht weil sie selbst »in Adam« gesündigt haben, sondern weil sie eine verdorbene Natur besitzen, die sie von Adam geerbt haben. Wir wenden uns jetzt der Sichtbarwerdung dieser Natur zu.

6.3. Der Mensch als Sünder

Calvin stimmt dem oft zitierten Ausspruch Augustinus' zu, dem zufolge »die natürlichen Gaben im Menschen durch die Sünde verdorben wurden und ihm seine übernatürlichen Gaben genommen wurden«, auch wenn diese Unterscheidung nicht im mittelalterlichen Sinn vorgenommen wird. Die Verderbtheit der natürlichen Gaben besteht im Verlust der Gesundheit des Verstandes und Reinheit des Herzens (Willens) (Inst. II.2.12).

6.3.1. Knechtschaft des Willens

Calvin glaubt, dass der Sündenfall die Menschheit radikal zum Schlechteren, wenn nicht zum Schlechtesten gewandelt hatte. Die ganze menschliche Natur ist verdorben – nicht nur der sinnliche Teil, sondern auch Verstand und Wille. Es gibt eine Verderbtheit der menschlichen Natur, die alle betrifft, nicht nur die Boshaften. Dabei geht es nicht einfach um Gewohnheit. Unsere Natur ist lasterhaft und es ist müßig, etwas Gutes in ihr zu suchen (Inst. II.3.1f., v.a. 1539). »So verderbt ist die [menschliche] Natur, dass der Mensch nur zum Bösen bewegt oder gezwungen werden kann« (Inst. II.3.5, 1539). Es ist wahr, dass äußerliche Tugend und Ehrenhaftigkeit im Ungöttlichen zu finden sind, dies ist jedoch eine besondere Gabe von Gottes Gnaden, mit der er das Herz zähmt, ohne es zu läutern. Ist der innere Antrieb falsch und besteht keine Begeisterung für Gottes Herrlichkeit, hat solch äußerliche Tugend für Gott keine Bedeutung (Inst. II.3.3 f.; III.14.1–3, v.a. 1539).

Calvin hat wiederholt betont, dass jener erbarmungswürdige Zustand nicht der ist, in dem Gott die Menschheit geschaffen hat. Es ist die *gefallene* Menschheit, die er beschreibt, nicht die menschliche Natur, wie sie geschaffen wurde. Diese Verderbtheit kann »natürlich« (Eph 2,3) genannt werden, indem alle sie von Adam geerbt haben, sie ist aber nicht Teil der von Gott erschaffenen Natur. Sie ist nicht Teil unseres Wesens, sondern akzidental (z.B. Inst. II.1.10 f., 1539).

Würde man ausschließlich diese Verderbtheit betrachten, führte das entweder zur Verzweiflung oder zur Anklage Gottes. Aber Calvin war kein Misanthrop, der nichts anderes im Sinn hatte, als die Menschheit schlecht zu machen. So, wie wir unsere gegenwärtige Verderbtheit im Blick haben müssen, sollen wir uns auch an unsere Ehrenhaftigkeit in Adam erinnern, was unser Streben nach Rechtschaffenheit stärken wird (Inst II.1.3, 1539). DSO verteidigt die Knechtschaft *und Befreiung* des menschlichen Willens. Wenn Calvin uns in den Staub wirft, will er uns dort nicht liegen lassen, sondern er will uns unser Bedürfnis zeigen sowie den, der das Bedürfnis befriedigen kann. Wir müssen in den Staub gestoßen werden, weil wir von Natur aus zur Selbstbewunderung neigen (Inst. II.1.2, 1539).

Die Knechtschaft des Willens bedeutet, dass die Menschen nichts anderes tun können als zu sündigen, dass sie notwendigerweise sündigen. »Der Wille bar von Freiheit wird notwendigerweise ins Böse gezogen oder gelenkt« (Inst. II.3.5, 1539). Dies scheint mit der augustinischen Tradition in Konflikt zu stehen, nach der alle Menschen, wie sündig sie auch sind, die freie Wahl haben (*liberum arbitrium*). Calvin bemüht sich sehr, den Eindruck zu vermeiden, er sei in diesem Punkt anderer Auffassung als Augustinus. Pighius widmete Buch 3 seines DSO *De libero hominis arbitrario et divina gratia* (Köln 1542) den Gegensätzen zwischen Augustinus und Calvin und letzterer reagierte in allen Einzelheiten im Buch 3 der DSO.

Im Mittelpunkt dieser Beweisführung steht die Unterscheidung zwischen Notwendigkeit und Zwang (*coactio*) (DSO 221–225). Die Notwendigkeit der Sünde, das Bedürfnis danach, existiert durch die Verderbtheit des Willens und durch die dem Menschen angeborene Boshaftigkeit. Sünder werden von keinem äußeren Impuls getrieben oder gezwungen zu sündigen (DSO 137–139). »Der Mensch sündigte willentlich, weil er durch den Sündenfall verderbt wurde, nicht unfreiwillig oder durch Zwang; durch den größten Eifer des Herzens, nicht durch Zwang; durch die Versuchung der eigenen Lust, nicht durch Zwang. So verdorben ist seine Natur, dass er nur zum Bösen bewegt oder gezwungen werden kann« (Inst. II.3.5, 1539). Um die Notwendigkeit (aber nicht den Zwang) mit der Reinheit des

Willens zu vereinen, bringt Calvin die Beispiele von Gott und dem Teufel. Gott ist notwendigerweise durch seine Natur gut, muss aber dadurch kein bisschen weniger gepriesen werden. Der Teufel ist so tief gefallen, dass er nichts anderes als Böses tun kann, ist aber dadurch kein bisschen weniger schuldig. Aristoteles erkennt an, dass wir uns selbst durch unser freies Handeln eine Notwendigkeit auferlegen können, zum Beispiel indem wir eine Sucht entwickeln. Darauf beruft sich Calvin, allerdings mit dem Unterschied, dass das freie Handeln zu Adams freier Wahl der Sünde am Anfang wird (DSO 221–225). Der gefallene Mensch ist Sklave der Sünde, seine Knechtschaft ist aber freiwillig. Er steht unter dem Joch der »freiwilligen Sklaverei« (Inst. II.3.5, teilweise 1539).

Calvin stimmt mit Pighius darin überein, dass jede Sünde freiwillig ist, weil wir alle Sünder sind durch Adams freiwilligen Fall und weil die Sünde aus unserem bösen Willen entsteht (DSO 167f.). Aber er verwirft Pighius' Behauptung, die Sünde könne vermieden werden, weil sie freiwillig sei. Er zitiert Aristoteles um aufzuzeigen, dass eine unvermeidbare Sünde trotzdem freiwillig sein kann. Die gefallene Menschheit unterliegt einer freiwilligen, nicht erzwungenen Unfreiheit, sodass die Sünde gleichzeitig freiwillig und notwendig ist (DSO 224f.).

Aus der allgemeinen Verderbtheit der menschlichen Natur folgt, dass guter Wille vor einem Gnadenakt unmöglich ist. Calvin erörtert dies ausführlich und beruft sich dabei wiederholt auf Augustinus. Augustinus lehrt, dass die gefallene Menschheit »nicht nur unfähig ist, Gutes zu wollen oder zu beschließen, sondern auch, überhaupt den Gedanken daran zu fassen« (DSO 208). Daraus folgt, dass die unerlöste Menschheit unfähig ist, Gottes Gesetz zu gehorchen. Denn Gott schaut nicht nur auf äußerliche Taten, sondern auch auf solche, die aus vollkommener Liebe zu ihm motiviert sind (DSO 94f.). Der Zweck des Gesetzes liegt nicht darin, uns unsere Möglichkeiten aufzuzeigen, sondern unsere Unfähigkeit zu enthüllen. Das Gesetz kann Sünder nicht zu guten Menschen machen, es spricht sie schuldig (DSO 110). Pighius widersprach der Ansicht, es gebe keine Verpflichtung ohne Fähigkeit – Pelagius' Argument des »Sollen beinhaltet Können«. Calvin antwortet mit Augustinus, dass das wahr sei – allerdings gelte es für die menschliche Natur, wie sie erschaffen wurde, nicht für den Zustand nach ihrem Fall (DSO 189). Gott befiehlt Unmögliches für den Menschen nach seinem Fall, sodass wir wissen sollten, was wir uns von seiner Gnade erbitten müssen (DSO 216). Pighius argumentiert auch, Gottes Befehle, Warnungen und Ermahnungen seien umsonst, wenn das Gehorchen nicht in unserer Macht liegt. Calvin verweist in seiner Reaktion mit Nachdruck auf Augustinus' *De correptione et gratia*.

Pighius beschuldigte die Reformatoren, »die ganze menschliche Natur, wie sie nach dem Sündenfall geschädigt und verderbt ist, zu verdammen« (DSO 117) und sie für schuldig an Perversionen zu erklären, durch die sie nur böse handeln kann (DSO 249). Calvin entgegnet darauf, dass nichts in der menschlichen Natur von der Verderbtheit ausgenommen sei (DSO 178f.). Hier wie an anderer Stelle zitiert er gegenüber Pighius die Kanones des Zweiten Konzils von Orange. Im ersten war festgestellt worden, dass Adams Sünde die menschliche Natur gänzlich zum Schlechteren gewandelt hatte. Der Konzilsbeschluss lehnte die Idee als pelagianisch ab, dass »nur der Körper der Verderbtheit unterworfen sei und die Freiheit der Seele unberührt bliebe« (DSO 268). Er erläutert sorgfältig, wie das natürliche Gefühl verdorben wurde. Gefühle wie eheliche oder elterliche Liebe, Trauer und Angst vor Gefahr wurzeln in der Schöpfung, nicht in der Sünde, wurden aber verdorben und sind böse geworden. Natürliche Liebe, die ursprünglich gut war, wurde geschändet und verdorben. Selbst der Wunsch nach ehrenhaften Dingen wurde grob entstellt, ganz zu schweigen vom Vergnügen am Bösen (DSO 266).

6.3.2. Wahlfreiheit des Willens?

Bleibt dem gefallenen Menschen die freie Wahl erhalten? Der Sündenfall hat den Willen nicht zerstört. Der Wille besteht weiter, er ist aber versklavt und verderbt (Inst. II.2.12; II.3.5, 1539). Aber hat der Wille die freie Wahl? Die Antwort hängt davon ab, wie man diese Freiheit definiert. Calvin war von dem Begriff bestimmt nicht begeistert. In seinen Predigten stellt er ihn immer als Irrtum der Papisten dar. Ironisch stellt er in einem Kommentar fest, der Ursprung des *liberum arbitrium* liege wohl in dem Wunsch Adams nach Unabhängigkeit (Komm. Gen 2,9). In der *Institutio* ist seine Position jedoch subtiler. Calvin war darauf vorbereitet, den Begriff *liberum arbitrium* zu akzeptieren, wenn er nicht im Sinne von »libera boni aeque ac mali electio« verwendet wurde, sondern als Bestätigung, dass wir aus unserem Willen heraus und nicht aus Zwang schlecht handeln. Aber er hielt »freier Wille« für eine viel zu große Bezeichnung, wenn wir die (freiwilligen) Sklaven der Sünde sind. Außerdem sei der Begriff so missbraucht worden, dass die meisten Menschen glaubten, er bedeute, man sei »Herr sowohl über den Verstand als auch über den Willen, in der Lage, sich selbst dem Guten oder dem Bösen zuzuwenden«. Eine Lösung sei es, die wahre Bedeutung des Begriffs zu erklären, aber der menschliche Hang zur Unwahrheit könne dazu führen, dass der Fehler, der in einem Wort liegt, die Wahrheit im gesamten Diskurs einer Erläuterung aufhebt. Calvin empfiehlt, den Begriff fallen zu lassen, um dieser Gefahr zu entgehen. Wolle ihn aber jemand weiterhin verwenden, und zwar in der richtigen Bedeutung, sei ihm das freigestellt (Inst. II.2.7 f., 1539).

In seiner Antwort auf Pighius hat Calvin wiederholt bestätigt, dass er es mit Begriffen nicht besonders genau nimmt, solange das Wesentliche korrekt bleibt. Er hat nichts dagegen, den Willen »frei« zu nennen, wenn damit gemeint ist, dass er »nicht gezwungen oder von einem externen Impuls in eine bestimmte Richtung gedrängt wurde, sondern sich aus eigenem Antrieb bewegte« (*sponte*). Dies zu leugnen sei in der Tat Häresie (DSO 137). Aber Pighius und die anderen verstanden den Begriff so, dass »sowohl Gut als auch Böse in seiner Macht [des Willens] lägen, sodass er sich aus eigener Kraft für das eine oder das andere entscheiden kann«. In dieser Bedeutung lehnt Calvin den Begriff ab, und wegen dieses

Missbrauchs hätte er ihn lieber fallen gelassen. Er argumentiert auch, es sei uneigentlich (*improprie*) zu sagen, der menschliche Wille sei frei, da die Schrift erkläre, er sei geknechtet (DSO 137).

Um Verwirrung zu vermeiden, definiert Calvin seine Begriffe sehr genau. Im allgemeinen Verständnis liegt es in der Macht des freien (*libera*) Willen, zwischen Gut und Böse wählen zu können. Ein erzwungener (*coacta*) Wille »neigt nicht aus eigenem Antrieb oder aufgrund einer inneren Entscheidung in die eine oder andere Richtung, sondern wird gewaltsam von einem externen Impuls getrieben.« Einen solchen Willen kann es nicht geben, er wäre ein Widerspruch in sich. Stattdessen ist ein Wille selbstbestimmt (*spontanea*), wenn er »aus sich selbst heraus (*ultro*) sich selbst in die Richtung lenkt, in die er geführt wird, wenn er nicht gewaltsam genommen oder ohne es zu wollen gezogen wird.« Schließlich ist jener Wille geknechtet (*serva*), der »aufgrund seiner Korrumpiertheit unter der Autorität böser Begierden gefangen gehalten wird, sodass er nichts anderes als das Böse wählen kann, selbst wenn er dies aus eigenem Antrieb (*sponte*) und freudig tut, ohne von einem äußeren Impuls getrieben zu sein.« Nach diesen Definitionen haben alle Menschen die Wahlmöglichkeit (*arbitrium*), und diese ist selbstbestimmt. Wir begehen Böses aufgrund unserer eigenen freien Entscheidung (*voluntariae suae electioni*) – Zwang und Gewalt werden als unvereinbar mit der Natur des Willens ausgeschlossen. Aber die Entscheidung ist nicht frei, da sie aus Notwendigkeit zum Bösen getrieben wird, aus angeborener menschlicher Schlechtigkeit, und nichts anderes als das Böse suchen kann. Aufgrund seiner Verderbtheit ist der Wille »gefangen unter dem Joch der Sünde und damit des notwendigen Willens im schlechten Sinne.« Gebundenheit bringt also Notwendigkeit mit sich, ist aber nichtsdestotrotz eher eine freiwillige als eine erzwungene Knechtschaft (DSO 137–139). Der gefallene Mensch sündigt frei und seine Sünde ist Ausdruck seines wahren Charakters; in diesem Sinne ist er völlig frei. Er ist jedoch nicht frei in dem Sinne, dass er Gutem und Bösem in einer moralisch neutralen Haltung gegenüber steht.

6.3.3. Verdunkelung des Verstandes

Der Sündenfall wirkt sich nicht nur auf den Willen, sondern auch auf den Verstand aus. Der gefallene menschliche Verstand ist erblindet und nicht mehr in der Lage, die Wahrheit zu sehen, genauso wie der Wille nicht in der Lage ist, Gott zu lieben und ihm zu gehorchen (DSO 201). Eine Konsequenz des Sündenfalls ist es, dass nicht nur der Wille, sondern auch der Verstand unfrei ist (DSO 167).

Hier beruft sich Calvin auf die Unterscheidung zwischen unseren natürlichen Gaben, die durch die Sünde verdorben sind, und übernatürlichen Gaben, die verloren gegangen sind (Inst. II.2.12). Er unterscheidet zwischen einem Verständnis von »irdischen« und »himmlischen« Dingen. In säkularen Disziplinen wie »Regierung, Haushalt, allen mechanischen Fertigkeiten und den freien Künsten« kann der gefallene Mensch herausragend sein. Seine Errungenschaften sollten großzügig als Gaben Gottes wertgeschätzt werden. Geht es aber um Theologie, um die »reine Gotteserkenntnis, die Natur der wahren Rechtschaffenheit und die Mysterien des himmlischen Königreichs«, ist es etwas ganz anderes (Inst. II.2.13, 1539). Auf diesem Gebiet »sind die größten Genies [wie Plato] blinder als Maulwürfe« (Inst. II.2.18, 1539).

6.4. Die Bekehrung

6.4.1. Sola gratia

Der geknechtete Wille kann sich nicht auf das Gute zubewegen. Die Bekehrung erfolgt ausschließlich durch Gottes Gnade und ist einzig sein Werk (z.B. Inst. II.3.5–9, 1539–1559). Dieses Werk umfasst eine neue Schöpfung, in der unser Herz aus Stein in ein Herz aus Fleisch umgewandelt wird. Es findet eine vollständige Transformation und Erneuerung unseres Willens statt. Gott hilft nicht nur dem schwachen Willen, er wirkt in uns, damit wir das Gute wollen (Inst. II.3.6, 1539–59). »Der Verstand des Menschen ist blind, bis er vom Geist Gottes erhellt wird [und] der Wille ist an das Böse gekettet und wird vollständig zum Bösen getragen und getrieben, bis er von demselben Geist korrigiert wird« (CO 7,594).

Die Gnade kommt zuerst und sie geht allen unseren guten Taten voran. »Gott beginnt sein gutes Werk in uns, indem er Liebe und Begehren und Begeisterung für Gerechtigkeit in unseren Herzen weckt; oder um es genauer zu sagen, indem er unsere Herzen zur Gerechtigkeit biegt und nach ihr formt und ausrichtet« (Inst. II.3.6f., 1539). Vorausgehende Gnade bringt dem menschlichen Willen nicht nur die »Freiheit der Entscheidung zwischen zwei Gegenpolen«. Calvin lehnt eine bestimmte Auffassung ab, die später als die arminianische bekannt wird, nämlich dass Gott »dem menschlichen Verstand Licht anbietet und dass es in der Macht der Menschen liegt, dieses anzunehmen oder abzulehnen, und er lenkt ihren Willen so, dass es in ihrer Kraft liegt, der Bewegung zu folgen oder es nicht zu tun« (DSO 204). Gott bietet uns nicht bloß die Gnade an und überlässt es uns, ob wir sie annehmen oder ablehnen. Stattdessen ist die Bekehrung »vollständig die Wirkung der Gnade« und Gott schenkt uns nicht bloß die Fähigkeit, das Gute zu wollen, sondern er sorgt auch dafür, dass wir es wirklich wollen (DSO 252f.).

Später verwenden Calvinisten einen Begriff, den Calvin gar nicht benutzte – »unwiderstehliche Gnade«. Dieser Begriff kann auf zwei Arten aufgefasst werden, vergleichbar mit dem Satz einer Frau: »Ich konnte mich seiner nicht erwehren.« Ein solcher Satz könnte in einem Vergewaltigungsprozess genauso fallen wie in einem Bericht der Frau darüber, wie sie sich verliebt hat. In diesem zweiten Sinn, nicht in dem ersten, kann die Gnade »unwiderstehlich« genannt werden.

6.4.2. Erneuerung des Willens

Wenn die Bekehrung eine neue Schöpfung ist, schließt sie dann die Zerstörung des Willens mit ein? In der *Institutio* von 1539 steht Calvin kurz davor, dies zu lehren. Gott zerstört (*aboleat*) unseren verderbten Willen und ersetzt ihn durch einen guten Willen. Es ist falsch zu behaupten, der Wille gehorche der Gnade wie ein eifriges Hausmädchen (Inst. II.3.7, 1539). Das Herz aus Stein wurde gegen ein Herz aus Fleisch ausgetauscht, sodass alles, was aus unserem eigenen Willen entsteht, vernichtet wird, und alles, was stattfindet, gänzlich von Gott stammt (Inst. II.3.6, 1539). Chrysostomus' Aussage »Gott zieht nur den, der bereitwillig ist« muss abgelehnt werden (Inst. II.3.10, 1539). Kurz gesagt, der Beginn der Wiedergeburt sei, »dass das Unsere abgetan werde« (Inst. II.5.15, 1539). Wenn Calvins Lehre so verstanden wurde, dass die Gnade den Willen zerstört, hat er sich das teilweise selbst zuzuschreiben. In Wirklichkeit differenziert er dies. Im Anschluss an die letztgenannte Passage fügt er hinzu, Augustinus habe zu Recht gelehrt, dass Gnade nicht den Willen zerstöre, sondern ihn wiederherstelle. Man sage, dieser Wille werde neu erschaffen (*nova creari*), sobald seine verderbte Natur vollständig verändert wurde.

Trotz dieser Differenzierung wurde Calvin von Pighius vorgeworfen, er lehre, dass die Gnade den Willen zerstöre. Er reagierte darauf, indem er wiederum betonte, dass bei der Bekehrung »alles, was zu unserem Willen gehört, vernichtet wird und alles, was stattfindet, gänzlich von Gott ist« und dass »Bekehrung ausschließlich das Werk Gottes ist« (DSO 286). Pighius hatte dies so interpretiert, dass Bekehrung die Zerstörung der Substanz oder des Vermögens des Willens sowie den Ersatz durch einen anderen Willen beinhalte. Gegenüber Calvin zitiert er Ambrosius' Aussage, die Substanz des Herzens würde nicht entfernt werden. Calvin erwidert, er habe nie die Zerstörung oder die Entfernung der Substanz des Herzens oder des Willens gelehrt. Was in der Bekehrung geändert werde, sei nicht das Vermögen oder die Substanz des Herzens oder Willens, noch sei es ausschließlich das Handeln des Willens, sondern es sei etwas dazwischen – die Qualität oder Haltung (habitus) des Willens (DSO 288–291). Pighius begreift Sünde nur im Sinne des sündigen Handelns, sodass er auch eine Verderbtheit der menschlichen Natur nicht anerkennen konnte. Er sah Gerechtigkeit nur im Sinne gerechten Handelns und ließ so keinen Raum für »habituelle« Gnade. Zur Betonung des freiwilligen Charakters des Willens verwendet Calvin in DSO eine präzisere und technischere Sprache als an anderer Stelle, da »Haltung« ein scholastischer Begriff ist.

Für eine deutlichere Unterscheidung beruft er sich auf eine Passage bei Bernhard, die er 1539 bereits zitierte, in der der Wille in sich selbst, und auch in einen bösen und einen guten Willen, unterschieden wird. Der erste beschreibt das Vermögen oder die Substanz des Willens. Die anderen beiden bezeichnen Qualitäten oder Haltungen des Willens. Das Vermögen des Willens ist im Menschen immer anwesend, aber der böse Wille geht aus dem Sündenfall und der gute Wille aus der Erneuerung hervor. Der Wille bleibt bestehen, wie er geschaffen wurde, der Wandel findet in der Haltung statt, nicht in der Substanz (DSO 290 f.). Es ist wahr, dass »alles, was unseres ist, abgetan werden sollte«, aber gemeint ist damit das, »was wir in uns haben außer der Schöpfung Gottes« – d. h. »die Verderbtheit, die nicht nur in manchen Teilen von uns bestehen bleibt, sondern auch in unserer ganzen Natur.« Die Sünde hat die gesamte menschliche Natur befallen, sodass die gefallene Menschheit nur Böses denken, wählen, wollen, versuchen oder tun kann. In diesem Sinne sind wir gänzlich zerstört und erneuert worden (DSO 293 f.).

Calvin relativiert auch seine frühere Ablehnung der Aussage Chrysostomus', wir folgten Gott bereitwillig. Diejenigen, die Christus dienen, tun dies freiwillig – aber Gott bringt sie durch seinen Geist dazu. Christus zieht uns nicht gewaltsam oder gegen unseren Willen und wir folgen ihm aus eigenem Antrieb – aber aufgrund eines Willens, den er erschaffen hat. Chrysostomus' Fehler besteht für Calvin darin, nicht zu lehren, dass wir freiwillig folgen, sondern anzunehmen, dass wir aus einer gänzlich eigenen Bewegung heraus folgen (DSO 315 f.). Gott erschafft in seinem Volk ein neues Herz, damit er »willige Diener [hat], die aus eigenem Antrieb folgen« (DSO 274). Schließlich sind wir es in der Bekehrung (nach Augustinus), »die wollen, wenn wir wollen, aber er ist es, der uns dazu bringt, das Gute zu wollen. [...] Wir sind es, die handeln, wenn wir handeln, aber er ist es, der uns zum Handeln bringt, indem er uns die wirksame Kraft dazu gibt« (DSO 216).

Die ausführlichere Lehre der DSO hat ihre Spuren in der *Institutio* von 1559 hinterlassen. Alles, was zu unserem eigenen Willen gehört, wird vernichtet, jedoch »nicht das, was selbst Wille ist, denn in der Bekehrung des Menschen bleibt erhalten, was zu seiner ursprünglichen Natur gehört«. Der Wille wird neu erschaffen – »was nicht bedeutet, dass der Wille jetzt erst zu existieren beginnt, sondern dass er von einem bösen in einen guten Willen verwandelt wird« (Inst. II.3.6). Augustinus wird zitiert, indem Calvin der Aussage zustimmt, dass wir ebenfalls handeln, wenn Gott an uns handelt (Inst. II.5.14). Die Einschränkung bezüglich der Zerstörung des Willens, die man 1539 findet, wird noch stärker hervorgehoben: »Selbst wenn etwas Gutes im Willen existiert, entstand es einzig und allein aus dem Antrieb des Heiligen Geistes. Da wir von Natur aus mit Willen ausgestattet sind, heißt es aus gutem Grund, dass wir jene Dinge tun, deren Lob Gott zu Recht für sich in Anspruch nimmt« (Inst. II.5.15).

1539 nähert sich Calvin in seiner *Institutio* gefährlich der Lehre von der Zerstörung des Willens. Pighius' Infragestellung dieses Punktes, die Calvin so vehement ablehnte, zwang ihn dazu, seine Lehre zu relativieren. Das geschah zunächst in der DSO und später in der *Institutio* von 1559. Er gestattete es, in diese Richtung gelenkt zu werden, weil die Debatte darüber die Lehre des Augustinus betraf, vor dem er hohen Respekt hatte.

6.5. Die Bekehrten

6.5.1. Freiheit

Calvin widerstrebt es zuzugeben, dass der Sünder die freie Wahl hatte, denn er sieht Freiheit hauptsächlich in ethischer Hinsicht als Freiheit, das Gute zu tun. Erst nach der Bekehrung erlangen wir diese Freiheit. Er zitiert Augustinus' Kommentare, nach denen der Wille des Ungläubigen »tatsächlich frei, aber nicht befreit ist: frei von Gerechtigkeit, aber unter dem Joch der Sünde« (Inst. II.2.8, 1539). Während Calvin zugesteht, dass der gefallene Sünder eine freie Wahlmöglichkeit behält, interessiert ihn ausschließlich die Freiheit, die ihm durch die Gnade gegeben wird – Freiheit von der Knechtschaft durch die Sünde. Gläubige genießen die Freiheit von der Herrschaft des Fleisches. Sie wurden von Sünde und Fleisch befreit und gehorchen willentlich der Gerechtigkeit. Gott zu dienen schränkt ihre Freiheit nicht ein. Die Alternative zu ihrer Dienerschaft ist nicht die reine Autonomie, sondern die Knechtschaft von Gesetz, Sünde und Tod. Der willentliche Gehorsam gegenüber der Gerechtigkeit ist die einzig wahre Freiheit (DSO 194.203).

Christliche Freiheit wird in diesem Leben nicht gänzlich erreicht. Die Wiedergeburt befreit uns von den Fesseln der Sünde, wir genießen aber noch nicht diese vollständige Freiheit. Während die Sünde nicht mehr über uns herrscht, bleibt sie doch in uns erhalten (Inst. III.3.10 f., 1543). Wie weit die Heiligen in diesem Leben auch immer vorankommen, ihr Gehorsam wird dem Ausmaß der Liebe nicht gerecht, welches die zwei großen Gebote vorgeben (DSO 94). Die Überbleibsel des Fleisches kämpfen gegen den Heiligen Geist, und so ist das christliche Leben vom täglichen Kampf gegen die Sünde geprägt. Calvin bleibt im Widerspruch zu Pighius dabei, dass die Seele des Gläubigen nach der Wiedergeburt in zwei Teile geteilt ist (DSO 99.257 f.). Das »Fleisch«, in dem die Sünde wohnt (Röm. 7,18), ist nicht nur der Körper, wie Pighius sagt. Das Problem liege eher darin, dass die Erneuerung von Verstand und Willen noch nicht vollständig ist und dass in beiden Teilen Reste von Sünde zurückbleiben (DSO 258 f.).

»[Die Frommen] sind jedoch derart geteilt, dass, obwohl sie mit dem besonderen Verlangen ihrer Herzen nach Gott streben, himmlische Gerechtigkeit suchen und Sünde hassen, sie durch die Reste ihres Fleisches auf die Erde zurückgezogen werden. In diesem Zustand der Zerrissenheit kämpfen sie gegen ihre eigene Natur und fühlen, wie ihre eigene Natur gegen sie kämpft. Sie verurteilen ihre Sünden nicht nur, weil sie durch das Urteil des Verstandes dazu gezwungen werden, sondern auch, weil sie sie aus dem ursprünglichen Gefühl des Herzens heraus verabscheuen und ihr Verhalten in der Sünde hassen.« (Komm. Röm 7,15).

6.5.2. Mitwirkende Gnade?

Die mittelalterliche katholische Theologie nach Augustinus unterschied zwischen wirkender und mitwirkender Gnade. Zunächst wandelt die (*wirkende*) Gnade den Willen vom Bösen zum Guten. Der gewandelte Wille verlangt dann nach dem

Guten und arbeitet mit der (*mitwirkenden*) Gnade zusammen. Calvin stand dem Konzept der mitwirkenden Gnade, wie er es bei Petrus Lombardus (Inst. II.2.6; II.3.11–13, v. a. 1539) vorfand, sehr skeptisch gegenüber. Warum war er so misstrauisch? In das Konzept habe die katholische Kirche drei Fehler eingebaut.

Erstens könne der Gedanke der mitwirkenden Gnade nahelegen, dass die Gnade nicht wirksam sei. Calvin fürchtet die Auffassung, man könne die erste Gnade annehmen oder abweisen (Inst. II.2.6, 1539). So sah Pighius es, wenn er behauptete, wir würden bereits zum Zeitpunkt der Bekehrung mitwirken und Gott ließe seine erste Gnade nur denen zuteil werden, die daran mitwirkten (DSO 275 f.). Dagegen betont Calvin die vorausgehende wirksame Gnade, die in Augustinus' Worten »ohne uns wirkt und uns zum Willen bringt« (DSO 195).

Zweitens könne menschliche Mitwirkung menschliches Verdienst andeuten, so wie Pighius es verstand. Calvin meint nicht, dass der menschliche Wille inaktiv ist – »wir erkennen bereitwillig an, dass Menschen handeln, aber das ist so, weil Gott sie dazu bringt« (DSO 320) – sondern dass wir, wenn wir Gott gehorchen, dies nicht aus unabhängiger Kraft aus uns selbst heraus tun. Während des gesamten christlichen Lebens, nicht nur zu Beginn, wirkt Gott in uns, sodass wir nach seinem Wohlgefallen wollen und handeln (Phil 2,13). Wir handeln nur in dem Maße, in dem an uns gehandelt wird (DSO 252–257).

Drittens könne das menschliche Zusammenwirken mit der Gnade andeuten, dass die Gabe der Beständigkeit entsprechend dem Maß unserer früheren Mitwirkung an der Gnade verteilt würde, wodurch wir die Herren unseres eigenen Schicksals würden und nicht Gott allein diese Rolle übernähme. Dem setzt Calvin entgegen, dass die Wirkung der Gnade nicht auf den Beginn des christlichen Lebens beschränkt ist, sondern dass die Beständigkeit bis zum Ende genauso eine Gabe Gottes ist (DSO 209). Beständigkeit ist eine freie Gottesgabe und es ist ein schwerer Fehler zu behaupten, dass sie als Antwort auf unser Verdienst geschenkt wird, also je nachdem, wie gut wir auf die erste Gnade eingegangen sind (Inst. II.3.11, 1539). Calvin zitiert wiederholt Augustinus, um seine These zu stützen, Adam sei vor dem Sündenfall Gnade geschenkt geworden, die, indem er sie wollen würde, Beständigkeit verliehen hätte, dem Auserwählten dagegen Gnade zuteil wird, die garantiert, dass er sie annehmen wird (DSO 324–328).

Trotz dieser Befürchtungen steht Calvin dem Konzept der mitwirkenden Gnade nicht diametral gegenüber. Er ist bereit, es im Augustinischen Sinne zu akzeptieren: »Gott perfektioniert in der Mitwirkung das, was er in der Wirkung begonnen hat. Es ist dieselbe Gnade, jedoch mit einem anderem Namen, der der veränderten Wirkungsweise entspricht« (Inst. II.3.11). Er ist mit dem Gedanken einverstanden, dass wir, wenn wir durch Gottes Gnade zum Gehorsam gegenüber der Gerechtigkeit gebracht wurden, dazu neigen, den weiteren Gnadenakten zu folgen. Während er den Begriff »Verdienst« nicht schätzt, räumt er gerne ein, dass Gott unsere guten Taten belohne: Der Herr ist zufrieden mit dem Werk, das er in uns begonnen hat und kann es annehmen, und darum belohnt er es mit weiteren Gnadengeschenken. Das bedeutet aber nicht, dass wir aus eigener Anstrengung heraus Gottes Gnade in uns wirken ließen. Auch sollte der Begriff der Belohnung nicht die Tatsache verschleiern, dass die Beständigkeit eine freie Gnadengabe ist. Wir dürfen zu Recht Gottes Belohnung im Verhältnis dazu erwarten, wie wir seine Gnade annehmen, aber wir sollten uns darüber bewusst sein, dass unsere Annahme der Gnade ebenfalls eine Gabe Gottes ist und dass die Belohnung auf Gottes freier Güte fußt (Inst. II.3.11, 1539).

Dies wird auch genauestens in Abgrenzung zu Pighius dargelegt. Zunächst arbeitet Gott in seiner Gnade »ohne uns«, damit wir uns ihm zuwenden. Der Heilige Geist wirkt auf unseren Willen ein, damit er sich ihm zuwende, aber es bleibt *unser* Willen und aus unserem Willen heraus tun wir Gutes, wenn seine Gnade uns bewegt, darum kann auch ein Teil der Handlung uns zugeschrieben werden. Gott handelt »mit uns« in dem Sinne, dass »er uns mit seiner ständigen Hilfe unterstützt, jene Kraft, die er uns gewährt hat, vermehrt und stärkt, sowohl zur Vollendung jedes einzelnen Werks als auch für die letztendliche Beständigkeit des gesamten Lebens.« Calvin vergleicht erste und folgende Gnade mit der Umwandlung eines wilden Olivenbaums in einen Baum, der Früchte tragen kann, woraufhin die Wurzel dafür sorgt, dass er die Kraft hat, Früchte zu tragen (DSO 195 f.).

Calvin gefällt das Konzept der mitwirkenden Gnade nicht. Er lehnt die Idee ab, dass der Mensch die Gnade Gottes ergänzen müsse oder dass er *unabhängig* von Gnade Gutes tun könne. Aber er verneint nicht, dass Menschen, die von der Gnade bewegt wurden, willentlich der Rechtschaffenheit gehorchten, Gutes taten und belohnt wurden. In *diesem* Sinne glaubt er an die Mitwirkung des Menschen an der Gnade.

6.6. Der Christ in Herrlichkeit

In diesem Leben beginnt der Christ mit seinen Fortschritten, er erlangt aber nicht die Vollkommenheit. Durch die Erneuerung fangen wir an, das Bild Christi zu tragen, aber das Bild ist noch nicht vollständig wiederhergestellt. Wir drängen vorwärts zur Vollendung, aber das Ziel erreichen wir nicht vor unserem Tod (Inst. III.3.9–11, 1539). Der Kampf gegen die Sünde währt ein Leben lang. Aber im folgenden Zeitalter erlangen wir die volle Erlösung. Dann wird unser Wille wahrhaft frei sein. Während Adam mit der Möglichkeit nicht zu sündigen (*posse non peccare*) geschaffen wurde, besitzt der Gläubige die viel größere Gabe, unfähig zur Sünde (*non posse peccare*) zu sein. Diese Gabe ist uns teilweise bereits zu eigen, vollständig erhalten wir sie aber erst nach der Auferstehung, wenn es keine Sünde mehr geben wird (DSO 325 f.).

Calvin stellt normalerweise die Erlösung von der Sünde, die mit dem Tod erfolgt, der Vollkommenheit gegenüber, die den letzten Tag sowie die Auferstehung unserer Leiber erwartet (z. B. Komm. 1Kor 1,7 f.; 13,12). Warum bringt der Tod die letzte Erlösung von den Sünden? Hauptsächlich, weil es sich um die Befreiung der Seele aus dem Gefängnis des Körpers handelt. »Wenn die Befreiung vom Körper die Entlassung in die vollkommene Freiheit bedeutet, was ist dann der Körper anderes als ein Gefängnis?« (Inst. III.9.4, 1539). Calvin ist sich darüber bewusst, dass sich das biblische Konzept des »Fleisches« nicht einfach auf den Körper bezieht. »Alles, was wir von Natur aus haben, ist Fleisch« (Inst. II.3.1, 1539). Die Werke des Fleisches umfassen Sünden wie Ehrgeiz, der zu den höchsten Möglichkeiten des Verstand gehört (Komm. Gal 5,19 f.). Aber nichtsdestotrotz setzt er häufig das Fleisch mit dem Körper gleich und sieht die Entlassung der Seele aus dem Körper als ihre endgültige Erlösung von den Sünden an (Inst. III.6.5, 1539). Die volle Freiheit des Willens erlangen wir also mit dem Tod, nachdem die Seele vom Körper befreit ist.

Barnikol, Hermann: Die Lehre Calvins vom unfreien Willen und ihr Verhältnis zur Lehre der übrigen Reformatoren und Augustins, 1927.
Melles, Gerard: Albertus Pighius en zijn strijd met Calvijn over het Liberum Arbitrium, 1973.
Torrance, Thomas F.: Calvins Lehre vom Menschen, 1951.

(Übersetzt von *Ulrike Sawicki*) *Anthony N. S. Lane*

7. Glaube und Rechtfertigung

Die Themen Glaube und Rechtfertigung nehmen zweifellos einen zentralen Platz in Calvins Denken ein. Die wichtigsten und am weitesten entwickelten Erörterungen dazu finden sich in Buch III der *Institutio* von 1559. Dort werden die beiden Themen unter der Frage, wie man der Gnade Christi teilhaftig wird, miteinander verknüpft. Glaube als »das vornehmste Werk des Heiligen Geistes« (Inst. III.1.4) ist das Mittel, durch welches der gefallene Mensch die Gnade Christ empfängt; Rechtfertigung und Heiligung sind eine »doppelte Gnade« (Inst. III. 11.1), die diejenigen empfangen, die Christus im Glauben zu sich nehmen. Zusammen beantworten Calvins Darlegung dieser Themen die Frage zur richtigen Gotteskenntnis, die zu Beginn dieses Magnum Opus gestellt wird: Glaube an Christus und Rechtfertigung durch den Glauben sind die Instrumente, durch die der sündige Mensch zum richtigen Verständnis der Natur Gottes *pro nobis* geführt wird. Dieser Zusammenhang legt die Frage nahe, wie Calvins spezifische Behandlung von Glaube und Rechtfertigung seiner Auffassung der Lage des gefallenen Menschen als falsche Gottes- und Selbsterkenntnis entspricht. Bevor jedoch Schlüsse darüber gezogen werden, wie originell oder eigentümlich Calvins Ideen sind, ist es wichtig festzuhalten, dass sich seine Überlegungen zu diesen zwei Themen immer weiter entwickelten und jeweils durch den intellektuellen sowie historischen Kontext geprägt wurden. Dieser Beitrag wird daher die endgültigen Formulierungen Calvins erörtern und dabei sowohl auf ihre Entwicklung als auch auf ihr Verhältnis zum Glaubens- und Rechtfertigungsverständnis seiner mittelalterlichen Vorgänger und Zeitgenossen eingehen.

7.1 Glaube

7.1.1. Definition und Verortung in den *Institutio*-Fassungen 1539–1559

In der zweiten Ausgabe seiner *Institutio* (1539) definiert Calvin das Wesen des Glaubens als »die feste und gewisse Erkenntnis des göttlichen Wohlwollens gegen uns, die sich auf die Wahrheit der in Christus uns dargebotenen Gnadenverheißung stützt und durch den Heiligen Geist unserem Verstand geoffenbart und in unserem Herzen versiegelt wird« (»divinae erga nos benevolentiae firmam certamque cognitionem, quae gratuitae in Christo promissionis veritate fundata per spiritum sanctum et revelatur mentibus nostris et cordibus obsignatur«, CO 1,455; cf. Inst. III.2.7). Obwohl diese Definition innerhalb der verschiedenen Bearbeitungen und Ergänzungen zum Thema Glauben in den Ausgaben der *Institutio* konstant blieb, wurde ihre Bedeutung durch Zufügungen und besonders durch die Umordnung des Werks erweitert. Daher sollen einige Anmerkungen zur Themenverortung gemacht werden, bevor wir den Kern des calvinschen Glaubensverständnisses betrachten.

1539 dient die Abhandlung über den Glauben, wie in der ersten Ausgabe der *Institutio* von 1536, als Vorwort zur Auslegung des apostolischen Glaubensbekenntnisses. Dort wird sowohl die Neuorientierung des Werks auf das Genre der *loci communes* als auch eine allgemeine Erweiterung jenes soteriologischen Fokus vorgenommen, der 1536 die Darstellung bestimmte. Glaube ist jetzt Thema des vierten Kapitels, denn zur Ausgabe von 1536 sind zwei einleitende Kapitel zur Gottes- und Selbstkenntnis hinzugekommen. Auch die Erörterung zum Glauben selbst umfasst viel neues Material einschließlich detaillierter Bedeutungserklärung verschiedener Elemente der formalen Definition sowie die Ablehnung von Auffassungen des Glaubens, die Calvin für falsch hält. 1539 widmet sich Calvin also verstärkt einer genaueren und umfangreicheren Beschreibung eines *fides qua creditur* zur Einführung und Ergänzung der sich anschließenden Erörterungen über den Glauben. Calvin gibt mit der neuen Charakterisierung dieses Glaubens als »feste und gewisse Erkenntnis« nicht nur die Themen seiner neuen einleitenden Kapitel wieder, sondern er entfernt sich auch von seinem früheren Verständnis des Glaubens, den er damals vorwiegend als *fiducia* begriff. Obwohl er noch immer das Element des Vertrauens als Teil des Glaubens anerkennt, beschreibt er nun nicht mehr diese Zuversicht als sein Hauptmerkmal, sondern die *cognitio*.

Um Calvins Wesensbestimming des Glaubens als »Erkenntnis« zu verstehen, ist es hilfreich zu sehen, an welcher Stelle er dies in der letzten Ausgabe der *Institutio* erörtert. 1559 leitet die Auseinandersetzung zum Glauben nicht mehr die Erklärung des apostolischen Glaubensbekenntnises ein. Stattdessen findet sich das Thema jetzt zu Beginn einer längeren Abhandlung darüber, wie der Mensch der Gnade Christi teilhaftig wird sowie deren Gaben und Wirkungen. Calvin führt das Glaubensthema ein, indem er vom Heiligen Geist als dem Vermittler der Gemeinschaft mit Christus spricht und vom Glauben als das vornehmste Werk des Heiligen Geistes (Inst. III.1.4). Glaube wird also explizit als Teil der Lehre vom

Heiligen Geist angesehen, als Erleuchtung des menschlichen Verstandes und Versiegelung des Herzens mit der Wahrheit der göttlichen Güte. Seine sehr ausführliche Darstellung folgt einer allgemeinen Linie, in der er zunächst seine Definition des Glaubens als Erkenntnis im Gegensatz zu Glaubensauffassungen formuliert, die er für falsch, unvollständig oder weniger genau hält. Dann legt er die entscheidenden Elemente seiner formalen Definition detaillierter dar. Dies wird noch genauer betrachtet.

Obwohl ein Großteil des polemischen Materials und der Erklärungen zum Charakter des Glaubens aus früheren Ausgaben der *Institutio* stammt, betont die neue Verortung als Teil der Lehre vom Heiligen Geist im Jahr 1559 entscheidend Calvins Anliegen, den Glauben als Akt (mit dem geglaubt wird, oder *fides qua creditur*) statt Inhalt (der geglaubt wird, *fides quae creditur*) anzusehen. Dies stellt noch deutlicher seine evangelische Überzeugung in den Vordergrund, dieser Akt sei keinesfalls das Werk des Menschen, auch nicht, wenn er einen Wandel in der menschlichen Wahrnehmung des Göttlichen bedeute. Diese neue Orientierung bindet den Glauben zudem stärker an Rechtfertigung und Wiedergeburt/Buße (d. h., Heiligung), indem diese *loci* unter einem thematischen Dach zusammengefasst werden.

7.1.2 Mittelalterlicher und zeitgenössischer Hintergrund

Wie bereits erwähnt, kommt Calvin zu seiner Wesensbestimmung des Glaubens, indem er andere traditionelle Auffassungen, die er für unpassend hält, kritisiert. Mittelalterliche Theologen bezogen sich auf die Mehrdeutigkeit der biblischen Aussagen zum Thema Glauben, um aus verschiedenen Perspektiven darüber zu sprechen. Sie teilten den Glauben in unterschiedliche Typen ein, wie »eingewickelter« (impliziter; *fides implicita*) und »entwickelter« (expliziter; *fides explicita*) Glaube, ungestalteter (ungeformter; *fides informis*) und gestalteter (geformter; *fides caritate formata*) Glaube, sowie angeeigneter (*fides acquisita*), historischer (*fides historica*) Glaube und der Dämonenglaube (*fides daemonum*). Eine augustinisch-scholastische Dreiteilung in Glaubensarten – *credere Deum* (glauben, dass Gott existiert), *credere Deo* (glauben, was Gott sagt), *credere in Deum* (Gott in Glauben und Liebe zu sich nehmen) – erlaubte ebenfalls eine Differenzierung des Glaubensaktes. Im Allgemeinen konzentrierten sich mittelalterliche Soteriologen aber eher auf das Konzept der Gnade als des Glaubens, da Gnade als eingegossener übernatürlicher Habitus die Wurzel der drei theologischen Tugenden war: Glaube, Hoffnung, Liebe. Als Tugend war Glaube eine Eigenschaft der Seele. Schließlich war nach mittelalterlichem Verständnis nur jener vom Gott eingegebene und durch die Liebe geformte Glaube rechtfertigend (*fides caritate formata*), wie in Römer 3 beschrieben.

Wie viele seiner evangelischen Zeitgenossen, zum Beispiel Martin Luther, Philip Melanchthon und Martin Bucer, wollte Calvin die bunt gemischte mittelalterliche Terminologie überwinden und stattdessen eine einfache Unterscheidung zwischen einem echten und einem falschen Glauben einführen. In der *Institutio* von 1536 grenzt er echten Glauben von der einfachen Vorstellung ab, dass Gott existiert und dass die Geschichte um Jesus Christus wahr ist – was beides nicht als »Glaube« bezeichnet werden könne (CO I, 56). Außerdem setzt Calvin *credere Deum* mit dem angeeigneten und historischen Glauben sowie mit dem Dämonenglauben gleich. Weiter führt er *credere Deo* und *credere in Deum* zusammen, um »echter Glaube« als die mit Hoffnung und Vertrauen an die Wahrheit Gottes Verheißung verbundene Anerkennung Gottes als unseren Gott und Christi als unseren Retter zu bezeichnen. Dieses Vertrauen ist eine innere Haltung oder Ausrichtung, die zudem untrennbar mit Hoffnung und Liebe verbunden ist und ihn somit dazu führt, die scholastische Auffassung eines ungeformten Glaubens abzulehnen. In der *Institutio* von 1539 erweitert er die polemische Ablehnung der scholastischen Unterscheidung zwischen implizitem und explizitem Glauben und zwischen geformtem und ungeformtem Glauben, indem er versucht, den Begriff »Glaube« nur für den rechtfertigenden Glauben zu verwenden. In der *Institutio* von 1559 differenziert er in gewisser Weise seine frühere Position, es gebe nur ein biblisches Verständnis vom Glauben, nämlich den rettenden Glauben. Zusätzlich zur letzten Ausgabe gibt Calvin eine Art »Eingewickeltsein« sogar im rechten Glauben zu (Inst. III.2.4–5) und erkennt einen zeitweiligen Glauben zuweilen under den Verworfenen an, den er der geringeren Wirkung des Heiligen Geistes zuschreibt (Inst. III.2.11–12).

Calvins Charakterisierung des Glaubens kann also als Antwort auf die Mehrdeutigkeit biblischer Aussagen begriffen werden, die die Grundlage für die scholastischen Unterscheidungen bildeten. Wie viele seiner evangelischen Zeitgenossen wollte er daran festhalten, dass der wahre Glaube allein der aus Gnade rechtfertigende Glaube an Christus sei. Dafür musste er neue Wege finden, mit biblischen Passagen zurecht zu kommen, die zu dieser Kernüberzeugung nicht passen. Üblicherweise argumentiert er in der *Institutio* und in biblischen Kommentaren, diese Passagen verwendeten den Begriff »Glaube« in einem uneigentlichen oder ungenauen Sinne. Trotzdem erkennt er zeitweilig Glaube in einem nicht rechtfertigenden Sinne als Bestandteile des Glaubens an und würdigt sie sogar mit dem Begriff »Glaube«, wenn auch häufig in relativierter Bedeutung. Über seine evangelische Bevorzugung des rechtfertigenden Glaubens hinaus grenzt Calvin diesen Ansatz gegen mittelalterliche Traditionen ab, in denen dieser Glaube nicht als eingegossene Tugend oder Eigenschaft der Seele verstanden wird. Zudem steht dieser Glaube in einem entscheidend neuen Verhältnis zu den Werken der Liebe. Diese Aspekte in Calvins Glaubensbegriff lassen sich am besten erkennen, wenn man Hauptthesen und Elemente seiner formalen Definition betrachtet.

7.1.3 Der Paulinische Charakter

Die grundlegende Voraussetzung der Glaubensdefinition Calvins ist, dass Hauptzweck und Hauptfunktion des Glaubens die Rechtfertigung ist. Diese starke Bevorzugung des rechtfertigenden Glaubens hängt unmittelbar mit der zentralen Rolle des Paulus im Denken des Reformators zusammen. Zweifellos stellt die Glaubensauffassung in den Paulusbriefen die wichtigste Quelle für sein Glaubensverständnis dar. So etwas ließe sich von allen Reformatoren behaupten, aber bei Calvin ist interessant, *wie* diese paulinische Brille sein Glaubenskonzept schärft. Paulus bietet nicht nur die allgemeine Orientierung in der Frage des rettenden Glaubens, er ist auch die Autorität, die Calvin am häufigsten zitiert, wenn er den Glauben beschreibt. Zudem spiegelt der Glaubensbegriff, wie er in der *Institutio* von 1539 formuliert wird, die Glaubenserörterungen aus Calvins Kommentaren zu den Römern (1540) wider, die ungefähr zu der Zeit geschrieben wurden, in der Calvin auch die *Institutio* für die zweite Ausgabe bearbeitete.

In den Römerkommentaren nennt Calvin die Rechtfertigung durch den Glauben das Hauptthema der Briefe. Darüber hinaus formuliert er besonders zu Kapitel 3 und 4 sein paulinisches Verständnis des Glaubens als »gewisse Erkenntnis der durch das Evangelium erhaltenen göttlichen Gnade, die ein friedliches Gewissen vor Gott und Ruhe bringt« (COR II/13,90; Komm. Röm. 4,14). Dieses paulinische Verständnis funktioniert wie eine Brille, durch die Calvin andere Aussagen des Neuen Testaments zum Glauben betrachtet, zum Beispiel in Jakob, Hebräer, 1. Johannes und im Johannesevangelium, sowie in der *Institutio* als besonders auch in seinen biblischen Kommentaren. Manchmal erscheint es Calvin, als widersprächen diese extra-paulinischen Aussagen seinem Verständnis von der Priorität des Glaubens in der Rechtfertigung, von der Beziehung des Glaubens zur den Werken der Liebe oder von der Christusbezogenheit des Glaubens. Calvin geht von der Voraussetzung aus, dass sich die Schrift nicht widersprechen kann, und bringt so diese Stellen mit seinen fundamental paulinischen Ansätzen in Einklang. Wie bereits festgestellt, werden in der endgültigen Bearbeitung der *Institutio* andere biblische Glaubensbegriffe stärker verankert, die ein im Wesentlichen noch immer paulinisches Glaubenskonzept erweitern. Ohne die Vorrangstellung und zentrale Position des rettenden Glaubens zu opfern, der sich auf Gottes Versöhnung im Fleisch gewordenen Christus richtet, ergänzt Calvin diese erstrangige und grundlegende Glaubensauffassung durch eine umfangreichere Darstellung eines Vorsehungsglaubens, der Gottes Schöpfung und Vorsehung in den Mittelpunkt stellt und auf den Logos als ewigen Sohn ausgerichtet ist (Pitkin 1999).

7.1.4 Glaube als feste und gewisse Erkenntnis

Wir können nun genauer betrachten, was Calvin mit »fester und gewisser Erkenntnis« meint. Deutlich ist, dass er sich nicht primär auf objektive Erkenntnis der Glaubensartikel beruft, sondern einen subjektiven Vorgang meint. Dieser ist darüber hinaus nicht rein intellektuell; Glaube umfasst nach Calvins Definition sowohl den Verstand als auch das Herz, sowohl Intellekt als auch Wille – wenn natürlich auch die Zustimmung des Glaubens »mehr Sache des Herzens als des Hirns« sei, »mehr Sache innerer Bewegung als des Verstandes« (d.h., des theoretischen Verstehens) (Inst. III.2.8). Der Glaube ist also sowohl ein Begreifen als auch ein wollendes Annehmen das Wort Gottes. Aufgrund der Erhabenheit und unendlichen Natur der göttlichen Wahrheit, so urteilt Calvin, besteht der Glaube eher in der Gewissheit als im Begreifen (Inst. III.2.14). Der Heilige Geist liefert den Gläubigen keine rationalen Beweise, sondern überzeugt sie von der göttlichen Wahrheit. Glaube ist also eine »Erkenntnis« (*agnitio*, Inst. III.2.14) des göttlichen Willens den Menschen gegenüber und hat für Calvin eine ganz bestimmte Wahrnehmungsqualität. Er ist keine Eigenschaft der Seele oder eine Tugend, sondern eine neue Form des Sehens – nicht mit äußeren, körperlichen Augen, sondern mit inneren, geistigen. Durch den Glauben weiß man, dass Gott in Christus der eigene gütige Vater ist. So geht der Aspekt der Zuversicht im Glauben durch den Erkenntnisbegriff keineswegs verloren.

Dass die Erkenntnis des Glaubens »fest« und »gewiss« ist, hat weniger mit der Stärke der individuellen Überzeugung zu tun als mit dem göttlichen Ursprung und Grund des Glaubens. Idealerweise würde der Glaube aus einer dauerhaften Überzeugung oder Zusicherung des durch die feste Verheißung in Christus garantierten Wohlwollens Gottes bestehen. Aber Calvin akzeptiert auch die Realität des Zweifels und der Versuchung im Glaubensleben: »Wenn wir lehren, dass der Glaube gewiss und sicher sein soll, so verstehen wir darunter ganz gewiss nicht eine Gewissheit, die kein Zweifel mehr berührte, keine Sicherheit, die keine Sorge und Angst mehr bedrängte« (Inst. III.2.17). Der Unterschied zwischen wahrem und falschem Glauben liegt nicht in der Ab- bzw. Anwesenheit von Zweifeln, sondern darin, wie den Zweifeln begegnet wird. Am Beispiel Davids zeigt Calvin, dass der wahre Glaube im Kampf gegen den Unglauben immer siegt.

7.1.5 Glaube und Einheit mit Christus

In Calvins formaler Definition ist Glaube eine Erkenntnis des Wohlwollens Gottes uns gegenüber – eine Güte, die explizit christozentrischen Charakter hat: Glaube »stützt sich auf die Wahrheit der in Christus uns dargebotenen Gnadenverheißung.« Die Grundlage des Glaubens ist also das Evangelium und Christus selbst ist der wahre Gegenstand des Glaubens, denn nur Christus als Mensch und Gott zugleich lässt uns den Weg zum Vater zurückgehen (Inst. III.2.1–2). Aus diesem Grund meint Calvin, der Glaube müsse in seiner Kenntnis Christi explizit sein, auch in Zeiten, in denen Christus nicht deutlich erfasst wird (Inst. III.2.32). Hat man Calvins Glaubensbegriff im Kopf, zu dem dieser Erkenntnisaspekt gehört, ist der Gegenstand des Glaubens nicht bloß ein Angebot, das vom Geist zugestimmt werden muss. Christus ist viel mehr eine Person, die nicht nur den Menschen durch den Heiligen Geist mit Glauben erhellt, sondern ihn auch in seinen Leib einfügt (Inst. III.2.35, vgl. III.2.30). Die mystische Vereinigung mit Christus ist eine der Hauptwirkungen des Glaubens und bildet die Grundlage für die Zuversicht der Gläubigen: »Wenn wir von ihm das Heil erwarten, so geschieht das doch nicht deshalb, weil er uns etwa in der Ferne erschiene, sondern weil er uns in seinen Leib eingefügt und damit nicht bloß aller seiner Güter und Gaben, sondern seiner selbst teilhaftig gemacht hat« (Inst. III.2.24; s.a. C.III.1). Calvins besondere Berücksichtigung dieses Themas in der *Institutio* von 1559 verleiht der Tatsache Nachdruck, dass die Bildung des Glaubens als reiner Vorgang des Heiligen Geistes verstanden werden muss, der sich auf den menschlichen Geist, Willen, Körper und auf seine Seele auswirkt. In wieweit dieses vornehmste Werk des Heiligen Geistes nicht nur eine Transformation der menschlichen Wahrnehmung Gottes – also Glaube – umfasst, sondern auch eine Transformation des menschlichen Status vor Gott und der menschlichen Natur selbst bedeutet, ist Thema des folgenden Abschnitts.

7.2 Rechtfertigung

7.2.1 Definition und Verortung in der *Institutio*, 1539–1559

Die Rechtfertigungslehre war für Calvins Theologie nicht weniger entscheidend als für Martin Luthers. Schließlich prägte sie nicht nur die Darstellung der anderen theologischen Themen in der *Institutio*, sondern auch seine exegetischen und polemischen Werke, zum Beispiel seine Kommentare zu den Römern (1540) und seine Antwort auf Sadoleto (1539). Angesichts der Vielzahl möglicher Quellen zum Rechtfertigungsbegriff bei Calvin (vgl. STADTLAND) konzentrieren wir uns hier auf die Abhandlung in der *Institutio*.

Obwohl die Verteidigung des evangelischen Begriffs der Rechtfertigung durch den Glauben eines der Hauptanliegen in der ersten Ausgabe der *Institutio* war, erklärt Calvin seine Vorstellung der Rechtfertigung dort nicht sehr detailliert. Das Rechtfertigungsthema weitet er – wie den Glaubensbegriff – in der zweiten Ausgabe erheblich aus. In der *Institutio* von 1539 erläutert Calvin die Rechtfertigung durch den Glauben und die Frage der Verdienst guter Werke in Kapitel 6. Rechtfertigung stellt »der hauptsächliche Pfeiler dar, auf dem unsere Gottesverehrung ruht« (CO 1,737; vgl. Inst. III.11.1) und darum ist ein genaues Verständnis der Rechtfertigung unabdingbar. Im Wesentlichen bedeutet es für Calvin gerechtfertigt zu sein, wenn jemand vor Gott als gerecht gilt und aufgrund dieser Gerechtigkeit angenommen wird. Theoretisch kann dieses Annehmen auf zwei verschiedene Arten erfolgen: Entweder erfüllt man Gottes Maßstäbe durch Reinheit und Heiligkeit des Lebens (Rechtfertigung durch die Werke) oder, indem man »Christi Gerechtigkeit durch den Glauben ergreift«. Ist man »mit dieser Gerechtigkeit Christi umkleidet, so erscheint [man] vor Gottes Blick nicht als Sünder, sondern gleich als gerecht« (CO 1,738; vgl. Inst. III.11.2). Im Licht des Calvinschen Verständnisses von der Natur der Sünde kann Rechtfertigung nur ein Freispruch sein, der sich in der Vereinigung mit Christus gründet. Der Großteil der Erörterung Calvins im Jahr 1539 soll aufzeigen, dass eine Rechtfertigung durch Werke aufgrund des sündigen Zustands des Menschen unmöglich ist.

1543 fügt Calvin der Erörterung folgende Definition zu:

»Unter Rechtfertigung verstehe ich also schlicht die Annahme, mit der uns Gott in Gnaden aufnimmt und als gerecht gelten lässt. Ich sage nun weiter: Sie beruht auf der Vergebung der Sünden und der Zurechnung der Gerechtigkeit Christi« (»Ita nos iustificationem simpliciter interpretamur acceptionem, qua nos Deus in gratiam receptos pro iustis habet. Eamque in peccatorem remissione ac iustitiae Christi imputatione positam esse dicimus«; CO 1,738; vgl. Inst. III.11.2).

Durch diese Zusammenfassung wird der forensische Charakter der Rechtfertigung deutlich: Nach Calvin gelten sündige Menschen nur als gerecht gesprochen, sie werden nicht tatsächlich gerecht gemacht. Obwohl sie die mystische Vereinigung mit Christus erfahren, wird die Gerechtigkeit Christi in der Rechtfertigung ihnen nur zugeschrieben. In dieser Ausgabe beschreibt Calvin auch ausdrücklicher ein paulinisches Verständnis der Rechtfertigung als »Versöhnung« (CO 1,739; vgl. Inst. III.11.4).

1539 folgt die Abhandlung zur Rechtfertigung auf die Abhandlung zur Buße (*poenitentia*; Kapitel 5), die sich wiederum dem Kapitel zum Glauben und zum Glaubensbekenntnis anschließt (Kapitel 4). In der *Institutio* von 1559 behält Calvin die Reihenfolge dieser drei *loci* bei, aber er fasst sie, wie bereits erwähnt, thematisch unter der Wirkung des Heiligen Geistes zusammen. Rechtfertigung und Wiedergeburt/Buße (Heiligung) werden also viel stärker mit dem Glauben verbunden als es die frühere einfache Abfolge der Kapitel erlaubte, denn jetzt sind alle drei auf die Frage ausgerichtet, die sich durch Buch III zieht: die Frage, wie die Gnade Christi empfangen wird sowie welche Wohltaten und Wirkungen sich daraus ergeben. Außerdem erweitert Calvin 1559 die Erörterung zur Rechtfertigung, um seine Auffassung des spezifischen Charakters der Rechtfertigung in strikter Abgrenzung zu Buße und Glaube genauer darzulegen – ein Thema, dem wir uns noch im Detail widmen werden.

7.2.2 Mittelalterlicher und zeitgenössischer Hintergrund

Wie sein Glaubenskonzept entwickelt Calvin den Rechtfertigungsbegriff in Abgrenzung zu mittelalterlichen und zeitgenössischen Ansichten, die er für ungenügend oder unpassend hält. Indem dieser Hintergrund kurz umrissen wird, soll nur die fundamentale evangelische Orientierung des Calvinschen Verständnisses und der entscheidende Unterschied zwischen diesem und scholastischen Modellen im Allgemeinen beleuchtet werden.

Theologen im Mittelalter waren sich in der Frage nach der Möglichkeit und Wert des menschlichen Verdienstes vor, in und nach dem Rechtfertigungsgeschehen oft nicht einig. Immerhin wurden doch einzelne Voraussetzungen von allen geteilt. Erstens sahen scholastische Theologen die Rechtfertigung vom Standpunkt des Bußsakraments aus, bei dem die rechtfertigende Gnade auf übernatürlicher Weise eingegossen wurde. Rechtfertigung war ein Prozess, der aus mehreren Elementen bestand – einschließlich der Eingießung der Gnade, einem Wandel im Willen des Menschen, und der Vergebung der Sünden – der die Übertragung des Sünders vom Zustand der Sünde in den Zustand der Gnade im Sakrament verwirklichte und, was sehr bedeutend ist, in der menschlichen Seele eine wirkliche Veränderung verursachte. Zweitens setzte man voraus, dass Zweck und Ziel der Rechtfertigung die eigentliche (d.h. nicht nur zugerechnete) Gerechtigkeit und Heiligkeit war. Dieses Ziel wurde nicht auf einmal erreicht, sondern über einen lebenslangen Weg, auf dem gute Taten im Zustand der Gnade eine Rolle spielten und sich so Verdienste irgendeiner Art ansammelten. Daher wirkte sich Rechtfertigung auch auf die postsakramentale Transformation der menschlichen Seele aus. Im mittelalterlichen Verständnis von Rechtfertigung wurden also häufig Gesetz und Gerechtigkeit betont und sah man Rechtfertigung (oder Erlösung) als einen Prozess der Heiligung, zu dem gehörte, dass man bestimmte göttliche Maßstäbe von Gerechtigkeit erfüllen musste, sodass man hoffen durfte, vor dem Jüngsten Gericht zu bestehen. Römisch-katholische Anstrengungen im 16. Jahrhundert, den evangelischen Herausforderungen zu diesen Themen entgegenzutreten, stärkten die enge Verbindung zwischen Rechtfertigung und Heiligkeit, zum Beispiel in der auf den Religionsgesprächen in Regensburg (1541) vorgeschlagenen Idee der »doppelten Gerechtigkeit« (zugeschrieben und eigentlichen) und in den vielartigen Interpretationen der Rechtfertigung, die in das Rechfertigungsdekret des Konzils von Trient 1547 aufgenommen wurde.

7.2.3 Rechtfertigung als Vergebung der Sünden und die Zurechnung der Gerechtigkeit Christi

Im Gegensatz zu diesen traditionellen Rechtfertigungsansätzen sieht Calvins Konzept, ebenso wie Luthers, Rechtfertigung nicht als transformativen Vorgang des Heiligwerdens oder Gerechtmachens vor. Viel mehr besteht bei ihm die Rechtfertigung ausschließlich aus der gnädigen Vergebung der Sünden und der Zuschreibung der Gerechtigkeit Christi. Obwohl die Gläubigen durch den Glauben mit Christus verbunden sind, werden sie nur mit Gott versöhnt, weil ihre Sünde vergeben und nicht gegen sie aufgerechnet wird. Die Notwendigkeit dieser Vergebung ist tatsächlich immerwährend:

»Es kann uns doch keine Vollkommenheit zuteil werden, solange wir mit diesem Fleische angetan sind. Auf der anderen Seite aber droht das Gesetz allen denen Tod und Gericht an, die nicht mit der Tat vollkommene Gerechtigkeit an den Tag gelegt haben. Es müsste also stets Grund haben uns anzuklagen und für schuldig zu erklären – wenn uns nicht Gottes Barmherzigkeit dagegen zu Hilfe käme, um uns in beständiger Vergebung unserer Sünden sogleich loszusprechen« (Inst. III.14.11).

Calvin gibt zu, dass zwischen ihm und den »verständigeren Schultheologen« keine Uneinigkeit über den Beginn der Rechtfertigung besteht, nämlich, dass der Sünder aus Gnade von göttlicher Verdammnis befreit wird und Gerechtigkeit über die Vergebung der Sünden ohne vorbereitende Werke erhält. Der wichtigste Streitpunkt, so behauptet er, liege im Folgenden:

»Dabei verstehen die Schultheologen aber unter dem Wort »Rechtfertigung« die Erneuerung, in der uns der Geist Gottes zum Gehorsam gegenüber dem Gesetz umgestaltet. Die Gerechtigkeit des wiedergeborenen Menschen beschreiben die Schultheologen dann folgendermaßen: Der Mensch, der durch den Glauben an Christus einmal mit Gott versöhnt ist, wird nun durch seine guten Werke vor Gott für gerecht geachtet und er ist also durch das Verdienst dieser Werke Gott wohlgefällig« (Inst. III.14.11).

Der Punkt ist, dass Rechtfertigung nach Calvin kein Prozess oder der bloße Beginn eines Prozesses ist, der zu einer wirklichen, qualitativen Veränderung der menschlichen Seele führt, welche die Grundlage für oder ein Beitrag zum göttlichen Annehmen wäre. Rechtfertigung durch den Glauben bringt mit sich, dass die Gerechtigkeit Christi zugerechnet und nicht eingeflößt wird: »Da sieht man: unsere Gerechtigkeit ist nicht in uns, sondern in Christus; uns kommt sie nur aus dem Rechtsgrunde zu, dass wir an Christus Anteil haben« (Inst. III.11.23). In der Frage der Annahme vor Gott ist menschliche Gerechtigkeit immer wertlos.

Bei Calvins Erörterung der zugeschriebenen Gerechtigkeit handelt es sich vor allem darum, dass nur die gnädige Rechtfertigung jenseits aller menschlicher Taten oder Gerechtigkeit Gott die wahre Ehre und das wahre Lob zukommen lässt, während Werkgerechtigkeit Gott die Ehre entzieht (Inst. III.13.1–2). Außerdem ist die Frage der Gewissheit immer präsent: Sich auf sich selbst zu verlassen – auf die eigenen Werken oder sogar auf die Stärke des eigenen Glaubens – heißt, die Erlösung als unsicher zu erklären und führt zu Verzweiflung:

»Es gibt nur eins, das uns das Recht verschafft, auf das Erbe des Himmelreichs zu hoffen, nämlich die Tatsache, dass wir in Christi Leib eingefügt sind und deshalb aus Gnaden für gerecht gelten. Denn der Glaube ist, was die Rechtfertigung betrifft, gänzlich passiv, er bringt nichts von dem Unseren, um Gottes Gnade zu erwerben, sondern empfängt von Christus, was uns gebricht!« (Inst. III.13.5)

7.2.4 Verhältnis zwischen Rechtfertigung und Heiligung

Während im Allgemeinen Calvins Lehre der Rechtfertigung durch den Glauben die Auffassungen Luthers und Melanchthons widerspiegelt, lässt sich doch in seiner Beschreibung des Verhältnisses zwischen Rechtfertigung und Wiedergeburt/Buße (Heiligung) ein Unterscheidungsmerkmal feststellen. Hier lässt Calvin Raum für das traditionelle Interesse an innerer Veränderung und wirklicher menschlicher Gerechtigkeit, während er gleichzeitig klar zwischen dieser Wiedergeburt oder Buße und Rechtfertigung unterscheidet. Wie wir gesehen haben, bringen für Calvin die Gabe Christi und seiner Wohltaten durch den Glauben doppelte Gnade mit sich: Versöhnung mit Gott (Rechtfertigung) und Wiedergeburt zu neuem Leben (Inst. III.11.1). Heiligung ist also weder Wirkung noch Teil der Rechtfertigung. Eher sind sowohl die Versöhnung mit Gott aus Gnade als auch das neue Leben der Buße die Konsequenz aus der Einheit mit Christus und die Wirkung des Glaubens. Diese Gaben werden gemeinsam gewährt. Beide sind zudem doppelten Charakters: Rechtfertigung besteht aus der Vergebung der Sünden und der Zurechnung der Gerechtigkeit Christi, während die Buße das Absterben des Fleisches und die Lebendigmachung im Geiste umfasst (Inst. III.3.5). Außerdem wachsen sie gemeinsam: gerade so, wie die Notwendigkeit der Vergebung und Zurechnung der Gerechtigkeit Christi andauernd ist, passt sich der Glaubende durch die zunehmende Reinheit seines menschlichen Lebens, die Erfüllung des Gesetzes und seine eigene Gerechtigkeit immer mehr dem Bild Christi an. Mit dieser Vorstellung lässt sich die Wiedergeburt als einen Erneuerungsprozess auffassen, während Rechtfertigung, obwohl sie laufend stattfindet, im Lauf der Zeit nicht wächst, sondern eher ein sich immer wieder wiederholender Beschluss ist.

Calvin untermauert seine Entscheidung, in der *Institutio* die Buße vor der Rechtfertigung zu besprechen, indem er hervorhebt, wie wichtig es ist zu zeigen, dass der Glaube nicht frei von guten Werken ist (Inst. III.11.1). Obwohl also die Gaben eine doppelte und gleichzeitige Gnade darstellen, hat die Rechtfertigung eine gewisse logische und theologische Priorität: sie ist der »Hauptpfeiler«, auf den sich die Gottesverehrung stützt, und es ist ausschließlich die Rechtfertigung, die in der Frage der göttlichen Annahme und Erlösung des Sünders eine Rolle spielt. Calvin unterstreicht wiederholt die Notwendigkeit, sauber zwischen Rechtfertigung und Heiligung zu unterscheiden: obwohl sie untrennbar miteinander verbunden sind, sind sie auch verschieden voneinander. Wir haben bereits gesehen, wie Calvin die Sicht der »Schultheologen« ablehnt, weil er behauptet, dass sie diese Unterscheidung nicht beibehalten. 1559 macht Calvin seinen Standpunkt noch deutlicher, indem er eine ausführliche Polemik gegen das Verständnis der so genannten wesenhaften Gerechtigkeit (*essentialis iustitia*) schreibt, das von dem lutherischen Theologen Andreas Osiander (vgl. STADTLAND, 96–106) vertreten wird. Calvin beanstandet, dass Osianders Rechtfertigungslehre die Zurechnung aus Gnade untergräbt, da er die Gläubigen substanziell mit der Gerechtigkeit Christi vereint:

> »Eine ähnliche Sinnwidrigkeit liegt aber in der Vermischung der zweifachen Gnade, die Osiander so nachdrücklich vollzieht. Weil Gott nämlich tatsächlich die, welche er aus Gnaden für Gerecht erklärt, auch zum Dienste der Gerechtigkeit erneuert, vermischt Osiander dieses Geschenk der Wiedergeburt mit jener gnädigen Annahme und behauptet, das sei beides ein und dasselbe« (Inst. III.11.6).

Aus Calvins Sicht stellt dieser Fehler ein fundamentales Missverständnis über die Natur der Einheit zwischen dem Frommen und Christus dar, indem eine »grobe Vermischung Christi mit den Frommen« angenommen und die Gewissheit der Erlösung untergraben wird, indem der Grund der göttlichen Annahme zu etwas der Seele Wesenhaftem wird (Inst. III.10–11). Die Vereinigung des Gläubigen mit Christus ist für Calvin eine wahre und lebendige Gemeinschaft mit Christus und ein Teilnehmen an seinem Tod und seiner Auferstehung durch das Band des Heiligen Geistes – dies in Abgrenzung zu dem stärker ontologischen Verständnis des Einwohnens und der Einflößung seines göttlichen Wesens.

7.3 Abschließende Bemerkungen

Calvins ausführlichste Abhandlung über den Glauben und die Rechtfertigung in Buch III der *Institutio* von 1559 ist die zusammenhängendste Darstellung seines Verständnisses der reformatorischen Lehre zur Rechtfertigung durch den Glauben als Antwort auf das Problem der menschlichen Sünde und Entfremdung von Gott. Als gottgewirkte Antwort auf das Evangelium ist Glaube ein neues Begreifen des Wohlwollens Gottes in Christus, dessen wichtigste und untrennbare Wirkung eine geistige Teilhabe an Christus ist. Aus dieser Gemeinschaft empfangen die Gläubigen die doppelte Gnade der Rechtfertigung und Wiedergeburt, durch die sie gnädig die richtige Beziehung zu Gott wiedererhalten und zu neuem Leben im Heiligen Geist wiedergeboren werden. So stellen diese Themen zusammen eine Antwort auf das grundlegende menschliche Problem, das Calvin als falsche Gottes- und Selbsterkenntnis identifiziert. Er führt auf, wie die Guter Christi zum gefallenen Menschen – blind geworden gegenüber der wahren Natur Gottes und dem Weg zur Erlösung – kommen und wie der Mensch so zur wahren und frommen Gotteserkenntnis erneuert wird. Obwohl sich Calvins endgültige Auffassung durch Auseinandersetzung mit christlichen Vorgängern und Zeitgenossen entwickelt hat und Elemente dieser Sichtweisen enthält, können bestimmte Calvinische Eigenschaften jedoch festgestellt werden: die Zusammenfassung der Themen unter dem übergeordneten Thema der Wirkung des Heiligen Geistes; seine Definition von Glaube als Erkenntnis; das zentrale Konzept der Einheit mit Christus; und das Verhältnis von Wiedergeburt zu Rechtfertigung durch den Begriff der doppelten Gnade.

Dee, Simon Peter: Het geloofsbegrip van Calvijn, 1918.

Pitkin, Barbara: What Pure Eyes Could See. Calvin's Doctrine of Faith in Its Exegetical Context, 1999a.

Reid, W. Stanford: Justification by Faith according to John Calvin (WThJ 42, 1980, 290–307).

Schützeichel, Heribert: Die Glaubenstheologie Calvins, 1972.

Stadtland, Tjarko: Rechtfertigung und Heiligung bei Calvin [Beiträge zur Lehre und Geschichte der reformierten Kirche 32], 1972.

(Übersetzt von *Ulrike Sawicki*) *Barbara Pitkin*

8. Heiliger Geist

Calvin wurde oft als der »Theologe des Heiligen Geistes« bezeichnet (bereits 1901 von Charles Lelièvre, später von B.B. Warfield (1931), Werner Krusche (1957) und anderen). Genauso wurden auch Luther und Bucer genannt, trotzdem kann mit Recht behauptet werden, dass der Heilige Geist in Calvins Theologie eine größere Rolle spielt als bei irgendeinem anderen Reformator. »Pneumatologie ist überall in Calvins Denken präsent« (Ganoczy 1989, 135). Dies führt aber nicht zu einem unbiblischen Spiritualismus oder Mystizismus, denn Calvin ist durch und durch

Trinitarier. In der Rezeption der Theologie Calvins wurde traditionell besonders die theozentrische Ausrichtung hervorgehoben, also seine Aufmerksamkeit für die Majestät und Herrlichkeit Gottes. Später wurde der christozentrische Charakter seiner Theologie betont (siehe NIESEL 1938/1956). Trotzdem übertreibt Dillenberger nicht, wenn er sagt, für Calvin hänge »jedes Begreifen Gottes von der Handlung des Heiligen Geistes« ab. »Wenn Calvins Denken an seine Grenzen stößt, übernimmt der Heilige Geist« (DILLENBERGER 1971, 18).

Allen Überlegungen Calvins liegt die Idee zugrunde, dass es sich beim Heiligen Geist um den Geist Christi handelt und dass dieser untrennbar mit Christus verbunden ist. Calvin nennt dies eines seiner »Axiome« (*axioma*), »dass Christus nicht vom Heiligen Geist getrennt werden kann« (Komm. 1Kor 1,27, CO 49,491). Gleichzeitig geht der Heilige Geist sowohl vom Vater als auch vom Sohn aus.

»Weil uns Gott, der Vater um seines Sohnes Willen mit dem Heiligen Geiste beschenkt und ihm doch zugleich alle Fülle anvertraut hat, sodass er also seine Güte und Freundlichkeit verwaltet und austeilt – so heißt er bald der Geist des Vaters, bald der des Sohnes« (Inst. III.1.2).

Das Werk des Heiligen Geistes durchzieht also Calvins gesamte Theologie. Daher ist es unmöglich, in einem kurzen Artikel alle seine Wirkungsbereiche zu erörtern, die ihm in der Theologie Calvins zugeordnet sind. In mindestens fünf Themenbereichen spielt der Heilige Geist aber eine herausragende Rolle.

8.1. Wort und Heiliger Geist

Zusammen mit den anderen maßgeblichen Reformatoren lehnte Calvin die Anschauungen der Schwärmer und »Fanatiker« wie den Libertinern ab. Sie behaupteten Visionen zu haben, welche manchmal von den Lehren der Heiligen Schrift abwichen. Hier beharrten die Reformatoren auf der Untrennbarkeit von Wort und Heiligem Geist. Die Überschrift des 9. Kapitels von Buch I der *Institutio* weist bereits auf Calvins Anliegen hin: »Die Schwärmer, welche die Schrift fahren lassen und nur zu unmittelbarer Offenbarung kommen wollen, zerstören alle Grundfesten der Frömmigkeit.« Diese Leute glaubten, so Calvin, sie bräuchten sich nicht auf die bloßen Buchstaben der Schrift zu beschränken, indem sie den Heiligen Geist verherrlichten. Calvins Antwort darauf ist, dass wir »nicht weniger durch das Wort Gottes als durch den Heiligen Geist regiert« werden müssen. Mit einem Zitat aus Jes 59,21 kommt Calvin zu dem Schluss, es sei »schändlicher Frevel [...] auseinander[zu]reißen, was der Prophet zu unverletzlicher Einheit verbunden hat [*inviolabili nexu*]« (Inst. I.9.1).

Dies trifft auch auf die Wirkung der Predigt zu. Wenn Jesus seinen Jüngern sagt, er sende ihnen den Parakleten, der sie »alles lehren und an alles erinnern« würde, was er ihnen mitgeteilt hatte (Joh 14,25), interpretiert Calvin dies so, dass es seine »besondere Aufgabe [*proprium munus*] ist, die Apostel zu lehren, was sie bereits aus seinem [Christi] Mund gelernt haben. Daraus ergibt sich, dass das Predigen nutzlos und vergeblich ist, wenn der Heilige Geist nicht dazugenommen wird.« Dann fügt Calvin eine allgemeine Wahrheit hinzu: »Also hat Gott zwei Arten der Lehre. Er klingt in unseren Ohren durch menschlichen Mund; und im Innern spricht er uns mit dem Heiligen Geist an.« Nun folgt eine interessante Beschreibung. »Er tut dies gleichzeitig oder zu unterschiedlichen Momenten, die er für passend hält [*prout illis visum est*]« (Komm. Joh 14,25, CO 47,334). An anderer Stelle bemerkt Calvin das Gleiche. Das Wort, so sagt er, hat auch die Kraft, »unsere Herzen zu durchbohren« und sie im Inneren zu bewegen, »nicht immer oder willkürlich, sondern dort, wo es Gott gefällt mit der geheimen Kraft seines Heiligen Geistes so zu wirken« (Komm. Jes 35,4, CO 36,592).

Hier geht es um die Freiheit Gottes, denn durch die Kraft und den Einfluss des Heiligen Geistes kann Gott seine Auserwählten außerhalb des Wortes lenken und regieren. Manchmal ist diese Führung Teil der Heiligung des Gläubigen. Zum Beispiel, wenn es heißt »Christus wurde uns zu unserer Heiligung gegeben, damit wir von seinem Geist gelenkt werden« (Predigt 27 zu Eph 4,20–24, CO 51,613). An anderen Stellen handelt es sich um eine speziellere Führung, wie beim Apostel Paulus. »Es gibt keinen Zweifel«, dass Paulus »nicht auf gewöhnliche Weise ermutigt wurde, weiterzumachen, als er wusste, dass der Geist Gottes Führer seines Lebens und seiner Taten war«. Mehr noch, weil er so viele verschiedene Verantwortungen trug, »benötigte er die außergewöhnliche Führung [*singulari directione*] durch den Heiligen Geist« (Komm. Apg 16,6, CO 48,373).

Jedoch sind es nicht nur biblische Gestalten wie Daniel oder Paulus, die diese besondere Wirkung des Heiligen Geistes erfuhren. Alle Gläubigen sollten beten, »dass es ihm [Christus] gefallen würde, seine Gnade in uns immer weiter auszuweiten, bis er sie uns vollständig übermittelt hat, und dass er uns in der Zwischenzeit durch seinen Geist hält und lenkt« (Gebet nach Predigt 11 zu Eph 2,8–10, nicht in CO).

Solche Textstellen finden sich im gesamten Calvinschen Corpus, besonders in Calvins späteren Schriften (Hesselink 1992, 161–171). Sie klingen vielleicht nach einem für Calvin untypischen Subjektivismus, jedoch untergräbt oder widerspricht diese Führung durch den Heiligen Geist nachweislich nicht Gottes Offenbarung in seinem Wort. Vom Heiligen Geist regiert und gelenkt zu werden bedeutet neue Erkenntnisse, ein tieferes Verständnis und konkrete Anwendungsmöglichkeiten oder Anweisungen für unser Leben, es bedeutet jedoch keine neuen Offenbarungen. Calvins fundamentales Prinzip der Beziehung zwischen Wort und Geist steht unverändert fest: »Der Heilige Geist will mit Gottes Wort über ein unauflösbares Band […] verbunden [*coniunctus*] werden. Wir haben von seinem [Christi] Geist nicht mehr zu erwarten als dass er unseren Geist erhellen wird, damit er die Wahrheit seiner Lehre empfangen kann« (Inst. IV.8.13).

Des Weiteren ist der Heilige Geist bezüglich der Schriftautorität entscheidend. Die Schriften enthalten aus sich selbst heraus »sehr brauchbare Stützen« zum Beweis ihres göttlichen Ursprungs, diese sind aber nur zweitrangig (Inst. I.8.1). Denn die Gewissheit, die unser Verstand über die Autorität der Schrift haben muss, liegt nur im geheimen Bekenntnis des Geistes [*arcano testimonio Spiritus*].

Allein dies wird uns » jenseits aller Zweifel überzeugen, dass Gott ihr Verfasser ist« (Inst. I.7.4). Argumentation und »rationaler Beweis« sind von geringem oder gar keinem Nutzen, wenn es darum geht, eine Gewissheit zu erlangen. Denn das Bekenntnis des Heiligen Geistes steht über allem Verstand: »Wenn Gott allein ein geeigneter Zeuge seiner selbst in seinem Wort ist, wird das Wort vom menschlichen Herzen nicht angenommen werden, bevor es durch das innere Bekenntnis [*arcano testimonio*] des Heiligen Geistes versiegelt wird« (Inst. I.7.4).

Calvin fährt mit dieser Argumentationslinie im nächsten Abschnitt des 7. Kapitels fort, in dem er sagt, die Schrift sei »autopistos«, das bedeutet, sie trägt ihre eigene Bestätigung in sich. »Diejenigen, die der Heilige Geist im Innern unterwiesen hat, stützen sich wahrlich auf die Schrift, und diese Schrift verbürgt sich selbst.« Wieder erlangt man diese Gewissheit nur durch »das Bekenntnis der Schrift« und die Gewissheit »erfüllt uns nur dann ernsthaft, wenn sie durch den Heiligen Geist in unseren Herzen versiegelt ist.« Nicht nur das, der Geist überzeugt uns davon, dass »die Schrift von Gott ist« und dass sie »durch das Predigtamt des Menschen direkt aus dem Mund Gottes fließt« (Inst. I.7.5).

8.2. Die kosmische Dimension

In Calvins Theologie spielt der Heilige Geist auch bei der Schaffung und Erhaltung der Welt eine große Rolle. Überraschenderweise weist Calvin aber in den ersten fünf Kapiteln der *Institutio*, in denen es um Gott als Schöpfer geht, nicht auf den Heiligen Geist hin. In seiner Erläuterung der Trinität in Kapitel 13 von Buch I bezieht er sich jedoch auf Gen 1,2: »Der Geist Gottes schwebte über dem Wasser [oder dem ungestalteten Stoff].« Dies zeigt, so Calvin, »nicht nur, dass die Schönheit des Universums [...] ihre Stärke der Kraft des Heiligen Geistes zu verdanken hat, sondern auch, dass sogar bevor dieser Schmuck [*ornatus*] hinzugefügt wurde, der Geist damit beschäftigt war, diese ungestaltete Masse zu erhalten« [*fuisse operatum*] (Inst. II.13.14).

Einige Zeilen später macht Calvin eine Bemerkung, die falsch gedeutet werden könnte:

> »Denn er ist überall gegenwärtig [*ubique diffuses*] und erhält, nährt und belebt alle Dinge im Himmel [!] und auf Erden [...] Aber dass er seine Kraft in alles ergießt [*in omnia vigorem transfundendo*] und ihnen dadurch Wesen, Leben und Bewegung verleiht, das ist offenkundig göttlich« (Inst. I.13.14).

Die zwei missverständlichen Wörter liegen in der Formulierung des Heiligen Geistes, der »überall gegenwärtig« ist und sich »in alle Dinge ergießt«. Dies könnte als eine Form des Panentheismus aufgefasst werden, aber Jürgen Moltmann, selbst Panentheist, stellt fest, dass Calvin einer solchen Verwirrung der Lehren nicht bezichtigt werden kann, obwohl er so großen Nachdruck auf das Innewohnen des Heiligen Geistes in der Schöpfungsordnung legt.

Mit seiner Idee der Immanenz Gottes als Heiliger Geist in der Schöpfung lag Calvin recht nah bei der stoischen Auffassung des göttlichen Universums und des Vorhandenseins einer Weltseele in einem universalen Körper. Er unterschied seine Lehre des kosmischen Geistes jedoch durch die christliche Lehre der Trinität vom stoischen Pantheismus: »Gottes Geist handelt an der Welt und dringt in sie ein, wirkt auf den Zusammenhalt der Welt ein und gestaltet sie, ohne selbst in ihr aufzugehen« (MOLTMANN 1993, 11 f.).

Der Geist ist nicht nur am Schöpfungsakt beteiligt, sondern ordnet, formt und erhält ihn auch. Während des Schöpfungsvorgangs ist es der Heilige Geist, der »mit zugeneigter Fürsorge [*forendo*] den verworrenen Stoff von Himmel und Erde pflegte, bis Schönheit und Ordnung [*series*] hinzugefügt wurden« (Inst. I.13.22). In seinem Kommentar zu Gen 1,2 – »Und der Geist Gottes schwebte über den Wassern« – hebt Calvin hervor, dass »die Welt, bevor Gott sie vollkommen gemacht hat, eine unverdaute Masse« war, darum lehrt Moses, »dass die Kraft des Geistes notwendig war, sie zu erhalten.« Was der Geist dann tut, ist, »den verworrenen Stoff stabil [*stabilis*] zu halten.« Aber diese Stabilität ist nichts, was die Schöpfung permanent in sich und aus sich heraus besitzt, denn sie hängt von »der geheimen Wirkungskraft [*arcane efficacia*] des Geistes« ab (Komm. Gen 1,2, CO 23,16).

Negativ betrachtet bedeutet dies, dass Unordnung, Chaos oder Nichts herrschen, wenn der Geist zurückgezogen wird. »Wenn der Herr seinen Geist zurücknimmt, wird alles auf ein Nichts reduziert [*omnia in nihilum rediguntur*]« (Komm. Jes 40,7, CO 37,11).

Positiv betrachtet bedeutet dies, dass Gott »durch wundervolles Handeln und wundervollen Antrieb [vigore et instinctu] seines Geistes alles erhält, was er aus dem Nichts erschaffen hat« (Komm. Apg 17,28, CO 48,417).

Dieses Schöpferhandeln des Geistes Gottes hat auch Auswirkungen auf die allgemeine Vorsehung Gottes. In der *Institutio* finden sich in den drei Kapiteln über die Vorsehung Gottes selten Hinweise auf den Heiligen Geist, in den anderen Schriften des Reformers trifft man sie dagegen zuhauf an. Es besteht ein enger Zusammenhang zwischen den Lehren zur Schöpfung und zur Vorsehung, denn der Geist Gottes »ist nicht nur der *primus agens*, sondern er wirkt stetig in seiner Schöpfung als *creator, conservator et gubernator* in Freiheit« (BALKE 1996, 29). Oder, wie Krusche es formuliert, »der Heilige Geist ist der Autor [*effector*] der Vorsehung« (KRUSCHE 1957, 14). Dies wird in Calvins Kommentar zu Ps 33,6 ausgeführt:

»Solange Gott nicht als Schöpfer und Gestalter [*opifex*] der Welt anerkannt ist, wer wird da glauben, dass er sich den Angelegenheiten der Menschen widmet und dass der Zustand der Welt [*mundi statum*] durch seine Weisheit und Kraft regiert wird? Aber die Schöpfung der Welt führt uns geradewegs zur Vorsehung Gottes [...]. Die große Mehrheit stellt sich Gott als untätigen Beobachter im Himmel aller Dinge auf Erden vor. Aber niemand glaubt ernsthaft, dass die Welt von Gott erschaffen wurde, wenn er nicht auch fest davon überzeugt ist, dass sie von ihm gepflegt und erhalten wird« (Komm. Ps 33,6, CO 31,326–327).

Diese erhaltende und pflegende Wirkung des Geistes erstreckt sich bis in die Tierwelt. Im Genfer Katechismus, in dem Calvin die distinktiven Merkmale jeder Person der Trinität definiert, ist der Heilige Geist »Tugend und Kraft [...], ausgeschüttet über alle Geschöpfe [...].« (Genfer Katechismus 1542, F 19, CO 6,14). Außerdem schuf Gott durch sein Wort und seinen Geist nicht nur eine unendliche Vielfalt von Wesen und kümmerte sich um ihren Erhalt, sondern er »nährt manche über geheime Wege und flößt ihnen sozusagen ab und zu neues Leben ein; anderen hat er die Kraft gegeben sich fortzupflanzen, damit einzelne Arten nicht bei ihrem Tode zugrunde gehen [...]« (Inst. I.14.20).

Diese wohltätige Fürsorge Gottes durch den Geist wird natürlich auch von den Menschen erfahren, besonders von den Frommen. Damit sind wir schon beim folgenden Thema, dem christlichen Leben.

8.3. Das christliche Leben

Für Calvin wird das christliche Leben von Anfang bis Ende durch Gottes Gnade ermöglicht, wie wir sie in der Anwesenheit und Kraft des Heiligen Geistes erfahren. Das übergreifende Thema der Bücher III und IV der *Institutio* ist die Wirkung des Heiligen Geistes; in Buch III bezogen auf Glauben und Wiedergeburt (Buße als kontinuierlicher Prozess), in Buch IV auf die Kirche und die Sakramente.

In Buch III geht Calvin nach der objektiven Wirkung, die Christi auf uns hat, zu unserer subjektiven Aneignung seiner Erlösungswohltaten über. Der Titel des ersten Kapitels ist bezeichnend: »Was von Christus gesagt ist, das kommt uns durch das verborgene Wirken des Geistes zugute« (Inst. III.1.1). Das kurze Kapitel enthält Calvins Lehre vom Heiligen Geist in Bezug auf die Soteriologie, denn »der Geist ist das Band [*vinculum*], durch das Christus uns wirksam mit sich vereinigt« (Inst. III.1.1). Der Geist Christi ist auch »wie ein Kanal [*canalis*], durch den alles, was Christus selbst ist und hat, zu uns geleitet wird« (Inst. IV.17.12). Ohne den Heiligen Geist ist Christi Erlösung »nutz- und wertlos für uns«, denn »alles, was Christus besitzt, ist nichts für uns [*nihil ad nos*], bevor wir mit ihm zu einem Körper geworden sind« (Inst. III.1.1). Technisch ausgedrückt »Christus *extra nos* [außerhalb von uns] wird durch den Geist Christus *in nobis* [in uns]« (Van 't Spijker 1989, 44).

Wenn Calvin im Genfer Katechismus erklärt, wie es möglich ist, dass der Geist uns an der Erlösung Christi durch den Heiligen Geist teilhaben lässt, bezieht er sich auf 1Petr 1,19 und 1Joh 1,7 und sagt, »wie das Blut Christi unsere Reinigung ist, so muss der Heilige Geist unser Gewissen mit ihm benetzen, dass es gereinigt wird« (Katechismus 1545, F 90, OS 2,88). Jedoch fügt Calvin hinzu, dass dies »einer näheren Erläuterung« bedürfe, und es folgt eine längere Antwort, in der die Rolle des Heiligen Geistes bei unserer Erlösung zusammengefasst wird:

»Ich meine, dass der Geist Gottes, während er in unseren Herzen wirkt, so wirkt, dass wir die Kraft Christi fühlen (Röm. 5,5). Denn wenn wir die Wohltaten Christi mit dem Verstand empfangen, geschieht dies durch die Erleuchtung des Heiligen Geistes; durch seine Überzeugung werden sie in unseren Herzen versiegelt. Kurz, er alleine gibt ihnen einen Platz in uns (Eph. 1,13). Er erneuert uns und macht uns zu neuen Wesen (Tit. 3,5). Daher werden uns alle unsere Gaben durch Christus angeboten, [aber] wir empfangen sie durch die Kraft des Geistes« (Katechismus 1545, F 91, OS 2,88).

Calvin entwickelt seine Lehre der Erlösung nicht als Erlösungsplan (*ordo salutis*). Auch verwendet er die biblischen Begriffe wie Erneuerung, Buße und Bekehrung nicht im üblichen Sinne. Allerdings bezieht sich »Erneuerung« in der oben zitierten Passage sehr wohl auf unser erstmaliges Kommen zu Christus. Genauso bekräftigt er in seinem Kommentar zu Joh 3,5 ff., dass es das Gleiche bedeutet, aus Wasser oder aus dem Heiligen Geist geboren zu sein. »Dass wir neu geboren werden müssen um die Kinder Gottes zu werden und dass der Heilige Geist der Urheber der zweiten Geburt ist, ist eine einzige, einfache Aussage« (Komm. Joh 3,5, CO 47,55).

Diese neue Geburt erfolgt als Reaktion auf das Wort, normalerweise das gepredigte Wort, jedoch »wird nichts erfüllt, wenn Christus zwar gepredigt wird, der Geist aber nicht als innerer Lehrer unserem Verstand den Weg weist.« Gesichert kann niemand zu Christus kommen, wenn er nicht vom Vater »zu ihm geführt« wird (Joh 6,44), aber der Vater befähigt uns nach Meinung Calvins nur, die Kenntnis Christi zu verstehen und sich anzueignen, »wenn der Heilige Geist durch eine wundervolle und einmalige Kraft [*mira et singulari virtute*] unsere Ohren bildet, um zu hören, und unseren Sinn bildet, um zu verstehen« (Inst. II.2.20).

Im Gegensatz zur Erneuerung, in der der Fromme passiv bleibt, wird der Glaube normalerweise als etwas Aktiveres begriffen. Jedoch hat Calvin bereits im ersten Kapitel von Buch III der *Institutio* festgestellt, dass »der Glaube die Hauptwirkung des Heiligen Geistes« ist (Inst. III.1.4). Dort fügt er, sich auf Thess 2,13 berufend, hinzu, dass »der Glaube selbst nur vom Geist hervorgebracht wird« (Inst. III.1.4). Im ausführlichen zweiten Kapitel zum Glauben werden die aktiveren Aspekte des Glaubens hervorgehoben, allerdings kaum getrennt von der Wirkung des Heiligen Geistes. Er beginnt das Kapitel mit der Aussage, der Glaube sei im Wort begründet und Christus sei das Ziel [*scopus*] des Glaubens. Dann definiert er Glauben: »Wir bezeichnen ihn [den Glauben] als ›eine feste und gewisse Erkenntnis des göttlichen Wohlwollens gegen uns, welche wir erfahren und welche in der Wahrheit der in Christus gegebenen Verheißung begründet ist, die unserem Verstand offenbart und in unserem Herz versiegelt wird durch den Heiligen Geist‹« (Inst. III.2.7).

Hier ist der Gegensatz zwischen Verstand und Herz interessant. Es fällt auf, dass Calvin das Herz – den existenziellen Aspekt des Glaubens – stärker als den Verstand betont. Die Zustimmung des Glaubens, so sagt er später, sei »eher Sache des Herzens als des Hirns [*cerebri*] und mehr Sache des Gemüts [*affectus*] als des Begreifens« (Inst. III.2.8). Denn »es wird nicht genügen, den Verstand durch den

Geist Gottes zu erhellen, wenn nicht auch das Herz gestärkt und gestützt wird [*obfirmetur ac fulciatur*] durch seine Kraft« (Inst. III.2.33). Die Kenntnis des Glaubens ist also eine besondere Art der Erkenntnis, die das reine Verstehen übersteigt. Darum ist die Gabe des Heiligen Geistes so bedeutend. »Da wir zu Christus nicht kommen können, solange wir nicht vom Geist Gottes gezogen werden, werden wir, wenn wir gezogen werden, mit Verstand und Seele [*animo*] über unser Erfassen [*intelligentiam*] hinausgehoben« (Inst. III.2.34; vgl. Inst. III.2.36).

Für Calvin wird der Glaube am besten über die Vorstellung einer mystischen Einheit des Frommen mit Christus ausgedrückt. »Die Einheit zwischen Christus und uns (die der gesamten Theologie Calvins zugrunde liegt) entspricht der Einheit zwischen Gott und Mensch in der Fleischwerdung und nimmt darauf Bezug« (Heron 1983, 103). Calvin verwendet die genaue Bezeichnung »mystische Einheit« kaum, und wenn er es tut, dann erwähnt er nicht den Heiligen Geist:

> »Diesem Zusammenspiel von Kopf und Gliedern, diesem Wohnen Christi in unseren Herzen – kurz, dieser mystischen Einheit (*mystica unio*) – wird von uns höchste Wichtigkeit zugesprochen, dass also Christus uns zu eigen wurde, uns die Gaben zuteil werden lässt, die ihm verliehen wurden. Darum betrachten wir ihn nicht außerhalb unserer selbst von Weitem, damit seine Gerechtigkeit uns zugerechnet werde, sondern weil wir Christus angezogen haben (*induimus*) und in seinen Körper eingefügt sind, weil er sich also dazu herabgelassen hat, mit ihm eins zu werden, darum rühmen wir uns, dass wir Gemeinschaft der Gerechtigkeit mit ihm haben« (Inst. III.11.10).

Wir haben aber bereits gesehen, dass diese Glaubenseinheit nur durch die Wirkung des Heiligen Geistes möglich ist. »Wir sehen uns selbst«, so sagt Calvin, »als vereint mit Christus durch die geheime Kraft des Geistes« (Inst. III.11.5; vgl. Inst. IV.17.1 – *arcane unio*). Röm 8,9 ist hier für Calvin ein Schlüsseltext, da uns dieser Vers »lehrt, dass der Geist alleine uns dazu bringt, Christus ganz zu besitzen und ihn in uns wohnen zu lassen« (Inst. IV.17.12).

Alles im christlichen Leben ergibt sich hieraus, d. h. aus dieser Glaubenseinheit des Frommen mit Christus: Erneuerung, Glaube, Rechtfertigung, Heiligung und schließlich Verherrlichung. »In Christus« genießen wir alle Gaben der Gnade Christi, denn er ist nicht weit entfernt, sondern mit uns. »Christus ist darum die Quelle aller Segnungen für uns. Von ihm erhalten wir alles. Aber Christus selbst mit all seinen Segnungen wird uns über den Heiligen Geist mitgeteilt« (Komm. 1Kor 6,11, CO 49,395).

Rechtfertigung zum Beispiel wird in der traditionellen Theologie normalerweise als objektiver angesehen, als forensische Lehre, nach der wir durch die Gnade Gottes im Glauben an Christus für gerecht erklärt oder angesehen werden. Calvin erkennt diesen Aspekt der Rechtfertigung an, obwohl er dazu neigt, Rechtfertigung als Vergebung der Sünden zu definieren (Inst. III.11.2); aber Rechtfertigung ist für Calvin eine dynamische Wirklichkeit, die aus unserer Einheit mit Christus entsteht. Auch die Heiligung wird üblicherweise als Prozess definiert. Rechtfertigung und Heiligung sind voneinander unterschieden, wenn auch untrennbar, und beide sind Gaben unserer Einheit mit Christus.

Ein Schlüsselvers ist in diesem Zusammenhang 1Kor 1,30, ein Text, zu dem Calvin immer wieder zurückfindet. Zu dem Satz »Christus wurde unsere Heiligung« schreibt er:

»Hieraus lesen wir, dass wir nicht allein durch den Glauben gerechtfertigt werden können, wenn wir nicht gleichzeitig in Heiligkeit leben. Denn diese Gaben der Gnade gehören zusammen, als seien sie über ein untrennbares Band miteinander verbunden [*quasi individuo nexu cohaerunt*], sodass jemand, der versucht, sie zu trennen, in gewissem Sinne Christus in Stücke zerreißt« (Komm. 1Kor 1,30, CO 49,331).

Diese Passage zeigt, »dass der Glaube an der Erneuerung [d.h. Heiligung] hängt, genau wie an der Vergebung der Sünden [d.h. Rechtfertigung] in Christus.« Aber Calvin fügt sofort hinzu: »Während diese beiden Ämter Christi vereinigt sind, sind sie dennoch voneinander zu unterscheiden« (Komm. 1Kor 1,30, CO 49,331).

Erneuerung oder Heiligung erläutert Calvin über zwei klassische Kategorien: Absterben und Lebendig-Werden, d.h. der Tod des alten Adam in uns und das Leben einer neuen Person in Christus (Inst. III.3.8; vgl. Inst. III.1.3). Dieser lebenslange Prozess der Buße ist wiederum eng mit der Rechtfertigung verknüpft. »Wenn es wahr ist, [...] dass das gesamte Evangelium [*totam Evangelii summam*] unter diesen beiden Überschriften zusammengefasst werden kann, der Buße und der Vergebung der Sünden, dann müssen wir auch ganz klar sehen, dass der Herr die seinen aus Gnaden dazu rechtfertigt, sodass er sie zugleich durch die Heiligung seines Geistes zur wahren Gerechtigkeit neu gestalte.« (Inst. III.3.19). Kurz, Rechtfertigung und Heiligung müssen ineinanderfließen. »Wahre Heiligkeit [*realis sanctitas*] des Lebens ist sozusagen nicht von der gnädigen Zurechnung der Gerechtigkeit getrennt« (Inst. III.1.1). Beide sind »in Christus« und beide werden durch den Heiligen Geist bewirkt. »Durch sein geheimes Bewässern [*arcana sua irrigatione*] macht uns der Heilige Geist fruchtbar, um Knospen der Gerechtigkeit hervorzubringen« (Inst. III.1.3–4, vgl. Jes 44,3 und 55,1).

Calvin gibt eine wortreiche Zusammenfassung über den Kern christlichen Lebens. Wiederum bemerkenswert ist die entscheidende Rolle des Heiligen Geistes.

»So soll dieses der erste Schritt sein, dass der Mensch von sich selbst abrückt, um seine ganze Kraft und Fähigkeit in den Dienst Gottes zu stellen. Mit ›Dienst‹ meine ich nicht nur den Gehorsam Gottes Wort gegenüber, sondern jenen Dienst, bei dem sich der Verstand des Menschen seiner eigenen fleischlichen Sinne entleert, ganz der Anbetung des Geistes Gottes zuwendet. Während dies der erste Eintritt ins Leben ist, waren alle Philosophen sich dieser Umwandlung nicht bewusst, die Paulus ›Erneuerung des Geistes‹ nennt [Eph 4,23]. Denn sie setzen allein die Vernunft als Herrscherin über den Menschen ein und denken, dass man auf sie alleine hören sollte [...] kurz, nur ihr allein vertrauen sie die Führung des Lebens an. Aber die christliche Philosophie bittet die Vernunft zu weichen und sich dem Heiligen Geist zu unterwerfen, sodass der Mensch nicht länger selbst lebt, sondern Christus als den in sich trägt, der in ihm lebt und ihn regiert [Gal 2,20]« (Inst. III.7.1).

8.4. Die Sakramente

Es gibt erstaunlich wenige Hinweise auf den Geist in Bezug auf die Taufe – zumindest in der *Institutio* – aber im Fall des Heiligen Abendmahls ist der Heilige Geist der Schlüssel zu Calvins besonderem Verständnis der geistlichen Gegenwart Christi im Sakrament. Mehr noch, in seiner allgemeinen Erörterung der Sakramente wird deutlich, dass ihre Wirkung ganz und gar vom Heiligen Geist abhängt. »Christus ist der Stoff [*materiam*] oder die Substanz der Sakramente«, aber ihre Wohltaten »werden durch den Heiligen Geist übertragen, der uns zu Teilhabern in Christus werden lässt; übertragen allerdings mit Hilfe äußerer Zeichen« (Inst. IV.14.16). Denn »die Sakramente nützen kein bisschen [*neque hilum*] ohne die Kraft des Heiligen Geistes.« Das Amt der Sakramente ist dann »leer und unbedeutend ohne die Handlungen des Geistes« (Inst. IV.14.9).

8.4.1 Taufe

Über die Taufe sagt Calvin, dass sie aus zwei Teilen bestehe: Vergebung der Sünden und geistliche Erneuerung (Genfer Katechismus, F 324, OS 2,133). Das Wasser steht für das Blut Christi, das unsere Seelen wäscht und »die Frucht der Reinigung« wird sichtbar, »wenn der Heilige Geist unser Gewissen mit diesem heiligen Blut benetzt« (Genfer Katechismus, F. 327, OS 2,134). In der *Institutio* verwendet Calvin eine ungewöhnlich technische Unterscheidung scholastischer Art, um die Rollen jeder Person der Trinität in der Taufe zu beschreiben, denn in diesem Ritus »erkennen wir deutlich im Vater die Ursache, im Sohn den Inhalt und im Geist die Ausführung unserer Reinigung und Erneuerung« (Inst. IV.15.6).

Calvins Verteidigung der Kindstaufe basiert hauptsächlich auf der Einheit von Bund und anagogischem Verhältnis zwischen Beschneidung und Taufe, ein Verhältnis, auf das sich der Apostel Paulus auch in Kol 2,11–12 beziehe (Inst. IV.16.11.21). Für ihn hat aber auch die Heiligung von Kindern große Bedeutung, wenn ein Elternteil gläubig ist (basierend auf 1Kor 7,14). Kinder von Gläubigen sind aufgrund des Bundes ebenfalls heilig. »Die Nachkommen von Gläubigen werden heilig geboren«, sagt Calvin, »weil ihre Kinder im Mutterleib, bevor sie die Lebensluft atmen, in den Bund des ewigen Lebens aufgenommen wurden« (»Anhang zum Traktat über die wahre Methode einer Reformation der Kirche«, CO 7,676).

Auf den allgemeinen Einspruch, Kindern fehle es an Verständnis und Glauben, antwortet Calvin, Gottes erneuernde Wirkung durch den Heiligen Geist könne vor der Geburt beginnen, also im Mutterleib, und das sei auch manchmal der Fall. Er verweist hier auf Johannes den Täufer (Lk 1,15) und Jesus (Inst. IV. 16.17–18). Selbst wenn Kinder ihren Zustand nicht verstehen, kann Gott geheimnisvoll in ihrem Leben wirken. Calvin glaubt, dass Gottes Werk, »obwohl es über unser Erkenntnisvermögen hinausgeht, nicht aufgehoben wird. Es steht außer Frage, dass Kinder, die gerettet sind (denn manche sind ganz sicher in jungem Alter bereits gerettet), zuvor vom Herrn erneuert wurden.« Calvin erwartet hier Einspruch und fährt fort, dass wir Gottes Macht nicht »auf die engen Grenzen unseres Denkens beschränken« dürften (Inst. IV.16.17).

Letztendlich ist die Frage, ob Kinds- oder Erwachsenentaufe, der gnädigen Wahl Gottes unterworfen. Denn in der Taufe »regiert nur Gottes Erwählung nach freiem Rechte« (Inst. IV.16.15). Zugleich erkennt Calvin an, dass Glaube und Buße notwendig sind, damit die Taufe Bedeutung erhält. Daher »werden Kinder in zukünftiger Buße und zukünftigem Glauben getauft, und selbst wenn sie sich in ihnen noch nicht gebildet haben, liegt der Samen [*semen*] in ihnen durch die geheime Wirkung des Geistes verborgen« (Inst. IV.16.20). Auf ähnliche Weise sagt Calvin: »Warum sollte Gott, wenn es ihm gefällt, nicht mit einem kleinen Funken [*exigua scintilla*] gegenwärtig aufleuchten, wo er in Zukunft den vollen Glanz seines Lichts erscheinen lassen wird?« (Inst. III.16.19). Schließlich wird jedoch dieser »Samen« oder »Funke« der Buße und des Glaubens »durch Gottes Geist nach Maß des Alters erneuert, bis nach und nach und in eigener Schnelligkeit diese in ihnen verborgene Kraft wächst und offen erstrahlt« (Komm. Mt 19,14, CO 45,535).

Calvin räumt ein, dass Gott gewöhnlich Menschen durch die Predigt des Evangeliums anruft (Röm 10,17). Er kann sie aber auch auf anderem Wege anrufen, »indem er ihnen eine wahre Erkenntnis seiner selbst durch inwendige Mittel gibt, das bedeutet durch Erleuchtung des Geistes ohne die Vermittlung durch die Predigt« (Inst. IV.16.19. Vgl. Genfer Katechismus F 339). Auf jeden Fall darf die Wirkung eines Sakraments »nicht auf einen kurzen Moment beschränkt werden«, denn

> »wann immer er es für angemessen hält, erfüllt und stellt Gott effektiv und umgehend dar, was er im Sakrament abbildet. Es besteht aber keine Notwendigkeit dafür, dass er seine Gnade davon abhält, einmal der Verwendung des Zeichens vorauszugehen, ein anderes Mal ihr nachzufolgen« (»Zweite Verteidigung [...] in Antwort auf die Verleumdungen J. Westphals«, Calvin's Tracts and Treatises, Bd. 2, 342; CO 9,118).

Gottes herrliche Gnade und die geheime Wirkung des Geistes können nicht an sakramentale Riten gebunden werden. Gerade im Fall der Taufe »hält Gott seine eigenen Stufen [*gradus*] der Erneuerung ein« (Inst. IV.16.31).

8.4.2 Das Heilige Abendmahl

Eine grundlegende Voraussetzung der Calvinschen Abendmahlslehre ist, dass sich der aufgefahrene Leib Christi im Himmel befindet. Daher kann er nicht omnipräsent sein, wie bei Luther. Was Calvin im Katechismus von 1538 bestätigt, wird in vielen späteren Werken immer wiederholt:

> »Denn obwohl Christus, nachdem er in den Himmel aufgefahren ist, nicht mehr auf Erden weilt [...], kann noch immer keine Entfernung seine Kraft daran hindern, die Gläubigen in sich selbst zu nähren und dafür zu sorgen, dass sie immer noch die ständige Zwiesprache mit ihm halten können, obwohl er an jenem Ort nicht anwesend ist« (CO 5,350).

Hier wird nicht erläutert, wie der in der Ferne aufgefahrene Christus mit uns im Heiligen Abendmahl eins wird. Die Antwort liegt im Heiligen Geist. In seiner »Kurzen Abhandlung über das Abendmahl«, die er zwei Jahre später schreibt, schlussfolgert er, dass »die Wirkung des heiligen Mysteriums [...] durch die geheime und wunderbare Kraft [*virtus*] Gottes vollbracht wird und dass der Geist Gottes der Mittler ist, warum er geistig genannt wird« (*Theologische Abhandlungen*, 1964, 80, OS 1,166). In seinem Genfer Katechismus äußert sich Calvin explizit zu der Frage, wie wir »Teilhaber der Substanz Christi« werden, selbst wenn »Christi Leib im Himmel ist und wir auf Erden sind.« Diese Kluft wird »durch die wunderbare und geheime Kraft seines [Christi] Geistes« überbrückt, »für den es nicht schwierig ist, Dinge zu verknüpfen, die sonst in räumlichem Abstand zueinander stehen« (F 353–4, OS 5,140).

In seinem Kommentar zu Paulus' Bericht vom letzten Abendmahl in 1Kor 11 erklärt Calvin genauer, wie der Heilige Geist Dinge vereint, die durch Zeit und Raum voneinander getrennt sind. In der folgenden Passage verwirft er zunächst die römisch-katholische und lutherische Auffassung der Realpräsenz und legt dann seine eigene Sichtweise dar.

»Die Teilhabe am Leib des Herrn, die, das behaupte ich, uns im Abendmahl angeboten wird, erfordert weder örtliche Gegenwart noch den Abstieg Christi noch eine unendliche Ausweitung seines Leibes oder irgendetwas anderes dieser Art, denn angesichts der Tatsache, dass das Abendmahl eine himmlische Handlung ist, ist es nicht absurd zu sagen, dass Christus im Himmel bleibt und trotzdem von uns empfangen werden kann. Denn er übermittelt sich uns über die geheime Kraft des Heiligen Geistes, eine Kraft, die Dinge nicht nur zusammenbringen, sondern auch verbinden kann, die durch eine Entfernung voneinander getrennt sind, auch durch eine noch so große Entfernung« (Komm. 1Kor 11,24, CO 49,488).

An anderer Stelle in diesem Kommentar distanziert er sich sogar explizit von den Zwinglianern und solchen, die im Abendmahl »nur ein Gedenken einer Sache, die abwesend ist« sehen. Er schlussfolgert:

»Der Leib Christi wird uns real [*realiter*] oder mit dem gewöhnlichen Wort wahrhaft [*vere*] im Abendmahl gegeben, sodass er gesunde Nahrung für unsere Seele ist. Ich verwende die gewöhnlichen Begriffe, aber ich meine, dass unsere Seele von der Substanz seines Leibes genährt wird, sodass wir wahrhaft [*vere*] mit ihm eins werden. Oder, was auf dasselbe hinausläuft, dass eine lebensspendende Kraft vom Fleisch Christi in uns gegossen wird, obwohl es weit von uns entfernt ist durch das Mittel [*medium*] des Geistes, und sich nicht mit uns vermischt [*nec misceatur nobiscum*]« (Komm. 1Kor 11,24, CO 49,487).

In der *Institutio* wird dieses Thema verschiedentlich wieder aufgegriffen. Hier hebt Calvin hervor, dass wir durch die »unbegreifliche Kraft des Heiligen Geistes an Christi Fleisch und Blut teilhaben« (Inst. IV.17.33). Also »Die Substanz des Fleisch und Bluts Christi haucht unseren Seelen Leben ein – sie flößt uns ihr eigenes Leben ein – auch wenn Christi Fleisch nicht in uns übergeht« (Inst. IV.17.32).

Um aus dem Sakrament Nutzen ziehen zu können, ist auch Glaube notwendig. »Zu sagen, Christus könne [im Sakrament] ohne Glauben empfangen werden, ist ebenso unangemessen wie zu sagen, ein Samen könne aus Feuer keimen« (Inst.

IV.17.30). Denn es gibt keinen andcren Weg des Zusichnehmens [von Christi Fleisch und Blut] als durch den Glauben (Inst. IV. 17.5). Der Glaube selbst ist jedoch eine Gabe des Heiligen Geistes und gleichzeitig unsere eigene Aktivität. Glaube ist menschliches Handeln, aber »es ist einzig das Werk Gottes den Glauben zu beginnen und zu vollenden«, und dies ist, wie die Wirkung des gesamten sakramentalen Akts, wiederum zurückzuführen auf »die Wirkung der geheimen Kraft des Heiligen Geistes« (Komm. Gen 9,12, CO 23,149).

In seiner Lehre zum Heiligen Geist war Calvin vielen anderen verpflichtet, besonders Augustinus, Luther und Bucer. Trotzdem hat er einen eigenen Weg gefunden, die Wirkung des Heiligen Geistes auf seine gesamte Theologie zu beziehen. Hier wird er zu Recht der »Theologe des Heiligen Geistes« genannt.

Chung, Paul (Sueng Hoon): Spirituality and Social Ethics in John Calvin, 2000.
Hesselink, I. John: Calvin's First Catechism. A Commentary, 1997; Excursus 3, and Appendix: »Calvin Theologian of the Holy Spirit.«
Krusche, Werner: Das Wirken des Heiligen Geistes nach Calvin, 1957.
Linde, Simon van der: De Leer van den Heiligen Geest, 1943.
Quistorp, Heinrich: Calvin's Lehre vom Heiligen Geist (in: De Spiritu Sancto, 1964, 109–150).

(Übersetzt von *Ulrike Sawicki*) *I. John Hesselink*

9. Prädestination

Die Prädestinationsauffassung Calvins macht im Laufe seines Lebens und Wirkens große Veränderungen durch. Sie seien chronologisch dargestellt

9.1. Die Erwählungslehre der Institutio von 1536

Ihre Besonderheit besteht darin, dass sie im Glaubensbekenntnis und dort im Abschnitt von der Kirche behandelt wird – Calvin teilt das Credo in vier Artikel. »Die Kirche ist das Volk der Erwählten Gottes.« Die Bindung der Erwählung an die Kirche, die Calvin in der *Institutio* von 1539 aufgibt, gibt der Erwählungslehre einen konkreten und praktischen Bezug. Doch sind Erwählung und Glaube nicht identisch. Calvin erwähnt zweimal, doch eher nebenbei, dass die Erwählung »durch die ewige Vorhersehung Gottes« geschieht, die »unwandelbar« ist (OS 1,86.87). Die Kirche ist daher nicht die erwählte Kirche, sondern Schauplatz der Erwählung. Diese feine Unterscheidung hat zur Folge, dass Calvin gezwungen ist, immer in zweifacher Weise von Erwählung und Kirche zu sprechen. Zum einen identifiziert er beide, wie schon erwähnt: »Die Kirche ist das Volk der Erwählten Gottes.« Zum anderen gibt es Menschen, »die nicht zu den Gliedern der vorhandenen Kirche gehören« (OS 1,89). Calvin hat Mühe, beiden Sätzen gerecht zu werden. Die Identifizierung von Erwählung und Kirche ist für ihn ein wichtiger Glaubenssatz, aber eben kein sichtbarer Beweis. Denn: »Die Menschen, die den anderen voranzustehen scheinen, gehen oft zugrunde. Gottes Augen sehen allein, wer bis zum Ende beharrt« (OS 1,89). Andererseits lehrt Calvin (noch) keine *ecclesia invisibilis*, wenngleich er am Schluss zu dem Satz »Wir glauben eine Kirche« hinzusetzt: »Geglaubt werden nur die Dinge, die durch unsere leiblichen Augen nicht gesehen werden können.« (OS 1,91)

Demzufolge hat die Erwählungslehre zwei Teile. Zuerst führt Calvin die Glaubensgewissheit auf Grund der Erwählung breit aus. Er beginnt mit der »Goldenen Kette« Röm 8,30. Erwählung erfolgt über Berufung, dann Rechtfertigung bis hin zur künftigen Verherrlichung. Calvin macht jedoch einen Vorbehalt. Wenn die Heilige Schrift diesen *Ordo* lehrt, passt sie sich unserem Verständnis an (*accommodare*). Die Beschreibung trifft nämlich auf Erwählte und Nichterwählte zu. Zunächst aber betont er, dass die Glaubenden ihrer Erwählung gewiss sein sollen. Ihr Heil ruht auf festen Pfeilern, die zwar wanken, aber nicht fallen können. »Vergeblich würde von uns geglaubt, es gäbe eine allgemeine Kirche, wenn nicht jeder glauben würde, er sei ein Glied derselben.« (OS 1,88)

Im zweiten Teil erschwert die Dialektik die Darstellung, wer als Erwählter angesehen werden kann und wer nicht. Der Rückzug auf die Feststellung, allein Gott wisse es, kann nicht durchgehalten werden, weil es in der Kirche offensichtlich Glaubende und Nichtglaubende gibt. Calvin rekurriert auf die »täglichen Ereignisse«. Mehrmals lehrt er ein Einerseits und schränkt es ein durch ein Andererseits. »Denn einerseits ruft Gottes Güte diejenigen auf den (rechten) Weg zurück, die scheinbar die verdorbensten und gewiß beklagenswerten Menschen waren. Und diejenigen, die anderen voran festzustehen schienen, gehen oft zugrunde.« (OS 1,88–89) Oder Jesu Wort vom Lösen und Binden (Mt 18,18), »Es folgt daraus nicht, von uns könne durchschaut werden, wer zur Kirche gehört und wer ihr fremd ist.« (OS 1,89) Das Wort gilt nur den Glaubenden. Oder: Die Schrift nennt Merkmale zur Unterscheidung. Es sind diese *notae*: das Bekenntnis des Glauben, ein beispielhaftes Leben und die Teilnahme an den Sakramenten. »Menschen dieser Art verraten sich alle durch ihre (fehlenden) Kennzeichen als solche, die nicht zu den Gliedern der vorhandenen Kirche gehören.« (OS 1,89) Aber doch nur der »gegenwärtigen« Kirche. Es steht nicht sicher fest, dass sie verworfen sind. Calvin führt als Beispiel an, »wenn jemand in seiner Bosheit fest entschlossen ist und die Wahrheit bekämpft, um das Evangelium zu unterdrücken, den Namen Gottes auszulöschen und sich dem Heiligen Geist widersetzt.« (OS 1,90) Calvin scheint an Paulus zu denken, der nach seiner Bekehrung sich eben nicht dem Heiligen Geist widersetzt (Apg 9, 17). Paulus ist ein Beispiel für Gottes mächtiges Eingreifen.

Zu der Dialektik und dem angeführten Beispiel passen Calvins Ausführungen über die Kirchenzucht.

»In diesem Sinn sind die Ausschließungen aus der Kirche (Exkommunikationen) aufzufassen. Nicht als sollten durch sie diejenigen von der Hoffnung auf das Heil ausgeschlossen werden, die vor den Augen der Menschen aus der Herde der Kirche ausgeschlossen werden, sondern sie sollen durch sie gezüchtigt werden, bis sie aus dem Schmutz ihres früheren Lebens zurückkehren auf den (rechten) Weg.« (OS 1,90)

Der Grundtenor der Erwählungslehre Calvins lautet: Gott ist barmherzig, und die Glaubenden sollen daher Hoffnung für die Außenstehenden hegen.

Dem entspricht eine zweite Eigenart der Erwählungslehre. Vergleicht man sie mit seiner späteren Prädestinationslehre, so ist festzustellen, dass jetzt schon alle Hauptbegriffe erscheinen. Es seien genannt: Erwählung Gottes, ewiger Ratschluss, Providenz, Erwählte, Verworfene, vor Grundlegung der Welt (Eph 1,4), Beharren bis ans Ende. Der große Unterschied besteht darin, dass Calvin in der *Institutio* von 1536 keine doppelte Prädestination lehrt. »Die Erwählten sind in Christus durch die göttliche *Güte* erwählt vor Grundlegung der Welt.« (OS 1,86) Der Erwählungslehre in Epheser 1 wird nichts hinzugesetzt, weder die Verwerfung, noch das *decretum aeternum*. Paulus' Worte in Röm 9 über die doppelte Prädestination werden bei der Behandlung der Kindertaufe erwähnt, aber bezeichnenderweise nur die Erwählung, nämlich »dass aus dieser Altersgruppe vom Herrn die ›Gefäße der Barmherzigkeit‹ (Röm 9,23) erwählt werden« (OS 1,135). Calvin kennt in der *Institutio* von 1536 nur eine göttliche Erwählung. Er warnt, »wir sollen nicht töricht in die geheimeren Urteile Gottes eindringen« (OS 1,90). Oder: »Es ist nicht unsere Aufgabe, über die übrigen Menschen zu urteilen, ob sie zur Kirche zählen oder nicht, die Erwählten von den Verworfenen zu unterscheiden.« (OS 1,88; auch 87–88) Calvin spricht mehrmals von den Verworfenen, erwähnt aber nur einmal nebenbei, »durch seinen ewigen Ratschluss« erwählt oder verworfen (OS 1,88). Er bevorzugt die Bezeichnung Fremde, Außenstehende usw. Ein Lehrsystem der Prädestination kennt er noch nicht. Weder rekurriert er auf eine *ecclesia invisibilis* noch verwendet er den Begriff der Heuchler. Entscheidend für seine anfängliche Auffassung ist, dass alle Nichtglaubenden der Güte Gottes empfohlen werden.

9.2. Die Prädestinationslehre im Katechismus (1537/38)

Der Neuansatz erfolgt nicht erst in der *Institutio* von 1539, sondern in dem *Genfer Katechismus* ein Jahr nach der Basler Erstfassung der *Institutio*. Aus der Erwählungslehre wird nun die Lehre von der doppelten Prädestination. Fragt man nach dem Anlaß, so bietet sich die neue Bewertung des Sündenfalls als Erklärung an. Die *Institutio* von 1536 beginnt mit Ausführungen über eine allgemeine Gotteserkenntnis der Menschen. Anschließend wird erst im Abschnitt von der »Erkenntnis unserer selbst« der Sündenfall erwähnt. Hingegen nennt der Katechismus zuerst die Gotteserkenntnis als das zu erstrebende Ziel. Im zweiten Abschnitt fällt zwar auch noch nicht der Begriff »Sündenfall«, er enthält aber eine ausführliche Schilderung der Unfähigkeit des Menschen zur Gotteserkenntnis. Im vierten Abschnitt »Vom Menschen« wird sodann der Sündenfall beschrieben, weit ausführlicher als in der *Institutio* von 1536. Der Abschnitt »Von Erwählung und Prädestination« knüpft bei der offensichtlichen »Verschiedenheit des Menschen« an. Gefragt wird, warum »viele Menschen, durch Unglauben blind und verstockt, die so einzigartige Gnade verschmähen« (COR II/3,30.31). Die Antwort gibt die Lehre von der göttlichen Prädestination. Kurz gesagt: Die Betonung des Sündenfalls erfordert eine Erläuterung der Ursache des Unglaubens. Sie liegt in Gottes ewigem Ratschluss. Ein weiterer Anlass kann sein, dass Calvin in Genf öffentlich »mit großem Beifall und Nutzen« die Briefe des Apostels Paulus auslegte (COR VI/1,188). Doch ist über die Umstände und die Textauswahl nichts Näheres bekannt.

In begrifflicher Hinsicht liegt kein Bruch gegenüber der ersten Fassung der Lehre vor. Wie erwähnt, erscheinen die Begriffe der Prädestinationslehre alle schon zuvor. Jetzt bilden sie ein logisches geschlossenes Ganzes. Die Eingangssätze beweisen es: »Notwendig muß über das Geheimnis des göttlichen Ratschlusses nachgedacht werden. Denn der Samen des Wortes Gottes schlägt allein in jenen Wurzeln und trägt Frucht [Luk 8,11.13.15], welche der Herr durch seine ewige Erwählung zu Söhnen und Erben seines himmlischen Reiches [Röm 8,17] vorherbestimmt hat. Allen übrigen, die durch denselben Ratschlag Gottes vor Grundlegung der Welt [Eph 1,4] verworfen sind, kann die klarste Verkündigung der Wahrheit nichts anderes als ein Geruch des Todes zum Tode [2.Kor 2,14] sein.« (COR II/3,30.31) Es folgt der Hinweis auf Röm 9,21, dass die Erwählten Gefäße des Erbarmens Gottes, die Verworfenen Gefäße seines Zorns sind (COR II/3,32.33). Während die *Institutio* von 1536 nur die Gefäße des Erbarmens erwähnt und also die Erwählung, wird nun die doppelte Prädestination gelehrt.

Der Umstand, dass der »Ratschlag Gottes« lediglich eine logische Schlussfolgerung ist und keinen Schriftgrund hat, berührt Calvin nicht. Dass die Erwählten »in Christus« erwählt sind (Eph 1,4), hält er fest. Doch ist Christus nur »das Pfand der Erwählung« (COR II/3,32.33). Die christologische Mitte von Eph 1 vermag Calvin nicht festzuhalten, so sehr er auch die Christusbotschaft betont. Er ist sich des Problems bewusst, denn er versucht einen Brückenschlag zwischen Gottes Beschluss vor der Schöpfung und Christi Heilswerk in der Zeit herzustellen, indem er auf Joh 1,1–4 verweist. »Und in Christus besitzen wir das ewige Leben, der sowohl von Anbeginn das Leben war, als auch uns zum Leben vorgesetzt wurde.« (COR II/3,32.33) Trotzdem fällt die Entscheidung Gottes über den Einzelnen vor Grundlegung der Welt und nicht durch Werk und Wort Christi. Calvin wird in den späteren Ausgaben der *Institutio* an diesem Lehrgerüst festhalten.

Deutlicher noch als zuvor ist das Ziel der Prädestinationslehre die Gewissheit des Glaubens: »Was suchen wir in der Erwählung, wenn nicht dies, dass wir des ewigen Lebens teilhaftig sind?« (COR II/3,32.33) Die Lehre von der ewigen Erwählung schafft zusätzliche Gewissheit. An der Heilsgewissheit ist Calvin alles gelegen.

Ein Blick auf die Gedanken der *Institutio* von 1536, die Calvin nun fallen lässt, unterstreicht nochmals seine neue Position. Der Satz, »die Kirche ist das Volk der Erwählten Gottes« entfällt und mit ihm die Einschränkungen im Blick auf die Ungläubigen. Er kommt im Katechismus erneut beim vierten Glaubensartikel auf das Verhältnis von Kirche und Erwählung zu sprechen. Dort heißt es lediglich, »daß wir vertrauen, daß die Gesamtzahl der Erwählten durch das Band des Glaubens zu einer Kirche, einer Gemeinschaft und einem Gottesvolk verbunden sind« (COR II/3,60.61) Auch entfällt die Erörterung der Merkmale des Glaubens. Calvins Ausführungen über Erwählung und Prädestination sind dadurch weniger praxisbezogen und stattdessen lehrhafter. Er wird in den Bearbeitungen der *Institutio* aber auf die Merkmale des Glaubens zurückkommen.

9.3. Die Institutio von 1539

Ihr hauptsächliches Merkmal ist die Tatsache, dass in ihr die endgültige, abschließende Prädestinationslehre schon vorliegt. Im Kapitel VIII »De praedestinatione et providentia« wird zuerst die Prädestinationslehre entwickelt und anschließend die Providenzlehre. Bekanntlich trennt Calvin in der Endfassung beide Lehrstücke. Die göttliche Vorsehung wird in der *Institutio* von 1559 im Buch I, 16 und 17 dargelegt, die Prädestination im Buch III, 21 bis 24. Beide Male knüpft Calvin direkt an den Text von 1539 an und vervollständigt ihn.

Bei genauem Hinsehen ergibt sich, dass Calvin vollständig den zwanzig Jahre älteren Text übernimmt. Der Abdruck im *Corpus Reformatorum* und in den *Opera Selecta* IV geben diesen Umstand nicht zu erkennen. Als er die Endfassung von 1559 erarbeitete, unternahm er nichts anderes, als in dem Text von 1539 – sieht man von den wenigen Einfügungen in der *Institutio* von 1543 ab – Erweiterungen anzubringen. Es sind durchweg kleinere Einfügungen, nämlich zusätzliche Bibelstellen, weitere Kirchenväterzitate und neue apologetische Ausführungen, die inzwischen aufgetauchte gegnerische Einwände betreffen. Ausführlichere Passagen betreffen die Erwählung Israels und die Erwählung oder Verwerfung einzelner Personen im Alten Testament, Christi Zeugnis über die Erwählung, Gottes allgemeine Einladung und seine besondere in der Erwählung, auch den Einwand, die Erwählung mache alle Ermahnungen zur Besserung des Lebens sinnlos. Nun könnte es sein, dass durch Einfügungen der vorangehende Text korrigiert und sein Sinn abgeschwächt und verändert wird. Calvin greift anderswo nach diesem Mittel, nicht aber bei der Prädestinationslehre. Der Vergleich der Endfassung von 1559 mit dem Text von 1539 ergibt, dass in der *Institutio* von 1539 eine Kurzfassung der Lehrgestalt von 1559 vorliegt. Eine Inhaltsangabe, wie sie O. Weber in seiner deutschen Übersetzung der Endfassung in den Überschriften bietet, würde für die *Institutio* von 1539 nur wenige Abweichungen erforderlich machen.

Die *Institutio* von 1539 umfaßt 17 Kapitel. Wie in der *Institutio* von 1559 steht die Prädestinationslehre nicht am Anfang, sondern sie schließt die Themen Gesetz, Glaube, Buße und Rechtfertigung ab. Sie ist soteriologisch ausgerichtet. Ihr Ziel ist die Glaubensgewissheit. Insgesamt, aber nicht im Einzelnen, ist die Systematik der Endfassung erkennbar.

Da das endgültige Lehrgebäude bereits vielfach vorgestellt und also bekannt ist, soll es hier nicht nochmals beschrieben werden. Zudem wurden seine Hauptpunkte schon im Katechismus von 1537/38 genannt. Die dort aufgeführten Schwächen im System sind nicht beseitigt. Zwar fehlt nun der Hinweis auf Christus als der *Logos asarkos* (Joh 1–4) und seine Bezeichnung als »Pfand« Gottes in der Zeit. Calvin macht auch nicht mehr aufmerksam auf das Problem, wie das *decretum aeternum* und das Heil »in Christus« in Übereinstimmung gebracht werden können, ohne dass Christi Heilswerk und Botschaft an die zweite Stelle rücken. Der Satz »erwählt in Christus« (Eph 1,4) wird nun erläutert mit »Christus ist der Spiegel, in dem wir unsere Erwählung anschauen«, und mit »der Vater hat beschlossen, alle in seinen Leib einzufügen« oder »mit Christus Gemeinschaft haben«. (OS 3,416) Das Problem bleibt ungelöst. Statt des Verweises auf Joh 1,1–4 erscheint der apologetische Satz: »Christus ist des Vaters ewige Weisheit, unwandelbare Wahrheit und unerschütterlicher Ratschluss, und deshalb steht nicht zu befürchten, es könnte das, was er uns in seinem Worte verkündet, von jenem Willen des Vaters auch nur im mindesten verschieden sein.« (OS 3,416) Ein biblischer Beleg fehlt.

9.4. Der Consensus Genevensis von 1552

Die Schrift *De aeterna Dei praedestinatione* zählt zu den reformierten Bekenntnisschriften. Sie ist gegen vier Gegner bzw. Kirchen gerichtet. Hauptgegner ist der Niederländer Albert Pigge (Pighius) und seine Schrift *De libero hominis arbitrio et divina gratia, libri decem* (1542). Calvin beantwortete sie schon im Jahr darauf mit der Schrift *Über die Knechtschaft und Befreiung des menschlichen Willens*. Sie richtet sich gegen die ersten sechs Bücher. Pighius' Schrift wendet sich in den Büchern sieben bis zehn gegen das Kapitel 8 der *Institutio* von 1539 »Von der Prädestination und Vorsehung«. Diesen Teil widerlegt Calvin erst im Jahr 1552 im *Consensus Genevensis*. Erstmals setzt er sich mit einem scholastisch geschulten Gegner auseinander. Dies zwingt Calvin zu streng logischer, systematisch geschlossener Lehrweise. Wie ganz anders Calvin argumentieren kann, zeigt seine gleichzeitig gehaltene Predigt über die Prädestination (s. Abschnitt 5).

Eine Nebenrolle spielt Giorgio Siculo, ein italienischer Benediktinermönch. Er wurde im Jahr 1551 als Schwärmer und Visionär in Ferrara hingerichtet. So hatte er behauptet, Christus sei ihm erschienen und habe ihn als Erklärer der ganzen heiligen Schrift eingesetzt. In seiner Schrift gegen Francesco Spieras Lehre von der Prädestination (1550) finden sich keine schwärmerischen Ideen. Calvin ließ sich bereden, auf sie zu antworten, da Siculus einen Heilsuniversalismus vertrat.

Der aktuelle Anlass der Schrift war aber das Auftreten des Hieronymus Bolsec, den Calvin bewusst nur in der Dedikationsepistel beim Namen nennt. Jener war in der öffentlichen Bibelauslegung (*Congrégation*) am 16. Oktober 1551 aufgetreten und hatte die doppelte Prädestination bestritten. Die Anklagen, Calvin mache Gott zu einem Tyrannen, und die Auslegung von Eph 1,4, die Erwählten seien die Apostel, die zum zeitlichen Amt der Evangeliumsverkündigung erwählt seien, stammen wohl von Pighius. Hinzu kamen (zutreffende) Anklagen bezüglich einzelner Bibelverfälschungen. Der Prozess endete am 23. Dezember 1551 mit der Verbannung Bolsecs aus Genf. Seine Einwände werden in Calvins Schrift ausführlich behandelt.

Bolsec selbst hatte vorgeschlagen, die evangelischen Nachbarkirchen zur Prädestination zu befragen. Die Theologen in Basel, Bern und Zürich stimmten den Genfern aber nur halbherzig zu. Sie bejahten die Erwählungslehre, schwiegen aber zur doppelten Prädestination. Calvin war tief enttäuscht und machte seiner Enttäuschung in seiner Schrift Luft. Doch spricht er nur »von gewissen gemäßigten Menschen« und nennt keine Namen. Auf ihre Stellungnahmen geht er jedoch ein.

Pighius will mit folgender *regula pietatis* die dunklen Schriftstellen erklären:

»Wir ziehen nicht in Frage die *aequitas* und *iustitia* des göttlichen Willens, sondern wir verneinen und leugnen entschieden, dass Gott will, was ihr ihm gottlos andichtet. Ich bin davon aufs gewisseste überzeugt, dass er der beste und gnädigste Gott ist. Aus der Unermeßlichkeit seiner Güte hat er ein vernünftiges Geschöpf geschaffen, damit es seiner Güte teilhaftig wäre. Nichts hat er gehaßt, was er erschaffen hat. Während er schuf, hat er auch nicht irgend jemand der Verdammnis und dem Untergang geweiht. Nichts hat er erschaffen, es sei denn zum Leben, nicht aber zur Schmach des Lebens.«

Calvin wird es leicht fallen, das Vorangehen des Glaubens vor der Erwählung zu wiederlegen. Neben die Güte Gottes wird er den Zorn Gottes über die Sünde stellen und den Sündenfall hervorheben. Doch muss er nun zur Logik greifen, wenn das Bibelwort nicht ausreicht. Als Beispiel kann die Auslegung von Eph 1,4 dienen.

»Ich höre, was Pighius schwatzt: es sei das Menschengeschlecht in Christus erwählt, damit alle, die ihn im Glauben erfaßt hätten, die Seligkeit erlangten. Aber in dieser Erdichtung sind zwei große Einfältigkeiten enthalten, die sogleich mit den Worten des Paulus zu widerlegen sind. Denn zuerst besteht gewiß eine Wechselbeziehung zwischen den Erwählten und Verworfenen, so daß die Erwählung, von der er spricht, nicht bestehen kann, wenn wir nicht bekennen, daß Gott bestimmte Menschen, die er gewollt hat, von den anderen abgesondert hat. Eben dies wird durch das Wort Vorherbestimmen, das er zweimal nachher wiederholt (Eph 1,5 und 11), ausgedrückt. Daß er (zweitens) sagt, diejenigen wären (in ihm) erwählt, welche durch den Glauben in den Leib eingepflanzt seien (Röm 11,23).« (COR III/1,40)

In dem einen Fall baut Calvin auf die Logik, im zweiten weicht er auf die Ekklesiologie aus.

Ein weiteres Merkmal des *Consensus Genevensis* ist die Berufung auf Augustin. Der Satz »Augustinus totus noster« will den Gegnern nicht nur dessen Autorität entziehen. Die Menge der Augustinzitate wird zu einer eigenständigen Beweisführung neben der Bibel.

Der *Consensus Genevensis* ist Calvins ausführlichste Behandlung der Prädestination. Aufs Ganze gesehen wiederholt er die Lehre der *Institutio* von 1539.

9.5. Die Predigt über die Prädestination von 1551

Bolsec war wegen seiner polemischen Ausfälle in der *Congrégation* am 16. Oktober 1551 gefangen gesetzt worden. Eine Reihe Genfer Bürger zeigten aber Sympathie mit ihm und seiner Lehre. Daraufhin beschloss die *Compagnie des Pasteurs* am 11. Dezember, Calvin sollte angesichts des bevorstehenden Abendmahls über die Prädestination predigen. Dies geschah am 18. Dezember in der *Congrégation* (CO 8,85–140).

Die Predigt ist von Bolsecs These bestimmt: Die Erwählung hängt vom nachfolgenden Glauben ab. Calvin wiederholt mehrmals die Gegenthese: Die Erwählung geht dem Glauben voraus. Durch die Hervorhebung des Glaubens wird die Gemeinde ganz direkt und praktisch angesprochen.

Im ersten Teil betrachtet Calvin die grundlegenden Bibelstellen. Zu Röm 8,28–29 muss geklärt werden, was der Satz bedeutet »denen, die nach seinem Vorsatz berufen sind« (V. 28b). Da Gott der Handelnde ist, muss der Satz »denen, die Gott lieben« ihm untergeordnet werden. Der »Vorsatz« ist sein Erwählungsratschluss (Eph 1,5 und 11). Von daher erklärt sich das »Vorherwissen« (V. 29). Es ist das Gnadenhandeln Gottes, das durch das nachfolgende »Vorherbestimmen« näher erläutert wird. Die Bibelstelle Apg 2,23 bestätigt den Christusbezug. Auf diese Weise widerlegt Calvin das beste gegnerische Argument, der Glaube sei vorhergesehen.

Bei der Auslegung von Eph 1,4 ff. geht Calvin einen anderen Weg als in der *Institutio* von 1539 und dem *Consensus Genevensis*. Er argumentiert soteriologisch und seelsorgerlich. »Wir beobachten, daß der Apostel Paulus einen Vergleich vornimmt zwischen zwei entgegengesetzten Dingen, dem Werk des Menschen auf der einen Seite und dem Vorsatz Gottes auf der anderen.« Beim Menschen findet Gott »nur Elend und Armut«. Gott ist also nicht ungerecht, wenn er nur einige Menschen erwählt. Calvin beantwortet damit die Frage des Heilspartikularismus. Er wird nun dem Satz »er hat uns erwählt in Christus« gerecht und auch Vers 6 »in seinem Sohn«. Eine Weichenstellung im Verständnis der Erwählung liegt vor, denn die Angabe »vor Grundlegung der Welt« spielt keine Rolle und dominiert nicht mehr.

Die Stellen Joh 6,44 ff.; 10,28 und ähnliche belegen die Alleinwirksamkeit Gottes. Wer dagegen »universale Verheißungen« und »Verheißungen für jeden« anführt, wie z. B. »Ich will meinen Geist in euch geben und solche Leute aus euch machen, die in meinen Geboten wandeln und meine Rechte halten und danach tun« (Hes 36,27), vergisst, dass derselbe Prophet im Vers zuvor von den »steinernen Herzen« spricht. »So drängt sich der Schluss auf, dass dies alles keineswegs aus unserer eigenen Tüchtigkeit herrührt, auch nicht aus unserem Verdienst und unserer Würdigkeit, sondern aus der reinen göttlichen Gnade.«

Calvin muss zugeben, dass in Röm 9,1–29 das Wort Glaube nicht vorkommt. Dies sei keine »Vergeßlichkeit« des Apostels, sondern er wollte zeigen, was Gott zu tun »gut erscheine«. In dieser Auslegung geschieht dasselbe wie in der von Eph 1,4. Jakob und Esau werden nicht erwähnt, auch nicht das Bild des Töpfers, der tut was er will, und nicht die Zurückweisung des Rechtens mit Gott. Thema ist das Erbe Abrahams, das direkt zu Christus führt. Seine Zusammenfassung lautet: »Gott hat uns erwählt – und das nicht nur, ehe wir ihn kannten, sondern ehe wir geboren und ehe die Welt erschaffen wurde. Er hat uns durch seine grundlegende Güte erwählt und sich nicht nach irgendeiner anderen Ursache umgesehen.«

Im zweiten Teil werden elf Einwände widerlegt. Sie werden der Gemeinde als Fragen vorgelegt und sind dadurch sehr lebendig gehalten. Die beiden ersten stammen von schlichten Gemeindegliedern (»Gemäßigten«). 1. Ist Gott nicht ungerecht? Calvin mahnt zur Demut, »bis daß das Buch geöffnet wird« (Dan 7,10). Oder er fragt, ob Gott vor einen Richter gestellt werden soll, der fragt, »Haben Sie etwas dazu zu sagen? (Und Gott würde antworten:) Ja, aus dem und dem Grund habe ich so gehandelt.« 2. Man könnte den Menschen Glaube und Buße predigen, ohne zu erwähnen, dass einige von Gott erwählt seien. Calvin wiederholt den Leitsatz: Die Erwählung geht dem Glauben voraus. Die folgenden Einwände kommen von »Gotteslästerern«. 3. Wenn Gott nach seinem Gutdünken erwählt, dann muss man sich nicht um eine gute Lebensführung bemühen. Calvin erinnert an Eph 1,4, »erwählt, damit wir sollen heilig sein«. Das Licht kann von der Sonne nicht getrennt werden. 4. Gott ist ungerecht, wenn er nach Gutdünken erwählt. Calvin nennt den Einwand »die eigentliche Lästerung« und antwortet: »Wenn wir über unserem Körper (senkrecht) [...] Geschosse abfeuern wollten, werden sie dann nicht [...] uns erschlagen?« So ergeht es, wenn wir gegen Gott reden. 5. Es ist befremdlich, dass es für die Frage nach der Gerechtigkeit Gottes keine einfache Lösung gibt. Calvin verweist darauf, dass es für den Unterschied von Mensch und Tier, göttlicher und menschlicher Natur Christi auch keine einfache Erklärungen gibt. 6. Wie kann Gott die Verworfenen zurückweisen, da sie doch seine Geschöpfe sind? Calvin: Eigentlich wären alle Menschen verworfen um ihrer Sünde willen. Der Weinbergbesitzer beruft alle, belohnt aber nach seinem Gutdünken (Mt 20,15). 7. Adam ist Geschöpf Gottes. Wie konnte er fallen? Calvin verweist auf den verborgenen Ratschluss Gottes. Er weist die Lösung der »Sorbonnisten« zurück, Gott habe Adams Fall vorausgesehen. 8. Es muss ein einleuchtender Grund für Gottes Handeln genannt werden Calvin antwortet, dem Fragenden fehle die Selbsterkenntnis des Sünderseins. Die Einwände 9 bis 11 scheinen Zusätze zu der erst 1562 gedruckten Predigt zu sein. Sie betreffen die Bibelstelle 1Tim 2,4 (»alle werden gerettet«), die Heilsgewissheit und die Notwendigkeit allen Geschehens.

Hinter den achten Einwand schiebt Calvin nun ein *Summarium* ein, das den Höhepunkt seiner Predigt bildet.

»Um schließlich all das zusammenzufassen, was wir im Blick auf Gottes Erwählung ausgeführt haben, wollen wir festhalten,

[1.] daß wir Gott noch nicht annähernd so ehren, wie es seiner Größe zukommt.

[2.] Wir haben noch keinen Begriff von dem Ausmaß seiner Gnade, die er unter uns ausgebreitet hat, solange wir uns nicht vergegenwärtigen, daß er uns erwählt, ja, uns aus der allgemeinen Verdammnis, die über das ganze Adamsgeschlecht gekommen ist, herausgenommen hat, um uns unserem Herrn Jesus Christus zuzuführen. Denn er allein hat uns erlöst.

[3.] Wenn wir unterdessen auf die Verworfenen blicken, (so deshalb,) damit wir in ihnen uns selbst sehen lernen und zu dem Eingeständnis kommen: Genau so wäre es um uns bestellt, wenn Gott nicht seine väterliche Güte geltend gemacht hätte, um uns von ihnen zu scheiden.

[4.] Wir können uns kraft unserer Natur nicht von ihnen scheiden, sondern es ist Gott, der uns vortrefflicher gemacht hat.«

Das *Summarium* besagt: Erstens, Gott können wir uns nur in Demut nähern. Wir können nur seine Größe ehren, die menschliches Verstehen übersteigt. Deutlich wird verzichtet auf Gottes ewigen Ratschluss vor Grundlegung der Welt; er bleibt unerwähnt. Zweitens, Gottes Gnade ist so groß, dass wir ihr Ausmaß nur soteriologisch erfassen können. Denn ›erwählt‹ heißt, er hat uns aus der allgemeinen Verdammnis auf Grund des Falles Adams herausgenommen und uns unserem Herrn Christus zugeführt. Die Worte ›in ihm‹ (Eph 1,4) bedeuten: durch seine Erlösung. Drittens, die Verwerfung wird erwähnt, aber ihre Ursache nicht erörtert. Vielmehr wird ganz personenbezogen gefolgert: Wir wären die Verworfenen, wenn Gott nicht seine Güte geltend gemacht und uns von ihnen geschieden hätte. Es gibt Verworfene, doch sind nicht sie das Thema, sondern wir sind es. Viertens, es folgt unbedingt die Heiligung auf die Erwählung. Wir sind unfähig, aber Gott macht uns ›vortrefflicher‹ (als zuvor).

Wie sind Predigt und *Institutio* in Übereinstimmung zu bringen? In der Predigt überwiegt naturgemäß die Ansprache in der Wir-Form; die *Institutio* ist Lehre, ausgedrückt in der dritten Person. In der Predigt wird auch Lehre geboten, aber möglichst seelsorgerlich gefasst. Die *Institutio* achtet hingegen auf die Folgerichtigkeit der Lehre. Doch wie unterschiedlich auch die Funktionen beider sind, es ist nicht zu übersehen, dass die Prädestinationslehre in zwei unterschiedlichen Formen vorgetragen wird, die nicht übereinstimmen. Calvin kennt zwei Prädestinationslehren. Um sie näher zu bestimmen, sei noch ein Blick auf die *Institutio* in der Endfassung geworfen.

9.6. Die Institutio von 1559

Während Calvin gegen Bolsec geltend macht, die Erwählung gehe dem Glauben voraus, wehrt er in der *Institutio* die gegnerische These von der Präszienz ab: Gott erwählt die, bei denen er voraussieht, dass sie glauben werden. Die Behandlung der Bibelstellen beweist es.

Zu Eph 1,4–9 hebt Calvin die Verse 5 und 11 hervor. »Wenn man eine höhere Ursache sucht, dann gibt Paulus die Antwort, daß Gott es so vorherbestimmt hat ›gemäß dem Vorsatz seines Willens‹.« Der soteriologische Ansatz der Predigt fehlt. Sein Anliegen ist in der *Institutio* überwiegend apologetisch-systematisch: Gottes Alleinwirken bestimmt des Menschen Heil und Unheil.

In der Auslegung von Röm 9 stehen Jakobs Erwählung und Esaus Verwerfung im Mittelpunkt. Ganz anders als in der Predigt lehrt Calvin die doppelte Prädestination. Die Erklärung von Röm 9,6–20 mit Gottes Vorherwissen des künftigen Glaubens bzw. Unglaubens kritisiert er heftig. Paulus' Zurückweisung einer Ungerechtigkeit Gottes in diesen Versen hebt er hervor.

Unverständlich ist, warum Calvin in der *Institutio* von 1559 die Stelle Röm 8 nicht behandelt. Er polemisiert anhaltend gegen eine Präszienz Gottes, geht aber auf den Hauptbeleg der Gegner in Röm 8,29 nicht ein. Ob er seine Auslegung in der Predigt (s. o.) stillschweigend voraussetzt, ist ungewiss.

In der Auslegung von Joh 6,44 f.; 10,28 und ähnlichen Stellen sind sich Predigt und *Institutio* gleich. Beide wenden sich gegen einen Heilsuniversalismus.

In den Einwänden, denen Calvin auch in der *Institutio* zwei lange Abschnitte mit ähnlichen Einwürfen widmet, wiederholt sich die Tendenz der Bibelauslegung. Calvin kennt allerdings keine Anfragen der Gemäßigten. Ein Vergleich von Predigt und *Institutio* kann unterbleiben. Das in der *Institutio* fehlende *Summarium* gibt Anlass, auf die zwei unterschiedlichen Prädestinationslehren einzugehen. Dass er zwei nicht übereinstimmende Lehrweisen vertritt, ist genügend bewiesen. Die Frage bleibt, ob zwischen ihnen ein Widerspruch besteht oder ob sie sich gegenseitig ergänzen. Wie ist der Unterschied zu erklären?

Calvin lehrt zwei Prädestinationslehren, die im Ansatz verschieden sind. In der Predigt ist es die Gnadenwahl, in der *Institutio* die doppelte Prädestination. Es besteht trotzdem kein Gegensatz zwischen beiden Lehrweisen. Denn die doppelte Prädestination kann zur Gnadenwahl ergänzend hinzutreten. Sie bilden zwei Stufen. In der Predigt lehrt er nur die Erwählung und erwähnt die Verworfenen nur, um die Erwählten zum Dank zu verpflichten. In der *Institutio* stellt er sich außerdem den Einwänden der Gegner und scheut sich nicht, auf alle Konsequenzen einzugehen. D.h. er verteidigt die doppelte Prädestination logisch und uneingeschränkt. Dazu gehört auch die Verborgenheit des *decretum aeternum*. Die zweite Lehrform ist daher die ausführlichere. Der Bilderreichtum der Predigt spricht den Leser mehr an und ist überzeugender. Es bewahrheitet sich die in der neueren Forschung geäußerte These, dass die Endform der Prädestinationslehre in der *Institutio* von 1559 nicht überbewertet werden darf und sie nicht seine allein maßgebende Lehrform ist.

Barth, Peter: Die Erwählungslehre in Calvins Institutio 1536 (in: Theologische Aufsätze Karl Barth zum 50. Geburtstag, 1936, 432–442).

Jacobs, Paul: Prädestination und Verantwortlichkeit bei Calvin, 1937.

Kingdon, Robert M.: Popular Reactions to the Debate between Bolsec and Calvin (in: Spijker, Willem van't [Hg.]: Calvin. Erbe und Auftrag. Festschrift für Wilhelm H. Neuser, 1991, 138–145).

Neuser, Wilhelm H.: Calvin als Prediger. Seine Erklärung der Prädestination in der Predigt von 1551 und in der Institutio von 1559 (in: Beintker, Michael [Hg.]: Gottes freie Gnade. Studien zur Lehre von der Erwählung, 2004, 65–91).

Ders.: Johannes Calvin: Von der ewigen Vorherbestimmung Gottes, 1998b.

Peter, Rodolphe/Gilmont, Jean-François: Bibliotheca Calviniana, Bd. 2, 1994, 62/6.

Wilhelm H. Neuser

10. Kirche

Die Kirche ist für Calvin von Gott erwählt, um als Werkzeug Gottes den Menschen die Gemeinschaft mit Christus zu ermöglichen und diese zu verwirklichen. Diese funktionale Bestimmung der Kirche dominiert alle weiteren Aspekte; und auch alle kirchlichen Dimensionen – inklusive der Ämter, der Kirchenordnung und auch der Sakramente – sind von dieser Grundausrichtung geprägt. Wenn die Menschen nicht so schwach wären – Calvin kann sie hier »grobsinnig und träge« und von »eitlem Verstande« (Inst. IV.1.1) nennen –, dann wäre die Kirche als solche gar nicht nötig; das aber ist angesichts der vorfindlichen Wirklichkeit des Menschen ein Irrealis – der Mensch braucht die Kirche, um Gemeinschaft mit Christus zu leben.

10.1. Von Gott erwählte Kirche

Erste und entscheidende Aussage über die Kirche bei Calvin ist, dass sie von Gott *erwählt* ist. Diese bundestheologische Verortung verdeutlicht, dass Subjekt und Urheber der Kirche der dreieinige Gott ist. Calvin hat das Glaubensbekenntnis bekanntlich nicht in drei, sondern in vier Abschnitte unterteilt. Der vierte Teil beginnt mit der Kirche und endet mit »ewiges Leben« – der dritte Abschnitt umfasst bei Calvin nur den Glauben an den Heiligen Geist. Damit wird deutlich, dass die Kirche bei Calvin nicht allein dem Heiligen Geist zugeordnet wird. Vielmehr sind die Werke Gottes nach außen nicht aufteilbar – und deshalb ist bei Calvin das erwählende Handeln Gottes immer trinitarisch zu verstehen: »omnes eos qui Dei patris clementia per spiritus sancti efficaciam in Christi participationem venerunt« (Inst. IV.1.3) (alle, die durch die Freundlichkeit Gottes des Vaters durch die Wirksamkeit des Heiligen Geistes in die Gemeinschaft Christi gekommen sind).

Weil aber Calvins erster Satz der der Erwählung der Kirche ist, beginnt er auch nicht bei empirischen Beschreibungen des Kirche-Seins, auch wenn ihm die äußere Gestalt der Kirche wichtig ist, ja er sein weiteres Hauptaugenmerk darauf richtet. Als Grundvoraussetzung ist jedoch mit Wiley zu betonen: »The church owed its existence to an act of God.« (Wiley 1990, 112). Das ist nicht zu identifizieren mit der Prädestination der einzelnen Christen, obwohl hier natürlich ein enger Zusammenhang vorliegt: »in cuius sinum aggregari vult Deus filios suos« (Inst. IV.1.1) (in ihrem Schoß will Gott seine Kinder versammeln). Gleichzeitig ist mehr noch als bei der Erwählung der Einzelnen die funktionale Dimension zu erkennen: Gott erwählt die Kirche, um sie zu gebrauchen. Die Kirche hat die Aufgabe, die Auserwählten zu sammeln, zu stärken, zu lehren und zu ordnen, damit die Gemeinschaft mit Christus wächst. Das ist der Binnenaspekt, der bei Calvin im Besonderen ausgeführt wird. Aber hinzu kommt, zumindest in der grundlegenden Ausrichtung, auch ein nach außen gerichteter Aspekt, der im Begriff der »Invitatio« in der Überschrift zu Buch IV erkennbar wird: Gott lädt in die Gemeinschaft mit Christus ein und erhält die Seinen in ihr. Alle Bereiche in der Kirche, sei es die Kirchenordnung insgesamt, die Ämter, die Sakramentsverwaltung oder auch die Kirchenzucht, stehen in dieser funktionalen Ausrichtung der Kirche und sind deshalb nicht zu verselbständigen. Und die Kirche selber ist eben auch nicht zu verselbständigen, weil sie allein von Gottes effektiver Erwählung her verstanden werden kann.

Deshalb betont Calvin, dass es auf gar keinen Fall darum gehen kann, *an die Kirche* zu glauben: »ideo enim credere in Deum nos testamur, quod [...] fiducia nostra in ipso acquiescat; quod in Ecclesiam non ita conveniret« (Inst. IV.1.2) (Wenn wir bezeugen, dass wir an Gott glauben, dann verlässt sich unsere Zuversicht auf ihn, was auf die Kirche so nicht zutrifft). Vielmehr liegt Calvin daran, *die Kirche* zu glauben. Und das geschieht, »ut certo persuasi simus nos esse eius membra« (Inst. IV.1.3) (dass wir davon überzeugt sind, ihre Glieder zu sein). Es besteht also ein Zusammenhang zwischen dem Erkennen und dem Sein der Kirche. Wir können die Kirche nur glauben, wenn wir uns als Glieder eben dieser Kirche wahrnehmen – und damit wird die Kirche als aus den Gliedern der Kirche bestehend erkannt. Calvin verbindet mit diesen Akzenten zwei unterschiedliche Betrachtungsweisen der Kirche: Einerseits ist sie eine Tat Gottes und wird deshalb nicht von den Glaubenden hergestellt – sie ist eine Institution Gottes. Andererseits aber besteht die Kirche aus der Gemeinschaft der Heiligen und ist keine unabhängig von den Glaubenden zu fassende Institution, wie das etwa die römisch-katholische Kirche lehrt. Beide Linien werden bei Calvin in der auf Tertullian zurückgehenden Formulierung der Kirche als Mutter (Inst. IV.1.4) zusammengebunden: »quando non alius est in vitam ingressus nisi nos ipsa concipiat in utero, nisi pariat, nisi nos alat suis uberibus, denique sub custodia et gubernatione sua nos tueatur, donec exuti carne mortali« (Inst. IV.1.4) (Es gibt für uns keinen anderen Weg ins Leben, als dass sie uns in ihrem Schoß empfängt, uns gebiert, an ihren Brüsten nährt und schließlich unter ihrer Obhut und Leitung in Schutz nimmt, bis wir das sterbliche Fleisch von uns ablegen) – für Calvin ist es deutlich: außerhalb der Kirche ist weder Vergebung der Sünden noch Heil zu erhoffen (Inst. IV.1.4) – und Calvin spricht hier explizit von der sichtbaren Kirche.

10.2. Sichtbare und unsichtbare Kirche

Der eben genannte Hinweis könnte als Beleg verstanden werden, dass Calvin sich der augustinischen Redeweise von der sichtbaren und unsichtbaren Kirche angeschlossen hat – und in der Tat tauchen die Begriffe gelegentlich auf (zur Unsichtbarkeit der Kirche vgl. Inst. IV.1.7). Gleichwohl kann man hier auf gar keinen Fall von einer grundlegenden Begrifflichkeit bei Calvin sprechen; dazu verwendet er die Termini auch zu selten. Eher sind es Grenzbegriffe, die auf verschiedene Dimensionen der einen Kirche hinweisen. Die Rede von der für die Menschen unsichtbaren Gestalt verweist darauf, dass alleine Gott weiß, wer dazu gehört; hier umfasst die Gemeinschaft der Heiligen alle Erwählten einschließlich der bereits Verstorbenen; deshalb ist es nötig, »soli Deo permittenda est cognitio suae Ecclesiae, cuius fundamentum est arcana illius electio« (Inst. IV.1.2) (Gott allein die Erkenntnis seiner Kirche zu überlassen, weil seine geheime Erwählung ihr Fundament ist); zur Kirche gehört nach Calvin übrigens bereits das Geschlecht des erwählten Abraham und damit das jüdische Volk (vgl. Milner 1970, 51f.; CO 48,56). Die Dimension der Sichtbarkeit benennt das Faktum des »permixtum«, weil nicht nur Glaubende, sondern auch Heuchler und andere Glieder zur Kirche gehören, die ihren Glauben bekennen, getauft sind, am Abendmahl teilnehmen und die Gottesdienste besuchen. Beiden Aspekten der einen Kirche ist gemeinsam, dass sie das »Kirche glauben« nötig machen: Unsichtbarkeit, weil die Erwählung nicht zu sehen ist, Sichtbarkeit, weil die Kirche trotz ihrer Durchmischung erwählt ist. In den früheren Ausgaben der *Institutio* hat Calvin die »unsichtbare« Seite der Kirche stärker betont als in der letzten Ausgabe von 1559. Sachlich ergibt sich aber kein Dissens, sondern nur eine Verschiebung hin zur stärkeren Akzentuierung der Gestaltwerdung der Kirche. Denn die Sichtbarkeit hat bei Calvin nur zu einem kleinen Teil die Aufgabe, auch die Anwesenheit von Nicht-Erwählten zu thematisieren. Vielmehr liegt der Schwerpunkt in der theologischen Behandlung der sichtbaren Kirche bei Calvin darauf, dass sie dem Evangelium von Jesus Christus entsprechende Gestalt gewinnen soll, um der Erwählung zum Dienst gut entsprechen zu können. In dieser Tätigkeit darf und soll die Kirche erwarten und hoffen, dass die Dynamik des Heiligen Geistes sie leitet und lenkt. Die Kirche wird so als vom Heiligen Geist zu leitender *Organismus* (vgl. Milner 1970, 7) verstanden. Dass beides, Erwählung und Gestaltwerdung der Kirche, nicht voneinander getrennt, aber wohl unterschieden werden müssen, hat seine Entsprechung im Verhältnis von Rechtfertigung und Heiligung – und diese wiederum folgen in dieser Zuordnung den Ämtern Christi.

10.3. Der Leib Christi und seine Einheit

Weil Calvin die Erwählung der Kirche und nicht die vorhandene Pluralität der sichtbaren Kirchen zum Ausgangspunkt nimmt, gibt es konsequenterweise nur eine einzige Kirche, den Leib Jesu Christi.

Jesus Christus ist das Haupt der Kirche und ist von seinem Leib nicht zu trennen. Und wenn Calvin in seiner Lehre vom dreifachen Amt Jesus Christus als Prophet, Priester und König bezeichnet und damit Werk und Person Jesu Christi verbindet, so ist Christus nicht für sich alleine Prophet, Priester und König, sondern sein Leib hat daran teil: »Atque hic rursus notandum est, non sibi modo unctionem accepisse, ut fungeretur docendi partibus; sed toti suo corpori, ut in continua evangelii praedicatione virtus spiritus respondeat« (Inst. II.15.2) (So ist wiederum zu bemerken, dass Christus die Salbung nicht für sich allein empfing, um recht die Aufgabe des Lehrens auszuüben, sondern für seinen ganzen Leib, damit in der dauerhaften Verkündigung des Evangeliums die Kraft des Geistes gegenwärtig ist.) Entsprechendes gilt für das Königs- und das Priesteramt: Der Leib Jesu Christi hat Gemeinschaft mit Christus und also Anteil an ihm. Diesem Zuspruch ist der Anspruch an die Seite zu stellen: Bei Christus als dem Haupt des Leibes ist »gratiae perfectio tum summa gubernandi potestas« (Inst. IV.6.8) (die Vollkommenheit der Gnade und die höchste Regierungsgewalt). Christus allein hat die Kirche zu dienen, ihm allein hat sie zu gehorchen und zu entsprechen (vgl. Haas 2001). Für Calvin steht diese Erkenntnis in Spannung zur Existenz eines einzigen menschlichen Oberhauptes der Kirche – er lehnt das Papstamt daher vehement ab.

Die Kirche ist der Leib Christi – Calvin spricht von der Kirche deshalb immer im Singular. »Ideo catholica dicitur, seu universalis, quia non duas aut tres invenire liceat quin discerpatur Christus: quod fieri non potest.« (Inst. IV.1.2) (Deshalb wird sie katholisch oder allgemein genannt, weil man nicht zwei oder drei finden könnte, ohne daß Christus in Stücke zerrissen würde – das kann nicht sein). Diese Einheit ist vorausgesetzte Wirklichkeit, so dass Calvin auch die Einheit der Glaubenden als vorhanden benennt.

»Quin sic electi Dei omnes in Christo *sunt connexi* [...] vere unum facti, qui una fide, spe, caritate, eodem Dei spiritu simul vivunt, non in eandem modo vitae aeternae haereditatem, sed in unius Dei ac Christi participationem etiam vocati« (Inst. IV.1.2) (Alle Erwählten Gottes sind so miteinander verbunden, sie sind wirklich eins geworden, die in einem Glauben, einer Hoffnung, einer Liebe, in ein und demselben Geist leben und die nicht allein zum Erbe des ewigen Lebens berufen sind, sondern auch zur Teilhabe an dem einen Gott und Christus).

Diese Wirklichkeit ist geglaubte Wirklichkeit und gegen den Augenschein von der empirischen Kirche festzuhalten, die diese Einheit nicht zum Ausdruck bringt. Gleichzeitig begnügt sich Calvin nicht damit, die Einheit nur der nicht sichtbaren Kirche zuzuschreiben; vielmehr gilt: »Quanquam articulus symboli ad externam quoque ecclesiam aliquatenus pertinet« (Inst. IV.1.3) (Allerdings bezieht sich dieser Artikel des Bekenntnisses auch auf die äußerliche Kirche). Nun ist diese Einheit bei der empirischen Kirche weniger als vorfindlich denn eher als Aufgabe zu sehen: Die Glieder sollen in Einigkeit zusammen leben, ein Herz und eine Seele sein und eine gemeinsame Hoffnung haben. Die sichtbare Kirche hat die Aufgabe, der geglaubten zu entsprechen – und dazu gehört ganz wesentlich auch die Einheit der Christen. Von daher ist Calvin auch als ein Urheber der presbyterial-synodalen Ordnung zu verstehen: Hier wird die Eigenständigkeit einer einzelnen Gemeinde wie die synodale Zuordnung beschrieben – Einheit ist zu suchen, weil sie vorausgesetzt ist. Diese ökumenische Erkenntnis führt Calvin auch dazu, der römisch-katholischen Kirche nicht einfach abzusprechen, dass sie Kirche sei. Er nennt sie »falsche Kirche« (Inst. IV.2), weil er mit ihr »de vera et legitima ecclesiae constitutione« (Inst. IV.2.12) (über die wahre und rechtmäßige Gestaltung der Kirche) streitet. So wirft Calvin der römisch-katholischen Kirche vor, dass sie nicht auf das Wort Gottes hört, weil sie es an die Kirche bindet anstatt umgekehrt; die kirchlichen Ämter maßten sich göttliche Autorität an. Das alles führt dazu, dass Calvin Mühe hat, die römisch-katholische Kirche als Kirche anzuerkennen, er versteht sie als »semirutum aedificium« (Inst. IV.2.11) (halbeingestürztes Bauwerk), das aber dennoch Gottes Treue nicht auslöschen konnte.

Die Einheit der Kirche wird geglaubt und deshalb vorausgesetzt, und sie ist die Aufgabe, der die Kirche insgesamt zu entsprechen hat – im Großen wie im Kleinen. Dabei ist die Einheit des Leibes Christi keine rein formale Einheit, sondern verlangt nach Konkretion.

10.4. Die Zugehörigkeit zur Kirche

Wer kann erkennen, was und wo Kirche ist? Calvin betont: Zunächst Gott selber und er allein: »Haec quidem singularis est Dei ipsius praerogativa, nosse qui sui sint« (Inst. IV.1.8) (Es ist gewiss ein besonderes Vorrecht Gottes selber, zu erkennen, wer zu ihm gehört.) Hier betont Calvin wieder die sogenannte »unsichtbare« Dimension der Kirche, weil die Erwählung nicht mit natürlichen Augen sichtbar ist. Und deswegen ist es auch Gott alleine vorbehalten, in der Schar der Christen die wahrhaft Glaubenden zu sehen. Calvin betont, dass alle menschlichen Maßstäbe dabei nicht tauglich sind, hier Grenzen zu ziehen, weil einerseits »hoffnungslose Fälle« »eius bonitate in viam revocantur« (Inst. IV.1.8) (durch seine Güte auf den rechten Weg zurückgerufen werden), und andererseits gilt, dass die »prae aliis stare videbantur, saepe corruunt« (Inst. IV.1.8) (oft zu Fall kommen, die anderen gegenüber voran zu stehen scheinen).

Da also die göttliche Wahrnehmung den Menschen (glücklicherweise) nicht zur Verfügung steht, ist zu fragen, wer dann zur (sichtbaren) Kirche zu zählen ist?

> »quo pro Ecclesiae membris agnoscamus qui et fidei confessione, et vitae exemplo, et sacramentorum participatione eundem nobiscum Deum ac Christum profitentur.« (Inst. IV.1.8) (Wir sollen diejenigen als Glieder der Kirchen erkennen, die durch das Bekenntnis des Glaubens, durch das Beispiel ihres Lebens und die Teilhabe an den Sakramenten zusammen mit uns den gleichen Gott und Christus bekennen.)

Wer letztlich also von Gott erwählt ist, ist von den Menschen nicht zu erkennen. Aber wer sich mit Bekenntnis und Teilnahme an Gottesdiensten und Sakramenten zur sichtbaren Kirche hält, soll als Erwählter angesehen werden.

10.5. Die Merkmale der Kirche

Die Einheit der Kirche (*ecclesia universalis*) ist aufgrund der geglaubten und wirklichen Einheit des Leibes vorausgesetzt; sie verbindet die Christen aller Zeiten und aller Orte miteinander: »in unam [...] divinae doctrinae veritatem consentit et eiusdem religionis vinculo colligata« (Inst. IV.1.9) (in der Wahrheit der göttlichen Lehre übereinstimmend und das Band der gleichen Gottesverehrung verbunden). Der Kirchenbegriff ist Calvin zufolge aber nicht reserviert für die universale Kirche, sondern gerade in der partikularen, sich versammelnden Kirche ist Kirche im Vollsinn da. Denn – und hier greift Calvin die bekannte Formulierung aus Artikel VII der *Confessio Augustana* auf – die Predigt des Wortes und die Verwaltung der Sakramente sind die Merkzeichen (*symbola*) der Kirche. Wo diese rein geübt werden, ist Kirche da, auch wenn sie sonst an vielen Gebrechen (*vitii*) leidet. Deswegen warnt Calvin davor, die Einigkeit der Kirche leichtfertig aufs Spiel zu setzen, weil unterschiedliche Erkenntnisse die Kirche nicht zerreißen dürfen – denn »quoniam nemo es qui non aliqua ignorantiae nubecula obvolutus sit« (Inst. IV.1.12) (niemand ist ohne irgendeinen Nebel der Unwissenheit umhüllt). Allerdings ist es nötig, dass das Evangelium rein gepredigt und die Sakramente recht verwaltet werden. Die rechte Predigt des Wortes ist bei Calvin immer in der Korrelation von Bibel und Heiligem Geist in der Person des Predigers zu verstehen: Einerseits ist es kein reiner Biblizismus, der nur die Schriftworte rezitiert, und andererseits hat sich der Heilige Geist an das Wort gebunden und leitet so die Kirche (vgl. CO 5,393). Bei den Sakramenten ist das nicht anders. Einerseits ist die Unterschiedenheit von Zeichen und Bezeichnetem zu betonen, weil die Sakramente Gott nicht fassen. Andererseits aber begleitet verheißungsgemäß der Heilige Geist die Sakramente wirksam, so dass durch diese der Heilige Geist die Gemeinschaft mit Christus versiegelt (vgl. CO 6,112).

Indem Calvin Predigt und Sakrament als ausreichende Kennzeichen der Kirche bestimmt, wird deutlich, dass er seine Erkenntnis der Kirche aufgrund seiner Wahrnehmung von zwei falschen Verständnissen der Kirche entwirft. Er richtet sich sowohl gegen die Meinung der römisch-katholischen Kirche, nur die Universalkirche sei Kirche im eigentlichen Sinn, die einzelnen Gemeinden vor Ort seien nur Filialen. Nein – so Calvin –, die sich um Wort und Sakrament versammelnde Gemeinde ist wirkliche Kirche, weil sie dort Gestalt gewinnt. Und gleichzeitig ist gegen die aus Calvins Sicht falsche Vollkommenheit einer Kirche zu argumentieren, die er bei den sogenannten Schwärmern wahrnimmt: Eine falsche Vollkommenheitsforderung ist eher als Hochmut denn als evangeliumsgemäß zu charakterisieren: »ii ut plurimum nihil aliud causae habent nisi ut omnium contemptu ostentent se aliis esse meliores« (Inst. IV.1.16) (sie haben keinen anderen Grund als durch die Verachtung aller zu zeigen, dass sie besser sind als die anderen).

Wenn aber Calvin als *notae* oder *symbolae ecclesiae* genau wie die *Confessio Augustana* Wort und Sakrament benennt, so ist bei ihm – zumindest anders als bei einem großen Teil der Wirkungsgeschichte der *Confessio Augustana* im Luthertum – sein Verständnis von Kirche nicht auf die Betonung dieser beiden *notae* beschränkt. Die Merkmale sind ausreichend, um eine Gemeinschaft als Kirche anzusehen, weil Calvin dem dreieinigen Gott zutraut, dass Wort und Sakrament »fructificent, et Dei benedictione prosperentur« (Inst. IV.1.10) (Frucht bringen und durch den Segen Gottes gedeihen). Aber damit ist das Leben der Kirche noch nicht ausreichend beschrieben, denn es will gestaltet werden. Dazu gehören die verschiedenen kirchlichen Ordnungen und natürlich auch die verschiedenen Dienste bzw. Ämter.

10.6. Die Ordnungen in der Gemeinde

Entscheidend bei allen kirchlichen Ordnungen ist, dass Gott allein in der Kirche regiert und dass die verschiedenen Tätigkeiten in der Kirche als Werkzeuge (*instrumenta*) Gottes anzusehen sind. Darin sieht Calvin erstens eine Auszeichnung der Menschen, weil sie von Gott genutzt werden, zweitens eine Demutsübung, weil die Tätigkeit nur im Gehorsam gegen das Wort Gottes geschieht und drittens eine Möglichkeit zur Einübung von Gemeinschaft der Christen untereinander, weil ja verschiedene Tätigkeiten die Gemeinde charakterisieren und auszeichnen.

Als wichtigste und herausgehobene Ordnung in der Kirche ist bei Calvin der gegliederte Dienst zu verstehen – die deutsche Übersetzung »Amt« setzt einen problematischen Akzent. Vor allem aus Eph 4 entnimmt Calvin, dass es verschiedene Dienste in der Gemeinde gibt. Einige dort beschriebenen Dienste hält Calvin für zeitlich befristet (Propheten, Apostel), andere hingegen für dauerhaft gegeben: Hirten/Pastoren, Lehrer, Älteste und Diakone. Der für Calvin herauszuhebende Dienst ist der Predigtdienst, weil er in besonderer Weise verdeutlicht, dass Gott die Kirche durch sein Wort regiert. Aber wichtiger als das Herausheben – auch die Pastoren sind nur »spiritus sancti [...] organa« (CO 24,274) (Organe des Heiligen Geistes) – ist für Calvin das Zusammenklingen der verschiedenen Dienste, »sicut varii toni in musica suavem melodiam conficiunt« (CO 51,196) (wie die verschiedenen Töne in der Musik eine eigene Melodie ergeben).

Die Pastoren haben die Aufgabe der Evangeliumspredigt und der Sakramentsverwaltung; sie sind an eine bestimmte Gemeinde gebunden. Die Lehrer sollen allein die Heilige Schrift auslegen. Die Ältesten leiten zusammen mit den Pastoren und Lehrern die Gemeinde, und die Diakone sollen die Fürsorge für die Armen in den Mittelpunkt stellen. Dieser gegliederte Dienst ist in der *Genfer Kirchenordnung* als vierfach gekennzeichnet, in der *Institutio* von 1559 zieht Calvin den Dienst des Pastoren und des Lehrers zusammen, so dass sich ein dreifacher Dienst ergibt (vgl. etwa Inst. IV.4.1): Entscheidend ist der *gegliederte* Dienst. Und neben die für Calvin feststehenden Dienste können auch andere treten. Denn alle Dienste stehen nicht für sich selber, sondern sind funktional zu verstehen, sie dienen der Gemeinde Jesu Christi; deswegen ist es auch nötig, dass eine Berufung seitens der Gemeinde in einen solchen Dienst stattfindet. Calvin ist sogar nicht abgeneigt, die der Berufung folgende Ordination als Sakrament zu verstehen (vgl. CO 7,632).

Die Kirchenordnungen, die die Ordination und Weiteres regeln, sind wesentlicher Bestandteil der Lehre von der Kirche und kein Addendum, weil hier die geordnete Gestalt der Kirche beschrieben wird. Die *Genfer Kirchenordnung* von 1561 benennt für alle Dienste Berufungsverfahren und Dienstordnung, daneben werden Hinweise für die Sakramentsfeier und auch die Kirchenzucht gegeben. Aber auch wenn die Beschreibungen der Kirchenordnung recht detailliert sind, muss beachtet werden, dass die Kirchenordnung selber bestimmten Kriterien zu genügen hat: sie muss »ad ecclesiae aedificationem« (Inst. IV.10.32) (zur Auferbauung der Gemeinde) dienen. Calvin argumentiert von der Kirche als Gemeinschaft aus. Die Ordnungen dürfen die Gewissen nicht binden, sie dürfen nicht als heilsnotwendig verstanden werden und nicht der Verehrung Gottes selber dienen (vgl. Inst. IV.10.27). Und alle kirchlichen Ordnungen sind veränderbar und können in Teilen der gesamten Kirche in Gebrauch sein, andere wiederum nicht. Sie können auch abgeschafft werden, wenn es die Zeitumstände erfordern – auch ein Hinweis auf die Dynamik in Calvins Ekklesiologie (vgl. SELDERHUIS 2003).

Auch die Gottesdienstordnung gehört zum Verständnis der Kirche dazu. Im Gottesdienst feiert die Gemeinde, und deshalb soll der Gottesdienst nach dem Wort Gottes gestaltet werden. Den gottesdienstlichen Gesang hat Calvin übrigens nicht abgeschafft, vielmehr ist der Psalmengesang von Calvin als Bereicherung des liedlosen Genfer Gottesdienstes eingeführt worden – ein wirkungsgeschichtlich nicht hoch genug einzuschätzendes Band der Einheit zwischen den verschiedenen reformierten Kirchen weltweit.

10.7. Kämpfende und geborgene Kirche

Nicht nur aufgrund seiner eigenen Erfahrung, sondern vielmehr noch grundsätzlicher akzentuiert Calvin, dass die Kirche in der Welt angegriffen und von Feinden bedrängt wird. Diese von innen und von außen stattfindenden Angriffe gelten letztlich Christus selber. Aber ebenso wie seine Gnade nicht zunichte gemacht werden kann und damit die in Kreuz und Auferstehung geschehene Versöhnung gültig und wirksam bleibt, so kann auch der Leib Christi zwar bedroht und angefochten werden, aber letztlich nicht untergehen. »ecclesia sub cruce militans triumphum tamen agit […] partim in spe, partim ipso effectu.« (CO 44,155) (Die unter dem Kreuz kämpfende Kirche wird dennoch siegen, teils in Hoffnung, teils mit gegenwärtigem Erfolg.) Das verweist auf die doppelte Verortung der Kirche. Einerseits ist die sichtbare Kirche nur eine Übergangsinstitution, in der Gott die Menschen bis zur Wiederkunft Christi einlädt und erhält – nur in eschatologischer Perspektive versteht sich die Kirche recht. Andererseits darf die Kirche auch davon ausgehen, dass Gott selber sie schützt und bewahrt, weil sein Bund und damit die Früchte des Todes Christi nicht vergeblich sind.

Alles an der Kirche ist funktional. Sie ist von Gott erwählt worden, um zum Evangelium und also zur Gemeinschaft mit Christus einzuladen und Menschen dort zu erhalten. Sie ist in allen Dimensionen göttliches Werkzeug, das auf die Auferbauung des Leibes Christi gerichtet ist.

Ganoczy, Alexandre: Ecclesia ministrans. Dienende Kirche und kirchlicher Dienst bei Calvin, 1968.

Milner, Benjamin Ch., Jr.: Calvin's Doctrine of the Church, 1970.

Selderhuis, Herman J.: Kirche im Theater: Die Dynamik der Ekklesiologie Calvins (in: Opitz, Peter [Hg.]: Calvin im Kontext der Schweizer Reformation. Historische und theologische Beiträge zur Calvinforschung, 2003, 195–214). Auf Englisch: Selderhuis, Herman J.: Church on Stage: Calvin's Dynamic Ecclesiology (in: Foxgrover, David [Hg.]: Calvin and the Church [Papers Presented at the 13th Colloquium of the Calvin Studies Society, May 24–26, 2001], 2002, 46–64).

Wiley, David N.: The Church as the Elect in the Theology of Calvin (in: George, Timothy F. [Hg.]: John Calvin and the Church: A Prism of Reform, 1990, 96–117).

Georg Plasger

11. Ethik und Kirchenzucht

Ein neueres Werk über Calvins Ethik stellt die Frage: »War Calvin ein Ethiker?« (Sauer 1997, 55 ff.). Der Grund für diese Frage liegt in der Tatsache begründet, dass Calvin niemals etwas geschrieben hat, das er als christliche Ethik bezeichnet, weder als ein eigenständiges Werk, noch als Teil der zahlreichen Ausgaben der *Institutio*. Dadurch gibt es nur relativ wenige Bücher über die Ethik Calvins, zumindest im Vergleich zu den publizierten Werken über seine Theologie. Dennoch ist deutlich, dass Calvin sehr an christlicher Moral und Ethik lag. Obgleich er in der *Institutio* niemals den Begriff »Ethik« verwendet (lateinisch *ethice*), kommen bei ihm häufig Wendungen wie »Gehorsam« (Inst. II.8.5), »das Leben eines Christen« (Inst. III.6.1) und »das sittsame Leben« (Inst. III.7.5) vor. So kann man wohl mit Recht von Calvins Herangehen an das christliche Leben als von einer Ethik reden, ohne sich dem Vorwurf des Anachronismus auszusetzen.

Dieses Kapitel beschäftigt sich mit den zentralen Themen in Calvins Ethik und mit der Rolle, die die Kirchenzucht darin spielt. Dabei werden die Darstellungen in seinen vielen Werken über seine Ethik in positiver Weise interpretiert und geben somit einen Konsens wieder, den man unter Gelehrten, die sich mit Calvins Ethik beschäftigen, finden kann.

11.1. Gemeinschaft mit Christus

Während bestimmte Calvinforscher eine Reihe der bei Calvin vorkommenden Themen verwendeten, um Einblick in seine Ethik zu geben, wandten viele von ihnen ein, dass die Gemeinschaft mit Christus der Hauptaspekt seiner Lehre über das christliche Leben sei (Wallace 1959; Wendel 1968; Willis-Watkins 1991, 78; Tamburello 1994, 58–63; Haas 1997, 1 f.). Dabei verweisen sie auf Calvins häufige Hervorhebung der Gemeinschaft mit Christus als einem Hauptmerkmal christlichen Lebens.

Calvin beginnt Buch III der *Institutio* mit der Betonung, dass unser Sein notwendigerweise in Christus eingepflanzt sein und er in uns leben müsse, damit wir in den Genuss des Heils kommen, das Gott uns durch das Evangelium hat angedeihen lassen. Nur die Gemeinschaft mit Christus kann unsere Trennung von Gott aufheben und uns die Teilnahme an dem ermöglichen, was Christus vom Vater erhielt (Inst. III.1.1; Komm. Joh 17,21). Diese Vereinigung wird durch den Heiligen Geist erreicht, durch »das Band, mit dem uns Christus wirksam an sich bindet« (Inst. III.1.1). Der Geist ruft Glauben in den Gläubigen hervor, so dass sie Kenntnis von Christus bekommen, wie er im Wort offenbart ist (Inst. III.1.4.1–7). Der Geist pflanzt die Gläubigen so in den Leib Christi ein, dass sie von ihm her ihr Leben als Jünger haben (Komm. Eph 5,31).

Für Calvin bedeutet die Gemeinschaft mit Christus, dass wir an seinem Sterben und Auferstehen teilhaben. Durch seinen Tod hat Christus das Bußgeld bezahlt, indem er sich selbst als stellvertretendes Sühneopfer für die Seinen hingab (Inst.

II.16.5–7). Mit seiner leiblichen Auferstehung trat er durch die Kraft des Geistes in ein neues, unverdorbenes Leben ein. So bewirkt die Gemeinschaft der Gläubigen mit ihm sowohl den Tod ihrer alten, sündigen Natur, so dass sie frei von der Herrschaft und der Strafe der Sünde sind, als auch die Erneuerung ihrer gesamten Natur durch die Kraft des Geistes in der Gemeinschaft mit Gott (Komm. Röm 6,3–11). Was Christus in seiner eigenen Person erlangt hat, wurde damit auch für alle wahren Glieder seiner Kirche erreicht (Inst. II.16.6; Komm. Joh 17,19). Sie sind in ihrer Gemeinschaft mit seinem Tod gerechtfertigt und durch die Gemeinschaft mit ihm in seinem Sieg der Auferstehung geheiligt.

Obgleich Sterben und Auferstehen mit Christus unabdingbar zum christlichen Leben gehören, sind dies nicht lediglich Merkmale unserer Bekehrung; vielmehr werden sie auch zu einem Modell für die Heiligung, die zu einem *Prozess* des Sterbens und Auferstehens mit ihm wird. Calvin bezeichnet dies als das Absterben des Fleisches und die Auferweckung des Geistes. Ersteres bedeutet die allmähliche Abkehr von den gottlosen Begierden unserer sündigen Natur, von den Verführungen der Welt und des Teufels. Letzteres zielt auf den Prozess des Wandelns im neuen Leben, das der Gerechtigkeit Gottes entspricht. Christus lebt nicht außerhalb, sondern in uns; in einer wunderbaren, täglichen Gemeinschaft wird er mehr und mehr zu einem Leib mit uns, bis er völlig eins mit uns ist (Inst. III.2.24).

Calvin führt aus, dass es Ziel der Heiligung sei, in uns das Bild von Gott wiederherzustellen, das durch Adams Übertretung zerstört und fast ausgelöscht wurde (Inst. III.3.9). Damit wird das biblische Gebot, so heilig zu sein, wie Gott heilig ist, erfüllt (Lev 19,2; 1Petr 1,15 f.). Da sich die Erhabenheit Gottes in Christus offenbart hat (Komm. Hebr 1,3), offenbart Christus die Natur des wiederhergestellten Bildes den Gläubigen. Christus hat uns ein Beispiel (*exemplum*) vorgegeben, das wir in unserem Leben nachvollziehen sollen (Inst. III.6.3).

11.2. Vier Hauptmerkmale christlichen Lebens

Christliches Leben ist nicht nur eine Frage äußerlicher Gleichförmigkeit oder intellektuellen Verstehens, es muss vielmehr »die ganze Seele« erfassen, einen Platz »in der innersten Neigung des Herzens« einnehmen (Inst. III.6.4). Es gibt vier Hauptmerkmale christlichen Lebens, die für Calvin die Nachfolge Christi der äußeren und inneren Person ausmachen (Wallace 1988, 188). Die ersten beiden Aspekte bestehen in der Teilhabe der Gläubigen am Tode Christi. Da ist zunächst der Aufruf zur Selbstverleugnung. Diese besteht in der Überzeugung, dass wir nicht uns selbst, sondern Gott gehören. Auch haben wir die Pflicht, unserem Nächsten in Liebe zu dienen. Das größte Hindernis für die Selbstverleugnung ist die zügellose Selbstliebe, die unsere sündige Natur kennzeichnet. Deshalb müssen wir danach streben, uns von dieser Selbstliebe abzuwenden, die den eigenen Sorgen Vorrang gibt vor der Sorge um Gott und den Nächsten, und sie durch Liebe zu ersetzen (Inst. III.7.4; Komm. Gal 5,14). Selbstverleugnung bringt uns dazu, zuerst und vor allem für unseren Herrn zu leben, nach seinem Willen zu trachten und seine Ehre zu mehren. Im Hinblick auf unseren Nächsten führt Selbstverleugnung zur Demut gegenüber unseren Mitmenschen, so dass wir alle unsere von Gott erhaltenen Gaben und Talente dazu verwenden, ihnen zu dienen und sie aufzurichten (Inst. III.7.1–10).

Selbstverleugnung ist nicht nur der menschliche Prozess in der Nachahmung des Todes Christi, sondern Ergebnis unserer Teilhabe an seinem Tod und daher ein Gewinn (Komm. Gal 5,24). Es ist das Werk des Geistes Christi, das seinen Tod in den Gläubigen wirksam werden lässt, auf dass sie der Herrschaft und Kraft der Sünde in ihrem Leben sterben, und Gott wahrhaft überzeugend in ihrem Leben herrschen möge (Komm. 1Petr 4,1). Obgleich wir unzweifelhaft in den Tod Christi eingepflanzt wurden, so dass wir durch sein Leben beseelt sind, wird der Kampf mit der Sünde und dem Selbst weitergehen, bis wir in seiner Gegenwart sind (Komm. Gal 2,20; Ps 19,13).

Das zweite Merkmal christlichen Lebens ist das Tragen des Kreuzes. Das ist der äußerliche Aspekt der Nachahmung des Todes Christi, der in der Nachfolge und der Teilhabe an seinen Leiden besteht. Gott lässt diese Mühen und Beschwerden im Leben der Seinen zu, besonders die Bedrängnisse und Verfolgungen um der Verteidigung des Evangeliums und der Gerechtigkeit willen, »um ihre Geduld zu erproben und sie zum Gehorsam anzuleiten« (Inst. III.8.4). Wie bei dem Thema der Selbstverleugnung, bringt das Tragen des Kreuzes die Gläubigen dazu, die Schwächen ihrer sündhaften Natur abzulegen, so dass sie in der Hingabe an Gottes Willen leben, in Gottes geistlicher Tröstung ruhen und geistige Freude in seinen guten Absichten finden (Inst. III.8.1–11; Komm. 1Petr 4,12–13).

Das dritte Merkmal christlichen Lebens ist für Calvin die Meditation über das künftige Leben. Gläubige sollen ihre Augen zum Himmel heben, wo Christus zur Rechten Gottes sitzt, denn ihr Leben ist dort in ihm verborgen (Inst. III.9.1; Komm. Kol 3,1–4). Das Kommen der Königsherrschaft Christi hat »die innerliche und geistige Erneuerung der Seele« vollendet und mithilfe des Geistes die Erneuerung des Bildes Gottes in uns eingeleitet; es weist aber auch auf »unsere eigene vollkommene Erneuerung sowie auf die der ganzen Welt« hin, und zwar in der ihr eigenen Zeit (Komm. Lk 17,20). Die Gläubigen beginnen zweifellos schon in diesem Leben, sich der vielen Vorzüge der Freigebigkeit Gottes ihnen gegenüber, die sie in Christus sind, zu erfreuen, aber sie werden auch weiterhin die Nöte, Beschwerden und Mühsale einer sündigen und gefallenen Welt erfahren (Inst. III.9.3–4). Sie können die inneren Kämpfe und äußeren Beschwernisse nur meistern, wenn sie ihre Hoffnung beharrlich auf den erhöhten Christus setzen. Diese Hoffnung bietet ihnen den Trost und die Zusage der Fülle des Heils in der Person des auferstandenen Christus (Komm. Eph 2,6). Gläubige können standhaft in ihrer Berufung bleiben mit der Zusicherung, dass Christus über Teufel, Sünde und Bosheit triumphieren und ihnen »jene gesegnete Erbschaft seines Lebens und seiner Herrlichkeit« (Inst. III.9.5–6) verleihen wird.

Das vierte Merkmal christlichen Lebens ist für Calvin die Nutzung der Gaben Gottes in der Schöpfung und die Freude an ihnen. Obgleich im Klaren über die Gefahren des Lebens in dieser Welt – »der Pfad des ausschweifenden Genusses« – auf der einen Seite, als auch über die Gefahren einer strengen Askese auf der anderen, bejaht Calvin den vernünftigen Gebrauch von Gottes Schöpfergaben. Gott hat den Menschen viele Dinge in der Welt zur Verfügung gestellt, die unsere grundlegenden Bedürfnisse übersteigen, unsere Sinne erfreuen und zum Reichtum unseres Lebens beitragen. Wir sind frei, diese nicht notwendigen Dinge zu nutzen und uns an ihnen zu erfreuen, solange wir es in ihrem von Gott bestimmten Sinne tun. Calvin bietet hier mehrere Orientierungsprinzipien an: Erstens sollten wir sie als Geschenke des Schöpfers anerkennen. Zweitens soll das Maßhalten unseren Gebrauch dieser Gaben anleiten, verbunden mit der Bereitschaft, jegliches Geschick aus der Hand des Schöpfer entgegenzunehmen, das er uns im Leben zuteil werden lässt. Drittens meint das Prinzip der Verantwortung, dass wir Gott für den Gebrauch dieser Dinge Rechenschaft abzulegen haben. Viertens wird unser Handeln dadurch geprägt, dass Gott uns berufen hat (Inst. III.10.1–6; Komm. 1Kor 7,20; 1Tim 4,3–5; 6,17).

Das vierte Merkmal christlichen Lebens führt uns zu einem anderen Thema in Calvins Ethik, nämlich der Wiederherstellung jener Berufung zur Herrschaft über den Rest der Schöpfung, die der Menschheit erstmals in Gen 1,26–28 eingeräumt worden war. Dieses Mandat hatten wir mit dem Sündenfall Adams verloren, obgleich die äußere Form des Mandats erhalten blieb. Menschen lehnten Gottes Autorität und seinen Entwurf einer angemessenen Ausführung des Mandats ab. Das Bild von Gott war nicht nur beinahe gänzlich ausgelöscht worden, wir gingen auch der uns von Gott zu dieser Berufung verliehenen Gaben verlustig (Komm. Ps 8,5; 1Tim 4,5). Als Herr der Herrlichkeit empfängt Christus diese Gaben des wiederhergestellten Bildes Gottes. Durch unsere Vereinigung mit ihm haben wir an seiner Herrschaft teil und empfangen die Vorzüge dieser Gaben. Dadurch werden wir befähigt, die Herrschaftsrolle zu übernehmen, wie sie uns ursprünglich gegeben wurde, aber nun unter seiner Herrschaft, allerdings mit dem Verständnis, dass seine Königsherrschaft nicht völlig erreicht sein wird, bevor er nicht wiedergekehrt sein und alle seine Feinde vernichtet haben wird (Komm. Ps 8,6; 1Kor 15,27).

11.3. Gesetz

Das Gesetz ist ein integraler Bestandteil der Ethik Calvins, denn er hält es für »die Richtschnur vollkommener Gerechtigkeit« mit »immerwährender Gültigkeit« für das menschliche Leben. Es ist der Ausdruck des Willens Gottes für menschliches Verhalten. So werden Menschen allein dadurch in sittlichem Gehorsam zu Gott geführt (Inst. II.8.5). Gott unserem Schöpfer ist die Autorität zu eigen, die unser Leben leitenden Regeln und Gesetze aufzustellen (Pred. Dtn 6,1–4, 290). Doch bedeutet das nicht, dass das Gesetz nur darum die Norm menschlichen

Lebens ist, weil Gott es so will. Gottes Gesetz ist vielmehr ein Ausdruck seiner Gerechtigkeit, Heiligkeit und Güte (Inst. III.23.2; Komm. Röm 7,12). Daher dürfen wir es unser ganzes Leben hindurch weder ändern noch verlassen. Wir sollten uns dem Gesetz unterwerfen und unsere Kenntnis darüber vertiefen, solange wir leben (Pred. Dtn 4,44–5,3.42–50).

Calvin setzt das Sittlichkeitsgesetz mit der Schöpfungsordnung gleich. Die »Ordnung der Natur« (*naturae ordo*) bezieht sich auf die Schöpfungsordnung, mit der Gott alle seine Geschöpfe, einschließlich der Menschen, regiert (Inst. I.14.20). Obgleich der Sündenfall zu einem Verlust der Kenntnis von und dem Gehorsam gegenüber dieser Ordnung führte, bleibt es für alle Menschen in Kraft. Calvin verweist auf Röm 2,14f., um zu zeigen, dass sogar die Heiden, die keine Kenntnis von Gott durch die Heilige Schrift haben, dieser Ordnung der Natur unterworfen sind (Inst. II.2.22; vgl. Komm. Röm 2,14f.). »Es gibt eine Übereinstimmung zwischen dem Gesetz Gottes und der Ordnung der Natur, die allen Menschen eingeprägt ist« (Komm. 1Tim 4,4–5). Der Dekalog versichert dasselbe, wie das in alle menschlichen Herzen geschriebene Gesetz Gottes (Inst. II.8.1).

Für Calvin sind sündige Menschen nur fähig, Gott und das, was er von ihnen verlangt, mithilfe der Offenbarung Gottes in der Heiligen Schrift und durch das Werk des Geistes in ihrem Herzen zu erkennen. Die Bibel bietet den Menschen die Offenbarung des Willens Gottes in seinem Gesetz, welches eine bleibende Rolle für die Anleitung der Gläubigen in dem einnimmt, was Calvin als »vornehmsten Gebrauch« bezeichnet (Inst. II.8.51). Es gibt stets eine enge Verbindung zwischen Heiliger Schrift und dem Geist zur Unterweisung und Anleitung für das christliche Leben. Der Geist ist der Urheber der Lehren in der Bibel. Er erneuert unseren Willen, so dass wir uns seinen Lehren unterwerfen, und er erhellt unseren Verstand, so dass wir seine Lehren verstehen und in unserem Leben anwenden. Der Geist wird niemals die Lehren der Bibel aufheben, korrigieren oder ihnen etwas hinzufügen. So ist er der beste Ausleger des innerhalb der Heiligen Schrift enthaltenen Gesetzes hinsichtlich seiner vollen Bedeutung, Anleitung und Anwendung (Komm. Mt 16,24; 2Tim 3,16; 1Petr 1,20f.; Inst. I.9.1–3).

Wenn das im Dekalog offenbarte ewige Gesetz Gottes als die sittliche Ordnung der Schöpfung »in die Herzen aller geschrieben, ja sogar eingeprägt« (Inst. II.8.1) ist, können wir dann von einer positiven Rolle des natürlichen Gesetzes in Calvins Ethik sprechen? Über diese Frage gibt es unter Calvinforschern ein breites Spektrum von Ansichten (vgl. Hesselink 1992, 57). Welche Stellung man dazu einnimmt hängt davon ab, welchen Aspekt in Calvins Denken man hervorhebt. Auf der einen Seite ist Calvin felsenfest in seiner Überzeugung, dass die Sünde die ganze menschliche Person so sehr durchdrungen hat, dass gefallene Menschen – unabhängig von Gottes Gnade in Christus – sowohl die Fähigkeit, den sittlichen Willen Gottes für ihr Leben zu erkennen, als auch die Freiheit ihres eigenen Willens verloren haben, diesen Willen Gottes zu erfüllen (Inst. II.2.1–11). Wird dieser Aspekt bei Calvin betont, bestreitet man den Stellenwert, den das Naturgesetz bei ihm einnimmt. Auf der anderen Seite behauptet er, dass Gott seine allgemeine

Gnade weiterhin der sündhaften Menschheit angedeihen lässt, indem er »das natürliche Licht der Gerechtigkeit« in ihre Herzen pflanzt, das »sie mit bestimmten Vorstellungen von Rechtsempfinden und Rechtschaffenheit« bereitstellt (Komm. Röm 2,14). Das menschliche Gewissen zeugt von dieser Gerechtigkeit, die wir Gott schulden, und hält uns »den Unterschied zwischen Gut und Böse« vor, würdigt unsere guten und verdammt uns für böse Taten (Inst. II.8.1; vgl. Röm 2,15). Das zeigt sich in der Tatsache, dass die Gesetze der heidnischen Nationen einige Kenntnis von dem, was richtig und gerecht ist, in sich tragen (Inst. II.2.13). Das scheint eher eine positive Rolle des Naturgesetzes bei Calvin zu stützen.

Calvin trifft eine Unterscheidung zwischen der Kenntnis, die Menschen von himmlischen und von irdischen Dingen besitzen. Obgleich sie eine Ahnung vom Göttlichen und einen Funken von Religion in ihren Herzen haben, sind sündige Menschen Gott und seiner Gerechtigkeit gegenüber feindlich eingestellt. Auch wenn das ihren Herzen eingeprägte Gesetz Gottes die Inhalte des Dekalogs offenbart, »fügt sich« ihre natürliche Vernunft »nicht den vornehmsten Punkten der ersten Gesetzestafel« (Inst. II.2.24; II.8.1). Geht es allerdings um irdische Dinge, beharrt Calvin darauf, dass den Menschen »allgemeine Empfindungen für eine gewisse bürgerliche Ehrbarkeit und Ordnung« innewohnen, wie sie die zweite Tafel des Dekalogs lehrt (Inst. II.2.13). Obwohl sündige Menschen blind sind für die Erkenntnis Gottes und seine Güte, die er uns in Christus angedeihen lässt, haben sie doch Einsichten in die menschliche Lebensweise nach dem Gesetz Gottes, wie es die zweite Gesetzestafel offenbart (Inst. II.2.18; Komm. Röm 2,14–15).

Calvin führt das Gesetz in der *Institutio* mit der Beobachtung ein, wann es in der Heilsgeschichte auftritt. Vierhundert Jahre nach Gottes Bund mit Abraham gab Gott den Israeliten, als den Erben dieses Bundes, das Gesetz Moses (Inst. II.7.1). Da der Bund mit Abraham die Grundlage der ihm und seinen Nachkommen geltenden Verheißung Gottes ist, muss das Gesetz im Zusammenhang mit der Gnade dieses Bundes verstanden werden. Das Gesetz war niemals als ein neues Mittel zur Erlangung der Gerechtigkeit gedacht, das die Bundesverheißung an Abraham außer Kraft setzt (Komm. Gal 3,17 f.). Calvin verweist für sein Verständnis des Gesetzes im Kontext der Erfüllung des Bundes in Christus auf Röm 10,4 und Gal 3,24. Christus ist das Endziel (*telos*) des Gesetzes, auf dass jeder gerecht werden möge, der glaubt (Röm 10,4). Das Gesetz hatte die Aufgabe, uns zu Christus zu führen, damit wir durch Glauben gerechtfertigt werden (Gal 3,24). Als ein Aspekt des Bundes verweist das Gesetz immer auf Christus als die Erfüllung der Heilsverheißung Gottes (Inst. II.7.2; Komm. Röm 10,3 f.; Gal 3,23 f.).

Calvin besteht darauf, dass das Gesetz, wenn man es von dem in Christus erfüllten Bund Gottes mit seinem Volk trennt, zum »bloßen Gesetz« oder zum »Gesetz des Buchstabens« wird, mit dessen Hilfe Menschen versuchen, Gerechtigkeit zu erlangen, die Gott durch Gehorsam seinen Geboten gegenüber fordert. Das ist Missbrauch, ja Verdrehung des Gesetzes. Calvin führt aus, dass Paulus in Gal 3,24 deutlich lehre, dass das Gesetz allezeit als Teil des einen Bundes der in Christus erfüllten Gnade verstanden werden sollte. Das mosaische Gesetz wurde den Juden gegeben, um sie zur Suche nach Christus zu bewegen. Das geschah durch die verschiedensten Vorschriften der Zeremonial- und Opferrituale in der Gesetzgebung des Alten Testaments. Es trieb auch Menschen zur Suche nach Christus, um die Erfüllung der im Gesetz geforderten Gerechtigkeit zu finden. So ist das von Mose an Gottes Volk übergebene Gesetz »geschmückt mit dem Bund freier Annahme« (Inst. II.7.2,3–9; II.9.4–6).

Calvin unterscheidet in der mosaischen Gesetzgebung zwischen drei Arten von Gesetz: dem sittlichen, dem rituellen und dem zivilen Gesetz. Das Sittengesetz ist Gottes ewig währende Richtschnur zur Rechtschaffenheit für die Menschheit dieser Zeit. Das Ritualgesetz bezieht sich auf spezifische Reinheits-, Opfer- und Gottesdienstvorschriften aus der Zeit vor der Ankunft Christi. Da viele dieser Vorschriften Zeremonien und Rituale enthalten, die sich auf den verheißenen Messias beziehen und Schatten auf ihn vorauswerfen, sind sie mit der Offenbarung der Erfüllung in Christus außer Kraft gesetzt (Inst. II.11.4). Das bürgerliche Gesetz enthält Satzungen und eine Gesetzgebung spezifisch für Israel als eine Gott ergebene Nation. Doch die in diesen Gesetzen verkörperten Grundprinzipien von Gerechtigkeit und Gleichheit haben für alle Nationen Gültigkeit. Dies sind die Prinzipien der zweiten Gesetzestafel, die allen Völkern und Nationen durch den Geist Gottes und sein Werk allgemeiner Gnade eingeprägt sind (Inst. IV.20.15–16; Komm. 1Petr 2,14).

Da für Calvin der Kern christlichen Lebens die Gemeinschaft mit Christus ist, muss unser Verständnis des Gesetzes immer in und durch Christus erfolgen. Erstens geschieht es nur wegen Christus, dass uns der gesamte göttliche Segen zufließt und dass wir zu Gott kommen dürfen (Komm. Joh 5,23). Zweitens ist das Gesetz das Geschenk Gottes an sein Volk des Bundes, das dieses zu Christus führt (Inst. II.6.3–4; Komm. Joh 5,38). Drittens ist Christus das Ende des Gesetzes (Röm 10,4) und also »die Seele des Gesetzes« (Komm. Joh 5,46). Die gesamte mosaische Gesetzgebung muss im Lichte der Gnade Gottes, also dem Mittler Jesus Christus, verstanden werden (Komm. Lk 24,27). Das bedeutet, dass Christus in seiner Unterweisung die wahre Vollständigkeit des Gesetzes wiederherstellt (Inst. II.8.7); und er offenbart sowohl die Erfüllung des Gesetzes in seinem eigenen Dienst »als das vollkommene Beispiel« (*exemplum*) göttlicher Liebe zur Menschheit (Komm. 1Joh 4,9–11) als auch, in seinem eigenen Leben, das vollgültige Beispiel für das Ziel des Gesetzes: die Wiederherstellung des Gottesbildes in Erkenntnis, Gerechtigkeit und Heiligkeit (Komm. 1Joh 3,3; 1Petr 1,14; Eph 5,1).

Mehrere der Merkmale in Calvins Lehre vom Gesetz werden in seiner Lehre der dreifachen Verwendung des Gesetzes verdeutlicht. Der erste Gebrauch des Gesetzes offenbart uns Gottes Gerechtigkeit, d.h. die einzige für Gott annehmbare Gerechtigkeit. Damit dient uns das Gesetz als Spiegel; es »warnt, unterweist, verurteilt und verdammt schließlich jeden Menschen für seine eigene Ungerechtigkeit« (Inst. II.7.6). So verweist die erste Verwendung des Gesetzes den Sünder auf Christus, da nur Gottes den Menschen in Christus angebotene Gnade sie vom Fluch des Gesetzes errettet. Durch die Vereinigung mit Christus werden die gerechten Anforderungen des Gesetzes erfüllt. Bekleidet mit seiner Gerechtigkeit sind die Gläubigen in die Familie Gottes aufgenommen (Inst. II.7.9; Komm. Röm 8,29).

Der zweite Gebrauch des Gesetzes dient dazu, die Ungerechten in der bürgerlichen Gesellschaft von boshaftem und unrechtem Verhalten abzuhalten. Aus Furcht vor Schande und Strafe durch die Vollstreckungsbehörden des Staates bezähmen die Unverbesserlichen ihre äußerlichen Handlungen, so dass ihre gottlosen Triebe nicht völlig zur Geltung kommen. Obgleich diese erzwungene äußerliche Rechtschaffenheit keine Errettung des Sünders bewirkt, verhindert sie doch die Störung des öffentlichen Friedens durch die Übeltäter und sorgt für ein gewisses Maß an sozialer Harmonie und Gerechtigkeit bei den täglichen Aufgaben des sozialen und gesellschaftlichen Lebens (Inst. II.7.10–11; IV.20.3; Komm. 1Tim 1,9).

Die dritte Verwendung des Gesetzes, die Calvin als den vorrangigen Gebrauch bezeichnet, betrifft eher das rechte Anliegen des Gesetzes. Hier werden die Wiedergeborenen, in deren Herzen der Geist lebt, durch das Gesetz in zweifacher Weise auf dem Weg der Gerechtigkeit begleitet: Zum einen unterweist das Gesetz die Gläubigen hinsichtlich ihres Lebens im Willen des Herrn, so dass ihre Erkenntnis stetig anwächst. Zum anderen ermahnt es sie, im Streben nach Gerechtigkeit nicht nachzulassen, und warnt sie vor dem Weg des Müßiggangs und der Übertretung (Inst. II.7.13; vgl. II.8.1; Komm. Gal 3,25). Durch Christus »formt es uns, um uns auf jedwedes gute Werk vorzubereiten« (Inst. II.7.14).

Zu Beginn seiner Darstellung in der *Institutio* über die Unterweisung in jedem der Gebote des Dekalogs legt Calvin drei Prinzipien dar, die seine Auslegung leiten. Erstens müssen Gläubige verstehen, dass das Gesetz, wie es ursprünglich durch Mose gegeben wurde, nicht nur zu äußerlich gerechtem Verhalten anhält, sondern auch zu »innerlicher und geistlicher Gerechtigkeit«, vor allem zur »Reinheit des Herzens« (Inst. II.8.6).

Zweitens müssen wir »des Gesetzgebers reinen und eigentlichen Sinn« in jedem der Gebote erkennen. Für Calvin gibt es drei Schritte, um dieses zu erreichen (Inst. II.8.8). Der erste Schritt ist das Herausfinden dessen, worum es geht. Eigentlich sind alle Worte der Gebote im Dekalog Synekdochen, d.h. die spezifischen Worte jeden Gebots beziehen sich auf das allgemeine Gebiet sittlicher Belange. Zum Beispiel fordert das fünfte Gebot, »Du sollst deinen Vater und deine Mutter ehren [...]«, uns dazu auf, allen denen gegenüber Ehrerbietung und Untertänigkeit zu erweisen, die Gott in eine Position der Herrschaft über uns gesetzt hat (Inst. II.8.35). Beim zweiten Schritt geht es darum zu erkennen, mit welcher Absicht uns das Gebot gegeben wurde. Zum Beispiel führt Calvin aus, dass es die Aussage des fünften Gebots sei, dass »denen Respekt gezollt werden soll, denen [Gott] Vortrefflichkeit verliehen hat, und dass er Verachtung und Verstocktheit ihnen gegenüber verabscheut« (Inst. II.8.8; vgl. III.8.35–36). Der dritte Schritt besteht in der Regel der Gegensätzlichkeit, die die Auslegung der Gebote leite. Verbietet ein Gebot Böses, bezeichnet es gleichzeitig den Gegensatz als gut.

Zum Beispiel verbietet das sechste Gebot, jemanden zu verletzen oder zu wünschen, dass dieses geschehe, aber es schreibt auch vor, dass wir unserem Nächsten alle nur erdenkliche Hilfe zukommen lassen sollen. Gleicherweise, wenn ein Gebot irgendeine Tugend empfiehlt, verdammt es auch das entsprechende Laster. Das wird zum Beispiel deutlich in Calvins oben angemerktem Kommentar zum fünften Gebot (Inst. II.8.9).

Das dritte Prinzip, von dem Calvins Auslegung geleitet wird, ist die Unterscheidung und das wechselseitige Verhältnis der beiden Gesetzestafeln untereinander. Die ersten vier Gebote, aus denen die erste Tafel besteht, haben mit unserer Pflicht zu tun, Gott zu ehren, zu fürchten und ihm zu dienen. Bei den letzten sechs Geboten, die die zweite Tafel ausmachen, geht es um unsere Pflicht gegenüber unseren Mitmenschen (Inst. II.8.11–12).

Calvin versteht das doppelte Liebesgebot in Mt 22,37–39 nicht bloß als Zusammenfassung der zwei Gesetzestafeln, sondern auch als ein Ausdruck ihrer Vollkommenheit (Inst. II.8.51–54). Liebe ist die Erfüllung des Gesetzes, wie es sich auf beiden Tafeln darstellt. Die erste Tafel, d.h. die Liebe zu Gott, ist vorrangig und grundlegend. Ohne diese Liebe kann es keine wahre Nächstenliebe geben. Liebe zu Gott kann aber nicht die einzige Seite unserer Pflichten Gott gegenüber sein; sie muss sich notwendigerweise in der Nächstenliebe manifestieren. Letzteres ist »Zeichen und Auswirkung« des Ersten (Komm. Röm 13,8). Mit Hinweis auf die zweite Tafel führt Calvin aus, dass Liebe die Lehren beinhalte, die mit all diesen Geboten gegeben wurden (Komm. Röm 13,10; Mt 22,37–40).

11.4. Christliche Freiheit

Calvinforscher erkennen allgemein die hervorgehobene Bedeutung christlicher Freiheit und der Gewissensfreiheit in Calvins Ethik an (Wendel 1968; Wallace 1988, 206; Hesselink 1992, 257; Douglass 2004, 311). Calvin bezeichnet diese als »wesentliche Notwendigkeit« christlichen Lebens, denn die Freiheit ist die Frucht der Rechtfertigung. Ohne sie können Menschen keinen Seelenfrieden finden und ihr Gewissen ist befangen in Zweifel, Furcht und Zögern (Inst. III.19.1).

Für Calvin besteht die christliche Freiheit aus drei Teilen. Der erste und grundlegende ist die Freiheit von der Verurteilung durch das Gesetz, die die Gemeinschaft mit Christus den Gläubigen verleiht. Sie haben die volle Gewissheit der Vergebung ihrer Sünden in Christus und ihrer gnädigen Annahme durch Gott. Da Christus alle Anforderungen des Gesetzes erfüllt hat, sind sie von jeglicher Werkgerechtigkeit befreit (Inst. III.19.2–3).

Der zweite Teil der Freiheit besteht darin, das Gesetz im Dienste Gottes zu erfüllen. Beruhend auf der ersten Freiheit werden die Gläubigen aus Liebe und Dankbarkeit zu Gott veranlasst, ihm in willigem Gehorsam zu dienen. Auch haben sie die Gewissheit, dass Gott ihr unzureichendes Werk als ein liebender Vater aufgrund seiner Barmherzigkeit in Jesus Christus annimmt. Die Befreiung davon, dass unser Werkgehorsam am bloßen Gesetz gemessen wird, ermutigt uns, sogar noch mehr gute Werke zu tun und uns selbst Gott als Instrumente der Gerechtigkeit anzubieten (Inst. III.19.4–6).

Der dritte Teil der Freiheit ist unsere Freiheit, als Kinder Gottes »Adiaphora«, d.h. »indifferente Dinge« zu nutzen. Diese »äußerlichen Dinge« sind solche Gaben, die Gott der Menschheit zum Gebrauch gegeben hat. Verbietet die Bibel diese Gaben nicht und werden sie zu dem Zweck verwendet, für den Gott sie vorgesehen hat, haben wir die Freiheit, sie zu verwenden und sie zu genießen, oder auch nicht (Inst. III.19.7–8). Dieser Teil der Freiheit ist allerdings mit zwei Einschränkungen verbunden. Einmal dürfen wir solche Freiheit nicht zu sündhafter Wollust und Zügellosigkeit benutzen (Inst. III.19.9; Komm. Gal 5,13). Zum anderen muss die Liebe so unsere freiheitliche Existenz bestimmen, dass sie zur Ehre Gottes und zu Heil und Erbauung unseres Nächsten führt (Komm. Gal 5,13). Insbesondere müssen wir von der Ausübung unserer Freiheit Abstand nehmen, wenn durch sie ein Schwächerer im Glauben zum Glaubensabfall gebracht werden könnte. Darüber hinaus sollen wir auch davon Abstand nehmen, wenn es um Anpassung an kulturelle und religiöse Praktiken von Menschen geht, die wir so zum Heil in Christus lenken könnten (Inst. III.19.10–13; Komm. Röm 15,1–3; 1Kor 8,9–13; 9,19–22).

11.5. Die Kirche und das christliche Leben

Für Calvin steht die Gemeinschaft mit Christus, die das Herz christlichen Lebens bildet, in unlösbarer Beziehung zu unserer Gemeinschaft mit den Gliedern der Kirche unter der Herrschaft Jesu Christi (Inst. IV.1.2). Sündenvergebung und Heilszusicherung werden von den Geistlichen der Kirche durch die Verkündigung des Evangeliums und die Verabreichung der Sakramente verwaltet (Inst. IV.1.20). Das wechselseitige Verhältnis zwischen der Gemeinschaft mit Christus und der Gemeinschaft mit der Kirche lässt Calvin auf folgendem bestehen: »[N]iemand kann zu Gott kommen, es sei denn er ist eins mit seinen Brüdern« (Komm. 1Pet 3,7).

Gleichermaßen geschieht das Wachstum der Gläubigen in der Heiligung durch die Teilhabe am Leib Christi, denn dies ist der Ort, an dem sie lernen, »in seinem Geist zu leben und von ihm beherrscht zu werden« (Komm. Jak 2,14). Ihr christliches Leben wird durch das Wort, die Sakramente, die gemeinsamen Gebete und viele andere Aspekte kirchlichen Lebens gefördert (Komm. Joh 15,1f.; Ps 27,4). Für Calvin ist es äußerst wichtig, an der Gemeinde der Gläubigen teilzuhaben, so dass er warnt: »Es ist immer verhängnisvoll, die Kirche zu verlassen« (Inst. IV.1.4).

Der Aufruf an die Gläubigen, Christus aufgrund ihrer Gemeinschaft mit ihm nachzueifern, hat Auswirkungen auf ihr Leben in der Kirche (Inst. III.6.3; III.3.8–9; Komm. 1Joh 2,6; Gal 4,19; Röm 6,8): Erstens eifern Gläubige Christus durch Selbstverleugnung nach, indem sie sich dem Wohlergehen ihres Nächsten und besonders der Wohlfahrt der Kirche widmen (Komm. Joh 3,16; Ps 28,9). Gleich

Christus müssen sie duldsam Unrecht ertragen, einander vergeben und sollen ihre Talente und Gaben für den gemeinsamen Aufbau der Kirche nutzen (Komm. 1Petr 2,23; Eph 4,32; Inst. III.7.4–7). Zweitens müssen Gläubige dem Beispiel ihrer Brüder und Schwestern in Christus nacheifern, und andere auf Christus als »das vollkommene Vorbild der Reinheit« verweisen (Komm. 1Joh 3,3; vgl. 1Kor 1,11). In anderen Mitgliedern der Kirche haben wir Leitbilder, die »als unsere Leiter und Gefährten in eifrigerem Streben nach Gott« dienen (Komm. Hebr 12,1).

Calvin meint, dass christliche Liebe in dem Maße wachse, in dem die Gläubigen gegenseitige Liebe füreinander im Leib Christi entwickeln (Komm. Kol 2,15). Sie müssen dazu bereit sein, ihre Gemeinschaft mit Christus in ihren sozialen Beziehungen zu verwirklichen (Komm. 1Kor 12,12; Hebr 10,24). Statt Selbstliebe, Hochmut und Eigennutz müssen Gläubige ihre Brüder und Schwestern in Demut, Liebe und Duldsamkeit annehmen (Komm. Ps 20,10; Eph 4,2; Inst. III.7.4). Da Gläubige in gegenseitiger Ergebenheit miteinander verbunden sind, sollen sie allen gegenüber Ehrerbietung und Gleichberechtigung erweisen, und so zu ihrer Erbauung beitragen (Komm. Eph 5,21; Röm 12,16; 14,10; Inst. III.7.5). Das kommt zum Ausdruck in der Liebesbeziehung zwischen stärkeren und schwächeren Christen (Inst. III.19.1), wenn die Stärkeren die Schwächeren aufrichten (Komm. Röm 15,1), ihr Gewissen nicht beschweren und ihre Erbauung fördern (Inst. III.9.11–12).

11.6. Kirchenzucht

Für Calvin ist eine der wichtigsten Aufgaben der Kirche, das sittliche Leben, »die sittliche Zucht« der Gläubigen anzuleiten. Die Verkündigung des Wortes in der Kirche, als der beste Weg, die Gläubigen zur Heiligung zu führen, wird durch die im Kirchenrecht verankerte Zucht unterstützt. Die Rechtsprechung der Kirche dient dazu, das Urteil Christi in das Leben und für die Sittlichkeit der Gemeindeglieder zu vermitteln (Inst. IV.11.1; Komm. Röm 14,19).

Calvin verstand die Ausübung der Kirchenzucht als Teil ihrer Gerichtsbarkeit, da Christus nach Mt 16,19 und 18,15–20 ihr die Schlüssel zum Königreich der Himmel übergeben hatte. Obgleich die Schlüsselgewalt in der Verkündigung des Evangeliums liegt, bestätigt das in der Kirchenzucht ausgeführte Binden und Lösen den Inhalt des Schriftworts und verhindert die Auflösung der Kirche. Kirchenzucht wird gegen diejenigen angewendet, die die Lehre von Christus ablehnen; sie rüttelt die Zaghaften und Gleichgültigen zum Gehorsam auf und züchtigt in Barmherzigkeit diejenigen, die ernsthaft gestrauchelt sind (Inst. IV.11.1–2; IV.12.1; Komm. Mt 16,19; 18,17 f.).

Calvin nennt drei Absichten der Kirchenzucht: Das erste Ziel besteht darin, diejenigen, deren Leben entweder in ihrem Bekenntnis oder ihrem Verhalten dem Wort Gottes entgegensteht, mit ihrem Irrtum oder Ungehorsam zu konfrontieren, so dass sie zur Reue und Buße gebracht und damit ihr Gehorsam und ihre Ergebenheit Christus gegenüber wiederhergestellt werden. Der zweite Zweck besteht darin, dass die Lehre und der Charakter der Kirche nicht durch Gottlose korrumpiert werden. Kirchenzucht hält die Gläubigen auch davon ab, dem Beispiel derartiger Übeltäter zu folgen. Die dritte Absicht liegt darin, dass Christus und seine Kirche nicht durch Irrlehre und Sündhaftigkeit entweiht werden sollten. Calvin war besonders wegen derjenigen in Sorge, die Christus schmähten und sowohl das Leben als auch das Zeugnis der Kirche mit ihrer Teilnahme am Abendmahl entweihten, obgleich ihr Bekenntnis in Leben und Wort sich gegen Christus wandte (Inst. IV.12.5, 8).

Calvin glaubte nicht, dass Kirchenzucht gegen die Schwächen und Fehler der Gläubigen verwendet werden, sondern dort zur Anwendung kommen sollte, wo Gott und sein Wort verachtet wurden, wie sich an Gotteslästerung, Frevel, Götzendienst und anderen schweren sittlichen Versündigungen unter Verletzung der Gebote Gottes zeige (*Glaubensbekenntnis*, 1536, 31–32; *Kirchenordnung*, 1537, 50–51; *Glaubensunterricht*, 1537, 72). Calvin macht weitere Unterschiede sowohl zwischen nicht öffentlichen und öffentlichen Sünden als auch zwischen leichteren und groben Sünden. Gegen öffentliche und grobe Sünden muss sofort eingegriffen werden, öffentlich und mit voller Strenge der Kirchenzucht. Calvin verweist auf individuelle Zurechtweisung privater und leichterer Sünden, doch macht er nicht deutlich, welche davon die Kirchenzucht erfordern, obgleich er anzunehmen scheint, dass individuelle und nicht öffentliche Ermahnung einer Gruppe zu Reue und Bußfertigkeit führen wird (Inst. IV.12.3–4).

Calvin folgt den Schritten, die er in Mt 18,15–19 für die Anwendung von Kirchenzucht findet. Der erste Schritt besteht aus einer nicht öffentlichen Ermahnung durch ein Gemeindeglied. Lehnt die schuldige Person ab, die Sünde anzuerkennen und zu bereuen, erfolgt als zweiter Schritt eine Verwarnung vor zwei oder drei Zeugen. Bei anhaltender Ablehnung ist die schuldige Person vor die Kirche zu bringen – was Calvin als Versammlung der Presbyter versteht. Hier wird sie ernsthaft durch die öffentliche Autorität der Kirche verwarnt. Beim Verharren in der Sünde kommt es zum Ausschluss aus der Kirche durch Exkommunikation. Das bedeutet, dass die Kirchglieder nichts mehr mit der aufsässigen Person zu tun haben dürfen, bis sie Buße tut (Inst. IV.12.2; Komm. Mt 18,19). Der exkommunizierten Person ist es auch nicht mehr erlaubt, das Abendmahl zu empfangen, und ihre Kinder dürfen nicht getauft werden (Inst. IV.11.4–5; IV.12.6, 24). Im Falle offener, wiederholter und abscheulicher Sünden meint Calvin, dass die Kirche unter Auslassung der ersten beiden Schritte unmittelbar zum dritten Schritt übergehen solle.

Calvin verficht die Position, dass jeder Gläubige für die Zucht innerhalb des Leibes Christi verantwortlich sei: »[J]eder sollte danach trachten, seinen Bruder zu ermahnen« (Inst. IV.12.2). Doch sollten Pastoren und Presbyter darin besonders eifrig sein, denn es ist nicht nur ihre Pflicht zu predigen und zu lehren, sondern auch in jedem Haus zurechtzuweisen und zu ermahnen. Die Entscheidungen der Kirche beim dritten Schritt der Kirchenzucht darf niemals durch eine einzige Person vollzogen werden. Der Beschluss der Exkommunikation »muss von den sich gegenseitig beratenden Presbytern und unter Zustimmung der Gläubigen durchgeführt werden« (Komm. 1Kor 5,4; vgl. Inst. IV.3.6).

Calvin unterscheidet Exkommunikation vom kirchlichen Aussprechen des Anathema über einen unbußfertigen Sünder. Da das Anathema jegliche Möglichkeit einer Begnadigung ausschließt und damit die Person zu ewiger Verdammnis verurteilt, meint Calvin, dass es »sehr selten oder niemals angewendet« werden sollte. Eines der Hauptziele der Kirchenzucht ist die Buße und die Wiedereingliederung des Sünders. Calvin ermahnt die Gläubigen, jegliche ihnen zur Verfügung stehenden Mittel anzuwenden, um die exkommunizierte Person zu Christus und zur Gemeinschaft der Kirche zurückzuführen. Die Kirche sollte denen gegenüber, die vom Leib abgetrennt sind, Milde walten lassen, sie ihrer Liebe versichern und unaufhörlich für sie beten (Inst. IV.12.8–10). Wenn wir Sündern Gutes tun und ihre Fehler korrigieren, sollten wir »ihnen klar machen, dass unsere Kritik aus einem freundlichen Herzen kommt« (Komm. 1Kor 4,14).

Es ist deutlich, dass Calvin Kirchenzucht als ein unerlässliches Mittel sowohl zur Wahrung der Identität und Einheit der Kirche als auch zur Aufrechterhaltung eines fruchtbaren christlichen Lebens versteht. Für Calvin ist die Rolle, die er der Kirchenzucht als Unterstützung und Ansporn zu Ergebenheit, Gehorsam und Glaubenstreue zuschreibt, grundlegend.

Haas, Guenther H.: Calvin, the Church and Ethics (in: Foxgrover, David [Hg.]: Calvin and the Church [Papers Presented at the 13th Colloquium of the Calvin Studies Society, May 24–26, 2001], 2002).

Ders.: The Concept of Equity in Calvin's Ethics (Editions Sciences religieuses 20), 1997.

Hesselink, I. John: Calvin's Concept of the Law, 1992.

Kolfhaus, Wilhelm: Vom christlichen Leben nach Johannes Calvin, 1949.

Leith, John H.: John Calvin's Doctrine of the Christian Life, 1989.

(Übersetzt von *Gesine Robinson*) *Guenther H. Haas*

12. Sakramente

12.1. Eine Lehre in Bewegung

Calvins Sakramentsverständnis ist keine von Anfang an konzipierte, unveränderliche Lehre, die wir nur in Inst. IV.14–19 nachzulesen brauchen. Es hat sich erst im Laufe der Zeit entwickelt (Davis 1995; Janse 2008a).

Konstanten waren immer die Anknüpfung an die frühkatholische Tradition (vor allem an Augustin, »der beste und verlässlichste Zeuge der gesamten Antike«, Inst. IV.14.26), die Ablehnung der Standpunkte der Täufer sowie der harte Kampf gegen die Auffassungen und Praktiken des »verfluchten Papsttums« (CO 49,666), wie Nottaufe, Taufe durch Frauen und Hebammentaufe, »Theatervorstellungen« (*theatricae pompae*, Inst. IV.15.19) bei der Taufe (Segnung, Taufkerze, Chrisam, *exsufflatio* und Verwendung von Speichel beim Exorzismus), tägliche Messopfer,

Konsekration, Transsubstantiation, Privatmessen, Kommunion in einer Gestalt, Totenmesse und Ohrenbeichte (Inst. IV.18–19). Calvins anhaltende antikatholische Polemik richtete sich häufig an die eigene Basis, wie zum Beispiel in Pred. 1. Korintherbrief (CO 49,577–830), wo er den von ihm verachteten Nikodemismus zu bannen versuchte.

Dass die calvinsche Sakramentsauffassung einer gewissen Dynamik unterworfen war, lag unter anderem am Wechsel von Fronten, Gesprächspartnern, Freundschaften und kirchenpolitischen Perspektiven. Der katholischen und lutherischen Betonung der »objektiven« Wirkung des Sakraments gegenüber wies Calvin auf die Wirkung des Geistes und die Notwendigkeit eines gläubigen Empfangs hin; Täufern und spiritualistischem »Subjektivismus« setzte er die Instrumentalisierung des Sakraments entgegen. Als Reformator der zweiten Generation sah Calvin sich mit der lutherisch-zwinglischen Kontroverse der zwanziger Jahre konfrontiert. Sein Leben lang hat er versucht, die Kluft zwischen lutherischem »Realismus« und zwinglischem »Spiritualismus« zu überbrücken. Nachhaltig beeinflusst wurde er von Martin Luther, Huldrych Zwingli, Martin Bucer, der sich für die Einheit mit den Lutheranern einsetzte, und von Heinrich Bullinger, der ihn während der Verhandlungen vor Zustandekommen des *Consensus Tigurinus* (1549) zu einer stärker spiritualisierenden Stellungnahme bewegen konnte. Der Widerstand der Gnesiolutheraner Joachim Westphal und Tilemann Heshusius zwischen 1552 und 1561 trug zur Konsolidierung der 1549 von Calvin eingenommenen Position bei.

Calvins Sakramentenlehre weist nacheinander zwinglische (1536/37), lutherische (1537–1548), spiritualisierende (1549–1560) und wiederum lutherische (1561–1562) Akzente auf. Charakteristisch für die Anfangsjahre sind *Deux discours au colloque de Lausanne* (1536), *Institutio* (1536) und *Catechismus Genevensis prior* (1538). Von lutheranischen Einsichten, die er auch über Bucer gewonnen hat, zeugen *Confessio de eucharistia* (1537), *Institutio* (1539), *Traité Cène* (1541) und Komm. 1. Korintherbrief (1546). Der *Consensus Tigururinus* (1549) atmet den Geist der Theologie Bullingers, Komm. Evangelien-Harmonie (1555) verbindet diesen mit Calvins Argumentation in den 40er Jahren. Stark spiritualisierende Formulierungen findet man in den Verteidigungsschriften gegen Westphal (1555–1557) und in Pred. 1. Korintherbrief (1558). *Institutio* (1559) spiegelt die Ergebnisse der Kontroverse mit den Lutheranern wider. Erneute Annäherungsversuche an letztere sind *Optima ineundae concordiae ratio, si extra contentionem quaeratur veritas* (1561) und *Confession de foi pour presenter a l'empereur* (1562). Mit einem unhistorischen Ansatz riskiert man eine Vereinfachung und Verzerrung der Sakramentenlehre Calvins. Die viel zitierte Charakterisierung der Sakramentsauffassung Calvins als »symbolischer Instrumentalismus« in Abgrenzung zu Zwinglis »symbolischem Memorialismus« und Bullingers »symbolischem Parallelismus« (Gerrish 1966; 1969; 1993, 176) trifft nur auf den ›lutherischen‹ Calvin zu, ansonsten bietet sich für ihn die Charakterisierung Bullingers an.

12.2. Die Sakramente

Eine gesonderte Abhandlung über die Sakramente findet sich in der *Institutio*, eine Kurzfassung davon in den katechetischen Schriften und Bekenntnissen. Die folgende Wiedergabe basiert auf der *Institutio* von 1559 (Inst. IV.14).

»Der Name Sakrament [...] umfasst alle Zeichen, die Gott je den Menschen aufgetragen hat um sie zu unterweisen und ihnen die Wahrheit seiner Verheißungen zu versichern«, in Form natürlicher Dinge (der Lebensbaum, der Regenbogen), von Wundern (der rauchende Ofen aus Gen 15, das Fell aus Ri 6) oder von Zeremonien. Die Zeremonien des Alten und Neuen Testaments haben denselben Zweck: Christus vor Augen zu führen. Sein Kommen bedeutete das Ende der alten Zeremonien und die Einführung zweier neuer Zeremonien (Taufe und Abendmahl), die Christus deutlicher (*clarius*) und reicher und voller (*uberior ac plenior*) anbieten und sich zu den alten Zeremonien wie eine Ergänzung (*complementum*) zum Schatten verhalten. Calvin akzeptiert zwar diejenigen – gemeint ist Bucer –, die auch die Handauflegung bei der Ordination ein Sakrament nennen, folgt ihnen aber nicht (IV.14.18–26). Firmung, Beichte, Ölung, Priesterweihe und Ehe sind »Gebräuche, die sich die Menschen entweder selbst ausgedacht haben oder die sie ohne ausdrücklichen Befehl Gottes pflegen« (Inst. IV.19.1).

Calvins Sakramentsbegriff ist geprägt von der Dualität des neoplatonisch-augustinischen Denkens zwischen Äußerem und Innerem, Sichtbarem und Unsichtbarem, sinnlich Wahrnehmbarem und innerlich Wahrnehmbarem, Zeichen und Sache, körperlich und geistig, Mund und Herz. Diese Dualität soll überzogenen Sakramentsrealismus, Sakramentsautomatismus und Verehrung der Elemente verhindern. Inst. IV.14.1 definiert das Sakrament als »sichtbares Zeichen einer heiligen Sache oder sichtbare Gestalt einer unsichtbaren Gnade« (Augustin) sowie als »Zeugnis von Gottes Gnade uns gegenüber, bestätigt durch ein äußeres Zeichen, mit gegenseitiger Bezeugung unserer Frömmigkeit Gott gegenüber«. Mit Chrysostomus charakterisiert Calvin die Sakramente auch als »Verbindungen, durch die Gott sich mit uns verbindet und wir zu Reinheit und Heiligkeit verpflichtet werden« (IV.14.19). Das Sakrament ist Gottes Gabe und besteht aus Wort und Zeichen; als von Gott verwendetes Werkzeug wirkt es durch den Heiligen Geist und den Glauben (weder *ex opere operantis* noch *ex opere operato*) und bietet als Mehrwert gegenüber dem Wort die Stärkung des Glaubens und der Gemeinschaft mit Christus.

Das Sakrament ist an erster Stelle eine Gabe Gottes und nicht ein Bekenntnis der Menschen. Wer die Teilbedeutung des Wortes *sacramentum*, als Soldateneid der Treue dem Feldherrn gegenüber, zur einzig wahren Bedeutung erhebt – gemeint sind die Zwinglianer und die Täufer – und die Sakramente ausschließlich als *distinctiva* ansieht, »die uns von den Unheiligen unterscheiden«, entkräftet das Sakrament (IV.14.13). Die Gabe, ob als Materie (*materia*) oder Substanz (*substantia*) des Sakraments, ist (Gemeinschaft mit) Christus mit seinen geistigen Reichtümern: Reinigung, Genugtuung und Erlösung. Der Inbegriff dieser Verborgenheit ist das Kreuz Christi, an dem Wasser und Blut aus seiner Seite flossen (IV.14.7, 16, 22–23).

Die Kraft des Zeichens von Wasser, Brot und Wein liegt nicht in sich selbst, sondern im zusätzlichen Wort, das das Zeichen zum Sakrament macht, und zwar nicht, weil es gesprochen wird, sondern weil man daran glaubt (Augustin) (IV.14.4, 7 und 11). Wer diese Zeichen vom Wort löst und sie bestaunt, »als seien sie die Ursache unseres Wohlergehens« (IV.14.12; vgl. IV.14, 17) – gemeint ist die katholische und lutherische Orthodoxie – betreibt eine Verehrung der Geschöpfe und versagt dem Geber seine Ehre. Dieser ist nicht an sein Geschenk gebunden: »[D]ie unsichtbare Heiligung kommt ohne sichtbares Zeichen aus« (Augustin) (IV. 14.14).

Mit dem Wort ist nicht das Wort der Konsekration gemeint, gemurmelt wie eine Zauberformel, sondern das Versprechen Christi, welches der Diener mit deutlicher Stimme predigt und das im Glauben angenommen wird (IV.14.4 und 7). Das Sakrament ist ein sichtbares Wort (*verbum visibile*), Anhang zur Verheißung (*appendix promissionis*), vergleichbar mit dem Siegel an einer Urkunde oder mit einem Spiegel, »in dem man den Reichtum der Gnade Gottes, die er uns schenkt, schauen kann« (IV.14.5–6). Gott verwendet die Sakramente als *organa* oder *media ac instrumenta*. Als Pfand und Kennzeichen (*pignora, arrhae et tesserae*) der Verheißung und als Hilfsmittel (*adiumenta, adminicula*) unseres Glaubens ist es ihre einzige Aufgabe, uns die Verheißung vor Augen zu führen, zu bestätigen und zu versiegeln (IV.14.1, 12–13 und 17). Nicht das Wort muss gestärkt werden, sondern unser schwacher Glauben daran (IV.14.3). Im Sakrament ist darum die Rede von einer *accommodatio Dei*: »So passt der barmherzige Gott sich in seiner unermesslichen Güte unserem Begriffsvermögen an. […] Weil wir nun Seelen haben, die in Körpern wohnen, gibt er uns das Geistliche durch das Sichtbare« (IV.14.3).

Mit der Zweiheit von Zeichen und Gnade geht zweierlei Empfang einher: äußerlicher mit den Sinnen und innerlicher durch Geist und Glaube. Beide erfolgen parallel und analog, was Calvin häufig mit dem komparativen Wortpaar »gleichwie/wie …, so auch« (*sicut/ut …, ita*) andeutet (IV.14.10 und 12). Von einer Identifikation von Zeichen und Sache ist nicht die Rede, geschweige denn von sakramentalem Automatismus. Die Sakramente führen vor Augen (*proponere, ostendere, repraesentare*), bieten an (*offerre*), bringen heran (*advehere*) und geben (*conferre, exhibere*); Gott schenkt in Wahrheit (*vere praestat*) und vollbringt innerlich (*intus peragit*), was er durch die Zeichen verspricht und abbildet, denn er ist als Geber wahrhaftig und treu (IV.14.17). Zwischen Abbild und Wahrheit besteht eine Verbindung (*coniunctio*), aber »sie hängen nicht so miteinander zusammen, dass sie nicht getrennt werden können (*separari*)«: »[A]uch in der Verbindung selbst muss die Sache immer vom Zeichen unterschieden werden (*discerni*)« (IV.14.15). Ausführlich geht Calvin dazu auf die Wirkung des Geistes ein (IV.14.7–10, 16–17). Die Sakramente geben ein wahres Zeugnis (*verum testimonium*) der Gemeinschaft mit Christus, doch »wenn und so oft es Gott behagt« (*ubi et quoties Deo placet*), und es ist der Geist Gottes selbst, der »schenkt und vollbringt (*exhibet praestatque*), was die Sakramente versprechen« (IV.14.7). Diese wirken nur dann, wenn »der innere Lehrmeister, der Geist«, Ohr, Auge und Seele öffnet. Er ist es, der die Gaben Gottes mit sich bringt (*secum affert*), den Sakramenten in uns einen Platz gibt (*dat in nobis locum*) und bewirkt, dass sie Früchte tragen (*efficit ut fructificent*). Gott überträgt seine Kraft nicht auf äußere Zeichen (IV.14.17). In den Sakramenten liegt nur der Dienst (*ministerium*), im Geist aber die Kraft der Wirkung (*agendi virtus*); ohne seine Kraft »nützen sie gar nichts« (*neque hilum proficere*) (IV.14.9).

Das Gegenstück zur Wirkung des Geistes ist die Glaubensaktivität: Die Sakramente schenken ebenfalls »nichts und haben keinen Nutzen, wenn sie nicht im Glauben empfangen werden« (IV.14.17). »Notwendig ist es (*oportet*), dass man das Wort, das darin eingeschlossen liegt, mit dem Glauben ergreift« (IV.14.15). Der Glauben hat eine notwendige, applikative Funktion; er hat keine kausative Bedeutung. Der gläubige Mensch bringt nichts anderes mit als seine tiefe Armut (*mendacitas*), ihm kann kein einziges Werk (*nullum opus*) zugeschrieben werden (IV.14.26), denn schließlich ist der Glaube »eigenes und kraftvolles Werk des Heiligen Geistes« (IV.14.8). Auch für die Gottlosen und Heuchler, die »durch ihre Falschheit die Wirkung der Gnade Gottes in den Sakramenten unterdrücken, verdunkeln oder verhindern« (IV.14.7), gilt, dass die Kraft und Wahrheit des Sakraments (*vis et veritas sacramenti*) nicht vom Empfänger abhängen, sondern von dem, der es einführte; außerdem: »anbieten ist es etwas anderes als annehmen« (IV.14.16; IV.17.33). Mit Augustin behauptet Calvin, dass »nur in den Auserwählten die Sakramente bewirken, was sie bedeuten« (IV.14.15).

Das Ziel der Sakramente ist die Stärkung des Glaubens und der Gemeinschaft mit Christus. Darin besteht ihr Mehrwert gegenüber dem Wort: »Sie haben dem Wort gegenüber die Besonderheit«, dass sie »nachdrücklicher (*expressius*) als durch das Wort« die »Versprechen wie auf einem Gemälde gemalt uns dem Leben gemäß vor Augen führen« und dass sie »Übungen sind, die für uns die Treue von Gottes Wort gewisser (*certior*) werden lassen« (IV.14.5 und 6), damit »man durch [sie] Fortschritte in der Gemeinschaft mit Christus macht« und wir »ihn voller (*plenius*) besitzen« (IV.14.15 und 16).

12.3. Die Taufe

Calvins Ansicht zur Taufe ist eine Ausformung seiner Sakramentsauffassung. In der *Institutio* und den Schriften zur Gestaltung des kirchlichen Lebens wird sie nach einer allgemeinen Besprechung der Sakramente erläutert. Gesonderte Aufmerksamkeit erhält sie in der Taufformel (*La Manyere de faire prières*) sowie in Kommentaren und Predigten. *Brieve instruction contre les anabaptistes* und *Secunda Defensio … Contra Ioachimi Westphali calumnias* (= *Def. sec. c. Westph.*) behandeln noch einmal gesondert die Kindstaufe.

Calvin legt den Akzent auf die Wirkung des Geistes und die Notwendigkeit des Glaubens, um sich die Gabe der Taufe aneignen zu können. Dahinter steht die strikte Ablehnung der von Katholiken und Lutheranern bekannten Heilsnotwendigkeit der Taufe als *sacramentum regenerationis*; sie sprechen der Taufe eine magische Kraft jenseits des Glaubens zu. Bei der Kindstaufe unterstreicht Calvin die Verlässlichkeit der Verheißung; ungetauft sterbende Säuglinge frommer Eltern sind in den göttlichen Bund eingeschlossen. Gleichzeitig gilt, dass die angebotene Gnade nur in den Auserwählten versiegelt wird (CO 9,119; *Def. sec. c. Westph.*). Calvins Tauflehre steht damit in der Spannung zwischen der Sicherheit des Heilsversprechens in Wort und Sakrament einerseits und der Freiheit der Erwählung andererseits. Diese Spannung lässt den Einfluss des augustinischen Spiritualismus erkennen und erklärt sich aus der historischen Entwicklung von Calvins Überzeugungen (s. u.).

In der Definition der Taufe in der *Institutio* (1536) steht wie bei Zwingli der ethisch-ekklesiologische Aspekt im Vordergrund: Die Taufe dient unserem Zeugnis des Glaubens vor Gott und den Menschen. Ab 1543 geht dieser Definition voran: »Die Taufe ist ein Zeichen der Einweihung, durch das wir in die Gemeinschaft der Kirche aufgenommen werden, damit wir, in Christus eingepflanzt, zu Gottes Kindern gezählt werden« (Inst. [1543 etc.], IV.15.1). Die Taufe hat nicht nur reinen Bekenntnischarakter: Am wichtigsten ist es, dass man die Taufe empfangen soll mit dem Versprechen »Wer glaubt und getauft ist, wird gerettet werden« (Mk 16,16) (Inst. [1536 etc.]). Das Wasser ist weder *instrumentum* unserer Reinigung noch *causa* des Heils (Inst. [1536]); in der *Institutio* (1539) wird – in der Tradition Bucers - *instrumentum* ersetzt durch »das Wasser enthält die Kraft der Reinigung nicht in sich selbst«. Die Taufe hat keine instrumentale oder kausale, sondern kognitive Bedeutung: Sie gibt »die Kenntnis und Gewissheit« der Gaben (Inst. [1536 etc.]).

Die Taufe bringt dem Glauben dreierlei Vertröstung (Inst. [1536–1554]) oder Frucht (Inst. [1559]): sie ist Symbol und Beweis unserer Reinigung durch das Blut Christi (Sündenvergebung und Zuschreibung seiner Gerechtigkeit), zeigt uns unsere Abtötung und unser neues Leben in Christus (die Wiedergeburt) und zeugt davon, dass wir so mit ihm vereinigt sind, dass wir aller seiner Güter teilhaftig sind. Die katholische Irrlehre, die Taufe nehme die Erbsünde weg und bringe den Täufling wieder in den Zustand der Gerechtigkeit, unterschätze die bleibende Wirkung der Falschheit (*perversitas*) in uns (Inst. IV.15.10–11). Die Taufe befreit auch nicht nur von den Sünden der Vergangenheit, sodass neue Sünden ein neues Sakrament – die Buße – erfordern würden, sondern die angebotene Reinheit Christi behält ein Leben lang ihre Kraft; und man wappne sich mit dem Gedanken an die eigene Taufe. Die Einverleibung in Christi Tod und Auferstehung ist mehr als eine Erweckung, um dem Herrn zu folgen; sie lässt die Gläubigen die Wirkung (*efficacia*) dieser Einverleibung in der beständigen *mortificatio* des Fleisches und *vivificatio* durch den Geist erfahren.

Die Ausführung der Taufe erfolgt im Namen des dreieinigen Gottes. Die Ursache (*causa*) der Reinigung und der Erneuerung liegt im Vater, der Inhalt (*materia*) im Sohn, die Ausführung (*effectus*) im Geist (Inst. [1539 etc.]). Benetzung oder Untertauchen, drei Mal oder ein Mal, geschehe nach regionalem Brauch, obwohl die frühe Kirche nach der wörtlichen Bedeutung von »Taufen« (*mergere*) den Täufling untertauchte (Inst. IV.15.20).

Die Taufe ist nicht *ex opere operantis* wirksam (entgegen der täuferschen Nichtanerkennung der Taufe unter dem Papsttum, Inst. IV.15.8 und 16) und auch nicht *ex opere operato* (im Gegensatz zum Verständnis der Katholiken und Lutheraner). Die Benetzung mit Wasser ist nicht dasselbe wie innerlich durch den Geist getauft zu werden (CO 9,29; OS 2,281; *Defensio sanae et orthodoxae de sacramentis*). Zwischen Zeichen und Sache besteht – wie bei Bullinger – nur eine Analogie oder Ähnlichkeit (*analogia sive similitudo*): Wie »der Geber der inneren Gnade« handelt Christus so wahrhaftig und gewiss innerlich an unserer Seele, wie wir sehen, dass unser Körper äußerlich gewaschen wird, aber »nicht, weil solche Gnadengaben an das Sakrament gebunden oder in dieses eingeschlossen sind« (Inst. IV.15.14). Ein Zusatz zu dieser Passage in der *Institutio* (1559) – nach dem Konflikt mit Westphal – skizziert die Taufe mit zwinglischen Formulierungen als *nudum spectaculum*: »Mit bloßem Schauspiel« gibt der Herr nur den Augen etwas, aber er selbst »führt uns zur eigentlichen Sache und gewährt gleichzeitig (*simul*) genau das, was er abbildet« (Inst. IV.15.14). Entgegen dem lutherischen Vorwurf der Entleerung des Sakraments fügt Calvin 1559 auch noch hinzu: »Ich will nicht die Kraft der Taufe schmälern, als kämen Sache und Wahrheit nicht zum Zeichen hinzu, sofern Gott durch die äußerlichen Mitteln wirkt« (*quatenus per externa media Deus operatur*) (Inst. IV.15.15).

In den spiritualisierenden Aussagen aus den fünfziger Jahren hallt das Echo eines Konflikts mit Katholiken und Lutheranern über die Kindstaufe nach. Im Sinne Luthers begründete Calvin die Kindstaufe zunächst mit dem unterstellten Glauben der Kinder (Inst. [1536]). Nach Gesprächen mit Täufern und Bucer gab er diese Auffassung 1536 für die Überzeugung Zwinglis auf, dass Kinder gläubiger Eltern kraft der Verheißung des Bundes bereits im Mutterschoß das Heil teilen und zu Christi Körper gehören. Zusätzlich galt die Gleichartigkeit (*similitudo*) von Taufe und Beschneidung kraft des einen Bundes, die Heiligung der Kinder in ihren Eltern (1Kor 7,14) und, besonders gegenüber den Täufern, Jesu Segnung der Kinder (Mt 19), die Familientaufe durch die Apostel und die Praxis der frühen Kirche (Inst. [1539 etc.]); für eine sehr ausführliche Argumentation gegen die Kindstaufe siehe Inst. IV.16). Die Verankerung der Kindstaufe in dem bestehenden Versprechen der auserwählenden Gnade des Bundes brachte Calvin von katholischer und lutherischer Seite den Vorwurf der Entwertung des – für heilsnotwendig erachteten – Sakraments, der Leugnung der Erbsünde und des Pelagianismus ein, als teilten Kinder bereits durch ihre natürliche Geburt das Heil. Mit den spiritualisierenden Aussagen in seinem Widerstand gegen eine magische Sakramentsauffassung will Calvin vor allem Gottes Freiheit anerkannt wissen. »Denn seine [des Bundes] Wirkung hängt weder von der Taufe noch von irgendwelchen Zusätzen ab.« (Inst. IV.15.22) »So oft es ihm gefällt, erfüllt und verwirklicht Gott augenblicklich, was er im Sakrament abbildet. Es besteht keine Notwendigkeit dazu zu denken, es sei nicht möglich, dass seine Gnade jetzt dem Gebrauch eines Zeichens vorangeht, dann wieder darauf folgt.« »Der freie Lauf der Gnade Gottes« muss nicht »an Zeitpunkte« gebunden werden (CO 9,118, *Def. sec. c. Westph.*). Calvin ging so weit zu erklären, dass von Frommen geborene Säuglinge »heilig sind«, bevor sie getauft werden (CO 9,114; *Def. sec. c. Westph.*) und schloss dabei eine innere Heiligung nicht aus, sodass kein Auserwählter stirbt, ohne dass er zuvor »geheiligt und durch den Geist wiedergeboren« wird (Inst. IV.16.18) und dass der »Samen« der Bekehrung und Wiedergeburt »durch die verborgene Wirkung des Geistes bereits in den Kindern beschlossen liegt« (Inst. IV.16.20). Dies waren Aussagen, die im 20. Jahrhundert (unzureichend: Van Genderen 1983, 284–290) zu Bausteinen der neocalvinistischen Tauflehre aufgrund einer unterstellten vorhergegangenen Wiedergeburt (Kramer 1897, 133–149) wurden. Indem Calvin Gottes Freiheit und Unabhängigkeit von den Sakramenten so stark betonte, pflegte er bei der Taufe eine stärker zwinglische Denkweise als im Allgemeinen über das Abendmahl (Alting von Geusau 1963, 75; Janse 2008b).

12.4. Das Abendmahl

Calvins Abendmahlslehre teilt die Spezifika seiner allgemeinen Sakramentslehre (s. 12.2), unterlag aber viel mehr als sein Taufverständnis einer Entwicklung und wechselnden Sichtweisen (s. 12.1). Die Gesamtheit seiner Auffassungen lässt sich wie folgt zusammenfassen, auch wenn dadurch Elemente miteinander verbunden werden, die in dieser Kombination nicht auf eine einzelne Schrift zurückzuführen sind.

1. Die für Calvins Sakramentsbegriff typische augustinische Dualität des Äußeren und Inneren impliziert, dass das Abendmahl eine göttliche Gabe ist und nicht bloß die Erinnerung an eine Gabe; dass Brot und Leib nicht identisch, sondern zwei verschiedene Dinge sind; dass die vom Heiligen Geist bewirkte Präsenz des Leibs und des Bluts Christi in den Elementen eine substanzielle oder wesenhafte Anwesenheit seiner Person ist (*praesentia personalis*), ohne dass der Herr seinen Platz zur Rechten Gottes verlässt, jedoch keine substanzielle Anwesenheit seines Fleischs und Bluts; und dass die Bedingung eines gläubigen Empfangs und das *sursum corda* den Genuss Christi durch Ungläubige (*manducatio impiorum*) ausschließen.

2. Das Abendmahl ist ein Gemeinschaftsmahl mit Christus und seinen Gliedern, Gedächtnismahl und Bekenntnismahl. Der Gabencharakter geht den kommemorativen und ekklesiologisch-ethischen Aspekten voran. Die – möglichst häufige – Feier des Abendmahls stärkt den Glauben und dient der Einswerdung mit Christus.

3. Die Abendmahlsgabe besteht aus dem ganzen Christus und seinen Verdiensten als Inhalt (*substantia*) des Abendmahls. Diese Gabe ist nicht geistig oder spiritualistisch, sondern vom Heiligen Geist bzw. pneumatologisch und darum real.

Die Kommunion beschränkt sich weder auf den menschlichen Geist noch auf Christi Geist; Calvins Abendmahlslehre kann daher nicht spiritualistisch genannt werden.

4. Die sakramentale Verbindung zwischen Zeichen und bezeichneter Wirklichkeit ist – in lutherisch gefärbten Aussagen – exhibitiv, wobei Zeichen und Sache so miteinander verbunden sind, dass das Zeichen die Gabe nicht nur repräsentiert (*repraesentat*), sondern als Instrument tatsächlich darbietet (*exhibet*), und zwar so, dass die Weise der Darbietung und der Präsenz der bezeichneten Sache nicht mit der Weise der Darbietung und der Präsenz des Zeichens identisch ist. In zwinglisch orientierten Aussagen ist das Zeichen ein Bild (*imago*) oder eine Ähnlichkeit (*similitudo*), an deren Gebrauch Gott nicht gebunden ist.

5. Die *duplex manducatio* – des Zeichens mit dem Mund und der geistlichen Nahrung durch Geist und Glaube – erfolgt instrumental (wie bei Bucer und Luther) oder analog und parallel (wie bei Bullinger).

6. In Calvins *exhibitio*-Begriff berühren sich neoplatonisch-augustinischer Dualismus und lutherisch-sakramentaler Realismus. Dieser Schnittpunkt verbindet Sichtbares mit Unsichtbarem, in der Überzeugung, dass Gott sich durch den Heiligen Geist wirklich den Menschen schenkt, ohne sich an die Kreatur zu binden. Gleichzeitig schützt dieser Schnittpunkt vor zwinglischer Verflüchtigung und vor lutherischer Verdinglichung der sakramentalen Gabe. Der *exhibitio*-Begriff würdigt sowohl die Realität der Gnadengabe (kraft der Verheißung) als auch den Geheimnischarakter des Abendmahls (aufgrund der Transzendenz der Gnade). Die Aufrechterhaltung dieser Zweieinheit von Realität und Transzendenz der Gnade stellt den eigentlichen Grund für Calvins Ablehnung von sowohl reinem Symbolismus als auch von katholischem und orthodox-lutherischem Sakramentsrealismus dar.

7. Die persönliche Anwesenheit Christi im Abendmahl kennt eine ekklesiologische Zuspitzung: Durch den Geist als Band (*vinculum participationis*) werden die Gläubigen der Substanz des Leibs und des Bluts Christi teilhaftig (*substantia corporis et sanguinis Christi*) und werden in seinen mystischen Körper, die Kirche, einverleibt.

In seiner Abendmahlslehre bewegte Calvin sich immer wieder zwischen Ablehnung und Anerkennung von Instrumentalisierung und Gabencharakter des Sakraments und entwickelte mit einigen Akzentverschiebungen den Gedanken der Teilhabe der Gläubigen an der Substanz des Leibs und Bluts Christi und des Geistes als Band zwischen beiden sowie das Konzept des Abendmahls als Akkommodation Gottes. So steht in Bezug auf die sakramentale Instrumentalisierung ihrer Ablehnung in der *Institutio* (1536) (das Sakrament ist kein »Organ oder Instrument« der Gnade, CO 1,115; ein Satz, der nach dem Zusammentreffen mit Bucer in der *Institutio* von 1539 gestrichen wurde) die Versicherung in der Unionsschrift *Traité Cène* gegenüber, dass Brot und Wein »sont comme instruments par lesquelz le Seigneur Iesus nous les [d.h., le corps et le sang] distribue. […] C' est doncq à bon droict que le pain est nommé corps, puis que non seulement il le nous represente, mais aussi nous le presente. [...] Nous [...] sommes vrayment faictz participants de la propre substance du corps et du sang de Iesus Christ« (CO 5,439.460; OS 1,508–509). Als Calvin von Westphal aufgrund seiner – Bullinger nahen – These im *Consensus Tigurinus*, Artikel 19, die Gläubigen würden auch »außerhalb der Sakramente die Wirklichkeit empfangen, die dort abgebildet wird« (CO 7,741; OS 2,251.15–16), angegriffen wurde, konnte er 1555 sogar behaupten, dass »Christus uns ebenso gut ohne äußere Hilfsmittel zu Teilhabern an ihm machen kann« (CO 45,710; Komm. Mt 26,27).

Solange er einen Konsens mit den Lutheranern für möglich hielt, formulierte Calvin seine Abendmahlsauffassungen so nah wie möglich an der Lehre Luthers und distanzierte sich von jedem zwinglischen Symbolismus. Nach dem Fiasko des *Consensus Tigurinus* als Versuch, die Kluft zwischen Zwinglianern und Lutheranern zu überbrücken, war das Bild genau umgekehrt: In den fünfziger Jahren dachte Calvin größtenteils prozwinglisch und antilutherisch. Ein Vergleich seiner Exegese der Einsetzungsworte im Abendmahl vor und nach 1549, beziehungsweise in Komm. 1. Korintherbrief (1546) und Pred. 1. Korintherbrief (1558), dokumentiert den Umschwung in der konfessionellen Orientierung. 1546 scheint es eine lutherische Front kaum zu geben: Die wörtliche Interpretation der Einsetzungsworte und die Ubiquität des Leibs Christi werden von Calvin so nüchtern und knapp wie möglich abgelehnt; die *manducatio impiorum* wird als »von geringer Bedeutung« bezeichnet; die *manducatio indignorum* wird anerkannt; die Schenkung des Leibs Christi erfolgt mit einem lutherischen Begriff *realiter*. Die Abgrenzung vom zwinglischen Standpunkt ist ebenso unverhohlen wie scharf. Unverblümt distanziert sich Calvin von der Entkopplung des Zeichens und der Sache; von der *evacuatio sacramentorum*; von der Reduzierung des Abendmahls auf seine kommemorativen und ekklesiologisch-ethischen Aspekte; von der noetischen Interpretation der *commemoratio*; von der Beschränkung der Gemeinschaft mit Christus auf ein Teilhaben an seinen Wohltaten; von der Negation des soteriologischen Mehrwerts der *manducatio sacramentalis* im Abendmahl über die *manducatio spiritualis* des Glaubens außerhalb des Sakraments – dies unter ständiger Aufrechterhaltung der sakramentalen Instrumentalisierung.

In Pred. 1. Korintherbrief (1558) geht der Blick in die entgegengesetzte Richtung. In unverkennbarer Spiritualisierung tritt der Gabencharakter des Abendmahls regelmäßig hinter die ekklesiologisch-ethischen Aspekte zurück (»La Cene de nostre Seigneur [...] nous est instituee afin qu' il y ait communication entre nous, et que quand nous recevons le pain et le vin, nous soyons certifiez que Iesus Christ est la vie de nos ames« (CO 49,774; Pred. 1. Korintherbrief 11, 20–23). Die Gabe ist nicht mehr so sehr die *unio Christi*, sondern häufiger und vor allem die Erinnerung daran oder ihr Gedächtnis: Die *accommodatio Dei* dient nun nicht mehr der Gabe, sie ist die Gabe selbst. Die Funktion von Sakrament und Verkündigungswort als Gnadenmittel ist verblasst: Das Abendmahl schenkt nicht, es stellt dar, und an der Tafel gewährt Christus »was er versprochen *hat*«. Der Mehrwert des sakramentalen Essens besteht in der Ermutigung zur Nächstenliebe. Es handelt sich um eine Rationalisierung und eine starke Akzentuierung der ethischen Bedingungen und Implikationen der Kommunion; der Glaube wird dabei mehr und mehr zur menschlichen Aktivität. »Substanz« bezieht sich nicht länger auf den Leib Christi, sondern wird Synonym für »Inhalt« und »Hauptsache«. Dementsprechend ist jetzt die Trennungslinie zu den Lutheranern scharf gezogen. Die *manducatio impiorum* (1546 »von geringer Bedeutung«) ist eine »freche Gotteslästerung« von »Phantasten«, die vom Teufel »ordentlich verhext« wurden (CO 49,788.815–16). Bereits in Komm. Evangelien-Harmonie (1555) schienen die Lutheraner für Calvin Westphals Gesicht bekommen zu haben und er hielt »diese Meister des Buchstaben« für »nicht weniger lächerlich als die Papisten« (CO 45,707).

Die Wende zwischen Komm. 1. Korintherbrief (1546) und Pred. 1. Korintherbrief (1558) waren die Verhandlungen mit Bullinger, die dem *Consensus Tigurinus* (1549) vorausgingen. Darin überließ Calvin dem Schweizer in wichtigen Punkten das Terrain. Neun der ursprünglich 24 Artikel richteten sich auch gegen Calvin selbst (Art. 21–29). Der *Consensus Tigurinus* betont Gottes Unabhängigkeit von den Elementen (Art. 12–14); er nennt das Sakrament nur in uneigentlichem, den Geist jedoch in eigentlichem Sinn Siegel (*sigillum*) (Art. 7, 15) und schwächt die Instrumentalisierung und den schenkenden Charakter des Sakraments ab (»Die Sakramente schenken keine Gnade«, Art. 17). Die Zeichen haben keine exhibitive Funktion; das Verkündigungswort ist als Heilsmittel für das Sakrament nicht konstitutiv: Sakramente sind »Bilder« (*imagines*), die uns »vor Augen geführt« werden und Christi Tod und Wohltaten »in Erinnerung rufen« (*in memoriam revocant*), und sind Bekräftigungen dessen, »was durch Gottes Mund verkündigt war« (*pronunciatum erat*, ein Plusquamperfekt) (Art. 7), die Rolle des Heiligen Geistes in der Effektuierung der *unio Christi* bleibt unterbelichtet; das *sursum corda* als Korrelat fehlt; voran geht der ekklesiologisch-ethische Aspekt des Abendmahls als *distinctivum* (Art. 7); *manducatio sacramentalis* und *spiritualis* werden gleichgesetzt (Art. 7–9), während nur Art. 19 die glaubensverstärkende Funktion des Abendmahls nennt. In Westphals Kritik an seiner Position 1549 sah Calvin sich mit seiner eigenen Verteidigung gegen Bullinger vor 1549 konfrontiert (Janse 2008a und 2008c).

Ein Beweis von kirchenpolitischer Einsicht, ökumenischem Mut und dogmatischer Flexibilität stellen Calvins erneuerte Annäherungsversuche an die Lutheraner zu Beginn der sechziger Jahre dar. In *Optima ineundae concordiae ratio* (1561) (CO 9,517–524; OS 2,291–295) beschritt er wieder die *via media* des *Traité Cène* mit lutherisch anklingenden Formulierungen wie *sub pane et vino*; »licebit admittere loquendi formas [...] sub pane vel cum pane nobis dari Christi corpus«; *corpus Christi comedi* und »substantialiter nos pasci Christi carne« oder »substantialiter nos fieri carnis Christi participes«, in denen das Echo des *substantialiter/wesentlich* der *Wittenberger Konkordie* (1536) und Melanchthons *Confessio Saxonica* (1551) und *Examen ordinandorum* (1552) nachklingt. In *Confession de foi pour presenter a l'empereur* (1562) (CO 9,753–772), von dem er einen Werbeeffekt unter »beaucoup d'Allemans qui sont alienes des Francois pour la matiere de la Cene« (CO 20,14) erwartete, fügte Calvin noch hinzu: die Unentbehrlichkeit des Sakraments, die Lebendigmachung durch »la propre substance de son corps« und die wahrhaftige Wirkung der Sakramente »bei den Empfangenden« – statt: bei den Gläubigen – dies konform zu der *distributio vescentibus* in *Confessio Augustana* Art. X. Ein großes Zugeständnis war die Anerkennung, dass nach sakramentalem Sprachgebrauch von der *manducatio impiorum* gesprochen werden konnte: »Nous confessons bien que par forme de parler, qu' on nomme Sacramentale, les meschans reçoivent le corps et le sang de Iesus Christ, et les anciens Docteurs ont bien quelque fois usé de ce langage« (CO 9,769).

Trotz aller Einflüsse, die Calvin in seiner Sakramentenlehre vereinigte, in der Entwicklung, die er dabei durchlief, und trotz aller Akzentverschiebungen und geänderter Standpunkte blieb er seiner tiefen Überzeugung treu, dass sich Gott in den Sakramenten in Christus durch den Heiligen Geist wirklich den Menschen schenkt, in der Freiheit seiner Gnade.

ALTING VON GEUSAU, Leo G. M.: Die Lehre von der Kindertaufe bei Calvin gesehen im Rahmen seiner Sakraments- und Tauftheologie, 1963.

DAVIS, Thomas J.: The Clearest Promises of God. The Development of Calvin's Eucharistic Teaching [AMS Studies in Religious Traditions 1], 1995.

GERRISH, Brian A.: Grace and Gratitude: The Eucharistic Theology of John Calvin, 1993.

JANSE, Wim: Calvin's Eucharistic Theology: Three Dogma-Historical Observations (in: SELDERHUIS, Herman J. [Hg.]: Calvinus sacrarum literarum interpres [RefHT], 2008a, 37–69).

DERS.: The Controversy between Westphal and Calvin on infant baptism (1555–56) (Perichoresis 6.1, 2008b).

(Übersetzt von *Ulrike Sawicki*) *Wim Janse*

13. Kirche und Obrigkeit

Johannes Calvin befasste sich oft mit den Themen Obrigkeit und Kirche und wie die Verbindungen zwischen ihnen beschaffen sein sollten. Das letzte der vier Bücher, die sein Hauptwerk *Institutio christianae religionis* bilden, handelt ausschließlich von diesem Thema, ebenso auch einige der Gesetze, die er für die Stadt Genf entwarf, wo er den größten Teil seines Wirkens entfaltete. Zu diesen Verordnungen zählten auch die *Ordonnances ecclésiastiques*, die Calvin als Verfassung für die reformierte Kirche von Genf in Alleinarbeit abfasste, und die *Verordnung zu Ämtern und Amtsträgern*. Letztere wurde von einem Komitee, dem Calvin angehörte, verfasst, um die Gesetzgebung zu kodifizieren, die die Aufgaben und Funktionen der Regierung regelte. Natürlich verwandte er auf die Kirche weit mehr Zeit und Gedanken als auf den Staat, und widmete ihr in diesem entscheidenden Buch der *Institutio* 19 Kapitel, und nur eines, das letzte, der weltlichen Regierung.

Zu Calvins Lebzeiten herrschte die allgemeine Ansicht vor, die beste Regierung sei diejenige, der, in Anlehnung an das monarchische Prinzip, eine Einzelperson vorstehe. So wie einer Familie am besten ein einzelner Mann, der Vater, vorsteht, wird daher eine Nation am besten von einem einzigen König regiert, und Kirchenprovinzen am besten von einzelnen Bischöfen geleitet, bei den Katholiken von einem Einzelnen, dem Bischof von Rom, dem Papst. Dieser Überzeugung war man zweifellos in jenen Gegenden Frankreichs, in denen Calvin aufwuchs und seine Ausbildung erhielt. Jedoch war zu dieser Zeit in Stadtgemeinden ein alternatives Verständnis von Regierung weit verbreitet, und zwar einschließlich, was besonders naheliegend ist, der freien Kaiserstädte im Heiligen Römischen Reich Deutscher Nation. Diese eigenständigen Gebilde zogen einem einzelnen Herrscher eine Regierung in Form eines kleinen Kollektivs ausgewählter Gruppen vor. Dies war die vorherrschende Meinung in den Städten, in denen Calvin nach seiner Konversion zum Protestantismus den größten Teil seines Lebens verbrachte. Dieser Meinung war man besonders in Basel, Straßburg und Genf. Daher hatte es Calvin in seinem Wirken überwiegend mit Regierungen zu tun, an deren Spitze ein Kollektiv stand. Und im Lauf der Zeit gab er dieser Art der Regierung den Vorzug und kam zu der Überzeugung, dies sei die bestmögliche Regierungsform. Er war in dieser Frage nicht dogmatisch. Er war bereit, die Möglichkeit eines wahrhaft christlichen Königs oder Bischofs zu akzeptieren. Theoretisch, pflegte er zu sagen, ziehe er eine Regierung unter Führung eines rechtschaffenen Mannes einer Regierung durch eine korrupte Gruppe vor. Im Laufe der Jahre korrespondierte er mit mehreren Königen und verkehrte auch mit einigen Bischöfen. Er fühlte sich jedoch immer wohler und hatte auch mehr Erfahrung im Umgang mit Kollektiven, wie z.B. Pastoren und Stadträten. Während Calvins Amtszeit bestand die Regierung des Genfer Staates aus einer Hierarchie von Räten, an deren Spitze ein Kleiner Rat von 25 gebürtigen Genfern stand. Dieser wurde jährlich von Neuem gewählt und von vier Beamten geleitet, den sogenannten Syndices, die jedes Jahr für eine nur einjährige Amtszeit eingesetzt wurden. Die Genfer Kirche wurde während Calvins Wirken von einer *Compagnie des Pasteurs* geleitet, in der Regel zehn an der Zahl, unter Vorsitz eines einzelnen Pfarrherrn als Moderator; während Calvins Amtszeit war er dies meist selbst. Von Calvin als Moderator wurde erwartet, dass er dem regierenden Rat die Wünsche der ganzen *Compagnie* vorlegte. Er tat dies immer im Namen der *Compagnie*, nicht in seinem eigenen Namen, und wurde oft bei Ratssitzungen von einigen seiner Kollegen begleitet.

13.1. Kirchenzucht

Eine Aufgabe sowohl der Obrigkeit als auch der Kirche war für Calvin besonders wichtig, die Aufrechterhaltung der Zucht. Er war der prominenteste von einigen frühen Führern der Protestanten, die befürchteten, Luthers vehementes Beharren auf dem rechten christlichen Glauben und auf der Rechtfertigung allein durch

Glaube leiste der Gefahr Vorschub, die Einschärfung rechtschaffenen christlichen Verhaltens zu vernachlässigen. Anders ausgedrückt: Er schloss sich jenen an, die den Antinomismus fürchteten. Calvins Engagement für die Einführung der Kirchenzucht zeigte sich besonders zwischen 1538 und 1541, als er die französische Flüchtlingsgemeinde in Straßburg seelsorgerlich betreute. Martin Bucer, der Präses der reformierten Kirche in Straßburg, kämpfte damals für die Einführung von Disziplinarinstitutionen in jener Stadt, ein Kampf, der sich als vergeblich erwies. Als Calvin 1541 gebeten wurde, nach Genf zurückzukehren, bestand er darauf, dass dort die Zucht hergestellt wurde. Er wollte in Genf das durchführen, was Bucer in Straßburg nicht erreichte. Die Genfer Regierung stimmte Calvins Forderungen zu, und das Ergebnis war die Gründung einer neuen Disziplinareinrichtung, Konsistorium genannt. Rechtlich gesehen war es ein ständiger Ausschuss der Stadtregierung, bestehend aus 12 Ältesten, die jedes Jahr gewählt – und recht oft wiedergewählt – wurden, und allen ordinierten Pfarrern, die von der Stadt bezahlt wurden. Das Konsistorium ging auf die Kirchenordnung zurück, die Calvin selbst kurz nach seiner Rückkehr nach Genf verfasst hatte. Den Vorsitz führte einer der Syndices der Stadt. Noch vor Jahresende nahm das Konsistorium seine wöchentlichen Treffen auf und wurde für Calvins restliches Leben und für Jahrzehnte danach von fundamentaler Bedeutung. Calvin nahm an den meisten Sitzungen teil und spielte eine aktive Rolle bei den Maßnahmen dieses Ausschusses, indem er in der Regel die Zurechtweisung oder Ermahnung aussprach, mit denen das Konsistorium die meisten seiner Fälle abschloss.

Die Aufmerksamkeit der Öffentlichkeit erregte jedoch eine Form der Strafe, die strenger und umstrittener war als eine Ermahnung. Das war die zunehmende Anwendung der Exkommunikation durch das Konsistorium als Strafe für einen besonders strafwürdigen und aufsässigen Sünder. In Genf fürchtete man sehr, dass einem bei den vierteljährlichen Abendmahlsgottesdiensten, die an die Stelle der häufigen katholischen Messen in Genf getreten waren, der Empfang des Abendmahls verweigert wurde. Es bedeutete nicht nur den Entzug eines Sakramentes, dem man zentrale Bedeutung beimaß. Dadurch wurde es auch unmöglich, zu heiraten oder als Pate für ein neugeborenes Kind an einer Taufe teilzunehmen. Und Ehe und Taufpatenschaft waren in der Genfer Gesellschaft immer noch von fundamentaler Bedeutung, wenn auch die Ehe ihren sakramentalen Charakter verloren hatte. Zudem scheint es, dass die allgemeine Schande der Exkommunikation stark empfunden wurde. Dass das Konsistorium die Befugnis hatte, die Exkommunikation zu verfügen, ohne jedes Recht auf Einspruch bei der Stadtregierung, war durch die Gesetzestexte keineswegs gesichert. Tatsächlich gab es bei vielen Einwohnern Genfs eine starke Ablehnung gegen die Exkommunikation durch das Konsistorium, insbesondere bei einer Gruppe, die sich *Enfants de Genève* nannte und von einem prominenten örtlichen Bürger, Ami Perrin, angeführt wurde. Andere protestantische Stadtstaaten in der Schweizer Konföderation einschließlich Bern und Zürich opponierten ebenfalls gegen die Anwendung der Exkommunikation seitens der Kirche, ohne dass die Möglichkeit des Einspruchs bei der bürgerlichen Regierung bestand. Sie waren der Überzeugung, dass Päpste und Bischöfe diese Macht vor der Reformation auf schreckliche Weise missbraucht hatten. Aber Calvin und seine Amtskollegen bestanden darauf und drohten, die Stadt zu verlassen, wenn ihnen diese Befugnis entzogen werden würde. Die Spannungen erreichten 1553 einen Höhepunkt, als Calvin sagte, er gäbe lieber sein Leben, als der Regierung zu erlauben, ihn dazu zu zwingen, einen Exkommunizierten beim Abendmahl zu akzeptieren. Der endgültige Sieg für Calvin und seine Anhänger kam 1555, als ein Aufstand, in den auch einige derjenigen verwickelt waren, die gegen die Exkommunikation durch das Konsistorium opponierten, den Vorwand für eine Säuberung der politischen Reihen bot. Im Gefolge dieser Unruhen zerschlugen Kräfte, die Calvin treu ergeben waren und die Exkommunikation durch das Konsistorium unterstützten, die Oppositionsfraktion und die Perrinisten wurden aus der Stadt vertrieben oder hingerichtet. Seitdem gab es in Genf keinen echten Widerstand mehr gegen Calvin und sein Reformprogramm.

Das Konsistorium in Genf entwickelte sich zu einer Institution, die sich stark einmischte. Schätzungen zufolge wurden jedes Jahr mindestens sechs Prozent der erwachsenen Einwohner Genfs vorgeladen. Von den Fällen, mit denen sich das Konsistorium befasste, sind diejenigen am besten bekannt, die auf irgendeine Weise mit Eheangelegenheiten zu tun hatten. Das Konsistorium übernahm die Zuständigkeit für Ehesachen, die vor der Reformation ein Gericht aus Beamten innegehabt hatte, die dem katholischen Fürstbischof unterstellt waren; ein Gericht, das offenbar vor allem Fälle aus der ganzen Diözese verhandelte, bei denen es um den Bruch des Eheversprechens ging. Aber das Konsistorium untersuchte auch viele andere Arten von Fällen, in der Eheangelegenheiten eine Rolle spielten. Dazu zählte auch ein Verhalten, das als Gefahr für die Ehe galt, vor allem natürlich Ehebruch und vorehelicher Geschlechtsverkehr. Insbesondere am Anfang verhandelte das Konsistorium zudem viele Fälle, bei denen es um Überbleibsel katholischen Glaubens und Verhaltens ging, besonders um den Besuch katholischer Messen und um Gebete zur Jungfrau Maria. Es wurde erwartet, dass jeder in Genf in seiner Landessprache beten konnte und wollte und das Apostolische Glaubensbekenntnis aufsagen konnte, auch dies in der Landessprache. Diejenigen, die es nicht vermochten, mussten diese Texte lernen, oft im Rahmen der Katechismusunterweisung, die in erster Linie für Kinder gedacht war, aber auch religiös ungebildeten Erwachsenen offenstand. Mehr und mehr hatte das Konsistorium auch mit der Schlichtung von Streit zu tun, in Familien, unter Nachbarn und unter Geschäftspartnern. In diesen Dingen wurde der Ausschuss zu einer Art obligatorischem Beratungsdienst.

13.2. Einfluss des Modells außerhalb Genfs

Calvins Einfluss auf die Vorstellungen über Staat und Regierung ging jedoch weit über Genf hinaus. Sein Modell des reformierten Christentums wurde in ganz

Westeuropa ungeheuer einflussreich, bis es unter den Protestanten die häufigste Alternative zum lutherischen Christentum wurde. Während es sich zunächst in andere Gegenden der Schweiz ausbreitete und dann in Gebiete wie Frankreich, Teile Deutschlands, die Niederlande, Schottland und England, musste es sich an sehr unterschiedlich organisierte Regierungsformen anpassen. Es ist offensichtlich, dass ein Modell kirchlicher Organisation und Leitung, das für einen ziemlich kleinen unabhängigen Stadtstaat gedacht war, verändert werden musste, damit es sich für ein größeres und komplexeres Gebiet eignete. Calvin wurde häufig um Rat gefragt, wie reformierte Kirchen zu organisieren seien und wie man sich zu Regierungen zu verhalten habe, von denen einige dem neuen Glauben recht feindselig gegenüber standen. Im Allgemeinen gründeten seine Anhänger Kirchen, die von Institutionen geleitet wurden, in denen das Prinzip der Deputation galt. In Frankreich, dem Land, dessen Entwicklung Calvin mit der größten Aufmerksamkeit verfolgte, umfasste dies örtliche Konsistorien, Regionalversammlungen (*colloques*), Provinzsynoden und eine nationale Synode. In anderen Teilen der französischsprachigen Schweiz zählten dazu regionale *Classis*, ein Modell, das in den Niederlanden übernommen wurde, dort jedoch mit einer nationalen Synode an der Spitze. In Schottland gehörten lokale Versammlungen (*sessions*), regionale Presbyterien und eine Generalsynode für das ganze Land dazu. Alle diese Institutionen standen unter der Leitung eines Gremiums, nicht einer einzelnen Person, adaptierten so das Modell, das Calvin in Genf entworfen hatte. Sie veränderten somit ein ursprünglich für eine kleine Stadtgemeinde entwickeltes Regierungsmodell dahingehend, dass es sich für die Regierung eines ganzen Landes eignete.

13.3. Widerstand gegen katholische Obrigkeiten

Die calvinistischen kirchlichen Institutionen mussten die Beziehungen zu bürgerlichen Regierungen herstellen. Diese Beziehungen konnten sehr eng und kooperativ sein, wie in Genf und Schottland. Sie konnten distanzierter, aber einander immer noch relativ freundlich gesinnt sein, wie in den Niederlanden, wo verschiedene andere Arten christlicher Kirchen erlaubt, die Calvinisten jedoch weiterhin privilegiert waren. Oder sie konnten feindselig sein und, wie in Frankreich, manchmal sogar zum offenen Krieg führen. Die ausgedehnte Verfolgung der Reformierten in Frankreich und anderswo stellte für Calvin und seine Anhänger ein besonders brennendes Problem dar. Calvin hielt sich eng an das Neue Testament, indem er darauf bestand, dass jede Regierung von Gott eingesetzt sei und ihr Gehorsam geleistet werden müsse, selbst wenn die Regierung das wahre Christentum ablehne und praktizierende Christen aktiv verfolge. Die Calvinisten in Frankreich fanden sich daher in fast der gleichen Lage wieder wie die ersten frühen Christen im heidnischen Römischen Reich. Ihre Religion verlangte von ihnen den passiven Ungehorsam gegenüber allen Gesetzen, die von ihnen das Praktizieren des falschen Glaubens forderten, wie z.B. den Besuch einer katholischen Messe. Aber es wurde ihnen nicht erlaubt, sich solchen Forderungen der Regierung aktiv, durch Gewaltanwendung, zu widersetzen. Ihre einzigen Alternativen bestanden darin, das Martyrium in Kauf zu nehmen, wie die frühen Christen im heidnischen Rom, oder in eine andere Gegend zu flüchten, wo die »wahre« Religionsausübung erlaubt war. Und viele der ersten Calvinisten nahmen tatsächlich den Märtyrertod auf sich oder flohen ins Exil in ein Gebiet mit protestantischer Regierung. Immerhin hatte Calvin selbst das Exil gewählt, und die Stadt Genf hatte unter seiner Führung tausende weiterer Flüchtlinge aufgenommen. Tatsächlich verdoppelte sich die Einwohnerzahl der Stadt während der Zeit seines Wirkens, größtenteils aufgrund des Eintreffens von Religionsflüchtlingen. Die meisten von ihnen kamen aus Frankreich, aber viele auch aus Italien und einige wenige aus anderen Ländern. In gewisser Hinsicht war es Teil der Reformation in Genf, dass die Flüchtlinge in der Stadt die Leitung der Kirche übernahmen und zunehmenden Einfluss auf einen Großteil der Regierung gewannen.

Diejenigen, die Calvin nicht ins Exil folgen konnten oder wollten, baten um die Erlaubnis, aktiv Widerstand leisten zu dürfen. Im Allgemeinen weigerte er sich, ihnen dergleichen zu gestatten. Er gestand jedoch schließlich, vor allem in einer bemerkenswerten Passage gegen Ende seiner *Institutio*, eine Möglichkeit des Widerstands zu, nämlich wenn dieser von Angehörigen der Regierung angeführt wurde, die das Recht hatten, den Regierungsführern Einhalt zu gebieten. In diesem berühmten und viel zitierten Satz sagt er: »Dabei rede ich aber stets von amtlosen Leuten. Anders steht nun die Sache, wo Volksbehörden eingesetzt sind, um die Willkür der Könige zu mäßigen; von dieser Art waren z. B. vorzeiten die ›Ephoren‹, die den lakedaimonischen Königen, oder die Volkstribunen, die den römischen Konsuln, oder auch die ›Demarchen‹, die dem Rat der Athener gegenübergestellt waren; diese Gewalt besitzen, wie die Dinge heute liegen, in den einzelnen Königreichen vielleicht auch die drei Stände, wenn sie ihre wichtigsten Versammlungen halten.« (Inst. IV.20.31) In solchen Fällen erwartete er von den rechtmäßigen Führern dieser Institutionen, dass sie Widerstand leisteten. Somit war Privatpersonen aktiver Widerstand verwehrt, aber bestimmten »niederen Magistraten«, um den Titel zu gebrauchen, der zu der Zeit sehr gebräuchlich war, erlaubt und sogar erwünscht. Deren verfassungsmäßige Stellung erlaubte ihnen, sich einer Regierungsspitze zu widersetzen, die sich falsch verhielt, beispielsweise durch die Verfolgung »wahrer« Gläubiger. Dies wurde später »Ephoren«-Widerstandsrecht genannt. Tatsächlich wurde es von Männern ausgeübt, in der Regel aus der Aristokratie, die Anspruch auf das Recht erhoben, Herrscher zu wählen und sie zu beraten. In Frankreich gehörten zu diesen Männern, die zum Schutz der »wahren« Religion tätig wurden, Mitglieder der mit dem Herrscherhaus Valois verwandten Familie Bourbon, Provinzgouverneure und Stadtregierungen. In den Niederlanden zählten dazu die Stände jeder Provinz, der Ständevertreter des gesamten Gebietes und die adeligen Schutzherren der Stände, vor allem aus dem Haus Oranien. In Schottland gehörte hierzu eine Gruppe von Aristokraten, bekannt als *Lords of the Congregation*. In Deutschland waren es in erster Linie die Kurfürsten als Teil der Struktur des Heiligen Römischen Reiches, aber auch mehrere niedere Fürsten und Stadtregierungen. Dieses Zugeständnis gab den Religionskriegen ihre Legitimationsbasis. Sie begannen, kurz nachdem Calvin diese Worte geschrieben hatte, und suchten Europa den Großteil des nächsten Jahrhunderts heim. Calvin unterstützte offen die ersten dieser Revolten, besonders die in Frankreich unter der Führung von Prinz von Condé und Admiral Coligny gegen die königliche Regierung.

Letztendlich führten Calvins Gedanken zu Kirche und Obrigkeit dazu, dass sich eine radikal neue Form von Kirchenregierung herausbildete und bestehende bürgerliche Regierungen ernsthaft in Frage gestellt wurden. Sie machten den Calvinismus zu einer besonders militanten Form des protestantischen Christentums.

BERGIER, Jean-François/KINGDON, Robert M. (Hg.): Registres de la Compagnie des Pasteurs de Genève au temps de Calvin, 2 Bde., 1962–1964.

DOUMERGUE, Emile: Jean Calvin. Les hommes et les choses de son temps, Bd. 5: La pensée ecclésiastique et la pensée politique de Calvin, 1917.

HOPFL, Harro: The Christian Polity of John Calvin, 1982.

LAMBERT Thomas A./WATT Isabella M. (Hg.): Registres du Consistoire de Genève au temps de Calvin, 3 Bde. (1542–1548), 1996–2004.

NAPHY, William G.: Calvin and the Consolidation of the Genevan Reformation, 1994/2003.

(Übersetzt von *Elisabeth Steinweg-Fleckner*) *Robert M. Kingdon*

14. Die letzten Dinge

Calvins eschatologische Aussagen gründen im Kreuzesgeschehen, das er im Kommentar zu Joh 13,31 als wunderbare Wende der Dinge (»admirabilis [...] rerum conversio«) deutet. Entsprechend deutet er die Ansage des johanneischen Jesus, jetzt ergehe das Gericht (Joh 12,31), im Sinne einer mit Jesus Christus anhebenden *reformatio*: Die jetzige Welt wird zum Schauplatz der eschatologischen Folgen des Auftretens Jesu. Mit ihm und der Verkündigung hebt demnach nach Calvins Auslegung von Dan 7,27 das Reich Gottes an.

Die biblischen Auslegungen laufen also auf eine stark gegenwartsbezogene Ausrichtung der endzeitlichen Ankündigungen hinaus. Dem entspricht auch die Auslegung der zweiten Bitte des Vaterunsers in der *Institutio*. Die Durchsetzung des Reiches Gottes hat nach der Fassung von 1536 (III.93 f.) einen doppelten Aspekt: die Lenkung der Gläubigen durch Gott zur Mehrung seiner Ehre einerseits, andererseits aber: »reprobos, qui se pro Deo et Domino non agnoscunt, qui suo imperio subiici nolunt, perdere ac deiicere« (die Verworfenen, die sich nicht als Gott und dem Herrn zugehörig erkennen, die nicht unter seiner Herrschaft stehen wollen, zu vernichten und hinabzustürzen). Diese Doppelbestimmung des

Reiches Gottes hat Calvin so auch in den Genfer Katechismus von 1537 übernommen, später aber – möglicherweise unter dem Einfluss der Vaterunserauslegung Bullingers aus der fünften Dekade, die dieser Calvin 1551 zugesandt hatte – anthropologisiert und spiritualisiert: In der *Institutio* von 1559 geht es nicht mehr um die Vernichtung der Gottlosen, sondern um die Zügelung der Begierden des Fleisches und um die Ausrichtung des Willens der Gläubigen auf Gott – allerdings verzichtet er nicht ganz auf den Aspekt des äußeren Sieges über die Feinde Gottes: Am Ende wird Gott den Antichrist umbringen. Den Antichrist identifiziert Calvin im Anschluss an Luther als den Papst (Komm. 2Thess 2,3–4) und stellt neben ihn – ebenfalls wie Luther – als weiteren gegenwärtigen Feind der Kirche »cest apostat Mahumet« (Pred. Sur Ez. 171). Er legt dabei allerdings in seiner Auslegung von Ezechiel 38 Wert darauf, diese Identifikation auf ihren spirituellen Sinn zu begrenzen, nicht aber reale Mächte als potentielle Gegner in einem endzeitlichen Krieg zu identifzieren.

Gleichwohl erfolgt die negative Seite der Durchsetzung des Reiches Gottes gegen seine Gegner als Gottes endgültiger Sieg hier auf Erden, und ebenso setzen sich auch die positiven Aspekte bereits diesseitig durch. So erklärt Calvin in der *Institutio*-Ausgabe von 1536 ausdrücklich: »videre est, huiusmodi regnum in hoc quoque mundo florere, etsi ex hoc mundo non est« (Man muss sehen, dass ein solches Reich sich in dieser Welt entfaltet, aber nicht von dieser Welt ist). Dass es Gottes Reich ist, resultiert also in dezidierter Ausdeutung von Joh 18,36 auf seiner transzendenten Herkunft, bedeutet aber keine transzendente Lokalisierung, wenngleich Calvin eine Unterscheidung zwischen Schon und Noch nicht bewahrt. So heißt es in der letzten Auflage der *Institutio*: »plenitudo autem eius ad ultimum Christi adventum protenditur: quo Paulus omnia in omnibus fore docet« (die Vollendung dieses Reiches [...] dehnt sich aus bis zum endgültigen Kommen Christi; dann wird nach der Lehre des Paulus »Gott sein alles in allem«, vgl. Inst. [1536] III.94).

1536 hatte Calvin dies – wie auch im Johanneskommentar zu 12,31 – ausdrücklich mit dem Gedanken des Gerichts verbunden, und auch in der letzten *Institutio*-Ausgabe bleibt die Parusie mit einem eigenen Gericht verbunden (Inst. II.16.17), ein Gericht freilich, dem wenig eigene Bedeutung zukommen kann. Die Prädestinationslehre macht das Gericht letztlich zu einem Vollzug einer schon zuvor gefällten Bestimmung des menschlichen Lebens, und so ist es ganz konsequent, dass das Gericht Gottes schon in diesem Leben erfahrbar ist, und zwar in zweierlei Gestalt: Einerseits als *iudicium castigationis* (Züchtigungsgericht), durch das die Glaubenden gebessert werden, andererseits aber auch schon als *iudicium vindictae* (Strafgericht) (Inst. [1536] V.171; Inst. III.4.31 f.). Der latente Tun-Ergehens-Zusammenhang zieht das Eschaton in die Gegenwart, so dass für eine dezidiert endzeitliche Botschaft kaum Raum bleibt. Die Strafe wie auch schon die beginnende Erfüllung des Reiches Gottes zeigen sich in dieser Welt.

Dieser Gedanke eines in dieser Welt, in der Kirche, schon anhebenden Reiches Gottes ist nur in zeitlicher, aber nicht in räumlicher Hinsicht von einem dezidierten Chiliasmus abzugrenzen: Diesem wirft Calvin nicht die Verwirklichung des Gottesreiches auf Erden vor, sondern die Missachtung der Ewigkeit des Gottesreiches, die sich in seinem Denken daraus ergibt, dass erst die Auferstehung und die Scheidung von Guten und Bösen im Gericht, die Fülle des schon angebrochenen Reiches bringt.

Da sein Denken letztlich auf diese Durchsetzung des Reiches Gottes ausgerichtet ist, wird ihm die Auferstehung der Gottlosen zum Problem (Inst. III.25.9). Diese ist zwar biblisch begründet und daher anzunehmen, der eigentliche Fokus liegt aber auf dem Heil der Gläubigen. Gleichwohl versucht er auch das Unheil der Verworfenen zu begreifen, betont aber, dass dessen leibliche Beschreibung durch Feuerqualen und ähnliches lediglich Bilder seien, die die Gottesferne ausdrücken – während der entscheidende Ausdruck für das Heil nach 1Kor 15,28 ist, dass Gott alles in allem ist (Inst. III.25.12), was in der Konsequenz wohl bedeutete, dass die Gottfernen einfach nicht sind.

Das so beschriebene Heil bedeutet freilich ausdrücklich nicht Unterschiedlosigkeit: So sehr Calvin betont, dass die ewige Seligkeit letztlich nicht begreifbar ist, so sehr legt er doch Wert darauf, dass Gott »specialem, cuique mercedem« (jedem einzelnen seinen besonderen Lohn) geben werde (Inst. III.25.10). Die hieraus resultierende Spannung dazu, dass Gott alles in allem ist, wird von Calvin nicht aufgelöst, muss dies wohl auch nicht aufgrund der Schwierigkeit, überhaupt das Jenseits zu beschreiben. Das Augenmerk Calvins liegt nämlich – wie überhaupt in der reformatorischen Eschatologie – weniger in der Ausmalung der Zukunft als in der genauen Beschreibung des Übergangs hierzu. So ist es charakteristisch, dass er in seinen ausführlichen Predigten über Ezechiel die Vision Ezechiel 40–48 komplett in nur einer Predigt (Sermo 40–48) behandelt hat.

Und der Akzent, den Calvin hier in den späteren Auflagen der *Institutio* besonders setzt, ist die Leibhaftigkeit der Auferstehung als Ausdruck dessen, dass es sich hier nicht um einen Bruch mit der Schöpfung handelt, sondern um ihre Vollendung: In der Auferstehung bewährt sich Gott als der Geber des Lebens (Inst. III.25.4), und es ist letztlich die Gottebenbildlichkeit des Menschen, die hier zu ihrem Ziel kommt (Inst. III.25.6). Die Gottebenbildlichkeit haftet am Geist des Menschen – aber so sehr Calvin betont, dass der Geist den Leib überdauert, so sehr betont er doch auch, dass der Auferstehungsleib derselbe ist, den der Mensch auf Erden hatte. An keiner Stelle seiner Eschatologie wird das gedachte Kontinuum zwischen hiesiger Existenz der Glaubenden und Jenseits so deutlich wie hier: »Primo tenendum est quod diximus, nos in eadem quam gestamus carne resurrecturos quoad substantiam: sed qualitatem aliam fore« (Zunächst ist festzuhalten, was wir bereits dargelegt haben: Was die Substanz betrifft, so werden wir in dem gleichen Fleisch auferstehen, das wir jetzt an uns tragen. Die Beschaffenheit wird dagegen eine andere sein) (Inst. III.25.8), schreibt er in Ausführungen, die sich der Auseinandersetzung mit Lelio Sozzini (1525–1562) verdanken. Der entscheidende theologische Grund hierfür ist – so wie die gesamte Auferstehung in ihren christologischen Bezügen als Hineingenommenwerden in Christus gedacht wird – ein christologischer: Der Auferstehungsleib muss eben derselbe sein wie der Leib am Kreuz (Inst. III.25.7), um den Zusammenhang zwischen der Erlösung durch Christus und dem geschenkten Heil aufrecht zu erhalten. Eine nicht unwesentliche Folge dieses kontinuierlichen Denkens ist dabei auch, dass Calvin die Vorstellung, dass die Parusie auch Lebende ergreifen werde (1Kor 4,16 f.), gut in sein Denken integrieren kann: in der Tat werden einige Menschen als Lebende die Verwandlung ihres verweslichen Leibes in einen unverweslichen erfahren (Inst. II.16.17; II.25.7). Sie werden, ohne dass jemals Leib und Seele getrennt waren, unmittelbar in das Reich Christi eingehen.

Calvin befindet sich gerade in diesen Punkten in permanentem Gespräch mit potenziellen Kritikern: Eine Position, die das Ende der Seele zusammen mit dem Leib behauptet – also faktisch ein Leben nach dem Tode bestreitet – weist er ebenso ab wie eine Lehre, die aus 1Kor 15 folgert, dass bei der Auferstehung ein neuer Leib geschaffen würde.

Tatsächlich ist dasselbe theologische Argument, das dies ermöglichen würde, auch für seine Deutung leitend, nämlich die Allmacht Gottes: So wie Gott einen neuen Leib schaffen könnte, kann er auch aus dem zerfallenen Leib wieder den alten Leib herstellen:

»Quoniam vero elementa Deus omnia praesto habet ad suum nutum, nulla eum difficultas impediet quominus et terrae et aquis et igni imperet, ut quod videtur ab illis consumptum reddant« (Da Gott alle Elemente auf seinen Wink hin zur Hand hat, so besteht für ihn gar keine Schwierigkeit, die ihn etwa hinderte, der Erde und dem Wasser und dem Feuer zu gebieten, dass sie zurückgeben, was von ihnen verzehrt zu sein scheint) (Inst. III.25.8).

Der so restituierte Leib unterscheidet sich vom bisherigen Leib durch seine Unverweslichkeit und wird mit der Seele wiedervereint, die zwischenzeitlich an einem nach Calvin nicht näher definierten und nach seinen Aussagen auch nicht definierbaren Ort aufbewahrt wurde.

Wie in der Charakterisierung des Leibes bleibt damit als entscheidende Besonderheit für das neue Leben seine Ewigkeit. Das Reich Gottes, das hier auf Erden noch begrenzt und unter Vorbehalt in der Kirche existiert, wird dann auf Dauer gestellt sein, und Gott ist insofern alles in allem, als der Leib Christi alles in allem sein wird.

Berger, Heinrich: Calvins Geschichtsauffassung (SDGSTh 6), 1955.

Boer, Erik Alexander de: John Calvin in the Visions of Ezekiel. Historical and Hermeneutical Studies in John Calvin's ›sermons inédits‹, especially on Ezek. 36–48 (KHB 21), 2004a.

Fischer, Alfons: Calvins Eschatologie in der Erstausgabe der »Christianae religionis institutio« 1536, 1995.

Holwerda, David E.: Eschatology and History. A Look at Calvin's Eschatological Vision (in: McKim, Donald K. [Hg.]: Readings in Calvin's Theology, 1984, 311–342).

Lülsdorf, Raimund: Die Zukunft Jesu Christi. Calvins Eschatologie und ihre katholische Sicht, 1996.

Opitz, Peter: »Dein Reich komme« – Variationen reformierter Unservater-Auslegung (in: Ders.

[Hg.]: Calvin im Kontext der Schweizer Reformation. Historische und theologische Beiträge zur Calvinforschung, 2003b, 249–269).
QUISTORP, Heinrich: Die letzten Dinge im Zeugnis Calvins. Calvins Eschatologie, 1941.
SCHÜTZEICHEL, Heribert: Calvins Protest gegen das Fegfeuer (in: DERS.: Katholische Beiträge zur Calvinforschung, 1988, 27–44).

Volker Leppin

III. Strukturen

1. Communio cum Christo

Calvins Verständnis von der Verbundenheit und Gemeinschaft mit Christus muss in den größeren Kontext seines theologischen Gesamtentwurfs eingeordnet werden. Nach Calvin ist Gott der Urheber und Brunnquell aller Güter (Inst. I.2.1). Bei der ursprünglichen Schöpfung gab Gott Adam sowohl alle irdischen als auch alle geistlichen Güter, die dieser brauchte, um ewiges Leben bei Gott zu erlangen. Durch die Sünde der Untreue ging Adam jedoch sowohl für sich selbst als auch für die übrige Menschheit aller geistlichen Gaben verlustig, die Gott ihm gegeben hatte, und handelte sich ihre genaue Verkehrung ins Gegenteil ein (Inst. II.1.5). So trat Sünde an die Stelle der Gerechtigkeit, Fluch an die Stelle des Segens, Tod an die Stelle des Lebens. Außerdem verdarb Adams Sünde die irdischen Gaben, die er empfangen hatte, obwohl genügend dieser Gaben blieben, um in uns die Züge des Bildes Gottes zu formen, zu denen Vernunft, Intelligenz, Gewissen und das Gespür für das Göttliche zählen (Inst. II.2.12).

Damit die Menschheit wieder ihr Ziel des ewigen Lebens bei Gott erreichen kann, muss Gott selbst sich den Kindern Adams als der Brunnquell aller Güter offenbaren, indem er uns all das zurückgibt, was wir in Adam verloren, und alle Übel von uns nimmt, die wir von Adam empfangen haben (Inst. II.12.1). Zudem muss Gott dies in einem Menschen wie Adam tun, von dessen menschlicher Natur wir alles empfangen könnten, woran es uns mangelt. Gott tut dies in der Person und im Werk Jesu Christi. In der Menschwerdung lässt der Sohn Gottes den Sündern durch Gnade das zuteil werden, was ihm von Natur aus gehört, nämlich die Gotteskindschaft, und nimmt alles von ihnen fort, was sie quält, um sie von Sünde und Zorn zu befreien (Inst. II.12.2). Vom Heiligen Geist zum Christusamt gesalbt, leitet und behütet Jesus als König seine Glieder, indem er ihnen den Heiligen Geist schenkt, und in seinem Amt als Priester bringt er sich selbst als das eine wahre Opfer für die Sünde dar (Inst. II.15). In seiner Verurteilung und Hinrichtung am Kreuz durch Pilatus nimmt Christus alle Übel, die uns bedrücken – Sünde, Tod, den Fluch Gottes und ewige Verdammnis – auf sich, um diese Übel von uns zu nehmen und in sich selbst zu töten. In Auferstehung und Himmelfahrt schenkt uns Christus alle Güter, die er in seiner menschlichen Natur empfangen hat, damit wir von Neuem all die Gaben empfangen können, die uns mit Gott im ewigen Leben vereinen (Inst. II.16). Calvin folgt also Luther, wenn er Tod und Auferstehung Christi als einen fröhlichen oder wundersamen Tausch begreift: Gerechtigkeit anstelle von Sünde, Rechtschaffenheit anstelle von Verdorbenheit, Segen anstelle von Fluch und Himmel anstelle von Hölle (Inst. IV.17.2).

Calvin ist sorgsam darauf bedacht, die menschliche Natur oder den Leib Christi als den Ort zu bestimmen, an dem uns Gott alle Güter in Christus frei zuteil werden lässt. Da Christus in sich selbst alle göttlichen Gaben verkörpert, die uns nur von Gott geschenkt werden können, bezeichnet Calvin ihn als das »Ebenbild des unsichtbaren Gottes«, in dem allein wir alle Segnungen Gottes des Vaters suchen müssen. Andererseits beharrt Calvin darauf, dass wir nur dann, wenn wir vom Heiligen Geist erleuchtet sind, die Quelle alles Guten kennenlernen, die im Fleisch Christi wohnt. »Der Vater hat alles, was er hatte, dem Eingeborenen gegeben, um sich uns in ihm zu offenbaren, und das zu dem Zweck, daß eben diese Gemeinschaft der Güter das wahre Ebenbild seiner Herrlichkeit (an Christus) zum Ausdruck brächte. Wenn es oben hieß, der Geist müsse uns ziehen, damit wir angetrieben werden, Christus zu suchen, so müssen wir uns auf der anderen Seite vergegenwärtigen, daß der unsichtbare Vater nur in diesem seinem Ebenbilde zu suchen ist« (Inst. III.2.1). Wir werden also durch den Heiligen Geist vereinigt und haben Gemeinschaft mit dem lebenspendenden Fleisch Christi, und nur so empfangen wir die Wolhltaten Gottes, die er uns in Christo aus Gnaden schenkt.

Christus schafft durch die Predigt des Evangeliums und die Ausgießung des Heiligen Geistes die Möglichkeit der Vereinigung und Gemeinschaft mit ihm nach seiner Himmelfahrt. Calvin glaubte, dass nur diejenigen, die sich ihrer eigenen Sünde und Armut bewusst sind, bereitwillig die Predigt vom Evangelium annehmen würden, sodass wir in Christus suchen können, was uns fehlt, und er das Übel, das uns bedrückt, von uns nehmen kann (Inst. III.2.1). Im Evangelium bietet uns Christus alles dar, was uns fehlt, damit wir von seiner Fülle nehmen können (Inst. III.2.6). In erster Linie jedoch bietet sich Christus selbst uns an, denn nur durch die Verbundenheit mit Christus können wir seiner göttlichen Gaben teilhaftig werden. »Soll er uns also zuteil werden lassen, was er vom Vater empfangen hat, so muß er unser Eigentum werden und in uns Wohnung nehmen« (Inst. III.1.1). Calvin verwendet das Bild des Aufpfropfens, um diesen Punkt verständlich zu machen. Genauso wie ein Zweig nur leben kann, wenn er auf den Baum aufgepfropft ist, sodass der Saft in den Zweig fließen und ihn nähren kann, so müssen auch wir in Christus eingepfropft sein und an Christus teilhaben, damit sein Leben in uns fließen und uns nähren kann. »Wenn wir von ihm das Heil erwarten, so geschieht das doch nicht deshalb, weil er uns etwa in der Ferne erschiene, sondern weil er uns in seinen Leib eingefügt und damit nicht bloß aller seiner Güter und Gaben, sondern seiner selbst teilhaftig gemacht hat.« (Inst. III.2.24) Daher können wir, wenn wir das Evangelium von Jesus Christus hören, wissen, dass Christus sich uns selbst darbietet, damit er uns alle Güter, die er von

Gott empfangen hat, geben und alles Übel, das wir von Adam empfangen haben, von uns nehmen kann.

Das Evangelium wird jedoch nicht allen sündigen Menschen gleichermaßen gepredigt, und jene, denen es verkündigt wird, nehmen es nicht alle im Glauben an. Nach Calvin lässt sich diese Diskrepanz nur erklären, wenn wir verstehen, dass wir den Heiligen Geist brauchen, um das Evangelium im Glauben zu empfangen, denn der Geist versiegelt die Wahrheit des Evangeliums (Inst. III.1.1) in unserem Geist und pflanzt sie in unser Innerstes ein. Und außerdem wird der Geist jenen gegeben, die Gott erwählt hat, und jenen verweigert, die Gott verworfen hat, wie es Gottes Wille vor der Schöpfung festgelegt hat (Inst. III.21.1). Diejenigen, denen das Evangelium gepredigt und der Heilige Geist geschenkt wird, sind in Christus eingefügt und mit ihm verbunden und empfangen von seiner menschlichen Natur alles, was Gott uns großzügig schenkt. »Die Hauptsache ist: Wenn uns Christus durch die Kraft seines Geistes erleuchtet, so daß wir glauben, so fügt er uns zugleich in seinen Leib ein, so daß wir an all seinen Gütern Anteil gewinnen« (Inst. III.2.35). Wenn sich das Evangelium erst einmal im tiefsten Herzen eingewurzelt hat, kann es niemals wieder herausgerissen werden, auch wenn es eine Zeitlang überdeckt werden kann. Diejenigen, die Gott in seinen Sohn einpflanzt, können nie wieder abgetrennt werden, denn ihre Teilhabe an Christus offenbart die ewige Erwählung durch Gott.

Die Gemeinschaft mit Christus ist für Calvin der Mittelpunkt der christlichen Existenz, aber da es sich bei ihr um eine geistliche Wirklichkeit handelt, ist sie nicht sichtbar. Um diesen Mangel auszugleichen, schenkt uns Christus in der Predigt vom Evangelium nicht nur Gemeinschaft mit sich, sondern stärkt diese Gemeinschaft auch durch ihre Versinnbildlichung in den Sakramenten der Taufe und des Heiligen Abendmahls,

> »Dies Geheimnis der verborgenen Einung Christi mit den Frommen aber ist seiner Natur nach unbegreiflich; daher läßt er eine Vergegenwärtigung oder ein Bild solchen Geheimnisses in sichtbaren Zeichen kundwerden, die unserem geringen Maß auf das beste angepaßt sind, ja, er gibt uns gleichsam Pfänder und Merkzeichen und macht es uns damit zur Gewißheit, wie wenn wir es mit Augen sähen.« (Inst. IV.17.1)

Die Taufe ist das sichtbare Versprechen an gläubige Eltern, dass ihre Kinder aufgrund des Bundes, den Gott mit der Kirche geschlossen hat, in Christus eingefügt werden und durch ihre Teilhabe am Fleisch gewordenen Sohn Gottes zu Kindern Gottes werden (Inst. IV.16). Das Heilige Abendmahl stärkt nach Calvin den Glauben auf besonders lebendige Weise, da Christus in ihm unsere Gemeinschaft mit seinem lebensspendenden Fleisch in den Symbolen Brot und Wein vergegenwärtigt. So wie Brot und Wein unseren Körper nähren und erfreuen, so ist der lebensspendende Leib Christi Nahrung und Freude für unsere Seelen (Inst. IV.17.3). Christus verkörpert sich für uns also in den Symbolen von Brot und Wein und gibt uns tatsächlich durch die Symbole als seine Instrumente das, was die Symbole bedeuten. Calvin lehnte Zwinglis Behauptung ab, die Gemeinschaft mit

Christus werde in den Symbolen von Brot und Wein nur repräsentiert, und beharrte darauf, dass Gott uns tatsächlich gibt, was die Symbole darstellen (Inst. IV.17.11). Calvin befasste sich jedoch in gleicher Weise mit der menschlichen Neigung, Christus und seine Segnungen in Brot und Wein selbst zu suchen, was uns von echter Gemeinschaft mit Christus, der jetzt im Himmel sei, ablenke. Daher ermahnte Calvin die Gläubigen, in Anlehnung an die alte Liturgie der Kirche, ihre Herzen zum Herrn zu erheben, um die Quelle aller guten Gaben im aufgefahrenen Menschen Christus zu suchen und nicht in den Symbolen Brot und Wein (Inst. IV.17.36). In den lebendigen Symbolen von Brot und Wein bezeugt und gibt uns Christus wirklich die Gemeinschaft mit sich, aber wir empfangen Christus und seine Gaben nur, wenn wir die Symbole Brot und Wein als Vehikel und Brücke gebrauchen, durch die wir zum Himmel aufsteigen, um vom lebensspendenden Fleisch Christi gespeist zu werden (Inst. IV.17.18). Derselbe Geist, der zuerst durch die Predigt vom Evangelium die Vereinigung mit Christus bewirkt, eint die Gläubigen auch mit der zum Himmel aufgefahrenen Menschheit Christi, sodass sie mit ihm Gemeinschaft haben können, obwohl sie durch einen so großen Abstand von ihm getrennt sind (Inst. IV.17.10). Calvin erzeugt in seinem Abendmahlsverständnis eine erhebliche Spannung: Auf der einen Seite kommen Christus und seine Gaben in den Symbolen Brot und Wein, die uns anbieten, was sie darstellen, zu uns hernieder; andererseits ist das Abendmahl ein Mittel oder eine Leiter, wodurch wir in den Himmel aufsteigen, um Christus und seine Güter dort zu suchen. Jedoch schließen sich für ihn diese Bewegungen nicht gegenseitig aus; vielmehr ermöglicht Christi Abstieg zu uns unseren Aufstieg in den Himmel, um ihn dort zu suchen (Inst. IV.17.31).

Calvin beharrt allerdings darauf, dass Gott der sündigen Menschheit im Evangelium und dessen Sakramenten nicht zum ersten Mal die Verbindung und Gemeinschaft mit Christus und allen seinen Gaben anbietet. Christus bot sich den Israeliten in den Urbildern und Schatten des Gesetzes dar, sodass sie durch den Glauben mit ihm verbunden und durch all das, was er ihnen schenken wollte, erhalten werden konnten.

»Allerdings bezogen sich auch jene alten Sakramente auf den gleichen Richtpunkt, dem heute die unsrigen dienstbar sind: sie sollten nämlich zu Christus führen und geradezu bei der Hand zu ihm hinleiten, oder besser: sie sollten ihn gleich Bildern vergegenwärtigen und ihn kundmachen, damit er erkannt würde.« (Inst. IV.14.20)

Die Abbilder und Schatten des Gesetzes repräsentieren also nicht nur einen noch abwesenden Christus, sondern bieten den Juden Christus selbst und seine Wohltaten dar, damit sie daran Anteil bekommen. Calvin glaubte, dass die Priester und ihre Opfer einerseits und die Könige und ihre Herrschaft andererseits den Juden Christus sehr wirksam vergegenwärtigten und darboten und die Juden, wie wir heute, durch den Glauben Gemeinschaft mit Christus hatten (Inst. II.6). Der Unterschied ist, dass die Israeliten im Gesetz Gemeinschaft mit jenem Christus hatten, der noch kommen sollte, während wir im Evangelium Gemeinschaft mit dem

Christus haben, der bereits gekommen ist. Die Urbilder und Schatten des Gesetzes wie die täglichen Opfer und die Jahresfeste vereinigten in sich diese Dialektik von Gegenwart und Abwesenheit, weil sie den Gläubigen Gemeinschaft mit dem Einen schenkten, der noch nicht unter ihnen gegenwärtig war (Inst. II.9). Aber wegen ihrer wahren Gemeinschaft mit Christus sind sie mit uns Glieder derselben Kirche, einer Kirche, die sich für Calvin ganz bis zu Adam und Seth zurück erstreckt.

Calvin war sich dessen bewusst, dass die Gläubigen in den Zeiten des Evangeliums diese Dialektik von Gegenwart und Abwesenheit weitgehend mit den Juden vor ihnen teilen. Auch wenn das Evangelium und seine Sakramente uns wahre Gemeinschaft mit dem Christus gewähren, der gekommen ist, so haben wir doch Gemeinschaft mit einem Christus, der unseren Blicken entzogen im Himmel ist und dessen Wiederkunft wir glaubens- und hoffnungsvoll entgegensehen. Sowohl vor als auch nach dem Kommen Christi hat die Gemeinschaft mit Christus immer diese räumliche und eschatologische Ausrichtung. Wir sind in Christus eingefügt, erfahren ihn aber nicht unmittelbar, sondern nur durch die Predigt des Evangeliums und die damit verbundenen Symbole der Taufe und des Heiligen Abendmahls. Wir sind mit Christus in diesem gegenwärtigen Leben verbunden, erwarten aber den Tag seines endgültigen Erscheinens, wenn unsere Vereinigung mit ihm ihre volle Erfüllung findet und wir endlich alles empfangen werden, was er uns schenken kann, und wir von allem Übel befreit werden, das uns jetzt noch bedrückt.

»Christus bietet uns also gewiß die gegenwärtige Fülle aller geistlichen Güter im Evangelium an; aber der Genuß dieser Güter bleibt doch stets unter der Wacht der Hoffnung, bis wir dieses verwesliche Fleisch ausziehen und in die Herrlichkeit unseres Herrn verwandelt werden, der uns vorausgegangen ist.« (Inst. II.9.3)

Diese fortdauernde Dialektik der Gegenwart inmitten der Abwesenheit führt zu den schweren Anfechtungen und Bedrängnissen der Gläubigen, denn es kann ihnen so vorkommen, als sei Christus nicht bei ihnen, besonders wenn sie um sich herum Zeichen für Gottes Zorn sehen und sie sich in ihrem Gewissen ihrer Sündhaftigkeit bewusst sind (Inst. III.2.20). Calvin ermahnt die Gläubigen, inmitten solcher Anfechtungen ihr eigenes Erleben der Verlassenheit zu ignorieren, um ihre Gemeinschaft mit Christus im hellen Spiegel des Evangeliums zu betrachten, wie von den Sakramenten bestätigt. Es ist nicht wahr, dass wir von Christus abgeschnitten sind, auch wenn es uns so vorkommen kann, als seien wir es, aber wir werden unserer Gemeinschaft mit Christus nur gewiss werden, wenn wir in solchen Zeiten der Anfechtung von uns weg auf die Mittel schauen, durch die Christus unsere Verbindung und Gemeinschaft mit ihm schafft und aufrechterhält. Wenn wir dies tun, wird Christus uns wieder die bestätigende Erfahrung unserer Teilhabe an ihm schenken, sodass wir wissen können, dass uns nichts von Christus trennen wird, weil wir in ihm leben und er in uns lebt.

»Christus ist nicht außer uns, sondern wohnt in uns, er bindet uns nicht nur durch ein unzerreißbares Band der Gemeinschaft an sich, sondern wächst durch eine wundersame Gemeinschaft von Tag zu Tag mehr mit uns zu einem Leibe zusammen, bis daß er ganz mit uns eins wird.« (Inst. III.2.24)

Die wichtigste Folge unserer Gemeinschaft mit Christus und Teilhabe an ihm ist die, wie Calvin es nennt, zweifache Gnade Christi, die er als Buße und Rechtfertigung beschreibt, oder als Erneuerung und Sündenvergebung. Da in Christus beide Güter sind, können sie nicht voneinander getrennt werden, auch wenn sie unterschieden werden müssen; daher empfangen die Frommen beide Formen der Gnade, wenn sie durch den Glauben in Christus eingefügt werden. Nach Calvins Verständnis besteht die Buße darin, das alte Leben der Sünde zu töten, sodass wir ein neues Leben der Heiligung und des Gehorsams führen.

»Beides, Ersterben und Lebendigwerden kommt uns durch das Teilhaben an Christus zu. Denn wenn wir wahrhaftig an Christi Tod Anteil haben, dann wird durch seine Kraft unser alter Mensch gekreuzigt, dann erstirbt der sündliche Leib, so daß die Verderbnis der ersten Natur ihre Kraft verliert! Wenn wir seiner Auferstehung teilhaftig werden, dann erstehen wir durch sie zu neuem Leben, das Gottes Gerechtigkeit entspricht.« (Inst. III.3.9)

Die Folge der Buße ist, dass Gottes Ebenbild, das durch Adams Sünde verzerrt und entstellt wurde, in uns erneuert wird. Das Ebenbild Gottes ist in den Geboten des Gesetzes und auch in Christus selbst abgebildet. Sowohl das Gesetz als auch Christus leiten die Frommen in ihrem Leben der Buße, damit ihr Leben die Natur Gottes und die Natur Christi vollständiger widerspiegelt (Inst. III.6).

Die Gemeinschaft mit Christus bringt auch die Rechtfertigung oder Sündenvergebung mit sich (Inst. III.11). Diese Vergebung ist nicht nur zu Beginn des christlichen Lebens nötig, wie es die römische Kirche lehrte, sondern sie ist unser ganzes Leben hindurch notwendig, da unsere Erneuerung in diesem Leben unvollkommen ist und die Überbleibsel der Sünde in uns zu unserer Verdammung führen würden, wenn uns in Christus nicht die freie Vergebung der Sünden geschenkt würde. Nach Calvin empfangen wir die Vergebung unserer Sünden und die Gerechtigkeit Christi durch unsere Teilhabe am Tod und der Auferstehung Christi. In seinem Tod nimmt Christus unsere Sünden auf sich, um für uns anstelle der Sünder zu leiden und zu sterben. In seiner Auferstehung trägt seine Gerechtigkeit den Sieg über die Sünde und wird jenen reichlich geschenkt, die in ihn eingefügt sind.

»Da sieht man: unsere Gerechtigkeit liegt nicht in uns, sondern in Christus; uns kommt sie nur aus dem Rechtsgrunde zu, daß wir an Christus Anteil haben, wie wir ja mit ihm alle seine Reichtümer besitzen.« (Inst. III.11.23)

Indem er die zweifache Gnade Christi in unserer Gemeinschaft mit Christus verankerte, konnte Calvin auf den römischen Angriff reagieren, die Predigt des Evangeliums durch Luther und seine Anhänger schwäche die Bedeutung der Buße und des neuen Lebens, einschließlich der guten Werke entsprechend den Geboten Gottes. Gegenüber Rom machte Calvin geltend, dass wir, obwohl wir Buße und neues Leben durch unsere Teilhabe an Christus haben, diese Gnade nie ohne Sündenvergebung haben, da sie mit dieser untrennbar verbunden ist, denn Christus schenkt uns beides. Gegenüber bestimmten Missverständnissen auf evangelischer Seite konnte Calvin auch die Auffassung vertreten, dass wir von Christus nie die freie Vergebung der Sünden empfangen, ohne dass uns auch die Gnade der Buße und Erneuerung zuteil wird, die das Ebenbild Gottes in uns schafft und uns dahin bringt, den Geboten Gottes aus tiefstem Herzen zu gehorchen (Inst. III.14). Indem er sich auf unsere Teilhabe an Christus konzentriert, der die Quelle aller Wohltaten Gottes ist, die Gott uns im Übermaß schenkt, kann Calvin zeigen, wie verschieden und doch untrennbar die beiden Formen der Gnade sind (Inst. III.14).

Der Glaube bindet uns nicht nur an Christus, sodass wir alle Güter empfangen können, die in ihm zu finden sind, sondern er veranlasst die Frommen auch, im Gebet zu Christus zu rufen, damit sie von ihm den Reichtum bekommen, den es, wie sie wissen, nur bei ihm gibt (Inst. III.20.1). Angespornt vom andauernden Bewusstsein ihrer eigenen Armut bitten die in Christus Eingefügten ihn darum, ihnen den Reichtum seiner Güter zu schenken, derer sie so sehr bedürfen. Calvin lag es besonders am Herzen, dass die Frommen alle Güter, die ihnen fehlen, nicht außerhalb von Christus suchen, indem sie die Heiligen oder andere Kirchenpatrone anrufen, die nach ihrer Vorstellung zwischen ihnen und Gott stehen. Da Christus allein der Mittler zwischen Menschen und Gott ist und sein Tod allein für unsere Sünden Fürsprache einlegt, sollten wir uns direkt an Christus wenden, um ihn im Gebet um alles zu bitten, was wir von Gott brauchen. Unsere Gemeinschaft mit Christus ist die Hauptgrundlage unserer Zuversicht, ja sogar unserer Kühnheit im Gebet, denn durch den Geist mit Christus vereinigt können wir unerschrocken rufen: »Abba! Vater!«. Wir werden auch dadurch gestärkt, dass die zweifache Gnade Christi in unserem Leben gegenwärtig ist, denn die Sündenvergebung schenkt uns die Zuversicht, uns auch inmitten des Bewusstseins unserer Sündhaftigkeit an Gott zu wenden, während unser frommes geheiligtes Leben uns eine zusätzliche Bestätigung ist, dass Gott uns wirklich als Gotteskinder ansehen wird. Die Gläubigen sollen nicht nur Gott um alles bitten, was ihnen fehlt, sondern auch Gott aus tiefstem Herzen für alles danken, was sie reichlich empfangen haben. Zuletzt sollen die Gläubigen, über ihr Interesse an ihrer eigenen Erlösung hinaus, vor allem danach trachten, Gott für die Herrlichkeit seiner Güte zu preisen.

»Denn wo immer Gott bekannt geworden ist, da treten auch seine Tugenden unweigerlich an den Tag, seine Macht und Güte, Weisheit und Gerechtigkeit, Barmherzigkeit und Wahrheit – und sie reißen uns fort, ihn zu bewundern, und treiben uns dazu, seinen Lobpreis zu verherrlichen.« (Inst. III.20.41)

Die Grundlage all dieser Bitt-, Dank- und Lobgebete ist die Gemeinschaft der Gläubigen mit Christus, in dem ihnen die Quelle aller Güter frei geschenkt wird.

Und unsere Teilhabe in Christus, durch den Glauben und den Heiligen Geist, macht uns zu einem Leib mit all jenen, die durch den Glauben in Christus eingefügt sind. Daher sollen wir die Sorgen und Freuden aller Gläubigen zu unseren eigenen machen (Inst. IV.1.3). Wo einige Gläubige für Christus leiden, leiden alle; und wo einige über die Wohltaten jubeln, die über ihnen ausgegossen werden, jubeln alle mit ihnen. Calvin war es ein Anliegen, dass jede Gemeinde die Sorgen anderer, mit denen sie im Leib Christi verbunden war, vor Gott brachte, auch wenn sie räumlich weit voneinander entfernt waren. Calvin verstand das Sakrament des Heiligen Abendmahls als eine besonders lebendige Veranschaulichung unserer Einheit mit all den Gläubigen, die in Christus eingepflanzt sind.

»Wir haben aber dann beim Sakrament herrlich viel gelernt, wenn in unseren Herzen der Gedanke festgeprägt und eingegraben ist: […] die Sorge, die wir im unseren Leib tragen, müssen wir auch an unsere Brüder wenden, die doch Glieder an unserem Leibe sind, und wie kein Stück unseres Leibes von irgendeinem Schmerzempfinden berührt wird, das sich nicht zugleich auf alle anderen übertrüge, so können wir es auch nicht ertragen, daß ein Bruder von irgendeinem Übel befallen wird, das wir nicht selbst auch mit ihm durchlitten.« (Inst. IV.17.38)

Da der Glaube und der Heilige Geist uns in Christus einpflanzen, können wir nicht Gemeinschaft mit ihm haben, ohne gleichzeitig Gemeinschaft miteinander zu haben und ohne Verletzungen, die anderen Gliedern des Leibes Christi zugefügt werden, als etwas anzusehen, das Christus selbst zugefügt wird.

Gerrish, Brian A.: Grace and Gratitude: The Eucharistic Theology of John Calvin, 1993.

Kolfhaus, Wilhelm: Christusgemeinschaft bei Johannes Calvin, 1939.

Tamburello, Dennis: Union with Christ: John Calvin and the Mysticism of St. Bernard, 1994.

Zachman, Randall C.: The Assurance of Faith: Conscience in the Theology of Martin Luther and John Calvin, 2005.

(Übersetzt von *Elisabeth Steinweg-Fleckner*) *Randall C. Zachman*

2. Accommodatio Dei

Johannes Calvin hat sich mit der Akkommodation Gottes wahrscheinlich ausführlicher befasst als irgendein anderer christlicher Denker, ausgenommen Johannes Chrysostomus. Dieser hat auf Calvins Theologie einen starken Einfluss ausgeübt, was am Ende dieses Beitrags kurz erläutert werden soll.

Zunächst ist festzuhalten, dass zwei Formen von Akkomodation beziehungsweise zwei Betrachtungsweisen zu unterscheiden sind. Akkommodation lässt sich als ein Motiv fassen, das ein Verfasser oder Prediger verwendet, aber auch als ein Akt Gottes, der der menschlichen Aufnahmefähigkeit entgegen kommt. Wir werden im Folgenden abwechselnd diese beiden Betrachtungsweisen zugrunde legen.

Göttliche Akkommodation ist ein begriffliches Gemeingut unter Philosophen, Theologen und Exegeten, ob christlich oder nicht, und war es für Jahrhunderte. Der Ausdruck taucht spätestens bei Philo und Jesus auf und ist bis heute Teil des theologischen Diskurses geblieben.

Der Begriff umfasst je nach Kontext eine Bandbreite an Bedeutungen: Theologen beschreiben etwa damit, wie Gott sich seinem Volk auf eine dessen geistige Begrenztheit abgestimmte Weise offenbart; Exegeten hilft er, die wahre Bedeutung einer schwierigen Passage der Schrift (besonders in den hebräischen Teilen) herauszufinden; vielleicht am häufigsten kommt er Apologeten bei dem Bemühen entgegen, einen Einwand gegen die biblische Wahrheit zu entkräften oder Eigentümlichkeiten des göttlichen Handelns zu erklären.

Untersucht man die Vorstellung, so zeigt sich, dass Gottes Akkommodation gewöhnlich anhand einer Regel oder eines Unterscheidungsmerkmals ermittelt wird. Wenn etwa in der Bibel steht, dass Gott in der Kühle des Tages durch den Garten wandelt (Gen 3,8), verdeutlichen Exegeten zumeist, wie eine solche Aussage dem menschlichem Verständnis angepasst ist. Ihrer kritischen Argumentation zufolge lässt sich das göttliche Wesen genau genommen nicht mit der Vorstellung einer Lokalisierung in Einklang bringen, vom Begriff der Fortbewegung ganz zu schweigen. Gleichermaßen werden Exegeten anmerken, dass Gesetze, die Gott erlässt, um den Verkauf einer Tochter in die Sklaverei zu regeln (Ex 21,7–11), – dies zu einer Zeit, da im ganzen Nahen Osten barbarische Verhältnisse herrschten – dem Volk Israel angepasst sind. Ihr Kriterium ist hier die Heiligkeit Gottes.

Solche Kriterien stützen das Denken der Exegeten, auch wenn sie in der daraus resultierenden Erörterung der Akkommodation nicht immer konsequent angewendet werden. Vielmehr greift die Erörterung der Akkommodation in der Regel auf zwei Elemente und manchmal – eigentlich recht häufig – auf ein drittes zurück. Gewöhnlich enthält sie einen Hinweis auf das menschliche Fassungsvermögen (Beschränktheit, Starrsinn usw.). Zweitens legt sie die göttliche Reaktion auf dieses Fassungsvermögen dar. Und drittens benennt sie häufig ein inneres Motiv oder einen inneren Grund für die göttliche Reaktion. Diese These soll später noch erörtert werden.

Es gibt eine Vielzahl von Wörtern und Wendungen zur Umschreibung der Akkommodation. Griechische Verfasser wie Origenes und Chrysostomus sprechen oft davon, dass Gott sich herablässt. *Accommodo* und *attempero* werden allgemein von lateinischen Autoren verwandt; hinzu kommen Ausdrücke, die *humano more* beinhalten, d. h.: Er spricht auf menschliche Weise (*humano more dicitur*). Einzelne Autoren prägen natürlich eine eigene Ausdrucksweise zur Beschreibung der göttlichen Akkommodation, doch es finden sich auch Standardwendungen, wonach Gott stammelt (*balbutit*), sich klein macht (*quodammodo parvum facit*) und sich herab neigt (*se demittat*).

Dabei erklären Theologen und Exegeten manchmal, Gott nähere sich an, und dann wieder, die Heilige Schrift oder die menschlichen Verfasser der Schrift näherten sich ihrem Gegenstand an. Gleichwohl wäre es falsch, zumindest für die Zeit vor der Aufklärung, wesentlich zwischen diesen Ausdrucksweisen zu unterscheiden. Nach Übereinkunft der sogenannnten vorkritischen Exegeten und Theologen bediente sich Gott bestimmter Menschen als Schreiber, um durch sie Gottes Wort kund zu tun. Deshalb sind die im Spätmittelalter und der frühen Neuzeit sich mehrenden Verweise auf die menschlichen Verfasser der Heiligen Schrift lediglich ein Anzeichen für die Wirkung des wiederentdeckten Aristoteles und spiegeln nicht die Gedanken eines Theologen zur Akkommodation Gottes wider.

Das bisher Gesagte gilt auch für Calvins Begriff der Akkommodation, obgleich für ihn »Akkommodation« mehr als ein geeignetes Instrument ist. Der Begriff scheint in Calvins Denken, besonders hinsichtlich der Beziehung zwischen Gott und Mensch, eine zentrale Rolle zu spielen. Bevor wir fortfahren, ist vielleicht ein kleiner Exkurs zu diesem Punkt angebracht. Es gibt unter Wissenschaftlern eine Diskussion darüber, ob die Akkommodation in Calvins Denken als ein »Prinzip« fungiert oder nicht. Während die Feinheiten dieser Fragestellung uns hier nicht weiter zu interessieren brauchen, kann vorab festgehalten werden, dass die Akkommodation in Calvins Theologie fest verankert ist. Das ergibt sich – zumindest teilweise – aus seiner Vorstellung von Gott und der Menschheit, insbesondere der gefallenen Menschheit. Für Calvin ist die Kluft zwischen Gott und seiner Schöpfung nahezu unendlich groß. Er geht sogar so weit, in nominalistischer Überspitzung zu behaupten: »Zwischen dem Endlichen und dem Unendlichen gibt es keine Entsprechung« (*finiti et infiniti nulla proportio*, CO 33,726). Dennoch bleibt festzuhalten, dass die Akkommodation in Calvins Denken ausgesprochen umfassend und facettenreich ist. Bei der Bewertung dessen, was in der heutigen Theologie als göttliche Akkommodation bezeichnet wird, kommt man – zumindest im Hinblick auf Calvin – fast zwangsläufig zu dem Schluss, dass es sich dabei um eine Reihe eng verwandter Vorstellungen und Verwendungen handelt, die sich ihrerseits aus diversen Einflussbereichen wie dem Recht, der Philosophie, der Theologie und vielleicht der Rhetorik herleiten. So gesehen trifft es zwar zu, dass die göttliche Akkommodation fest in Calvins Theologie verankert ist, jedoch eher als eine lose Gruppierung von Vorstellungen, die auf vielfältige Weise zum Ausdruck kommen und nicht als ein einziges, einheitliches und einfaches Prinzip. Das Folgende mag das Gesagte veranschaulichen.

2.1. Calvins Diskurs über das entgegenkommende Verhalten Gottes

2.1.1. Gottes Unterweisung

Diese Kategorie ist die verbreitetste und bekannteste. »Gott kam […] der Aufnahmefähigkeit des Propheten entgegen, da wir als Sterbliche nicht jenseits des Himmels vordringen können« (CO 40,40).

Nach Calvin beruht auch die natürliche Offenbarung auf Anpassung. Es gibt eine Unzahl konkreter Mittel, die Gott zur Vermittlung seiner Unterweisung einsetzt, darunter erwählte Menschen, die ihre Mitmenschen die göttliche Wahrheit lehren (weil diese sie leichter verstehen, als wenn Gottes eigene Stimme aus der Ferne ertönt, Dtn 5,23–27). Darüber hinaus bietet natürlich die Menschwerdung des Gottessohnes als Offenbarung seinem Volk die denkbar tiefgründigste Unterweisung.

2.1.2. Gottes Gesetzgebung und Gebot

Diese Form der göttlichen Akkommodation beinhaltet nicht nur seine Verkündigung des Gesetzes, sondern auch seiner Gebote. Bei genauerer Betrachtung zeigt sich, dass Gott nicht nur sein Gesetz auf eine für sein Volk verständliche Weise verkündet, sondern auch, dass Gott über zweierlei Gerechtigkeit verfügt – die eine unendlich und unerforschlich, die andere profan und angeglichen. Insofern ist sein Gesetz (besonders die zehn Gebote) eine Anpassung, als es inhaltlich von der Menschheit eine verminderte Gerechtigkeit verlangt. Wie Calvin mit dieser Materie umgeht, zeigt sich hauptsächlich in seinen Hiob-Predigten.

Ein weiterer Aspekt von Gottes Angleichung seines Gesetzes betrifft die alttestamentliche Rechtsprechung.

»Aber die Tatsache, dass Gott den politischen Gesetze nicht in ihrem vollen Ausmaß Geltung verschaffte [*leges politicas Deus ad solidam perfectionem non exegit*], zeigt, dass er mit dieser Nachsicht die Verderbtheit der Menschen ermahnen wollte, die es nicht einmal ertragen, so milden Gesetzen zu gehorchen. Wann immer daher Gott zu milde zu verzeihen scheint, sollten wir uns daran erinnern, dass er absichtlich vom vollkommenen Gesetz abgewichen ist, weil er es mit einem störrischen Volk zu tun hatte« (CO 24,624).

An dieser Stelle argumentiert Calvin, der grobe Charakter seines alttestamentlichen Volkes nötige Gott, seine Erwartungen entsprechend herabzuschrauben. Eine solche Interpretation kehrt im Verlauf des Mittelalters in den Schriften von Peter Comestor, Duns Scotus und anderen wieder, doch Calvin verweist mit besonderem Nachdruck auf solche Beispiele der Akkommodation.

Calvin behauptet zudem an vielen Stellen, Gott nähere sich seinem Volk an, indem er ihm Lohn für seinen Gehorsam verspricht. Obwohl eine solche Erwartung seitens der Menschen eigentlich die göttliche Majestät beleidigt, so die Argumentation des Reformators, entspreche Gott ihnen, weil sein Volk sonst im Gehorsam zu nachlässig wäre.

2.1.3. Gottes für gut befundener Gottesdienst

Calvins Gott passt sich dem von ihm gestatteten Gottesdienst an. Es ist natürlich eine weit verbreitete Ansicht, die schon Augustin und andere vertraten, dass Gott den Gottesdienst an die verschiedenen »Altersstufen« der Kirche angepasst hat, indem er etwa in einer Phase Opfer verlangte, in der Ära des Neuen Testaments und einer reiferen Kirche jedoch darauf verzichtete (Gal 4,3). Calvin allerdings wendet diese Überlegung noch auf zahlreiche konkrete Einzelheiten an: den Altar, diverse Zeremonien und Opfergaben, die aus den Psalmen überlieferten Gebetsformen, so z.B. auf die Verabreichung des Schaubrots usw. Darüber hinaus lenkt er den Blick auf Gottes Zugeständnisse wie etwa Musik und Tanz – gegenüber dem Volk des alten Bundes und dessen Schwäche gegenüber seinen heidnischen Nachbarn.

Gott passt sich den Menschen auch darin an, wie er ihre Anbetung aufnimmt. Er gestattet es seinem Volk, seinen Namen im Schwur zu verwenden, nach Calvins Ansicht eine Herabwürdigung des heiligen Namens. Ähnlich werden zahlreiche Aspekte des Gebets von Calvin zu den göttlichen Zugeständnissen gegenüber menschlichen Schwächen gezählt, nicht zuletzt jene Fälle, in denen Gläubige unangemessene und sogar anstößige Gebete an den Gnadenthron richten, welche gleichwohl vom Herrn erhört werden.

2.1.4. Gottes Hirtendienst an seiner Herde

Calvin eröffnet seine Beschreibung von Gottes seelsorgerlicher Akkommodation treffend mit folgenden Worten:

»Diese Worte beschreiben Gottes wunderbare Akkommodation, denn er lässt sich nicht nur von seiner allumfassenden Liebe für seine ganze Herde leiten, sondern zeigt auch einem jeden seiner Schafe, je nach dem Grad seiner Schwäche, wie fürsorglich er es behütet, wie freundlich er es behandelt und wie geduldig er es führt. Hier lässt er es an nichts von dem fehlen, was zu den Aufgaben eines guten Hirten gehört. Denn der Hirte muss jedes seiner Schafe im Blick behalten, um ihm zu geben, was es annehmen kann; die Schwächsten brauchen hierbei die meiste Unterstützung. Kurzum, Gott ist milde, freundlich, behutsam und mitfühlend; er treibt die Schwachen nicht härter an, als sie es ertragen« (CO 37,15).

Für Calvins Gott gehört es zu seiner Hirtenpflicht, auf die Fähigkeiten eines jeden seiner Schafe zu achten. So erweckt, prüft und züchtigt er alle entsprechend ihren jeweiligen Schwächen. Außerdem bedient er sich der Engel. Deren Notwendigkeit stellt Calvin hier in Frage, da die göttliche *potentia* sich selbst genüge. Doch eben dieser Umstand verweist Calvin auf die Antwort: Obwohl Gott keiner Engel bedarf, greift er aus Rücksicht auf die Schwachheit der Menschen auf sie zurück, denn wenn Gottes Volk nicht wüsste, dass es unter dem Schutz tausender übermenschlicher Wesen steht, wäre es oft verzagt.

2.1.5. Gottes Kommen in der Person Christi

Natürlich ist, wie oben erwähnt, die Inkarnation selbst eine göttliche Akkommodation. Zugleich wird diese Akkommodation an zahllosen Umständen in Christi Leben sichtbar. Er beugt sich demütig, um als Dienender zu wirken. Er übernimmt Gepflogenheiten beim Beten, die als Zugeständnis an die Menschen aufzufassen sind. Er macht sogar Zugeständnisse an den Aberglauben der Menschen.

Nicht nur Aspekte des Lebens Christi, sondern auch Gottes Absicht dahinter, seinen Sohn in den Tod zu schicken, zeugen laut Calvin von Gottes Bereitschaft, sich der menschlichen Schwachheit und Lethargie anzunehmen. So argumentiert Calvin, aufgrund scotistischer oder auch nur augustinischer Anregungen, dass Gott auch ohne den Tod Christi hätte vergeben können, aber dennoch seinen Sohn opferte, da seine Vergebung sonst unbemerkt geblieben wäre und die Menschheit ermutigt hätte, ungezügelt zu sündigen.

2.1.6. Gottes Bundesschluss

Schließlich, so sagt Calvin, erniedrigt sich Gott, um einen Bund mit seinem Volk zu schließen. Hier findet sich wieder die für Calvin so typische Idee der unendlichen Distanz zwischen Gott und der Menschheit. Darum staunt und schreibt er an vielen Stellen über Gottes Bereitschaft, sich auf eine Beziehung mit seinem Volk einzulassen.

2.2. Der Einfluss der Akkommodationslehre auf Calvins Theologie

Dieser kurze Überblick über die verschiedenen Ausdrucksformen von Gottes Akkommodation macht deutlich, wie umfassend und nachhaltig diese Vorstellung in die Theologie des Genfers Eingang gefunden hat. Calvins Gott ist ein entgegenkommender Gott, wie mehrere Forscher (Willis 1974; Battles 1977; Wright 1986/1993) bekräftigt haben.

Bei eingehender Betrachtung kann man die vielen Verzweigungen des Akkommodations-Gedankens in Calvins Theologie erkennen. Noch deutlicher zeichnen sie sich bei der Unterscheidung des Reformators zwischen der *potentia absoluta* und *der potentia ordinata* ab, etwa wenn Calvin bemerkt, dass Gott eigentlich keinen Regen zur Erde schicken müsste, sondern den Boden wie im Garten Eden einfach befeuchten könnte (Gen 2,6), sich aber doch dazu entschließt, weil die Menschheit so schwerfällig und träge ist, dass sie laufend daran erinnert werden muss, aus wessen Hand alles Gute kommt. Calvin scheint hier nicht nur einem scotistischen Verständnis der *potentia absoluta* zu folgen, der Vorstellung nämlich von Gottes allgegenwärtiger Macht und Fähigkeit, außerhalb der von ihm verfügten natürlichen Ordnung und seiner Heilsordnung zu handeln, auch wenn Gottes Wunsch, der Menschheit entgegen zu kommen, die Einrichtung dieses Ordnungsgefüges überhaupt erst hervorgebracht hat. Solche Überlegungen verdeutlichen erneut, wie sehr die Vorstellung der Akkommodation Calvins Denken geprägt hat. Unter anderem lässt sich aus diesen Überlegungen schlussfolgern, dass die verschiedenen Elemente der calvinschen Theologie durch das göttliche *pactum* zusammengehalten oder darin verankert sind. Oder anders gesagt: Calvin betont in seinem Gottesverständnis den göttlichen Willen stärker als die göttliche

Vernunft. Calvins Gott ist somit – im franziskanischen Sinne – bemerkenswert frei. Zwar lassen sich solche Erkenntnisse nicht dogmatisch dingfest machen oder endlos vertiefen, doch sie verdienen Beachtung. Wie weit diese Auslegung den Kern von Calvins Idee der Akkommodation trifft, muss noch sehr viel eingehender untersucht werden, bevor man hieraus Schlüsse ziehen kann.

2.3. Die Wurzeln von Calvins Akkomodationslehre

Diese Überlegungen führen zur letzten hier zu erörternden Frage, nämlich, von wem Calvin den Gedanken der Akkommodation übernommen hat. Das ist ein schwieriges Problem und eines, das die Forschung entzweit. Manche Theologen wie E. David Willis, Ford Lewis Battles und Olivier Millet argumentieren, die Akkommodation finde sich in der klassischen Rhetorik und Calvin sei damit im Rahmen seiner gründlichen humanistischen Bildung in Berührung gekommen, aber auch bei den Kirchenvätern darauf gestoßen. Andere wie David F. Wright und der Verfasser bestreiten, dass die klassische Rhetorik den Begriff der Akkommodation kannte, und weisen darauf hin, dass die Quelle oder Quellen von Calvins Lehre von der Akkommodation außerordentlich schwierig zu ermitteln seien, dass aber hierzu sehr wahrscheinlich Johannes Chrysostomus und Erasmus gehören.

Balserak, Jon: Divinity Compromised. A Study of Divine Accommodation in the Thought of John Calvin, 2006.

Battles, Ford Lewis: God was Accommodating Himself to Human Capacity (Interp. 31, 1977, 19–38).

Huijgen, Arnold: Divine Accommodation and Divine Transcendence in John Calvin's Theology (in: Selderhuis, Herman J. [Hg.]: Calvinus sacrarum literarum interpres [RefHT], 2008).

Willis, E. David: Rhetoric and Responsibility in Calvin's Theology (in: McKelway, Alexander J./Ders. [Hg.]: The Context of Contemporary Theology. Essays in Honor of Paul Lehmann, 1974, 43–63).

Wright, David F.: Calvin's Pentateuchal Criticism: Equity, Hardness of Heart, and Divine Accommodation in the Mosaic Harmony Commentary (CTJ 21/1, 1986, 33–50).

(Übersetzt von *Anke Kreuzer*) *Jon Balserak*

3. Exegese und Doctrina

Bei dem Begriff der *doctrina* und seiner Verwendung – neben anderen bedeutenden theologischen Begriffen wie *religio*, *iustificatio*, *sanctificatio* oder *manifestatio* - handelt es sich um ein Herzstück der Reformationstheologie. Die Schriften Calvins zeichnen sich besonders durch den Gebrauch dieses Begriffs aus. Diese Behauptung soll aber kein Versuch sein, die fruchtlosen Bemühungen des 19. und 20. Jahrhunderts in der Suche nach *einem* oder *dem* zentralen »Thema«, »Herzstück« oder »Motiv« in der Theologie Calvins zu wiederholen – Versuche, vor denen neuere Untersuchungen mit gutem Recht warnen.

Unbestritten ist, dass der Begriff *doctrina* im 16. Jahrhundert weithin verwendet wurde – in Diskussionen ebenso wie in theologischen Werken. Die Verwendung des Begriffs *doctrina* durch einen Autor offenbart viel über dessen Bibelverständnis, über die zentrale Rolle und Bedeutung, die biblische Exegese für ihn spielt, sowie über seine Christologie und seine Ekklesiologie.

Vor diesem Hintergrund ist der Gebrauch des Begriffs *doctrina* in Calvins Werken besonders beachtenswert. Schon 1536 spricht er in dem Einleitungssatz seiner ersten Ausgabe der *Institutio* über die »summa« der »sacra doctrina« – in den nachfolgenden Editionen allerdings in »sacra sapientia« geändert. Diesen Begriff hat er oft und auffälligerweise durch sein ganzes Werk hindurch verwendet. Aus diesem Gebrauch lassen sich in Bezug auf seine Exegese wertvolle Besonderheiten ableiten. Zwei Aspekte sind in dieser Hinsicht zu bedenken: Auf der einen Seite ist es aufschlussreich zu sehen, wie sich Calvins Verständnis und Auslegung der Bibel zu seinem Gebrauch des Begriffs *doctrina* verhalten. Auf der anderen Seite sollten wir beim Lesen und bei der Interpretation Calvins seine Anwendung des Begriffs *doctrina* im Blick haben.

Methodologisch gesehen verlangt eine Analyse der Handhabung des Begriffs *doctrina* durch Calvin eine Reihe von Richtlinien, die für jede Calvinforschung von entscheidender Bedeutung sind. Obgleich diese Parameter für das Lesen von Texten selbstverständlich sind, ist es enttäuschend zu sehen, wie oft sie in der Calvinforschung außer Acht gelassen werden. Vor allem muss der Zeitraum, in dem ein bestimmtes Werk entstanden ist, zusammen mit seiner historischen Situation und seinem historischen Kontext bedacht werden. Darüber hinaus ist die Gattung dem jeweiligen Schrift, z. B. Kommentare, Abhandlungen, Predigten, polemische Schriften, *Institutio* usw., von entscheidender Bedeutung. Schließlich sollte man entsprechende Schriften Calvins so weit wie möglich als ein Ganzes behandeln, um zu verhindern, dass einzelne Zitate aus unterschiedlichen Schriften auf eine Weise benutzt werden, die den ursprünglichen Kontext verzerrt.

3.1. Ein biblischer Begriff

Als Teil seiner exegetischen Aktivitäten hat Calvin über die Jahre hinweg die meisten Bücher des Alten und Neuen Testaments vom ursprünglichen Hebräisch und Griechisch entweder ins Lateinische oder ins Französische übersetzt. Wenn er am Neuen Testament arbeitete, hatte er eine Reihe gedruckter griechischer Texte zur Verfügung. Beim Übersetzen des griechischen Texts – stets eine sich am Urtext orientierende und grammatisch-historisch übereinstimmende Übersetzung vorziehend – war er immer zugleich im Dialog sowohl mit der Vulgata als auch mit der lateinischen Bibelausgabe des Erasmus. Entsprechend war der lateinische Begriff *doctrina* nicht nur ein nützliches Werkzeug für Calvin, um sich selbst theologisch auszudrücken, sondern es begegnete ihm auch als ein biblisches Begriff, sei es in der Vulgata, sei es in der Übersetzung des Erasmus oder sogar in anderen lateinischen Übersetzungen wie der von Jacques Lefevre d'Estaples, d.h. Jacobus Faber Stapulensis, oder natürlich in seiner eigenen Übersetzung.

3.1.1. Doctrina und Heilige Schrift

Doctrina war im 16. Jahrhundert ein häufig benutzter Terminus, der normalerweise ohne Ambivalenz hinsichtlich seiner Bedeutung oder der sich daraus ergebenen theologischen Implikationen benutzt wurde. Nicht nur war seine lexikalische, denotative Bedeutung deutlich, sondern auch sein Verweisbezug (seine diskursanalytische Bedeutung), in dem er innerhalb verschiedener semantischer Felder verwendet wurde. Daher hielt es Calvin auch nicht für nötig, seine Verwendung von *doctrina* zu definieren oder zu erläutern. Allerdings zeichnet sich seine Verwendung des Begriffs dadurch aus, dass sie gewöhnlich Verweise auf die Heilige Schrift (*Sacra Scriptura*) mit einschließt. Das bedeutet nicht, dass Calvin nicht zwischen *doctrina* und der Heiligen Schrift unterscheidet, sondern ihm liegt daran, vor allem die in Christus ruhende Autorität, Quelle und Grundlage der *doctrina* zu betonen (vgl. Komm. 2Tim 4,3f.; CO 52,386), die aus dem Munde Gottes herrührt (Komm. Tit 1,7–9; CO 52,412) und in Übereinstimmung mit der Heiligen Schrift ist (1535, *A tous amateurs* [...] – Vorwort zur französischen Bibelübersetzung Olivétans, CO 9,817). Die Schrift ist die Quelle der *doctrina* (Komm. 2Tim 3,16; CO 52,383–384). Calvins theologische Grundlage, die Heilige Schrift, und seine Hervorhebung der *doctrina* als Verkündigung dienen der Betonung seiner Wort-Gottes-Theologie (vgl. OS 1,129.144; vgl. Neuser 1998a).

3.1.2. Sola Scriptura und tota Scriptura

Da Calvin im Wesentlichen von *doctrina* in ihrer Gesamtheit spricht, d.h. als von einem Ganzen, setzt sie die Einheit der Schrift als das Wort Gottes voraus. Es gibt nur *eine* Wahrheit Gottes («una est Dei veritas« – Komm. 1Tim 1,3; CO 52,251). Also hat Calvins »Hermeneutik [...] die *tota Scriptura* als Ausgangspunkt« (vgl. Van 't Spijker 2001). Da *doctrina* aber ein dynamischer, aktiver Begriff ist, bedeutet *sola et tota Scriptura* in diesem Sinne keine formale, legalistische oder biblizistische Sicht auf die Schrift oder exegetische Methode. Vielmehr vermeidet man gerade eine Exegese, die Aussagen und Zitate der Schrift in eklektischer Weise als eine Art von *dicta probantia* benutzt, ohne ihren biblisch-historischen Kontext mit einzubeziehen, wenn man die Schrift als eine Ganzheit (*una et tota Sriptura*) behandelt und mit nur *einer doctrina* arbeitet, die von Christus herrührt (*Responsio ad Sadoleti Epistolam*, 1539; OS 1,466; Komm. 2Tim 4,3f.; CO 52,386). Für Calvin ist die ursprüngliche Absicht des Verfassers eines bestimmten (biblischen) Buches von entscheidender Bedeutung. Für einen Schriftausleger »besteht fast die einzige Arbeit darin, die Absicht des Autors frei zu legen, die er vorhat darzulegen« (vgl. *Widmungsbrief an Grynaeus* im Kommentar zum Römerbrief, COR II/XIII,3). Dabei sollte man eine solide theologisch-methodologische, historisch-grammatikalische Methode der Exegese benutzen. Kenntnis der Originalsprache der Bibel – Hebräisch und Griechisch – ist demnach eine Voraussetzung jeder Exegese. Calvin zufolge findet sich der Schlüssel zur Erfassung der Absicht des ursprünglichen Verfassers in der konsequenten grammatischen Analyse der Originalsprache des Textes, innerhalb seines engeren und weiteren Schriftkontexts, wobei sowohl die Gattung des spezifischen Textteils als auch die historische Situation Berücksichtigung finden sollen.

3.1.3. Wort und Geist

Bei der Schrift wird das innere Band zwischen dem Wort und dem Heiligen Geist theologisch vorausgesetzt. In seiner Antwort auf den Brief des Sadoleto (*Responsio ad Sadoleti Epistolam*, OS 1,457–489) hebt Calvin diesen Punkt besonders hervor: Die Schrift als das Wort Gottes kann nicht vom Heiligen Geist getrennt werden. Calvins Betonung bezieht sich sowohl auf die römisch-katholische Kirche mit ihrem Beharren auf der Autorität der Kirche, als auch auf die Anabaptisten mit ihren Behauptungen über den ihnen innewohnenden Geist.

Der Geist hat sich selbst unlösbar an sein Wort gebunden. Der Geist wurde nicht versprochen, um eine neue *doctrina* zu offenbaren, sondern um die Wahrheit des Evangeliums in unsere Herzen und Sinne einzuprägen (»spiritus sit promissus non ad novam *doctrinam* revelandam, sed imprimemdam hominum animis evangelii veritatem« – OS 1,465). Man kann nicht behaupten, dass die Kirche von Christus regiert wird, wenn Gottes Wort gleichzeitig der menschlichen oder kirchlichen Autorität unterworfen ist (»es herrscht die Neigung vor [...] das Wort Gottes zu begraben« – OS 1,465). Der Geist geht der Kirche voran, um sie im Verstehen des Wortes zu erleuchten – alle *doctrina* sollte am Wort, d.h. an der Heiligen Schrift geprüft werden (OS 1,465–466). Auf dieser Grundlage definiert Calvin die Kirche als »die Gemeinschaft aller Heiligen, eine Gemeinschaft, die, ausgebreitet über die ganze Welt und durch alle Zeiten hindurch existierend, jedoch verbunden durch die eine *doctrina Christi* und den einen *Geist*, Glaubenseinheit und brüderliche Eintracht festhält und pflegt« (OS 1,466). Durch das Festhalten am wahren Glauben (*in sana fide*) wird der *sana doctrina* ein aufrechtes Zeugnis (*fidele testimonium*) erstattet (vgl. Komm. Hebr 13,7; COR II/XIV,237). Die *sana doctrina*, von Calvin häufig als *doctrina Christi* bezeichnet (Komm. 2Tim 4,3; CO 52,386), ist jedoch kein rationaler, intellektueller Begriff – wie es von scholastischen Theologen betrachtet wurde –, sondern verweist unmittelbar auf das Leben (*vita*) selbst (Komm. 1Tim 6,3,4; CO 52,256).

3.1.4. Simplex doctrina – keine Allegorie

In seiner exegetischen Absage an die *fabulosa dogmata* der römischen Kirche und der spekulativen Theologie der Scholastik unterstrich Calvin die Einfachheit der *doctrina*. Schon in der ersten Ausgabe seiner *Institutio* (1536) schreibt er: »Das Buch [d.h. die *Institutio*] bezeugt, dass es meine Absicht gewesen ist, es so, wie es sich darstellt, einer einfachen und man mag sagen elementaren Form der Unterweisung anzupassen« (OS 1,21). An dieser Absicht hielt er bis zur letzten (lateinischen) Ausgabe der *Institutio* 1559 (vgl. OS 3,9.12/13) sowie in seinem Psalmenkommentar (CO 31,33) fest. Wie die Humanisten des 16. Jahrhunderts kann Calvin sagen, dass die *Wahrheit* einfach ist. Er setzt mit Absicht eine einfache und elementare Form der Unterweisung (*doctrina*) als Kontrast zu den scholastischen Theologen und Philosophen seiner Zeit voraus (Komm. 1Tim 1,3; CO 52,251). Die Wahrheit ist einfach und deutlich sichtbar (Inst. IV.17.32).

In seinen exegetischen Bemühungen möchte Calvin seine Exegese und Auslegung der Heiligen Schrift einfach, knapp, deutlich und verständlich halten. In der zweiten Ausgabe der *Institutio* (1539) führt er aus, dass es seine Absicht sei, »einen einfachen Aufriss der *doctrina* so kurz (*brevitate*) wie möglich« zu bieten (Inst. III.6.1). Später, in der letzten lateinischen Ausgabe (1559) fügt er dann hinzu: »Von Natur aus liebe ich die Kürze« (*Amo natura brevitatem* – Inst. III.6.1). Wenn er zwischen verschiedenen Deutungen wählen muss, zieht er die einfachere und selbstverständlichere Lösung vor (OS 1,172).

Calvin setzte sich jedoch nicht nur für die humanistische Methode des 16. Jahrhunderts ein. Für ihn ist das mehr als nur eine methodische Frage. In seiner Methodologie konzentriert er sich auf den »evangelischen« Inhalt des biblischen Texts. Die *sana doctrina* ist die einfache, klar umrissene *simplex doctrina* des Evangeliums (*evangelii*) (Komm. 2Tim 4,4; CO 52,387). Calvins Prämisse basiert auf seiner Überzeugung, dass das Evangelium, das Wort Gottes, schlicht sei. Jeder kann das Evangelium verstehen. Daher sollte alle Exegese die Eigenschaft *klarer Kürze* aufweisen (»in perspicua brevitate« – *Widmungsbrief an Grynaeus* im Römerbriefkommentar, COR II/XIII,3). Da sich Calvin auf die wörtliche, einfache Bedeutung des Texts beschränken will, lehnt er jede Form der Allegorie ab (Inst. II.5.19; Komm. 2Kor 3,6). Es gibt nur *eine* Bedeutung des Textes, nämlich die, die der ursprüngliche Verfasser des Textes ausdrücken wollte. Calvins Konzentration auf den Text selbst setzt die Ablehnung der hermeneutischen Verwendung der Allegorie voraus (vgl. Opitz 1994, 40).

3.2. Ekklesiologie

Calvins *Wort-Gottes-Theologie* hatte bedeutende ekklesiologische Konsequenzen. Neben dem Rückgriff auf die frühe Kirche hinsichtlich der *doctrina* («Neque vero in *doctrina* dubitamus ad veterem ecclesiam provocare« – OS 1,467) hebt Calvin die Erkenntnis hervor, dass Gott ein redender Gott ist (*Deus loquens* – Inst. I.7.4). Die Schrift als das Wort Gottes ist die letztgültige Autorität jedweden Sachverhaltes. Aus Calvins Insistieren darauf, dass Gott seinen Mund benutzt, um uns zu unterweisen (Inst. I.6.1), ergibt sich, dass nach reformatorischem Verständnis die Kirche eine Kirche des Wortes ist – im Gegensatz zu der römisch-katholischen

Sicht von Kirche als einer Kirche des Sakraments (nach der die Gnade durch die Sakramente empfangen wird).

Die *doctrina* – das Predigen des Evangeliums – bildet zusammen mit der *disciplina*, der Kirchenzucht, und den Sakramenten die solide Basis, auf der die Kirche gegründet ist (OS 1,467). Im Unterschied zum 7. Artikel der *Confessio Augustana*, in dem (im lateinischen Text) die *doctrina evangelii* zusammen mit der *administratio sacramentorum* als Kennzeichen der Kirche (*notae ecclesiae*) bezeichnet werden, ist Calvins Einfluss auf die *Confessio Belgica* sichtbar (vgl. die *pura Evangelii Praedicatio*, die *sincera Sacramentorum administratio* und die *disciplina Ecclesiastica* als *notae ecclesiae* nach dem 29. Artikel der *Confessio Belgica*). In diesem Licht wird es deutlich, warum Calvin immer wieder die Voraussetzung der *doctrina* in ihrem Verhältnis sowohl zum Glauben als auch zur Kirche betont. Wie in Calvins Denken der Glaube (*fides*) die Hauptsache (*summa*) der *doctrina* ausmacht, so ist der Glaube an Christus hinsichtlich des Begriffs der *doctrina* von wesentlicher Bedeutung (Komm. 2Tim 3,16; CO 52,384). *Doctrina* sollte stets sowohl den Glauben als auch die Kirche stärken und erbauen (*aedificare*) (Komm. 1Tim 6,2b-3; CO 52,323–324). Die *doctrina* erreicht dies auf dreierlei Weise: 1. sie unterweist (*instruare*), 2. sie erbaut (*aedificare*) und 3. sie bildet aus (*erudire*). Zusammen mit einem anderen Schlüsselbegriff, *praedicatio*, der nur einen begrenzten Teil des semantischen Feldes der *doctrina* abdeckt, bezeichnet *doctrina* ein umfassendes Verständnis von Verkündigung. Die Kirche ist durch die eine *doctrina Christi* und den einen *Geist Christi* verbunden (OS 1,466). Von daher ist es verständlich, wenn Calvin zwischen Bedeutung (*sensus*) und Nützlichkeit (*usus*) des Texts (Opitz 1994, 44) unterscheidet und meint, dass er mit seiner Exegese der Kirche zugute kommen möchte (COR II/XIII,3,26).

In Calvins *Wort-Gottes-Theologie*, in der die *doctrina Christi* unmittelbar mit der Schrift als dem Wort Gottes verbunden ist, stimmt sein Verständnis der vier Kirchenämter (*Geistliche/Pastoren*, *Doktoren*, *Älteste* und *Diakone*) in jeder Hinsicht mit dem untrennbaren, inneren Verhältnis zwischen *doctrina* und *Schriftexegese*, *Verkündigung des Evangeliums*, *Ermahnung* und *Barmherzigkeitsdiensten* (durch die Diakone) überein.

3.3. Die semantische Reichweite des Begriffs

Der von Calvin verwendete semantische Anwendungsbereich des Begriffs der *doctrina* ist erstaunlich groß. Calvin benutzt diesen Begriff sowohl in klassisch-philologischer Weise (in der Bedeutung von Gelehrsamkeit/Lernen/Lehre, z. B. in COR II/XIII,3,34:, Unterricht/Unterweisung) als auch in biblischer, mit Verweis auf die griechischen Begriffe *didaskalia*/*didache*; in dynamischer, aktiver Weise, mit verbalen Dimensionen (vgl. *docere* – unterrichten) – zu übersetzen mit einem Verb, einem verbalisierten Nomen oder sogar einem verbalen Satz; auf der anderen Seite aber auch mit nominalen Dimensionen haben (z. B. Unterricht/Predigt). Ferner verwendet er den Begriff, um etwas Aktives (z. B. das Unterrichten einer

Sache) oder etwas Statisches (z. B. einen Lehrsatz) zu bezeichnen. Der semantische Bereich reicht von *Zusammenfassung* bzw. *Skopus der Schrift, Evangelium, Glaubensinhalt, Auslegung* und *Heilsverkündigung*, über *Unterricht* oder *Predigt* zu *Pastoralseelsorge, Bekenntnis, Lehrsatz, Kanon, Dogma* oder *Lehrsystem* (D'ASSONVILLE 2001).

Indem der Calvininterpret und der Calvinforscher diesen Sachverhalt beachtet, stellt er sicher, dass er seine Aufmerksamkeit auf die subtilen, aber bedeutenden Unterschiede und Nuancen in Calvins Verwendung dieses Begriffs richtet, statt irgendeine künstliche lexikalische Bedeutung in seinen Text hineinzulesen. Ein gutes Beispiel dafür kann man in seinem Buch II der *Institutio* finden (Inst. II.9.2): Wenn Calvin 1Tim 4,6 auslegt, erklärt er, warum Paulus das *evangelium* als *fidei doctrina* bezeichnet. Calvin ersetzt sogar gelegentlich den Begriff *evangelium* durch den der *doctrina* (z. B. Komm. 1Tim 6,1; CO 52,323) – ein Verweis auf die Quelle und Autorität der *doctrina*, nämlich Christus (vgl. Komm. 2Tim 4,3 f.; CO 52,386).

3.4. Die Einheit der Theologie

Calvins theologische Verwendung des Begriffs der *doctrina* ist bemerkenswert. Er benutzt diesen Begriff nicht allein in einer (statischen, negativen) doktrinären und dogmatischen Weise; dementsprechend sind Exegese und Dogmatik nicht getrennt. Biblische und Systematische Theologie, Systematische und Pastorale Theologie befinden sich in Harmonie, oder deutlicher: Alle diese verschiedenen Gebiete der Theologie sind für Calvin Teil einer einzigen, einheitlichen Theologie, die als Ganzes nicht getrennt oder aufgespalten werden kann. Das Systematische und das Seelsorgerliche bilden eine Einheit. Diese Erkenntnis hat bedeutende Konsequenzen sowohl für die Unterweisung und Ausbildung von Pastoren als auch für die Exegese und die Theologie im Allgemeinen, aber auch für die Calvinforschung im Besonderen.

D'ASSONVILLE, Victor E.: Der Begriff »doctrina« bei Johannes Calvin – eine theologische Analyse, 2001.

NEUSER, Wilhelm H.: Dogma und Bekenntnis in der Reformation: Von Zwingli und Calvin bis zur Synode von Westminster (in: ANDRESEN, Carl/RITTER, Adolf Martin [Hg.]: Handbuch der Dogmen- und Theologiegeschichte, Band 2, überarbeitete und ergänzte Ausgabe, [2]1998a, 167–352).

OPITZ, Peter: Calvins theologische Hermeneutik, 1994.

SPIJKER, Willem VAN 'T: Calvin. Biographie und Theologie (Die Kirche in ihrer Geschichte 3, Lieferung J2), 2001.

(Übersetzt von *Gesine Robinson*) *Victor E. d'Assonville*

4. Tradition und Erneuerung

In der Theologie Calvins stellen Tradition und Erneuerung zwei entscheidende Elemente dar. Calvin griff die Tradition der Kirche auf, um sie zu erneuern und dadurch die Gläubigen seiner Zeit zu erreichen, und um ein Fundament für die Zukunft der Kirche zu schaffen. Calvin war nicht der Neuerer, der er nach Behauptung seiner Gegner war; er war auch nicht der Neuerer, den sich andere seiner Gegner wie z. B. Servet wünschten. Er war noch nicht einmal der Neuerer, den manche seiner Anhänger in ihrer Verehrung seines Andenkens aus ihm machten. Vielmehr verwendete Calvin traditionelle Elemente, um die Theologie zur Erbauung der Kirche zu erneuern. Das war seine Gewohnheit, wenn er die Schrift kommentierte, in dieser Weise schrieb er Traktate und so ging er vor, als er eine Zusammenfassung der christlichen Lehre verfasste, seine *Institutio religionis christianae*. Bei all dem bediente sich Calvin traditioneller Elemente und Lehren, um die biblische Religion zu erneuern.

Aber was ist mit Erneuerung gemeint? Wenn wir Erneuerung mit Neuerung verwechseln, kann diese Erörterung ihr Ziel nur verfehlen. Calvin entwickelte selten etwas gänzlich Neues und nahm sich dies auch nicht bewusst vor. Zudem wollen wir hier keine Untersuchung seiner Methoden durchführen. Es ist allgemein festgestellt worden, dass Calvin sich der Hilfsmittel der neuen humanistischen Bildung bediente; dies ist für uns unbestritten. Calvins Erneuerung der Theologie besteht aus einer Kombination dreier Elemente: das Ziel der christlichen Lehre, ihre tatsächliche Zielgruppe und ihre richtige Anwendung. Das Ziel der christlichen Lehre ist die Erbauung in Christus. Die Empfänger und Teilhaber dieser Lehre sind alle Gemeindeglieder, sowohl die Gebildeten als auch die Ungebildeten. Die Anwendung dieser Lehre ist die Annahme und Einprägung der biblischen Religion.

Wir werden diese drei Elemente der Erneuerung in Calvins ganzem Werk entdecken, in allen Gattungen: den Bibelkommentaren, den polemischen Streitschriften und der Zusammenfassung seiner Lehre in der *Institutio*. Dazu ist es wichtig, nacheinander jede Gattung kurz zu betrachten. Daher wird dieser Artikel mit Calvins Kommentaren beginnen, dann zu seinen Traktaten übergehen und mit der *Institutio* abschließen. Bei der Betrachtung der *Institutio* werden wir auch Gelegenheit haben zu untersuchen, wie Calvin seine eigene, gerade im Entstehen begriffene Tradition revidierte.

4.1. Die Kommentare

1540 veröffentlichte Johannes Calvin seinen ersten Kommentar, und zwar zum Römerbrief. Obwohl sein nächster Kommentar erst 1546 erschien, schloss Calvin die paulinische Reihe doch 1551 ab. Dieser Kommentarkomplex lässt deutlich erkennen, dass Calvin bestrebt war, bewusst die exegetischen und dogmatischen Traditionen zu verwenden. Gleichzeitig zeigen diese Kommentare auch, welches

Gewicht Calvin auf die seelsorgerliche Funktion der Lehre legte, und illustrieren die Momente der Erneuerung.

Der Leser erkennt dies beinahe vom allerersten Absatz des Römerbriefkommentars an. Calvin erwähnt, die frühe Tradition, über den Wechsel des Namens von Saulus zu Paulus nachzudenken, habe viele Seiten gefüllt. Er stellt fest, Augustin habe die Gelegenheit genutzt, die der Text biete, um spitzfindig zu philosophieren (*Commentarius in Epistolam Pauli ad Romanos*, 11). Calvin weist darauf hin, wie wichtig es sei, in Verbindung mit der exegetischen Tradition der Kirche zu stehen, sich jedoch gleichzeitig die Freiheit zu bewahren, Momente zu kritisieren, an denen die Kirchenväter in die Irre gingen. Das wird besonders deutlich, weil der betreffende Kirchenvater Augustin ist, der altkirchliche Theologe, den Calvin am meisten schätzte. Wir sehen sofort, dass Calvin mit der Tradition im Gespräch sein will, während er zugleich für die Notwendigkeit einer klaren biblischen Religion eintritt, die bei der Unterweisung und Erbauung der Gläubigen Spitzfindigkeiten vermeidet.

Calvin hielt sich so nahe wie möglich an die Kirchenväter (Holder 2006a, 111 ff.). Die Annahme, dass die Reformatoren im Allgemeinen und speziell Calvin die orthodoxen exegetischen und dogmatischen Traditionen kritisierten und verwarfen, ist falsch. Als er 2Kor 4,6 kommentierte, führte Calvin vier verschiedene mögliche Auslegungen an und erwähnte dabei Ambrosius und Chrysostomus namentlich (*Secundam ad Corinthios*, 70 f.). Auch wenn Calvin darzulegen versuchte, dass die Kirchenväter irrten, tat er dies häufig auf eine Art und Weise, die ihr Ansehen wahrte. Dies ist der Fall bei Calvins Kommentar zu 2Kor 4,4, wo Calvin die Auslegungen des Hilarius, Chrysostomus, Ambrosius und Augustin erwähnt (*Secundam ad Corinthios*, 70 f.). Calvin distanzierte sich zwar von den speziellen Auslegungen jedes dieser Kirchenväter zu diesem Paulusbrief, er tat dies jedoch durch historische Methoden, durch die er rekonstruierte, unter welchen Umständen ein jeder der Theologen geschrieben und unter welchem theologischen Druck sie gestanden hatten.

Calvin führte dieses Muster mit seinen Kommentaren zu Paulus ein und setzte es in seiner späteren Arbeit fort. Er beendigte die Pauluskommentare 1551, schloss jedoch seine Arbeit an den nächsten Kommentaren wesentlich schneller ab. Während die Abfassung der Pauluskommentare elf Jahre dauerte, schrieb er zwischen 1552 und 1554 einen Kommentar zur ersten Hälfte der Apostelgeschichte, zum Johannesevangelium, der zweiten Hälfte der Apostelgeschichte und zur Genesis. Außerdem gab Calvin 1555 seinen Kommentar zur Harmonie der synoptischen Evangelien in Druck. Bei all diesen Arbeiten blieb Calvin mehr oder weniger intensiv im exegetischen Gespräch mit den Kirchenvätern. In der Evangelienharmonie ist Calvin Augustin gegenüber wesentlich toleranter als in den Pauluskommentaren, jedoch weniger duldsam mit anderen Persönlichkeiten, wie besonders Chrysostomus und Hieronymus (Flaming 2006, 136–139). Sogar als er sich an ein Projekt machte, das in dieser Form völlig neu war, den *Kommentar zu den letzten vier Büchern Mose, in Form einer Harmonie angeordnet*, setzte Calvin seinen Dialog mit den altkirchlichen Autoren fort; zum Teil vielleicht, um der Angst entgegenzuwirken, dass er für dieses gänzlich beispiellose Format kritisiert werden würde (Blacketer, 2006b, 32–38).

Calvins Beschäftigung mit der Tradition besteht nicht nur darin, dass er die frühere exegetische Tradition zitiert. Wenn wir betrachten, wie Calvin im vierten Kapitel des Römerbriefes Abraham behandelt, erkennen wir zwei weitere Einzelheiten. Zunächst sehen wir Calvins Auslegung des Kapitels, die nahezu vollständig von ihm zu stammen scheint, da Calvin nur Bucer, Augustin und Erasmus erwähnt und zweimal über die Scholastiker spottet (*Commentarius in Epistolam Pauli ad Romanos*, 82. 84.89.95.96.98.). Die Fragen, auf die Calvin in seinem Kommentar antwortet, sind jedoch weitaus traditioneller, als dieser erste Blick nahelegt. Calvins Kommentar übernimmt die Fragen, auf die er eine Antwort geben will, von der früheren exegetischen Tradition, der er sehr viel verdankt. Calvin wollte die patristische und mittelalterliche Tradition des biblischen Kommentierens nicht zerstören, sondern läutern. Das war sein Leitgedanke. Ob er diesen erfolgreich verwirklichte, bleibt der Beurteilung späterer Leser überlassen. Jedoch geht es nicht darum, Calvins Ideal in Frage zu stellen.

In den Kommentaren setzte sich Calvin subtil und differenziert mit der patristischen und mittelalterlichen Tradition auseinander. Zudem tat er dies in einer Weise, die sich von der heutigen Praxis unterscheidet. Erstens nahm sein Zitieren früherer Quellen nicht die Stelle der modernen Fußnote ein (Lane 1999, 1 f.). Calvin zitierte nicht immer genau, sondern verwendete zuweilen *florilegia*. Durch sie war ein Zugang zu Quellen möglich, der sich eher auf einzelne Begriffe oder Sätze konzentrierte und weniger den Kontext berücksichtigte. Calvin scheute sich auch nicht, seinen Quellen Material zu entnehmen, das er nicht als Zitat kenntlich machte. Zweitens muss Calvins Verwendung von Zitaten jeweils Fall für Fall untersucht werden. Es hat sich die Ansicht durchgesetzt, dass Calvin altkirchliche Bibelausleger gewöhnlich nur zitierte, um ihnen zu widersprechen. Dies trifft auf die ersten Kommentare im Allgemeinen nicht zu (Holder 2006a, 117 ff.). Dass Calvin bestimmte Quellen nicht zitierte, bedeutet weder, dass er mit dem Inhalt nicht vertraut war, noch heißt es zwangsläufig, dass er die Quellenangabe unterließ. In einem solchen Fall bezieht Calvin sein Wissen möglicherweise in einer vermittelten Form durch einen zeitgenössischen Kommentator oder eine allgemeinere Quelle, wie z. B. die augustinische Schule. Schließlich sei noch erwähnt, dass Calvin, um seine Hörer zu erbauen, auch bereit ist, traditionelle Argumente nebeneinander zu stellen: Er wägt die Lehre des Augustin gegen die Exegese des Chrysostomus ab.

Calvin war in vielen seiner Gewohnheiten und dogmatischen Schemata, denen er bei der Kommentierung der Schrift folgte, außerordentlich konventionell. Wo führte er seine Formen der Erneuerung ein, die wir aufgezeigt haben? Erstens vertrat er die Meinung, die Lehre müsse erbaulich sein. Die klugen Argumente, die einige seiner Vorgänger gefunden hatten, vermied er, weil sie die Gläubigen nicht erbauten. Um dieses Ziel zu erreichen, konzentrierte er sich auf die *recte ordo docendi*, die wahrhaft erbauliche Art der Darlegung. Für Calvin war dies ein entscheidendes Element jeder theologischen Arbeit und er geht in der mosaischen Harmonie sogar so weit anzudeuten, dass die *ordo docendi*, wie von Mose schriftlich niedergelegt, nicht die hilfreichste sei (Blacketer 2006b, 38). Zweitens ist Calvins Berücksichtigung der Bedürfnisse seiner Leserschaft entscheidend dafür, um die Präsentation seiner Erläuterungen zu verstehen. Calvin begründete seinen eigenen Römerbriefkommentar mit einem besonderen Verweis auf die Bedürfnisse von Lesern. Zwar seien Melanchthons und Bucers Kommentare auf ihre Weise auch besonders gut, jedoch erläutere Melanchthon nicht den ganzen Brief, während Bucer zu weitschweifig sei (*Ad Romanos*, 2 f.). In beiden Fällen bemerkt Calvin ausdrücklich, dass das Verfahren seines Vorgängers für diejenigen, die weniger gelehrt sind, vielleicht nicht am besten geeignet ist. Calvin zeigte seine Rücksicht auf die weniger gebildeten Gläubigen außerdem, indem er seine Bibelkommentare selbst übersetzte. Obwohl er keine Persönlichkeit war, die sich mit dem einfachen Volk zusammentat, versuchte Calvin sowohl implizit als auch explizit, die Gläubigen der Genfer Gemeinde in das Gespräch über den Bibeltext oder sogar in den Auslegungsprozess einzubeziehen.

4.2. Die Traktate

Wenn wir die Traktate betrachten, entdecken wir einige dieser Muster. Calvin verwendet in seinen Traktaten sowohl traditionelles Material als auch die traditionelle Lehre. Zudem bemühte er sich besonders in seinen polemischen Traktaten sehr um den Nachweis, dass die Lehre, die er und die anderen Reformatoren anboten, keine ungehemmte Neuheit war, sondern die vernünftige Lehre der Kirche, wie sie von äußerst besonnenen Kirchenvätern dargelegt worden ist. Er gibt diesen traditionellen Elementen jedoch einen neuen Wert und gestaltet sie entsprechend seiner Überzeugung vom Stellenwert der Tradition bei der Erbauung der heterogenen Gemeinschaft der Gläubigen, die an der wahren biblischen Religion teilhaben will, um.

Wir können dieses Vorgehen in Calvins allererstem Traktat *Psychopannychia* erkennen. Calvin schrieb diesen Traktat 1534, er wurde allerdings erst viel später veröffentlicht. Mehrere Kirchenväter sind in seinem frühesten Werk vertreten, in dem er versuchte, einen patristischen Konsens gegen eine seiner Überzeugung nach gefährliche Häresie aufzustellen. Tertullian, Irenaeus, Chrysostomus, Augustin, Cyrill von Alexandrien und Eusebius werden alle, zumindest teilweise, betrachtet. In seinem frühesten Versuch einer polemischen Theologie hielt Calvin der Tradition die Treue. Er demonstrierte jedoch auch sein Hauptanliegen, die Vermittlung biblischer Religion, indem er den Traktat als die Darlegung der klaren biblischen Lehre präsentiert.

Selbst wo Calvin sich wegen des Charakters eines seiner Traktate nicht auf die Zeugnisse der Kirchenväter stützte, berücksichtigte er doch ihre Lehre. Wie wir sehen können, ist dies der Fall bei seiner Schrift *Kleiner Traktat über das Heilige*

Abendmahl unseres Herrn und einzigen Erlösers Jesus Christus. Calvin, der diesen Traktat 1540 verfasste, versuchte auf einige der Konflikte zu reagieren, zu denen es zwischen den protestantischen Lagern Luthers und Zwinglis gekommen war. Die Tradition darzulegen, war hier nicht von Nutzen, da Luther und Zwingli darum stritten, was die Wahrheit der Schrift sei. Auch in diesem Fall führte Calvin jedoch aus, dass die vorliegende Frage in der Antike gestellt worden sei, und er zitierte Augustin, um sein Argument zu untermauern, dass die Elemente eines Sakraments notwendigerweise mit dem Wort Gottes verknüpft seien.

Ebenso unterstützte Calvin in seinem 1543 verfassten Traktat *Die Notwendigkeit der Reformation der Kirche* seine Argumentation häufig durch den Verweis auf die Väter. Er greift auf sie zurück, um seinen Standpunkt zu bekräftigen, die bildliche Darstellung sei mit Götzendienst gleichzusetzen, und zitiert Ambrosius (CO 6,475). Er zieht Augustin und Leo I. heran, um die Lehre gegen überflüssige Werke zu unterstützen (CO 6,486). Bezüglich der Erwählung und Befähigung von Geistlichen zitiert Calvin das Konzil von Karthago, Gregor und Hieronymus (CO 6,515–516).

Bei seinen Traktaten griff Calvin am häufigsten in *Defensio sanae et orthodoxae doctrinae de servitute et liberatione humani arbitrii adversus calumnias Alberti Pighii Campensis* (CO 6,229–404) auf die Tradition zurück. Er verwendete mindestens sieben, wahrscheinlich sogar bis zu zehn Werke von Kirchenvätern. Es lag sicher in Calvins polemischem Interesse, von der Tradition der Kirche Gebrauch machen zu können. Er wünschte sich die Zustimmung der katholischen Tradition, war aber auch gezwungen, sich darum zu bemühen, um sich gegen seine Kritiker zu verteidigen, die ihm nur allzu gern Neuerungen vorwerfen wollten. Beim Zitieren traditioneller Quellen in den Traktaten handelt es sich jedoch weder, wie behauptet worden ist, um die Verwendung isolierter Belegstellen durch einen raffinierten Polemiker, noch lässt es den wahren Sohn der Kirche erkennen. Alles, was wir oben bezüglich Calvins explizitem Gebrauch der Tradition in den Kommentaren angemerkt haben, lässt sich für die Traktate wiederholen. Zudem kämpft Calvin in seinen Traktaten gelegentlich um Universalität. Diese Bemühungen sollte man als Hinweis auf Calvins Verständnis von der Aufgabe der Theologie betrachten, und als eine besondere Konsequenz seiner Sicht von der Rolle der Tradition. Auch in den Traktaten erkennen wir durchgängig Calvins Erneuerung der Theologie in seiner Konzentration auf das Ziel, die Empfänger, und die Anwendung der wahren christlichen Lehre, die auf der Heiligen Schrift gegründet ist.

4.3. Die Institutio Religionis Christianae

In Calvins theologischem Hauptwerk, der *Institutio Religionis Christianae*, wurde die Beschäftigung mit und die häufige Abhängigkeit von der patristischen Tradition bereits nachgewiesen. Smits' und Moois Arbeiten sind nur zwei Beispiele für die zahlreichen Bemühungen, die gezeigt haben, auf welche Weise Calvins Denken von den Kirchenvätern abhängig ist. Exzellente Studien haben immer wieder demonstriert, dass sich Calvin sein ganzes berufliches Wirken hindurch mit den Kirchenvätern beschäftigte und sie, während er mit ihren Schriften vertrauter wurde (Lane 1999, 95–98), immer besser kennen- und verstehenlernte. Allerdings weisen Calvins Zitate und Belege der Väter eindeutig nicht auf Abhängigkeit hin, sondern sind stattdessen wohl eine Bekräftigung polemischer Positionen.

Calvin neigte dazu, die Kirchenväter in der *Institutio* auf zweierlei Weise zu gebrauchen. Die erste besteht darin, seine eigenen Positionen zu bekräftigen. Daher bezieht er sich in der Frage der Kirchenzucht gerne auf Cyprian (IV.12) oder bei Fragen der Erwählung auf Augustin (III.21). Gelegentlich kann das Zeichen einer tatsächlichen Abhängigkeit sein, aber in jedem Fall muss dies sorgfältig nachgewiesen werden, da Calvin als Autor die polemische Auseinandersetzung nie hinter sich lassen konnte. Zweitens gebrauchte Calvin die Kirchenväter immer dann, wenn einer von ihnen etwas treffend formuliert hatte, sodass ihre Redekunst seine eigenen Bemühungen um eine elegante, aber sehr einfache Ausdrucksweise unterstrich.

Die Erneuerung in Calvins Denken, auf die hier hingewiesen werden muss, zeigt sich in seiner ständigen Überarbeitung der *Institutio*. Natürlich wird das Buch länger. Allerdings ist belegt, dass sich die Gliederung der *Institutio* zwischen 1536 und 1539 radikal änderte. 1536 wies die *Institutio* die Struktur eines Katechismus auf. 1539 ordnete Calvin das Werk neu als Handbuch für die Unterweisung von Pastoren und erweiterte es von 6 auf 17 Kapitel. Diese Form behielt es, wenn auch stark erweitert, in der Ausgabe von 1557 und bekam seine endgültige Form erst in einer grundlegenden Überarbeitung. So lässt sich feststellen, dass die *Institutio* drei verschiedene Grundstrukturen hatte: Von einer katechetischen Struktur entwickelte sie sich zu einem Handbuch für die Unterweisung von Pfarramtskandidaten und von dort zu einem Kompendium, das im Aufbau dem Glaubensbekenntnis folgte (Muller 2000, 118 ff.). Dies zeigt die ständige Sorge Calvins um die Erbauung der Kirche, um die rechte Unterweisung seiner Leser und darum, dass die Kirche zu einer Gemeinschaft wird, die sich mit der Bibel beschäftigt und an ihr orientiert.

Die *recte ordo docendi* muss als eine der entscheidenden Entwicklungen Calvins bei seiner Ausarbeitung der *Institutio* verstanden werden. An anderer Stelle habe ich dargelegt, dass sich diese Entwicklung aus seinem Ideal der Erbauung als dem Modell für die ganze Theologie ergab und auch damit zusammenhing, dass er sich an verschiedene Zielgruppen wandte (Holder 2006a, 205–210). Weder war der richtige metaphysische Hintergrund für ihn interessant noch zog er auch nur die Möglichkeit in Betracht, anhand einer einzigen Lehrmeinung ein theologisches System zu entwickeln. Eine klare biblische Lehre, die die mehr und weniger Gebildeten richtig verstanden und erfassten, blieb seine Lösung für die Fragen, die die theologische Arbeit aufwarf. Das Bemühen, sich in einer Landessprache theologisch auszudrücken, weist darauf hin, welche Bedeutung dieser Schwerpunkt in Calvins Vorstellung von Theologie hatte.

4.4. Der perichoretische Charakter der theologischen Arbeit Calvins

Ein weiteres Beispiel für den Erneuerungscharakter in Calvins Denken ist, dass seine Theologie ständig im Gespräch mit sich selbst war; häufig brachte er in seine Traktate, Kommentare und die *Institutio* Material ein, das aus einer anderen Gattung innerhalb seines Korpus stammte.

Es ist darauf hingewiesen worden, die permanente Beschäftigung mit der Schrift, insbesondere in den Kommentaren, könne ein wesentlicher Grund für die Entwicklung von Calvins Theologie gewesen sein (McKee 1989, 154–156). Das ist korrekt, lässt sich aber noch deutlicher sagen. Material ging aus der *Institutio* in die Kommentare ein, aus den Kommentaren in die *Institutio* und sowohl aus der *Institutio* in die polemischen Traktate als auch umgekehrt. Die beiden Gründe dafür sind, dass Calvin seine Theologie im Laufe der Zeit ausarbeitete und dass er seine Argumente untermauern wollte, um sein Hauptziel der Erbauung für verschiedene Zielgruppen zu erreichen.

Ein Beispiel dafür bildet Calvins Umgang mit Eph 1,5–8. Die Sprache dieses Teils seines Kommentars ist ziemlich ungewöhnlich. Calvins Kommentar zum Epheserbrief wurde 1547 verfasst und 1548 veröffentlicht. Der Kommentar gehörte zum Galaterkomplex, einer Gruppe von vier Kommentaren, zu denen der Galater-, Epheser-, Philipper- und Kolosserbrief zählten und die Calvin nie unabhängig voneinander veröffentlichte. Sie erschienen 1548 bei Jean Gerard in Genf. Es ist unwahrscheinlich, dass Calvin mit der eigentlichen Arbeit am Kommentar begann, bevor er den Kommentar zum 2. Korintherbrief, der 1547 bei Gerard erschien, abgeschlossen hatte. In Anbetracht der Bemerkungen Calvins über die Anordnung von dogmatischem Material in der *Institutio* und von exegetischen Details im Kommentar sollte man erwarten, dass Material, insbesondere dogmatische Erörterungen aus dem Kommentar, in die endgültige Ausgabe der *Institutio* eingegangen ist.

Allerdings ist das dogmatische Argument – an dieser Stelle im Kommentar ziemlich bemerkenswert – ein scholastisches Argument. Calvin erklärt, dass für Paulus Gottes ewige Erwählung die erste Ursache (*prima causa*) unserer Berufung ist. In Anbetracht seiner häufigen Tiraden gegen die scholastischen Lehrer klingt dies außergewöhnlich scholastisch für Calvin. Der Fall wird noch merkwürdiger, wenn wir sehen, wie Calvin diese Deutung bei seiner Betrachtung des nächsten Verses fortsetzt. Zu Vers 5 erklärt Calvin:

> »Was folgt, vermehrt noch weiter das Lob der göttlichen Gnade. Den Grund, warum Paulus den Ephesern Christus und die freie Kindschaft in ihm sowie die ewige Erwählung, die dieser vorausging, so dringend ans Herz legt, haben wir bereits genannt. Da aber die Barmherzigkeit Gottes nirgendwo erhabener bezeugt wird, verdient diese Textstelle unsere besondere Aufmerksamkeit. Drei Ursachen unseres Heils werden in diesem Satz genannt und eine vierte kurz darauf hinzugefügt. Die wirksame Ursache ist das Wohlgefallen des Willens Gottes; die inhaltliche Ursache ist Christus; und die Zweckursache ist das Lob seiner Gnade.« (Komm. Eph 1,5; *Ad Galatas* 160.1–8)

Diese Passage wäre an sich schon außergewöhnlich. Aber es handelt sich nicht um etwas, was Calvin lediglich erwähnt und dann wieder auf sich beruhen lässt, sondern es geht vielmehr um die Grundlage, auf der Calvin den gesamten Kommentar zu den Versen 5–8 aufbaut. Immer wieder kommt Calvin auf die aristotelische Sprache der Kausalität zurück und erwähnt sie zweimal bei Vers 5 (*Ad Galatas* 160.9–10, 160.30–31), zweimal bei Vers 7 (*Ad Galatas* 161.15, 162.10) und schließlich bei Vers 8 (*Ad Galatas* 162.19). Zudem ist interessant, dass Calvin die Feinde der reinen Lehre als Sophisten (*sophistarum*) bezeichnet, die Gottes klare Lehre ins Gegenteil verkehren, damit sie nicht Gott alle Ehre geben müssen (*Ad Galatas* 161.2–4). Calvin hatte die aristotelischen Kategorien von scholastischen Lehrern gelernt und hat keine Bedenken, sich ihrer zu bedienen, um die richtige Auslegung der Textstelle zu erklären. Er erkannte jedoch, dass dieselben Lehrer, die die vierfache Kausalität vertraten, von der rechten biblischen Lehre abgewichen waren.

Wie oben erwähnt, sollte man damit rechnen, diese Art des lehrmäßigen Exkurses in der *Institutio* zu finden. Wir finden ihn auch tatsächlich im Abschnitt über die Rechtfertigung (III.14). Calvin schreibt:

»Die Philosophen geben uns bekanntlich die Anweisung, bei allem Zustandekommen der Dinge auf vierlerlei Ursachen zu achten. Tun wir das hier, so werden wir finden, daß keine einzige von ihnen die Begründung unseres Heils auf die Werke ermöglicht. Als (1) wirkende Ursache (causa efficiens), die uns das ewige Leben verschafft, bezeichnet die Schrift allenthalben die Barmherzigkeit unseres himmlischen Vaters und seine aus lauter Gnade uns zukommende Liebe. Als (2) »inhaltliche Ursache« (causa materialis) nennt sie Christus und seinen Gehorsam, mit dem er uns die Gerechtigkeit erworben hat. (3) Und die »formale« oder das Werkzeug bezeichnende Ursache (causa formalis seu instrumentalis) ist doch unzweifelhaft nichts anderes als der Glaube! […] Die Zweckursache (causa finalis) ist nach dem Zeugnis des Apostels die Offenbarung der Gerechtigkeit und der Lobpreis der Güte Gottes […]« (Inst. III.14.17).

Mit bemerkenswerter Konsistenz gibt Calvin seine Erwägung der vier Heilsursachen wieder. Was jedoch in diesem Fall unser Interesse weckt, ist die Tendenz der Wiedergabe. Zum ersten Mal formulierte Calvin dies nicht im Kommentar zum Epheserbrief, sondern in der *Institutio*-Ausgabe von 1539 (OS IV.235). Die textliche Abhängigkeit ist klar, der 1547 verfasste Kommentar zum Epheserbrief wiederholte die Formel, die Calvin erstmals in der *Institutio* von 1539 vorgetragen hatte. Wenn zudem der Leser die Erörterung der Kausalität in der *Institutio* III.14 begriffen und verstanden hat, ist die Formulierung leichter zu verstehen, die Calvin später in *Institutio* III.22.2 verwendet, wo unter Betrachtung dieser Stelle über die Möglichkeit einer »übergeordneten Ursache« nachgedacht wird (OS IV.235). Diese Entwicklung in Calvins Theologie ging nicht aus dem Kommentar in die *Institutio* ein, sondern vielmehr aus der *Institutio* in den Kommentar. Warum interpretierte Calvin den Anfang des Epheserbriefes, Jahre bevor er den Text kommentierte, und warum führte er dann die scholastische Terminologie und die scholastischen Unterscheidungen in seinen Kommentar ein? Das entspricht nicht dem in seinem eigenen Vorwort skizzierten Kurs, sondern ist diesem genau entgegengesetzt.

Andere Fälle ließen sich betrachten, wie z. B. die parallele Behandlung des Römerbriefes im Kommentar, in den Traktaten und der *Institutio*. Das Entscheidende ist, dass Calvin sich bewusst vornahm, eine Theologie zu entwickeln, die ein ständiger Dialog mit der Heiligen Schrift war und sich mit den besonderen Problemen und Fragen befasste, die von der Glaubensgemeinschaft aufgeworfen wurden. Er versuchte, seinen Unterricht anhand der *loci*-Methode aufzubauen, um ihn für seine Leserschaft attraktiver und einfacher zu machen. Jedoch hatte er immer den Kern, die Erläuterung der Schrift, und sein Ziel, die Erbauung der Kirche, vor Augen. Die Kirche wird durch eine geeignete Lehre erbaut. Der tatsächliche Leserkreis war immer gemischt. Calvin glaubte, dass Gebildeten wie auch Ungebildeten geistliche Dinge angeboten werden müssten. Daher versuchte er, durch seine eigenen Übersetzungen belehrend zu wirken, und suchte nach dem richtigen Weg, jeden möglichen Leserkreis zu lehren. Schließlich versuchte Calvin, Pastoren und Gläubigen ein Handwerkszeug zu geben, mit dem sie die Bibel lesen konnten.

4.5. Tradition und Erneuerung in Calvins Theologie

Bis jetzt haben wir gesehen, wie Calvin versuchte, sich in unterschiedlichen Gattungen mit orthodoxen Denkern abzustimmen, besonders mit denjenigen aus der Zeit der Kirchenväter. Wir müssen jedoch weiter gehen. Wenn wir nur die Fälle aufzählen, in denen Calvin diese Denker zitiert oder auf sie anspielt, haben wir seine Bindung an die Tradition noch nicht erschöpfend behandelt. Erstens können wir sicher sein, dass Calvin, wenn er einen Denker zitiert, sich nicht immer eingehend mit ihm beschäftigt hat. Es scheint, dass Calvin während seines Wirkens hin und wieder eine Gestalt aus der Tradition zitierte, ohne dass er sich eingehend mit dieser befasst hatte oder viel über sie wusste, und dass er mittelbare Quellen oder Fragmente aus *florilegia* akzeptierte. Zweitens besteht das Aufgreifen der Tradition nicht nur darin, frühere Theologen zu zitieren. Tatsächlich können solche Bezugnahmen gelegentlich irreführend sein. Calvin erneuerte die Tradition für die Erfordernisse der Glaubensgemeinschaft seiner Zeit.

Calvin hatte vor, die katholische Lehre zu darzulegen. Seiner Ansicht nach musste sich das Ausmaß seiner Neuerung darauf beschränken, wie er diese Lehre präsentierte (Muller, 2000, 7). Unter theologischem Aspekt könnte ein heutiger Beobachter darauf aufmerksam machen, dass Calvin Teile der katholischen Tradition, die für ihn besondere Probleme oder Möglichkeiten bedeuteten, nicht verwarf. Beispielsweise ließ sich Calvin in seiner Bejahung der Trinität nie beirren, obwohl Servet ihn sicher dazu aufforderte. In ähnlicher Weise verteidigte Calvin energisch die Kindertaufe, obwohl die moderne Exegese erklären kann, dass das Neue Testament nicht das eindeutige Vorbild bietet, das sich ein strenger Biblizist wünschen würde. Es ist die These aufgestellt worden, dass Calvin ein »sakramentales Wort« (Gerrish 1993, 50–86) verkündet, aber Calvin wandte sich im Laufe seines Wirkens so oft der Aufgabe zu, die rechte Bedeutung der Eucharistie festzustellen, dass sich seine Lehre offensichtlich erst mit der Zeit herausbildete.

Calvins Erneuerung der Theologie umfasst das Ziel der Erbauung, sein Interesse für den Leserkreis/die Leserkreise und die Anwendung dieser erbaulichen Lehre, die in der Ausformung der wahren, sichtbaren Kirche verwirklicht wird. Dies ist die Gemeinschaft, die nach seinem Wunsch ihrer wahren Aufgabe als *schola dei* nachkommen soll. Dieser Nachdruck bringt zum Ausdruck, dass der Lehrplan in dieser Schule das Wort Gottes ist, der Reichtum der Heiligen Schrift. Die Aufgabe, die Schrift zu lesen und auszulegen, wird der Kirche auferlegt. Dies scheint wieder so naheliegend, dass es geradezu banal wirkt. Sieht man es so, übersieht man jedoch den entscheidenden Punkt von Calvins Auslegung. Da die wahre Auslegung der Schrift die Kirche erbaut oder aufbaut, begreift die Kirche die Schrift nur dann richtig, wenn sie sich verpflichtet das anzuwenden, was sie aus der Schrift gelernt hat! Wenn daher jemand den Dekalog liest und weiterhin Ehebruch begeht, ein schweres Verbrechen in Genf, hat er die Schrift nicht richtig verstanden. Für Calvin waren alle seine Leitlinien zum Umgang mit der Schrift auch mit ihrer Anwendung verbunden.

Dieser entscheidende Punkt verdeutlicht den Gemeinschaftsaspekt der Genfer Gemeinde. Die Genfer Kirche entschied sich dafür, eine Gemeinde zu sein oder zu werden, die darauf gründete, dass sie die Schrift im Leben verwirklichte. Die Genfer stellten freiwillig Ordnungen des gemeinsamen und täglichen Lebens auf, die ihrer Vorstellung eines Lebens nach der Schrift entsprachen. Sie unterwarfen sich freiwillig einer Form der Kirchenzucht, die mit Absicht in ihr Privatleben eingriff. Es ist en vogue, von der »Sittenpolizei« zu sprechen, die Calvin Genf aufzwang. Zwar griff die Arbeit des Genfer Konsistoriums unter der Führung Calvins zweifellos vorsätzlich in das Leben der Bürger ein, doch wenn man Calvin dafür kritisiert, erfasst man eine für das Genfer Gemeinschaftsleben bedeutsame Tatsache nicht. Es waren die Genfer selbst, nicht Calvin, die sich dies auferlegten! Manchmal widerwillig, häufig unter starkem Protest einer Minderheit, entschieden sich die Genfer dennoch dafür, nach einer Reihe von Regeln zu leben, die ihrer Überzeugung nach aus der Schrift rührten. Sie stimmten dafür, sich der Zucht eines Konsistoriums zu unterwerfen; sie akzeptierten die moralischen Einschränkungen, auf die die Geistlichen drangen. Jenen gegenüber, die behaupten, dass in Calvins Genf eine von oben auferlegte Moral herrschte, muss darauf hingewiesen werden, dass die Genfer, als sie die Möglichkeit hatten, die Gegner Calvins zu wählen und die Reformen rückgängig zu machen, es vorzogen, dies nicht zu tun.

Dieser letzte Punkt erklärt Calvins Lieblingsmetapher für die Kirche. Calvin nannte die Kirche gern die *schola dei*, die »Schule Gottes«. Für die Schule Gottes ist der Lehrplan das Wort Gottes. Die Schüler werden durch das Eintauchen in diesen unerschöpflichen Text geformt. Außerdem besteht das Ziel der Kirche nicht aus irgendeinem aus der Schrift gewonnenen Prinzip. Vielmehr ist das Ziel der Kirche das Leben in der Schrift. Das war Calvins Vision eines bibelzentrierten

Lebens sowohl für den einzelnen Gläubigen als auch für die Glaubensgemeinschaft. Calvin verwendete von den ihm bekannten Quellen alles, was seiner Meinung nach nützlich war, um eine überzeugende Theologie zu entwerfen. Calvinforscher diskutieren über seine Beziehung zur Scholastik. Tatsächlich jedoch gebrauchte Calvin jede Methode, die seines Erachtens seine Hörer erbauen würde. Daher übernahm er Melanchthons humanistische *loci*-Methode und die oben erwähnten scholastischen Unterscheidungen der Ursachen des Heils. Calvins Absicht zeigt hier, dass für ihn der Kern der Sache nicht die Methode ist, sondern vielmehr die Treue zur Botschaft der Schrift sowie die Erbauung und Besserung der Glaubensgemeinschaft. Für Johannes Calvin bestand die Aufgabe von Theologie weder in zielloser Neuerung noch in sklavischem Gehorsam gegenüber den Traditionen der Vergangenheit. Er war vielmehr imstande, die Lehren der Tradition auf eine Weise zu erneuern, die die Genfer Gläubigen überzeugte und die Aufmerksamkeit von Gelehrten in ganz Europa erregte. Indem er die Theologie im Blick auf die Gegenwart erneuerte und zugleich an der Tradition festhielt, gelang es Calvin durch seine Methode der Darlegung, sich sowohl in unruhigen und wechselvollen Zeiten in Genf zu behaupten als auch eine Theologie zu entwickeln, die bis zum heutigen Tag eine Herausforderung für angehende und erfahrene Theologen ist.

Davis, Thomas J.: The Clearest Promises of God. The Development of Calvin's Eucharistic Teaching (AMS Studies in Religious Traditions 1), 1995.

Holder, R. Ward: John Calvin and the Grounding of Interpretation. Calvin's First Commentaries, 2006a.

Jones, Serene: Calvin and the Rhetoric of Piety, 1995.

Matheson, Peter: The Rhetoric of the Reformation, 1998.

McKee, Elsie Anne: Exegesis, Theology, and Development in Calvin's Institutio: A Methodological Suggestion (in: Dies./Armstrong, Brian G. [Hg.]: Probing the Reformed Tradition: Historical Studies in Honor of Edward A. Dowey, Jr., 1989, 154–172).

(Übersetzt von *Elisabeth Steinweg-Fleckner*) *R. Ward Holder*

D. Wirkung und Rezeption

I. Thematisch

1. Recht und Kirchenrecht

1.1. Das Studium der Rechte

Calvin hat sein Studium der Jurisprudenz in den Jahren absolviert, in denen die humanistische Jurisprudenz Frankreichs ihre neuen Methoden und Zielsetzungen verbreitete. Mit den Universitäten Orléans und Bourges besuchte er 1528–1531 die Ausbildungsstätten, an denen diese Entwicklung am stärksten vorangetrieben wurde (vgl. Strohm 1996, 223–228). Der Frage nach dem Einfluss der juristischen Ausbildung auf Calvins theologisches Œuvre kommt insofern eine besondere Bedeutung zu, als neben ihm auch zahlreiche andere Theologen des frühen Calvinismus ein Studium der Rechte absolviert hatten. Es seien nur einige Namen genannt: die beiden Nachfolger als Moderatoren der *Compagnie des Pasteurs*, Theodor Beza und Simon Goulart, die bis zum Jahre 1587 an der Akademie als Professoren der Theologie neben und nach Beza verpflichteten Nicolas Colladon, Bonaventura Cornelius Bertramus, Lambert Daneau und wohl auch Charles Perrot, sowie der einflussreiche Pfarrer der reformierten Gemeinde in Paris, Antoine de La Roche Chandieu.

Schon den Zeitgenossen war bewusst, dass die Reformation in Frankreich besonders im Umkreis der juristischen Fakultäten Anhänger fand (zu den Gründen vgl. Strohm 1996, 224 f.). In den Klagen katholischer Autoren über den Abfall zur »neuen Religion« wird häufig auf die herausragende Rolle, die Juristen dabei spielten, verwiesen. Vielfach können bei den führenden Vertretern der humanistischen Jurisprudenz protestantische Neigungen nachgewiesen werden, auch wenn es nur teilweise zum Bruch mit der römisch-katholischen Kirche kam. Studenten des Zivilrechts fühlten sich in besonderem Maße von evangelischem Gedankengut angezogen (vgl. Bonet-Maury 1889, 324–330; vgl. auch Burmeister 1974, 69 f.).

Die von der scholastischen Rechtswissenschaft entwickelte Vorlesungsmethode, seit dem 16. Jahrhundert *mos italicus* genannt, suchte das *Corpus Iuris Civilis* mit Hilfe eines relativ starren Schemas auszulegen. Die Zergliederung der Rechtssätze orientierte sich in starkem Maße an den mittelalterlichen Kommentaren; die Entstehungssituation und der historische Kontext des römischen Rechts spielten keine Rolle. Die humanistisch orientierten Juristen hingegen versuchten das römische Recht im Kontext der klassischen Antike zu verstehen (zur Entwicklung eines historisch-kritischen Zugangs zu den alten Rechtstexten vgl. Kelley 1970; zur Methodendiskussion in der Jurisprudenz vgl. Burmeister 1974, 241–261). Die in breitem Umfang herangezogene klassisch-römische Literatur diente der Aufhellung der historischen Voraussetzungen und der Situation, in der die Texte entstanden waren. Im Zuge dieses Bemühens war man auch zu der Erkenntnis gelangt, dass das im 6. Jahrhundert n. Chr. auf Veranlassung Kaiser Justinians geschaffene *Corpus Iuris Civilis* die Äußerungen der römischen Juristen aus der klassischen Zeit, den beiden Jahrhunderten vor und nach Christi Geburt, nur in unvollkommener und teilweise verdorbener Weise wiedergab. Die *Digesten* rückten ins Zentrum des Interesses, denn in diesem Teil des *Corpus Iuris Civilis* waren die Lehrmeinungen und Entscheidungen römischer Juristen aus der klassischen Zeit gesammelt. Guillaume Budés 1508 und 1515 vom Standpunkt einer Bewunderung des klassisch-ciceronischen Lateins aus vorgetragene Kritik der *Digesten* fand zahlreiche Anhänger und Nachfolger (zu Budés Bedeutung für die historische Kritik des *Corpus Iuris Civilis* vgl. Kelley 1967; vgl. auch Bohatec 1950).

Das Bestreben, das justinianische und insbesondere das vorjustinianische Recht unter Zuhilfenahme philologisch-historischer Mittel zu erläutern, war jedoch nur der *eine* Schwerpunkt der Arbeit humanistischer Juristen. Das *zweite* Anliegen der humanistischen Jurisprudenz war es, die ethische Dimension des römischen Rechts zu erfassen. Die Philosophie wurde als Quelle des Rechts und die Jurisprudenz selbst als ein Teil der Moralphilosophie angesehen. Die Auseinandersetzung mit den Fragen von Recht und Moral, des Wesens der Gerechtigkeit sowie der Natur der Gesetze kann geradezu als charakteristisches Kennzeichen der humanistischen Jurisprudenz bezeichnet werden. In den Vorschlägen zur Reform des Studiums der Jurisprudenz erhielt die Ethik entsprechend einen herausragenden Platz.

Das Bestreben, die Jurisprudenz im Kontext der Moralphilosophie bzw. Ethik zu verstehen, hatte wesentlich pädagogische Gründe. Ebenfalls pädagogisch motiviert war das *dritte* Anliegen der humanistischen Jurisprudenz, die Grundbegriffe und Grundgedanken des römischen Rechts herauszuarbeiten. Ziel der neuen Lehrmethode, des sogenannten *mos gallicus*, war es, den Studenten die spitzfindigen Distinktionen und weitschweifigen Kommentierungen zu ersparen und statt der detaillierten Erklärung einzelner Texte einen umfassenderen Überblick zu bieten. Die Studenten sollten angeleitet werden, die Grundgedanken des römischen Rechts zu erfassen. Während die mittelalterliche Auslegung und Lehre streng dem Aufbau der autoritativen Rechtsquellen folgte, fragte man nun nach dem passenden systematischen Ort einer Bestimmung. Zwar findet sich bereits im *Corpus Iuris Civilis* eine gewisse thematische Ordnung, aber allein die Aufteilung der Materie in *Codex Iustinianus, Digesten* und *Institutionen* verhinderte eine wirklich systematische Darstellung. Für die Gliederung des juristischen Unterrichts sollte nun nicht mehr die Einheit der behandelten Quelle maßgebend sein, sondern der Sachzusammenhang bzw. die Systematik.

1.2. Auswirkungen der juristischen Schulung auf die Theologie: das Recht Gottes auf das Leben seiner Geschöpfe

Für alle drei Bestrebungen der humanistischen Jurisprudenz lassen sich Entsprechungen in Calvins späterem Wirken als Theologe finden: das lebenslange Bemühen um eine philologisch-kontextuelle Klärung des Bibeltextes, das Gewicht, das Calvin Fragen von Ethik und Kirchenordnung zumisst, und schließlich das Interesse an einer systematischen Darstellung der christlichen Lehre, das in der *Institutio* Gestalt gewonnen hat. Darüber hinaus ist das theologische Profil Calvins insgesamt durch seine im Milieu der humanistischen Jurisprudenz verbrachten Bildungsjahre geprägt.

Der für Calvins Bibelauslegung zentrale Begriff der *accommodatio* angesichts des Auseinanderklaffens der menschlichen Wirklichkeit und der Majestät Gottes und seines Gesetzes entspricht im Ansatz der von den humanistisch orientierten Juristen ins Zentrum ihrer Gesetzesauslegung gerückten *aequitas*-Lehre (vgl. Kisch 1960; Haas 1997). Denn auch hier ging es darum, das jeweilige Gesetz den besonderen Umständen entsprechend zu interpretieren und gegebenenfalls zu mildern, damit eine wörtliche Auslegung nicht als *summum ius* im Einzelfall zu Ungerechtigkeit führe.

Auch elementare Ziele des reformatorischen Bemühens Calvins sind durch sein Jurastudium beeinflusst. Während für Luther die Frage nach dem gnädigen Gott entscheidend ist, hat Calvins reformatorischer Aufbruch wesentlich das Ziel, die rechte Gottesverehrung wiederherzustellen. So hat Calvin dieses als entscheidenden Grund für seinen Übergang vom römischen Katholizismus zur Reformation genannt (vgl. Brief an einen katholischen Priester, 1542, CO 11,485 f.). Zwar sind hier auch humanistische und paulinisch-johanneische Traditionen, in denen das Geistsein Gottes herausgestellt wird, wirksam, aber der juristische Hintergrund dieser Ausrichtung ist nicht zu übersehen.

Der Sinn des ersten Gebotes lautet nach Calvin,

> »quod Dominus in populo suo solus vult eminere, et iure suo potiri in solidum. Id ut fiat, impietatem ac superstitionem quamlibet, qua divinitatis suae gloria vel minuitur vel obscuratur, a nobis abesse iubet; atque eadem ratione, vero pietatis studio coli se a nobis atque adorari praecipit« (Inst. II.8.16).

Die Rechtfertigung *sola fide* ist nicht nur um der Heilsgewissheit der Glaubenden willen zu lehren, sondern insbesondere auch darum, dass der Ehre Gottes Recht widerfährt und d. h., dass das Heil des Menschen allein an ihm zu hängen hat. Dem Menschen könne »nicht das Geringste zugesprochen werden, ohne daß Gott die Ehre geraubt« werde (Inst. II.2.1). Ausdrücklich betont Calvin, dass die Rechtfertigung des Sünders der Ehre Gottes und der Offenbarung seiner Gerechtigkeit diene und darum derjenige, der sich seiner eigenen Gerechtigkeit rühmt, Gott die Ehre raube (vgl. Inst. III.13.1 f.).

In der Vorsehungs- und Vorbestimmungslehre spitzt er das augustinische Erbe entsprechend zu. Nicht nur die Erwählung, sondern auch die Verwerfung hat ihr

Ziel in der Vermehrung der *gloria Dei*. Die Verworfenen »sind nach Gottes gerechtem, aber unerforschlichem Gericht dazu erweckt, durch ihre Verdammnis seinen Ruhm zu verherrlichen« (»[...] iusto, sed inscrutabili Dei iudicio suscitati sunt, ad gloriam eius sua damnatione illustrandam«, Inst. III.24.14).

Die Formel, die in der *Institutio* die Grundrichtung der Ethik angibt, die Selbstverleugnung, wird mithilfe juristischer Terminologie und des Hinweises auf den Rechtsanspruch Gottes auf das gesamte menschliche Leben erläutert (vgl. Inst. III.7.1 f.).

»Nunc promptum est intelligere quid ex Lege discendum sit, nempe Deum, sicut Creator est noster, ita iure locum patris et domini erga nos obtinere: hac ratione gloriam, reverentiam, amorem, timorem illi a nobis deberi. Quinetiam nos non esse nostri iuris, ut quocunque animi libido incitarit, sequamur, sed ab eius nutu suspensos, in eo solo debere consistere quod ei placuerit« (Inst. II.8.2).

Die planmäßige Orientierung allen menschlichen Handelns an der *gloria Dei* wird, wie schon Ernst Troeltsch im Blick auf Calvin richtig festgestellt hat (vgl. Troeltsch 1994, 622), zu einem machtvollen ethischen Antrieb im frühen Calvinismus. Die Konzentration der Ausrichtung auf dieses eine allumfassende Ziel hat unabhängig von Einflüssen auf die materiale Ethik eine Verschärfung der Inanspruchnahme des Menschen zur Folge. Jede einzelne Handlung ist so zu gestalten, dass sie dem großen Ziel dient, um dessentwillen Schöpfung und menschliches Leben überhaupt nur sind (vgl. Strohm 1996, 286–316).

Calvins juristische Schulung und seine Orientierung am Recht Gottes hat einen deutlich positiver gestimmten Gesetzesbegriff als bei Luther zur Folge. Zusammen mit dem Anspruch, die Reformation der Lehre, wie sie Luther in Angriff genommen hat, durch eine Reformation des Lebens zu vollenden, rückt der dritte Gebrauch des Gesetzes in den Wiedergeborenen als *usus praecipuus legis* ins Zentrum (vgl. Inst. II.7.12–17). Das findet bei Calvin wie dann auch im Calvinismus seinen Ausdruck in einer konsequenten Gestaltung von Kirchenordnung und -recht nach biblischen Maßgaben sowie in der verstärkten Weltgestaltung qua Recht und Ethik.

1.3. Kirchenordnung und -recht in biblischer Perspektive

Dadurch, dass Calvin nicht Luthers Zurückhaltung gegenüber dem dritten Gebrauch des Gesetzes kennt, ist eine entscheidende Voraussetzung für eine unbefangenere Aufrichtung von Gesetz und Recht in der Kirche gegeben (vgl. Weerda 1964; Strohm 1995). Entsprechend verfährt Calvin auch in dem betreffenden vierten Buch der *Institutio*. Zwar verwendet er mit Luther einen guten Teil der Erörterungen auf die Abgrenzung gegen die Missbräuche in der Papstkirche, aber die positiven Aussagen zu Kirchenordnung und Kirchenrecht gehen weit über Luthers diesbezügliche Äußerungen hinaus (vgl. Inst. IV.1–13 und 20).

Unter Berufung auf das göttliche Recht, wie er es in der Heiligen Schrift findet, wendet sich Calvin gegen die »Menschensatzungen«, mit denen die römische Kirche die Gewissen der Menschen knechtet (vgl. Inst. IV.10.2; IV.10.6; IV.10.13 u. ö.). Zudem stellen menschliche Gesetze in der Kirche, wenn sie nicht durch das göttliche Gesetz vorgesehen sind, einen Eingriff in Gottes Recht dar (vgl. Inst. IV.10.7). Wie Luther weist Calvin den Anspruch des Papstes, *iure divino* die oberste Gewalt des geistlichen und des weltlichen Schwertes innezuhaben, scharf zurück (vgl. Inst. IV.11.11; vgl. auch Inst. IV.19.10). Auffälligerweise nennt Calvin in der *Institutio* gemäß Artikel 7 der *Confessio Augustana* nur rechte Predigt und Sakramentsverwaltung, nicht jedoch Kirchenordnung oder -zucht (vgl. Inst. IV.1.9) als *notae ecclesiae*. Zugleich entfaltet er sie in anderen Zusammenhängen mit Martin Bucer und der gesamten späteren reformierten Lehre als konstitutiv für das Wesen der Kirche.

Calvins Verständnis des Kirchenrechts ist wie auch sein Kirchenbegriff von der Spannung des Innerlich-Geistlichen mit dem Äußerlichen durchzogen. Die Kirche als die unsichtbare Gemeinschaft der Erwählten wird konstituiert durch das göttliche Recht in der Gnadenwahl. Dies geht nicht auf in dem, was die Heilige Schrift an Vorgaben zur Gestaltung des kirchlichen Lebens macht. Die unsichtbare Wesenskirche der Erwählten kann nicht durch das Kirchenrecht erfasst werden. Wilhelm Maurer hat hervorgehoben, dass hier ein grundsätzlicher Unterschied zu Luther vorliegt. Denn neben dem antirömischen Protest gegen ein göttliches Kirchenrecht, das sich heilsmittlerische Bedeutung anmaßt, kommt darin auch ein antilutherischer Protest zum Ausdruck.

»Es soll bestritten werden, daß Gottes heilsschaffender Geist sich an das äußerliche Wort gebunden habe. Daß dieses äußere Wort, weil heilsnotwendig, unbedingt durch das öffentliche Amt verkündigt werden müsse, ist der Inbegriff des göttlichen Rechtes nach dem lutherischen Bekenntnis. Das reformierte bestreitet mit seiner Prädestinationslehre und mit seiner Differenzierung von Wort und Geist jene absolute Notwendigkeit. Es identifiziert dagegen das göttliche Recht mit den biblischen Weisungen und Institutionen.« (Maurer 1957, 175)

Nach Luthers Auffassung geschieht durch die äußere Verkündigung der Rechtfertigungsbotschaft Neuschöpfung, wenn diese glaubend ergriffen wird und zum getrösteten Herzen führt. An dieses Ineinander von äußerem und geistlichem Geschehen in der Predigt des mündlichen Wortes ist die Rede vom *ius divinum* in der Kirche unmittelbar gebunden. Bei Calvin treten äußeres Wort und Geist auseinander. Im Blick auf das innerlich-geistliche Geschehen von Prädestination und Erwählung kommt unabhängig vom äußeren Wort das *ius divinum* der göttlichen Freiheit zur Wirkung. Das äußere Wort hingegen ist weniger schöpferisches göttliches Mandatswort als vielmehr *lex scripta*, welche die Normen göttlichen Rechts in der verfassten Kirche vorgibt.

Calvin hat seine Überlegungen zu Kirchenordnung und -recht im Kontext zweier unterschiedlicher Herausforderungen entwickelt. Zum einen ging es darum, das christliche Gemeinwesen Genf im reformierten Sinne zu gestalten. Zum anderen mussten in der französischen Heimat angesichts vielfacher Verfolgungssituationen ohne obrigkeitliche Hilfe und zum Teil gegen sie Ordnungsstrukturen in der Kirche geschaffen werden. In Genf ist es Calvin nach langen Auseinandersetzungen gelungen, ein Konsistorium zu etablieren, das zwar den Ältesten eine wichtige Rolle bei der Kirchenzucht einräumte, aber ein kirchliches Gremium blieb, in dem die Pfarrer das größte Gewicht behielten (abgedruckt in: Niesel 1938, 42.64; auch in: Calvin-Studienausgabe 2, 238–279). Auf dem Weg über seinen Nachfolger Beza ist Calvins »aristokratisch-konsistorial« orientiertes Kirchenordnungsmodell in Frankreich und weit darüber hinaus prägend geworden (vgl. Kingdon 1967). Kein anderer reformierter Theologe, auch der Zürcher Richtung, hat auf dem Feld des Kirchenrechts ähnlich weitreichend gewirkt. Die *Discipline ecclésiastique* der französischen Protestanten von 1559 trägt mit ihrer Ablehnung kongregationalistischer Bestrebungen und der Betonung konsistorial-synodaler Leitungsstrukturen sowie der Rolle der Pfarrer, Ältesten und Diakone seine Handschrift (abgedruckt in: Niesel 1938, 75–79). Ohne die Zustimmung der Provinzial- bzw. Generalsynoden können die Einzelgemeinden nicht gestalterisch tätig werden. Die Kritik Jean Morélys, der dagegen das Priestertum aller Gläubigen betonte und daraus ein weitgehendes Lehrbeurteilungs- und Gestaltungsrecht der einzelnen Gläubigen und Gemeinden ableitete, wurde wiederum unter Bezug auf Calvin widerlegt (vgl. De la Roche Chandieu 1566).

Auch in den Niederlanden wirkte sich Calvins Theologie von Anfang an prägend auf die Gestaltung der reformierten Kirche aus. Zwar kamen hier über die Flüchtlingsgemeinden auch andere Modelle und Personen zur Geltung, so vor allem Johannes a Lasco mit seiner Londoner Kirchenordnung *Forma ac ratio* (gedruckt 1555; wiederabgedruckt in: A Lasco 1866, 1–283), letztendlich setzten sich jedoch überwiegend die Genfer Bestimmungen durch. Einen wesentlichen Anteil daran hatte Philipp van Marnix van St. Aldegonde, der an der Genfer Akademie studiert hatte und als Ratgeber Wilhelm von Oraniens eine wichtige Rolle bei der Organisation des kirchlichen Leben spielte (Gerlo/De Smet 1990, 45–62.74–90.114–137.172–176). Ebenfalls durch einen Aufenthalt in Genf hat der Reformator Schottlands, John Knox, seine Anregungen von Calvin empfangen. In der ersten schottischen Kirchenordnung von 1560, *The First Book of Discipline*, wird neben der rechten Predigt und Sakramentsverwaltung auch die Kirchenzucht unter die *notae ecclesiae* gezählt.

Unter den vielfältigen Nachwirkungen gerade auch im späteren Puritanismus in England sowie in der neuen Welt ist die für das Reich bedeutsame Entwicklung in der Kurpfalz zu erwähnen. Der Übergang des pfälzischen Kurfürsten Friedrich III. zum reformierten Protestantismus nach 1559 erfolgte unter maßgeblichem Einfluss der Theologie Calvins. In Gestalt Caspar Olevians spielte ein Theologe die entscheidende Rolle bei der Abfassung der kurpfälzischen Kirchenordnung von 1563, der bei Calvin studiert hatte und auch noch während der Wirksamkeit in der Kurpfalz Rat bei ihm einholte (vgl. Calvin an C. Olevian, 5. 11. 1560, CO 18,235–237). Angesichts des starken Zürcher Einflusses in Heidelberg stellte sich die Frage, ob die Kirchenzucht eher entsprechend dem Zürcher Modell als Teil der obrigkeitlichen Sittenzucht zu gestalten oder in Calvins Sinn als explizit kirchliche, von Pfarrern und Ältesten als kirchlichen Amtsträgern zu handhabende Angelegenheit zu verstehen sei. Unter Olevians Führung setzten sich 1570 in den entsprechenden Regelungen Calvins Vorstellungen gegen die vor allem von dem Mediziner Thomas Erastus vertretene Zürcher Auffassung durch (vgl. Walton 1988/89, 205–246).

Die Nachfolger Calvins haben angesichts der krisenhaften Umwälzungen in Westeuropa an der Wende vom 16. zum 17. Jahrhundert, der Religionskriege in Frankreich und des niederländischen Aufstands, verstärkt den Ordnungsgedanken betont. So kann der zeitweilige Genfer Theologieprofessor Lambert Daneau in der Vorrede zu seinem dem Thema »Kirchenordnung« gewidmeten Kommentar zum Ersten Timotheusbrief sagen: »Nihil esse in ipsa rerum vniuersitate pulchrius ordine« (Daneau 1577b, fol. ¶ ij^{r}). Calvin hat versucht, die kirchliche Ordnung entsprechend den biblischen Vorgaben zu gestalten. So entnimmt er wie Martin Bucer die vier Ämter (Pastoren, Doktoren, Älteste und Diakone) den biblischen Texten. Seine Nachfolger gehen auf diesem Weg weiter, teilweise bis zu einer biblizistisch-gesetzlichen Begründung des gegenwärtigen Kirchenrechts aus den Regelungen der Bibel Neuen *und* Alten Testaments. Der erwähnte Kommentar Daneaus zum Ersten Timotheusbrief ist hierfür ein Beispiel, aber auch der Versuch eines anderen Genfer Theologieprofessors, des Hebraisten Cornelius Bertramus, eine für die Gegenwart normative Rekonstruktion der jüdischen Ordnungen in der Zeit Jesu und der Apostel zu erstellen (vgl. Bertramus 1574). Calvins Unterscheidung der unwandelbaren Substanz biblischer Vorgaben zur Kirchenordnung und zeitgebundenen Vorstellungen spielt hier keine Rolle mehr. Andere wie zum Beispiel La Roche Chandieu haben sie aber bewahrt (vgl. De la Roche Chandieu 1566, 223; vgl. auch Prust 1967).

1.4. Rechtsverständnis und Rechtsgestaltung

Calvin hat nicht nur kirchliche Ordnungen verfaßt, sondern war auch maßgeblich an der Formulierung weltlicher Gesetzgebung beteiligt. Ein bezeichnendes Beispiel ist sein im Auftrag des Rates der Stadt verfasster Entwurf der Genfer Ehegesetzgebung (vgl. *Projet d'ordonnances sur les mariages*, 1545, CO 10/1,33–44). Die *Ordonnances ecclésiastiques*, in denen das kirchliche und religiöse Leben in Genf geregelt war, waren selbstverständlich Teil des weltlichen Rechts. Calvin wurde vom Rat der Stadt Genf mehrfach ausdrücklich um juristischen Ratschlag gebeten (vgl. *Quaestiones matrimoniales*, CO 10/1,231–244; *Quaestiones iuridicae*, CO 10/1,245–254; zu Calvins Mitgestaltung des Genfer Zivil- und Zivilprozeßrecht vgl. Bohatec 1934, 209–279).

In verschiedenen Zusammenhängen seines Werkes hat sich Calvin zu Grundfragen des Rechts geäußert. Bei der Auslegung von Röm 2,14 f. geht er in der Entfaltung einer Naturrechtslehre über die scholastischen Vorbilder hinaus (vgl. Ba-

CKUS 2003b). Anders als in der *Institutio*, wo der Naturrechtsgedanke allein dem Aufweis der Unentschuldbarkeit des Menschen dient (Inst. I.3 f.; vgl. Inst. II.2.3; Inst. II.2.22), entfaltet Calvin hier den Zusammenhang der dem Gewissen des Menschen innewohnenden moralischen Normen und der daraus abzuleitenden weltlichen Gesetze (vgl. Komm. Röm 2,14 f., COR II/13,46 f.). Das römische Recht stellt in diesem Sinne vernunftgemäßes Recht dar. Neben der Hochschätzung des römischen Rechts sind hier stoische Traditionen wirksam, mit denen Calvin seit seiner Kommentierung von Senecas Schrift *De clementia* im Jahre 1532 vertraut war.

Die Unterschiede in der Naturrechtslehre im Vergleich zu Luther und dem ebenfalls von Cicero und der Stoa angeregten Melanchthon dürfen nicht überbewertet werden. Die Naturrechtslehre hat zusammen mit der reformatorischen Unterscheidung von geistlichem und weltlichem Regiment sowie der Ablehnung des »päpstlichen« Rechts, d.h. der Dekretalen, in denen der päpstliche Weltherrschaftsanspruch seinen Ausdruck gefunden hat, einen wichtigen Beitrag zur Genese der modernen Rechtswissenschaft in der frühen Neuzeit geleistet. Von Calvin angeregte oder geprägte Juristen haben hier eine zentrale Rolle gespielt, so für die Systematik des Zivilrechts Hugo Donellus oder für die Darlegung von Politik und öffentlichem Recht Johannes Althusius.

Angesichts der Konfessionsspaltung kam der Frage des Rechts auf Widerstand gegen tyrannische Obrigkeit in der zweiten Hälfte des 16. Jahrhunderts besondere Aktualität zu. Calvin hat von der ersten Ausgabe der *Institutio* 1536 an, die nicht zuletzt das Ziel verfolgte, die französischen Protestanten gegen den Vorwurf täuferischen Aufruhrs zu verteidigen, das Gehorsamsgebot auch gegenüber einer ungerechten Obrigkeit eingeschärft. Diese bleibt von Gott eingesetzt, und dem verfolgten Christen stehen nur die Mittel des mutigen Bekenntnisses, der Emigration, des Gebets und der Bitte um Gottes Hilfe zur Verfügung. Dem Bösen mit Gewalt zu widerstehen, hieße, den Herrn zu hindern, helfend einzugreifen (vgl. An die Gemeinde von Aix, 1. 5. 1561, CO 18,437). Calvin teilt mit den lutherischen Reformatoren die Vorstellung der von Gott erweckten *viri heroici*, deren besondere Berufung sie zum Widerstand berechtigt (vgl. Inst. IV.20.30), lehnt jedoch die naturrechtliche Begründung eines Widerstandsrechts ab (vgl. *Praelectiones in Ieremiam*, c. 38, CO 39,158). Weder die Vertragskonstruktion noch der Volkssouveränitätsgedanke finden sich bei ihm. Die Begründung eines Widerstandsrechts geschieht allein durch eine positiv-rechtliche Argumentation (vgl. WOLF 1972), wenn Calvin seine Hoffnung angesichts der Verfolgungen seiner Glaubensgenossen in Frankreich auf die Stände des Königreichs richtet. Diese sind in ihrer Gesamtheit die Instanz, die nicht nur berechtigt, sondern auch verpflichtet ist, dem Machtmissbrauch des Herrschers zu wehren. Die antiken Ephoren und *populares magistratus* werden als die verfassungsmäßig zuständigen Kontrollorgane zur Mäßigung und Begrenzung monarchischer Herrschaft beschrieben (vgl. Inst. IV.20.31). Sie sind »durch Gottes Anordnung« als Hüter der Freiheit des Volkes eingesetzt und entsprechend verpflichtet, Herrschern entgegenzutreten (»intercedere«), die »maßlos wüten« und »das einfache Volk quälen«. Calvin hat diese allgemeinen Ausführungen nur an wenigen Stellen seines Werkes konkreter ausgeführt. Zugleich schärfen die Predigten der Jahre 1550 bis 1562 mit Verweis auf die *clausula Petri* mehrfach die Pflicht aller Christen zum Ungehorsam gegenüber widergöttlichen Anordnungen ein (vgl. Engammare 1998b).

Im Schrifttum der sogenannten calvinistischen Monarchomachen wurden unter dem Eindruck der Verfolgung der französischen Protestanten die Überlegungen Calvins zu einer Begründung des Widerstandsrechts weiterentwickelt, die nicht nur den Widerstand gegen eine kirchenfeindliche Obrigkeit, sondern auch die Absetzung und Entfernung einer tyrannisch gewordenen Obrigkeit einschloss. Charakteristisch war neben der Entfaltung einer theologischen Begründung in Gestalt einer Föderaltheologie der breite Rückgriff auf Rechtstexte durch die durchweg juristisch gebildeten Autoren. 1573 erschien die *Francogallia* des Juristen François Hotman, die eine umfassende Darlegung der historischen Grundlagen des französischen Staatsrechts bietet (Hotman 1972). Ebenfalls 1573 reagierte Theodor Beza auf die Protestantenmassaker vom August 1572 mit der anonym erschienenen Schrift *De iure magistratuum in subditos* (Beza 1965). Darin begründete er die Verpflichtung der *inferiores magistratus* zum Widerstand gegen einen zum Tyrannen gewordenen Herrscher. Die 1579 pseudonym erschienenen und wohl maßgeblich von Philippe Du Plessis-Mornay verfaßten *Vindiciae contra tyrannos* boten mit der ausgeführten Theorie eines doppelten Bundes, eines *pactum religiosum* mit Gott sowie eines *pactum civile* zwischen Volk und Herrscher, zum ersten Mal eine bundestheologische Begründung des Widerstandsrechts (Brutus 1979). Dieser Rückgriff auf Religion verdrängt die spezifisch juristische Begründung des Widerstandes mit dem Verweis auf die Kompetenz der *inferiores magistratus* nicht, sondern tritt neben sie.

Der Unterschied zwischen calvinistischen und lutherischen Beurteilungen des Widerstandsrechts ist vielfach überbewertet worden (vgl. bereits Troeltsch 1994, 683–695). Er lag im wesentlichen darin, dass hier juristisch gebildete Autoren das Thema erörterten und entsprechend auf juristische Begründungen zurückgriffen. Gerade darum konnten die Begründungen auch zügig von katholischen Autoren übernommen werden, als mit Heinrich IV. ein protestantisch gesinnter Herrscher den Thron bestieg.

Entscheidende Anstöße für die Weiterentwicklung des Rechts in der Frühen Neuzeit erfolgten durch die gemeinreformatorische Unterscheidung von geistlichem und weltlichem Regiment (Witte 1997b). Auch wenn Teile des kanonischen Rechts in protestantischen Territorien in Geltung blieben, stellte sich die Notwendigkeit einer neuen zivil-, straf- und öffentlich-rechtlichen Systematik. Man kann hier keine grundsätzlichen Unterschiede zwischen lutherischen und reformierten Juristen feststellen. Gleichwohl bleibt der auffällige Sachverhalt zu deuten, dass die frühen Verfechter unaufgebbarer Rechte des Einzelnen wie z. B. John Locke aus calvinistischen Milieus hervorgingen. Dies lässt sich nicht einfach aus spezifischen theologischen Grundentscheidungen Calvins wie etwa der individualisierenden Wirkung pneumatologischer Begründungsmuster in dessen Theologie herleiten.

Calvin hat wie Luther die Freiheit des Gewissens von Menschensatzungen betont (vgl. z.B. Inst. III.19; vgl. auch MILLET 1991). Jedoch wird die Gewissensfreiheit im frühen Calvinismus angesichts der Protestantenverfolgungen pointierter auf staatliche Gehorsamsansprüche bezogen. Den als Juristen ausgebildeten Theologen war die Differenz zwischen Gewissen und staatlichem Recht schon aus der Arbeit am *Corpus Iuris Civilis* vertraut. Von daher gab es ein klares Bewusstsein des begrenzten Geltungsbereichs weltlicher Gesetze, die sich im Unterschied zum göttlichen Gesetz nicht auf das Gewissen und den Gehorsam der innersten Herzensregungen beziehen können. Im Konfliktfall entschied man sich unmissverständlich für die Unversehrtheit des Gewissens und gegen Ansprüche der Obrigkeit, die mit dem Gewissen nicht vereinbar sind. »[...] quoties pugnat conscientia cum Magistratu, toties praeferendum ius conscientiae, illudque salvum et incolume est conservandum« (DANEAU 1577a, fol. 286[r]). Es ging hier noch nicht um die Freiheit des autonomen Gewissens im modernen Sinne, aber solche unmissverständliche Präferenz für das *ius conscientiae* stellte eine wichtige Etappe auf dem Weg zu unaufgebbaren Grundrechten des einzelnen dar.

BOHATEC, Josef: Calvin und das Recht, 1934.
HAAS, Guenther H.: The Concept of Equity in Calvin's Ethics (Editions Sciences religieuses 20), 1997.
STROHM, Christoph: Ethik im frühen Calvinismus. Humanistische Einflüsse, philosophische, juristische und theologische Argumentationen sowie mentalitätsgeschichtliche Aspekte am Beispiel des Calvin-Schülers Lambertus Danaeus (AKG 65), 1996, 217–395.
DERS.: Ius divinum und ius humanum. Reformatorische Begründung des Kirchenrechts (in: RAU, Gerhard u.a. [Hg.]: Das Recht der Kirche, Bd 2: Zur Geschichte des Kirchenrechts [FBESG 50], 1995, 115–173).
WEERDA, Jan Remmers: Ordnung zur Lehre – zur Theologie der Kirchenordnung bei Calvin [1960] (in: DERS.: Nach Gottes Wort reformierte Kirche. Beiträge zu ihrer Geschichte und ihrem Recht, aus dem Nachlaß hg. v. Anneliese SPRENGLER-RUPPENTHAL [TB 23], 1964, 132–161).

Christoph Strohm

2. Liturgie

Noch vor einer Generation standen den angehenden Forschern von Calvin und der Genfer Reformation nur vereinzelt weitverstreute Literatur zur Verfügung, um sich über Calvins Verständnis von Liturgie zu informieren. So die leicht zugänglichen Schriften von Calvin selbst (u.a. die *Articles concernant l'organisation de l'église à Genève* von 1537, *La Forme des priers et chantz ecclésiastiques* von 1542 sowie verstreute Hinweise in den Kommentaren und diversen Ausgaben der *Institutio*), theologische Kommentare zu Aspekten von *La Forme des priers* (etwa

Arbeiten von Bruno Bürki, Hughes Oliphant Old, Bryan D. Spinks), architekturgeschichtliche Untersuchungen Genfer Kultstätten sowie Arbeiten zum protestantischen Bildersturm (z. B. Untersuchungen von Carlos Eire), detaillierte Studien zum Genfer Psalter und zu musikalischen Praktiken in Genf (z. B. Werke von Pierre Pidous und Charles Garside); und Abhandlungen über Calvins eigenes theologisches Verständnis zu den einzelnen Elementen der Liturgie, wie der Taufe, dem Abendmahl und der Predigt (z. B. de Arbeiten von Brian Gerrish, Ronald Wallace, T. H. L. Parker und Jill Raitt). Im Verlauf der letzten dreißig Jahre hat dagegen das Studium der Sozialgeschichte Genfs, das die sorgfältige Erforschung Genfer kommunaler Verordnungen, Protokolle der Kirchenbehörde und andere Quellen einschließt, uns ein anschaulicheres Bild vom Wesen liturgischer Gemeinschaft vermitteln können (vgl. die Arbeiten von Thomas Lambert, Robert Kingdon und Christian Grosse). Neuere Einführungen in Calvins liturgisches Verständnis, die auch die Sozial-, Wirtschafts- und Geistesgeschichte mit einbeziehen (vgl. Elsie McKees Untersuchungen sowie verschiedene Überblicksdarstellungen zur Reformation, wie die von Raymond Mentzer und Lee Palmer Wandel), bieten somit dem heutigen Forscher einen wesentlich plastischeren Eindruck von der Genfer Praxis als je zuvor. Dieser interdisziplinäre Ansatz führte auch dazu, dass sich die Forschung auf bestimmte Elemente der liturgischen Praxis in Genf konzentrierte (vgl. Christopher Elwoods und Karen Spierlings Arbeiten). Kurz gesagt, um die liturgische Praxis in Calvins Genf zu verstehen, sollte man das Augenmerk nicht nur auf die spezifischen liturgischen Texte richten, sondern auch auf Architektur, Musik, Predigt, Dokumente der Kirchenordnung, kommunale Verordnungen und Sakramentaltheologie. Man muss sich also der komplementären Methodik der Geistes-, Wirtschafts- und Sozialgeschichte, zusammen mit dem Studium der über das gesamte calvinische Schriftenkorpus verstreuten liturgischen Referenzen bedienen, sei es in seinen Briefen, Traktaten, Predigten oder Kommentaren.

2.1. Die zeitliche und räumliche Anordnung der wöchentlichen Liturgie

Eine einfache Methode, um eine zeitgemäße, mehrdimensionale und interdisziplinäre Erforschung der Genfer Liturgie zu gewährleisten, besteht darin, die Architektur des Andachtsraums zu untersuchen. Damit gewinnt die ehemalige Kathedrale St. Pierre besonderes Interesse, obgleich es auch andere Pfarrkirchen in Genf gab und die Stadt mit anderen Dorfkirchen in der Nähe in enger Beziehung stand.

Kirchgänger, die zum Gottesdienst in die Kirche St. Pierre kamen, betraten eine gotische Kathedrale mit weiträumigen Bögen und sehr hohen Deckengewölben. Mit dem Beginn der Reformation wurde die Kirche ihres mittelalterlichen Zierrats, ihrer Altäre, Lettner, des Weihrauchs, der Skulpturen und Gemälde beraubt, was Calvins Anliegen – und das anderer Reformatoren – widerspiegelte, das zweite Gebot strenger auszulegen und durchzusetzen. Die Orgel und Buntglasfenster wurden verschont, aber nicht instand gehalten. Die kahlen Wände, so hoffte Calvin, würden die Phantasie der Kirchgänger nicht abstumpfen, sondern vielmehr erheben und zum Nachdenken über die unsichtbaren Mysterien Gottes anregen.

Gemeindemitglieder waren gesetzlich zum Besuch der Kirche am Sonntag und am Mittwoch, einem Gebetstag, verpflichtet, wobei der Genfer Stadtrat die Zahl der Wochentage, an denen Predigtgottesdienste angeboten wurden, von 1551 an nach und nach von ein oder zwei auf sieben pro Woche erhöhte. Damals begann jeder Tag mit einem hauptsächlich für Bedienstete gedachten Morgengottesdienst mit Predigt (im Sommer um vier Uhr morgens und im Winter um fünf Uhr), dem später um acht Uhr ein weiterer Predigtgottesdienst folgte. Sonntags gab es mittags zusätzlich eine Katechismusstunde und um 15 Uhr beziehungsweise 14 Uhr im Winter einen nachmittäglichen Predigtgottesdienst. Jeder Gottesdienst begann mit Glockengeläut, das durch sämtliche Gassen Genfs hallte. Während Calvins erstem Aufenthalt in Genf mussten gemäß der Kirchenverordnung die Gottesdienste in den drei Genfer Kirchen zeitversetzt beginnen, wobei der jeweils nächste Gottesdienst erst begann, nachdem der vorherige zu Ende war. Dies sollte es den Gläubigen – theoretisch – möglich machen, bis zu acht Gottesdienste an einem einzigen Sonntag zu besuchen, wobei in der Praxis die Teilnahme über das gesetzlich vorgeschriebene Maß hinaus stark schwankte. Gottesdienste hatten pünktlich zur vollen Stunde zu beginnen und zu enden, auch wenn der Rat zu seinem großen Missfallen feststellte, dass der Gottesdienst häufig länger dauerte.

Wie Lambert ausführt, war der sonntägliche Kirchgang für alle bis auf eine Person pro Haushalt vorgeschrieben – eine Person sollte das Haus bewachen, was häufig dazu führte, dass Eheleute getrennt zum Gottesdienst erschienen. Unentschuldigtes Fernbleiben wurde ebenso geahndet wie Verspätung und mangelnde Aufmerksamkeit. Um den regelmäßigen Gottesdienst zu fördern, verbot die Stadt überdies zivilrechtliche Festnahmen von Dorfbewohnern auf dem Weg zur Kirche und sorgte außerdem dafür, dass während der Sonntags- und Mittwochsmessen alle Läden geschlossen blieben. 1545 wurden Beamte beauftragt, Haus für Haus auf mögliche Teilnehmer, die ihre Pflicht versäumten, zu durchsuchen. Nichtsdestotrotz häuften sich in Genf die Verletzungen der Kirchgangspflicht dermaßen, dass das Konsistorium 1545 darüber klagte, die Straßen seien während des Gottesdienstes voll von Menschen. Dabei war die größte Sorge, dass die Abwesenden mit dem Katholizismus sympathisierten und die antikatholischen Tiraden der reformatorischen Predigten nicht hören wollten. Lambert vermutet eher, dass die Abwesenden größtenteils Freizeitvergnügen nachgingen oder gar arbeiteten. Calvin klagte nicht nur über nachlässigen Kirchgang, sondern auch über Kirchgänger, die nur aus Angst vor Bestrafung, statt aus religiöser Inbrunst kamen. Eines Sonntags im Januar 1549 ließ der Rat die Pfarrer in jedem Gottesdienst eine Erklärung verlesen, die »praktisch jeden« der Nachlässigkeit beschuldigte und dieses Versäumnis für die moralischen Probleme der Stadt verantwortlich machte. Zum Eifer des Rates bezüglich des Besuchs von Gottesdiensten bemerkt LAMBERT, dass die Genfer anscheinend der Predigt gegenüber das besondere Vertrauen hegten, die Leiden der Republik wie auch ihrer Bewohner heilen zu können. Auf jedem Fall waren die Kirchen während des Gottesdienstes alles andere als leer. Tatsächlich sprengte die wachsende Stadtbevölkerung die Kapazität ihrer Gotteshäuser, besonders wenn Calvin oder ein anderer namhafter Prediger angekündigt war, so dass der Rat, um der Zahl der Kirchgänger Rechnung zu tragen, 1557 die bis dahin als Artilleriedepot genutzte Kirche Saint Germain wieder in den Dienst stellte.

In der Versammlung der Kirchgänger mussten Frauen und Kinder vorne auf niedrigeren Bänken sitzen, während die Männer hinter ihnen und um sie herum auf höheren Bänken saßen. (1555 beklagte sich der Rat darüber, dass diese Anordnung nicht eingehalten wurde, und die Männer vorne, die Frauen dagegen weiter hinten saßen). Ausnahmen dieser Geschlechtertrennung waren gestattet, wenn es Kirchgängern akustisch schwer fiel, den Predigten zu folgen oder sie nach Einschätzung des Konsistoriums nicht genügend von den Predigten mitbekamen. Die andere nennenswerte Ausnahme zur Geschlechtertrennung betraf Politiker und Würdenträger, die ganz vorn auf reservierten Stühlen saßen. In den späten 50er Jahren veranlasste die steigende Kirchgängerzahl die Pastoren zu dem Verbot, Plätze für Freunde frei zu halten. Zwar sollten Kirchgänger ernst und aufmerksam dasitzen, doch Augenzeugenberichten zufolge wurde die Andacht häufig durch zänkisches und anderes störendes Verhalten, durch Geschwätz und Schlaf entweiht. Ähnlich enttäuschend war für die Genfer Prediger das Festhalten an vorreformatorischen Sitten und Gebräuchen, wie dem Murmeln (*barbotement*) leiser Gebete.

2.2. Die Form der Liturgie

Die Liturgie war schlicht, doch bewusst gestaltet. Obgleich Calvins liturgische Reflexionen bis zur Ausgabe der *Institutio* (CO 1,139–140; OS 1,161) von 1536 zurückreichen, ist hier Calvins Liturgie, *La Forme des priers et chantz ecclésiastiques, avec la manière d'administrer les sacremens, et consacrer le marriage, selon la coustume de l'église ancienne* (CO 6,161–210; OS 2,11–58) als Hauptquelle zu nennen, die 1542 erschien, 1545 nachgedruckt und 1552 bis 1553 und erneut 1562 mit geringfügigen Änderungen publiziert wurde. Die Liturgie, die in einigen wichtigen Elementen Bucers Straßburger Liturgie entsprach, enthielt grundsätzliche Anweisungen für die Gestaltung des Gottesdienstes sowie einige vollständige Gebetstexte. Den Anfang machte ein Bittgebet aus Psalm 124: »Unsere Hilfe steht im Namen des Herrn, der Himmel und Erde gemacht hat.« Es folgte unter Anleitung des Pfarrers ein Beichtgebet mit dem Bekenntnis, dass alle Menschen aufgrund der Verderbtheit des Fleisches Sünder seien und fortwährend gegen die Gebote Gottes verstießen; alle Kirchgänger bekannten ihre Reue darüber, Gott gekränkt zu haben, riefen die Barmherzigkeit des gnädigen Gottes an und baten darum, dass die läuternde Kraft des Heiligen Geistes in jedem täglich zunehme. So fragt sich Calvin in der *Institutio*: »Wie anders kann man mit der Liturgie beginnen als mit dem Bekenntnis der eigenen Unwürdigkeit?« (Inst. III.4.11). Nach Erteilung der Absolution sang die Gemeinde. Eine Ausgabe der Liturgie forderte das Singen der zehn Gebote (liturgisch zeigte sich darin – im Gegensatz zu den Lutheranern – Calvins Beharren auf dem dritten Gebrauch des Gesetzes als Richtschnur für ein dankbares christliches Leben). Andere Ausgaben der Liturgie sahen das Singen eines der Anschlagtafel zu entnehmenden Psalms vor. Anschließend sprach der Prediger ein Gebet um Erleuchtung und die Entsendung des heiligen Geistes, womit bezeichnenderweise das Element der Epiklese, der Anrufung in den Gottesdienst eingebracht wurde, welches in der mittelalterlichen Messe fehlte. Er betete weiter um wahrheitsgetreue Auslegung der Schrift, zur Errichtung der Kirche und um die demütige und gehorsame Aufnahme des Wortes. Die genaue Wortwahl stand im Ermessen des Predigers, doch Calvin verwendete häufig ein von Bucer entliehenes Altargebet, mit dem Anliegen, die Herzen der Gemeinde zu sammeln, damit sie, frei von weltlichen Gedanken, Gottes Botschaft nicht nur hörten, sondern für Gottes Willen empfänglich wären. Es folgte die Bibellesung und die Predigt, dann die Aufforderung zum Gebet und eine längere Fürbitte, die sich wahrscheinlich an umfassenden patristischen Vorlagen für gemeinsame Fürbitten orientierte. Der in der veröffentlichten Liturgie enthaltene Gebetstext umfasst Fürbitten für die politischen Machthaber, für Pastoren, für alle Menschen, damit sie Christus den Heiland anerkannten, für die Kranken, Armen und Schwachen und schließlich für die Teilnehmer am Gottesdienst, auf dass sie ihre Sünden verabscheuten und sich ganz Christus überantworteten. Das Gebet schloss mit Calvins Paraphrase des Vaterunsers, einem Text, der eine gewisse Ähnlichkeit mit denjenigen Partien der Katechismen des 16. Jahrhunderts hatte, die das Vaterunser erläuterten. Nach einem Abschlusspsalm erteilte der Geistliche den Teilnehmern den Segen und entließ sie. An Werktagen außer mittwochs wurden üblicherweise die Gebete gekürzt und die Psalmodie ausgelassen. An den vier dafür vorgesehenen Sonntagen wurde, gefolgt von der Fürbitte, das Abendmahl gefeiert.

2.3. Die Predigt

Den weitaus größten Raum in der Liturgie nahm die Predigt ein. Diese Betonung der Predigt spiegelte sich auch in der Architektur des Gotteshauses wieder. Die Augen der Gemeinde wurden von der Kanzel angezogen, die sich über ihren Köpfen erhob, so dass alle den Prediger hören und sehen konnten. Darüber war ein Kanzeldeckel angebracht, um die Stimme des Predigers zu verstärken. In schwarzer Robe mit weißem Kragen – gleich einem Anwalt, wie Katholiken kritisierten – bestieg er die Kanzel und hielt seine Predigt. Auf der Kanzel befand sich ein Stundenglas, das dem Prediger helfen sollte, seine Gottesdienste auf eine Stunde zu beschränken, ein Aufwand, der von zweifelhaftem Erfolg gekrönt war. Trotz

Calvins Widerstand gegen tägliche Predigten wurden diese ab 1551 an jedem Wochentag in allen drei Kirchen Genfs angeboten.

Der erhebliche Bedarf an Predigern für sämtliche Predigtgottesdienste in Genf wurde durch die *Compagnie des Pasteurs* gedeckt, einer Vereinigung aller von der Stadt bezahlten Pastoren. In den späten 50er Jahren zählte diese Gruppe um die 20 Mitglieder. Trotz Calvins offenkundiger Verachtung vieler seiner Kollegen während seines ersten Genfer Aufenthaltes, traf sich jetzt die *Compagnie* jeden Freitagabend unter seiner persönlichen Leitung, um sich über die heilige Schrift und die Lehre zu beraten. Die meisten Mitglieder der *Compagnie des Pasteurs* waren französische Einwanderer. Wie LAMBERT bemerkt, »war es bemerkenswert, dass kaum ein Mitglied des katholischen Klerus der Stadt den Übertritt in eine Pfarrstelle der neuen Kirche schaffte.« Eine Aufgabe des Konvents bestand darin, neue Pastoren vorsprechen zu lassen. Der Kandidat musste eine Probepredigt halten und eine Bibelstunde zu vorgelegten Texten durchführen und sich umfänglichen mündlichen Prüfungen unterziehen. Wichtig war auch die Redegewandheit des Predigers; Anwärter mussten selbstsicher auftreten und eine kräftige Stimme haben, um bis zur letzten Reihe der Gemeinde durchzudringen. Angenommene Kandidaten mussten dann vor dem Rat predigen, bevor sie von der Stadt eingestellt wurden.

Calvin selbst hielt in Genf die stattliche Anzahl von 4000 Predigten, von denen ungefähr 1000 überliefert sind. Er verwarf die mittelalterlichen Lektionare und hielt seine Predigten *lectio continua*, wobei für den Zeitraum mehrerer Wochen jede Predigt auf demselben biblischen Buch basierte, über das er der Reihe nach predigte. Normalerweise predigte er sonntags über neutestamentliche Texte oder Psalmen und unter der Woche über das Alte Testament. Zwar folgte Calvin nicht dem mittelalterlichen liturgischen Kalender, wich aber am Sonntag vor Weihnachten, Ostern, Himmelfahrt und Pfingsten von seinem Muster ab, um über ein zu diesen Festen passendes Thema zu predigen.

Über nahezu jeden Geistlichen im Konvent, einschließlich Calvin, gingen beim Rat Beschwerden ein, die Predigten seien übermäßig streng, insbesondere in ihren Aufrufen zur Buße, wobei zuweilen auch einzelne Gemeindemitglieder beim Namen genannt wurden. Ein auffälliges Merkmal der Genfer Predigten, besonders der von Calvin, waren nicht nur moralische Rüge und öffentliche Anprangerung der Katholiken, sondern auch die Erläuterung der christlichen Lehre. Calvin glaubte, dass Gott selbst durch den Mund der Prediger sprach. Über die große Anzahl Predigten hinaus, welche die meisten Genfer jede Woche hörten, waren so viele Bücher mit gedruckten Predigten in Umlauf, dass 1548 gegen eine Drucklegung calvinscher Schriften der Einwand erhoben wurde, es seien bereits zu viele Predigten und Bücher gedruckt worden. Und obwohl die Anzahl von Predigten ebenso wie bloße Unaufmerksamkeit oder häufiges Fehlen viele Genfer dazu brachte, vor dem Rat zu bekennen, sie könnten sich nicht mehr an den Inhalt der zuletzt gehörten Predigt erinnern, resümiert LAMBERT: »Unabhängig davon, wie gut oder schlecht man die Predigt verstand, unabhängig davon, ob man dem Gehörten zustimmte oder nicht, auf Dauer konnte sich kein Genfer Bürger dem überwältigenden Einfluss der Predigt auf das alltägliche Leben entziehen.«

2.4. Gesungene und gesprochene Gebete

Die Liturgie erschöpfte sich allerdings keineswegs in einem Monolog des Priesters. Auch die Gemeinde kam zu Wort, und zwar vorwiegend in gesungenen und gesprochenen Gebeten. Für Anhänger der Reformation spielte die aktive Mitwirkung der Laien am Gottesdienst im Gegensatz zum bloßen Zuschauen eine zentrale Rolle bei der beabsichtigten Kirchenreform. Calvin bestand darauf, »leere Wiederholungen« mit Gebeten zu ersetzen, die »aus tiefstem Herzen kommen« (s. Inst. III.20.29–33).

Die Gemeinde erhob sich zum gemeinsamen Gebet und trug auf Französisch statt auf Latein das Vaterunser sowie das apostolische Glaubensbekenntnis vor. Das Konsistorium hatte darauf gedrungen – und den Kindern brachte man es in der Schule bei –, die mittelalterliche Praxis aufzugeben, auf Latein die Heiligen anzurufen. Das Gebet sollte nun ganz öffentlich und gemeinschaftlich sein. Die Bedeutung des Gebets war zum Teil katechetischer Natur. Wollte das Konsistorium feststellen, ob ein Mitglied der Gemeinde die Grundlehren des Christentums kannte, so prüfte es als erstes, ob derjenige das Glaubensbekenntnis und das Vaterunser auswendig konnte, und wer hier versagte, riskierte die Exkommunikation. Darum wurden die Gebete in der Schule, beim Katechumenenunterricht, in der privaten pastoralen Unterweisung und zu Hause gelehrt.

Ein erheblicher Teil der liturgischen Gebete Genfs wurde gesungen. Calvin betonte, der Gemeindegesang sei nichts weniger als eine Form des Gebets. Er hoffte, dass der Gesang das Gebet wirksamer und lebendiger macht und »unsere Herzen zu einer rechten Hingabe und einem inständigen Bedürfnis, zu beten, entfacht.« (Inst. III.20.32).

Diese liturgische Neuerung drückte sich auch architektonisch im Gotteshaus durch den Platz des Kantorstuhls neben der Kanzel aus. Ein Kantor wurde nach 1543 vom Konsistorium eingestellt, da man mit der Qualität des Gesangs im Gotteshaus unzufrieden war; er sollte unter anderem den Kindern in täglichen Proben an der Schule das Singen von Psalmen im Gottesdienst beibringen. Da Laiengesang im Gotteshaus eine Neuheit darstellte, erhoffte sich Calvin von der Ausbildung der Kinder der Stadt die Grundlage für einen lebhaften sonntäglichen Gesang. Während des Gottesdienstes saß der Kantor vor dem Chorraum und leitete den Gesang, wobei er von seinen Schülern erwartete, dass sie eine tragende Rolle spielten oder zumindest kräftig mit einstimmten.

Sein ganzes Leben lang hat Calvin an der Verbesserung des Gemeindegesanges gearbeitet. Das klangliche Ergebnis wurde von Katholiken als »weibisch und unangenehm« kritisiert, während andere bezeugten, dass der kräftige Gesang der Gemeinde ebenso transzendent wie neuartig sei.

Die Gottesdienstbesucher sangen aus ihren Psaltern, die sie von zu Hause mitbrachten, wo sie möglicherweise auch in täglichen Andachten verwendet wurden. Sogar die Armen und Kinder in Krankenhäusern wurden mit Psaltern versorgt (Olsen 1989, 54.74.237). Tatsächlich war es so, dass, wenn arme Bewohner Genfs irgendein Buch besaßen, es möglicherweise ein Psalter, eine Bibel oder ein Katechismus war.

Die Psalmen wurden ins Französische übersetzt und in metrische Form gebracht, so dass jede Strophe zu ein und derselben Melodie gesungen werden konnte. Dies erleichterte es der Gemeinde, die Psalmtexte auswendig zu lernen und mitzusingen. Der erste Psalter (*Aulcuns pseaulmes et cantiques mys en chant*) wurde 1539 veröffentlicht und enthielt auch sechs von Calvins eigenen Dichtungen zu Psalmen sowie zwölf von Clément Marot, einem bekannten Hofdichter. Bis zu seinem Tode 1544 bearbeitete Marot eine Reihe weitere Psalmen sowie die zehn Gebote und den Lobgesang des Simeon. Theodore Beza führte diese Arbeit fort und übertrug den gesamten biblischen Psalter in metrische Form, ein Werk, das in einem Band mit 152 Texten als *Les Pseaumes en vers français, avec leurs melodies* im Jahre 1562 erschien – und in dem sämtliche Psalmen, die zehn Gebote und der Lobgesang des Simeon – zu 125 unterschiedlichen Melodien in Versform gebracht waren. Die Melodien zu diesen metrischen Bearbeitungen stammten von verschiedenen Kantoren, darunter vor allem Louis Bourgeois. In der Forschung ist bis heute umstritten, inwieweit die Melodien von bereits existierenden Kirchenmelodien beeinflusst worden sind. Zusammen genommen weisen Texte und Melodien eine große Mannigfaltigkeit an Versmaßen auf (insgesamt über 125), eine poetische und musikalische Errungenschaft, die jedem Psalm seine Einzigartigkeit verlieh, allerdings auch die Gemeinde zuweilen stärker forderte als bei der Beschränkung auf wenige Metren. An entsprechender Stelle in der Liturgie stand die Gemeinde auf und begann, einstimmig und ohne Begleitung zu singen. Auf einer Tafel waren die an diesem Tag zu singenden Psalmen angezeigt, was wie eine Art von »Psalmenlektionar« funktionierte – eine geregelte Art zu entscheiden, welche Psalmen gesungen werden sollten, ähnlich wie in einem mittelalterlichen Brevier. Immer wieder verlangte Calvin in seinen Schriften, so auch in seinem Vorwort zum Psalter, ein eifriges Singen, das der Erhabenheit Gottes würdig sei.

Alles in allem wichen diese musikalischen Praktiken erheblich von der mittelalterlichen Liturgie ab. Neu war unter anderem das Singen ganzer oder großer Teile von einzelnen Psalmen im Gegensatz zu den im mittelalterlichen Gottesdienst verwendeten Versikeln; die Verwendung metrischer Bearbeitungen des Textes, anstatt der Psalmen selbst, der Gebrauch der Landessprache anstatt des Kirchenlateins, das Singen der Psalmen durch die ganze Gemeinde, statt nur von der *schola cantorum*, und schließlich die weit verbreitete Verwendung von Psalmen außerhalb der Liturgie, was im Gegensatz zu strengen mittelalterlichen Verboten vom Gebrauch liturgischer Musik außerhalb des sakralen Raums der Kirche stand.

2.5. Das Abendmahl

Das Abendmahl wurde in Genf um einen Tisch und nicht um einen Altar herum gefeiert. Calvin betonte, dass nach wortgetreuer Auslegung der Schrift die Gläubigen das Abendmahl nicht als Gott wohlgefälliges Opfer darbrächten, sondern vielmehr als ein Mahl zu sich nähmen, durch das der Gläubige von Gott Nahrung empfängt. Das Abendmahl wurde vier Mal im Jahr gefeiert, und die Teilnahme war jetzt jedes Mal bindend, statt, wie im Mittelalter, nur ein Mal pro Jahr. Calvin war für wöchentliche Abendmahlsfeiern, musste sich jedoch mit vierteljährlichen Feiern zufrieden geben, ein Kompromiss mit dem Stadtrat, dem Calvins Vorschlag eine zu radikale Abkehr von mittelalterlichen Bräuchen war. Allerdings erreichte Calvin, dass diese vierteljährlichen Feiern zeitlich unter den Genfer Kirchen gestaffelt angesetzt wurden, so dass das Sakrament zumindest einmal im Monat irgendwo in der Stadt empfangen werden konnte.

Am Sonntag vor der Eucharistiefeier wurden die Kirchgänger ermahnt, sich so vorzubereiten, dass sie des Abendmahls würdig wären. Kinder durften nicht an den Tisch, solange sie nicht ihr öffentliches Glaubensbekenntnis abgelegt hatten, und auch Fremde waren ausgeschlossen, es sei denn, sie erschienen vor der anberaumten Zeit zur persönlichen Unterweisung. Diese Maßnahmen stimmten mit Calvins Verständnis von 1Kor 11 überein, wo davor gewarnt wird, essend und trinkend Gottes Gericht über sich zu bringen.

In einem Abendmahlsgottesdienst musste die Predigt zumindest teilweise auf die Bedeutung des Sakraments eingehen. Die Liturgie des Abendmahls folgte den Fürbitten nach der Predigt. Sie begann mit Paulus' Erläuterung des Sakraments aus 1Kor 11. Anschließend verdammte der Pastor alle Götzenanbeter und Häretiker, um danach jeden Andächtigen zu Selbstprüfung und echter Reue aufzurufen. Der Pastor nahm dabei Bezug auf das Versprechen Jesu Christi, damit die Andächtigen seines Leibes und seines Blutes teilhaftig wären und er in ihnen lebte. Während die Gemeinde nur Brot und Wein sehe, so erklärte der Pastor, könne sie dessen gewiss sein, dass Gott geistlich vollbringe, was sie sichtbar vor Augen hätten – dass Gott den Gläubigen spirituelle Nahrung für das ewige Leben spende. Diese Betonung des spirituellen Handelns Gottes durch physische Zeichen steht im Gegensatz zum mittelalterlichen Glauben an die tatsächliche Präsenz von Christi Leib in den Elementen. Dieses Verständnis des Abendmahls hatte Calvin in mühsamer Kleinarbeit in verschiedenen Ausgaben der *Institutio* und in etlichen Briefen und Traktaten ausgearbeitet. Trotz des Widerspruchs zur mittelalterlichen, katholischen Auffassung forderte Calvins Lehre die Gemeinde dazu auf, sich Gottes Handeln in und durch die Sakramente lebhaft vor Augen zu führen. Die Andächtigen sollten sich für Gottes unermessliche Güte dankbar zeigen und sich bewusst machen, dass das Sakrament Zeichen und Siegel für den Bund Gottes mit den Menschen und seiner unverbrüchlichen Liebe sei.

Nach der grundsätzlichen Erläuterung des Sakraments – einem Teil der Liturgie, den Forscher oft als recht pedantisch bezeichnet haben – forderte die Geistlichkeit die Gemeinde auf, Herz und Geist auf höhere Dinge zu richten und das Brot und den Wein als Zeugnis von Gottes Verheißung entgegenzunehmen. Daraufhin wurden die Elemente verteilt, während ein Psalm gesungen oder aus der Bibel gelesen wurde. Nachdem die Gemeinde Brot und Wein empfangen hatte, sprach der Geistliche ein Dankgebet dafür, dass die Gläubigen in die Gemeinschaft mit Christus aufgenommen und mit ewigem Leben gespeist worden seien. Es folgte die Bitte, diese Verheißung in die Herzen der Gemeinde zu senken, damit sie in ihrem Glauben im Alltag wachsen, gute Taten zum Ruhme Gottes vollbringen und dem Nächsten dienen würden. Der Gottesdienst schloss mit dem Lobgesang Simeons und einer Segnung.

2.6. Die Taufe

Die Taufe war das zweite Sakrament, das man in Genf feierte. Kinder konnten in jedem Gottesdienst an Sonn- und Wochentagen zur Taufe gebracht werden, solange nicht das Abendmahl gefeiert wurde. Für die Taufe bevorzugte Calvin Gottesdienste während der Woche, und in der Kirche St. Pierre wurde der Mittwoch zum üblichen Tauftag. Die Vorliebe für Taufen (und Hochzeiten) während frühmorgendlicher Andachten sowie Katechismus- statt Hauptgottesdiensten an Sonntagen brachte es mit sich, dass Kirchgänger, die sich auf die Hauptgottesdienste beschränkten, solche Ereignisse nur selten miterlebten. Außerdem führte die Tatsache, dass Calvin Hauptgottesdienste gegenüber Frühgottesdiensten bevorzugte, dazu, dass er nur selten selbst Taufen und Hochzeiten leitete. LAMBERT schreibt: »Ironischerweise leitete der Mann, der den Katechismus schrieb und die Liturgie für Taufe und Hochzeit einführte, nur selten selbst solche Feiern.« Im Unterschied zum allgemeinen Brauch bestand Calvin darauf, dass Väter bei der Taufe anwesend waren, und dass die Gemeinde eine eindeutige Verbindung zwischen dem Ritus der Taufe und der darauf folgenden elterlichen Verpflichtung gegenüber der Katechese ihres Kindes sah.

Eine Taufe folgte immer auf die gewöhnliche Liturgie. Während die Taufe keinen zentralen Platz in der Liturgie einnahm, war die Einbindung in einen öffentlichen Gottesdienst eine deutliche Abkehr von mittelalterlichen Gebräuchen, nach denen eine Taufe häufig privat durchgeführt wurde. Calvin erhoffte sich davon eine Aufwertung des Sakraments: von einem privaten Akt der Teufelsaustreibung und Reinigung weg zu einem öffentlichen Ritus gemeinschaftlicher Verpflichtung, bei der die Taufe als Mittel der göttlichen Gnade gefeiert wurde.

Die Taufliturgie von 1542 begann mit dem Bittgebet aus Psalm 124. Darauf folgte eine elterliche Absichtserklärung, woraufhin der Prediger die Bedeutung der Taufe erläuterte. Anschließend gab es ein Gebet, in dem man Gott bat, dem Kind seine Gnade zu bezeugen, es in seinen Schutz zu nehmen, ihm zu vergeben, dass es den Fluch der Erbsünde trug, und es durch den heiligen Geist von Sünden zu reinigen. Geendet wurde mit dem Vaterunser und dem Apostolischen Glaubensbekenntnis. Nach dem Versprechen der Eltern, das Kind im Glauben zu unterweisen, wurde eine Schale nach vorne getragen. Der Pfarrer ließ sich den Namen des Kindes nennen und gab etwas Wasser auf die Stirn des Täuflings, um dabei zu erklären, dass es getauft sei im Namen des Vaters, des Sohnes und des heiligen Geistes. Calvin war überzeugt, dass dieser Ritus den Gläubigen bedeutende spirituelle Hilfsquellen erschloss, und er sah darin ein Mittel, »den Glauben zu erwecken, zu nähren und zu bekräftigen« (Inst. IV.15.14; OS 5,295). Genau gesagt sollten die Eltern des getauften Kindes »mit ihren eigenen Augen sehen können, wie die Verheißung des Herrn dem Leib ihrer Kinder unauslöschlich eingeprägt wurde.« (Inst. IV.16.9; OS 5,313).

2.7. Die Teilnahme an der Liturgie

Auf vielfältige Weise wurde die Genfer Gemeinde an einen liturgischen Rhythmus aus Psalmodie, gemeinsamem Gebet, Predigten und Teilnahme am Abendmahl gewöhnt und war aufgerufen, daran aktiv Anteil zu nehmen. Während sie beim mittelalterlichen Gottesdienst die Liturgie passiv verfolgten und so gut wie nichts von dem Gesagten verstanden, und ihre Gebete privat verrichteten, so sollten sie sich jetzt öffentlich erheben, singen und öffentlich beten, zuhören und teilnehmen. Der den Gottesdienst leitende Geistliche sprach nun in ihrer eigenen Sprache und erwartete von ihnen, dass sie ihm zuhörten. Sie waren jetzt am Abendmahl beteiligt, wann immer es angeboten wurde.

Wie die Mitwirkung der Gemeinde am Gottesdienst aussehen sollte, wird besonders in Calvins Predigten über den Gottesdienst klar. Kirchgänger hörten Calvin besonders gegen vier liturgische Sünden predigen: Ungehorsam, Scheinheiligkeit, Aberglaube und Götzendienst. Calvin verwendete diese Begriffe technisch präzise: Ungehorsam ist der Verstoß gegen Gottes Gebot zur Andacht; Scheinheiligkeit ist die Divergenz zwischen äußerer und innerer Andacht; Aberglaube ist eine Fehldeutung der Beziehung zwischen äußeren Riten und der Präsenz Gottes, und Götzendienst ist die Fixierung auf das falsche Objekt der Anbetung. Kirchgänger hörten von Calvin auch eine Fülle von Bildern und Metaphern, mit denen er die Bedeutung und den Zweck öffentlicher Liturgie anschaulich machte. An verschiedenen Stellen in seinen Kommentaren und anderen Schriften vergleicht Calvin die Liturgie mit einer Leiter, einem Obstbaum, einem Gespräch, einem Spiegel oder Bild, einem Fest, einem Opfer, der Ratifizierung eines Vertrags, einem Lehrherrn und dem Ablegen eines Zeugnisses. Obwohl Calvin es ablehnt, »tote Bilder« im Gottesdienst zu verwenden, macht er doch Gebrauch davon, allerdings nur, um auf die »lebendigen Bilder Gottes« einschließlich der Sakramente zu verweisen, in denen der unsichtbare Gott anschaulich wird.

Jede dieser Metaphern brachte Calvins Grundüberzeugung zum Ausdruck, dass der Gottesdienst ein von göttlichem Wirken durchdrungener Akt sei, in welchem Gott »huldvoll mitten unter den Andächtigen ist« (CO 31,102). Calvins theozentrische Sicht des Gottesdienstes lässt sich vollständiger und präziser als eine trinitarische Sicht bezeichnen. Jeder Person Gottes kommt bei dem inneren

Rhythmus oder dem Wesen des Gottesdienstes eine eigene Rolle zu. Gott der Vater ist Agierender, Gebender, Initiator. Gott der Sohn ist, besonders durch das Amt des Priesters, der Mittler. Der Geist Gottes ist Veranlasser, Befähiger und Bewirker.

Kurz gesagt war für Calvin die wöchentliche Versammlung der Gemeinde zum öffentlichen Gottesdienst keine gewöhnliche Zusammenkunft. Sie war ein vom göttlichen Wirken durchdrungenes Ereignis, eine Arena, in der die Beziehung zwischen Gott und Mensch dargestellt und gelebt wird. Im öffentlichen Gottesdienst war Gott nicht nur der Eine, dem die Anbetung galt, sondern auch der Eine, der aktiv im Gottesdienst der Gemeinde mitwirkte. Nur die erhabenste Sprache konnte der Bedeutung dieses Ereignisses gerecht werden. Oder wie Calvin selbst es ausdrückte:

»Es ist ein Beispiel für die unschätzbare Gnade Gottes, dass wir, soweit es die Schwäche unseres Fleisches erlaubt, durch die Ausübung der Religion zu Gott emporgehoben werden. Was sonst ist das Ziel der Predigt von Gottes Wort, der Sakramente, der frommen Versammlungen und des ganzen äußeren Regiments der Kirche, als dass wir mit Gott vereint sein mögen?« (CO 31,248).

So sehr Calvin auch an der Reinheit der Erfahrung für die Gläubigen gelegen war, enthüllen Genfer Dokumente doch Vorkommnisse von unzulänglicher Gottesdienstpraxis: Der Kirchbesuch schwankte je nach Prediger; Kirchgänger gaben vor den Behörden zu, sich nicht an die Inhalte der letzten Predigt erinnern zu können; der Stadtrat zerbrach sich den Kopf darüber, was er gegen die miserable Qualität des Gemeindegesangs unternehmen könne; die mittelalterlichen Gewohnheiten älterer Generationen im Gottesdienst lebten hartnäckig fort, einschließlich dem Murmeln von Gebeten im Flüsterton, sogar während der Predigt.

Diese Zeugnisse bewahren den modernen Leser vor allzu idealisierten Vorstellungen vom damaligen Leben in Genf. Zugleich belegt die Tatsache, dass die Probleme dokumentiert sind, wie leidenschaftlich Calvin für das aktive Mitwirken aller an der Liturgie eintrat.

Grosse, Christian: Les Rituels de la Cène: une anthropologie historique du culte eucharistique Réformé à Genève (XVIe-XVIIe siècles), Diss., 2001.

Lambert, Thomas: Preaching, Praying, and Policing the Reform in Sixteenth-Century Geneva, 2 Bde., Diss., 1998.

McKee, Elsie Anne: Context, Contours, Contents: Towards a Description of the Classical Reformed Teaching on Worship (in: Foxgrover, David [Hg.]: Calvin Studies Society Papers, 1995, 1997, Grand Rapids, 1998, 66–92).

Pidoux, Pierre: Le Psautier Huguenot du XVIe siècle, Bd. 2, 1962.

Spierling, Karen E.: Infant Baptism in Reformation Geneva: the shaping of a community, 1536–1564, 2005.

(Übersetzt von *Anke Kreuzer*) *John D. Witvliet/Nathan Bierma*

3. Kunst und Literatur

Wir werden zunächst die allgemeinen Parameter sowie einige Orientierungspunkte für dieses Kapitel festlegen. Erstens kann das Werk Calvins auf künstlerischer und literarischer Ebene, ebenso wie seine Rolle in diesen beiden Bereichen, klar bestimmt werden, was diese beiden präzisen Bereiche betrifft: Die Entwicklung der Ideenprosa, sowohl in Latein als auch in Französisch, und, in Französisch, die Hymnologie der Psalmen und die Poesie, die mit dieser verwandt ist. Dieses zweite Thema ist teilweise im Bereich der Liturgie anzusiedeln. Zweitens, und für den Rest, ist der Einfluss Calvins im literarischen und künstlerischen Bereich, insbesondere auf die Schriftsteller, Poeten, Künstler und Musiker seiner Zeit und der folgenden Generation nur indirekt, und er bleibt auf präzise Weise schwer festzustellen. Man hat in der Tat mit sehr unterschiedlichen Realitäten zu tun, welche abhängig sind von den Schriftstellern und Künstlern, den Werken, den Entstehungsorten und den Entstehungsgegebenheiten. Deshalb bleibt es in dieser Hinsicht problematisch, von einer calvinistischen Kunst zu sprechen.

Es ist in der Tat schwierig festzustellen, inwiefern in den kulturellen Unternehmungen, die im 16. Jahrhundert (ohne das folgende Jahrhundert anzusprechen) im calvinistischen Einflussbereich entstanden, durch den intellektuellen Beitrag der Reformation im allgemeinen, den Einfluss der reformierten Theologie oder den direkten Einfluss Calvins selbst bestimmt wurden. Selbst wenn man nur den Genfer und den französischen Kontext betrachtet, wo der Einfluss der calvinischen Ideen auf die Geister am wahrscheinlichsten war, ist es ab 1550 unmöglich zu unterscheiden, was direkt calvinisch ist und was von der Genfer Geistesgemeinschaft herrührt, zu der zum Beispiel Théodore de Bèze, ein treuer Gefolgsmann Calvins, in literarischer Hinsicht auf bedeutende und originelle Weise beigetragen hat.

Schließlich ist es ebenfalls schwierig festzulegen, welchen Beitrag Calvin geleistet hat, wenn man von den allgemeinen ästhetischen Prinzipien seines theologischen Gedankenguts ausgeht. Calvin hat selbstverständlich keine allgemeine christliche Ästhetik verfasst (ein Bereich, der damals noch nicht als eigenständige Disziplin existierte). In dieser Hinsicht kann das Buch von Léon Wencelius, *L'esthétique de Calvin* (1937), selbst wenn es ein bemerkenswertes Referenzwerk ist, auf keinen Fall als Beschreibung eines gut definierten ästhetischen Programms Calvins begriffen werden, welches später in den Bereichen, die uns beschäftigen, angewandt worden wäre. Dieses Buch basiert in der Tat auf einer modernen Systematik und auf den *a posteriori* zu diesem Thema entworfenen Gedanken Calvins. Der Reformator selbst drückt sich dagegen in Bezug auf die betreffenden Themen nur punktuell und vereinzelt in der Gesamtheit seines Werkes aus, das seinerseits sehr vielfältiger Natur ist. Es scheint uns folglich nützlich, in folgender Weise vorzugehen: Wir werden zunächst an die großen calvinistischen Ideen erinnern, die Léon Wencelius, auf noch immer gültige Weise, dargestellt hat, werden uns aber bemühen, diese im kulturellen Kontext des Humanismus der Renaissance und der Kultur Calvins einzuordnen, Parametern folgend, welche die sozusagen zeitlosen Ansichten Wencelius' ergänzen sollen. Wir werden anschließend die poetisch-literarischen Fragen untersuchen, um mit Calvin abzuschließen.

3.1. Gott und die Künste

Der moderne Kunstbegriff als allgemeines Konzept, das die gemeinsamen Eigenschaften aller unterschiedlichen Künste so versteht, dass ihr Ziel die Herstellung des plastisch Schönen ist, existiert natürlich für Calvin nicht, da er in seiner Kultur noch nicht ausgebildet war. Calvin, als Mensch seiner Zeit, ordnet das, was man heute die bildenden Künste nennt, unter die Gesamtheit der menschlichen Tätigkeiten ein, die als Ziel die vernünftige Entstehung von Werken verfolgt, ohne zwischen handwerklichen und künstlerischen Produkten zu unterscheiden. Meistens charakterisiert er auch nicht diese *artes* (im antiken und mittelalterlichen Sinn dieses lateinischen Terminus) nach dem doch traditionellen Kriterium, das unter ihnen zwischen den »mechanischen Künsten« (handwerklicher und nützlicher Art) und »den freien Künsten«, die aus der intellektuellen Kontemplation heraus entstehen und wertvollerer Natur sind als erstere. Schließlich denkt er nicht daran, wie es manche der Künstler seiner Zeit tun, den bildenden Künsten die Würde der freien Künste zuzugestehen. Der Bereich, den die *artes* bei Calvin abdecken, ist so umfangreich, dass er – in moderner Sprache – als derjenige der Kultur übersetzt werden kann. Calvin behandelt den Status der *artes* im Allgemeinen als signifikantes Produkt der menschlichen Intelligenz, so in *Inst.* II.2.13. Kultur (sowohl mechanische, als auch freie Künste, Disziplinen und Wissenschaften) wird von Calvin definiert als ein rein irdischer und sozusagen autonomer Tätigkeitsbereich, selbst wenn die entsprechenden Begabungen göttlicher Herkunft sind, als Ergebnis der radikalen Unterscheidung, die der Theologe zwischen den Bereichen der »irdischen Dinge« und demjenigen der »himmlischen Dinge« vornimmt. Sein Ziel ist es, die »Gotteserkenntnis« durch diese Unterscheidung hervorzuheben (die selbst nicht mehr »kontemplativer« Natur ist), aber dies führt ebenso zum Ergebnis, indirekt praktische Tätigkeiten mehr wertzuschätzen, indem sie von der Hypothek befreit werden, die aufgrund des Intellektualismus auf ihnen lastete, der von der antiken Philosophie geerbt wurde, und indem ihnen die praktische und existentielle Würde einer »Berufung« zugewiesen wird. Die Künste entstammen auf jeden Fall der allumfassenden Gnade, insofern, als Gott *autor et omnium artium* (CO 39,694) ist. In dieser Hinsicht muss sich der Mensch in der Ausübung der Künste jedweder Art dem Willen des göttlichen Gebers unterordnen, wie dies auch in allen anderen Bereichen des menschlichen Tuns der Fall ist. Was die Kunst (die Künste) im modernen Sinne des Begriffs betrifft, formuliert Calvin konsequenterweise ästhetische Ideen, die einen deutlich ethischen Charakter aufweisen, da die notwendige Übereinstimmung des menschlichen Willens und des göttlichen Willens zu Folge hat, dass die künstlerische Tätigkeit auf dem

Gebiet der spirituellen und moralischen Werte angesiedelt wird. Der Künstler ist frei, seine Gaben auszuüben, aber er muss dabei das zweite Gebot befolgen, das jedwede Darstellung der Gottheit selbst verbietet. Nur der Bereich der sichtbaren Kreation bietet erlaubte Gegenstände, die dem Prozess der Imitation der Realität zur Verfügung stehen und zu der die bildenden Künste das Instrument sind (*Inst.* I.9.12 und I.11.12). Dieses Prinzip gilt ebenso für die Darstellung Christi, und Calvin lobt die Tatsache, dass die Herstellung von Kruzifixen in Genf verboten ist (CO 51,537). Dies erklärt sich durch theologische Gründe: da nur die Anbetung der Gottheit in ihrem unsichtbaren Charakter erlaubt ist, wird jedwedes sichtbare kultische Bildnis der Gottheit, inklusive dasjenige des Christus, verworfen, aufgrund der Gefahren der Idolatrie (CO 26,157, u.a.; siehe jedoch auch *infra*). Weiterhin verurteilt Calvin, im Namen des moralischen Wertes des Maßes (*moderatio*), den Luxus. Die Wertschätzung des Maßvollen entstammt ebenfalls der menschlichen Freiheit (der christlichen Freiheit), je nach Personen und Gegebenheiten, aber es ist klar, dass Calvin, in diesem Punkt vielleicht durch den Stoizismus, den er gut kennt, inspiriert, häufig strenge Urteile gegen die betonte Verschwendungssucht ausspricht, die in der Renaissance häufig, insbesondere in den Monarchien, die Ausübung der Kunst und ihres Mäzenats begleitete. Kunst, im Allgemeinen, muss nüchtern sein. Die nüchternen Gewohnheiten der Genfer Bourgeoisie, die wenig zu Kunstausgaben neigte, konnten diese Tendenz nur verstärken. Zu Calvins Lebzeiten waren die einzigen relevanten Kunstwerke, welche in Genf begonnen wurden, die Innentreppe und das Portal des Rathauses. Dies bezeugt auf bedeutende Weise, dass die lokale Elite den damals modernen antiquierenden Geschmack angenommen hatte, jedoch in sehr diskretem monumentalem Register. Wenn Calvin auch hierzu sicherlich nicht konsultiert wurde, entspricht diese Umsetzung jedoch gut seinen Prinzipien.

Der letzte ethische Aspekt, der die Ausübung der erlaubten Kunst begrenzt, ist das Vergnügen, welches diese erzeugt. Solches ist erlaubt und willkommen, insofern sie nicht im Widerspruch mit der göttlichen Herkunft und Finalität der Gaben steht, deren das menschliche Wesen sich erfreut, und wo es sich in die soziale Berufung des Menschen einfügt (Calvin nennt im Hinblick darauf das Kriterium der *communis humanae societatis utilitas*, CO 23,100). Sofern künstlerisches Schaffen keinen direkten moralischen oder intellektuellen Nutzen hat, anerkennt ihm Calvin die Legitimität dieses Vergnügens als unterhaltendes Vergnügen (*oblectatio*), verbunden mit der Darstellung der Realität wie sie ist. Er stellt ihr die Habsucht (*cupiditas*) gegenüber, welche das künstlerische Schaffen, das mit der traditionellen Liturgie und ihren bilderverehrenden Ausprägungen verbunden ist (*Inst.* I.11.12), dominiert. Umgekehrt können die Künste (in der Gesamtheit der kulturellen Ressourcen) pervertiert werden gegen die Prinzipien des Anstands und der Nüchternheit, des Maßes und des Nutzens, und natürlich, der Frömmigkeit (wie es zum Beispiel die Extreme Athens beweisen, Mutter der Künste und Hauptstadt des Götzendienstes, CO 48,403). Beispielsweise zensiert der Reformator – ohne den Tanz prinzipiell zu verurteilen – alle Praktiken, die davon in der zeitgenössischen Gesellschaft existierten, und nimmt so in dieser damals sehr diskutierten Frage einen strengen Standpunkt ein: der profane Tanz, wie er ihn kennt, denkt er, hat nichts mehr zu tun mit demjenigen Davids vor der Bundeslade.

3.2. Musik und bildende Künste

Zusätzlich zu diesen theologischen und ethischen Prinzipien der Ausübung der Kunst wendet Calvin auch ein Prinzip juristischer Herkunft an: die Unterscheidung zwischen der öffentlichen und der privaten Sphäre. Wir begegnen ihm zum Beispiel im ersten Bereich, wo die direkte Intervention Calvins die Kultur seiner Zeit entscheidend geprägt hat: der Gesang der Psalmen. Wir werden hier nicht ihren liturgischen Einsatz untersuchen, sondern die in Frage kommenden ästhetischen Werte. Psalmen in der poetischen französischen Übersetzung von Clément Marot waren bereits in den Jahren 1536–1539 vertont worden, wahrscheinlich zu Melodien von gut bekannten Liedern. Calvin und Farel riefen den Magistrat bereits 1537 zur Einführung des gottesdienstlichen Psalmengesangs auf, wahrscheinlich dem Straßburger Modell folgend, bei dem die Kinder, angeleitet von einem Chorleiter, als Modell dienen sollten und die Versammlung (Männer und Frauen) in einem auswendig gelernten Lied üben, das ausschließlich einstimmig gesungen wird. 1539 veröffentlichte Calvin in Straßburg *Aulcuns psaumes et cantiques mis en chant*, mit 12 Psalmen von Marot und mindestens 5 vom Reformator selbst, und von denen Calvin den Text verfasst hat, um einen Text zur Verfügung zu haben, der den Straßburger Gesängen angepasst werden konnte. Dies bedeutet, dass Calvin in Straßburg (und nicht in Frankreich) den Melodietypus und Musikstil entdeckt hat, den er für diesen Gottesdienstgesang wünschte. Die Ideen Calvins auf diesem Gebiet werden in seinen Genfer Veröffentlichungen der Folgejahre ausdrücklicher geäußert und fügen Quellen Bucers einen originellen Akzent für das Qualitätskriterium bezüglich der Melodie hinzu. Dieses Kriterium bildet den Grund dafür, dass Calvin den Musiker Guillaume Franc anstellen lässt. Die Melodien des hugenottischen Psalters können weder als profan noch als religiös eingeordnet werden, sie sind einfach Teil des musikalischen Stils dieser Epoche, der beiden Registern gemein ist. Calvin und Franc, die vermutlich zusammengearbeitet haben, haben eine gewisse Würde bevorzugt, die Kohärenz der Melodie mit dem Text des entsprechenden Psalms und die häufige Verwendung der traditionellen religiösen Modi. Calvin unterscheidet die private und heimische Musik vom öffentlichen und gottesdienstlichen Gesang. Der zweite benötigt, mit einem gemäßigten Stil, »Gewicht und Majestät« (OS 2,15). Die Gegenüberstellung des Profanen und des Heiligen ist jedoch nicht komplett bestimmend, da der Reformator ebenfalls den Gebrauch erwähnt, den man von den Psalmen »sogar in den Häusern und in den Feldern« machen kann. Der melodische Stil des Genfer Gottesdiensts wird also auch für den privaten Gebrauch bevorzugt, und der Gesang der Psalmen hat die Berufung, sich auch über seinen liturgischen

Gebrauch hinaus zu verbreiten. Schließlich werden sich diese Ideen im dritten Drittel des 16. Jahrhunderts in der musikalischen Welt der frankophonen Hugenotten und darüber hinaus durchsetzen. Aber der Musik des privaten Raums wird, im Gegensatz zum gottesdienstlichen Gesang, das ästhetische Recht zum Vergnügen zuerkannt, über das Mittel von manchmal komplexen polyphonen Harmonisierungen (mehrstimmige und multiinstrumentale Gesänge), welche die Komponisten, wie Claude Goudimel und Claude Le Jeune, den Melodien des hugenottischen Psalters geben. Diesem wird so ein wenn nicht exklusiver, so doch immerhin privilegierter Platz in der musikalischen Kultur der Hugenotten bewahrt. Im Rahmen derselben poetisch-musikalischen Kultur, die von diesem Psalter vertreten wird, wird nun die Unterscheidung der privaten und öffentlichen Sphären die Wahrnehmung der Originalkomposition neuer Werke regieren.

Dieses Kriterium der Unterscheidung zwischen dem Öffentlichen und dem Privaten taucht auch im Bereich der plastischen Darstellungen der religiösen und biblischen Themen wieder auf. Das Verbot der Darstellung der Gottheit ist absolut, das haben wir bereits gesehen. Das Vorkommen von Bildern in französischen Kirchen, erst im 17. Jahrhundert beurkundet, welche den Text der Gesetzestafeln (die 10 Gebote) und eventuell die Szene der Anbetung des goldenen Kalbs zeigen, hat eine prägende Bedeutung: Das einzige plastische Bild, das in den Kirchen vorhanden ist, hat gerade die Verurteilung aller Bilder im öffentlichen kultischen Raum zum Thema. Neben dem zweiten Gebot spielt das platonische Vorurteil gegen die Kunst als Imitation der Realität eine herausragende Rolle, verstärkt durch die calvinische Lehre, nach welcher die menschliche Vorstellungskraft (die »Phantasie«) spontan die realen Bilder des Konkreten verbindet, um sich selbst eine Vorstellung der Gottheit zu schaffen und damit ein Verlangen nach bildlicher Verehrung des Heiligen zu erfüllen: Indem in den Kirchen die Darstellung der Realität eingeführt wird, welcher Art auch immer, unterwirft man also den Gläubigen der ununterdrückbaren Versuchung, diese dem göttlichen Wort und dem geistlichen Kult zu substituieren (CO 31,427; vgl. Inst. I.11.8). Aber wenn die calvinistischen Kirchen keine Bilder enthalten (Ausnahmen können sich durch den abstrakten oder allegorischen Charakter des Bildes erklären, oder durch seine Natur als Stütze, wie zum Beispiel ein Kirchenfenster), bedeutet das nicht, dass Calvin die bildliche Darstellung religiöser Themen ausgeschlossen hätte. Das Bedürfnis nach gedruckter Propaganda und der erbaulichen oder meditativen Illustration der Bücher beweist schon das Gegenteil, auch wenn Genfer und im allgemeinen reformierte Produktionen dieser Art eher selten sind. Sie stellen auf jeden Fall Themen dar und folgen Stilen, die, seien sie durch Epochen oder Individuen bedingt, nicht direkt auf den Einfluss des Reformators zurückgeführt werden können, wohl aber auf einige große ikonographische Themen, die denen der calvinistischen religiösen Propaganda entsprechen. Aber Calvin hat ebenfalls explizit die Möglichkeit erwähnt, Bilder zu religiösen Themen zu besitzen, ohne dass die Gefahr der Bilderverehrung bestehe. Das entscheidende Kriterium ist dann dasjenige des privaten Raums, oder jedenfalls des profanen Raums, wo diese Bilder ihre Verwendung finden: Das religiöse Bild, das dort vorhanden ist, zum Beispiel im Geschäft eines Handwerkers oder einer Herberge (CO 40,184), hat einen anderen Status als das Götzenbild, das in einem für das gemeinsame Gebet reservierten Raum platziert wird. *A fortiori*, fügen wir hinzu, sind die Bilder, die ausschließlich für den privaten Gebrauch bestimmt sind, von diesem Verdacht ausgeschlossen. Folglich weist Calvin in der *Institutio* darauf hin, dass die Bilder neben dem einfachen Vergnügen (s.*o.*) auch dem Gedächtnis oder der Bildung dienen können (Inst. I.11.12; cf. CO 26,157). Unter den Typen von plastischen Darstellungen, die der Autor in der *Institutio* aufzählt (»die Geschichten, um sich ihrer zu erinnern, oder aber Figuren, oder Medaillen von Tieren, von Städten oder Landschaften«), erkennt man typische Themen der Kultur der Renaissance: Darstellungen großer Ereignisse der Vergangenheit, biblisch oder historisch, die eine wissenschaftliche und lebende Wiederverwendung der Quellen der humanistischen Kultur erlaubten; Darstellungen großer Persönlichkeiten der Gegenwart und der Vergangenheit, welche es ermöglichten, sich Portraitgalerien aufzubauen, und »wissenschaftliche« Darstellungen der weltlichen Wirklichkeiten (botanisch, zoologisch, anatomisch etc.). Der letzte Ausdruck (»Städte oder Landschaften«) bezieht sich genauso auf die Topographie und die Geographie wie auf die Entwicklung der Landschaft, welche diese damals in der Kunst begleitete. Calvin selbst ist der Kunst des Portraits nachgegangen (CO 15,395), einer humanistischen Angewohnheit seiner Zeit folgend, um ein präzises Bild von sich selbst unter seinen Freunden und seinen fernen Korrespondenten verbreiten zu können. Diese Themen sind alle profan insofern, als sie weder die Darstellung der Gottheit, noch das Ziel der Glaubensstärkung verfolgen, aber sie zeigen weltliche Wirklichkeiten in ihrer Vielfalt und ihrer Einmaligkeit und sie sind insbesondere an Bildersammler gerichtet oder für die Illustration der Bücher gedacht. Der Geschmack der Renaissance für individuelle Wirklichkeiten gibt sich hier zu erkennen. Aber die meisten dieser Humanisten- und Schriftstellerportraits, die in dieser Zeit entstanden sind, erinnern in Inschriften, die sich unterhalb des Portraits befinden, daran, dass das Bild der physischen Eigenheiten, die durch die Zeichnung dargestellt sind, keineswegs einen Zugang zu den »inneren« Wirklichkeiten herstellt, der im Gegenteil nur durch die Schriften dieser Persönlichkeit geboten wird. Der Dualismus von Körper und Geist, ebenso wie derjenige von sichtbarer und unsichtbarer Welt ist also genauso wichtig in dieser Ästhetik, die Calvin mit seiner Epoche teilt, wie die neue Aufmerksamkeit gegenüber den Wesen, die als besondere Individuen betrachtet werden.

3.3. Literatur

Der Begriff der Literatur existierte im 16. Jahrhundert ebenso wenig wie der moderne Kunstbegriff. Jedoch gab es zwei Künste, die in etwa dem, was wir heute Literatur nennen, entsprechen: die Rhetorik und die Poesie, zwei ganz unterschiedliche Formen des künstlerischen Ausdrucks der menschlichen Sprache, unter Berücksichtigung ihrer ästhetischen Dimension. Die Poesie bereitet spezifische Probleme, die wir zunächst betrachten möchten, bevor wir uns Stilfragen zuwenden, die sie mit der Rhetorik gemein hat. In jedem Fall stellen der biblische Korpus, seine Stile und Töne, für Calvin genauso wie die humanistische und antike Rhetoriktradition Modelle dar, die er so interpretiert, dass sie ihn zu seiner eigenen Ausdrucksweise in der Kunst des Sprechens und des Schreibens inspirieren.

Was die Poesie betrifft, so war sie in der Renaissance entweder durch ihre Form (insbesondere der Vers) oder durch ihren traditionellen Inhalt, also die Mythologie und ihre tiefgründigen allegorischen Bedeutungen, oder aber (seit Plato und Aristoteles) als Nachahmung der Realität definiert. Im Anschluss an Varron erinnert Calvin in Bezug auf die Mythologie, dass der idolatrische Polytheismus drei Quellen entstammte: der philosophischen Theologie, der politischen Theologie und der poetischen Theologie (CO 40,620). Das Misstrauen Calvins diesen gegenüber, d.h. gegenüber der heidnischen Mythologie, interpretiert als verfälschte Parodie der göttlichen Offenbarung, taucht in derselben Textstelle mit einer Verurteilung des antiken Theaters und der Götter auf, welche dieses inszenierte. Man kann dem hinzufügen, dass der Reformator, auch wenn er dies nicht explizit sagt, sich schwer damit tut, das biblische Themen darstellende christliche Theater anzuerkennen, auch wenn er dieses nicht ablehnt. Dies liegt wahrscheinlich an den Gefahren, die sich durch die physische Darstellung geistiger Wahrheiten der Gotteserkenntnis ergeben. Folglich inszeniert das biblische Theater, das die französischen Calvinisten ausgehend von Theodor Beza (1550, *Abraham sacrifiant*, inspiriert von Genesis 22) auf originelle Weise neu erfinden, nicht Christus selbst, sondern nur die Protagonisten des Alten Testaments oder Parabeln zu moralischen oder geistlichen Themen. Schließlich ist es das christlich Sakrale selbst, das von der Bühne ausgeschlossen wird, wie es eine französische Synode später bestätigen wird, welche Stücke zu biblischen Themen komplett verbietet. Ein weiterer Verdacht lastet auf der Poesie: Geschaffen als »Nachahmung« (vgl. o.), wird sie verdächtigt, nur ein Bild der Wirklichkeit wiederzugeben. Für Calvin jedoch, der in dieser Hinsicht ein Anhänger der sprachlichen und geistlichen Ideale von Erasmus ist, charakterisiert die biblische »Poesie«, vor allem in den Psalmen, die absolute Aufrichtigkeit der Sprache, die einen unmittelbaren und spontanen Ausdruck des Inneren des Herzens ermöglicht, wie dies aus den Kommentaren des Reformators über die Psalmen hervorgeht. Calvin tut sich im Übrigen schwer damit einzugestehen, dass die biblischen Verfasser diese schlicht poetische Art zu schreiben verwenden. Die calvinistische Poesie – Calvin selbst hat nur einige lateinische Verse verfasst – passt sich also einem Modell an, das vorher durch Clément Marot in der Gesamtheit seines Werkes und insbesondere in seiner lyrischen Paraphrase der Psalmen (s.o.) erprobt wurde, und ist ein prägendes Vorbild für die gesamte calvinistische Lyrik des 16. Jahrhunderts. Dieses Modell weist folgende Eigenschaften auf: scheinbar spontane Erscheinung, Abwesenheit von allzu aufwändigen Ausschmückungen im Zusammenbau und dem Stil und Einfachheit der Form und der Gedanken, die beide eine große Gewandtheit in der Nachahmung des biblischen Stils verbergen. Von 1550 an bildet der *Abraham sacrifiant* von Beza im Theater ein neues Vorbild, das in der Folge ständig nachgeahmt wird, insbesondere im Theater und in der lyrischen Dichtung. Es ist jedoch bemerkenswert, dass die neolateinische Poesie, die an Calvin orientiert verfasst wird, teilweise diesem schmucklosen Stil entkommt, da Ausschmückungen Teil der lateinischen poetischen Sprache selbst sind. In dieser Hinsicht kultivieren die Dichter, die mehr oder weniger aus den Kreisen Calvins stammen, einen humanistischen Stil, den sie mit ihren katholischen Kollegen gemeinsam haben. Was die calvinistischen Dichter der folgenden Generation betrifft, vollziehen diese teilweise die Synthese mit der Poetik der *Pléiade*, also französischer Dichter der Generation nach 1550, denen Beza 1550 seine schmucklose und biblische Stile imitierende reformierte calvinsche Poetik gegenüberstellt. Sie bringen so die frankophone calvinistische Dichtung auf die neuen Wege des Barock und des Manierismus.

Der Schriftsteller Calvin ist allen voran ein Autor von Prosa. Seine Werke sind selbstverständlich vor allem durch die Theologie bestimmt, egal ob es sich dabei um Abhandlungen oder Pamphlete handelt. Seine Ideen im rhetorischen Bereich kommen sowohl in seinen exegetischen Kommentaren als auch in bestimmten Abhandlungen – unter anderem *Institutio* und *Traité des Scandales* – zum Ausdruck. Seine Predigten, deren Texte, wenn sie abgedruckt wurden, nicht als Rede für die Veröffentlichung bestimmt gewesen waren, unterliegen nicht der Kontrolle der rhetorischen Regeln und werden an dieser Stelle nicht betrachtet. Die biblischen Vorbilder, beleuchtet durch die klassische und christliche Rhetorik (Augustin), spielen für den Redner und Schriftsteller Calvin eine wichtige Rolle. Sie veranschaulichen in den Augen des Reformators eine göttlich inspirierte Sprachgewalt, die einerseits bestimmte, von der griechisch-römischen Kultur definierte rhetorische Normen befolgt, diese aber andererseits auch ignorieren oder darüber hinausgehen kann. Ihre wesentlichen Merkmale sind die *elegantia*, die *emphasis* (die Kunst, mehr Bedeutungen anzudeuten, als dies die einfache Bedeutung des Wortes tut) und die ständige Verwendung der Antithese. Calvin räumt auch der anklagenden Vehemenz mancher Autoren oder biblischer Textstellen eine wichtige Bedeutung ein und er scheint sich, als Prediger und Reformator, persönlich besonders mit der Figur des ungestümen Propheten zu identifizieren, der eine Heilsbotschaft übermittelt und seine Ausdrucksweise der Zuhörerschaft anzupassen vermag, um die Zustimmung der Erwählten zu erhalten, aber auch die Ablehnung der Ungläubigen hervorzurufen. Dank Augustin (aber auch Guillaume Budé) für die überirdische Energie des biblischen Stils empfänglich, dank Erasmus aber auch für die Feinheit der Überzeugungsarbeit der biblischen Autoren, hat der Exeget Calvin so in seinem exegetischen Werk für sich und seine Zeitgenossen die Idee einer Sprachgewalt verdeutlicht, welche dank ihrer Majestät sowie ihrer gütigen Vertrautheit die Herzen berührt, aber auch den falschen

Glauben hindert, indem Heuchelei aufgedeckt wird. Diese Konzeptionen werden durch den Autor Calvin selbst umgesetzt, aber sie verbinden sich dann mit einer weiteren Quelle, der neuen Rhetorik, die durch den deutschen Humanismus der Renaissance entwickelt wurde (R. Agricola und vor allem Ph. Melanchthon), welche Anfang der 30er Jahre des 16. Jahrhunderts in Paris eingeführt worden war. Diese Quelle legt besonderen Wert auf die didaktische Einfachheit des Zusammenbaus und des Stils sowie auf die argumentativen Mittel der gerichtlichen und deliberativen Redegattungen, sodass sie in den Dienst der philosophischen und religiösen Kontroversen gestellt werden.

Das dritte Element, das berücksichtigt werden muss, ist der Gebrauch, den Calvin von beiden Sprachen, Französisch und Latein, macht. Das lateinische und das französische Werk haben sich parallel entwickelt, und fast alle Werke, die Calvin verfasst hat, wurden in die eine oder die andere Sprache übersetzt, wobei die französische Übersetzung aus dem Lateinischen meistens von Calvin selbst stammt und seine Mitarbeiter mit der Übersetzung des Französischen ins Lateinische betraut wurden. Calvin hatte ein klares Bewusstsein für den Unterschied der beiden Sprachen (ihrer jeweiligen *proprietas*) sowie des sozialen und kulturellen Unterschieds der beiden angesprochenen Leserschaften. Aber man beobachtet ebenfalls, vor allem in der endgültigen Fassung (1559–1560) der *Institutio*, dass eine Tendenz der Annäherung des Stils in beiden Sprachen besteht, der mehr und mehr durch eine mündliche und emotionale Sprache, familiäre Bilder und einen oft vehementen Ton gekennzeichnet ist. Die lateinische Ausdrucksweise Calvins, die abstrakt und elegant, aber im Vergleich mit den erasmischen Feinsinnigkeit recht vereinfacht ist, erlaubte leicht die Übertragung ins Französische: Klarheit und dialektische Stärke. Der gewöhnliche Stil Calvins ist durch die folgenden Eigenschaften gekennzeichnet: Die Suche nach der Einfachheit wird im Zusammenbau des Textes ersichtlich, durch den der Leser auf pädagogische Weise geleitet und dank klarer Redegliederungen durch die komplizierte Fragestellungen geführt wird. Calvin beherrscht die Kunst der Vereinfachung, um zum Wesentlichen zu gelangen, um den laizistischen Leser in komplexe theologische Fragen einzuführen, die vor ihm nicht systematisch auf Französisch behandelt worden waren. Diese Einfachheit spiegelt sich in der Aufteilung des Abschnittes und des Satzes wider, mit einer logischen Ausdrucksweise und deutlichen grammatikalischen Verbindungen, die immer deutlich oder gar unterstrichen sind. In diesen selben begrenzten Einheiten der Rede (Abschnitt und Satz) beweist Calvin ein sehr sicheres Gefühl für den Rhythmus, der sowohl die Empfindsamkeit als auch die Intelligenz des Lesers leitet, und zwar durch eine häufig antithetische Organisation des Textes und eine Serie von Symmetrien und Stufen, welche das zentrale Wort oder Bild hervorheben, sodass die Vorstellungskraft geprägt wird und die Idee sich durchsetzt. Die Klarheit, die Kürze und die Energie des Stils Calvins sind auch seine Stärke. Sie kommen sowohl aus den oben erwähnten rhetorischen Modellen als auch den angesammelten Erfahrungen des Autors: das Predigen und das Verfassen von kleinen Abhandlungen als Pamphlete, die Entwicklung des exegetischen Werkes, die Lieblingsvorbilder aus der Antike und unter den Kirchenvätern (Seneca, Lucian, Augustin, Chrysostomus), persönliches Temperament, auf das sich Calvin im Namen seiner *brevitas* selbst beruft, und schließlich die persönliche Überzeugung, dass Gott selbst ihn, gegen seinen Willen, in die Situation des Sprachrohres der Wahrheit gegen alle Widerstände gestellt hat.

Der Einfluss Calvins auf die französische Sprache und Literatur war im Bereich der Ideenprosa bedeutend. Er ist einer der ersten, der systematisch die hohen intellektuellen Fragestellungen in der gewöhnlichen Sprache behandelt hat. Seine katholischen Gegner, die sich in der Landessprache ausdrückten, mussten im Übrigen an seinem Beispiel, indem sie ihn nachahmten, den Umgang mit den argumentativen und stilistischen Waffen lernen, die er im Dienste der Reformation hatte abrufen können. Sie taten dies nach und nach, sodass sie diese Ausdrucksform in den 60er Jahren beherrschten. Aber es wäre ein perspektivischer Fehler und eine anachronistische Folgerung, bei Calvin eine Quelle des französischen Klassizismus des 17. Jahrhundert zu suchen, wie man dies seit dem 19. Jahrhundert manchmal getan hat. Calvin kennt, außer der Klarheit, keine Ideen, welche die Theoretiker dieses neuen Ideals in einem völlig anderen Kontext leiten würden, und sein Beitrag zum Fortschritt der französischen Sprache und Literatur ist schon ausreichend durch den humanistischen und religiösen Kontext der 30er-60er Jahre, auf den wir aufmerksam gemacht haben, und die individuellen Eigenschaften des calvinischen Stils beleuchtet. Es ist dem Reformator zuzuschreiben, dass er auf französisch, in einem dramatischen Ton, die schwerwiegenden und schwierigen Fragestellungen, die durch die europäische Reformation im 16. Jahrhundert aufgeworfen wurden, kulturell laizistisch behandelt hat.

Dyrness, William A.: Reformed Theology and Visual Culture. The Protestant Imagination from Calvin to Edwards, 2004.

Finney, Paul Corby (Hg.): Seeing Beyond the Word. Visual Arts and the Calvinist Tradition, 1999.

Garside, Charles: The Origins of Calvin's Theology of Music, 1536–1543, 1979.

Millet, Olivier: Calvin et la dynamique de la parole. Etude de rhétorique réformée, 1992.

Plank, Karl A.: »Of Unity and Distinction. An exploration of the Theology of John Calvin with Respect to the Christian Stance towards Art« (CTJ 13, 1978, 16–37).

Wencelius, Léon: L'Esthétique de Calvin, 1937.

Olivier Millet

4. Bildung und Pädagogik

Das Zeitalter Calvins war das von Reformation und Humanismus. Beide geistigen Entwicklungen hat Calvin persönlich als Jurist, Humanist und Kirchenreformer in sich vereinigt. Die Erziehungsvorstellungen und das Schulwesen der europäischen Reformierten wurden sowohl durch die humanistischen als auch die christlichen Wurzeln des Denkens Calvins beeinflusst.

In Bezug auf das pädagogische Denken schloß sich Calvin in seinen Schriften dem humanistischen Mainstream an, der von antikem Bildungsgedanken und christlichen Kindheitsvorstellungen der Kirchenväter beeinflusst war. Kindlicher Glaube galt ihm als Vorbild für das religiöse Empfinden auch der Erwachsenen. Calvins Vorstellung von der Erbsünde und der Erwähltheit führten ihn, wie auch andere protestantische Theologen, nicht zu einer negativen Einstellung zu den Entwicklungsmöglichkeiten von Kindern. Vielmehr sahen er und seine Nachfolger jedes Kind als Geschenk Gottes an, dem der vollständige Zugang zu Gott und seiner Offenbarung ermöglicht werden musste (Pitkin 2001, 162–164).

In einem wichtigen Punkt der Erziehung brach Calvin mit der kirchlichen Tradition: Er betonte die Bedeutung des öffentlichen Erziehungswesens in der Gemeinde und legte damit nicht nur den Eltern die Verantwortung für die Kinder auf, sondern der ganzen Gemeinschaft der Gläubigen. Ein wichtiger Hinweis auf die Rolle der öffentlichen Erziehung bei Calvin liefert seine Beschreibung der vier Gemeindeämter in der Genfer Kirchenordnung von 1541, zu denen – zumindest in der älteren Fassung – auch die *doctores* gehören, also professionelle Lehrpersonen zur Erziehung und Ausbildung in der Gemeinde. Sie sollten für die religiöse und die akademische Ausbildung zugleich zuständig sein und eine theologische Ausbildung besitzen, also zur Geistlichkeit gehören. Obwohl für dieses Amt nur eine ungenaue Beschreibung vorlag, nahmen auch das schweizerische, das belgische und das schottische reformierte Bekenntnis das Amt des Lehrers neben dem des Predigers in ihren Texten auf (Benedict 2002, 452 f.). Mehr als die anderen christlichen Konfessionen suchten die Reformierten für alle Kinder öffentliche Erziehungseinrichtungen anzubieten, auch dort, wo sie eine religiöse Minderheit bildeten (Ehrenpreis 2007). Die Schulen sollten reformierte Schulen sein: Die Gemeinde hatte die Kontrolle des Unterrichts auszuüben und alle Lehrer sollten aktive Gemeindemitglieder sein. Diese den Lehrern zugeschriebene hohe Bedeutung in der Gemeinde hat spätere reformierte Theologen bewogen, ihr reales schlechtes Ansehen und ihre marginalisierte soziale Rolle zu kritisieren: Der Züricher Prediger Samuel Hochholzer beispielsweise rief in seiner 1591 erschienenen Schrift *Von der Kinderzucht* reformierte Obrigkeiten zu einer besseren Besoldung der Schulmeister auf, damit sie sich ganz auf ihr Lehramt konzentrieren könnten (Hochholzer 1591, 347–358).

Eine weitere für die Reformierten typische, von Calvin übernommene Erziehungsvorstellung war, dass Kinder so früh wie möglich im Glauben unterwiesen werden sollten, solange sie noch gering mit der Sünde befleckt wären (Pitkin 2001, 165–167). Dies bedeutete in der Praxis, dass eine gemeindeeigene Erziehungseinrichtung die religiöse Unterweisung der Kinder durch die Eltern unterstützen sollte. In einigen reformierten Gemeinschaften war es üblich, die Kinder schon vor dem in Europa sonst üblichen Alter von sechs Jahren in Erziehungseinrichtungen außerhalb des Hauses zu geben. In Schriften der englischen Puritaner findet sich der Rat, Kinder sollten in erzieherische Obhut gegeben werden »when they can speak«, und in höheren sozialen Schichten folgte man ihm gerne, um den Haushalt von der Kinderbetreuung zu entlasten. So rechtfertigte die kleine, aus Kaufleuten bestehende reformierte Gemeinde in Nürnberg im späten 17. Jahrhundert die Besoldung einer Schulfrau mit dem Hinweis, dass damit die kleinen Kinder »uns zuhauß aus den füssen kommen« (Landeskirchenarchiv Nürnberg, Pfarrarchiv St. Martha, Fach XI, Fasz. 6, fol. 1). In den Niederlanden existierten »bewaarscholen« für Kleinkinder, in denen die Anfänge des Katechismus und einfache Gebete eingeübt wurden. In den deutschen reformierten Territorien hingegen herrschte die in den öffentlichen Schulen geübte traditionelle Praxis vor, die Kinder erst mit sechs Jahren am Unterricht teilhaben zu lassen.

Für die pädagogischen Anschauungen und die Bildungspolitik der Reformierten Europas wurde neben der Theologie Calvins die Erziehungspraxis und die Organisation des Schulwesens in Genf und in anderen frühen reformierten Gebieten prägend. Zentrale Elemente des reformierten Schulwesens bildeten sich nicht durch Calvins Einfluss, sondern als Reaktion auf die vorhandenen schulischen Verhältnisse. Die bildungspolitische Praxis folgte in Genf einem auch in anderen protestantischen Gebieten Europas eingeschlagenen Weg. Nach 1536 wurden die spätmittelalterlichen Schulen der Stadt fortgeführt und konfessionell neu ausgerichtet, die Finanzierung oblag dem Magistrat. Die Lehrer wurden den Predigern unterstellt und sowohl die Niederen als auch die höheren Schulen der Kontrolle der Kirche unterworfen. Für die Mädchen wurde eine getrennte Schule eingerichtet. Mit der Gründung der Akademie 1559 wurde eine neue zentrale Hochschule für die Ausbildung reformierter Theologen geschaffen. Damit war ein Vorbild geschaffen, das alte und neue Institutionen verband und in Europa zahlreich kopiert wurde. Dieses Vorbild war kein ideales Modell eines reformierten Erziehungswesens, sondern eher aus der Not geboren. Damit traf es aber genau die Situation, von der auch andere reformierte Kirchen herausgefordert wurden.

4.1. Internationaler Austausch – Methoden und Wege

Ähnlich wie die Theologie Calvins wurden auch die Ideen reformierter Pädagogen über das im 16. Jahrhundert entstandene Netzwerk reformierter Kirchenverbindungen europaweit verbreitet. Dazu trug der Strom der Studierenden bei, die aus vielen europäischen Ländern in die berühmtesten reformierten Studienorte Genf, Heidelberg und Leiden kamen. Durch politisch motivierte Vertreibungen mussten aber auch pädagogisch engagierte reformierte Theologen und Gelehrte ihre Heimatländer verlassen und sich anderen reformierten Gemeinschaften anschliessen, wo sie ihre Arbeit fortsetzten. Besonders deutlich wird dies an der mitteleuropäischen Emigration nach Siebenbürgen während des Dreißigjährigen Krieges, die dem dortigen reformierten Bildungswesen einen Aufschwung bescherte (Menk 1980). Dieser reformierte Kulturaustausch bezog sich im Feld der Pädagogik sowohl auf grundlegende Erziehungsvorstellungen als auch auf die konkrete Erziehungspraxis in Schulen und Gemeinden.

Die Diskussion um die Rolle von Bildung und Erziehung zwischen den reformierten Theologen und Gelehrten in Europa lässt sich kaum überblicken, es können aber doch einige Grundprobleme identifiziert werden: die Finanzierung der Bildungsinstitutionen, die Förderung besonders begabter Kinder mittels Stipendien, die inhaltliche Neuorientierung des Unterrichts auf den höheren Schulen, die Schulpflicht für möglichst alle Kinder, die Verbindung von Schule und Katechese besonders im Elementarschulwesen. Über diese Themen diskutierten viele reformierte Theologen und Politiker und sie waren auch Gegenstand gelehrter theoretischer und schulpraktischer Abhandlungen.

Die Haltung Calvins, die Erziehung zu den Kernbereichen reformierter Gemeindepraxis zu zählen, führte zu einer Beschäftigung vieler reformierter Theologen mit den konkreten Problemen der Glaubensvermittlung. Seit dem Ende des 16. Jahrhunderts wurden parallel zum Ausbau des Schulwesens neben Katechismen auch andere Formen von Schulbüchern entwickelt, beispielsweise mit Illustrationen versehene Bibelauszüge oder ABC-Bücher mit Gebeten und Psalmen. Über den schulischen Einsatz dieser religiösen Schriften entwickelte sich im 17. Jahrhundert eine rege Debatte um neue didaktische Modelle im Unterricht.

Die pädagogische Debatte unter den europäischen Reformierten zeigte in der ersten Hälfte des 17. Jahrhunderts starke Tendenzen, die Erziehung als das hauptsächliche Mittel zur Verbesserung aller Verhältnisse anzusehen. Reformierte Intellektuelle schlugen pädagogische Reformen vor, die die ganze Gesellschaft verbessern sollten und so den Charakter utopischer Entwürfe trugen. Dies lässt sich besonders in den Zeiten politischer Krisen beobachten. Im Zeitalter des Bürgerkriegs in England forderten die Puritaner, dass sich alle Erziehung an der Schrift zu orientieren habe, und misstrauten jedweder Nutzung weltlicher (d.h. auch antiker) Autoren in der Schule. Durch die äußeren Umstände gedrängt, kritisierten puritanische Theologen und Gelehrte die Unterrichtspraxis des vorhandenen Schulwesens und propagierten den frühen Kontakt der Kinder mit religiösen Texten in den Familien. Schon im Kleinkindalter sollte mit Übungen im Lesen begonnen werden, die nicht dem Hausgesinde, sondern dem Vater überlassen bleiben sollten (Morgan 1986, 165 f.). Puritanische Autoren wie John Dury forderten eine Ausweitung des Unterrichtsangebots auf alle Kinder, insbesondere auch auf Mädchen mit dem Argument, dies stärke sowohl den wahren Glauben als auch die Wirtschaftskraft des »common wealth«. Andere, wie Samuel Hartlib 1647, konzentrierten sich auf eine soziale und berufsspezifische Distinktion im Zugang zu Bildung: Die größte Aufmerksamkeit gelte der Ausbildung der Prediger, dann der Universitäts- und Schullehrer und drittens dem Adel, der die politischen Ämter besetze. Schließlich müsse es auch Schulen geben für »the vulgar, whose life is mechanical« (Hartlib 1647, 21 f.). Harington propagierte in seiner 1656 publizierten utopischen Schrift *Oceana* einen verpflichtenden Schulbesuch für alle neun- bis fünfzehnjährigen Kinder.

Neben diesem internationalen Austausch über Personen und Diskurse verband auch die Praxis der Katechese das reformierte Erziehungswesen Europas. Nicht der komplizierte und wenig didaktische Katechismus Calvins, sondern der *Heidelberger Katechismus* wurde der Grundlagentext für die religiöse Erziehung in den reformierten Gemeinden. Als die *Niederländische Generalsynode* erstmals in Emden 1571 und nochmals in Dordrecht 1619 den *Heidelberger Katechismus* als verbindlich für die reformierten Kirchen in der Republik erklärte, war er in den Territorien des Alten Reiches, in den Niederlanden und in Ungarn weit verbreitet. Die französischen Hugenotten und die englischen Puritaner hatten eigene Katechismen. Im 17. Jahrhundert entstanden aus den Bedürfnissen der Lehrpraxis kürzere Katechismustexte und Katechismuserklärungen, die in der sonntäglichen »Kinderlehre« benutzt wurden. Die Katechese in der Schule wurde nun auf die sonntäglichen Evangelientexte und die Grundlagen des Bekenntnisses ausgerichtet und alles weitere den Predigern überlassen.

Die reformierte Diskussion über eine Erneuerung der Gesellschaft durch Erziehung und die dazu notwendigen Hilfsmittel fand in der Mitte des 17. Jahrhunderts ihren Abschluss in der Lehre des Johan Amos Comenius (1592–1670), dem Bischof der böhmischen Brüderunität. Comenius, der an der nassauischen Hochschule in Herborn studiert hatte und die letzten Jahre seines Lebens in Amsterdam verbrachte, setzte zahlreiche der älteren pädagogischen Reformideen in konkrete Unterrichtsempfehlungen und Entwürfe von Schulbüchern um. Seine Lehre verband das Interesse am Kind und seiner Entwicklung mit einer Neuorientierung der Lehrinhalte und der didaktischen Methoden. Seine Rezeption pansophischer Welterkenntnis führte ihn zu einer Hochschätzung der Realienkunde, die den Sprachunterricht mit Geographie, Geschichte und Naturkunde kombinierte. Das für diesen Zweck 1653 konzipierte Schulbuch »Orbis pictus sensualium« wurde bis 1700 in über zwanzig Sprachen übersetzt und in allen protestantischen Ländern Europas verwendet.

4.2. Höheres Bildungswesen

Calvin war durch seine humanistischen Prägungen von der Notwendigkeit einer Sprachenschulung für alle Fächer der höheren Bildung überzeugt und teilte diese Auffassung mit anderen Gelehrten des christlichen Humanismus in der lutherischen und der katholischen Konfession. Der Unterricht auf den Universitäten in den reformierten Gebieten Europas konnte nicht vereinheitlicht werden, da nationale und kulturelle Traditionsunterschiede dem entgegenstanden. Gemeinsam war allen reformierten akademischen Institutionen das hohe Niveau der Artistenfakultäten und die besondere Bedeutung der theologischen Fakultät. Inwieweit die reformierte Theologie auch einen anderen Wissenschaftsbegriff als den durch Melanchthon propagierten aristotelischen benötigte, blieb umstritten. Besonders einflussreich war die Wissenschafts- und Bildungslehre des hugenottischen Gelehrten Petrus Ramus (1515–1572). Der in der Bartholomäusnacht ermordete Gelehrte betonte die Notwendigkeit einer bewussten Methodik in den Wissenschaften, sowohl für die Erkenntnis als für die Wissensvermittlung. Für die Welt reformierter Gelehrter wurde er außerdem durch seine Kritik an der aristotelischen Scholastik bedeutend, die damals die traditionellen Universitäten beherrschte. Ramus' Lehre, die er durch die Produktion zahlreicher, immer wieder neu aufgelegter Lehrbücher verbreitete, fand fast ausschließlich an reformierten Bildungsinstitutionen Anhänger, wenn auch nicht von einer generellen Nähe aller reformierten Hochschulen zum ramistischen Wissensbegriff gesprochen werden kann.

Wie in allen Konfessionen betrachteten auch die reformierten Theologen die akademische Ausbildung zunächst unter dem Aspekt der Ausbildung theologischen Nachwuchses ihres Glaubens. Die Gründung der reformierten Hochschulen in Genf und Zürich hatten den Zweck, für die Rechtgläubigkeit des benötigten Pfarrernachwuchses zu sorgen. Vorbild bei der Gründung reformierter Bildungsinstitutionen waren für die deutschsprachigen Gebiete die Straßburger Akademie, die durch Johannes Sturm seit 1538 zu einem neunklassigen humanistischen Gymnasium mit öffentlichen Vorlesungen ausgebaut worden war. In den französischsprachigen reformierten Gebieten wurde die 1547 umgewandelte Hochschule in Lausanne einflussreich, die mit einem Schwerpunkt in der Theologie versehen war, wo 1549–1558 auch Beza lehrte. Das Lausanner Modell wurde Vorbild für die hugenottischen Schulen u.a. in Orthez (Béarn), Nimes und Montauban. Einen geringeren Einfluss hatte auch die Hochschule in Basel.

In der niederländischen Republik kam es zu einer großen Neugründungswelle reformierter Hochschulen, die sich am Vorbild der humanistischen Volluniversitäten in Deutschland orientierten. Hier erlangte die 1575 errichtete Universität Leiden eine europaweit herausragende Stellung. 1585 folgte eine Universitätsgründung in Franeker, 1614 in Groningen sowie in den 30er und 40er Jahren in Harderwijk, Middelburg und Utrecht sowie die Gründung zahlreicher städtischer »Illustren Gymnasien«. An den niederländischen Universitäten spielten zwar die theologischen Fakultäten eine wichtige Rolle, aber auch die humanistischen Fächer, Jura und Medizin erlangten eine hohe Bedeutung.

Auch im Alten Reich gab es keine vorwiegend der Theologie gewidmeten reformierten Hochschulen, sondern neben der Pfarrerausbildung wurde das Studienprogramm für die Ausbildung in weltlichen Berufe geöffnet. Dies galt besonders für die von reformierten Obrigkeiten übernommenen älteren Universitäten in Heidelberg und in Marburg, deren juristische Fakultäten wichtige Orte des reformierten politischen Herrschaftsdiskurses waren. Die Universität Heidelberg mit ihrer alten humanistischen Tradition war bis 1622 die hervorragendste reformierte Bildungseinrichtung in Deutschland, an der sich auch viele ausländische Studierende aufhielten.

Da für reformierte Neugründungen im Reich weder päpstliche noch kaiserliche Genehmigungen zu erlangen waren, wurden neben den Universitäten Heidelberg und Marburg zwischen 1580 und 1618 eine große Gruppe von semi-universitären Anstalten gegründet. Diese neugeschaffenen Institutionen wurden als »Hohe Schulen« oder »Gymnasien illustre« organisiert. Diese hatten kein Promotionsrecht und keine höheren Fakultäten, integrierten aber juristische, naturwissenschaftliche und medizinische Professuren in ihr Lehrprogramm. Die bedeutendsten reformierten Hohen Schulen waren die nassauische in Herborn und das Gymnasium illustre in Bremen.

Anders als in der Stadtrepublik Genf wurden in den französischen und deutschen reformierten Gebieten auch gesonderte Ausbildungsstätten für den Adel betrieben. Vorbild waren die hugenottischen Akademien in Sedan und Saumur, deren Lehrplan neben humanistischen Studien spezifisch adlige Programme wie Reiten, Fechten, Tanzen und höfische Etikette vorsah. Ähnliche Ritterakademien im Reich wurden sowohl in lutherischen als auch reformierten Territorien eröffnet, beispielsweise in der hessischen Residenz Kassel und in der hugenottischen Exilstadt Erlangen. Sie existierten jedoch jeweils nur wenige Jahrzehnte und stellten keine wirkliche Konkurrenz zu den reformierten Gelehrtenschulen dar.

Die Masse der reformierten Gelehrtenschulen existierte in Mitteleuropa in der Form der herkömmlichen städtischen Lateinschulen. Oftmals wurden in den Kathedralstädten die reformierten Lateinschulen als Fortführung der ehemaligen Stiftsschulen betrieben, so z.B. in Basel. Auch ehemalige Klosterschulen und die traditionellen städtischen Bürgerschulen wurden als reformierte Lateinschulen fortgeführt. Die hohe soziale Bedeutung dieser Schulen für das städtische Bürgertum zeigt sich in den Bestrebungen reformierter Minderheiten, für ihre Kinder Lateinschulen in eigener Trägerschaft zu errichten, z.B. in Köln. Wo dies nicht gelang, war die Gefahr groß, dass Gemeindemitglieder ihre Söhne in Schulen der katholischen oder lutherischen Mehrheitskonfession schickten. Einen erneuten Schub für das reformierte höhere Schulwesen brachte die durch die Jesuitengymnasien entstandene Konkurrenz. In den Presbyterien zahlreicher Gemeinden, z.B. am Niederrhein oder in Emden, mussten reformierte Eltern gerügt werden, die ihre Knaben auf katholische Bildungseinrichtungen schickten. Die reformierten Obrigkeiten erhöhten ihre Anstrengungen, für die eigenen Schulen die finanzielle Basis zu verbessern und qualifizierte Lehrer anzustellen.

Die konfessionspolitische Entwicklung brachte es mit sich, dass einige Institutionen – ähnlich wie die lutherischen Fürstenschulen – eine gegenüber den städtischen Lateinschulen herausgehobene Stellung beanspruchten. Das durch den kurpfälzischen Administrator Johann Casimir gegründete Casimiranum in Neustadt an der Hardt war eine solche Anstalt, die reformierte Lehre in der Zeit des lutherischen Zwischenphase aufrecht erhielt und die Ausbildung reformierter Theologen anstatt eines regulären Universitätsstudiums ermöglichte. Gelegentlich entstanden Konflikte, wenn in einem städtischen Gymnasium Dialektik und Logik unterrichtet wurden, die für das Studium in einer universitären Artistenfakultät vorgesehen waren.

Ein fast durchgängig bei allen europäischen reformierten Schulen beachtetes, in Genf begonnenes Prinzip war die Ablehnung des bei Katholiken und Lutheranern geübten Schultheaters. Ein gutes Beispiel hierfür ist Emden: Obwohl die städtische Lateinschule bis ca. 1560 eine herausragende Tradition der jährlichen

Aufführung antiker Dramen kannte, beschloß der Magistrat 1573 nach dem Willen des reformierten Kirchenrats ein Verbot von Theateraufführungen. Lediglich in Siebenbürgen hielt sich eine Tradition des reformierten Schultheaters. Hingegen wurde der didaktische Wert visueller Medien geschätzt. In den niederländischen reformierten Lateinschulen beispielsweise wurde die Emblematik gepflegt.

Zum reformierten pädagogischen Programm der religiösen und humanistischen Erziehung gehörte auch die Einbeziehung der Mädchen in die Unterweisung. Calvin hatte sich jedoch wenig für diese spezielle Frage interessiert. Ebenso wie in Genf gab es in zahlreichen größeren reformierten Städten eigene Mädchenschulen, die jedoch nicht den Umfang einnahmen wie die Schulen der katholischen Frauenorden in katholischen Gebieten. Das Ziel der Mädchenbildung lag in der moralischen »Erziehung zur Ehefrau«, was aber in vielen reformiert-bürgerlichen Kontexten auch eine Vermittlung ökonomischer Kenntnisse beinhaltete.

4.3. Niederes Schulwesen und Katechese

Im Gegensatz zur hohen Bedeutung, die viele reformierte Kirchenleitungen und Obrigkeiten dem höheren Bildungswesen zusprachen, wurde das niedere Elementarschulwesen in den reformierten Kirchenordnungen kaum berücksichtigt. Seine Existenz und Ausgestaltung blieb meist den lokalen Verhältnissen in den Gemeinden überlassen, die für die Finanzierung und Organisation einer »Volksschule« verantwortlich waren. Eine besondere Aufmerksamkeit wurde der Verbindung von Schulunterricht und Katechese gewidmet. Alle Lehrer, auch die der Elementarschulen, sollten konfessionell zuverlässig und gut vorgebildet sein sowie in der Gemeinde einen guten Ruf besitzen.

Während man in Genf zunächst dem Elementarschulwesen keine größere Beachtung schenkte, ging die Einführung des reformierten Glaubens in Deutschland und den Niederlanden mit einer Umwandlung des vorhandenen dörflichen Schulwesens einher. Eine besondere Rolle bei der Etablierung eines reformierten Elementarschulwesens spielte die Grafschaft Nassau-Dillenburg, wo neben der Gründung der Herborner Hochschule auch Initiativen für umfassende Schulreformen ergriffen wurden. Ein ehemaliger Student Calvins in Genf, Caspar Olevian (1536–1587), der als Mitglied des Heidelberger Kirchenrats eine führende Rolle beim Übergang der Kurpfalz zum Reformiertentum gespielt hatte, war nach dem Herrschaftsantritt des lutherischen Kurfürsten Ludwig VI. zunächst als Prinzenerzieher an den Hof des Grafen Ludwig von Sayn-Wittgenstein berufen worden. 1584 wurde er als Theologieprofessor an die Herborner Hohe Schule berufen und führte dort seinen schon in Heidelberg benutzten lateinischen Grundriß der *Institutio* Calvins ein, der 1586 auch ins Deutsche übersetzt wurde. Seinen Einsatz für die Verbreitung der »wahren« Lehre verdeutlicht dann auch der 1590 veröffentlichte *Bawren Catechismus*, eine kurze Zusammenfassung des refomierten Glaubens und gleichzeitig Anleitung für den Hausvater, mit seiner Familie und dem Gesinde christliche Frömmigkeitsformen zu praktizieren. Ebenfalls 1590 erließ die Regierung eine von Wilhelm Zepper (1550–1607), damals Hofprediger und später Herborner Amtskollege von Olevian, verfasste Schulordnung zu den Deutschen Schulen in Städten und Dörfern. Darin wird vorgeschrieben, dass alle Prediger die Eltern ermahnen sollten, ihre Kinder in die Schulen zu schicken. Ziele der Erziehung waren Erkenntnis und Anrufung Gottes, Zucht, Tugend und Ehrbarkeit. Die Kinder sollten anhand des Heidelberger Katechismus Lesen und Schreiben lernen, die Hauptstücke auswendig lernen und erklären sowie die Irrtümer der Katholiken und der Wiedertäufer nennen können. Sonntags sollten alle gemeinsam zur Kirche geführt werden und dort auch die Kinder untereinander diejenigen unterrichten, die nicht zur Schule kämen. Den Schülern wurde eingeübt, auch zuhause die Schulgebete, die Psalmen oder Bibeltexte vorzulesen. Die Schulmeister sollten beim Unterricht Freundlichkeit walten lassen und statt Prügel durch Lob und Vermahnungen motivieren (Steubing 1804, 379–384).

In der niederländischen Republik war das System der Elementarschulen wohl das bestausgebaute in Europa. Hier waren die Städte und Dörfer Träger der öffentlichen Schulen, die unter der Aufsicht der reformierten Gemeindeleitungen standen. Der Versuch der *Dordrechter Nationalsynode* 1619, überall nur noch reformierte Schulen zuzulassen, scheiterte am Widerstand der Politiker, so dass die anderen Konfessionen Privatschulen unterhalten konnten. Die Details des Schulwesens wurden in Schulordnungen der einzelnen Provinzen geregelt, so dass hier ein relativ starker zentraler Einfluß bemerkbar war, der die lokalen Verhältnisse vereinheitlichte. In den öffentlichen Schulen wurde die Verbindung zur reformierten Gemeinde eng geknüpft: Die Lehrer mussten Gemeindemitglieder sein, der Heidelberger Katechismus musste gelehrt werden, Gebete und kirchliche Gesänge beherrschten den Schulalltag. Jeder Lehrer hatte vor seinem Dienstantritt eine Prüfung seiner Glaubensüberzeugung und -kenntnisse vor dem Klassenkonvent der reformierten Gemeindevertreter abzulegen.

Auch in der Zeit der puritanischen Herrschaft in England existierten Versuche, eine nationale Schulpolitik für alle Kinder zu entwerfen. In Reaktion auf zahlreiche Petitionen der puritanischen Geistlichkeit und auch von Gemeinden setzte das Parlament 1644 Komitees ein, die neben den Pfarrern auch die Schulmeister über ihre Glaubenshaltung und ihre Amtsausübung zu verhören hatten. Genauso wie die 1650 eingerichteten »Commissions for the propagation of the Gospel in Wales and North Parts« interessierten sich die parlamentarischen Vertrauensleute eher für die religiöse als für die pädagogische Eignung der Lehrer. Die Absicht, den Puritanismus in Wales und in Nordengland zu verankern, führte 1649 zur ersten staatlichen Finanzierungshilfe für das Schulwesen: Aus dem Fonds der Dekan- und Kapitelsgüter wurden Gehaltszulagen und Stipendien für Schulmeister vergeben.

Insgesamt lässt sich für die europäischen Reformierten, verglichen mit den Lutheranern und Katholiken, eine höhere Wertschätzung niederer Schulunterweisung feststellen, die allerdings von der älteren Tradition des Schulwesens und den lokalen Verhältnissen geprägt war und große Unterschiede aufwies. Die Anforderungen an die Lehrer, aber auch der gesellschaftliche Respekt für sie waren meist hoch.

MORGAN, John: Godly Learning. Puritan Attitudes towards Reason, Learning and Education, 1550–1640, 1986.

PITKIN, Barbara: »The Heritage of the Lord«. Children in the Theology of John Calvin (in: BUNGE, Marcia J. [Hg.]: The Child in Christian Thought, 2001, 160–193).

PIXBERG, Hermann: Der Deutsche Calvinismus und die Pädagogik, 1952.

SCHILLING, Heinz/EHRENPREIS, Stefan (Hg.): Frühneuzeitliche Bildungsgeschichte der Reformierten in konfessionsvergleichender Perspektive. Schulwesen, Lesekultur und Wissenschaft, 2007.

WATT, Jeffrey R.: Childhood and Youth in the Geneva Consistory Minutes (in: SELDERHUIS, Herman J. [Hg.], Calvinus praeceptor ecclesiae, Papers of the International Congress on Calvin Research, 2004, 44–64).

Stefan Ehrenpreis

5. Politik und soziales Leben

Als angesehener französischer Flüchtling und prominenter Rechtsanwalt in Genf war Calvin zwangsläufig an der Politik und dem sozialen Leben der Stadt beteiligt. Seine Ansichten zu sozialwirtschaftlichen Fragen, die sich besonders in seinen Kommentaren, Predigten und Briefen zeigen, hatten in der Tat politische und soziale Konsequenzen in Genf. Sie standen jedoch nie im Widerspruch zu seiner Lehre über die bürgerliche Regierung und das soziale Leben, die er in den offizielleren Dokumenten zum Ausdruck brachte, so z.B. in seinen Katechismen, Bekenntnissen und natürlich der *Institutio* als maßgeblichem theologischen Leitfaden.

5.1. Genf 1536–1538

Als Calvin im Juli 1536 nach Genf kam, war er sofort an der Errichtung der neuen Ordnung beteiligt, die die von Kirche und Staat gebilligten Dokumente vorsahen und mit Rechtskraft versahen. Im November 1536 hatten Farel (1489–1565) und Calvin der Stadt eine *Confession de la Foy* (OS 1,418–425) vorgelegt. Der letzte Artikel ist den *Magistratz* gewidmet (OS 1,425–426, Magistraten oder Beamten, also Personen, die mit Amtsgewalt ausgestattet sind). Diesem Artikel zufolge ist die höchste Gewalt von Königen, Fürsten, Magistraten und Beamten eine gute Ordnung Gottes. Sie müssen als »Stellvertreter und Statthalter Gottes« betrachtet werden (OS 1,425: *vicaires et lieutenans de Dieu*). Bei der Ausübung ihres Amtes dienen sie Gott, indem sie die Gesellschaft und ihr soziales Leben erhalten. Daher müssen sie die Leidenden und Unschuldigen schützen und die menschliche Bosheit bestrafen. Der Obrigkeit wiederum muss man untertan sein und ihr Gehorsam erweisen, soweit dies nicht gegen Gottes Gebot verstößt.

Am 16. Januar legten die Pastoren der Stadt dem *Petit Conseil*, dem Kleinen Rat, die *Articles concernant l'organisation de l'Église et du culte a Genève* (OS 1,369–377) vor. Sie stellten unmissverständlich klar, dass ihre Forderung eines rechtschaffenen Lebens auf der Bibel gründete (vgl. OS 1,376). Ihr Anliegen war, dass das Wort Gottes frei sein solle, um die Früchte des Geistes zu wirken (vgl. OS 1,372). Diese Überzeugung basierte auf dem Grundgedanken, dass das Wort Gottes alle Aspekte des sozialen Lebens und der zivilen Angelegenheiten in Genf durchdringt. Der dritte Artikel sah die religiöse Unterweisung der Kinder vor, in erster Linie durch die Eltern (OS 1,375). Danach erschien, noch vor Ende Januar, die von Calvin ausgearbeitete *Instruction et confession de foy, dont on use en l'Eglise de Genève* (COR III/II,3–113). Der letzte Artikel befasst sich ebenfalls mit *Du magistrat* (COR III/II,109 ff.). Er entspricht im Wesentlichen der *Confession de la Foy* und führte manche Punkte weiter aus. Beispielsweise sind »Fürsten und Amtsträger« verpflichtet, die »rechte Form der öffentlichen Religion« zu erhalten und die Gesellschaft durch »vortreffliche Gesetze« zu lenken (COR III/II,111,5).

5.2. Genf 1541–1564

1541 kehrte Calvin von Straßburg nach Genf zurück, das jetzt dringend einer verfassungsmäßigen Regierung und Gesellschaft bedurfte, um sich zu konsolidieren. Aufs Neue war Calvin als begabter Prediger, Verwalter und ausgebildeter Rechtsanwalt an der Abfassung grundlegender staatlicher und kirchlicher Dokumente beteiligt. Ende September 1541 wurden die *Ordonnances Ecclésiastiques* (CO 10/1,15–30) fertiggestellt und während der folgenden beiden Monate offiziell angenommen. Im Genfer Kontext, wo Kirche, Gesellschaft und Zivilbehörde eng miteinander verbunden waren, hatte dieses Dokument eine große Wirkung. Zu der Zeit verstand man die *Ordonnances* (z.B. in ihren Artikeln zur zukünftigen Erziehung der Jugend, der Versorgung der Armen und Nachhaltigkeit des Krankenhauses) als Ausdruck einer »klaren Ordnung und Lebensweise« (OS 2,328.27–28). Betrachtungen über das soziale Leben und Verhalten finden sich überwiegend in den Abschnitten über Diakonenamt und Kirchenzucht.

Die Diakone standen in Verbindung mit der institutionell organisierten Wohlfahrt, dem Allgemeinen Krankenhaus, und arbeiteten so mit dem städtischen Sozialfürsorge-System der Stadt zusammen (OS 2,340.23–342.32). Ihnen oblagen die Fürsorge für die Armen, Mittellosen, die Kranken, Witwen, Waisen, die bedürftigen Alten, die Opfer historischer Ereignisse jener Zeit (z.B. Flüchtlinge) und die Verwaltung der Almosen. Dazu zählte auch die (Wieder-)Eingliederung ins soziale Leben und ins Wirtschaftsleben durch geschickte Fördermaßnahmen. Daher ist es verständlich, warum die *Ordonnances* das offizielle Verbot des Bettelns in Genf unterstützten (OS 2,342.33–343.7). Außerdem hatten Diakone für finanzielle Mittel zu sorgen, damit die Kinder, die in ihrer Obhut waren, in das öffentliche

Bildungssystem der Stadt aufgenommen wurden. Calvins Beitrag und Engagement für Bildung und Erziehung (vor allem durch die Gründung der Akademie 1559: vgl. *L'ordre des escoles de Geneve*, OS 2,364–385) bildeten übrigens nicht nur einen wichtigen Grundstein des sozialen Lebens in Genf, sondern der Zustrom ausländischer Studenten brachte der Stadt auch Anerkennung. Sie verbreiteten seine Theologie, seine Lehren und seine Vorstellungen vom politischen und sozialen Leben in ganz Europa.

Die Anwendung der Kirchenzucht hatte auch Auswirkungen auf die öffentliche Moral in Genf und vermittelt uns ein klares Bild von Calvins Lehre über das soziale Leben und die Ordnung der christlichen Gemeinden (vgl. insbesondere OS 2,359.1ff.). Kirchenzucht wurde als Mittel (OS 2,361.1: *medecine*) gegen unbiblisches Verhalten verstanden und sicherte die Unversehrtheit des christlichen Lebens der Dankbarkeit. Die Übertretung der zehn Gebote und damit verbundener neutestamentlicher Weisungen (vgl. 1Kor 5,11; 1Tim 1,9–11) hatte Ermahnungen durch das Konsistorium zur Folge. Es ging jedoch nicht darum, die Herrschaft der Kirche zu stärken, sondern ihre Glieder innerhalb der Gemeinschaft eines Lebens unter dem Wort Gottes in der Freiheit wahrer christlicher Heiligung zu erziehen, nach dem Vorbild der Beziehung Christi zu seiner Kirche.

Die Lehre der Schrift spielte nicht nur eine entscheidende Rolle bei der Gestaltung des sozialen Lebens, sondern wirkte sich auch auf seine ökonomischen Aspekte aus. Im Nachfolgenden müssen wir kurz auf Calvins Stellung zu Eigentum, Gewinn und Zinsnehmen eingehen. In dieser Hinsicht erschloss er Neuland. Er betrachtete Besitz und Wohlstand als eine Gabe Gottes, die zur gegenseitigen Unterstützung verwendet werden sollte (vgl. seinen Kommentar [1548] zu 1Tim 4,1–5, CO 52,291–298, seinen Kommentar [1554] zu Gen 13,5.7, CO 23,189–191 und seine Erklärung des achten Gebotes in Inst. II.8.45–46). Calvin hebt hervor, dass die verheerende Wirkung der Sünde diese Segnungen verdorben hat. Sie werden leicht zu Stolpersteinen und führen zu Materialismus, Ungerechtigkeit, Härte und Unmenschlichkeit, Habgier, Grausamkeit, frivolem Luxus (vgl. Calvins Traktat *De Luxu* CO 10/1,203–206, ca. 1547 verfasst) und zur Unterdrückung der Armen, anstatt zur Unterstützung für die Armen und Notleidenden zu dienen (vgl. seinen lateinischen Kommentar zu Jak 5,1–6, CO 55,422–426). Bei der Wiederherstellung in Christus wird die Ordnung umgekehrt. Sowohl die Armen als auch die Reichen sind vom Evangelium zur Herrschaft Christi gerufen, an der sie im Glauben teilhaben. Calvin weist darauf hin, dass diese wiederhergestellte Ordnung in einem Leben der Gemeinschaft, das die Sorge für die Armen einschließt, und im gemeinsamen Gottesdienst zur Ehre Gottes Gestalt annimmt.

Als Bibelexeget war Calvin davon überzeugt, dass das Wort Gottes nicht alle Formen des finanziellen Gewinns als ungerecht verurteilt. Er war sich jedoch in höchstem Maße dessen bewusst, welche Gefahren mit Geld verbunden und wie anfällig sündige Menschen dafür sind, seinen Versuchungen zu erliegen. Seine Anerkennung und Billigung von Zinsforderungen in bestimmten Fällen erfolgten daher nur unter deutlichem Vorbehalt. Sein Kommentar zu Ex 22,35, Lev 25,35–38 und Dtn 23,19–29 in der 1563 kurz vor seinem Tod veröffentlichten Gesetzesharmonie bietet uns eine informative Synopse seiner Gedanken dazu (CO 24,679–683). Wesentlich für seine Überzeugung ist, dass Billigkeit und Gerechtigkeit nicht verletzt werden dürfen. Die Armen müssen ständig vor der Ausbeutung durch die Wucherer und Mächtigen geschützt werden. Nach Calvin muss Wohltätigkeit, die den Armen hilft, unentgeltlich geschehen, nicht nur, weil Kredit etwas Gefährliches ist, sondern weil sie nicht mit Sachwerten zurückzahlen können.

Sozialhistoriker wie Max Weber (1864–1920) verstehen Calvins Vorstellungen bezüglich Eigentum, Geld und Zinsnehmen als einen entscheidenden Schritt in der Wirtschaftsgeschichte der Welt. Daher gilt er ihm als der Vater des modernen Kapitalismus. Diese Theorie sollte mit Vorsicht behandelt werden. Calvin war kein Pragmatiker. Seine eingeschränkte Billigung des Zinses und des Erwerbs von Eigentum durch ehrliche und harte Arbeit muss als eine Konsequenz der wiederhergestellten Ordnung des gegenseitigen Dienstes in Christus verstanden werden. Calvin glaubte, dass das soziale Leben und alle seine Aspekte, das Verhältnis des Christen zu Eigentum, Geld und Zins eingeschlossen, direkt mit Christus und der Erbauung der Gemeinde verbunden seien. Daher sind seine Ansichten zu wirtschaftlichen Aktivitäten fest in seiner gesamten Theologie verankert.

Es ist bekannt, dass Calvin der Ansicht war, die Genfer Regierung sei verpflichtet, einen Mindeststandard für das wirtschaftliche und soziale Leben vorzuschreiben. Von Zeit zu Zeit unterbreitete er den Behörden diesbezüglich weitreichende Vorschläge: kostenlose medizinische Versorgung für die Armen, Preiskontrolle bei Brot, Wein und Fleisch, Festsetzung der Länge der Arbeitszeit, Befürwortung von Lohnerhöhungen, die Umschulung von Arbeitslosen etc. (Schulze 1985, 72 ff.). Auf diese Weise hätten die Machthaber sich um ihr einfaches Volk zu kümmern. Sie hätten, erklärt Calvin, alle Dinge so zu regeln, als ob sie Gott, dem höchsten Richter, über ihren Dienst Rechenschaft ablegen wollten.

In Genf also wurde Calvin zum eigenständigen reformierten Theologen. Hier entwickelte er, gestützt auf die Bibel, seine Auffassungen vom sozialen Leben, legte sie in seinen Kommentaren dar und führte sie in seinen Predigten aus. Die *Institutio* jedoch enthält Calvins ausführlichste Behandlung der bürgerlichen Regierung und politischen Macht.

5.3. Die Institutio

In der *Institutio* nennt Calvin drei Gründe, die ihn drängen, das bürgerliche Regiment zu erörtern. Erstens wollte er den Aussagen der Schrift entsprechend die unbegründeten Annahmen und den Ungehorsam korrigieren, der die von Gott eingesetzte Ordnung umstoßen will. Zweitens beabsichtigte er, in Anbetracht der biblischen Stellung zur bürgerlichen Obrigkeit, jegliche Form von staatlichem Absolutismus anzuprangern (vgl. Inst. IV.20.1). Drittens hatte Calvin ein seelsorgerliches Motiv. Nach ihm ist es äußerst wichtig zu wissen, wie gütig Gott in dieser Hinsicht für den Menschen gesorgt hat, »damit in uns um so mehr der fromme Eifer lebendig sei, ihm unsere Dankbarkeit zu bezeugen« (vgl. Inst. IV.20.1). Es sei tatsächlich Gottes Wille, die Welt auf diese Art und Weise zu ordnen und zu leiten.

5.3.1. Ein zweifaches Regiment am Menschen

Calvin hält die weithin akzeptierte *Zwei-Reiche-Lehre* für einen brauchbaren Ausgangspunkt. Nach ihm gibt es *in homine regimen duplex* (Inst. IV.20.1; vgl. auch Inst. III.19.15): ein *regnum spirituale* und ein *regnum politicum*. Das eine ist geistlich, *quo conscientia ad pietatem et cultum Dei instituitur* (OS 1,232). Das andere ist politisch *quo ad humanitatis et civilitatis officia, quae inter homines servanda sunt* (OS 1,233). Das *regnum spirituale* ist mit dem ewigen und geistlichen Reich Christi verbunden. Dieses Reich wird von den Fesseln, Gesetzen und Einrichtungen dieser Welt nicht berührt. Sein *Sitz im Leben* ist der innere Mensch, das Leben der Seele. In ihr empfängt der Mensch, in Christus, die vollkommene Freiheit Christi, auch als eine Wohltat für das Gewissen (vgl. Inst. III.19.15). Das *regnum politicum* hat seinen *Sitz im Leben* im gegenwärtigen und vergänglichen Leben und seinen Angelegenheiten. Dieses Regiment betrifft die zivile und politische Ordnung und ist in regelnden Gesetzen verkörpert, nach denen der Mensch sein Zusammenleben mit anderen ehrbar, maßvoll und heilig führen soll (vgl. Inst. III.19.15).

Es ist klar, dass diese Regimente im Gegensatz zueinander stehen und als solche voneinander unterschieden werden müssen (vgl. Inst. IV.20.2.). In der Realität des jetzigen Lebens bilden sie allerdings ein geschlossenes Ganzes. Aus diesem Grund ist Calvin nicht an den Begriff *regnum* (Reich) gebunden. Er schreibt: »Das eine können wir das *geistliche Reich*, das andere das *bürgerliche Reich* nennen« (Inst. III.19.15). Im Gegensatz zu *regnum* hat *regimen* keine ontologische und statische, sondern eine dynamische und funktionale Bedeutung. Calvin denkt also in Bezügen und Zusammenhängen und nicht in festen Kategorien. In diesem Sinn gab er der *Zwei-Reiche-Lehre* eine Bedeutung und einen Inhalt, die z. B. von den Gedanken Luthers darüber zu unterscheiden sind. Das bürgerliche Regiment ist ein »äußeres Mittel, mit dem uns Gott zu der Gemeinschaft mit Christus einlädt und erhält« (Inst. IV.1.1). Die Bibel betrachte die öffentliche Ordnung und ihre Strukturen nicht unter weltlichem Gesichtspunkt.

5.3.2. Die Obrigkeit: von Gott verordnet

Calvin sagt in der *Institutio* klar und deutlich: Das bürgerliche Regiment und die Obrigkeit sind von Gott eingesetzt. Sowohl das Alte als auch das Neue Testament (unter Verweis auf Texte wie Ex 22,8; Dtn 1,16; 2Chr 19,6; Ps 82,1.6; Prov 8,14.15–16; Jer 48,11; Lk 22,25; Joh 10, 35; Röm 12,8; 13,1–4; 1Kor 12,28 und 1Petr 2,17) bieten ausreichend Unterstützung, um diese Bestimmung Gottes in der göttlichen Vorsehung und heiligen Anordnung (*sed divina providentia et sancta ordinatione*) Gottes zu verorten. Gott gefalle es in der Tat, die Angelegenheiten der Menschen zu lenken (Inst. IV.20.4). Gott, und daher Christus, steht über der Macht aller Könige und irdischen Obrigkeit (vgl. Inst. IV.20.5).

Seine Lehre an dieser Stelle stimmt der Struktur nach mit seinem Denkentwurf überein, wie er in der *Confession de la Foy* niedergelegt ist, in der *Instruction et confession*, im *Catechismus Ecclesiae Genevensis* (1545, COR III/II,1–120, vgl. seine Ausführungen zum fünften Gebot, 20) und auch in dem umfassenden *Commentarius in Epistolam Pauli ad Romanos* (COR II/XIII), der im März 1540 in Straßburg veröffentlicht wurde. In diesem Zusammenhang ist sein Kommentar zu Röm 13,1–7 von besonderer Bedeutung (vgl. COR II/XIII,272 ff.). Als Statthalter Gottes (*Dei vicarii*), folgert Calvin, sollten die Obrigkeiten mit aller Gründlichkeit und allem Fleiß darauf achten, dass sie als Person allen Menschen ein Bild (*imaginem*) der göttlichen Vorsehung, Bewahrung, Güte, Freundlichkeit und Gerechtigkeit vor Augen stellen (Inst. IV.20.6). Hierin besteht implizit das Wesen und der Sinn ihres Amtes und ihrer Arbeit. Gleichzeitig jedoch dient es auch als Vergleichsmaßstab bezüglich der Integrität und Qualität ihres Engagements und ihres Handelns. Es zeigt sich im Vergleich zur entsprechenden Bemerkung in seinem Senecakommentar (1532), wonach Fürsten Gottes Diener zum Wohl und Schutz der Menschen sind (*De Clementia* 1,30.22–35), dass Calvin den Vorzug solcher Positionen nicht mehr unterstreicht, sondern jetzt die Souveränität Gottes hervorhebt, der die Stellung und den Dienst von Obrigkeiten und Beamten bestimmt.

5.3.3. Unterschiedliche politische Strukturen und Regierungen

Das Vorhandensein unterschiedlicher politischer Strukturen macht keinesfalls die Grundprämisse zunichte, dass alle staatlichen Autoritäten von Gott eingesetzt sind. Die verschiedenen politischen Strukturen, ob Monarchie, Aristokratie oder eine Mischform, sind gleichermaßen legitimiert und fähig, ihr von Gott bestimmtes Amt auszuüben. Allerdings ist offensichtlich, dass Calvin in Genf eine Vorliebe für eine kollektive Regierungsform entwickelte. Das wirft eine Frage auf: Kann dies als der Beginn des Prozesses verstanden werden, an dessen Ende später die westliche Demokratie stand? Man sollte mit Annahmen und Postulaten vorsichtig sein. Calvin lässt sich nicht von politischen Philosophien und Theorien leiten. Er ist Theologe. Sein gedankliches System führt daher zurück zur Schrift. Regierungen und Machthaber sind Diener Gottes, nicht der Menschen oder Bürger. Es stimmt allerdings, dass Calvin nicht die politischen Prinzipien vertrat, die der Realist Machiavelli (1469–1527) aufstellte, als er in seinem 1553 ins Lateinische übersetzten *De Principe* die absolute Macht der Herrscher rechtfertigte.

Das *regnum politicum* als eine Bestimmung Gottes offenbart in all seinen unterschiedlichen Formen die Vorsehung Gottes. Calvin vertrat dementsprechend die Meinung, dass eine rechte und rechtmäßige Regierung und ihre Vertreter zwangsläufig die politischen Konsequenzen dieses biblischen Verständnisses verwirklichen müssen. Daher werden wir uns jetzt Calvins Erörterung dieser Fragen *de politica administratione* zuwenden.

5.3.4. Die Verantwortung des bürgerlichen Regiments

Nach der Bibel erstreckt sich die Amtspflicht der Obrigkeit (*magistratus*) auf beide Tafeln des Gesetzes (Inst. IV.20.9). Die erste Tafel verpflichtet Regierungen, die äußere Verehrung Gottes zu schätzen und zu schützen sowie die gesunde Lehre der Frömmigkeit und die Stellung oder den Stand (*status*) der Kirche zu verteidigen (vgl. Inst. IV.20.2). Sie müssen daher sorgsam darauf bedacht sein, dass in der Gesellschaft keine Abgötterei, Blasphemie und Lästerungen gegen seine Wahrheit und andere Bedrohungen der Religion aufkommen und sich unter dem Volk verbreiten (Inst. IV.20.3). Wenn sie dies tun, verteidigen sie die Ehre Gottes, dessen Statthalter sie sind und durch dessen Gnade sie regieren (vgl. Inst. IV.20.9).

Die zweite Tafel des Gesetzes enthält die sozialethischen Konsequenzen der ersten und muss daher auch in der Ausführung der bürgerlichen Pflichten beispielhaft sichtbar werden. Unter Berufung auf Ps 82,3 ff. z. B. erklärt Calvin (in der Ausgabe von 1559), dass Obrigkeiten ermahnt werden, dem Armen und Elenden Recht (*ius*) zu verschaffen, den Geringen und Armen zu erretten und ihn der Hand des Tyrannen zu entreißen (Inst. IV.20.9). Obrigkeiten sollten Recht und Gerechtigkeit einhalten und bewahren (Calvin verweist u. a. auf Jer 7,5–7; 23,3 und Dtn 1,16). Dazu zählt auch die Erhaltung der Freiheit (vgl. Inst. IV.20.8).

Hinter diesen und ähnlichen Bemerkungen steht die Überzeugung, dass Obrigkeiten soziales Verhalten im Sinne bürgerlicher Gerechtigkeit gestalten und die Sozialfürsorge in ihre Regierungsprogramme aufnehmen sollten. Obrigkeiten müssen verhindern, dass der Frieden im Land gestört wird, damit es jedem ermöglicht werde, sein (legales) Eigentum sicher und unversehrt zu behalten, damit die Menschen ungestört untereinander Handel treiben können und damit Rechtschaffenheit und Bescheidenheit unter ihnen erhalten bleiben (Inst. IV.20.3). Calvin dachte offensichtlich an das kollektive und wechselseitige ökonomische, soziale und politische Wohl der Gesellschaft (vgl. Inst. IV.20.5). Legitime Gesetze sind der Weg, diesen Pflichten und Verantwortlichkeiten nachzukommen.

5.3.5. Die Notwendigkeit öffentlichen Rechts

Calvins Anliegen ist es, die Gesetze darzulegen, mit denen ein christlicher Staat regiert werden sollte, d. h., welche Gesetze vor Gott in Frömmigkeit gebraucht und unter den Menschen recht angewandt werden können (*notabo quibus legibus pie coram Deo uti possit, et inter homines rite administrari*, Inst. IV.20.14). Nach Calvins Ausführungen stehen der Obrigkeit im bürgerlichen Regiment am nächsten die Gesetze, also die Sehnen (*nervi*) des Gemeinwesens, die Seelen (*animae*) des Staates, wie Plato (427–347 v.Chr.) und Cicero (106–42 v.Chr.) sie nannten (vgl. Inst. IV.20.14; vgl. auch *De Clementia* 1,212.11 ff.; 214.14 ff.). Ohne sie kann die Obrigkeit nicht bestehen. Und Gesetze haben ohne die Obrigkeit keine Kraft (Inst. IV.20.14). Daher sind sie unentbehrlich für das Wesen des Staates.

Calvin stellte sich den Staat mithin als einen Organismus vor, als eine organische Einheit, einen Körper oder einen Leib. Der Staat wird erbaut von der Gesellschaft und der Gemeinschaft. Diese leben in einer Ordnung zusammen, die auf billigen und gerechten Gesetzen gegründet ist, die eingehalten werden müssen. Dies entspricht offensichtlich den klassischen Entwürfen Platos, Aristoteles' (384–322 v.Chr.) und Ciceros, die in Calvins akademischer Ausbildung intensiv behandelt sowie überzeugend ausgelegt und erklärt worden waren. Daher führt Calvin die klassische Philosophie und das römische Recht zu einem beweglichen und historischen Bezugssytem zusammen.

Da er die Pflichten der Obrigkeit oder des Richteramts mit dem Dekalog, und nicht mit der klassischen Philosophie, verband, ist die entscheidende Frage daher, ob das mosaische Gesetz als Ganzes nicht nur allen Gesetzen zugrundeliegen, sondern auch ihren Inhalt festlegen und bestimmen sollte. Calvin äußert diesbezüglich starke theologische Vorbehalte. Er befürwortet die traditionelle und übliche Einteilung – Thomas von Aquin (1225–1274) folgend – des mosaischen Gesetzes in Sittengesetze, Zeremonialgesetze und Rechtssatzungen (Inst. IV.20.14). Das Sittengesetz besteht aus den zehn Geboten und bringt Gottes unwandelbaren Willen zum Ausdruck: dass er von allen angebetet werde und die Menschen einander lieben sollen (Inst. IV.20.15). Dies ist ein gleichbleibender Maßstab, an dem alle Gesetze gemessen werden müssen. Ist dies aber wahr, dann ist, so folgert Calvin, jedes Volk frei, die Gesetze zu machen, von denen es voraussieht, dass sie ihm nützlich sind. Allerdings müssen sie mit jener allzeit gültigen Regel der Liebe, die im Dekalog formuliert ist, übereinstimmen. De facto können sie in der Form verschieden sein, müssen jedoch den gleichen Sinn und die gleiche Grundlage haben (Inst. IV.20.15).

5.3.6. Der Gesetzesvollzug

Calvin schnitt auch das Thema des Gesetzesvollzugs an. Er verweist auf Solon (ca. 600 v.Chr. geboren) und erklärt, dass alle Gemeinwesen durch Belohnung und Strafe aufrechterhalten werden. Wenn diese aufgehoben werden, bricht die ganze Ordnung (*disclipina*) des Staates zusammen. Dadurch wird die Sorge um Billigkeit und Recht untergraben. Calvin findet dieselbe Auffassung in der Schrift. Wieder zitiert er Jeremia (Jer 21,12; 22,3) und zeigt, dass der Prophet Königen und Herrschern gebietet, Recht und Gerechtigkeit zu üben. Gerechtigkeit bestehe darin, den Unschuldigen Zuflucht zu geben, sie anzunehmen, zu schützen, zu verteidigen und zu befreien. Rechtsausübung bestehe darin, der Vermessenheit der Gottlosen Widerstand zu leisten, ihre Gewalt zu unterdrücken und ihre Missetaten zu bestrafen (Inst. IV.20.9).

Die Obrigkeit sei daher mit *potestas* ausgerüstet, den Übeltätern und Verbrechern, durch deren Vergehen der öffentliche Frieden gestört wird, gewaltsam Einhalt zu gebieten. Die Verhängung und der Vollzug von Strafen, sogar der Todesstrafe, stünden im Zusammenhang mit dem Urteil und dem Zorn Gottes. Bei der Ausübung dieser Strafen sei die Obrigkeit Diener Gottes und vollstrecke diese nicht aus eigener Machthoheit heraus. Nach Calvin gibt Gott selbst als Gesetzgeber (*Legislator*) ein Schwert in die Hand seiner Diener, damit es gegen alle Mörder gezogen werde (Inst. IV.20.10). Ihre wahre Gerechtigkeit liege darin, die Schuldigen und Gottlosen mit dem gezückten Schwert zu verfolgen (Inst. IV.20.10). Dies aber dürfe nicht willkürlich geschehen – Calvin heißt unnötige Grausamkeit und Strenge nicht gut (Inst. IV.20.10). Die Integrität der Rechtspflege und Rechtsprechung müsse sich in der disziplinierten Anwendung gerechter Gesetze zeigen.

5.3.7. Gehorsam gegen die Obrigkeit

Der letzte Aspekt von Calvins Erörterung des bürgerlichen Regiments konzentriert sich auf die gegenseitige Beziehung von Untertan und Obrigkeit. Untertanen müssen ihre »Magistrate« als von Gott gegebene Autorität anerkennen. Sie müssen sie daher als Gottes Diener und Abgesandte achten, Respekt vor ihnen haben und sich Mühe geben, ihr Amt wertzuschätzen und ihnen zu gehorchen (Inst. IV.20.22, s.a. Inst. IV.20.26). Diese Einstellung drückt sich darin aus, dass Erlasse beachtet, Steuern bezahlt und öffentliche Dienste und Lasten übernommen werden, die die gemeinsame Verteidigung und das Gemeinwohl betreffen (*Inst.* IV.20.23). Regierungen haben das Recht, Krieg zu führen, d.h. durch Krieg die ihrer Obhut anvertrauten Gebiete zu verteidigen, wenn sie von Feinden angegriffen werden (Inst. IV.20.11). Es sollte alles versucht werden, ehe zu den Waffen gegriffen wird – Krieg muss als die letzte Zuflucht verstanden werden (Inst. IV.20.12). Im Kriegsfall darf sich die Obrigkeit jedoch nicht von impulsivem Zorn und Hass leiten lassen noch in unversöhnlicher Feindschaft verharren (Inst. IV.20.12). Sie darf ihre Macht, die ihr zum Nutzen und Dienst der anderen gegeben wurde, nicht auf niederträchtige Weise missbrauchen (Inst. IV.20.12).

Abgaben und Steuern sind die rechtmäßigen Einkünfte von Fürsten und Regierungen, mit denen sie die Staatskosten für ihr Amt decken sollen. Diese Gelder dürfen nicht vergeudet oder geplündert werden. Sie sollen Unterstützung für staatliche und soziale Notlagen bieten. Ausbeutung zwingt dem Volk eine tyrannische Last auf (Inst. IV.20.13).

Die Obrigkeit darf keine grenzenlose Macht ausüben. Üben jedoch Obrigkeiten und Herrscher uneingeschränkte Macht zum Schaden und Nachteil der Untertanen aus, gibt es dann einen Punkt, ab dem diese gerechtfertigten Widerstand leisten dürfen – oder sogar müssen? Wie wir in den bisher berücksichtigten Schriften gesehen haben, musste sich Calvin mit dieser Frage auseinandersetzen, seit er Frankreich als Flüchtling verlassen hatte. In der *Institutio* hält er an seiner Auffassung fest. Erstens legt er ungemein großen Wert auf Gehorsam: Bürger schulden allen Oberen in höchstem Maße Ehrerbietung, ja sogar bis zum äußersten (*ad extremum praefectis*, Inst. IV.20.29). Sogar wenn sie von einem grausamen Fürsten gequält oder wenn sie von einem gottlosen und frevlerischen (Inst. IV.20.29) Herrscher, der ungerecht und unfähig (Inst. IV.20.25) regiert, um ihres Glaubens willen verfolgt werden. Zweitens, so Calvins Hinweis, hat Gottes Vorsehung es nicht ohne Grund weise eingerichtet, dass verschiedene Länder von verschiedenen Arten des Regiments regiert werden. In dieser Vorsehung liegt die Pflicht zum Gehorsam und zur Ergebenheit begründet (Inst. IV.20.8). Außerdem steht es nach Calvin dem Menschen nicht zu, derartige Übel zu beheben. Das Einzige, was übrigbleibt, ist den Herrn um Hilfe anzuflehen. Er hat die Herzen der Könige und den Wechsel der Reiche in der Hand (Prov 21,1; Inst. IV.20.29). Hilfe und Hoffnung auf Befreiung geschehen durch das Eingreifen Gottes. Calvin erinnert seine Leser daran, dass Gott ungerechte und unbillige Regimente, Herrscher und Obrigkeiten zu der von Ihm bestimmten Zeit entthront. Es ist an dem Herrn, zügellose Tyrannei zu rächen (Inst. IV.20.31).

5.3.8. Gehorsam gegen Gott

Der den Oberen geschuldete Gehorsam darf niemals im Widerspruch zum Gehorsam gegen Gott und seine Gebote stehen. Der Herr ist der König der Könige. Wenn Er seinen heiligen Mund auftut (*qui ubi sacrum os aperuit*, Inst. IV.20.32), erklärt Calvin, muss Er allein vor allen und mehr als alle gehört werden. Alle sind den Menschen unterstellt, die ihnen als Verantwortliche vorgesetzt sind, aber nur neben und in Ihm. Calvin weist in diesem Zusammenhang auf ein von Petrus verkündetes Gebot hin: »Man muss Gott mehr gehorchen als den Menschen« (Apg 5,29, Inst. IV.20.32). Wer diesen Gehorsam leistet, muss bereit sein, lieber alles Erdenkliche zu leiden, als sich von der Frömmigkeit abzukehren.

Hat Calvin die Grundlage für eine Theorie oder sogar Theologie des Widerstands gelegt? Wieder müssen wir vorsichtig sein. Obwohl Calvin gegen Ende seines Lebens die Revolte, die Ludwig I. von Bourbon, Prinz von Condé, 1562 gegen das französische Königreich anführte, sehr befürwortete – davor hatte er Vorschläge und Pläne zum Sturz der französischen Monarchie immer verurteilt –, geschah dies immer noch mit deutlichen Vorbehalten. Aktiver Widerstand darf nur von Regierungsführern, die Fürsten von königlichem Geblüt sind, angeführt werden und muss eine realistische Erfolgschance haben. Dieser Standpunkt befindet sich immer noch im Rahmen seiner Formulierung von 1537: *iusques a ce que par ordre legitime nous ayons este delivrez de dessoubz leur ioug* (COR III/II,111.23–24: bis wir auf rechtmäßige Weise von ihrem Joch befreit sind.) Ergänzend bemerkt werden muss, dass Calvins Studenten und jüngere reformierte Pastoren, die die Provokation des Absolutismus, die Gräuel der Religionskriege in Frankreich nach 1560 und Ereignisse wie die Massaker in Vassy (1562) und später in der Bartholomäusnacht am 23. Augsus 1572 selber durchgemacht hatten, sich mit der Frage des gerechtfertigten Widerstands eigenständig auseinandersetzten.

Ihre Arbeiten dazu eröffneten in der Tat mehr Möglichkeiten für aktiven Widerstand aus politischen und religiösen Gründen. Die Bücher von François Hotman (1524–1590): *Franco-Gallia* (1573), Theodor Beza (1519–1605): *Du droit des magistrats sur leur subiets* (1574), übersetzt als *De iure magistratuum in subditos* (1576), und Philippe Duplessis-Mornay (1549–1623, als Herausgeber): *Vindiciae contra Tyrannos* (1577), sind hierfür gute Beispiele.

5.4. Ein Bekenntnis für Kirchen in der Diaspora: die Confessio Gallicana (1559)

Während des zweiten Teils der 50er Jahre des 16. Jahrhunderts war Calvin auch an der Abfassung von Bekenntnisschriften beteiligt, z.B. dem *Formulaire de confession de Foy, que les escoliers auront à faire et soubscrire entre les mains du Recteur* (1559: CO 9,721–730). Die *Confessio ecclesiae Pariensis* von 1557 (CO 9,715–721) entsprach zumindest seiner Theologie. Als französische reformierte Kirchen 1559 in Paris zu einer Synode zusammenkamen, erhielten sie aus Genf einen Entwurf für die *Confession de foy faite d'un commun accord par les Eglises qui sont dispersees en france, et s'abstinent des idolatries Papales*. Ihre Gestalt und Argumentation ist von Calvins Theologie geprägt. Tatsächlich hatte er an ihrer Entstehung intensiv mitgewirkt. Mit geringfügigen Ergänzungen wurde sie von den Kirchen in Frankreich angenommen und als *Confessio Gallicana* bekannt. Der Entwurf der *Confession de foy* für in Frankreich zerstreute reformierte Kirchen ist daher ein bedeutendes Dokument, auch im Hinblick auf Calvins politische Ideen, da der letzte Artikel (35) die weltliche Gewalt oder Obrigkeit betrifft. Das Bekenntnis wurde abgefasst, als die Verfolgung der Protestanten in Frankreich durch König Heinrich II. (Regierungszeit 1547–1559) auf ihrem Höhepunkt war, und ist eine überzeugende Zusammenfassung der Auffassung Calvins vom bürgerlichen Regiment.

Artikel 35 der *Confession* stellt fest, dass Gott die Welt regieren will, um ihre Unordnungen in Schranken zu halten, *par loix et polices* (durch Gesetze und Obrigkeiten, SA 4,74.4–5). Daher hat er Königreiche (einschließlich der erblichen), Republiken und andere Fürstentümer eingesetzt und alles, was *apartient l'estat de iustice* (zu einer gerechten Obrigkeit gehört, SA 4,74.8, mit Bezug auf Mt. 17,24–27; Röm 13,1 ff.5–7; 1Petr 2,13–14). Er hat das Schwert in die Hand der Obrigkeiten (*magistrats*) gelegt, um Verbrechen gegen die Gebote Gottes zu unterdrücken. Sie sind beauftragt, eine gesetzmäßige und heilige Herrschaft auszuüben. Daher sollen die Untertanen ihren Gesetzen und Verordnungen gehorchen, selbst wenn die Obrigkeiten ungläubig (*infideles*) sind, vorausgesetzt, dass die Oberherrschaft Gottes (*l'Empire souverain de Dieu*) unversehrt bleibt (SA 4,76.2 ff.). Die *Confession* missbilligt jene, die die Obrigkeit nicht annehmen, Gemeinschaft und Verwirrung der Güter anrichten und die Rechtsordnung umstürzen (SA 4,76.8–10).

Obwohl der historische und politische Kontext jeweils verschieden ist, zieht sich eine durchgängige Tendenz durch die *Confession de la Foy* (1536), die *Instruc-*

tion et confession (1537) und die *Confession de foy faite d'un commun accord par les Eglises qui sont dispersees* (1559) – eine Tendenz, die sich auch in der *Confessio Scotia* (1560) und *Confessio Belgica* (1561) auf die Formulierung bezüglich der Obrigkeit auswirkte. Calvins politische Vorstellungen hatten so Einfluss auf Bekenntnisschriften, die eine maßgebliche Rolle dabei spielten, welche Auffassungen von der bürgerlichen Regierung sich in Kirchen und Ländern weit entfernt von Genf entwickelten.

5.5. Schluss

Als Calvin seine politischen Vorstellungen und Ansichten über das soziale Leben formulierte, wusste er um die politische Ordnung und die Verhältnisse in Europa zu dieser Zeit. Als ausgebildeter humanistischer Gelehrter verfügte er auch über die Fähigkeit und die Kenntnisse, diese politischen Strukturen klar, kritisch und umfassend zu interpretieren. Er kannte die klassische politische Philosophie, die römische Rechtswissenschaft, die Ansichten der Kirchenväter, christliches und mittelalterliches Denken und war auch über zeitgenössische Literatur auf dem Laufenden. Zudem lernte er nicht nur unterschiedliche politische Strukturen kennen – das katholische Paris mit seiner Monarchie, die bürgerlich-aristokratischen und protestantischen Städte Basel, Genf und Straßburg –, sondern er war auch damit konfrontiert, wie sie ihre Herrschaft ausübten. Sein Nachdenken über die politische und soziale Ordnung war daher fest in der Realität des Lebens verwurzelt. Calvin theoretisierte nicht.

Er orientierte sich jedoch an der Bibel. Unsere Analyse der Lehre Calvins zur Politik und zum sozialen Leben hat aufgezeigt, dass er sie bewusst biblisch und theologisch untermauerte. Er arbeitete eine christliche Auffassung von der bürgerlichen Ordnung und des sozialen Lebens aus, die sowohl für seine Zeit als auch für die Zukunft bedeutsam und richtungsweisend war. Schon zu seinen Lebzeiten gingen seine politischen Ideen und Ansichten zum sozialen Leben über die unmittelbare Situation in Genf hinaus. Seine auf Lateinisch veröffentlichten Werke, und daher auch seine Gedanken, erreichten einen Kreis von Lesern weit jenseits der Genfer Stadtgrenzen.

Biéler, André: La Penseé économique et sociale de Calvin, 1959.

Bohatec, Josef: Calvins Lehre von Staat und Kirche mit besonderer Berücksichtigung des Organismusgedankens, 1937.

Höpfl, Harro: The Christian Polity of John Calvin, 1982.

Kingdon, Robert M./Linder Robert D. (Hg.): Calvin and Calvinism: Sources of Democracy?, 1970.

Olson, Jeannine E.: Calvin and Social Welfare. Deacons and the Bourse française, 1989.

Schulze, Ludi: Calvin and »Social Ethics«. His Views on Property, Interest and Usury, 1985.

(Übersetzt von *Elisabeth Steinweg-Fleckner*) *Dolf Britz*

6. Wissenschaft

Über Calvins Haltung zu den Naturwissenschaften gehen, wie zu vielen seiner Ansichten, bis heute die Meinungen weit auseinander. Einige verbinden den Franzosen mit Widerstand gegen die Wissenschaften und behaupten beispielsweise, in Calvins *corpus* eine ausdrückliche Verwerfung des Kopernikus (s. u.) gefunden zu haben. Andere jedoch loben den Reformator, er habe die wissenschaftliche Forschung gefördert, und weisen darauf hin, dass die Wissenschaften in calvinistischen Ländern wie den Niederlanden im 17. und 18. Jahrhundert eine Blütezeit erlebten. Die folgenden Ausführungen sollen kein Versuch sein, die ganze Diskussion aufzurollen, die zu diesen Fragen geführt wurde, sondern dienen allein der Absicht, Calvins generellen Standpunkt zu den Naturwissenschaften zu untersuchen. Zunächst behandeln sie seine Stellung zur Natur.

6.1. Calvins Interesse für die Natur

Calvin lässt in seinen Schriften ein echtes Interesse für die Natur und die natürliche Welt erkennen. Das zeigt sich nicht nur in Äußerungen allgemeiner Art über die Herrlichkeit und Schönheit der Schöpfung, sondern auch in seinen Erörterungen von Fragen, die sich speziell auf die Ordnung der Natur beziehen. Beispielsweise fragt er, wie es kommt, dass die Meere, die nach traditionellen Vorstellungen leichter als die Erde sind, nicht die ganze Welt bedecken und kein trockenes Land mehr übrig lassen. Tatsächlich sind sie, sagt er, jede Sekunde des Tages eine Bedrohung für jene, die auf dem trockenen Land leben, und werden nur durch die Macht Gottes zurückgehalten (Jer 5,22; CO 37,631–632). Er fragt auch, wie es kommt, dass die Erde nicht herunterfällt, da sie doch – Theorien zufolge, die auf Thales von Milet zurückgehen – auf Wasser und Luft gelagert ist (Ps 104,5; CO 32,86–87). Ebenso fragt er, warum die Sterne und Planeten nicht miteinander kollidieren (Inst. I.14.21; CO 2,132–133). Zusätzlich zu diesen Fragen erörtert Calvin auch Wunder und seltsame Vorkommnisse, von denen die Schrift berichtet und die mit der Ordnung der Natur zusammenhängen. Er spricht über den Stern, dem die drei Weisen aus dem Morgenland folgten, und vertritt die Ansicht, dass es kein natürlicher, sondern ein außergewöhnlicher Stern gewesen sei: Wahrscheinlich sei es gar kein Stern gewesen, sondern etwas, was einem Kometen geähnelt habe (Mt 2,1–2; CO 45,82). Er erörtert auch den Bericht über den Stillstand der Sonne in Josua 10. Außerdem behandelt er verschiedene andere Ereignisse, die in der Bibel zur Sprache kommen, und geht unter anderem darauf ein, dass, als Zeichen für Hiskia, auf Gottes Einwirken hin der Schatten an der Sonnenuhr zehn Striche zurückging (Jes 38,7–8; CO 36,652) und dass Gott einen Wind sandte, um einen Wirbelsturm zu erzeugen (Jona 1,4; CO 43,210).

Bei Calvin ist die Welt zerbrechlich und abhängig. In der *Institutio* spricht er davon, wie Gottes Lenkung der Natur jede Einzelheit einschließt (Inst. I.16.2–7; CO 2,145–151); tatsächlich muss Gott die Welt jede Sekunde aufrechterhalten. Die

Abhängigkeit der Schöpfung ist in dieser Tatsache implizit eingeräumt. Gott könnte nämlich, wenn er es wollte, den Charakter der Schöpfung ändern, die er ins Leben gerufen hat und erhält. Z.B. bewässert er die Erde gewöhnlich durch Regen, aber er muss dies nicht tun. Er könnte dies auch wieder durch den Nebel tun, durch den er zu Beginn den Garten Eden bewässerte (Lev 26,3; CO 25,14). Es lassen sich, besonders in Calvins Predigten zu Hiob, zahlreiche andere ähnliche Beispiele finden, die die radikale Abhängigkeit der Natur unterstreichen.

Calvins Vorstellung vom Kosmos stimmt im Allgemeinen mit der aristotelisch-ptolemäischen Sicht überein, was angesichts ihrer weiten Verbreitung während der Frühen Neuzeit nicht überrascht. Dies wird in seinen Bemerkungen zu Ps 93,1 (Er hat den Erdkreis gegründet, dass er nicht wankt) deutlich:

»Eine einfache Betrachtung der Welt sollte schon genügen, um eine göttliche Vorsehung zu bestätigen. Die Himmel drehen sich täglich, und so unermesslich ihr Gefüge auch ist, und so unfassbar schnell ihre Drehungen, so erleben wir doch keine Erschütterung – keine Störung in der Harmonie ihrer Bewegung. Die Sonne kehrt jedes Jahr zum selben Punkt zurück, obwohl sie ihren Kurs bei jeder täglichen Drehung ändert. Die Planeten behalten in all ihrem Umherziehen ihre jeweilige Position bei. Wie könnte die Erde in der Luft schweben, wenn sie nicht von Gottes Hand gehalten würde? Auf welche Weise könnte sie unbewegt bleiben, während die Himmel über ihr in ständiger schneller Bewegung sind, würde nicht ihr göttlicher Schöpfer sie verankern und befestigen?« (CO 32,16–17)

Dies ist jedoch keine unkritische Übernahme der Ansichten der antiken Denker. Im Gegenteil, Calvin kritisiert Aristoteles wegen seiner Behauptung, die Welt sei ewig. Obwohl er Aspekte der Lehre der Stoiker gelten lässt, verurteilt er sie wegen ihres Naturalismus und ihres Schicksalsglaubens. Seine Animosität gegen die Epikureer, die Gottes Eingreifen in das Weltgeschehen bestritten, ist bekannt. Und obwohl er fand, dass Plato der vertrauenswürdigste unter den Philosophen sei, kritisierte er ihn explizit in einigen Punkten, zu denen auch sein Glaube an die Präexistenz der Seelen und seine Lehre von der Wiedererinnerung zählten.

Calvins Kritik an den antiken Philosophen weist jedoch in keiner Weise darauf hin, dass er es für Zeitvergeudung hielt, sich durch Beobachtung und logisches Denken Wissen anzueignen. Er spricht im Gegenteil beinahe neiderfüllt von jenen, die den Himmel beobachten, und rühmt Kenntnisse und Fertigkeiten auf diesem Gebiet als eine Gabe des Geistes Gottes (Inst. II.2.13–17; CO 2,196–200). Er lobt Galenus, weil dieser die Symmetrie und Schönheit des menschlichen Körpers so genau erklärt (Inst. I.5.2; CO 2,42). Er macht Bemerkungen über die Philosophen, die herausfanden, dass Regen aus Dämpfen kommt, die von der Erde nach oben in die Luft aufsteigen und dann wieder auf die Erde fallen (Dtn 28,9–14; CO 28,376). Er erkennt die wissenschaftlichen Entdeckungen über die Sonne, die Sterne und Planeten an, wie wir später in diesem Artikel sehen werden. Obwohl er die von ihm so bezeichnete »astrologia iudiciaria« kritisiert, spricht er von der Astronomie und anderen freien Wissenschaften, die von den Chaldäern und Ägyptern betrieben wurden, durchaus als von »einer rechtmäßigen Wissenschaft« (Dan 1, 4; CO 40,539). Tatsächlich räumt er der Astrologie sogar einen gewissen Platz ein, wenn sie richtig betrieben wird. Er macht ein solches Zugeständnis im Hinblick auf die drei Weisen (Mt 2,1.10), die sich anscheinend (teilweise) der Astrologie bedient haben, um den Ort der Geburt Jesu zu finden. Beobachtung, Sachkenntnis und Reflexion über das Firmament und die Erde finden also hohe Anerkennung bei Calvin.

6.2. Die sich durch den Kopernikanismus verändernde Welt

Natürlich veränderten sich in Calvins Zeit die Vorstellungen, die man sich vom Himmel wie auch von der Erde und ihren Bewohnern machte. Expeditionen zu neuen Teilen der Erde führten dazu, dass man Menschen entdeckte, die in Gebieten nahe des Äquators lebten, die Aristoteles für unbewohnbar erklärt hatte, ganz zu schweigen von neuen Tieren, Pflanzen und Mineralien. In ähnlicher Weise veranlasste die Beobachtung einer Nova 1572 einige zu der Behauptung, diese sei nicht sublunarisch (wie es die aristotelische Kosmologie lehrte), sondern vielmehr supralunarisch. Dass die Portugiesen in den 50ern dunkelhäutige Menschen aus (dem heutigen) Südamerika mitbrachten, warf Fragen über die Natur der Seele auf. Auch machte 1543 die Veröffentlichung von Andreas Vesalius' *De humani corporis fabrica*, in dem er seine Entdeckungen über die menschliche Anatomie festhielt, etliche der Theorien des Galenus zunichte, die mehr als 1500 Jahre die medizinische Wissenschaft bestimmt hatten. Zudem führten der Buchdruck und der Stellenwert, den die antiken Quellen für die Renaissance hatten, zu einer immer besseren Verfügbarkeit dieser Quellen. Dadurch nahm unter den Gebildeten das Bewusstsein dafür zu, dass die antiken Denker in naturwissenschaftlichen Fragen keineswegs immer miteinander übereinstimmten. So kam es, dass an verschiedenen Fronten neue Fragen aufgeworfen und traditionelle Autoritäten in Frage gestellt wurden.

1543 wurde Kopernikus' *De revolutionibus orbium coelestium* veröffentlicht. In diesem Werk vertrat er die Auffassung, dass die Erde sich einmal am Tag um ihre eigene Achse drehe und jährlich um eine stillstehende Sonne kreise, was gewaltige Fragen über die Beschaffenheit des Universums und die traditionellen Vorstellungen davon aufwarf. In anscheinendem Widerspruch zu diesem neuen Denken stand der biblische Bericht, der unter anderem erklärte: »Die Erde mag wanken [...], aber ich halte ihre Säulen fest« (Ps 75,4); »der du das Erdreich gegründet hast auf festen Boden, dass es bleibt immer und ewiglich« (Ps 104,5); und der die ausdrückliche Behauptung enthielt: »So blieb die Sonne stehen mitten am Himmel und beeilte sich nicht unterzugehen fast einen ganzen Tag« (Jos 10,13). Dementsprechend waren Kopernikus' Thesen äußerst provozierend, obwohl gesagt werden muss, dass sie nicht überall auf Missbilligung stießen. Lutheraner wie Georg Joachim Rheticus und Andreas Osiander waren im Großen und Ganzen sehr aufgeschlossen für Kopernikus' Arbeiten. Osiander schrieb sogar ein Vorwort zu Kopernikus' Werk. Interesse an Kopernikus' Ergebnissen zeigten auch Katholiken wie Nikolaus Kardinal von Schönberg und Tiedemann Giese. Andere Zeitgenossen wie Martin Luther und Philipp Melanchthon waren weniger aufgeschlossen für Kopernikus' Forschungen. Beide brachten Einwände dagegen vor, wobei besonders Luther biblische Gründe anführte. Natürlich eskalierte der Konflikt zwischen Bibel und Wissenschaft zur Frage, wie das Universum beschaffen sei, mit der späteren Arbeit von Galileo und führte zu einer wesentlich heftigeren Kontroverse.

Welche Haltung nahm Calvin zu diesen Fragen ein? Verurteilte er Kopernikus, und, falls ja, berief er sich dabei auf die Bibel? Wie erwähnt, ist Calvins Stellung zu Kopernikus Gegenstand einer heftigen Debatte gewesen. Zwei Punkte in dieser Diskussion sollten beachtet werden. Erstens ist es wichtig, dass die von manchen Forschern (F.W. Farrar, A.D. White) vorgebrachte Behauptung, Calvin habe den Polen mit den Worten »Wer wird es wagen, die Autorität des Kopernikus über die des Heiligen Geistes zu stellen?« ausdrücklich verdammt, sich inzwischen als falsch erwiesen hat, da eine solche Aussage in Calvins Schriften nicht auftaucht – tatsächlich kommt Kopernikus' Name nie in ihnen vor. Ebenso wichtig ist zweitens eine Erklärung, die Richard Stauffer in einer von Calvins Predigten über 1. Korinther 10 entdeckte und 1971 in einem Artikel veröffentlichte. Dort warnt Calvin vor jenen, die behaupten, »dass die Sonne sich nicht bewegt und dass es die Erde ist, die sich bewegt«, und erklärt, sie seien vom Teufel besessen und versuchten »die Ordnung der Natur zu verkehren«. Ausgehend von diesen zwei Punkten und der Berücksichtigung seiner Kommentare zu Jos 10,12–13, Ps 104,5 und anderen Stellen, in denen Calvin die ptolemäische Vorstellung vom Universum darlegt, wie wir oben in Bezug auf seine Erläuterungen zu Ps 93,1 gesehen haben, scheint die Folgerung legitim, dass Calvin, ob er Kopernikus eigens kannte oder nicht, die kopernikanische Position als falsch verurteilte und stattdessen eine traditionelle Kosmologie befürwortete. Bemerkenswert ist jedoch, dass er bei seiner Kritik des heliozentrischen Standpunktes nicht die Schrift zitiert, sondern nur seine Meinung zu dieser Frage äußert.

6.3. Wissenschaft und Bibel bei Calvin

Die Tatsache, dass Calvin bei seiner Verwerfung des Heliozentrismus nicht die Schrift zitiert, wirft die Frage auf, wie er das Verhältnis zwischen Wissenschaft und Bibel sieht. Auf der Basis des *corpus* Calvins lässt sich überzeugend darlegen, dass er sich offenbar an eine Form der Unterscheidung zwischen den Wissenschaften hielt, die damals aufkam, nämlich den Standpunkt, dass wissenschaftliche Forschungen und biblische Wahrheit getrennt voneinander verfolgt werden müssten und – vermutlich – nicht im Widerspruch zueinander stehen könnten. Diese These wird auch durch einige Aussagen Calvins in seiner Auslegung von Ps 137,7 (Der große Lichter gemacht hat, denn seine Güte währet ewiglich) gestützt, z. B. »der Heilige Geist hatte nicht die Absicht, Astronomie zu lehren« (CO 32,364). Zur weiteren Begründung dieser These wird untersucht werden, wie Calvin die ersten Kapitel der Genesis behandelt, insbesondere Genesis 1. Einleitend zu dieser

Untersuchung lässt sich festhalten, dass Calvin die *creatio ex nihilo* vertritt. Er widerspricht Augustin, wenn er behauptet, dass Gott für die Erschaffung der Welt tatsächlich sechs Tage gebraucht habe, statt sie sofort, in einem Moment, zu erschaffen, wie der berühmte Kirchenvater in *De Genesi ad litteram* erklärt hatte. Gott habe dies jedoch nicht gezwungenermaßen getan, sagt Calvin, sondern um sein Werk an das menschliche Denkvermögen anzupassen. Dieser Aspekt von Calvins Erörterung der Genesis, nämlich sein Verweis auf die Akkommodation Gottes, soll hier kurz betrachtet werden.

Calvin weist während seiner Behandlung der ersten Genesiskapitel immer wieder auf die Akkommodation Gottes hin. Er bemüht sich zu erklären, dass Mose keine wissenschaftliche Abhandlung verfasste, sondern für die Ungebildeten schrieb. Zu Gen 1,14 (Sie sollen Zeichen sein) bemerkt Calvin: »Mose spricht nicht mit philosophischer Genauigkeit über verborgene Geheimnisse, sondern erzählt von jenen Dingen, die überall beobachtet werden, auch von den Ungebildeten, und die allgemein gebräuchlich sind« (CO 23,20–21). Diesen Gedanken wiederholt er an mehreren Stellen. Außerdem bemerkt Calvin in seinen Erläuterungen zu Gen 1,15 (Sie sollen Lichter sein), dass »Mose sich an unsere Vernunft wendet« (CO 23,21–22). Angesichts dieser Tatsache vertritt Calvin die Ansicht, dass »die Unredlichkeit jener Menschen, die Mose vorwerfen, dass er nicht mit größerer Genauigkeit spreche, zur Genüge getadelt wird.« An welche Personen genau Calvin hier denkt, wissen wir nicht, er dürfte sie aber wohl während seiner ganzen Erörterung von Genesis 1 und 2 vor Augen gehabt haben. Calvin fährt fort: »[D]enn wie sich für einen Theologen gebührte, nahm [Mose] Rücksicht auf uns, nicht auf die Sterne.« Calvin führt näher aus, was er hier meint, indem er erklärt, dass Mose über die Dinge, die er schrieb, besser Bescheid wusste, als der Genesistext vermuten lassen würde. Als er den Mond als »Licht« bezeichnete (Gen 1,15), wusste Mose, »dass der Mond nicht genug Leuchtvermögen hatte, um die Erde zu erhellen, sofern er kein Licht von der Sonne übernahm.« Aber Mose, beharrt Calvin, »erachtete es für ausreichend zu erklären, was wir alle klar erkennen können, nämlich dass der Mond Licht spendet.« In seinen Ausführungen zum »größeren Licht« (Gen 1,16; CO 23,22–23) arbeitet Calvin die Unterscheidung genauer heraus, die er zwischen den Disziplinen (biblisch und wissenschaftlich) vornimmt. Er bemerkt, dass Mose »den Planeten und Sternen einen Platz in der Weite des Himmels zuweist.« Aber er stellt dem sofort die »Astronomen« entgegen, »die Sphären unterscheiden und gleichzeitig lehren, dass die Fixsterne ihren eigenen Platz am Firmament haben.« Calvin lässt dem ein weiteres Beispiel folgen: »Bei Mose gibt es zwei große Himmelskörper.« Hierin unterscheidet er sich von den »Astronomen, die durch überzeugende Argumente beweisen, dass der Stern Saturn, auch wenn er wegen der großen Entfernung am geringsten erscheint, größer als der Mond ist.« Nachdem er diese zwei Vergleiche angestellt hat, erklärt Calvin den offensichtlichen Unterschied zwischen Mose und den Astronomen: »Hier liegt der Unterschied; Mose schreibt in einem leicht verständlichen Stil Dinge, die alle einfachen Leute, die gesunden Menschenverstand besitzen, ohne Belehrung verstehen können. Astronomen jedoch erforschen mit großer Mühe alles, was die Klugheit des menschlichen Geistes begreifen kann.« Zwar hebt Calvin diese Tatsache nicht hervor, doch offensichtlich vermag der allgemein verständliche Stil, dessen Mose sich bediente, etwas auszudrücken, was im wissenschaftlichen Bereich als fehlerhafte Aussage gelten würde. Dies wird besonders deutlich bei Calvins zweitem Beispiel, denn Mose scheint den Mond für einen größeren Himmelskörper als den Saturn zu halten. Daher könnte es so aussehen, als wäre nach Calvins Auffassung Genesis 1 eine schlechte Quelle naturwissenschaftlichen Wissens über das Universum. Dies wirft jedoch eine schwierige Frage auf. Denn nachdem Calvin Mose den Astronomen entgegengestellt hat, hat er nun den Eindruck, dass er so etwas wie ein moralisches Dilemma geschaffen hat. Sollten Christen sich nicht rückhaltlos an die Schrift halten und die Arbeit der Astronomen verwerfen, da diese von Mose abzuweichen scheinen? Seine Antwort auf dieses Dilemma ist aufschlussreich:

»Trotzdem ist dieses Studium [Astronomie] nicht zu verurteilen, noch diese Wissenschaft zu verdammen, weil einige rasende Personen gewohnt sind, alles kühn zu verwerfen, was ihnen unbekannt ist. Denn es ist nicht nur erfreulich, sondern auch sehr nützlich, die Astronomie zu kennen: Es lässt sich nicht bestreiten, dass diese Kunst Gottes bewundernswerte Weisheit enthüllt. Deshalb sollten gescheite Männer, die nützliche Arbeit über diesen Gegenstand geleistet haben, geehrt werden, und jene, welche die Muße und Fähigkeit haben, diese Art der Übung nicht vernachlässigen. Außerdem wollte Mose uns diese Beschäftigung in Wahrheit nicht nehmen, als er die Dinge wegließ, die zu dieser Wissenschaft gehören; sondern weil er als Lehrer sowohl für die Ungebildeten und Unwissenden als auch für die Gebildeten bestimmt war, konnte er nicht anders sein Amt erfüllen, als sich zu dieser primitiveren Methode der Unterweisung herabzulassen. Hätte er von Dingen gesprochen, die nicht allgemein bekannt waren, hätten die Ungebildeten vielleicht als Entschuldigung vorgebracht, dass solche Dinge zu hoch für sie seien. Schließlich ist es, da der Geist Gottes hier einen allgemeinen Unterricht für alle eröffnet, nicht überraschend, dass er vor allem jene Gegenstände wählte, die für alle verständlich sind. Wenn der Astronom Forschungen über die tatsächlichen Dimensionen der Sterne anstellt, wird er entdecken, dass der Mond kleiner als der Saturn ist; aber das ist etwas schwer Verständliches, weil es den Augen anders erscheint. Mose passt daher seine Rede lieber dem allgemeinen Sprachgebrauch an. Denn da der Herr gleichsam seine Hand zu uns ausstreckt, indem er uns Freude am Glanz der Sonne und des Mondes schenkt, wie groß wäre dann unsere Undankbarkeit, wenn wir unsere Augen vor unserer eigenen Erfahrung verschlössen? Es gibt daher keinen Grund, warum Kritiker die mangelhafte Kenntnis des Mose verhöhnen sollten, wenn er den Mond zum zweiten Himmelskörper macht; denn er führt uns nicht in den Himmel hinauf, sondern zeigt vielmehr Dinge, die uns offen vor Augen liegen. Lasst die Astronomen ihr höheres Wissen haben; einstweilen aber machen sich jene, die durch den Mond die Großartigkeit der Nacht wahrnehmen, der verstockten Undankbarkeit schuldig, wenn sie sich seines Scheines bedienen, nicht aber die Wohltätigkeit Gottes anerkennen.« (CO 23,22–23)

Dies ist natürlich nur ein Beispiel. Da es aus Calvins Kommentar zur Schöpfungserzählung stammt, sagt es jedoch etwas darüber aus, wie er das Verhältnis zwischen Bibel und Wissenschaft versteht. Und es ist ein eindeutiger Hinweis darauf, dass Calvin zwar keine »doppelte Wahrheit«, aber eine Unterscheidung zwischen Disziplinen in Betracht zog. Das bedeutet nicht, dass Theologie und

Wissenschaft einander widersprechen können, denn Widersprüche kann es nur innerhalb einer bestimmten Disziplin geben. Es bedeutet jedoch, dass Wissenschaft und biblische Wahrheit unterschiedliche Zwecke erfüllen und es töricht wäre, bei letzterer wissenschaftliche oder bei ersterer theologische Erkenntnisse zu suchen.

Gerrish, Brian A.: The Reformation and the Rise of Modern Science: Luther, Calvin, and Copernicus (in: Ders.: The Old Protestantism and the New; Essays on the Reformation Heritage, 1982, 163–178).

Hooykaas, Reijer: Religion and the Rise of Modern Science, 1972.

Lecerf, A.: De l'impulsion donnée par le calvinisme à l'étude des sciences physiques et naturelles (Études Calvinistes, 1937, 115–123).

Schreiner, Susan E.: The Theater of His Glory: Nature and the Natural Order in the Thought of John Calvin, 1995.

Stauffer, Richard: Calvin et Copernic (RHR 179, 1971, 31–40).

(Übersetzt von *Elisabeth Steinweg-Fleckner*) *David F. Wright/Jon Balserak*

7. Ehe und Familie

Durch Johannes Calvin erfuhren die westliche Theologie sowie Sexualrecht, Ehe und Familie eine Umformung. Calvin, der auf einer Generation von protestantischen Reformen aufbaute, entwickelte eine umfassende neue Theologie und ein Recht, das Eheschließung und Scheidung, Erziehung und Kindeswohl, Familienzusammenhalt und Familienförderung, sexuelle Vergehen und Verbrechen zu wesentlichen Themen für Kirche und Staat machte. Er brachte das Konsistorium und den Rat von Genf zu einem kreativen neuen Bündnis zusammen, um die Reformierung des privaten häuslichen Bereichs zu steuern und zu regeln.

Unter dem Einfluss Calvins und seiner Mitreformatoren verboten die Genfer Behörden das Mönchtum und den Pflichtzölibat für Geistliche und unterstützten die Ehe für alle Erwachsenen, die zu heiraten frei, tauglich und fähig waren. Sie legten klare Richtlinien für Brautwerbung und Verlobung fest und unterwarfen vorehelichen Geschlechtsverkehr und voreheliche Gemeinschaften festen Restriktionen. Für die Rechtsgültigkeit von Verlobung und Eheversprechen schrieben sie elterliche Zustimmung, Trauzeugen, kirchlichen Segen und staatliche Registrierung vor. Sie reduzierten die Verlobungs- und Ehehindernisse, vereinfachten die Verfahren und ermöglichten die Annullierung. Sie machten öffentliche kirchliche Trauungen zur Pflicht und erstellten eine neue Eheliturgie, die sehr viel biblische Belehrung enthielt und die Gemeinde einbezog. Sie reformierten die Gesetze über den ehelichen Güterstand und über Erbschaft, Mitgift und die Rechte von Witwen, Vormundschaft und Adoption. Sie schufen neue Rechte und Pflichten für Verlobte vor ihrer Hochzeit, für Ehefrauen im Schlafzimmer und für Kinder im Haushalt. Sie führten die rechtskräftige Ehescheidung aufgrund von Ehebruch und böswilligem Verlassen ein, und erlaubten Ehemännern und Ehefrauen gleichermaßen, auf Scheidung, Sorgerecht und Unterhaltszahlung zu klagen. Sie unterstützten die Wiederverheiratung von Geschiedenen und Verwitweten. Sie bestraften Ehebruch, Vergewaltigung, Unzucht, Prostitution, Sodomie und andere sexuelle Straftaten mit zunehmender Strenge. Sie unterwarfen Tanzen, Luxus, ordinäre Reden, Unanständigkeit und lasterhafte Lieder, Literatur und Theaterstücke strengen neuen Einschränkungen. Eine neue verbindliche Priorität hatten für sie die Katechese und Erziehung von Kindern. Sie gründeten neue Schulen und entwickelten Lehrpläne und Lehrmittel für Jungen und Mädchen. Sie richteten neue Waisenhäuser ein und schufen Bildungsprogramme für uneheliche, ausgesetzte und misshandelte Kinder. Sie erarbeiteten neue Schutz- und Vorsorgemaßnahmen für misshandelte Ehefrauen, für verarmte Witwen und vergewaltigte Mädchen. Viele der Reformen, die Calvin und seine Amtsbrüder im Genf des 16. Jahrhunderts einführten, wurden in zahlreichen protestantischen Gemeinwesen nachgeahmt, am Ende schließlich auf beiden Seiten des Atlantiks. Recht viele dieser Reformen fanden Eingang in das moderne Zivilrecht und auch in das Gewohnheitsrecht. Die calvinistische Reform von Ehe und Familie war so durchgreifend und wirkungsvoll, weil es sich um eine vollständig neue Konzeption von Gedankengut und Institutionen, Theologie und Recht, Lernen und Leben handelte. Calvin brachte viele dieser Reformen in die Form neuer Gesetze, die er allein oder zusammen mit anderen formulierte – die *Ordonnances ecclésiastiques* von 1541, die Liturgie der Eheschließung von 1542, die Verordnung zu bürgerlichen Ämtern von 1543, die Eheordnung von 1546, die Verordnung zu Kindernamen von 1546 und mehr als 150 weitere Änderungen und neue einschlägige Gesetze, die vor seinem Tod 1564 erlassen wurden (CO 10,5–153). Calvin und seine Kollegen wandten und passten diese Gesetze auf hunderte von Ehe- und Familienstreitsachen an, die jedes Jahr vor das Genfer Konsistorium kamen. Er führte seine theologischen Reformen in ausführlichen Predigten, Kommentaren und systematischen Schriften aus, die in den nachfolgenden Jahrzehnten von einem ganzen Heer von reformierten Predigern und Theologen übernommen und weiter ausgearbeitet wurden. Er legte seinen seelsorgerlichen Rat in hunderten öffentlicher *consilia* und privater Briefe dar, die schließlich eine ganze Serie späterer protestantischer Familienhandbücher zur Folge hatten. Und Calvin arbeitete und schrieb nicht allein. Er hatte in Theodor Beza, Germain Colladon, Guillaume Farel, François Hotman, Pierre Viret und anderen hervorragende Verbündete, die für den dauerhaften Erfolg der calvinistischen Reformierung von Ehe und Familie unentbehrlich waren.

7.1. Der Bund der Ehe

In seinen frühen Jahren legte Calvin viele dieser Reformen auf unsystematische Weise dar und betonte vor allem die rechtlichen Aspekte dieser Reformen. Erst in den letzten fünfzehn Jahren seines Lebens flocht er diese fragmentarischen Reformen in eine umfassendere Ehetheologie und ein Eherecht ein, von denen viele

Teile in den späteren 60er Jahren durch die Hilfe seines Nachfolgers Theodor Beza fertigestellt und systematisiert wurden (Beza 1569).

Die Lehre vom Bund lieferte das Rahmenmodell für einen Großteil von Calvins Ehe- und Familienreform. Insbesondere in seinen späteren Jahren erwähnte Calvin, wie oft das Alte Testament den Begriff »Bund« zur Beschreibung der Ehe verwendet. Jahwes Bundesbeziehung mit Israel wird häufig mit der besonderen Beziehung zwischen Ehemann und Ehefrau verglichen. Israels Ungehorsam gegenüber Jahwe wiederum wird oft als eine Form des »Hurerei Treibens« beschrieben. Wie Ehebruch kann auch Götzenverehrung zur Scheidung führen und Jahwe droht dies sehr oft an, sogar während er sein erwähltes Volk zur Versöhnung aufruft. Diese Metaphern kommen wiederholt in den Schriften der Propheten vor: Hosea (2,2–23), Jesaja (1,21 f.; 54,5–8; 57,3–10; 61,10 f.; 62,4 f.), Jeremia (2,2 f.; 3,1–5.6–25; 13,27; 23,10; 31,32) und Ezechiel (16,1–63; 23,1–49). Zwischen 1551 und 1564 predigte Calvin über jeden dieser Texte (Ez 23 ausgenommen), kommentierte sie oder hielt Vorlesungen darüber und fand in ihnen viele aktuelle Lehren im Blick auf Ehe und Scheidung.

Spr 2,17 und Mal 2,14–16 sprechen über die Ehe auch als einen selbstständigen Bund. Als Calvin diese beiden Bibelstellen kritisch untersuchte, verwendete er die Lehre vom Bund nicht nur zur Beschreibung der vertikalen Beziehung zwischen Gott und Menschen, sondern auch zu der der horizontalen Beziehung zwischen Eheleuten. So wie Gott den erwählten Gläubigen in eine Bundesbeziehung mit ihm hineinzieht, so zieht er die Eheleute in eine Bundesbeziehung miteinander. Ebenso wie Gott treuen Glauben und gute Werke in unserer Beziehung zu ihm erwartet, so erwartet er eheliche Treue und Opfermut in unserer Beziehung zu unseren Ehepartnern (Komm. Eph 5,22; Pred. Dtn 5,18). »Gott ist der Stifter der Ehe«, schrieb Calvin.

»Wenn zwischen einem Mann und einer Frau eine Eheschließung stattfindet, hat Gott die Aufsicht und verlangt ein gegenseitiges Gelübde von beiden. Daher nennt Salomo in Sprüche 2,17 die Ehe den Bund Gottes, denn sie ist allen menschlichen Verträgen überlegen. So erklärt auch Malachi [2,14], dass Gott gewissermaßen die Vertragspartei [der Ehe] ist, die kraft ihrer Autorität den Mann mit der Frau verbindet und die Verbindung sanktioniert [...]. Die Ehe ist nichts, was von Menschen gefügt werden kann. Wir wissen, dass Gott ihr Urheber ist und dass sie in seinem Namen feierlich vollzogen wird. Die Schrift sagt, dass es ein heiliger Bund ist, und nennt sie daher göttlich.« (Pred. Eph 5,22–26.31–33)

Nach Calvins Überzeugung ist Gott durch seine berufenen Bevollmächtigten auf der Erde an der Entstehung des Ehebundes beteiligt. Als Gottes »Stellvertreter« für Kinder unterweisen die Eltern des Paares das junge Ehepaar in den Sitten und der Moral der christlichen Ehe und geben ihre Zustimmung zu der Verbindung (Komm. Pentateuch-Harmonie Lev 19,29; Pred. Dtn 5,16; Komm. und Pred. 1Kor 7,36–38; Komm. und Pred. Eph 6,1–3). Zwei Zeugen als »Gottes Priester für ihre Gefährten« bestätigen die Aufrichtigkeit und Feierlichkeit der Versprechen des jungen Paares und bezeugen die Eheschließung (Komm. 1Thess. 4,3; Komm. 1Petr 2,9; Inst. IV.18.16–17). Der Geistliche, ausgestattet mit »Gottes geistlicher Macht des Wortes«, segnet den Bund und erinnert das Paar und die Gemeinde an ihre jeweiligen Pflichten und Rechte nach der Bibel (Pred. Eph 5,31–33. Untersuchung der neuen Trauungsliturgie in Kingdon/Witte 1,445–480). Der Magistrat, der »Gottes irdische Macht des Schwertes« innehat, registriert die Beteiligten, gewährleistet die Legalität ihres Bundes und schützt sie in ihrer Personen- und Gütergemeinschaft. Diese Beteiligung von Eltern, Gefährten, Geistlichen und Magistraten bei der Entstehung des Ehebundes war keine nutzlose oder überflüssige Zeremonie. Diese vier Parteien entsprachen unterschiedlichen Dimensionen der Mitwirkung Gottes am Bund der Ehe und waren für die Rechtmäßigkeit der Ehe selbst unbedingt erforderlich. Eine dieser Parteien bei der Gründung der Ehe auszulassen, bedeutete in Wirklichkeit, Gott aus dem Ehebund auszulassen.

Die Lehre vom Bund half Calvin, die in seiner Eheordnung von 1546 dargelegten Regeln für die Eheschließung zusammenzufassen – gegenseitiges Einvernehmen des Paares, elterliche Zustimmung, zwei Zeugen, zivile Registrierung und kirchliche Weihe. Sie stand auch hinter seiner unbeirrten Reaktion auf das jahrhundertealte Problem heimlicher Ehen, gegen das Calvin und seine Kollegen in Genf mit aller Kraft angingen. Die Ehe war gemäß ihrer Natur als Bund eine öffentliche Einrichtung, eine gemeinsame Verpflichtung. Heimlich zu heiraten bedeutete, sich über die wirkliche Natur der Ehe hinwegzusetzen.

Gott wirkt am Erhalt des Ehebundes nicht nur durch das einmalige Handeln seiner menschlichen Vertreter, sondern auch durch die fortdauernde Offenbarung seines Natur- oder Sittengesetzes. Der Bund der Ehe, argumentierte Calvin, ist »in der Schöpfungsordnung« gegründet, »in der Naturordnung und dem Naturrecht« (CO 10,258; Komm. Gen 2,18; Pred. Dtn 24,1–4; Vorl. Mal 2,14 f.; Komm. Evangelien-Harmonie Mt 19,3–9; CO 10,239–241). Von Natur aus haben der Mann und die Frau »eine gemeinsame Würde vor Gott« und die gemeinsame Aufgabe, das Leben und die Liebe des anderen zu »vervollkommnen« (Komm. und Vorl. Gen 1,27). Vor der Heirat waren sie separate Personen, jeder hatte das Recht, einem gemeinsamen Weg zuzustimmen, ihn abzulehnen oder von Bedingungen abhängig zu machen, von jedem wurde erwartet, Eigentum und Willen in die zukünftige Verbindung einzubringen, jeder war für die Kosten und Folgen jeglichen vorehelichen Experimentierens verantwortlich. Durch die Heirat werden Mann und Frau »zu einem Leib und einer Seele verbunden«, doch werden ihnen dann »unterschiedliche Aufgaben« und »unterschiedliche Befugnisse« zugewiesen (Komm. und Vorl. Gen 2,18.22). Gott hat den Mann zum Haupt der Frau ernannt. Gott hat die Frau, »die vom Mann abstammt und nach ihm kommt«, zu seiner Partnerin und Gefährtin – wörtlich seiner »Gehilfin« – bestimmt (Komm. und Vorl. Gen 2,18; Komm. und Pred. 1Kor 9,8, 11,4–10). »Der göttliche Auftrag« der Schöpfung, sagte Calvin, »lautete, dass der Mann in Ehrfurcht zu Gott aufschauen sollte, die Frau ihm eine treue Helferin sein sollte und beide einmütig eine heilige, freundliche und friedliche Gemeinschaft pflegen sollten.« (Komm. Gen 2,18).

Calvin begründete mit der Schöpfungsordnung des Ehebundes verschiedene Vorschriften gegen unerlaubte sexuelle Verbindungen. Die Ehe wurde als eine heterosexuelle, monogame, mutmaßlich lebenslange Verbindung geschaffen – eine dauerhafte Vereinigung zweier Gegensätze, »Mann und Frau«, die die physische Fähigkeit und natürliche Neigung haben, sich in Liebe zu verbinden. Calvin verdammte widernatürliche Unzucht, Analverkehr, Sodomie, Homosexualität und andere »unnatürliche« Handlungen und Verbindungen als »scheußliche Laster« – und führte kryptisch an, »seinesgleichen« oder »Tiere zu begehren«, stehe im »Widerspruch zur Sittsamkeit der Natur selbst« (Komm. Gen 19,4–9; Komm. Lev 18,22; 20,13–16; Dtn 27,16; Pred. Dtn 22,13–24). Er missbilligte die Ehe zwischen älteren Männern und jüngeren Frauen und umgekehrt, weil er fürchtete, dass der jüngere Partner den älteren materiell ausnutzen und der ältere den jüngeren sexuell betrügen würde (CO 11,130–132; Komm. Ex 21,13; Komm. Gen 25,1f. S.a. Briefe und Fälle in Witte/Kingdon 2005, Bd. 1, 280–309). Er sprach sich ausführlich gegen inzestuöse Verbindungen zwischen verschiedenen Blutsverwandten und Familienangehörigen aus, die das mosaische Gesetz und das Naturgesetz verboten – er argumentierte, Gott habe solche Verbindungen verboten, um Streit, Missbrauch, Rivalität und Ausbeutung unter jenen zu vermeiden, die sich »zu nahe stehen«, und er führte die verschiedensten alttestamentlichen Geschichten an, um seinen Standpunkt zu belegen.

Calvin verurteilte in noch größerer Ausführlichkeit die traditionelle hebräische Praxis der Polygamie, die in einigen Gegenden des protestantischen Europas wieder in Mode gekommen war. Nach Calvin bedeutete es, die biblische Geschichte der Schöpfung und Erlösung zu ignorieren, wenn man Polygamie zuließ. Gott hätte zwei oder mehr Frauen für Adam schaffen können. Aber er entschied sich dafür, eine zu erschaffen. Gott hätte drei oder vier Arten von Menschen als sein Ebenbild schaffen können. Aber er schuf zwei Arten: »und schuf sie als Mann und Weib« (Komm. und Pred. Gen 1,27; 2,18–24). Im Gesetz hätte er seinem Volk gebieten können, zwei oder mehr Götter anzubeten, aber er gebot ihnen, einen Gott anzubeten. Im Evangelium hätte Christus zwei oder mehr Gemeinden begründen können, um ihn auf Erden zu vertreten, aber er begründete eine Gemeinde (Komm. und Pred. Eph 5,31). Die Ehe als »Schöpfungsordnung« und »Symbol für Gottes Beziehung zu seinen Erwählten« betrifft zwei Parteien und zwei Parteien allein. »Jeder, der diese Regel überschreitet, pervertiert alles, und es ist, als ob er die Institution Gottes selbst aufheben wolle«, folgerte Calvin (Vorl. Mal 2,14–16). Beza führte später in einer Schmähschrift gegen die Polygamie, die die Länge eines Buches einnahm, Calvins Gedanken weiter aus: *Tractatio de Polygamia, et divortiis: in qua et Ochini apostatae pro polygamia […] refutantur* (Genf, 1568, Nachdruck in *Tractationum Theologicarum*, 2,1–49).

Seine schärfste Verurteilung behielt Calvin der Sünde des Ehebruchs vor, die er als die grundsätzlichste Verletzung der Schöpfungsordnung des Ehebundes betrachtete. Er interpretierte das Verbot des Ehebruchs umfassend, um verschiedene unerlaubte Verbindungen und Handlungen innerhalb und außerhalb des Ehestandes zu verbieten. Der eindeutige Fall von Ehebruch innerhalb der Ehe war der Geschlechtsverkehr oder jede andere Form eines sündhaften sexuellen Aktes mit einer anderen Person als dem Ehepartner. Calvin betrachtete diese Form des Ehebruchs als »das schlimmste Gräuel«, denn mit einer Tat beschädigt der Ehebrecher seinen Bund mit dem Ehepartner, mit Gott und mit der größeren Gemeinschaft (Komm. Lev 20,10; 22,22–27).

»Nicht ohne Grund wird die Ehe ein Bund mit Gott genannt«, wetterte Calvin von seiner Genfer Kanzel. » [W]enn ein Mann sein Versprechen bricht, das er seiner Frau gegeben hat, ist er nicht nur ihr gegenüber eidbrüchig geworden, sondern auch Gott gegenüber. Dasselbe gilt für die Frau. Sie fügt nicht nur ihrem Mann Unrecht zu, sondern dem lebendigen Gott.« (Pred. Dtn 5,18). »Sie wendet sich gegen Seine Majestät.« (Pred. Eph 5,22–26)

Calvin befürwortete eine strenge Bestrafung von Ehebrechern, in notorischen Fällen sogar die Hinrichtung, aber er bemühte sich auch darum, jede Strafe gegen die aktuellen Bedürfnisse des nichtschuldigen Ehepartners und der Kinder abzuwägen, falls die beiden Parteien später geschieden wurden.

Für Calvin kam die Trennung von Mann und Frau ebenfalls dem Ehebruch gleich. Mann und Frau »müssen zusammenleben und bis zum Tod zusammenbleiben«, schrieb er (Komm. 1Kor 7,11). Jede Trennung, die über das hinausgeht, was erforderlich ist, damit ein Ehepartner seine familiären, beruflichen oder militärischen Pflichten erfüllen kann, »erscheint schon beinahe wie Ehebruch«, vor allem, »wenn eine Laune oder sexuelle Begierde der Anlass ist« (CO 10,242–244). Verlässt einer seinen Ehepartner, ist dies besonders suspekt, vor allem wenn es im Zorn oder mit böser Absicht geschieht. Calvin brachte dieses Argument nicht nur deshalb nachdrücklich vor, weil zeugungskräftige Ehemänner, sich selbst überlassen, zum Ehebruch verleitet werden könnten. Er war auch in Sorge, solche Trennungen verstießen gegen Gottes buchstäbliches Gebot, dass sich Frau und Mann in Seele, Geist und Leib miteinander verbinden. »Wenn dies die Natur der Ehe ist [...], ist ein verheirateter Mann nur ein halber Mensch und er kann sich ebenso wenig von seiner Frau trennen, wie er sich selbst in zwei Teile schneiden kann« (Pred. Dtn 24,1–4).

Calvin bekämpfte so den traditionellen Rechtsanspruch auf Trennung von Tisch und Bett und er ließ dies in seine Eheordnung von 1546 und seine Entscheidungen als Richter im Konsistorium einfließen. Noch entschiedener wandte er sich gegen die ncue Genfer Sitte, dass sich Ehepaare trennten, um Feindseligkeiten zu vermeiden, oder weil es zweckmäßiger war (Komm. 1Kor 7,11; CO 10,242–244). Er verfügte, dass getrennte Paare sich miteinander versöhnen sollten, dass Ehepartner, die den anderen verlassen hatten, in ihr Heim und Ehebett zurückkehren und die verlassenen Ehepartner das Unrecht vergeben sollten. Um dies zu erleichtern, nahm er in seine Eheordnung von 1546 ausgeklügelte Verfahren auf. Wo sich eine Versöhnung als unmöglich erwies, bedeutete dies für Calvin eher die Auflösung der Ehe aufgrund des vorausgesetzten Ehebruchs der einen Partei als ihre Fortsetzung ohne das Zusammenleben beider Parteien (ebd.; Komm. Evangelien-Harmonie Mt 19,9).

Für Calvin war das Verbot des Ehebruchs auch für Unverheiratete verbindlich und galt grundsätzlich für verbotene sexuelle Aktivitäten wie auch für verschiedene Handlungen, die dazu führten. Calvin verurteilte Unzucht streng – Geschlechtsverkehr oder andere unerlaubte sexuelle Berührungen, Verführung oder Verleitung durch Nichtverheiratete, zu denen auch jene zählten, die miteinander oder mit anderen verlobt waren. Ausführlich schilderte er die weitverbreitete Praxis von Sexualität ohne feste Bindung, Prostitution, Konkubinat, vorehelichem Geschlechtsverkehr, unverheiratetem Zusammenleben und anderen Formen der Promiskuität, die er im Genf seiner Zeit genauso antraf wie in alten biblischen Geschichten. Alle diese Handlungen standen in offenem Widerspruch zu Gottes Gebot gegen Ehebruch und sollten durch geistliche und strafrechtliche Maßnahmen bestraft werden. Calvin predigte ständig gegen Unzucht und stellte alles als Gottes Strafe für den Verstoß dar – von der Syphiliserkrankung im Einzelfall bis zur Pestilenz, die eine ganze Stadt heimsuchte. Er war oft führend, wenn das Konsistorium unzüchtige Menschen ausfindig machte und sie ermahnte, verbannte und Geldstrafen oder kurze Gefängnisstrafen auferlegte. Und wenn die Unzucht eines Paares zu einer Schwangerschaft führte, drängte er auf eine Mussheirat und setzte dabei voraus, dass kein Ehehindernis vorlag.

Calvin bezog das Verbot des Ehebruchs keineswegs nur auf die Sünde tatsächlicher Unzucht. Er neigte dazu, verschiedenste Aktivitäten mit sexuellem Charakter als Formen des Ehebruchs zu behandeln, die von Kirche und Staat bestraft werden mussten. Dazu zählten Lüsternheit, Tanzen, obszöne Spiele, Anzüglichkeit, sexuelle Zweideutigkeit, derber Humor, aufreizende Aufmachung, zweideutige Spiele und Literatur u.v.m. Besonders bemühte er sich darum, ein in dieser Weise sexualisiertes Verhalten auf Hochzeitsfesten auszumerzen, die seiner Meinung nach für unmäßiges Essen, Trinken, Tanzen und verführerische Spiele berüchtigt waren. Er betrachtete diese weniger gravierenden Formen des Ehebruchs als Übertretungen milderer Strafgesetze gegen Luxus, auf die eine Verwarnung und Geldstrafen standen.

7.2. Nutzen und Zweck der Ehe

Nach Calvin diente die Ehe einem dreifachen Nutzen oder Zweck. Sie fördert die gegenseitige Liebe und Unterstützung der Eheleute. Sie ermöglicht die legale Zeugung und Aufzucht von Kindern. Und sie schützt sowohl den Mann als auch die Frau vor sexueller Sünde und Versuchung (Komm. und Vorl. Gen 1,27 f.; 2,18.21 f.; Komm. und Pred. 1Kor 9,11; Komm. und Pred. Eph 5,22–31). Aus diesen Lehrgrundsätzen zogen Calvin und seine Amtsbrüder viele Konsequenzen – für Liebespaare und Ehepaare gleichermaßen.

Erstens führte Calvin eine Reihe von vernünftigen Regeln für das Freien ein. Unter Berufung auf viele biblische Beispiele für übereilt eingegangene Ehen, die sich zum Negativen hin entwickelt hatten, riet Calvin davon ab, eine Ehe mit ungebührlicher Leichtfertigkeit oder Sinnenlust einzugehen. »Die Ehe ist eine zu heilige Angelegenheit, um zu erlauben, dass Männer durch ihre begehrlichen Augen dazu bewegt werden sollten«, schrieb er. Wir »entweihen den Bund der Ehe«, wenn »unser Verlangen tierisch wird, wenn wir von den Reizen der Schönheit so hingerissen sind, dass jene Dinge, die am wichtigsten sind, nicht berücksichtigt werden« (Komm. und Vorl. Gen 6,2).

»Jene Dinge, die am wichtigsten sind«, legte Calvin dar, als er beschrieb, was er bei seiner eigenen Frau suchte: eine fromme, sittsame und tugendhafte Frau, die ihm in Alter, Status und Bildung vergleichbar war. Äußerliche Schönheit und Jungfräulichkeit konnten sicher in das Kalkül von Brautwerbung und Heirat einfließen, gestand Calvin zu, aber diese Eigenschaften waren für ihn nicht die wichtigsten.

Zweitens riet Calvin reformierten Mitchristen dringend davon ab, Ungläubigen den Hof zu machen oder sie zu heiraten. Solche Verbindungen seien unklug, beharrte Calvin, denn sie gefährdeten den dreifachen Nutzen und Zweck der Ehe. Der Ungläubige könne die wahre Bedeutung der in Christus gespiegelten Liebe nicht kennen, er wisse nicht, wie man Kinder in der Liebe zu Gott erziehe, und widerstehe möglicherweise nicht den Versuchungen der Wollust, von der die Ehe befreien solle. Calvin betrachtete religiöse Unterschiede nicht als absolutes Ehehindernis – geschweige denn als Scheidungsgrund. Reformierte Protestanten konnten Lutheraner, Wiedertäufer und andere Protestanten heiraten, so wie Calvin, als er Idelette de Bure heiratete, eine Wiedertäuferin. Reformierte Christen sollten jedoch keine Katholiken, Orthodoxen, Juden, Muslime oder Ungläubige heiraten. Denjenigen, die eine solche Mischehe eingehen wollten, sollte nachdrücklich davon abgeraten werden, obwohl sie nicht daran gehindert werden konnten, diesen Weg zu gehen. Ehepartner, die sich bereits in einer Mischehe befanden oder deren Partner nach der Hochzeit vom reformierten Glauben abfielen, sollten zusammenbleiben, es sei denn der ungläubige Ehepartner wurde offenkundig beleidigend. Wenn keine Lebensgefahr für Leib und Seele bestehe, sollten Christen solche ehelichen Umstände als eine Gelegenheit für christliche Evangelisierung sehen, denn »die Frömmigkeit des Gläubigen heiligt die Ehe mehr, als die Gottlosigkeit des Ungläubigen sie entweiht«, (Komm. und Pred. 1Kor 7,12–16). Wenn aber der nichtgläubige Ehepartner den anderen verlässt, ist der verlassene Ehepartner nicht verpflichtet, dem anderen nachzugehen oder zur Rückkehr anzuhalten.

Drittens betrachtete Calvin sexuelle Störungen als ein ernstes Hindernis, denn sie liefen dem dreifachen Zweck der Ehe zuwider. Daher waren arrangierte Verlobungen und Ehen kleiner Kinder, die noch nicht sexueller Funktion geschweige denn ehelicher Liebe fähig waren, ungültig, zumindest bis das Kind erwachsen wurde (CO 10,231–233). Verbindungen mit Eunuchen und anderen Personen mit permanenten sexuellen Schäden und Behinderungen waren unwirksam, denn solche Verbindungen »machen die Natur und den Zweck der Ehe völlig zunichte« (CO 10,231). Ebenso waren eheliche Verbindungen mit Personen, die an chronischen ansteckenden Krankheiten litten, ungültig, denn solche Umstände schlossen einen sicheren sexuellen Kontakt aus und stellten eine Gefahr für die Kinder dar, die daraus hervorgingen. Die Genfer Behörden annullierten Verlobungen oder junge Ehen, wenn ein Partner an einer schweren Behinderung der normalen sexuellen Funktion litt, selbst wenn beide Partner zusammenbleiben wollten. Es war jedoch etwas anderes, wenn in einer langjährigen Ehe bei einem Partner durch Alter, Gebrechlichkeit, Schwäche, Impotenz, eine Verletzung oder Krankheit sexuelle Aktivität nicht mehr möglich war. In diesen Fällen drängte Calvin zu Verständnis und Geduld seitens des anderen Partners, selbst wenn dieser die Ehe beenden wollte. Er zitierte das Eheversprechen, dass die Gatten »in Gesundheit und in Krankheit« zusammenbleiben, und wollte nichts davon hören, dass Konkubinat, Trennung oder Scheidung dieses spätere Auftreten sexueller Unfähigkeit ausgleichen sollten oder daraus resultierten (Vorl. und Komm. Gen 2,22–24; Komm. und Pred. 1Kor 6,16; CO 10,231–233, 241–242; Komm. Evangelien-Harmonie Mt 19,12).

Viertens riet Calvin Ehepaaren, auch nach dem gebärfähigen Alter ein gesundes Sexualleben beizubehalten. »Satan blendet uns […], sodass wir denken, wir seien durch Geschlechtsverkehr befleckt«, sagte Calvin. Aber »wenn das Ehebett dem Namen des Herrn geweiht ist, das heißt, wenn Ehegatten im Namen des Herrn miteinander verbunden sind und rechtschaffen leben, ist es so etwas wie ein heiliger Stand« (Pred. Dtn 5,18). Denn der »Mantel der Ehe ist da, um zu heiligen, was verderbt und weltlich ist; er dient dazu, zu reinigen, was an sich früher befleckt und schmutzig war« (Pred. 1Kor 7,6). Mann und Frau sollten daher »einander den Geschlechtsverkehr nicht vorenthalten« oder einander nach Intimitäten oder dem Geschlechtsverkehr »schlecht behandeln oder zurückweisen« (Pred. Dtn 22,13–18; 24,5 f.). Ehepaare könnten eine Zeitlang auf Geschlechtsverkehr verzichten, sagte Calvin und gab damit die traditionelle Haltung zum »paulinischen Vorrecht« wieder. Aber solche Enthaltsamkeit sollte nur in gegenseitigem Einvernehmen geschehen und nur für einen begrenzten Zeitraum – damit nicht ein Ehepartner durch eine zu lange Wartezeit zum Ehebruch verleitet würde.

Wenn sich herausstellte, dass ein Ehepaar unfruchtbar war, drängte Calvin die Gatten, dies als eine Gelegenheit zu akzeptieren, anderweitig zu lieben. »Wir sind fruchtbar oder unfruchtbar, wie Gott seine Kraft weitergibt«, schrieb er. Diejenigen, die kinderlos sind, sollen Waisenkinder unterstützen oder adoptieren, sich um ihre Nichten und Neffen kümmern und sie erziehen oder andere Wege finden, der nächsten Generation zu dienen (Vorl. und Komm. Gen 1,28; Komm. Ps 127,3; 128,3; Komm. und Pred. 1Tim 5,14). Calvin lehnte das Konkubinat oder die Leihmutterschaft als brauchbare Alternative zur Unfruchtbarkeit strikt ab, trotz des Beispiels von Abraham und anderer alttestamentlicher Figuren. Nach Calvins Überzeugung »nahm sich Abraham«, als er Hagar zur Konkubine nahm, »eine Freiheit«, die Gott nicht billigte, und der Preis dafür war der ständige Streit zwischen Sara und Hagar, Isaak und Ismael und ihren vielen Nachkommen. Dies war für Calvin ein ausreichender Beweis dafür, dass das Konkubinat kein gangbarer Weg für die moderne Zeit war. Calvin wollte auch nichts von Scheidung aufgrund von Unfruchtbarkeit oder Kinderlosigkeit hören. Die Fortpflanzung sei nur *ein* Schöpfungszweck der Ehe, riet er. Wo dieser nicht erfüllt wurde, müsse ein Ehepaar seine Anstrengungen verdoppeln, die anderen Zwecke, nämlich die gegenseitige Liebe und den gegenseitigen Schutz vor sinnlicher Begierde, zu erfüllen – »indem sie sie einander mit züchtiger Zärtlichkeit behandelten«, auch wenn Gott sie nicht mit Kindern segnete (ebd.).

Schließlich bildete Calvins Verständnis vom Nutzen der Ehe die Grundlage für seinen Umgang mit den schwierigen Fragen von Scheidung aufgrund von Ehebruch und böswilligem Verlassen. Obwohl Ehen dauerhaft und unauflöslich sein sollten, werde die Annahme der Unauflöslichkeit unwirksam, wenn ein Partner den fundamentalen Nutzen ehelicher Liebe verrate, indem er Ehebruch begehe oder den anderen böswillig verlasse. Nach Calvin »hat Christus« dem nichtschuldigen Partner »erlaubt«, in diesen Fällen auf Scheidung zu klagen und danach wieder zu heiraten, wenn dies sein Wunsch ist. Wenn möglich, sollte der nichtschuldige Partner die Versöhnung mit dem widerspenstigen Gatten anstreben – und damit dem Beispiel Josephs folgen, der mit der Jungfrau Maria Nachsicht hatte, als er von ihrer Schwangerschaft erfuhr. »Obwohl Gott diejenigen nicht straft, die sich aus angemessenen und legitimen Gründen scheiden lassen, wollte Gott, dass die Ehe immer unantastbar bleiben sollte« (Komm. Evangelien-Harmonie Mt 19,3–9; Pred. Dtn 24,1–4).

Calvin war der Überzeugung, dass es beiden, dem Mann und der Frau, möglich sein sollte, auf Scheidung zu klagen, und er traf dafür umfassende Vorkehrungen in seiner Eheordnung von 1546:

»[D]as Recht, sich scheiden zu lassen, steht beiden Seiten in gleicher Weise und wechselseitig zu, denn beide Seiten haben die wechselseitige und gleiche Verpflichtung zur Treue. Obwohl in anderen Angelegenheiten der Mann eine höhere Stellung [als die Frau] hat, ist die Frau in Angelegenheiten des Ehebetts gleichberechtigt. Denn er ist nicht der Herr seines eigenen Leibes; und daher ist seine Frau frei, wenn er die Ehe auflöst, indem er Ehebruch begeht.« (CO 10,41–44)

Wer die Scheidungsklage anstrengt, muss nichtschuldig sein; jegliches Anzeichen dafür, dass die Schuld des anderen ermutigt oder stillschweigend gebilligt wurde, wäre für die Scheidungsklage verhängnisvoll. Wo jedoch ein nichtschuldiger Kläger obsiegte und auf Scheidung erkannt wurde, musste der schuldige Ehepartner mit strengen Strafmaßnahmen rechnen – mindestens mit Besitzeinbußen, Unterhaltszahlungen und, wo angemessen, mit Kindesunterhalt, oft verbunden mit einer Gefängnisstrafe, Auspeitschen oder Verbannung. Calvin und seine Amtsbrüder im Konsistorium zeigten überraschende Sorge für beide Parteien nach der Scheidung. Für die nichtschuldige Partei billigte Calvin die Wiederverheiratung und bestand darauf, dass die schuldige Partei weiterhin Unterhalt und Kindesunterhalt zahlte, als dauerhafte Strafe, auch wenn der wiederverheiratete Ehepartner und die Kinder nun versorgt waren. Calvin bestand außerdem darauf, dass die schuldige Partei schließlich irgendwann auch wieder heiraten dürfe.

»[E]s wäre sehr hart, einem Mann für sein ganzes Leben die Heirat zu verbieten, wenn seine Frau sich wegen Ehebruchs von ihm scheiden ließ, oder dies einer Frau zu verbieten, die von ihrem Mann verstoßen wurde, besonders wenn sexuelle Enthaltsamkeit schwierig für sie ist; eine Schwäche bringt zwangsläufig die andere mit sich.«

Calvin erlaubte der schuldigen Partei nicht, »sofort eine neue Ehe einzugehen. Die Freiheit, wieder zu heiraten, sollte eine Zeitlang aufgeschoben werden, entweder für eine bestimmte Zeitspanne oder bis die nichtschuldige Partei wieder geheiratet hat« (CO 10,231).

Kingdon, Robert M.: Adultery and Divorce in Calvin's Geneva, 1995.

Köhler, Walter: Zürcher Ehegericht und Genfer Konsistorium, 2 Bde., 1942.

Seeger, Cornelia: Nullité de mariage divorce et séparation de corps a Genève, au temps de Calvin: Fondements doctrinaux, loi et jurisprudence, 1989.

Witte, John Jr.: From Sacrament to Contract: Marriage, Religion, and Law in the Western Tradition, 1997a.

Ders./Kingdon, Robert M.: Sex, Marriage and Family in John Calvin's Geneva, 3 Bde., 2005 ff.

(Übersetzt von *Elisabeth Steinweg-Fleckner*) *John Witte Jr.*

8. Spiritualität

»Spiritualität«, *pietas*, stand im Mittelpunkt der Theologie Calvins, wie der Titel seines Hauptwerkes zeigt: *Unterricht in der christlichen Religion, welche eine nahezu erschöpfende Behandlung der Frömmigkeit [...] beinhaltet* (OS 1,19). Er definiert *pietas* als »die mit Liebe verbundene Ehrfurcht vor Gott, welche aus der Erkenntnis seiner Wohltaten herkommt« (Inst. I.2.1); die Vorrede zum Psalter drückt dies dynamischer aus: »eine lebendige Bewegung, die aus dem Heiligen Geist entsteht, wenn das Herz richtig angerührt ist und das Verständnis erleuchtet« (OS 2,13). Der innerliche Glaube und sein sichtbarer Ausdruck (*officia pietatis*) müssen zusammenkommen. Sind jedoch die Werke der Andacht heuchlerisch, so sind die *officia charitatis* das beste Zeugnis der Frömmigkeit (McKee 1984).

8.1. Calvins Frömmigkeit

Calvin sprach selten über seine inneren Gefühle, daher ist es nur auf Umwegen möglich, seine persönliche Spiritualität zu charakterisieren. Das Klischee eines kalten Mannes, der keine Gefühle zeigte außer Ärger, wurde modifiziert durch Bouwsmas »Porträt« eines sehr menschlichen Calvin, der in einem Zeitalter der Angst kämpfte (Bouwsma 1988). Sieht man den französischen Reformator als Exilfranzosen (Oberman 1994; Selderhuis 2004, 38 f.), wird der prägende Kontext der Spiritualität Calvins etwas deutlicher und seine Anziehungskraft für bedrängte Menschen vieler Kulturen und Sprachen verständlich. Die beste Quelle für Calvins persönlichen Ausdruck der Frömmigkeit ist sein Werk zum Buch der Psalmen, das er als »Anatomie aller Bereiche der Seele« (CO 31,15) bezeichnet.

Seine Identifizierung mit David gewährt Einblick in seine eigene geistliche Biografie und Theologie, bei der nach Selderhuis »Gott in der Mitte« steht (Selderhuis 2004). Andere spürten die Wirkung seiner an den Psalmen orientierten Spiritualität; die ersten Predigten Calvins, die auf Bitten von Gemeindegliedern hin veröffentlicht wurden, waren Erläuterungen von Psalmen.

8.2. Zentrale Aspekte der Spiritualität Calvins

8.2.1. Gebet

Die lebendige Mitte der Frömmigkeit bildet bei Calvin das Gebet, sowohl in dem, was er beim traditionellen Gebet ablehnte, als auch in dem, was er lehrte und praktizierte. Die Überschrift des Kapitels der *Institutio* lautet: »Das Gebet ist die vornehmste Übung des Glaubens und dadurch ergreifen wir alle Tage Gottes Gaben« (Inst. III.20); dieses Verhältnis zum Glauben betont die zentrale Stellung, die die Frömmigkeit in der Lehre Calvins einnimmt. (Scholl 1968, 117: Das Gebet ist *der* Akt, *die* Funktion des Glaubens.) Das innere Gebet braucht keine Worte, aber die Praxis des gesprochenen Gebetes ist unter den *officia pietatis* sehr wichtig und hat, wenn es aus tiefstem Herzen kommt, sowohl für die Beter als auch für die Hörer großen Wert (Inst. III.20.31). Das Gebet, wie das ganze geistliche Leben, wird vom Heiligen Geist geleitet (Hesselink 1993). Anleitung ist in der Bibel zu finden, besonders im Vaterunser, das Calvin sowohl kommentierte als auch in seinen Liturgien paraphrasierte, weil es für den richtigen Gottesdienst unbedingt erforderlich ist, dass man versteht, was man betet (Inst. III.20.34–48). Das Gebet ist, wie in Apg 2,42 festgelegt, ein Grundbestandteil des öffentlichen Gottesdienstes (Inst. IV.17.44; McKee 1984) und liefert Calvins Bezeichnung für seine Gottesdienstordnung: *La forme des prieres*.

Ein Gebet kann gesprochen oder gesungen werden und Musik ist eine der besonderen Gaben Gottes, um die Seele zum Gebet zu bewegen, daher ist der Psalter das wichtigste Buch für die Laienfrömmigkeit. Die Psalmen sind nicht nur für die gemeinsame Liturgie, sondern auch für das tägliche Gebet von zentraler Bedeutung:

> »Selbst im Haus und auf dem Feld seien sie uns eine Ermunterung und ein Ausdrucksmittel, um Gott zu loben und unsere Herzen zu ihm zu erheben, um uns zu trösten, während wir über seine Kraft, seine Güte und Gerechtigkeit nachdenken.« (Vorrede zum Psalter OS 2,15–16; Garside 1979)

Der Gebrauch des Psalters im wöchentlichen Gottesdienst in Genf sorgte dafür, dass die gesamte Gemeinde den ganzen Psalter regelmäßig sang; ausgehängte Listen legten fest, welcher Psalm an welchem Punkt des sonntäglichen Gottesdienstes oder des wöchentlichen Gebetstages gesungen wurde (Pidoux 1962, 44.62.135). Die Menschen in Genf lernten diese Texte tatsächlich (Lambert 1998, 342–344), während die Verbreitung des Psalmengesanges in der Muttersprache als *das* Kennzeichen gottesdienstlichen Lebens der Calvinisten gut belegt ist. Psalmen spielten eine besondere Rolle in Zeiten von Verfolgung oder Krieg, Krankheit oder Tod. Calvin entwarf keine Beerdigungsliturgie, aber seelsorgerliche Besuche und Briefe waren Aufgaben, die er sehr ernst nahm (*Ordonnances ecclésiastiques* OS 2,355–56; *La forme* OS 2,56–58). Er schildert das Sterbebett der Madame de Normandie in einem Brief an ihren Vater; neben Gebeten und Ermahnungen durch Geistliche und die sterbende Frau selbst erwähnt er auch ihre Bitte, dass Psalm 51 gesungen werde (CO 13,246; Benoît 1947; Kolfhaus 1941).

Das Gebet soll zwar unablässig geschehen, aber Christen brauchen auch die Gebetsausübung zu bestimmten Tageszeiten: beim Aufstehen am Morgen, vor der Arbeit, vor und nach jeder Mahlzeit und vor dem Schlafengehen (Inst. III.20.50). Der Katechismus von 1542 enthält Gebete für jede dieser Tageszeiten (OS 2,144–50; McKee 2001, 214 f. für Auslassungen in den OS). Obwohl im Singular verfasst, wurden diese im gemeinschaftlichen Rahmen von Katechismusunterricht und Schule wie auch zu Hause gelehrt und angewandt. Gebete zu den Mahlzeiten waren sowohl für den gemeinschaftlichen als für den häuslichen Gebrauch bestimmt und Gastwirte sollten darauf achten, dass ihre Gäste vor und nach dem Essen beteten (Lambert 1998, 451 f.). Gebet wird gelehrt und gelernt, aber es ist nichts Starres oder Magisches; Geistliche und Laien gleichermaßen können das Gebet formulieren, um es der Situation anzupassen. Gemeinschaftliche Gebete sollen nicht um des Neuen willen verändert werden, denn es ist erbaulich, eine gemeinsame Form zu haben. Allerdings ist keine Form sakrosankt. Manche liturgischen Gebete waren der Entscheidung des Pfarrers überlassen; Calvin begann und schloss auch Vorlesungen mit Gebet und bei vielen anderen öffentlichen Anlässen, z. B. Wahltagen, sprach er das Gebet. Auch die Laien nahmen sich die Freiheit, gemeinschaftliche Gebete für ihren Bedarf umzuformulieren; beispielsweise setzte Jean Rivery für die Andacht in der Familie die Morgen- und Abendgebete des Katechismus in den Plural und er übernahm Teile aus Calvins Liturgie für die Wochentage, um ein kurzes Modell für Hausandachten zu erstellen (McKee 2001, 217–219). Fromme Genfer praktizierten (manchmal unter Leitung der Mutter) ein gemeinsames Morgengebet (Lambert 1998, 456–458).

8.2.2. Bibelwissen

Ein klares Verständnis der biblischen Botschaft ist für die reformierte Frömmigkeit wesentlich. Die individuelle tägliche Bibellektüre wurde später zu einem charakteristischen Kennzeichen der Tradition, aber für Calvin war der öffentliche gemeinsame Gottesdienst der Schlüssel zur geistlichen Erbauung. Eine Bibel in der Landessprache war ein wichtiger Bestandteil der Haushaltsausstattung, und Analphabeten sollten andere darum bitten, ihnen die Bibel vorzulesen, bis sie selbst lesen gelernt hatten (*Registres* 1996, 8.10.16.18.28.32.40). Eine wesentliche Rolle in der Genfer Frömmigkeit räumte Calvin angesichts des anabaptistischen Enthusiasmus der individuellen Bibellektüre nicht explizit ein. Im Glauben, dass die Gemeindemitglieder zu der Ansicht neigten, öffentlicher Gottesdienst und persönliches Studium schlössen sich gegenseitig aus, betonte er, wie wichtig es sei, erklärende Predigten zu hören (Inst. IV.1.5; McKee 2004, 11). Die Ermahnungen des Konsistoriums an die Ungebildeten lassen darauf schließen, dass sich nach seinem Dafürhalten so die Genfer Frömmigkeit verbessern ließ (*Registres* 1996, 22.26.28, *et passim.*). Von Pastoren wurde Bibelstudium ausdrücklich verlangt, aber auch sie sollten, wenn sie nicht predigen, den Gottesdienst besuchen, wie Calvin in einer Predigt über 1. Korinther 3 sagt:

»Halten wir also fest, dass wir nach dem Hören des Evangeliums immer aufrechter dastehen müssen. Ich spreche hier nicht nur von den Dummen, sondern auch von denjenigen, welche die anderen führen sollen. Es komme Unglück über mich, wenn ich, während ich euch lehre, nicht auch selbst lerne!« (McKee 2004, 11)

In Genf bot zudem die *Congrégation* einen Rahmen, um regelmäßig bibelorientierte Spiritualität zu praktizieren, die den Geistlichen ebenso zu gute kam wie den Predigthörern; insbesondere die gebildeten oder wohlhabenden Laien nahmen daran teil, aber auch einige Handwerker waren sehr interessiert und engagiert. Die *Congrégation* diente auch als Ort, wo Laien, gelegentlich auch selbst aktiv daran beteiligt, die Verteidigung der biblischen Lehre verfolgen konnten, wie im Fall Bolsec (De Boer 2004b). Wo die Predigt des Evangeliums fehlt, ist Bibelarbeit mit Hilfe der richtigen Auslegung angebracht. Calvin verfasste nicht nur Kommentare, sondern der Exilfranzose überwand auch sein Widerstreben gegen die Veröffentlichung seiner improvisierten Predigten, mit ihrem ungekünstelten Stil und ebensolcher Anwendung, um diesen Bedarf in seinem Heimatland zu befriedigen (McKee 2006).

8.3. Spezifische Themen der Frömmigkeit Calvins

Calvins Spiritualität steht natürlich im Zusammenhang mit seinen Hauptlehren, aber mit welchen? Der Prädestination? Zweifellos war diese Lehre für den Reformator und seine Anhänger ein wesentlicher Bestandteil der Glaubenslehre, aber man muss in dieser Frage zwischen Calvin und späteren Calvinisten unterscheiden. Die besorgte Selbstprüfung, um herauszufinden, ob man verdammt war oder nicht, war weder für Calvin charakteristisch noch (offensichtlich) für seine Kirche. Predigten über die Prädestination waren kein Hauptthema des Lebens in Genf. Im Katechismusunterricht wurde den Genfern deutlich gesagt, warum das Glaubensbekenntnis nur vom ewigen Leben spricht:

»Weil nichts in diesem Summarium sich wirklich auf die Tröstung derjenigen bezieht, die ein treues Gewissen haben: Es wird nur von Wohltaten gesprochen, die der Herr seinen Dienern erweist.« (CO 6,43)

Für diejenigen, die auf Gott, den Vater, Sohn und Heiligen Geist vertrauen, ist das grundlegende Glaubensbekenntnis die Güte Gottes und die Dankbarkeit für die Erwählung – nicht die Angst vor dem Teufel und ewiger Verwerfung. Calvins Lehre über die christliche Berufung war alles andere als ein praktischer Syllogismus, als er jedem riet, fortzufahren mit den kleinen täglichen Schritten des Vorankommens *in via Domini*, in dem Wissen, dass der Weg des Herrn nicht am irdischen Erfolg gemessen wird und dass auch jede »gute« Tat allein durch Gottes Gnade gerechtfertigt werden muss (Inst. III.6.5; III.11.20).

8.3.1. Haushalterschaft

Die aktive Ausrichtung gläubigen Beharrens und die damit verbundene »innerweltliche Askese« werden schon lange als wichtige Merkmale der Frömmigkeit Calvins verstanden. Der Calvin*ismus* wird auch oft mit der Rationalisierung von Zeit und Produktion in Verbindung gebracht (Engammare 2004), Züge, die ihren Ursprung in Calvins Lehre von der menschlichen Haushalterschaft aller geschaffenen Gaben haben (Biéler 1959). Zur heiligen Kindespflicht Gott gegenüber zählen auch die tiefe Dankbarkeit für die Wunder der Schöpfung Gottes und der rechte Gebrauch aller Dinge, die Gott geschaffen hat. Calvins beharrliche Behauptung, dass die Menschen sich eigentlich an Schönem erfreuen sollten, widerlegt die stereotype Vorstellung von ihm als einem Mann, der Frömmigkeit mit Hässlichkeit gleichsetzte (Inst. III.10.2–3). Seine Spiritualität aber macht den Christen zum überaus sorgfältigen und verantwortungsbewussten Haushalter aller Dinge: der Zeit oder des Besitzes oder menschlicher Gaben wie eines wissenschaftlichen Verstandes oder rhetorischer Fähigkeiten. Alle Gaben Gottes müssen nach dem Willen Gottes gebraucht werden und die Richtschnur für den rechten Gebrauch sind die Ehre Gottes und die Nächstenliebe.

8.3.2. Vertrauen auf die Vorsehung

Charakteristisch für die Frömmigkeit Calvins ist ihr Verhältnis zu seiner Lehre von der Vorsehung. Nach Selderhuis zeigt der Kommentar zu den Psalmen, dass die zentrale *tentatio* für Calvin eine andere war als für Luther; wenn Luther der Mensch zwischen Gott und dem Teufel ist, ist Calvin der Mensch zwischen Gott und der gefährlichen, verlockenden Welt (Selderhuis 2004, 273). Das besondere Gebet für Gefangene, das der Liturgie ca. 1552 hinzugefügt wurde, lässt darauf schließen, dass die Hauptsorge Calvins vielleicht mehr mit der Zeit als der Ewigkeit zu tun hatte, eher mit der Vorsehung als mit der Prädestination.

»Da du mir die Güte erweist, zu zeigen, wie ich dich verherrlichen soll, gib mir auch die volle innere Kraft, damit ich dies tun kann. So, dass ich mit ganzem Leib und ganzer Seele deinen heiligen Namen loben kann. Bewahre mich davor, mich schlecht zu halten, die Bedrohungen der Menschen vielmehr als deine Stimme zu fürchten und mich mehr von der Schwäche meines Fleisches leiten zu lassen als von der Tugend deines Geistes: Lass nicht zu, dass ich in solch schwerem Laster verharre. Rühre vielmehr mein Leben an, damit mein Streben nach wahrer Reue immer ein Streben nach dir sei.« (OS 2,150–51)

Calvins Antwort auf die Versuchung und den Schrecken, die das Ausgeliefertsein an die Welt bedeuten, ist das Wissen um die Vorsehung Gottes und das Vertrauen darauf (Inst. I.17.11). In seiner Schilderung, wie der Glaube die Macht Gottes sieht, führt er aus, dass die Frömmigkeit nicht abstrakt darüber spekuliert, was Gott tun kann, sondern sich konkret darauf konzentriert, auf welche Weise Gott seine väterliche Liebe gezeigt hat, und dass der Gläubige so den Angriffen der Welt widerstehen kann (Inst. III.2.31).

Daher ist ein Hauptmerkmal der Spiritualität Calvins, dass sie sich eines lebendigen Glaubens im Hier und Jetzt bewusst ist. Die reformierte Tradition wird oft scharf kritisiert: Sie lehne das traditionelle liturgische Jahr ab, um sich strikt auf den Sonntag zu konzentrieren, oder mache aus der Einhaltung der Sonntagsruhe einen Legalismus. Neuere Forschungen haben wiederholt festgestellt, dass Calvin kein Sabbatarier ist; in Calvins Haltung zur Heiligung des Sonntags ist beides vorhanden, die Freiheit Christi und die rechte Ehrfurcht (Balke 1994). Allerdings ist Calvins wirkliche Sensibilität für eine »Spiritualität der Zeit« nicht gewürdigt worden, teilweise aufgrund der Missachtung seiner besonderen liturgischen Schöpfung, des Gottesdienstes am wöchentlichen Gebetstag (McKee 2001, 157–193). Diese fromme Einstellung der Zeit gegenüber ist nicht die traditionelle Auffassung zu heiliger und profaner Zeit, sondern vielmehr das Bewusstsein, dass die alltägliche Gegenwart heilige, durch die Vorsehung bestimmte Zeit ist. Der Gottesdienst zum Gebetstag zeigt, wie Calvins Lehre über die Vorsehung, im Gegensatz zu der über Prädestination, in den regelmäßigen Rhythmen gemeinschaftlicher Frömmigkeit ihren Ausdruck findet. Das persönliche Vertrauen in die Güte Gottes, der für Sein Volk sorgt, nimmt in einem Gottesdienst nach Vorbild des Sonntagsgottesdienstes gemeinschaftliche Form an. Calvins Mensch zwischen Gott und der Welt ist kein sentimentaler Narr; er sieht an biblischen Beispielen sehr deutlich, dass Gottes Güte nicht Nachsicht bedeutet. Aber Naturkatastrophen und irdische Mächte, die den Glauben verfolgen, werden von der Vorsehung Gottes gelenkt; für die Gläubigen sind sie Mittel der »harten Liebe« Gottes. Der Gebetstag ist die liturgische Antwort auf die Erkenntnis, dass Bedrohungen in der unmittelbaren Gegenwart als Züchtigung dienen, die Gottes Kinder, die auf Abwege geraten sind, zu Ihm zurückbringen sollen (*La forme*, OS 2,26). Dieser wöchentliche Gottesdienst war der regelmäßig wiederkehrende »Wächterruf«, um nach Gottes väterlicher Erziehung und Gottes erkennbaren Wohltaten für die Kirche Ausschau zu halten.

Einführung und Stellung des Gebetstages, mit einer eigenen gedruckten Liturgie und besonderen gesetzlichen Bestimmungen zur Förderung des allgemeinen Gottesdienstbesuches, heben Calvins Sensibilität für die Situation hervor, in der die Christen zwischen Gott und der Welt leben, wie sie sich konkret im 16. Jahrhundert zeigt. Das Gottesvolk lebt in der gegenwärtigen Geschichte und wird in der gegenwärtigen Geschichte jede Woche neu daran erinnert, dass Gott zu seinem Besten handelt. Die Demonstration der göttlichen Macht mag bedrohlich erscheinen, aber der Gott, der über die Schöpfung und über die Völker Gewalt hat, ist der Gott, der in Jesus Christus rettet. Das Vaterunser lehrt die Christen, »für alle Menschen, die auf der Erde leben«, zu beten (Inst. III.20.38), aber Calvins Frömmigkeit widmet ihre kreativsten Fürbitten und Dankgebete den Bedürfnissen der Gläubigen, während sie immer wieder neu lernen, dass Gottes väterliche Sorge für die Kirche, für den Einzelnen und für die Gemeinschaft immer nahe ist; sie ist aktiv und sichtbar, hier und jetzt.

8.4. Wichtige Dimensionen der Spiritualität Calvins

Calvins Spiritualität bezieht das ganze Leben des Frommen und die ganze Gesellschaft ein, in der die christlichen Gemeinde lebt. Glaube heißt, sich intensiv dessen bewusst zu sein, dass wir jede Sekunde *coram Deo* leben, zu erkennen, dass wir es in jedem Augenblick mit Gott zu tun haben (*negotium cum Deo*: Inst. III.7.2). Praktische Richtlinien für diese Frömmigkeit werden im *Goldenen Buche des christlichen Lebens* zusammengefasst (Inst. III.6–10); der ethische Charakter dieses Lebens zeigt sich in der dritten Anwendung des Gesetzes (Inst. II.7.12). Die Bedeutung dieses Materials für die Spiritualität des 16. Jahrhunderts wird bestätigt durch die separate Veröffentlichung des *Goldenen Buches* und die Popularität von Calvins Predigten über Psalm 119 und den Dekalog (Peter/Rudolphe 1991, 322.354.378.537.542; Peter/Rudolphe 1994, 648.692.720.935.938.966; Peter/Rudolphe 2000, 305.335.359).

Die christliche Gemeinschaft ist der Ort, wo Spiritualität erlernt und sichtbar gelebt wird, gemäß den Kennzeichen der Christen: dem Bekenntnis des Glaubens, dem diesem Bekenntnis angemessenen Verhalten, der Teilnahme an den Sakramenten (Inst. IV.1.8). Eltern müssen ihre Hausgemeinschaft unterweisen und sie zum Gottesdienst und Katechismusunterricht mitnehmen; Taufen sind öffentlich und Taufpaten wie Eltern müssen den Glauben bekennen und ausüben (*Ordonnances ecclésiastiques*, CO 10,25.28). Alle Gläubigen haben die Pflicht, ausreichend gebildet zu sein, nicht nur, um ihre eigene Hausgemeinschaft zu unterrichten, sondern auch, damit sie erkennen und ihre Stimme erheben können, wenn Führer vom rechten Weg abgekommen sind (Komm. Mi 3,8). In Genf bildete der regelmäßige Gottesdienst den Mittelpunkt der geistlichen Unterweisung, aber das Konsistorium hatte auch die Aufgabe, der Gemeinde das richtige Wissen einzupflanzen und für gottgefällige soziale Beziehungen zu sorgen (Kingdon 1997; Lambert 1998). Oft wird die Meinung vertreten, die reformierte Tradition habe sich gegen Rituale gestellt, weil sie die meisten der traditionellen Formen verbannte – aus theologischen Gründen und nicht als Ablehnung des Rituals per se –, und sie habe ein distanziertes Verhältnis zu den Sakramenten gehabt, weil das Abendmahl nicht häufig angeboten wurde. In Calvins Genf wurde Frömmigkeit in sozialen Formen des Rituals gelehrt und ausgedrückt. Die Strukturen der Vorbereitung auf das Abendmahl umfassten ein Geflecht religiöser Handlungen wie die gemeinschaftliche Prüfung von Erkenntnis und Leben, die Versöhnung mit dem Nächsten und die Teilnahme an den Sakramentsgottesdiensten – Rituale, die bezeugen, welche integrale und entscheidende Rolle das Abendmahl in Calvins Spiritualität einnahm (Grosse 2004; Gerrish 1998).

Hesselink, I. John: Governed and Guided by the Holy Spirit – a Key Issue in Calvin's Doctrine of the Holy Spirit (in: Oberman, Heiko A. u. a. [Hg.]: Reformiertes Erbe. Festschrift für Gottfried W. Locher zu seinem 80. Geburtstag, 1993, 161–171).
McKee, Elsie Anne (Hg.): John Calvin: Writings on Pastoral Piety, 2001.
Scholl, Hans: Der Dienst des Gebetes nach Johannes Calvin, 1968.
Selderhuis, Herman J.: Gott in der Mitte: Calvins Theologie der Psalmen, 2004.

(Übersetzt von *Elisabeth Steinweg-Fleckner*) *Elsie Anne McKee*

II. Historisch

1. Calvin und die reformierte Orthodoxie

1.1. Calvin und die Calvinisten

In den letzten drei Jahrzehnten hat die Beziehung zwischen der Theologie der ersten und zweiten Generation reformierter Theologen, wie Zwingli und insbesondere Calvin, und der Theologie ihrer Nachfolger eine wesentliche Neubewertung erfahren. Davor hatte in der Fachwelt allgemeiner Konsens darüber bestanden, dass die spätere reformierte Theologie schon mit Theodor Beza in wichtigen Punkten von der Theologie Calvins abwich. Bis vor kurzem war die maßgeblichste These in Bezug auf dieses Verhältnis der Ansatz »Calvin gegen die Calvinisten«, der von Wissenschaftlern wie Ernst Bizer und Basil Hall vertreten wurde. Die Grundthese dieses Ansatzes lautete, dass Beza und seine Nachfolger logisch stringenter, weniger christozentrisch, strikter an der Prädestinationslehre und weniger exegetisch als Calvin orientiert gewesen seien. Dadurch sei Calvins angeblich reine reformierte Theologie von seinen Nachfolgern grundlegend pervertiert worden.

Die wissenschaftliche Neubewertung der Entwicklung der reformierten Theologie, bei der Richard A. Muller bahnbrechende Arbeit geleistet hat, führte unter anderem zur Relativierung der Rolle, die Johannes Calvin bei der Entwicklung der konfessionellen reformierten Orthodoxie gespielt hat, sodass das Werk späterer Theologen nun nicht mehr anhand seiner Schriften und Theologie beurteilt wird. Zudem sind Muller und andere im Blick auf die Frage nach Calvins Beziehung zu seinen Nachfolgern methodisch den Forschern Heiko A. Oberman und David C. Steinmetz gefolgt. Im Kontext der wesentlich weiteren und vielfältigeren Zusammenhänge der Entwicklung der westlichen Theologie insgesamt hat sich durch die Konzentration auf Fragen der Exegese und der dogmatischen Kontinuität ein neues Bild ergeben. Dieses relativiert nicht nur Calvins Stellung innerhalb der reformierten Tradition, sondern offenbart auch die exegetische, methodische und theologische Komplexität der reformierten Tradition, zu der Calvin gehört, und die wesentlichen Kontinuitäten, die in diesen Bereichen zwischen der reformierten Dogmatik der Reformation und der Zeit nach der Reformation bestehen.

Trotzdem erkennt der neue Ansatz immer noch an, dass Calvin, neben Heinrich Bullinger, zu seiner Zeit einer der beiden international einflussreichsten reformierten Theologen und einer von wenigen reformierten Führern der zweiten Generation war, dessen Theologie große Wirkung auf spätere Generationen hatte, vor allem durch seinen starken Einfluss auf die Bildungsstätte, die Genfer Akademie, eines der wichtigsten internationalen theologischen Ausbildungszentren.

In Anbetracht der zentralen Rolle der Akademie in der reformierten Bildung im Europa des 16. Jahrhunderts überrascht es nicht, dass Theodor Beza, Calvins Nachfolger als Leiter der Kirche und der Akademie, eine der Schlüsselfiguren in der Diskussion darüber ist, welche Beziehung zwischen Calvin und den späteren Auseinandersetzungen besteht. Nach Forschern wie Bizer und Hall modifizierte Beza die Genfer Orthodoxie auf eine Art, die in vielen Punkten im Widerspruch zum Denken Calvins stand, insbesondere in der Frage der Prädestination. Ihrer Meinung nach trieb Beza Calvins Lehre in eine stark supralapsarische Richtung und machte die Prädestination zu einem Zentraldogma, aus dem der ganze Erlösungsplan dann deduktiv entfaltet wird. Diese Forschungsrichtung führt für gewöhnlich die berühmte *Tabula Praedestinationis* als Beweis für die Auswirkungen dieser Umstrukturierung der Lehre an. Die Folge sei, dass Calvins mehr exegetisch ausgerichtete Theologie durch ein stärker logisch-synthetisches System ersetzt werde; außerdem werde die Zentralität der Gewissheit von der Ungewissheit über Gottes Gnade verdrängt und in der Konsequenz dessen größerer Nachdruck auf die Werke als Grundlage der Zuversicht vor Gott gelegt. Bezas Abweichungen von der Theologie Calvins seien dann an andere weitervermittelt worden, unter denen William Perkins eine besondere Rolle einnimmt. Er verwendete in seinem eigenen Werk eine Abwandlung der Tabelle und sicherte auf diese Weise Bezas Einfluss in englischen und, angesichts der Bedeutung des englisch-holländischen Buchhandels, in holländischen reformierten Kreisen. Die »Calvin gegen die Calvinisten«-These von Bizer und Hall hat sich als einflussreich erwiesen, doch weist sie in mehreren Punkten verhängnisvolle Fehler auf. Zusätzlich zu dem offensichtlichen Problem, große Paradigmenwechsel in der Theologie einer einzelnen Person zuzuschreiben, ist diese Interpretation der Beziehung zwischen Calvins Theologie und der Bezas aus anderen Gründen problematisch. Erstens wurde Bezas *Tabula* 1555 veröffentlicht, zu Calvins Lebzeiten, und fand anscheinend seine Zustimmung. Zweitens war das in diesem Werk enthaltene Diagramm im 16. Jahrhundert von unten nach oben, nicht von oben nach unten, zu lesen und kann daher nicht als Beweis dafür herhalten, dass die Theologie zu einer Übung in logischer Deduktion von einem einzelnen Axiom wurde. Zudem hat die Arbeit von Richard A. Muller zur Entwicklung theologischer Prolegomena in den Generationen nach Calvin gezeigt, dass bei näherer Betrachtung weder die Souveränität Gottes noch die Prädestination als die Art von theologischen Prinzipien fungierten, wie sie die These vom *Zentraldogma* postuliert.

Das dritte Problem, das der Gewissheit, ist vielschichtiger. Sicherlich besteht ein Unterschied zwischen Calvins Aussagen und etwa der klaren Anerkennung in der späteren reformierten Orthodoxie, zum Beispiel durch die *Westminster Confession* (1647), dass Glaube und Gewissheit in der Tat verschieden voneinander seien. Nach Max Webers Auffassung, die großen Einfluss gewinnen sollte, stand hinter dieser Verlagerung die Festlegung auf die Prädestinationslehre; andere wie R.T. Kendall vertraten die Meinung, dieser Wandel habe vielmehr damit zu tun, dass die Lehre von der begrenzten Versöhnung im frühen 17. Jahrhundert unter William Perkins durch die Theologie Bezas eine Verschärfung erfahren habe. Doch die Frage, wie sich dieses Thema entwickelte, ist kompliziert und sollte nicht nur als ein theologisches Problem verstanden werden. Forscher wie J.R. Beeke und Paul Helm haben nachgewiesen, dass das Problem bei Calvin wesentlich komplexer ist als ursprünglich angenommen. Zwar scheint die *Institutio* die Gewissheit zum Inbegriff des Glaubens zu machen. Wie die Kommentare und Predigten jedoch deutlich zeigen, war sich Calvin dessen bewusst, dass die seelsorgerliche Realität erheblich vielschichtiger war und dass sowohl der Mangel an Gewissheit als auch das Voraussetzen von Gottes Gnade bereits in der frühen Reformation entscheidende pastorale Fragen waren. Außerdem scheint es klar, dass Calvin und die frühen Reformatoren in ihrem Widerstand gegen die faktische Leugnung jeglicher Gewissheit durch die mittelalterliche Kirche dazu neigten, diesen Punkt in ihrer Darlegung des Glaubens besonders zu betonen. So veränderte die reformatorische Theologie selbst die pastorale Landschaft, indem sie die Normativität der Gewissheit hervorhob; und dies geschah genau zu derselben Zeit, als sich dramatische soziale, wirtschaftliche, kulturelle und kirchliche Veränderungen in Europa durchsetzten – ein weiter gefasster Kontext, der die Probleme der Gewissheit eher noch verstärken sollte. Die Folge war, dass die frühe Reformation selbst neue pastorale Probleme hervorbrachte, auf die spätere Generationen reagieren mussten.

Es gibt andere Bereiche, die Abweichungen der späteren reformierten Orthodoxie von Calvin erkennen lassen. Zum Beispiel hat sich die Frage von Calvins Verhältnis zur Bundestheologie als strittig erwiesen. Für Wissenschaftler wie T.F. und J.B. Torrance ist die Entwicklung der Vorstellung des Bundes der Werke im späteren 16. Jahrhundert eine klare Verschiebung in der reformierten Theologie hin zu einem legalistischen Verständnis des Christentums, verbunden mit einer Vorstellung von Gott, in der Recht und Gerechtigkeit wichtiger als die Gnade sind. Diese Auffassung ist jedoch ernsthaft hinterfragt worden, unter anderem von Richard A. Muller, Willem van Asselt, und Peter A. Lillback. Insbesondere Lillback hat dargelegt, dass viele der späteren Elemente, die für die Vorstellung des Bundes der Werke erforderlich waren, bereits bei Calvin vorhanden sind. Hierzu zählt besonders, dass Adam der Repräsentant des Bundes ist, dass im Garten Eden eine Verheißung gegeben wird und dass die Grundlage der Vereinbarung zwischen Gott und Adam jeglichen Gedanken eines Verdienstes vermeidet. Dieses Anliegen resultiert aus den mittelalterlichen Erörterungen des Verdienstes nach Würdigkeit und des Verdienstes nach Angemessenheit sowie des *donum superadditum* und geht in die späteren reformierten Diskussionen über Adams Zustand vor dem Fall ein.

Andere Aspekte der späteren Bundestheologie haben ebenfalls ihren dogmatischen Ursprung in Fragen, die Calvin aufwarf. So entwickelte sie zum Beispiel Mitte der 40er Jahre des 16. Jahrhunderts die Vorstellung des Erlösungsbundes oder des *pactum salutis*, die eine ewige Bundesbeziehung zwischen Vater und Sohn vertrat, durch die der Sohn zum Mittler berufen wurde. Diese für die reformierte Theologie nach 1645 so entscheidende Vorstellung fehlt bei Calvin; und ihr Aufkommen wurde von Karl Barth als ein Beispiel unbiblischer theologischer Mythologie kritisiert. Außerdem halten Barth und jene, die den Grundlinien seiner theologischen Geschichtsschreibung folgen, diese Entwicklung auch für subtrinitarisch, in ihrer angeblichen Missachtung des Heiligen Geistes, und dem »Ditheismus« sehr nahe stehend, in ihrem Postulieren eines Gegensatzes zwischen Vater und Sohn.

Die Verbindung zu Calvin lässt sich an in diesem Punkt jedoch relativ leicht herstellen. Während sich die Terminologie nicht vor dem 17. Jahrhundert herausbildet, sind doch die Fragen, die diese Vorstellung beantworten soll, bereits von Beginn der reformierten Theologie an bei Calvin und seinen Mitstreitern vorhanden. Tatsächlich wird der Gedanke als Mittel entwickelt, mit zwei Fragen fertigzuwerden. Erstens unterstützt dieser Gedanke Calvins ursprüngliche Betonung der Tatsache, dass Christus beiden Naturen nach als Mittler handelt, ein Punkt, der hervorheben soll, dass die Vermittlung die Handlung einer Person ist, nicht einer Natur, und so der Dynamik der biblischen Geschichte theologisch gerechter werden soll, als dies im Mittelalter der Fall war, wo die Vermittlung allein der menschlichen Natur Christi zugeschrieben wurde. Durch einen Akt freiwilliger Herablassung unterwirft sich der göttliche Logos in der Menschwerdung bereitwillig seinem Vater. Das ist Calvins Lehre; der Bund der Erlösung verleiht diesem Gedanken lediglich sprachliche und begriffliche Klarheit, nachdem es von katholischer Seite heftige Angriffe zu genau diesem Punkt gegeben hatte, ganz besonders von Joseph Bellarmini. Zweitens stellt der Bund der Erlösung sicher, dass Christus der letzte Adam ist, der Bundesvertreter der Menschheit, unter ähnlichen Bedingungen wie jenen des Bundes der Werke. Wieder handelt es sich hier um Calvins Lehre; der Bund der Erlösung verleiht dieser Lehre nur sprachliche und begriffliche Klarheit.

Ein letzter Bereich, wo sich eine gravierende Diskontinuität zwischen Calvin und der späteren reformierten Theologie solcher Persönlichkeiten wie John Owen und François Turretin finden lässt, ist die Rechtfertigung. Im frühen 17. Jahrhundert unterschieden arminianische Theologen wie Jakobus Arminius selbst, Simon Episcopius und Konrad Vorstius beim Gehorsam/der Gerechtigkeit Christi zwischen dem, was aktiv (Christi positives Einhalten des Moralgesetzes), und dem, was passiv (sein Leiden und Tod) war. Sie betonten, dass dem Gläubigen nur die passive Gerechtigkeit zugerechnet werde, und dahinter stand vor allem das Anliegen, die Notwendigkeit von guten Werken im christlichen Leben zu betonen. Diese Unterscheidung wurde im 17. Jahrhundert zu einem Grundbestandteil der arminianischen und reformierten Theologie. Im Allgemeinen vertraten reformierte Theologen beide Arten der stellvertretenden Zurechnung, aber einige, wie z.B. Johannes Piscator aus Herborn, Richard Baxter und Thomas Gataker, ein einflussreicher Vertreter der *Westminster Assembly*, verwarfen die stellvertretende Zurechnung des aktiven Gehorsams Christi an den Gläubigen. Gatakers Einfluss in Westminster scheint dazu geführt zu haben, dass das Adjektiv »ganz« aus der Formulierung »der Gehorsam und die Sühne Christi« in Artikel 11 der *Westminster Confession* ausgeschlossen wurde. Das Adjektiv findet sich in der ersten Bearbeitung der 39 Artikel, wird jedoch nach einer heftigen, wenn auch etwas undurchsichtigen Debatte auf der Assembly von dem vollständigen Bekenntnis ausgeschlossen.

Wieder ist die Frage nach dem Zusammenhang zwischen Calvin und dieser Debatte, wie die nach seiner Auffassung vom Ausmaß der Sühne, einigermaßen anachronistisch. Obwohl manche versucht haben, Calvin in eine Linie mit der späteren Position von Baxter zu stellen, gibt es verschiedene Grundlinien in Calvins Theologie, die die Behauptung einer zweifachen Imputation als legitime Weiterentwicklung seiner Lehre erscheinen lassen würden. Beispielsweise betonte er, dass die Erniedrigung Christi mit seiner Menschwerdung und nicht im Garten Gethsemane begonnen habe, und er war sich mit Luther über die einmalige Natur der Rechtfertigung grundsätzlich einig.

Kurz gesagt: Die von Hall, Bizer, Barth, T.F. und J.B. Torrance vertretene These einer starken Diskontinuität erscheint als äußerst problematisch, wenn es darum geht, die Beziehung zwischen der Theologie Calvins und der späteren reformierten Orthodoxie zu verstehen.

1.2. Calvin und die Entwicklung der Bekenntnistheologie

Zusätzlich zu diesen besonderen theologischen Beispielen sollte man nicht vergessen, dass die willkürliche Verwendung von Calvin als Maßstab zur Beurteilung zukünftiger Theologie an sich ein äußerst umstrittenes Vorgehen ist. Calvin war einer von mehreren einflussreichen Theologen seiner Generation (zusammen mit z.B. Petrus Martyr Vermigli, Johannes a Lasko, Martin Bucer und Heinrich Bullinger). Der reformierte Glaube, den er vertrat, war in seinem Ursprung eklektisch. Tatsächlich lässt sich durchaus die Meinung vertreten, dass in Wirklichkeit Augustinus die theologische Einzelpersönlichkeit mit dem größten Einfluss war und ein Großteil der reformierten Theologie eine besondere Form des protestantischen Dialogs mit seinem Denken darstellt, weniger mit dem Calvins oder einer anderen Persönlichkeit des 16. Jahrhunderts.

Dieser Eklektizismus setzte sich in der Entwicklung der reformierten Theologie im späten 16. und im 17. Jahrhundert fort. In der Generation nach Calvin war es nicht nur Beza, der den Kurs der reformierten Theologie vorgab. Andere wie

John Knox, Zacharias Ursinus, Caspar Olevian, Lambert Daneau, Franciscus Junius und William Perkins trugen alle zur frühen Kodifizierung der Theologie der reformierten Kirchen bei. Von entscheidender Bedeutung für diesen Prozess waren die großen nationalen Bekenntniserklärungen der 60er Jahre des 16. Jahrhunderts: das Schottische Bekenntnis, der Heidelberger Katechismus, das Belgische Bekenntnis und das Zweite Helvetische Bekenntnis. Während das Heilige Römische Reich von Kriegen erschüttert wurde und die Katholische Kirche auf dem Konzil von Trient eine starke theologische Abgrenzung betrieb, war es unvermeidlich, dass die Generation von Theologen nach Calvin sowohl ihre theologischen Positionen klarer formulieren als sich auch mit gründlicherer und ausgedehnterer Polemik befassen musste, da die europäische Kirchenpolitik immer komplizierter und klarer definiert wurde.

Befasst man sich mit dem Verhältnis der Theologie Calvins zur reformierten Konfessionalisierung, sollte von vornherein beachtet werden, dass Calvin in den reformierten Kirchen nicht die gleiche Rolle zukommt wie Luther in den lutherischen Kirchen. Während das lutherische *Konkordienbuch* im Rahmen seines Bekenntnisses die Essenz der Schriften Luthers enthält, wird keinem reformierten Theologen je solch eine explizite Autorität in den Bekenntnissen der reformierten Kirche eingeräumt. Vielmehr besteht der Zusammenhang zwischen der Theologie Calvins und dieser Phase der Konfessionalisierung, und sogar bis zur *Dordrechter Synode* von 1619, darin, dass die Hauptschwerpunkte der frühen reformierten Theologie, zu deren herausragenden Vertretern er zählte, immer klarer und präziser artikuliert wurden, wie man es in einer Zeit zunehmend komplexer Polemik erwarten kann. Daher bleibt das *Extra-Calvinisticum* wesentlich für die reformierte Lehre und die Vermittlung der von Zwingli, Calvin etc. formulierten Schwerpunkte von zentraler Bedeutung, wenn es darum geht, das reformierte Denken im Gegensatz zur Lehre der Lutheraner zu definieren; bei der Entwicklung der Christologie spielen eher soteriologische Anliegen als metaphysische Spekulation eine Rolle; seelsorgerliche Fragen, insbesondere die Zentralität der Gewissheit, bleiben vordringlich, wie sich besonders im Heidelberger Katechismus zeigt; und der exegetische Tenor der Schriften Calvins wird beibehalten und sogar vertieft durch die zunehmenden Sprach- und Textstudien, zu deren Förderung die Reformation selbst beitrug. Dennoch finden nicht sämtliche Anliegen Calvins in allen reformierten Bekenntnisdokumenten jener Zeit ihren Niederschlag: Seine klare Behauptung der doppelten Prädestination, die zum Teil durch seinen Konflikt mit Hieronymus Bolsec an Schärfe gewinnt, findet keinen Ausdruck im Zweiten Helvetischen Bekenntnis, was einen grundlegenden theologischen Unterschied zwischen Calvin und Bullinger spiegelt.

Es ist schwieriger, die konfessionellen Entwicklungen des 17. Jahrhunderts mit Calvin in Verbindung zu bringen. Dordrecht ist in erster Linie mit einer kleinen Zahl von Problemen befasst, die sich für die holländische Kirche durch das Aufkommen des Arminianismus stellten (s. u.). Die *Westminster Assembly* bietet in ihren Katechismen und ihrem Bekenntnis jedoch eine wichtige und umfassende

Neuformulierung der reformierten Theologie im Zeitalter der Hochorthodoxie. Wieder sind die oben aufgeführten zentralen Themen offensichtlich und daher in grundsätzlicher Kontinuität mit Calvin und den frühen Reformatoren, aber es gibt eine feine Unterscheidung zwischen Gewissheit und Glauben. Dennoch ist der Inhalt der Westminster-Dokumente theologisch gesprochen so allgemein, dass es unmöglich ist, bestimmte Elemente mit Calvin als Einzelperson in Verbindung zu bringen.

1.3. Calvin und der Amyraldismus

Die Verbindung zwischen Calvin und der Entwicklung der reformierten Orthodoxie wird im zweiten Jahrzehnt des 17. Jahrhunderts und danach wesentlich umstrittener. Die Reaktion der *Dordrechter Synode* auf das Aufkommen des *Arminianismus* stellte so etwas wie einen europäischen Konsens dar; doch die Frage, in welcher Beziehung Calvins eigene Theologie zur Frage des Erlösungswerkes steht, wie von Dordrecht definiert, entwickelte sich zu einem wesentlichen Bestandteil der umfassenderen Debatte über die Schule von Saumur. Calvins eigenen Aussagen zum Ausmaß der Sühne mangelt es sicher weitgehend an der Präzision späterer Formulierungen und er spricht in Diskussionen über den Tod Christi relativ ungezwungen sowohl von Universalität als auch von Partikularität. Man kann durchaus die Meinung vertreten, dass Calvin damit, zumindest auf einer terminologischen Ebene, in einer gewissen Kontinuität zu einer Tradition des hypothetischen Universalismus steht, die unter vielen reformierten Theologen bis einschließlich zur Dordrechter Synode fortbestand, wie das Beispiel des englischen Theologen John Davenant zeigt. Davenant sprach unbefangen davon, dass nach Gottes Willen das Sühneopfer sowohl für alle als auch für die Auserwählten gelte. Nach Dordrecht wurde die Diskussion über das Sühneopfer zunehmend komplizierter, da die theologische Richtung der Schule von Saumur mit Moyse Amyraut und John Cameron als herausragenden Vertretern hinzukam. Bedeutsam an dieser so genannten amyraldischen Theologie war, wie sie die Abfolge der göttlichen Ratschlüsse der Vorherbestimmung neu formulierte und der Erwählung die Schöpfung, den Sündenfall und die Berufung Christi zum Mittler zeitlich voranstellte.

Brian G. Armstrong brachte ein Argument vor, das großen Einfluss gewann: Die Schule von Saumur habe die authentische Entwicklung der Sühnevorstellung in Calvins Theologie verkörpert. Diese Denkrichtung betrachtet die zunehmende Betonung der Partikularität des Sühneopfers bei reformierten Theologen wie François Turretin, Gisbert Voetius und John Owen als eine Abweichung, hinter der eine übermäßige Abhängigkeit von logischen Kategorien, eine zwanghafte Systematisierung und eine Vernachlässigung der Exegese stehen. Sie neigt auch zur Annahme einer grundsätzlichen Kontinuität zwischen Calvin und einer solchen Theologie, wie sie Davenant vertritt, sowie zur Annahme eines fundamentalen Gegensatzes zwischen der reformierten Orthodoxie und dem Amyraldismus, was dazu führt, dass letzterer durch die reformierte Orthodoxie als Häresie eingestuft wird.

Diese These ist äußerst problematisch. Zunächst einmal ist im Allgemeinen in der Frage der Sühne eine direkte Verbindungslinie von Calvin über Davenant zum Amyraldimus alles andere als deutlich. Calvins Kontext (vor Arminius, vor Dordrecht) machte es einfach nicht erforderlich, dass er auf diese von der späteren Entwicklung aufgeworfenen Fragen eine Antwort fand und er sprachlich so präzise war, wie es Theologen nach Dordrecht sein mussten. Selbst die theologische Entwicklung von isolierten universalistischen Aussagen wie die Calvins über den hypothetischen Universalismus Davenants hin zum Werk von Cameron und Amyraut ist nicht einfach. Die Theologie Amyrauts und Camerons stellt eine pauschale Umstrukturierung der Reihenfolge im göttlichen Ratschluss dar, die im Gegensatz sowohl zum Arminianismus als auch zur Entwicklung des Infra- und Supralapsarismus steht. Daher bewegt sie sich auf einer Ebene begrifflicher Differenziertheit, die weder Calvin noch Davenant zur Verfügung stand; auch zeigt sie in den theologischen Anliegen – die Ordnung von Bundesschlüssen – einen bedeutsamen Unterschied; die Frage nach der Beziehung zu ihren jeweiligen theologischen Positionen ist daher bestenfalls spekulativ.

Zweitens sind die von der Sekundärforschung verwendeten Kategorien »Häresie« und »Orthodoxie« zur Beschreibung des Sachverhaltes unglücklich gewählt. Aus den Schriften der Theologen der Hochorthodoxie wie Edward Leigh, John Owen, François Turretin und Peter van Mastricht geht klar hervor, dass für die Arminianer und Sozinianer eine qualitativ andere Begrifflichkeit verwendet wird als für die Anhänger des Amyraldismus. Während die Ersteren eindeutig als moralisch verderbte Häretiker bezeichnet werden, spricht man bei Letzteren von Irrtümern. Daher kann Owen den Amyraldismus als Abweichung in der Frage der Sühne scharf kritisieren und doch Cameron sehr positiv erwähnen und außerordentlich lobend von ihm sprechen, ein Wohlwollen, das er den Arminianern oder Sozinianern nie entgegenbringt.

1.4. Schluss

In den letzten Jahren hat sich eine stärker historisch und weniger dogmatisch orientierte Betrachtungsweise der Lehre Calvins herausgebildet, die den weiteren diachronen und synchronen Kontext seines und des Denkens nachfolgender Theologen hervorhebt. Dies hat viel dazu beigetragen, sowohl die methodischen Probleme aufzudecken, die mit der Richtung »Calvin gegen die Calvinisten« verbunden sind, als auch Calvins Beitrag zum reformierten Glauben zu relativieren. Calvin zeigt sich jetzt nicht so sehr als Höhepunkt einer unverdorbenen Tradition, die von seinen Nachfolgern pervertiert wurde, sondern mehr als der theologische *Primus inter Pares* seiner Generation reformierter Theologen, dessen Werk viele der späteren Entwicklungen in der reformierten Orthodoxie angeregt hat.

Armstrong, Brian G.: Calvinism and the Amyraut Heresy: Protestant Scholasticism and Humanism in Seventeenth-Century France, 1969.
Bizer, Ernst: Frühorthodoxie und Rationalismus, 1963.
Hall, Basil: Calvin against the Calvinists (in: Duffield, Gervase E.: John Calvin, 1966, 19–37).
Helm, Paul: Calvin and the Calvinists, 1998.
Lillback, Peter A.: The Binding of God: Calvin's Role in the Development of Covenant Theology, 2001.
Muller, Richard A.: After Calvin: Studies in the Development of a Theological Tradition, 2003.

(Übersetzt von *Elisabeth Steinweg-Fleckner*) *Carl R. Trueman*

2. Calvinrezeption im 18. Jahrhundert

Das 18. Jahrhundert nimmt zwischen zwei Phasen intensiver, wenn auch ganz verschieden gearteter Calvinforschung eine Zwischenstellung ein. Das ganze 17. Jahrhundert hindurch wurden Calvins Werke erstaunlich zügig veröffentlicht und mit dem Ziel gelesen, seine Lehren systematisch zu ordnen und kritisch nachzuvollziehen. Im 19. Jahrhundert lebte das Interesse an Calvin unter dem Einfluss der ökumenischen Bewegung und des neu erwachten historischen Bewusstseins wieder auf und brachte eine Blüte moderner Forschung hervor. Im 18. Jahrhundert dagegen geriet Calvin zwar nicht ganz in Vergessenheit, musste jedoch für die unterschiedlichsten Strömungen als Aushängeschild herhalten. Insgesamt wurde er eher politisiert als interpretiert, und so muss eine Würdigung der Calvinrezeption im 18. Jahrhundert mit der Frage beginnen, welches Bild sich dieses Jahrhundert von Calvin gemacht hat. Andererseits wurde sein Gedankengut von dem einen oder anderen Denker des 18. Jahrhunderts mit scharfem Verstand behandelt, was sich gelegentlich auch schriftlich niederschlug. Jeder Aspekt seines Lebens, ob seine Theologie, seine Führungsqualitäten, seine Frömmigkeit, seine Sittlichkeit oder seine Bildung, wurde im 18. Jahrhundert aus unterschiedlicher Warte beleuchtet, verstanden oder missverstanden, verdammt oder gepriesen.

Spätestens seit den rivalisierenden Biografien von Beza und Colladon einerseits und Bolsec andererseits wurde Calvin von seinen Anhängern und seinen Gegnern vereinnahmt und sein Bild entweder rhetorisch verzerrt oder verklärt. Die dort sondierten Fragestellungen sollten bis ins 18. Jahrhundert hinein die Darstellung Calvins beherrschen. Dabei kristallisieren sich zwei diametral entgegengesetzte Auffassungen heraus: auf der einen Seite das Bild des besonnenen, gelehrten Gottesdieners und auf der anderen das eines intoleranten, tyrannischen Irrweges in der menschlichen Fortschrittsgeschichte. Solche Stereotypen waren im allgemeinen Bewusstsein viel nachhaltiger verankert als die seltenen Fälle, in denen er als eine seriöse Quelle für die Theologie des 18. Jahrhunderts zitiert oder veröffentlicht wurde. Differenziertere Lesarten Calvins wie die von Pierre Bayle, der »obzwar ein Befürworter der Reform und der Leistung des Reformators, diesen jedoch nicht verehrte«, waren in jener Epoche eher selten (Tinsley 2001, 181; vgl. Haxo 1931, 461–497).

Ein Maßstab für die Calvinrezeption im 18. Jahrhundert ist die begrenzte Anzahl neuer Werkausgaben aus dieser Zeit. Neben zwei vollständigen Übersetzungen der *Institutio christianae religionis* erschienen im Verlauf des Jahrhunderts zumindest drei gekürzte Fassungen. Eine der Ausgaben war ein Neudruck der englischen Übersetzung Thomas Nortons von 1562 in Glasgow von 1762. Ihre Veröffentlichung wurde zum Teil wohl durch das 200-jährige Jubiläum der Norton-Übersetzung inspiriert, wenn auch bei der Neuauflage Nortons Sprache aktualisiert und modernisiert wurde. Auf ähnliche Weise verfuhr man mit einer gekürzten Neuauflage der *Institutio* in niederländischer Übersetzung, Launeums *Kort Begrip der Institutie* von 1594, die 1739 in Amsterdam gedruckt wurde, um die wachsende Nachfrage nach Calvin zu befriedigen. Darüber hinaus wurden mehrere Ausgaben der gesammelten Briefe, sein Kommentar zu den Psalmen sowie zum Jakobusbrief im Laufe des Jahrhunderts veröffentlicht.

1713 brachte Charles Icard, Pastor einer Flüchtlingsgemeinde der Hugenotten in Bremen, eine vollständige neue Übersetzung der *Institutio* ins Französische heraus. Zu Calvins Lebzeiten hatte sich aus den mittelalterlichen Wurzeln ein modernes Französisch herausgebildet, eine Entwicklung, an der Calvin seinen Anteil hat. Im 17. Jahrhundert bot das moderne Französisch endgültig das Rüstzeug für wissenschaftliche Präzision und Differenzierung. Zu Beginn des 18. Jahrhunderts gab es Anzeichen dafür, dass die Hugenottengemeinden, deren Sprache das mit dem mittelalterlichen Latein noch eng verwandte Französisch des 16. Jahrhunderts hinter sich gelassen hatte und daher Calvins französische *Institutio* von 1560 als schwer verständlich empfand. 1693 und dann noch einmal 1705 veröffentlichte der nach Schoonhoven in den Niederlanden geflohene Jean de Labrune eine Übersetzung eines Teils von Buch III der *Institutio* unter dem Titel *Traité de la Justification*. 1697 brachte Pastor Icard Buch I der *Institutio* neu heraus, um auszutesten, ob es für eine neue französische Gesamtübersetzung einen Markt gab. Glaubt man einem Widmungsbrief an den Kurfürsten von Brandenburg von 1713, so war die Resonanz auf dieses Experiment, zumindest am Hofe, positiv, und so führte Icard das Projekt zu Ende. Anstatt die französische Ausgabe von 1560 zu überarbeiten, übersetzte Icard die lateinische Version von 1559, welche seiner Meinung nach sowohl »Klarheit«, als auch »majestätisches Stildekor« besaß. Falls Icard bezüglich Calvins Lehre oder seines Rufs irgendwelche Vorbehalte hegte, so verschwieg er sie seinem Gönner. Tatsächlich hoffte er, seine Kurfürstliche Durchlaucht würde sich durch die Lektüre von Calvins *Institutio*, »dem Glanzlicht unserer Reformation«, vom großen Reformator selbst zur Wiederherstellung der Französischen Reformierten Kirchen inspirieren lassen.

Leider wissen wir noch nicht sehr viel darüber, inwieweit die Menschen des 18. Jahrhunderts von Veröffentlichungen wie denen Icards und Labrunes Gebrauch machten und Calvin tatsächlich lasen und interpretierten. Viel wurde im 18. Jahrhundert über den Calvinismus, seine verschiedenen Spielarten sowie seine Widersacher geschrieben, doch abgesehen von vereinzelten Studien, in denen Calvin zu konkreten Problemen herangezogen wird, hat die Forschung der Frage, wie Calvin selbst gelesen und verstanden wurde, bislang nur wenig Aufmerksamkeit gewidmet. Drei Beispiele – von Ebenezer Erskine (1680–1754), Petrus Domenicus Rosius à Porta (1732–1806) und Jonathan Edwards (1703–1758) – mögen illustrieren, wie Calvin als theologische Autorität verstanden wurde.

Ebenezer Erskine, ein führender Geistlicher des *Associate* oder »*Seceder*« *Presbytery* im Schottland des 18. Jahrhundert, bezog sich in mindestens zwei Predigten auf Calvin. In einer davon spielte er auf den »klugen Calvin« an, um mit einer von Calvins Lieblingsmetaphern vom Licht, das von der Sonne kommt, das theologische Anliegen des Presbyteriums zu rechtfertigen, nämlich die Heilsgewissheit derjenigen Christen, die sich die Verheißung des Evangeliums zu Eigen machen (Erskine 55). Im zweiten Fall beschäftigte sich Erskine bei der Vorbereitung einer Predigt mit Calvin und entdeckte dabei in Calvins Kommentar zu Jesaja eine anschauliche und hilfreiche Deutung des Verses, über den er predigte (Erskine 55). Erskines eklektischer Rückbezug auf Calvin in seinen Predigten ist typisch für einen beträchtlichen Teil der Rezeption Calvins im 18. Jahrhundert. Natürlich war damals wie heute die überwältigende Merhrzahl von Predigten ein Produkt des Augenblicks, und nur ein verschwindender Bruchteil wurde je veröffentlicht. Außerdem wird nicht jeder Prediger, der Calvin in seinen Predigten verarbeitet hat, dies auch namentlich vermerkt haben. Daher werden wir wohl letztlich nie wissen, in welchem Umfang Prediger des 18. Jahrhunderts Calvin für ihre wöchentlichen Predigten herangezogen haben, auch wenn anzunehmen ist, dass öfter auf ihn zurückgegriffen wurde, als es die vorhandenen Belege nahelegen.

Wie Erskine in Schottland und – wie wir sehen werden – Edwards in Amerika, bezog sich auch Petrus D. Rosius à Porta in der Ostschweiz offen auf Calvin, ohne ihn allerdings in nennenswertem Umfang direkt zu zitieren. Rosius à Porta war ein Schweizer Geistlicher und Kirchenhistoriker mit Schwerpunkt auf der Reformierten Kirche in seiner Heimat Graubünden. Rosius à Porta ist Gegenstand einer akademischen Arbeit, die sich mit der Calvinrezeption in einem konkreten regionalen und historischen Kontext befasst, was für andere Regionen und Epochen noch aussteht (Bernhard 2003, 271–301).

Für Rosius à Porta war Calvins Lehre wichtiger als seine institutionelle Bedeutung. Die Genfer Kirchenreformation hatte auf die in Graubünden keinen Einfluss, was Rosius à Porta auch in seiner Geschichte der dortigen Reformation unterstreicht, während Calvins Theologie sowohl in der Zeit der Reformation als auch im 18. Jahrhundert einflussreich blieb.

Nach Perry Miller war Jonathan Edwards »der erste konsequente und authentische Calvinist Neuenglands«, weil Edwards sich als erster »wieder auf Calvin selbst besinnt, statt auf die Auslegung seiner Ideen durch die erste Generation von Neu-Engländern.« (MILLER 1956, 98) Edwards selbst hielt sich allerdings mit Äußerungen zu seiner Lektüre Calvins zurück. An einer Stelle gestand er seinen Lesern lediglich, dass er zufällig mit Calvin übereinstimmte:

»Ich nehme es keineswegs übel, um klarer Unterscheidungen willen Calvinist genannt zu werden: Allerdings bestreite ich entschieden, von Calvin abhängig zu sein und an die von mir vertretenen Lehren nur deshalb zu glauben, weil er sie vertreten hat; somit darf man mir auch nicht anlasten, alles genau so zu glauben, wie er es vertreten hat.« (EDWARDS 1957, Bd. 1, 131)

Dessen ungeachtet beruft sich Edwards in seinen *Religious Affections* gleich drei Mal auf die Autorität der *Institutio*. So untermauert er seine Überzeugung, spirituelle Erkenntnis sei unabhängig von der Kenntnis von Lehrmeinungen, mit dem Verweis auf Inst. I.9.1 (EDWARDS 1959, 278). Des Weiteren zitiert er Inst. II.2.II, wo Calvin seinerseits Johannes Chrysostomus zur Bedeutung von Demut zitiert (EDWARDS 1959, 214f.). Und schließlich übernimmt er von Calvin eine exegetische Erkenntnis zu Lukas 18 und führt dazu Inst. III.12.7 an (EDWARDS 1959, 322).

Weiter gibt es Hinweise darauf, dass Prediger und Theologen des 18. Jahrhunderts positiven Gebrauch von Calvins Lehren machen. Dabei erwies sich Edwards als scharfer Beobachter seiner eigenen Zeit, wenn er bemerkt, dass viele Menschen den Begriff »Calvinist« als Schimpfwort verstünden. Welche Aspekte von Calvins Leben und Werk mit Geringschätzung gestraft wurden, wechselte mit dem ideologischen Standort seiner Kritiker, in jedem Fall aber waren Calvins Kritiker in der Presse stärker vertreten als seine Freunde.

Calvins römisch-katholische Kritiker beriefen sich im 18. Jahrhundert größtenteils weiterhin auf Hieronymus Bolsec, der Calvin 1577 als »unbeschreiblich ermüdend und böswillig, blutrünstig und frustriert« beschreibt, wie es in jüngerer Zeit ein Forscher zusammengefasst hat (MCGRATH 1990, 16). Überzogene und ungerechtfertigte Behauptungen wie etwa die, Calvin habe es an sexueller Mäßigung gefehlt, er habe sich wie einem Gott huldigen lassen und sei verzweifelt an einer »stinkenden Krankheit« gestorben, wurden in der römisch-katholischen Literatur des 18. Jahrhunderts von einem Verfasser zum nächsten weitergetragen (CHALLONER 1767, 26–48). Unter den römisch-katholischen Kritikern der Zeit der Aufklärung gebührt Louis Du Pin insofern eine Sonderstellung, als er seine Kritik auf theologische Probleme beschränkt (DU PIN 1710, 181–184).

Von einer völlig anderen Warte her neigte auch der amerikanische Gründungsvater Thomas Jefferson aus Unkenntnis zu überzogenen Diffamierungen Calvins. Tatsächlich kann man seine Bewertung Calvins als unverantwortlich bezeichnen: Die Auseinandersetzung mit Calvin sei verschwendete Zeit, so Jefferson, da er »einen Knoten im Kopf« hatte. Für Calvin benötige man eher eine Zwangsjacke denn Gegenargumente (ADAMS 1983, 386). Zusammen mit Athanasius von Alexandria und Ignatius von Loyola trage Calvin Schuld an »metaphysischen Tollheiten« und »demoralisierenden Dogmen«, wie etwa, dass »es drei Götter gebe« und »dass Vernunft in der Religion keinen rechtmäßigen Platz habe.« (ADAMS 1983, 405). Jeffersons Verachtung für Calvin war so ausgeprägt, dass John Adams einmal versuchte, einen Witz darüber zu machen, über den Jefferson aber nicht lachen konnte: »Die in deiner letzten Widmung zum Ausdruck gebrachten Wünsche, ich möge mich bester Gesundheit erfreuen, bis ich ein Calvinist sei [...] würden mich unsterblich machen. Niemals kann ich mich Calvin anschließen und *seinem Gott* zuwenden.« Im weiteren Verlauf des Briefes schreibt Jefferson die Lehrregeln von Dordrecht Calvin direkt zu, als hätte Calvin nur diese »fünf Punkte«, und nur in dieser Form, gelehrt und damit seine ganze Lehre erschöpfend zusammengefasst (Adams 1983, 410). Jefferson war zumindest insofern repräsentativ für viele Menschen seiner Zeit, als er einen abgeleiteten und stereotypen Calvinismus mit Calvin selbst verwechselte und es nicht für nötig hielt, sich mit Calvin direkt auseinanderzusetzen, bevor er gegen ihn polemisierte.

Jeffersons Kollege Benjamin Franklin vertrat mit anderen Akzenten eine Mischung aus englischem Deismus und französischer »philosophes«; er pries Calvins charakterliche Stärken und schwieg sich zu den theologischen Problemen, die ihm nicht entgangen sein konnten, aus. So gedachte Franklin in seinem *Poor Richard improved* (1748) Calvins Todestag und lobte das Arbeitsethos des Reformators. Er zählte Calvins erstaunliche Hinterlassenschaft an Predigten, Büchern und Briefen auf und führte diese Leistung darauf zurück, dass Calvin sich bekanntermaßen nicht mehr als ein paar Stunden Schlaf am Tag gegönnt hatte. Aus Calvins Produktivität und Schlafverweigerung entwickelte Franklin ein moralisches Vorbild: Obwohl Calvin im Alter von 55 Jahren starb, lebte er lang, »da *Schlaf* und *Faulheit* wohl kaum als *Leben* bezeichnet werden können« (Franklin 1748, 15). Dieses Verständnis von Calvin geht möglicherweise auf Pierre Bayle zurück. Bayle selbst vermied es, Calvin persönlich zu rühmen, und bezog sein bei Franklin zitiertes Wissen aus Johannes Sturms Vorwort zur *Institutio* von 1543, während er die theologischen und politischen Themen überging, die aufgeklärte Protestanten und »philosophes« zu irritieren begannen (Tinsley 2001, 183).

Die Debatten des 18. Jahrhunderts über die richtige Rezeption und Bewertung von Calvins Leben spitzten sich in Genf selber zu. Theodor Beza und François Turretin, Calvins theologischen Erben in Genf gelang es in Zusammenarbeit mit ihren gelehrten Kollegen in ganz Europa, Calvins theologisches Vermächtnis so zu systematisieren und zu vertiefen, wie es ihnen sinnvoll erschien. In seinem Kampf gegen den wachsenden Einfluss aufklärerischer Ideen suchte Turretin schließlich das Heil darin, Pastoren und den Rat der Zweihundert auf seine Theologie per Unterschrift zu verpflichten. Dabei konnte er nicht verhindern, dass sein eigener Sohn nachhaltig von der Aufklärung beeinflusst wurde. Als Jean-Alphonse Turretin 1705 die Führungsrolle unter den Genfer Theologen übernahm, wurde innerhalb eines Jahres der Zwang, die Formula Consensus zu unterschreiben, aufgehoben und Genf für die Aufklärung geöffnet. Von da an und bis ins darauf folgende Jahrhundert bestanden die theologischen Führer Genfs darauf, Calvins Andenken in Ehren zu halten, obwohl sie die Grundlagen für ihre tatsächliche theologische Arbeit jetzt anderswo fanden: Der Appell an Vernunft und allgemeine Offenbarung sollte dem Christentum nach den Kriterien der Aufklärung Glaubhaftigkeit und Anziehungskraft verleihen (KLAUBER 1998; s.a. SOROKIN 2005). Fünfzig Jahre nach dieser theologischen Öffnung zur Aufklärung hin war Genf die Heimat für den dort gebürtigen Jean-Jacques Rousseau und für Voltaire, der ab 1755 fünf Jahre lang am Rand der Stadt ein Anwesen besaß. Wie zuvor Franklin und J.-A. Turretin pries Rousseau Calvin, wo es nur ging. So galt ihm Calvin in *Vom Gesellschaftsvertrag* als »umfassendes Genie«, dessen Einfluss auf Genfs Religion fortdauern mochte oder nicht, das man aber in jedem Falle »verehren wird, solange Patriotismus und ein Gefühl für Freiheit unter uns überleben.« (ROUSSEAU 1774, Bd. 10, 51).

Voltaire dagegen glaubte, dass Calvin die Schuld an der Hinrichtung von Michael Servet trug, und strafte den Reformator deshalb mit tiefer Verachtung. Für Voltaire war Calvin »der Papst der Protestanten«, mit einem Verlangen nach »absoluter Macht über das Gewissen.« Wie Luther sei Calvin »schwerfällig und sittenstreng« und »unflexibel und gewalttätig« gewesen. Aus theologischer Sicht habe er dem Menschen den freien Willen abgesprochen und die Eucharistie nicht verstanden. Darüber hinaus sei er, wie der Fall von Servet zeige, »im Geist ein Tyrann« (VOLTAIRE 1759, Bd. 3, 113–115). Somit sei es den Genfer Pastoren, die zu dieser Zeit unter der Führung Jacob Vernets standen, als Verdienst anzurechnen, dass sie keine Calvinisten mehr seien (VOLTAIRE 1968–1997, D6821, Brief vom 12. April 1756).

Als d'Alembert in seinem Artikel über *Genève* in der Enzyklopädie von Diderot/d'Alembert Voltaires Kritik an Calvin im Hinblick auf Servet beipflichtete und der *Compagnie des Pasteurs* dazu gratulierte, keine Anhänger Calvins mehr zu sein, sahen sich Vernet und seine Kollegen gezwungen, etwas zu unternehmen (KLAUBER 2003, 137–139). Aus theologischer Sicht konnten sich die *philosophes* die blasse Replik der Pastoren als Bestätigung auslegen: Voltaire versicherte d'Alembert sarkastisch, dass Servet diesen Text hätte unterzeichnen können (VOLTAIRE 1968–1997, D7651, Brief vom 25. Februar 1758). Hinsichtlich Calvins Verhalten während des Prozesses und der Hinrichtung Servets allerdings ließ Vernet keinen Zweifel an der Loyalität Genfs zu diesem Mann. In einem Buch lieferte Vernet eine Rechtfertigung für Calvins Verhalten, die inzwischen eine übliche geworden ist: Servet überlebte und kam überhaupt nur bis nach Genf, weil er vor den französischen Katholiken geflohen war; Calvin besaß nicht die Macht, eine Hinrichtung anzuordnen; er tat nur seine Pflicht, als er häretische Dokumente öffentlich machte, welche ihm Servet höchst persönlich geschickt hatte; die zu jener Zeit herrschende Brutalität sei bedauerlich, Calvin jedoch nicht persönlich für die Intoleranz seiner Epoche verantwortlich zu machen (VERNET 1759; vgl. MCGRATH 1990, 114–120). Vernet bestand darauf, dass die Verehrung Calvins trotz der bedauerlich intoleranten Atmosphäre, in der er lebte, auf Grund seiner theologischen und juristischen Leistungen gerechtfertigt sei.

Wohlwollende Darstellungen von Calvins Leben und Denken sind unter den Veröffentlichungen des 18. Jahrhunderts wohl unterrepräsentiert. An Orten wie

Bremen, Graubünden oder Northampton gab es nach wie vor kulturelle Inseln, in denen sich die Menschen in ihrem Denken und Handeln teilweise an Calvin orientierten. Zwar griffen Pastoren und Theologen des 18. Jahrhunderts in Maßen auf seine Werke zurück, doch der Bedarf an neuen Ausgaben war im Vergleich zum vorherigen und dem darauffolgenden Jahrhundert eher bescheiden.

Gleichwohl legen die Zeugnisse aus der Zeit insgesamt den Schluss nahe, dass Calvins Name im 18. Jahrhundert zwar in vieler Munde war, er selbst aber in dieser Epoche schlecht verstanden wurde. Die Beschäftigung mit seinem Leben artete meist in pure Propaganda aus: Gegner und Befürworter wiederholten jeweils Lob und Schmähungen der Quellen des 16. Jahrhunderts wie Sturm, Beza, Colladon und Bolsec. Dabei wurde Calvins eigentliche theologische Leistung weitgehend ignoriert, obwohl sein Name weiterhin aus den mehr oder minder kenntnisreichen Übersichten des 17. Jahrhunderts übernommen und mit der aufkommenden Natürlichen Theologie in Verbindung gebracht wurde. Interessierte und kritische Bemühungen, Calvin zu verstehen, sollte es erst wieder im 19. Jahrhundert geben, als deutsche Kirchen sich daran machten, ihre gemeinsame Geschichte zu studieren, um dabei die gegenseitige Verdammung und die Kluft zwischen ihnen zu überwinden.

Bernhard, Jan Andrea: Das Verhältnis des Bündner Kirchenhistorikers Petrus D. Rosius à Porta (1734–1886) zu den »reformatorischen Vätern«, im Speziellen zur Theologie Johannes Calvins (in: Opitz, Peter [Hg.]: Calvin im Kontext der Schweizer Reformation. Historische und theologische Beiträge zur Calvinforschung, 2003).

Challoner, Richard: Short history of the first beginning and progress of the Protestant Religion, 1767.

Sorokin, David: Geneva's »Enlightened Orthodoxy«: The Middle Way of Jacob Vernet (1698–1789) (ChH 74/2, 2005).

Tinsley, Barbara Sher: Pierre Bayle's Reformation, 2001.

(Übersetzt von *Anke Kreuzer*) *Michael D. Bush*

3. Calvinrezeption im 19. Jahrhundert

3.1. Übersicht

In Europa und Amerika bestimmten grob gesagt zwei gegenläufige Tendenzen die Calvinrezeption des 19. Jahrhunderts. Einerseits wurde Calvin zunehmend als herausragendes Symbol kleingeistiger und gewaltsamer religiöser Intoleranz betrachtet. Das Calvinbild wurde entscheidend durch eine negative Interpretation seiner Haltung in der *causa* Servet geprägt, wobei Servet die Rolle einer Ikone als Freigeist zufiel. Gegensätzlich zu dieser negativen Calvinrezeption verlief die Tendenz, Calvin und Genf als Ideal einer reformierten Gestaltung von Theologie, Kirche und Gesellschaft zu betrachten. Innerhalb dieser zweiten Strömung brach eine Blütezeit für den »Calvinismus« an, für den der theologische Schwerpunkt auf dem Studium der Schriftenlehre und Offenbarungslehre Calvins lag. Der politische Calvinismus kulminierte an der Schwelle vom 19. zum 20. Jahrhundert im niederländischen Amt des Premierministers, des überzeugten Calvinisten Abraham Kuyper.

Beiden Tendenzen, der negativen und der positiven Calvinrezeption, ist eine zu starke Akzentuierung der Prädestinationslehre gemein, die zu einer einseitigen Interpretation oder sogar Verzerrung von Calvins Prädestinationslehre, seiner gesamten Theologie und Person führen konnte. Diese beiden Hauptströmungen fanden nicht nur innerhalb der populären und populärwissenschaftlichen Calvinrezeption ihren Niederschlag, sondern auch in der ausgewiesenen Calvinforschung. Dort wurden die Schwerpunkte auch durch den Fokus dieser beiden Hauptrichtungen bestimmt. Die jüngste Calvinforschung allerdings kam durch kirchenhistorisch fundierte Arbeit durchgängig zu merklich nuancierteren Sichtweisen.

3.2. Friedrich Daniel Ernst Schleiermacher

Das Studium von Schleiermachers Calvinrezeption wird durch das wechselhafte Schicksal, dem die Rezeption Schleiermachers selbst unterworfen war, erschwert. In der deutschen reformierten Theologie nach dem Ersten Weltkrieg wurde die eigene Neuorientierung an der Reformation als Abwendung von Schleiermachers subjektivistischer Theologie und dem daraus entstandenen Neuprotestantismus aufgefasst (Brunner 1924; Niesel 1930; Barth 1947; Barth 1978). Bis Anfang des 20. Jahrhunderts wurde Schleiermacher jedoch stets als reformierter Theologe angesehen, der neben anderen in einer Reihe mit Calvin stand (Schweizer 1844). Unlängst haben Brian A. Gerrish und dessen Schüler Dawn DeVries dialektisch-theologischen Einwänden gegen Schleiermacher widersprochen, indem sie darlegten, dass Schleiermachers Theologie mit der Theologie Calvins verwandt und möglicherweise durch diese beeinflusst ist. Gerrish sieht zwischen Calvin und Schleiermacher eine Parallele in der regulativen Funktion des Begriffs *pietas* oder *Frömmigkeit* (Gerrish 1982, 196–207) sowie in beiden hermeneutischen Prinzipien (Gerrish 1993, 178–195; Holder 2006a, 68 f.). DeVries vertritt die These, dass das Predigen sowohl bei Calvin als auch bei Schleiermacher nicht primär didaktisch ist, sondern sakramentalen Charakter hat (DeVries 1996). Diese calvinisierende Interpretation Schleiermachers nimmt jedoch die Unterschiede zwischen beiden Theologen nicht ernst genug. Gerrish bezieht zwei fundamentale Unterschiede des Frömmigkeitsbegriffs nicht mit ein. Erstens funktioniert *Frömmigkeit* bei Schleiermacher fast ausschließlich formal als regulatives Prinzip in der Glaubenslehre, während Calvin Form und Inhalt der Theologie stärker aufeinander bezieht (*Der Christliche Glaube*, § 15). Zweitens ordnet Schleiermacher die Schrift dem Frömmigkeitsprinzip unter, während Calvin die Frömmigkeit unter die Norm des Wortes stellt. Im Lichte der Schriftlehre Calvins markiert der Frömmigkeitsbegriff eher Diskontinuität als Kontinuität zwischen Calvin und Schleiermacher. Aus fundamentaltheologischer und hermeneutischer Sicht unterscheidet sich Schleiermachers anthropozentrischer Subjektivismus prinzipiell von Calvins Ansatz in der *cognitio dei et hominis* (Baars 1997; Werner 1999, 139).

Kennzeichnend für Schleiermachers Calvinrezeption ist die eklektische Ausarbeitung des Gedankenguts Calvins mit Blick auf die eigene Zeit. Schleiermacher schätzt besonders Calvins Prädestinationslehre. In seiner Diskussion mit dem Rationalisten Bretschneider äußert er entsprechende Zustimmung. Er sieht Calvins Erwählungslehre in einer Linie mit Augustinus' Erwählungslehre und in Opposition zu den lutherischen Theologen des 19. Jahrhunderts, die diese Prädestinationslehre ablehnten. Sie weigerten sich, die Verwerfung Gott zuzuschreiben, und unterstellten, der Gedanke von Gottes einfacher Erwählung sei unlogisch und nicht begründet (Schleiermacher 1990; Werner 1999, 139–144). Schleiermacher argumentiert positiv, dass Calvins Prädestinationslehre der praktischen Theologie nicht zum Nachteil gereichen würde (Schleiermachers eigentliches Anliegen), und negativ, dass der Gegenvorschlag der Lutheraner das Problem nicht löse.

Besonders Schleiermachers Terminologie hat die Calvinrezeption grundlegend beeinflusst. Unbefangen nannten Calvinforscher des 19. Jahrhunderts die *Institutio* Calvins »Glaubenslehre«, diskutierten Calvins »Gottesbewusstsein« und führten das Prinzip »schlechthinniger Abhängigkeit« auf Calvin zurück (Schweizer 1844, 40; Heppe 1861, 2; Neuenhaus 1909; Werner 1999, 131). Aus Widerstand gegen diese unrichtige Identifikation wich Weber in seiner Übersetzung der *Institutio* im 20. Jahrhundert bewusst auf den Begriff »Anhängigkeit« aus, statt »Abhängigkeit« zu verwenden (Weber 1936).

3.3. Europäische Calvinforschung

Editionen und Übersetzungen. Die Großtat der europäischen Calvinforschung im 19. Jahrhundert ist die Edition der Werke Calvins. Der Erweckungstheologe A. Tholuck fertigte eine Ausgabe von Calvins neutestamentlichen Kommentaren an (Tholuck 1833–1834). Wichtiger noch ist die Straßburger Edition der *Calvini Opera* (Baum 1863–1900) von Baum, Cunitz und Reuss, die erste fast vollständige Ausgabe der Werke Calvins seit Schipper 1671. Drei Jahre nach der Publikation des ersten Bandes der *Calvini Opera* veröffentlichte Herminjard den ersten Teil der Korrespondenz der Reformatoren (Herminjard 1866–1897). Im englischen Sprachgebiet fertigte die *Calvin Translation Society* (CTS)Übersetzungen der *Institutio* und von Traktaten an (Beveridge 1844; 1845–1846) sowie von den Kommentaren und *praelectiones* (CTS 1843–1856). In diesen Übersetzungen wird Calvins Autorität hoch angesetzt: »No writer ever dealt more fairly and honestly by the Word of God« (CTS Komm. Gen 1, IX). Mit Hilfe von Übersetzungen der Schriften Calvins versuchte die CTS, ein Gegengewicht zum Aufleben des ultramontanen römischen Katholizismus in der ersten Hälfte des 19. Jahrhunderts zu schaffen. Die Übersetzung ist durch den viktorianischen Hintergrund gefärbt, zum Beispiel durch Zensur der Kommentarpassagen, die wegen ihres expliziten Sprachgebrauchs als anstößig betrachtet wurden (CTS Komm. Gen 2, 284).

Biographien. Obwohl das dreibändige Werk von P.E. Henry zu unausgereift ist und zu viel Bewunderung für Calvin erkennen lässt, gilt es zu Recht als die erste große Calvinbiographie des 19. Jahrhunderts. Henrys Biographie wurde schon bald ins Niederländische und Englische übersetzt; der englische Übersetzer ist in der *causa* Servet unverhohlen anderer Meinung als Henry (HENRY 1835–1844; 1847; 1849). Henrys Werk übertrifft sowohl E. Stähelins Calvinbiographie, die inhaltlich dasselbe Bild von Calvin zeichnet, die aber etwas schlechter dokumentiert ist (STÄHELIN 1863), als auch die Kurzbiographie von Dyer (DYER 1850).

In der zweiten Hälfte des Jahrhunderts spielten einige deutschsprachige römisch-katholische Forscher eine wichtige Rolle auf dem Gebiet der Calvinbiographie. Besonders die Biographie von F.W. Kampschulte bietet eine ausgewogene Einschätzung Calvins. Leider starb Kampschulte kurz nach der Veröffentlichung des ersten Teils. Obwohl der zweite Teil nach 30 Jahren doch noch erschien, blieb das Gesamtbild ein Torso (KAMPSCHULTE 1869; 1899). Von gleicher Qualität sind die biographischen Studien von C.A. Cornelius, die sich primär auf Calvins Briefe und Genfer Ratsprotokolle stützen und besonders die politische Seite von Calvins Auftreten beleuchten. Leider endet Cornelius' Werk mit Calvins Rückkehr nach Genf (CORNELIUS 1899). Übrigens wurde diese ausgewogene römisch-katholische Forschungsarbeit von entschiedenen Protestanten abgelehnt, da nach deren Ansicht zu wenig positiv über Calvin geschrieben wurde (ZAHN 1894).

Am Ende des Jahrhunderts konnte die große, mehrbändige Biographie von Emile Doumergue auf die anspruchsvollen Werke der genannten römisch-katholischen Biographen aufbauen (DOUMERGUE 1899–1927). Doumergues Arbeit ist gekennzeichnet durch Bewunderung und Verteidigung Calvins. Damit setzt seine Biographie auch die Linie Merle d' Aubignés fort, dessen fünfteiliges Werk zur Geschichte der Reformation vor allem eine Apologie der Reformation ist – bis auf die Einordnung des Verhältnisses von Kirche und Staat und der Ketzerverfolgung (MERLE D' AUBIGNE 1842–1853). Doumergue hat zudem die Calvinforschung weitergebracht, indem er viele Doktoranden betreute, die verschiedene Aspekte von Calvins Leben und Werk untersuchten. So entwickelte sich Montauban, wo Doumergue tätig war, neben Straßburg, Paris und Genf zu einem Zentrum für Calvinstudien.

In scharfem Kontrast zu den recht objektiven deutschsprachigen römisch-katholischen Biographien und zu Doumerges glühendem Calvinismus stehen anticalvinistische Studien, durchgängig von französischsprachigen Römisch-Katholischen. Der Schweizer J.B.G. Galiffe zum Beispiel wirft Calvin vor, es sei ihm nicht um die Schweizer Reformation gegangen, sondern ausschließlich um Frankreich. Calvin habe sich nicht um die Pestopfer in Genf gekümmert, habe seine Gegner schwer foltern und sich ein exorbitant hohes Gehalt zahlen lassen (GALIFFE 1862; GALIFFE 1863). V. Audin beschreibt detailliert, wie Gottes Hand Calvin mit einer entsetzlichen, beschämenden Krankheit schlug (AUDIN 1841, 472). Diese

Beschuldigungen lassen sich direkt auf Bolsecs Calvinbiographie zurückführen. Bolsecs Calvinbild dominierte die französischsprachige römisch-katholische Calvinrezeption bis weit ins 20. Jahrhundert (Pfeilschifter 1983).

Der Fall Servet. Der Fall Servet bildet einen der Schwerpunkte, wenn nicht den Schwerpunkt überhaupt, der Calvinforschung im 19. Jahrhundert. In der hervorragenden Calvinbiographie von P. Schaff nimmt sie doppelt so viel Platz ein wie alle anderen Kontroversen um Calvin zusammen genommen (Schaff 1892, gedruckt 1923, § 136). Dass der deutsche Übersetzer von Calvins *Institutio* direkt im Anschluss die Übersetzung von Servets Hauptwerk in die Hand nahm, deutet an, für wie wichtig man die Kenntnis von Servet für die Interpretation Calvins erachtete (Spiess 1887; Spiess 1892; Spiess 1895). Einerseits wurde Calvin in der Forschung heftig, sogar grob und unangemessen kritisiert (Rilliet 1844; Drummond 1848; Willis 1877; vgl. Von Harnack 1890, 661), und Servet wurde, ohne hier übertreiben zu wollen, zum »Brandopfer der reformierten Inquisition« (Van der Linde 1891). Unter anderem dadurch erreichte Servet einen Märtyrer- und Heldenstatus; in diesem Zusammenhang publizierte H. G. N. Tollin sage und schreibe 40 Titel über Servet (Tollin 1876a; Tollin 1876–1878). Diese unverhältnismäßig große Aufmerksamkeit Servet gegenüber kulminierte in der Aufführung von Theaterstücken, in denen Servet als Vorkämpfer der Meinungsfreiheit gegenüber Calvins borniertem Konservatismus präsentiert wurde: Max Ring, *Die Genfer* (1850); José Echegaray, *La muerte en los labios* (1880); Albert Hamann, *Servet* (1881). Diese positive Interpretation Servets hat ihre Wurzeln im 18. Jahrhundert (Von Mosheim 1750), erreicht aber im 19. Jahrhundert zweifellos einen Höhepunkt.

Der Überbetonung von Calvins negativen Eigenschaften und der übermäßigen Kritik an seinem Handeln in der *causa* Servet steht eine historisch ausgewogenere Annäherung gegenüber, die die Frage aus ihrem historischen Kontext heraus beleuchtet, übrigens ohne Calvin freizusprechen. Das trinitarische Dogma gehörte zu den Reichsgesetzen, auf deren Übertretung die Todesstrafe stand. Es wurde darauf hingewiesen, dass ein Verzicht auf das Todesurteil für Servet das Leben vieler französischer Protestanten gefährdet hätte, da die französische Obrigkeit daraus hätte schließen können, dass Protestanten durch ihre Toleranz der Lehre Servets selbst die Todesstrafe verdienten. In diesen Interpretationen wird Calvins Rolle nicht beschönigt, jedoch in ihren historischen Zusammenhang gestellt (Hermes 1909; Stähelin 1897).

Die Spannungen in der *causa* Servet wurden in den Verwicklungen um das Gedenken des 350. Todestages Servets deutlich, als Freidenker in Genf ein anticalvinistisches Denkmal für Servet aufstellen wollten. Anhänger Calvins machten ihnen einen Strich durch die Rechnung, indem sie selbst die Initiative ergriffen und ein Denkmal für Servet aufstellten. Der Text darauf, verfasst von Doumergue, umschrieb Calvins Rolle entlastend als »eine Irrung, die die Irrung seiner Zeit war«. So erhielt Servet früher als Calvin ein Denkmal in Genf (vgl. Strohm 2002).

Calvins Befindlichkeit. Neben der Aufmerksamkeit für Calvins Lebensgeschichte und insbesondere für die Problematik bezüglich Servets bildet seine innere Verfassung und seine Bekehrung einen dritten Schwerpunkt der Calvinforschung im letzten Viertel des Jahrhunderts (Lefranc 1888; Lecoultre 1890; Lang 1897; Zahn 1898). Diese große Aufmerksamkeit steht im Gegensatz zu Calvins sparsamen Äußerungen über sich selbst und seine Bekehrung. Die Forschung hat diese Diskrepanz auch festgestellt, sie gab sich aber nicht mit Calvins Nüchternheit in diesem Punkt zufrieden und strebte nach tiefer Einsicht in Calvins Seelenleben. »[I]rgend eine grundlegende religiöse Erfahrung musste doch den Anlaß bieten« (Lang 1897, 42).

3.4. Calvinrezeption in der niederländischen Theologie

In der niederländischen reformierten Theologie war Calvins Position regelmäßig der Orientierungspunkt, an dem die Theologen ihre eigene Position messen und profilieren konnten. Dabei signalisierten sie Übereinstimmung mit Calvin oder äußerten vollständige oder teilweise Ablehnung. Der Pfarrer und Dichter Allard Pierson zum Beispiel formuliert seine Abwendung von der Orthodoxie in einer Reihe von Studien über Calvin, in denen er Calvin und besonders zeitgenössische Calvinisten kritisiert (Pierson 1881; 1883; 1891).

J.H. Scholten, der Begründer der modernen Theologie in den Niederlanden, kritisiert Calvin in seinem Hauptwerk *De leer der hervormde kerk* (Die Lehre der reformierten Kirche) wiederholt aus Sicht seiner nach eigener Überzeugung ursprünglich reformatorischen Prinzipien. Jedoch stellt er sich Calvin mit Hilfe einer modernen theologischen Neuinterpretation seiner Theologie zur Seite. Unter Berufung auf Calvin lässt Scholten die Autorität der Schrift de facto in der Lehre des *testimonium Spiritus Sancti* aufgehen (Scholten 1861, Bd. 1, 194). Im zweiten Teil seines Werkes entwickelt Scholten den zentralen Gedanken der Souveränität Gottes, wobei er sich vorzugsweise auf Calvins Prädestinationslehre stützt. Durch den wegweisenden Charakter von Scholtens Buch wurde auch seine subjektivistische und modernistische Calvininterpretation Thema des Richtungsstreits innerhalb der Niederländischen Reformierten Kirche.

D. Chantepie de la Saussaye, vorrangiger Vertreter der ethischen Richtung – die niederländische Variante der Vermittlungstheologie – wirft dem Modernisten Scholten vor, dessen idealistische Methode unterscheide sich grundlegend von der Methode Calvins, des »Vaters der reformierten Dogmatik«. Scholtens Methode stünde eher in der Tradition Zwinglis als Calvins (Chantepie de la Saussaye 1885, 31.60.275–280). Nicht nur die moderne Richtung missverstehe Calvin, auch die orthodoxe, die die Harmonie zwischen Calvin und den Dordrechter Lehrregeln betone, habe Calvins Theologie verzerrt. Viele Orthodoxe hätten nämlich von dem »Atem des Lebens«, der Calvins Schriften »durchwehe«, keine Ahnung (Chantepie de la Saussaye 1855, 97). Saussaye selbst entdeckt in Calvins Theologie die Prinzipien seiner eigenen Theologie, d.h. »der rein ethischen Theologie, die die Kirche braucht, das ist eine solche Theologie, in der alles Göttliche als menschlich *vermittelt* vorgestellt wird« (Chantepie de la Saussaye 1885, 256).

Mit seiner Bekehrung zur orthodoxen Richtung brach Abraham Kuyper mit den modernen Erkenntnissen seines Leidener Lehrmeisters Scholten, inklusive dessen Verständnis des Schriftglaubens und der Schriftlehre Calvins. Kuyper sah gerade im Schriftglauben die Bruchstelle zwischen moderner Theologie und seiner eigenen neocalvinistischen Position (Kuyper 1881). Kuypers Berufung auf Calvin hatte weit reichenden Einfluss aufgrund seiner führenden Rolle in Politik und Theologie. Er stand im Zentrum der niederländischen »Versäulung« dadurch, dass er eine Universität, zwei Zeitungen sowie die antirevolutionäre politische Partei gründete und den Niederlanden von 1901 bis 1905 als Ministerpräsident diente.

Kuyper betrachtet Calvins Theologie in einer Linie mit der Theologie späterer calvinistischer, scholastischer Theologen, an deren Werken er sich hauptsächlich orientiert. Auf der Basis Calvins und des Calvinismus versuchte Kuyper als Neocalvinist eine zeitgemäße Theologie, Philosophie und Politik zu entwickeln. In seiner Calvinrezeption liegt der Schwerpunkt auf Themen aus dem ersten und vierten Buch der *Institutio*: Schöpfung, Vorhersehung, Gottes allgemeine Gnade einerseits sowie Ekklesiologie, Staatseinrichtung und Politik andererseits. Kuyper fand in Calvins Theologie die Inspirationsquelle für seinen Weg, die Kirche bei der Modernisierung der Gesellschaft in den Mittelpunkt zu stellen. Und das, obwohl er in seiner ersten wissenschaftlichen Arbeit A Lascos Verständnis der Kirchenregierung dem Modell Calvins vorzieht, da letzteres in seinen Augen zu aristokratisch war (Kuyper 1860, gedruckt 2005, 52 f.).

Für seine Kulturtheorie der allgemeinen Gnade, in der er außer dem himmlischen Königreich die Entfaltung des gesamten Schöpfungslebens als eigenständigen Gesichtspunkt der Prädestination thematisiert, kann Kuyper sich nicht überzeugend auf Calvin berufen. Bei Calvin bezieht sich die allgemeine Gnade auf die Gotteskenntnis, nicht auf kulturelle Entfaltung; zudem sei sie »unrein« und nicht triumphierend wie bei Kuyper (Douma 1976, 264.269). Obwohl Kuyper versucht, seine Theologie auf Calvin zu stützen, führt sein Verständnis der allgemeinen Gnade zu einer anderen theologischen Ausrichtung, da er anders als Calvin den Kulturoptimismus betont und nicht das christliche Leben als Pilgerweg. Auch ist seine Calvinrezeption durch die spekulative Idee der Wiedergeburt gefärbt. Die Vorstellung der Wiedergeburt funktioniert bei Kuyper als subjektives Lebensprinzip des reformierten Lebens in den unterschiedlichsten Bereichen und bezieht sich weniger auf die Heiligung, wie bei Calvin.

Kuyper hat seine ausgereiften Gedanken zu Calvin und dem Calvinismus in seinen sechs Stone-Lesungen in Princeton (1898) dargelegt. Er skizziert darin das Lebenssystem des Calvinismus als einzig wirksames Mittel gegen den Geist der Französischen Revolution, die im Modernismus ihren Ausdruck findet. Der Calvinismus, aufgefasst als wissenschaftlicher und nicht als sektiererischer oder konfessioneller Begriff, wurzelt nach Ansicht Kuypers in einem ganz eigenen religiösen Verständnis. Diesem calvinistischen »Lebensprinzip« entsprießen eigene Formen theologischen, kirchlichen und gesellschaftlichen Lebens (KUYPER 1898, 11; vgl. KUYPER 1874). So führt Kuyper die Theologie Calvins und den Calvinismus, die er zusammenfasst, auf ein Prinzip zurück, das er anschließend auf alle Gebiete des Lebens überträgt.

Kuyper verbindet seine Theorie über das calvinistische Prinzip mit der Wahrnehmung einer Menschheitsentwicklung in westliche Richtung durch die Weltgeschichte: von Babylon nach Ägypten nach Griechenland und Rom, über das Papsttum zu den calvinistischen Völkern von Westeuropa und, in Kuypers Zeit, nach Amerika »am Strand der Stillen Südsee ehrfürchtig wartend welch weiteren Lauf Gott ihnen bestellt hat.« (KUYPER 1898, 29). Calvins Theologie ist also in Kuypers Denken von Vorstellungen zu Bewusstsein, Lebensströmen und Entwicklung absorbiert, die von Romantik und Idealismus geprägt sind. So wurde sie aktualisiert, allerdings auch so sehr in die neocalvinistische Erscheinungsform gegossen, dass die Eigenheit der Theologie Calvins darunter litt. Die Gleichsetzung Calvins mit bestimmten Formen des Calvinismus konnte dazu führen, dass ein Verfall des Calvinismus auch Calvins Theologie in Misskredit brachte.

3.5. Calvinrezeption in der amerikanischen Theologie: Princeton Theology

Seit der Gründung des *Princeton Theological Seminary* 1812 bis ca. 1920 war die Theologie, die dort gelehrt wurde, wahrscheinlich die dominanteste Form amerikanischer Calvinrezeption. Neben Calvins Theologie bildeten auch andere Faktoren den Nährboden für die Princeton-Theologie, so die Theologie F. Turretinis, die schottische Common Sense Philosophy sowie zeitgenössische theologische Herausforderungen und rivalisierende Theologien, die sich auch auf Calvin beriefen (BENEDETTO 1992). Unter den Theologen Princetons hat vor allem B.B. Warfield versucht, Calvins Theologie systematisch zu rezipieren und weiterzuentwickeln. Charles Hodge bezieht sich in seiner *Systematic Theology* häufig auf Calvins *Institutio*, jedoch weniger auf dessen Kommentare oder Traktate (HODGE 2003).

Die Calvinrezeption in Princeton konzentriert sich auf Theologoumena aus dem ersten Buch der *Institutio*, insbesondere auf die Schriftlehre. Warfield gibt in einer Reihe von Artikeln ausführlich und sorgfältig Calvins Gedankengang in *Institutio* Buch I wieder, wobei die eigene Färbung seiner Calvinrezeption deutlich wird. Er stellt nämlich eine eigene Einteilung der *Institutio* in verschiedene *doctrines* vor: die Gotteserkenntnis, Gott, die Dreieinigkeit und die Schöpfung (WARFIELD 1931, 29–349). Damit rückt die Eigendynamik von Aufbau und Inhalt der *Institutio* Calvins in den Hintergrund, die *Institutio* wird eher klassisch-scholastisch eingeteilt. Auch inhaltlich verschiebt sich Warfields Aufmerksamkeit, trotz sachlicher Übereinstimmung mit Calvin, in Richtung eines eher rationalen und metaphysischen Diskurses, der wiederum eine Verschiebung in Bezug auf Calvins Betonung der *pietas* bedeutet. Der eigene Erkenntnisweg der Theologie Calvins, *cognitio Dei et hominis* im Unterschied zu einem metaphysisch fundierten Erkenntnisweg, wird von Warfield wesentlich weniger berücksichtigt als bestimmte theologische Inhalte.

Ein typisches und dem bereits Erwähnten verwandtes Kennzeichen der Calvinrezeption in Princeton ist die Einbettung der Theologie Calvins in den »Calvinismus«. Dieser Calvinismus, den Warfield bereits bei Augustinus und den frühen Kirchenvätern vorfindet, steht seiner Meinung nach als die wahre Religion den unvollendeten oder vielleicht falschen Formen von Religion und dem Theismus gegenüber. Dieses ideelle Verständnis des Calvinismus impliziert eine Verflachung des eigenständigen Profils Calvins im späteren Calvinismus. Warfield stellt die These auf, nicht der Prädestinationsgedanke sei das fundamentale Prinzip des Calvinismus, sondern Gott in seiner Majestät (Warfield 1931, 354).

Die Calvinrezeption von Princeton ist der des niederländischen Neocalvinismus verwandt. Beide betonen die Kontinuität zwischen Calvin und dem späteren Calvinismus und entwickeln auf dieser Basis eine zeitgemäße Theologie. Jedoch ist die Ausarbeitung unterschiedlich. Warfields evidentialistische Apologetik, mit der er versuchte, als Antwort auf die Herausforderung der Aufklärung die Wahrheit der Schrift objektiv zu beweisen, stieß bei den niederländischen Theologen A. Kuyper und H. Bavinck auf Widerstand. Sie nahmen eine eher antithetische Position gegenüber dem Aufklärungsdenken ein. Obwohl sie das rationale Argument unterschrieben, räumten sie ihm einen anderen Platz ein: nicht so sehr als Sprungbrett hin zum christlichen Glauben, sondern als Teil des Glaubens (Noll 2001, 27–28.41).

Kritik an der Princeton-Theologie gab es nicht nur von geistesverwandten niederländischen Calvinisten, sondern auch von amerikanischen Theologen, die einen gewissen Formalismus und Rationalismus in der Schriftbetrachtung der Theologen Princetons anprangerten. Die These, die Bibel sei *inerrant*, unterschied sich den Kritikern zufolge wesentlich vom Ansatz der Reformatoren, die die *infallibility* der Schrift gelehrt haben sollen. Das scheinbar unerschütterliche Vertrauen in die menschliche Ratio passte nicht zur Realität des Sündenfalls und bedeutete eine Abweichung von Calvins Theologie.

Neben den Princeton-Theologen gab es konkurrierende amerikanische Strömungen, die sich unter anderem auf Calvin beriefen, wie die *Mercersburg Theology* von J.W. Nevin und Ph. Schaff. Diese stand unter dem Einfluss des deutschen Idealismus, Schleiermachers und über Schaffs Lehrmeister Tholuck auch unter dem Einfluss der Erweckungstheologie. Die Theologen von Mercersburg rezipierten Calvins Theologie, wie es die europäische Vermittlungstheologie tat: ausgehend vom religiösen Gefühlsleben und mit irenischem Einschlag (Nevin 1846; Schaff 1923; vgl. Nichols 1961; Nichols 1966). Die Spannungen zwischen den beiden Strömungen zeigen sich in den scharfen Reaktionen C. Hodges im *Princeton Review* auf Nevins Kritik, dass C. Hodges »puritanisches« Verständnis der Sakramente von Calvin abweiche (Noll 1988, 300).

3.6. Die allgemeine Vorstellung in den USA

Ebenso wie in Europa wurde in den Vereinigten Staaten das Bild Calvins hauptsächlich von seiner Haltung in der *causa* Servet und seiner Prädestinationslehre bestimmt. Amerikanische Schulbücher schenkten der Verbrennung Servets große Aufmerksamkeit und malten Calvins Charakter in düsteren Farben. Calvins Prädestinationslehre stieß in der amerikanischen Gesellschaft auf noch heftigeren Widerstand als in Europa, da sie intuitiv den Ideen der Freiheit, Individualität und des Fortschritts widerspricht, die im amerikanischen Selbstverständnis des 19. Jahrhunderts beinahe mythische Ausmaße angenommen hatten. Calvin wurde in der allgemeinen Vorstellung zum Inbegriff der Intoleranz. Er musste für alles herhalten, wogegen der liberale Amerikaner des 19. Jahrhunderts kämpfte: subjektive Religiosität, die starr, dogmatisch und voreingenommen ist und sich darum nicht vor der historischen Wissenschaft beugen will. Man betonte, dass eine derartige Intoleranz sogar zur Todesstrafe für Gegner führen könne (Davis 1996).

Diese Kritik an Calvin führte zu einer Diskrepanz: Viele, die theologisch in der Tradition Calvins standen, hatten ein negatives Bild des »founding father« ihrer Tradition. Dies sorgte für einen anderen Akzent in der Interpretation der Reformation; sie wurde nicht länger als Streit um die reine Lehre des Evangeliums begriffen, sondern primär als Streit für allgemeine Freiheit und individuelle Glaubensfreiheit. Diese Ideen passten besser zum amerikanischen Lebensgefühl. Lesebücher beschrieben eher Luther als Calvin als Held der Reformation, und zwar weil er das kirchliche Gesetzbuch und die päpstliche Bulle verbrannt hatte sowie wegen seines Auftretens auf dem Reichstag in Worms. Schließlich waren dies die ultimativen Taten individueller Wahlfreiheit und des Entwicklungsdrangs (Davis 1996). Im Kontrast dazu stand der Papst für die intolerante alte Garde beziehungsweise für alles, was europäisch und unamerikanisch war. In diesem Denkmodell wird Calvin eher mit römischer Intoleranz als mit reformatorischer Freiheit assoziiert, eine Art protestantische Version des Papstes (Meyers 1889, 526).

Nordamerikanische Liberale nutzten dieses negative Calvinbild erfolgreich im Streit gegen die calvinistische Theologie. Diese beiden Strömungen befanden sich in einem harten Kampf um das Herz der amerikanischen Kultur. Auch durch die wenig zimperliche Umsetzung der liberalen Töne in Romanen und anderen fiktionalen Genres, in denen die Liberalen Herr und Meister waren, wurde das intolerante Bild Calvins definitiv gefestigt. Romanfiguren stellten überzeugend die negativen Seiten Calvins und seiner Anhänger heraus, inklusive Puritaner und zeitgenössischer Calvinisten. Diese Sichtweise blieb bis weit ins 20. Jahrhundert dominant (Davis 1998).

Davis, Thomas J.: Images of Intolerance: John Calvin in nineteenth-century History Textbooks (ChH 65, 1996, 234–248).

Maag, Karin Y.: Hero or Villain? Interpretations of John Calvin and His Legacy (CTJ 41, 2006, 222–237).

Noll, Mark A. (Hg.): The Princeton Theology 1812–1921: Scripture, Science, and Theological Method from Archibald Alexander to Benjamin Breckinridge Warfield, [2]2001.

Pfeilschifter, Frank: Das Calvinbild bei Bolsec und sein Fortwirken im Französischen Katholizismus bis ins 20. Jahrhundert, 1983.

Robinson, Marilynne: The Polemic Against Calvin: The Origins and Consequences of Historical Reputation (in: Foxgrover, David [Hg.]: Calvin and the Church [Papers Presented at the 13th Colloquium of the Calvin Studies Society, May 24–26, 2001], 2002, 96–122).

(Übersetzt von *Ulrike Sawicki*) *Arnold Huijgen*

4. Calvinrezeption im 20. Jahrhundert

Als 1909 an der Genfer »Promenade des Bastions« anläßlich von Calvins 400. Geburtstag ein über 100 Meter langes Reformationsdenkmal präsentiert wurde, war das eine massive, in Stein gehauene Bezeugung des Respekts gegenüber dem Genfer Reformator. Dieses Dokument, das neben Calvin im Vordergrund auch Guillaume Farel, Theodor Beza und John Knox zeigt, war das monumentale Seitenstück zu einem ersten Aufbruch der Calvinrezeption im 20. Jahrhundert, dem später weitere folgten. Im Umkreis des Jubiläumsjahres 1909 wurde besonders in Deutschland Calvin deutlich als eigentlicher Gewährsmann der reformierten Konfessionalität und ihres Kirchenverständnisses wahrgenommen. Innerhalb des Reformierten Bundes in Deutschland wurden zahlreiche Initiativen ins Leben gerufen, um Calvin angemessen zu feiern und sich in Analogie zum Lutherjubiläum 1883 der Bedeutung des eigenen Kirchentums zu versichern. Dazu zählten u. a. die Planung von Calvinfeiern, populäre Calvindarstellungen, ein Calvin-Fonds, aber auch Postkartensammlungen und eine Calvin-Gedenkmünze (vgl. Ulrichs 2001, 242 f.). Das Frohlocken einer reformierten Kirchenzeitschrift: »Wir wollen uns von Herzen darüber freuen, dass nunmehr eine Calvinbewegung eingesetzt hat, von welcher tiefe, bleibende Segenswirkungen ausgehen werden«, teilten 1909 viele, die durch die »Neuentdeckung« Calvins auch eine Korrektur der traditionellen Klischees über ihn erhofften (Reformiertes Wochenblatt, zitiert bei Ulrichs 2001, 252). Die sich über nicht weniger als acht Julitage erstreckende zentrale kirchlich-akademische Calvinfeier in Genf mit Vorträgen, Grußworten, Gottesdiensten, Ausflügen und Festumzug hinterließ bei manchen Teilnehmern allerdings einen zwiespältigen Eindruck, der in dem Votum des Calvinforschers August Lang gipfelte: »Das Festprogramm war derart reichhaltig, dass man es als eine Erleichterung empfand, dass infolge der ungünstigen Witterung nicht alle Teile zur Ausführung gelangen konnten.« (zitiert bei Ulrichs 2001, 257). Der reformierte Protestantismus feierte 1909 zwar Calvin, aber nicht zum geringen Teil auch sich selbst. Entsprechend urteilte der spätere Calvininterpret Karl Barth, der bald nach den pompösen Feiern dort seine Tätigkeit als Hilfspfarrer aufnahm: »Noch stehen ja in aller Erinnerung die festlichen Tage, da die Geister der merkwürdigen, aber wunderlichen Zeit heraufbeschworen wurden […]« (Barth 1909,

2). Und noch ein Jahrzehnt später erinnerte er kritisch den »Persönlichkeitsrummel, der 1909 mit Calvin getrieben wurde« (BARTH 1973, 360), und hält es im Blick auf das Reformationsdenkmal für wahrscheinlich, dass Calvin die »reformierte Siegesallee [...] ganz einfach ein Greuel wäre« (BARTH 1923, 221; vgl. FREUDENBERG 1998, 39–46). Diese kritischen Reflexionen sollen aber nicht verdecken, dass im Kontext des Jubiläumsjahres 1909 neue Impulse in der Calvinforschung gesetzt wurden. In der folgenden Übersicht werden zentrale Stationen der Calvinrezeption im 20. Jahrhundert vorgestellt, wobei das Augenmerk auf der ersten Jahrhunderthälfte liegt.

4.1. Zur älteren Calvinforschung bis ca. 1925

Nachdem im Jahr 1900 die 1863 begonnene Edition der *Calvini Opera* im Rahmen des *Corpus Reformatorum* mit Band 59 abgeschlossen werden konnte, war der Calvinforschung die Textgrundlage an die Hand gegeben, um ihre historischen, biographischen und theologischen Studien zu intensivieren. Dies geschah vor allem im deutsch- und französischsprachigen Raum. Einen großen Dienst für die Calvinrezeption leistete E. F. Karl MÜLLER, der die *Institutio* 1909 im Auszug ins Deutsche übersetzt hat und der ferner 1901–1919 für die Herausgabe von Calvins *Auslegung der Heiligen Schrift* in deutscher Übersetzung in 14 Bänden verantwortlich zeichnete. Müller leitete einen Neuaufbruch in der Calvinforschung ein, indem er durch diese Übersetzungsleistung Calvins Bekanntheit erheblich gefördert hat. Nicht zuletzt dadurch bereitete er die um 1925 im Rahmen der Dialektischen Theologie einsetzende Calvinrenaissance indirekt vor. Der Absicht nach an die Seite von Müllers Werk trat eine zweibändige Edition von Briefen Calvins, die Rudolf Schwarz 1909 ins Deutsche übersetzte.

Peter Barth, dem neben Wilhelm Niesel die Edition der *Opera Selecta* Calvins zu verdanken ist, legte 1934 den Schluss nahe, dass nun ein ins 19. Jahrhundert zurückreichendes Calvinverständnis an sein Ende kam, in welchem einerseits Calvins Persönlichkeit ins Zentrum gestellt und andererseits sein Wirken weitgehend historisiert worden war (P. BARTH 1934, besonders 163–169.246–251). Für die erste Tendenz steht die Studie von Paul Wernle von 1919, der Calvin anhand der Ausgaben der *Institutio* von 1536–1559 letztlich im Stile des 19. Jahrhunderts mit den Farben des »innerprotestantischen Erfahrungstheologen« (SCHOLL 1995, 4) gezeichnet hat und sein Ansinnen, Religiosität gegen Theologie auszuspielen, so umschrieb: »Calvin hat [...] seinen Glauben eingekapselt in ein immer vollständigeres System der biblischen Theologie. Ihn daraus wieder herauszuholen, war meine Hauptarbeit.« (WERNLE 1919, III). Ähnlich skizzierte schon zuvor Lang das Anliegen seines Lebensbildes Calvins, »die religiöse Eigentümlichkeit« und »Calvin als religiöse[n] Charakter« zu beschreiben (LANG 1909, 1). Andererseits diente der Historisierung Calvins die umfangreiche, insgesamt sieben Bände umfassende Calvinbiographie von Emile Doumergue, die zwischen 1899 und 1927 erschienen war. Wenn Doumergue auch viele nützliche historische Einzelhinweise gab, so blieb sein Werk letztlich eine rückwärtsgewandte und enzyklopädische Aufarbeitung des Quellenmaterials durch Calvins »französischen Bewunderer« (Barth 1922, 220), ohne neue Impulse für die Forschung zu setzen (vgl. Scholl 1995, 5). Es entstanden in der älteren Calvinforschung weitere Versuche, ihn von einer bestimmten Perspektive aus in den Blick zu nehmen: von seiner psychischen Konstitution, von seiner geographischen Herkunft oder von seiner nationalen Verankerung. Als Beispiel dient Hermann Baukes *Die Probleme der Theologie Calvins* (1922), der diese von seiner französischen Geistesart aus erklären wollte und dabei an den angeblichen Formalismus Calvins mit seiner Gabe der Systematisierung und Dialektik dachte. Trotz mancher umfangreicher Werke wie dem von Doumergue und weiterer Einzelstudien blieb die ältere Calvinforschung im Ganzen doch den Nachweis schuldig, dass Calvin mehr war als nur Franzose, treibende Kraft der Durchsetzung der Genfer Reformation und Initiator des Calvinismus.

4.2. Die Entdeckung des Theologen Calvin durch Karl Barth

»Der *historische* Calvin ist der *lebendige* Calvin [...]. Ihm müssen wir unsere erste und sehr ernsthafte Aufmerksamkeit zuwenden, von *ihm* aus weiterdenken, wenn wir überhaupt im Sinn haben, uns von ihm belehren zu lassen.« (Barth 1922, 4–6). Mit diesen Worten suchte Barth in seiner Göttinger Vorlesung von 1922 das Interesse auf den Theologen Calvin zu lenken. Seine Vorlesung *Die Theologie Calvins*, mit der Barth zugleich eine Vorarbeit für eine eigene Dogmatik leistete, zeichnete sich durch die Bemühung aus, mit großer Genauigkeit und durch die theologische Interpretation von zahlreichen Primär- und Sekundärquellen zu einem vertieften Verständnis von Biographie, Reformationswerk und Theologie Calvins zu kommen. Souverän diskutierte er diverse Positionen zu in der Calvinforschung umstrittenen Fragen und gelangte mit einer an Metaphern reichen Sprache zu eigenständigen Urteilen über den Genfer Reformator, in dem er später den klassischen Vertreter der reformierten Reformation sah. Bereits in der *Römerbriefauslegung* diente Calvin Barth als Vorbild für eine biblisch-theologisch verantwortete Schriftauslegung, indem er durch das Historische hindurch vorgedrungen ist zum »eigentlichen *Verstehen* und *Erklären*« und es unternommen hat, dem, »was da steht«, so nachzudenken, dass »die Mauer zwischen dem 1. und 16. Jahrhundert *transparent* wird, bis Paulus dort *redet* und der Mensch des 16. Jahrhunderts hier *hört*, bis das Gespräch zwischen Urkunde und Leser ganz auf die *Sache* [...] konzentriert ist« (Barth 1922, XI). Calvins Methode der Schriftauslegung leistete Barth wertvolle Dienste, um seine eigene Abkehr von der historisierenden liberalen Exegese zu klären, der er entgegenhielt: »*Kritischer* müßten die Historisch-Kritischen sein!«, um zum »*sachlichen* Bearbeiten des Textes« vorzudringen (Barth 1922, XII). Dem entspricht eine Äußerung von 1923, in der Barth mit Blick auf die Popularisierung Calvins im Kontext des Jahres 1909 zu bedenken gab, dass »die reformierte Heiligenlegende und der reformierte Heroenkultus ernsthaft erst zu einer Zeit aktuell wurde, da man der reformierten *Sache* nicht mehr recht sicher war« (BARTH 1923, 220). Statt für die bewunderte, angepriesene und nachgeahmte religiöse Persönlichkeit Calvin interessierte sich Barth für ihn als »*Diener* des göttlichen Wortes« (BARTH 1923, 221). Mit den Begriffen »Sachlichkeit«, »Einheitlichkeit« und »Aktualität« kennzeichnete er Calvins Schriftauslegung (BARTH 1922, 526–530).

Geradezu enthusiastisch erklärte Barth 1922: »Calvin ist ein Wasserfall, ein Urwald, ein Dämonisches, irgendetwas direkt vom Himalaja herunter, absolut chinesisch, wunderbar, mythologisch [...]. Ich könnte mich gut und gerne hinsetzen und nun mein ganzes ferneres Leben nur mit Calvin zubringen.« (BARTH 1921–1930, 80). Es war vor allem Calvins Fähigkeit zur Synthese, in der Barth die Anliegen der Glaubensreformation Luthers und der Lebensreformation Zwinglis zusammengeführt sah und nun selbst in seiner Theologie zur Geltung gebracht hat: Gotteserkenntnis *und* Erkenntnis des Menschen, Dogmatik *und* Ethik, vita contemplativa *und* vita activa sind miteinander verbunden und einander dialektisch zugeordnet. In der Spannung von Gottesgeschichte und Profangeschichte verstand Barth Calvin als einen Theologen, der in den Grenzen der menschlichen Möglichkeiten und in der Relativität zur vorausgegangenen und zur kontemporären Theologiegeschichte Gott als den ganz Anderen zur Sprache gebracht hat. Um Gesamtgeschichte, Reformationsgeschichte und Biographie Calvins theologisch zu interpretieren, bediente sich Barth der dialektischen Denkfigur von Zeit und Ewigkeit. Damit knüpfte er an eine Dualität an, von der bereits seine *Römerbriefauslegung* bestimmt war. Seine Absicht bestand aber nun darin, die Eigenständigkeit und Originalität Calvins hervorzuheben und nach den Motiven für sein Handeln in der Gestaltung der Genfer Kirche zu suchen.

Barth hat durch seine Calvinvorlesung von 1922 die Überzeugung gewonnen, dass die evangelische Theologie und Kirche seiner Zeit in Calvin ihren kritischen und anregenden Lehrer finden sollten: »Dazu schlagen wir die alten Bücher auf, um zu uns selbst zu kommen. Die *lebendige, redende, wirkende* Vergangenheit *ist* eben die Gegenwart.« (BARTH 1922, 11). Barth wollte von Calvin lernen, um belehrt durch ihn nun selbst theologisch urteils- und sprachfähig zu werden. Für seine Neugestaltung der reformierten Theologie ging er in erster Linie von Calvin aus. Später befand er sich in zahlreichen dogmatischen Loci der *Kirchlichen Dogmatik* neben Luther vor allem mit Calvin im theologischen Gespräch (HERON 1986, 393–402; FREUDENBERG 1997a, 37–44). Im Gedenkjahr der Erstfassung der *Institutio* 1936 äußert Barth in einer Ansprache seine Dankbarkeit über Calvin, der die Theologie an ihren Gegenstand (Gott und sein Wort), an die Ordnung ihrer Arbeit (Schrift) und an den Raum ihrer Arbeit (Kirche und die in ihr ergehende Verkündigung) erinnert hat (BARTH 1936, 5). Die Kontextualität von Barths Calvinrezeption im Kirchenkampf ist unübersehbar, wenn er formuliert, dass in Calvins Schule eine »kirchlich gleichgültige Theologie ebenso unmöglich ist wie eine theologisch charakterlose Kirche« (BARTH 1936, 5). In Calvin fand Barth sein Vorbild für die Bezogenheit der Theologie auf ihren Gegenstand, nämlich die

Rede von der Freiheit und Souveränität Gottes, die sich gerade in ihrer Krise als unverzichtbar erwies. In diesem Sinn mahnte er im Calvingedenkjahr 1964, auf eine unkritische calvinische Orthodoxie zu verzichten und statt einer Heldenverehrung Calvins freier Schüler in der Wahrnehmung des Gottesbundes mit dem von Gott erwählten Menschen zu werden. Man kann nach Barth »in neuem Rückgang auf die Quellen und Ursprünge, auf die er so dringlich hingewiesen hat, nur mit ihm denken und reden, indem man in wichtigen Stücken über ihn hinausgeht, so kann man doch auch nur in fruchtbarer Weise über ihn *hinausgehen*, indem man in der von ihm gewiesenen Richtung erst recht *mit ihm weiter* denkt und redet.« (Barth 1964, 229). In Calvin entdeckte Barth den maßgebenden Lehrer der reformierten Kirche und Theologie, um in seinen Spuren aus einer in der Schrift gewonnenen Erkenntnis heraus zu argumentieren.

4.3. Systematisierung der Theologie Calvins am Beispiel Wilhelm Niesels

Barths Calvinrezeption wirkte insbesondere auf die Vertreter der Dialektischen Theologie inspirierend, so dass um 1925 eine intensive Beschäftigung mit Calvin einsetzte. Niesel sprach von der Frucht einer durch Barth eingeleiteten »Selbstbesinnung der Theologie auf ihren Gegenstand«, die »auch in der Calvinforschung eine Umwälzung hervorgerufen« hatte (Niesel 1938, 15; vgl. Niesel 1957, 16). Zwischen 1925 und 1942 erschienen zu einer Reihe von theologischen Themen Monographien; genannt seien u.a. Glaube (Brunner 1925), Prädestination (Jacobs 1937; Otten 1938), Sünde (Hauck 1938), Christologie (Dominicé 1933), Ekklesiologie (Kolfhaus 1939), Abendmahlslehre (Niesel 1930), Recht und Staat (Bohatec 1934 und 1937), Eschatologie (Quistorp 1941), Schriftlehre (Wolf 1942) und Predigt (Mülhaupt 1931). Die Calvininterpreten fragten im Kontext des theologischen Neuaufbruchs der Dialektischen Theologie nach dem theologischen Zentrum von Calvins Denken und seiner Bedeutung für die gegenwärtige Theologie. Nach Peter Barths Worten ist Calvin »aus einem Objekt mehr oder weniger aufmerksamer und interessierter wissenschaftlicher Betrachtung zum Lehrer einer neuen Theologengeneration« geworden (P. Barth 1934, 252). Inhaltlich zeichnete sich dieses neue Calvinverständnis dadurch aus, dass dieser nun überwiegend von seinem theologischen und hier besonders von seinem christologischen Konzept her verstanden wurde. Dafür standen neben den Werken von Alfred de Quervain *Calvin. Sein Lehren und Kämpfen* (1926) und von Max Dominicé *L'humanité de Jesu Christ* (1933) vor allem die kleineren und größeren Calvinstudien des Barth-Schülers Niesel. Dieser unternahm 1926–1928 erste Schritte auf dem Weg zur Rezeption Calvins durch die Mitarbeit an der Edition der *Opera Selecta* (Bde. 3–5) und vertiefte sich dann mit seiner Dissertation *Calvins Lehre vom Abendmahl* (1930) in dessen Werk. Darin verstand er das Abendmahl in der Sicht Calvins als Geschehen der »communio cum Christo«, in dem Christi Leib und Blut der Gemeinde so vergegenwärtigt und mitgeteilt wird, dass »Christus mit seinem Tode und seiner Auferstehung« den Charakter einer elementaren

Nahrung gewinnt und das äußere Zeichen auf den geistlichen Inhalt des Abendmahls hinweist (Niesel 1930, 48f.). Ferner sah er die Christusgemeinschaft bei Calvin positiv als Tat und Handlung des Heiligen Geistes (Niesel 1930, 97–103). Die Bedeutung dieser Arbeit bestand darin, dass Niesel die beiden Aspekte »communio cum Christo« und »actio spiritus sancti« als komplementäre Ereignisse bei Calvin diagnostizierte und damit das Abendmahl aus der Engführung eines subjektiven religiösen Erlebnisses zu einer Feier in der Gemeinschaft des dreieinigen Gottes befreite. Auch stand Niesels Arbeit für die Calvinforschung nach 1925 als Beispiel für die Tendenz, die theologischen Beobachtungen in die theologie- und geistesgeschichtlichen Bezüge der gesamten calvinischen Reformation einzuordnen.

Nachdem E.F. Karl Müller als der Sachwalter der reformierten Theologie und insbesondere der Theologie Calvins 1935 gestorben war, galt Niesel über eine große Zeitspanne hinweg als einer der Experten von Calvins Schriften im deutschsprachigen Raum (vgl. Freudenberg 2003, 75f.). Dies zeigte sich in der Gesamtschau *Die Theologie Calvins*, die in erster Auflage 1938 und in zweiter, überarbeiteter und ergänzter Auflage 1957 erschien. Seine Grundauffassung Calvins bestand in der Einsicht in das christologische Profil von dessen Theologie, das neben der Schöpfungslehre auch die Prädestinationslehre bestimmte (Niesel 1957, 161–182). Zugespitzt läßt sich sagen, dass Niesel zufolge der gemeinsame formale und inhaltliche Bezugspunkt nahezu aller calvinischen Themen die Offenbarung Gottes in Jesus Christus ist: »Wir meinen, deutlich genug gezeigt zu haben, daß es Calvin in allen Lehrstücken nur um eines geht: um den im Fleische geoffenbarten Gott« (Niesel 1957, 245). Es werde auf Schritt und Tritt deutlich, »was über dem Leben Calvins und seiner Theologie als Thema geschrieben steht. Es heißt Jesus Christus.« (Niesel 1957, 244). Diese christologische Orientierung der calvinischen Theologie begegnete schon in der Erstauflage (1938) und wurde in der Zweitauflage (1957) vollends zum Schlüssel der Interpretation: Calvins Erklärungen zur Ehre Gottes, zum Gesetz, zur Heiligung, zur Eschatologie und zu den Sakramenten seien zutiefst von Jesus Christus her bestimmt und insofern Christuszeugnis. Hinter diesem roten Faden des theologischen Zugangs zu Calvin, den Niesel in den Spuren Barths verfolgte, ließ er persönliche, geschichtliche und kulturelle Prägungen Calvins im Hintergrund. Neben die Offenbarung als Leitbegriff von Calvins Theologie trat Niesels Sicht auf Calvins Kirchenbegriff: Kirche sei die durch Christus versammelte und ihrem Herrn verpflichtete Gemeinschaft der Gläubigen, die als Abendmahlsgemeinde zum gegenseitigen Dienst verbunden sei. Calvins Kirchenverständnis machte sich Niesel im Kirchenkampf zur Beschreibung der durch das Wort Gottes versammelten Gemeinde und später für seine Aufgaben als reformierter Kirchenpolitiker und Ökumeniker nutzbar. So hatte er Anteil daran, dass »Calvin« und »reformiert« Äquivalenzbegriffe blieben, wie es sich schon 1909 angedeutet hat (vgl. Ulrichs 2001, 232.263; Freudenberg 2003, 96f.). An Niesels Calvinrezeption lässt sich beobachten, dass mit der Neuentdeckung des Theologen Calvin auch die Tendenz zu seiner Vereinnahmung für kirchlich-theologische Ansprüche einherging. Damit verband sich auch die Neigung, in Calvins Offenbarungsverständnis und in seine Christologie Gedankengänge und Schlussfolgerungen hineinzulesen, die sich offensichtlich der Lektüre von Barths *Kirchlicher Dogmatik* verdankten.

Weitere Leistungen in der Calvinrezeption bis ca. 1960 waren u. a. die von Otto Weber vorgenommene Neuübersetzung der gesamten *Institutio* (erschienen 1936–38), aber auch das umfassende Werk von François Wendel *Calvin. Source et évolution des sa pensée religieuse* (1950), die Studie von Werner Krusche zu Calvins Pneumatologie (1957) sowie zunehmend englischsprachige Arbeiten zu theologischen Aspekten (Jansen 1956; Wallace 1953; Torrance 1949; Parker 1952; Dowey 1952).

4.4. Negative Calvinrezeption am Beispiel Stefan Zweigs

Das wohl bekannteste und in der populären Calvinrezeption verbreitetste Beispiel eines negativen Umgangs mit dem Genfer Reformator liegt im Geschichtsroman des Literaten Stefan Zweig *Castellio gegen Calvin oder ein Gewissen gegen die Gewalt* (1936) vor. Zweig urteilte, Calvin hätte einen »hysterischen Machttrieb«, er betriebe »eine drakonische Entrechtung der Persönlichkeit, vandalische Ausplünderung des Individuums«. Mitleidlos ließe er Druckerpressen, Kanzel, Katheder, Synoden und die Staatsgewalt spielen und hätte seinen Widerpart Castellio vollkommen überwacht. Sein »Wille über alle« herrschte in der Stadt, er kämpfte um »die Totalität der Macht« und beabsichtigte die völlige »Gleichschaltung eines ganzen Volkes« im Stile einer neuen Form »dogmatischer Diktatur«. Schon Calvins Antlitz offenbarte die Strenge und Härte seiner Lehre (zitiert nach Ulrich 2002, 173 f.). Aufschlussreich zum Verständnis dieser polemischen Schrift ist ihr Entstehungsjahr 1936 mit den Eindrücken der Gewalt und der totalitären Herrschaft des Nationalsozialismus auf Zweig. Ohne eigenes gründliches Calvinstudium und durch sekundäre Informationen mit negativen Urteilen versorgt, lieferten die zeitgenössischen Ereignisse – der Konflikt zwischen Intoleranz und Humanismus – das Interpretationsmuster zur Darstellung des Fanatikers Calvins, der in grotesker Weise verzeichnet wurde. Indirekt knüpfte Zweig an die ohne Sympathie für Calvin verfasste Darstellung von Friedrich W. Kampschulte *Johannes Calvin. Seine Kirche und sein Staat in Genf* aus dem 19. Jahrhundert an. Calvin wurde zur dunklen Folie für den an Castellio entdeckten Toleranzgedanken, dem Zweig sich selbst verpflichtet sah. Letztlich nahm Zweig eine idealtypische Historiographie vor, in der er geschichtliche Phänomene personalisierte und Calvin in die Nähe Hitlers rückte (vgl. Ulrich 2002, 179–182). Die Wirkung von Zweigs Zerrbild Calvins reicht bis in die Gegenwart, fand gelegentlich Eingang in Schulbücher und beeinflusste bisweilen das Calvinbild populärer Nachschlagewerke.

4.5. Impulse durch die katholische Calvinforschung und ihre Internationalisierung

Im Kontext des theologischen und kirchlichen Aufbruchs des II. Vatikanischen Konzils wurde die Calvinforschung von zunächst unerwarteter Seite belebt, indem wichtige Arbeiten aus der Feder katholischer Interpreten entstanden sind. Bald darauf nahm Hans Scholl unter dem Titel *Calvinus catholicus* (1974) diese Forschung in den Blick und konnte u.a. in den Studien von Alexandre Ganoczy *Le jeune Calvin* (1966) und *Ecclesia ministrans* (1968) das erwachte Interesse insbesondere an den Anfängen Calvins und an seiner Ekklesiologie konstatieren (vgl. Scholl 1995, 8 f.). Eine Frucht dieser Forschung ist die verstärkte Wahrnehmung der altkirchlichen und mittelalterlichen Bezüge in Calvins Werk. Später traten Calvinstudien (Schützeichel 1980), Arbeiten zur Heilsvermittlung (Scheld 1989) und zur Gotteslehre (Faber 1999) sowie eine reiche Editionstätigkeit (Feld) hinzu.

Zu der konfessionellen Auffächerung der Calvinforschung trat ihre zunehmende Internationalisierung, die u.a. im *International Congress on Calvin Research* (seit 1978) und seinen Publikationen Ausdruck findet. Der Ausgangspunkt der Calvinforschung hat sich vom deutsch- und französischsprachigen Raum deutlich erweitert in den angelsächsischen Sprachraum mit Schwerpunkt in den USA (u.a. mit dem *Calvin Theological Seminary* in Grand Rapids/MI) sowie in die Niederlande (u.a. mit dem *Instituut voor Reformatieonderzoek in Apeldoorn*), nach Südafrika und nach Korea. Wenige Gesamtdarstellungen der Theologie Calvins wie T.H.L. Parkers Buch *John Calvin* (1975) stehen neben einer Vielzahl von Einzelarbeiten, die weit über die *Institutio* von 1559 hinaus die kleineren Schriften Calvins sowie seine Auslegungen und Predigten untersuchten. Forschungsberichte erschlossen die international und thematisch weit verzweigte Beschäftigung mit Calvin (Nauta 1976; Saxer 1984; Gamble 1994). Die editorische Arbeit macht Fortschritte durch die seit 1992 erscheinenden Bände der *Editio recognita* von *Ioannis Calvini Opera Omnia* und durch die Bände der *Supplementa Calviniana, Sermons inédits*. Eine zweisprachige *Calvin-Studienausgabe* macht seit 1994 mit der Vielfalt von Calvins Werk bekannt. Und die *Calvin Bibliography* erschließt in der Tradition von Vorläuferwerken (Niesel 1961; Kempff 1975) seit 1971 die Calvinliteratur im *Calvin Theological Journal*. Es bleibt abzuwarten, welche Impulse die Calvinforschung im 21. Jahrhundert durch die vertiefte Wahrnehmung der biblisch-theologischen Argumentation in seinem Gesamtwerk einschließlich der Predigten, durch Untersuchungen zur Struktur von Calvins Denken und durch die historischen Kontexte seines Wirkens erhalten wird.

Barth, Peter: Fünfundzwanzig Jahre Calvinforschung 1909–1934 (ThR.NF 6, 1934, 161–175.246–267).

Freudenberg, Matthias: Karl Barth und die reformierte Theologie. Die Auseinandersetzung mit Calvin, Zwingli und den reformierten Bekenntnisschriften während seiner Göttinger Lehrtätigkeit, 1997a.

DERS.: Wilhelm Niesels Calvin-Interpretation (in: BREIDERT, Martin/ULRICHS, Hans-Georg [Hg.]: Wilhelm Niesel – Theologe und Kirchenpolitiker [Emder Beiträge zum reformierten Protestantismus 7], 2003, 75–98).

SCHOLL, Hans (Hg.): Karl Barth und Johannes Calvin. Karl Barths Göttinger Calvin-Vorlesung von 1922, 1995.

ULRICH, Jörg: Gestalten des reformierten Protestantismus in den Biographien Stefan Zweigs. Zusammenhänge und Voraussetzungen (in: LEKEBUSCH, Sigrid/ULRICHS, Hans-Georg [Hg.]: Historische Horizonte [Emder Beiträge zum reformierten Protestantismus 5], 2002, 171–182).

ULRICHS, Hans-Georg: Der erste Anbruch einer Neuschätzung des reformierten Bekenntnisses und Kirchenwesens. Das Calvin-Jubiläum 1909 und die Reformierten in Deutschland (in: KLUETING, Harm/ROHLS, Jan [Hg.]: Reformierte Retrospektiven [Emder Beiträge zum reformierten Protestantismus 4], 2001, 231–265).

Matthias Freudenberg

5 Die Rezeption Calvins in Afrika

Hat Calvins Theologie in Afrika Fuß gefasst? Und wenn ja, wann und wie? Auf diese Fragen soll unter gründlicher Berücksichtigung der Kirchen- und Theologiegeschichte eingegangen werden.

5.1. Die Verpflanzung einer niederländisch-reformierten Kirche

In den letzten Jahrzehnten des 15. Jahrhunderts öffneten portugiesische Seefahrer den Seeweg nach Indien um die Spitze Afrikas herum. Als Calvin in Genf lebte und wirkte, baute das erzkatholische Portugal im Osten ein stetig wachsendes Handelsimperium auf. Zu Beginn des 17. Jahrhunderts jedoch konnten die protestantischen Niederlande diese Route als maritime Konkurrenten zu ihrem Vorteil nutzen und sich ein holländisches Handelsmonopol sichern. Zu diesem Zweck wurde unter offenkundiger Beteiligung der etablierten reformierten Kirche der Niederlande die VOC (Ost-Indische Kompanie) gegründet. Das Handelsunternehmen hatte somit entscheidenden Anteil daran, dass die reformierte Kirche an einem so entlegenen Ort der Welt Fuß fassen konnte. Mit der Dordrechter Synode (1618–1619), auf der die remonstrantische Theologie abgelehnt worden war, hat die Reformierte Kirche der Niederlande die drei Formeln der Einigkeit (*Confessio Belgica*, Heidelberger Katechismus, Lehrregeln von Dordrecht) als offizielle Bekenntnisschriften akzeptiert. Darüber hinaus hat die Synode eine Kirchenordnung angenommen. Sowohl diese reformierte Bekenntnisschriften als auch die Kirchenordnung enthalten calvinisches Lehrgut.

1652 errichtete die VOC eine Versorgungsstation am Kap der Guten Hoffnung, in der Bucht an der südlichen Spitze Afrikas. Aus kirchengeschichtlicher Sicht kommt dies der Gründung einer niederländisch-reformierten Kirche in Afrika gleich. Diese Kirche stützte sich auf die *Statenbijbel* und die gereimten Psalmen von Datheen mit den zuvor genannten Konfessionsgrundlagen sowie den von der

Dordrechter Synode festgelegten liturgischen Formeln und Gebeten. Der unzweifelhafte Einfluss von Genfer Schriften und Calvins Lehre auf dieses Kirchengut lässt den Schluss zu, dass Calvins Einfluss bis an die afrikanische Küste reichte. Vor dem Hintergrund der wachsenden Niederlassung vereinte die Lehre der kapholländisch-reformierten Kirche die orthodoxe Scholastik mit dem empirischen Ansatz der niederländischen »Zweiten Reformation« (»Nadere Reformatie«).

5.2. Kirchen und Missionen im 19. Jahrhundert

Gegen Ende des 18. Jahrhunderts wurde das kapholländische *Corpus Christianum* durch ein britisch-christliches Gemeinwesen ersetzt. Dieses politische Ereignis war von großer kirchengeschichtlicher Bedeutung. In der nunmehr britischen Kapkolonie etablierten sich auch Kirchen englischen Ursprungs (Anglikaner, Presbyterianer, Methodisten, Kongregationalisten und Baptisten). Noch komplizierter wurde die Situation, als ab 1800 eine Missionsgesellschaft nach der anderen (etwa aus Deutschland, Skandinavien, Frankreich, Schottland, England, Amerika) in Südafrika tätig wurde, um den Stämmen dieser weiten Landstriche das Evangelium zu predigen. Im Laufe des 19. Jahrhunderts weiteten sie ihren Radius bis zu 1800 Kilometer nördlich von Kapstadt aus und gründeten Missionsstationen als Keimzellen indigener Kirchen.

Die zunehmende Kolonialisierung Afrikas im Laufe der zweiten Jahrhunderthälfte förderte die Tätigkeit der Missionsgesellschaften insofern, als die Kolonialbehörden den Missionsinitiativen meist wohlwollend gesinnt waren. Und tatsächlich war die moderne protestantische Missionstätigkeit in Afrika erstaunlich erfolgreich. Zu Beginn des 20. Jahrhunderts hatten sich missionarische Einrichtungen und Kirchen – anglikanischen, methodistischen, presbyterianischen, kongregationalistischen, lutherischen und reformierten Ursprungs – praktisch über den gesamten Süden des Kontinents und Zentralafrika verbreitet. Indirekt wird der Einfluss von Calvin und seiner Theologie in der pastoralen Tätigkeit der Missionsgesellschaften von Presbyterianern und Vertretern der *Westminster Confession* deutlich, insbesondere dort, wo die Lehren von John Knox starken Nachhall fanden. Somit lässt sich der Einfluss Calvins und seiner Lehre in Afrika auch in jenen indigenen Kirchen nachweisen, die ursprünglich auf die oben beschriebene Missionstätigkeit zurückgehen. Als man in der zweiten Hälfte des 19. Jahrhunderts mit der Ausbildung afrikanischer Theologen begann, verstärkte sich das kirchenhistorische Interesse an Calvin noch einmal. Damit wird deutlich: Calvins Lehre und Einfluss gelangten auf zweierlei Weise nach Afrika: Zum einen durch die Missionstätigkeit von Presbyterianern und Vertretern der *Westminster Confession*, mit einer Orientierung an John Knox; zum anderen mit den reformierten Bekenntnissen aus den Niederlanden. Die letztgenannte Linie des indirekten Einflusses Calvins bildete den Rahmen, aus dem eine bestimmte kirchenhistorische und kulturelle Entwicklung in Südafrika im 20. Jahrhundert hervorging – eine Entwicklung, die bewußt an Calvin anknüpfte.

5.3. Die steigende Bedeutung Calvins ab Mitte des 19. Jahrhunderts

Etwa ab der Mitte des 19. Jahrhunderts erfuhr die kapholländische und reformierte Kirche eine kirchenpolitische wie theologische Spaltung:

Die kapholländische und reformierte Kirche (seit 1843 bekannt als »Nederduitse Gereformeerde Kerk«) musste in der Kapkolonie mit einer starken kirchlichen Verzweigung Schritt halten. Das Wachstum dieser Kirche war im 19. Jahrhundert beachtlich. Mit ihrer ausgeprägten *evangelikalen* Ausrichtung begann die »Nederduitse Gereformeerde Kerk« ihre Missionsarbeit in Südafrika und den britischen Kolonien weiter nördlich. Bis 1910 hatten sich in Südafrika, Malawi, Sambia und Simbabwe indigene Kirchen gegründet. Sie alle traten für die Bekenntnisschriften von Dordrecht, die drei Formeln der Einigkeit ein.

In der nach dem »Groot Trek«, der historischen Wanderung der Buren aus der Kapkolonie in weiter nördlich gelegene Gebiete zwischen 1836 und 1838, gegründeten »Zuid-Afrikaanschen Republiek« (ZAR = Transvaal) orientierte sich die »Nederduitsch Hervormde Kerk in Afrika« weiterhin an der anerkannten reformierten Kirche der Niederlande.

Die »Reformierten Kirchen in Südafrika« (*Gereformeerde Kerke in Suid-Afrika*) – von denen die ersten Gemeinden 1859 im nördlichen Transvaal, in der Republik Oranje-Freistaat sowie in der südlichen Kapkolonie gegründet wurden – orientierten sich bewusst an der Theologie von Dordrecht aus dem 17. Jahrhundert und schufen damit ein konfessionelles Bewusstsein, in dem erneut der Einfluss Calvins zu Tage trat. Man kann mit Fug und Recht behaupten, dass eine »Calvinistische Bewegung« in Südafrika im 20. Jahrhundert in dieser Kirche ihren Ausgang nahm.

5.3.1. Ein wachsendes Interesse an Calvin in Südafrika

Einige Schriften, die sich mit Johannes Calvin und seinem Werk befassten, gingen gegen Ende des 19. Jahrhunderts aus dem Theologischen Seminar der Reformierten Kirchen in Burgersdorp hervor, insbesondere auf Initiative des 1894 gegründeten »Studenten Corps ›Veritas Vincet‹«. Doch erst die Vierhundertjahrfeier der Geburt Calvins im Jahre 1909 führte zu einer ganzen Reihe von Publikationen über Calvin und seine Theologie, darunter *Johannes Calvijn. Vader der Gereformeerde kerken. Zijn leven en beginselen* (*Johannes Calvin. Vater der Reformierten Kirchen. Leben und Lehren* von J.D. du Toit und T. Hamersma, 1909), gleichfalls unter der Herausgeberschaft des »Studenten Corps ›Veritas Vincet‹«. Der Titel bezeugt Calvins herausragende Stellung im theologischen Klima jener Zeit. Die Gründung des CJBF (*Calvyn Jubileum Boekefonds*) in Potchefstroom im Jahre 1909 – heute Sitz des Theologischen Seminars der Reformierten Kirchen, das 1905 von Burgersdorp hierher verlegt wurde –, ein Publikationsfonds, der dem Andenken und der Förderung Calvins und seiner Theologie verpflichtet war, leitete eine neue Phase der Auseinandersetzung mit Calvin ein.

Die Würdigung der historischen, theologischen und kulturellen Bedeutung Johannes Calvins für Südafrika und darüber hinaus war Bestandteil einer umfassenderen Bewegung im Südafrika des 20. Jahrhunderts. Diese als »Calvinismus« bezeichnete Bewegung besann sich theologisch auf das historische Werk des Genfer Reformators und konfessionell auf die »Drei Formeln der Einigkeit« in Anlehnung an die Dordrechter Kirchenordnung.

1929 fand die Bewegung in der Gründung des »Kristelik-Nationale Bond van Kalviniste in Suid-Afrika« (Christlich-Nationaler Bund von Calvinisten in Südafrika), der sich bewusst mit gleichgesinnten Organisationen in Nordamerika und den Niederlanden vernetzte, ihren Höhepunkt. Unterstützt wurde diese Initiative von führenden Persönlichkeiten in allen drei afrikaanssprachigen Denominationen niederländisch-reformierter Herkunft. Die vielleicht wichtigsten aus dieser Initiative hervorgegangenen Werke waren die von der FCSV (*Federasie van die Calvinistiese Studenteverenigings in Suid-Afrika*) 1935–1941 in Stellenbosch herausgegebenen Schriften *Koers in die Krisis*. In diesen drei umfangreichen Bänden erschienen Artikel von prominenten südafrikanischen, niederländischen und anderen internationalen Akademikern zu Calvin selbst sowie zur Wirkungsgeschichte seiner Lehren in den unterschiedlichsten kulturellen Bereichen: der Bibel, Kirche, Theologie, Bildung, Philosophie, Gesellschaftslehre, Anthropologie. Das Vorwort schrieb kein Geringerer als der niederländische Premierminister, H. Colijn. Von den 30er bis in die 50er Jahre hinein erschienen beim FCSV eine Reihe weiterer bedeutender Schriften zum Calvinismus.

5.3.2. Calvin in der Forschung

Seit der ersten Hälfte des 20. Jahrhunderts beschäftigten sich Gelehrte wie J.D. du Toit, L.J. du Plessis, J.Chr. Coetzee, H.G. Stoker, P. de B. Kock, E.A. Venter, J.H. Strauss, F.J.M. Potgieter im Rahmen naturwissenschaftlich-philosophischer, theologischer und pädagogischer Untersuchungen mit Calvin und seiner Lehre; dabei arbeiteten sie mit angesehenen Kollegen aus den Niederlanden zusammen, darunter H. Dooyeweerd und D.H.Th. Vollenhoven, die ihrerseits der vorausgehenden Gelehrtengeneration, darunter A. Kuyper und H. Bavink, verpflichtet waren. Aus dieser Forschungstätigkeit gingen einige bedeutende Studien hervor, meist Dissertationen oder wissenschaftliche Aufsätze, die sich mit den unterschiedlichsten historischen, theologischen und philosophischen Aspekten Calvins befassen.

Eine zweite Welle des Interesses an und der Auseinandersetzung mit Calvin setzte in den späten fünfziger Jahren ein und brachte eine Reihe hervorragender und international anerkannter Studien hervor, darunter das bekannte Werk von A.M. Hugo über Calvin und Seneca. Zu jener Zeit erschien eine beträchtliche Anzahl Dissertationen, die ihre Forschung vornehmlich auf Europa konzentrierten.

Fast zeitgleich mit der stetig wachsenden Zahl wissenschaftlicher Studien zu Calvin wurde in den 60er Jahren in Potchefstroom das IBC (*Instituut vir die Bevordering van Calvinisme*, das Institut für die Förderung des Calvinismus), als Nachfolger der »Calvinistiese Stigting« (Calvinistische Stiftung) ins Leben gerufen. Neben Aufsätzen und kleinen Schriften zu verschiedenen Themen in diesem Bereich wurde in den frühen 70er Jahren ein breit angelegtes Forschungsprojekt zu Calvin und seinem Einfluss in Südafrika in Angriff genommen. Da in den Bibliografien Erichsons (bis 1900) und Niesels (1900–1959) zahlreiche südafrikanische Veröffentlichungen über Calvin fehlten, diente das Projekt dazu, ein vollständiges Verzeichnis sämtlicher südafrikanischer Publikationen, Fachzeitschriften usw. über Calvin zu erstellen, woraus schließlich die *Bibliografie van Suid-Afrikaanse Calviniana* (1973) von D. Kempff hervorging. Ergänzt wurde dieses Projekt später durch die vier von B. J. van der Walt herausgegebenen umfassenden Bände über Calvins Wirkung in Südafrika (*Die inslag van die Calvinisme in Suid-Afrika* – 1980). Die hervorragendste Calvinstudie des IBC stellte D. Kempff, *A Bibliography of Calviniana:* 1959–1974 von 1975 dar, als Fortsetzung zur vorherigen Bibliografie von W. Niesel konzipiert. Der Band wurde in Potchefstroom, aber auch in Leiden (Niederlande) herausgegeben, wo er mit in die *Studies in Medieval and Reformation Thought* (Brill) eingeschlossen wurde. Das IBC wurde später in den 80ern in IRS (»Instituut vir Reformatoriese Studies«) umbenannt, und schließlich 1999 geschlossen. Abgesehen von einigen umfangreichen Publikationen über Calvin, z. B. dem Band über den Calvin-Kongress von 1984, *John Calvin's Institutes, his opus magnum* (Potchefstroom, 1986, Herausgeber: B. J. van der Walt), beherrschten die verschiedenen Reihen des IBC (IRS) mit Schwerpunkt auf Calvin (z. B. *Calvyncauserieë*, Reihe F4 des IBC/IRS) das Bild, auch wenn sie eher populärwissenschaftlich geschrieben waren und auf ein breiteres, weniger akademisches Publikum zielten.

5.3.3. Calvin-Kongresse

Im Gefolge des *Europäischen Kongresses für Calvinforschung* 1974 in Amsterdam und des *Internationalen Kongresses für Calvinforschung* 1978, ebenfalls in Amsterdam, an dem drei südafrikanische Akademiker mitwirkten, tagte der erste *Südafrikanische Kongress der Calvinforschung* 1980 in Pretoria, bei dem A. D. Pont, der bereits am Internationalen Kongress von 1978 mitgewirkt hatte, eine führende Rolle spielte. Dieser Kongress wurde alle vier Jahre (1984 – Potchefstroom, 1988 – Stellenbosch, 1992 – Bloemfontein, 1996 – Pretoria, 2000 – Potchefstroom, 2004 – Stellenbosch), jeweils unter Beteiligung ausländischer Calvinforscher, abgehalten. Umgekehrt waren auch auf den verschiedenen internationalen Kongressen für Calvinforschung seit 1978 südafrikanische Teilnehmer vertreten. Einige nennenswerte Beiträge bestanden in Seminaren, die von südafrikanischen Forschern abgehalten wurden. Die regionalen südafrikanischen Kongresse gaben einer Reihe von Autoren Gelegenheit, ihre Dissertationen über Calvin und sein Werk, von denen einige in Europa entstanden, einem breiteren akademischen Publikum Südafrikas vorzustellen.

5.3.4. Calvinübersetzungen

Die Calvin-Kongresse regten auch eine erneute, gründliche Forschung zu den Primärtexten an und in der Folge in den späten 70er Jahren des 20. Jahrhunderts das umfangreiche Projekt einer Übersetzung des Calvinischen Werks ins Afrikaans. Bis dahin standen nur wenige Übersetzungen Calvinischer Schriften in Südafrika zur Verfügung, noch dazu teilweise sekundärer Natur. Mit teilweiser Unterstützung seitens anderer Calvinforscher und eines damals eigens dafür eingerichteten Calvininstituts machte sich H.W. Simpson (Potchefstroom) daran, Calvins *Institutio* in den Ausgaben von 1536 und 1559 sowie einige untergeordnete Werke, wie den Katechismus von 1545, aus dem Lateinischen ins Afrikaans zu übersetzen. Seit den frühen Jahren des 21. Jahrhunderts ist unter Federführung von S. Postma eine neue Übersetzung in Arbeit, darunter auch Calvins Kommentare zum Neuen Testament, die damit zum ersten Mal auf Afrikaans erscheinen. Diese Übersetzungen werden derzeit vom »Institut für Klassische und Reformatorische Studien«, 2005 in Bloemfontein gegründet, herausgegeben. Übersetzungen in andere afrikanische Sprachen sind geplant.

5.3.5. Nutzen und Missbrauch Calvins

In der zweiten Hälfte des 20. Jahrhunderts erschien eine Reihe von sowohl akademischen als auch populärwissenschaftlichen Zeitschriften, die unter anderem die Auseinandersetzung mit Calvins Schriften beflügelten. Diese Periodika dienten selbst als Forum für die unterschiedlichsten Lesarten Calvins, insbesondere im Zusammenhang mit politischen Themen wie dem der Apartheid. Ein großer Teil der Literaturflut aus jener Zeit, die sich auf Calvin beruft, lässt kaum eine Auseinandersetzung mit den Primärschriften Calvins erkennen. Tatsächlich erbringt D.F. du Plessis' 1996 eingereichte Dissertation den Nachweis, dass in Südafrika Vertreter gegensätzlicher Standpunkte in der ideologisch-politischen Diskussionen jeweils Calvin zur Untermauerung ihrer Argumentation heranzogen, ohne den Anschein zu erwecken, sie hätten Calvin jemals selbst gelesen.

5.4. Das übrige Afrika im 20. Jahrhundert

Außerhalb Südafrikas wurde Calvin auf dem Kontinent nicht so intensiv rezipiert und interpretiert. Die zwei kirchlichen Traditionen, die Calvin und seine Lehre nach Afrika gebracht hatten (s.o. 5.2), waren noch bis ins 20. Jahrhundert lebendig. Für die Kirchengeschichte des damaligen Afrika kennzeichnend war die Tatsache, dass seine Kirchen erwachsen wurden und eine eigene, unverwechselbare Stimme für sich in Anspruch nahmen. In den auf der *Westminster Confession* fußenden Kirchen mit presbyterianischem Erbe und presbyterianischer Organisationsstruktur blieb ein indirekter Einfluss Calvins gegenwärtig. Das erklärt auch die vielen reformierten Kirchen, die sich auf die *Confessio Belgica*, den Heidelberger Katechismus und die Dordrechter Canones als konfessionelle Grundlagen verständigt haben. Bedeutsam ist in diesem Zusammenhang auch die Arbeit reformierter Kirchen insbesondere aus den Niederlanden und Nordamerika. Sie gründeten und förderten einheimische Kirchen reformierter Prägung und verbanden sie auf diese Weise mit der calvinischen Lehre. Diese Art von Missionstätigkeit ist in Afrika bis heute lebendig, etwa durch Radiosendungen (z.B. seit den 70er Jahren von A.R. Kayayan und »Perspectives Réformées« aus Frankreich und später den USA, sowie gegenwärtig mit der Sendung »Foi et Vie Réformées« aus Pretoria, die ausgesprochen calvinistisch-reformierte Züge trägt).

Zum anderen findet die Reformation und damit Calvin im Lehrplan zahlreicher theologischer Institutionen (Seminare, Bibelschulen, theologische Fakultäten und Abteilungen) in ganz Afrika vor allem im kirchengeschichtlichen Kontext bis heute viel Beachtung. Auf diese Weise bleibt Calvin als einer der bedeutenden Reformatoren des 16. Jahrhunderts in Erinnerung und weithin bekannt.

5.5. Fazit

Unser Überblick zeigt, dass Calvins Lehre durch Kirchen und Missionsgesellschaften reformierter und presbyterianischer Konfession nach Afrika gelangte. In den meisten theologischen Ausbildungsstätten Afrikas wird Calvin bis heute Beachtung geschenkt und quer durch den Kontinent gilt er als berühmter, einflussreicher reformierter Theologe. Im späten 20. Jahrhundert war Südafrika ein fruchtbarer Boden für Übersetzungen und eine rege Forschungstätigkeit zu Calvins Werk. Gleichwohl bleibt Calvin für die meisten afrikanischen Christen jedoch ein bloßer Name, seine Lehre dagegen weithin unbekannt.

Kempff, Dionysius: A Bibliography of Calviniana: 1959–1974, Potchefstroom 1973.

Walt, B.J. van der (Hg.): Die inslag van die Calvinisme in Suid-Afrika: 'n Bibliografie van Suid-Afrikaanse tydskrifartikels. Deel I: Histories en prinsipieel. Potchefstroom: PU vir CHO. (Wetenskaplike Bydraes van die PU vir CHO. Reeks F5. Studies oor die inslag van die Calvinisme in Suid-Afrika, Nr. 3. IBC.), 1980a.

Ders. (Hg.): aaO. Deel II: Godsdienstig en teologies. Potchefstroom: PU vir CHO. (Wetenskaplike Bydraes van die PU vir CHO. Reeks F5. Studies oor die inslag van die Calvinisme in Suid-Afrika, Nr. 4. IBC.), 1980b.

Ders. (Hg.): aaO. Deel III: Wetenskaplik en opvoedkundig. Potchefstroom: PU vir CHO. (Wetenskaplike Bydraes van die PU vir CHO. Reeks F5. Studies oor die inslag van die Calvinisme in Suid-Afrika, Nr. 5. IBC.), 1980c.

Ders. (Hg.): aaO. Deel IV: Maatskaplik en staatkundig. Potchefstroom: PU vir CHO. (Wetenskaplike Bydraes van die PU vir CHO. Reeks F5. Studies oor die inslag van die Calvinisme in Suid-Afrika, Nr. 6. IBC.), 1980d.

(Übersetzt von *Anke Kreuzer*) *Dolf Britz/Victor d'Assonville*

6. Die Rezeption Calvins in Asien

Asien entzieht sich – ähnlich wie Europa – aufgrund seiner Vielfalt einer allzu einfachen Übersicht. Im Falle Calvins liegt es nahe, sich exemplarisch auf einige Länder zu konzentrieren. Calvins Rezeption in Asien weist drei Merkmale auf. Erstens wurde der Protestantismus, und damit auch Calvin, als wesentlicher Bestandteil des Christentums wahrgenommen und nicht als eine vom römischen Katholizismus abgespaltene Kirchenbewegung. Zweitens setzte Calvins Einfluss in Asien mit calvinistisch geprägter, westlicher Missionstätigkeit im 19. Jahrhundert ein. Und drittens spiegelt die Rezeption Calvins in Asien im Verlauf des 20. Jahrhunderts das ganze Spektrum des historischen, politischen und kulturellen Umfelds.

6.1. Die Rezeption in China

1. Die Frühphase der Mission (1807–1842). Die ersten westlichen protestantischen Missionare kamen 1807 nach China. Auch wenn die Bibel bereits 1824 ins Chinesische übersetzt wurde (wie erneut 1937–1940), kam die Mission nicht recht in Gang. 2. Die zweite Phase (1842–1911). Nach dem ersten Opiumkrieg (1839–1842) begann China 1859 damit, sich im Sinne von Religionsfreiheit zu öffnen. Allerdings forderten radikale Reformer und Gegner einer Politik westlichen Stils eine drastische politische und wirtschaftliche Wiederherstellung alter Verhältnisse. 3. Die dritte Phase (1911–1949). In dieser Phase litt der chinesische Protestantismus unter politischem Chaos, Kommunismus und japanischem Imperialismus. 4. Die vierte Phase (1949–1978). 1954 trat die »Drei-Selbst-Bewegung« in Erscheinung. Während der Kulturrevolution verschlechterte sich die Situation. Vor diesem Hintergrund breitete sich die chinesische christliche Bewegung mit ihrer Betonung der kirchlichen Eigenverantwortung aus. 5. Die fünfte Phase (1978 bis heute). Am Ende der Kulturrevolution erfuhr die »Drei-Selbst-Bewegung« wieder eine Neuordnung. 1991 akzeptierte sie der WCC als die Hauptströmung des chinesischen Protestantismus. Alles in allem ist es aber aufgrund der Eigenheiten der chinesischen Geschichte und ihres kulturellen Zusammenhangs nicht einfach, den Einfluss calvinistischer Theologie in China richtig einzuschätzen. In den letzten Jahren aber haben sich mehrere junge Universitätsprofessoren mit Calvins Bedeutung für die heutige chinesische Gesellschaft beschäftigt.

6.2. Die Rezeption in Taiwan

Faktisch begann eine protestantische Missionstätigkeit 1865 durch englische Presbyterianer, auch wenn Taiwan schon 1627 niederländische Missionare empfing. Während der japanischen Kolonialzeit (1895–1945) behauptete sich eine kleine, aber lebendige taiwanesische Kirche in einer zunehmend feindlichen Umgebung. In den ersten Jahrzehnten nach dem Krieg ergoss sich eine Flut von Flüchtlingen und Missionaren nach Taiwan. Auf der einen Seite wurde die Insel dadurch zu einem bedeutenden neuen christlichen Glaubenszentrum. Auf der anderen Seite war es aufgrund der frustrierenden politischen Lage eine Zeit der Ungewissheit. Die Machtübernahme der Kommunisten in China stachelte die Nationalisten an, weiter einen Bürgerkrieg zur Rückeroberung des chinesischen Festlandes führen. Taiwan war allen politischen Rückschlägen zum Trotz und nicht selten auf Kosten der Menschenrechte eine starke ökonomische Kraft geworden. Diese Situation hatte Einfluss auf die Rezeption Calvins in Taiwan. Die presbyterianische Kirche von Taiwan geriet aufgrund ihres Eintretens für die Menschenrechte unter den Druck der Regierung. Diese calvinistische Kirche argumentierte, der Mensch als Ebenbild Gottes habe nach Gottes Plan Anspruch auf ein gerechtes und friedfertiges, humanes Leben, denn Gottes Barmherzigkeit gelte den Menschen in Taiwan wie denen auf der ganzen Welt.

6.3. Die Rezeption in Japan

6.3.1. Protestantische Anfänge (1859–1900)

Von den ersten fünf protestantischen Missionaren, die 1859 Japan erreichten, gehörten drei der Presbyterianischen und Reformierten Kirche in Amerika an. Sie waren evangelisch, aber nicht konfessionell orientiert und gründeten, zusammen mit den Missionaren der kongregationalistischen Kirchen in den USA, 1877 die *Nihon Kirisuto Itchi Kyokai* (Vereinigte Kirche Christi in Japan). Ihre Hoffnung war es, dass es nur *eine* protestantische Kirche in Japan geben würde, doch diese Vorstellung konnte nicht verwirklicht werden, so dass sich aus der ursprünglich protestantischen Kirche bald eine presbyterianisch-reformierte Richtung abspaltete und unter dem Namen *Nihon Kirisuto Kyokai* (Kirche Christi in Japan) etablierte. Die drei ursprünglich mit dieser Kirche verbundenen ausländischen Missionsgesellschaften gehörten der Presbyterianischen Kirche von Nordamerika, der Reformierten Kirche in Amerika und der Vereinigten Presbyterianischen Kirche Schottlands an. Wenig später kamen auch Missionare der Presbyterianischen Kirche des Südens, der Cumberland-Presbyterianischen Kirche und der Deutschen Reformierten Kirche (USA), um mit dieser Glaubensgemeinschaft zusammenzuarbeiten.

Als Grundgerüst ihrer Lehre übernahm die *Nihon Kirisuto Kyokai* die *Westminster Confession*, den Kleinen sowie den Heidelberger Katechismus und die Dordrechter Canones. In ihrer Prägungsphase konzentrierte sich die Kirche allerdings auf Bibelübersetzungen und zentrale protestantische Lehren. Calvin an sich brachte man zu jener Zeit nur geringes Interesse entgegen.

6.3.2. Die Einführung Calvins und des Calvinismus

Zwei Schlüsselfiguren, beide Mitglieder der *Nihon Kirisuto Kyokai*, waren für die Einführung Calvins und seiner reformierten Theologie im Japan des frühen 20. Jahrhunderts entscheidend. Der eine war Masahisa Uemura (1858–1925), das begabte, charismatische Oberhaupt der Kirche, das 1904 ein Seminar in Tokio gründete. Bereits 1886 war die Meiji-Gakuin-Universität in Tokio mit Unterstützung der Presbyterianischen Kirche (USA) und der Reformierten Kirche in Amerika gegründet worden. Sie umfasste auch das Union Theological Seminary der *Nihon Kirisuto Itchi Kyokai*. Uemuras Vorlesungen über Calvin und zu ihm in Beziehung stehende Schriften hinterließen nicht nur bei dieser Stundentengeneration, sondern auch späteren Theologen, die in der presbyterianisch-reformierten Tradition standen, einen nachhaltigen Eindruck.

Der andere Gelehrte war der fähige Theologe und Geistliche Tokutaro Kakakura (1885–1934), der von seinem Graduiertenstudium an der Universität von Edinburgh eine Begeisterung für Calvin und reformierte Theologie nach Japan mitbrachte und eine weitere Generation von Priestern und Wissenschaftlern beeinflussen sollte.

Inzwischen übersetzte in den Jahren von 1934 bis 1939 der talentierte Linguist Masaki Nakayama Calvins *Institutio* ins Japanische. Die hervorragende Übersetzung aus dem Lateinischen wurde bis zum Zweiten Weltkrieg nicht nur von japanischen, sondern auch von koreanischen Pastoren verwendet. Einige Kommentare Calvins zum Neuen Testament wurden ebenfalls in dieser Zeit ins Japanische übersetzt.

6.3.3. Calvins Popularität im Nachkriegsjapan (1945–1973)

Die Nachkriegszeit sollte sich für das japanische Interesse an der Kirchengeschichte als die fruchtbarste Epoche erweisen. Unglücklicherweise war die *Nihon Kirisuto Kyokai*, vor dem Krieg die größte protestantische Glaubensgemeinschaft, nun in drei Gruppen zersplittert. Die große Mehrheit der Kirchen schloss sich der neu entstandenen *Nihon Kirisuto Kyodan* (Vereinigte Kirche Christi in Japan) an, doch aus vielerlei Gründen verließen zwei Gruppen die *Kyodan*: eine davon die weiter existierende *Nihon Kirisuto Kyokai* (*Shin Nikki*), die andere die *Kaikakuha* (Reformierte Kirche in Japan). Erstere leitete ein kleines Seminar in Tokio, letztere eins in Kobe, das sich mehr an den Westminster Seminary in den USA orientierte. Die von Uemura organisierten theologischen Schulen wurden zusammen mit der theologischen Fakultät der Meiji-Gakuin-Universität dem nach dem Krieg gegründeten Tokyo Union Theological Seminary eingegliedert.

Vier Faktoren trugen im Nachkriegsjapan zum Wiederaufleben der Calvin-Forschung bei: 1. neue Übersetzungen der Werke Calvins, darunter bekannte von Nobuo Watanabe; 2. mehrere jüngere Forscher, die an Universitäten in Übersee Abschlussarbeiten zu Calvin und verwandten Themen schrieben; 3. an Calvin interessierte Studenten am Tokyo Union Seminary; 4. die Gründung von Gesellschaften zum Studium Calvins.

1960 waren Masaichi Takemori (Union-Seminar), Nobuo Watanabe (Shin-Nikki-Seminar) und John Hesselink (Missionar der Reformierten Kirchen), in Kooperation mit der *Shinkyo Shuppansha* (Protestantische Verlagsgesellschaft), entscheidend an der Gründung der japanischen Calvin Translation Society beteiligt. Die erste große Leistung dieser Gesellschaft war eine Neuübersetzung der *Institutio* durch Nobuo Watanabe, der auch Calvins Kommentar zum Römerbrief übersetzte. Zuvor hatte Watanabe schon Calvins *Institutio* (1536) übersetzt und damit einen religiösen Bestseller gelandet. Kurze Zeit später wurden, zusammen mit einigen seiner Abhandlungen, andere Kommentare Calvins veröffentlicht, so dass 1970 sämtliche Calvinkommentare zum Neuen Testament sowie die zu Genesis und den Psalmen auf Japanisch verfügbar waren. In der Folge entstanden in den Kirchen zahlreiche Arbeitsgruppen, die Calvins *Institutio* wie auch einige seiner Kommentare lasen. Zu dieser Zeit wurden überdies Biografien und Forschungsarbeiten zur Calvinschen Theologie publiziert.

Schon bald nach dem Krieg studierten junge Akademiker im Ausland und schrieben Abschlussarbeiten zu Calvin: Makoto Morii in Straßburg, Akira Demura und Tadataka Murayama am *Princeton Seminary* über Calvin, Oekolampad und Beza. Sie blieben auch später an ihren jeweiligen Instituten einflussreich.

Zwar hatten an der führenden theologischen Fakultät in Japan, dem *Tokyo Union Seminary*, die reformierten Kirchen dank des herausragenden Theologen Yoshita Kumano einen starken Einfluss, doch der erste Calvinexperte John Hesselink nahm erst 1961 seine Lehrtätigkeit auf. Hesselink hatte gerade bei Karl Barth seine Doktorarbeit über Calvin fertiggestellt und lehrte von 1961 bis 1973 am *Tokyo Union Seminary*. Damals schrieben an diesem Seminar mehr Studenten ihre Examensarbeiten über Calvin als über irgendein anderes historisch-theologisches Thema.

Viele dieser Studenten gründeten zusammen eine neue Gesellschaft für Calvinstudien unter der Leitung von Takeshi Taksaki. Diese bis heute fortbestehende Organisation ergänzt die ältere, 1955 entstandene Calvinistische Vereinigung Japans.

6.3.4. Neuere Calvinforschung (ab 1973)

Das Interesse an der Calvinforschung hat seit ihrer Renaissance in der Nachkriegszeit inzwischen etwas nachgelassen, dennoch wurden in den letzten Jahren eine Reihe von bedeutenden Werken veröffentlicht. Atsumi Kume, mit Lehrstuhl für französische Literatur, veröffentlichte 1980 eine Arbeit über Calvin und 1986 eine Übersetzung des ersten Bandes von Calvins *Institutio* (1536). Sie übernahm auch bei der zusammen mit einem Team jüngerer Forscher in Angriff genommenen Übersetzung der Predigten die Leitung. Von Masanaru Tanoue, Professor für Politikwissenschaft an der Universität von Keio, erschien 1999 ein Buch über

Calvins Lehre zur Politik, und Makoto Morii brachte 2005 eine Calvinbiografie heraus. Besonders erwähnenswert ist außerdem eine 2006 von dem langjährigen Calvinforscher Nobuo Watanabe fertig gestellte, neue Übersetzung der *Institutio*, die Geistlichen wie Laien einen neuen Impuls zum Studium Calvins geben sollte.

6.4. Die Rezeption in Korea

Vergleicht man die Rezeption des Protestantismus in Korea mit der in anderen asiatischen Länder, so fallen drei charakteristische Besonderheiten auf: zum einen eine *spontane, bibelnahe* Rezeption in den frühen 80er Jahren des 19. Jahrhunderts. Die ersten koreanischen Konvertiten bekehrten sich außerhalb Koreas, nämlich in China und Japan, aus freien Stücken zum Protestantismus und übersetzten und veröffentlichten die Bibel dort (1882–1885) schon vor der Ankunft der Missionare (1885). Zum Zweiten die *günstigen historischen Umstände*. Da der Calvinismus durch westliche Missionare eingeführt wurde, die in keinerlei Verbindung zur Kolonialpolitik hinsichtlich Korea standen, und da er der nationalen Bewegung Auftrieb gab, konnte Calvins Denken auf koreanischem Boden langfristig Fuß fassen. Die dritte Besonderheit ist sein *nachhaltiger Einfluss*. Bis heute inspiriert Calvins Spiritualität die Menschen auf der Halbinsel, während Korea auch noch nach der Befreiung (1945) unter der Teilung zwischen dem Süden und dem Norden leidet.

6.4.1. Die Phase der Einführung von Calvins Lehre (1885–1945)

1. Einführung des Calvinismus durch protestantische Missionare (1885–1907). 1885 erreichte als erster protestantischer Missionar ein nordamerikanischer presbyterianischer Geistlicher niederländisch-reformierter Konfession Korea: H.G. Underwood. 1900 wurde das ganze Neue Testament ins Koreanische übersetzt, 1911 dann das Alte Testament. S.A. Moffett, ein presbyterianischer Missionar, gründete 1901 das Pjöngjang-Seminar. Diese theologische Fakultät wurde zur Keimzelle für die Calvinforschung und die Verbreitung von Calvins Gedankengut. Die Dynamik dieses Seminars zeigt sich allein schon darin, wie viele Ableger aus ihm hervorgegangen sind: das theologische Seminar von Chongshin und, seit seiner Aufspaltung im Jahre 1959, das Presbyterianische Theologische Seminar.

2. Ein leidvoller Weg zur Konsolidierung (1907–1945). 2.1. Herausbildung einer presbyterianischen Kirche unter japanischer Besatzung. Die 1907 von Sun-Joo Kil innerhalb der presbyterianischen Kirche ins Leben gerufene »Große Erweckungsbewegung von Pjöngjang« sollte für die Spiritualität der presbyterianischen Kirche Koreas kennzeichnend werden. Im selben Jahr tagte auch die erste unabhängige presbyterianische Synode Koreas, die sich zur calvinistischen Lehre bekannte, und 1912 die erste Generalversammlung der presbyterianischen Kirche Koreas. Allgemein lässt sich sagen, dass die frühen an Calvin orientierten koreanischen

Protestanten in der Zeit der Kolonisierung durch Japan (1910–1945) eine wichtige Rolle im Land spielten. Das Leid, dem koreanische Presbyterianer unter der Kolonialherrschaft Stand hielten, führte letztlich dazu, dass die Lehre Calvins in Korea starke Wurzeln schlug und als Glaubensbekenntnis hoch geachtet wurde. 2.2. Die Anfänge der Calvinforschung. Nach der Einführung des Calvinismus durch presbyterianische Missionare erschienen 1934 engagierte akademische Arbeiten von Koreanern über Calvin. Als jedoch die 1935 einsetzende Schinto-Schrein-Kontroverse 1938 zur Schließung des Pjöngjang-Seminars führte, nahm trotz der Neugründung der theologischen Fakultät in Seoul im Jahr 1940 auch die Zahl der Calvinstudien ab.

6.4.2. Weitere Entwicklung der Rezeption Calvins (1945–1979)

Obwohl Korea selbst nach seiner Befreiung (1945) unter der Teilung und dem Koreakrieg (1950–1953) litt, schöpften koreanische Protestanten aus Calvins Lehre weiterhin Mut und Inspiration. Koreanische Calvinstudien lebten schon ab den 50er Jahren wieder auf, doch von besonderer Bedeutung ist das Jahr 1962. Damals entwickelte sich die Rezeption Calvins sowohl in eine fortschrittliche als auch in eine konservative Richtung weiter. 1. Selbstorientierung der Koreanischen Presbyterianischen Kirchen nach Maßgabe der jeweiligen Calvinauslegung. 1.1. Konservative Gruppierungen mit Betonung von Calvins Auffassung von biblischer Autorität. 1.1.1. Hyung-Non Park (1897–1978) ist ein Kirchenvater der konservativen koreanischen Calvinrezeption, dessen Auslegung Calvins von J.G. Machen und L. Berkhof beeinflusst war. Sein Kampf gegen Modernität und theologische Liberalität spielt bis heute eine gewichtige Rolle im konservativen Flügel. Seine vollständigen Werke wurden 1978 in 20 Bänden als *Gesammelte Werke Dr. Hyung Nong Parks* veröffentlicht. 1.1.2. Yune-Sun Park (1905–1988) war ein typisches Beispiel für eine Rezeption Calvins im Sinne biblischer Theologie. Er hatte mit amerikanischem und niederländischem Calvinismus Erfahrungen gesammelt und brachte diese mit nach Korea; 1979 veröffentlichte er die der Lehre Calvins verpflichteten *Kommentare zum Neuen und Alten Testament* zur gesamten Bibel. 1.1.3. Keun Sam Lee leistete im Hinblick auf die calvinistische Weltanschauung einen wichtigen Forschungsbeitrag. 1.1.4. Bock Eyun Shin, Schüler von H. N. Parks, setzte sich mit Calvins Gedankengut aus konservativer Sicht auseinander. 1.1.5. Sung Kuh Chung (geboren 1942) versuchte, das calvinistische Gedankengut der Niederlande in die koreanische Theologie zu integrieren. 1.2. Ökumenische Gruppierungen, die sich mit Calvins Theologie über die Einheit der Kirche beschäftigten. 1.2.1. Jong Sung Rhee bemühte sich um eine gemeinsame Basis für die Calvinforschung in Korea. Mit seiner Forderung, sich auf Calvin selbst zurückzubesinnen, war er zu jener Zeit richtungsweisend für das Verständnis Calvins. 1.2.2. Chul Ha Han und *Sou-Young Lee* näherten sich Calvin aus evangelischer und ökumenischer Sicht und interessierten sich für seine Fundamentaltheologie. 1.3. Fortschrittliche Gruppierungen, die sich auf Calvins Theologie zur sozialen Gerechtigkeit konzentrierten. 1.3.1. Chae-Choon Kim hob die fortschrittliche Rezeption Calvins in Korea aus der Taufe. Seine Werke erschienen in 20 Bänden als *Die Werke von Changkong Kim Chae Choon* (1971). 1.3.2. Auf ähnliche Weise interpretierte *Kyung Yun Chun* Calvins Leben und Schriften. 2. Systematische Calvinstudien. 1962 erschienen eine Reihe einschlägiger Calvinstudien. Anlässlich von Calvins 400. Todestag wurde 1965 von der *Korea Association of Calvon Studies* eine Gedenksammlung von Calvin-Studien veröffentlicht. 3. Übersetzungen von Primär- und Sekundärliteratur. 1977 stellte Moon Che Kim die Übersetzung der gesamten *Institutio* (1559) fertig. In den 70er Jahren wurden wichtige Werke über Calvin und den Calvinismus übersetzt.

6.4.3. Die Blütezeit des Calvinismus (ab 1980)

1. Einfluss. Calvins Rezeption in den seelsorgerischen Schriften von Kyung-Chik Han, Sun-Hee Kwak, Han-Heum Ok und Chung-Kil Hong war beachtlich. Im Hinblick auf die koreanische Gesellschaft sind auch Ik-Whan Moon (1918–1994), Won-Ryong Kang und Bong-Ho Soo indirekt von großem Einfluss. 2. Ausweitung der Calvinforschung. Es gibt aktive Calvin-Forschungsgruppen wie etwa die *Calvin-Gesellschaft Koreas* und das *Insitut für Calvinforschung*. Auch in jüngster Zeit macht die Calvinforschung mit unterschiedlichen Themen und Methoden auf sich aufmerksam. 3. Übersetzung der Werke Calvins. 3.1. Kommentare zum Alten und Neuen Testament von 1982. 3.2. Institutio (1559) von 1988. 3.3. Institutio (1536) von 1994. 3.4. Mit der Übersetzung der *Briefe und Predigten* wurde begonnen. 3.5. Verschiedene Bücher und Aufsätze aus der Calvinforschung werden übersetzt. 4. Ausblick. Es ist unumgänglich, Calvins Werk anhand seiner Originaltexte zu studieren und diese zu übersetzen. Ein Vergleich zwischen der Rezeption Calvins im westlichen und im koreanischen (asiatischen) Kontext steht noch aus.

Chung, Sung-Kuh: Korean Church and Reformed Faith: Focusing on the Historical Study of Preaching in the Korean Church, 1996.

Kume, Atsumi: La réception de Calvin au Japon (BSHPF, 1995 [141], 541–551).

Thomas, T.K. (Hg.): Christianity in Asia: North-East Asia, 1979.

Wickeri, Philip L.: Seeking the Common Ground: Protestant Christianity, the Three-Self Movement, and China's United Front, 1990.

(Übersetzt von *Anke Kreuzer*) *In-Sub Ahn*

7. Die Rezeption Calvins in Amerika

Calvins Erbe hat Religion und Kultur in Amerika tief geprägt. Eine beträchtliche Zahl der Atlantiküberquerer, die in Amerika Glaubensfreiheit und Wohlstand suchten, gehörten reformierten Kirchen an und setzten sich zusammen aus Puritanern aus England, Reformierten aus den Niederlanden und Deutschland, Hugenotten aus Frankreich und Presbyterianern aus Schottland. Deren reformierte Traditionen verdanken sich in vieler Hinsicht Calvin, aber auch anderen Reformatoren des 16. Jahrhunderts wie Ulrich Zwingli, Heinrich Bullinger, Martin Bucer und John Knox. Obwohl die Bezeichnung »Calvinismus« eine ungenaue Vereinfachung dieser breiteren konfessionellen Bewegung darstellt, ist ihr Gebrauch im Kontext der reformierten Christen in Amerika angesichts des nachhaltigen Einflusses Calvins nicht ganz unangemessen. Dieser Beitrag dient einem Überblick über die Art und Weise, mit der diese reformierte Perspektive das Entstehen und die Entwicklung protestantischen Denkens und der damit verbundenen Institutionen in Nordamerika und in geringerem Maße in Lateinamerika geprägt hat.

7.1. Die ersten Siedlungen in Amerika

Die Hugenotten waren die ersten Anhänger Calvins, die den Boden der neuen Welt unter der Führung des französischen Admirals Gaspard de Coligny betraten. Deren erste Siedlergruppe gelangte 1555 ins »antarktische Frankreich« (Brasilien), die zweite 1562 nach Florida, um dort einen Zufluchtsort für verfolgte Protestanten aus Frankreich aufzubauen und um der Ausweitung der spanischen Eroberungen Einhalt zu gebieten. Auf Colignys Ersuchen hin entsandte die Genfer Geistlichkeit im Herbst 1556 den Pastor Pierre Richier zusammen mit dreizehn weiteren hugenottischen Flüchtlingen, um – unter anderem – »den Wilden die Erkenntnis ihres Heils zu bringen« (Léry 1994, 109). Richier feierte am 21. März 1557 nach der Genfer Liturgie das erste calvinistische Abendmahl in der Neuen Welt. Ein knappes Jahr darauf verriet der Gouverneur Nicolas Durand de Villegagnon die hugenottische Mission, indem er die Hugenotten zerstreuen und drei von ihnen töten ließ. Colignys Absicht, zwischen 1562 und 1565 Florida zu besiedeln, endete mit einer noch größeren Katastrophe. Im Herbst 1565 griffen spanische Truppen die französische Siedlung bei Fort Caroline in der Nähe des heutigen Jacksonville an und massakrierten an die tausend hugenottische Siedler (Beaver 1967; Lestringant 1995). Fünfzig Jahre später errichteten Einwanderer aus England dauerhafte Siedlungen in Nordamerika. Zwischen 1620 und 1640 übersiedelten über 20.000 zumeist puritanische Männer und Frauen, die als »dissenters« von der Amtskirche abweichende Vorstellungen hatten, in die Neue Welt und gründeten Städte und Kirchen in und um Plymouth, Boston, New Haven und Hartford. Das puritanische so genannte Neu-England war ein auf die Bibel bezogenes Gemeinwesen, das sich ganz der reformierten Lehre, der kongregationalistischen Gemeindeleitung, der Bundestheologie und einer angestrengten, von Selbsterforschung geprägten Frömmigkeit verschrieb. Die Puritaner sahen in ihrem Gemeinwesen eine »Stadt auf dem Berg«, ein Leuchtfeuer des Evangeliums für das alte England. Folgerichtig wurde das politische Bürgerrecht auf die Kirchenmitgliedschaft gegründet, und diese selbst stand unter der Einforderung sichtbarer Heiligung (Benedict 2002; Stoever 1988). Der puritanische Geistliche und Historiker Cotton Mather beschreibt die Parallelen zwischen Neuengland und dem alten Genf in seinen *Magnalia Christi Americana* (1702): »[I]n unserer Zeit ist es erneut, nicht von französischen, sondern von englischen Protestanten unternommen worden, ein bestimmtes Land in Amerika mit reformierten Gemeinden zu füllen, die sich in der Lehre überhaupt nicht, im Leben nur wenig von der Kirche in Genf unterscheiden« (zitiert nach Speck/Billington, 1985, 258).

Im puritanischen Neuengland war die calvinistisch kommentierte Genfer Bibel von 1560 in Gebrauch. Der damals berühmteste Theologe war der militante Puritaner William Ames, dessen Werk »Marrow of Theology« (1623) für nahezu ein Jahrhundert den theologischen Grundlagentext am 1663 gegründeten Harvard College darstellte (Marsden 1994). Auch Calvin wurde von den Geistlichen und Studenten gelesen. »Ich liebe es, mir den Mund vor dem Schlafengehen mit einem Stück Calvin zu versüßen«, bemerkte der John Cotton aus der Anfangszeit des Puritanismus (zitiert in MacCulloch 2003, 538). Der Kongregationalismus Neuenglands wurde offiziell in der so genannten *Cambridge Platform* von 1649 kodifiziert, worin sowohl die Theologie der *Westminster Confession* (1647) als auch die Autonomie der Ortsgemeinden festgeschrieben wurden. Bis 1740 gab es bereits 423 kongregationalistische Gemeinden in den amerikanischen Siedlungsgebieten, deren Zahl diejenige der anglikanischen, presbyterianischen, baptistischen, lutherischen und reformierten Gemeinden weit überstieg (Lippy 1992, 350).

Auch Einwanderer aus den Niederlanden, aus Deutschland, Frankreich und Schottland brachten die Theologie Calvins nach Nordamerika. Als erstes landeten die Holländer, die 1624 die später New York genannte Kolonie Neu-Niederland errichteten und entlang des Hudson für Gemeindegründungen sorgten. In der Kolonialzeit wuchsen die niederländisch-reformierten Gemeinden nur langsam, was vor allem an Umständen der Einwanderung, Sprachgrenzen und knapper Versorgung mit Geistlichen lag. Als der holländische Pastor John Livingston schließlich 1792 die kirchliche Unabhängigkeit von der Amsterdamer Classe sicherte, gab es in den Vereinigten Staaten lediglich vierzig Pastoren und 116 Gemeinden (Bruggink 2004, 83). Deutsch-reformierte Gemeinden in den Siedlungen der mittleren Kolonien an der Ostküste hatten, unter etwas besseren Bedingungen, mit denselben Herausforderungen zu leben. Ihre Zahl wuchs von 51 Gemeinden im Jahr 1740 auf 201 Gemeinden im Jahr 1780. Hugenotten aus Frankreich erreichten die Neue Welt etwas später und errichteten nach der Aufhebung des Edikts von Nantes (1685) Diasporagemeinden in Massachusetts, New York und South Carolina. Da es den hugenottischen Gemeinden nicht gelang, eine funktionierende synodale Ordnung aufzubauen, kam es häufig vor, dass sich die eine oder andere Gemeinde dem Anglikanismus oder Kongregationalismus zuwandte.

Der Presbyterianismus hingegen erlebte in Amerika eine Blüte. Presbyterianische Pioniere wie Richard Denton und Francis Doughty kamen in den 30er Jahren des 17. Jahrhunderts nach Amerika und gründeten bald eine handvoll Gemeinden in Neuengland und den mittleren Kolonien. 1706 trat unter Leitung von Francis Makemie die erste überregionale presbyterianische Ältestenversammlung in Philadelphia zusammen. Das gewaltige Wachstum der presbyterianischen Kirche gab Anlass zur Gründung des Princeton College (1746) und zur Einrichtung einer Generalversammlung im Jahr 1788. Zu diesem Zeitpunkt besaß die Kirche 177 Pastoren und 420 Gemeinden in sechzehn Presbyterien (Ahlstrom 1972; Speck/Billington 1985). Die Reformierten aus den Niederlanden und Deutschland sowie die Presbyterianer aus Schottland trafen sich in der Neuen Welt in ihrer gemeinsamen Bindung an Calvins Theologie und Synodalverfassung. Theologisch geprägt waren sie durch die historischen »calvinistischen« Bekenntnisse, von denen für die Reformierten der Heidelberger Katechismus von 1563 und die Dordrechter Canones von 1619 und für die Presbyterianer die *Westminster Confession* aus dem Jahre 1619 in Geltung standen.

7.2. Die Zeit der Erweckungsbewegungen

Der Geist der Erweckungsbewegung veränderte den Calvinismus in Amerika. Die so genannte Erste Große Erweckung (*First Great Awakening*), die in den 30er und 40er Jahren des 18. Jahrhunderts die Kolonien in ihren Bann zog, führte zu einem bedeutenden Mitgliederzuwachs für die Kirchen und einer geistlichen Erneuerung für viele Christen, hinterließ die einzelnen Kirchen aber auch tief gespalten. Viele führende Gestalten der Erweckungsbewegung waren überzeugte Calvinisten, darunter Theodore Frelinghuysin (niederländisch-reformiert), Gilbert Tennent (presbyterianisch), George Whitefield (anglikanisch) und Jonathan Edwards (kongregationalistisch). Edwards war der Hauptverteidiger der evangelikalen Erweckung. In Schriften wie *A Faithful Narrative* (1737) und *Concerning Religious Affections* (1746) verteidigte er die Erweckungsbewegung als das gnädige Werk Gottes und wandte sich damit gegen Rationalisten und Konservative, die die Erweckungsveranstaltungen für störend und übertrieben gefühlsbetont hielten. Edwards gilt vielen als Amerikas wichtigster Theologe. In seiner Theologie passt er die traditionelle calvinistische Lehre der Erfahrung der Erweckung an, indem er eine uneingeschränkte Evangelisierung verteidigt, zwischen einer natürlichen Fähigkeit und moralischen Unfähigkeit des menschlichen Willens unterscheidet und selbstlose Nächstenliebe in den Vordergrund stellt (Stoever 1988). Die Zeit der Ersten Großen Erweckung riss tiefe Gräben zwischen ihren Befürwortern und Gegnern unter den Niederländisch-Reformierten und den Presbyterianern auf. Sie spaltete auch die kongregationalistisch verfassten puritanischen Gemeinden in mindestens vier Parteien. Diese waren 1. die »Alt-Calvinisten«, die die Erweckung als mit traditioneller calvinistischer Lehre unvereinbar ablehnten, 2. die »Old Lights«, die – religiösem Überschwang und traditionellem Calvinismus gleichermaßen abhold – eine Vernunftreligion mit unitarischer Tendenz bevorzugten, 3. die radikalen »New Lights«, deren Erneuerungseifer sie zum Bruch mit den bisherigen Kirchen führte und sich oft in der Gründung baptistischer Gemeinden niederschlug, und 4. die »New Divinity« genannte Gruppe, die Edwards' Neucalvinismus und Einsatz für die evangelikale Erneuerung teilte (Noll 1992; Sweeney 2005). Vertreter der »New Divinity« wie Samuel Hopkins, Timothy Dwight (Edwards Enkel) und Lyman Beecher sorgten dafür, dass die Theologie Edwards mit leichten Änderungen und die erfahrungsbezogene Frömmigkeit für die Zukunft der Gemeinden in Neuengland bis weit ins 19. Jahrhundert bestimmend blieben.

Die Gründung der Vereinigten Staaten von Amerika im Jahr 1776 und die Zweite Große Erweckung veränderten die religiöse Landschaft erneut. Die Entstaatlichung der Kirche brach das religiöse Monopol des Kongregationalismus in Neuengland. Zugleich führten populistische Stimmungen und die demokratische Meinungsbildung zu einer sinkenden Autorität der führenden Geistlichen, kirchlichen Strukturen und Bekenntnisse. Reformierte Lehren wie z. B. von der Prädestination und absoluten göttlichen Herrschaft schienen nicht mehr zum Geist der Demokratie zu passen, die die Volkssouveränität pries und auch auf geistig-seelischem Gebiet die Lebensäußerungen einfacher Bürger anerkannte. Durch den Populismus sahen sich auch kirchliche »Außenseiter« wie die Methodisten und Baptisten gerechtfertigt, die unter Außerachtlassen der üblichen Ausbildungs- und Ordinationsvoraussetzungen Tausende berittener Wander- und Laienprediger einsetzten, um das im Westen neu besiedelte Grenzland in der Zeit geistlicher Erneuerungsbewegungen am Anfang des 19. Jahrhunderts zu evangelisieren (Hatch 1989; Noll 1992). In geringerer Zahl kam auch reformierten Geistlichen dabei eine strategische Bedeutung zu: Die Anführer der »New Divinity«, Timothy Dwight und Lyman Beecher, förderten die geistliche Erneuerung in Neuengland und am College von Yale; in Kentucky schürten das Feuer der Erweckung die presbyterianischen Prediger James McGready und Barton Stone, deren letzterer später die Kirche der »Disciples of Christ« gründete. Gegen 1850 waren die meisten Christen in den Vereinigten Staaten entweder Methodisten (34 %) oder Baptisten (20 %); die älteren reformierten Kirchen wie die der Presbyterianer (12 %) und Kongregationalisten (4 %) lagen dagegen weit zurück (Noll 1992, 153).

7.3. Ausbildung, Einwanderung und Kirchenspaltungen

Im 19. Jahrhundert wurden Dutzende Ausbildungsstätten von reformierten Christen eingerichtet, um sowohl die Leitung der Kirche in den westlichen Siedlungsgebieten aufzubauen als auch die »dreiköpfige Hydra« des Arminianismus, des römischen Katholizismus und des Unitarismus zu bekämpfen. Zwischen 1850 und 1872 wurden von presbyterianischer Seite 28 Colleges entlang der westlichen Siedlungsgrenze von Wisconsin bis Texas gegründet (Sweet 1936, 76). 1808 wurde die erste weiterführende theologische Hochschule in den Vereinigten Staaten, das Andover Seminary, von führenden Vertretern der »New Divinity« als Gegengewicht zum Unitarismus in Harvard ins Leben gerufen. Vier Jahre später gründeten Presbyterianische Anhänger der »Old School«, das bedeutet konservative

Gegner der Erweckungsbewegung, das *Princeton Theological Seminary* als Schutzburg des bekenntnistreuen Calvinismus. Von 1812 bis zu Neuordnung im Jahre 1929 war das Princeton Seminary die Wirkungsstätte solch berühmter Theologen wie Archibald Alexander, Charles Hodge, Benjamin Warfield und John Gresham Machen, der über sechstausend angehenden Pastoren die Theologie Calvins, François Turretins und der geistigen Väter der Westminster Confession nahebrachte und dabei ein tiefes Sich-Einlassen auf religiöse Erfahrung mit solider Verteidigung der uneingeschränkten Verbalinspiration der Heiligen Schrift verband. Als Grundannahme galt laut Hodge: »Der Calvinismus ist schlicht die Religion in Reinform« (zitiert nach Noll 1998, 18). Über ein Jahrhundert lang verteidigten die Theologen von Princeton die reformierte Orthodoxie gegen eine Vielfalt von Kritikern. Unter diesen befanden sich Nathaniel Taylor mit seiner Theologie von New Haven, welche die Lehre Edwards im Widerspruch zu den Bekenntnisaussagen von Westminster über die Ursprüngssünde, das menschliche Handeln und die Prädestination einer radikalen Korrektur unterzog, Charles Finney als Vertreter der Erweckungsbewegung, perfektionistische Evangelikale, Katholiken, Darwinisten und, gegen Ende des Jahrhunderts, Vertreter eines theologischen Modernismus (Stoever 1988; Noll 1988). Mittlerweile bildete sich in Pennsylvania an der theologischen Hochschule der Deutsch-Reformierten in Mercersburg eine ganz andere Form reformierter Theologie aus. Die von dem Systematiker John Nevin und dem Kirchenhistoriker Philip Schaff entworfene »Mercersburg-Theologie« lehnte die evangelikale Erweckungstheologie sowie den in Princeton vorherrschenden »puritanischen Calvinismus« ab und stand für eine Art reformierter Katholizität, welche die Bedeutung der Liturgie, die mystische Gegenwart Christi beim Abendmahl und das Bewusstsein für Dogmengeschichte wieder in den Mittelpunkt rückte (McNeill 1954; Noll 1999).

Einwanderung, Missionstätigkeit und Spaltung von Kirchen (sowie deren gelegentliche Wiedervereinigung) waren wichtige Faktoren in der Geschichte des Calvinismus in Nord- und Südamerika im 19. und 20. Jahrhundert. Obwohl es bereits ungefähr seit 1760 presbyterianische Gemeinden im französischsprachigen Quebec gab, konnte der Presbyterianismus erst sechzig Jahre später im Zuge der schottischen Einwanderung im britischen Teil Kanadas Fuß fassen. Als 1925 die Vereinigte Kirche Kanadas gegründet wurde, schlossen sich um die 3700 presbyterianische Gemeinden, etwa zwei Drittel aller Gemeinden, der vereinigten Kirche an. Viele der übrigen Gemeinden fanden vierzehn Jahre später zur »Presbyterian Church in Canada« zusammen (Noll 1992; Stackhouse 1999). Auch die holländische Einwanderung wirkte sich bemerkenswert auf das religiöse Leben Nordamerikas aus. Unter der Führung der sezessionistischen Geistlichen Albertus van Raalte und Hendrik Scholte gründeten holländische Einwanderer in den 40er Jahren des 19. Jahrhunderts Siedlungen und Gemeinden im Westen Michigans und im östlichen Iowa und vereinigten vielerorts ihre Gemeinden mit denen der alten »Dutch Reformed Church in America« (RCA). Gepflogenheiten, die den bereits ansässigen Gemeinden unbedenklich erschienen, wie z. B. das Singen von Liedern, die Feier der Offenen Kommunion und, später, die Mitgliedschaft in Freimaurerlogen, erwiesen sich jedoch im hohen Maße als anstößig für viele Neueinwanderer. 1857 führte Gijsbert Haan eine Bewegung zur Abspaltung von der RCA an und gründete die »Christian Reformed Church in America« (CRC). Holländische Einwanderer, die sich in Michigan, Iowa, Wisconsin, Kalifornien und Jahrzehnte später in Kanada niederließen, schlossen sich gewöhnlich der kulturell konservativeren CRC an (Bratt 1984; Bruggink 2004).

Calvinisten, die Anhänger der Erweckungsbewegung waren, spielten für das missionarische Engagement seitens der Protestanten eine entscheidende Rolle. Kongregationalisten, Presbyterianer und Niederländisch-Reformierte riefen 1816 gemeinsam die Amerikanische Bibelgesellschaft ins Leben, ebenso 1810 eine amerikanische Kommission für die Auslandsmission mit dem Namen »American Board of Commissioners of Foreign Missions« (ABCFM) sowie 1826 die Amerikanische Gesellschaft für die Innere Mission, die »American Home Missionary Society«. Das ABCFM suchte und entsandte 1812 die ersten protestantischen Missionare Amerikas nach Übersee; ein Jahrhundert später verfügte sie bereits über mehr als 700 Missionare, die im Ausland tätig waren. Vor allem Presbyterianer aus den Vereinigten Staaten verbreiteten das Christentum reformierter Prägung in Lateinamerika, indem sie Missionsstationen errichteten und Kirchen in Chile (1845), Kolumbien (1856), Brasilien (1859), Mexiko (1872) und Guatemala (1882) gründeten. Im 20. Jahrhundert beteiligten sich dabei auch Missionare aus Westeuropa und Südkorea. Gleichwohl blieb der calvinistische Einfluss in Lateinamerika bescheiden: Für das Jahr 1995 geht man von etwa 9600 reformierten oder presbyterianischen Gemeinden in Lateinamerika aus, denen insgesamt ungefähr 2,3 Millionen Mitglieder per Vollmitgliedschaft oder Anwartschaft angehören. Von diesen reformierten Christen leben 85% in Mexiko, Brasilien und Guatemala; in Costa Rica, Ecuador, El Salvador, Nicaragua, Panama und Uruguay hingegen existieren jeweils weniger als drei reformierte Gemeinden (Barrett 2001).

Der Presbyterianismus tendierte stärker zu Kirchenspaltungen als jede andere reformierte Denomination in Amerika. Presbyterianer der »New School« und der »Old School« trennten sich nach 1830 im Streit um die Erweckungsbewegung, die Rechtfertigung der Sklaverei und die normative Autorität der Westminster Confession. Der amerikanische Bürgerkrieg von 1861 bis 1865 trennte außerdem die presbyterianischen Gemeinden des Nordens und Südens voneinander. Im frühen 20. Jahrhundert gab es zwei größere presbyterianisch verfasste Kirchen in den Vereinigten Staaten, die nördliche presbyterianische Kirche (PC-USA) und die südliche presbyterianische Kirche (PC-US). Der Streit zwischen Fundamentalisten und Modernisten in den 20er und 30er Jahren führte zudem zur Zersplitterung der PC-USA. Lange Zeit die Hochburg des konfessionellen Calvinismus, wurde das *Princeton Theological Seminary* 1929 einer Reorganisation unterzogen, um theologisch fortschrittlicheren Positionen eine Heimat zu geben. Im Protest dagegen verließen John Gresham Machen und etliche seiner Kollegen Princeton, um noch im selben Jahr das *Westminster Theological Seminary* mit dem Ziel zu gründen, das Erbe des »alten Princeton« zu bewahren. Als Machen sieben Jahre später aus der PC-USA ausgeschlossen worden war, gründeten er und andere Konservative die heute unter dem Namen *Orthodox Presbyterian Church* (OPC) bekannte Kirche (Wells 1997; Longfield 1991). In den nachfolgenden Jahrzehnten verliefen die Fronten zwischen den Modernisten, den Reformiert-Konservativen bekenntnistreuer oder evangelikaler Prägung und den Gemäßigten, die oft der vermittelnden so genannten Neo-Orthodoxie Karl Barths anhingen. 1973 brachen Traditionalisten innerhalb der südlichen presbyterianischen Kirche (PC-US) mit ihrer kirchlichen Heimat und gründeten die *Presbyterian Church in America* (PCA) in der Überzeugung, dass die unzureichende lehrmäßige Verankerung der Heiligen Schrift in der Mutterkirche »eine verwässerte Theologie, ein zum Humanismus neigendes Evangelium, unbiblische Ansichten über Ehe und Scheidung, die Frauenordination, das Finanzieren von Abtreibungen [...] und zahlreiche weitere unbiblische Ansichten« zur Folge gehabt habe (zitiert nach Freundt 1990, 929). 1981 verließen erneut viele konservative Presbyterianer die großen Kirchen und bildeten die *Evangelical Presbyterian Church* (EPC). Nach dem Auszug dieser konservativen Mitglieder wurde es für die PC-US möglich, eine Wiedervereinigung mit den Presbyterianern im Norden zuwege zu bringen, die 1983 zur Presbyterianischen Kirche in den USA (PC-USA) führte. Für diese Vereinigung von historischem Ausmaß gab es bereits einen Präzedenzfall. 1957 wurde die Vereinigte Kirche Christi (*United Church of Christ*, UCC) gegründet, aus der Verschmelzung von kongregationalistischen Gemeinden mit der *Evangelical and Reformed Church*, die die alte Deutsch-reformierte Kirche einschloss.

7.4. Der Calvinismus im heutigen Amerika

Im Jahr 1954 konstatierte der Calvinforscher John T. McNeill vorsichtig ein »Wiedererwachen des Calvinismus« in Amerika (McNeill 1967, 432). Diese Einschätzung scheint übertrieben, blickt man auf den stetigen Mitgliederschwund der größeren reformierten Kirchen in Nordamerika. Zwischen 1970 und 1995 schrumpften die UCC und die PC-USA jeweils um ein Viertel auf nunmehr 1,99 bzw. 3,55 Millionen Mitglieder, die Mitgliederzahl der Presbyterian Church in Canada halbierte sich sogar auf 215.000 Mitglieder. In den großen Kirchen wurde der konfessionelle Calvinismus fast vollständig von theologischem Pluralismus und kirchlichem Aktivismus abgelöst (Noll 1992). Aus einem anderen Blickwinkel jedoch erscheint das frühe 21. Jahrhundert als Blütezeit des Calvinismus. Konservative und evangelikale presbyterianische Kirchen wie die PCA, EPC und OPC verzeichneten im Laufe der letzten Jahrzehnte Zuwachsraten im zweistelligen Prozentbereich, und zwar vor allem auf Kosten der PC-USA (Barrett 2001).

Amerikanische Verlagshäuser wie Baker, Eerdmans, Puritan-Reformed und Westminster/John Knox entdeckten einen großen Markt für allgemeinverständliche und wissenschaftliche Literatur über Calvin und das reformierte Erbe. Nicht zu unterschätzen ist die Bedeutung der Veröffentlichung der *Institutio*-Edition von McNeill/Battles (1960) und der Kommentare Calvins (1989 im Nachdruck), die Calvins Theologie und Exegese einer neuen Generation von Amerikanern erschlossen haben. Ferner haben die Ende der 60er Jahre gegründete *Sixteenth Century Society*, die *Calvin Studies Society* und die *Calvin Conference-Davidson* (jeweils seit Mitte der 70er Jahre) sowie das 1981 gegründete H. Henry Meeter Center am Calvin College praktisch eine Renaissance der Calvinforschung in Nordamerika bewirkt und dabei eine wissenschaftliche Methodik gefördert, die häufig die bisherigen konfessionellen Schranken hinter sich lässt. Der wohl eindrucksvollste Beleg für den nachhaltigen Einfluss Calvins auf das religiöse Leben Amerikas findet sich außerhalb universitärer und kirchlicher Einrichtungen, nämlich im religiösen Alltagsleben, das durch Radio- und Fernsehprediger, christliche Bücher, Zeitschriften und Internetauftritte sowie landesweite für Laien konzipierte Konferenzen geprägt ist. Die Titelgeschichte einer populären evangelikalen Zeitschrift im Herbst 2006 trägt die Überschrift: »Der Calvinismus kehrt zurück – und rüttelt die Kirche wach« (Collin Hansen 2006, 32). Auch vier Jahrhunderte nach ihren Anfängen behauptet Calvins Theologie ihre dynamische und umstrittene Rolle innerhalb der Religion Amerikas.

Hart, Darryl/Noll, Mark (Hg.): Dictionary of the Presbyterian and Reformed Tradition in America, 1999.

McNeill, John T.: The History and Character of Calvinism, 1954/1967.

Speck, W./Billington, L.: Calvinism in Colonial North America, 1630–1715 (in: Prestwich, Menna [Hg.]: International Calvinism, 1541–1715, 1985).

Stoever, William: The Calvinist Theological Tradition (in: Encyclopedia of the American Religious Experience, Bd. 3.1., 1988, 1039–1056).

Wells, David (Hg.): Reformed Theology in America. A History of its Modern Development, 1997.

(Übersetzt von *Frithjof Rittberger*) *Scott M. Manetsch*

Verzeichnis der Autorinnen und Autoren

AHN, In-Sub (geb. 1965), Ass. Professor, Chongshin University und Theological Seminary, Seoul.

ARNOLD, Matthieu (geb. 1965), Professor für Geschichte des modernen und zeitgeschichtlichen Christentums, Institut de Théologie Protestante, Université Marc Bloch, Strasbourg, Frankreich.

BAARS, Arie (geb. 1947), Professor für Praktische Theologie, Theologische Universiteit Apeldoorn, Niederlande.

BACKUS, Irena (geb. 1950), Professor für die Geschichte der Reformation, Institut d'histoire de la Réformation, Université de Genève, Schweiz.

BALKE, Wim (geb. 1933), Professor Emeritus für die Geschichte der Reformation, Vrije Universiteit Amsterdam, Niederlande.

BALSERAK, Jon (geb. 1964), Dozent für Theologie und Religionswissenschaft, University of Bristol, Großbritannien.

BOLOGNESI, Pietro (geb. 1946), Professor für Systematische Theologie, Istituto di formazione evangelica e documentazione, Padua, Italien.

BLACKETER, Raymond A. (geb. 1965), Pfarrer, Neerlandia Christian Reformed Church, Neerlandia, Alberta, Canada.

BRITZ, Dolf (geb. 1953), Professor für Kirchengeschichte, University of the Free State, Bloemfontein, Südafrika.

BURGER, Christoph (geb. 1945), Professor für Kirchengeschichte, Vrije Universiteit Amsterdam, Niederlande.

BUSCH, Eberhard, (geb. 1937), Professor Emeritus für Systematische Theologie, Georg-August-Universität Göttingen.

BUSH, Michael (geb. 1964), Professor für Liturgie und Homiletik, Erskine Theological Seminary, Due West, South Carolina, USA.

D'ASSONVILLE, Victor Edouard (geb. 1963), Wissenschaftlicher Mitarbeiter, University of the Free State, Bloemfontein, Südafrika.

EHRENPREIS, Stefan (geb. 1961), Historiker, Berlin.

FIELDS, Paul, Kurator des H. Henry Meeter Center for Calvin Studies, Grand Rapids, Michigan, USA.

FREUDENBERG, Matthias (geb. 1962), Professor für Systematische Theologie, Kirchliche Hochschule Wuppertal/Bethel.

HAAS, Günther (geb. 1947), Professor für Ethik, Redeemer University College Ancaster, Ontario, USA.

HANSEN, Gary Neal (geb. 1960), Ass. Professor für Kirchengeschichte, University of Dubuque Seminary, Iowa, USA.

HAZLETT, Ian (geb. 1944), Professor für Kirchengeschichte, University of Glasgow, Großbritannien.

HESSELINK, I. John (geb. 1928), Albertus C. Van Raalte Professor Emeritus für Theologie, Western Theological Seminary, Holland, Michigan, USA.

HOLDER, Ward (geb. 1963), Ass. Professor für Theologie, Saint Anselm College, Manchester, New Hampshire, USA.

HUIJGEN, Arnold (geb. 1978), Ass. Professor für systematische Theologie, Theologische Universeit Apeldoorn, Niederlande.

JANSE, Wim (geb. 1956), Professor für Kirchengeschichte, Vrije Universiteit Amsterdam, Niederlande.

KINGDON, Robert M. (geb. 1927), Professor Emeritus für Geschichte, University of Wisconsin – Madison, USA.

KOOI, Cornelis van der (geb. 1952), Professor für systematische Theologie, Vrije Universiteit Amsterdam, Niederlande.

LANE, Anthony N. S. (geb. 1945), Professor für Historische Theologie, London School of Theology, Großbritannien.

LANGE VAN RAVENSWAAY, J. Marius J. (geb. 1952), Pfarrer der ev.-ref. Kirche Moormerland.

LEPPIN, Volker (geb. 1966), Professor für Kirchengeschichte, Evangelisch-theologische Fakultät, Friedrich-Schiller-Universität Jena.

MAAG, Karin (geb. 1969), Direktor des H. Henry Meeter Center for Calvin Studies und Professor für Geschichte, Calvin College and Calvin Theological Seminary, Grand Rapids, Michigan, USA.

MANETSCH, Scott M. (geb. 1959), Professor für Kirchengeschichte, Trinity Evangelical Divinity School, Deerfield, Illinois, USA.

MCKEE, Elsie Anne (geb. 1951), Archibald Alexander Professor of Reformation Studies and the History of Worship, Princeton Theological Seminary, Princeton, New Jersey, USA.

MENTZER, Raymond A. (geb. 1945), Daniel J. Krumm Family Chair in Reformation Studies, University of Iowa, Iowa City, USA.

MILLET, Olivier (geb. 1955), Professor für Französische Literatur, Université Paris Sorbonne, Frankreich.

MOEHN, Wim Th. (geb. 1965), Pfarrer der Protestantischen Gemeinde Oldebroek, Niederlande.

MÜHLING, Andreas (geb. 1961), Professor für Evangelische Kirchengeschichte, Universität Trier.

NAPHY, William (geb. 1960), Dozent und Pädagogischer Direktor, School of Divinity, History & Philosophy, University of Aberdeen, Großbritannien.

NEUSER, Wilhelm H. (geb. 1926), Professor Emeritus für Kirchengeschichte, Westfälische Wilhelms-Universität Münster.

OPITZ, Peter (geb. 1957), Oberassistent am Institut für Schweizerische Reformationsgeschichte und Privatdozent für Kirchengeschichte, Universität Zürich, Schweiz.

PITKIN, Barbara (geb. 1959), Ass. Professor für Religionswissenschaft, Stanford University, Kalifornien, USA.

PLASGER, Georg (geb. 1961), Professor für Evangelische Theologie, Universtät Siegen.

POL, Frank van der (geb. 1950), Professor für Kirchengeschichte, Theologische Universiteit Kampen, Niederlande.

SCHREINER, Susan E. (geb. 1952), Professor für Kirchengeschichte und Theologie, University of Chicago Divinity School, Illinois, USA.

SELDERHUIS, Herman J. (geb. 1961), Professor für Kirchengeschichte, Direktor des Instituut voor Reformatieonderzoek, Theologische Universiteit Apeldoorn, Niederlande.

STAM, Frans van (geb. 1943), Wissenschaftlicher Dozent, Vrije Universiteit Amsterdam, Niederlande.

STOLK, Maarten (geb. 1976), Wissenschaftlicher Mitarbeiter, Reformatorisch Dagblad, Apeldoorn, Niederlande.

STROHM, Christoph (geb. 1958), Professor für Kirchengeschichte, Ruprecht-Karls-Universität Heidelberg.

TRUEMAN, Carl R. (geb. 1967), Professor für Historische Theologie und Kirchengeschichte, Westminster Theological Seminary, Philadelphia, Pennsylvania, USA.

VEEN, Mirjam G. K. van (geb. 1969), Dozentin für Kirchengeschichte, Vrije Universiteit Amsterdam, Niederlande.

WITTE JR., John (geb. 1959), Jonas Robitscher Professor of Law, Direktor des Center for the Study of Law and Religion, Emory Law School, Atlanta, Georgia, USA.

WITVLIET, John D. (geb. 1967), Direktor des Calvin Institute of Christian Worship, Calvin College and Calvin Theological Seminary, Grand Rapids, Michigan, USA.

WRIGHT, David F. (1937–2008), Professor Emeritus für Patristik und Reformiertes Christentum, University of Edinburgh, Großbritannien.

ZACHMAN, Randall C. (geb. 1953), Professor für Reformationsgeschichte, Department of Theology, University of Notre Dame, Indiana, USA.

Quellen- und Literaturverzeichnis

Das nachstehende Quellen- und Literaturverzeichnis beansprucht nicht, eine repräsentative Calvinbibliographie zu bieten, sondern registriert lediglich die in den Beiträgen dieses Bandes benutzte und durch Kurztitel ausgewiesene Literatur. Ausgenommen sind solche Quellenschriften zu Calvins Traditions- und Wirkungsgeschichte, die nur an einer Stelle erwähnt und dort bibliographisch zureichend ausgewiesen sind. Die Abkürzungen folgen Siegfried M. Schwertner: Internationales Abkürzungsverzeichnis für Theologie und Grenzgebiete, [2]1992.

[N.N.]: Nicodemiana, Bâle [= Florence], Lorenzo Torrentino 1550.

[N.N.]: Saint-Pierre de Geneve au fil des siecles, 1991.

Acton, Lord: History of Freedom and other Essays, 1907.

Adams, Dickinson W. (Hg.): Jefferson's Extracts from the Gospels: »The philosophy of Jesus« and »The life and morals of Jesus«, 1983.

Ahlstrom, Sydney: A Religious History of the American People, 1972.

Alting von Geusau, Leo G.M.: Die Lehre von der Kindertaufe bei Calvin gesehen im Rahmen seiner Sakraments- und Tauftheologie, 1963.

Armstrong, Brian G.: Calvinism and the Amyraut Heresy: Protestant Scholasticism and Humanism in Seventeenth-Century France, 1969.

— Exegetical and Theological Principles in Calvin's Preaching, with Special Attention to his Sermons on the Psalms (in: Neuser, Wilhelm H./Selderhuis, Herman J. [Hg.]: Ordenlich und Fruchtbar, Festschrift für Willem van 't Spijker, anlässlich seines Abschieds als Professor der Theologischen Universität Apeldoorn, 1997, 191–209).

Audin, Jean-Marie-Vincent: Histoire de la vie, des ouvrages et des doctrines de Calvin, 1841.

Augustijn, Cornelis: Bern and France, the Background to Calvin's Letter to Bucer dated 12 January 1538 (in: Neuser, Wilhelm H./Selderhuis, Herman J. [Hg.]: Ordenlich und Fruchtbar, Festschrift für Willem van 't Spijker, anlässlich seines Abschieds als Professor der Theologischen Universität Apeldoorn, 1997, 155–169).

— u.a.: Calvin in the Light of the Early Letters (in: Selderhuis, Herman J. [Hg.], Calvinus praeceptor ecclesiae, Papers of the International Congress on Calvin Research, 2004, 139–157).

— Calvin in Strasbourg (in: Neuser, Wilhelm H. [Hg.]: Calvinus Sacrae Scripturae Professor, 1994, 166–177).

— Calvin und der Humanismus (in: Neuser, Wilhelm H. [Hg.]: Calvinus servus Christi, 1988, 127–142).

— Humanismus (KIG H2), 2003.

Aymon, Jean: Tous les synodes nationaux des Églises réformées de France, 2 Bde., 1710.

Baars, Arie: Om Gods verhevenheid en Zijn nabijheid. De Drie-eenheid bij Calvijn, [2]2005.

— Raakvlak of breekpunt? Vroomheid bij Calvijn en Schleiermacher (in: Berg, Cornelis van den u.a. [Hg.]: Pastorale: Pastoraat van Geest en Woord. Opstellen aangeboden aan dr. A.N. Hendriks, gereformeerd predikant te Amersfoort, 1997, 46–57).

Backus, Irena: Calvin. Saint, Hero or the worst of all possible Christians (in: Selderhuis, Herman J. [Hg.]: Calvinus sacrarum literarum interpres [RefHT], 2008).

— Calvin's Conception of Natural and Roman Law (CTJ 38, 2003b, 7–26).

— Historical Method and Confessional Identity in the Era of the Reformation (1378–1615), 2003a.

Bainton, Roland H.: Michel Servet. Hérétique et martyr 1553–1953, 1953.

Balke, Willem: Calvijn en de Bijbel, 2003.

— Calvijn en de doperse radikalen, 1973.

— Calvijn en de zondagsheiliging (ThRef 37, 1994, 176–186).

— Calvin's Concept of Freedom (in: Egmond, A. van/Keulen, D. van [Hg.], Studies in Reformed Theology, Bd. 1: Freedom, 1996).

Balmer, Randall H.: The Princetonians and Scripture: A Reconsideration (WThJ 44, 1982b, 352–365).

— The Princetonians, Scripture, and Recent Scholarship (JPH 60, 1982a, 267–270).

Balserak, Jon: Divinity Compromised. A Study of Divine Accommodation in the Thought of John Calvin, 2006.

Barnikol, Hermann: Die Lehre Calvins vom unfreien Willen und ihr Verhältnis zur Lehre der übrigen Reformatoren und Augustins, 1927.

Barrett, Charles K.: Calvino esegeta degli Atti degli Apostoli (Protest. 49/3, 1994, 312–326).

Barrett, David (Hg.): World Christian Encyclopedia. A Comparative Survey of Churches and Religions in the Modern World, Bd. 1., 2001.

Barth, Karl/Thurneysen, Eduard: Briefwechsel, Bd. 1: 1913–1921, hg. v. Eduard Thurneysen (in: Karl Barth-Gesamtausgabe, Abt. V, 1973).

— /Thurneysen, Eduard: Briefwechsel, Bd. 2: 1921–1930, hg. v. Eduard Thurneysen (in: Karl Barth-Gesamtausgabe, Abt. V, ^{2}1987).

— Calvinfeier 1936 (TEH 43, 1936, 3–17).

— Church Dogmatics I,2, The Doctrine of the Word of God, 1956.

— Das Glaubensbekenntnis der Kirche. Erklärung des Symbolum Apostolikum nach dem Katechismus Calvins, aus dem Französischen übersetzt v. Helmut Goes, 1967.

— Der Römerbrief, 13. unveränderter Abdruck der neuen Bearbeitung von 1922, 1984.

— Die protestantische Theologie im 19. Jahrhundert: Ihre Vorgeschichte und ihre Geschichte, 1947.

— Die Theologie Calvins. Vorlesung Göttingen Sommersemester 1922, hg. v. Hans Scholl (in: Karl Barth-Gesamtausgabe, Abt. II, 1993).

— Die Theologie der reformierten Bekenntnisschriften. Vorlesung Göttingen Sommersemester 1923, hg. v. Eberhard Busch (in: Karl Barth-Gesamtausgabe, Abt. II, 1998).

— Die Theologie Schleiermachers: Vorlesung Göttingen, Wintersemester 1923/24, hg. v. Dietrich Ritschl (in: Karl Barth-Gesamtausgabe II, 1978).

— Kichliche Dogmatik I,2, 1960.

— Reformation (1909), hg. v. Hans-Anton Drewes/Hinrich Stoevesandt (in: Karl Barth-Gesamtausgabe, Abt. III, 1993).

— Reformierte Lehre, ihr Wesen und ihre Aufgabe (1923), hg. v. Holger Finze (in: Karl Barth-Gesamtausgabe, Abt. III, 1990, 202–247).

— Zum 400. Todestag Calvins (EvTh 24, 1964, 225–229).

Barth, Peter: Die Erwählungslehre in Calvins Institutio 1536 (in: Theologische Aufsätze: Karl Barth zum 50. Geburtstag, 1936).

— Fünfundzwanzig Jahre Calvinforschung 1909–1934 (ThR.NF 6, 1934, 161–175.246–267).

Battles, Ford Lewis: Analysis of the Institutes of the Christian Religion of John Calvin, 1980.

— /Hugo, André Malan (Hg./Übers.): Calvin's Commentary on Seneca's De Clementia, 1969.

— God was Accommodating Himself to Human Capacity (Interp. 31, 1977, 19–38).

Bauke, Hermann: Die Probleme der Theologie Calvins, 1922.

Baur, Jürgen: Gott, Recht und weltliches Regiment im Werke Calvins (Studien zur Rechtslehre und Politik 44) 1965.

Bauwhede, Dirk van der/Goetinck Marc (Hg.): Brugge in Geuzentijd. Bijdragen tot de Geschiedenis van de Hervorming te Brugge en in het Brugse Vrije tijdens de 16de eeuw, 1982.

Beaver, R. Pierce: The Genevan Mission to Brazil (RefJ 17, 1967, 14–20).

Bedouelle, Guy-Thomas/Giacone, Franco: Jacques Lefévre d'Étaples et ses disciples. Epistres et Evangiles pour les cinquante et deux dimenches de l'an, 1976.

Benedetto, Robert: Calvinism in America (in: McKim, Donald K./Wright, David F. [Hg.]: Encyclopedia of the Reformed Faith, 1992, 50–53).

Benedetto da Mantova: The Benefit of Christ, hg. v. Houston, James M., 1984.

Benedict, Philipp: Christ's Churches purely Reformed. A Social History of Calvinism, 2002.

Benoît, Jean-Daniel: Calvin à Strasbourg (in: Calvin à Strasbourg 1538–1541, Straßburg, Éditions Fides, 1938, 11–36).

— Calvin. Directeur d'âmes, 1947.

Berger, Heinrich: Calvins Geschichtsauffassung (SDGSTh 6), 1955.

Bergier, Jean-François u.a. (Hg.): Registres de la Compagnie des Pasteurs de Genève, 13 Bde.(1546–1618), 1964–2001.

— /Kingdon, Robert M. (Hg.): Registres de la Compagnie des Pasteurs de Genève au temps de Calvin, 2 Bde., 1962–1964.

Bergsma, Wiebe: Tussen Gideonsbende en publieke kerk. Een studie over het gereformeerd protestantisme in Friesland, 1580–1650, 1990.

Bernhard, Jan Andrea: Das Verhältnis des Bündner Kirchenhistorikers Petrus D. Rosius á Porta (1734–1086) zu den »reformatorischen Vätern«, im Speziellen zur Theologie Johannes Calvins (in: Opitz, Peter [Hg.]: Calvin im Kontext der Schweizer Reformation. Historische und theologische Beiträge zur Calvinforschung, 2003).

Berthoud, Jean-Marc: Calvin et la France. Genève et le déploiement de la Réforme au XVIe siècle, 1999.

Bertramus, Cornelius: De politia Iudaica, tam ciuili quam Ecclesiastica, iam inde a suis primordiis, hoc est, ab Orbe conditio, repetita, 1574.

Beveridge, Henry: Calvin's Tracts, 3 Bde., 1844. Nachdruck 2002.

— (Hg.): Institutes of the Christian Religion. By John Calvin, 1845–1846.

Beza, Theodore u.a.: Histoire ecclésiastique des Églises réformées au royaume de France, 1580 (kritische Ausgabe Baum, G. u.a. [Hg.], 3 Bde., 1883–1889).

— De iure magistratuum, hg. v. Sturm, Klaus (TGET 1), 1965.

— De repudiis et divortiis, 1569. Nachdruck in: Tractationum Theologicarum, 2. Aufl., Genf, 1582, 2,50–103.

Biéler, André: La Penseé économique et sociale de Calvin, 1959.

Bihary, Michel: Bibliographia Calviniana. Calvin's Works and Their Translations 1850–1997, 2000.

Bizer, Ernst: Frühorthodoxie und Rationalismus, 1963.

— Studien zur Geschichte des Abendmahlsstreits im 16. Jahrhundert, 1940/1962.

Blacketer, Raymond A.: Calvin as Commentator on the Mosaic Harmony and Joshua (in: McKim, Donald K. [Hg.], Calvin and the Bible, 2006b, 30–52).

— The Moribund Moralist. Moral Lessons in Calvin's Commentary on Joshua (in: Janse, Wim/Pitkin, Barbara (Hg.): The Formation of Clerical and Confessional Identities in Early Modern Europe, 2006c, 149–168).

— The School of God: Pedagogy and Rhetoric in Calvin's Interpretation of Deuteronomy (SEMRR 3), 2006a.

Blaisdell, C. Jenkins: Calvin's and Loyola's letters to Women. Politics and Spiritual Counsel in the Sixteenth Century (in: Robert V. Schnucker [Hg.]: Calviniana. Ideas and Influence of John Calvin [SCES], 1988).

Boer, Erik A. de/Stam, Frans P. van: The Close Relationship between Calvin's Epistolae duae and the Disputation of Lausanne (Oct. 1536). Presented at the Ninth International Congress on Calvin Research, August 21–27, 2006, Emden, Germany.

— Jean Calvin et Ésaïe 1 (1564): Édition d'un texte inconnu, introduit par quelques observations sur la différence et les relations entre congrégation, cour et sermons (RHPhR 80/3, 2000, 371–385).

— John Calvin in the Visions of Ezekiel. Historical and Hermeneutical Studies in John Calvin's »sermons inédits«, especially on Ezek. 36–48 (KHB 21), 2004a.

— The Book of Revelation in Calvin's Geneva (in: Neuser, Wilhelm H. u.a. [Hg.]: Calvin's Books, 1997, 23–62).

— The Presence and Participation of Laypeople in the Congrégations of the Company of Pastors in Geneva (SCJ 35, Nr. 3, 2004b, 651–670).

Bohatec, Josef: Budé und Calvin. Studien zur Gedankenwelt des französischen Frühhumanismus, 1950.

— Calvin und das Recht, 1934.

— Calvins Lehre von Staat und Kirche mit besonderer Berücksichtigung des Organismusgedankens, 1937.

— Calvins Vorsehungslehre (in: Ders. [Hg.], Calvinstudien. Festschrift zum 400. Geburtstage Johann Calvins, 1909, 339–341).

Boisson, Didier/Daussy, Hugues: Les protestants dans la France moderne, 2006.

Bolsec, Hieronymus: La Vie de Calvin, 1577.

Bonet-Maury, Gaston: Le protestantisme français au XVIe siècle dans les universités d'Orléans, de Bourges et de Toulouse (BSHPF 38, 1889, 86–95.322–330.490–497).

Bonnet, Jules (Hg.): Letters of John Calvin, 1855–1858.

Boom, Hendrik ten: De reformatie in Rotterdam 1530–1585, 1987.

Borgeaud, Charles: Histoire de l'université de Genève: L'Académie de Calvin, 1900.

Bosch, Dieter: Calvin im Urteil der französischen Historiographie, 1971.

Bouvier, André: Henri Bullinger, réformateur et conseiller oecuménique, 1940.

Bouwsma, William J.: John Calvin. A Sixteenth-Century Portrait, 1988.

Bozza, Tommaso: Calvino in Italia in Miscellanea in memoria di Giorgio Concetti, 1973.

Brady, Thomas A., Jr.: Protestant Politics: Jacob Sturm (1489–1553) and the German Reformation [StGH], 1995.

Bratt, James: Dutch Calvinism in Modern America, 1984.

Breen, Quirinus: John Calvin: A Study in French Humanism, [2]1968.

Bruggink, Donald/Baker, Kim: By Grace Alone. Stories of the Reformed Church in America, 2004.

Brunner, Emil: Die Mystik und das Wort: Der Gegensatz zwischen moderner Religionsauffassung und christlichem Glauben dargestellt an der Theologie Schleiermachers, 1924.

Brunner, Peter: Vom Glauben bei Calvin, 1925.

Brutus, Etienne Junius [Pseudonym]: Vindiciae contra tyrannos. Traduction française de 1581: De la puissance legitime du prince sur le peuple, et du peuple sur le prince. Traité tres-vtile et digne de lecture en ce temps (ClPP 11), 1979.

Bullinger, Heinrich: Briefwechsel, Bd. 4. Briefe des Jahres 1534, hg. v. Endre Zsindely u.a. (Hg.), 1989.

Burger, Christoph: Der Kölner Karmelit Nikolaus Blanckaert verteidigt die Verehrung der Reliquien gegen Calvin (1551) (in: Grane, Leif u.a. [Hg.]: Auctoritas Patrum II. Neue Beiträge zur Rezeption der Kirchenväter im 15. und 16. Jahrhundert, 1998, 27–49).

— Ist, wer den rechten Zungenschlag beherrscht, auch schon ein Humanist? Nikolaus Blanckaert (Aleander Candidus) O. Carm († 1555) (in: Nothern Humanism in European Context, 1469–1625, ed. by F. Akkerman et al., 1999, 63–81).

Bürki, Bruno: La sainte cène selon l'ordre de Jean Calvin 1542 (in: Pahl, Irmgard [Hg.]: Coena

Domini I: Die Abendmahlsliturgie der Reformationskirchen im 16./17. Jahrhundert, 1983, 347–367).

Burmeister, Karl Heinz: Das Studium der Rechte im Zeitalter des Humanismus im deutschen Rechtsbereich, 1974.

Busch, Eberhard: Consensus Tigurinus 1549 (in: Ders./Faulenbach, Heiner [Hg.]: Edition Reformierter Bekenntnisschriften, I/2, 2006b, 467–490).

— Gotteserkentniss und Menschlichkeit. Einsichten in die Theologie Johannes Calvins, ²2006a, 11–29.

Büsser, Fritz: Bullinger as Calvin's Model in Biblical Exposition. An Examination of Calvin's Preface to the Epistle to the Romans (in: Edward J. Furcha [Hg.]: In Honour of John Calvin, 1509–64, 1987, 64–95).

— Calvins Urteil über sich selbst, 1950.

Butin, Philip Walker: Revelation, Redemption and Response. Calvin's Trinitarian Understanding of the Divine-Human Relationship, 1995.

Calvin, Johannes: Breve e risoluto trattato de la cena composto da M. Gio. Cal., 1561.

— Calvin's Commentary on Seneca's De Clementia, hg. v. Ford L. Battles/André M. Hugo, 1969.

— Calvin's Tracts and Treatises. 3 Bde, hg. v. Thomas F. Torrance/Henry Beveridge, (Übers.), 1958.

— Calvin-Studienausgabe, hg. v. Eberhard Busch u. a. 1994 ff.

— Calvin-Studienausgabe Band 1/1. Reformatorische Anfänge (1533–1541), hg. v. Eberhard Busch u. a.: Instruction et Confession don't on use en l'eglise de Geneve, 1994.

— Calvin-Studienausgabe Band 2. Gestalt und Ordnung der Kirche, hg. v. Eberhard Busch u. a.: Ernst Saxer: Catechismus Ecclesiae Genevensis 1545, 1997.

— Calvin-Studienausgabe Band 4. Reformatorische Klärungen, hg. v. Eberhard Busch u. a.: Christian Link: Bekenntnis der in Frankreich zerstreuten Kirchen (Confessio Gallicana, 1559), 2002.

— Catechismo, cio è formulario per ammaestrare i fanciulli nella Christiana religione: fatto in modo di dialogo, ove il Ministro della chiesa dimanda, e 'l fanciullo risponde. Composto in latino e francese per M. Gioanni Calvino e tradotto fedelmente in italiano da G. Domenico Gallo Caramagnese, per Adamo e Giovanni Riveriz frategli, 1551.

— Defensio sanae et orthodoxae doctrinae de servitute et liberatione humani arbitrii adversus calumnias Alberti Pighii Campensis, 1543 (in: COR 4/3)

— Il vero modo de la pacificatione christiana e de la riformatione de la Chiesa, 1561.

— Ioannis Calvini epistolae, Bd. 1, hg. v . Cornelis Augustijn/Frans P. van Stam, 2005.

— Ioannis Calvini Opera Omnia denuo recognita et adnotatione critica instructa notisque illustrata, Series II: Opera Exegetica Veteris et Novi Testamenti, Bd. XIII: Commentarius in Epistolam Pauli ad Romanos, hg. v. Thomas H. L. Parker und David C. Parker, 1999.

— Ioannis Calvini Opera Omnia denuo recognita et adnotatione critica instructa notisque illustrata, Series III: Scripta ecclesiastica, Bd. II. Instruction et confession de foy dont on use en l'eglise de Geneve. Catechismus seu christianae religionis institutio ecclesiae Genevensis, hg. v. Annette Zillenbiller, 2002.

— Ioannis Calvini opera quae supersunt omnia. Ad fidem editionum principum et authenticarum ex parte etiam codicum manu scriptorum, additis prolegomenis literariis, annotationibus criticis, annalibus Calvinianis indicibusque novis et copiosissimis (CO), 59 Bde., hg. von Wilhelm Baum, Eduard Cunitz und Eduard Reuss, 1863–1900.

— Johannis Calvini Opera Selecta, 5 Bde., hg. v. Peter Barth u. a., 1926–1952.

— Joannis Calvini Opera Selecta, hg. v. Petrus Barth u. a., Bd. I, Scripta Calvini ab anno 1533 usque ad annum 1541 continens, 1926.

— Joannis Calvini Opera Selecta, hg. v. Petrus BARTH/Dora SCHEUNER, Bd. II, Tractatus Theologicos minores ab anno 1542 usque ad annum 1564 editos continens, 1952.
— Joannis Calvini Opera Selecta, hg. v. Petrus BARTH/Guilelmus NIESEL, Bd. III, Institutionis Christianae religionis 1559 libros I et II continens Editio tertia emendat, 1967.
— Joannis Calvini Opera Selecta, hg. v. Petrus BARTH/Guilelmus NIESEL, Bd. IV, Institutionis Christianae religionis 1559 librum III continens Editio tertia emendata, 1968.
— Joannis Calvini Opera Selecta, hg. v. Petrus BARTH/Guilelmus NIESEL, Bd. V, Institutionis Christianae religionis 1559 librum IV continens Editio secunda emendata, 1962.
— Letters of John Calvin, hg. v. Jules BONNET, Bde. 2–3, 1857–1859.
— Lettres à monsieur et madame De Falais, texte établi, annoté et présenté par Françoise BONALI-FIQUET (TLF 404), 1991.
— Libro del fuggir le superstizioni. Escusatione a falsi Nicodemi. Consigli di Ph. Melantone, di M. Bucero, di P. Martire, 1551.
— Opera Omnia, Series III, Scripta ecclesiastica, 1998 ff.
— Opera Omnia, Series IV, Scripta didacta et polemica, 2005 ff.
— Plaidoyers pour le conte Guillaume de Fürstenberg. Première réimpression de deux factums publiés à Strasbourg en 1539–1540, avec introduction et notes par Rodolphe PETER (EHPhR 72), 1994.
— Recueil des opuscules, c'est à dire, petits traictez les uns reueus & corrigez sur le latin, hg. v. Jean-Baptiste PINEREUL, 1566. CD-ROM, Max ENGAMMARE (Hg.), 2005.
— Supplementa Calviniana. Sermons inédits, hg. v. Erwin MÜLHAUPT u. a., 1936 ff.
CALVIN TRANSLATION SOCIETY: Calvin's Commentaries, 22 Bde., 1843–1856. Nachdruck 2003.
CAMERON, James K.: The First Book of Discipline with Introduction and Commentary, 1972.
CAPONETTO, Salvatore: Il calvinismo del Mediterraneo, 2006.
— The Protestant Reformation in Sixteenth-Century Italy, TEDESCHI, Anne C./TEDESCHI, John (Übers.), 1999.
CASTEEL, Theodore W.: Calvin and Trent: Calvin's reaction to the Council of Trent in the context of his conciliar thought (HThR 63), 1970.
CASTIGLIONE, Tommaso R.: Un poeta siciliano riformato, Giulio Cesare Pascali. Contributo alla storia dell'emigrazione protestante nel sec. XVI (Religio 12, 1936, 29–61).
CHALLONER, Richard: Short history of the first beginning and progress of the Protestant religion, 1767.
CHANTEPIE DE LA SAUSSAYE, Daniël: Beoordeling van het werk van dr. J. H. Scholten over de leer der Hervormde Kerk. 2. Auflage, hg. v. Dr. J. J. P. Valeton Jr., 1885. (= BROEYER, Frits G. M. u. a. [Hg.]: Verzameld Werk. Bd. 2 1859–1864. Een keuze uit het werk van Daniël Chantepie de la Saussaye, 2000, 9–289).
— De krankheden in de Nederlandsche Hervormde Kerk (Ernst en Vrede 2, 1854:1, 417–434; Ernst en Vrede 3, 1855:2, 89–105). (= BROEYER, Frits G. M. u. a. [Hg.]: Verzameld Werk. Bd. 1 1852–1859. Een keuze uit het werk van Daniël Chantepie de la Saussaye, 1997, 183–205).
CHENEVIÈRE, Marc E.: La Pensée Politique de Calvin, 1937/1970.
CHUNG, Paul (Sueng Hoon): Spirituality and Social Ethics in John Calvin, 2000.
CHUNG, Sung-Kuh: Korean Church and Reformed Faith: Focusing on the Historical Study of Preaching in the Korean Church, 1996.
COERTZEN, Pieter: Some Observations on Calvin Research with Special Reference to South Africa (Die Skriflig 27, 1993, 537–561).
CORNELIUS, Carl Adolf: Historische Arbeiten: Vornehmlich zur Reformationszeit, 1899.
COTTRET, Bernard: Calvijn. Biografie, übersetzt v. Kornelis BOERSMA, 2005.
— Calvin. Biographie, 1995.
— Calvin: A biography, übersetzt v. M. Wallace MCDONALD, 2000.

COURVOISIER, Jaques: Bucer et Calvin (in: Calvin à Strasbourg 1538–1541, Straßburg, Éditions Fides, 1938, 37–66).
CRAMER, Samuel/PIJPER, Fredrik: Bibliotheca Reformatoria Neerlandica, 1904–1909.
CROTTET, Alexandre: Correspondance française de Calvin avec Louis du Tillet, chanoine d'Angoulême et curé de Claix sur les questions de l'église et du ministère évangélique 1537–1538, 1850.
D'ASSONVILLE, Victor E.: Der Begriff »doctrina« bei Johannes Calvin – eine theologische Analyse, 2001.
DANEAU, Lambert: Ethices christianae libri tres, 1577a.
— In D. Pauli priorem epistolam ad Timotheum commentarius, 1577b.
DANKBAAR, Willem F.: Calvijn. Zijn weg en werk, [2]1982.
DAVIS, Thomas J.: Calvinism in Nineteenth-Century Popular Fiction and Twentieth-Century Criticism (CTJ 33, 1998, 443–456).
— Images of Intolerance: John Calvin in nineteenth-century History Textbooks (ChH 65, 1996, 234–248).
— The Clearest Promises of God. The Development of Calvin's Eucharistic Teaching [AMS Studies in Religious Traditions 1], 1995.
DE JONG, James A.: An anatomy of all parts of the soul: Insights into Calvin's Spirituality from his Psalms Commentary (in: NEUSER, Wilhelm H. [Hg.]: Calvinus Sacrae Scripturae Professor, 1994, 1–14).
DE KLERK, Peter (Hg.): Calvin and the State, 1993.
DE LA ROCHE CHANDIEU, Antoine: La confirmation de la discipline ecclésiastique observée des églises réformées du royaume de France, 1566.
DE QUERVAIN, Alfred: Calvin. Sein Lehren und Kämpfen, 1926.
DECAVELE, Johan: De dageraad van de reformatie in Vlaanderen, 1520–1565, 1975.
— De eerste protestanten in de Lage Landen. Geloof en heldenmoed, 2004.
DECRUE DE STOUTZ, Fancois: L'action politique de Calvin hors de Genève d'après sa correspondence, 1909.
DEE, Simon Peter: Het geloofsbegrip van Calvijn, 1918.
DEMURA, Akira: Two Commentaries on the Epistle to the Romans: Calvin and Oecolampadius (in: NEUSER, Wilhelm H./ARMSTRONG, Brian G. [Hg.]: Calvinus sincerioris religionis vindex, 1997, 165–188).
DENIS, Philippe/ROTT, Jean: Jean Morély (ca. 1524–ca. 1594) et l'utopie d'une démocratie dans l'Eglise (THR 278), 1993.
DENIS, Philippe: Les Églises d'étrangers en Pays Rhénan (1538–1564) (Bibliothèque de la Faculté de philosophie et lettres 242), 3 Bde., 1982–1983. (Besonders Bd. 1, 2–85.)
DETMERS, Achim: Reformation und Judentum. Israel-Lehren und Einstellungen zum Judentum von Luther bis zum frühen Calvin (Judentum und Christentum 7), 2001.
DEVRIES, Dawn: Jesus Christ in the Preaching of Calvin and Schleiermacher (Columbia Series in Reformed Theology), 1996.
DILLENBERGER, John (Hg.): John Calvin. Selections from His Writings, 1971.
DOMINICÉ, Max: L'humanité de Jesu Christ d'apres Calvin, 1933.
DOUGLASS, Jane Dempsey: Calvin in ecumenical context (in: MCKIM, Donald K. [Hg.]: The Cambridge Companion to John Calvin, 2004, 305–316).
DOUMA, Jochem: Algemene Genade: Uiteenzetting, vergelijking en beoordeling van de opvattingen van A. Kuyper, K. Schilder en Joh. Calvijn over »algemene genade«, [3]1976.
DOUMERGUE, Emile: Jean Calvin, Bde. 1–7, 1899–1927.
— Jean Calvin. Les hommes et les choses de son temps, Bd. 2: Les premiers essais, Lausanne,

Georges Bridel, 1902, Livre III: »A Strasbourg«, 291–524; Livre IV: »En Allemagne«, 525–649.
— Jean Calvin. Les hommes et les choses de son temps, Bd. 5: La pensée ecclésiastique et la pensée politique de Calvin, 1917.
Dowey, Edward A., Jr.: The Knowledge of God in Calvin's Theology, 1952, [3]1994.
Droz, Eugénie: Calvin Collaborateur de la Bible de Neuchâtel (in: Ders. [Hg.]: Chemins de l'hérésie. Texts et documents, 4 Bde., 1970–1976). (Besonders Bd. 1, 1970, 102–117).
Drummond, William H.: The life of Michael Servetus the Spanish Physician, who, for the alleged crime of heresy, was entrapped, imprisoned and burned by John Calvin, the reformer in the city of Geneva, October 27 1553, 1848.
Du Pin, Louis: Histoire de l'Église et des auteurs ecclésiastiques du seizième siècle, 5 Bde., 1701–1703. Englische Übersetzung: A new ecclesiastical history of the sixteenth century, 1710.
Du Plessis, Lourens M.: Calvyn oor die staat en die reg, 1974.
Dubuis, P. Hochuli u.a. (Hg.): Registres du Conseil de Genève a l'Époque de Calvin, 3 Bde. in 5 Teilen (1536–1538), 2003–2006.
Dufour, Alain: Le mythe de Genève au temps de Calvin (in: Ders.: Histoire politique et psychologie historique, 1966, 63–95).
Duke, Alastair: The Ambivalent Face of Calvinism in the Netherlands, 1561–1618 (in: Ders.: Reformation and Revolt in the Low Countries, 1990, 269–293).
Dyer, Thomas Henry: The Life of John Calvin, 1850.
Dyrness, William A.: Reformed Theology and Visual Culture. The Protestant Imagination from Calvin to Edwards, 2004.
Eâer, Hans H.: Der Eigentumsbegriff Calvins angesichts der Einführung der neuen Geldwirtschaft (in: Neuser, Wilhelm H./Armstrong, Brian G. [Hg.]: Calvinus sincerioris religionis vindex, 1997, 139–161).
Edmondson, Stephen: Calvin's Christology, 2004.
Edwards, Jonathan: Freedom of the Will (in: Ramsey, Paul [Hg.]: The Works of Jonathan Edwards, Bd. 1, 1957).
— Religious Affections (in: Smith, John E. [Hg.]: Works of Jonathan Edwards, Bd. 2, 1959).
Ehrenpreis, Stefan: Das Schulwesen reformierter Minderheiten im Alten Reich. Rheinische und fränkische Beispiele (in: Schilling, Heinz/Ders. [Hg.]: Frühneuzeitliche Bildungsgeschichte der Reformierten in konfessionsvergleichender Perspektive. Schulwesen, Lesekultur und Wissenschaft, 2007, 97–122).
Eire, Carlos: War Against the Idols: The Reformation of Worship from Erasmus to Calvin, 1986.
Elwood, Christopher: Calvin for Armchair Theologians, 2002.
— The Body Broken: The Calvinist Doctrine of the Eucharist and the Symbolization of Power in Sixteenth-Century France, 1999.
Emmen, Egbert: De christologie van Calvijn, 1935.
Engammare, Max: Calvin lecteur de la Bible en chaire (in: Wright, David F. u.a. [Hg.]: Calvinus Evangelii Propugnator. Calvin, Champion of the Gospel. Papers from the International Congress on Calvin Research, Seoul, 1998a, 2006, 147–160).
— Calvin monarchomaque? Du soupçon à l'argument (ARG 89, 1998b, 207–226).
— L'Ordre du Temps: L'invention de la ponctualité au XVIe siècle, 2004.
— Le Paradis à Genève. Comment Calvin prêchait-il la chute aux Genevois? (ETR 69, 1994, 329–347).
Engel, Mary P.: Calvin and the Jews, a textual puzzle (PSB.SI1, 1990, 106–123).
Erbe, Michael: Francois Bauduin (1520–1573). Biographie eines Humanisten (QFRG 46), 1978.

Erskine, Ebenezer: Assurance of Faith, Opened and Applied (in: Fisher, James [Hg.]: Works of Ebenezer Erskine, Bd. 1, 1871).

Extraits des Registres des Conseils de la République de Genève relatifs aux Italiens réfugiés dans cette ville, preserved in the Bibliothèque Publique et Universitaire, Geneva, available in photocopy at The Newberry Library, Chicago (6° 367), 7 Bde.

Faber, Eva-Maria: Symphonie von Gott und Mensch. Die responsorische Struktur von Vermittlung in der Theologie Johannes Calvins, 1999.

Farley, Benjamin W. (Hg./Übers.): John Calvin. Treatises against the Anabaptists and against the Libertines, 1982.

Fast, Heinold: Der linke Flügel der Reformation, 1962.

Fatio, Olivier: Méthode et théologie: Lambert Daneau et les débuts de la scolastique réformée, 1976.

Feld, Helmut: Hermeneutische Voraussetzungen und theologische Leitideen der Johannes-Interpretation J. Calvins (in: Neuser, Wilhelm H. u. a. [Hg.]: Calvin's Books, 1997, 105–115).

Finney, Paul Corby (Hg.): Seeing Beyond the Word. Visual Arts and the Calvinist Tradition, 1999.

Fischer, Alfons: Calvins Eschatologie in der Erstausgabe der »Christianae Religionis Institutio« 1536, 1995.

Fleming, Darlene K.: Calvin as Commentator on the Synoptic Gospels (in: McKim, Donald K. [Hg.], Calvin and the Bible, 2006, 131–163).

Franklin, Benjamin: Poor Richard improved: being an almanack and ephemeris [...] for the year of our Lord 1749, 1748.

Freudenberg, Matthias: Das reformierte Erbe erwerben. Karl Barths Wahrnehmungen der reformierten Theologie vor 1921 (ThZ 54, 1998, 36–54).

— Karl Barth und die reformierte Theologie. Die Auseinandersetzung mit Calvin, Zwingli und den reformierten Bekenntnisschriften während seiner Göttinger Lehrtätigkeit, 1997a.

— Nach Gottes Wort reformiert. Anmerkungen zu Karl Barths Rezeption der reformierten Theologie (Communio Viatorum 39, 1997b, 35–59).

— Wilhelm Niesels Calvin-Interpretation (in: Breidert, Martin/Ulrichs, Hans-Georg [Hg.]: Wilhelm Niesel – Theologe und Kirchenpolitiker [Emder Beiträge zum reformierten Protestantismus 7], 2003, 75–98).

Freund, A. H., Jr.: Presbyterian Church in America (in: Dictionary of Christianity in America, Reid, Daniel u. a. [Hg.], 1990).

Gagnebin, Bernard: L'histoire des manuscrits des sermons de Calvin (in: Sermons sur le Livre d'Esaïe, Supplementa Calviniana 2, 1961, XIV–XXVIII).

Galiffe, John-Barthélemy-Gaiffe.: Le Refuge italien de Genève aux XVIe et XVIIe siècle, 1881.

— Nouvelles pages d'histoire exacte soit le procès de Pierre Ameaux, conseiller d'État [...] et ses incidents, 1863.

— Quelques pages d'histoire exacte soit les procès criminels intentés a Genève, en 1547 pour haute trahison contre no. ami Perrin, ancien Sindic, conseiller et capitain-général de la République et contre son accusateur no. Laurent Maigret [...], 1862.

Gamble, Richard C.: Brevitas et facilitas: Toward an Understanding of Calvin's Hermeneutic (WThJ 47, 1985, 1–17).

— Calvin and Science, 1992.

— Calvin's controversies (in: McKim, Donald K. [Hg.]: The Cambridge Companion to John Calvin, 2004, 188–203).

— (Hg.): Calvin's Theological Method. The Case of Caroli (in: Spijker, Willem van't [Hg.]: Calvin. Erbe und Auftrag. Festschrift für Wilhelm H. Neuser, 1991, 130–137).

— (Hg.): Calvin's Thought on Economic and Social Issues and the Relationship of Church and State (in: Articles on Calvin and Calvinism, Bd. 11, 1992).
— (Hg.): Calvinism in France, Netherlands, Scotland, and England (in: Articles on Calvin and Calvinism, Bd. 14, 1992).
— Current Trends in Calvin Research 1982–1990 (in: NEUSER, Wilhelm H. [Hg.]: Calvinus Sacrae Scripturae Professor, 1994, 91–112).
— (Hg.): The Sources of Calvin's Genesis Commentary: A Preliminary Report (ARG 84, 1993, 206–221).
GANGALE, Giuseppe: Calvino, 1927.
GANOCZY, Alexandre: Calvin (in: CHAUNU, Pierre [Hg.]: The Reformation, 1989).
— /MÜLLER, Klaus: Calvins handschriftliche Annotationen zu Chrysostomus: Ein Beitrag zur Hermeneutik Calvins, 1981.
— /SCHELD, Stefan: Die Hermeneutik Calvins, 1983.
— Ecclesia ministrans. Dienende Kirche und kirchlicher Dienst bei Calvin, 1968.
— Le jeune Calvin. Genèse et évolution de sa vocation réformatrice, 1966.
— The Young Calvin, übersetzt v. FOXGROVER, David/PROVO, Wade, 1987.
GARDY, Frédéric: L'Eglise de Genève vue en 1550 par un ex-évêque italien, P.P. Vergerio (BSHAG 7, 1941–1942, 469–471).
GARSIDE, Charles: The Origins of Calvin's Theology of Music, 1536–1543, 1979.
GEINSDORF, Paul-Frédéric: Bibliographie raisonnée de l'histoire de Genève des origines à 1798, 1966
GENDEREN, Jan VAN: De doop bij Calvijn (in: SPIJKER, Willem VAN 'T u.a. [Hg.]: Rondom de doopvont. Leer en gebruik van de heilige doop in het Nieuwe Testament en in de geschiedenis van de westerse kerk, 1983, 263–295).
GERBER, Harry (Hg.): Politische Correspondenz der Stadt Strassburg im Zeitalter der Reformation, 1928.
GERLO, Alois/SMET, Rudolf DE (Hg.): Marnixi epistulae. De briefwisseling van Marnix van Sint-Aldegonde, Bd. 1: 1558–1576, 1990.
GERRISH, Brian A.: Continuing the Reformation: Essays on Modern Religious Thought, 1993.
— Grace and Gratitude: The Eucharistic Theology of John Calvin, 1993.
— John Calvin and the Reformed Doctrine of the Lord's Supper (McCQ 22/2, 1969, 85–98).
— The Lord's Supper in the Reformed Confessions (Theology Today 23, 1966, 224–243) (= DERS.: The Old Protestantism and the New; Essays on the Reformation Heritage, 1982, 118–130).
— The Old Protestantism and the New: Essays on the Reformation Heritage, 1982.
— The Reformation and the Rise of Modern Science: Luther, Calvin, and Copernicus (in: DERS.: The Old Protestantism and the New; Essays on the Reformation Heritage, 1982, 163–178).
GILMONT, Jean-François/RODOLPHE, Peter: Bibliographia Calviniana, 3 Bde., 1991–2000.
— Jean Calvin et le livre imprimé (Études de philologie et d'histoire [CaHR 50]), 1997. Englische Übersetzung: John Calvin and the Printed Book, Karin MAAG (Übers.), 2005.
— La Bible d'Olivétan (RTL 16, 1985, 392–397).
— Les dedicataires de Calvin (in: MILLET, Olivier [Hg.], Calvin et ses contemporains. Actes du colloque de Paris 1995 [CaHR 53], 1998, 117–134).
GIRARDIN, Benoît: Rhétorique et Théologique. Calvin, le commentaire de l'épître aux Romains, 1979.
GOETZ, Ronald: Joshua, Calvin, and Genocide (Theology Today 32, 1975, 263–274).
GRABILL, Stephen J.: Rediscovering the Natural Law in Reformed Theological Ethics, 2006.
GRANT, Edward: Cosmology (in: LINDBERG, David C. [Hg.]: Science in the Middle Ages, 1978).

Greef, Wulfert de: Calvijn en zijn uitleg van de Psalmen: Een onderzoek naar zijn exegetische methode, 2006b.
— Calvin as Commentator on the Psalms, übersetzt v. Raymond A. Blacketer (in: McKim, Donald K. [Hg.], Calvin and the Bible, 2006c, 85–106).
— Johannes Calvijn. Zijn werk en geschriften, 1989; ²2006a.
— The Writings of John Calvin – an Introductory Guide, übersetzt v. Lyle D. Bierma, 1993.
Groenendijk, Leendert: The Reformed Church and Education during the Golden Age of the Dutch Republic (in: Janse, Wim/Pitkin, Barbara [Hg.]: The Formation of Clerical and Confessional Identities in Early Modern Europe, 2006, 53–70).
Grosse, Christian: La Régulation du risqué par le ritual (in: Burton-Jeangros, C. u.a. [Hg.]: Face au Risque, 2007, 225–239).
— Les Rituels de la Cène: une anthropologie historique du culte eucharistique Réformé à Genève (XVIe–XVIIe siècles), Ph.D. Diss., 2001.
Guggisberg, Hans R.: Sebastian Castellio. Humanist und Verteidiger der religiösen Toleranz, 1997.
Haas, Guenther H.: Calvin, the Church and Ethics (in: Foxgrover, David [Hg.]: Calvin and the Church [Papers Presented at the 13th Colloquium of the Calvin Studies Society, May 24–26, 2001], 2002).
— The Concept of Equity in Calvin's Ethics (Editions Sciences religieuses 20), 1997.
Hall, Basil: Calvin against the Calvinists (in: Duffield, Gervase E.: John Calvin, 1966, 19–37).
Hancock, Ralph C.: Calvin and the Foundations of Modern Politics, 1989.
Hansen, Collin: Young, Restless, Reformed. Calvinism is making a comeback – and shaking up the church (Christianity Today, September 2006, 32–38).
Hansen, Gary Neal: Calvin as Commentator on Hebrews and the Catholic Epistles (in: McKim, Donald K. [Hg.]: Calvin and the Bible, 2006, 257–281).
Harnack, Adolf von: Lehrbuch der Dogmengeschichte 3: Die Entwicklung des kirchlichen Dogmas, 1890.
Hart, Darryl G./Noll, Mark (Hg.): Dictionary of the Presbyterian and Reformed Tradition in America, 1999.
Hartlib, Samuel: Considerations tending to the happy accomplishment of England's Reformation, 1647.
Hasper, Hendrik: Calvijns beginsel voor den zang in den eredienst, Bd. I, 1955; Bd. II, 1976.
Hatch, Nathan O.: The Democratization of American Christianity, 1989.
Hauck, Wilhelm-Albert: »Sünde« und »Erbsünde« nach Calvin, 1938.
Haxo, Henry E.: Pierre Bayle et Voltaire avant les Lettres Philosophiques (Publications of the Modern Language Association 46, 1931, 461–497).
Hazlett, Ian P.: Calvin's Latin Preface to his Proposed French Edition of Chrysostom's Homilies: Translation and Commentary (in: Kirk, James [Hg.]: Humanism and Reform: The Church in Europe, England, and Scotland. Essays in Honour of James K. Cameron, 1991, 129–150).
— The Reformation in Britain and Ireland, Nachdruck 2005.
Hedtke, Reinhold: Erziehung durch die Kirche bei Calvin. Der Unterweisungs- und Erziehungsauftrag der Kirche und seine anthropologischen und theologischen Grundlagen, 1969.
Helm, Paul: Calvin and the Calvinists, 1998.
— John Calvin's Ideas, 2004.
Henry, Paul Emil: Das Leben Johann Calvins des grossen Reformators. Mit Benutzung der handschriftlichen Urkunden, vornehmlich der Genfer und Züricher Bibliothek, entworfen,

nebst einem Anhang bisher ungedruckter Briefe und anderer Belege, 3 Bde., 1835/1838/1844.
— Het leven van Johannes Calvijn, den grooten hervormer. Uit het Hoogduitsch vertaald door wijlen P.J.L Huët, 2 Bde., 1847.
— The life and times of John Calvin, the great reformer, übersetzt v. Henry Stebbing, 1849.
Heppe, Heinrich: Die Dogmatik der evangelisch-reformirten Kirche: Dargestellt und aus den Quellen belegt (Schriften zur reformirten Theologie 2), 1861.
Hermes, Rudolf: Calvin (RGG[1], Bd. 1, 1909, 1542–1560).
Herminjard, Aimé-Louis (Hg.): Correspondance des Réformateurs dans les pays de langue française, Bd. 3, 1965; Bd. 6, 1966; Bd. 7, 1966; Bd. 8, 1966; Bd. 9, 1966 (Erstausgabe 1866–1897).
Heron, Alasdair I.C.: Karl Barths Neugestaltung der reformierten Theologie (EvTh 46, 1986, 393–402).
— The Holy Spirit, 1983.
Hesselink, I. John: Calvin's Concept of the Law, 1992.
— Calvin's First Catechism. A Commentary, 1997.
— Calvin's Use of *Doctrina* in His Catechisms (in: Selderhuis, Herman J. [Ed.], Calvinus sacrarum literarum interpres, 2008, 70–87).
— Governed and Guided by the Holy Spirit – a Key Issue in Calvin's Doctrine of the Holy Spirit (in: Oberman, Heiko A. u.a. [Hg.]: Reformiertes Erbe. Festschrift für Gottfried W. Locher zu seinem 80. Geburtstag, 1993, 161–171).
Higman, Francis M.: Calvin écrit, Calvin parlé (in: Zinguer, Ilana/Yardeni, Myriam [Hg.]: Les deux réformes chrétiennes. Propagation et diffusion, 2002).
— Calvin's works in translation (in: Pettegree, Andrew u.a. [Hg.]: Calvinism in Europe, 1540–1620, 1994, 82–99).
— Piety and the People. Religious Printing in French, 1511–1551, 1996.
— The style of John Calvin in his French polemical treatises, 1967.
Hochholzer, Samuel: Von der Kinderzucht/ Wie die ungehorsam, boßhafft und verderbte Jugendt/ dieser betrübten letsten zyt wider zu verbessern […], 1591
Hodge, Charles: Systematic Theology, 3 Bde. Nachdruck 2003. Erstausgabe 1871–1873.
Holder, R. Ward: Calvin as Commentator on the Pauline Epistles (in: McKim, Donald K. [Hg.], Calvin and the Bible, 2006b, 224–256).
— Ecclesia, Legenda atque Intelligenda Scriptura: The Church as Discerning Community in Calvin's Hermeneutic (CTJ 36, 2001, 270–289).
— John Calvin and the Grounding of Interpretation. Calvin's First Commentaries, 2006a.
Holtrop, Philip C.: The Bolsec Controversy on Predestination, from 1551–1555: The Statements of Jerome Bolsec, and the Responses of John Calvin, 2 Bde., 1993.
Holwerda, David E.: Eschatology and History. A Look at Calvin's Eschatological Vision (in: McKim, Donald K. [Hg.]: Readings in Calvin's Theology, 1984, 311–342).
Hooykaas, Reijer: Religion and the Rise of Modern Science, 1972.
Höpfl, Harro: The Christian Polity of John Calvin, 1982.
Horváth, Erzsébet: Calvin and his Contacts with the Czech Diaspora, Manuskript International Calvin Congress Emden, 2006.
Hotman, François: Francogallia, (lateinischer Text) Giesey, Ralph E./Salmon, John H.M. (englische Übers.) (Hg.), 1972.
Hugo, André Malan: Calvijn en Seneca. Een inleidende studie van Calvijns Commentaar op Seneca, De Clementia, anno 1532, 1957.
Huijgen, Arnold: Divine Accommodation and Divine Transcendence in John Calvin's Theolo-

gy (in: SELDERHUIS, Herman J. [Hg.]: Calvinus sacrarum literarum interpres [RefHT], 2008).

HWANG Jung-Uck: Der junge Calvin und seine Psychopannychia, 1991.

IMBART DE LA TOUR, P.: Calvin et l'Institution chrétienne, 1935.

JACOBS, Paul: Prädestination und Verantwortlichkeit bei Calvin, 1937.

JANSE, Wim: Albert Hardenberg als Theologe, 1994.

— Calvin's Eucharistic Theology: Three Dogma-Historical Observations (in: SELDERHUIS, Herman J. [Hg.]: Calvinus sacrarum literarum interpres [RefHT], 2008a, 37–69).

— Joachim Westphal's Sacramentology (LuthQ, 2008c, 137–160).

— The Controversy between Westphal and Calvin on Infant Baptism (1555–1556) (Perichoresis 6.1, 2008b, 3–43).

JANSEN, John F.: Calvin's doctrine of the work of Christ, 1956.

JONES, Serene: Calvin and the Rhetoric of Piety, 1995.

KAISER, Christopher: Calvin's Understanding of Aristotelian Natural Philosophy: Its Extent and Possible Origins (in: SCHNUCKER, Robert V. [Hg.]: Calviniana; Ideas and Influence of Jean Calvin, 1988, 77–92).

KAMPSCHULTE, Franz Wilhelm: Johann Calvin: Seine Kirche und sein Staat in Genf. Bd. 1: Die Herstellung der Unabhängigkeit Genfs, 1869.

— Johann Calvin: Seine Kirche und sein Staat in Genf. Bd. 2: Nach dem Tode des Verfassers hg. v. Walter GOETZ, 1899.

KELLEY, Donald R.: Foundations of Modern Historical Scholarship. Language, Law, and History in the French Renaissance, 1970.

— Guillaume Budé and the First Historical School of Law (AHR 72, 1967, 807–834).

KEMPFF, Dionysius: A Bibliography of Calviniana: 1959–1974, 1975.

KENDALL, Robert T.: Calvin and English Calvinism to 1649, 1979.

KINGDON, Robert M: Adultery and Divorce in Calvin's Geneva, 1995.

— A New View of Calvin in the Light of the Registers of the Geneva Consistory (in: NEUSER, Wilhelm H./ARMSTRONG, Brian G. [Hg.]: Calvinus sincerioris religionis vindex, 1997, 21–33).

— /LINDER, Robert D. (Hg.): Calvin and Calvinism: Sources of Democracy?, 1970.

— Geneva and the Coming of the Wars of Religion in France (1555–1563), 1956.

— Geneva and the Consolidation of the French Protestant Movement, 1564–1572. A Contribution to the History of Congregationalism, Presbyterianism, and Calvinist Resistance Theory (THR 92), 1967.

— Popular Reactions to the Debate between Bolsec and Calvin (in: SPIJKER, Willem VAN'T [Hg.]: Calvin. Erbe und Auftrag. Festschrift für Wilhelm H. Neuser, 1991, 138–145).

— Worship in Geneva Before and After the Reformation (in: MAAG, Karin/WITVLIET, John [Hg.]: Worship in Medieval and Early Modern Europe, 2004, 41–62).

KIRK, James: The Calvinist Contribution to the Scottish Reformation (in: DERS.: Patterns of Reform. Continuity and Change in the Reformation Kirk, 1988, 70–95).

KISCH, Guido: Erasmus und die Jurisprudenz seiner Zeit. Studien zum humanistischen Rechtsdenken (BSRW 56), 1960.

KLAUBER, Martin: Reformed Orthodox or Philosophe? (FiHi 35–2, 2003).

— The Eclipse of Reformed Scholasticism in Eighteenth Century Geneva: Natural Theology from Jean-Alphonse Turretin to Jacob Vernet (in: RONEY, John u. a. [Hg.]: The Identity of Geneva, 1998).

KÖHLER, Walter: Zürcher Ehegericht und Genfer Konsistorium, 2 Bde., 1942.

KOK, Joel: Heinrich Bullinger's Exegetical Method: The Model for Calvin? (in: MULLER, Richard

A./Thompson, John L. [Hg.]: Biblical Interpretation in the Era of the Reformation. Festschrift for David C. Steinmetz, 1996, 241–254).
Kolfhaus, Wilhelm: Christusgemeinschaft bei Johannes Calvin, 1939.
— Die Seelsorge bei Johannes Calvin, 1941.
— Vom christlichen Leben nach Johannes Calvin, 1949.
Kooi, Cornelis van der: As in a Mirror. John Calvin and Karl Barth on Knowing God. A Diptych, 2005.
Kramer, Geerhard: Het verband van doop en wedergeboorte. Nagelaten dogmenhistorische studie. Met een inleidend woord van Dr. A. Kuyper, 1897.
Kraus, Hans-Joachim: Calvin's Exegetical Principles (Interp. 31, 1977, 8–18).
Kristeller, Paul Oskar: Renaissance thought. The classic, scholastic and humanistic strains, 1961
Krusche, Werner: Das Wirken des Heiligen Geistes nach Calvin, 1957.
Kume, Atsumi: La réception de Calvin au Japon (BSHPF, 1995 [141], 541–551).
Kuropka, Nicole: Calvins Römerbriefwidmung und der Consensus Piorum (in: Opitz, Peter [Hg.]: Calvin im Kontext der Schweizer Reformation. Historische und theologische Beiträge zur Calvinforschung, 2003, 147–167)
Kuyper, Abraham: Abraham Kuyper's Commentatio (1860): The Young Kuyper about Calvin, à Lasco, and the Church, 2 Bde., hg. v. Vree, Jasper/Zwaan, Johan (Brill's Series in Church History 24), 2005.
— De hedendaagse Schriftcritiek: in haar bedenkelijke strekking voor de gemeente des levenden Gods: rede bij het overdragen van het rectoraat der Vrije Universiteit gehouden den 20sten october 1881, 1881.
— Het calvinisme: oorsprong en waarborg van onze constitutionele vrijheiden: een Nederlandse gedachte, 1874.
— Het Calvinisme. Zes Stone-lezingen in october 1898 te Princeton (N.-J.) gehouden, ²1910.
Lambert Thomas/Watt I. (Hg.): Daily Religion in Early Reformed Geneva (in: Bulletin Annuel, Institut d'Histoire de la Réformation 21, 1999–2000, 33–54).
— Registres du Consistoire de Genève au temps de Calvin, 3 Bde. (1542–1548), 1996–2004.
— Preaching, Praying, and Policing the Reform in Sixteenth-Century Geneva, 2 Bde., Diss., 1998.
Lane, Anthony N.S.: Did Calvin Use Lippoman's Catena in Genesim? (CTJ 31/2, 1996, 404–419).
— Guide to Calvin Literature (VoxEv 17, 1987, 35–47).
— John Calvin, Student of the Church Fathers, 1999.
Lang, August: Die Bekehrung Johann Calvins, 1897.
— Johannes Calvin. Ein Lebensbild zu seinem 400. Geburtstag (SVRG 99), Leipzig 1909.
Lange van Ravenswaay, J. Marius J.: Calvin und die Juden – eine offene Frage? (in: Oberman, Heiko A. u.a. [Hg.]: Reformiertes Erbe. Festschrift für Gottfried W. Locher zu seinem 80. Geburtstag, Bd. 2, 1993, 183–194).
— Die Juden in Calvins Predigten (in: Detmers, Achim/Lange van Ravenswaay, J. Marius J. [Hg.]: Bundeseinheit und Gottesvolk. Reformierter Protestantismus und Judentum im Europa des 16. und 17. Jahrhunderts, 2005, 59–69).
Lasco, Johannes A: Opera tam edita quam inedita, hg. v. Abraham Kuyper, Bd. 1, 1866.
Le Gal, Patrick: Le droit canonique dans la pensée dialectique de Jean Calvin (SF.NS 63, sectio canonica 3), 1984.
Lecerf, Auguste: De l'impulsion donnée par le calvinisme à l'étude des sciences physiques et naturelles (Études Calvinistes, 1937, 115–123).
Lecoultre, Henri: La conversion de Calvin, étude morale (RThPh 23, 1890, 5).

LEFRANC, Abel: La jeunesse de Calvin, 1888.
LEITH, John H.: John Calvin's Doctrine of the Christian Life, 1989.
LÉRY, Jean DE: Histoire d'un Voyage Faict en la Terre du Brésil, [2]1580. Nachdruck hg. v. Frank LESTRINGANT, 1994.
LESTRINGANT, Frank: Geneva and America in the Renaissance: The Dream of the Huguenot Refuge, 1550–1600 (SCJ 26, 1995, 285–295).
LETHAM, Robert: The Holy Trinity in Scripture, History, Theology, and Worship, 2004.
LILLBACK, Peter A.: The Binding of God: Calvin's Role in the Development of Covenant Theology, 2001.
LINDBERG, David. C.: The Beginnings of Western Science, 1992.
LINDE, Antonius VAN DER: Michael Servet, een brandoffer der gereformeerde inquisitie, 1891.
LINDE, Simon VAN DER: De Leer van den Heiligen Geest, 1943.
LIPPY, Charles u. a.: Christianity Comes to the Americas, 1492–1776, 1992.
LOCHER, Gottfried W.: Die Zwinglische Reformation im Rahmen der europäischen Geschichte, 1979.
LONGFIELD, Bradley: The Presbyterian Controversy. Fundamentalists, Modernists, & Moderates, 1991.
LÜLSDORF, Raimund: Die Zukunft Jesu Christi. Calvins Eschatologie und ihre katholische Sicht, 1996.
MAAG, Karin Y.: Hero or Villain? Interpretations of John Calvin and His Legacy (CTJ 41, 2006, 222–237).
— Seminary or University? The Genevan Academy and Reformed Higher Education, 1560–1620, 1995.
MACCULLOCH, Diarmaid: The Later Reformation in England 1547–1603, 1990.
— The Reformation. A History, 2003.
— Tudor Church Militant. Edward VI and the Protestant Reformation, 2001.
MARCELLO SQUARCIALUPI OF PIOMBINO: Simonis Simonii Lucensi, primum Romani, tum Calviniani, deinde Lutherani, denuo Romani, simper autem athei, summa religio, Cracow 1588.
MARKÚS, Míhaly: Calvin und Polen. Gedankenfragmente in Verbindung einer Empfehlung, (in: SELDERHUIS, Herman J. [Hg.], Calvinus praeceptor ecclesiae, Papers of the International Congress on Calvin Research, 2004, 323–330).
MARMELSTEIN, Johann-Wilhelm: Étude comparative des texts latins et français de l'Institution de la Religion Chréstienne par Jan Calvin, 1923.
MARNEF, Guido: Antwerpen in de tijd van de Reformatie. Ondergronds protestantisme in een handelsmetropool 1550–1577, 1996.
MARSDEN, George M.: The Soul of the American University, 1994.
MARTI, Andreas: La forme des prieres et chantz ecclesiastiques, avec la maniere d'administrer les Sacremens, et consacrer le Mariage: selon la coustume de l'Eglise ancienne 1542 (in: BUSCH, Eberhard/FAULENBACH, Heiner [Hg.]: Edition Reformierter Bekenntnisschriften, I/2, 2006, 363 ff.)
MARX, Karl Heinrich/ENGELS, Friedrich: Werke, Band 19, 1962.
MATHESON, Peter: The Rhetoric of the Reformation, 1998.
MAURER, Wilhelm: Pfarrerrecht und Bekenntnis, 1957.
MAYS, James Luther: Calvin as an Exegete of the Psalms (Calvin Studies IV. Davidson College, 1988, 95–103).
— Calvin's Commentary on the Psalms: The Preface as Introduction (in: John Calvin and the Church, 1990, 195–204).
MCGRATH, Alister E.: A Life of John Calvin. A Study in the Shaping of Western Culture, 1990.

— Reformation Thought. An Introduction, 1988.
— The Intellectual Origins of the European Reformation, 1987.
McKee, Elsie Anne: Calvin and His Colleagues as Pastors: Some New Insights into the Collegial Ministry of Word and Sacraments (in: Selderhuis, Herman J. [Hg.], Calvinus praeceptor ecclesiae, Papers of the International Congress on Calvin Research, 2004, 9–42).
— Context, Contours, Contents: Towards a Description of the Classical Reformed Teaching on Worship (in: Foxgrover, David [Hg.]: Calvin Studies Society Papers, 1995, 1997, Grand Rapids, 1998, 66–92).
— Exegesis, Theology, and Development in Calvin's Institutio: A Methodological Suggestion (in: Dies./Armstrong, Brian G. [Hg.]: Probing the Reformed Tradition: Historical Studies in Honor of Edward A. Dowey, Jr., 1989).
— John Calvin on the Diaconate and Liturgical Almsgiving, 1984.
— (Hg.): John Calvin: Writings on Pastoral Piety, 2001.
— Liturgical and Sacramental Practices (in: Dies. (Hg.): John Calvin: Writings on Pastoral Piety, 2001, 83–194).
— Reformed Worship in the Sixteenth Century (in: Vischer, Lukas [Hg.]: Christian Worship in Reformed Churches Past and Present, 2003, 3–32).
McKim, Donald K. (Hg.): Calvin and the Bible, 2006.
— Recent Calvin Resources (RStR 27, 2001, 141–146).
— (Hg.): The Cambridge Companion of John Calvin, 2004.
McNeill, John T.: The History and Character of Calvinism, 1954/1967.
Melanchthon, Philippus: Melanchthons Werke in Auswahl (Studienausgabe), 9 Bde., hg. v. Robert Stupperich, 1951–1975.
Melles, Gerard: Albertus Pighius en zijn strijd met Calvijn over het Liberum Arbitrium, 1973.
Menk, Gerhard: Das Restitutionsedikt und die kalvinistische Wissenschaft. Die Berufung Johann Heinrich Alsteds, Philipp Ludwig Piscators und Johann Heinrich Bisterfelds nach Siebenbürgen (JHKGV 31, 1980, 29–63).
Mentzer, Raymond A.: La construction de l'identité réformée aux 16e et 17e siècles. Le rôle des consistoires, 2006.
— The Piety of Townspeople and City Folk (in: Matheson, Peter [Hg.]: Reformation Christianity, 1997, 23–47).
Merle d'Aubigné, Jean H.: Histoire de la Réformation du XVIe siècle, 5 Bde., 1842–1853.
Myers, Philip VanNess: A General History for Colleges and High Schools, 1889.
Miles, Maurice D.: Calvin's New Testament Sermons: A Homiletical Survey, Diss. 1974.
Miller, Perry: The Marrow of Puritan Divinity (in: ders.: Errand Into the Wilderness, 1956).
Millet, Olivier (Hg.): Calvin et la dynamique de la parole. Etude de rhétorique réformée, 1992.
— Calvin et ses contemporains, 1998
— Calvin Témoin de Lui-meme dans la Préface de son Commentaire sur les Psaumes (in: Pot, Olivier [Hg.]: Émergence du Sujet: De l'Amant vert au Misanthrope, 2005, 113–132).
— Correspondance de Wolfgang Capiton (1478–1541). Analyse et index (d'après le Thesaurus Baumianus et autres sources), 1982.
— La »Leçon des émotions«: l'expression des passions et sa légitimité dans le commentaire de Calvin sur les psaumes (in: Yon, Bernard [Hg.]: La Peinture des passions de la Renaissance à l'âge classique, 1995, 169–184).
— Le thème de la conscience libre chez Calvin (in: Guggisberg, Hans Rudolf u. a. [Hg.]: La liberté de conscience [XVIe–XVIIe siècles]. Actes du colloque de Mulhouse et Bâle [1989] [EPH 44], 1991, 21–37).

— Marot et Calvin: chanter les psaumes (in: Clément Marot »Prince des poètes français« 1496–1996, 1997, 463–476).
— Rendre raison de la foi: le Cathéchisme de Calvin (1542) (in: Colin, Pierre u. a. [Hg.]: Aux origins du cathéchisme en France, 1989, 188–207).
Milner, Benjamin Ch., Jr.: Calvin's Doctrine of the Church, 1970.
Moehn, Wilhelmus H.Th.: Calvin as Commentator on the Acts of the Apostles (in: McKim, Donald K. [Hg.], Calvin and the Bible, 2006, 199–223).
— »God Calls Us to His Service«. The Relation Between God and His Audience in Calvin's Sermons on Acts (THR 345), 2001.
Moltmann, Jürgen: God in Creation, 1993.
Monheit, Michael L.: Guillaume Budé, Andrea Alciato, Pierre de l'Estoille. Renaissance Interpreters of Roman Law (JHI 58, 1997b, 21–40).
— »The ambition for an illustrious name«: Humanism, Patronage, and Calvin's Doctrine of the Calling (SCJ 23/2, 1992, 267–287).
— Young Calvin, Textual Interpretation and Roman Law (BHR 59/2, 1997a, 263–282).
Monter, E. William: Calvin's Geneva, 1967.
— The Italians in Geneva, 1550–1600: A New look (in: Monnier, Luc [Hg.]: Genève et l'Italie, 1969, 53–77).
Mooi, Remko J.: Het Kerk- en Dogmahistorisch Element in de Werken van Johannes Calvijn, 1962.
Moreau, Gérard: Histoire du Protestantisme à Tournai jusqu'à la veille de la Révolution des Pays-Bas, 1962.
Morgan, John: Godly Learning. Puritan Attitudes towards Reason, Learning and Education, 1550–1640, 1986.
Mosheim, Johann Lorenz von: Neue Nachrichten von dem berühmten Spanischen Arzte Michael Serveto, der zu Geneve ist verbrannt worden, 1750.
— Versuch einer unparteiischen und gründlichen Ketzergeschichte, Bd. 2, 1999, Edition Mulsow, Einleitung, 9.
Mottu-Weber, Liliane u. a.: Vivre à Genève autour de 1600: La vie de tous les jours, 2002.
— Vivre à Genève autour de 1600: Ordre et désordres, 2006.
Mours, Samuel: Les Églises réformées en France, 1958.
Muir, Edward: The Virgin on the Street Corner: The Place of Sacred in Italian Cities (in: Ozment, Steven [Hg.]: Religion & Culture in the Renaissance and Reformation, 1989, 25–40).
Mülhaupt, Erwin: Die Predigt Calvins. Ihre Geschichte, ihre Form und ihre religiösen Grundgedanken (AKG 18), 1931.
Muller, Richard A.: After Calvin: Studies in the Development of a Theological Tradition, 2003.
— /Thompson, John L. (Hg.): Biblical Interpretation in the Era of the Reformation. Festschrift for David C. Steinmetz, 1996.
— Calvin, Beza, and the Exegetical History of Romans 13:1–7 (in: Roney, John B./Klauber, Martin I. [Hg.]: The Identity of Geneva, 1998, 39–56).
— Directions in Current Calvin Research (RStR 27, 2001, 131–138).
— »Scimus enim quod lex spiritualis est«: Melanchthon and Calvin on the interpretation of Romans 7:14–23 (in: Wengert, Timothy J./Graham, M. Patrick [Hg.]: Philip Melanchthon (1497–1560) and the Commentary, 1997, 216–237).
— The Hermeneutic of Promise and Fulfillment in Calvin's Exegesis of the Old Testament Prophesies of the Kingdom (in: Steinmetz, David C. [Hg.]: The Bible in the Sixteenth Century, 1990, 68–82).

— The Unaccommodated Calvin: Studies in the Foundation of a Theological Tradition, 2000.

Naphy, William G.: Baptisms, Church Riots and Social Unrest in Calvin's Geneva (SCJ 26, 1995a, 87–97).

— Calvin and the Consolidation of the Genevan Reformation, 1994/2003.

— Catholic Perceptions of Early French Protestantism: The Heresy Trial of Baudichon de la Maisonneuve in Lyon, 1534 (French History 9, 1995b, 451–477).

— The Reformation and the Evolution of Geneva's schools (in: Kümin, Beat [Hg.]: Reformations Old and New, 1996, 185–202).

Nauta, Doede: Stand der Calvinforschung (in: Neuser, Wilhelm H. [Hg.]: Die Referate des Congrès International des Recherches Calviniennes 1974, 1976, 71–84).

Neuenhaus, Johannes: Calvin als Humanist (in: Bohatec, Josef/Reformierte Gemeinde Elberfeld [Hg.]: Calvinstudien: Festschrift zum 400. Geburtstage Johann Calvins, 1909, 1–26).

Neuenschwander-Schindler, Heidi: Das Gespräch über Calvin, Frankreich 1685–1870, 1975.

Neuser, Wilhelm H.: Calvin als Prediger. Seine Erklärung der Prädestination in der Predigt von 1551 und in der Institutio von 1559 (in: Beintker, Michael [Hg.]: Gottes freie Gnade. Studien zur Lehre von der Erwählung, 2004, 65–91).

— Calvin and Luther. Their Personal and Theological Relationship, (HTS 38, 89–103).

— Calvins Verständnis der Heiligen Schrift (in: Ders. [Hg.]: Calvinus Sacrae Scripturae Professor, 1994, 41–71).

— Dogma und Bekenntnis in der Reformation: Von Zwingli und Calvin bis zur Synode von Westminster (in: Andresen, Carl/Ritter, Adolf Martin [Hg.]: Handbuch der Dogmen- und Theologiegeschichte, Bd. 2, überarbeitete und ergänzte Ausgabe, [2]1998a, 167–352).

— Future Tasks of the International Calvin Research (HTS 54, 1998c, 153–160).

— Johannes Calvin: Von der ewigen Vorherbestimmung Gottes, 1998b.

— The First Outline of Calvin's Theology–The Preface to the New Testament in the Olivétan Bible of 1535 (Koers 66, 2001, 1–38).

— Theologie des Wortes – Schrift, Verheißung und Evangelium bei Calvin (in: Ders. [Hg.]: Calvinus Theologus. Die Referate des Europäischen Kongresses für Calvinforschung vom 16. bis 19. September in Amsterdam, 1976, 17–37).

Nevin, John W.: The Mystical Presence: A Vindication of the Reformed or Calvinistic Doctrine of the Holy Eucharist, 1846.

Nichols, James Hastings: Romanticism in American Theology: Nevin and Schaff at Mercersburg, 1961.

— The Mercersburg Theology, 1966.

Nicole, Pierre-David/Rapin, Christophe: De l'exégèse à l'homilétique. Evolution entre le commentaire de 1551, les sermons de 1598 et le commentaire de 1559 sure le prophète Esaïe (in: Neuser, Wilhelm H. [Hg.]: Calvinus ecclesiae Genevensis custos. International Congress on Calvin Research, Geneva 1982, 1984, 159–162).

Niesel, Wilhelm: Bekenntnisschriften und Kirchenordnungen der nach Gottes Wort reformierten Kirche, [3]1938.

— Calvin-Bibliographie 1901–1959, 1961.

— Calvins Lehre vom Abendmahl, 1930.

— Die Theologie Calvins, 1938 (2., überarbeitete Aufl. 1957).

— Schleiermachers Verhältnis zur reformierten Tradition (Zwischen den Zeiten 8, 1930, 511–525).

— The Theology of Calvin, Harold Knight (Übers.), 1956.

NIJENHUIS, Willem: Calvinus Oecumenicus. Calvijn en de eenheid der kerk in het licht van zijn briefwisseling, 1959.
NOLL, Mark A. (Hg.): The Princeton Theology 1812–1921: Scripture, Science, and Theological Method from Archibald Alexander to Benjamin Breckinridge Warfield, ²2001.
— History of Christianity in the United States and Canada, 1992.
— The Princeton Review (WThJ 50, 1988, 283–304).
— The Princeton Theology (in: WELLS, David [Hg.]: Reformed Theology in America, 1998).
OBERMAN, Heiko A.: Initia Calvini. The Matrix of Calvin's Reformation (in: NEUSER, Wilhelm H. [Hg.]: Calvinus Sacrae Scripturae Professor, 1994, 113–154).
— /BRADY, Thomas A. (Hg.): Itinerarium Italicum. The profile of the Italian Renaissance in the mirror of its European transformations, 1975.
OLD, Hughes Oliphant: The Patristic Roots of Reformed Worship, 1975.
OLSON, Jeannine E.: Calvin and Social Welfare. Deacons and the Bourse française, 1989.
— La Bourse Française: Deacons and Social Welfare in Calvin's Geneva, 1980.
OPITZ, Peter (Hg.): Calvin im Kontext der Schweizer Reformation, 2003a.
— Calvins theologische Hermeneutik, 1994.
— »Dein Reich komme« – Variationen reformierter Unservater-Auslegung (in: DERS. [Hg.]: Calvin im Kontext der Schweizer Reformation. Historische und theologische Beiträge zur Calvinforschung, 2003b, 249–269).
— The Exegetical and Hermeneutical Work of John Oecolampadius, Huldrych Zwingli and John Calvin (in: SAEBØ, Magne [Hg.]: Hebrew Bible/Old Testament. The History of its Interpretation (HBOT), Bd. II, From the Renaissance to the Enlightenment, B Reformation, 2007, 106–159.
Original Letters relative to the English Reformation, The Parker Society, Bde. 53–54, 1847–1849.
OTTEN, Heinz: Prädestination in Calvins theologischer Lehre, 1938.
OVERELL, M. Anne: The Exploitation of Francesco Spiera (SCJ 26/3, 1995, 619–637).
PAK, G. Sujin: Luther, Bucer, and Calvin on Psalms 8 and 16: Confessional Formation and the Question of Jewish Exegesis (in: JANSE, Wim/PITKIN, Barbara [Hg.]: The Formation of Clerical and Confessional Identities in Early Modern Europe, 2006, 169–186).
PANNIER, Jacques: Calvin à Strasbourg, 1925.
PARKER, Thomas H. L. (Hg.): Calvin's Commentary on Hebrews (in: BRADLEY, James E./MULLER, Richard A. [Hg.]: Church, Word and Spirit: Historical and Theological Essays in Honor of Geoffrey W. Bromiley, 1987, 135–140).
— Calvin's New Testament Commentaries, ²1993b.
— Calvin's Old Testament Commentaries, 1993a.
— Calvin's Preaching, 1992.
— Iohannis Calvini Commentarius in epistolam Pauli ad Romanos. Commentarius in epistolam Pauli ad Romanos (SHCT 22), 1981.
— John Calvin. A biography, 1975.
— The doctrine of the knowledge of God. A study in the theology of John Calvin, 1952.
PETER, Rodolphe/GILMONT, Jean-François u. a. (Hg.): Bibliotheca Calviniana. Les oeuvres de Calvin publiées au XVIe siècle, 3 Bde., 1991–2000.
— Bibliotheca Calviniana. Les œuvres de Jean Calvin publiées au XVIe siècle, Bd. 1: Écrits théologiques, littéraires et juridiques 1532–1554, 1991.
— Bibliotheca Calviniana. Les œuvres de Jean Calvin publiées au XVIe siècle, Bd. 2: Écrits théologiques, littéraires et juridiques 1555–1564, 1994.
— Bibliotheca Calviniana. Les œuvres de Jean Calvin publiées au XVIe siècle, Bd. 3: Écrits théologiques, littéraires et juridiques 1565–1600, 2000.
— Calvin, Jean (in: Nouveau Dictionnaire de Biographie Alacienne, 1985, 446–447).

— Genève dans la prédication de Calvin (in: Neuser, Wilhelm H. [Hg.]: Calvinus ecclesiae Genevensis custos. International Congress on Calvin Research, Geneva 1982, 1984, 23–48).

Pettegree, Andrew: Emden and the Dutch Revolt. Exile and the Development of Reformed Protestantism, 1992.

— Foreign Protestant Communities in Sixteeenth-Century London, 1986.

— The Reception of Calvinism in Britain (in: Neuser, Wilhelm H./Armstrong, Brian G. [Hg.]: Calvinus sincerioris religionis vindex, 1997, 267–290).

Pfeilschifter, Frank: Das Calvinbild bei Bolsec und sein Fortwirken im Französischen Katholizismus bis ins 20. Jahrhundert, 1983.

Pfisterer, Ernst: Calvins Wirken in Genf, 1957.

Piaget, Arthur: Les actes de la dispute de Lausanne 1536, 1928.

Pidoux, Pierre: Le Psautier Huguenot du XVIe siècle, Bd. 2, 1962.

Pierson, Allard: Nieuwe studiën over Johannes Kalvijn (1536–1541), 1883.

— Studiën over Johannes Kalvijn (1527–1536), 1881.

— Studiën over Johannes Kalvijn (1540–1542), 1891.

Pitkin, Barbara: Calvin as Commentator on the Gospel of John.« (in: McKim, Donald K. [Hg.] Calvin and the Bible, 2006b, 164–198).

— Imitation of David: David as a Paradigm for Faith in Calvin's Exegesis of the Psalms (SCJ 24/4, 1993, 843–863).

— Redefining Repentance: Calvin and Melanchthon (in: Selderhuis, Herman J. [Hg.], Calvinus praeceptor ecclesiae, Papers of the International Congress on Calvin Research, 2004, 275–285).

— Seeing and Believing in the Commentaries on John by Martin Bucer and John Calvin (ChH 68/4, 1999b, 865–885).

— »The Heritage of the Lord«. Children in the Theology of John Calvin (in: Bunge, Marcia J. [Hg.]: The Child in Christian Thought, 2001, 160–193).

— The Spiritual Gospel? Christ and Human Nature in Calvin's Commentary on John (in: Janse, Wim/Pitkin, Barbara [Hg.]: The Formation of Clerical and Confessional Identities in Early Modern Europe, 2006a, 187–204).

— What Pure Eyes Could See. Calvin's Doctrine of Faith in Its Exegetical Context, 1999a.

Pixberg, Hermann: Der Deutsche Calvinismus und die Pädagogik, 1952.

Plank, Karl A.: »Of Unity and Distinction. An exploration of the Theology of John Calvin with Respect to the Christian Stance towards Art« (CTJ 13, 1978, 16–37).

Plath, Uwe: Calvin und Basel in den Jahren 1552–1556, 1974.

Pol, Frank van der: De reformatie te Kampen in de zestiende eeuw, 1990.

Prestwich, Menna (Hg.): International Calvinism, 1541–1715, 1985.

Prust, Richard C.: Was Calvin a Biblical Literalist? (SJTh 20, 1967, 312–328 [wiederabgedruckt in: Richard Gamble, Articles on Calvin and Calvinism, 1992, Bd. VI, 380–396]).

Quack, Jürgen: Calvins Bibelvorreden (1535–46) (in: Ders.: Evangelische Bibelvorreden von der Reformation bis zur Aufklärung, 1975, 89–116).

Quistorp, Heinrich: Calvin's Lehre vom Heiligen Geist (in: De Spirita Sancto, 1964, 109–150).

— Die letzten Dinge im Zeugnis Calvins. Calvins Eschatologie, 1941.

Raemond, Florimond de: L'Histoire de la naissance, progrez et decadence de l'heresie de ce siècle, 1605/1629.

Raitt, Jill: Three Inter-related Principles in Calvin's Unique Doctrine of Infant Baptism (SCJ 11, 1980, 51–61).

Regards contemporains sur Jean Calvin. Actes du colloque Calvin, Strasbourg 1964, 1965.

Reid, W. Stanford: Justification by Faith according to John Calvin (WThJ 42, 1980, 290–307).

REYMOND, Bernard: L'architecture religieuse des protestants: Histoire-Caractéristiques – Problèmes actuels, 1996.

RICHTER, Mario: Giulio Cesare Pascali, Attività e problemi di un poeta italiano nella Ginevra di Calvino e Beza (RSLR, Bd. 1, 1965).

RILLIET, Albert: Relation du procès criminel intenté à Genève, en 1553, contre Michel Servet, 1844.

RITSCHL, Albrecht: Die christliche Lehre von der Rechtfertigung und Versöhnung, 3. verb. Aufl., 3 Bde., 1888–1889.

ROBINSON, Marilynne: The Polemic Against Calvin: The Origins and Consequences of Historical Reputation (in: FOXGROVER, David [Hg.]: Calvin and the Church [Papers Presented at the 13th Colloquium of the Calvin Studies Society, May 24–26, 2001], 2002, 96–122).

ROGERS, Jack B./MCKIM, Donald K.: The Authority and Interpretation of the Bible: An Historical Approach, 1979.

ROUSSEAU, Jean-Jacques: Treatise on the Social Compact (in: Works of J. J. Rousseau, translated from the French, Bd. 10, 1774).

ROUSSEL, Bernard u. a.: Celui qui fit passer la Bible d'hébreu en français. Textes de Calvin et d'Olivétan, 1986.

— Un prologue de Jean Calvin au Nouveau Testament (1535) (in: BOIS, Jean-Daniel DU/DERS. [Hg.]: Entrer en matière: Les prologues. Centre d'Études des Religions du Livre, 1998, 427–448).

RUCKERT, Hans: Calvin-Literatur seit 1945 (ARG 50, 1959, 64–74).

RUSSELL, S. H.: Calvin and the Messianic Interpretation of the Psalms (SJTh 21, 1968, 37–47).

RUTGERS, Frederik L.: Calvijns invloed op de Reformatie in de Nederlanden, voor zoveel die door hemzelven is uitgeoefend, [2]1901.

SAUER, James B.: Faithful ethics according to John Calvin: the Teachability of the Heart, 1997.

SAXER, Ernst: Der Genfer Katechismus von 1545 (in: BUSCH, Eberhard u. a. [Hg.]: Calvin-Studienausgabe, Bd. 2: Gestalt und Ordnung der Kirche, 1997, 1–135).

— Genfer Katechismus und Glaubensbekenntnis von 1537 (in: BUSCH, Eberhard u. a. [Hg.]: Calvin-Studienausgabe, Bd. 1.1: Reformatorische Anfänge 1533–1541, 1994, 131–223).

— Hauptprobleme der Calvinforschung – Forschungsbericht 1974–1982 (in: NEUSER, Wilhelm H. [Hg.]: Calvinus ecclesiae Genevensis custos. International Congress on Calvin Research, Geneva 1982, 1984, 93–111).

SCHÄFER, Rolf (Hg.): Römerbrief-Kommentar 1532, 1965 (in: MELANCHTHON, Philippus: Melanchthons Werke in Auswahl [Studienausgabe], hg. v. Robert STUPPERICH, Bd. 5, 1965).

SCHAFF, Philip: History of the Christian Church: Bd. VIII: Modern Christianity: The Swiss Reformation, 1923.

SCHANG, Pierre/LIVET, Georges, (Hg.): Histoire du Gymnase Jean Sturm, berceau de l'Université de Strasbourg 1538–1988, 1988.

SCHELD, Stefan: Media salutis. Zur Heilsvermittlung bei Calvin, 1989.

SCHELLONG, Dieter: Calvins Auslegung der synoptischen Evangelien, 1969.

SCHILLING, Heinz/EHRENPREIS, Stefan (Hg.): Frühneuzeitliche Bildungsgeschichte der Reformierten in konfessionsvergleichender Perspektive. Schulwesen, Lesekultur und Wissenschaft, 2007.

SCHINDLING, Anton: Humanistische Hochschule und freie Reichsstadt. Gymnasium und Akademie in Straßburg 1538–1621, 1977.

SCHIPPER, J. J. wed. (Hg.): Ioannis Calvini Noviodvnensis Opera omnia; in novem tomos digesta, 1671.

SCHLEIERMACHER, Friedrich D. E.: Ueber die Lehre von der Erwählung: Besonders in Beziehung auf Herrn Dr. Bretschneiders Aphorismen (in: TRAULSEN, Hans-Friedrich/ OHST, Martin

[Hg.]: Kritische Gesamtausgabe, Bd. 10: Theologisch-dogmatische Abhandlungen und Gelegenheitsschriften, 1990, 147–222).

Schmidt, Charles: La vie et les travaux de Jean Sturm, premier recteur du Gymnase et de l'Académie de Strasbourg, 1855.

Scholl, Hans: Calvinus catholicus. Die katholische Calvin-Forschung im 20. Jahrhundert, 1974.

— Der Dienst des Gebetes nach Johannes Calvin, 1968.

— Der Geist der Gesetze. Die politische Dimension der Theologie Calvins dargestellt besonders an seiner Auseinandersetzung mit den Täufern (in: Opitz, Peter [Hg.]: Calvin im Kontext der Schweizer Reformation. Historische und theologische Beiträge – Reformation und Politik. Politische Ethik bei Luther, Calvin und den Frühhugenotten, 1976).

— (Hg.): Karl Barth und Johannes Calvin. Karl Barths Göttinger Calvin-Vorlesung von 1922, 1995.

— Themen und Tendenzen der Barth-Calvinvorlesung 1922 im Kontext der neueren Calvinforschung (in: Ders. [Hg.]: Karl Barth und Johannes Calvin. Karl Barths Göttinger Calvin-Vorlesung von 1922, 1995, 1–21).

Scholten, Johannes H.: De leer der hervormde kerk uit hare grondbeginselen uit de bronnen voorgesteld en beoordeeld, 2 Bde., 4. Aufl., 1861.

Schreiner, Susan E.: The Theater of His Glory: Nature and the Natural Order in the Thought of John Calvin, 1995.

Schulze, Ludi: Calvin and »Social Ethics«. His Views on Property, Interest and Usury, 1985.

Schützeichel, Heribert: Calvins Protest gegen das Fegfeuer (in: Ders.: Katholische Beiträge zur Calvinforschung, 1988, 27–44).

— Die Glaubenstheologie Calvins, 1972.

— Katholische Calvin-Studien, 1980.

Schweizer, Alexander: Die Glaubenslehre der evangelisch-reformierten Kirche: Dargestellt und aus den Quellen belegt, Bd. 1, 1844.

Seeger, Cornelia: Nullité de mariage divorce et séparation de corps a Genève, au temps de Calvin: Fondements doctrinaux, loi et jurisprudence, 1989.

Selderhuis, Herman J.: Calvin's Theology of the Psalms, 2007.

— God in het midden. Calvijns theologie van de Psalmen, 2000.

— Gott in der Mitte: Calvins Theologie der Psalmen, 2004.

— (Hg.): Handboek Nederlandse Kerkgeschiedenis, 2006.

— Kirche im Theater: Die Dynamik der Ekklesiologie Calvins (in: Opitz, Peter [Hg.]: Calvin im Kontext der Schweizer Reformation. Historische und theologische Beiträge zur Calvinforschung, 2003, 195–214). Auf Englisch: Selderhuis, Herman J.: Church on Stage: Calvin's Dynamic Ecclesiology (in: Foxgrover, David [Hg.]: Calvin and the Church [Papers Presented at the 13th Colloquium of the Calvin Studies Society, May 24–26, 2001], 2002, 46–64).

Sepp, Christiaan: Verboden Lectuur. Een drietal Indices Librorum Prohibitorum, 1889.

Smits, Luchesius: Saint Augustin dans l'œuvre de Jean Calvin, 2 Bde., 1956/57, 1958.

Sorokin, David: Geneva's »Enlightened Orthodoxy«: The Middle Way of Jacob Vernet (1698–1789) (ChH 74/2, 2005).

Speck, W./Billington, L.: Calvinism in Colonial North America, 1630–1715 (in: Prestwich, Menna [Hg.]: International Calvinism, 1541–1715, 1985).

Spierling, Karen E.: Infant Baptism in Reformation Geneva: the shaping of a community, 1536–1564, 2005.

Spiess, Bernhard: Drei Bücher über den Glauben und die Gerechtigkeit des Reiches Christi, welche die Gerechtigkeit des Gesetzes übertrifft, und über die Liebe: Vier Bücher über die

Wiedergeburt von oben und über das Reich des Widerchrists: Michael Servet; zum erstenmal übersetzt, 1895.
— Joh. Calvins Christliche Glaubenslehre nach der altesten Ausgabe vom Jahre 1536 zum erstenmal ins Deutsche übersetzt, 1887.
— Sieben Bücher über die Dreieinigkeit. Von Michael Servet. Zum erstenmal übersetzt, 1892.
SPIJKER, Willem VAN 'T: Bij Calvijn in de leer. Een handleiding bij de Institutie, 2004.
— Bucer und Calvin (in: KRIEGER, Christian/LIENHARD, Marc [Hg.]: Martin Bucer and Sixteenth Century Europe, 1993, Bd. 1, 461–470).
— Calvin. Biographie und Theologie [Die Kirche in ihrer Geschichte 3, Lieferung J2], 2001.
— »Extra Nos and in Nobis« by Calvin in Pneumatological Light (in: DE KLERK, Peter [Hg.]: Calvin and the Holy Spirit, 1989).
— Luther en Calvijn. De invloed van Luther op Calvijn blijkens de Institutie, 1985.
SPINKS, Bryan D.: Calvin's Baptismal Theology and the Making of the Strasbourg and Genevan Baptismal Liturgies 1540 and 1542 (SJTh 48, 1995, 55–78).
SPITZ, Lewis W.: Humanismus/Humanismusforschung (TRE 15, 1986, 639–661).
SPRENGER, Paul: Das Rätsel um die Bekehrung Calvins (BGLRK 11), 1960.
STACKHOUSE, John G.: Presbyterian Church in Canada (in: HART, Darryl G./NOLL, Mark [Hg.]: Dictionary of the Presbyterian and Reformed Tradition in America, 1999).
STADTLAND, Tjarko: Rechtfertigung und Heiligung bei Calvin [Beiträge zur Lehre und Geschichte der reformierten Kirche 32], 1972.
STAEDTKE, Joachim (Hg.): Heinrich Bullinger, Bibliographie, Bd. 1, 1972.
STÄHELIN, Ernst: Calvin (PRE III. Bd. 3, 1897, 654–683).
— Johannes Calvin. Leben und ausgewählte Schriften, 2 Bde., 1863.
STAM, Frans Pieter VAN: Der Autor des Vorworts zur Olivetan-Bibel »A tous Amateurs« aus dem Jahr 1535 (DRCH 84, 2004, 248–267).
— Die Genfer Artikel vom Januar 1537: aus Calvins oder Farels Feder? (Z 27, 2000, 87–101).
— Farels und Calvins Ausweisung aus Genf am 23. April 1538 (ZKG 110, 1999, 209–228).
— The group of Meaux as first target of Farel and Calvin's anti-nicodemism (BHR 68, 2006, 253–275).
STAUFFER, Richard: Calvin et Copernic (RHR 179, 1971, 31–40).
— Dieu, la création et la Providence dans la prédication de Calvin [BSHST 33], 1978.
— L'apport de Strasbourg à la Réforme française par l'intermédiaire de Calvin (in: LIVET, Georges/RAPP, Francis [Hg.]: Strasbourg au cœur religieux du XVIe siècle, 1977, 285–295).
— L'humanité de Calvin, 1964.
STEINMETZ, David C.: Calvin and the Natural Knowledge of God (in: OBERMAN, Heiko A./JAMES III, Frank A. [Hg.]: Via Augustini: Augustine in the Later Middle Ages, Renaissance and Reformation, Essays in Honor of Damasus Trapp, OSA, 1991, 198–214).
— Calvin as an Interpreter of Genesis (in: NEUSER, Wilhelm H./ARMSTRONG, Brian G. [Hg.]: Calvinus sincerioris religionis vindex, 1997, 53–66).
— Calvin in Context, 1995.
— John Calvin on Isaiah 6: A Problem in the History of Exegesis (Interp. 36, 1982, 156–170).
STELLING-MICHAUD, Sven und Suzanne: Le Livre du Recteur de l'Académie de Genève (1559–1878), 6 Bde., 1959–1980.
STEUBING, Johann Hermann: Kirchen- und Reformationsgeschichte der Oranien-Nassauischen Lande, 1804.
STEVENSON, William R.: Sovereign Grace: The Place and Significance of Christian Freedom in John Calvin's Political Thought, 1999.
STOEVER, William: The Calvinist Theological Tradition (in: Encyclopedia of the American Religious Experience, Bd. 3.1., 1988, 1039–1056).

Stolk, Maarten: Johannes Calvijn en de godsdienstgesprekken tussen rooms-katholieken en protestanten in Hagenau, Worms en Regensburg (1540–1541), 2004.

Strohm, Christoph: Calvinerinnerung am Beginn des 20. Jahrhunderts: Beobachtungen am Beispiel des Genfer Reformationsdenkmals (in: Laube, Stefan/Fix, Karl-Heinz [Hg.]: Lutherinszenierung und Reformationserinnerung [Schriften der Stiftung Luthergedenkstätten in Sachsen-Anhalt 2], 2002, 211–225).

— Ethik im frühen Calvinismus. Humanistische Einflüsse, philosophische, juristische und theologische Argumentationen sowie mentalitätsgeschichtliche Aspekte am Beispiel des Calvin-Schülers Lambertus Danaeus (AKG 65), 1996, 217–395.

— Ius divinum und ius humanum. Reformatorische Begründung des Kirchenrechts (in: Rau, Gerhard u. a. [Hg.]: Das Recht der Kirche, Bd. 2: Zur Geschichte des Kirchenrechts [FBESG 50], 1995, 115–173).

Subilia, Vittorio: Chanforan 1532 o la presenza protestante in Italia (Protest. XXXVII, n. 2, 1982, 65–94).

Sweeney, Douglas A.: The American Evangelical Story, 2005.

Sweet, William W.: Religion on the American Frontier, Bd. 2: The Presbyterians, 1936.

Sweetland Laver, Mary: Calvin, Jews, and intra-Christian Polemics, Diss. 1987.

Tamburello, Dennis: Union with Christ: John Calvin and the Mysticism of St. Bernard, 1994.

Thiel, Albrecht: In der Schule Gottes. Die Ethik Calvins im Spiegel seiner Predigten über das Deuteronomium, 1999.

Tholuck, August: Ioannis Calvini in Novum Testamentum commentarii ad editionem Amstelodamensem accuratissime exscribi curavit et praefatus est, 7 Bde., 1833–1834.

Thomas, T. K. (Hg.): Christianity in Asia: North-East Asia, 1979.

Thompson, John L.: John Calvin and the Daughters of Sarah: Women in Regular and Exceptional Roles in the Exegesis of Calvin, his Predecessors, and his Contemporaries, 1992.

— Patriarchs, Polygamy, and Private Resistance: John Calvin and Others on Breaking God's Rules (SCJ 25/1, 1994, 3–27).

— The Immoralities of the Patriarchs in the History of Exegesis: A Reappraisal of Calvin's Position (CTJ 26/1, 1991, 9–46).

Tinsley, Barbara Sher: History and Polemics in the French Reformation: Florimond de Raemond: Defender of the Church, 1992.

— Pierre Bayle's Reformation, 2001.

Tollin, Henri G. N.: Charakterbild Michael Servet's. Berlin, 1876a.

— Das Lehrsystem Michael Servet's genetisch dargestellt, 3 Bde., 1876–1878.

Torrance, Thomas F.: Calvin's Doctrine of Man, 1949/1957 u. a.

— Calvins Lehre vom Menschen, 1951.

— Scottish Theology from John Knox to John McLeod Campbell, 1996.

— The Hermeneutics of John Calvin, 1988.

Tourn, Giorgio: Il Calvino di Vangale (BSSV CXIX, n. 190, 2002, 111–130).

— Valdesi (in Bolognesi, Pietro u. a. [Hg.], Dizionario di teologia evangelica, 2007, 769–770).

Troeltsch, Ernst: Die Soziallehren der christlichen Kirchen und Gruppen, 1912/1994.

Tyacke, Nicholas: Anti-Calvinists. The Rise of English Arminianism, c. 1590–1640, 1987.

Tylenda, Joseph H.: Girolamo Zanchi and John Calvin: A Study in Discipleship as Seen Through Their Correspondence (CTJ 10/2, 1975, 101–141).

Ulrich, Jörg: Gestalten des reformierten Protestantismus in den Biographien Stefan Zweigs. Zusammenhänge und Voraussetzungen (in: Lekebusch, Sigrid/Ulrichs, Hans-Georg [Hg.]: Historische Horizonte [Emder Beiträge zum reformierten Protestantismus 5], 2002, 171–182).

Ulrichs, Hans-Georg: Der erste Anbruch einer Neuschätzung des reformierten Bekenntnisses und Kirchenwesens. Das Calvin-Jubiläum 1909 und die Reformierten in Deutschland (in: Klueting, Harm/Rohls, Jan [Hg.]: Reformierte Retrospektiven [Emder Beiträge zum reformierten Protestantismus 4], 2001, 231–265).

— Wilhelm Niesel und Karl Barth. Zwei Beispiele aus ihrem Briefwechsel 1924–1968 (in: Freudenberg, Matthias [Hg.]: Profile des reformierten Protestantismus aus vier Jahrhunderten [Emder Beiträge zum reformierten Protestantismus 1], 1999, 177–196).

Van Buren, Paul: Christ in our Place: The Substitutionary Character of Calvin's Doctrine of Reconciliation, 1957.

Veen, Mirjam G.K. van: »... les sainctz Martyrs ...« Der Briefwechsel Calvins mit fünf Studenten aus Lausanne über das Martyrium (1552) (in: Opitz, Peter [Hg.]: Calvin im Kontext der Schweizer Reformation. Historische und theologische Beiträge zur Calvinforschung, 2003, 127–145).

— Calvijn, 2006.

— Propaganda per brief. Calvijns brieven aan Farel over het godsdienstgesprek te Regensburg (Theologisch debat 1, 2005, 40–45).

— »Verschooninghe van de roomsche afgoderye«: de polemiek van Calvijn met nicodemieten, in het bijzonder met Coornhert, 2001.

Vernet, Jacob: Lettres Critiques d'un Voyageur Anglois sur l'Article *Genève* du Dictionaire Encyclopedique; & sur La Lettre de Mr. d'Alembert à Mr. Rousseau, 1759.

Voltaire: Correspondence and Related Documents, hg. v. Theodore Besterman, 1968–1997.

— Essai sur le moeurs et l'esprit des nations, hg. v. Rene Pomeau, 1963. Englische Übersetzung: An essay on universal history, the manners, and spirit of nations, 1759, Bd. 3.

Walchenbach, John Robert: John Calvin as Biblical Commentator: An Investigation into Calvin's use of John Chrysostom as an Exegetical Tutor, Diss. 1974.

Wallace, Ronald S.: Calvin, Geneva and the Reformation: a Study of Calvin as social Reformer, Churchman, Pastor and Theologian, 1988.

— Calvin's Doctrine of the Christian Life, 1959.

— Calvin's doctrine of the Word and Sacrament, 1953/1957.

Walt, B.J. van der (Hg.): Die inslag van die Calvinisme in Suid-Afrika: 'n Bibliografie van Suid-Afrikaanse tydskrifartikels. Bd. I: Histories en prinsipieel. Potchefstroom: PU vir CHO. (Wetenskaplike Bydraes van die PU vir CHO. Reeks F5. Studies oor die inslag van die Calvinisme in Suid-Afrika, Nr. 3. IBC.), 1980a.

— aaO., Bd. II: Godsdienstig en teologies. Potchefstroom: PU vir CHO. (Wetenskaplike Bydraes van die PU vir CHO. Reeks F5. Studies oor die inslag van die Calvinisme in Suid-Afrika, Nr. 4. IBC.), 1980b.

— aaO., Bd. III: Wetenskaplik en opvoedkundig. Potchefstroom: PU vir CHO. (Wetenskaplike Bydraes van die PU vir CHO. Reeks F5. Studies oor die inslag van die Calvinisme in Suid-Afrika, Nr. 5. IBC.), 1980c.

— aaO., Bd. IV: Maatskaplik en staatkundig. Potchefstroom: PU vir CHO. (Wetenskaplike Bydraes van die PU vir CHO. Reeks F5. Studies oor die inslag van die Calvinisme in Suid-Afrika, Nr. 6. IBC.), 1980d.

Walton, Robert C.: Der Streit zwischen Thomas Erastus und Caspar Olevian über die Kirchenzucht in der Kurpfalz in seiner Bedeutung für die internationale reformierte Bewegung (MEKGR 37/38, 1988/89, 205–246).

Wandel, Lee Palmer: Switzerland (in: Taylor, Larissa [Hg.]: Preachers and People in the Reformations and Early Modern Period [A New History of the Sermon 2], 2001, 221–247).

— The Eucharist in the Reformation: Incarnation and Liturgy, 2006.

WANEGFFELEN, Thierry: Ni Rome ni Genève. Des fidèles entre deux chaires en France au XVIe siècle, 1997.

WARFIELD, Benjamin Breckinridge: On the Literary History of Calvin's »Institutes« (in: Calvin and Calvinism, 1931, 371–48).

— Calvin and Calvinism, 1931.

WATT, Jeffrey R.: Calvin on Suicide (ChH 66, 1997, 463–476).

— Calvinism, Childhood, and Education: The Evidence from the Genevan Consistory (SCJ 33, Nr. 2, 2002, 439–456).

— Childhood and Youth in the Geneva Consistory Minutes (in: SELDERHUIS, Herman J. [Hg.], Calvinus praeceptor ecclesiae, Papers of the International Congress on Calvin Research, 2004, 44–64).

WEBER, Otto: Foundations of Dogmatics, Bd. 1, übersetzt v. Darrell GUDER, 1981 (= Grundlagen der Dogmatik I, 1955).

— Unterricht in der christlichen Religion: Institutio religionis christianae: Nach der letzten Ausgabe übersetzt und bearbeitet v. Otto Weber, [4]1986.

WEERDA, Jan Remmers: Ordnung zur Lehre – zur Theologie der Kirchenordnung bei Calvin [1960] (in: WEERDA, Jan Remmers: Nach Gottes Wort reformierte Kirche. Beiträge zu ihrer Geschichte und ihrem Recht, aus dem Nachlaß, hg. v. Anneliese SPRENGLER-RUPPENTHAL [ThB 23], 1964, 132–161).

WELLS, David (Hg.): Reformed Theology in America. A History of its Modern Development, 1997.

WENCELIUS, Léon: L'Esthétique de Calvin, 1937.

WENDEL, François: Calvin. Sources et évolution de sa pensée religieuse, 1950/[2]1985.

— Calvin. Ursprung und Entwicklung seiner Theologie, 1968.

— L'Église de Strasbourg. Sa constitution et son organisation 1532–1535 (EHPhR 38), 1942.

WENGERT, Timothy: »We Will Feast Together in Heaven Forever«: The Epistolary Friendship of John Calvin and Philip Melanchthon (in: MAAG, Karin [Hg.]: Melanchthon in Europe: His Work and Influence Beyond Wittenberg, 1999, 19–44).

WERNER, Ilka: Calvin und Schleiermacher im Gespräch mit der Weltweisheit: Das Verhältnis von christlichem Wahrheitsanspruch und allgemeinem Wahrheitsbewußtsein, 1999.

WERNLE, Paul: Der Glaube der Reformatoren, Bd. III: Calvin, 1919.

WICKERI, Philip L.: Seeking the Common Ground: Protestant Christianity, the Three-Self Movement, and China's United Front, 1990.

WILCOX, Peter: Calvin as Commentator on the Prophets (in: MCKIM, Donald K. [Hg.], Calvin and the Bible, 2006, 107–130).

— »The Restoration of the Church« in Calvin's »Commentaries in Isaiah the Prophet« (ARG 85, 1994, 68–96).

WILEY, David N.: The Church as the Elect in the Theology of Calvin (in: GEORGE, Timothy F. [Hg.]: John Calvin and the Church: A Prism of Reform, 1990, 96–117).

WILLIS, E. David: Calvin's Catholic Christology. The Function of the so-called Extra Calvinisticum in Calvin's Theology, 1966.

— Rhetoric and Responsibility in Calvin's Theology (in: MCKELWAY, A. J./WILLIS, E. David [Hg.]: The Context of Contemporary Theology. Essays in Honor of Paul Lehmann, 1974, 43–63).

WILLIS, Robert: Servetus and Calvin: A Study of an Important Epoch in the Early History of the Reformation, 1877.

WILLIS-WATKINS, David: The Unio Mystica and the Assurance of Faith According to Calvin (in: SPIJKER, Willem VAN'T [Hg.]: Calvin. Erbe und Auftrag. Festschrift für Wilhelm H. Neuser, 1991, 77–84).

WITTE, John, Jr.: Between Sacrament and Contract: Marriage as Covenant in John Calvin's Geneva (CTJ 32, 1998, 9–75).
— From Sacrament to Contract: Marriage, Religion, and Law in the Western Tradition, 1997a.
— Moderate Religionsfreiheit in der Theologie Johannes Calvins (ZSRG.K 83, 1997b, 401–448).
— /KINGDON, Robert M.: Sex, Marriage and Family in John Calvin's Geneva, 3 Bde., 2005 ff.
WITVLIET, John D.: Images and Themes in John Calvin's Theology of Liturgy (in: Worship Seeking Understanding, 1994).
— The Spirituality of the Psalter: Metrical Psalms in Liturgy and Life in Calvin's Geneva (in: FOXGROVER, David [Hg.]: Calvin Studies Society Papers, 1995, 1997, Grand Rapids, 1980).
WOLF, Ernst: Das Problem des Widerstandsrechts bei Calvin [1956] (in: KAUFMANN, Arthur [Hg., in Verbindung mit Leonhard E. BACKMANN]: Widerstandsrecht [WdF 173], 1972, 152–169).
WOLF, Hans Heinrich: Die Einheit des Bundes. Das Verhältnis von Altem und Neuem Testament bei Calvin, 1942.
WOLTJER, Jan J.: Friesland in Hervormingstijd, 1962.
WOTSCHKE, Theodor: Der Briefwechsel der Schweizer mit den Polen, 1908.
WOUDSTRA, Marten H.: Calvin interprets what »Moses reports«: Observations on Calvin's Commentary on Exodus 1–19 (CTJ 21/2, 1986, 151–174).
— Calvin's Dying Bequest to the Church. A Critical Evaluation of the Commentary on Joshua, 1960.
WRIGHT, David F.: Accommodation and Barbarity in John Calvin's Old Testament Commentaries (in: AULD, A. Graeme (Hg.): Understanding Poets and Prophets. Essays in Honour of George Wishart Anderson, 1993, 413–427).
— Calvin's Pentateuchal Criticism: Equity, Hardness of Heart, and Divine Accommodation in the Mosaic Harmony Commentary (CTJ 21/1, 1986, 33–50).
— Women Before and After the Fall: A Comparison of Luther's and Calvin's Interpretation of Genesis 1–3 (The Churchman 98/2, 1984, 126–135).
ZACHMAN, Randall C.: Calvin as Commentator on Genesis (in: MCKIM, Donald K. [Hg.], Calvin and the Bible, 2006, 1–29).
— Image and Word in the Theology of John Calvin, 2007.
— The Assurance of Faith: Conscience in the Theology of Martin Luther and John Calvin, 2005.
ZAHN, Adolf: Die beiden letzten Lebensjahre von Johannes Calvin, 1898.
— Studien über Johannes Calvin: Die Urteile katholischer und protestantischer Historiker im 19. Jahrhundert über den Reformator, 1894.
ZILLENBILLER, Anette: Instruction et confession de foy dont on use en l'eglise de Genève (in: Ioannis Calvini opera omnia auspiciis praesidii Conventus Internationalis Studiis Calvinianis Fovendis, Ser. 3: Scripta ecclesiastica, Bd. 2, 2002, Einleitung: XI–XXIII).
ZWEIG, Stefan: Castellio gegen Calvin oder Ein Gewissen gegen die Gewalt, 1936.

Register

Personen

Geographische Namen

(Genf und Rom sind nicht aufgenommen)

Sachen